“十三五”国家重点出版物出版规划项目

经济科学译丛

财政学

（第五版）

乔纳森·格鲁伯（Jonathan Gruber） 著

曹越 林江 译

PUBLIC FINANCE AND PUBLIC POLICY

(FIFTH EDITION)

中国人民大学出版社
·北京·

《经济科学译丛》总序

中国是一个文明古国，有着几千年的辉煌历史。鸦片战争后，中国由盛而衰，一度成为世界上最贫穷、落后的国家之一。中国共产党领导的革命把中国从饥饿、贫困、被欺侮、被奴役的境地中解放出来，1949 年中华人民共和国成立，中国人民从此当家做主。1978 年以来的改革开放，使中国真正走上了通向繁荣富强的道路。

中国改革开放的目标是建立一个有效的社会主义市场经济体制，加速发展经济，提高人民生活水平。但是，要完成这一历史使命绝非易事，我们不仅需要从自己的实践中总结教训，也要从别人的实践中获取经验，还要用理论来指导我们的改革。市场经济虽然对我们这个共和国来说是全新的，但市场经济的运行在发达国家已有几百年的历史，市场经济的理论亦在不断发展完善，并形成了一个现代经济学理论体系。虽然许多经济学名著出自西方学者之手，研究的是西方国家的经济问题，但他们归纳出来的许多经济学理论反映的是人类社会的普遍行为，这些理论是全人类的共同财富。要想迅速稳定地改革和发展我国的经济，我们必须学习和借鉴世界各国包括西方国家在内的先进经济学的理论与知识。

本着这一目的，我们组织翻译了这套经济学教科书系列。这套译丛的特点是：第一，全面系统。除了经济学、宏观经济学、微观经济学等基本原理之外，这套译丛还包括了产业组织理论、国际经济学、发展经济学、货币金融学、财政学、劳动经济学、计量经济学等重要领域。第二，简明通俗。与经济学的经典名著不同，这套丛书都是国外大学通用的经济学教科书，大部分都已发行了几版或十几版。作者尽可能地用简明通俗的语言来阐述深奥的经济学原理，并附有案例与习题，对于初学者来说，更容易理解与掌握。

经济学是一门社会科学，许多基本原理的应用受各种不同的社会、政治或经济体制的影响，许多经济学理论是建立在一定的假设条件上的，假设条件不同，结论也就不一定成立。因此，正确理解和掌握经济分析的方法而不是生搬硬套某些不同条件下产生的结论，才是我们学习当代经济学的正确方法。

本套译丛于1995年春由中国人民大学出版社发起筹备并成立了由许多经济学专家学者组成的编辑委员会。中国留美经济学会的许多学者参与了原著的推荐工作。中国人民大学出版社向所有原著的出版社购买了翻译版权。北京大学、中国人民大学、复旦大学以及中国社会科学院的许多专家教授参与了翻译工作。前任策划编辑梁晶女士为本套译丛的出版做出了重要贡献，在此表示衷心的感谢。在中国构建高水平社会主义市场经济体制时期，我们把这套译丛献给读者，希望为中国经济的深入改革与发展做出贡献。

《经济科学译丛》编辑委员会

前　言

十二年前，当我开始写这本书的时候，我希望我的文字能够将我在学习财政学过程中感受到的兴奋和热情带给要学习这门重要课程的学生。我认为，一本财政学的书应该帮助学生理解媒体上每天所讨论的那些财政问题。通过介绍严谨的理论、前沿的实验证据和丰富的相关政策应用，我希望学生能发现财政学的主要课程是容易理解且吸引人的，甚至可以说是令人享受的。

随着《财政学》前四个版本的成功，我可以欣慰且高兴地说，我的方法得到了全美教师和学生的广泛接受。通过在传统财政学著作的基础上增加理论、应用和证据的综合，本书使教师能更好地吸引学生。每当讨论一个重要的理论概念时，我们会通过与主题相关的政策例子，以及理论中所强调的关键关系的可用证据，来加强这种讨论。

本书在三个方面较上一版《财政学》有所改进。

话题选择的更新

任何一本财政学著作都必须花费大量篇幅来关注外部性和公共物品（简称公共品）问题、税收和政府直接支出问题，本书也不例外。然而，我也详细介绍了主导政府活动的转移支付和社会保险计划。本书主要分为四个部分。

- **引言和背景**　本书的第一部分致力于调动学习财政学的积极性，第 1 章以适时地讨论关于医疗改革和平价医疗法案的争论以及当前主要的公共政策争论作为开始。

  本书接着在第 2 章（微观经济学理论）、第 3 章（实证研究方法）和第 4 章（政府预算）回顾了一些背景知识。我发觉，来学习财政学课程的学生对经济学理论的掌握程度差异很大。该课程要求学生精通基础的微观经济学，除此之外不需要掌握更多。所有其他需要掌握的技巧都在这些背景章节里进行了讲述。第 3

章讲的是实证方法，这一章为学生提供了所有在理解实验证据框时所需的背景知识。另外，第 4 章的开始讨论了预算在政策辩论中的作用，从而在讨论本书其他的话题（如社会保障和税收政策）时，能够将预算的因素考虑在内。

- **外部性和公共品** 关于外部性的讨论始于第 5 章，我们讨论了解决外部性的私人和公共办法。第 6 章继续将重点放在两个主要的外部性公共政策问题上：环境外部性，例如酸雨和全球变暖；健康外部性，如吸烟和肥胖问题。

  关于公共品的章节在第 7 章，本章同时讨论了公共品问题的私人和公共解决方法。本书接着强调了两个主要的公共供给问题：成本-收益分析（第 8 章）以及政治经济学（第 9 章）。

  第 10 章考察了州和地方政府作为公共品提供者的作用，强调了潜在效率和分散成本。第 11 章通过讨论美国最重要的公共品——教育，对前面的问题进行了扩展。

- **社会保险和再分配** 我很高兴有教师对本书关于社会保险和再分配的扩展讨论做出了积极回应，这两个职能是美国政府最大，也是发展最快的职能。这一部分以一个新颖的社会保险理论章节作为引子：第 12 章重点突出了我们要有社会保险的原因、社会保险对私人自办保险的挤出效应，以及道德风险问题。

  然后，我安排了一个单独的章节来介绍国家最大的社会保险计划——社会保障（第 13 章），以及另外一个章节介绍其他三个非健康保险的社会保险计划：失业保险、伤残保险，以及工伤保险（第 14 章）。

  鉴于政府在医疗服务中所起到的巨大的并且不断加深的作用，我安排了两个章节来探讨这一话题，在第 15 章讨论医疗保险的本质和健康经济学，在第 16 章重点关注政府的作用，特别强调了平价医疗法案的发展、结构和影响。

  第 17 章讨论了政府作为福利计划再分配机构的作用。

- **理论和实践中的税收** 我对税收的相关陈述获得了积极的反馈。税收的讲解从第 18 章开始，首先介绍有助于理解税收政策的关键制度性特征和理论概念（例如纵向公平和黑格-西蒙斯税基），并在接下来两章介绍有关税收归宿的理论基础（第 19 章）和税收效率分析（第 20 章）。

  后面三章聚焦于个人对所得税的行为反应，并讨论了影响这些行为的关键税收政策：第 21 章中的劳动所得税抵免（EITC），第 22 章中的储蓄和税收补贴式的退休储蓄，第 23 章中的资产持有和资本利得税、遗产税和房产税的分配。

  第 24 章对公司所得税进行了综述，并回顾了公司所得税争论中的公平和效率的关键问题。最后，第 25 章探讨了美国税收政策改革的动机、障碍和步骤，包括用消费税取代所得税的可能性。

政策应用的整合

如果学生可以看到真实世界的理论应用，那么对财政学核心的理论分析是最能激发学生兴趣的。本书提供了大量的政策应用和有助于学生深入理解财政学的例子。每当讨论一个新议题的时候，该议题总是被置于一个政策环境中。另外，全书一共有58个强调所示材料重要性的政策应用。这些应用包含诸如政策制定者在使用成本-收益分析法对人的生命估价时面临的困难、医疗保健成本增加问题以及平价医疗法案中对解决这些问题所进行的尝试、所得税中适当与不适当的商业扣除，以及最近跨国公司为避免利润征税而做出的努力。最后，本书中的若干章节特别谈到了诸如全球变暖和教育方面的政策应用。

实验证据的整合

理论的发展对于财政学核心概念的呈现至关重要。理论的展现是由支持或不支持这些理论模型的实验证据所支撑的。本书用两种方法展现实验证据，从而为对材料有不同偏好的授课老师提供便利性。在全书中，每当提出一个理论观点时，我都探讨了该问题的相关实证结果，以及我们对特定实证研究结果的确定性。另外，对于想要讲授更偏向实证课程的老师，第3章为没有学习过复杂实证方法的财政学学生详细地解释了如何理解实证结果。

本书还包含了32个实验证据框，这些实验证据框更详细地讨论了文中所涉及实证结果的研究细节，并为学生说明了实证经济学家回答中心政策问题时所采用的研究过程和方法。我很高兴这些实验证据框里的内容得到了本书使用者的广泛赞誉。

改进后的演示和教学方法

除了素材本身非常有趣之外，学生对于课本的兴趣主要取决于课堂演示的方法。我一直努力使用一种对学生友好的、对话的方式，强调直觉、图表以及数学理论的重要性。使用本书的教师曾反映，他们的学生发现本书是一本可以读懂的、具有启发性的并且很有吸引力的读物。本书之所以能吸引潜在的使用者，主要因为以下几个特点。

- **需要牢记的问题**　这是这个版本新增加的内容，这些需要牢记的问题出现在每章的开头，用来提醒学生本章的重要思想，从而帮助他们梳理章节中的观点。
- **应用**　前面提到，本书的58个应用使学生可以暂时放下本书的正文，欣赏一下材料与正文的政策相关性。这些应用直接与正文融为一体，而非独立出来，因此学生可以理解将所学知识加以运用的重要性。
- **实验证据框**　对于那些希望深度研究本书中提到的实证结果本质的教师，实验证据框被独立出来作为详细解释研究过程、总结财政学重要实证发现的部分。
- **相关数据的整合**　在本书中，我通过大量的图表，将反映了本书重点的政府角色的数据展示了出来。例如，如果通过清晰的图表将社会保险占美国政府活动的比例表示出来，那么学生会更容易理解为什么他们要重视社会保险。
- **快速提示**　本书中有大量被突出显示的快速提示，用来强调学生通常难以理解的关键理论点：如何画出无谓损失三角？为什么对于雇主提供的医疗保险，补贴是针对雇员而非雇主的？薪酬上升的收入效应是如何导致更低的劳动力供给水平的？

- **数学附录** 本书主要通过直觉和图表来解释材料内容，对数学的依赖相对较小。然而，很多教师会想要运用数学方法突出以下内容要点：税收归宿、公共品提供、保险市场的逆向选择、最优税收以及其他专题。本书中关于这些专题的数学推导共有 5 个附录。另外两个附录着重介绍了实证分析的一些细节。
- **页边定义** 本书中的关键术语均用黑体字进行了加粗，且页边定义使得学生能够重点关注关键概念。
- **图表** 本书的图表使学生能够更好地理解经常让他们感到困惑的图形分析。
- **重点** 我在每章的末尾对这一章材料中的关键主题和概念进行了总结。
- **习题** 在每一章末尾平均有 15 道习题。需要参考第 3 章实证分析内容的习题均用 e 进行了标注，且在习题与进阶习题之间有明确的划分。我们在第五版中对习题进行了复核、修订、更新，并增加了额外的习题。

第五版的新内容

过去几年的动态公共政策环境要求本书对大部分内容进行全面更新。所有的统计数据、与数据相关的图表和应用已经完全更新，以反映最新的可用数据。这些更新涉及上百个事实和数字。此外，一些重大改动贯穿全书，包括增加新的应用，更新现有的章节引言、应用和实证案例，以及一些新的和彻底更新后的文本讨论。值得注意的是，本书对实验证据框的内容也进行了更新和增加，这些实验证据框反映了公共财政当中实证工作所取得的可喜进展，并结合更多的图形证据直观阐述了这些方法是如何被应用的。

重点改动包括以下内容。

- 现在所有的章节都以需要牢记的问题开始，该部分突出了本章提出的关键问题。
- 为完善本书的全面修订，对章后习题进行了大量修改和更新。
- 第 1 章：更新了有关《患者保护与平价医疗法案》（ACA）争论的介绍。更新了麻疹外部性的应用，以反映最近疫情的影响。
- 第 4 章：本章更新了关于平衡预算政治措施的讨论，以及关于动态预算评分的讨论（以反映国会预算局对该问题的日渐重视），增加了一个新的应用——以体育合同为例子说明了贴现值的计算方法。本章移除了有关代际核算的具体讨论，对跨期预算约束问题给予了更大范围的关注，使得本章内容得以精简。
- 第 6 章：本章更新了引言，聚焦了近年来政府在温室气体管制方面取得的重要进展。关于全球变暖问题的修订包括一系列政策更新（包括美中谈判）和调解全球变暖问题的各种方法的新讨论。关于非法药物的部分讨论了大麻合法化的最新证据。关于肥胖问题的应用包含了在这个重要的公共健康领域，哪些政策工具可以发挥作用以及哪些政策工具不能发挥作用的最新证据。
- 第 7 章：本章在应用部分新增了关于维基百科的讨论，题为“实际生活中的搭便车问题”。公共服务私有化的材料已经从第 9 章移到本章，并进行了拓展，包含了一些令人兴奋的新案例，包括失败案例和成功案例（医疗保险合同）。

- 第 8 章：本章重点介绍了加利福尼亚州近期所做的关于扩展高铁系统的决定背后的成本-收益分析，还新增了一个实验证据框，讨论了使用州警察裁员数量来衡量挽救生命的成本。
- 第 9 章：本章更新了几方面内容，包括游说和美国农场政策的最新情况，并对检验中间选民模式的实验证据框进行了大幅更新。关于私有化的讨论已经移到了第 7 章并被另一个例子所取代，同时扩展了对政府失灵的讨论。
- 第 10 章：引言已更新，以遵循最近关于《一个孩子都不能掉队》（No Child Left Behind）法案的政策辩论。
- 第 11 章：更新了引言，加入了最近关于教育共同核心的争议讨论。大幅更新了有关公立学校选择和私人教育券问题的事实。在高等教育的部分增加了关于学生贷款利息负担爆发式增长的讨论（贴近学生并且是很多学生关心的话题）。
- 第 12 章：这一章更新了水灾保险的应用，精简了平滑消费的相关内容，在道德风险的讨论部分增加了国家地理电视节目《邪恶金枪鱼》（*Wicked Tuna*）的明星的例子。
- 第 13 章：对社会保障改革的内容进行了重新梳理，以突出私有化的问题，同时更新了相关讨论。
- 第 14 章：本章对引言进行了更新，以反映近几年失业保险政策的最新情况，有关世界范围内失业保险持续期的讨论也反映了国际政策的最新发展。在消费平滑的讨论部分，加入了伤残保险方面令人振奋的新证据，关于伤残保险的实验证据框也已经全面修改，以突出近期的重要工作，并新增了一个图表。
- 第 15 章：新增了一个关于美国健康保险无效率的应用案例，强调了医疗保健支出的国际比较，并对存在的差异性给出了理论解释。应用里新增了比较国际医疗保健结果和价格的图表。所有制度细节和事实都已经更新，以反映平价医疗法案的早期影响。我们对估计医疗保健弹性的实验证据框也进行了扩展，纳入了新的研究结果并以图表方式呈现。
- 第 16 章：重写了引言部分，以突出关于平价医疗法案的持续争论；更新了医疗补助计划和老年人医疗保险计划的制度特征，以反映医疗改革的成效。关于医疗补助计划的部分包含了对消费平滑收益的更复杂讨论以及该计划对健康影响的最新证据。新增了一个实验证据框，讨论了长期护理医院是如何通过操控住院时间以最大化报销数额的，同时给出了图表证据。另外，在平价医疗法案影响的早期证据方面安排了一个全新的讨论。
- 第 17 章：新的引言以最近发生在巴尔的摩的抗议活动为引子，来看待这个城市和美国的不平等问题。本章介绍了关于收入和财富不平等的最新度量数据，并对测度方法进行了讨论。本章新增了一个聚焦托儿所、学前教育和儿童成绩相关政策问题的实验证据框。
- 第 18 章：本章引言更新了税收政策的争论，本章还更新了对慈善捐赠中消费者主权的讨论。
- 第 19 章：本章对税收归宿的实验证据框进行了全面修改和扩展，突出了近期有关法定税收归宿的比较有趣的工作。

- 第 20 章：新增了一个关于英国“窗户税”的实验证据框，生动地阐述了 18 世纪英国公共政策的扭曲效应。
- 第 21 章：扩展了有关劳动力供给弹性估计方法的实验证据框，加入了预算约束下估计方法的新进展，并通过作图的方式进行了阐述。
- 第 22 章：本章对题为“估计储蓄税收激励对储蓄行为的影响”的实验证据框进行了彻底的修改，并用图表的方式阐述了该领域取得的令人振奋的进展。
- 第 24 章：新增了一个实验证据框，介绍了公司税如何影响公司财务结构的最新研究成果，同时扩展了 2003 年股息减税的实验证据框，加入了投资反馈方面的新证据。本章还添加了一个（巧妙且与政策非常相关的）新应用，介绍了跨国公司在规避美国的公司税方面所做出的努力。
- 第 25 章：新的标题反映了消费税在本章讨论中所占据的重要地位。逃税问题的讨论包括来自希腊的最新证据，以及美国税法随着时间推移日益复杂化的最新数据说明。本章对最后的政策应用进行了彻底更新，重点关注了国会前议员戴夫·坎普（Dave Camp）最近提出的综合税收改革建议。

补充及媒体包

目录网站（http://macmillanhighered.com/Catalog/product/publicfinanceandpublicpolicy-fifthedition-gruber）为教师提供了以下可下载的资源。

- 测试题库：由苏珊·达德斯（Susan Dadres，北得克萨斯大学）修改完善的现版本测试题库中包含了一系列的习题，这些习题适用于评估学生的理解能力、阐释能力、分析能力和综合技巧。测试题库提供了多选题和简答题，旨在全面覆盖本书的知识点。测试题库根据问题的难易程度（简单、中等和具有挑战性）以及技能描述（基于事实的、定义性的、概念的、批判性思维的、分析思考的）对问题进行了分类，并将其添加到了合适的章节中。
- 讲义幻灯片：由希瑟·刘（Heather Luea，堪萨斯州立大学）修订的一系列讲义幻灯片全面介绍了每章的内容。幻灯片包含了教材中的关键图表以及重要概念的详细表述，旨在为教学准备和课堂展示提供帮助。幻灯片可以进行自定义设置来满足教师的个性化需求，是非常不错的课堂演示资源。
- 本书中的图表：教师可以获取本书中的所有图表，这些图表以高分辨率 JPEG 格式呈现在幻灯片当中。
- 答案手册：教师可以访问这些文件，以获取本书章后习题的详细答案。

致谢

本书是许多人共同努力的成果。虽然我想尽量感谢所有提供过帮助的人，但是对那些未被我感谢到的人我想提前表示歉意。

首先需要感谢的人是教授我财政学的老师和同事：彼得·戴蒙德（Peter Diamond）、马丁·费尔德斯坦（Marty Feldstein）、吉姆·波特巴（Jim Poterba），尤其是拉里·萨默斯（Larry Summers），其1990年的财政学课程是本书的雏形。我很幸运可以在该领域的巨人脚下学习，希望我可以尽最大的努力将他们的真知灼见传授给下一代财政学家。我也很感谢拉里·萨默斯使我能够于1997—1998年在财政部工作，这份工作使我有机会能够欣赏到财政学分析的力量并教育后代决策者以全局的眼光看待财政学各个方面的重要性。

我还应该感谢就读于麻省理工学院并见证了本书发展的若干届本科生。让我感到惭愧的是，正是他们这些年所提出的各种难题使我对这些材料的理解完整了许多，我只希望我可以继续为他们传授这些知识，正如我现在所能做的这样。我的几个学生对本书的写作也提供了帮助，我尤其感谢丽兹·安安特（Liz Ananat）、艾伦·本格森（Alan Bengtzen）、戴维·赛义夫（David Seif）和克里斯·史密斯（Chris Smith）所提供的帮助。

我也非常感谢沃斯（Worth）出版社敬业、热情的团队，他们使得该书的出版得以实现。执行编辑卡莱尔·斯特布里奇（Carlise Stembridge）在助理编辑卡洛斯·马林（Carlos Marin）的协助下，策划了此次版本修订并付诸行动，同时提供了有效的市场反馈信息，并且推动了修订工作的高效进行。执行开发编辑沙龙·巴尔博斯（Sharon Balbos）富有创造力的、孜孜不倦的、迅速且高效的工作，以及他的幽默感和对细节的高度重视，确保了书稿提交到Worth出版社以后一切都进行得很顺利。感谢林赛·内夫（Lindsay Neff）开发的补充包。感谢营销经理汤姆·蒂贾诺（Tom Digiano）。

我很幸运遇到了这样有才华的制作小组和设计小组，他们为本书付出了努力。高级制作总监苏珊·维恩（Susan Wein）在总编辑丽莎·金妮（Lisa Kinne）以及项目编辑联络人胡里奥·艾斯平（Julio Espin）的协助下，对整个制作过程进行了协调。特别感谢MPS北美有限责任公司的劳伦·希尔（Lauren Hill），他是制作过程中一位优秀的合作伙伴，帮助我们按时出版了本书。维基·托马赛利（Vicki Tomaselli）为本书设计了漂亮的封面和页内布局，塞西莉亚·瓦拉（Cecilia Varas）则帮忙拍摄了照片。最后，感谢埃德加·杜兰（Edgar Doolan），他帮助完成了本书的补充内容。

本教材的更新能够完成要归功于几位同事的帮助，他们无私地贡献了大量时间对本书进行了内容校对和材料整理。马修·拉特利奇（Matthew Rutledge，波士顿学院）和丹尼尔·萨克斯（Daniel Sacks，宾夕法尼亚大学沃顿商学院）对本书认真的校对使得我们赶上了截稿时间。感谢戴维·菲戈利奥（David Figlio，佛罗里达大学）和凯西·罗特席尔德（Casey Rothschild，麻省理工学院）为每一章结尾提供了极其有用的习题。感谢凯特·克劳斯（Kate Krause，新墨西哥大学）和凯西·罗特席尔德（Casey Rothschild）为每一章结尾的习题提供了精确的答案。感谢迪恩·延斯（Dean Jens，罗格斯大学）对本书习题提出的修改意见。

大量的同事在被邀请对本书的习题、书本观点给出反馈意见并撰写非正式评论时都非常乐于配合。还有一大批优秀的同人愿意献出宝贵的时间和精力为本书撰写正式的评论。

在促成您现在所看到的这本书的过程中，有几个人的贡献尤为突出：我的开发编辑简·塔夫茨（Jane Tufts）参与了《财政学》五个版本的修订工作，并负责把我有些不连贯且含糊不清的表达变成有用的论述。即使有时候我没有明确地说出来，她也能明白我想表达的意思，并把它们转化成清晰的文字，这种能力是不可思议的。与其共事一直很愉快，和她一起工作的经验使得我的写作能力得到了无限的提高。乔希·古德曼（Josh Goodman，哈佛大学肯尼迪政治学院的公共政策助理教授）在出版第一版的《财政学》时担任我的研究助理，他不仅提供了本书大约一半的案例、趣闻、数据和图表，而且不知疲倦地工作了一年多来满足我对实例和应用最苛刻和深奥的要求。在大多数情况下，他用来说明我想表达的观点的案例都是最理想的。他还将我那些龙飞凤舞的图变成漂亮的幻灯片演示文稿。他还是一个能找到任何数据或事实的大师，不论问题是多么晦涩。我也非常感谢吉娜·李（Gina Li）和蒂凡尼·李（Tiffany Li）为本书背景研究所提供的帮助。我要特别感谢锡耶纳·哈林（Siena Harlin），他花了很长时间来更新本书的数百个事实，以扩展现有的应用，并提供新的应用。

最后，我觉得对我的家人亏欠最多。我很感谢我的父母——马蒂（Marty）和艾丽（Ellie），他们为我提供了让我追求这份事业的教育和技能。我希望我的孩子山姆（Sam）、杰克（Jack）和阿瓦（Ava），可以在我没时间陪他们并且在他们的重要时刻把时间花在本书的案例研究上时，找到一些小小的慰藉。我最感激我美丽的妻子安德里娅（Andrea），她在本项目中的牺牲是最大的。她那毫无保留的支持，从最初的决策过程一直持续到最后一页的证明，也是这一努力得以达成的支柱，我希望有一天我能补偿她。

目　录

第1章

为什么要学习财政学？

需要牢记的问题

- 什么是财政学？该领域解决的关键问题是什么？
- 关于政府的规模和增长情况以及税收与支出的分配问题，有哪些关键事实？
- 美国最重要的政策争论有哪些？

2010年3月23日，美国时任总统巴拉克·奥巴马（Barack Obama）签署通过了《患者保护与平价医疗法案》（Patient Protection and Affordable Care Act），俗称平价医疗法案（ACA）。该法案是为了改革美国医疗保险的覆盖范围与融资制度而提出的。

在平价医疗法案中，政府计划在2010—2019年投入近一万亿美元到公共健康保险及补贴私人健康保险当中，而这部分费用将通过削减现有公共保险项目的开支并向医疗部门和富人征收新的税收来抵消。

由于平价医疗法案的出台，保险公司不能再歧视患者，而且能买得起健康保险的个人将被强制购买保险或者支付罚金。此外，数十项新举措也在实行当中，以试图控制美国医疗保健支出的过快增长。国会预算局（Congressional Budget Office，CBO）预计，2017年平价医疗法案完全实现后，美国拥有医疗保险的人数将增加2 600万，政府财政赤字在2010年到2019年之间将减少1 000亿美元以上。另外，医疗保险和医疗补助服务中心（Centers for Medicare and Medicaid Services）预计，到2019年之前，该法案将使美国的医疗支出增加1%～2%。①

平价医疗法案可能是过去40年中美国制定的最为重要的一项社会政策法案。然而，

① Gruber (2010)；CBO (2014).

尽管它已经被通过，国会、各州及各级政府围绕该法案的争论仍然激烈。支持者认为，这项法案能纠正保险市场失灵，减少无保险者的经济负担，并且从长期来看能起到控制医疗成本的作用。众议员南希·佩洛西（Nancy Pelosi）是一位民主党人，2009—2010年平价医疗法案进行初始辩论时，她担任众议院的议长，她说：

> 这项法案是为数百万在高昂医疗成本重压下倾家荡产的家庭量身定制的……也是为每年由于无法得到医疗保险而失去亲人的45 000个美国人和他们的家庭所设计的……今天，我们有机会完成我们的社会尚未实现的伟大事业，通过改革，让医疗保险成为所有美国人的权利而非部分人的特权。①

奥巴马总统认为：

> 这项法案将减少成本，使更多的家庭和小型企业负担得起保险。这是一项使我们政府的长期结构性赤字开始降低的改革，是一项使数百万目前没有医疗保险的人终于能够有机会购买保险的改革，对于数百万已经拥有医疗保险的人来说，这项改革包含了新的强有力的消费者保护措施，保证了医疗保险更具稳定性、安全性和可控性。②

该法案的反对者将其视为政府权力在医疗保健部门的肆意扩张，他们认为，在政府赤字已经达到空前水平的情况下，该法案将使政府支出进一步膨胀。众议员约翰·博纳（John Boehner）是一位共和党人，他接任南希·佩洛西成为众议院议长。他发布了一篇名为《奥巴马医改“将增加开支，扩大税收，并危害美国就业率”》的新闻稿。他说：

> 凯泽家庭基金会（Kaiser Family Foundation）和《西雅图时报》（*Seattle Times*）的报告表明，奥巴马医改下的医疗费用将会飞涨，而民主党人声称他们的政府接管医疗保健部门后将使医疗保险变得更实惠的说法并没有得到正面验证。③

2010年，平价医疗法案投票通过后，共和党众议员罗恩·保罗（Ron Paul）说：

> 这真的是一个让人悲伤的周末，我们在众议院目睹了宪法被进一步损害，人民的意愿被无视，政府权力爆发性扩张，前所未有的企业偏袒，以及我们所熟知的优质医疗服务即将走向终点。④

2014年，平价医疗法案主要条款的实施并没有使相关争论有所减少。由于法案在联邦网站上的公开主页出现了严重问题，且人们因为现有保险关系的中断而怨声载道，

---

① 佩洛西的引用参见 http://www.democraticleader.gov/blog/?p=2209 和 http://pelosi.house.gov/news/press-releases/2010/04/releases-April10-hos.shtml（2010）。

② 奥巴马于2009年6月15日在美国医学协会年会（Annual Conference of the American Medical Association）上发表的讲话，参见 http://www.whitehouse.gov/the-press-office/remarks-president-annual-conference-american-medical-association。

③ 博纳的评论参见 http://www.politifact.com/ohio/statements/2011/mar/31/john-boehner/house-speaker-john-boehner-labels-money-health-car/（2011）和 http://healthcarereform.procon.org/view.answers.php?questionID=001526（2015）。

④ 保罗的评论参见 http://2012election.procon.org/view.answers.election.php?questionID=1706（2012）。

导致了该法律的民众支持率进一步下滑。众议院有超过 50 票主张废除该法律就可以反映这一点。与此同时，据估计，该法律实施的第一年使无保险人数减少了三分之一以上，美国新增获得保险人数超过 1 600 万。[①] 通过新的医疗保险交易所购买的健康保险，保费比 2014 年国会预算局预计的水平低了 15%，并且在 2015 年以历史最低速度增长。因此，截至 2015 年，平价医疗法案的预算成本比最初的预计低了 20%。[②]

政府在处理医疗保险覆盖范围和成本时应扮演何种角色的争论，引出了经济学的分支学科——财政学的基本问题。财政学的目标就是了解政府在经济中的恰当角色。在公共财政的支出方面，我们想知道：如果存在需要政府提供的服务，那么哪些服务应该由政府提供？为什么政府要支出数千亿美元为没有保险的人提供医疗保险（举一个例子）？更一般地说，为什么政府是高速公路、教育和失业补贴等商品和服务的主要提供者，而服装、娱乐以及财产保险等商品和服务则通常留给私人部门来提供？在公共财政的收入方面，我们想知道：政府应该向市民征收多少税？这一数额应该如何与个体的经济状况联系起来？在困难时期，哪些活动应该收税，哪些活动应该减税？税收会对经济运行产生怎样的影响？

1.1 财政学四大问题

简而言之，**财政学**（public finance）就是研究政府在经济中所扮演角色的学科。这是一个很宽泛的定义。该研究涉及**财政学四大问题**（four questions of public finance）：

> **财政学**：关于政府在经济中所扮演角色的研究。
>
> **财政学四大问题**：政府何时需干预经济？政府怎样干预？政府干预经济产生的效果如何？为何政府选择其独有方式干预经济？

- 政府何时需干预经济？
- 政府怎样干预？
- 政府干预经济产生的效果如何？或者说，不同干预政策的影响如何？
- 为何政府选择其独有方式干预经济？

在本节中，我们通过医疗保险市场这一具体例子来探讨以上四个问题。在医疗保险市场中，个人每月向保险公司支付保费，以换取患病期间保险公司为其支付医疗费用。医疗保险市场虽然只是众多受政府干预的市场之一，但由于医疗保健支出是美国政府预算中占比最大且增长最快的一项，因此以医疗保险市场为例子进行说明，十分具有代表性。

□ 政府何时需干预经济？

为了理解政府干预的原因，可以将经济看作生产者（企业）和消费者之间的一系列交易。如果交易能使至少一方的情况变好，而不使任何一方的情况变坏，则该交易是有效率的。当达成了尽可能多的有效交易时，经济的总效率最大。

---

① 登记信息详情参见 http://obamacarefacts.com/sign-ups/obamacare-enrollment-numbers (2015)。

② Kliff and Klein (2015).

初级微观经济学的基本知识点是，在大多数情况下，竞争性市场均衡是社会所能达到的最有效产出，即最大化有效交易所获得收益的产出。正如第 2 章所详细讨论的，价格的自由调整保证了在竞争市场达到均衡时，供给等于需求。当供给和需求相等时，所有对于生产者和消费者来说有价值的交易都会进行。任何被消费者认为其价值高于其生产成本的商品都会被生产和消费，而消费者认为其价值低于其生产成本的商品都不会被生产或消费。

如果竞争性市场均衡是社会所能达到的最有效产出，为什么政府还要干预这些市场的运行？有两个原因能回答政府为什么会想要干预市场经济：市场失灵和再分配。

市场失灵： 导致市场经济无法实现效率最大化产出的问题。

市场失灵 **市场失灵**（market failures）的存在，是政府干预经济的首要动机。市场失灵导致市场经济无法实现效率最大化产出。在本书中，我们将讨论一系列市场失灵的情况，这些市场失灵会影响和阻碍我们在初级微观经济学中学过的市场力量的发挥。下面，我们简要探讨一个医疗保险市场失灵导致其均衡产出无效率的例子。

乍看之下，医疗保险市场似乎是一个标准的教科书式的竞争性市场，有大量保险公司提供医疗保险，同时有大量家庭需要医疗保险。市场均衡在供给等于需求时达到，此时，社会效率最大化：任何认为医疗保险的价值高于其生产成本的人都能买到保险。

2010 年，也就是平价医疗法案实施之前，美国有 4 900 万人没有医疗保险，相当于非老年人口的 18.5%。如我们将在第 15 章中讨论的，在美国，根据国家老年人医疗保险计划，老年人享有全民医疗保险。① 但大量无保险人口的存在并不意味着市场没有发挥作用，毕竟还有更多的美国人没有大电视，没有新车，或者没有属于自己的房子。少数人没有保险这一事实本身并不能证明市场存在问题，只是意味着那些没有保险的人认为在当前的价格下，保险不值得购买。

那么这个让 4 900 万人没有医疗保险的均衡产出是不是社会能达到的最有效产出呢？根据下面这个例子判断，答案也许是否定的。假设我没有保险，那么我就不能每年接种一次流感疫苗。由于没有接种疫苗，我患流感的风险增加了，同时，我把流感病毒传染给所有与我接触的且没有接种疫苗的学生的风险也增加了。如果这些学生生病了，他们的医疗成本将上升，课堂表现会变差。因此，医疗保险的总价值或者说社会价值并不仅仅在于它改善了我个人的健康状况，同时在于它改善了我的学生的健康状况，降低了他们的医疗成本，提高了他们的课堂表现。因此，如果保险的社会总价值，也就是对于我自己的价值加上对于我接触到的其他人的价值之和，高于保险的成本，那么我就应该购买保险。

然而，当我决定是否购买保险时，我只会考虑保险对我个人的价值，而不会考虑它的社会总价值。假设我不介意得流感，保险对于我的价值低于其成本，但是对于我的学生来说，看病需要支付的昂贵医药费以及课堂表现变差带来的影响，使得保险的社会价值高于其成本。在这种情况下，即使社会（包括我和我的学生）福利会因为我购买保险而上升，我仍然不会购买保险。在这一情形当中，竞争下的产出并没有实现社会总效率的最大化。

---

① Employee Benefit Research Institute (2011).

这是一个负外部性的例子，我所做的决定给他人带来了成本，但我没有承担。从社会的角度出发，由于负外部性的存在，我没有考虑我的医疗决策给他人带来的成本，从而低估了保险的价值。在第5章和第6章我们将对外部性进行更详细的讨论，上述例子说明了会导致竞争均衡产出低于社会效率产出的一种市场失灵，本书后续章节还将讨论其他类型的市场失灵。

如果竞争均衡没有得到效率最大化的产出，则存在通过政府干预获得效率改进的潜在可能性。由于政府不仅会考虑我的成本和收益，而且会考虑其他人的成本和收益，因此政府能更准确地比较社会成本和社会收益，并在总收益高于总成本时引导我去购买保险。然而，正如我们在回答第四个问题时强调的，私人市场的产出没有达到效率最大化，并不意味着政府干预就必然会使效率得到提升。

☞应用

现代麻疹流行

麻疹，是所有儿童都应该接种疫苗的疾病之一。麻疹在人与人之间的传播主要通过呼吸道飞沫，其病征为持续5～6天的高烧以及严重皮疹。20世纪60年代初，美国每年有300万～400万人患麻疹，每年报告的死亡病例有500例。由感染麻疹带来的其他成本包括医疗费用以及父母为了照顾生病的孩子而损失的工作时间。

1963年，美国引进了一种麻疹疫苗。接种麻疹疫苗能大大降低但不能完全消除感染麻疹的概率，且如果没有定期打“加强针”以重新激活免疫力，疫苗的效力会随时间逐渐减弱。由于疫苗的接种，20世纪80年代，美国的麻疹病例已经相当罕见，每年报告的病例不超过3 000例，鲜少有死亡病例。

然而，在1989—1991年期间，美国出现了一次严重的麻疹疫情，这种被大家认为已经根除的疾病使超过50 000人感染，其中123人死亡。原来，此次疫情是由城市青少年弱势群体的低接种率所导致的。在所有新病例当中，有三分之一出现在洛杉矶、芝加哥和休斯敦，而且有一半的感染儿童没有接种过麻疹疫苗，尽管他们大部分都会定期做健康检查。这些没有接种疫苗的儿童对其他接种了疫苗但疫苗效力可能减弱的儿童产生了负外部性。之所以说有负外部性，是由于未接种疫苗的儿童增加了其他儿童患病的风险，却没有承担风险增加所带来的成本。

20世纪90年代初，联邦政府为了应对此次健康危机，公开鼓励父母带他们的子女去接种疫苗，同时为那些低收入家庭承担相应的疫苗费用。这些措施的效果非常明显，麻疹疫苗的接种率在1995年上升到了90%，而在疫情发生前，接种率从未超过70%。① 且在2001—2011年间，平均每年只有62例麻疹病例。

然而麻疹流行病问题在2014年再次出现，据新闻报道，当时的感染数量达到了20世纪90年代初以来的最高水平：27个州共有644例。② 最具有新闻价值的是2014—2015年冬天在加利福尼亚州安纳海姆的迪士尼乐园暴发的麻疹疫情。从2014年12月

---

① 有关1989—1992年间麻疹疫情的讨论来自Wood and Brunell (1995)。

② Belluz (2014).

28日到2015年3月13日，来自七个州的145例麻疹都与迪士尼乐园暴发的疫情有关。①

这次麻疹暴发的主要原因在于：尽管已经进行了大量宣传，同时增加了低成本疫苗的可获得性，但很多家长仍然拒绝给他们的孩子接种疫苗。这主要与1998年在英国杂志《柳叶刀》(*The Lancet*)上发表的一篇被大量引用(现已被完全推翻)的研究有关，该研究声称儿童接种疫苗会导致自闭症。然而，之后的研究报告驳斥了这一发现，那篇文章也在2010年被正式撤回，《柳叶刀》的编辑宣布："毫无疑问，论文中的观点是完全错误的。"②

尽管如此，一场浩大的"抗疫苗"运动已经展开，导致一些地区未接种疫苗的儿童数量相当庞大。例如，在华盛顿州的瓦雄岛，有17%的幼儿园儿童由于"个人观念或哲学意义"上的免除，在2013年没有得到疫苗接种③，这一数量是全国平均水平的9倍之多。④ 2012年针对全国疫苗免接种政策的一项研究发现，在允许出于个人观念原因不接种疫苗的20个州当中，有9个州只要简单地签署一份表格就可轻松获得免接种资格。那些允许由于个人观念问题不接种疫苗的州，其疫苗计划的退出率是仅允许因宗教原因免除疫苗接种的州的2.5倍。⑤ 研究发现，疫苗接种率较低的地区更容易暴发疫情。⑥

麻疹问题的再次出现，引发了关于政府是否需要采取比20世纪90年代初更强硬的干预措施的问题。例如，加利福尼亚州最近颁布了一项立法，这项立法增加了家长为其子女选择不接种疫苗的难度，同时要求儿童在入读加利福尼亚州学校之前接种特定传染性疾病的疫苗。⑦ 政府在保障公众健康和尊重个人偏好之间的平衡，是我们在本书中讨论的重要的政策问题之一。

再分配： 资源从社会上的某些群体手中转移到其他群体手中。

再分配 政府干预经济的第二个原因是**再分配**(redistribution)，即资源从社会上的某些群体手中转移到其他群体手中。我们把经济看作一个馅饼，其大小由经济的社会效率决定。如果不存在市场失灵，那么私人市场的供求力量能使馅饼最大化；如果存在市场失灵，那么就存在政府使馅饼增大的潜在可能性。

然而，政府关心的不只是整个馅饼的大小，还有它的分配情况，即每个人所得到的馅饼的大小。如我们在第2章中讨论的那样，整个社会可能会认为，通过市场经济决定的资源分配是不公平的，例如，社会可能认为一个富人增加一美元的消费，其价值低于一个穷人增加一美元的消费。纠正这种不合理分配的主要方法是通过政府干预对资源进行再分配，使资源从那些被社会认为"太富裕"的群体手中转移到"不够富裕"的群体

① Ellis (2015).
② Lallanilla (2014).
③ Raja and Mooney (2014).
④ Centers for Disease Control and Prevention (2014).
⑤ *New England Journal of Medicine* (2012).
⑥ Atwell (2013).
⑦ Martinez and Watts (2015).

手中。例如，2010 年，美国 70%的无保险人所在的家庭年收入低于 50 000 美元。因此，社会可能认为应该对那些有保险的高收入人群进行资源再分配，将部分资源转移给没有保险的低收入人群。

在某些情况下，社会可以进行只改变分配情况而不改变馅饼大小的再分配。然而，通常情况下，从一个群体到另一个群体的资源再分配会导致效率损失。之所以产生损失，是因为再分配行为导致个人改变了其自身行为从而远离了效率最大化点。例如，如果我们向富人征税，然后把钱分配给穷人，那么这些税收会导致富人不再像以前那样努力工作（因为他们无法从工作中获取和过去一样多的报酬），而穷人也会减少工作量（因为他们就算不像过去那样努力工作，也能维持同样的生活水平）。当这些人群的工作努力程度均下降时，则无法生产出消费者认为其价值高于其生产成本的产品，从而导致社会效率降低。

于是，通常情况下我们需要在馅饼大小和馅饼分配情况之间做出权衡，我们将其称为公平与效率的权衡。社会通常必须在馅饼更大但分配不公和馅饼更小但分配公平之间做出选择。

□ 政府怎样干预经济？

在决定了是否需要政府干预后，接下来的问题是政府怎样干预。政府通常可以采取以下几种不同的方法进行干预。

对私人销售或购买进行征税或给予补贴　政府处理私人市场失灵的一种方式是利用价格机制，即通过以下两种政府政策来改变某一商品的价格：

（1）通过税收政策，提高私人销售或购买过程中供过于求的商品的价格；

（2）通过补贴政策，降低私人销售或购买过程中供不应求的商品的价格。

回到医疗保险的例子，平价医疗法案的一个关键要素就是为低收入家庭提供医疗保险费用补贴，尽管这种补贴是通过给予低收入家庭税收抵免，以降低其保险成本的方式实现的。

限制或强制私人销售或购买　此外，政府也可以直接限制个人销售或购买供过于求的商品，或者强制私人销售生产不足的商品并迫使人们购买这种商品。平价医疗法案要求个人购买医疗保险，否则将面临税务罚款。其他很多国家，如德国和瑞士，也要求几乎所有公民都要拥有医疗保险。

公共供给　为了使社会福利最大化的消费水平有可能实现，另一种替代方法是让政府直接提供该商品。在美国，超过四分之一的人口所拥有的保险是直接由政府提供的；而在加拿大和许多其他发达国家，所有公民享有的医疗保险都是由政府直接提供的。

私人供给的公共融资　最后，政府也许想要影响消费水平，却又不想直接提供某种商品。在这种情况下，政府可以通过资助私人企业的方法使商品供给达到所需要的水平。例如，2003 年颁布了一项立法，为针对残疾人和老年人的美国医疗保险计划增加了一项处方药福利，该处方药保险由私人保险公司提供，由联邦政府进行报销。

可以看到，政府在干预市场的过程中存在着各种不同的政策选择。当考虑政府要如何干预时，政策制定者应对每一种选择进行仔细评估以确定最佳干预政策，这自然就引出了第三个问题：我们如何对这些政策选择进行评价？

□ 不同干预政策的影响如何?

第三个问题要求政策制定者考虑到每一个政策选择的影响，这一评价过程也是实证财政学关注的焦点。实证财政学通过收集数据，构建统计模型来评估个人和企业面对政策干预时的反应。有关实证财政学的内容，我们将在第 3 章进行更详细的讨论。

在评估政府干预产生的影响时，政策制定者需要注意的是，任何政策都有直接影响和间接影响。

直接影响：面对政府干预时，在个人没有改变自身的行为的情况下，政府干预政策所带来的预期影响。

直接影响　政府干预的**直接影响**（direct effects）是指面对政府干预时，在个人没有改变自身的行为的情况下，政府干预政策所带来的预期影响。例如，假设在 2010 年，政府决定通过提供免费的公共医疗服务来解决部分人没有保险的问题（如英国采取的做法）。政府按照 4 900 万无保险人口平均每人每年 2 500 美元的治疗费用计算，得出这项干预措施每年将花费约 1 250 亿美元。这是一笔庞大的数目，但这一数字比美国政府 2010 年实际花费在医疗保健服务上的数额（8 180 亿美元）要少得多。根据这种计算方法，政府只要花费总共 3.7 万亿美元联邦预算中的不到 3.5%，就可以覆盖所有无保险的人。①

间接影响：个人由于政府干预而改变自身行为所带来的影响。

间接影响　政府干预的**间接影响**（indirect effects）是指个人由于政府干预而改变自身行为所带来的影响。例如，是否购买保险是人们能自主决定的事情而非固定的个人特征。政府通过为无保险的人提供免费的医疗保健服务，使得自己花钱购买保险的人产生了退出已购买保险的强烈动机，继而参与政府的免费医疗计划。

假设有一半已经购买了私人保险的非老年人采取上述做法，那么使用公共医疗资源的人数将增加 8 800 万，如果新增的这部分人每人每年的平均花费同样是 2 500 美元，那么该计划的支出将增加到原来支出的近三倍，每年的花费将高达 3 400 亿美元！另外，如果只有 10%的私人保险持有者这样做，那么政府每年增加的支出仅为 1 650 亿美元。

评估为无保险者提供免费公共医疗服务政策的关键问题在于：有多少有保险者会放弃自己购买的私人保险，而加入免费公共医疗服务计划呢？这是一个实证性的问题。财政学家需要利用一定的数据分析方法来得到改变行为人数的最优估计。在本书中，我们将讨论各种实证财政学家进行估计时所采用的方法，以及经济学家如何利用这些估计结果去分析不同干预政策所产生的影响。

☞**应用**

国会预算局：政府的记分员

实证经济学并不只是学者的玩物。实证经济学的方法和结论对各个层级的政府制定公共政策都十分重要。关于国会预算局的一个例子很好地说明了实证经济学的作用。

国会预算局成立于 1975 年，其主要职责是为国会的经济和预算决策提供客观、及

① Office of Management and Budget (2006a), Table 3.1.

时、不含党派色彩的分析。[1] 国会预算局在政府政策辩论中越来越倾向于充当“记分员”这一关键角色，所有立法性支出提案必须首先经过国会预算局分析人员的成本估计。鉴于联邦政府的预算压力，政策制定者将提案交由国会预算局进行评估的时间越来越提前。如果能够尽早知道他们的支出方案能得到什么样的“分数”（例如，国会预算局认为该方案会带来多少成本），他们就能调整建议，使其更好地符合既定预算目标。

毫不夸张地说，一项立法提案的命运通常就掌握在国会预算局的经济学家手上。事实上，国会预算局在1994年给克林顿政府的美国医疗改革计划贴上的巨额标签常被认为是该提案失败的关键因素。[2] 国会预算局在2009—2010年促使平价医疗法案通过的医改争议中也扮演了具有同等影响力的角色，正如一份报道中所写的那样：“对立法提案长达25页的‘评分’在华盛顿被视为‘圣经’。”[3] 我们将在第3章中学习的方法以及贯穿全书得到的众多结论，都是国会预算局分析人员进行内部审议的核心。

□ 为何政府选择其独有方式干预经济?

最后，作为学习公共政策的学生，我们必须认识到，政府不能被简单地看作为了减轻市场失灵或保证社会资源适当分配而进行干预的角色。在实践中，政府面临着如何将数百万公民的偏好汇总到一个连贯完整的政策决策中的难题，这就引出了关于财政学的第四个问题：为何政府选择其独有方式进行干预？注意这个问题和第二个问题（即政府怎样干预经济）的重要区别：第二个问题是关注事情应该如何完成的规范性问题，而第四个问题是关注事物为何会如此的实证性问题。

> **政治经济学**：研究政治过程如何产生对个人和经济造成影响的决策的理论。

为了回答这一问题，我们将在第9章中讨论**政治经济学**（political economy）的工具，即关于政府如何制定公共政策的理论。政府在了解公众需求以及如何进行政策选择以满足这些需求时面临着巨大挑战。此外，政府的决策动机远远不是纠正市场失灵或重新分配收入这么简单。正如许多市场失灵会干扰私人市场达到福利最大化产出一样，政府失灵也会导致不恰当的政府干预行为。政客必须考虑各种各样的观点和压力，而在众多的意见和建议当中，只有两种政策设计是我们所需要的：一种是以经济效率最大化为目的的，另一种是以利用社会偏好的方式对资源进行再分配为目的的。

只需看看相似国家中的各类医疗保险政策，我们就能知道，政府所考虑的比简单的效率或再分配要多得多。为什么美国主要依赖私人医疗保险，而与美国接壤的类似国家——加拿大，则依赖于国家公共医疗保险呢？为什么德国对私人医疗保险的覆盖率有强制要求，而英国则提供免费的国民医疗保健服务呢？回到第一个问题（即政府何时需干预经济），那么在建议政府干预之前，我们必须解决以下问题：在实践中，政府真的能够缓解或解决问题吗？政府失灵是否会使问题变得更加严重？

---

① 国会预算局相关信息参见 http://www.cbo.gov/aboutcbo/。

② 克林顿政府曾宣称，其医疗改革计划在1995—2000年期间将为国家节省600亿美元，但是，国会预算局（1994）报告称，事实上，它在此期间将花费国家700亿美元。

③ Irwin (2010).

1.2 为什么要学习财政学？美国及世界各地政府的相关事实介绍

到目前为止，我们已经阐明了财政学是什么，但是有些人可能仍然不清楚为什么要将宝贵的时间花费在这个话题上。财政学之所以引人入胜，是因为政府在我们的日常生活中扮演着支配性的角色。在本节，我们将通过了解美国和其他发达国家政府的一些关键事实来详细阐述政府的这种角色。此外，为了激发学生学习财政学的兴趣，我们会从这些事实中提出一些有趣的问题。

□ 政府规模及其增长

图 1－1 显示了 20 世纪美国联邦政府开支的增长情况。1930 年，联邦政府的活动支出仅占 GDP 的 3.4%，之后在大萧条期间有所增加，在第二次世界大战期间增长更为迅速，并在 1943 年到达最高点。从 20 世纪 50 年代到现在，政府的平均支出规模约为 GDP 的 20%，尽管在 20 世纪 80 年代初、90 年代初以及最近几年的几次经济衰退中占比有所上升，在 2009 年达到 GDP 的近四分之一，但在 2014 年又恢复到了 20%。

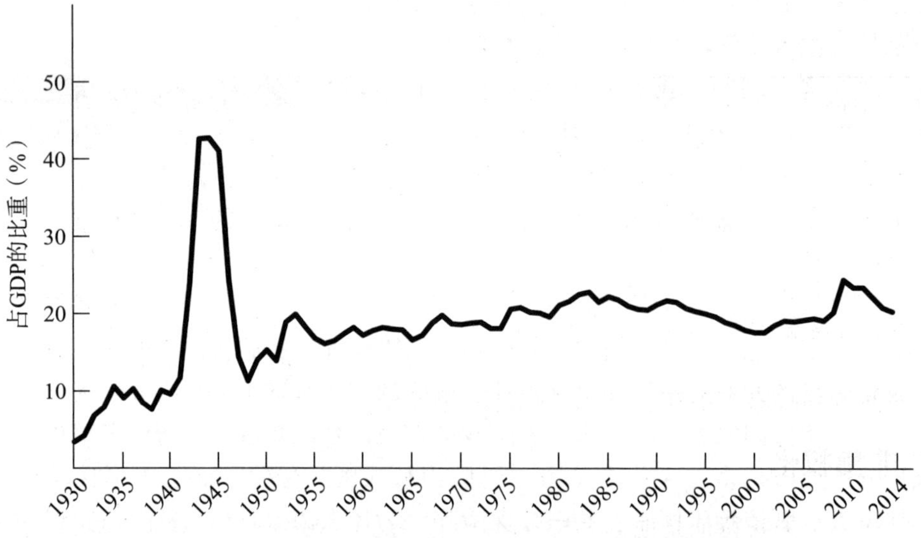

图 1－1　1930—2014 年联邦政府支出占 GDP 的比重

资料来源：Office of Management and Budget (2015).

说明：1930 年到 2014 年，联邦政府支出占 GDP 的比重从不到 3.4%上升到 20.3%。1941—1945 年，政府支出比重的快速飙升是由于第二次世界大战期间国防支出的大规模增加。

政府规模的增长也体现在其他发达国家当中。图 1－2 显示了自 1960 年以来美国、瑞典、希腊和经济合作与发展组织（Organization for Economic Cooperation and Development，OECD）中工业化国家的政府支出增长情况。这些曲线的变化相当有趣，1960

年，美国的政府支出占 GDP 的比重与 OECD 的平均水平基本一致。① 然而，在 1960 年到 1970 年之间，其他 OECD 国家的政府规模增长比美国要快得多，因此，到了 1980 年，美国政府支出占 GDP 的比重相较于其他国家要小得多。希腊的政府规模在最开始时远低于美国，但从 1960 年到 2015 年，希腊的政府支出占比增长了两倍以上，其目前占 GDP 的比重远远高于美国。② 1960 年，瑞典的政府支出占 GDP 的比重与其他国家相近，但这一比重增长十分迅速，因此，到了 20 世纪 90 年代，政府支出已达到瑞典 GDP 的三分之二。从那之后，瑞典的政府规模迅速下降，目前所占比重约为 GDP 的 50%，略低于希腊。③

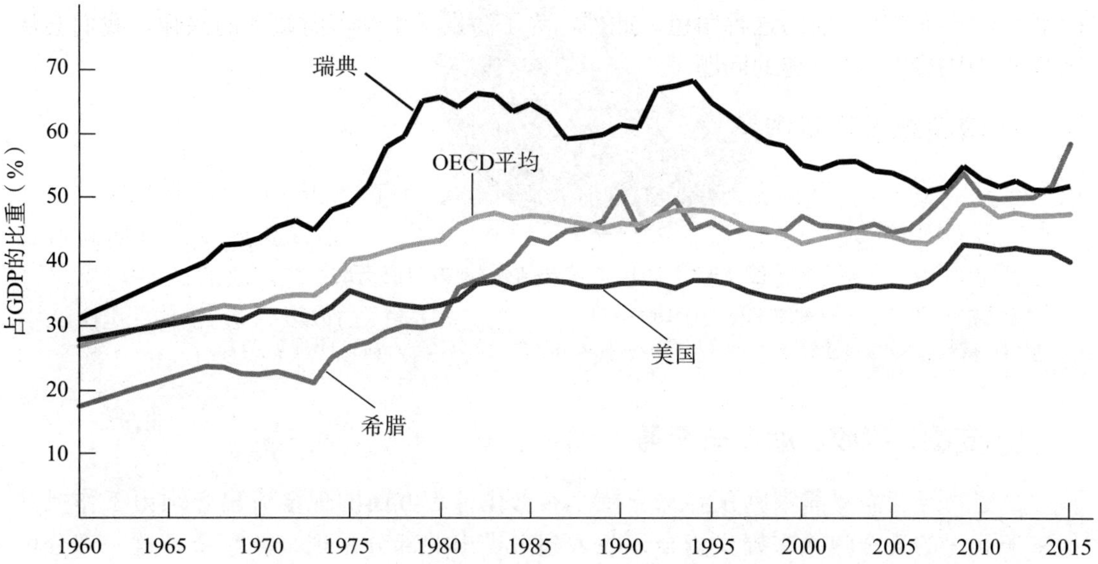

图 1-2　1960—2015 年发达国家政府支出总额

资料来源：OECD，1982（Table 6.4）；OECD，1986（Table 6.5）；OECD，1992（Table 6.5）；OECD，1995（Table 6.5）；OECD，2002（Table 6.5）；OECD，2003；OECD，2011（Annex Table 25）；Heritage Foundation and *Wall Street Journal*（2015）.

说明：所有发达国家政府支出占 GDP 的比重都在增长，但是增长的速度各不相同。美国的政府规模在此期间增长幅度较小，而希腊的政府支出占经济的比重增长了两倍以上。

- 如何解释政府支出在 20 世纪的增长？

□ 非集权化

政府的一个关键特征是地方和国家政府单位的集权化程度，即支出在多大程度上集中于高层级政府（联邦）或低层级政府（州和地方）。图 1-3 分别显示了美国的联邦政府支出和其他各级政府（包括州、县和地方政府）支出的占比情况。可以看到，

① 需要注意的是，图 1-2 中政府规模占 GDP 的比重要大于图 1-1 中的比重，这是由于图 1-2 包括各级政府，而图 1-1 只包含联邦政府。

② 最近几年希腊政府支出的激增是由于经济崩溃导致政府支出相对规模大幅增加。

③ 尽管瑞典和希腊两国的政府规模相近，但瑞典在近几年的经济衰退中比希腊更成功地幸存下来，表明了两个国家的经济表现差异是由政府规模以外的其他因素造成的。

联邦政府支出占了主要部分，但其他各级政府支出也占据了相当比例，约为政府支出总额的三分之一，大于 GDP 的 11%。不同国家的集权程度（联邦政府支出占比）大相径庭，部分国家联邦政府支出占比接近 100%，即联邦政府掌握了几乎所有的政府支出权力。

● 在政府活动中，适当的集权化和非集权化程度是多少？

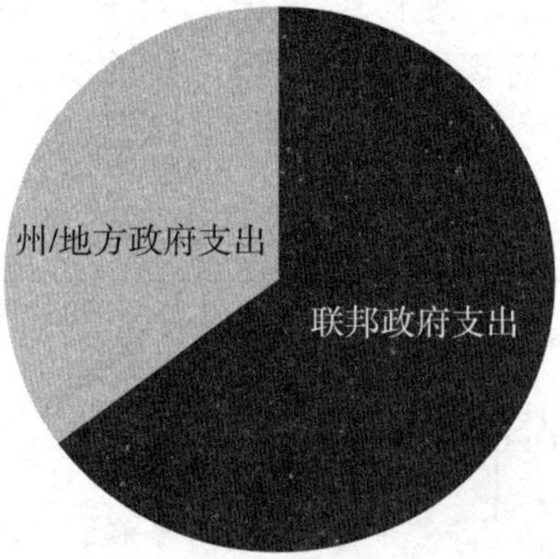

图 1-3　2014 年联邦与州/地方政府支出

资料来源：Office of Management and Budget (2015).

说明：目前，美国州和地方政府的支出约为政府支出总额的三分之一，高于 GDP 的 11%。

□ 支出、税收、赤字与债务

家庭的经营需要靠家庭预算来支持。衣食住行等方面的现金流出必须由工作或其他来源获得的现金流入来提供资金。收入超过支出的部分是现金流剩余，这一部分可以用于储蓄，为将来的花费提供资金，或者通过继承的方式（也可以说是遗产），在离世后由子女花费。收入低于支出的部分是现金流赤字，必须由过去的储蓄或向别人借款来提供资金。任何借款导致的家庭债务积累，最终都必须由未来的现金流入偿还。

从根本上讲，政府的财政运行与家庭的经营并无不同。其现金流出表现为政府支出，现金流入则表现为税收收入。当收入超过支出时，产生预算盈余；当收入低于支出时，则会导致预算赤字。每增加一美元的政府赤字都会增加政府债务总额。因此，赤字衡量的是当年收入相对于支出的缺口；债务衡量的是随时间积累的过去的赤字。这些政府债务必须通过向当地或国内的公民借款，或向其他国家或地区的公民借款来提供资金。

图 1-4 中的三个图显示了美国联邦政府的收入和支出、盈余或赤字，以及债务情况。如图 1-4a 和图 1-4b 所示，除第二次世界大战期间（1941—1945 年）政府支出大幅增长、支出与税收收入严重不匹配以外，一直到 20 世纪 60 年代末，美国联邦政府的预算都接近平衡。从 20 世纪 70 年代中期到 90 年代中期，赤字规模相对较大，一度增长至 GDP 的 5%左右。20 世纪 90 年代，赤字规模大幅缩减，并在 20 世纪 90 年代末转变为相当规模的盈余。但在 21 世纪初，美国又回到了赤字的状态，与 20 世纪 70 年代的赤字水平相当。将近 2010 年的时候，赤字已经扩大到战后出现过的最高水平，但近

几年，政府收入的增加以及支出的减少使赤字水平又回到了过去 40 年的平均水平。

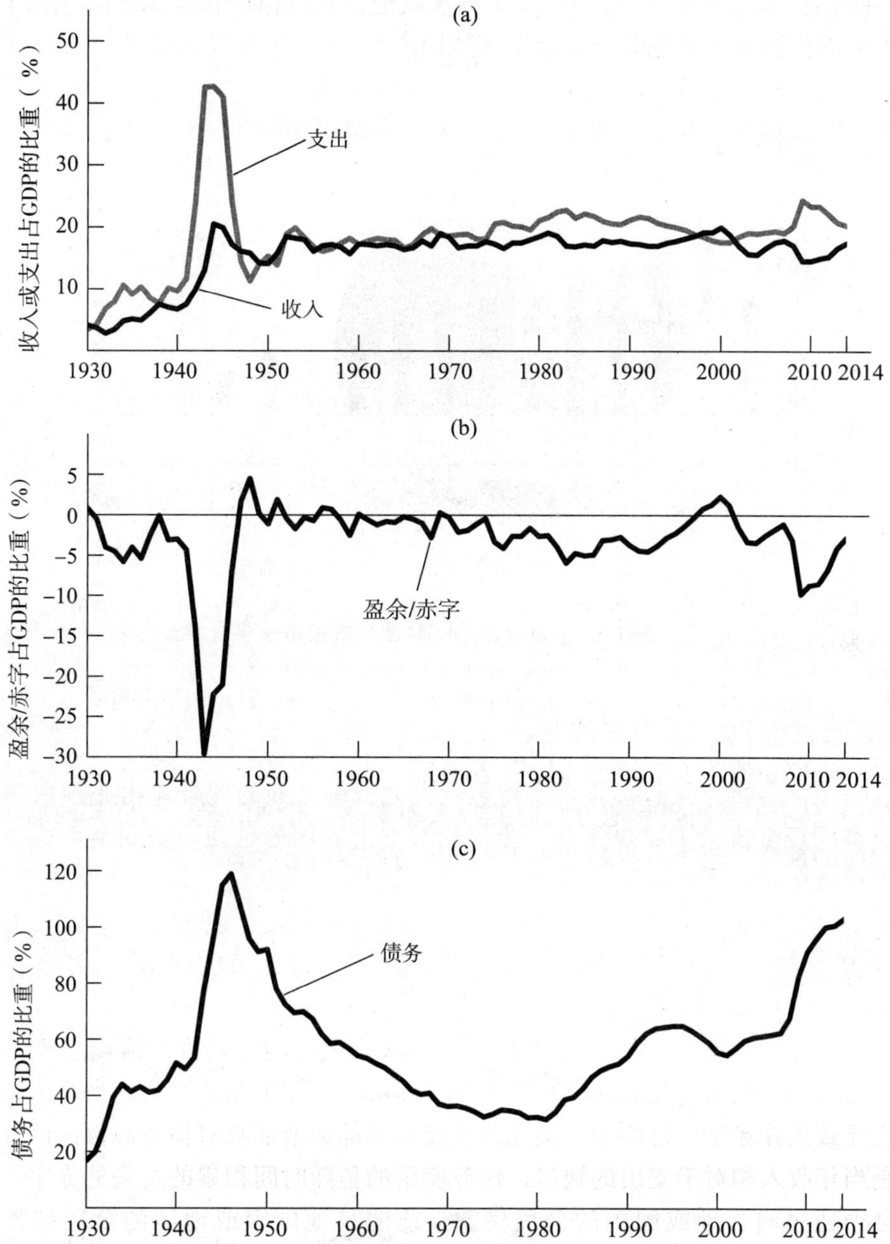

图 1-4　1930—2014 年联邦政府的收入和支出、盈余或赤字以及债务

资料来源：Office of Management and Budget（2015）；1930—1939 年的债务数字来自美国财政部公共债务局（U. S. Department of the Treasury's Bureau of the Public Debt）。

说明：在 20 世纪，除第二次世界大战期间以外，联邦政府的税收收入与支出的变化基本一致。但从 20 世纪 70 年代开始，支出平均比收入高出几个 GDP 百分点，导致目前的联邦政府债务已经超过了 GDP 的 100%。

财政赤字对联邦债务的影响如图 1-4c 所示。债务存量在第二次世界大战期间急剧上升，随后稳步下降，20 世纪 80 年代的大量赤字使其再度增加。除了在 20 世纪 90 年代中期到后期有一个短暂的停顿，债务在1980年之后始终保持大幅增长态势，目前已经超过GDP的103%。图1-5对比了美国和其他发达国家的债务水平，美国的债务水平要高于大部分国家，但负载仍远低于其他国家。

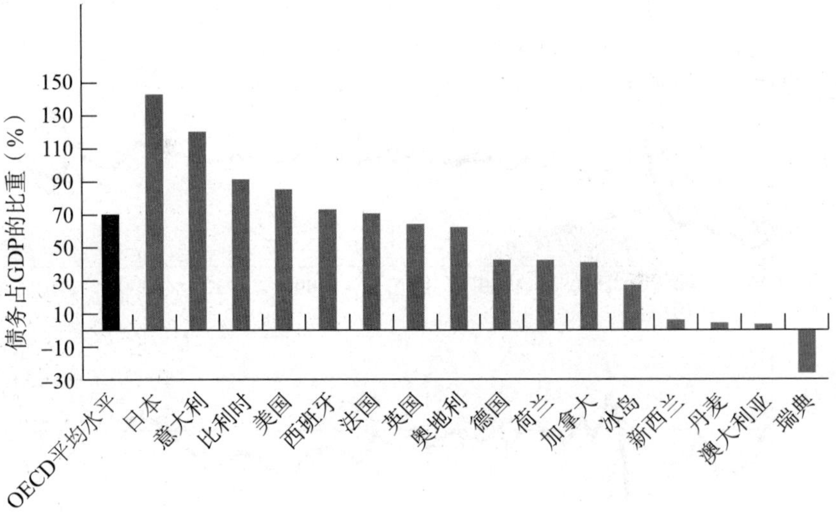

图1-5　2014年OECD国家的债务水平

资料来源：Organization for Economic Cooperation and Development (2014).

说明：尽管各国的债务水平差异很大，但美国的债务水平在发达国家中具有一定的代表性。

- 赤字规模和债务水平较高的代价是什么？

图1-6显示了美国州和地方政府的收入和支出。有趣的是，与联邦政府不同，州和地方政府的预算呈现盈余状态：每年州和地方政府的赤字都很少。

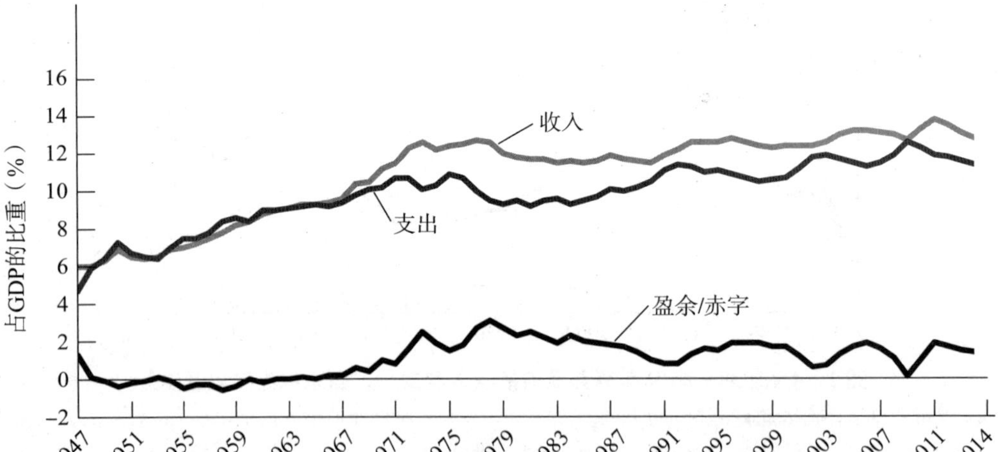

图1-6　1947—2014年州和地方政府的收入和支出以及盈余/赤字

资料来源：Office of Budget and Management (2015).

说明：州和地方政府的收入几乎总是大于支出。

- 为什么州和地方政府能够平衡预算，而联邦政府不能？

□ 支出的分布

到目前为止，我们只讨论了美国政府支出的总规模，而没有讨论这些资金的用途。图 1－7 显示了 1960 年和 2014 年联邦政府及州和地方政府的几大类支出的分布情况，从图中，我们能得到几个明显的结论：一是联邦政府的支出结构（图 1－7a）发生了巨大变化。1960 年，将近一半的联邦政府支出为国防、国内外的军事支出。

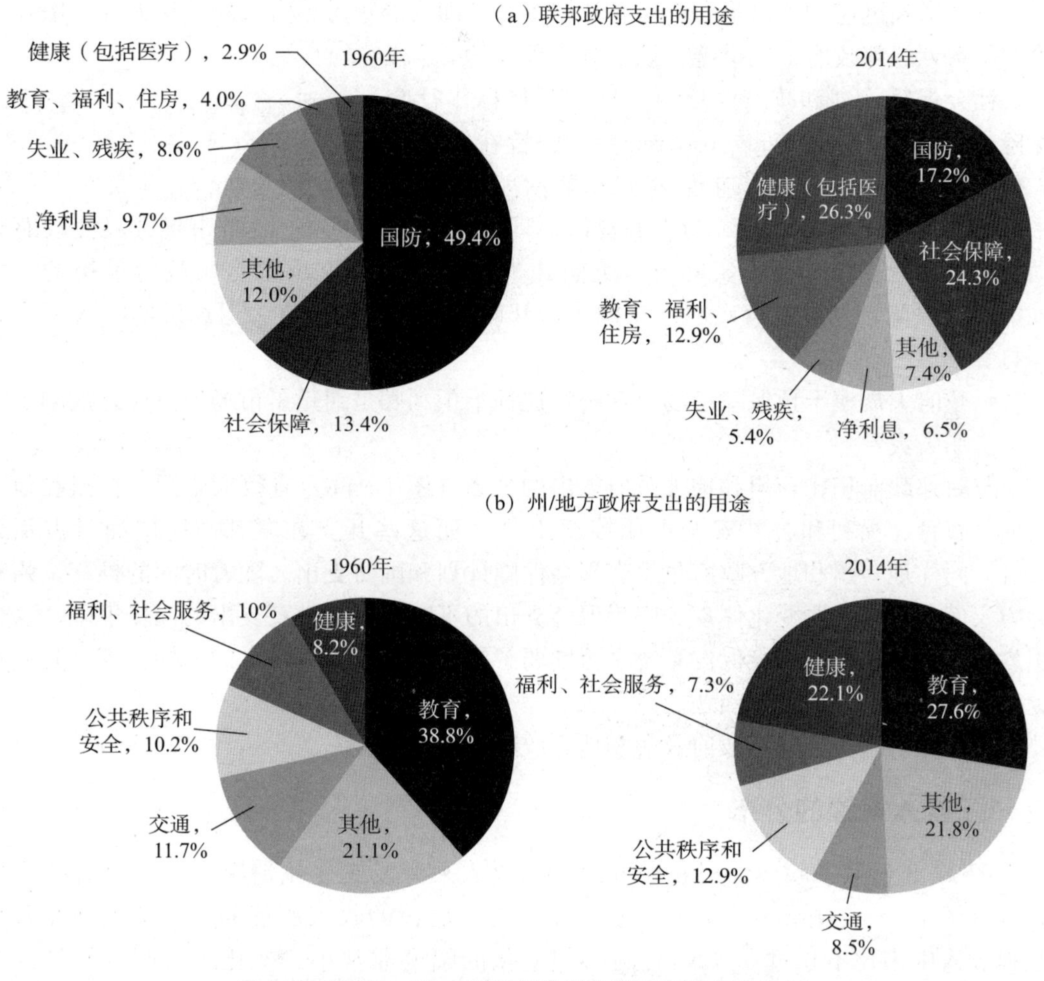

图 1－7　1964—2014 年联邦政府和州政府的支出分布

资料来源：Bureau of Economic Analysis，NIPA Table 3.16；Office of Management and Budget (2015).

说明：该图显示了联邦政府和州政府的支出结构（各类支出占总支出的比例）的变化情况。(a) 联邦政府方面，国防支出下降，社会保障及健康支出上升。(b) 州/地方政府方面，医疗保健支出的上升导致了教育支出的下降。

国防是经济学家所说的典型的**公共品**（public goods，又称公共物品），任何个人对这类产品的投资都会为一个更大的群体中的每个人带来收益。如果有人买了导弹来保护波士顿，那么这座城市当中的所有居民都能享受这颗导弹带来的收益。正如我们将在第 7 章详细讨论的，私人部门可能会导致这种公共品的供给不足：如

公共品：任何个人对公共品的投资都会为一个更大的群体中的每个人带来收益。

果我承担了购买导弹的全部成本，而它带来的福利是城镇里的每个人都能够享受到的，那么我可能就不会把钱花在导弹上。这就使得公共品的提供成为政府的重要职能之一，政府在该领域占据了大部分支出的事实就是其重要体现。

然而，今天的国防支出已经减少到了联邦政府预算的 20%以下，与此同时，有两类政府支出却呈现大幅增长的态势。一是社会保障计划，即为退休的老年人提供收入支持的计划。这是美国目前最大的单一政府项目，占联邦政府预算的 24.3%。另一项规模庞大且增长迅速的支出是医疗保健计划支出，即为老年人、穷人和残疾人提供医疗保险的一系列联邦政府干预措施，该部分占预算的 26%以上。①

社会保险计划： 为了解决私人保险市场失灵问题而由政府提供的用于应对不良事件的保险。

社会保障计划和政府医疗保险这类项目称作**社会保险计划**（social insurance programs），即旨在解决私人保险市场失灵的计划。正如我们在前面所讨论的，私人健康保险市场可能无法为人们提供合理数量的医疗保险，这种市场失灵使政府有动机干预医疗保险市场。实际上，美国几乎一半的医疗支出都是由政府承担的。另外，社会保障计划的制订动机还来源于联邦政府担心人们没有为退休后的收入下降做好打算。

- 政府大规模干预保险市场合理吗？这种干预到底是纠正了市场失灵还是加剧了市场失灵？

与联邦政府相比，州和地方政府支出的分布（图 1－7b）有很大不同。在州和地方层面，教育、福利和公共安全占比接近 40%，而这些开支在联邦政府层面只占不到 10%。同样地，州和地方政府也没有社会保障计划和国防支出。随着时间的推移，州和地方层面支出的主要变化体现为医疗保健支出的不断上升和教育支出的同步下降，这也引发了关于更昂贵的医疗保健系统是否削弱了州和地方政府对教育的支持力度（我们称为“挤出效应”）的重要问题。

- 怎样合理分配联邦政府及州和地方政府的支出类型？

□ 收入来源的分布

图 1－8 显示了联邦及州和地方政府的收入来源及其变化情况。联邦政府的收入来源（图 1－8a）主要是个人所得税，即对美国居民的收入所征的税。该税种在联邦政府收入中占比不超过 50%，且随时间变化的幅度非常小。变化最为明显的是企业所得税收入，即对在美国的企业收入所征收的税。在 1960 年到 2014 年间，企业所得税收入大幅下降，过去占联邦政府收入的比重接近 25%，现在只占 15%。另一个大幅减少的收入来源是消费税，即对特定商品（如烟草、酒精或汽油）的消费所征的税。

上述税收收入的下降很大程度上被工薪税的增长所弥补。工薪税是对工作者的收入所征的税，也是社会保险计划的资金来源。它与所得税不同，所得税的征收对象包括所有的收入来源，如储蓄收益，而工薪税只针对从工作中得到的收入。工薪税在联邦收入

① Office of Management and Budget (2015).

(a) 联邦政府的收入来源

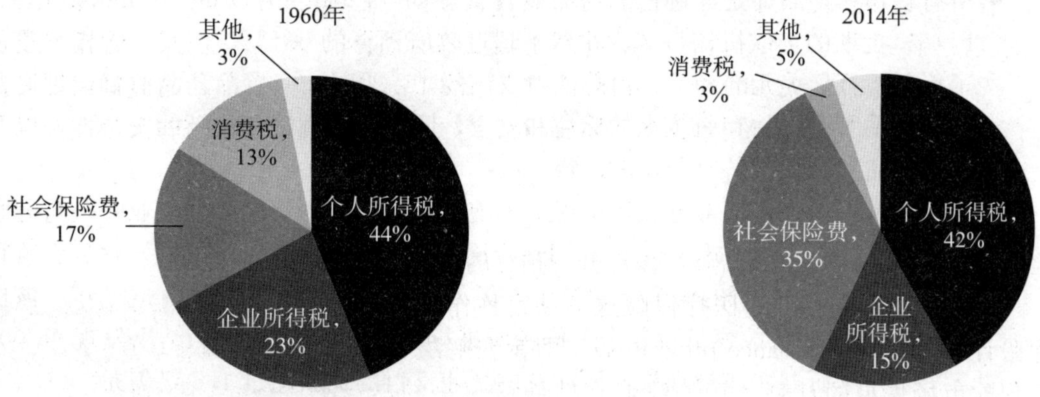

(b) 州/地方政府的收入来源

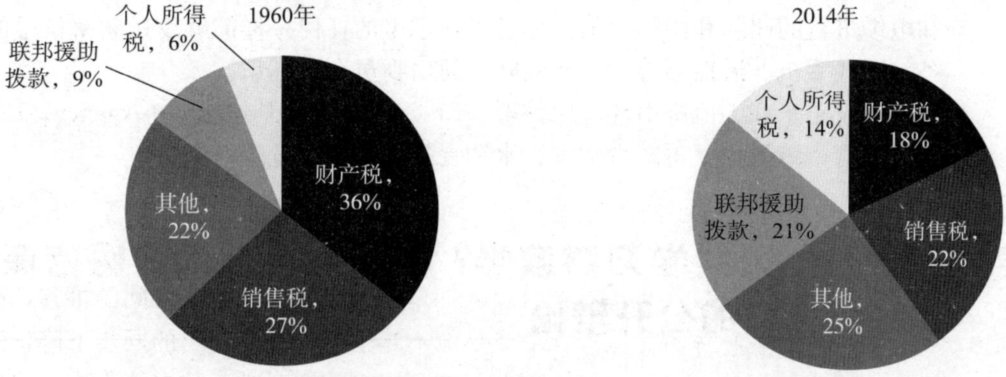

图 1-8　1960 年和 2014 年联邦政府和州/地方政府的收入来源分布

资料来源：Bureau of Economic Analysis (2015).

说明：该图显示了联邦政府和州/地方政府的收入来源占比及其变化情况。(a) 在联邦政府层面，企业所得税和消费税收入大幅减少而工薪税收入增加。(b) 在州/地方政府层面，财产税减少而所得税和联邦援助拨款增加。

中的占比从六分之一上升到了三分之一以上。

- 从对企业征税转向对消费和劳动者收入征税意味着什么？

在州和地方政府层面（图 1-8b），收入来源几乎被平均分成销售税（包括州和地方政府对烟草和汽油等产品征收的消费税）、联邦援助拨款（联邦政府对下级政府进行再分配的资金）、个人所得税和财产税（对个人财产价值征收的税，主要对房屋征税）几个部分。在过去的 40 年中，财产税收入的大幅减少通过联邦援助拨款和个人所得税的增加得到了有效弥补。

- 从对财产征税转向对收入征税意味着什么？

□ 政府的监管职能

本节的内容主要集中在政府利用税收和支出手段发挥影响的实体功能上。所有国家的政府都具备的另一个关键职能是管理经济和社会活动。我们通过一些例子来说明美国政府是如何影响日常生活的。[①]

- 所有食物和药品都是经过食品药品监督管理局（Food and Drug Administration，FDA）批准的，该机构每年的花费不超过政府预算的 0.1%，但其监管权力覆盖了每年 1 万亿美元的商品，占总消费支出的 15%以上。[②] 食品药品监督管理局监管着几乎所有食品和瓶装水的标注和安全，同时负责测试化妆品的安全性，以及批准药品和医疗设备对公众的出售。
- 如果因为工伤失去了部分肢体或患上了腕管综合征，则可以联系职业安全与健康管理局（Occupational Safety and Health Administration，OSHA），它负责监管 800 多万个工作场所的安全，超过 1.3 亿美国人在这些场所工作。2015 年，该机构派出 22 000 名检察员对各个工作场所进行了 47 217 次检查，结果发现 96 000 多个工作场所存在违规现象，所涉及的企业支付的罚款超过 1.6 亿美元。[③]
- 无线广播电台和有线电视都受到联邦通信委员会（Federal Communications Commission，FCC）的监管，该委员会负责监管通过广播、电视、电报、卫星和电缆进行的州际和国际通信。你可以在家里的任何一样能够发送频率信号的设备（无线手机、遥控器等）上找到联邦通信委员会的标识。
- 空气、自来水和土地则由环境保护署（Environmental Protection Agency，EPA）进行监管，该机构负责减少空气、水和食品供应中的危险污染物。

1.3 为什么要学习财政学？关于社会保障、医疗保健和教育的公开辩论

无论你何时开始学习财政学的课程，它都将是你所学的最及时的经济学课程！这是因为本书试图解决的问题都是新闻中常见的问题，也是很多政策辩论的根源。本书几个不同章节的主题就是美国现今面临的三个主要政策问题——社会保障、医疗保健和教育。在本节当中，我们将回顾关于这几大问题的争论，并阐释自由派和保守派在每个问题上所采取的不同立场。再次重申，我们对这些问题的讨论所引出的重要问题将在相应章节予以解决。

□ 社会保障

如前文所述，社会保障是政府支出最多的项目。我们将在第 13 章中详细讲到，社会保障计划的资金结构可以归结为当今的年轻人为现在的老年退休人员支付退休福利。只要年轻人保持相对高于老年人的数量，该制度就能顺利运行。然而，当婴儿潮一代（在 1946 年到 1964 年期间出生的大约 7 500 万人）逐渐步入老年，这种制度运行方式就

① 监管机构的相关信息参见其官方网站：http://www.fda.gov，http://www.osha.gov，http://www.fcc.gov，http://www.epa.gov，http://www.uspto.gov。

② Food and Drug Administration (2015).

③ Occupational Safety and Health Administration (2015).

显得难以为继：处于工作年龄段的纳税人与老年退休福利接受者的比例在1950年几乎是8比1，但在2050年之前将降至不足3比1。[①] 事实就是，我们的社会保障体系在20年之内就将没有足够的资金支付所承诺的退休人员福利。[②] 那么我们应该如何解决这个问题？正如我们在本书中讨论的其他问题一样，自由派和保守派给出的答案截然不同。自由派认为，社会保障制度始终运行良好，我们只需要通过征收更高的工薪税或其他手段增加资金来源就可以保证制度的顺利运行。然而，正如我们会在后面的章节中学到的，高税收可能以降低经济运行效率为代价，且在政治上并不受欢迎！

保守派则认为，人口统计结果刚好指出了该制度的根本弱点，即过于依赖年轻人对老年人的转移支付。他们认为，该制度应该替换成个人为自己储蓄退休金的制度。这种方法的问题在于，目前已经有大量老年人的福利尚未得到社会保障计划的支付，政府必须找到相应的融资方法来支付这部分的福利。

- 在强制要求或监管个人的退休储蓄方面，政府应该发挥多大的作用？政府应该如何改革社会保障制度，以解决长期的资金短缺问题？

□ 医疗保健

前文提到，2010年，大约有5 000万美国人没有任何医疗保险，约占美国非老年人口的18%。大量证据表明，他们所享受的治疗和健康状况由于没有保险而显著恶化。此外，医疗保健成本的增长速度仍然保持着远远高于GDP增速的趋势，预测表明，医疗保健在21世纪之内将达到GDP一半的支出水平，而在1950年，医疗保健支出只占GDP的5%，2010年也只占17.4%。[③]

针对这些长期以来公认的问题，激进派和保守派的政治家已经就如何进行医疗制度改革争论了近一个世纪。激进派倾向于以政府为基础，参照加拿大的“单一支付人”制度，由政府出资，全面覆盖，并集中进行成本控制。而保守派则更信任私人市场，提倡对私人保险进行税收补贴，同时通过提供更多的个人选择和信息，达到增加医疗保健部门竞争压力的目的。

平价医疗法案的通过表明政府试图走中间路线。就如我们将在第16章中详细探讨的，平价医疗法案通过加强保险市场监管、强制购买保险以及对医疗保险的购买实行大力补贴等方式，来扩大政府在医疗保险中的作用。同时，平价医疗法案也依赖于州与州之间的交流，这种交流不仅使私人医疗保险得到扩张，而且为个人提供了一系列具有竞争力的医疗保险方案供其选择。但是，平价医疗法案只是让我们开始沿着医疗保健成本控制这条路走，在未来的几年中，还有很多重要的决定要做，这些决定对于控制国家医疗保健支出的爆发式增长具有至关重要的意义。

- 在为没有医疗保险的美国人提供医疗保障的问题上，平价医疗法案强制要求保险覆盖范围的做法是最佳方法吗？还是说，加大私人保险市场的竞争以及降低政府管制力度能够在保护我们的健康和财政方面起更大的作用？

---

① 参见 U. S. Bureau of the Census (2014)。历史数据来自早期版本的《美国统计文摘》(*Statistical Abstract of the United States*)。处于工作年龄段的纳税人为18岁到64岁。

② Social Security Trustees (2014).

③ Centers for Medicare and Medicaid Services (2014).

- 增加医疗市场的竞争和选择能够使不断上升的医疗成本得到控制吗？我们是否有必要加强政府对医疗经济的监管和控制，从而解决未来一个世纪美国所面临的最重要的财政问题？

□ 教育

我们当前的教育体系当中存在着很多令人不满意的地方，比较突出的是美国学生在国际测试中的糟糕表现。2012 年的一项针对 65 个国家 15 岁学生的数学、科学和阅读能力的评估发现，美国学生的阅读能力仅排名第 17，科学能力仅排名第 20，数学能力仅排名第 27，低于国际平均水平，且落后于爱沙尼亚、奥地利和波兰等国家。[①] 虽然这种不满是普遍的，但是对于如何解决这个问题，各个政治派系间再一次产生了巨大分歧。自由派通常认为，我们没有为教育体系投入足够的资源是问题所在。他们认为，要改善美国教育体系的表现情况，需要增加教师工资以及为落后地区的学校提供更多的资源。

保守派认为，我们的体系已经从根本上被打破了，投入更多的资源无法解决这个问题。他们认为问题在于，中小学教育体系占支配地位的公立学校属于地方垄断，因此缺乏让它们改善自身表现的激励。这时候需要的是为教育体系注入竞争机制，即已经在其他领域发挥作用的同类型的竞争力量：让学生选择去哪间学校——公立的或者私立的——并为其提供一些能够使选择更有效率的资源，比如发放教育券，他们想去任何一间学校都可以用这些教育券来减免教育费用。

- 增加支出能解决美国教育体系的问题吗？如果不能，那么竞争能像它在其他市场中一样也对教育市场起作用吗？我们应该如何处理被这样的体系所“遗忘”的那些生活在没有好学校和没有选择余地的区域的学生？

1.4 结论

从本章提到的事实可以明显看出，政府在所有美国人的生活中扮演着重要的角色。同样明显的是，对于该角色应该被扩大、缩小还是保持不变一直存在分歧。本章中提到的事实和争论，为我们学习后面部分的财政学问题提供了背景。

重点

- 在财政学的学习过程中，有四个关键问题需要思考。第一个是：政府何时需干预经济？我们的基本假设是，竞争均衡得到的产出会使社会效率最大化。因此，只有当政府干预是基于市场失灵（增加饼的大小）或再分配（改变饼的分配）时才是合理的。

---

① OECD (2012).

- 在决定了是否干预后，政府需要决定如何干预。有许多政策选项都可以用来实现相同的目标，这些政策包括公共供给、强制要求私人提供以及对私人提供进行补贴等。
- 在决定如何干预时，政府需要一些方法来评估不同干预政策对经济的影响。实证经济学的研究工具为此提供了一种途径。
- 财政学的一个主要问题是：为什么政府要选择其所追求的那种政策？我们特别关注政府失灵，即政府干预可能使问题变得更糟，而不是更好的情形。
- 美国和全世界的政府，包括国家层面的（联邦政府）及地方层面的（州、县、市、镇），规模都十分庞大，并且仍在不断扩张。随着政府逐渐从传统公共产品（如国防）的提供者转向社会保险（如社会保障计划和医疗保险）的提供者，政府支出和收入来源的性质也在不断发生变化。
- 政府还通过各个领域的监管职能影响着我们的生活。
- 财政学对于活跃在当今美国的许多政策辩论来说是极为重要的，这些政策争论包括对社会保障计划、医疗保健和教育等问题的争论。

习题

1. 许多州的法律都明文规定，要求州提供“足够的”教育支出。这种要求的经济学原理是什么？

2. 联邦、州和地方政府的支出结构在过去40年有什么变化？有哪些社会或经济因素对政府支出结构的变化造成了影响？

3. 有一些商品和服务是直接由政府提供的，而另一些则是由公众出资但由私人提供。这两种公共融资机制有什么不同？为什么同样的政府会在某些时候使用其中一种方法，而在其他时候使用另一种方法？

4. 为什么再分配会导致效率损失？为什么社会选择将资源从一个群体手中转移到另一个群体手中进行再分配，即使知道这么做会导致经济大饼的总规模变小？

5. 思考本章所提到的财政学的四个基本问题。哪些是实证性的，即能被证明或反驳的问题？哪些是规范性的，即关于主张的问题？解释你的回答。

6. 对酒征收消费税的一个理由是喝酒的人会对社会上其他人造成负溢出效应，比如大声说话、不守规矩的行为或醉驾等。如果这种解释是正确的，在政府不收税的情况下，人们对于酒的消费是会倾向于过量、过少还是适量？

7. 国会预算局的角色是什么？在进行实证分析时，为什么独立性和公正性很重要？

8. 为了使更多来自低收入家庭的学生能上得起大学，政府提出了允许储蓄不到5万美元的家庭里的学生免费进入公立大学。讨论该政策的直接影响及可能的间接影响。

9. 在探险世界这个国家有两个公民——比尔（Bill）和泰德（Ted）。比尔从事私人法律业务，每小时赚50美元。当税率为0时，他每周工作20小时。当税率为25%时，他每周只工作16小时。当税率为40%时，他每周只工作8小时。泰德从事制造工作。无论税率是多少，他每周都工作20小时，每小时赚6美元。政府在考虑对比尔征收

25% 或 40%的所得税，并将收入转移支付给泰德。下表总结了三种可能的政策。不管哪种税收政策都能增加社会福利吗？这些政策都明显低于最优吗？为什么？

探险世界的再分配政策产生的影响　　单位：美元

	0	25%	40%
比尔的税前收入	1 000	800	400
比尔的所得税	0	200	160
比尔的净收入	1 000	600	240
泰德的税前收入	120	120	120
泰德的转移支付	0	200	160
泰德的净收入	120	320	280

进阶习题

10. 在美国，联邦政府在社会福利上的支出（比如帮助低收入人群、残疾人或老年人的社会保险项目的支出）份额要比花在从幼儿园到高中毕业的教育上的支出份额大得多。类似地，州和地方政府在教育上的支出份额较大，而福利支出份额较小。这是一个巧合吗？你能解释这一现象的原因吗？

11. 城市中的非裔美国人社区在教育券制度的问题上有着明显的分歧。一些社区领导人强烈支持教育券体制及由其带来的增大的学校竞争，而另一些对此持反对意见。你认为为什么会出现这种分歧？

12. 许多州都有关于每年预算都要达到平衡（或盈余）的法律要求，而联邦政府不这样。为什么允许联邦政府在某些年份赤字，而在另一些年份盈余？

13. 适当的卫生习惯，如经常洗手，可以极大地限制许多疾病的传播。这如何表明公共干预的作用？可能是哪一种公共干预？提出三种不同类型的可能的干预措施。

第 2 章

财政学的理论工具

需要牢记的问题

- 个人如何选择消费量和工作量？
- 企业选择生产多少产品？
- 提高现金福利对经济效率的理论影响是什么？

生活一切顺利。作为大学班级的优等生毕业后，你充分利用所掌握的财政学知识得到了一份你所在的州的卫生及公共服务部（Department of Health and Human Services）里有影响力的工作。该部门负责监管多项工作，其中包括贫困家庭临时救助（Temporary Assistance for Needy Families，TANF）计划，该计划为收入低于指定水平的单亲家长提供现金支付。

你的新工作将你置于州长和你们部门负责人（卫生及公共服务部部长）之间的辩论当中。州长认为，贫困家庭临时救助计划的主要问题在于，单纯为收入非常低的单身母亲提供补助会激励她们待在家里而不去工作。为了激励这些母亲去工作，州长想要削减这些现金福利。部长则不同意，他认为在家中照料孩子的单身母亲无法找到一份工资高到足以激励她们去上班的工作。在他看来，州政府削减现金支付，只会对待在家里的单身母亲不利。

> **理论工具**：一系列用于理解经济决策背后机理的工具。

部长让你为这一辩论做一个报告分析，评估在何种程度上削减现金福利能够激励低收入单身母亲去工作，以及这些福利被削减会对州的净福利产生什么影响。这种评估需要你应用在初级和中级课程中学到的经济学工具。这些工具有两类。第一种是**理论工具**（theoretical tools），经济学家运用的理论工具主要是图解和数学推导。

图解工具，如供求图和无差异曲线/预算约束图，通常能满足理解理论要点的所有需要，但是数学推导也可以帮助说明论点的微妙之处。在本书的主体部分，我们几乎完全依赖图解分析，部分章节的附录中有与之对应的数学分析。

第二种是**实证工具**（empirical tools），指一系列可以让你分析数据并回答从理论分析中提出的问题的工具。在本书中，大多数学生对实证工具的接触相对于理论工具会少很多。然而，特别是在过去的 20 年中，由于数据的质量和严谨分析数据的能力都有了明显提高，实证工具在解决财政学问题的过程中发挥了与理论工具同样重要的作用。在接下来的两章，你会学习这门课程中需要用到的关键的理论工具和实证工具。在这两章中，我们首先会提供关于概念的一般背景，然后将它们应用到我们的贫困家庭临时救助的例子中。本章的讨论与第 1 章中介绍的财政学四大问题中的前两个密切相关。我们在这里讨论的理论工具是经济学家用来评估政府应该何时干预以及如何进行干预的主要手段。

实证工具：一系列用于分析数据和回答理论分析中所提出问题的工具。

本章的剩余部分很大程度上依赖于本章的微观经济学概念回顾。但是，本章无法代替初级或中级微观经济学课程，本章的目的不是教你这些概念，而在于帮助你回顾这些概念，从而更好地学习财政学理论。如果你对本章提到的材料感到非常陌生，你可能需要一本更详细的微观经济学课本来为本书做补充。①

2.1 约束下的效用最大化问题

财政学理论分析的核心是假设个人有定义良好的**效用函数**（utility functions），即个人选择的商品与其获得的福利水平之间的数学映射。经济学家假设，人追求**约束下的效用最大化**（constrained utility maximization），即在可利用资源的限制下最大化自身的福利（效用）。带着这样的假设，经济学家构建了**模型**（models），用数学或图形来反映现实，以显示人们是如何在约束条件下通过效用最大化来进行每天的行为决策的。这些模型包含两个关键要素：个人对所有可能的商品选择的偏好及其预算约束。预算约束表示个人用现有资源所能承担的商品购买。经济建模者的策略由下面问题的回答决定：给定一个预算约束，怎样的商品束能使消费者达到最优状态？

效用函数：一个代表个人偏好集的数学函数，该函数将个人从不同消费束中获得的好处转化为可以进行比较的单位以便做出选择。

约束下的效用最大化：个人在资源有限（预算约束）的条件下实现福利（效用）最大化的过程。

模型：现实情况的数学化或者图形化的表述。

我们可以分四步来分析消费者如何做出选择。第一步，我们讨论如何用作图的方式来刻画偏好。第二步，我们展示如何理解这个图形所反映的偏好，并将其表示成效用函数的形式。第三步，我们将个人所面临的预算约束刻画到模型中。第四步，我们来说明

① 推荐一本引人入胜、简单易读的微观经济学图书：*Microeconomics*, 2nd ed., by Austan Goolsbee, Steven Levitt, and Chad Syverson (New York: Worth Publishers, 2016)。

个人如何在给定的预算约束条件下最大化其效用（使其达到尽可能好的处境）。

□ 偏好与无差异曲线

在用模型刻画个人偏好的过程中，我们尚未加入预算约束条件。我们只是简单地问人们偏好什么，而忽略他们能否支付得起。随后，我们会加入预算约束条件使模型变得完整。

我们在本书中使用的偏好模型的许多功能来源于一个简单的假设：不满足性，或者说“越多越好”。经济学家假设一种商品多总比少好。这并不意味着你拥有第十个比萨时和你拥有第一个比萨时得到的快乐是一样的。事实上，我们即将会学到，你每购买一单位额外的商品所带来的快乐的增加是递减的。不满足性仅仅意味着有十个比萨比有九个好。

带着这个主要假设，我们可以用图形表示消费者对不同商品束的偏好。例如，假设安德里亚对蛋糕（数量为 Q_C）和电影（数量为 Q_M）的偏好如图 2－1 所示。考虑以下三个组合。

组合 A：2 个蛋糕和 1 场电影。

组合 B：1 个蛋糕和 2 场电影。

组合 C：2 个蛋糕和 2 场电影。

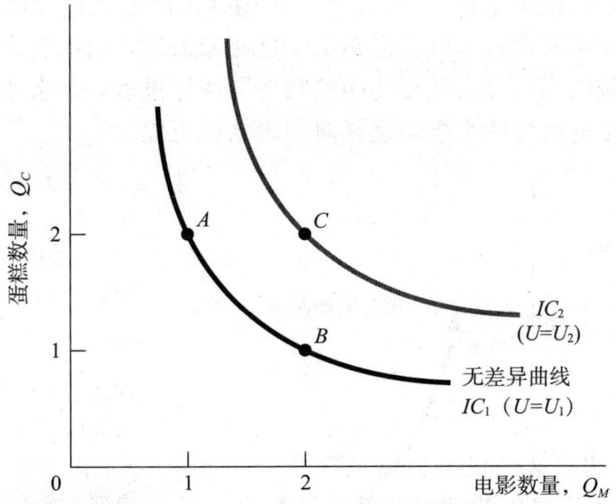

图 2－1　蛋糕和电影的组合的无差异曲线

说明：消费 2 个蛋糕和 1 场电影（A 点）与 1 个蛋糕和 2 场电影（B 点）对安德里亚无差异，但相对于前两者，她更偏好消费 2 个蛋糕和 2 场电影（C 点）。一条给定的无差异曲线所表示的效用是相同的。离原点越远的无差异曲线所表示的效用越高。

现在，我们假设组合 A 和组合 B 对安德里亚来说是无差别的，但她更偏好 C。显然，更偏好 C 是由于越多越好的假设。基于以上假设，我们可以刻画她对这些商品的偏好。我们利用**无差异曲线**（indifference curve）来实现这一点，无差异曲线是一条显示了所有

> **无差异曲线：** 用图形表示的给个人带来同等好处的所有商品组合，由于这些商品组合具有相同的效用，因此无论消费哪一种组合都是无差异的。

给个人带来相同效用（即对个人来说无差异）的消费组合的曲线。在这种情况下，安德里亚从组合 A 和组合 B 中获得同样的效用，所以它们在同一条无差异曲线上。由于她从购买的组合 C 中获得的效用比组合 A 和组合 B 都要高，因此组合 C 在一条效用更高的无差异曲线上。

无差异曲线有两个基本属性，两个属性都自然地遵循越多越好的假设。

（1）消费者偏好更高的无差异曲线。个人偏好位于离原点更远的无差异曲线上的消费束，因为这些消费束包含的商品（如蛋糕和电影）更多。

（2）无差异曲线总是向下倾斜。无差异曲线不能向上倾斜，是因为这意味着在这个例子中，安德里亚对一个给定的消费束与另一个包含更多蛋糕和电影的消费束的偏好是一样的，这违反了越多越好的假设。

分析无差异曲线的一个很好的例子是工作选择。假设山姆快毕业了，他在找工作的时候要考虑两个因素：薪水和工作地点。山姆偏好薪水较高和平均温度较高的地方，因为他不喜欢寒冷的天气。图 2－2 反映了山姆的偏好，显示了他在薪水和工作地点（温度）之间的权衡。山姆有三个工作选择。

组合 A：薪水为 3 万美元，在亚利桑那州的凤凰城（天气很热）。

组合 B：薪水为 5 万美元，在明尼苏达州的明尼阿波利斯（天气很冷）。

组合 C：薪水为 4 万美元，在华盛顿（气候温和）。

给定山姆的偏好，他对组合 A 与组合 B 的偏好可能是无差异的，明尼阿波利斯更高的薪水足以弥补那里寒冷的天气。但相对于这两者来说，山姆也许更偏好 C：在华盛顿的薪水比在凤凰城的高，且天气也比明尼阿波利斯好很多，薪水和工作地点的折中使该选择相对于本例中的另外两个极端选择对山姆来说更优。

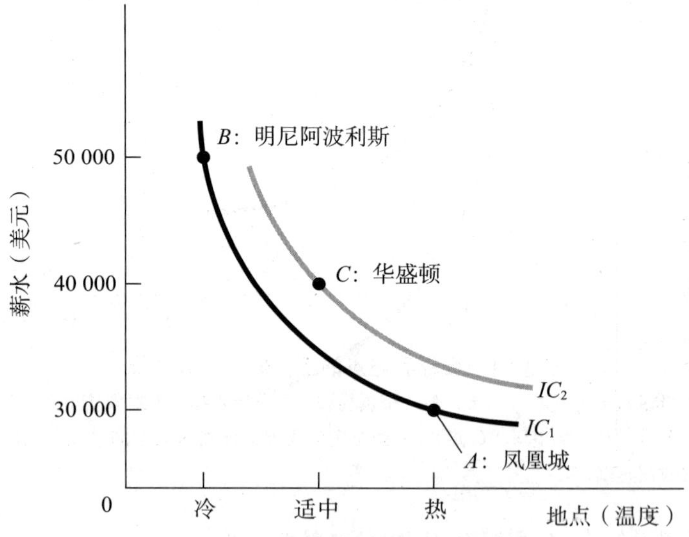

图 2－2　工作选择的无差异曲线

说明：在选择工作时，山姆最关心薪水和工作地点（平均温度），并在两者之间进行权衡。在 IC_1 曲线上，明尼阿波利斯的高薪水、低气温的工作与凤凰城的低薪水、高气温的工作对山姆来说是无差异的。但是，由 IC_2 曲线的位置可以看出，他更偏好在薪水和气温都为平均水平的华盛顿工作。

□ 偏好的效用映射

无差异曲线的推导机制建立在每个人都有一个定义良好的效用函数的观点之上。效用函数是一种数学表示，$U=f(X_1, X_2, X_3, \cdots)$，其中，$X_1$，$X_2$，$X_3$ 等表示个体消费的商品，f 是描述个人消费的商品如何转化为效用的数学函数。这种数学表示形式使我们能够比较不同水平的商品消费所对应的幸福程度。

例如，假设安德里亚对蛋糕和电影的效用函数是 $U=\sqrt{Q_C \times Q_M}$。根据这个函数，4 个蛋糕和 1 场电影、2 个蛋糕和 2 场电影，以及 1 个蛋糕和 4 场电影对她来说是无差异的，因为这些组合所带来的效用水平都是 2。但是，相对于以上几个组合，她会更偏好 3 个蛋糕和 3 场电影，因为这将给她带来 3 的效用水平。

边际效用： 通过增加一单位商品的消费而获得的效用的增加值。

边际效用 理解消费者偏好的关键概念是**边际效用** (marginal utility)，或者说通过增加一单位商品的消费而获得的效用的增加值。这种效用函数显示了一个重要的原则——边际效用递减原则：每增加一单位商品的消费给个人带来的快乐程度要少于之前一单位商品的消费。如图 2-3 所示，该图显示了当蛋糕数量固定为 2 个时，每增加一单位电影的消费所带来的效用增加值，即边际效用。当安德里亚从看 0 场电影移动到看 1 场电影时，她的效用从 0 上升到 $\sqrt{2}=1.41$，因此第一场电影的边际效用为 1.41。当她从看第一场电影移动到看第二场电影时，她的效用上升到 $\sqrt{4}=2$，即第二场电影的消费所带来的效用增加只有 0.59，比 1.41 小得多。当她看第三场电影时，她的效用只上升到 $\sqrt{6}=2.45$，增加量更少，仅为 0.45。随着每一场额外电影的消费，效用虽然增加了，但是每次增加的量都在减小。

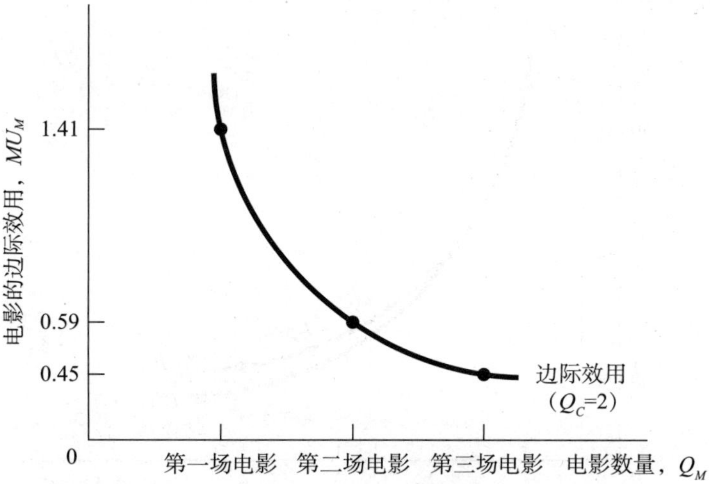

图 2-3 边际效用递减

说明：将蛋糕的数量固定在 2 个，效用函数为 $U=\sqrt{Q_C \times Q_M}$，每增加一单位电影的消费所带来的效用增加逐步减少。

为什么边际效用递减是有意义的？考虑电影的例子，几乎总有一部特别的电影是你最想看的，然后有排在其后的电影，依此类推。因此，当你看第一场电影时，你能得到最高的边际效用，而下一场电影带来的效用会较低，依此类推。同样地，想想比萨：当你饿了，第一块比萨给你带来的效用增加值最高；到了第四块或第五块时，你从每一块比萨中获得的效用就会大大减小。

边际替代率（MRS）：指消费者愿意用一种商品换取另一种商品的比率。边际替代率等于无差异曲线的斜率，代表消费者愿意用纵轴上的商品换取横轴上的商品的比率。

边际替代率　带着边际效用的概念，现在可以更加详细地描述无差异曲线告诉了我们哪些关于选择的信息。无差异曲线的斜率是消费者愿意用纵轴上的商品交换横轴上的商品的比率，这一比率称为**边际替代率**（marginal rate of substitution，MRS）。在这个例子中，边际替代率是安德里亚愿意用蛋糕交换电影的比率。她在无差异曲线上从蛋糕较多、电影较少的点，移动到蛋糕较少、电影较多的点的过程，就是她用蛋糕交换电影的过程。该曲线的斜率说明当两种商品以该比率进行交换时，对安德里亚来说是无差异的。

对于本书中使用的效用函数，如安德里亚的效用函数，边际替代率都是递减的。这一点可以通过根据效用函数 $U=\sqrt{Q_C \times Q_M}$ 画出的无差异曲线看出。如图 2-4 所示，1 场电影和 4 个蛋糕、2 场电影和 2 个蛋糕，以及 4 场电影和 1 个蛋糕对安德里亚来说是无差异的。不管在这条无差异曲线的哪个部分，我们都能找到一个边际替代率。例如，从 4 个蛋糕和 1 场电影移动到 2 个蛋糕和 2 场电影，边际替代率是 -2，即她愿意放弃 2 个蛋糕来换取 1 场额外的电影。但是，从 2 个蛋糕和 2 场电影移动到 1 个蛋糕和 4 场电影，边际替代率是 $-\frac{1}{2}$，即她只愿意放弃 1 个蛋糕来换取 2 场额外的电影。

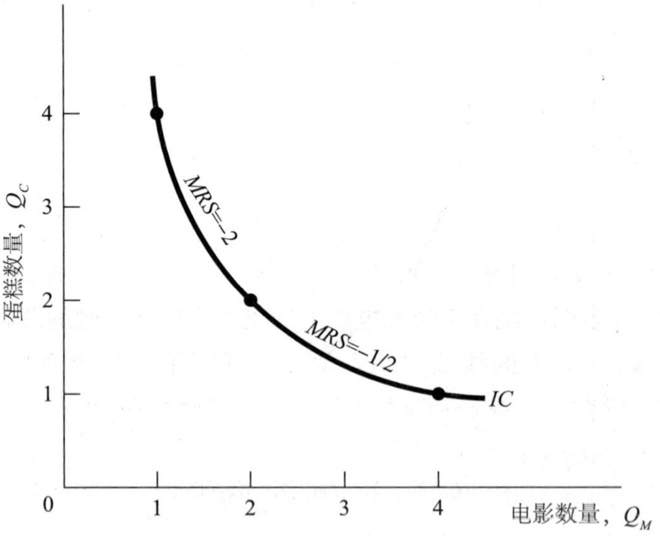

图 2-4　边际替代率

说明：效用函数为 $U=\sqrt{Q_C \times Q_M}$，边际替代率随着电影的消费量上升而递减。有 4 个蛋糕和 1 场电影时，安德里亚愿意用 2 个蛋糕换 1 场电影（$MRS=-2$）。有 2 个蛋糕和 2 场电影时，安德里亚愿意用 1 个蛋糕换 2 场电影$\left(MRS=-\frac{1}{2}\right)$。

无差异曲线的斜率发生变化是由于边际替代率递减。当安德里亚只看了 1 场电影时，去看第二想看的电影对她来说是很有价值的，因此她愿意为了这场电影放弃 2 个蛋糕。但是，在看完第二想看的电影后，看第三和第四想看的电影就没那么有价值了，因此她只愿意放弃 1 个蛋糕去看这些电影。因此，边际替代率递减原则是基于当安德里亚拥有越来越多的商品 A，她就越来越不愿意放弃商品 B 去换取额外的商品 A 这一观点。

由于无差异曲线从图形上反映了效用函数，边际替代率和效用之间存在一种直接的关系：边际替代率是电影的边际效用与蛋糕的边际效用的比。

$$MRS=-MU_M/MU_C$$

也就是说，边际替代率反映了无差异曲线上相对边际效用的变动情况：如果安德里亚在曲线上向下移动，那么蛋糕的边际效用上升而电影的边际效用下降。要记住，根据边际替代率递减原则，数量越多意味着边际效用越小。如果安德里亚在无差异曲线上向下移动，得到更多的电影和更少的蛋糕，那么蛋糕的边际效用上升，而电影的边际效用下降，边际替代率减小。

□ 预算约束

> **预算约束：** 个人花费其所有收入所能购买的所有商品组合的一个数学表示。

如果消费者选择商品的基本原则是越多越好，那么是什么使人们不会不加节制地消费商品？阻止他们这么做的是有限的资源，或者说是他们的**预算约束**(budget constraint)，即用给定的收入能够购买的商品组合的一个数学表示。为了便于讨论，我们简单地假设消费者花费了他们所有的收入，而且不存在储蓄。在第 22 章我们会讨论存在储蓄和借贷情形的更现实的模型，但现在我们假设所有收入都在获得收入的当期被消费掉了。此外，为了实现本例的目的，我们假设安德里亚把她所有的收入都花在了蛋糕和电影上。

给定上述假设，安德里亚的预算约束由数学式 $Y=P_CQ_C+P_MQ_M$ 表示，其中，Y 是她的收入，P_C 和 P_M 分别为蛋糕和电影的价格，Q_C 和 Q_M 分别是她购买的蛋糕和电影的数量，因此等式表明，她在蛋糕和电影上的支出之和等于她的总收入。

预算约束由图 2－5 中的线段 AB 表示。横截距是安德里亚在不购买蛋糕的情况下可以购买的电影数量，纵截距是她在不购买电影的情况下可以购买的蛋糕数量，预算约束的斜率则是市场允许她用蛋糕交换电影的比率。该比率是价格之比 P_M/P_C 的负数：收入一定的情况下，她每购买一场额外的电影必须减少购买 P_M/P_C 个蛋糕。

图 2－5 显示了 $Y=96$，$P_C=16$，$P_M=8$ 时的预算约束。在这样的收入和价格下，安德里亚能购买 12 场电影或 6 个蛋糕，且每购买 1 个蛋糕意味着她要购买更少的电影。预算约束的斜率是她能在市场上用蛋糕交换电影的比率，$P_M/P_C=-\frac{8}{16}=-\frac{1}{2}$。

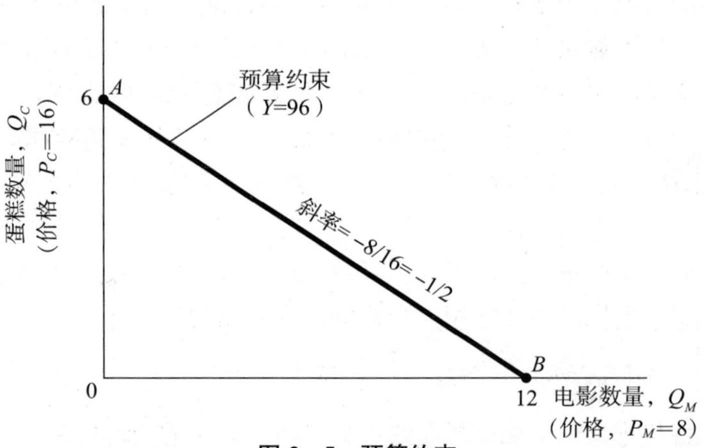

图 2－5　预算约束

说明：收入 Y 为 96 美元，一个蛋糕的价格为 16 美元，一场电影的价格为 8 美元，安德里亚能用 1 个蛋糕交换 2 场电影，且最多可以有 6 个蛋糕或 12 场电影。因此，预算约束线的斜率是 $-\frac{1}{2}$，表示电影相对于蛋糕的价格。

▶ **快速提示**

> **机会成本：**任何交易的机会成本，是利用这些金钱能够实现的次佳交易，或者放弃的机会。

到目前为止，我们的讨论中一直采取“用蛋糕交换电影”或“用电影交换蛋糕”这样的表达方法。然而，在现实生活中，我们不会直接用一种商品来交换另一种商品，而是用美元购买蛋糕和电影，在市场经济中进行交易。我们之所以说“用蛋糕交换电影”，是为了突出一个重要的经济学概念——**机会成本**（opportunity cost），它表明任何交易的成本，是利用这些金钱能够实现的次佳交易，或是放弃的机会。因此，给定预算水平，当一个人购买一个蛋糕时，他就放弃了看两场电影的机会。本质上，他是用那个蛋糕交换两场电影，但事实上他是用钱完成交易，而不是用这两种商品本身。当一个人的预算是固定的时，如果他购买了一种商品，那么根据定义，他能够花费在其他商品上的钱就减少了，这种购买间接地产生了与直接进行物物交换相同的作用。

□ 综合起来：被约束的选择

带着效用函数和预算约束的相关概念，我们现在要问：消费者能承担的效用最大化商品组合是什么？即怎样的商品组合能使消费者在给定的有限资源下达到最优？

图 2－6 显示了这个问题的答案。该图将图 2－4 中与效用函数 $U=\sqrt{Q_C \times Q_M}$ 对应的无差异曲线和图 2－5 中的预算约束放在了一起。在这个框架中，我们可以重新表述我们的问题：在给定的预算约束下，个人能达到的最高的无差异曲线是哪一条？答案是无差异曲线 IC_2。该条无差异曲线与预算约束线相切：在给定安德里亚的收入和市场价格下，这是可达到的离原点最远的无差异曲线。在这个例子中，安德里亚选择消费 6 场电影和 3 个蛋糕（A 点）从而使自己的情况达到最好。这种商品组合使安德里亚的效用

在给定的可用资源和市场价格下实现最大化。

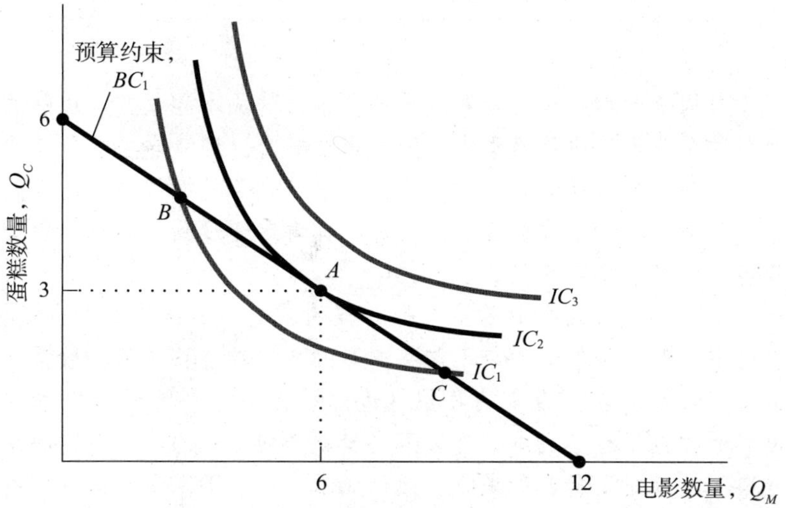

图 2-6　约束优化

说明：给定效用函数为 $U=\sqrt{Q_C \times Q_M}$，收入为 96 美元，蛋糕和电影的价格分别为 16 美元和 8 美元，安德里亚的最佳选择是 3 个蛋糕和 6 场电影（A 点）。这代表了在给定其资源和市场价格下能达到的最高的无差异曲线。B 点和 C 点虽然也能够支付得起，但是这些点使其处于较低的无差异曲线上（IC_1 而不是 IC_2）。

理解这一结果的关键，是理解安德里亚在决定消费下一场电影时所做的边际决策。多消费一场电影给她带来的收益是边际替代率，即她愿意用蛋糕交换电影的比率。她决定做这种交换的成本是价格比率，即市场允许她用蛋糕交换电影的比率。因此，在最优选择的点上：

$$MRS=-MU_M/MU_C=-P_M/P_C$$

在最优点上，边际效用之比等于价格之比。安德里亚愿意用一种商品交换另一种商品的比率等于市场允许她进行交换的比率。

证明这是最优选择的一个方法是说明任何其他选择都会使她的情况变坏。考虑图 2-6 中的 B 点。在该点上，无差异曲线 IC_1 的斜率大于预算约束的斜率，即边际替代率大于价格比率。这意味着，安德里亚对电影相对于蛋糕的边际效用大于电影和蛋糕的价格比率。因为边际替代率是安德里亚愿意用蛋糕交换电影的比率，而价格比率是市场对这种交换所收取的费用，安德里亚愿意为了看电影而放弃的蛋糕数量比市场要求的数量多，因此她能通过减少蛋糕的购买、增加电影的购买使自己的情况更好，正如她从 B 点移动到 A 点的过程中所发生的一样。

现在考虑图 2-6 中的 C 点。在该点上，无差异曲线 IC_1 的斜率小于预算约束的斜率，即边际替代率小于价格比率。相对于 B 点，安德里亚现在不再那么在乎电影的数量，而是更在乎蛋糕的数量，因为她已经消费了更多的电影和更少的蛋糕，而边际效用是递减的。事实上，在 C 点，她愿意为了电影放弃比市场要求的更多的蛋糕，因此，她能通过增加对蛋糕的购买和减少对电影的购买来使自己的情况更好，正如她从 C 点移动到 A 点的过程中所发生的一样。只要消费者所处的位置不是无差异曲线和预算约束线的切点，她就能通过移动到切点使自己的情况变得更好。

▶ **快速提示**

边际分析考虑的是增加一单位消费或生产所带来的成本和收益，边际的概念是在个人商品选择模型和企业生产决策模型中的一个重要概念。经济学中的所有优化问题就像在大雾天爬山，在每一个给定的点，你并不知道自己是否处在最高点，但是你知道自己是在往上走还是往下走。如果你在往上走，那么你肯定还没到最高点；但如果你在往下走，那么你肯定已经经过了最高点。

这与最大化个人效用（或企业效用）是一样的。把山看作购买多少场电影的决策，最高点则是在给定的偏好和预算约束下购买电影的最优数量。从任何数量的蛋糕和电影出发，你要考虑下一场电影所带来的收益（边际替代率）是否大于成本（价格比率）。如果下一场电影的收益超过了成本，那么下一步就是向上走的，你将购买这场电影，然后在优化的道路上继续向上爬。如果收益低于成本，那么下一步是向下走的，你会意识到你需要向后退（减少电影的购买）从而回到最高点。只有当下一个单位的收益等于成本时，你才会发现自己在山的最高点。

□ 价格变化的影响：替代效应与收入效应

约束条件下的选择分析的关键结果是 $MU_M/MU_C=P_M/P_C$，即安德里亚消费电影和蛋糕直到电影对蛋糕的边际替代率等于它们的价格比率。这一结果意味着当一种商品（比如例子中的电影）的相对价格上升（如 P_M/P_C 上升），那么该商品的相对需求数量下降。这是由于为了保持先前的等式成立，当 P_M/P_C 上升时，MU_M/MU_C 必须同时上升。为了使 MU_M/MU_C 上升，电影相对于蛋糕的数量必须下降（因为任何商品的边际效用会随着其消费数量的上升而下降）。

图 2－7 说明了这一点。我们已经知道，当收入为 96 美元，蛋糕价格为 16 美元，电影价格为 8 美元时，安德里亚会选择代表 6 场电影和 3 个蛋糕的 A 点，即 BC_1 和 IC_1 的切点。假设现在电影的价格上升到了 16 美元，那么预算约束线将变得更陡，即从 BC_1 向内旋转至 BC_2。

由于蛋糕的价格没有变化，安德里亚仍然可以用 96 美元的收入购买 6 个蛋糕（预算约束线的纵截距），但是由于电影的价格上升至 16 美元，她现在最多只能购买 6(＝96/16) 场电影（横截距）。预算约束线的斜率从 $-\frac{1}{2}$ 变为 -1，如 BC_2 所示。

由于预算约束线变陡，安德里亚无法再承担 A 点的商品组合，最优组合变成了 C 点，也就是 BC_2 与一条较低的无差异曲线 IC_2 的切点。在这一点上，安德里亚能购买 3 个蛋糕，但此时她只能购买 3 场电影，而不是在 A 点时的 6 场电影，因为电影的价格上升了，所以她对电影的需求量下降了。同时，她的情况也变差了：她的预算集，或者说在给定的收入下她所能选择的所有商品组合均受到了限制（因为预算约束线从 BC_1 向内旋转至 BC_2）。她对蛋糕的需求量保持不变，但这只是由假定的效用函数形式所导

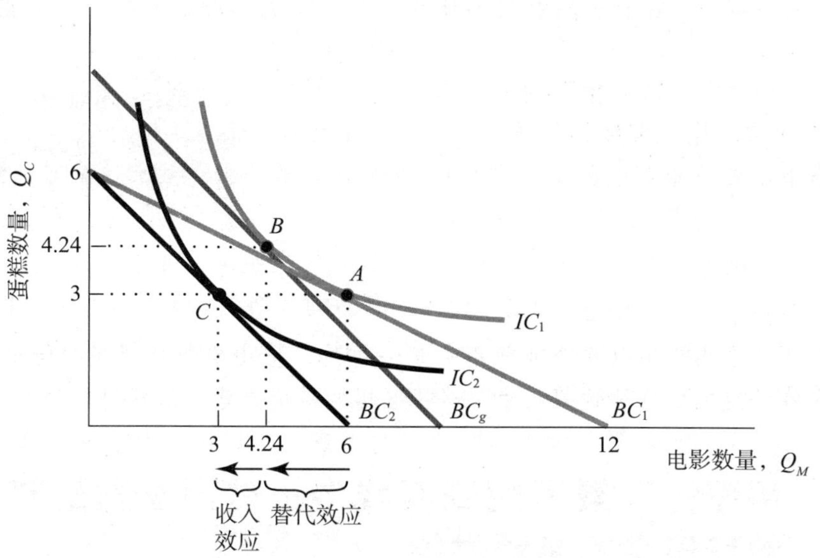

图 2-7　替代效应和收入效应

说明：当电影的价格上升，会产生两种效应。第一，保持效用不变，存在替代效应，导致安德里亚对电影的需求减少（从 A 点移动到 B 点），因为电影的相对价格上升了。第二，保持相对价格不变，存在收入效应，导致她因为变穷而对电影的需求减少（从 B 点移动到 C 点）。

致的。一般情况下，她对蛋糕的需求也会下降。

收入效应与替代效应　想象一下政府可以通过某种方式将安德里亚与价格上升所导致的效用损失隔离开来。即假设政府可以对她进行补偿，使其即使在新的价格下，也能保持在同一条无差异曲线上（例子中的 IC_1）。这是否意味着价格变化对她的选择没有影响？答案是否定的，因为在新的价格下，她仍然会选择不同的蛋糕和电影的组合。

图 2-7 也说明了这一点。尽管价格发生了改变，但是政府仍然能够通过给予安德里亚 BC_g 水平的预算约束，使其效用在新价格下保持不变。BC_g 与 BC_2 平行，但与安德里亚的初始选择对应的无差异曲线 IC_1 相切。在图中，预算约束线变陡了，但安德里亚在同一条无差异曲线上（同样的效用水平）。此时，她选择了 B 点代表的商品组合。因为电影相对变贵了，她选择购买更少的电影（4.24）和更多的蛋糕（4.24）。这种由价格变化产生的效应叫作**替代效应**（substitution effect）：总效用不变的情况下，一种商品的价格相对上升会导致个人选择更少的该商品。

> **替代效应**：总效用不变的情况下，一种商品的价格相对上升会导致个人选择更少的该商品。
>
> **收入效应**：一种商品价格上涨通常会导致一个人减少购买所有商品，因为其个人收入可以购买的商品比以前减少了。

在现实世界，当价格上升时，并不存在使效用保持不变的政府，因此这种价格上升会导致第二个影响需求的效应：安德里亚现在实际上变得更穷了，因为她不得不为电影支付更高的价格。虽然从收入的角度来讲她并没有变穷（她的收入保持在 96 美元），但因为她的 96 美元能买到的商品减少了（能购买的电影减少了），所以实际上她变穷了。这就是价格变化的**收入效应**（income effect）：任何价格上升都会使消费者实际上变得更穷，导致其对所有商品的选择数量都有所下降。[①] 由于安德里亚用其收入所能购买的商品减少了，因此需求量会下降。

我们可以用政府支持的预算约束 BC_g 到新的预算约束 BC_2 之间的变化来衡量收入效应。这种变化表示在新的价格下，安德里亚的机会集所面临的约束。因为变穷，她在 C 点选择的所有商品数量都减少了，包括电影的数量和蛋糕的数量。在这种情况下，收入效应加强了对电影的替代效应：两者皆导致她对电影的需求下降。[②] 总之，当一种商品的价格相对于另一种商品的价格上升时，你会因为两方面的原因而减少对该商品的选择：一是因为它变得相对昂贵（替代效应），二是因为你实际上变得更穷（收入效应）。

正常品： 需求随着收入的上升而增加的商品。
劣等品： 需求随着收入的上升而减少的商品。

2.2 将理论工具运用到实践中：贫困家庭临时救助与单身母亲的劳动供给

现在，你在州政府的新职位上，已经回顾了为解决部长和州长的担忧所必需的理论概念。回顾了这些理论概念后，让我们转向本章一开始提出的问题：削减贫困家庭临时救助的福利能增加单身母亲的劳动供给吗？为了回答这个问题，我们可以利用效用最大化的工具来分析劳动供给决策。

贫困家庭临时救助计划是在 1996 年美国进行现金福利制度重大改革时提出的。现金福利制度将纳税人的钱分配给低收入家庭（将在第 17 章进行详细描述）。贫困家庭临时救助为收入低于由各州制定的临界水平的家庭每月提供一张维持支票。例如，在新泽西州，一位有两个孩子、没有其他收入来源的单身母亲每月将得到一张 424 美元的支票。[③] 这些支票主要针对独自支撑有孩子的家庭的女性，因为这些家庭被认为是谋生前景最糟糕的家庭。

假设乔爱尔是一位将所有收入和贫困家庭临时救助的福利花费在自己和孩子的食物上的单身母亲。她能通过增加工作时间来赚取更多购买食物的钱，但工作是要付出代价的：她在家陪孩子的时间变少了（或者自己的闲暇时间变少了）。假设她宁愿将时间花在家里也不愿花在工作上，即假设闲暇是正常品，那么在这种偏好下，更多的工作会使乔爱尔的情况变差，但是这使她能购买更多的食物。

乔爱尔该如何决定劳动供给的最优数量？为了回答这个问题，我们转向效用最大化

---

① 理论上，随着收入的上升，对商品的需求可能上升，也可能下降。大部分商品是**正常品**（normal goods），其需求随收入的上升而增加，但是有一些商品是**劣等品**（inferior goods），其需求随收入的上升而减少。劣等品是随着收入上升，会有更好的替代品取代其需求的商品。例如，穷人会大量地购买土豆，但是随着收入上升，人们会减少对土豆的购买而选择其他现在能买得起的替代品，比如肉。

② 然而，两种效应对蛋糕需求的影响相互抵消，这是导致图 2-7 中蛋糕需求不变的原因。还需注意的是，如果商品是劣等品，收入效应会抵消替代效应，而不是加强替代效应。

③ 2010 年的贫困家庭临时救助计划福利数据参见众议院筹款委员会（House Ways and Means Committee）的绿皮书，网址为 greenbook.waysandmeans.house.gov。

的框架，但是该情形与蛋糕和电影的购买决策的例子有所不同。在蛋糕和电影的例子当中，我们考虑的是两种正常品。现在，单身母亲考虑的是一种正常品（食物消费）和一种劣等品（劳动，因为我们假定她宁愿待在家里而不工作）。对该决策进行建模的诀窍是对闲暇，也就是对与劳动相对应的商品的需求建模。这样我们就能利用现有的工具对两种商品之间的权衡建模，然后用总工作时间减去闲暇的时间来计算劳动供给的数量。

□ 识别预算约束

假设乔爱尔在时薪为 10 美元时每年能工作 2 000 小时，且她没有其他收入来源，也没有享受贫困家庭临时救助计划。也就是说，在一年中，工作时间每减少一小时，乔爱尔将减少 10 美元的消费并多出一小时的闲暇时间。因此，一小时闲暇的“价格”实际上就是一小时的工资率。该事实遵循机会成本原则：当乔爱尔选择一小时的闲暇时，她的次优选择是去工作，因此，这一小时的闲暇的价格就是 10 美元，也就是当她工作时能够赚取的工资。

食物消费的价格是直接由市场决定的，我们假定每单位食物是 1 美元。这意味着乔爱尔面临着一个权衡：每工作一小时能给她带来 10 单位的食物，而每小时的休假（闲暇）花费她 10 单位的食物作为成本。如果乔爱尔每年工作 2 000 小时，那么我们现在可以确定她的预算约束 * 为图 2－8 中的 ABC：她每年最多能消费 2 万美元的食物，最多享受 2 000 小时的闲暇，以及在这之间的任何组合。预算约束的斜率是闲暇的价格（10 美元）和消费的价格（1 美元）之比的相反数，即－10。

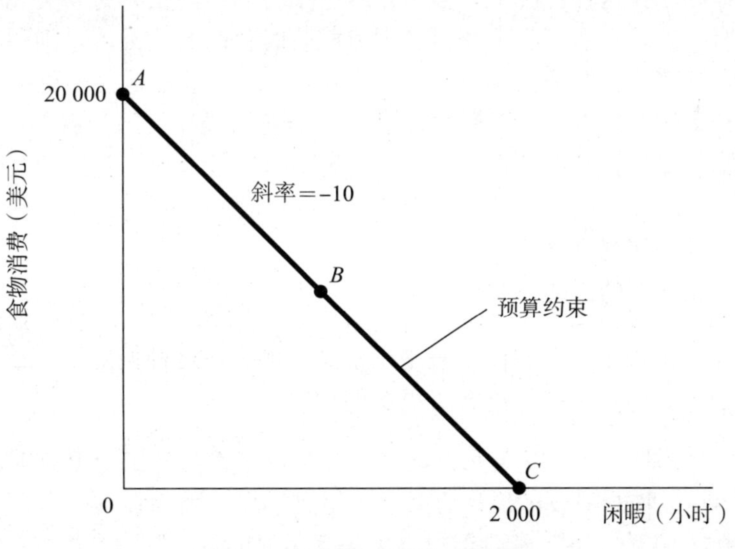

图 2－8　消费和闲暇之间的权衡

说明：乔爱尔可以选择享受更多的闲暇和更少的消费，或者享受更少的闲暇（更努力工作）和更多的消费。如果她不享受任何闲暇，那么她每年可以消费 2 万美元。但如果她把 2 000 小时都用来享受闲暇，那么她的消费会下降到 0，表现在预算约束线上即斜率为－10，也就是用食物消费所表示的闲暇的相对价格。

---

* 原书如此，除特别说明，本书不对预算约束与预算约束线进行严格区分。——译者注

□ 贫困家庭临时救助对预算约束的影响

现在我们引入贫困家庭临时救助计划，并说明其对预算约束的影响。贫困家庭临时救助计划通常有两个关键特征：第一个是福利保障，或者说受益者在参与该计划时有权获得的基准金额。第二个是福利减少率，即当受益者有其他收入时，福利基准金额减少的比率。例如，一个100%的福利减少率意味着，当贫困家庭临时救助的受益者没有其他收入时，他们有资格得到福利保障，但是他们每赚取1美元的其他收入，就会失去1美元的福利保障。50%的福利减少率则意味着，当贫困家庭临时救助的受益者没有其他收入时，他们同样能得到全部的福利保障，但是他们每赚取1美元，就会失去0.5美元的福利保障。实际上，福利减少率相当于一种隐形税率，是当受益者有其他收入时贫困家庭临时救助福利减少的比率。

我们现在可以将贫困家庭临时救助计划添加到图2-9a的预算约束当中。我们假定贫困家庭临时救助计划的福利保障为5 000美元，福利减少率为50%。原始的预算约束线是ABC。如果乔爱尔选择了1 000小时或更少的闲暇，其收入在1万～2万美元之间，此时预算约束是不变的，依旧保持在AB部分。这是因为在5 000美元的福利保障和50%的福利减少率下，一旦她赚取了10 000（=5 000/0.5）美元，她就不再有资格参与贫困家庭临时救助计划，因此该计划不会对她的预算约束造成影响。

但是，如果乔爱尔选择享受超过1 000小时的闲暇，预算约束会变得更加平坦。之前为了闲暇需要放弃工资，因此闲暇的价格是每小时10美元，而在50%的福利减少率下，如果乔爱尔多工作一小时，那么她赚取了10美元的工资，但失去了5美元的贫困家庭临时救助福利。在这种情况下，多工作一个小时的净回报只有5美元，所以闲暇的价格降至每小时5美元。由于在可获得贫困家庭临时救助的范围内，闲暇存在较低的相对价格，因此，预算约束线的斜率只有−5而不是−10，也就是变得更平坦了。D点标记了新的预算约束线的终点，为乔爱尔提供了一个新的选择：因为有5 000美元的贫困家庭临时救助福利保障，她能获得2 000小时的闲暇以及5 000美元的食物消费。如果没有贫困家庭临时救助，而她又选择了消费2 000小时的闲暇，即她完全不工作，那么她的家庭将得不到任何食物（C点）。

福利保障变化产生的影响 假设你所在的州正在考虑将贫困家庭临时救助的收入保障从5 000美元降至3 000美元。图2-9b说明了这种变化对预算约束的影响。如果乔爱尔现在选择享受低于1 400小时的闲暇，赚取6 000～20 000美元，那么预算约束是不变的，依旧保持在AE部分。这是因为在较低的3 000美元的福利保障和50%的福利减少率下，一旦她赚取了6 000美元，她就不再有资格参与贫困家庭临时救助。如果她获得了超过1 400小时的闲暇，预算约束会变得更平坦。因为在这一范围内，她每工作1小时虽然会赚取10美元的工资，但也会失去5美元的贫困家庭临时救助福利，EF部分预算约束的斜率（1小时工作的净回报）为−5。F点标记了新的预算约束的终点，在该点处，因为有3 000美元的贫困家庭临时救助福利保障，乔爱尔能获得2 000小时的闲暇以及3 000美元的食物消费。那么单身母亲会如何应对该政策的变化？

在回答这个问题时，回顾前面所讲的收入效应与替代效应的概念很重要。例如，假设乔爱尔在这种福利变化之前赚取的工资小于6 000美元。在这种情况下，福利保障从

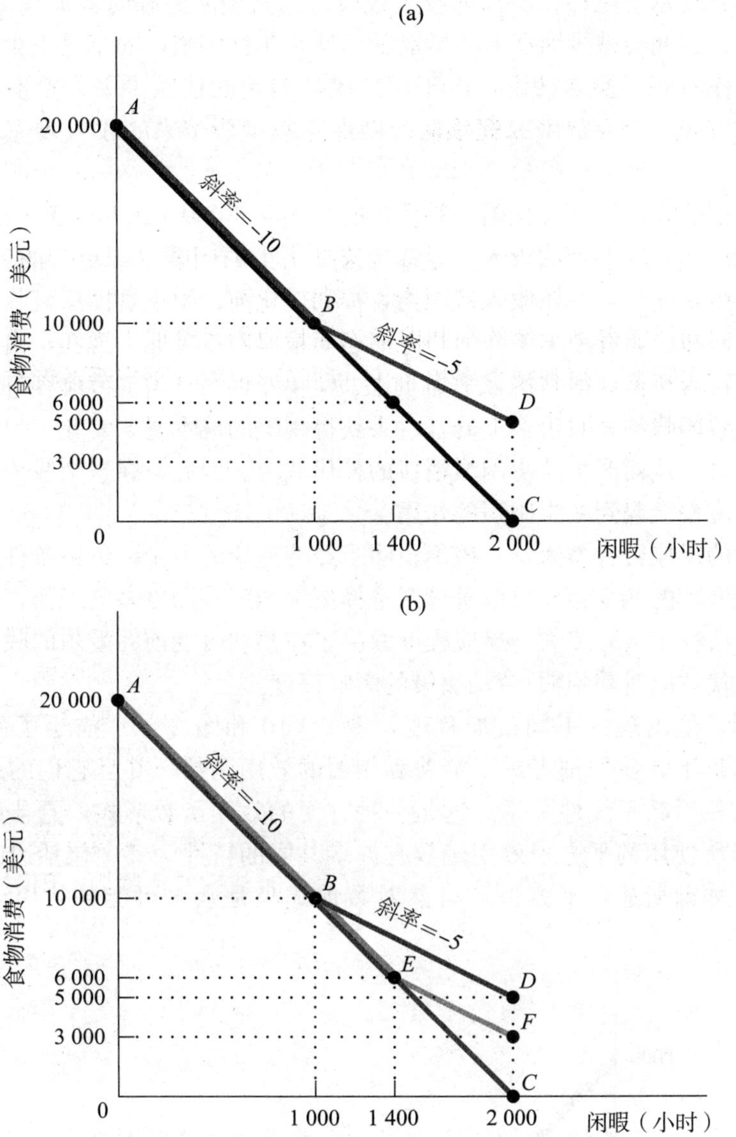

图 2-9　包含贫困家庭临时救助的预算约束

说明：乔爱尔的初始预算约束是 ABC。图 2-9a 中，加入了 5 000 美元的贫困家庭临时救助保障和 50%的福利减少率后，预算约束变为 ABD。在她享受的闲暇时间超过 1 000 小时后，预算约束就变得更加平坦。在 D 点，虽然她获得了 2 000 小时的闲暇，但现在仍能享有 5 000 美元的消费。图 2-9b 中，当保障降至 3 000 美元时，直到她享有的闲暇时间超过 1 400 小时，预算约束（AEF）才会变得更加平坦。这种情况下，在 F 点获得 2 000 小时的闲暇时，她只能消费 3 000 美元。

5 000 美元变成 3 000 美元的政策变化不会产生替代效应。闲暇的相对价格保持在每小时 5 美元，没有发生变化，因此预算约束的斜率没有改变。不管乔爱尔从政府处得到的是 5 000 美元还是 3 000 美元，都对额外增加 1 小时工作时间的回报（净值为 5 美元）没有影响，所以闲暇的价格是不变的。由于食物和闲暇的相对价格没有变化，所以不存在对商品进行替代的欲望。

然而，对乔爱尔来说存在明显的收入效应。当贫困家庭临时救助福利保障减少后，她变得更穷了，因此会减少对所有正常品的消费，包括闲暇，而享受更少的闲暇意味着增加更多的工作时间。换句话说，由于用来支持消费的钱减少了，她不得不更努力工作。此时净效应表现为，贫困家庭临时救助保障减少所带来的收入效应会导致闲暇的减少。

现在，我们假设在福利变化前，乔爱尔的收入在 6 000～10 000 美元之间。同样地，这种福利变化依然会降低她的收入，导致她选择更少的闲暇（或更多的劳动）。然而闲暇的价格也发生了变化，在该收入范围内，福利变化前，由于贫困家庭临时救助的福利会因额外收入而减少，乔爱尔工作 1 小时的净回报只有 5 美元。现在，由于在这个收入范围内她已经没有资格获得贫困家庭临时救助，1 小时的工作能为她带来 10 美元的净回报，这就导致闲暇的相对价格上升（过去获得闲暇的成本是 5 美元，但现在放弃的收入则是 10 美元），从而产生减少闲暇消费的替代效应。因此，在这个收入范围内，收入效应与替代效应都会起到减少闲暇的作用。

劳动供给的反应会有多大？ 该例说明了经济理论的力量。约束条件下的最大化模型表明了福利保障的减少会导致单身母亲选择更少的闲暇和更多的工作，但该模型并没有说明这种反应程度会有多大。反应程度取决于在福利改变前乔爱尔的收入水平，以及收入效应与替代效应对其闲暇/劳动决策的影响程度。

为了说明可能出现的不同反应程度，图 2－10 和图 2－11 描绘了两种不同的情形。在两种情形下，我们都考虑了消费和闲暇的效用函数，并且它们的效用函数与消费和劳动的自然对数呈线性关系。这是一种方便的效用函数形式，它与我们在蛋糕和电影的例子中所使用的平方根效用函数有许多共同的特性，其中包括边际效用递减这一重要属性。如前所述，平方根和自然对数形式只是众多可能的效用函数形式中的两种。

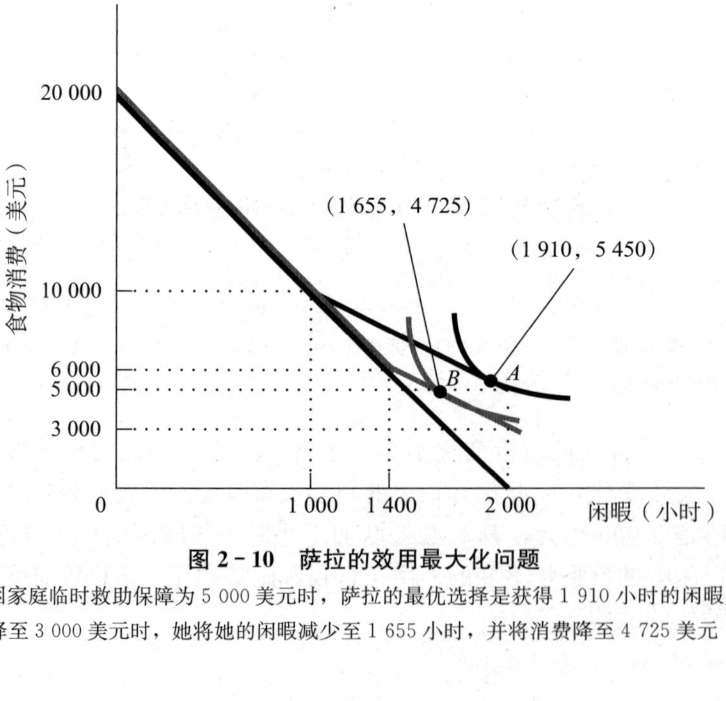

图 2－10　萨拉的效用最大化问题

说明：当贫困家庭临时救助保障为 5 000 美元时，萨拉的最优选择是获得 1 910 小时的闲暇并消费 5 450 美元（*A* 点）。当保障降至 3 000 美元时，她将她的闲暇减少至 1 655 小时，并将消费降至 4 725 美元（*B* 点）。

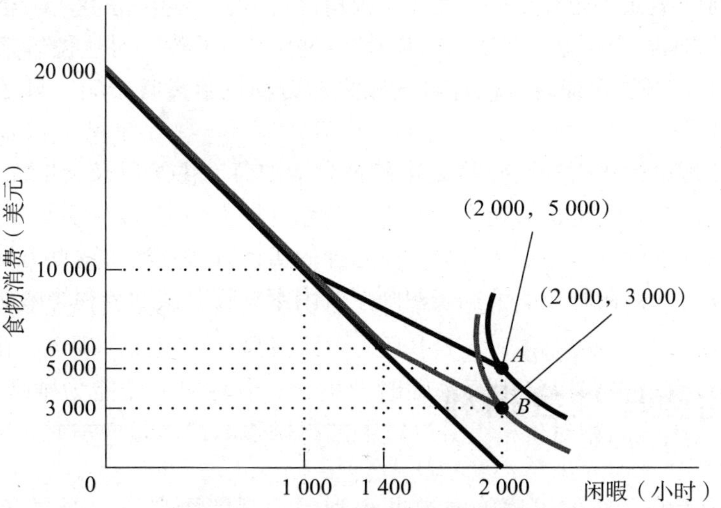

图 2-11　内奥米的效用最大化问题

说明：由于内奥米将闲暇相对于消费的价值看得比图 2-10 中的要重得多，因此不管贫困家庭临时救助保障是多少，她都选择 2 000 小时的闲暇。因此，保障的减少导致内奥米的消费从 5 000 美元（A 点）降至 3 000 美元（B 点）。

第一个母亲萨拉的效用函数形式为 $U=100\times\ln(C)+175\times\ln(L)$ *，其中，C 是消费，L 是闲暇，ln 是自然对数函数。萨拉既看重消费，也看重闲暇，但是看重闲暇更多一点。图 2-10 显示了她的无差异曲线和预算约束。当保障是 5 000 美元时，萨拉选择每年消费 1 910 小时的闲暇并工作 90 小时（A 点，即她的无差异曲线与获得 5 000 美元保障时的预算约束线的切点）。在这种水平的劳动供给上，她的工资收入是 900 美元，但是由于每 1 美元的收入会减少 0.5 美元的贫困家庭临时救助保障，她的总收入是 900 美元加上 4 550（$=5\,000-0.5\times900$）美元的净贫困家庭临时救助保障金，因此她的总消费支出为 5 450（$=900+4\,550$）美元（本例的数学运算将会在本章附录中给出）。

当贫困家庭临时救助保障降至 3 000 美元时，由于萨拉变穷了，她会选择减少她的闲暇（收入效应），在新的预算约束下移动到 B 点。在该点，她每年只获得 1 655 小时的闲暇，工作 345 小时并赚取 3 450 美元。对这位母亲来说，州长是正确的。贫困家庭临时救助保障的减少使她的劳动供给从 90 小时增加到 345 小时。需要注意的是，萨拉的保障福利会因为收入而减少一半，因此她的贫困家庭临时救助保障现在是 1 275（$=3\,000-0.5\times3\,450$）美元，她的总预算则为 4 725 美元。她的消费比福利保障较高的时候降低了 725（$=5\,450-4\,725$）美元，她的消费并没有因福利削减而下降 2 000 美元，是由于她通过更努力的工作弥补了福利的减少。

图 2-11 说明了另一位情况不同的单身母亲内奥米的案例，她的效用函数是 $U=75\times\ln(C)+300\times\ln(L)$。相对于萨拉，内奥米把闲暇看得比消费重得多。她的无差异曲线更陡，意味着一旦闲暇减少，就要增加大量的消费来进行补偿。对内奥米来说，当贫困家庭临时救助保障是 5 000 美元时，最优选择是完全不工作，消费 2 000 小时的闲暇和 5 000 美元的食物（A 点）。当保障降至 3 000 美元时，这位母亲仍旧不工作，只是

* 原书为 $U=100\times\ln(C)+175-\ln(L)$，疑有误，故作此修改。——译者注

让消费降至 3 000 美元。也就是说，她将闲暇看得比消费重要得多，以至于即使在更低的保障水平下，她也不会用工作收入来弥补保障福利的下降。对这位母亲来说，部长的说法是正确的。贫困家庭临时救助保障的减少对劳动供给没有影响，只是单纯地降低了她的食物消费水平。

因此，单凭理论无法得知该政策变化是否会增加劳动供给以及会增加多少。理论上，劳动供给可能会上升，但是也可能不会。为了消除这种不确定性，需要对可获得的单身母亲劳动供给的数据进行分析，下一章会介绍这样的实证方法。通过这些方法，你将得出结论：州长是正确的，存在有力的证据表明削减贫困家庭临时救助福利将增加劳动供给。

2.3 均衡与社会福利

前文的争论点在于贫困家庭临时救助福利的削减能否提高单身母亲的劳动供给水平。然而，作为一个优秀的财政学家，你知道不该止于此。州长和你所在部门的部长真正应该在乎的不仅包括单身母亲的劳动供给是上升还是下降，而且要考虑一个规范性问题（关于“应该是什么”的分析）：这种政策变化是否会使整个社会变好？

福利经济学：对社会中幸福或福利决定因素的研究。

为了解决这个问题，我们转向规范性分析工具，**福利经济学**（welfare economics）。福利经济学是对社会中幸福或福利决定因素的研究。为了避免混淆，我们要记得“福利”这个词还可以指给低收入单亲家庭的现金支付（如来自贫困家庭临时救助计划的现金支付）。因此，我们会使用贫困家庭临时救助来代表本章中涉及的现金支付。我们在本章中使用的“福利”是指幸福的规范性概念。

我们分两步来讨论福利的决定性因素。首先，我们讨论社会效率或者说经济馅饼大小的决定性因素。社会效率是由消费者和生产者在商品和服务的交易中得到的净收益决定的。我们通过构建需求和供给曲线来测量这些净收益，并显示它们如何通过相互作用来确定均衡点，继而讨论为什么均衡时能够达到效率最大化。其次，我们将讨论如何进行整合再分配，或者说分割经济馅饼，深入分析后我们就可以测量社会的总的幸福水平，或者说社会福利。在这一部分，我们将参照前文的安德里亚选择电影和蛋糕的例子来讨论这些概念，接着我们会把学到的知识应用到对贫困家庭临时救助计划的变化对福利的影响的讨论中。

□ 需求曲线

需求曲线：显示个人在不同价格下对某种商品的需求量的曲线。

理解了消费者如何进行决策之后，我们现在学习这些决策是如何形成**需求曲线**（demand curve）的。需求曲线表示商品和服务的价格与其需求量之间的关系。图 2－12 显示了约束下的选择结果如何转化为安德里亚对电影的需求曲线。在图 2－12a 中，我们改变电影的价格，从而改变了预算约束线的斜率（由电影和蛋糕的价格比率决定）。对于每一条新的预算约束线，安德里亚的最佳选择保持在预算约束线和可能达到的最高的无差异曲线的切点处。

例如，我们已经给出了当安德里亚的收入为 96 美元，蛋糕的价格为 16 美元，电影的价格为 8 美元时，她会选择 6 场电影和 3 个蛋糕（BC_1 上的 A 点）。电影的价格上升

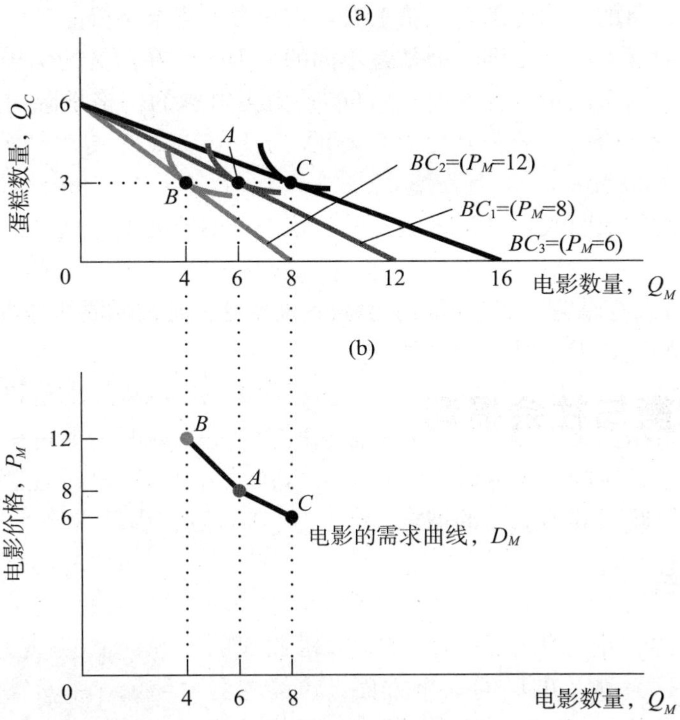

图 2-12　需求曲线的推导

说明：电影价格的变化使预算约束线旋转，改变了个人对电影的需求。当电影价格上升至 12 美元时，电影的需求降至 4 场；当电影价格降至 6 美元时，电影的需求升至 8 场。我们可以利用其价格和效用最大化选择之间的关系得到电影的需求曲线 D_M，如图 2-12b 所示。

至 12 美元将使预算约束线变得更陡，其斜率从$-\frac{1}{2}$变为$-\frac{3}{4}$，如 BC_2 所示。这样的价格上升会减少对电影的需求数量，因此，她选择 3 个蛋糕和 4 场电影（BC_2 上的 B 点）。电影的价格降至 6 美元将使预算约束线变得更平坦，其斜率从$-\frac{1}{2}$变为$-\frac{3}{8}$，如 BC_3 所示。这样的价格下降会使电影的需求数量增加，此时安德里亚将选择购买 3 个蛋糕和 8 场电影（BC_3 上的C 点）。

利用这些信息，我们可以得到电影的需求曲线，该曲线显示了个人在不同的市场价格下对商品或服务的需求数量。图 2-12b 中所示的电影的需求曲线描绘了电影的价格和其需求量之间的关系。

需求弹性　需求分析的关键要素是**需求弹性**(elasticity of demand)，即价格每变化 1%所导致的需求量变化的百分比。

> **需求弹性：**一件商品的价格每变化 1%所引起的需求数量变化的百分比。

$$\varepsilon=\frac{\text{需求量变化的百分比}}{\text{价格变化的百分比}}=\frac{\Delta Q/Q}{\Delta P/P}$$

例如，当电影的价格从 8 美元上升至 12 美元时，对电影的购买则从 6 场降至 4 场。因此，价格上升 50%导致购买需求下降 33%，其弹性为-0.666。

关于需求弹性有几点需要注意：

- 它们通常是负的，因为随着价格上升，需求量通常会下降。
- 一条需求曲线上的需求弹性通常是不同的。因此，在前文的例子中，当电影的价格上升时，需求的价格弹性是－0.666；而当电影的价格下降时，需求的价格弹性是－1.32（价格从 8 美元变为 6 美元，下降了 25%，导致需求量从 6 场变为 8 场，上升了 33%）。
- 一条垂直的需求曲线，其需求量不随价格上升而改变。在这种情况下，需求是完全无弹性的。
- 一条水平的需求曲线，一旦价格有很小的改变，其需求量将发生无穷大的变化，在这种情况下，需求是完全弹性的。
- 最后，本例是一个特例。在本例中，蛋糕的需求不随电影的价格变化而改变。某种商品的价格变化对另一种商品的需求所产生的影响是交叉价格弹性，在我们所使用的这个特定的效用函数下，交叉价格弹性为 0。然而，通常一种商品的价格变化也会影响对其他商品的需求。

□ 供给曲线

供给曲线：该曲线显示了在各个价格下，企业愿意提供的商品数量。

到目前为止的讨论都集中在消费者和需求曲线的推导上，然而，这只涉及市场的一个方面，市场的另一方面则由**供给曲线**（supply curve）代表。供给曲线显示了在各个价格下商品或服务的供给数量。正如需求曲线是由个人的效用最大化得到的，供给曲线是由厂商的利润最大化决策而得到的。

对厂商利润最大化的分析与对消费者效用最大化的分析相似。个人有效用函数来衡量消费商品对幸福程度的影响，厂商也有生产函数来衡量投入对其产出水平的影响。为了简化分析，我们通常假设厂商只有两种投入要素：劳动（工人）和资本（机器、建筑）。考虑一个生产电影的厂商，该厂商的生产函数可能是 $q=\sqrt{K\times L}$ 的形式，其中，q 为生产的电影数量，K 为资本量（如电影工作室），L 为劳动力（如员工工作的小时数）。

边际生产力：其他投入保持不变的情况下，任何要素一个单位投入量的改变对企业产出带来的影响。

其他投入保持不变，改变一单位的要素投入对企业产出带来的影响叫作该投入的**边际生产力**（marginal productivity）。正如消费的边际效用随着每一额外单位的商品消费递减一样，随着每一单位额外投入的使用，该投入的边际生产力也是递减的，即生产过程具有边际生产力递减的特点。例如，对这个生产函数来说，保持 K 不变，每增加一单位 L 的投入所带来的产出增加越来越小，正如在效用函数（有同样的形式）下，保持蛋糕的数量不变，消费额外的电影所带来的效用增加越来越小。①

该生产函数给出了对于任何给定产量的生产成本，也就是投入要素的价格和要素使用数量之间的函数。产出的总成本 TC，由 $TC=rK+wL$ 决定，其中，r 为资本的价

① 理解这一含义的一个有效方法是考虑用一把铁锹挖洞的情形。一个工人能很好地工作；增加第二个工人可能会加快进度，因为两个工人可以轮流休息，但这不大可能使进度加快一倍；增加第三个工人能加快的进度就更少了；当有四个或五个工人时，对于给定的固定资本（一把铁锹），增加额外的一个工人的边际生产力就非常小了。

格（租金率），w 为劳动的价格（工资率）。对于厂商的日常决策来说，资本量是固定的，而劳动力则是变化的。给定这样的假设，我们可以定义**边际成本**（marginal cost），或者说生产多一单位产品所需的成本的增量，即工资率乘以生产多一单位产品所需的劳动力。

边际成本：生产多一单位产品给企业带来的成本增量。

例如，考虑前文的生产函数，并假设厂商用 1 单位的资本和 4 单位的劳动生产 2 部电影。现在，保持资本量固定，厂商想要生产 3 部电影，那么它必须增加 5 单位的劳动力投入（总共 9 单位劳动力投入）。如果工资率是每单位 1 美元，那么将产出从 2 部电影增加到 3 部的边际成本是 5 美元。

这些讨论的要点在于，边际生产力递减通常意味着边际成本递增。为了生产第四部电影，需要增加 7 单位的劳动力，成本为 7 美元；为了生产第五部电影需要花费 9 美元。由于每增加一单位的产出意味着要使用生产力越来越低的劳动力，因此在同样的工资率水平下，产出的成本在不断上升。

回忆厂商的目标是最大化其**利润**（profit），即收入和成本之差。当下一单位的收入，或边际收入，等于下一单位的生产成本，即边际成本时，厂商实现利润最大化。在一个完全竞争的行业中，任何一单位的收入都是厂商在市场上得到的价格。因此，厂商的利润最大化原则是一直生产到价格等于边际成本。

利润：企业收入与成本之间的差额，当边际收益等于边际成本时这一差额达到最大。

我们可以通过前文“快速提示”中的“爬山”练习来理解该原则。假设市场上电影的价格为 8 美元，资本的成本为每单位 1 美元，劳动的成本为每单位 1 美元，且厂商有 1 单位的资本。如果厂商生产一部电影，需要投入 1 单位劳动，那么总成本为 2 美元。由于第一个单位产出的收入为 8 美元，厂商必定会生产第一部电影。为了生产第二部电影，厂商需要使用 4 单位的劳动，或者增加 3 单位的劳动，因此第二部电影的边际成本是 3 美元，但是其边际收入（价格）为 8 美元，所以第二部电影也应该被生产。对于第三部电影，边际成本是 5 美元，如前所述，这依然比其价格低。

但是现在假设厂商生产了 4 部电影，且在决定是否要生产第五部。生产第五部电影需要将劳动从 16 单位增加至 25 单位，也就是增加 9 单位，这将花费 9 美元，但是生产者能从这部电影上得到的价格是 8 美元，即生产第五部电影是赔钱的，厂商并不会生产。因此，利润最大化决定了厂商会一直生产直到电影的边际成本（由于边际生产力递减的假设，它是递增的）小于或等于价格。

利润最大化原则是供给曲线的基础，供给曲线反映了价格与生产者为市场提供的数量之间的关系。在任何价格下，我们知道生产者会提供使边际成本等于价格的数量。因此，厂商的供给曲线就是边际成本曲线，显示了价格和数量之间的关系。随着数量的上升，边际成本上升，厂商会要求越来越高的价格来生产额外单位的产品。

□ 均衡

我们已经讨论了个人需求曲线（效用最大化）和厂商供给曲线（利润最大化）的来源。为了进行福利分析，我们需要将这些概念转化到**市场**（market）层面，即需求方和供给方相互作用的平台（如超市或网站）上。我们对所有在市场上购买商品的个人的需求进行加总，并对所有为市场提供商品的厂商的供给进行加总。加总时采取对曲线进行水平加总的方法，即在每一个价格下，我们把在该价格下需求者能购买的所有数量相加得到市场层面的需求水平，将每一个价格下供给者能供给的数量相加得到市场层面的供给水平。得到的结果就是图 2 - 13 所示的市场层面的供给曲线和需求曲线。

市场： 需求方和供给方相互作用的平台。

市场层面的供给曲线和需求曲线的相互作用决定了**市场均衡**（market equilibrium），即同时满足供给和需求的价格和数量的组合。这一点出现在供给曲线和需求曲线的相交处，如图 2 - 13 中的 E 点。给定均衡价格 P_E，需求者的需求为均衡数量 Q_E，并且供给者愿意提供这一均衡数量。竞争市场均衡代表令消费者和企业都满意的价格和数量的唯一组合点。

市场均衡： 由供给和需求曲线的交点决定，同时满足供给和需求的价格与数量的组合。

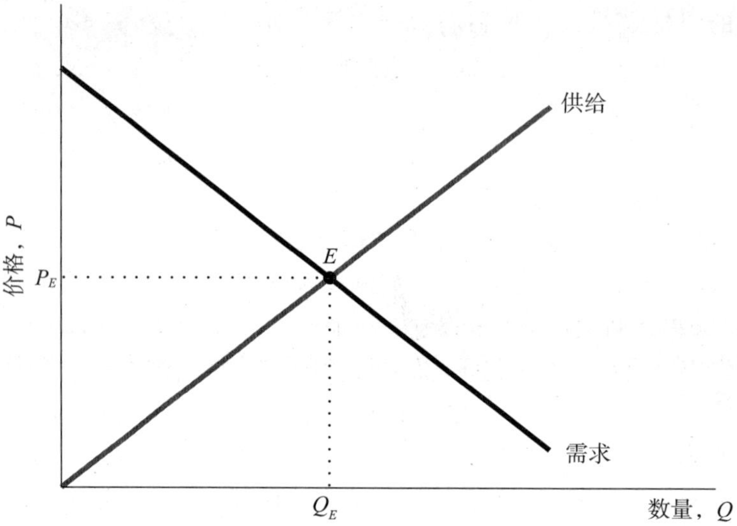

图 2 - 13　市场的结果

说明：电影的供给曲线和需求曲线交于均衡点 E，消费者和企业对该点处的价格和数量都感到满意。

□ 社会效率

有了前面的分析，我们现在可以采取最后一步：衡量社会效率，或者说馅饼的大小。社会效率代表着社会从一个特定市场所有交易中得到的净收益，它由两个部分组成：消费者剩余和生产者剩余。

消费者剩余　消费者从消费品市场的交易中得到的好处称为**消费者剩余**（consumer surplus），也就是消费者从消费某种商品中得到的收益大于他们为该商品支付的成本的部分。只要我们知道需求曲线，消费者剩余就很容易度量，因为需求曲线上的每一点代表着在该数量下消费者的支付意愿。需要记住的是，支付意愿取决于消费者的资源，支付意愿是“在可用资源下的支付意愿”的简称。

消费者剩余： 消费者从消费某种商品中得到的收益大于他们为该商品支付的成本的部分。

图 2-14a 显示了电影市场的消费者剩余，即需求曲线以下和均衡价格 P_E 以上的阴影区域（WZX 区域）。该区域就是消费者剩余，因为这些是消费者的支付意愿（由需求曲线代表）高于实际支付 P_E 的单位。第一个单位的消费者剩余是最大的，因为这代表着最想要该商品的消费者（他愿意用最高的价格购买该商品）。对于第一个单位的商品，消费者剩余等于纵轴上 WX 的距离。随后，消费者剩余由于更多的消费者从商品中得到的边际效用越来越少而下降。最后，对于需求（支付意愿）等于价格（在 Z 点）的消费者，消费者剩余是 0。

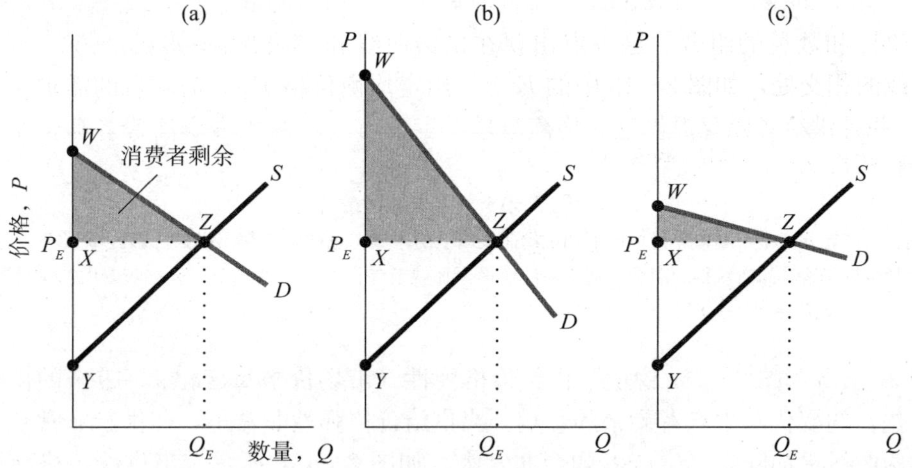

图 2-14　消费者剩余

说明：消费者剩余是需求曲线以下和市场均衡价格以上的区域，即三个图中的阴影区域 WZX。这代表着消费者从商品消费中得到的价值高于为商品支付的价格的部分。随着需求变得更加缺乏弹性，消费者剩余上升；随着需求变得更加有弹性，消费者剩余下降。

消费者剩余由两个因素决定：市场均衡价格和需求弹性。图 2-14b 显示了需求缺乏弹性（即需求量对价格不是很敏感）的商品的情况，例如低收入群体对基本食物的需求。在这种情况下，需求曲线更加陡峭，因此消费者剩余是一个面积非常大的区域。消费者剩余大是因为缺乏弹性的需求源自良好替代品的缺失，以至于消费者能从特别的商品的消费中得到巨大的剩余。图 2-14c 显示了需求很有弹性（即需求量对价格很敏感）的商品的情况，例如去看电影。在这种情况下，需求曲线几乎是水平的，以至于消费者剩余的面积非常小。这是因为弹性需求源自优质替代品的存在，消费者无法从有相近替代品的商品的消费中获得很多剩余。

生产者剩余：生产者在出售商品时所取得的收益中超出该商品生产成本的部分。

生产者剩余　除了消费者能从市场交易中获得剩余，生产者也能获得福利，即**生产者剩余**（producer surplus）。生产者剩余指生产者从一单位的商品销售中得到的收益高于他们生产该单位的成本的部分。和消费者剩余类似，生产者剩余也很容易度量，由于供给曲线上的每一点代表着生产该单位商品的边际成本，因此生产者剩余由图表中供给（边际成本）曲线以上和均衡价格 P_E 以下的区域代表，也就是图 2-15 中的阴影区域 XZY，因为该区域是市场价格高于供给意愿（供给曲线）的单位。实际上，生产者剩余就是生产者的利润。

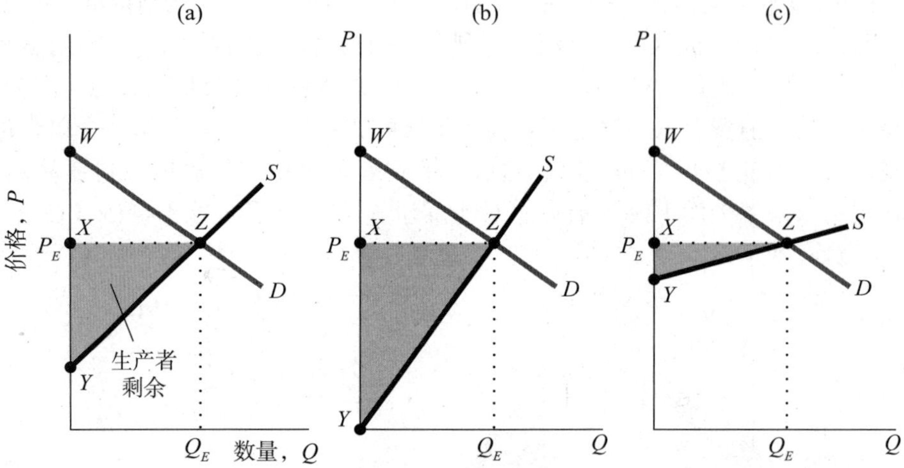

图 2-15　生产者剩余

说明：生产者剩余是市场均衡价格以下和供给曲线以上的区域，也就是三个图中的阴影区域 XZY，这代表着厂商按市场价格销售产品所获得的利润。随着供给变得更加缺乏弹性，生产者剩余上升；随着供给变得更加有弹性，生产者剩余下降。

图 2-15b 和图 2-15c 说明了供给价格弹性（市场价格每变化 1%带来的供给的百分比变化）的变化对生产者剩余的影响。当供给价格弹性非常小，即供给非常缺乏弹性时，供给曲线更加陡峭，生产者剩余非常大，如图 2-15b 所示。当供给价格弹性非常大，供给非常有弹性时，供给曲线几乎为水平线，生产者剩余非常小，如图 2-15c 所示。

> **社会总剩余（社会效率）：** 消费者剩余和生产者剩余的加总。

社会剩余　社会总剩余（total social surplus），也称**社会效率**（social efficiency），是市场上的消费者和生产者获得的总剩余。图 2-16 显示了电影市场的社会总剩余。该市场的消费者剩余是阴影区域 $A+D$，生产者剩余是阴影区域 $B+C+E$。所以，该市场的社会总剩余是这些阴影区域的和，即 $A+B+C+D+E$。

□ 完全竞争均衡使社会效率最大化

我们可以利用这个社会剩余框架来说明**福利经济学第一基本定理**（First Fundamental Theorem of Welfare Economics）：供给等于需求的竞争性均衡能够最大化社会效率。该定理具有直观意义，因为每当收益超过其成本的交易达成时都会产生社会效率，图 2-16 中发生在 Q_E 左侧的每笔交易都符合这一点：对于这些交易中的每一笔，收益（支付意愿，或需求）都超过成本（边际成本，或供给）。

任何使市场上的销售量低于 Q_E 的行为都会降低社会效率。例如，假设政府为了帮助消费者，将厂商销售电影的价格限制在 P_R，该价格低于均衡价格 P_E。供给商通过将它们的产出降低至 Q_R 来应对该限制，Q_R 为新的价格 P_R 下的产量，即在该价格下生产者愿意提供的数量。生产者剩余现在变为区域 C，也就是供给曲线以上和价格 P_R 以下的区域。因此，生产者剩余减少了 $B+E$ 的面积。

> **福利经济学第一基本定理：** 供给等于需求的竞争性均衡能够使社会效率最大化。

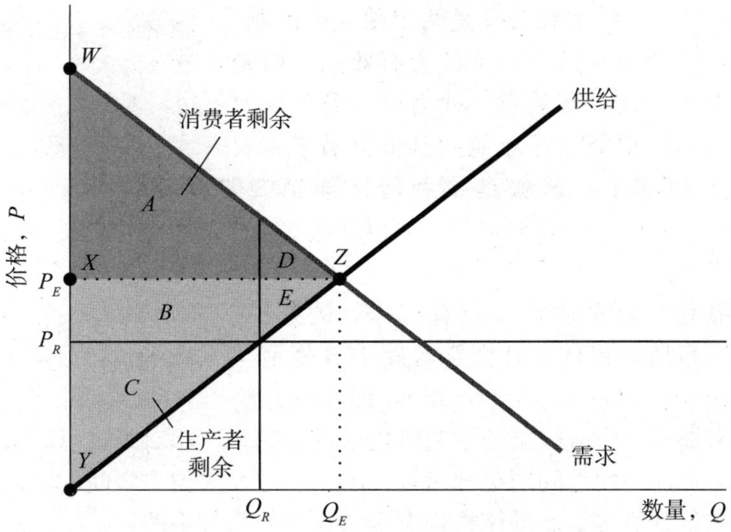

图 2-16　完全竞争均衡使社会效率最大化

说明：消费者剩余（需求曲线以下和价格以上的区域）和生产者剩余（供给曲线以上和价格以下的区域）的总和在完全竞争均衡处实现最大化。将价格限制在 P_R 使供给量下降至 Q_R，导致了 $D+E$ 的无谓损失。

在消费者方面，消费者剩余受到两方面的影响。一方面，由于电影的供给减少，消费者的情况变差了，变差的部分为区域 D 的面积。由于生产者不再提供 Q_R 和 Q_E 数量之间的电影给在该数量区间愿意以高于成本的价格购买电影的消费者，因此消费者剩余减少了。另一方面，由于消费者花费了更低的价格去看现有的 Q_R 部电影，消费者剩余上升了 B 的区域。

从净效应上看，社会损失了相当于 $D+E$ 区域面积的剩余。该区域被称为**无谓损失**（deadweight loss），即收益超过成本的交易被阻止时所导致的社会效率的降低。这部分的社会剩余（$D+E$）消失是因为存在使收益大于成本的交易，但这些交易没有进行。因此，图中社会剩余三角在数量为 Q_E 时实现最大化。

无谓损失：当收益超过成本的交易被阻止时所引起的社会效率的降低。

▶ **快速提示**

有时我们对如何画出无谓损失三角会感到困惑。关键在于记住无谓损失三角指向社会最优，并从那里向外延伸。直观意义是，在最优点附近生产过量或生产不足产生的无谓损失是最小的（少生产一单位或多生产一单位的代价并不高。）然而，随着生产远离该最优点，无谓损失会快速增长。

□ 从社会效率到社会福利：公平的角色

到目前为止的讨论完全集中在存在多少剩余（社会效率，或者说经济馅饼的大小）上。然而，社会不仅在乎存在多少剩余，而且在乎这些剩余在人口中的分配情况。**社会福利**（social welfare）的水平，即社会的幸福水平，由社会效率和社会资源的公平分配共同决定。

社会福利：社会的幸福水平。

在确定的假设下，效率和公平是两个独立的问题。在这种情况下，社会并不只有一个社会有效点，而是有一系列可以选择的社会有效点。社会可以简单地通过转移个体之间的可用资源并让他们自由贸易来实现那些不同的点。事实上，这就是**福利经济学第二基本定理**（Second Fundamental Theorem of Welfare Economics）：社会可以通过对资源进行合理的再分配和自由贸易来实现任何有效产出。

> **福利经济学第二基本定理**：社会可以通过对个体间的资源进行合理的再分配并允许他们自由贸易来实现任何有效产出。

然而在实践中，社会通常并没有这样好的选择。相反，正如第一章所讨论的，社会常常面临着**公平与效率的权衡**（equity-efficiency trade-off），即在拥有更大的经济馅饼和拥有一个分配更公平的饼之间进行选择。相对于进行能够提高效率的政府干预决策，解决这一权衡问题更加困难，因为它涉及人与人之间的比较问题，或者说决定社会上谁该得到更多，而谁该得到更少，这是相当棘手的。

> **公平与效率的权衡**：社会必须在经济馅饼的总规模和个体分配之间进行选择。

通常情况下，我们将政府的公平与效率决策的建模放在**社会福利函数**（social welfare function，SWF）的框架下，该函数将一系列个人的效用函数映射成一个整体的社会效用函数，这样，政府可以将公平与效率的权衡包含在它的决策中。如果一个政府政策阻碍了效率并使经济馅饼的规模缩小，那么公民作为一个整体的情况变差了。但是，如果馅饼规模的缩小是由被社会认可的再分配所导致的，那么这种再分配可能会抵消效率的降低并使整体的社会福利上升。

> **社会福利函数（SWF）**：将所有个人的效用函数整合到一个总的社会效用函数之中的函数。

社会福利函数可以采取很多种形式，不同形式的社会选择对如何解决公平与效率的权衡来说极为重要。在政府只关心效率的社会福利函数下，市场竞争的结果将不仅是最有效率的结果，而且是福利最大化的结果。在政府关心资源分配的其他情况下，最有效率的结果可能并不是使社会达到最优的结果。两种最常见的社会福利函数形式是功利主义社会福利函数和罗尔斯社会福利函数。

功利主义社会福利函数 在一个功利主义社会福利函数中，社会的目标是最大化个人效用的总和：

$$SWF=U_1+U_2+\cdots+U_N$$

所有人的效用同等重要，加总即得到社会总福利。上述公式意味着只要交换使第一个人得到的效用比第二个人失去的效用高，我们就应该让第一个人与第二个人进行交换。换句话说，这意味着对社会来说，穷人得到一单位效用（一单位幸福）和富人得到一单位效用是无差别的。

这样的结果是否不公平？不是的，因为社会福利函数是依据效用而不是美元来定义的。在功利主义社会福利函数下，社会对于给穷人一美元和给富人一美元并不是无差异的；社会对于给穷人一单位效用和给富人一单位效用才是无差异的。对美元和效用的区分很重要，由于收入的边际效用递减原理，更富裕的人从额外一美元中得到的边际效用远远低于更贫穷的人从中得到的边际效用。在功利主义社会福利函数下，社会对于给富人和穷人一美元不是无差异的，通常，它愿意把富人（由于他们已经有高消费，所以他们的边际效用低）的钱再分配给穷人（拥有高边际效用）。如果每个人都是一样的，而且再分配不会损失效率，那么功利主义社会福利函数能够通过对收入完全平均分配来实现最大化。

罗尔斯社会福利函数 另一个社会福利函数的常用形式是罗尔斯社会福利函数，该函数以哲学家约翰·罗尔斯（John Rawls）的名字命名。他认为，社会的目标应该是使情况最差的成员的福利最大化。[①] 罗尔斯社会福利函数的形式是：

$$SW=\min(U_1, U_2, \cdots, U_N)$$

由于社会福利是由社会中的最低效用决定的，社会福利通过最大化社会中情况最差的人的福利来实现最大化。

如果每个人都是一样的，而且再分配不存在效率成本，那么该社会福利函数会要求对收入进行平均分配，和功利主义社会福利函数一样：只有当收入被平均地分配时，社会才能使它的情况最差的成员的效用最大化。另外，一旦我们认识到再分配会带来效率成本（并减小饼的规模），我们就会发现功利主义社会福利函数和罗尔斯社会福利函数的含义并不相同。假设所有人都有相同的偏好，每年的收入都是 4 万美元，除了两个人：唐纳德和乔。唐纳德每年的收入是 100 万美元，乔每年的收入是 39 999 美元。现在想象这样一个提案，该提案向唐纳德征收 96 万美元的税并将其中的 1 美元税收给乔，然后将剩下的税收都扔进大海。在功利主义社会福利函数下，唐纳德的效用由于失去了 96 万美元而下降的量比乔的效用由于得到了 1 美元而上升的量更大，所以该提案会使社会福利减少。然而，在罗尔斯社会福利函数下，由于情况最差的人的效用增加，而这又是我们所关心的一切，该提案会使社会福利上升。因此，在权衡公平与效率的世界，通常罗尔斯社会福利函数会比功利主义社会福利函数提倡更多的再分配。

□ 选择一个公平准则

在推动政府政策形成的过程中，社会福利函数形式显然发挥着重要的作用。然而，社会福利函数不是由某种更大的权力所决定的，而是在某种程度上取决于政治家和选民之间的互动。社会福利函数通过政治过程逐步形成的机制将会在第 9 章中详细讨论，但是我们需要知道，除了社会福利函数外，还有其他的标准也会导致再分配问题。例如，一些政策制定者持有**商品平均主义**（commodity egalitarianism）的观点。他们认为，重要的是个人实现了对商品如住房或医疗保险的基本需求。一旦他们达到了该基本水平，收入分配就变得无关紧要了。也有人认为，重要的是**机会均等**（equality of opportunity），即保证每个人成功的机会是均等的，但是如果一些人成功了而其他人没成功，那么这就不是政府所要关心的问题了。我们将会在第 17 章中讨论这些不同的观点和它们对政府政策的影响。

商品平均主义： 认为社会应该确保满足个人的一系列基本需求，除此之外，收入分配则无关紧要的原则。

机会均等： 认为社会应该确保所有人享有同等的成功机会，但不注重所做的选择产生的结果的原则。

① 参见 Rawls（1971）第 152～157 页关于社会目标为什么应该是这样的讨论。

2.4 削减福利保障对福利的影响：继续贫困家庭临时救助的例子

2.3 节中的均衡和社会福利工具可用于评估削减贫困家庭临时救助福利保障给社会带来的收益和成本。收益指的是通过消除单身母亲劳动供给的障碍，增加单身母亲的劳动供给水平和社会剩余规模所带来的效率提高（依赖于下一章中讨论的实证证据，我们假设当削减福利时，劳动供给上升）。成本是由于削减了社会中最低收入群体的收入补助所导致的公平的减少。财政学家的工作是衡量这些效率与公平的结果，而政策制定者的工作是在权衡这些结果之后，进行适当的政策选择。

效率 我们可以利用福利分析工具，通过构建模型来分析削减贫困家庭临时救助计划保障对福利的影响。图 2-17 显示了单身母亲的劳务市场，纵轴为劳动力价格，即工资（W），横轴为市场中的工作时间（H）。

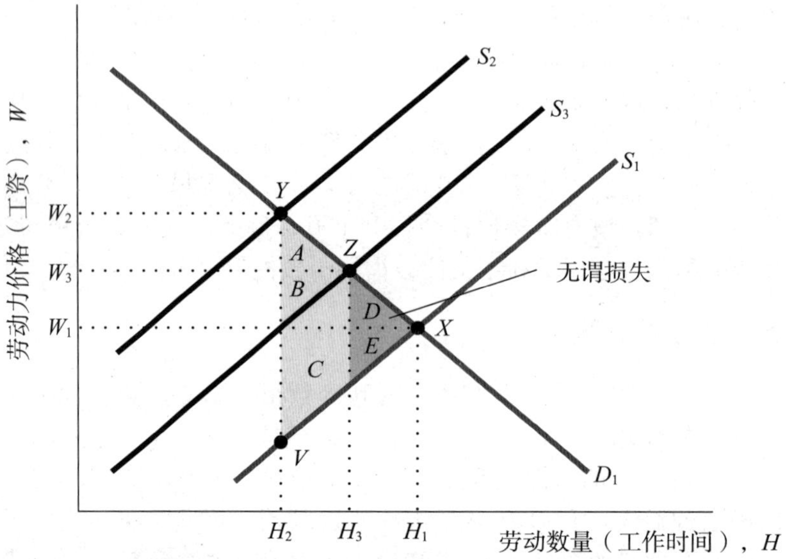

图 2-17 贫困家庭临时救助计划对福利的影响

说明：没有贫困家庭临时救助时，劳动市场位于完全竞争均衡点 X，也就是 S_1 和 D_1 的交点。当引入了贫困家庭临时救助后，劳动供给降至 S_2，市场移动到新的均衡点 Y，产生了无谓损失 $A+B+C+D+E$。当削减贫困家庭临时救助福利保障后，供给升至 S_3，社会效率上升了 $A+B+C$。

与图 2-13 不同的是，在贫困家庭临时救助计划的例子中，商品的需求（单身母亲的工作时间）来自企业，供给来自个人。但是和图 2-13 一样，需求曲线向下倾斜（随着工资上升，企业对工作时间的需求减少），供给曲线向上倾斜（假设替代效应大于收入效应，随着工资上升，个人愿意提供更多的工作时间）。

假设不存在贫困家庭临时救助计划时，也不存在其他影响劳动市场的政府干预措施。在这种情况下，没有贫困家庭临时救助的时候，劳动供给 S_1 与劳动需求 D_1 相交

于 X 点，市场处于完全竞争均衡，在工作时间为 H_1 时社会效率实现最大化。

但是当引入了贫困家庭临时救助计划之后，单身母亲的工作时间减少，降低了在每一工资下的劳动供给水平，使供给曲线向左移至 S_2。劳动市场在 Y 点达到新的均衡。相对于初始均衡，工作的时间从 H_1 下降至 H_2，均衡工作时间的减少导致了面积为 $A+B+C+D+E$ 的无谓损失。H_1 和 H_2 之间的差别反映了如果不是因为贫困家庭临时救助计划，单身母亲乐意为厂商提供且厂商也乐意向她索取的工作时间。因此，该计划的引入使社会效率下降了。

如果削减贫困家庭临时救助的福利保障，单身母亲的劳动供给会上升，供给曲线向外移至 S_3。在新的均衡点 Z，单身母亲提供 H_3 的工作时间，无谓损失降低至 $D+E$。也就是说，由于削减了贫困家庭临时救助的福利保障，社会效率增加了 $A+B+C$ 区域的面积。

现在我们可以量化降低贫困家庭临时救助福利保障带来的社会效率增加。当单身母亲增加她们的劳动供给时，增加了 $A+B+C$ 区域的社会效率。如果我们知道这些需求曲线和供给曲线的斜率，我们就能度量出社会效率增加了多少。对这些斜率的估算，可以利用我们在下一章中会讨论的实证方法来实现。

公平 既然削减福利保障能够带来效率的大幅增加，为什么不削减福利保障？事实上，为什么要有贫困家庭临时救助计划？如前所述，政府之所以实行贫困家庭临时救助计划，是因为公民不仅在乎效率，而且在乎公平，也就是社会资源的公平分配。对许多具体的社会福利来说，使社会效率最大化的完全竞争均衡点可能并不是使社会福利最大化的点。

目前，生活在贫困线（在美国生活的最低收入要求）以下的单身母亲的比例为 30.6%，与之相比，所有家庭中只有 11.2%生活在贫困线以下。[①] 削减贫困家庭临时救助福利保障将导致已经属于社会底层的那部分人的情况变得更差，因此会产生巨大的公平成本从而抵消效率的增加。

考虑一个简单的例子，假设社会的福利函数是功利主义社会福利函数，而且社会中每个人的效用函数的形式是 $U=\sqrt{C}$，其中，C=消费=收入。进一步假设，10%的公民是初始收入为 1 万美元的单身母亲，剩下的 90%的公民的初始收入为 5 万美元。假设如果我们削减贫困家庭临时救助福利保障，单身母亲的收入会降至 5 000 美元，而其他人的收入会增加到 51 000 美元。在该政策下，社会中的平均收入水平从 46 000 美元上升到了 46 400 美元，因此社会效率上升了。然而，社会福利下降了。平均效用水平从 211.2 下降到了 210.3（由所有公民变化前和变化后的收入的平方根的平均值计算得出），这是因为我们将少量的收入增加给了高收入群体，而这些人的收入边际效用已经很小，但是我们从低收入的人手中拿走了大量的收入，而这些人的收入边际效用很高。因此，在这种社会福利函数下，虽然政策变化增加了效率，却给公平造成了“更多”损害。

---

① U. S. Bureau of the Census (2014), Table 4.

实证测量这种公平下降给社会带来的成本是相当困难的。关键在于，分析师必须针对社会如何评价不同群体（比如单身母亲和其他纳税人）的福利进行假设。

2.5 结论

本章说明了经济学理论工具的作用和局限性。一方面，通过对个人和厂商的行为进行简单直观的假设，我们能够解决复杂的问题，如贫困家庭临时救助福利保障如何影响单身母亲的劳动供给，以及该反应对社会福利的影响。另一方面，当我们在一般意义上回答这些问题时，我们依然无法准确判断福利保障的变化究竟能够导致多大程度的劳动供给变化和社会福利规模变化，换言之，理论模型可以帮助指出政策变化对个人决策和社会福利可能产生的影响，但它们不能告诉我们这些影响的大小。想要衡量影响程度，我们必须借助实证经济学，也就是下一章要讲的内容。

重点

- 诸如对贫困家庭临时救助福利保障适度水平的政策辩论，促使我们对个人和厂商的决策行为进行理论模型构建。
- 在对政策变化对个人行为的影响进行建模时需要利用最大化模型，即个人在市场价格和可用资源的约束下最大化自身福利。
- 当个人所选择的商品组合使他们想要用一种商品交换另一种商品的比率（边际替代率）与市场允许他们用一种商品交换另一种商品的比率（价格比率）相等时，个人福利或者效用达到最大化。
- 贫困家庭临时救助计划引入了几个局部较复杂的预算约束，这些约束取决于一个母亲是否在计划服务范围内。
- 削减贫困家庭临时救助福利保障很可能增加单身母亲的劳动供给，但是增加的规模无法确定，它取决于母亲对闲暇和消费的偏好。
- 社会福利由社会效率（饼的大小）和社会公平（饼的分配）共同决定。
- 社会效率在完全竞争均衡处达到最大化，在均衡点上，需求（由效用最大化推导得出）等于供给（由利润最大化推导得出）。
- 通过利用社会福利函数将效率和社会对政策制定的再分配的偏好结合起来，可以寻求社会福利最大化的结果。
- 削减贫困家庭临时救助福利保障使劳动市场更接近完全竞争均衡，增加了社会总效率，但代价是降低了特别贫困的群体的收入，因此其对社会福利的净影响并不确定。

习题

1. 假设乘坐公交车的价格是 1 美元，而一加仑汽油的价格是 2.5 美元。相对于乘坐公交车，一加仑汽油的相对价格是多少？当乘坐公交车的价格上升至 1.25 美元时，会发生什么？

2. 画出需求曲线 $Q=250-10P$。计算价格为 5 美元、10 美元和 15 美元时的需求价格弹性。说明当你沿着这条线性需求曲线移动时弹性如何变化。

3. 你有 100 美元来购买食物和服装。食物的价格是 4 美元，服装的价格是 10 美元。

a. 画出你的预算约束。

b. 假设政府对服装的购买进行补贴，前 5 个单位的服装每单位都是半价。画出你在这种情况下的预算约束。

4. 利用效用理论来解释为什么人们最后会离开"随便吃"的自助餐。

5. 解释为什么一个消费者的最优选择是她的预算约束与无差异曲线的切点。

6. 考虑本章中提到的两种社会福利函数，即功利主义社会福利函数和罗尔斯社会福利函数。

a. 哪一个更符合政府将资源从富人转移给穷人的再分配政策？哪一个更符合政府不对资源进行富人到穷人的再分配？

b. 考虑你对问题 a 的回答，说明政府进行富人到穷人的再分配可以同时符合两个社会福利函数。

7. 既然自由市场（完全竞争）的均衡处是社会效率最大化的点，为什么政府还要干预经济？

8. 考虑一个有 5 000 美元收入保障和 40%的福利减少率的收入保障计划。一个人每年最多工作 2 000 小时，每小时工资为 10 美元。

a. 画出这个人有收入保障后的预算约束。

b. 假设收入保障上升至 7 500 美元，但福利减少率变为 60%。画出新的预算约束。

c. 在这两个收入保障计划中，哪一个更有可能阻碍工作？请解释。

d. 绘制一组平滑的无差异曲线，使它们以正确的方式弯曲，但是要使你在问题 c 中选择的计划能够导致个人的劳动供给大于另一个计划。描述导致不寻常行为的曲线的极端之处。

9. 如果一个人在收入上升时增加了对某种商品的消费（例如收入增加的情况下，我们可能会更常去影院看电影），则称该商品为正常品。如果一个人在收入上升时减少了对某种商品的消费（例如，收入增加可能会使我们变得不愿意购买二手车），则称该商品为劣等品。假设萨利经常在当地的一家汉堡店吃饭，该汉堡店突然降价了。

a. 假设汉堡店价格下降之后，萨利去当地的比萨餐厅的次数减少了。你能由此判断比萨对萨利来说是否为劣等品吗？

b. 假设汉堡价格下降之后，萨利去汉堡店的次数减少了。利用正常品和劣等品的概念依据收入效应与替代效应解释为什么会这样。

进阶习题

10. 考虑一个有 3 000 美元收入保障和 50%的福利减少率的收入保障计划。一个人每年最多工作 2 000 小时，每小时工资为 6 美元。在该计划下，爱丽丝（Alice）、鲍勃（Bob）、卡尔文（Calvin）和黛博拉（Deborah）的工作时间分别为 100 小时、$333\frac{1}{3}$小时、400 小时和 600 小时。

政府考虑对该计划进行一些修改，使其更能激励人们工作。提案包含两个部分。第一，将保障降至 2 000 美元。第二，人们赚取的前 3 000 美元不会降低福利保障，超过 3 000 美元以后，福利保障会按照 50%的比率减少。

a. 画出每一个工人在面临初始计划时的预算约束。

b. 画出每一个工人在面临所提出的新计划时的预算约束。

c. 你预期四个人中谁会在新的计划下增加工作时间？谁会减少工作时间？有哪一个人你无法说出他/她会增加还是减少工作时间？

11. 考虑一个需求为 $Q=900-10P$，供给为 $Q=20P$ 的自由市场。

a. 消费者剩余是多少？生产者剩余是多少？

b. 现在政府对商品的生产实行每单位 15 美元的补贴。此时，消费者剩余是多少？生产者剩余呢？为什么补贴会导致无谓损失？无谓损失的大小是多少？

12. 政府提供现金救助和带限制条件的实物福利（如必须用于食物或住房）。对接受者来说，得到等值的现金和实物福利之间是无差异的吗？利用无差异曲线分析说明对个人来说无差异的情况，以及他们得到的福利的形式会带来不同效果的情况。

13. 考虑第 1 章第 9 题中所述的探险世界中的两个公民——比尔和泰德。假设比尔和泰德有相同的效用函数 $U(Y)=Y^{1/2}$，其中，Y 为消费（等于净收入）。

a. 根据功利主义社会福利函数，对第 1 章第 9 题中讨论的三个税收政策进行排名。再根据罗尔斯社会福利函数对三个税收政策进行排名。

b. 如果效用函数变为 $U(Y)=Y^{1/5}$，你的答案会发生怎样的变化？

c. 假设比尔和泰德的效用函数不同：比尔的效用函数是 $U^B(Y)=1/4Y^{1/2}$，泰德的效用函数是 $U^T(Y)=Y^{1/2}$（这是有可能发生的，因为比尔有严重的残疾，需要更多的收入来获得相同水平的效用）。那么此时，罗尔斯社会福利函数对三个税收政策的排名如何？

探险世界的再分配政策产生的影响 单位：美元

	0	25%	40%
比尔的税前收入	1 000	800	400
比尔的所得税	0	200	160
比尔的净收入	1 000	600	240
泰德的税前收入	120	120	120
泰德的转移支付	0	200	160
泰德的净收入	120	320	280

14. 今年你有 4 000 美元可以花费在娱乐上（你太幸运了）。一日游的价格（T）是 40 美元，一份比萨和一场电影的价格（M）是 20 美元。假设你的效用函数是 $U(T,M)=T^{3/4}M^{1/4}$。

a. 你会选择什么样的 T 和 M 的组合？

b. 假设一日游的价格升至 50 美元。这会如何改变你的决策？

第 2 章
附录

效用最大化的数学运算

本附录给出了图 2－10 及图 2－11 中提到的效用最大化例子的数学推导过程。图 2－10 中无差异曲线对应的效用函数为：

$$U=100\times\ln(C)+175\times\ln(L)$$

其中，C 为消费，L 为闲暇。

对于该效用函数，边际替代率为：

$$MRS=MU_L/MU_C=(175/L)/(100/C)=1.75\times(C/L)$$

萨拉的市场工资为每小时 10 美元，她每年最多能工作 2 000 小时，同时她还享受贫困家庭临时救助计划的保障。该计划的福利保障为 5 000 美元，福利减少率为 50%。因此，预算约束有两个部分：

$C=5\,000+(2\,000-L)\times10\times0.5$，如果闲暇大于 1 000 小时（享受贫困家庭临时救助的部分）

$C=(2\,000-L)\times10$，如果闲暇小于 1 000 小时（不能享受贫困家庭临时救助的部分）

给定预算约束，我们可以得到该单身母亲闲暇和消费的最优数量。我们首先要找到她在预算约束的两个部分所对应的最优闲暇和消费的组合，然后评估这些选择中哪一个的总效用更高。

在预算约束中的第一个（贫困家庭临时救助）部分，我们需要求解的问题是：

$$\max U=100\times\ln(C)+175\times\ln(L)$$
$$\text{s. t. } C=5\,000+(2\,000-L)\times10\times0.5$$

将预算约束代入效用函数中，我们能得到：

$$\max U = 100 \times \ln(5\,000 + (2\,000 - L) \times 10 \times 0.5) + 175 \times \ln(L)$$

我们将效用对闲暇求导，并使其等于 0，得到：

$$(-5 \times 100)/(5\,000 + (2\,000 - L) \times 5) + 175/L = 0$$

求解该等式，可得 $L = 1\,910$。在该闲暇水平下，消费为 5 450。这意味着效用为 $100 \times \ln(5\,450) + 175 \times \ln(1\,910) = 2\,182$。

现在，我们来求解预算约束第二个（无贫困家庭临时救助）部分的问题：

$$\max U = 100 \times \ln(C) + 175 \times \ln(L)$$
$$\text{s.t. } C = (2\,000 - L) \times 10$$

我们再次将预算约束代入效用函数，得到：

$$\max U = 100 \times \ln((2\,000 - \mathrm{L}) \times 10) + 175 \times \ln(L)$$

由效用对闲暇求导并使其等于 0，我们能得到最优的 L 为 1 273，消费为 7 270。将这些结果代入效用函数，我们能得到该选择的效用为 2 140，低于 2 182，因此，个人会选择在预算约束第一个（贫困家庭临时救助）部分上的 A 点。

当我们将贫困家庭临时救助保障削减至 3 000 美元时，会发生什么？我们能用同样的方法求解该问题，只是现在保障水平更低了。求解后，我们发现单身母亲仍然会选择预算约束中有贫困家庭临时救助的部分，闲暇为 1 655 小时（工作 345 小时）。

图 2-11 中无差异曲线对应的效用函数为：

$$U = 75 \times \ln(C) + 300 \times \ln(L)$$

对于该效用函数，边际替代率为：

$$MRS = MU_L / MU_C = (300/L)/(75/C) = 4 \times (C/L)$$

内奥米的预算约束跟萨拉的一样：

$C = 5\,000 + (2\,000 - L) \times 10 \times 0.5$，如果闲暇大于 1 000 小时（享受贫困家庭临时救助的部分）

$C = (2\,000 - L) \times 10$，如果闲暇小于 1 000 小时（不能享受贫困家庭临时救助的部分）

在预算约束中的第一个（贫困家庭临时救助）部分，我们需要解决的问题是：

$$\max U = 75 \times \ln(C) + 300 \times \ln(L)$$
$$\text{s.t. } C = 5\,000 + (2\,000 - L) \times 10 \times 0.5$$

用同样的方法，我们能得到最优的闲暇为 3 200。该值超过了闲暇的最大可能水平 2 000。所以，该母亲会选择最大值，即 2 000 小时的闲暇和 5 000 美元的消费，效用水平为 2 919。

在预算约束中无贫困家庭临时救助的部分，该母亲的情况会变差。因为她想要得到的闲暇太多了。同样地，求解福利保障为 3 000 美元时的最大化问题，我们会再次发现她会选择“拐角”解，即 2 000 小时的闲暇和 3 000 美元的消费。

第 3 章

财政学的实证工具

需要牢记的问题

- 如何估计政策变化对个人行为的影响?
- 什么是“准实验”? 如何利用准实验得到行为估计结果?
- 福利保障的变化对单身女性的劳动供给有何影响?

让我们再次假设你是州政府卫生及公共服务部的职员。经过上一章详细的理论分析，对于州长和部长之间的争议你终于可以给出一些建设性的意见了。你可以告诉州长和部长，救助计划福利保障的减少可能但并不必然会增加单亲妈妈的劳动供给，并且劳动供给的变动取决于她们是更看中公平还是效率。然而，这些政客想知道的不仅仅是福利削减可能带来劳动供给的增加，他们感兴趣的也不是削减福利保障对社会福利影响的图解分析和计算过程，他们要的是数字。

为了提供这些数字，你必须借助于**财政学实证工具**(empirical tools of public finance)，即运用数据和统计学方法来衡量政府政策对个人和市场所产生的影响。与上一章中所论述的经典效用最大化理论和市场均衡理论不同，这些工具是近年来才发展起来的，因此尚不完善，而学界对解决问题的最优方法的讨论也在持续进行中，其中包括对单身母亲在贫困家庭临时救助计划福利保障削减情形下的劳动供给反应的估计方法的讨论。

> **财政学实证工具:** 运用数据和统计学方法来衡量政府政策对个人和市场所产生的影响。

在本章中，我们将回顾这些实证分析方法以及进行实证分析过程中都会遇到的基本问题——因果性和相关性的区分。如果两个经济变量同时变动，则称这两个变量**相关**(correlated)。当一个变量的变动导致了另一个变量的变动时，才称它们具有**因果性**(causal)。

> **相关:** 如果两个经济变量同时变动，则这两个经济变量是相关的。
> **因果性:** 当一个变量的变动导致了另一个变量的变动时，称两个经济变量之间具有因果性。

如果存在第三方因素引起这两个变量同时变动，那么它们之间的相关性也不能称为因果关系。

本章首先对实证分析的基本问题进行回顾，进而讨论用来衡量干预的因果效应的“黄金准则”——随机试验方法，在该方法中，个体被随机分配是否接受干预。尽管这种随机试验在医学中更为常见，但它们提供了一个基准，使其他实证方法也可以被评估。接着，我们讨论财政学家常用的其他实证工具，分析诸如贫困家庭临时救助福利变化对单身母亲的劳动供给的因果效应这样的问题。总的来说，我们用贫困家庭临时救助的例子，运用福利保障水平和单身母亲劳动供给的真实数据，来解决上一章的理论分析所提出的问题。

3.1 相关性和因果性的重要区分

俄罗斯曾经爆发过一次霍乱疫情。政府派了医生进入受灾最严重的地区，试图控制疫情。某个受灾的省份的农民注意到，每个区域分派的医生数量和该地区的霍乱发病率高度相关，基于这个事实，他们联合起来杀死了他们的医生。[①]

这个例子中最根本的问题在于这个地区的农民显然混淆了相关性和因果性。他们正确地观察到医生人数和发病率之间呈现正相关关系，但他们以此为据，认为正是医生的出现使得疾病更加肆虐。显然他们错就错在将这种联系颠倒了——正是较高的发病率使得更多的医生被派到该地区。在统计学上，这一问题被称为识别问题：给定两个相关的序列，如何判断其中一个变量是否引起了另一个变量的变动？

并非只有俄罗斯农民被这个问题困扰过。1988 年，哈佛大学的一位系主任与新生进行了一系列的面谈并发现，参加了美国高中毕业生学术能力水平考试（SAT）备考课程的学生比没有参加的学生平均低了 63 分（那时的 SAT 远不像今天这么流行，当时总分为 1 600 分）。于是，这位系主任得出了一个结论，SAT 备考课程对学生帮助不大，培训机构只是在利用父母的焦虑。[②] 这个结论又是一个混淆了相关性和因果性的绝佳的例子。究竟谁最可能参加 SAT 备考课程呢？正是最需要得到辅导的学生！因此该研究的发现仅仅是最需要得到 SAT 辅导的学生在考试中表现最差而已，并非备考课程导致学生考差了，相反，正是本来就考得差的学生参加了 SAT 备考课程。

另一个例子来自对母乳喂养婴儿益处的医学评估。大多数关于母乳喂养的建议都认为，母乳喂养的时间应该超过 12 个月，然而，部分医学研究显示，由母乳喂养的婴儿营养不良的比率更高。这使得实验者得出如下结论：母乳喂养时间过长将对婴儿的营养有害。另一个在秘鲁进行的关于婴儿的研究证明了上述结论是错误的，应该是本就已经体重不足或者营养不良的婴儿接受母乳喂养的时间最长。[③] 母乳喂养时间的延长并不会导致婴儿的发育不良，而是婴儿的发育不良和健康不佳导致母乳喂养期的

① 该例子来源于 Fisher (1976)。

② *New York Times* (1988).

③ Marquis et al. (1998).

延长。

□ 问题

上述例子都有一个共同的问题，即在没有充分分析数据产生的潜在机制的情况下，就试图将相关性理解为因果关系。观测到参加 SAT 备考课程的学生的 SAT 总是考得很差，或者由母乳喂养的婴儿的健康状况总是相对较差，仅仅是研究的第一步——记录变量之间的相关性。只要变量的数据可获取，我们很容易就能观测到变量是否一起变动，或者说变量之间是否相关。

然而难以判断的是，是否其中一个变量的变动导致了另一个变量的变动。对于任意两个相关的变量 A 和 B 来说，存在三种可能的解释可以导致它们之间的相关性：

- A 引起 B 变动；
- B 引起 A 变动；
- 存在第三个变量导致 A 和 B 变动。

考虑之前 SAT 的例子。在哈佛学生的样本中，参加了备考课程的学生在 SAT 中表现更差。哈佛大学系主任所提出的解释仅是众多可能解释中的一种。

- SAT 备考课程导致对 SAT 的准备变差；
- 应试能力差的人试图通过备考课程赶上其他人；
- 容易紧张的人倾向于参加备考课程，而易于紧张与在标准化考试中的表现不佳有关。

哈佛大学系主任得出了第一个结论，但是另外两个结论同样可能为真。总的来说，如果没有更多的信息或者进一步的假设，那么上面的三种解释告诉我们，二者的相关性并非必然得出备考课程对考试结果的因果影响。

同样地，考虑母乳喂养的例子。我们同样有许多种可能的解释：

- 长期母乳喂养不利于孩子的健康；
- 体质较差的婴儿被母乳喂养的时间最长；
- 收入较低的母亲用母乳喂养婴儿的时间更长，因为母乳是婴儿营养来源中最便宜的一种，而收入较低和婴儿体质差相关。

再次强调，上述所有解释与观察到的相关性都是一致的。而认为母乳喂养对健康不利的研究采用了第一种解释，并忽略了其他可能。

当实证经济学家试图用已有的数据评估一个因素对另一个因素的因果影响时，总会遇到这样一个问题：他们无法从相关性直接跳跃到因果性。这一问题与政策目的息息相关，因为在政策制定中，最重要的正是因果关系。通常情况下，政策制定者希望将实证研究的结果作为预测政府干预对经济体影响的根据，然而仅仅知道两个因素之间的相关性没有任何预测力，如果要做出预测，我们需要找出两个因素之间的因果链条。例如，在仅知道受母乳喂养的婴儿体质更差的情况下，政府不应该制定任何政策，而应该在真正弄清楚母乳喂养和婴儿健康之间的因果关系之后再以此为基础制定政策。在下一节中，我们将探讨实证研究中最重要的一个问题：如何找出相关变量之间的因果关系？

3.2 用期望的数据衡量因果关系：随机试验

现代社会面临的最重要的实证问题之一，是了解新药物治疗如何影响患者的健康。这里有一个极佳的案例——雌激素替代疗法（ERT）。雌激素替代疗法是针对处于更年期（绝经期）的中老年妇女的一种常用疗法。① 更年期伴随着许多负面效应，如体温骤变（“潮热”）、睡眠困难，以及尿道感染风险增高等。而 ERT 则通过模拟女性在更年期开始之前身体产生的雌性激素来减少更年期的负面效应。

ERT 虽然有助于改善更年期的负面影响，却引起了关于它的另一个担忧。据说 ERT 可能增加心脏病的患病风险，继而提高心脏病发作和中风的概率。从 20 世纪 80 年代初期开始，人们对这一问题进行了一系列的研究，通过对比更年期后使用和不使用 ERT 疗法的女性，得出了一个结论：接受 ERT 疗法的女性相对于不接受 ERT 疗法的女性，并不具有更高的心脏病风险。事实上，还有一些研究认为 ERT 可以降低患心脏病的风险。

但是，有人担心这样的对比研究并不能真正反映出 ERT 与心脏疾病之间的因果关系，因为接受 ERT 疗法的病人更有可能受到医生的悉心照顾，拥有更健康的生活方式，并且收入更高，而这些因素都与较低的心脏病患病概率相关（这是我们之前讨论过的三种解释中的第三种：存在第三方的因素同时与 ERT 和心脏病患病概率相关）。因此，有可能 ERT 提高了心脏病的患病风险，但这种负面影响因使用该药物的女性更加健康而被掩盖了。

□ 解决方案——随机试验

研究人员该如何解决这个问题呢？最好的办法就是利用测试因果关系的黄金标准：**随机试验**（randomized trials）。随机试验就是选定一组志愿者，将其随机分为两组：一组为接受干预（例如药物治疗或政府福利）的**实验组**（treatment group），另一组为不接受干预的**对照组**（control group）。实际上，扔硬币就可以帮我们有效地分组。

> **随机试验**：一种理想的试验类型，通过将一组个体随机分成实验组和对照组，实验组接受试验、对照组不接受试验的方法以检验是否存在因果关系。
>
> **实验组**：在研究某种干预行为时，受到干预措施影响的人群。
>
> **对照组**：可与实验组进行对照，对照组中的个体不受研究控制所产生干预的影响。

那么为什么随机试验可以解决我们的问题呢？考虑下面情形中研究人员的最优做法：选一组年长女性进行克隆，然后将真人组和克隆组放在平行的空间中。两个空间除了对 ERT 的使用之外，其余一切都是相同的。那么，研究人员只需要对比这两组被试者在两个空间中患心脏病概率的不同即可。由于两组被试者完全相同，因此根据定义我们可知，患心脏病概率的不同必定是由两个空间的不同之处所引起的。也就是说，在两组被试者完全一样的情况下，只有一个理由可以解释为什么接受 ERT 治疗

---

① 对于 ERT 问题的概述，参见 Kolata (2002)。

的女性的心脏病发病率更高。

遗憾的是，我们生活在现实世界而非科幻小说中，无法进行平行空间的试验，但我们可以通过随机试验来近似模拟这种做法。因为随机化的定义就是：实验组和对照组的分配仅仅由硬币决定，而与研究的主题无关，因此除了接受治疗（在此例中，就是ERT治疗）这一点以外，实验组和对照组在其他方面是完全相同的。

□ 偏差的问题

我们可以将本章中提到过的所有例子在实验/对照的框架下复述一遍。在SAT的例子中，参加备考课程的人相当于实验组，而没有参加的人就是对照组；在母乳喂养的例子中，母乳喂养超过一年的婴儿相当于实验组，而没有延长母乳喂养期的婴儿为对照组；在进行随机试验之前的ERT研究中，接受ERT的人属于实验组，没有接受的人属于对照组；在俄罗斯医生的例子中，有医生被派遣的地区属于实验组，而没有医生的地区就是对照组。实际上，本书中所讨论的实证问题都可以被看作实验组和对照组之间的比较。

因此，我们总是可以用一个十分简单的问题开始对实证方法论的分析，即实验组和对照组之间的不同结果除了试验条件外还能由其他因素引起吗？在之前的所有例子中，实验组和对照组之间存在着一致性的差异：参加SAT备考课程的学生可能相对于未参加备考课程的学生应试能力更差；受母乳喂养时间最长的婴儿可能体质相对更差；接受ERT疗法的病人可能健康状况更好。这些与试验控制条件无关的因素正是我们从相关性跨越到因果性的主要障碍。

偏差： 实验组和对照组之间的、与实验组有关却不归因于实验组的差异来源。

我们称这些因素为**偏差**（bias），即任何引起实验组和对照组的差异、与实验组有关联却不归因于实验组的来源。比如，在估计SAT备考课程对考试分数的影响时，偏差可能来自参加备考课程的学生出于别的原因而考差了这样的因素。同样地，在估计母乳喂养超过一年对婴儿营养的影响时，婴儿可能因为体质差而受到母乳喂养的时间更长这样的因素也构成了偏差。在估计ERT对心脏疾病的影响时，接受ERT疗法的病患可能健康状况更佳也会构成偏差。只要实验组和对照组之间的差别与试验相关，而非来自试验的设计，就有可能存在偏差。

从定义上看，实验组与对照组的这种差别在随机试验中并不构成问题，因为两组之间的差异并非系统性的，而是由硬币的正反面决定的，因此实验组和对照组之间除了试验控制的条件外并无其他不同，两组之间不会产生与试验相关的系统性差异。所以，随机试验不存在偏差，正因如此，随机试验成为实证研究中测量因果影响的黄金标准。

▶ **快速提示**

关于随机试验的描述是建立在样本数量足够多的实验组和对照组（大样本）的基础之上的，而大样本使得研究者可以消除实验组和对照组之间存在的系统性差异，因为根据统计学的大数定律，随着样本容量的扩大，得到错误结论的概率将趋于零。

假设有人声称自己扔（均匀对称的）硬币总是可以扔到正面朝上。但这是不可能的，每一次抛硬币都有50%的概率反面朝上。你给了他一枚硬币让他证明。如果他只扔一次，有50%的概率可以使硬币正面朝上，并宣布他赢了；如果扔两次，则他依旧有 25%的概率扔出两次正面朝上从而赢得游戏。也就是说，如果样本量很小，那么我们依旧有可能得到带有偏差的答案。

但随着他扔硬币的次数增加，硬币每次都正面朝上的概率将越来越小。在第 10 次的时候，他全部扔到正面朝上的概率是 1/1 024；当扔到第 20 次的时候，这一概率为 1/1 048 576。这意味着，抛硬币的次数越多，得到有偏答案的可能性越小。同样地，如果随机分配的被试者数量足够多，我们就可以排除偶然性的偏差。

□ ERT 案例中的随机试验

美国国立卫生研究院（National Institute of Health，NIH）在 1991 年任命了其首位女性院长伯纳丁·希利（Bernadine Healy）博士，当时她的工作重点之一就是支持 ERT 的随机试验工作。这个试验追踪了 16 000 名处于 50～79 岁年龄段的女性，她们由美国本土的 40 家临床医学中心招募而来。该研究原本计划在八年半内完成，结果仅进行了不到五年半就终止了，因为结论已经十分清楚：ERT 确实增加了心脏疾病的患病风险。具体而言，试验观察到接受 ERT 疗法的女性中，（每一万人）每年患（致命和非致命的）冠心病的数量高出 7 例，患中风的高出 8 例，患肺栓塞（肺部血液结块）的高出 8 例。另外，研究还发现，接受 ERT 疗法的女性中，患浸润式乳癌的病例多出 8 例。因此，随机试验显示，之前的 ERT 研究由于实验组和对照组之间的系统性差异而产生了偏差。新的发现使医生重新考虑关于绝经后女性接受 ERT 疗法的建议。①

□ 随机试验在贫困家庭临时救助计划中的应用

随机试验并非仅在测试新药对健康的影响时有所帮助，它在公共政策领域也同样有效。假设我们的目的在于估量救助计划对劳动供给的因果效应。我们选取一个较大的样本（如 5 000 人）——享受着 5 000 美元福利保障的单身母亲。我们逐一将她们带入相互隔离的房间，然后抛硬币。如果正面朝上，则将这位母亲分到对照组，她的福利保障保持不变；如果反面朝上，则这些母亲的福利保障将减少到 3 000 美元，即被分到福利削减实验的实验组。我们为每位单身母亲分配好福利保障后，会对她们进行长时间的追踪，观察她们劳动供给的变化。因为对照组和实验组之间并不存在系统性的差异，所以劳动供给的任何变动都将归因于福利保障的变化。

有一个真实的随机试验可以帮助我们了解现金福利对单身母亲劳动供给的影响。在 1992 年的抚养儿童家庭援助计划（Aid to Families with Dependent Children，AFDC，TANF 项目的前身）中，加利福尼亚州的福利保障是所有州当中力度最大的，它为每个三口之家提供 663 美元/月（即 7 956 美元/年）的福利。为了降低成本，加利福尼亚州想要估算降低援助计划福利水平可能产生的影响。因此，加利福尼亚州进行了一项试验，在四个城镇中，随机从正在接受抚养儿童家庭援助计划福利的家庭中抽取三分之一，让他们继续享受现有的计划福利保障，并将剩下的三分之二纳入试验中。实验组能享受的最高福利水平削减了 15%，同时出台一些鼓励受援助者出去工作的规定。这个

① 该研究的结果参见 Writing Group for the Women's Health Initiative Investigators (2002)。

试验一直持续到 1998 年，之后所有的家庭都被削减了 15%的福利。

霍兹等（Hotz et al.，2002）研究了福利变化对受援助者就业情况的影响。他们发现，实验组的就业率提高了 49%，而对照组的就业率仅提高了 44.5%。这 4.5%的差距相当于对照组就业率的 1/10。如果我们用弹性来表示这些经济变量的关系会更加方便，也就是计算出就业率的变动与福利变化率之间的比值。在这里，就业率关于福利变化率的弹性大约为－0.67；也就是说，如果福利保障减少 15%，实验组相对于对照组将高出 10%的就业率。

□ 为什么我们需要超越随机试验?

如果我们总是可以通过随机试验对任何有趣的相关关系进行因果关系的检测，那当然是再好不过。但是。对于大部分存在相关性的事物来说，随机试验是不可行的。这种试验一般非常昂贵，需要很长的计划和执行时间，并且经常伴随着难以解决的道德问题。关于道德问题，我们考虑 2001 年关于帕金森病（一种神经系统衰弱紊乱的疾病）治疗法的试验。这种疗法需要将胎儿猪的细胞直接注射到患者的大脑中。为了有一个可比的对照组，研究人员在参加试验的 18 个被试者脑部钻孔，但是只对其中的 10 个被试者注射胎儿猪的细胞。[①] 可以想象，在没有任何正当医疗目的的情况下，在 8 个人的脑部钻孔会引来多大的争议。

此外，随机试验尽管是黄金标准，但也存在着一些问题。第一个问题在于，试验的结果仅仅对自愿加入实验组或对照组的个体样本有效，与总体人群依旧存在差别。例如，随机试验样本的风险厌恶程度更低，又或者存在部分重症患者。因此，即使对于所选取的样本来说，随机试验得到的结果是正确的，这一结果可能也并不适用所有人。

随机试验的第二个问题在于**磨损**（attrition），即参与试验者可能会在试验结束前放弃试验。如果放弃的个人是随机性的，样本的分组依旧保持随机性，则尚不构成问题。但是，如果试验仅对半数的试验对象有正效应，而对另一半有负效应，那么这可能导致受到负效应影响的那一半人提前放弃试验。如果我们仅分析剩下的那一半，我们就会得到错误的结论：试验对所有人都具有正效应。

磨损：随着时间的推移，样本数量减少，如果不是随机的，则可能导致有偏估计。

在本章接下来的内容中，我们将以贫困家庭临时救助计划为例，讨论经济学家在实证研究中评估因果关系时采用的几种方法。以上讨论告诉我们，我们不可能总是达到随机试验的理想效果，偏差是一个普遍存在且不容易解决的问题。不过，我们还是能找到一些办法来接近随机试验中的黄金标准的。

3.3 用已有的数据估计因果关系：观测数据

在上一节中，我们说明了如何用随机试验的方法衡量干预措施的影响，比如 ERT 对心脏病发病率的影响，以及削减贫困家庭临时救助计划福利保障对劳动力供给的影

① Pollack (2001).

响。然而我们也强调，随机试验得到的数据对回答一些重要的实证问题并非总是有效。一般情况下，分析人员能获得的是**观测数据**（observational data），即通过观测真实世界当中的个人行为所收集的数据。例如，我们的数据不是来自新药随机试验的结果，而是通过观察服用这种药的人在服药之后的效果而得来的（这也是 ERT 最初结论的来源）。有几种较为完善的方法可以使分析人员用观察到的数据解决偏差的问题，而且这些方法十分接近随机试验的黄金标准。

观测数据：通过观测真实世界当中的个人行为所收集的数据，而非通过精心设计的实验。

本节中，我们将讨论研究人员如何利用观测数据来估计因果效应而不只是相关性。在此，我们选用贫困家庭临时救助计划作为例子，并且沿用上一节构建起来的实证分析框架——获取更高福利保障的为对照组，获取较低福利保障的为实验组。我们首先要考虑的是排除对照组与实验组之间任何可能的偏差（即除了福利保障外，其他可能影响劳动供给的因素），因此，本节主要关注的是如何克服任何潜在的偏差，以便测量贫困家庭临时救助计划福利保障与劳动力供给之间的因果关系（如果存在因果关系）。

□ 时间序列分析

用可观测的数据推测因果关系有一种常用的方法，就是**时间序列分析**（time series analysis），即将相关变量的联系在时间序列中记录下来。在贫困家庭临时救助计划的例子中，我们可以收集每年的福利保障的相关数据，并将其与相同时间段内单身母亲的劳动供应数量做比较。

时间序列分析：随着时间的推移两个序列联动效应的分析。

图 3－1 显示了一个 1968—2010 年的时间序列分析。横轴表示年份，左边纵轴表示同时期美国抚养三个孩子的单身母亲每个月所获福利的均值（以 2010 年不变美元价格计算以抵消通货膨胀的影响）。福利保障从 1968 年的 1 051 美元大幅下降到 2010 年的 517 美元，扣除物价因素之后减少了近一半，这是因为福利保障没有跟上通货膨胀的速度。右边纵轴表示单身母亲的年均工作时长（包括没有工作的母亲）。我们可以看到，工作时长从 1968 年的不足 1 100 小时/年上升到了 2010 年的近 1 200 小时/年。因此，福利保障和劳动供给之间似乎是负相关的：福利保障的下降伴随着单身母亲更长的工作时间。

时间序列分析存在的问题　虽然在时间序列中二者的关系十分显然，但是这并不代表贫困家庭临时救助计划的福利保障与劳动供给之间存在因果关系。当一个变量随着时间推移有缓慢移动的趋势时，如本例中收入保障在区间内普遍减少，由此推断它对另一个变量的因果影响是十分困难的。很多因素都可能导致单身母亲在 1968 年之后更努力地工作，如职场对女性的接受度有所提高，儿童保育有更多更好的选择，甚至是社会压力迫使母亲参与工作等。仅凭劳动供给有所提升的事实并不能证明这种提升来自收入保障的下降。

该问题在检验整个时间跨度当中的子区间时尤为突出。1968—1976 年，福利保障减少了约 10％（从 990 美元/月降至 890 美元/月），然而工作时长也同样减少了约 10％（从 1 070 小时降至 960 小时）。如果存在因果关系，则工作时长应该有所提升。1978—1983 年，福利保障下降得最为明显，扣除物价因素后大约减少了四分之一（从 858 美

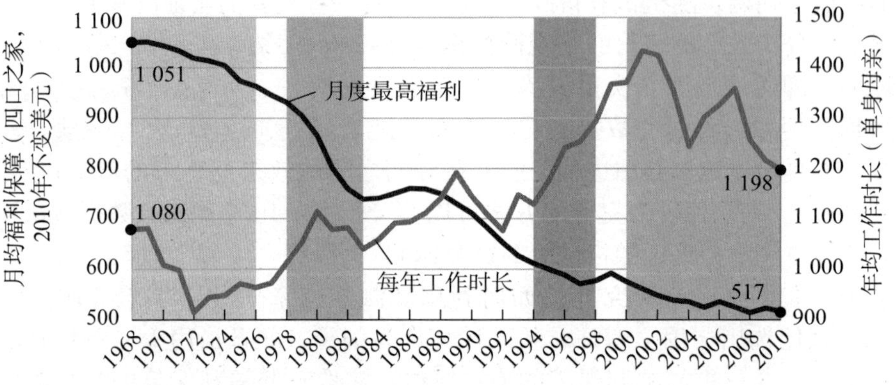

图 3-1　1968—2010 年平均福利保障与单身母亲劳动供给

说明：左纵轴显示了以现金支付的月度福利保障，从 1968 年的 1 051 美元下降到 2010 年的 517 美元。右纵轴显示了单身母亲的年均工作时长，从 1968 年的 1 080 小时上升至 2010 年的 1 198 小时。在这 42 年间，平均福利保障和单身母亲的劳动供给水平存在明显的负相关关系，但这种关系在分段区间内就没那么明显了。

元/月降至 669 美元/月），然而劳动供给是先增加后减少，这段时期的总增幅仅为 2%。这些子区间的劳动供给与福利保障的关系给了我们一个与整体区间十分不同的印象。

1993—1998 年这一时间段的经验数据是说明时间序列分析最好的例子。在这个子区间中，福利保障出现骤减（从 562 美元/月降至 515 美元/月，大约减少 10%），而单身母亲的劳动供给出现剧增（从 1 148 小时/年升至 1 294 小时/年，大约增加 13%）。该子区间的数据似乎支持了福利保障减少能增加劳动供给的观点。在此期间，美国经济经历了戏剧性的增长，总体失业率从 1993 年 1 月的 7.3% 下降到 1998 年 12 月的 4.4%；同时，美国的所得税抵免也大幅上升，这种联邦政府的工资补贴政策对提高单身母亲的劳动供给十分有效。将这一时间段与 2000—2010 年相比较，福利保障削减的幅度相似，然而 1993—1998 年（经济繁荣期）工作时长出现增加，而 2000—2010 年（经济相对不景气）工作时长减少了。

因此，除了福利保障外，很可能存在其他因素导致单身母亲的劳动供给增加，这些干扰因素再次成为相关性向因果性推进过程中的阻碍。类似经济增长和所得税抵免力度加大这样的因素都与劳动供给结果相关，因此都可能导致时间序列分析出现偏差。

时间序列分析何时有效？　然而并非所有的时间序列分析都是无效的。在某些情况下，由于时间序列分析中不存在能导致偏差的第三方因素，因此也可能给研究带来新的突破。图 3-2 就给出了一个典型的例子。图中左纵轴代表每包香烟的实际价格（以 2015 年美元价格计算）；右纵轴代表青少年吸烟率，即每月至少抽一次烟的高中生比例。横轴表示时间段是 1980—2014 年。1980—1992 年，香烟的实际价格稳步上涨（每包香烟从 1.81 美元涨至 3.10 美元），而青少年吸烟率则稳步下降（从 30.5% 降至 27.8%）。如前所述，该时期内的数据变动情况并不意味着青少年吸烟率与价格之间必然存在因果关系。吸烟率在所有的人群中都有所下降，可能是因为吸烟有害健康的观念在人群中逐渐受到重视，而价格上涨可能是因为烟草生产成本的提升。

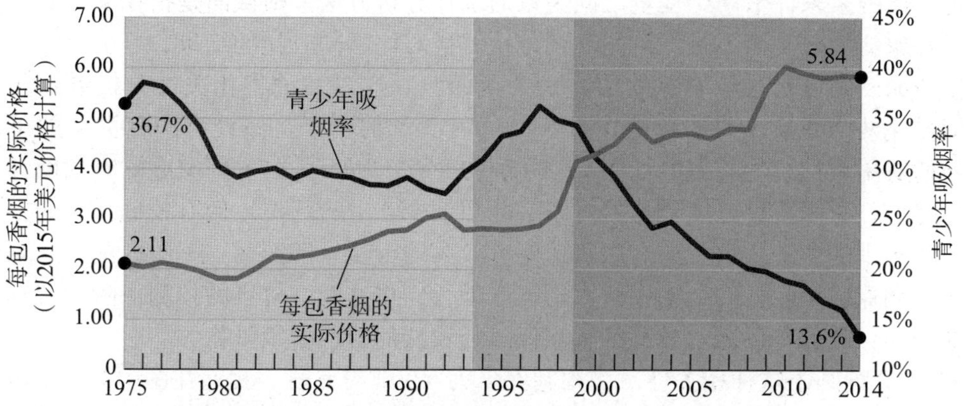

图 3-2　1975—2014 年香烟实际价格与青少年吸烟率

资料来源：计算用到的吸烟数据来自《监管未来调查》（Monitoring the Future Survey），烟草价格数据来自烟草研究所（Tobacco Institute）。

说明：左纵轴表示每包香烟的实际价格从 1975 年的 2.11 美元上涨至 2014 年的 5.84 美元。右纵轴表示青少年吸烟率（每月至少吸烟一次的高中生的比例）从 1980 年到 1992 年持续下降，1992 年到 1997 年大幅上涨，1997 年之后则始终保持下降的趋势。在这些时间段中，香烟价格与青少年吸烟率之间存在着显著的负相关性。

在 1993 年 4 月，烟草行业出现了“价格战”，导致香烟的实际价格出现大幅下跌，每包香烟的价格从 2.95 美元下降到 2.64 美元。①也正是在这段时期，青少年吸烟率开始上升。相比起 1980—1992 年缓慢长期的同步反向变动，这种趋势发生了惊人的逆转现象，更能为青少年吸烟率和香烟价格之间的因果关系提供强有力的证据支持。但这仍然无法直接证明因果关系的存在，因为其他方面在 1993 年也发生了变化，比如经济开始复苏，这可能导致更多青少年开始吸烟。另外，该时间点青少年吸烟率的上升幅度过大，仅凭价格变动无法完全解释这种变化。

所幸，在这个时间序列中还存在另一个明显的变动。从 1998 年开始，在烟草行业展开了一系列与州政府（及一些私人团体）之间的昂贵的法律诉讼之后，诉讼的成本被转嫁给了香烟的消费者。也是在同一时间，青少年吸烟率再次开始下降。即使考虑到时间序列数据的局限性，这种变化路径也为因果效应的存在提供了较强的证据支持。也就是说，除了价格之外，似乎不存在其他与青少年吸烟率相关的因素既在 1992 年之前持续上升，又在 1992—1997 年间下降，并在 1997 年再次上升。青少年吸烟率遵循与香烟价格相反的变动方向的现象，表明价格就是导致青少年吸烟率变动的原因。因此，虽然当数据中存在长期趋势时，时间序列的相关性并不十分有用，但是当短期内出现趋势突然中断的现象时，这种分析还是十分有效的。

□ 横截面回归分析法

横截面回归分析法： 一种统计分析方法，分析许多个体在同一时间点的两个或两个以上变量之间所显示的关系。

识别因果效应的第二种方法就是**横截面回归分析法**（cross-sectional regression analysis），这是一种通

① 对“万宝路星期五”（1993 年 4 月 2 日）价格骤跌的主流假设认为，“价格战”的起因是主要的香烟制造商抵制“普通”低价香烟市场份额的大幅增长。

过固定其他因素来评估两个变量之间关系的统计分析方法。横截面是指在某一时点上收集不同对象的数据，而不是像时间序列分析那样对比不同时间的结果。

横截面回归分析法最简单的形式是二元回归，这是一种将相关性分析形式化的方法，即量化两个变量相关的程度。重新回到第 2 章的例子，假设有两种类型的单身母亲，她们对闲暇和食物的偏好如图 2－10 和图 2－11 所示。在贫困家庭临时救助计划福利变化之前，对闲暇偏好度较低的母亲（即图 2－10 中的萨拉）拥有较低水平的福利保障和较高水平的劳动供给，而对闲暇偏好度较高的母亲（即图 2－11 的内奥米）则拥有较高的福利保障和较低的劳动供给水平。如果我们将这两位母亲的福利保障和劳动供给量对应起来，我们将发现，较高的福利保障与较低的劳动供给量相关。

图 3－3 刻画了这种相关性。当福利保障为 5 000 美元时，我们在图中标出了两个数据点。数据点 A 对应图 2－11 中内奥米 0 小时的劳动供给和 5 000 美元的福利保障；另一数据点 B 对应图 2－10 中萨拉 90 小时的劳动供给和 4 550 美元的福利保障。向下倾斜的直线表明了福利保障与劳动供给之间的负相关关系：福利保障较低的母亲的劳动供给更多。

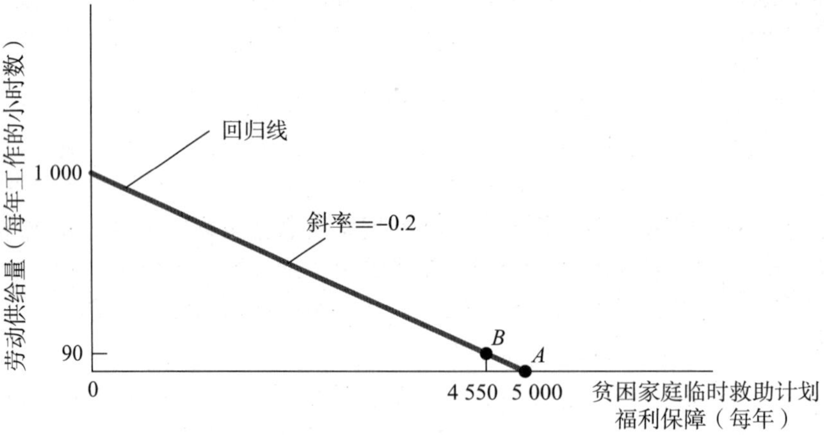

图 3－3　理论分析中的福利保障和劳动供给

说明：如果画出第 2 章理论分析中有关贫困家庭临时救助计划福利保障的数据，我们将发现在福利保障与单身母亲的劳动供给之间存在一定程度的负相关关系。

回归分析通过量化贫困家庭临时救助计划福利保障与劳动供给之间的关系使得二者的相关性更加明显。具体的做法就是找到与二者关系最匹配的那条线，再测量其斜率。① 如图 3－3 所示，经过数据点 A 和 B 的线段斜率为－0.2，也就是说，二元回归分析法表明，贫困家庭临时救助的福利保障每减少 1 美元，将导致每年劳动供给增加 0.2 小时。回归分析刻画了我们想解释的变量（即因变量，在本例中为劳动供给）和可能做出解释的变量（即自变量，本例中为福利保障）之间的关系。

用真实世界数据举例　图 3－3 的例子是我们杜撰出来的，但我们可以用真实的数据来复制这种做法，这些数据来自研究应用财政学的人最常用的横截面数据：当前人口

① 在这里我们仅讨论线性的回归分析方法。更普遍的一种选择是采用非线性回归分析，这不仅适合直线数据，而且适合其他形状的数据关系分析。

调查（current population survey，CPS）。

CPS每个月从美国居民中收集各种与经济和人口相关的数据。例如，我们常在新闻中看到的失业率数据就来源于这个调查。每年3月，该调查会补充一份有关上一年收入来源和工作时长的调查，因此我们可以从中抽取一些单身母亲的样本，并提出这样一个问题：在横截面样本中，贫困家庭临时救助计划的福利保障与劳动供给之间有何关系？

图3-4刻画了CPS数据库中所有单身母亲每年劳动供给的时长（纵轴）与每年福利保障的数额（横轴）之间的关系。为了便于解读，我们将福利保障按区间（福利保障为0美元、1～99美元、100～250美元等）进行分段。每个区间的范围（约）为前一个区间的两倍（对数刻度）。在每个区间中，我们画出这一组对应的劳动供给平均时长。例如，图中的灰点表明，享受500～999美元福利保障的单身母亲每年的劳动供给时长大约是450个小时。

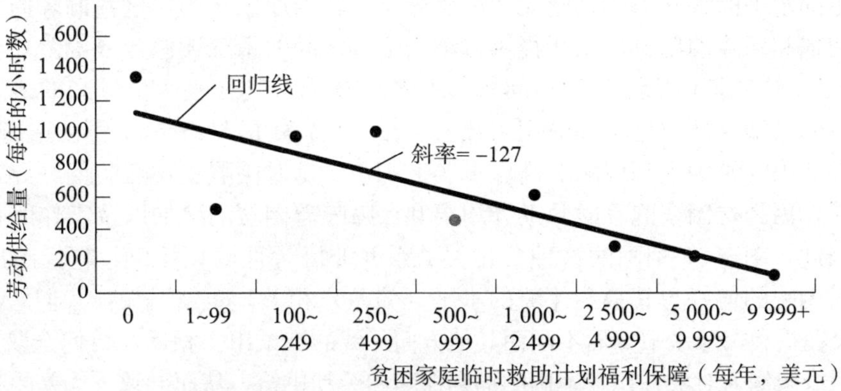

图3-4　救助计划保障收入与单身母亲的劳动供给量（利用CPS的数据）

资料来源：根据2011年3月的“当前人口调查”补充资料计算得出。

说明：利用来自CPS的数据，按照获得的保障收入对单身母亲进行分组。获得最少福利保障的单身母亲提供的工作时间最长。

该图十分清晰地显示了贫困家庭临时救助计划福利保障和劳动供给时长之间存在负相关关系。位于左侧的单身母亲福利保障最少，其劳动供给相对右侧福利保障较高的单身母亲却高出许多。图3-4的直线反映了这种关系。这条线性**回归线**（regression line）是对贫困家庭临时救助计划福利保障和劳动供给量之间的关系的最优线性拟合。与图3-3杜撰的例子不同，这里不存在唯一可以完美地串起所有数据点的直线，因为真实世界的数据无法如此规整。线性回归旨在找到与数据点集合最吻合的那一条直线。①

回归线：测量任意两个变量之间关系的最佳线性近似直线。

图中直线的斜率为－127，这意味着贫困家庭临时救助计划福利保障每增加一倍，每年的工作时长将减少127小时（请注意横轴每一个区间的长度翻倍递增）。再次强调，用弹性来表示经济变量之间的关系是十分便利的。基于CPS数据库，样本的平均工作

① 从技术上讲，这条线使每一点到线上距离的平方和最小。因此，线性回归分析的一个主要关注点在于离群值。一个离群值是指一个远离其他点的点，它对该线产生强烈的影响，因为我们要最小化距离的平方和，所以长距离会产生指数级的巨大影响。因此，通常会使用其他对该离群值敏感程度较低的方法进行分析。

时长是 1 274 小时。因此我们得到，福利保障每增加 100%，工作时长大约减少 10%（1 274 的 10%为 127），弹性为−0.1，相当缺乏弹性，贫困家庭临时救助计划福利保障的增加（100%）只能带来微弱的劳动供给量的上升（10%）。

横截面回归分析法的问题　图 3－4 中的结果似乎强烈表明了获得福利保障最多的母亲的劳动供给最少。但是针对这种关系，我们依旧可以提出几种可能的解释。一种解释是更高的福利保障水平导致闲暇的增加；另一种解释是部分单身母亲对闲暇偏好更高，即使拿不到福利保障也不会过多工作。由于福利接受者工作越多，享受的福利越少，因此享受更多闲暇的母亲能够自动得到更高的福利。结果就是，福利保障与闲暇（进而与劳动供给）之间可能存在一种相关关系：更多的闲暇导致更高的福利保障，而非更高的福利保障导致更多的闲暇。因此对闲暇的不同偏好可能带来偏差，导致推导贫困家庭临时救助计划福利保障和劳动供给量之间的因果关系出现困难。对闲暇的不同偏好是导致不同水平的福利保障之间无法准确进行比较的原因之一，这种偏好的差异造成了享受不同福利保障的单身母亲所提供劳动供给量之间的系统性差异（偏差）。

图 3－3 十分清楚地描述了这一问题，A 点和 B 点分别代表两位母亲的最终劳动供给量，而我们已知这两位母亲的效用函数。工作时长较短的母亲是因为她对闲暇偏好程度更高，并非因为她的福利保障更高。事实上，正是她对闲暇更强烈的偏好导致她的福利保障更高，因为贫困家庭临时救助计划福利保障随着闲暇的增加以及工作时长的减少而增加。因此，图 3－3 刻画的这种负相关关系并非因果性的，相反，它反映出我们的分析对象对闲暇的偏好与其福利保障的水平（偏差）相关。也就是说，我们并未成功地分出两组仅在福利保障水平方面不同而其他方面一致的被试组。相反，我们选取了两位非常不一样的母亲作为对象，比较她们的福利保障和劳动供给，从而导致了偏差的产生。

这一问题在图 3－4 中不那么明显，因为我们不清楚 CPS 数据库中单身母亲的效用函数。但潜在问题仍然存在：享受较低福利保障的母亲可能刚好对闲暇的偏好程度更低。如果这是真的，我们就无法得出“贫困家庭临时救助计划福利保障增加一倍会导致劳动供给减少 10%”的结论。我们只能说，贫困家庭临时救助计划福利保障翻倍与劳动供给减少 10%相关。任何存在于福利保障不同组之间的系统性差异（例如对闲暇的不同偏好）都可能导致二者关系的偏差。

> **控制变量：** 横截面回归模型中用于解释实验组和对照组之间可能导致偏差的差异。

控制变量　回归分析法在处理相关性分析中的偏差问题时有一个潜在的优势：引入**控制变量**（control variables）的能力。假设 CPS 数据库中有一个变量为闲暇偏好，能够准确反映每个个体对闲暇的偏好情况。假设该变量有两个分类值——偏好闲暇和偏好工作，并且同一个分类中的个体拥有相同的闲暇和工作偏好。换言之，每个分类内部不存在偏差，偏差仅存在于不同的分类之间。同一个分类下，个体在对工作和闲暇的偏好方面是完全一致的。

如果我们有这样的信息，就可以按照闲暇这一变量将样本分为两组，并对每个组重新进行分析。在各个组内，对闲暇的不同偏好无法成为福利保障与劳动供给之间的相关性来源，因为组内成员对闲暇的偏好完全相同。“闲暇偏好”这样的控制变量使我们在进行比较的时候不受干扰，因为享受福利保障的个体在闲暇偏好上不存在系统性差异。在回归分析中，控制变量扮演着这样的角色：它们试图控制样本中个体之间可能存在的其他差异，这样在分析因变量（如劳动供给）与自变量（如贫困家庭临时救助计划福利保障）的相关性时可以直接得出福利保障对劳动供给的因果性影响。

然而在现实中，控制变量很难完全解决上述问题。因为一些关键变量，如本例中对闲暇的内在偏好，几乎不可能通过数据来测量。通常情况下，我们只能通过已有的变量，如年龄、教育或者工作经验，来近似估计我们想要的变量，如对闲暇的偏好。但是已有的变量不可能完美替代想要的变量，因此这些替代变量无法达到完全控制样本对闲暇偏好的差异（即使年龄、教育或者工作经验相同的组别，其个体之间也可能拥有不同程度的闲暇偏好）的目的。控制变量很难完全消除偏差的影响，因为它们只能在有限程度上显示出实验组和对照组之间的差异。我们将在本章的附录中对此进行讨论。

▶ **快速提示**

在许多实证分析中，会明确区分出一组实验组和一组对照组，如 ERT 的例子。而在其他的一些分析如贫困家庭临时救助计划福利保障的横截面分析中，需要对很多组进行相互比较。横截面回归本质上就是将图 3-4 中的每个点和其他点进行比较，从而判断福利保障与劳动供给之间的关系。

虽然实验组和对照组的区分不再那么清晰，但直观意义仍然存在。在实证分析中，我们要确保组别之间不存在导致行为（如劳动供给）出现系统性差异且与自变量相关（如贫困家庭临时救助计划福利保障）的因素。当存在多个组别时，也要考虑同样的问题：我们必须确保除了福利保障本身，不存在使得获得更高福利保障的组提供的劳动供给低于获得较低福利保障的组的系统性因素。

□ 准实验

如前所述，财政学的研究者无法通过随机试验的方法对所有影响政策的重要因素进行检验。我们已经考察过除随机试验外的其他几种分析方法，如时间序列分析和横截面回归分析，同时也见识到使得这些方法难以消除偏差问题的局限性。除了随机试验外，是否还存在其他方法可以精准地评估因果效应？除了采用控制变量以外，是否存在其他方法可以消除实证模型中的偏差问题？

在过去的 20 年中，财政学的实证研究越来越重视一种折中的分析方法：**准实验**（quasi-experiment）分析方法，即当经济环境发生变动（如新政策的实施）时，会自然地产生与对照组和实验组几乎相同的分组，使得它们可以被用于研究政策变化的影响。在准实验中，随机分组是通过外部力量（如引起政策变动的因素）来实现的。

> **准实验**：经济环境中的一种变化，这种变化创造了几乎相同的实验组和对照组以便研究经济环境变化的影响，使财政经济学家可以利用外力所创造的随机情况。

我们可以用一个虚构的例子来说明这种方法。假设我们有一个包含阿肯色州和路易斯安那州这两个相邻州的大量单身母亲 2007 年和 2009 年相关数据的样本。进一步假设在 2008 年，阿肯色州将福利保障提高了 20%，而路易斯安那州的福利保障政策保持不变。在这种情况下，州政策的变动基本上执行了我们所要求的随机化。福利保障水平有所上升的阿肯色州的单身母亲为实验组，而福利保障没有变动的路易斯安那州的单身母亲则为对照组。通过统计这两组对象的劳动供给变化，并比较实验组（阿肯色州）和对照组（路易斯安那州）的差别，我们就可以在不受偏差的影响的情况下估计福利保障对劳动供给的影响。

当然，原则上，我们可以通过研究阿肯色州单身母亲的情况来了解这一政策变化的影响。如果阿肯色州 2007 年的单身母亲和 2009 年的单身母亲除了福利保障水平有所增加之外，没有其他区别，则劳动供给的任何变动反映的都是福利保障变动的影响，并且这种结果是无偏的。实际上，这种对比总是让我们陷入时间序列分析的类似问题中。例如，2007—2009 年，经济经历了过去 70 年来最严重的衰退，技能水平较低的工人的工作机会大幅减少，无论福利保障是否变动，这都可能导致更多的单身母亲参与贫困家庭临时救助计划，并减少她们的收入。因此，阿肯色州的单身母亲极有可能是因为经济衰退而减少劳动供给，并非因为福利保障增加。

正因为存在其他因素可能影响阿肯色州单身母亲的劳动供给，准实验的方法才增加了一个额外的对比步骤，将政策发生变动的那一组设为实验组，而政策保持不变的设为对照组。路易斯安那州在 2007—2009 年间并未修改过关于贫困家庭临时救助计划的政策，但是该州的单身母亲和阿肯色州的一样经历了经济衰退。如果阿肯色州的单身母亲的劳动供给量减少是源于宏观经济条件，那么路易斯安那州的单身母亲也会出现同样的劳动供给减少；如果阿肯色州单身母亲的劳动供给量减少是源于福利保障的增加，则路易斯安那州的情况将保持不变。在比较阿肯色州单身母亲 2007 年和 2009 年劳动供给时由于经济恶化可能造成的偏差，在比较路易斯安那州单身母亲不同年份劳动供给状况时也同样存在。但路易斯安那州并没有经历贫困家庭临时救助计划福利保障的变动，即没有受到实验影响。因此在进行比较时，我们可以说：

时长(阿肯色州，2009)－时长(阿肯色州，2007)
＝实验影响＋经济衰退偏差
时长(路易斯安那州，2009)－时长(路易斯安那州，2007)
＝经济衰退偏差
两式之差＝实验影响

从阿肯色州（实验组）的劳动供给变动中减去路易斯安那州（对照组）的劳动供给变动，可以排除经济衰退造成的干扰，从而得到贫困家庭临时救助计划福利保障对劳动供给的因果性影响。

表 3-1 提供了一系列假设的数据，以便我们对准实验的结果进行分析。假设阿肯色州的福利保障从 2007 年的 5 000 美元上涨到 2009 年的 6 000 美元。同一时期内，该州单身母亲的劳动供给从 1 000 小时减少到 800 小时。如果仅对阿肯色州应用时间序列分析法，我们将得到“福利保障增加 1 000 美元（20%）会导致劳动供给减少 200 小时（20%）”的结论。这样的结果意味着劳动供给（时长）对福利保障的弹性为－1* （削

* 原书为 21，疑有误，已改。——译者注

减20%的福利保障导致劳动供给增加20%)。需要注意的是，这一估计结果相对于加利福尼亚州随机试验（黄金标准）所得结果（弹性=−0.67）来说要大得多。

现在考虑表3-1下方表格中的数据。2007—2009年，路易斯安那州的福利保障并未发生变化，但每年的劳动供给时长仍然减少了50小时。因此，经济危机似乎确实导致了单身母亲劳动供给的减少。如果仅观察阿肯色州的时间序列数据，我们会忽略经济危机的影响。如果不考虑这种影响，贫困家庭临时救助计划福利保障对劳动供给的影响的相关结论将是有偏的。

表3-1 采用准实验变量

阿肯色州

	2007年	2009年	差异
福利保障（美元）	5 000	6 000	1 000
每年工作时长（小时）	1 000	800	−200

路易斯安那州

	2007年	2009年	差异
福利保障（美元）	5 000	5 000	0
每年工作时长（小时）	950	900	−50

说明：在阿肯色州，贫困家庭临时救助计划福利保障在2007—2009年间有所增加，相应地，劳动供给有所减少。如果这两年间其他因素保持不变，福利保障与劳动供给之间便是因果关系。但如果存在其他变化的因素，我们或许就可以通过福利保障没有发生变化的邻近州——路易斯安州的情况，来捕捉估计中存在的偏差。

* 原书数据有误，已更新。——译者注

如前所示，解决这一问题的一个简单的办法，是将阿肯色州的劳动供给变动减去路易斯安那州的劳动供给变动。具体来说，阿肯色州同时经历了福利保障增加和经济危机，劳动供给减少了200小时；而路易斯安那州只经历了经济危机，劳动供给减少了50小时。这表明，排除经济衰退的影响，阿肯色州的福利保障增加导致劳动供给减少150小时。在排除了宏观经济干扰后，阿肯色州劳动供给对福利保障的弹性为−0.75，非常接近加利福尼亚的随机试验结果。这种方法称为**双重差分估计**（difference-in-difference estimator）：将实验组（阿肯色州的单身母亲）的劳动供给变动减去对照组（路易斯安那州的单身母亲）的劳动供给变动。其中，实验组经历了福利保障变动，而对照组的福利保障保持不变，二者除福利保障变动外其他条件均相同。这种方法可以有效估计贫困家庭临时救助计划福利保障变动对劳动供给的影响。

> **双重差分估计**：受到干预的实验组和没有受到干预的对照组在结果变化方面的差异。

双重差分估计通过将时间序列分析与横截面分析相结合来解决两种方法中各自存在的问题。通过比较阿肯色州与路易斯安那州的变化情况，可以将存在于阿肯色州时间序列分析中的偏差排除在外。同样地，考察每个州自身的变化情况，而不是仅对比州与州之间的差异，也可以将导致横截面分析有偏的因素控制起来。

如果采用横截面分析法，我们将主要对比2009年阿肯色州和路易斯安那州的差异，因为这一年它们的福利保障情况不同。2009年，阿肯色州的福利保障相对路易斯安那州高出1 000美元，而阿肯色州的单身母亲的劳动时间每年少了100小时。横截面分析法将得出结论：福利保障每提高 1 000 美元，将导致工作时间减少 100 小时，而不是双重差分估计给出的 150 小时（从随机试验的结果来看，后者是正确的）。

横截面分析法的结果之所以有偏，是因为它忽略了一个事实：无论福利保障的高低，路易斯安那州的单身母亲都偏向较低的劳动供给水平。2007 年的数据就说明了这一点：2007 年，两个州的贫困家庭临时救助计划福利保障相同，但路易斯安那州的劳动供给相对较少。原则上，我们可找到一些控制变量将路易斯安那州更低的劳动供给考虑在内，但这种方法在实际操作中十分困难。双重差分估计认为存在一个最优的控制变量，即同一个州在福利保障变动之前的劳动供给。换句话说，通过对比两个州各自劳动供给的变动，双重差分估计可以将横截面分析法中的偏差因素排除在外。

准实验分析的问题　虽然双重差分准实验分析法可以排除干扰，但依旧不是最理想的。例如，假设经济衰退对阿肯色州的影响与其对路易斯安那州的影响是不同的（也许是因为路易斯安那州更多地依赖于受经济衰退影响的行业，比如房地产行业）。如果这种假设为真，那么在对比两个州的劳动供给差异时，经济衰退所带来的偏差程度是不同的，在这种情况下，我们无法仅仅通过减法就排除福利保障以外的影响。相反，我们受到了新的干扰：经济衰退对路易斯安那州和阿肯色州影响的差异。因此，在运用双重差分估计时，我们得到：

工作时长（阿肯色州，2009）－工作时长（阿肯色州，2007）
＝经济衰退对阿肯色州的干扰＋实验影响
工作时长（路易斯安那州，2009）－工作时长（路易斯安那州，2007）
＝经济衰退对路易斯安那州的干扰
两式之差＝实验影响＋（阿肯色州的偏差－路易斯安那州的偏差）*

因为两个州的偏差不相等，因此估计量无法识别实验的真实影响。

准实验方法与真正的实验不同，我们永远无法确定是否已将所有干扰对实验组和对照组进行比较的因素排除在外。准实验通过两种途径试图说明所得到的是因果效应估计。第一种是在直觉上：试图证明在给定的实验组和对照组中，偏差因素很可能已经被排除。第二种是在统计上：增加替代性的或额外的对照组，来确保干扰已被排除。在第 14 章的附录中，我们将讨论替代性的或额外的对照组是如何证明准实验分析的结论的。

□ 结构建模

随机试验和准实验方法具有明显的优势，如果使用得当，它们可以解决如何从相关性中区分出因果关系的难题。但同时它们也存在两个严重的局限性：第一，它们仅对特定试验的因果效应进行估计。在加利福尼亚的实验中，福利保障减少 15%，就业率提高了 4.5%。这是对福利保障减少 15%的效应的最优估计，但它无法告诉我们福利保障减少 30%，或者增加 15%的情况下会有怎样的影响。也就是说，我们无法从一个特定的环境变化推断出其他环境变动的结果。上述两种方法给出了对具体问题的精确答案，

---

* 阿肯色州的偏差指经济衰退对阿肯色州的干扰，路易斯安那州的偏差指经济衰退对路易斯安那州的干扰。——译者注

却无法给出福利保障出现不同变化时的一般性结论。

第二，这些方法仅给出了干预出现时结果如何变化，却没有给出变化的原因。考虑第 2 章给出的例子中收入介于 6 000～10 000 美元的单身母亲在面对贫困家庭临时救助计划福利保障削减时的行为。我们已经指出，对于这些母亲来说，其劳动供给增加的来源同时包含收入效应和替代效应；福利保障的减少使得这些母亲更穷，同时因为隐含的税率下降，她们的净工资有所提高。在随机试验或准实验中，这些单身母亲对福利保障减少的反应是福利保障减少对劳动供给产生的总效应，而无法告诉我们收入效应与替代效应哪个更重要。

本书后续部分将指出，我们通常会考察劳动供给反应的**结构性估计**（structural estimates），即针对推动个体决策的特征的估计，如替代效应和收入效应。随机试验和准实验仅提供了**简化型估计**（reduced form estimates），简化型估计给出的是特定变化对总体劳动供给的影响。随机试验或者说准实验两个方面的局限性实际上是相互联系的：如果我们能够了解劳动供给反应的基本结构，或许就可以推出劳动供给对不同政策干预会产生怎样的反应。

结构性估计：针对推动个体决策的特征的估计，如收入效应、替代效应或效用参数。

简化型估计：度量自变量对因变量的总体影响，而不用根据效用函数分解该行为反应的来源。

这些问题把我们指向了一个发展十分活跃的领域：结构性估计。采用结构性估计的方法，实证经济学家能够估计深层的效用函数结构，而非仅仅简化形式的反应。他们通过严密地运用之前章节中概述的理论，建立起一套实证框架，不仅能估测总体的反应情况，而且将这些反应分解为如替代效应和收入效应这样细化的效应。

结构建模有望为随机试验或准实验提供有效的补充。然而，结构建模通常比简化建模更难进行，因为二者拥有的信息量相同，但结构建模试图从中得到更深层次的结论。考虑贫困家庭临时救助计划的例子。先前的分析告诉我们如何从福利保障的变动中导出一个简化的估计。如果用这种简单的方法，在相同的信息下，我们不可能将实验参与者的反应情况分解为收入效应和替代效应。然而，我们可以通过假设效用函数的特定形式（如第 2 章中的做法），将总体效应分解为两个部分。如果对效用函数形式的假设是正确的，这种方法就可以为我们提供更多的信息。但如果假设错误，这种方法推导出的反应结果可能导致对收入效应和替代效应的错误估计。

可以看出，简化型估计有另一个优点（阅读完本节后，读者可能已经十分了然）：易于理解和解释。因此，在本书接下来的内容中，我们将主要依赖简化建模的方法和论据来讨论财政学的实证结果。不过我们不能忽略结构建模的前景，对于想要从事经济学研究的人来说，这是一个蕴含着丰富成果的研究主题。本书中所介绍的实证研究方法也适用于其他类型的研究，因为它是为我们提供运用更复杂的实证研究方法（如结构建模）的基础。

3.4 结论

任何政策问题的核心内容都在于寻找出政策与结果之间的因果关系。较低的福利保障是否导致单身母亲更高的劳动供给？空气污染加剧是否导致健康恶化？更高的失业保险补贴是否导致失业者保持失业状态的时间更长？这些都是本书中将用实证方法解决的问题。

本章中，我们讨论了几种从相关性中区分出因果性的方法。黄金法则就是随机试验，它通过将被试者随机分配到实验组和对照组来排除干扰。然而不幸的是，这种方法并不是在每一个我们想要解决的实证财政学问题中都是可行的。因此，我们转向其他替代性的选择，如时间序列分析、横截面回归分析和准实验分析。每个替代的方法都有其缺点，但通过对问题的仔细考虑，我们可以找到较为合理的方法来排除实证分析中的偏差因素。

重点

- 实证分析的主要目标在于，记录一个经济变量对另一个变量的因果效应，例如，增加贫困家庭临时救助计划福利保障对单身母亲劳动供给的因果效应。
- 这个目标的难点在于它要求实验组（受政策影响的被试者）和对照组（不受政策影响的被试者）除了政策干预之外，其他方面完全一致。
- 如果这些组别存在差异，就可能存在偏差，即存在于实验组和对照组之间的系统性差异。这些差异与实验相关，但并非由实验引起。
- 随机试验是解决这个问题的黄金法则。按照定义，实验组和对照组完全相同，因此不存在偏差，两组的任何差异都可由因果效应来解释。
- 时间序列分析不大可能提供令人信服的因果效应估计，因为有许多其他的因素都随着时间的推移发生了变化。
- 横截面回归分析同样存在偏差问题，因为我们无法观察到相似的人群在做出不同的决策时是出于何种原因，因此会导致偏差的产生。引入控制变量为解决这一问题提供了一种选择。
- 准实验方法有可能近似于随机试验，但对照组必须谨慎选择，以防止对比中存在偏差。

习题

1. 假设你正在进行一个随机试验，并将参与者随机分配到对照组和实验组。分配完之后，你在研究这两个组的特征时，发现实验组相对对照组的平均年龄更低。为什么会发生这种情况？

2. 为什么随机试验是解决识别问题的黄金法则？

3. 当我们说相关性不能导出因果性的时候意味着什么？实证分析人员区分二者的方法有哪些？

4. 一位研究者对儿童进行了一次横截面分析后发现，父母离异的儿童的考试成绩比拥有完整家庭的儿童更差。这位研究者因此断定，离婚会给孩子的考试成绩带来不良影响。这一分析有何问题？

5.《不可思议研究年报》（*Annals of Improbable Research*）中曾经有一项研究显示，拥有更多移动住房的城镇发生龙卷风的概率更高。作者断定，移动住房营地导致龙卷风的发生。对这个现象是否还有其他可能的解释？

6. 对随机试验的部分忧虑是什么？准实验如何在这方面有所帮助？

7. 政府雇用你来估计政策变动对某一特定人群的影响。假设政策变动前，受到该政策影响的人群的平均收入为 17 000 美元，而不受政策影响的另一群人的平均收入为 16 400 美元。政策变动后，受影响的组的收入增加到 18 200 美元，而不受影响的组的平均收入为 17 700 美元。

a. 如何估计政策变动的影响？这种估计方法的名称是什么？

b. 为让对政策变动影响的估计准确有效，需要做出什么假设？

8. 考虑本章附录中的例子。哪一个系数的估计在统计学上是显著的，或者说是有别于零的？

9. 研究者需要调查教育支出对房价的影响，但她只有横截面数据。在进行回归分析时，她将一月和七月的平均气温纳入了控制变量。她为什么要这样做？如果是你，你会选取哪些控制变量？为什么？

10. 初级微观经济学中指出，最低工资会导致失业。联邦政府规定的最低工资是 7.25 美元*，但三分之一的州规定了比这更高的最低工资水平。为什么不能仅仅通过比较不同州的最低工资和失业率来证明“最低工资会导致失业”？你能否想到更好的办法来验证这一问题？

进阶习题

11. 假设你的朋友奥斯卡从收集到的数据推断，新建高中的城镇 SAT 分数往往高于其他城镇。他告诉你他已经证明了新建高中导致了更高的 SAT 分数。当你提出“相关性不能导出因果性”来反驳时，他展示了更多的数据。有一个比较有说服力的证据就是，SAT 分数总是在城镇建完高中后短期内出现提升，但最近 SAT 分数有较大提升的城镇没有建新的高中的倾向。这样的证据是否能充分表明新建高中导致了 SAT 分数的提高？你能否提出对奥斯卡的数据的其他解释？

12. 研究者通常用面板数据（在一段时间内对同一群人进行多次观察）来进行回归分析。利用这些数据，研究人员能够随着时间的推移对同一个人进行比较，以评估政策对个人行为的影响。这种方法对本书中所讲的横截面回归分析有何改进？

13. 假设你所在的州宣布，从 2016 年起，对表现优异的高中毕业生学费全免。你决定研究这个新项目是否会导致在 2016 年或之后毕业的成绩优异的高中生的家庭购买新车。为验证你的发现，你采用了“证伪实验”的方法：观察有孩子在 2015 年毕业的家庭的汽车购买情况。为什么这是一个有用的方法？

* 此处指每小时 7.25 美元。——译者注

14. 2007 年，你所在的州开始实施税收减免。你对这个政策带来的个人消费变化十分感兴趣。

你观察到以下数据：

年份	你所在州的消费
2002	330
2004	350
2006	370
2008	430

a. 你的朋友认为，税收减免效应的最优估计是使消费增加 60 单位，但你认为真正的影响更小，因为消费在税收减免前就有上升的趋势。你认为更准确的估计是多少？

b. 假设你找到了没有进行税收减免的邻州在这段时间的消费数据，你观察到的信息如下：

年份	邻州的消费
2002	300
2004	320
2006	340
2008	350

给定以上信息，你认为税收减免对消费的影响的最优估计是多少？这一估计为正确估计的前提假设是什么？请加以解释。

15. 英国的一项健康研究①调查了 1972—1974 年的人，并在 20 年后对这些人进行了跟踪调查。在原始样本中，44%的女性是吸烟者，但 65 岁以上的女性中只有 19%是吸烟者。在研究结束时，发现 24%的吸烟者和 31%的非吸烟者已经死亡。这是否意味着吸烟对人的健康有好处？如何更好地解读吸烟对死亡率的影响？

① David R. Appleton, Joyce M. French, and Mark P. J. Vanderpump, "Ignoring a Covariate: An Example of Simpson's Paradox," *The American Statistician*, Vol. 50, No. 4 (Nov. 1996), pp. 340-341.

第 3 章
附录

横截面回归分析

在前文中，我们对横截面回归分析以及控制变量的作用进行了粗略的讨论。在此附录中，我们用贫困家庭临时救助计划福利保障作为例子，对这一方法进行更详细的介绍。

数据　我们采用 2011 年 3 月的当期人口调查（CPS）数据。在此研究中，我们挑选了所有报告自己未婚且有一个 19 岁以下的孩子的女性。单身母亲样本总数为 8 024。

针对这一样本，我们收集了每位单身母亲的以下变量信息。

- *TANF*：上一年获得的总的贫困家庭临时救助计划福利保障（单位为千美元）。
- *Hours*：上一年的总工作时间，由报告的工作周数乘以每周一般的工作时长计算得出。
- *Race*：将样本分为三个种族，分别为白人、黑人和其他。
- *Age*：年龄。
- *Education*：按照报告中的受教育程度将样本分为四组，分别为高中肄业、高中毕业、有一定大学经历，以及大学毕业。
- *Urbanicity*：按照居住地理位置将样本分为四组，分别为中心城区、其他市区、农村，以及不确定地区（CPS 出于保密原因，部分单身母亲无法确定居住地）。

回归　根据以上数据，我们可以对福利保障对工作时长的影响进行回归估计，形式如下：

$$Hours_i = \alpha + \beta TANF_i + \varepsilon_i \tag{1}$$

其中，i 表示第 i 位单身母亲的数据。这是图 3－4 回归分析的代数形式，但这里采用的是每个个体的数据点，而非出于便利将数据按类别分组。

在这个回归中，常数 α 表示福利保障为 0 时对工作时长的估计结果。斜率 β 表示福利保障每变化一美元带来的工作时长变化。误差项 ε 表示模型中每一个观测值的实际值与预测值之差。

附录 3 表格中的第一栏显示了对回归模型估计的结果。第一行常数项 α 为 1 325：福利保障为 0 的工作时长估计值为 1 325。第二行显示了斜率 β 为－167：福利保障每增加 1 000 美元，工作时长减少 167 小时，相对正文中的分组数据－127 要更多一些。因此，一位没有福利保障的母亲的预计工作时长为 1 325 小时，而一位享受 5 000 美元福利保障的单身母亲的预计工作时长为 490（＝1 325－5×167）小时。

附录 3 表格　横截面回归分析

	公式（1）	公式（2）
常数项	1 325 （11）	1 165 （71）
福利保障	－167 （8）	－133 （8）
白人		－12 （39）
黑人		－88 （42）
高中肄业		－638 （33）
高中毕业		－324 （27）
大学毕业		－252 （29）
年龄		14 （1）
中心城区		－44 （28）
其他市区		－15 （39）
农村		－88 （27）
R^2	0.054	0.135

估计值下方括号里的是估计值的标准误差，显示了对系数估计的精确程度，并提醒我们，这里仅是对福利保障和工作时长关系的一种统计学表征。粗略地说，只要 β 的值处于估计系数的两个标准误差范围内，我们就无法从统计学上识别出 β 的值。在本例中，一个标准误差为 7.9 小时，结果显示我们的最优估计是福利保障每增加 1 000 美元，工作时长减少 107 小时，但我们无法确定这种影响是 151.2（＝167－2×7.9）还是 182.8（＝167＋2×7.9）。

在实证经济学中，这是一个十分精确的估计量。通常来说，只要估计量大于标准误差的两倍，我们就说它是统计上显著的。

表格的最后一行显示了回归的系数 R^2，它显示了统计回归模型对实际数据的拟合度。$R^2=1$ 表示模型完美地解释了数据，所有的数据点都直接坐落在回归线上；$R^2=0$ 则表示模型无法解释任何数据。表中的 $R^2=0.054$ 表示这个回归模型解释了不到 10％的数据点。

但正如文中所讨论的，这个回归模型存在严重的偏差，因为更偏好闲暇的母亲会选择较少的工作时长和较高的福利保障。解决这个问题的方法之一是引入控制变量。我们无法找到完美的控制变量，即对闲暇的偏好，但是我们可以找到其他与闲暇偏好相关，或者其他能够决定劳动供给量的变量，如种族、教育、年龄、是否在城市居住等。因此我们假设回归模型的形式如下：

$$Hours_i=\alpha+\beta TANF_i+\delta Control_i+\varepsilon_i \tag{2}$$

其中，$Control$ 表示个体 i 的控制变量的集合。

附录 3 表格的第二栏显示了引入其他变量后的结果。当我们引入分类变量如种族（分为白人、黑人和其他三个类别）时，我们采用指示变量，如果个体属于指定的种族，则指示变量的值为 1，否则为 0。需要注意的是，对任意有 N 种分类的变量（如种族有三个类别），我们只需要包含 $N-1$ 个指示变量，所有的估计量都是相对于被排除的类别来说的（例如，黑人这一指示变量的系数反映的是作为黑人对福利保障的影响，而这种影响是相对于被省略的西班牙裔而言的）。

增加了控制变量后的结果确实降低了福利保障对劳动供给影响的估计值，斜率降到了－133，但依旧显著。有趣的是，加入控制变量后，我们得到的估计值和用图 3－4 中的分组数据得到的估计值几乎是一样的。R^2 增加了不止一倍，但我们对数据的解释力度仍然达不到 15％。

控制变量本身也值得我们关注。

- *Race*：从估计结果看，白人比非白人/黑人（省略组）每年工作时长少 12 小时，但这一估计值小于标准误差，因此我们认为这一差距在统计学上是不显著的。黑人相对省略组每年工作时长估计要少 88 小时。
- *Education*：工作时长随着教育年限的提高而明显增加。高中肄业组比大学毕业组（省略组）每年少工作 638 小时，高中毕业组每年少工作 324 小时，大学肄业组每年少工作 252 小时。这些估计值都十分精确（这些系数相对于括号中的标准误差来说是相当大的）。
- *Age*：工作时长随着年龄增长而减少，每增加一岁，工作时长减少 13.5 小时。这也是一个十分精确的估计值。
- *Location*：相对于未确定定居点的样本，定居在中心城区、其他市区及农村的人的工作时间更少，但只有对农村的估计值在统计上是显著的。

这些控制变量是否能消除贫困家庭临时救助计划福利保障和劳动供给关系中的干扰呢？我们无法确认，但看上去是不大可能的。该控制变量集合对样本的劳动供给变动仅具有约 9％的解释力度，因此不太可能反映出所有与劳动供给和贫困家庭临时救助计划福利保障相关的因素。

第 4 章

预算分析和赤字财政

需要牢记的问题

- 美国的财政赤字是如何变化的?
- 衡量长期财政赤字的正确方法是什么?
- 财政赤字较高对经济会产生怎样的影响?

我们将在一个平衡的经济中沿着平衡预算的路径发展。

——林登・约翰逊(Lyndon Johnson)总统,《国情咨文》(1965 年 1 月 4 日)

就职后第一年的财政赤字(1964 年):GDP 的 0.9%;
就职最后一年的财政赤字(1968 年):GDP 的 2.9%。

我们必须平衡联邦财政预算才能使得美国家庭更有机会平衡家庭预算。

——理查德・尼克松(Richard Nixon)总统,《国情咨文》(1970 年 1 月 22 日)

就职后第一年的财政赤字(1969 年):GDP 的−0.3%(盈余);
就职最后一年的财政赤字(1974 年):GDP 的 0.4%。

我们将在 1979 年之前实现预算平衡,前提是要有继续削减政府开支的决心和智慧。

——杰拉尔德・福特(Gerald Ford)总统,《国情咨文》(1975 年 1 月 15 日)

就职后第一年的财政赤字(1975 年):GDP 的 3.4%;
就职最后一年的财政赤字(1976 年):GDP 的 4.2%。

通过仔细规划、有效管理,以及对政府开支进行适当的控制,我们能很快达到预算平衡。

——吉米・卡特(Jimmy Carter)总统,《国情咨文》(1978 年 1 月 29 日)

就职后第一年的财政赤字（1977 年）：GDP 的 2.7%；
就职最后一年的财政赤字（1980 年）：GDP 的 2.7%。

（该预算计划）将保证财政赤字稳步下降，并在这个十年的末期实现预算平衡。
——罗纳德·里根（Ronald Reagan）总统，《国情咨文》（1983 年 1 月 25 日）

就职后第一年的财政赤字（1981 年）：GDP 的 2.6%；
就职最后一年的财政赤字（1988 年）：GDP 的 3.1%。

（该预算计划）将进一步降低财政赤字，并在 1993 年之前实现预算平衡。
——乔治·H. W. 布什（George H. W. Bush）总统，《国情咨文》（1990 年 1 月 31 日）

就职后第一年的财政赤字（1989 年）：GDP 的 2.8%；
就职最后一年的财政赤字（1992 年）：GDP 的 4.7%。

（该预算计划）将实现美国历史上最大程度的赤字削减。
——威廉·克林顿（William Clinton）总统，《国情咨文》（1993 年 2 月 17 日）

就职后第一年的财政赤字（1993 年）：GDP 的 3.9%；
就职最后一年的财政赤字（2000 年）：GDP 的−2.4%（盈余）。

无节制的政府支出是通向财政赤字的危险之路，因此我们必须另辟蹊径。
——乔治·W. 布什（George W. Bush）总统，《国情咨文》（2001 年 2 月 27 日）

就职后第一年的财政赤字（2001 年）：GDP 的−1.3%；
就职最后一年的财政赤字（2008 年）：GDP 的 3.2%。

该预算计划依赖于这些改革措施……如果我们希望在明年降低预算赤字，就必须迈出这一步。
——巴拉克·奥巴马（Barack Obama）总统，《国情咨文》（2009 年 2 月 24 日）

就职后第一年的财政赤字（2009 年）：GDP 的 9.8%；
就职后最近一年的财政赤字（2015 年，预计值）：GDP 的 3.2%。

美国的历任总统，从林登·约翰逊开始，都在其《国情咨文》中承诺平衡联邦政府的收支，或者至少降低预算赤字，然而只有两位总统完成了使赤字转为盈余的目标。有四位总统使得财政赤字增加；只有克林顿和奥巴马总统使得赤字规模确确实实地减少了（且克林顿总统使之转为盈余）。

为何联邦预算总是难以实现平衡？保守党总是将之归罪于联邦政府开支的增加，而自由党人士则反驳道，不够充分的累进税制度没有取得足够的收入来支持有价值的政府项目。因此，财政赤字的持续存在可能是由反对提高税收的保守党和反对削减政府项目的自由党之间的冲突导致的，也可能存在更深层次的原因——美国预算编制过程中存在的结构性问题。

预算问题对大部分美国家庭来说并不陌生——大部分人都需要定期考虑如何使支出与收入相匹配。类似地，预算因素通常也是政策制定者在做决策时首要考虑的因素。因此，理解政府如何编制预算以及预算不平衡对经济的影响是至关重要的。

不过政府的预算编制相对家庭而言要复杂得多。一般的家庭收入来源和支出项目只有少数的几项，而联邦政府有着上百种获取收入的途径，以及上千个用来花费这些收入的项目。

此外，预算本身的动态特征也使得联邦的预算编制过程变得更加复杂。许多联邦项目不仅对当期有影响，而且会对未来产生影响。将政策的长期效应纳入政策评估中并不是一件简单的事情，这也是令很多决策者和预算分析人员苦恼的地方。

本章中，我们将深入了解预算问题的复杂性，这些问题都出现在政府制定收入和支出政策的过程当中。我们将介绍联邦政府制定预算的过程，以及尝试限制预算赤字的努力，接着我们会讨论如何恰当地估计预算和预算赤字的规模。介绍完如何为政府干预的长期预算影响构建模型之后，我们再探讨为什么要将降低预算赤字作为公共财政的一个目标。

4.1 政府预算

> **债务**：政府亏欠向政府放贷人士的金额。
> **赤字**：某一年份政府的支出超过其收入的金额。

本节中，我们将讨论有关正确度量赤字和国债规模的问题。如第 1 章所述，政府**债务**（debt）是政府亏欠向政府放贷人士的金额。政府债务是一个存量概念：在任一时点所欠的金额。政府的**赤字**（deficit）是某一年份支出超过其收入的金额。赤字是一个流量概念：每年支出大于收入的金额。每年的赤字流都会加到上一年的债务存量上，从而形成一个新的债务存量。

□ 近年来的预算赤字

图 4-1 给出的是联邦政府从 1965 年到现在的收入、支出和盈余/赤字水平。第 1 章中的图 1-4 已经显示，20 世纪 60 年代末标志着美国在第二次世界大战时期预算平衡的结束。从 20 世纪 60 年代末期到 1992 年的这段时间里，由于美国实施了有史以来最大规模的社会保险计划，政府支出以一个稳定的速度不断增加。然而税收收入没有跟上脚步，因为政府在这段时期进行了一系列的税收削减。幅度最大的一次是在 20 世纪 80 年代初期，政府支出从 1965 年占 GDP 的 16.6%上升到 1982 年占 GDP 的 22.5%，而税收基本保持在 GDP 的 18%。结果就是 20 世纪 80 年代初期出现了较大的财政赤字，并且在之后的十年一直处于赤字状态。

20 世纪 90 年代，财政状况出现逆转，由于军费支出削减，以及医疗支出突飞猛进的增长速度有所放缓（这是政府支出增长的主要来源，主要通过全国公共医疗保险计划施行），政府支出回落到占 GDP 的 20%的水平。另外，税收收入经历了大幅增长，这是由于政府从 1993 年开始对高收入群体实行增税，且资产价值相对于 GDP 的快速增长也导致了资本利得税（对资产收益征收的税）的大幅增加。

然而，从 21 世纪初期开始，财政情况再一次出现逆转。由于经济不景气，以及医疗成本和军费支出不断增长，美国财政支出在 2008 年增长到 GDP 的 20.2%。同时，资产价值下降，税收削减，以及收入增长缓慢，导致政府的税收收入下降到 GDP 的 18%

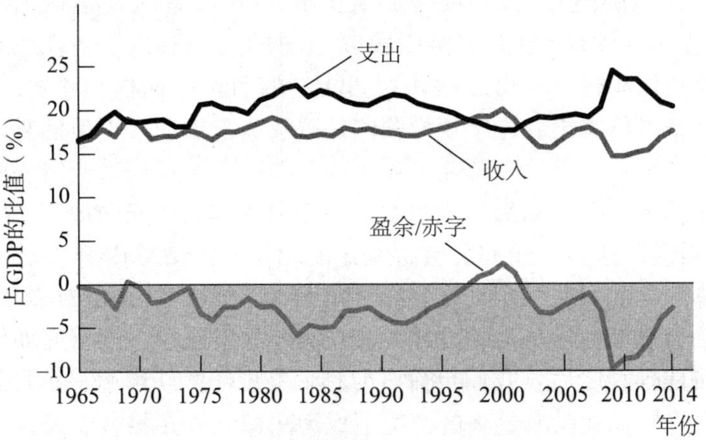

图 4-1　美国联邦收入、支出和盈余/赤字

资料来源：http://www.whitehouse.gov/omb/budget/Historicals/.

说明：联邦政府支出从 1965 年到 20 世纪 80 年代中期一直稳步上升，而税收收入却没有跟上步伐，从而导致了较大规模的财政赤字。赤字在之后一段时间里逐步缩小并在 20 世纪 90 年代转为盈余，但到了 2001 年，美国预算又重新出现赤字。在经济大萧条时期，赤字规模一度达到了相当高的水平，但最近几年又回落到与 20 世纪 80 年代相接近的水平。

以下。在 21 世纪前五年中，预算赤字不断上升，2004 年达到 GDP 的 3.4%的峰值。2007 年，赤字规模开始收缩。2007 年年底开始出现严重的经济衰退，导致赤字再度增长，并在 2008 年达到 GDP 的 3.1%（4 590 亿美元）。2009 年，赤字规模出现膨胀，达到 GDP 的 9.8%（1.4 万亿美元），之后几年才逐渐下降。2014 年，赤字占 GDP 的比重大致为过去 40 年的平均水平。

□ 预算编制过程

每年 2 月的第一个星期一，美国总统会向国会提交预算计划，标志着预算编制过程的开始。总统的预算案是根据联邦机构的预算意见编制而成的，包含了对执政者政策和支出重点的详细叙述，以及对来年经济前景的展望。紧接着，由参议院和众议院（简称参众两院）编制《国会预算决议》（Congressional Budget Resolution），即关于下一个财政年度以及未来至少五年内各项预算活动的蓝皮书。这份决议必须在每年 4 月 15 日之前完成，不需要总统签名，但必须在预算的立法程序开始之前获得参众两院通过。①

福利开支：资金资助水平由合格领取者的数量而不是由国会裁决所确立的法定支出项目。

预算编制将联邦支出的类型分为两种。一种是**福利开支**（entitlement spending）：根据国会确立的规则以及合格领取者的数量确定资金资助水平的支出项目。联邦福利开支中最重要的项目是为老年人提供收入支持的社会保障项目和为老年人提供健康保险的医疗保险计划。任何符合资格的人都可以享受这两项福利，除非国会修改了福利领取标准（比如，医疗保险计划规定，65 岁及以上且工作超过十年的美国公民和

① 要获取更多关于预算过程的详细信息，参见预算中心与政策要点（Center of Budget and Policy Priorities）网站：http://www.cbpp.org/research/policy-basics-introduction-to-the-federal-budget-process (2015)。

永久居民都在医保范围内）。另一种是**酌情支出**（discretionary spending）：由国会决定年度拨款水平的支出（如高速公路或国防建设支出）。酌情支出是选择性的，而福利开支是强制性的。《国会预算决议》包括酌情支出、赤字规模预测，以及关于福利开支项目变动和税收政策变动情况的说明。

酌情支出：每年由国会酌情确定拨款水平的选择性支出。

参众两院拨款委员会得到酌情支出款项（具体数额取决于预算决议），并将其分配给12个下属委员会。这些下属委员会将制定支出清单，清单内容包括所负责的政府事项、对总统预算的处理、上一年的支出清单以及它们希望新增的重点支出项目。这12个清单最终必须通过拨款委员会的批准。参众两院的争议在会议中解决，并最终由国会两院在6月30日前通过。之后清单将被递交到总统手中，由总统决定是签署同意，还是否决，或者允许它们在没有签名的情况下成为法律（放弃签名十天后生效）。

预算编制过程仅确定酌情支出，不包含福利开支。如果国会希望变更福利开支项目，则必须在预算决议中加入“调整说明”，引导福利开支和税收政策管理委员会确定更恰当的储蓄水平。与拨款过程相似，调整清单必须在参众两院之间及内部达成一致，并在6月15日前提交给总统。总统对此决议具有与对拨款决议一样的选择权。

☞**应用**

控制赤字的努力

从20世纪80年代初期美国赤字规模上升到如今35年的时间里，国会尝试采取过各种各样的措施试图限制政府的入不敷出。在1985年年末，联邦赤字越滚越大，国会在民众和政治的压力下通过了《平衡预算与紧急控制法案》（Balanced Budget and Emergency Control Act）［又称《格拉姆-鲁德曼-霍林赤字削减法案》（Gramm-Rudman-Hollings Deficit Reduction Act，GRH）］，并且将该法案提交到里根总统手上。1985年12月12日，里根总统签署了该法案。GRH为联邦赤字设置了强制性的年度目标，从1986年的1 800亿美元开始，逐年减少360亿美元，直到1991年实现预算平衡。

GRH还包含一个触发条款，一旦预算赤字开始偏离既定目标，就会自动进行开支削减。然而在实际运行中，政府总是通过各种花招来回避这个条款，立法者没有受到任何处罚。例如，在1988年财政赤字显然无法实现预定目标时，赤字目标被重新设定为到1993年实现0赤字（而非原来的1991年）。计划的赤字与实际赤字的差距越来越大，预测也因此变得越来越不可信。

在追求GRH赤字目标上的连续失败促使了1990年《预算执行法案》（Budget Enforcement Act，BEA）的发布。该法案不再试图对赤字水平进行目标设置，而是限制政府的增长。BEA设定了未来几年酌情支出的上限，并且令其足够低，以促使酌情支出随着时间的推移逐步减少。它还针对财政收入和津贴建立了现收现付机制（pay-as-you-go process，PAYGO），该机制禁止在接下来的六年（当前财政年度和国会预算局已进行预测的五年）中进行任何增加财政赤字预算的政策变动。如果赤字增加，总统必须发布暂押要求，对直接支出进行固定比例的削减以抵消赤字的增加。

BEA在20世纪90年代似乎成功限制了政府的增长，联邦财政收支由赤字转为盈余。1990—1998年，酌情支出扣除物价因素后减少了10%，且强制性支出项目的成本并没有增加（虽然在 1997 年，政府采取了一些节约成本的措施来抵消税收削减导致的收入下降）。然而，1998 年预算平衡的实现，似乎使国会严格执行 BEA 约束的意愿消失了。

1998—2005 年，酌情支出扣除物价因素后，以每年 8%以上的速度增长（酌情支出在 2005 年达到了 9 690 亿美元），远远超过了每年设定的上限。① BEA 所规定的支出上限大部分都被巧妙避开了，主要是由于立法中关于不设上限的紧急支出项目存在漏洞，决策者利用这一漏洞实现了支出上限的规避。部分紧急支出被用于正当的紧急事件（如卡特里娜飓风、伊拉克战争、自然灾害等），但有很大一部分并非如此。2006 年的紧急支出表面上致力于战争和飓风的灾后重建，然而这还包括总计 40 亿美元的农业项目、7 亿美元密西西比铁路线的重建项目、11 亿美元的渔业项目，其中有 1 500 万美元的海产品推销战略。② 20 世纪 90 年代，国会和相关机构平均每年的紧急支出仅为 220 亿美元，然而，到了 2005 年，这一数字已经攀升到了 1 000 亿美元。2006 年 4 月，参议院拨款委员会签署了一项 1 065 亿美元的额外紧急支出。③ 虽然现收现付机制仍然存在，但似乎已经失效了。

近几年在与财政赤字的抗争当中，政府采取了一项新的措施：设置债务上限。这是一项在传统上相对模糊的规定，它对联邦政府的借款数额进行限制，这种规定通常在必要时才提出，不会引起过多的注意。然而这种情况在 2011 年的联邦预算辩论中发生了变化，当时，控制众议院的共和党人不同意在没有大幅削减政府开支的情况下提高债务上限。协商的结果就是出台了《2011 年预算控制法案》(Budget Control Act of 2011)，该法案将 2012—2021 年的每个财政年度的预算授权限定在一个固定的水平上，以试图使第一年的财政赤字减少 220 亿美元，在十年内使赤字减少 9 170 亿美元。④ 此外，该法案对每年的酌情支出设定上限，预计将在十年内减少 1.2 万亿美元的酌情支出。例如，从 2012—2013 财政年度开始，酌情支出上限设定为 1.047 万亿美元。一旦支出超过了限额，那么所有非国防性酌情支出就会被自动取消或削减。⑤ 虽然共和党人声称该法案对政府支出的削减作用还不够，但民主党人担心，刚刚从大衰退中复苏的经济仍然十分脆弱，进行支出削减可能会进一步损害经济。

这场争论一直持续到 2012 年，两党都同意削减赤字，但在如何实现这一目标上，两党的意见相去甚远：奥巴马总统提出在 10 年内实现超过 1 万亿美元的增税计划，主要针对高收入阶层实行；而共和党提出了 5.8 万亿美元的支出削减计划，以抵消 4.2 万亿美元的减税政策。双方最终也没有达成一致意见，因此，以前的预算计划继续执行，结果是，酌情支出规模连续两年被削减，这在现代历史上是第一次。⑥

事情在 2013 年变得更糟，共和党人拒绝签署任何未废除平价医疗法案的支出法案。由于没有预算，政府关闭了 16 天。在此期间，联邦雇员的休假时间总计 660 万天，给

① Office of Management and Budget (2008a), Table 8.1.
② Stolberg and Andrews (2006).
③ Gregg (2006).
④ U.S. House of Representatives Committee on the Budget (2011).
⑤ Riggell (2011).
⑥ U.S. House of Representatives Committee on Appropriations (2011).

国家造成了约20亿美元的生产力损失。政府需要为延期支付支出额外的利息，整体的消费者信心和商业信心也随之下降。① 政府重新开始运行之后，国会面临着2011年扣押条款的巨额削减。因此，国会通过了2013年的《两党预算法案》（Bipartisan Budget Act），该法案继续削减开支，但削减程度低于扣押条款。

2014年和2015年的预算措施在很大程度上是在重蹈覆辙。近几年辩论的最终结果是，非国防性支出大幅减少，2010—2014年间下降了15%，达到了有史以来的最低水平。预计，未来几年的支出规模仍将继续缩减，这对政府服务的提供有着实质性的影响。例如，2013年，针对低收入儿童的领先学前班计划削减了57 000个名额，18 000名员工因此失业或薪酬下降。② 环境预算局（Environmental Budget Agency）的预算在2010—2012年间下降了18%，导致美国水域污染的处理数量减少了一半，同时，有害废弃物的清除量也减少了74亿磅。③ 与2013年相比，疾病控制和预防中心（Centers for Disease Control and Prevention）削减了超过2.85亿美元的预算，发放的口服小儿麻痹症疫苗数量减少了4 000万剂，同时减少了175 000次艾滋病毒检测。④

□ 预算政策与州政府的财政赤字

联邦政府长期以来都无法实现对赤字规模的有效控制，与州政府形成了强烈反差。正如在第1章中所讲，州政府几乎始终保持着收支平衡的状态，多年来无净额赤字情况。为什么会这样？

平衡预算要求：迫使政府平衡其每年的预算（支出减收入）的法律。

最有可能的原因是，除了佛蒙特州外，其他所有州每年都要面临**平衡预算要求**（balanced budget requirement，BBR），强制其平衡各自的预算。许多州是在19世纪40年代银行危机带来大量赤字增加之后开始执行平衡预算要求的。新成立的州通常会在加入联邦后不久便开始执行平衡预算要求。因此，1970年，现存的所有平衡预算要求就已经到位了。

事后平衡预算要求：一项要求特定政府在每一财政年度结束时平衡自身预算的法律。

事前平衡预算要求：一项法律，该法律要求，在每一财政年度开始时，州长须提交平衡预算案，或者立法机关须通过平衡预算法案，抑或两者兼而有之。

然而，并不是所有州的平衡预算要求都一样。约有2/3的州执行的是**事后平衡预算要求**（ex post BBR），意味着预算在一个特定的财政年度结束时必须达到平衡。而另外的1/3执行的是**事前平衡预算要求**（ex ante BBR），意味着要么政府所递交的预算满足平衡要求，要么立法部门所通过的预算满足平衡要求，或者两者都满足。大量研究发现，只有事后平衡预算要求能够完全有效地限制赤字现象，而事前平衡预算要求更容易被规避，比如，只需要在年初时夸大对预算状况的预测即可。这些研究发

① Burwell (2013).
② Lu (2013).
③ Greenhaw (2013).
④ Centers for Disease Control and Prevention (2013).

现，当各州的预算受到负面冲击时（例如，经济衰退导致一个州的总税收下降），具有更严格的事后平衡预算要求的州比具有较弱的事前平衡预算要求的州更有可能通过缩减开支来应对这些冲击。

4.2 衡量政府的预算情况：可选择的方法

前面所列出的关于预算赤字规模的数字，是我们在公共辩论中最常使用的政府赤字衡量方法。实际上，还有很多其他的方法能够反映联邦政府的预算状况，这些方法对政策制定者来说也是十分重要的。

□ 实际 vs. 名义

实际价格：由某一不变年份的美元所表示的价格。

名义价格：由今天的美元所表示的价格。

消费者价格指数：是一种指数，用于测量一个时期内购买一篮子"典型"商品所需费用的变动情况。

表示赤字的第一种可选择的方法是考虑通货膨胀对政府作为债务持有人的有利影响。本书中，我们将会提出的一个重要区分是**实际价格**（real prices）和**名义价格**（nominal prices）。名义价格是由今天的美元所标记的价格。比如，今天一杯咖啡的价格是 3 美元，这意味着今天喝一杯咖啡要以今天放弃消费标价 3 美元的其他商品为代价。实际价格是以某一固定年份的美元来标示的价格。比如，用 1982 年的美元来表示今天一杯咖啡的价格是 0.97 美元，即 1982 年购买同样一杯咖啡要以放弃 1982 年时标价为 0.97 美元的其他物品消费为代价。通过使用实际价格，分析师可以评估相对于整体价格水平而言，价值随时间变动的情况，以及购买该商品时必须放弃多少其他商品的消费。总体的价格水平由**消费者价格指数**（consumer price index，CPI）来衡量，这一指数反映了购买"典型"商品所需成本随时间的变化情况。①

1982—2015 年，CPI 上升了 148%，也就是说，典型一篮子商品价格的通货膨胀（简称通胀）率为 148%。因此，任何价格上升不足 148%的商品都可被认为其实际价格下降了：与该经济体中的其他商品相比，这个商品的成本正在下降。换言之，为了购买这个商品，你今天要放弃的其他商品消费比 1982 年要少。类似地，一个价格上涨超过 148%的商品，我们称其实际价格上升了。例如，1982—2015 年，美国典型的一揽子医疗保健的成本上升了 300%。那么从实际价格来看，医疗保健支出上升了 152%（=300%－148%）。因此，2015 年，个人必须要比 1982 年多牺牲 152%的消费以获取相同的医疗保健服务。

政府债务和赤字通常由名义价格（以今天的美元计算）来表示。然而这一做法可能会造成误解，因为通货膨胀通常会减轻国家债务的负担，只要该债务对借款人来说是名义上的债务。

---

① 有关消费者价格指数的信息来自美国劳工部的劳工统计局（U. S. Department of Labor's Bureau of Labor Statistics），网址为 http://www.bls.gov/cpi/(2015)。

我们可以很容易地用一个例子来说明这一点。假设你欠银行 100 美元学生贷款的利息，进一步假设你喜欢用收入购买尽可能多的彩虹糖，每包彩虹糖的价格是 1 美元。如果你还了 100 美元的利息，就要以每年放弃 100 包彩虹糖作为代价。

现在，假设所有商品的价格水平都翻倍，每包彩虹糖要花 2 美元。那么当你还银行 100 美元的利息时，你只需要放弃 50 包彩虹糖作为代价。因此，实际上，你归还利息的成本降低了一半。为还利息，你需要放弃的消费是原来物价水平较低时的一半。然而，从银行的角度看，价格上涨并不是好事。曾经它们能拿着你还的利息可以购买 100 包彩虹糖，现在只能购买 50 包。由于价格水平的提高，它们的情况变糟了，而你的情况变好了。

类似的逻辑可以应用到政府债务上。当价格水平提高时，国家为付清债款所需要放弃的消费则会降低。政府归还的利息是以名义价格来计算的，价格水平越高，利息价值越低。因此当价格上升时，实际的赤字就降低了。这个结果被称作联邦债务持有者的通货膨胀税（尽管这不是真正的税）。由于正在上升的价格，联邦债务持有者收到的利息支付的实际价值要低得多（就像上一段中的银行那样）。

即使在 21 世纪初期的低通货膨胀环境中，通货膨胀税也可能具有相当大的规模。2014 年，国债为 17.8 万亿美元，通胀率为 1.6%。[①] 因此，2014 年的“通胀税”是 2 850($\approx$0.016×17.8×10 000) 亿美元。按照通常的方法来衡量（政府支出减去政府收入），2014 年的赤字是 4 846 亿美元，但如果我们算上“通胀税”，赤字就降到了 1 996 亿美元。因此，考虑通货膨胀对国债价值的影响会降低对赤字规模的衡量。

□ 经济情况

自动稳定器： 当 GDP 相对于潜在 GDP 水平呈下降趋势时，自动减少收入并增加支出。

第二个可以选择的赤字表示方法，是识别影响政府支出及收入的短期因素与政府财政状况的长期趋势之间的区别。具体而言，政府可以在财政上发挥**自动稳定器**（automatic stabilizers）的功能：当 GDP 相对于潜在 GDP 水平呈下降趋势时，自动减少收入并增加支出。这些因素短期会倾向于增加赤字，但长期而言，会被经济增长期的收入增加和支出减少所平衡。

周期性调整的预算赤字： 衡量当经济在潜在 GDP 水平下运行时的政府财政状况。

为了将这些因素考虑在内，国会预算局计算出了一个**周期性调整的预算赤字**（cyclically adjusted budget deficit）。国会预算局首先根据商业周期的影响等因素做出收入和支出的基线预测，接着估计有多少的总收入损失和开销增加是由经济体偏离了潜在 GDP（经济体在所有资源都被充分利用时的产出）所导致的。自动稳定器的调节结果如图 4－2 所示。正如所预期的，该图显示了在经济扩张时期（例如 20 世纪 90 年代末期）周期性调整的赤字实际上要高于报告中的赤字。当经济运行不佳时，如 20 世纪 90 年代初期、21 世纪初期以及近几年，周期性调整的赤字显著低于所报告的赤字水平。

---

① U. S. Bureau of Labor Statistics (2015).

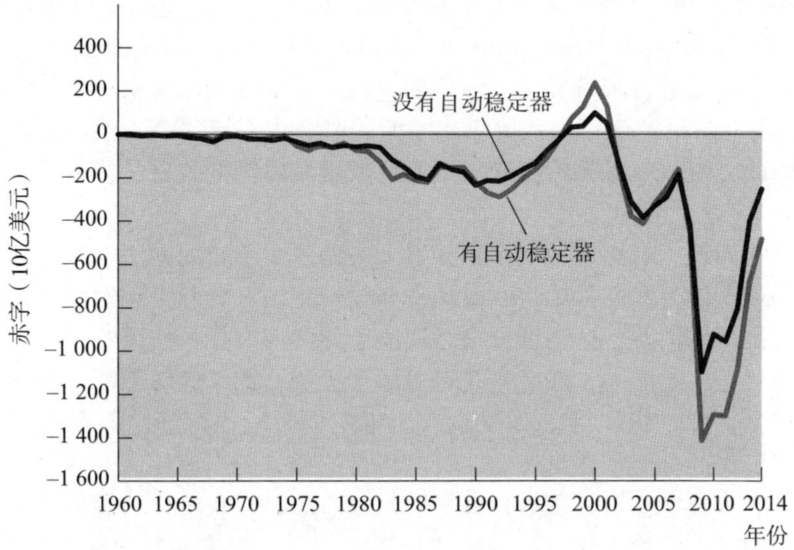

图 4－2　预算赤字的经济调整

资料来源：Congressional Budget Office (2014).

说明：周期性调整的预算赤字控制了经济活动对预算的影响。在经济扩张时期（如 20 世纪 90 年代末期），周期性调整的赤字实际上比报告中要高。当经济表现不佳时，例如 20 世纪 90 年代初期、21 世纪初期以及近几年，周期性调整的赤字明显低于报告水平。

□ 现金 vs. 资本会计

假设政府借了 200 万美元，并将其花费在两个活动上。第一个是为总统庆祝生日举办生日派对，花费了 100 万美元。第二个是为政府管理人员建设新办公楼，同样花费了 100 万美元。当政府年底编制预算时，这两项支出将以同样的方式报告。如果税收没有相应增加，则赤字会因此增加 200 万美元。然而，这两项支出的性质明显不同，前者是短暂的享乐，而后者是长期的资本资产——对其进行的投资不仅具有当前价值，而且具有未来价值。

> **现金会计法：**一种用于衡量政府财政状况的会计方法，用当前支出与当前收入的差额来表示。
>
> **资本会计法：**一种衡量政府财政状况的方法，用于计算政府持有的净资产的变动情况。

这个例子指出了关于政府使用**现金会计法**（cash accounting）的一个普遍顾虑。现金会计法是评估政府的预算状况的一种方法，其对赤字的衡量仅仅是用当前支出减去当前收入。有人认为，实际上，衡量政府预算状况的正确方法是**资本会计法**（capital accounting），它把政府所持有的净资产价值的变化计算在内。在资本会计法下，政府会设立一个资本账户，单独跟踪投资支出（花费在长期资产如建筑和高速公路上的资金），将其与当前消费支出（花在短期项目如给失业者的转移支付上的资金）区分开来。在资本会计账户中，政府会减去投资支出，然后将购置的资产价值添加进去。例如，如果用来建大楼的支出具有 100 万美元的市场价值，那么这项支出不会使政府的资产账户有所改变，因为政府所做的只是将 100 万美元的现金资产转换为 100 万美元的大楼。

缺少资本会计账户会制造关于政府财政状况的假象。例如，1997 年，克林顿政府宣告了 28 年来首次提出平衡预算的胜利。在这些欢呼背后，却很少有人意识到用于平衡预算的 360 亿美元来自政府资产——广播频段许可证（允许提供手机等无线服务）的一次性变卖。政府从资产出售中获取收入，但同时它也在出售有价值的资产——广播频段许可证。因此，财政收支虽然实现了平衡，但这是以降低政府所持有的资产价值为代价的。

资本预算的问题 虽然增加资本预算看上去是一个不错的办法，但实际实施起来面临着巨大的困难，因为我们很难将政府消费和投资支出区分开来。例如，购买导弹是属于资本投资还是现期消费？这种区分是否取决于导弹何时投入使用？如果教育资本支出培养了未来一代工人的能力，那么它是否也属于投资？如果这属于资本开支，我们又如何衡量其价值？例如，1997 年，如果没有出售广播频段许可证，那么政府如何恰当地估计这些无形资产的价值？在第 8 章，我们将讨论如何恰当地评估这种类型的投资。这些困难可能有利于政客在引入资本预算之后对政府的财政状况打马虎眼。

基于以上困难，虽然一些州已开始使用资本预算，但在联邦层面上还未开始使用。同时，国内的使用还混杂着资本预算的国际经验。

新西兰是 1989 年第一个全面实施资本预算的国家，并且一直沿用这种方法。① 其他国家（如丹麦、芬兰和荷兰）过去也曾使用过这种方法，但由于前文中所讨论的问题而停止了这种做法。英国在 2001 年实施了资本预算，2013 年“投资英国的未来”的提案不仅为政府各部门设定了资本预算，而且概述了逐年增加各部门资本预算的投资计划。例如，英国计划通过对科学基础设施投资做出长期承诺来增加 2021 年之前的科学投资。②

□ 静态评分 vs. 动态评分

关于预算衡量的另一个重要的争论为对静态评分和动态评分的争议。当预算估计人员评估政策对政府预算的影响时，他们会考虑这些政策对许多行为的影响。例如，当政府对儿童保育开支进行补贴时，人们将在儿童保育上花费更多。同样地，如果资本利得税税率降低，人们将更愿意出售相关的资产以获得资本收入。尽管预算估算人员在计算立法的总体效果时会考虑到政策对个人和公司行为等的影响，但他们没有考虑到税收政策也可能会对经济规模产生影响。也就是说，预算模型使用的是**静态评分**（static scoring），静态评分假定经济体的大蛋糕规模不变，政府仅仅改变了蛋糕不同部分的相对大小。

> **静态评分：** 用于预算建模的方法，即假定政府政策只能改变总资源的分配，而不是总资源的数量。

这种静态假设受到那些认为政府政策不仅影响经济体的资源配置，而且影响经济体本身规模的人的严厉抨击。他们主张**动态评分**（dynamic scoring）。动态评分中的预算建模不仅包括政策对资源配置的影响，

> **动态评分：** 一种预算建模方法，该方法试图用模型来分析政府政策对总资源分布和总资源数量的影响。

① The Treasury (2014).
② HM Treasury (2013).

而且包括其对经济规模的影响。例如，降低对经济活动的税收（如劳动所得税）可能增加了这项活动的数量（工作时间），从而增加了社会产出。而经济蛋糕的扩大反过来会在既定的税率水平上产生更多的税收，在一定程度上抵消税收削减带来的政府收入损失。因此，忽略这种反应过程可能导致政府高估税收削减带来的收入损失。

预算分析人员在很大程度上对动态评分采取抵制的态度，因为政府政策对经济的影响并不好理解。然而，正如动态评分的支持者所指出的，我们不清楚政策制定者和预算分析人员为何假设政府政策对经济总体规模不产生影响。2003 年，国会预算局在对布什总统提议的预算案进行评估时，向动态评分系统迈进了一小步，该预算案中包含了相当规模的税收削减和国防开支增加。国会预算局采用了五种不同的模型来评估政府预算计划对经济的长期影响，包括对税收收入和政府支出的影响。它们传递出来的信息相当一致：除非 2003 年的预算案伴随着十年内的税收增加，否则动态效应将增加其预算成本。① 这是由于预算变化的净效应导致了赤字增加。正如我们将在 4.4 节中讨论的，政府通过借款来弥补增加的赤字将挤出私人储蓄，减少投资，并最终降低经济增长。经济增长放缓在长期将导致未来的税收收入减少，使赤字进一步扩大。

2011 年，国会预算局使用了动态评分来考察“刺激消费”的短期和长期影响，比如通过增加失业保险救济或提供税收抵免等来弥补经济衰退的影响。结果表明，此类政策会使 GDP 在 2012—2013 年间增加 0.1%～1.9%，具体程度取决于是何种政策以及政策的力度。同时，动态模型表明，由于这种政策会导致政府借款增加，继而使投资减少，因此长期来看会导致 GDP 的轻微下降，今天每一美元的刺激支出将使 2021 年的 GDP 减少 0～0.10 美元。② 虽然不够精确，但这些估计强调了对经济衰退的短期刺激与可能减缓经济增长的长期赤字增加之间的权衡。

动态评分是国会预算局新局长的最近政策选择的焦点。基斯·霍尔（Keith Hall）以前曾为布什政府效力，负责动态评分的实施工作。来自国会预算局的一份早期报告发现，平价医疗法案对赤字的削减幅度会低于最初估计的水平，因为该法案的影响之一是降低劳动供给，从而减少 GDP。这份报告一出台便立刻引发了争议，因为该分析将经济产出的下降包含在内，却没有包含不再需要通过工作来获得健康保险的人所获得的好处（如第 15 章所讨论的）。③

4.3 现在的债务和赤字意味着什么？从长期视角看

假设政府今年启动两个政策项目。一个在当年为穷人提供 100 万美元的转移支付，另一个承诺在下一年为穷人提供 100 万美元的转移支付。从今年的预算赤字角度看，前者花费了 100 万美元，而后者没有花钱。但这种观点显然是错误的：后者几乎和前者一

① 要获取更多关于国会预算局对动态评分的应用，参见 Congressional Budget Office (2003b)。

② Congressional Budget Office (2011).

③ Krugman (2015).

样昂贵。只是因为后者作为将来而非今天的承诺而支出略低。

美国和世界各国的政府总是对未来承诺这种**隐性义务**（implicit obligation）。当国会通过法律赋予个体在将来成为法定受益人的权利时，就产生了隐性义务，而这个义务在年度的预算程序中并未被考虑在内。在本节，我们将讨论隐性义务对衡量政府长期预算状况的影响。

隐性义务：没有显示在年度预算过程中的政府未来的财政义务。

□ 背景：现期贴现值

为了理解隐性义务，我们需要首先回顾现期贴现值的概念。假设今年我向你借了 1 000 美元，并承诺在明年归还 1 000 美元。那么你应该拒绝这个交易，因为明年你将得到的 1 000 美元并不如你现在放弃的这 1 000 美元值钱。如果你不借给我这 1 000 美元，而是存进银行，那么你就可以赚取利息，明年拿到的钱将多于 1 000 美元。为对比不同时期的货币价值，我们必须对比它们的**贴现值**（present discounted value，PDV，简称现值），即每一期的支付在今天的价值。未来获得 1 美元的价值要低于今天获得的 1 美元的价值，因为你放弃了用这笔钱赚取利息的机会。由于不同时期获取的美元价值不同，因此我们不能简单将它们加总。我们必须把它们放在相同的基准之下。这也正是贴现值的意义所在：它将所有未来的支付折算为今天的价值。

贴现值：每一期的货币数额贴现到今天的价值。

为计算任意支付流的现值，我们将未来的支付按照现在到未来期间的利率进行折算。如果利率为 10%，那么你在 7 年之后收到的 1 美元只相当于今天的 51.3 美分，因为你可以按照 10%的利率在今天投资 51.3 美分，然后在 7 年之后获得 1 美元。1 年后的 1 美元相当于今天的 91 美分，因为你可以在今天以 10%的利率投资 91 美分，然后在 1 年后得到 1 美元。

数学上，如果利率为 r，未来每一期的支付为 F_1，F_2，…，则贴现值的计算如下：

$$PDV=\frac{F_1}{(1+r)}+\frac{F_2}{(1+r)^2}+\frac{F_3}{(1+r)^3}+\cdots$$

我们可以记住一个简单的公式。如果支付流在未来很长一段时间（比如 50 年或更长）保持不变，那么 $PDV=F/r$。其中，F 是支付流常量，r 是利率。

☞**应用**

贴现值与体育合同的解读

据报道，2015 年 1 月 19 日，华盛顿国家队将与投手马克斯·谢尔泽（Max Scherzer）签订一份合约期为 7 年、价值为 2.1 亿美元的合同。这份与棒球史上最佳投手之一谢尔泽所签订的合同将成为美国职业体育特许经营历史上最大的财务承诺之一。谢尔泽的合同总额在棒球历史上排名第十，在所有投手当中排名第二。[①]

但事情的发展并不如所想象的那样。很快就有消息透露，谢尔泽的合同包含着一项

① 完整的名单参见：http://en.wikipedia.org/wiki/List_of_largest_sports_contracts (2015)。

不同寻常的规定：2.1 亿美元的酬劳并不是按照每年支付 3 000 万美元，共支付 7 年（合同规定的谢尔泽须为国家队效力的时间）的方式来分期支付的，而是按照 14 年进行分期，每年支付 1 500 万美元，其中有 7 年的分期付款是在谢尔泽的合约期满之后支付的。根据贴现原则，我们可以计算得到，这样的分期支付方式意味着合同的价值比看上去的要低得多：第八年到第十四年所支付的酬劳价值远远低于第一年到第七年的酬劳价值，因为谢尔泽可以将后者用于投资并获取收益。

用国会预算局 4.7%的长期预测值作为贴现率①，谢尔泽的合同的贴现值“仅”为 1.66 亿美元，在棒球历史上的排名下降到第二十，在投手中排名第四。谢尔泽将在 2029 年获得的最后一笔年收入的价值仅相当于在第七年收到同一笔收入的 73%。② 尽管马克斯·谢尔泽的报酬很可观，但其酬劳在棒球历史上的排名要远低于不考虑贴现因素时的排名。

□ 为什么当前的标价可能是无意义的?

政治辩论总是习惯关注今年的政府开支超出政府收入的数额。然而，未来隐性义务的存在意味着这些辩论可能是错误的。戈卡莱和斯迈特斯（Gokhale and Smetters, 2003）通过举例很好地阐述了这一概念。假设政府在你 20 岁时向你提供以下交易：当你退休时，政府向你支付的社会保障金会减少 1 美元，作为补偿，政府会削减今天用于支撑社会保障计划的工资税 8.7 美分，相当于退休时 1 美元的现值。③ 从政府未来的净负债来看，这项政策是没有影响的。它降低了当期的税收收入，同时减少了相同贴现值的未来支出。然而从今天的角度看，这项政策增加了赤字，因为它减少了当期的税收收入，却没有减少当期的开支。结果是，当期的赤字增加，并且导致未来 50 年的国债水平更高，直到这项工资税的削减被降低了的保障金福利所补偿。

如果我们考虑另一种选择，结果会更惊人：政府减少 1 美元的社会保障福利，作为补偿，政府仍然会减少工资税的征收，但仅减少 1 美元现值的一半。例如，对于一个 20 岁的年轻人来说，1 美元的社会保障金的现值是 8.7 美分，因此政府将减少征收工资税 4.35 美分，以补偿这个 20 岁年轻人在退休时少收到的 1 美元社会保障金。显然，政府是这笔交易中的最大赢家：从贴现值的角度看，政府当期削减的税收少于其将来削减的开支。然而，从今天的角度看，它依旧降低了当期的税收而没有削减当期的开支，因此赤字和债务都有所上升。正如资本预算的例子，这样的问题会导致政策制定的偏向性，即更倾向于对当期预算有利的政策，即使从长远角度来看，这些政策对政府的财政水平可能是不利的。

① Congressional Budget Office (2014).

② 在合约期第十四年的美元价值为 $1/(1.047)^{14}$，而在第七年的美元价值为 $1/(1.047)^{7}$。

③ 例如，假设我们预测在可预见的未来利率都保持在 5%，并且你现在 20 岁，将在 70 岁时领取社会保障。那么这笔交易会使你今天需要缴纳的工资税减少 8.7 美分，与 50 年后的社会保障福利中的 1 美元的现值相同，因为 50 年后的 1 美元在 5%贴现率的水平下现值为 $0.087(=1/1.05^{50})$ 美元。

□ 长期政府预算的衡量

> **政府的跨期预算约束**：将政府债务的贴现值与收入的贴现值相关联的等式。

在过去的20年中，研究者开始寻求将隐性义务考虑在内的政府预算评估方法。这些方法的基本思想是要对**政府的跨期预算约束**（government's intertemporal budget constraint）进行正确衡量，将政府债务（包括显性债务和隐性债务）的总的贴现值与其收入的总的贴现值进行比较。

对跨期预算约束的衡量始于2003年戈卡莱和斯迈特斯所做的工作。[①] 他们计算出未来每一年政府将支出多少以及能够获得多少税收，然后对这些支出和税收计算相应的贴现值，接着从税收收入中扣除支出以获得政府财政失衡的贴现值，即政府所承诺的支出高于税收收入的部分。

戈卡莱和斯迈特斯在他们的工作中强调，联邦政府长期的财政失衡问题完全来自针对老年人的主要福利计划、社会保障和医疗保险：政府的其余部分几乎没有财政失衡。最近，医疗保险和社会保障基金的受托人采用了研究中的方法，他们在2012年发布了关于社会保障和医疗保险计划的长期财政失衡的数据。结果是惊人的：站在2012年的角度来看，这两项计划的财政缺口为63.2万亿美元。也就是说，如果政府的政策不发生变化，政府所承诺的支出将会比获得的税收高出63.2万亿美元。其中，42.7万亿美元的财政缺口来自国家老年人医疗保险计划。这些计划造成的巨大失衡反映了这样一个事实，即政府并没有预先获得随着社会老龄化而必须支付的巨额资金。在医疗保险方面，这种老龄化趋势因医疗保健费用的迅速增长而进一步加剧。

我们需要正视这一数字。这一数字表明，美国政府的隐性债务（即未来福利义务超过未来税收的程度）大约是其现有未偿债务的四倍。要实现跨期预算平衡，需要增加15.5%的工资税，意味着现有的为政府社会保险计划提供资金的工资税几乎需要翻倍。[②]

今天的美国政府就像一个拥有许多小孩和一张欠了15 000美元的信用卡的家庭。信用卡上的欠款是一个严重的问题，并且带来了大量的利息支出。但比起这个家庭在孩子需要上大学时将会面临的巨大的财政负担，这一问题就显得微不足道了！

长期测量方法存在的问题　本节中暴露的问题是十分严重的，却一直得不到政策制定者的重视。他们随意的态度部分是由于政策制定中最关心的还是赢得下一次选举（第9章将进一步讨论）。这个因果链条也反映了上述所有计算方法的弱点，因为这些计算方法严重依赖对未来的支出和收入的增长率的假设，以及对用来折算未来税收和支出的利率水平的假设。

例如，假设计算财政失衡时利率为2.9%。在该利率下，社会保险计划面临的75年的财政失衡相当于工资的2.67%。如果利率上升到3.4%（完全在该变量的预测误差范围内），那么财政失衡将下降近10%，变为工资的2.44%。

---

① 这项工作建立在奥尔巴克（Auerbach）、戈卡莱和科特里科夫（Kotlikoff）在20世纪90年代初关于代际会计测量的开创性工作上，参见Gokhale and Smetters（2003）的讨论。

② Gokhale and Smetters（2003），p. 25.

然而，我们没有理由认为这些估计的偏差都是同一个方向，比如总是太低或者总是太高。如果利率下降到 2.4%，那么下一个 75 年的财政失衡将上升近 10%，达到工资的 2.89%。

因此，虽然对 2.9%的利率假设是合理的中间估计，但依旧存在很大范围的不确定性。①

此外，这些计算方法不仅要求对遥远未来的利率水平、支出和收入进行大胆猜测，而且假设了政府政策将保持不变。即使政府政策发生相对很小的变化，比如社会保障金小规模削减，也会对估计产生很大的影响。不过只要观察者明确这些估计量都是基于今天的政策组合，那么这对估计来说并不必然成为一个问题。

这些对长期财政不平衡的测量的另一个问题是，它们只考虑了转移支付计划随时间变化的情况，却没有考虑其他投资和政府政策的变化情况。假设政府今天借债 10 亿美元并将其投资于清洁环境，看上去像是政府财政不平衡增加了，最终会需要对未来世代提高税收来满足政府跨期预算约束。但这个结论没有考虑到未来世代不仅缴了税，而且从改善的环境中受益。因此真正的代际核算或长期财政核算不仅应该包含未来的税收和转移支付，而且应考虑今天为未来世代提供的福利。

□ 美国政府做了什么?

美国政府没有采用这些超长期的衡量方法，而是转向了对较长期政策效应的测量。20 世纪 90 年代中期以前，大部分政策的预算影响都是以一年或五年为窗口进行估量的。这种做法被认为存在一个很大的弊端，即会促使政策不在成本最高的时点上实施。例如，一项六年后才开始实行的减税政策并不计算在预算成本之中，然而这项政策带来的隐性义务可能是巨大的。

1996 年，政府开始对大部分政策采用十年期的估量窗口以避免这种问题的发生。原则上，这有助于推行在长期中才能实现财政平衡的政策。然而，事实上，转用十年期窗口引发了新的问题：它使得在预测政府政策影响过程中本来就存在的预测误差变得更大。时间距离现在越远，国会预算局就越难预测政府的财政状况。这种方法使得政策制定者在评估税收或支出政策的十年期影响时面临更多的不确定性。

图 4-3 说明了这个问题，它显示了 1986—2014 年实际的和预测的财政赤字变化。图中黑线表示每一年的实际盈余/赤字，灰线表示提前五年的预算盈余/赤字。② 例如，1981 年 7 月，国会预算局预计 1986 年联邦政府的财政盈余为 480 亿美元。但是，1986 年，联邦政府出现了 2 110 亿美元的赤字。国会预算局在 1983 年对 1988 年的预算收支预测与实际情况要切合很多，对赤字仅低估了 500 亿美元。但之后的误差越来越大，最大的误差出现在 1987 年，当时预测政府将在 1992 年达到预算平衡，而实际上最终政府的预算赤字高达 3 000 亿美元。

不过，这些误差并不只有低估的情况。从 1992 年开始，国会预算局开始过分夸大

---

① Social Security Trustees (2012), Table VI. D. 6.

② 这些国会预算局的预测对不包含在预测范围内的后续立法的影响进行了修正（例如，1981 年预测后通过的法律影响了 1986 年的预算赤字），同时对这些法律和利率的变化所导致的政府利息负担的变化进行了相应修正。

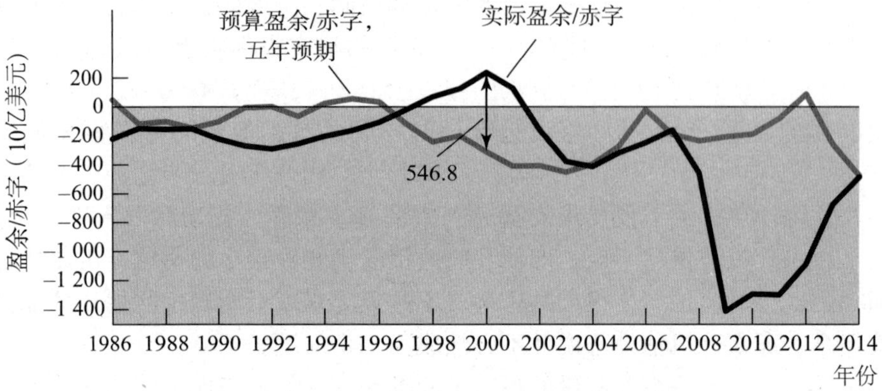

图 4-3　预算盈余/赤字 vs. 实际盈余/赤字

资料来源：参见 Congressional Budget Office（2008）。2007 年之前的预算盈余数据来自国会预算局的不确定数据库（Uncertainty Data，A1 中的链接），之后的数据来自国会预算局的 Budget and Economic Outlook（2015）。

说明：国会预算局对盈余/赤字的五年预期与实际的情况差距十分明显，特别是在 20 世纪 90 年代初高赤字的年份以及 20 世纪 90 年代末和 21 世纪初的高盈余时期。

赤字，因此，在图 4－3 中，国会预算局所预测的 1997 年财政赤字要高于实际情况。1995 年预测的 2000 年预算赤字高于 3 110 亿美元，而实际上，政府出现财政盈余 2 360 亿美元，误差高达 5 470 亿美元！

这种预测误差引发的问题在 2001 年开始越发明显。2001 年 1 月，在乔治・布什总统任职的时候，国会预算局采用的是十年的预测窗口。当时，国会预算局预测政府预算盈余在接下来的十年中将接近 6 万亿美元。事实上，在那个时候，政府担心的是在偿还完债务之后可能会剩下过多资金，以至于需要开始用这些盈余来购买私人资产。如美国联邦储备系统（简称美联储）主席艾伦・格林斯潘（Alan Greenspan）在 2001 年 1 月 25 日对参议院预算委员会所做的证言：“……目前预测的政府预算持续盈余意味着联邦政府积累大量的私人资产……想要通过政治压力来阻止政府的投资决策将变得异常困难。因此，随着时间的推移，政府持有大规模私人部门资产将提升资本市场无法达到最优配置的风险，同时降低经济运行效率，并降低总体的生活水平。”①

这些预测使得两位总统候选人——艾尔・戈尔（Al Gore）和乔治・布什在 2000 年的总统竞选中都提出了大幅的税收削减。2001 年 6 月，布什总统通过了一个重要的税收法案，兑现了他的承诺。这项法案预计 10 年的花费为 1.35 万亿美元（尽管实际的支出可能要高得多，在接下来的“应用”中将进行讨论）。然而，看上去只是在未来的 6 万亿美元财政盈余中拿出一小部分归还给美国纳税人。

现在我们知道，问题就在于这 6 万亿美元的财政盈余从未出现过。2001 年（及之后）的税收削减、经济衰退，以及 2001 年“9・11”事件等一连串经济冲击对整个预算状况产生了严重的负面影响。到了 2002 年，政府就已经重新回到财政赤字的境地。国会预算局对 21 世纪头十年中期的预测相当准确，但随着大衰退的到来，这一预测就显得过度乐观，因为大衰退是五年前没有预测到的，并且影响程度更强，持续时间更

① Greenspan（2001）.

长。国会预算局预测的减少和经济增长的回暖使得其预测近年来重新回到了原来的水平。①

这些讨论并不能作为对国会预算局的谴责，因为在所能获取的信息下，国会预算局在预测政府收支方面已经做得很好。相反，问题在于预测未来五年或十年的政府预算本身是一件高度不确定的事情。虽然转用十年期的预算窗口有助于防止一些试图将税收削减转移到预算窗口之外的伎俩，但同时也增加了预算估测过程的误差。

只要转用十年期预测窗口后能使联邦政府的长期财政预算更加遵守规矩，这种预测准确性的下降就可能是值得的。但不幸的是，正如下文"应用"中所讨论的，事实似乎并非如此。

☞应用

2001年的财政恶作剧②

2001年6月启动的减税计划是美国历史上规模最大的税收削减计划之一，它的税收收入成本是接下来十年的GDP的1.7%。这项减税计划包含了一系列极其复杂的逐步削减措施，以符合国会预算计划将11年（到2011年）的税收削减成本控制在1.35万亿美元以内的要求。其中最臭名昭著的或许是《落日条款》(Sunset Provision)，该条款规定，所有减税在2010年12月31日突然消失，从而将2011年的减税成本降为零。参议员原本制定的《落日条款》是在2011年12月31日停止税收削减，但立法者认识到这将导致减税成本超过1.35万亿美元的限制。

这类条款本身就包含了许多时间表飘忽不定的税收削减计划。许多税收削减真正施行到位的时间比美国先前的任何立法所花的时间都要长，最后导致对财政的大部分影响延长到2010年。在逐步落实施行之后，许多削减计划因为《落日条款》，在期满之前只施行了很短的一段时间。例如，对高于200万美元的遗产征收的遗产税在2010年全部停止施行，却又在2011年重新引入。诺贝尔经济学奖获得者保罗·克鲁格曼(Paul Krugman)指出，这种安排可能导致小孩更希望父母在2010年死去，而非2011年，并将这项计划称为"将妈妈扔出火车"计划。类似的桥段在课税抵免和其他税收削减计划中也同样存在。例如，对高收入者的个人所得税税率进行大幅削减从2006年才开始，2010年就结束。

如此繁复的时间表使立法者声称已对各种问题采取了行动，同时将这些行动带来的财政后果往后推延。虽然税收联合委员会(Joint Committee on Taxation)预估这项计划的最终花费是1.349万亿美元（刚好低于界限值），但其他机构对此的估计显然要高于这一水平。例如，预算与政策优先中心(Center on Budget and Policy Priorities，CBPP)指出，如果将近期会通过的措施也计算在内，该计划的花费将高达1.8万亿美元。CBPP还计算了由税收削减导致的负债增加所带来的利息支付的增加，统计得出，到2011年，该计划实际的花费将达2.3万亿美元。假设《落日条款》最终被取消，税收削减的花费将在2012—2021年这十年间增加到4.1万亿美元，这还是没有包括额外的

① Congressional Budget Office (2015).

② Friedman et al. (2001).

利息支出的数目。实际上，在接下来的 75 年间，这些税收削减的花费预计将占 GNP 的 1.7%，比同时期饱受争议的社会保险赤字的规模还要高出一倍有余。

2010 年，考虑到对财政悬崖的担忧，奥巴马总统和国会又将减税政策延长了两年，将税收削减成本提高了 8 580 亿美元。[①] 年收入在 40 万美元以下的人的减税期限在 2012 年《美国纳税人减免法案》(American Taxpayer Relief Act) 中被无限延长，而高收入人士的税率则相应提高。[②]

4.4 为什么要关注政府的财政状况?

明白了政府赤字和债务的复杂性之后，我们转向另一个问题：为什么我们要关注这些？延续第 1 章的一个主题，有两个理由可以解释：效率和（代际）公平。

□ 政府对宏观经济的短期影响 vs. 长期影响

> **短期稳定问题**：政府在抵御商业周期的高峰和低谷中所起的作用。
> **自动稳定化**：在经济波动时为了抵消衰退对家庭消费水平的影响而自动改变税收和支出的政策。
> **酌情稳定**：由政府采取的政策行动，以应对经济体表现过冷或过热的特殊情形。

关心预算赤字的一个原因与**短期稳定问题**（short-run stabilization issues）有关，即政府在抵御商业周期的高峰和低谷中所起的作用。短期稳定性主要通过两种方式实现。**自动稳定化**（automatic stabilization）是在经济低迷时政府自动削减税收或增加开支的政策，它部分抵消了衰退对家庭消费水平的影响。例如，自动稳定措施可以由失业保险计划提供，通过为失业的工人提供福利，部分抵消了他们的收入损失。**酌情稳定**（discretionary stabilization）是指由政府采取的政策行动，以应对经济表现过冷或过热的特殊情形，如衰退时立法削减税收。

对于政府在稳定经济中扮演的角色有许多有趣的问题。但这些问题在过去 20 多年中一直没有得到公共财政的重视。这种关注的缺失可能反映了 20 世纪 70 年代的一个结论，鉴于计划提出到法案生效之间具有较严重的时间滞后性，且容易发生各种变动，因此政府的税收和支出并不是对抗经济衰退的有效工具。这个结论正确与否也引起了广泛的争议，并且这种争议将持续下去。不过这种争论主要是在宏观经济学，以及可以学习到关于经济衰退和政府在其中的角色的课程中被讨论。[③] 公共财政的课程更关注政府预算赤字对经济增长的长期效应。

---

① CNN Wire Staff (2010).

② 想要获取更多关于《美国纳税人减免法案》的信息，参见 http://blog.usa.gov/post/40104053240/how-does-the-american-taxpayer-relief-act-affect (2013)。

③ 见 Mankiw (2015) 第 10～14 章。最近的研究使用第 3 章中讨论的新的实证方法来研究“财政乘数”问题及政府政策能在多大程度上减轻衰退带来的影响。例如，见 Chodorow-Reich et al. (2010)、Nakamura and Steinson (2011)、Serrato and Wingender (2010)、Shoag (2010)，以及 Wilson (2010)。

□ 背景：储蓄和经济增长

经济增长是学术研究中很重要且迅速发展的一个领域。关于经济增长的驱动因素存在大量让人兴奋的问题，而这其中最持久的问题或许是储蓄对经济增长的影响。最早的经济增长模型强调储蓄作为增长引擎的核心地位，而这种观点在今天的增长经济学中依旧重要。

资本越多，增长越快 对于储蓄在经济增长中的重要作用的直觉，来源于将劳动和资本投入转化为产出的生产函数（第 2 章）。回想短期生产函数，资本投入保持固定，劳动的边际产出随着劳动投入的增加而下降。而在长期中，资本投入水平并不是固定的。随着时间的推移，资本投入可以增加：修建新厂房，购买或租用新机器用于生产。增加资本投入将提高劳动的边际产出。也就是说，如果工人拥有更多更优质的建筑、设备用于工作，他们将更富有生产力。

这种类型的生产函数也可以用于分析一个经济体的生产水平。经济体的资本投入增加，工人更富生产力，总体的社会产出增加。资本存量提高意味着任意劳动供给水平上都有更高的产出。因此，资本存量的规模是经济增长的一个原始动力。

利率：第一期进行的投资在第二期可以带来的回报率。

储蓄越多，资本越多 图 4-4 显示了资本存量规模的决定因素。横轴表示资本存量 K。纵轴表示资本价格，即利率 r。**利率**（interest rate）表示第一期进行的投资在第二期可以带来的回报率。因此，如果利率为 10%，则第一期每投入 1 美元，投资者将在第二期获得 1 美元加上额外的 10 美分。企业支付利息给投资者以获得用于构建设备的资金，因此利率就是资本的价格。

对资本的需求来自企业的投资需求。其需求曲线向下倾斜，因为利率提高降低了企业为设备融资的欲望。利率越高，企业需要支付给投资者以获取投资所需资金的报酬就越多，投资的吸引力就会下降。供给曲线代表着个人的储蓄决策。个人需要决定收入是用于今天的消费还是为明天进行储蓄。随着利率增加，今天每减少 1 美元的消费都可以使明天消费更多。由于在利率更高的时候，个人更愿意储蓄，并将储蓄的钱借给企业（而不是今天消费掉），因此供给曲线向上倾斜。正如更高的工资使得个人减少闲暇（增加工作）并增加消费，更高的利率将使个人减少消费，并增加储蓄，以期在未来进行更多的消费。[①]

在竞争性资本市场，均衡的资本数量由供求曲线的交点决定。该资本水平以及第 2 章的劳动力市场分析中得到的劳动力投入水平一同进入生产函数，得到的结果便是社会均衡生产水平。

□ 联邦预算、利率和经济增长

现在，我们引入联邦政府。假设在最近的大多数年份中，政府预算呈现赤字，且政府必须通过举债以填补收入和支出之间的差距。财政赤字的重点是联邦政府的借款可能

① 该简化讨论假定利率上升的替代效应（导致更高的储蓄）比收入效应（导致更低的储蓄）高。事实上，几乎没有证据证明这一命题。第 22 章将会进行更详细的讨论。

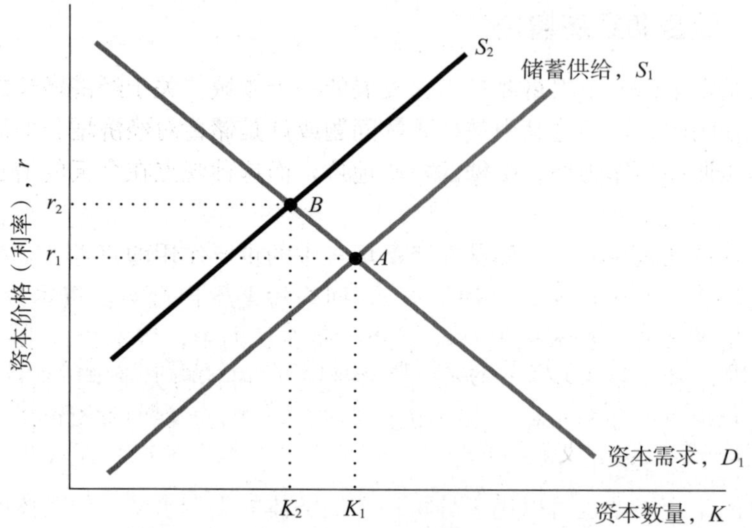

图 4－4　资本市场均衡

说明：资本市场的均衡由厂商的资本需求（D_1）和个人储蓄者的储蓄供给（S_1）的交点决定。当政府需要更多的储蓄为其赤字融资时，则减少了私人资本市场的资本供给（S_2），利率提高到 r_2，资本存量减少到 K_2，最终降低经济增长。

会与私人部门的借款发生冲突。换言之，如果固定的储蓄供给要同时为私人部门的资本和政府借款进行融资，那么政府部门的借款将挤出私人部门的借款，从而导致资本存量水平降低。

图 4－4 显示了这种挤出机制。在资本市场中增加政府借款将减少储蓄基金中可为私人资本市场提供的量，因为政府占用了部分的储蓄用于弥补赤字。因此，政府借款弥补赤字导致私人资本市场的储蓄供给减少，供给曲线从 S_1 向内移动到 S_2。供给曲线向内移动导致了更高的利率水平（r_2），从而导致厂商的资本需求下降（K_2）。结果，较低的资本水平使得单位劳动力的生产能力下降，从而减缓了经济增长。因此，当政府与私人部门为有限的私人储蓄展开竞争时，私人部门用于资本投资的资金来源减少，但正是这部分资金带动了经济增长。

该模型十分简单，显示了政府财政如何对利率和经济增长产生影响。现实中，还有许多更复杂的状况。

国际资本市场　在图 4－4 中，政府预算赤字使得厂商资本支出减少的原因在于政府抬高了利率。现在假设可用的储蓄并不受利率限制（如图 4－4 所示），且储蓄在本质上不受利率的限制和影响。即假设可用的储蓄对私人投资和政府借贷接近完全弹性，因此，即使是微小的利率上涨也会导致储蓄的增加。在这种情况下，联邦赤字只会导致小幅度的利率上涨，政府借贷对私人资本积累的挤出效应将十分微弱。

这种情况在完全一体化的国际资本市场上是存在的。虽然美国政府预算赤字相对国内的可用储蓄存量过于庞大，但是其相对于全球可用储蓄存量是很小的。如果联邦政府不仅能从国内融资，而且可通过国外融资弥补赤字，就不会对资本积累和经济增长产生负面影响。事实上，超过三分之一的美国联邦政府债务都以美国政府债券的形式由外国人持有。

对于国际资本市场的一体化有大量的经济学文献。普遍的结论都是即使一体化已经形成（或者正在形成），都远远不够完全。因此，美国的资本供给可能不是完全弹性的，政府预算赤字依旧可能挤出私人储蓄。

但是，美国政府债务在一定程度上是国际持有的，这就引发了关于不断增长的联邦债务的问题。目前，美国政府违约（不偿还）似乎是不可能的，但如果债务规模变得足够大，就会存在违约的风险。到那个时候，国际投资者对买入美国联邦债券可能会十分谨慎。国际需求的削减可能意味着国内必须持有更多的联邦债务，进而导致利率上升，挤出国内储蓄。没有人知道规模“足够大”是多少，但国外投资者对美国偿还债务的能力的信心将是评判联邦债务规模的一个重要基准。

李嘉图等价 另一个关于储蓄的流行观点是由宏观经济学家罗伯特·巴罗（Robert Barro）在20世纪70年代提出的。他指出，美国很大一部分储蓄积累都用于遗赠，即作为遗产留给下一代。假设艾利（Ellie）有足够的储蓄或未来预期收入可用于其一生的消费，那么今天获得的任何额外收入都会被她存起来留给她的孩子。在这种情况下，如果政府今天为自身的支出增加借款，那么艾利知道政府在将来的某一时间点将提高税收或减少支出来偿还它的债务。因此，艾利可以将今天从政府得到的额外收入存起来留给她的孩子，等到将来政府偿还债务时，她的孩子可以用这笔钱支付额外的税收（或弥补储蓄的减少），从而部分抵消政府的行为。这个过程的最终结果就是总储蓄并没有减少：政府储蓄虽然减少了，但像艾利这样的人会为其后代增加储蓄，抵消政府的借款。

虽然这个模型为政府行为的代际影响给出了一个新颖的视角，但在经济学文献中，这个模型很少得到经验支持。因此，在现实中，我们很难扭转政府借贷挤出私人储蓄的问题。

期望 在图4-4中，我们做了一个重要的简化，即我们只考虑了两期的情形，今天的储蓄将在明天获得利息报酬。而在真实世界中，我们需要考虑未来很多年的情况。因此，同时存在着短期（如30天）和长期（如10年期）利率。短期利率反映了当前的经济环境，而长期利率反映了对未来的期望。如果今天政府预算盈余，那么将减少今天储蓄的总供给，降低短期利率水平。如果我们预期政府从明年开始预算赤字，那么将对长期利率造成向上的压力。因为厂商倾向于进行较长远的资本投资，它们更关注长期利率水平。因此，政府未来盈余和赤字的变化路径都将对资本积累产生影响，而不仅仅是当期的盈余或赤字会产生影响。

证据 理论告诉我们，更高的赤字水平会导致更高的利率和更少的资本投资，但理论并没有告诉我们这种提高和减少的程度。虽然过去的证据显示，关于长期财政赤字的预期确实在某种程度上对长期利率水平造成了影响，但是现有的实证研究对影响程度并未形成定论。盖尔和奥斯赛格（Gale and Orszag，2003）得出的结论是，美国政府预算赤字相对GDP每增加1%，长期的利率将增加0.5%～1%。阿德格纳、卡塞利和拉内（Ardagna，Caselli，and Lane，2004）通过国际数据发现赤字相对GDP增加1%将导致长期利率提高1.5%。然而，近年来，公共债务的大幅增加并没有导致利率上升，利率水平仍然很低。这是否表明赤字与利率或其他使利率维持较低水平的因素（如全球经济衰退）之间的联系很微弱？学者对这一问题的看法存在分歧。[①]

① 近期的讨论参见Davies（2014）。

□ 代际公平

另一个使我们关注债务和赤字的原因是**代际公平**(intergenerational equity)，即后代人相对于当代人的待遇情况。正如社会对境况较差的成员的关注要超过对境况较好的成员的关注一样，它可能也会更关心境况相对较差的世代。如果我们所讨论的计算方法是正确的，那么当前的政府政策为了现在一代人的福利加重了后代的负担，使后代在这个过程中境况变得更糟。社会可能因此认为应该平均分摊这些负担。

代际公平：后代人相对于当代人的待遇情况。

这种看待代际公平的方式是否正确？在美国后工业时代，每一代公民在其童年都比其上一代享受了更高的生活水平。今天我们中的大部分人相对我们的祖父辈都要生活得更好。当他们需要辛苦地手工打印文件时，你只需要用电脑操作；当他们花费几个小时翻阅百科全书才能获取知识时，你只需要花几分钟在互联网搜索即可；当他们膝盖受伤需要住院好多天时，你只需要用两个小时进行一个门诊手术，一周左右就可以走路。此类例子非常多。由于世界范围内生产率的不断提升，每一代人都将比上一代拥有更多可支配的资源。

因此，当后代面临更多的债务时，他们也从更优的生活水准中受益。在考虑代际公平时，我们或许不仅要考虑债务负担的绝对值，而且要考虑这种负担相对于生活水平的大小。[①]

4.5 结论

本章主要关注政府通过支出或税收而采取的财政政策行为。[②] 此类行为会对联邦预算赤字产生影响。在过去的十年中，政府预算从严重赤字转向大规模盈余，而后又回到严重赤字的水平，因此赤字一直是政府政策和政治辩论中备受关注的话题。目前，美国的财政赤字规模相当大，但相对于现金流赤字，更让人担忧的是通过社会保障和医疗保险项目对国家老年人所欠下的长期隐性债务。这项长期债务是目前现金债务的好几倍，并可能同时对经济效率（通过挤出私人储蓄并最终影响宏观增长）和代际公平（通过将平衡政府义务的巨大负担转移到未来的世代上）产生严重影响。

重点

- 美国的政府预算从 20 世纪 60 年代开始基本处于赤字水平，即使在此期间曾多次尝试通过立法达到预算平衡。

---

① 然而，导致比较存在困难的原因在于，债务规模可能通过前文讨论的增长机制决定未来的生活水平。因此，巨大的赤字通过挤出私人储蓄，实际上可能会降低继承债务的未来一代的生活水平。

② 如果你有兴趣进一步了解政策变化如何影响赤字规模，可以利用《纽约时报》(*New York Times*) 的互动赤字计算器，见 http://www.nytimes.com/interactive/2010/11/13/weekinreview/deficits-graphic.html。

- 在如何恰当地定义政府的财政水平时出现了一系列难题，比如：应该采用实际预算还是名义预算？应该计算当前赤字还是充分就业水平下的赤字？是采用现金会计法还是资本会计法？还有一个更重要的问题是美国政府短期债务与长期债务的对比。对政府承诺的税收和支出的净现值进行加总，显示出美国政府面临着严重的财政失衡。
- 美国政府试图通过十年的预算窗口将焦点放在长期问题上，但用这种方式预测较为困难，而且不能使政客停止利用税收和支出的时间错位来耍手段以避免预算限制。
- 预算赤字的主要问题在于它可能挤出私人部门的资本积累，导致经济的长期增长率下降。

习题

1. 如果一个变量随经济繁荣而增长，随经济衰退而下降，我们则称该变量是顺周期的。如果这个变量的情况与上述相反，我们则称该变量是逆周期的。美国联邦预算中哪些因素是顺周期的？哪些又是逆周期的？要了解预算的主要构成，请访问以下网站：http://www.whitehouse.gov/sites/default/files/omb/budget/fy2014/assets/hist.pdf。你还可以在 http://www.nathannewman.org/nbs/shortbudget06.html 搜索那森·纽曼（Nathan Newman）和安德森·施耐德曼（Anders Schneiderman）的国家预算模拟器来获取更有趣的信息，你可以用其模拟针对不同税收和政府支出情境下的联邦政府预算。

2. 试图推进预算平衡的主要联邦法律是如何逐渐失去效力的？

3. 列举一种代际失衡可能被低估的方式，以及可能被高估的方式。

4. [①]李嘉图等价背后的经济学直觉是什么？如何寻找证据来证明人们会为减轻后代的税收负担而增加今天的储蓄？

5. 1962—1965 年，联邦政府在非国防相关的教育和培训支出上从 96 亿美元增加到 195 亿美元。而 2001—2004 年，这项支出从 1 784 亿美元增加到 2 175 亿美元。给定 1962 年的消费者价格指数（1 月）为 30.0，1965 年为 31.2，2001 年为 175.1，2004 年为 185.2，那么教育和培训支出在哪个时段增长幅度最大？

6. 国会预算局为什么要设计一个周期调整的预算赤字来监督联邦政府的收入和支出？

7. 联邦政府正考虑将大量国有土地出售给私人开发商，并打算用这笔收入为经历地震的国家的受难者提供援助，在现金会计体系下，这个政策行为将如何影响联邦收入、支出及赤字水平？在资本会计体系下，影响会有何不同？

8. 政府正考虑为高速公路铺上一种新开发的防水材料。铺这条高速公路需要花费今天的 40 亿美元，但将为接下来的 10 年每一年节省 4 亿美元的维修费用，利用现值的概念确定：如果政府以 4%的利率借款，这个项目是否值得进行？如果利率为 0 或 8%

① 图标表示该问题要求学生运用第 3 章和“实验证据框”中讨论的实证经济学原理。后同，不再说明。

呢？一位政客告诉你：“我不在乎利率是多少，这个项目显然是一个好的投资。8 年内省下的维修费就可以抵消这笔花费，而其余节省下来的就可以存进银行了。”这个论证有何问题？为什么利率是重要的？

9. 因为今天福利的增加而导致后代需要面临更高的税收是否必然不公平？解释原因。

10. 2004 年的联邦预算历史数据显示了 1940—2008 年（预期）联邦主要支出的变化（http://www.whitehouse.gov/sites/default/files/omb/budget/fy2004/pdf/hist.pdf），在此期间，发生的最大变化是什么？2004—2008 年预测的最大变化是什么？

11. 考虑一个成本为 126 000 美元的项目，该项目在接下来的 5 年中每年的收入为 70 000 美元，第五年年末的处置费用为 225 000 美元。假设这个项目实行后第一笔收入在年初就到账。如果利率为 0，这个项目是否应该进行？如果利率为 2%、5% 或 10%呢？

进阶习题

12. 部分公共利益监督组织指出政府预算中存在“政治恩惠”——政府将预算用于地理上高度集中的一部分人群，这些监督组织认为这些支出对国家利益好处很少或没有好处。为什么这类支出在联邦预算过程中出现的概率要高于在个人投票中通过的概率？

13. 人口增长对政府财政下的“代际公平”程度有何影响？

14. 庞大的联邦赤字如何影响未来的经济增长？如果国外对美国政府偿还债务的能力的信心减弱，经济增长将如何变化？

15. 财政的动态评分指的是什么？为什么动态评分可能对财政赤字的“真实”有效规模进行更现实的估计？动态评分涉及哪些方法论问题？关于动态评分，更多的信息可以在经济顾问委员会（Council of Economic Advisers）的《总统经济咨文》（Economic Report of the President）中找到。2004 年关于动态评分的信息可以在第 5 章中找到。经济顾问委员会的网址为 http://www.whitehouse.gov/cea，相关的《总统经济咨文》网址为 www.whitehouse.gov/administration/eop/cea/economic-report-of-the-President。

16. 考虑问题 8 中的公路路面工程。另一位政客告诉你：“如果利率为 4%，那么这个项目不是一个好投资。这个项目在 10 年里将总共节省维修费用 40 亿美元。但举债 40 亿美元（10 年期 4%的利率）意味着总共产生 14.4 亿美元的利息，因此这个项目在 10 年内将花费 54.4 亿美元！”这个政客的论证有何问题？

17. 1990 年的《预算执行法案》构建了一个现收现付机制，以防止在随后的六年中任何增加预算赤字的政策变动。另一种可能的现收现付机制可以防止随后六年中任何增加赤字现值的政策变动。讨论“年度”和“累计”的现收现付机制的相对优点和缺点。

第5章 外部性：问题和解决方案

需要牢记的问题

- 外部性是什么？为什么外部性会导致市场失灵？
- 私人市场在什么情况下可以解决外部性问题？
- 公共部门可能采取的解决外部性问题的措施有哪些？这些措施分别有哪些优点和缺点？

1997年12月，超过170个经济体的代表在日本京都会面，试图完成有史以来最具野心的国际谈判，谈判内容是以限制全球二氧化碳的排放量为目的的国际条约。推动此次国际会议召开的是世界对全球变暖问题越来越多的关注。如图5-1所示，在20世纪和21世纪，全球的气温一直在稳步上升。越来越多的人达成了这样的科学共识，即这种气候变暖的趋势是由人类活动造成的，尤其是化石燃料的使用。煤、石油、天然气，以及汽油等化石燃料的燃烧产生的二氧化碳会将来自太阳的热量储存在地球的大气层。许多科学家预测，在未来的一个世纪内，全球气温可能会上升超过11.5华氏度。①

如果你在北达科他州看到这条消息，你可能会觉得这是一个好消息。的确，对于美国的一些地区，这种温度的上升可能会带来农业产出的增加以及生活质量的提升。然而，在世界上的大部分地区，全球变暖的影响将是不受欢迎的，在许多情况下甚至是灾难性的。全球海平面的上升可能高达三英尺，导致低洼沿海地区被洪水淹没的风险增加。举例来说，一些科学家预测，在未来的一个世纪当中，由于全球变暖，孟加拉国

① 参见 International Panel on Climate Change (2007)。全球变暖的原因不仅仅是二氧化碳，如甲烷等其他气体也会导致全球变暖，但二氧化碳是主要的原因，因此我们使用二氧化碳作为“温室气体”的简称。

20%～40%的领土将被淹没，这个国家大部分地区会在超过五英尺的水下！①

尽管存在这样可怕的预测，聚集在京都的经济体还是面临着一项艰巨的任务。减少化石燃料的使用，特别是在主要的工业化国家当中，所带来的成本是巨大的。化石燃料对家庭取暖、上班通勤，以及照明工作场所来说都是至关重要的，用其他能源替代这些化石燃料会大大增加发达国家的生活成本。一些人预测，要解决全球气候变暖的问题，我们不得不将化石燃料的使用降低到19世纪（工业革命前）的水平。然而，仅将化石燃料的使用水平降低到符合京都会议的最终要求（低于1990年的水平7%），就可能花费美国1.6万亿美元，或者说大约10%的国内生产总值。② 因此，美国到现在还未认可在京都所达成的协议也就不会让人觉得惊奇了。

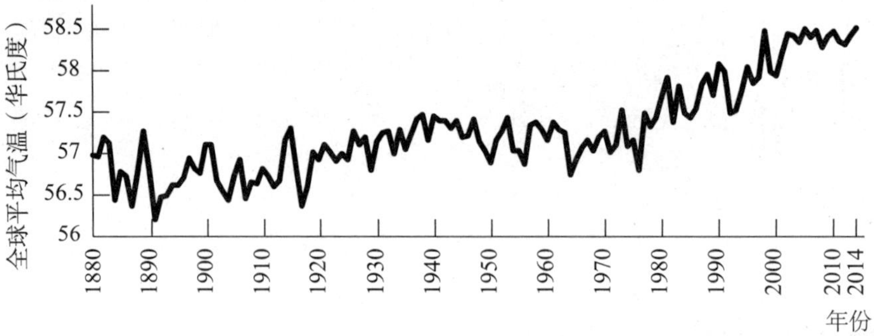

图5-1　1880—2014年全球平均气温

资料来源：NASA's Goddard Institute for Space Studies，"Global Annual Mean Surface Air Temperature Change"（2015），http://data.giss.nasa.gov/gistemp/graphs_v3/.

说明：20世纪，全球气温呈现稳步上升的趋势，并在21世纪继续上升。

由于化石燃料的排放而导致全球气候变暖的现象就是经济学家所说的**外部性**（externality）的典型例子。外部性产生于一方的行动使另一方福利变得更差或者更好，而前者没有承受损失或者获得收益的情形。因此，当我们在美国开车时，我们同时增加了二氧化碳的排放量，恶化了全球变暖的问题，从而增加了孟加拉国在100年内被淹没的可能性。当你今天开车去上课时，你是否知道这一点？除非你是一个对环境政策非常感兴趣的学生，否则你不会知道。你对驾驶体验的享受不会因为由此造成的排放而受到任何影响。

外部性：外部性产生于一方的行动使另一方福利变得更差或者更好，而前者没有承受损失或者获得收益的情形。

外部性发生在很多日常活动当中。有时它们是局部性的、小范围的，如你的立体音响声音太大对你的室友造成的影响，或者你的狗将邻居的花园当成它的厕所对你的邻居带来的影响。外部性也存在于大范围内，如全球变暖或酸雨。当中西部的公共事业用煤来发电时，这一生产过程的副产品——二氧化硫和氮氧化物的排放将会形成硫酸和硝酸。这些酸可能会在数百公里以外的地方降落回地球，并在这个过程中毁坏树木，造成

① Mirza et al.（2003）.

② 这是一个未来减少排放的总成本，不是一年的成本。参见Nordhaus and Boyer（2000），Table 8.6（GDP更新至2014年）。

数十亿美元的财产损失，同时增加人口的呼吸问题。如果没有政府干预，则中西部的公用事业不用为它们的生产活动带来的污染承担任何成本。在第 6 章中，我们将说明，由于政府的管制，这种类型的污染有了很大的减少。

外部性是第 1 章中所讨论的**市场失灵**（market failure）中一个典型的例子。四个公共财政问题中最重要的一个是：政府在什么时候进行干预是适当的？正如我们在本章中说明的，外部性是典型的政府干预的理由。事实上，176 950 名联邦雇员，或大约 6.4%的联邦工作人员，都在环境保护署（Environmental Protection Agency，EPA）和内政部（Department of the Interior）这样的机构中处理环境外部性问题。①

> **市场失灵**：导致市场经济没有达到效率最大化的问题。

本章首先讨论了外部性的性质。在这一章中，我们主要关注环境外部性，并简要讨论外部性的其他应用。接着我们提出以下问题：政府试图克服外部性的干预是否有必要？在什么条件下，私人市场能够解决这一问题？我们讨论了政府用来解决外部性问题的一系列措施，比较了它们在各种市场假设下会给政府干预带来的成本和收益。在下一章中，我们将这些理论应用到美国和其他国家当前面临的某些最重要的外部性问题的研究当中，包括酸雨、全球变暖和吸烟的外部性问题研究。

5.1 外部性理论

在本节中，我们会推导出外部性的基本理论。正如我们接下来会强调的：外部性可能产生于商品的生产过程，也可能产生于商品的消费过程；并且可能是负的（如上面讨论的例子），也可能是正的。我们从生产负外部性的经典案例开始讨论。

□ 生产负外部性的经济学理论

在美国的某个地方有一个钢铁厂，位于一条河流旁边。这家工厂生产钢铁产品，但它也产生厂主不需要的副产品——污泥。厂主在工厂外修建了一条可以向河中倾倒污泥的管道来处理这些不必要的副产品。污泥的产生与钢的产量成正比。每生产一单位的钢就会产生一单位的污泥。

然而钢铁厂不是唯一使用这条河流的生产者。河的下游是一个传统的捕鱼区，该区域的渔夫捕鱼并销售给当地的餐馆。因为钢铁厂开始向河流倾倒污泥，渔业的利润大幅下降，因为能够捕捉到的活鱼减少了很多。

这种情形便是我们所说的外部性的一个典型的例子。钢铁厂的生产对渔民来说具有**负的生产外部性**（negative production externality），因为它的生产对渔民的福利造成了负面影响，但工厂并没有为其所带来的损失对渔民进行补偿。

> **负的生产外部性**：当企业的生产降低了其他人的福利，而这些人却得不到企业的赔偿时，则产生了负的生产外部性。

分析这种外部性的途径之一是画出钢铁厂产出的钢铁所面临的市场（如图 5 - 2），

① 估计结果来自 U. S. Office of Personnel Management (2012)。

并将生产的私人收益和成本与社会收益和成本进行比较。私人收益和成本是直接由钢铁市场中的参与者（钢铁的生产者和消费者）承担的收益和成本。社会收益和成本是私人收益和成本加上钢铁市场以外的、受钢铁厂生产过程影响的参与者（渔民）的收益和成本。

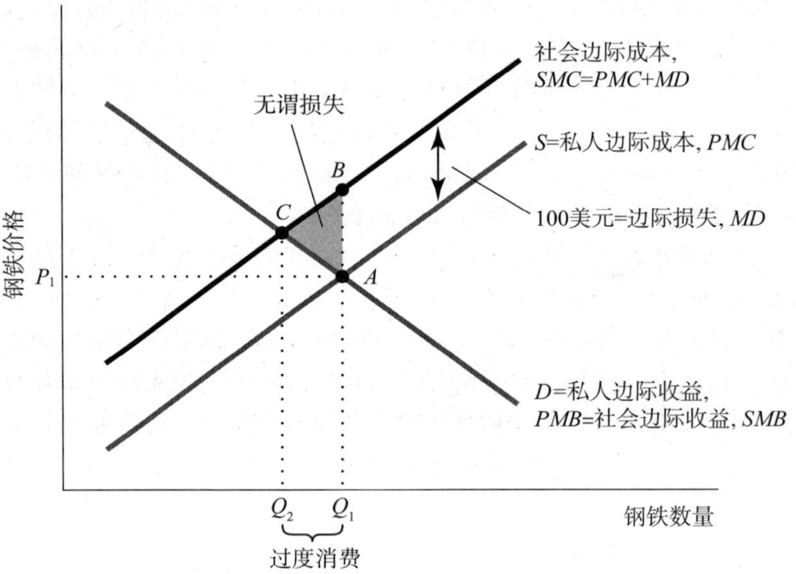

图 5－2　钢铁市场中由钢铁生产的负外部性导致的市场失灵

说明：每单位钢铁生产的 100 美元的负的生产外部性（边际损失 *MD*）导致社会边际成本高于私人边际成本，以及社会最优数量（Q_2）低于竞争市场均衡数量（Q_1），即造成了相当于（Q_1-Q_2）的超额生产，相关的无谓损失为区域 *BCA*。

> **私人边际成本：** 生产者增加一单位的生产所带来的直接成本。
>
> **社会边际成本：** 生产者的私人边际成本加上生产商品时强加给别人的任何关联成本。

回忆第 2 章中所说的，商品的市场供给曲线上的每个点代表生产该单位商品（在我们的例子中，是钢铁）的市场边际成本，即该单位钢铁的**私人边际成本**（private marginal cost，PMC）。然而，决定生产所带来的福利结果的，是**社会边际成本**（social marginal cost，SMC），等于生产者的私人边际成本加上生产商品时强加给别人的所有关联成本。在第 2 章中，并没有对此加以区分，因为在没有市场失灵的情况下，$SMC=PMC$，钢铁生产商的成本与钢铁生产的社会成本是相等的。因此，我们在第 2 章中计算社会福利时，在供给曲线方面直接将私人边际成本作为社会边际成本。

然而这种做法在外部性存在的情况下是不正确的。当外部性存在时，$SMC=PMC+MD$。*MD* 是生产一单位产品对其他人（如渔民）造成的边际损害（之所以是边际的，是因为它与特定的单位生产而不是总产量有关）。举个例子，假设生产一单位钢铁所制造出的污泥能够杀死价值 100 美元的鱼。在图 5－2 中，*SMC* 曲线就是 *PMC*（供给）曲线向上平移 100 美元边际损害之后的曲线。① 也就是说，在产量为 Q_1（*A*

① 此例假定生产每单位钢铁的损害是恒定的，但在现实中，这种损害可能随着生产的变化上升或下降。损害是否变化会影响社会边际成本曲线相对于私人边际成本曲线的形状。三角形的高度则是社会边际成本和社会边际收益之间的差异，即边际损害。

点）时，社会边际成本是在该点上的私人边际成本（即 P_1），加上 100 美元（B 点）。对于任意生产水平，社会边际成本都要比私人边际成本高出 100 美元，这是由于每单位生产都会给渔民带来 100 美元的成本，并且这种成本没有得到补偿。

同样回忆第 2 章，钢铁的市场需求曲线上的每个点反映了个人支付这一单位钢铁的意愿总和，或者称为这一单位钢铁的**私人边际收益**（private marginal benefit，PMB）。然而再一次地，消费的福利结果被定义为**社会边际收益**（social marginal benefit，SMB），它等于消费者的私人边际收益减去消费商品时强加到其他人身上的任何关联成本。在我们的例子中，钢材消费并没有带来这样的成本，因此在图 5－2 中，$SMB=PMB$。

私人边际收益：消费者增加一单位的消费所获得的直接收益。

社会边际收益：消费者的私人边际收益减去消费商品时强加到其他人身上的任何关联成本。

在第 2 章中，我们说明了私人市场的竞争均衡位于图 5－2 中的 A 点，产量为 Q_1，价格为 P_1。我们还证明了这是私人市场社会效率最大化的消费水平。当外部性存在时，这种关系不再成立。社会效率的定义与社会边际收益和成本曲线有关，而不是与私人边际收益和成本曲线有关。由于污泥倾倒的负外部性，社会曲线（SMB 和 SMC）相交于 C 点，此时消费水平为 Q_2。由于该钢铁厂的老板没有将每单位钢铁生产会导致下游的鱼死亡的事实考虑在内，因此供给曲线会将生产 Q_1 产量的成本低估为 A 点，而不是 B 点，结果生产了过多的钢铁（$Q_1>Q_2$），并且私人市场的均衡不再使社会效率最大化。

当我们从社会效率最大化的产量中偏移时，我们就对社会造成了无谓损失，因为商品的生产和消费是在社会成本（由 SMC 概括）大于社会收益（由曲线 $D=SMB$ 概括）的水平下进行的。在我们的例子中，无谓损失等于区域 BCA 的面积。无谓损失三角的宽度由社会成本超过社会收益时生产的商品数量（Q_1-Q_2）确定。

□ 负的消费外部性

需要注意的是，一个市场中的外部性不仅仅会从生产方产生。考虑香烟的例子：在允许吸烟的餐厅，你的香烟消费可能对在餐厅享受用餐的我有负的外部性，然而，你没有以任何方式来补偿对我造成的负面影响。这是**负的消费外部性**（negative consumption externality）的一个例子，即个人的消费降低了其他人的福利，而又没有对其他人进行补偿。当有负的消费外部性存在时，$SMB=PMB-MD$，MD 是你消费一单位商品给别人带来的边际损害。例如，如果 MD 是每包 40 美分，那么你每吸一包烟给别人带来的边际损害为 40 美分。

负的消费外部性：当个人的消费降低了其他人的福利，而又没有对其他人进行补偿时，则产生了负的消费外部性。

图 5－3 反映了香烟市场的供给和需求。供给和需求曲线分别代表了 PMC 和 PMB。私人的均衡在 A 点，这时供给（PMC）等于需求（PMB），香烟消费量为 Q_1，价格为 P_1。因为在这个例子中没有与香烟生产相关的外部性，因此 SMC 等于 PMC。但是请注意，现在每包香烟的 SMB 在 PMB 下方 40 美分处，每消费一包香烟带来的社会收益比私人收益低 40 美分。也就是说，在产量为 Q_1 时（A 点），社会边际收益是这一点的私人边际收益（P_1）减去 40 美分（B 点）。对于每包香烟来说，社会收益比私人收益低 40 美分，因为每包香烟的消费会给别人带来 40 美分的成本，并且没有补偿。

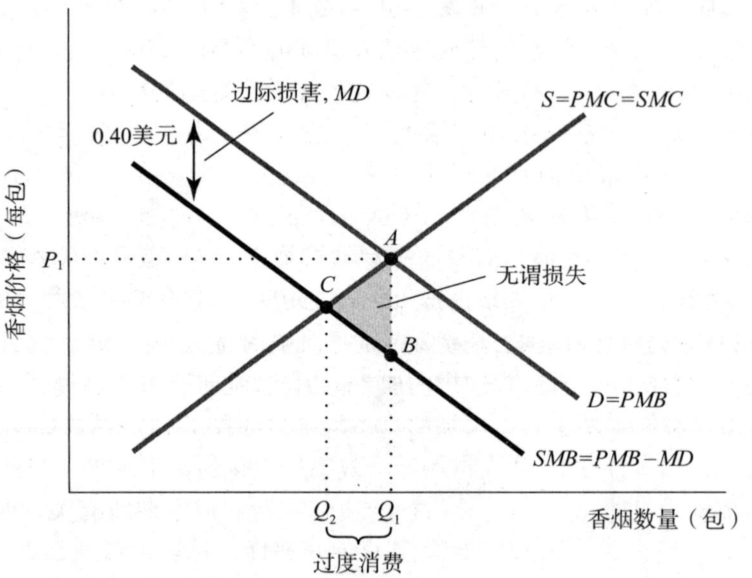

图 5-3　香烟市场中由于负的消费外部性导致的市场失灵

说明：消费每包香烟所带来的 40 美分的负外部性导致社会边际收益低于私人边际收益，以及社会最优产量（Q_2）低于竞争市场的均衡数量（Q_1）。过度消费为 Q_1-Q_2，区域 *ACB* 为相关的无谓损失。

社会福利最大化的消费水平 Q_2 由 *C* 点表示，在该点，*SMB*＝*SMC*。香烟的过度消费为 Q_1-Q_2。在 Q_1 和 Q_2 之间的所有生产水平上，社会成本（*SMC* 曲线上的 *A* 点）都高于社会福利（*SMB* 曲线上）。其结果是香烟市场的无谓损失（区域 *ACB*）。

☞**应用**

SUV 的外部性①

1985 年，普通车型约重 3 200 磅，路面上最大的汽车重量为 4 600 磅。2013 年，一般司机所开的车约重 4 015 磅，路面上最大的汽车重达 8 500 磅。这种车辆尺寸演变的罪魁祸首是运动型多用途车（SUV）。SUV 这一词语原本是指用于越野驾驶的大型车辆，但现在指所有作为 SUV 出售的大型客车，即使它并不具备越野能力。SUV 的平均重量为 4 742 磅，在 1988 年仅占汽车销售份额的 6.4%，但在 26 年之后的 2014 年，SUV 的销售份额占据每年销售的新车型的 52%。②

大型车如 SUV 的消费会产生三种类型的负外部性。

环境外部性：驾车对全球气候变暖的贡献与车辆行驶一英里所需的化石燃料成正比。普通的小型汽车每加仑大约可以行驶 27.6 英里，但一般的 SUV 每加仑只能行驶 21.7 英里。这意味着，驾驶 SUV 的人在上班或出差时要耗费更多的汽油，增加了化石燃料的排放，而 SUV 的司机并没有为增加的环境成本进行支付。

道路磨损：2014 年，美国的联邦政府、州政府和地方政府花费了 1 650 亿美元用

---

① 该应用中的所有数据来自 U. S. Environmental Protection Agency (2015)、U. S. Department of Transportation Federal Highway Administration (2014)、Steele (2015)，以及 Congressional Budget Office (2014)。

② Steele (2015).

来维修道路。路面的损毁来自多个方面，但一个主要原因是客车，并且它们对道路的损害与车辆的重量成正比。当人们驾驶 SUV 时，他们便增加了政府维修道路的成本。由于 SUV 需要使用更多的汽油，因此 SUV 司机通过汽油税（为高速公路维修提供资金）承担了部分成本，但目前还不清楚这些额外的税收是否足以弥补他们对道路的损害。

安全外部性：人们对 SUV 的一个主要诉求是，由于 SUV 的车型比道路上其他的车要大，因此提供了一种安全感。抵消这种安全感的，是 SUV 给其他在道路上的汽车带来的不安全感。对于一辆平均重量的汽车，如果是和与自身车型不同的 SUV 发生事故，那么该事故致命的可能性会增加四倍。因此，SUV 的驾驶者对其他的司机造成了负外部性，因为他们没有为危险事故风险的增加而对其他司机做出补偿。

□ 正外部性

> **正的生产外部性**：企业的生产增加了他人的福利，但企业并未因此从他人那里获得相应的补偿。

当经济学家考虑外部性时，他们往往将关注点放在负外部性上，但并不是所有的外部性都是不好的。可能也有与市场相关的**正的生产外部性**（positive production externality），即生产为其他群体带来了收益，但生产者并没有得到补偿。设想以下情景：有一块公共土地，地下可能埋藏着宝贵的石油。政府允许任何石油开发商在这片公共土地上进行石油开钻，只要政府可以对发现的石油储备收取特许权使用费。石油开发商在勘探上花费的每一美元都会增加发现石油的概率。然而一旦石油被发现，石油储备便可以被其他公司挖掘。初始勘探者的唯一优势就是第一个到达那里。因此，一家公司进行石油勘探对其他公司产生了正的生产外部性。第一家公司用于勘探的每一美元都会增加其他公司通过在这片土地上发现新的石油来赚钱的机会。

图 5－4 描绘了石油勘探市场，说明了勘探的正外部性：勘探的社会边际成本实际上低于私人边际成本，这是由于勘探对其他公司的未来利润具有积极的影响。假设一家公司每一美元的勘探的边际收益（由其他同样在这片土地上开钻的公司的预期利润来衡量）为固定值 MB，则 SMC 在 PMC 下移 MB 的地方。因此，相对于社会最优水平（B 点，数量为 Q_2），勘探市场的私人均衡（A 点，数量为 Q_1）会导致生产不足，这是由于最初的石油公司并没有因为它为其他生产者带来的利益而得到补偿。[①] 同样要注意，正的消费外部性也是存在的。想象这样的例子，我的邻居正在考虑改善他房子周围的景观。这种景观美化将花费他 1 000 美元，但对于他的价值只有 800 美元。我的卧室面对着他的房子，而我愿意看到更好的景观。这种更好的景观对我来说价值 300 美元。也就是说，尽管景观美化对我的邻居来说仅会带来 800 美元的私人收益，但其总的社会边际收益是 1 100 美元。由于这一社会边际收益（1 100 美元）大于社会边际成本

① 正的生产外部性的存在是经济学家长期以来的兴趣所在。最近，Greenstone et al.（2010）表明，可能存在“集聚经济”，即大型新工厂能够提高周边工厂的生产力，这主要是通过创造更充沛的劳动力市场，降低买卖双方之间的运输成本，或者为简单的知识转移创造条件来实现的。他们将“赢得”重大新计划竞赛的国家与“失败”的国家进行比较，发现获胜区域内的工厂生产率增长要快得多。

（1 000 美元），如果我的邻居选择进行这种景观美化，那么对社会来说是有效率的。但我的邻居不会去做美化，因为他的私人成本（1 000 美元）大于他的私人收益。他的绿化改善会对我造成积极的影响，但由于他不能得到补偿，因此会导致景观美化的消费不足。

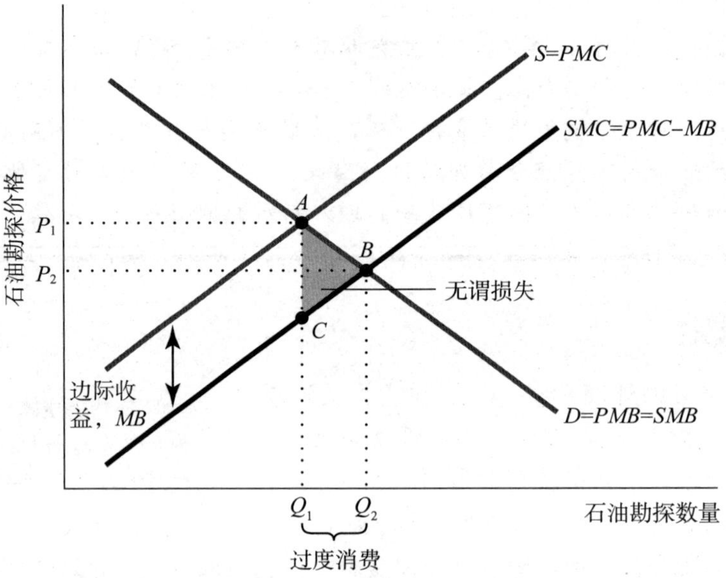

图 5-4　由石油勘探产生正的生产外部性导致的市场失灵

说明：任何公司的石油勘探支出都具有正的外部性，因为它们为其他公司赚取利润提供了更多的机会。这将导致社会边际成本低于私人边际成本，社会最优产量（Q_2）大于竞争市场的均衡数量（Q_1），生产不足为（Q_2-Q_1），区域 ABC 为相应的无谓损失。

▶ 快速提示

在用作图的方法分析外部性问题时，较易让人混淆的地方是要了解哪条曲线需要移动，往哪个方向移动。回顾一下，有四种可能性。

- 负的生产外部性：SMC 曲线位于 PMC 曲线上方。
- 正的生产外部性：SMC 曲线位于 PMC 曲线下方。
- 负的消费外部性：SMB 曲线位于 PMB 曲线下方。
- 正的消费外部性：SMB 曲线位于 PMB 曲线上方。

有了这些事实之后，问题的关键便在于要判断一个特定的例子属于哪一类。判断分两步进行。首先，要确定这种外部性是与生产一种商品有关还是与消费一种商品有关。其次，要判断这种外部性是正的还是负的。

钢铁厂的例子是一个负的生产外部性的例子，因为外部性与钢铁的生产有关，而与其消费无关，污泥来自钢铁的生产过程，而不是使用过程。同样地，香烟的例子是负的消费外部性，因为外部性与香烟的消费有关，被动吸烟并非来自香烟的制造，而是来自香烟的吸食。

5.2 私人部门的负外部性的解决方案

在微观经济学中，市场在被证明有罪之前一直被认为是无辜的。关于这一原则的一个很好的应用可以在芝加哥大学法学院教授罗纳德·科斯（Ronald Coase）的经典之作中找到，他曾在1960年提出这样的问题：为什么市场不会直接对受外部性影响的群体进行补偿?①

□ 解决方法

为了研究一个市场会如何补偿受到外部性影响的群体，我们假设在钢铁厂的例子中，渔民拥有河流的所有权。他们会来到钢铁厂，并要求结束这种不利于他们的生计的污泥倾倒。由于他们拥有这条河的财产所有权，因此他们有权利这样做，这种所有权赋予了他们控制河流使用的能力。

假设在这一对话发生时，没有任何污染控制技术来减少污泥的损害，唯一的途径是减少生产，那么结束污泥倾倒意味着关闭钢铁厂。在这种情况下，钢铁厂的所有者可能会提出一个折中的办法：每生产一单位的钢铁，他将支付给渔民100美元，从而使他们的渔场受到的损害能够得到全额的补偿。只要钢铁厂在每生产一单位钢铁需要多支付100美元的情况下仍然可以从中获利，那么这就是一个比关停工厂更好的办法，同时渔民也能够得到损害的全额补偿。

这种类型的解决方法被称为**外部性的内部化**（internalizing the externality）。渔民现在拥有河流的所有权，他们利用市场的方式获得了钢铁厂对污染的赔偿。渔民通过为钢铁厂的不良行为进行定价，无形中创造了一个污染的市场。从钢铁厂的角度来看，对渔民造成的损失只是变成了另一项投入成本，因为工厂想要生产，就必须支付这部分成本。

> **外部性的内部化：**通过私人谈判或政府行为使价格水平充分反映活动的外部成本和收益。

这一点在图5-5中有所反映。最初，钢铁市场的均衡在A点，数量为Q_1，价格为P_1，此时$PMB=PMC_1$。社会最优的钢铁生产水平在B点，产量为Q_2，价格为P_2，此时$SMB=SMC=PMC_1+MD$。因为每生产一单位钢铁的边际成本增加了100美元（支付给渔民的钱），私人边际成本曲线从PMC_1向上移动到了PMC_2，与SMC相等。也就是说，社会边际成本是私人边际成本加上100美元，那么通过增加100美元到私人边际成本上，我们就使得PMC提高到和SMC相同的水平，也就不存在生产过剩的情况，因为每单位生产的社会边际成本和社会边际收益是相等的。这个例子阐述了**科斯第一定理**［Part Ⅰ of the Coase Theorem，或Coase Theorem（part Ⅰ）］：当产权得到清晰的界

> **科斯第一定理：**当产权得到清晰的界定，且不存在交易成本时，产生外部性的主体与受到外部性影响的主体之间可以通过谈判达到对全社会而言最优的市场数量。

① 原始文献参见Coase（1960）。

定，且不存在交易成本时，产生外部性的主体与受到外部性影响的主体之间可以通过谈判达到对全社会而言最优的市场数量。这个定理表明，外部性并非必然导致市场失灵，因为双方之间的谈判可能使生产者（或消费者）将外部性内部化，或为它们的生产（或消费）的外部效应负责。

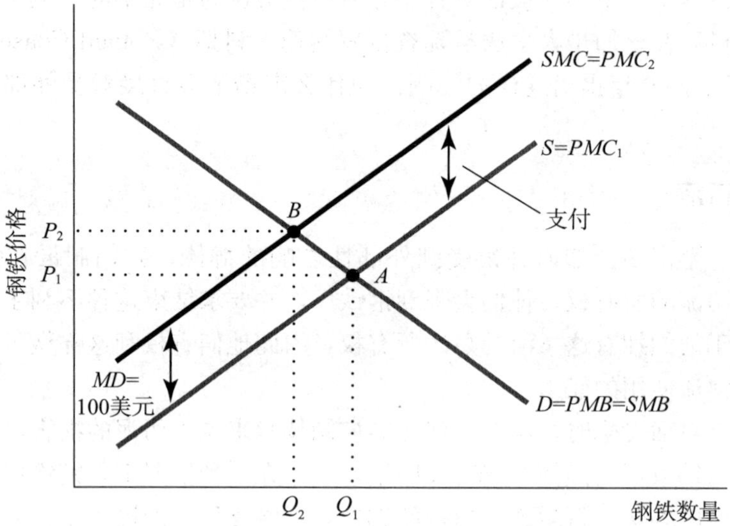

图 5-5　钢铁市场中负的生产外部性的科斯解决方案

说明：如果渔民对钢铁厂收取每单位钢铁 100 美元的费用，则会使钢铁厂的私人边际成本从 PMC_1 上升至 PMC_2，与 SMC 曲线重合。生产数量从 Q_1 下降到 Q_2，即社会最优生产水平。这一收费将外部性内部化，并消除了负外部性的无效率。

科斯定理在政府处理外部性问题上提供了一个十分特殊且有限的作用，即建立产权机制。在科斯看来，用私人部门的办法解决外部性问题的根本约束在于不完善的产权制度。如果政府能够建立并且实施产权制度，那么剩下的部分通过私人市场就可以完成。

> **科斯第二定理：**关于外部性的有效解与产权指定无关，只要产权明确指定给其中一方。

科斯定理还有很重要的第二部分，即**科斯第二定理**［Coase Theorem（part Ⅱ）］：关于外部性的有效解与产权指定无关，只要产权明确指定给其中一方。我们可以用钢铁厂的例子直观地理解科斯第二定理。假设钢铁厂而不是渔民拥有这条河。在这种情况下，渔民将无权要求钢铁厂的所有者为所生产的钢铁支付每单位 100 美元的补偿费。然而渔民会发现，付钱给钢铁厂让其减少生产会更符合他们的利益。如果渔民承诺，钢铁厂老板每减少一单位生产，渔民会支付给他 100 美元，那么钢铁厂的老板就会理性地将这一点看作每单位生产额外增加的 100 美元成本。请记住，在经济学中，机会成本是被包含在企业成本的计算之内的，因此，放弃减少生产一单位钢铁可以从渔民处获得的 100 美元与钢铁厂被迫支付额外的 100 美元对钢铁厂的生产决策具有同样的效果。再一次地，私人边际成本曲线会将额外的成本（机会成本）包含在内，移向社会边际成本曲线，并且不再会发生钢铁的生产过剩。

▶ **快速提示**

你也许会奇怪：为什么渔民会愿意参与这些交易？比如，他们的鱼每遭受 100 美元的损失，他们就会获得 100 美元的赔偿，或者为了鱼能少遭受 100 美元的损失而支付 100 美元。这是为什么呢？因为这是一个方便经济学建模者表达"渔民对污泥倾倒至少要收取 100 美元"或"渔民愿意支付高达 100 美元以消除污泥倾倒"的简洁说法。通过假设支付的金额正好为 100 美元，我们可以很容易建立私人边际成本和社会边际成本相等的模型。可能你会考虑对渔民的支付为 101 美元，向渔民收取的费用为 99 美元的情形，也就是说渔民赚了一些钱，私人成本和社会成本大致相等。在现实生活中，渔民收取或支付的费用将取决于本次交易中双方的谈判力量和技巧，这也强调了接下来这些问题的重要性。

□ 科斯方法存在的问题

这一简洁的理论看上去能够将标准的竞争模型从市场失灵的主要来源中解救出来，并且使政府干预变得没有必要（除了确保产权机制以外），然而在实践中，对于很多导致市场失灵的外部性问题，科斯定理很难给予很好的解决。我们可以考虑在实际中用科斯方法解决河流污染问题会遇到哪些困难。

分配问题 第一个问题涉及责任的分配问题。这条河可能很长，沿途可能有其他的污染源会对鱼造成损害。鱼的数量减少也可能是由于自然原因，如疾病或捕食者的增加。在许多情况下，我们不可能将外部性的责任归结到特定的个体。

分配问题的另一个方面是损害的分配。我们已经假设损害为一个固定值，即 100 美元。那么在现实中这一数字从何而来？我们能相信渔民所说的他们遭受的损失吗？在任何科斯谈判中，渔民都会想要夸大损失，以获取尽可能高的支付。这些钱在渔民当中如何分配？当很多人在同一片区域进行捕鱼活动时，很难说可捕获鱼群数量的减少对谁的影响最大。

分配问题对外部性内部化的阻碍程度取决于该外部性的特点。如果我的音响声音过大从而影响了你的学习，那么责任和损害的分配问题是显而易见的。然而，在全球气候变暖的情形下，世界上任何来源的碳排放都会导致全球变暖问题的加剧，那么如何才能明确责任的分配？当一些人希望世界变得更热一些，另一些人希望世界变得更冷一些的时候，如何界定损害的分配问题？由于分配问题的存在，科斯方法可能在解决小范围的、局部的外部性问题时比解决大范围的、全球性的外部性问题时更为有效。

坚持难题 假设我们已经克服了分配问题，并且通过仔细的科学分析，我们已经确定，钢铁厂每排放 1 单位的污泥，100 名渔民每人就会有价值 1 美元的鱼被杀死，即每生产 1 单位钢铁会带来的总的损害为 100 美元。

现在，假设渔民拥有河流的所有权，除非 100 名渔民都同意，否则钢铁厂不能进行生产。科斯的解决方法是，钢铁厂每生产 1 单位钢铁，100 名渔民每人得到 1 美元的补偿，钢铁厂能够继续生产钢铁。每个渔民都要走到工厂，收取每单位 1 美元的支票。当最后一个渔民在去往钢铁厂的路上的时候，他突然意识到自己被赋予了很大的权力。因为他是河流所有者的一员，如果没有他的认可，钢铁厂则不能生产。那么他为什么要满足于 1 美元的赔偿？钢铁厂既然已经支付了 99 美元，那么他可能会愿意支付超过 1 美元的补偿来移除最后一道障碍。为什么不要求钢铁厂支付每单位 2 美元甚至更多？

坚持难题：所有权的共享制度赋予了每一位所有者凌驾于其他所有者之上的权力。

这是对**坚持难题**（holdout problem）的一个说明，当所有权被赋予超过一个所有者时，就会产生坚持难题：所有权的共享制度赋予了每一位所有者凌驾于其他所有者之上的权力。如果其他渔民事先想到了这一点，他们会意识到这一问题，那么他们都会尽量成为最后一个去工厂的人。结果很可能是谈判破裂，无法通过科斯方法解决问题。在分配问题同时存在的情况下，坚持难题在面对巨大的外部性（如全球变暖这类可能对数十亿人造成损害的例子）时将被进一步放大。

搭便车问题　我们能否通过简单地将所有权分配给只有一个谈判代表的一方（在这个例子中是钢铁厂）来解决坚持难题？不幸的是，这样做会带来一个新的问题。

假设钢铁厂拥有这条河的所有权，并且同意每收取渔民 100 美元则减少 1 单位的生产。那么科斯的解决方案是：渔民支付 100 美元，工厂调节到最优的生产水平。假设最优的钢铁产量减少（对应社会边际收益和社会边际成本相等）为 100 单位，那么每个渔民要支付 100 美元，共支付 10 000 美元，工厂减少生产 100 单位。

搭便车问题：当一项投资由私人支出却产生公共收益时，私人投资将会表现为投资不足。

再次假设你是最后支付的渔夫。该工厂已经收到 9 900 美元来减少产量，并且减少了 99 单位的生产。因为渔民共享一条河流，因此这 99 单位的减产将有利于所有渔民。因此，如果你不支付 100 美元，你仍然可以得到与其他渔民几乎一样的好处。也就是说，最后 1 单位产量的减少所避免的损害将被 100 名使用河流的渔民平均分摊，但你需要支付 100 美元来购买这最后 1 单位的减产。如果从这个角度来想，你为什么要付钱？这是**搭便车问题**（free rider problem）的一个例子：当一项投资由私人支出却产生公共收益时，私人投资将会表现为投资不足。在理解这一激励的情况下，你的渔民伙伴也将不会支付 100 美元，外部性问题仍得不到解决。如果其他渔民意识到有人想要搭便车，那么他们一开始便没有支付的动机。

交易成本和谈判问题　最后，科斯方法忽略了最根本的问题，即当谈判的一方或双方由很多人组成时，是很难进行谈判的。如何有效地让 100 名渔民聚集在一起并决定要向钢铁厂收取或支付多少钱？这一问题在处理如全球气候变暖这样的外部性时会被放大，这时，一方当中数十亿个潜在利益存在分歧的群体必须整合利益来进行谈判。

此外，即使是非常适用于科斯理论的小规模的、局部的外部性，这些问题也可能是显著的。从理论上讲，我和我的邻居在我放音乐打扰他的学习的问题上，可以找到一个合适的补偿方案。在实践中，这种尴尬的谈话可能会导致两人关系的紧张，而非补偿的支付。同样，如果我在餐厅时旁边有人吸烟，我走到他身边给他 5 美元让他停止吸烟，这种行为是不正常的，并且可能被认为是一种侮辱。只能感叹，世界的运转并不总是像经济学家希望的那样理性！

底线　罗纳德·科斯关于外部性有时可以被内部化的想法是非常出色的。它为竞争性市场模型抵御市场失灵的冲击提供了一种防范措施，这种市场失灵会贯穿于整本书中。这也给了我们一个很好的理由来猜想，市场可能可以将一些小规模的、局部的外部性内部化。而我们已经看到，在大规模的、全球性的外部性问题上，科斯理论则无法起作用，这类外部性问题正是美国的环境政策等所关注的。因此，政府可能需要在处理较大的外部性问题时发挥作用。

5.3 公共部门对外部性的补救措施

在美国，公共决策者认为科斯方法并不足以解决大规模的外部性问题。环境保护署成立于1970年，专门为环境的外部性问题提供公共部门的解决方案。该机构处理着各种各样的环境问题，从大气污染到水质净化，再到土地管理，都属于该机构的管理范围。①

公共决策者采用三种补救措施来解决负外部性问题。

□ 矫正税

我们已经看到，科斯所提出的“将外部性内部化”的目标在现实的私人市场中很难实现。然而政府可以通过一个更直接的方式得到相同的结果，即对钢铁生产商每生产一单位钢铁征收金额为 *MD*（污染的边际损害）的税。

图 5-6 说明了这种税的影响。钢材市场最初在均衡点 *A*，此时供给（$=PMC_1$）等于需求（$=PMB=SMB$），钢材价格为 P_1，产量为 Q_1。给定成本为 *MD* 的外部性，那么社会最优生产在 *B* 点，此时社会边际成本和社会边际收益是相等的。假设政府对每单位的钢材生产征收 $t=MD$ 的税。这一税收对钢铁生产商来说相当于另外增加了一项投入成本，并使每单位生产的私人边际成本增加 *MD*。这将导致一个新的 *PMC* 曲线，即 PMC_2，并且与 *SMC* 曲线完全相同。结果是，税收有效地实现了外部性的内部化，并达到了社会最优水平（*B* 点，产量为 Q_2）。政府对钢铁每单位的生产所征收的税与渔民拥有河流时起到的作用是一样的。这种类型的矫正税通常被称为“庇古税”。这项税收以经济学家 A. C. 庇古（A. C. Pigou）的名字命名，他最先提出用这种方法来解决外部性。②

□ 补贴

如前所述，并非所有的外部性都为负，在石油勘探或者邻居进行景观美化这样的例子中，外部性可以是正的。

> **补贴**：政府给予个人或企业的支付，分别用于降低消费成本和生产成本。

科斯对石油勘探案例的解决办法是，让其他石油生产商筹集资金并支付给首位勘探者，以寻找更多的石油储量（从而在发现石油时使它们有机会赚更多的钱）。但是我们之前讨论过，这可能并不可行。政府可以通过对初始勘探者寻找更多石油进行补偿，或者说**补贴**（subsidy），来达到同样的效果。补贴的金额恰好等于其他石

① 更多信息请登录 www.epa.gov 网站。

② Pigou（1947）.

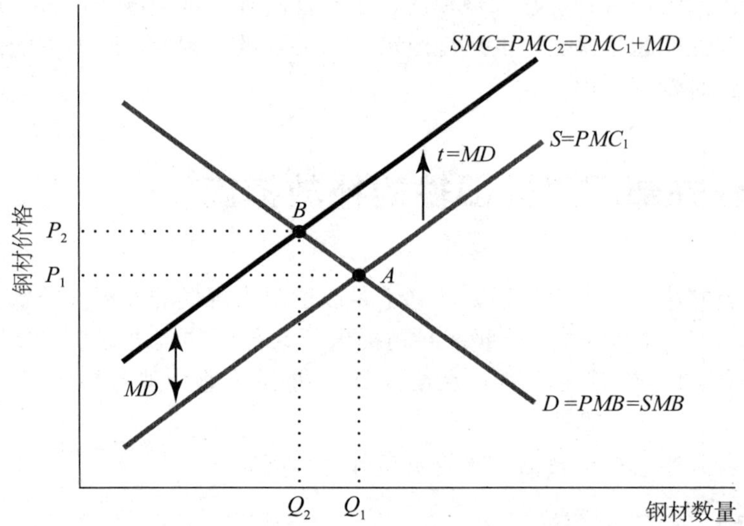

图 5－6　以税收作为钢材市场中负的生产外部性的解决方案

说明：对每单位钢材征收 100 美元的税（等于污染的边际损害）会使企业的私人边际成本曲线从 PMC_1 上升到 PMC_2，与 SMC 曲线重合。产量从 Q_1 下降到 Q_2，即社会最优的生产水平。这一税收就像科斯方法中的补偿那样，将外部性内部化，并消除了负外部性的无效率。

油公司获得的利益，并会使初始勘探者寻找更多的石油，因为这时其寻找每桶石油的成本被降低了。

这种补贴的影响如图 5－7 所示，该图同样反映了石油勘探市场。市场最初是在均衡点 A 处，此时 PMC_1 等于 PMB，价格为 P_1，有 Q_1 桶石油被生产。给定正外部性的收益为 MB，那么社会最优生产在 B 点，此时社会边际成本和社会边际收益是相等的。假设政府给每桶石油生产的补贴为 $S=MB$。该补贴会降低石油生产的私人边际成本，从而使每单位生产的私人边际成本曲线向下平移 MB。这将形成一个新的 PMC 曲线，即 PMC_2，并且与 SMC 曲线完全相同。补贴使得最初的勘探者将正的外部性内部化，市场也从生产不足移动到最优生产水平。

政策制定者通常不仅将补贴用作推动正的外部性的手段，而且通过补贴产生外部性活动的替代活动，来抵御负的外部性。这类政策最常见的形式是对可再生能源（如太阳能和风能）生产者的税收抵免以及其他优惠，因为可再生能源较传统能源（例如化石燃料）对环境产生较少的外部性。这些政策通常不如对负的外部性生产活动征税，因为它们要求政府增加收入而不是提供收入（正如我们在第 18～20 章中所示，当你提出政府增加收入的要求时，你可能会降低经济效率）。另外，补贴可能具有更高的风险：我们知道对碳征税会降低它的使用，然而对未知替代品进行补贴则无法得知能否提供合理的长期替代品。①

□ 管制

在讨论的过程中，你可能一直在问自己这样的问题：为什么要执着于价格、税收和

① 关于现实世界对替代能源补贴的缺陷的相关讨论，参见 Lipton and Krauss（2011）。

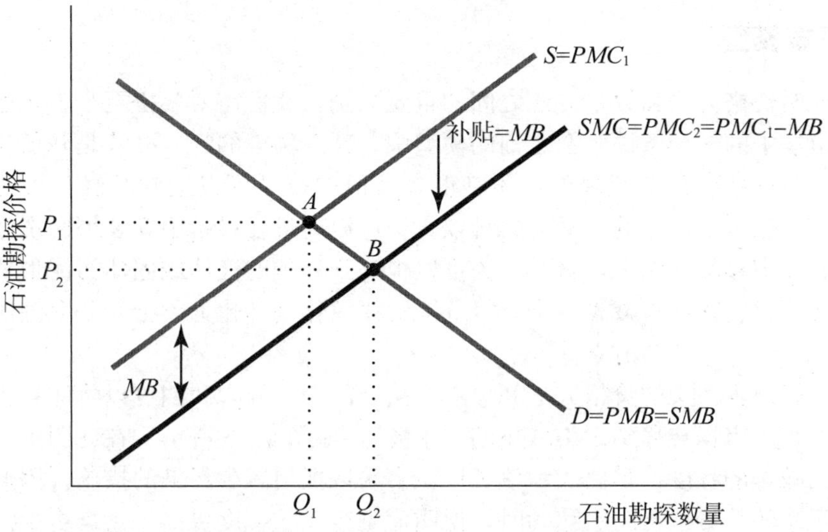

图 5－7　以补贴作为石油勘探市场中正的生产外部性的解决方案

说明：数额相当于石油勘探边际收益的补贴，使石油生产商的边际成本曲线从 PMC_1 移动到 PMC_2，与 SMC 曲线重合。产量从 Q_1 上升到 Q_2，即社会最优的生产水平。

补贴？如果政府知道社会最优的生产水平在哪里，为什么不给予私人参与者激励，而是直接强制要求他们在这一水平进行生产？以图 5－6 为例，为什么不直接强制要求钢铁生产商在 Q_2 处进行生产？

在一个理想的世界中，庇古税和管制是相同的。然而由于管制显得更为简单，因此一直是美国和全世界用以解决环境外部性问题的传统选择。例如，在 20 世纪 70 年代，当美国政府希望减少二氧化硫（SO_2）的排放量时，采取的方法是设定生产者可以排放的二氧化硫上限，而不是对排放量进行征税。1987 年，当世界各国要求逐步淘汰破坏臭氧层的氟氯化碳（CFCs）的使用时，他们采取禁止使用 CFCs 的方法，而不是对使用氟氯化碳的产品征收高额的税。

既然政府如此偏好数量管制，那么为什么经济学家如此热衷于税收和补贴？在实践中，可能存在一些错综复杂的因素，使得税收成为更有效的解决外部性的办法。在下一节中，我们将讨论上述错综复杂的因素之中最重要的两个因素。通过这样的讨论，我们解释了决策者为什么在某些情况下更偏好管制（或称为"数量方法"），而在另一些情况下更偏好税收（或称为"价格方法"）。

5.4　解决外部性问题的价格与数量方法的区别

在本节中，我们会使用更为复杂的模型来比较解决外部性问题的价格（税收）和数量（调节）方法。在模型中，政府干预所带来的对社会效率的影响在两种方法之间有所不同。比较这些方法的目的是寻找一条能够达到环境目标的最有效的途径。也就是说，对于任何污染的减少，我们的目标是找到能够实现这一减少的成本最低的方法。①

□ 基本模型

为了说明价格方法和数量方法之间的重要区别，我们需要放松至今为止所研究的基本竞争性市场中的一个条件。在之前的模型中，减少污染的唯一办法是降低生产。在现实中，除了简单地减小生产规模，还有很多其他的技术可以达到减轻污染的目的。例如，为了减少燃煤发电厂的二氧化硫排放量，可以通过在设备中安装烟囱洗涤器将二氧化硫从排放物中移除并隔离，将其变为可以被安全处理的液体或固体污泥形式。客车也可通过安装催化转化器来减少污染，将危险的氮氧化物转化为不会对公众健康造成危害的化合物。

为了了解减少污染的价格方法和数量方法之间的差异，我们可以将注意力从一个商品（如钢材）的市场转移到污染减排的“市场”，如图 5－8 所示。在此图中，横轴衡量了工厂污染减排的程度，零值表示该工厂没有采取任何减少污染的措施。因此，横轴同样衡量了污染的数量：当向右移动时，说明污染减排的程度更高，污染更少。我们用更多污染减排来表示在横轴上向右移动的过程。R_{full} 表明污染已被降低到零。更多污染表示在横轴上向左移动的过程。在 P_{full} 这一点，所制造的污染量是最大的。纵轴代表工厂减少污染的成本，或者说减少污染给社会带来的收益（即为没有因为负外部性得到补偿的其他生产者和消费者带来的收益）。

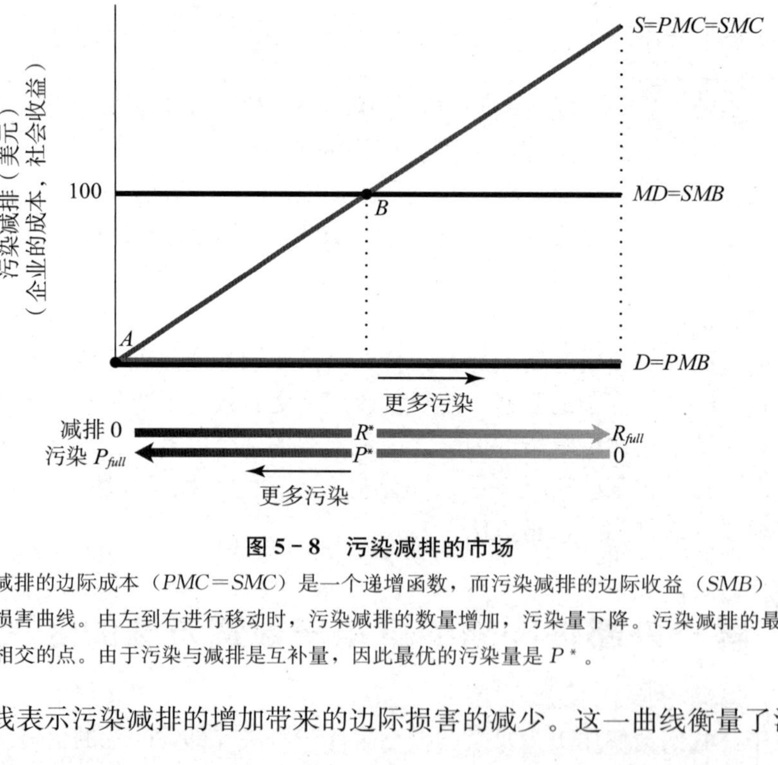

图 5－8　污染减排的市场

说明：污染减排的边际成本（$PMC=SMC$）是一个递增函数，而污染减排的边际收益（SMB）（根据假设）是一条水平的边际损害曲线。由左到右进行移动时，污染减排的数量增加，污染量下降。污染减排的最佳水平为 R^*，即对应两条曲线相交的点。由于污染与减排是互补量，因此最优的污染量是 P^*。

MD 曲线表示污染减排的增加带来的边际损害的减少。这一曲线衡量了污染减少所

① 本节专注于比较用税收和管制方法解决外部性问题的效率，然而公平问题也会影响政府选择政策工具的决定，因此同样需要考虑公平问题。我们将在第 19 章讨论税收的公平性特质。

带来的社会边际收益。为简单起见，边际损害曲线被设定为 100 美元处的一条水平线，但由于边际收益递减，它有可能是向下倾斜的。污染减排的私人边际收益为零，因此用横轴表示。减少污染的倾倒对工厂的私人利益来说是没有收益的。

PMC 曲线代表工厂减少污染的私人边际成本。*PMC* 曲线向上倾斜，是因为这一投入的边际产出是递减的。减少第一个单位的污染很便宜：只需要拧紧几个螺丝，或者在污泥管道里安装一个便宜的过滤器。在减少更多污染的过程中，成本会变得越来越高，在将要达到完全无污染的时候会变得非常昂贵。由于污染减排的过程本身不具有外部性（外部性来自最终产品，即减少的污染，而非来自减少污染的过程，污染减排的外部性用 *SMB* 曲线表示），污染减排的 *PMC* 曲线同样也是 *SMC* 曲线。

任何市场的自由市场结果都将是零污染减少。由于污染的成本并非由工厂承担，因此工厂没有激励来减少污染。它会选择零污染减少和最高数量的污染 P_{full}（*A* 点，在这一点，*PMC* 等于 *PMB*，且等于 0）。

最优的污染减排水平是多少？最优点永远在社会边际收益和社会边际成本相等的地方，在这里是 *B* 点。污染减排的最优数量是 R^*：在这个数量水平上，减排的边际收益（污染造成的损害）和减排的边际成本是相等的。需要注意的是，设置污染减少的最优水平和设置污染量的最优水平是相同的。如果自由市场的结果是污染的零减少和 P_{full} 的污染水平，那么最优点则在污染减排为 R^*、污染量为 P^* 的地方。

□ 该模型中的价格管制（税收）与数量管制

现在，我们来对比税收和管制两种方法在此框架下的操作。如前所述，最优税收等于污染的边际损害，即 100 美元。在这种情况下，政府会对每单位的污染征收 100 美元的税。考虑工厂在面临这项征税时的决策：工厂每制造一个单位的污染，需要支付 100 美元的税。如果有任何污染减排措施，其单位成本低于 100 美元，那么工厂采取这种措施就是有成本效益的。工厂会花费少于 100 美元的钱来去除污染，同时避免缴纳 100 美元的税。有了这一计划，工厂就会有激励减少污染水平，使得减排成本等于 100 美元的税收。也就是说，工厂会“沿着边际成本的曲线向上走”，将污染减少到 *B* 点，即污染减排水平为 R^* 的地方。超过这一点，减少污染的成本就会超过它们需要支付的 100 美元税收，因此对于额外的污染，工厂只会选择交税，而不是进一步减少污染。因此，100 美元的庇古（矫正）税实现了社会最优的污染减少水平，与前面的分析相同。

管制的方法在这一框架下分析起来更为直接。政府只需要规定工厂减少 R^* 的污染量，以达到最优的污染水平 P^*。管制的方法看上去比税收方法更难实行，因为在这个例子中，政府不仅需要知道 *MD* 曲线的形状，而且需要知道 *MC* 曲线的形状。然而这一困难只是我们假设 *MD* 恒定时的一个特点。在更一般的情形中，*MD* 是下降的，政府需要知道 *MC* 和 *MD* 两条曲线的形状，才能设置最优税收或最优管制。

□ 多个具有不同污染减排成本的工厂

现在，让我们添加两个放松条件到基本模型当中。第一，假设有两个钢铁厂会倾倒污泥，每个工厂每天向河中倾倒 200 单位的污泥。每单位污泥的边际损害和前面相同，为 100 美元。第二，假设减少生产过程中的污泥排放的相关技术是可用的，但是这种技术给两个工厂带来的成本不同。对于任何的污染减排水平，A 厂的成本均较低，因为它的生产工艺更为先进。而 B 厂的成本则要高很多。

图 5-9 刻画了该例子中的污染减排市场。图中，A 厂和 B 厂各自的边际成本曲线分别为 MC_A 和 MC_B。由于 A 厂的生产过程更先进、更高效，因此在任意污染减排的水平上，A 厂的边际成本均低于 B 厂。市场中污染减排的总的边际成本为两条曲线的水平加总，即 MC_T。对于任意水平的污染减排，如果成本在两个工厂之间是有效分配的，那么这条曲线则表示污染减排的成本，也就是减少污染的社会边际成本。例如，减少 50 个单位的污染的总边际成本为 0，因为 A 厂可以免费减少 50 个单位的污染，因此有效率的选择是 A 厂进行全部的污染减排工作。污染减少（污染）的社会有效水平是 MC_T 曲线与边际损害曲线 MD 的交点，即 Z 点，表明 200 个单位的污染减少（200 个单位的污染）。

政策选择 1：数量管制　现在，让我们来考察政府在这个例子中可以选择的政策。第一种选择是管制的方法：政府可以要求市场共减少 200 个单位的污泥。那么问题就变成：政府如何决定要求每个工厂减少多少？过去对这个问题的典型的解决方法是，要求工厂平均分摊，每个工厂减少 100 个单位的污染，从而达到 200 个单位的总的污染减少。

然而，这并不是一个有效的解决方案，因为它忽略了一个事实，即不同工厂减少污染具有不同的边际成本。在同一个污染减少（污染）水平，每单位污染减少花费 A 厂的钱（MC_A）比 B 厂（MC_B）要少。如果我们使 A 厂比 B 厂减少更多的污染，我们就可以利用 A 厂的低成本来降低污染减排的总的社会成本。因此，如果 A 厂和 B 厂进行同样水平的污染减排，那么比起使它们更有效地分摊污染减排的任务来说，社会的整体福利下降了。

这一点反映在图 5-9 中。有效的解决方案是，使每个工厂减少污染的边际成本等于污染减少所带来的边际收益，即每个工厂的边际成本曲线与边际收益曲线的交点。当 B 厂减少 50 个单位（X 点），A 厂减少 150 个单位（Y 点）时，则满足这一条件，因此，要求每个工厂减少 100 单位的污染是低效率的。如果让 A 厂减少较多的污染，则达到 200 个单位污染减少的总成本会更低。

政策选择 2：通过矫正税进行价格管制　第二种方法是利用庇古的矫正税，令其等于边际损害，则每个工厂每倾倒一个单位的污泥将面临 100 美元的税。在这一税收存在的情况下，每个工厂会怎么做？对于 A 厂，污泥减排量在不多于 150 个单位时，单位减排成本均低于 100 美元，因此 A 厂将减少 150 个单位的污染。对于 B 厂，污泥减排量在 50 个单位以下时，单位减排的成本低于 100 美元，因此 B 厂会减少 50 个单位的污染。请注意，这些都是污染减少的有效水平！正如我们前面分析的，庇古税通过将私人边际成本提高至社会边际成本（使私人边际成本的增加量等于外部损害），达到有效生产的目标。税收赋予了工厂更大的灵活性来选择减少污染的数量，这使它们选择有效的污染减排水平，而不是在不同工厂之间平均分配，因此在税收方法和数量管制方法之间，人们更偏好前者。

政策选择 3：允许排污权交易的数量管制　以上讨论是否意味着，在存在多个工厂的情形下，税收方法总是优于数量管制呢？答案是不一定。如果政府已经规定了适合每

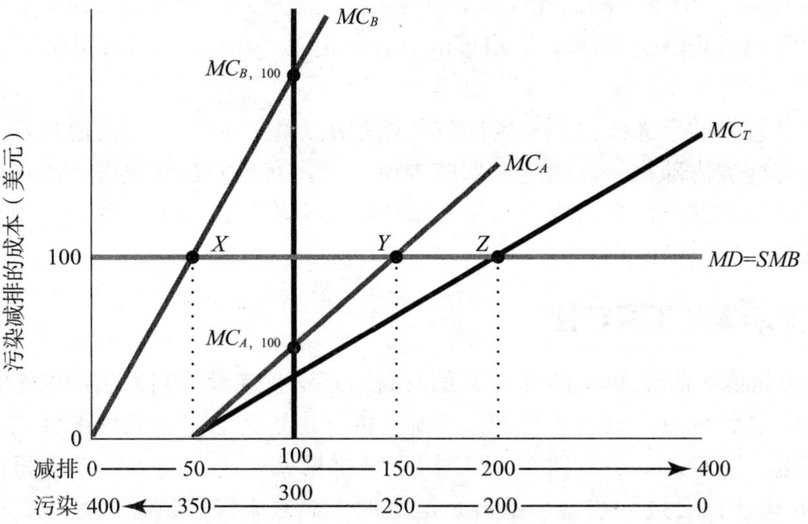

图 5-9　多家企业的污染减排

说明：在任意污染减排的水平上，A 厂的边际成本均低于 B 厂。市场最优的污染减少水平是在边际成本的总和等于边际损害的 Z 点（减少 200 个单位的污染）。两个工厂减少相同的污染量是低效率的，因为 B 厂的边际成本（MC_B）远远高于 A 厂（MC_A）。污染减排的最佳分工是令每个工厂的边际成本等于边际收益（等于边际损害）。在 A 厂减排 150 个单位，B 厂减排 50 个单位时满足这一条件，边际成本均为 100 美元。

个工厂的污染减少水平（A 厂减少 150 个单位，B 厂减少 50 个单位），那么数量管制会取得和税收方法相同的结果。然而，这样的解决方法需要更多的信息。政府不仅需要知道边际损害和总的边际成本，而且需要知道每个工厂各自的边际成本曲线。如此详细的信息通常很难获取。

不过，有一个办法可以进行补救，就是在数量管制中增加一个关键的灵活性因素：一种允许一定量的污染，并且工厂之间可以进行排污权交易的许可证。假设政府宣布建立以下机制：它会派发 200 张许可证，每张许可证赋予持有者生产一单位污染的权利。最初，政府将提供给每个工厂 100 张许可证。因此，在没有交易的情况下，每个工厂只被允许生产 100 个单位的污泥，即要求每个工厂减低一半的污染（前面所述的低效率解决方案）。

然而，如果政府允许工厂之间交易排污许可证，那么 B 厂为了利益，将会从 A 厂手中购买许可证。就 B 厂而言，减少 100 个单位污泥的边际成本为 $MC_{B,100}$，远远大于 A 厂减少 100 个单位污染的边际成本 $MC_{A,100}$。因此，如果 B 厂以 $MC_{A,100}$ 和 $MC_{B,100}$ 之间的某个价格向 A 厂购买一张许可证，使得 B 厂可以排放 101 个单位的污染（仅减少 99 个单位的污染），A 厂排放 99 个单位的污染（减少 101 个单位的污染），那么两个工厂的境况都会变得更好。这项交易对 B 厂来说是有利的，因为只要许可证的成本低于 $MC_{B,100}$，则 B 厂需要支付的数额就会小于自行减少这一单位污染需要花费的成本。同样地，只要 A 厂出售许可证所获得的钱不低于 $MC_{A,100}$，那么这项交易对 A 厂来说就是有利的，因为它可以赚取许可证价格和 $MC_{A,100}$ 之间的差额。

按照同样的逻辑，第二张许可证的交易仍然是有利可图的，这样 B 厂只需减少 98 个单位的污泥排放量，A 厂需要减少 102 个单位。事实上，任何交易都是有利的，直到

B 厂只需要减少 50 个单位的污泥排放，A 厂需要减少 150 个单位。在这一点上，两个生产者进行污染减排的边际成本是相等的（100 美元），继续交易许可证就不会带来收益了。

这到底是怎么回事呢？我们只要回到科斯解决方案的内涵：我们通过赋予污染所有权，使得外部性被内部化了。因此，如庇古税一样，交易的存在使得市场可以将不同企业污染减排的成本差异包含在内。在第 6 章中，我们将讨论一个成功地将交易应用在解决环境外部性问题上的案例。

□ 减排成本的不确定性

不同企业污染减排成本的差异并不是人们偏好税收或者管制方法的唯一原因。还有一个原因是，监管的成本或收益可能是不确定的。考虑两个极端的外部性的例子：全球变暖和核泄漏。图 5－10 是对图 5－8 中污染减排框架的一个延伸，在这里，边际损害（等于污染减排的社会边际收益）不再是恒定的，而是下降的。也就是说，第一个单位的污染减排的收益是相当高的，但在生产过程的污染程度开始下降后，额外的减排则变得没那么重要（即减少污染的边际收益递减）。

图 5－10a 考虑了全球变暖的情形。在这种情况下，污染减少的确切数量对于环境来说并不是那么关键。由于决定全球变暖程度的是空气中总的二氧化碳积累量，是多年来在全世界范围内累积形成的，即使一个国家的二氧化碳污染发生相当大的改变，对于全球变暖的影响仍然是很小的。在这种情况下，我们说社会边际收益曲线（等于全球变暖的边际损害）是非常平坦的，即一般程度的二氧化碳排放量的减少为社会带来的收益是非常小的。

图 5－10b 考虑了核泄漏的情形。在这种情况下，核泄漏数量的一个非常小的差异都会在挽救生命方面带来巨大的差异。事实上，核泄漏的边际损害曲线（仍旧等于减少污染的社会边际收益）可能几乎是垂直的，每单位核泄漏的减少对挽救生命来说都是十分重要的。因此，社会边际收益曲线在这个例子中非常陡峭。

现在，假设两种情形下企业和个人的污染减排成本都是未知的。政府的最佳猜测是，污染减排的真实边际成本由两图中的 MC_1 表示。然而有一种可能是，污染减排的边际成本可能高得多，为曲线 MC_2。这种不确定性会出现，可能是因为政府对企业的污染减排成本的了解是不完全的，也可能是由于政府和企业对污染减排的最终成本都不确定。

价格和数量干预措施影响的意义　成本的不确定性对每种情形下减少污染的最有效的干预类型具有重要的意义。首先考虑管制的方法。假设政府规定了污染减少量 R_1，也就是给定成本为 MC_1 时的最优点：如果边际成本等于 MC_1，那么在这一点，污染减排的社会边际收益等于社会边际成本。现在假设边际成本实际上是 MC_2，那么最佳的污染减少应为 R_2，此时 $SMB=MC_2$。也就是说，管制方法所规定的污染减少量过大，使得边际收益低于边际成本。这一错误对效率造成的影响是什么？

在全球变暖（图 5－10a）的例子中，这些效率成本是相当高的。当规定的减少量为 R_1 时，企业将面临 C_1 的减排成本，即当边际成本由 MC_2 表示时减少 R_1 的污染所需的成本。污染减少量为 R_1 时的社会边际收益等于 C_2，即 R_1 与 SMB 曲线的交点。由于

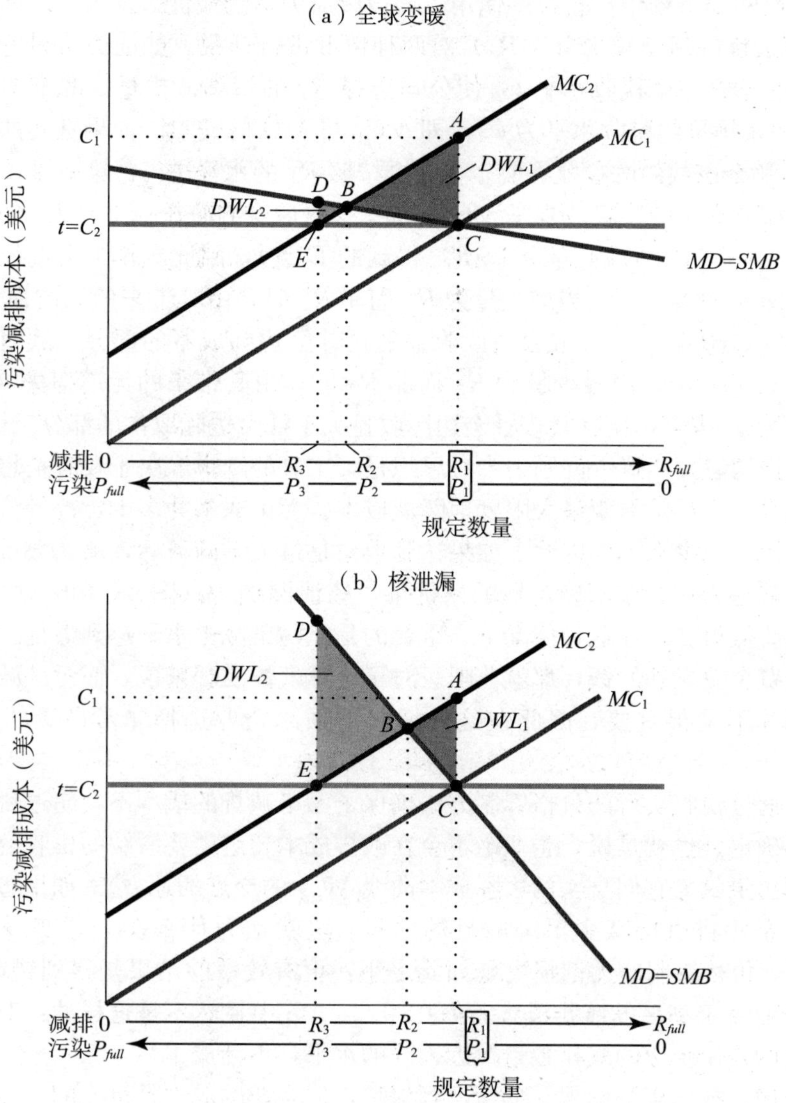

图 5-10　成本不确定时的污染减排市场

说明：在全球变暖的情况下（图 5-10a），大范围排放（减排）的边际损害几乎是恒定的。如果成本是不确定的，那么相较于在 R_1 实行管制的无谓损失（*ABC*），在 $t=C_2$ 水平上征税的无谓损失（*DBE*）要低得多。在核泄漏（图 5-10b）的例子中，边际损害曲线是非常陡峭的。如果成本是不确定的，那么税收所导致的无谓损失（*DBE*）远大于管制（*ABC*）。

企业减少污染的成本（C_1）远高于收益（C_2），因此有较大的无谓损失（DWL_1），即区域 *ABC*（该三角形包含了所有减排成本超过收益的点）。

在核泄漏（图 5-10b）的情况下，管制的成本非常低。再一次地，当规定的污染减少量为 R_1 时，公司将面临 C_1 的减排成本，即当边际成本由 MC_2 表示时减少 R_1 的污染所需的成本。污染减少量为 R_1 时的社会边际收益仍等于 C_2。然而，在这一例子中，相关的无谓损失三角 *ABC*（DWL_1）远小于图 5-10a 中的无谓损失三角，因此，管制带来的无效率要小得多。

现在对比两个市场中矫正税的使用。假设政府为达到最优减排水平（如果边际成本为 MC_1，则最优的污染减少量为 R_1）对两种情形进行征税。如前面所讨论的，做到这一点的方法是选择一个税收水平 t，使公司选择 R_1 的污染减排量。两个图中会导致企业选择 R_1 的减排量的税收水平为 C_2，即 MC_1 与 MD 的交点。如果真实的边际成本由 MC_1 决定，那么该数额的税收将使企业完全按照 R_1 的水平进行污染减排。

但是，如果真正的边际成本是 MC_2，那么该税收会导致企业选择 R_3 的减排量，即真正的边际成本等于税收的点（$t=MC_2$ 得到的 E 点），因此减排量会过低。在全球变暖的情形（图 5－10a）下，当减少量为 R_3 而非 R_2 时，由其带来的无谓损失（DWL_2）是面积很小的 DBE，这代表社会边际收益超过社会边际成本的部分。然而在核泄漏的情形（图 5－10b）下，当减少量为 R_3 而非 R_2 时，由其带来的无谓损失（DWL_2）则大得多，为区域 DBE，同样代表社会边际收益大于社会边际成本的部分。

工具选择的意义　这一问题的中心思想是，工具的选择取决于政府是想要达到合理的污染减少水平，还是希望最大限度地降低成本。无论成本为多少，数量管制都确保了符合意愿的污染减少水平。因此，如果达到数量是最关键的目标，那么数量管制是最好的方式。这就是为什么在不确定性的条件下，核泄漏例子（图 5－10b）中的数量管制的效率成本要低得多。在这种情况下，重要的是让污染减少水平达到最优。如果我们在过程中会花费企业额外的钱，那就花吧。对于全球气候变暖来说，使污染减少量完全达到最优水平并不是很重要，因此在这种情况下强制企业选择非常昂贵的办法是低效率的。

另外，通过税收实行的价格管制方法确保了污染减排的成本不会超过税收水平，但减少数量不确定。也就是说，企业绝不会在减排成本超过需要缴纳的税收的水平上减少污染（即超出税收与它们真实的边际成本曲线 MC_2 的交点的地方）。如果边际成本高于预期，那么企业将直接减少污染减排的数量。这就是为什么在全球变暖的情况（图 5－10a）下，价格管制的无谓损失是如此之小：更有效率的结果是得到错误的减少量，但能保护企业免于高昂的减排成本。但在图 5－10b 中显然不是这样的：对于核泄漏来说，最重要的是使企业的减排数量接近正确的水平，不计成本。

总的来说，数量管制确保了环境得到保护，但企业的成本是可变的，而价格管制确保了企业的成本，但环境保护的水平是可变的。因此，如果使环境保护接近正确水平的价值很高，那么数量管制将被优先考虑；但如果使保护水平接近正确的水平不是那么重要，则价格管制是首选。

5.5　结论

外部性是公共财政中关于“何时”问题的经典回答：当一方的行为影响了另一方，而这一方对这种影响没有进行完全补偿（或取得补偿）时，市场便发生了失灵，政府的干预就可能是合理的。在某些情况下，市场可能会找到科斯的解决办法，即受到影响的各方通过谈判使外部性得以内部化。然而在大多数情况下，只有政府干预才能解决市场失灵问题。

这一点自然而然地引出了公共财政中关于"如何做"的问题。政府在处理外部性问题时可以采取两种类型的工具：基于价格的措施（税收和补贴）和基于数量的措施（管制）。哪一种方法会带来最有效的监管结果取决于被监管企业的异质性、数量管制的灵活性，以及减少外部性的成本不确定性等因素。在下一章中，我们会将这些较为抽象的原理应用到现今美国（和世界）所面临的几个最重要的外部性问题当中。

重点

- 当一方行为使另一方的情形变得更糟或更好，但这一方既不承担费用，也没有收到好处，那么就产生了外部性。
- 负外部性导致在竞争市场中商品被过度生产，而正外部性导致在竞争市场中商品的生产不足。这两种情形都会造成无谓损失。
- 私人市场也许能够通过谈判使外部性问题内部化，但这一科斯过程面临着许多障碍，使其无法解决全球的外部性问题，如大多数的环境外部性问题。
- 政府可以采用价格（税收或补贴）或数量（管制）方法解决外部性问题。
- 当企业减少污染排放的边际成本不同时，价格机制是实现环境目标的更有效的选择，除非数量管制伴随着污染者之间排污许可证的交易，能够达到监管的目标。
- 如果污染减排的边际成本具有不确定性，那么价格和数量管制的相对优势将取决于边际收益曲线的陡峭程度。数量管制能够达到想要的污染减少量，不计成本，比较适合边际收益曲线较陡峭的情形；通过税收方法实行的价格管制则能够控制成本，不论减少的数量是多少，因此比较适合边际收益曲线较平坦的情况。

习题

1. 彼得森、霍弗尔和米尔纳（Peterson，Hoffer，and Millner，1995）证明，气囊的使用导致车祸数量的增加。尽管有这一发现，政府仍强制要求新的汽车都要具备安全气囊，而不是对气囊的使用进行征税。这一政策与该发现矛盾吗？

2. 2003 年，当弗吉尼亚州对空气污染实行更为严格的监管时，它同样授权了排污许可证的拍卖，允许一些工厂排放超过允许数量的破坏臭氧层的化学物质，而另一些工厂的排放量则要低于允许的水平。理论预测，本次拍卖会导致污染在社会中被有效分配。描述这个结果会如何发生。

3. 一种活动能否同时产生正外部性和负外部性？解释你的答案。

4. 在美国中西部地区，风向往往是由西向东，各个州往往更容易批准建立在其东部边境附近的新的污染产业（相比于州内的其他地区）。为什么你认为这是真的？

5. 政府对所有权的分配和执行能够使外部性内部化吗？这种做法的效果是优于还是劣于政府直接干预？解释你的答案，并说明这种解决方案的一个困难。

6. 在比较接近的国会投票中，许多国会成员直到最后一刻仍然选择"悬而未决"。

他们为什么要这样做？这个例子教给我们用科斯方法解决外部性问题的一个潜在的缺点是什么？

7. 假设一个企业的边际生产成本由 $MC=10+30Q$ 给出。企业在生产过程中会产生一种有毒的废物，在经营过程中会对镇上的居民造成越来越高的成本：与第 Q 个单位生产相关的边际外部性成本为 $6Q$。与第 10 个单位生产相关的私人边际成本是多少？第 10 个单位生产给社会带来的总的边际成本是多少？

8. 在两辆车的汽车事故中，在车型较大的车中的乘客明显比车型较小的车中的乘客更容易活下来。事实上，死亡概率关于你所驾驶的车辆大小是递减的，关于与你相撞的车辆大小是递增的。一些政治家和游说者认为，这一理论为鼓励大型车辆的销售，阻止促进小型车辆的生产的相关法律提供了一个理由。利用外部性的概念仔细考察这一观点。

9. 政府为什么有时采取数量管制的方法限制引起负外部性的消费？为什么有时采取价格管制的方法对这种消费进行征税？

10. 对于以下例子，回答下面两个问题。(1) 个人吸烟，(2) 企业生产有毒废料，(3) 高科技公司进行研究和开发，(4) 个人接种传染性疾病的疫苗。

a. 以上例子是否具有外部性？如果有，描述其外部性，包括是正外部性还是负外部性，是消费外部性还是生产外部性。

b. 如果有外部性的存在，私人市场可能会将这种外部性内部化吗？为什么能或为什么不能？

进阶习题

11. 沃里尼亚有两个地区。在奥莉薇地区，与污染清理相关的边际收益为 $MB=300-10Q$；而在里尼地区，与污染清理相关的边际收益为 $MB=200-4Q$。假设污染清理的边际成本恒为每单位 120 美元。那么这两个地区的最优污染清理水平各是多少？

12. 一种商品消费的私人边际收益为 $PMB=350-4Q$，商品生产的私人边际成本是 $PMC=6Q$。此外，生产相关的外部性边际损害为 $MD=4Q$。为了纠正这一外部性，政府决定对出售的每单位产品征收 T 的税。为了实现社会最优水平，T 应设为多少？

13. 假设一种产品的需求是 $Q=1\,200-4P$，供给为 $Q=-240+2P$。此外，假设外部性的边际损害为每单位 12 美元。在自由市场中，该产品的生产数量会超过社会最优水平多少个单位？计算与此外部性相关的无谓损失。

14. 污染清理能够避免的边际损害为 $MD=200-5Q$。与污染清理相关的边际成本是 $MC=25+2Q$。

a. 污染减排的最优水平是多少？

b. 说明这一污染减排水平可以通过征税来达成。每单位征收多少税能够实现最优的污染减排水平？

15. 联邦政府要求两个企业减少污染水平。企业 A 与污染减排相关的边际成本为 $MC=150+3Q$。企业 B 与污染减排相关的边际成本为 $MC=10+9Q$。污染减排的边际

收益为 $MB=250-4Q$。

a. 每个企业污染减排的社会最优水平是什么？

b. 比较三种可能结果的社会效率：(a) 要求所有企业减少相同数量的污染；(b) 对每单位污染征收相同的税；(c) 要求所有企业减少相同数量的污染，但允许污染许可证的购买和出售。

16. 有 100 名乘客需要经过一段高速公路去上班。他们都自己开车，并且偏好驾驶大排量的汽车，这给予他们更高的威信，让他们感觉更安全。然而汽车越大，行驶每英里的成本则越高，因为大车的汽油里程数较低。更糟的是，大型汽车对道路造成的永久损害更为严重。

假设汽车的重量为 w。驾驶的收益为 $12w$，成本为 $3\times w^2$。对道路的损害为 $2\times w^3$。假定个人效用函数的形式为 $U=x$，其中，x 是驾驶给定大小的车辆所获得的净收益。

a. 驾驶者会选择重量为多少的车？

b. 最优的车重是多少？如果答案不同于问题 a，为什么？

c. 你能否设计一个收费机制，使司机选择最优的车重？如果可以，那么这一机制如何起作用（例如，如何根据车型制定收费机制）？

17. 企业 A 和企业 B 各生产 80 单位的污染。联邦政府希望减少污染水平。与污染减排相关的边际成本是：企业 A 为 $MC_A=50+3Q_A$，企业 B 为 $MC_B=20+6Q_B$。其中，Q_A 和 Q_B 是每个企业污染减少的数量。污染减排的社会边际收益由 $MB=620-3Q_T$ 给出，Q_T 是总的污染减少量。

a. 每个企业污染减排的社会最优水平是多少？

b. 在社会最优处，污染总量是多少？

c. 解释为什么给予每个企业同等数量的排污许可证（如果不允许它们交易）是低效率的。

d. 如果给予每个企业同等数量的排污许可证，同时允许其进行交易，那么如何实现社会最优？

e. 社会最优水平能否通过对污染征税的方法实现？

18. 假设污染的（外部）损害已知，为 $MD=300+5Q$，且（私人）成本和收益分别为 $MC=100+2Q$ 和 $MB=D_0-2Q$，其中，D_0 未知。

a. 如果 $D_0=1\,000$，那么最优的污染数量为多少？需要征收多少税使其成为均衡数量？

b. 假设基于问题 a 的结果，实行限额与交易制度使得所生产的污染数量为最优水平。如果 $D_0=900$，那么这一错误的污染数量所带来的无谓损失是多少？

c. 假设基于问题 a 的结果，通过征税来达到最优污染数量。如果 $D_0=900$，那么错误的税收水平所导致的无谓损失是多少？

d. 如果 D_0 无法准确得知，那么哪种方法的结果更好？是限额与交易制度，还是征税？如果边际损害不是 $300+5Q$，而是 $300+3Q$，那么这一题的答案是什么？

第 6 章 已采取措施的外部性：环境和健康的外部性

需要牢记的问题

- 针对酸雨的公共政策如何影响环境和经济？
- 全球如何共同应对气候变化？
- 政府对健康外部性如吸烟、饮酒和肥胖的适当应对措施是什么？

正如在第 5 章的引言中所讨论过的，在未来的一个世纪中，世界所面临的主要环境威胁来自全球气候变暖。为了应对这一威胁，在 2009 年，美国环境保护署（EPA）规定，对于二氧化碳这一全球变暖的主要成因，美国环境保护署拥有对其进行管制的权力。① 但是时隔两年，EPA 才开始执行这项权力，而当其执行的时候，它们所颁布的管理条例立刻就受到了批评，并且这些批评同时包含了认为其过于强硬和不够强硬两种观点。②

讨论当中的管理条例是由奥巴马政府于 2012 年 3 月 26 日颁布的，它们限制了美国新建发电厂的温室气体排放。发电厂是导致全球变暖的气体的主要来源，2013 年占美国二氧化碳排放量的 37%。③ 该条例规定，所有新建发电厂排放的二氧化碳不得超过每兆瓦时 1 000 磅。大多数天然气发电厂很容易就达到了标准，然而以煤为燃料的发电厂很难满足这一标准。正如《华盛顿邮报》（*Washington Post*）所报道的："这实际上意味

① 参见 U. S. Environmental Protection Agency (2012)。想要了解清洁电力计划的更多信息，登录网站：http://www2.epa.gov/sites/production/files/2014-06/documents/20140602fs-important-numbers-clean-power-plan.pdf (2015)。

② 本节的讨论遵循 Fears (2012) 和 Plumer (2012) 的观点。

③ U. S. Environmental Protection Agency (2012).

着……无法在美国建立新的以煤为燃料的发电厂……这是对新的火力发电厂的禁止。”①

EPA的官员丽萨·杰克逊（Lisa Jackson）极力推崇关于限制新建发电厂排放的规定，她认为这是“一个减少空气中污染物，为了我们的子女保护这个星球，并帮助我们进入美国能源的新纪元的必经步骤”。从火力发电转变为天然气发电有很大的潜力能够减少碳排放量。麻省理工学院的一项关于能源的自主研究发现，这样的转变能够使短期的二氧化碳排放量减少20%。②

同时，由于煤炭行业在美国的部分地区是关键性行业，这项规定很快就遭到了政策制定者和政客的抨击。西弗吉尼亚州的参议员乔·曼钦（Joe Manchin）说道：“即使这个国家在未来几十年里继续将煤炭作为可负担的、稳定的、丰富的能源，环境保护署还是参与煤炭的战争当中。”共和党总统候选人里克·桑托勒姆（Rick Santorum）的评论更为直白，他说道：“奥巴马总统的环境议程扼杀了美国的就业，制造了更高昂的能源价格，削弱了我们的国家安全。美国是煤炭的沙特阿拉伯，如果政府允许，我们可以自己制造能源。”③

2014年夏天，奥巴马政府宣布实施清洁电力计划后，争议变得更大，该计划规定美国在2020年之前要将现有电厂的二氧化碳年排放量削减17%，到2030年削减30%。该计划还规定了一些减少碳排放的选项（称为构建模块），并通过估计一个州可以利用每个区块的程度来为每个州提出具体的排放率目标。这些区块包括提高化石燃料电厂的效率，利用更多低二氧化碳排放的电力来源，扩大使用可再生能源（风能、太阳能）来发电，以及更有效地利用电力。不同州的目标会有显著差异，以反映不同州在每个区块的能源生产资源、能源技术、成本和减排能力等方面的特点。例如，美国环境保护署认为，华盛顿州在2030年前必须减少72%的碳排放量是合理的，因为该州一个大规模的煤电厂将在21世纪20年代关闭。相比之下，印第安纳州只需要减少20%的碳排放量，因为该州的天然气获取难度较高。④ 最高法院在2015年6月推迟了该计划的实施，要求该计划在实行前调整成本-收益比率。一旦该计划实施，各个州最多只有两年的时间来提交并实施它们的战略计划以达到排放目标。⑤

这一规定得到了环保组织的赞扬。美国大学环境政策中心（Center for Environmental Policy at American University）的负责人丹尼尔·J. 菲奥里诺（Daniel J. Fiorino）表示，这种方法是“科学管理的绝佳例子”，因为它为各州在选择如何达到联邦标准方面提供了很大的空间。同样地，世界资源研究所（World Resources Institute）的安德鲁·斯蒂尔（Andrew Steer）声称，清洁电力计划是一项重大进步，提高了美国碳排放控制的标准。⑥ 美国环境保护署估计，到2030年，该规定将使传统的二氧化硫、氮氧化物和烟尘等空气污染物减少25%，每年产生55亿～930亿美元的正外部效应，远远

① Plumer (2012).

② U. S. Environmental Protection Agency (2015).

③ Barringer (2012).

④ 想要浏览该项规定的内容，参见“Everything You Need to Know about the EPA's Proposed Rule on Coal Plants”(Eilperin and Mufson, 2014a)，http://www.washingtonpost.com，以及“How Obama's Clean Power Plan Actually Works—A Step-by-Step Guide”(Plumer, 2015)，http://www.vox.com。

⑤ Schlanger (2015).

⑥ Eilperin and Mufson (2014b).

超过每年所需的70亿～90亿美元的预期成本。①

同时，该规定的反对者认为，鉴于目前的技术，奥巴马提出的减排措施根本不可行。众议院议长约翰·博纳（John Boehner）最近声称："总统的计划是疯狂的，没有简洁的方式来形容它。"他认为，奥巴马针对气候变化所做出的努力会让就业机会流失海外，并使美国人支付更昂贵的账单却获得更低的收入。② 美国商业协会（U.S. Chamber of Commerce）最近发布了一份报告，其中概述了清洁电力计划每年将使企业损失超过500亿美元。

在这一章中，我们运用第5章所提到的理论工具来分析现实世界中的政策问题，如对二氧化碳排放的管制措施。我们首先关注一个不同的，但同样是负的环境外部性的重要来源——酸雨。

美国在管制酸雨方面的经验尤其突出了上一章提及的工具——排污权交易的重要性。在酸雨管制方案允许的范围内进行排污权交易，可以使管制的成本削减50%甚至更多。这一方法已经被证明在有关全球变暖的争论中是具有影响力的。在这一章，我们将讨论最初为了解决全球变暖问题所做出的努力，以及交易制度在未来的监管干预中可能起到的作用。

然后我们将讨论另一个主要的外部性来源：健康外部性，特别是由吸烟导致的外部性。健康行为的研究为我们提供了一个绝佳的平台，使我们能够评价一种行为在何种情况下会给他人造成外部性（何种情况下不会），并且我们还可以提出这样的问题：只对行为人本人有负面影响的行为是否应受到政府管制？

6.1 经济学在环境管制中的作用：以酸雨为例

酸雨：由污染排放的二氧化硫和氮氧化物所导致的含异常酸性的雨水。

酸雨形成的原因很明确。当二氧化硫（SO_2）和氮氧化物（NO_X）被释放到大气中时，它们会与氢结合，分别形成硫酸和硝酸。这些酸（以液态或者固态形式，也称作微粒）可能会落在距离它们产生地数百里之遥的地方，而这一过程被称为酸沉降，更多地被称为**酸雨**（acid rain）。北美地区大部分的酸雨是由二氧化硫的排放所导致的，其中三分之二来自燃煤火力发电厂，这些发电厂主要集中在俄亥俄河谷。③

酸雨是一种典型的生产负外部性。作为电厂发电过程的一个副产品，中西部地区的电厂损害了美国东部沿海地区居民的生活质量。基于第5章提到的问题，例如数以百计的污染者与数以百万计受影响的居民难以进行谈判，私人部门（科斯）的解决方案在此无法使用。因此，解决这一外部性需要政府的干预。事实上，政府30年前就已经开始参与酸雨的治理。有关政府干预的故事，以及干预对环境、健康、经济产生的影响，为我们探究政府环境政策的可能性与制约条件提供了一个绝佳的例子。

---

① U.S. Environmental Protection Agency (2015).

② Prokop (2014).

③ Ellerman et al. (2000), p. 5.

□ 酸雨的危害

酸雨会通过几种途径对我们的环境、经济以及健康造成危害。①

- 环境破坏：全国地表水调查（National Surface Water Survey，NSWS）指出，很多湖泊和河流正在慢性酸化。在酸化的条件下，水的氢离子浓度指数（PH）会持续偏低。在这项调查中，EPA 确认道，75%的酸性湖泊以及 50%的酸性河流都是由酸雨导致的。酸雨产生了一种瀑布效应，会损害或杀死个体鱼类，减少鱼群数量，彻底消灭一片水域当中的鱼类物种，并降低生物多样性。酸雨还会导致很多树木生长变缓、损伤或者死亡，同时还与美国东部许多地区的森林以及土壤退化有关，尤其是从缅因州到佐治亚州的阿巴拉契亚山脉的高海拔森林。②
- 财产损失：汽车表面酸性液滴的蒸发会对某些汽车的油漆作业造成不可挽回的损害，迫使重新涂漆以修复问题或要求使用耐酸涂料。酸雨还会腐蚀金属（如铜），侵蚀油漆和石材（如大理石、石灰石）。
- 能见度下降：在大气中形成的硫酸盐和硝酸盐会使我们难以透过空气看远处或者看清楚。在美国东部地区，由硫酸盐颗粒导致的能见度下降占 50%～70%，影响了人们在山那都和大雾山等国家公园的享受体验。
- 不良的健康后果：酸雨对人们的伤害并不是直接的。行走在酸雨中，甚至在酸性湖泊中游泳，并不比行走在干净的雨中或在干净的水里面游泳更危险。然而，产生酸雨的二氧化硫和氮氧化合物会在大气中产生反应，形成可被人们吸入肺中的细小颗粒物。细小颗粒物还会渗入室内。许多科学研究已经证明了心肺疾病如哮喘、支气管炎发病的增加与细小颗粒物浓度升高有关。体积较小的颗粒物会引发肺部、血管和心脏等方面的炎症。接触这些颗粒物造成的其他健康影响包括呼吸困难、咳嗽、肺损伤、哮喘加重、支气管炎、心律不齐、心脏病发作（非致死）和癌症。③ 实际上，空气中的颗粒物通常含有复杂的有机物质，包括苯、多氯联苯和多环芳烃，其中许多是已知的致癌物质。④ 部分人群面临的危险程度尤其高，特别是已患有心肺疾病的人，以及儿童和老年人。

▶实验证据框◀

颗粒物所造成的健康危害的估计

对颗粒物所造成的健康成本的估计来自大量对污染与健康关系的实证研究。这些文献中典型的研究方法是将某一地区成人死亡率与该地区的颗粒物污染程度相联系。

---

① 酸雨的相关信息来自环境保护署网站（2015）：http://www.epa.gov/acidrain。

② 酸雨通常不会直接杀死树木。它更可能通过破坏它们的叶子，限制提供给它们的营养物质，使它们暴露在含有从土壤中缓慢释放的有毒物质的空气中，并削弱其对昆虫的抵抗力。

③ U. S. Environmental Protection Agency (2015).

④ Holgate (1999).

然而正如第 3 章所强调的实证研究中存在的问题，这种分析得出的结果是令人怀疑的：颗粒物较多的地区与颗粒物较少的地区往往不仅在空气中颗粒物的数量方面存在差别，而且在很多其他方面可能也存在差异。想象这样的例子，研究者对两个地区进行比较。一个地区有很多旧工厂排放大量的颗粒物到空气中；另一个地区的工厂则较新，并且更为环保。如果研究人员发现拥有较多旧工厂的地区死亡率较高，他们可能会将其归结为微粒对人体健康的影响。然而，假设旧工厂的工作环境比新工厂要更加危险，那么拥有旧工厂的地区的高死亡率可能是由工作场所的事故而不是污染引起的。在这种情况下，很难观察到有效的实验组和对照组。我们不能简单地比较肮脏的地区和干净的地区，因为这两个地区通常在许多其他的方面存在差异，使得估计出现偏差。

斋和格林斯通（Chay and Greenstone，2003）利用《1970 年空气清洁法案》(1970 Clean Air Act) 所引起的监管变化解决了这一问题。该法案对美国的每个县进行考察，评估它们是否高于或低于规定的“标准”清洁空气水平。县排放超过规定阈值的（未达标县）将受到管制，而排放量相似但刚好没有达到阈值的，则不会受到管制。在未达标的县，这项管制导致排放量大幅减少，这一减少由总的悬浮颗粒物（TSP）来衡量，如图 6－1 所示。该图显示了达标及未达标的县的 TSP 随时间推移发生的变化。对于 TSP 低于规定阈值的地区，随着时间的变化，这些地区的 TSP 只有略微的下降，从刚刚超过每立方米 60 微克下降到刚刚低于这一数值。对于 TSP 超过规定阈值的地区，在 1971 年该法规实施之后，排放量有了大幅的下降，从每立方米 100 微克下降到 80 微克。

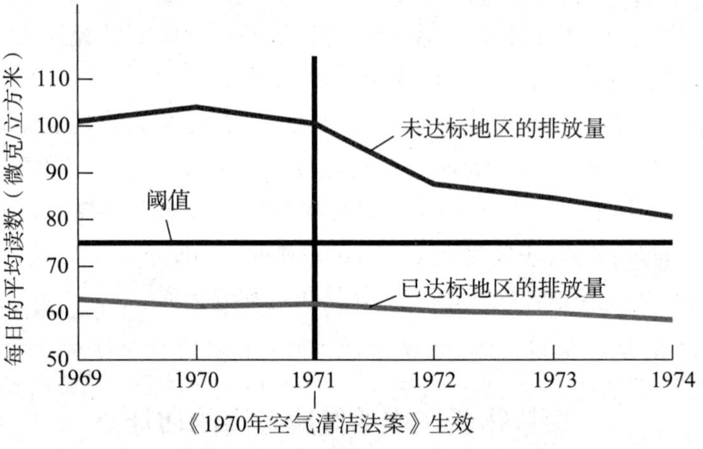

图 6－1　在《1970 年空气清洁法案》管制范围内及范围外的县的污染排放趋势

说明：在《1970 年空气清洁法案》实施之前 TSP 较低的县（达标地区）中，排放量在这段时间内变化不大。在排放量较高且需要受到管制的县（未达标地区）中，TSP 在 1971 年以后急剧下降。

应用我们在第 3 章中学习的术语，以上是一个很好的准实验。实验组为未达标的地区，这些地区的 TSP 急剧下降。对照组是已经达标的地区，TSP 的变化很小。这些组在一开始就是相似的，并且所经历的变化也应是相似的，除了监管干预以外。

因此，相对于已经达标的地区来说，未达标地区唯一的变化就是干预本身，所以任何对健康的影响都来自管制的因果影响。斋和格林斯通通过考察一项代表健康状况很差的指标——新生儿死亡率（在第一个生日之前死亡的新生儿所占的比例）进行了这一比较。空气中的颗粒物可能会导致婴儿患上严重的，甚至会致命的呼吸问题。

斋和格林斯通的发现是惊人的：相对于没有被要求减少排放量的地区，受到管制的地区的新生儿死亡率大幅下降。他们发现，颗粒物每下降10%，就会导致新生儿死亡率下降5%。这项估计意味着，在1972年，有1 300名新生儿由于《1970年空气清洁法案》而免于死亡，这项研究以一种更令人信服的方法明确了污染排放的高昂健康成本，并肯定了监管的好处。

□ 酸雨的管制历史

《1970年空气清洁法案》：首次对包括二氧化硫在内的各种导致酸雨的排放物设定了大气浓度上限，这也是标志性的联邦环保立法。

对酸性气体排放的管制始于**《1970年空气清洁法案》**(1970 Clean Air Act，CAA)，该法案规定了包括二氧化硫在内的各种物质在空气中的最高浓度，并且针对新建燃煤电厂设定了新能源性能标准（NSPS)，强制新建电厂通过使用低硫煤或者安装废气吸收装置来降低酸性气体排放。根据第5章讨论的政府政策的理论，政府在处理环境问题上采用的是管制（数量）的方法而不是征税（价格）的方法。

二氧化硫的排放总量虽然在20世纪80年代初有所降低，但是废气排放问题仍然引人关注。因为绝大多数废气排放来源于不属于NSPS规定范围的旧工厂，由于《1970年空气清洁法案》只针对新建工厂设立了一系列规定，所以变向激励了旧工厂的持续运营，时间甚至超过了政策制定者所预计的工厂的正常运行年限。除此之外，1977年，美国政府还对已经安装废气吸收装置的新工厂增加了一项附加要求，这使得新建工厂的成本进一步上升，保持旧工厂的超期运营则显得更为经济。这也是体现部分政策改革弊端的一个典型例子。只针对新工厂进行管制是政府政策的最大漏洞，激励了过时并且污染严重的旧工厂持续运行，从而使得法案的实际效果大打折扣。

二氧化硫许可制度：1990年针对《1970年空气清洁法案》的修正案中的一项制度，该制度授予工厂排放限定数量的二氧化硫许可证，并允许其交易这些许可证。

1990年的法案修订及排污权交易　1990年通过了一系列针对《1970年空气清洁法案》的修正案，最引人注目的一条修正是，全国二氧化硫排放水平减少50%以上，包括所有的工厂，甚至是旧工厂。该修正案的一个主要特点是，它建立了一个**二氧化硫许可制度**（SO_2 allowance system)，即根据工厂历史的燃料利用率，授予它们排放限定数量二氧化硫的许可证。[①] 工厂被允许购买、出售，并（在未来几年）保留这些许可证。如果

① 例如，布赖恩经营的发电厂在1987年消耗了100亿英热单位（英国的热量单位，一种能量的度量单位）的煤，向大气中排放了15吨二氧化硫，排放率为每百万英热单位3磅，这意味着布赖恩所经营的是一个污染严重的工厂。从2000年开始，每年环境保护署将给予布赖恩相当于每百万英热单位1.2磅二氧化硫的排放额度。在这种情况下，他只能拿到6个许可证，每一个许可证可以排放1吨，因此，布赖恩不得不大幅降低工厂的排放量（降低60%，从15吨降到6吨），或从另一个发电厂处购买许可证。

工厂发现减少排放的成本非常高，则可以尝试购买许可证，这样可以更容易地将排放量减少到它们的许可水平。许可证市场旨在通过鼓励公用事业利用减排成本之间的差异（第5章中讨论过的理论）达到提高该计划的成本效益的目的。旧工厂的减排成本是非常高的，可以向减排成本较低的新工厂购买许可证。听取了经济学家关于交易好处的意见后，许可证交易市场的限制非常少。交易可以在全国范围内的任何地方进行，不需要审查或批准，任何人（工厂、经纪商等）都可以交易，交易的频率和机制同样不受限制。

这项修正案引起了两个方面的强烈反对。一方面，对二氧化硫大规模的限制遭到了很多以经济为理由的公用事业和煤矿工人的批评，特别是在煤炭供应含硫量较高的东部各州。1989年的一项行业研究预测，酸雨计划的全面实施会带来每年41亿～74亿美元的成本，损失400万个就业岗位。① 另一方面，许可证及其交易制度受到环保人士的强烈批评。明尼苏达州的前参议员尤金·麦卡锡（Eugene McCarthy）将许可证制度比喻为中世纪的教友可以购买的赎罪券，即支付一定的价格从而使罪行获得原谅，并将许可证制度称作"污染赦免"。麦卡锡和其他环保人士反对的理由是，这些修订创造了"罪恶与美德的市场"②。

事实上，由于许可证交易的好处，这些法规的成本已经远远低于预期。酸雨监管方面的专家丹尼尔·埃勒曼（Daniel Ellerman）估计，1995—2007年，交易机制使监管成本降低了一半以上，从350亿美元下降到150亿美元。③ 更广泛的研究发现，交易机制使成本估计降低了33%～67%。④

《1970年空气清洁法案》的修正案表明，交易机制就像经济学家预计的，大大提高了监管效率。基于这一成功经验，交易机制在美国的环境建设方面得到了大范围的普及，在世界上也获得了一定的认可。

环保人士意识到，更有效的监管同样符合他们的利益，因为它减少了政府监管增加所带来的负面经济效应。根据埃勒曼（Ellerman，2000，p. 4），"大多数的观察者都认为这项机制是一个巨大的成功……在不到十年的时间里，排污权交易已经在政策制定者眼中变成了明星——大家都喜欢用这种方式来处理污染问题"。

□ 《1970年空气清洁法案》成功吗？

经济学家最擅长的就是将各种干预措施的成本和收益摊开，并把它们留给其他人来决定这些干预措施能否被称为成功。显然，《1970年空气清洁法案》，特别是1990年修订后的法案，有很多值得推荐的理由。然而，我们很难确定这一制度的净经济成本是否小于它的收益。这项计划所实施的一系列管制措施显然是昂贵的。格林斯通（Greenstone，2002）估计，《1970年空气清洁法案》实施的前15年使污染密集型行业付出了损失600 000个就业岗位，以及750亿美元产出的代价。与此同时，这些法规在降低颗粒物排放所带来的成本方面，特别是在健康的改善方面取得了显著的收益。这些健康改善可能带来长期收益。艾森等（Isen et al.，2014）发现，由于《1970年空气清洁法案》

---

① Perciasepe (1999).

② McCarthy (1990).

③ Ellerman et al. (2000), Table 10.5.

④ Ellerman et al. (2000), p. 296.

的保护而免受空气污染的人在之后收入水平更高，每年在新保护县出生的150万人的终生收入提高了4 300美元。

现在关键是把所有这些观测到的结果总结成一个明确的结论（我们将在第8章讨论经济学家如何解决这个问题）。伯乔等（Burtraw et al.，1997）曾尝试找出一个结论，他们估计，一旦这种成本更低的交易制度到位，单单减少污染排放的健康收益就已经超过了减排成本的7倍。

6.2 全球变暖

温室效应：地球的大气层气体将来自太阳的热量反射到地球表面的过程。

对人类的潜在危害最大的环境外部性问题是全球变暖。地球上的热量来源于经过地球大气层的太阳辐射，同时，地球也向外辐射能量，其中有一部分进入太空，但是绝大部分能量被大气层的特定气体如二氧化碳、甲烷等吸收，然后将能量返回地球。这与温室的作用原理类似，以阳光为能源，并将产生的热量尽可能截留在温室内部，所以我们称这种效应为**温室效应**（greenhouse effect）。温室效应对地球上的生命有非常重要的意义：如果没有温室效应，地表温度将比现在低大约60度，我们所理解的生命在这样的条件下都会消亡。①

但是人类活动使得二氧化碳、甲烷等温室气体过量排放，导致温室效应明显加强。举例来说，自从工业革命以来，大气层中二氧化碳含量升高了约三分之一，碳元素总量约为8 000亿吨，这是40万年以来的最高水平。这些二氧化碳的产生绝大部分来源于化石燃料，如煤、石油和天然气的使用。人们对化石燃料的使用为地球大气变暖做出了贡献，导致自1951年以来，地球表面温度上升超过1华氏度，这至少是1 000年以来最快的增长速度（见图5－1）。全球冰雪覆盖面积与20世纪60年代相比下降了10%，全球海平面在过去一个世纪里平均升高了1/3～2/3英尺。

而更加令人担心的是对21世纪的预测。相对于2005年，地球表面的平均温度很有可能在21世纪末上升0.5～10华氏度，最佳估计是1～7.4华氏度。每个人类居住的大陆的变暖速率很可能达到20世纪的两倍。② 如果温度上升6华氏度，那么在2100年，全球GDP将因此下降超过10%，而印度、非洲和西欧国家将降低超过15%。③ 温度的上升同样会导致生物多样性受到严重影响：3%的温度上升预计会使地球上30%的物种消失。④ 全球变暖会显著增加极端气候条件的恶劣程度。自1970年以来，地表温度上升了1%，4～5级的飓风数量增加了75%。

近期有关全球变暖危害的最生动的例子是沃德·亨特（Ward Hunt）冰架的消失。

① Congressional Budget Office (2003a).

② International Panel on Climate Change (2014).

③ 参见 Nordhaus and Boyer (2000), Figure 4.4。对印度和非洲造成的损失将来自全球气候变暖对人类健康的影响，大量热带疾病将扩散到它们当前的边境之外。由于季风活动的增加会降低产出，印度的农业产量将受到严重影响。西欧地区的农业和生活质量将受到损失，这是因为全球变暖会导致洋流的不断变化，造成气温的急剧下降。

④ Intergovernmental Panel on Climate Change (2007).

这个冰架本来有80英尺的厚度，面积约为波士顿的3倍，是北极地区最大的冰架。但是在2003年的夏天，它分裂成两大块及许多小块的岛屿，这一事件被科学家评价为“史无前例”。虽然是前所未有的，但是并不令人吃惊：北极的温度平均每10年就上升1华氏度，与1980年相比，冰架厚度已经减少了一半。① 更近地，2010年8月，一个巨大的面积为100平方英里的浮冰岛从北格陵兰的彼得曼冰川上断裂开来，这是自1962年以来崩解的冰块中最大的一块。② 最近的研究发现，西南极冰盖的最终崩塌很可能在现有关于海平面上升的预测基础上，使未来几个世纪海平面再上升4英尺。③

图6-2列出了每年因化石燃料燃烧导致的二氧化碳排放量最多的国家，化石燃料的燃烧也是温室气体排放的主要来源（例如，美国2012年使用的能源当中，约有84%来自化石燃料）。迄今为止，中国和美国是二氧化碳排放量最大的两个国家，两国排放的二氧化碳占世界总排放量的五分之二。中国、印度等发展中国家的排放量虽然占比很大，却是近期才出现的现象。如果我们考察整个20世纪温室气体的总排放量，我们会发现，虽然发达国家人口仅占世界总人口的20%，却通过化石燃料贡献了80%的温室气体排放。

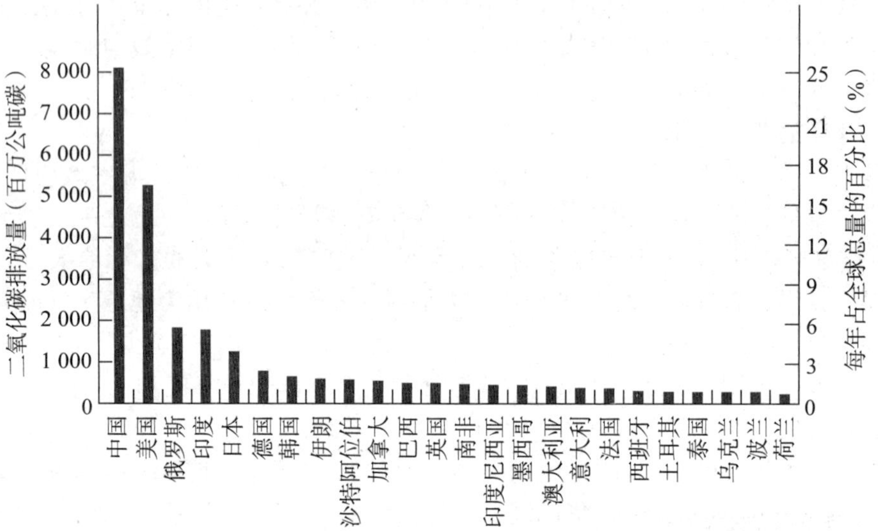

图6-2　2012年化石燃料二氧化碳排放量最大的国家

资料来源：U. S. Energy Information Administration, Total Carbon Dioxide Emissions from the Consumption of Energy, Thousand Metric Tons of CO_2 (CDIAC).

说明：2012年，美国和中国的二氧化碳排放量加起来占全球的40%以上。

尽管各国在排放方面的角色不尽相同，但全球变暖确实是全世界共同的问题。无论碳排放是来自波士顿还是曼谷，其对全球环境的影响都是相同的。另外，导致全球变暖的原因是大气中的二氧化碳储量，而不是年排放量，所以降低碳的使用并不能马上解决

① 参见Revkin (2003)。关于世界范围内全球变暖的交互说明，参见http://gain.globalai.org/。

② *Huffington Post* (2010).

③ 这些研究可在http://www.vox.com/2014/5/12/5710440/the-collapse-of-west-antarcticas-glaciers-appears-unstoppable网站上找到。

问题。即使所有的国家今天就停止所有化石燃料的使用，可能仍然需要数百年去消化世界工业化所造成的破坏。因此，全球变暖是一个关乎许多国家数代人的复杂外部性问题。

☞应用

《蒙特利尔议定书》

1987 年签署的《蒙特利尔议定书》(Montreal Protocol) 废止了氟利昂的使用，是国际合作应对环境问题的一个绝佳范例。氟利昂是我们在日常生活中经常见到的一类化学物质，在冰箱、空调、喷雾器等物品中都有使用。它被广泛使用的一个重要原因是它具有非常长的寿命，而正是因为它们的寿命很长，引起了严重的环境问题：氟利昂容易挥发，当它上升到平流层后，在分解过程中破坏了吸收太阳光中有害的户外紫外线的臭氧层，这与全球变暖一样将会是长期存在的问题。有预测表明，到 2050 年，北半球臭氧层破坏率将达到 50%～70%，增加 1 900 万例非黑色素瘤皮肤癌、150 万例黑色素瘤，以及 1.3 亿例白内障。①

而与全球变暖不同的是，氟利昂的问题更显紧迫。20 世纪 80 年代，南极上空就已经有 2 500 万平方公里的臭氧层空洞！臭氧层空洞促使国际社会采取行动，184 个经济体于 1987 年 9 月签署了旨在有计划地废止一些特定化学品（绝大多数为氟利昂及卤代烷）使用的《蒙特利尔议定书》，全世界对氟利昂的消耗已经从 1986 年的 110 万吨降到 2004 年的 64 112 吨。②

结果是，在 2000 年达到 3 000 万平方公里的峰值后，臭氧层空洞已经下降了 9%。它目前的大小与它最初被发现时的大小相同，但将继续恢复并在 2070 年左右恢复正常。③ 或许在全球变暖问题上也需要有一些令人瞩目的事件来促使我们采取行动，但问题是，与氟利昂不同，即使我们能够极大地降低温室气体排放，全球变暖问题在未来几个世纪仍然得不到解决。所以，如果我们要等危机到来时再采取行动，可能就为时已晚了。

□《京都议定书》

1988 年起，世界上开始举办各种解决全球变暖问题的国际会议。活动的高峰是 1997 年的日本京都会议，这次会议有超过 170 个经济体参加。经过激烈的谈判，38 个工业化经济体同意开始应对全球变暖，并在 2010 年之前将它们的温室气体排放量减少到比 1990 年的水平低 5%。④

这些目标被写入《京都议定书》(Kyoto Treaty)，38 个参与方中的 37 个签署了该议定书，并在 2005 年年初开始生效。值得注意的是，签署方的名单中并没有美国，美

① United Nations Environment Programme (2003).

② United Nations Environment Programme (2006).

③ National Aeronautics and Space Administration (2014).

④ 这是一个能够反映这些经济体折中意见的平均数值。例如，美国同意降低到比 1990 年的水平低 7%。此外，期限并不是严格定在 2010 年，2008—2012 年间排放量的平均水平需要降低到这一数值。

国对签署这一水平的减排条约没有表示出兴趣。鉴于《京都议定书》签署以来美国经济的增长速度，如果将排放水平减少到低于1990年水平的7%，则意味着2010年排放量要降低16%。[①] 诺德豪斯和波伊尔（Nordhaus and Boyer，2000，table 8.6）估计，达到《京都议定书》的目标意味着美国要花费现值为1万亿美元的成本。这些研究者估计，美国要达到《京都议定书》的标准，其需要承担的成本占世界总成本的比例远远大于美国温室气体排放量占世界的比例。这是由于美国的温室气体排放量预计将快速增长，同时，美国对火力发电厂的持续依赖（不像其他国家，如日本更多使用天然气或核电厂，产生的温室气体的水平要低得多）使得美国的减排成本十分高昂。

□ 交易可以使《京都议定书》成本有效吗?

> **国际排放交易：** 根据《京都议定书》，只要排放总量达标，各工业化签署方之间就被允许进行排放权的交易。

前面估计的减排成本是十分庞大的，我们也可以理解为什么美国不愿意签署这样一个可能十分昂贵的协议。但这些估计忽略了《京都议定书》中的一个关键内容——**国际排放交易**（international emissions trading），这一内容主要是在美国的要求下加入的。根据《京都议定书》，工业化签署方之间被允许进行排放权交易，只要达到总排放量的目标即可。也就是说，如果美国只想减少其排放量到1990年的水平，而不是比1990年低7%，则可以通过从另一个国家购买排放许可来弥补缺口。

排放权交易是条约的一项重要内容，这是由于不同发达国家在达到目标需要耗费的成本方面存在着巨大的差异，这一差异主要由两个原因造成。首先，不同国家自1990年以来的增长速度存在巨大差异。例如，20世纪90年代，俄罗斯的经济增长非常缓慢（因此排放量的增长速度也很低），意味着将排放量降低到1990年的水平对俄罗斯来说并不是非常昂贵。其次，在某些国家，经济增长的“环保意识”更强，比如对日本这类较多使用天然气和核能发电进行生产的国家来说，其经济增长可能并没有带来排放量的飞速增长。因此，就像我们在第5章中所讲的两个企业的例子，如果我们允许减排成本较低的国家（如俄罗斯），与减排成本较高的国家（如美国）进行交易，则可以使总的减排成本降低。据估计，这样的交易可能会使达到京都目标的全球减排成本降低75%。[②]

这一点如图6-3所示。该图显示了减少碳排放的市场，横轴代表以百万公吨为单位的碳排放量的减少。《京都议定书》对美国碳排放减少所规定的目标是比1990年的水平低7%，即减少4.4亿公吨的碳排放量。对全球的规定是碳排放量需要减少6.3亿公吨，除了美国，世界其他地区需要实现的净减少量为1.9亿公吨。

由于没有交易（如图6-3a所示），各国不得不在自己的减排机会供给曲线上完成既定的目标。美国的减排机会由供给曲线S^{US}表示。由于初始的减排成本很低，因此这条曲线向上倾斜。例如，比较接近节能型的工厂只需要进行一些较便宜的改变就能够成为节能型的工厂。而随着减排量的上升，减排成本也会同时上升。进一步减少碳排放可

---

① 参见U.S. Environmental Protection Agency (2012)。2010年的排放量为6 821.8百万吨二氧化碳当量，1990年为6 175.2百万吨二氧化碳当量。

② Nordhaus and Boyer (2000), Table 8.5.

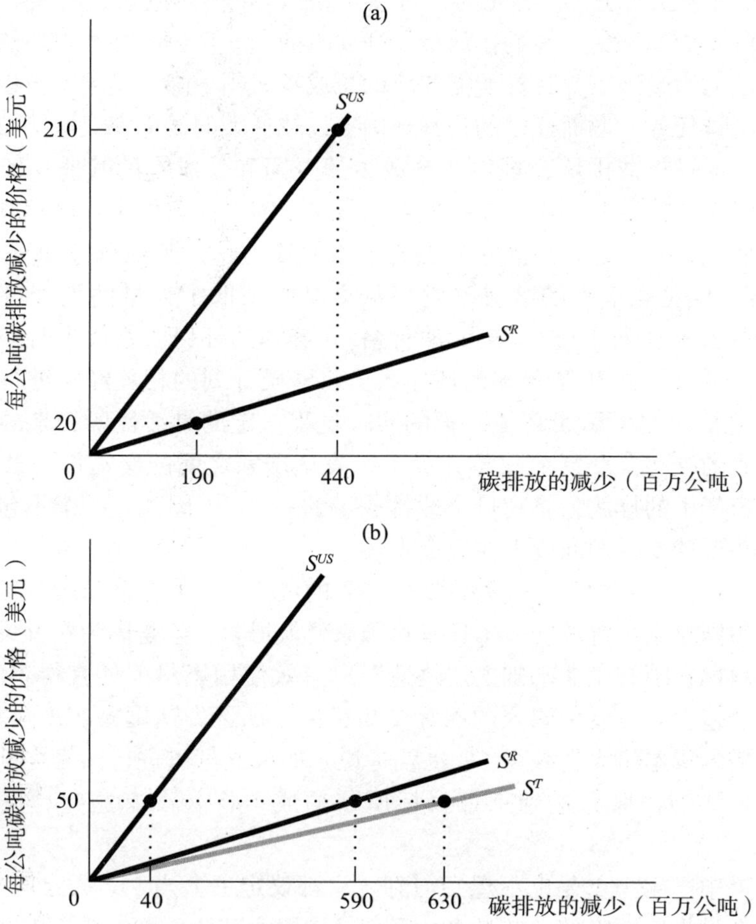

图6-3 交易的好处

说明：美国减排的供给曲线（S^{US}）比世界其他国家的供给曲线（S^{R}）更陡。如果美国必须自己减少所有的碳排放量（图6-3a），则成本为每公吨210美元。在这种情况下，美国减排4.4亿公吨，世界其他国家减排1.9亿公吨。如果美国和其他国家可以交易（图6-3b），那么此时的供给曲线是S^{T}。在这种情况下，每公吨的价格下降到50美元，世界其他国家减少5.9亿公吨，美国只需要减少0.4亿公吨。

能需要通过用新的工厂取代低能效但功能完善的工厂这种高昂的做法来实现。

在没有交易的世界，实现《京都议定书》所规定的4.4亿公吨的减排目标的边际成本（由S^{US}曲线度量）为每公吨碳210美元。为了简便，我们将世界其他国家作为一个整体，其减排机会由图6-3a中的S^{R}表示。S^{R}曲线位于S^{US}曲线下方较低的位置，表明这些国家减排机会的边际成本要低得多。对于这些国家，减少1.9亿公吨的碳排放只需要花费它们每公吨20美元的成本。

现在假设美国可以从俄罗斯和其他国家购买排放许可证。在图6-3b中，我们可以对两条供给曲线S^{R}和S^{US}进行水平加总，从而得到世界市场的总供给曲线S^{T}。根据这一供给曲线，世界范围内减少6.3亿公吨排放量的成本为每公吨50美元。这意味着，国家之间如果存在交易，则任何成本高于每公吨50美元的减排都可以通过购买许可证来抵消超出的部分。在这个价格水平上，美国会选择减少0.4亿公吨的排放量（因为任何额外的减排成本都会超过 50 美元的许可证价格），并从其他国家购买剩余的 4 亿公吨。其他国家将减少 5.9 亿公吨的排放量，即要求的 1.9 亿公吨加上出售给美国的 4 亿公吨。世界范围内为达到京都目标所需耗费的总成本大幅下降。美国不再以高昂的成本完成大部分的减排任务，取而代之的是其他国家以较低廉的成本完成这些减排任务。

也就是说，通过将减排量合理地在高成本的美国和低成本的其他国家之间进行分配，我们显著降低了世界范围内减少排放量的价格。需要注意的是，虽然其他国家减排的边际成本有所上升，但这是因为它们沿着供给曲线上移。其他国家都乐于以每公吨 50 美元的成本提供更高水平的减排（它们从交易中获取了大量的生产者剩余，因为它们的减排成本远小于每公吨 50 美元的价格）。美国的环保谈判代表对交易机制的谈判问题所给予的重视，体现了美国的环保人士将酸雨计划的相关经验进行国际化的程度，这些经验主要是关于赋予环境目标的实现过程一定的灵活性所带来的收益。

发展中国家的参与 交易的故事并没有以发达国家之间的交易作为结束。到 2030 年，发展中国家产生的排放量将超过全球排放量的一半。① 因此，一个不包含发展中国家的协议在解决全球变暖的问题上注定会失败。

此外，将发展中国家纳入该计划将增加计划的灵活性，并会降低达到减排目标所需的成本。发展中国家减少排放的成本比发达国家要低得多。这是因为在开发工业基础时有效地使用燃料比在现有工业基础上“改造”以有效使用燃料要便宜得多。有人估计，如果我们有一个包含了发展中国家的国际交易机制，那么发达国家实现《京都议定书》规定的目标所需的成本将大量减少。② 也就是说，如果既可以进行国家之间的交易，发展中国家又可以参与，那么达到京都目标所需的成本将是没有这些“灵活性”时的 1/16。

然而，发展中国家一点儿也不想参与到《京都议定书》当中，并且有充分的理由。它们指出，当今世界所面临的问题是由一系列发达国家破坏环境的增长方式所导致的结果，那么为什么要强迫它们提高环保意识，为美国和其他国家收拾烂摊子呢？要想寻找解决全球问题的有效途径，这一矛盾必须得到解决。最终，为了使发展中国家参与交易中，很有可能需要发达国家将一些资源转移到发展中国家作为补偿。

□ 未来将会如何？

1997 年的《京都议定书》是为解决温室气体排放的全球外部性问题中最重要的努力。自那时以来的事态发展，特别是美国拒绝签订《京都议定书》的决定，对在短期内达成应对全球变暖问题的协议来说都不是好兆头。《京都议定书》所规定的目标在 2013 年过期，而在这一时间内，只有欧盟同意继续为达成目标而努力。近期的全球会议取消了其他国家的京都目标，改为自愿性的目标，并且对排放量超出规定的国家不予惩罚。

然而，自《京都议定书》实施以来，2014 年和 2015 年年初的发展态势是最喜人的。特别是在 2014 年秋季，合计贡献了超过全球温室气体排放三分之一的美国和中国宣布了一项具有里程碑意义的协议来共同减缓排放增长。美国提出要在 2025 年之前将

① Nordhaus and Boyer (2000), Figure 7.7.

② Nordhaus and Boyer (2000), Table 8.5.

整个经济体的排放量降低到比2005年的水平低26%～28%。中国宣布了二氧化碳排放量达到峰值，并在2030年之前将非化石燃料在一次能源消耗中的使用量提高到20%。此外，两国都同意延续之前为气候变化所做出的共同努力，包括美中气候变化工作组（U.S. -China Climate Change Working Group，CCWG）的构建，该工作组推出了许多有利于减排的替代方案。它们还同意扩大美中清洁能源研究中心（U.S. -China Clean Energy Research Center），包括对低效化石燃料补贴以及增加联合清洁能源研究与开发资金进行联合同行评估。最后，该协议宣布在中国建立一个新的碳储存项目，由两国共同领导实施。[①] 通过尽早宣布计划，两国领导人希望能够激励其他国家采取相同的做法，在2015年年初宣布其各自的目标和行动计划，为在巴黎举行的2015年气候变化大会（2015 Climate Change Conference）做准备。

对于未来全球变暖的争论的一个重要问题是，国际社会是应该延续以《京都议定书》中的数量方法为基础的政策，还是应该制定一个以价格为基础的政策，如诺德豪斯（Nordhaus，2006）所提倡的关于碳使用的国际协调税收。第5章中介绍的不确定性模型清楚地表明，在这个背景下，税收会优于管制（即使交易存在）。这是因为减排的收益与大气中的温室气体存量相关，因此给定任何减排水平，其边际收益是不变的。鉴于我们需要推动一块巨大的石头才能阻止全球变暖，因而每增加一个推石头的人所起到的作用基本是不变的。另外，减排的边际成本既是不确定的，又在各个国家之间有所不同。减排对于某些国家来说是低成本的，而对于其他国家则可能是非常昂贵的。正如我们在第5章学习过的，在这种情况下（即边际成本是不确定的，并且各个国家的边际成本不相同，边际收益是平坦的），税收优于管制，因为管制可能会在减排成本变得很高时带来过多的无谓损失。[②] 价格和数量这两种方法在未来甚至可以被结合在一起使用，数量目标通过配以“安全阀”规则，使国家可以在成本过高时降低它们需要减排的数量，继而为数量限制添加价格上限。

当然，这一讨论仅关注了两种解决全球变暖问题的方法。还有很多其他的政策工具，如从改变饮食习惯（因为来自奶牛的甲烷是温室气体的主要来源），到开发新的清洁技术来降低生产商品和服务的排放率等。事实上，最近由英国、美国和其他国家政府联合发起的项目允许使用者评估各种政策干预对全球温度模式的影响。[③]

然而，重要的是要记住，这些方法的使用最终将由政府的价格和数量政策推动。例如，最近的一项研究发现，汽车行业中清洁技术的使用对碳税增加的成本反应强烈。[④]

☞**应用**

国会将全球变暖纳入议题

2009年，由于新的民主党总统选举，以及参众两院中共和党占大多数，关于减轻全球变暖中的政府责任问题再次成为“热门”议题。在众议院，民主党人亨利·韦克斯曼（Henry Waxman）和爱德华·马基（Edward Markey）共同提出了《美国清洁能源

① 白宫新闻秘书办公室（White House Office of the Press Secretary）。

② 国会预算局最近的一份报告详细讨论了碳税的收入和经济影响（CBO，2013）。

③ 全球计算器（Global Calculator）参见 http://tool.globalcalculator.org。

④ Aghion et al.（2012）.

和安全法案》(American Clean Energy and Security Act, ACES),这是迄今为止在管制碳排放方面做出的最长远的努力。该法案设立的目标是,在2020年之前使排放量降低到比2005年低17%的水平,在2050年之前减少到比2005年低83%的水平。虽然这些目标不如《京都议定书》的目标严苛,但实现这些目标同样意味着美国在碳使用量方面有了巨大的减少。

该法案的一个主要特点是,允许排放许可证的交易,并建立在基础经济学的经验教训,以及《1970年空气清洁法案》及其修正案中交易机制的成功经验的基础之上。在《美国清洁能源和安全法案》下,允许的排放量下限更低,公司可以通过几种途径来达到这一更为严格的目标:

- 它们可以减少排放量。
- 它们可以继续排放污染物直到达到其购买的排放许可量。
- 它们可以购买污染抵免来抵消自己的排放量。这些抵免会提供给不受排放限制但为了减少全球变暖而采取行动的其他个体。例如,农民种的树如果可以隔绝空气中的碳,那么农民就可以获取抵免,并将这些抵免出售给发电厂,使发电厂可以用这些抵免来抵消排放量。

国会预算局(CBO,2009)估计,到2020年,排放许可证的成本将为每吨排放28美元。到那一年,大约80%的许可证将被给予现有的碳排放企业,20%将被出售给排污企业以增加政府收入。随着时间的推移,被出售的许可证所占的比例将会不断上升,并在2035年达到70%。

ACES立刻遭到了几个方面的批评。有人批评该法案提高了能源的生产成本,因为污染排放公司现在要么需要购买许可证,要么需要购买抵免,或者采取其他昂贵的措施来减少排放量。一位评论家写道:"这是无法回避的——更高的能源成本将不可避免地导致更高的消费者价格以及更少的就业机会。"① 事实上,国会预算局估计,必须获得许可证的企业会将这样做的成本通过更高的能源价格转移给它们的消费者,在2020年,对经济带来的总成本将达到1 100亿美元,或者说每个家庭将近900美元。为了解决这一问题,国会预算局指出,这些宝贵的许可证最初将会被分配给污染排放企业,而这些公司通过出售它们的许可证所获得的钱可以抵消价格上涨的需要。国会预算局估计,这些许可证的价值在2020年为850亿美元,因此2020年的净成本为250(=1 100−850)亿美元,或每个家庭175美元。②

但是请记住,所有这些分析都只是一个预测。另外,正如在第5章中讨论过的,由于减排的成本是不确定的,达到固定排放目标的社会成本可能会高得多。该法案意识到了这一问题,并采取了一些措施,其中包括:允许企业将购买到的或分配得到的排放许可证"存入银行";允许企业在两年的时间之内达到目标,这样它们就不必在一段特定时间内大幅减少排放;设立额外许可的"战略储备",如果许可证的成本上升到预期价格的160%以上,那么这些储备将被提供给市场(类似于前面讨论的"逃避安全

① *The Washington Examiner* (2009).

② 经济体没有零成本的原因是,一些减排要求是通过从其他国家购买抵消物来达到的,并且存在与减排相关的资源成本。

阀”问题）。

对ACES的第二种批评来自觉得许可证的全部价值应回赠给消费者，而不是简单地返还给污染行业的人。ACES试图通过规定排放污染的公共事业公司将分配到的许可证价值返还给消费者的方法来解决这一问题。然而这一方法有两个问题。第一，没人能保证公共事业会这么做。它们可能会转而用这笔通过出售宝贵的许可证筹集到的资金来提高自身的盈利能力，继而返还给它们的投资者。第二，如果将许可证的价值传递给能源的消费者，那么ACES就可以取消该法案的目标设置，因为该法案是为了提高能源价格，从而使消费者更少地使用这些能源！

正是由于这些原因，经济学家不仅大力支持可交易许可证的使用，而且强烈支持许可证的初始分配通过拍卖的方式进行。也就是说，政府将举行拍卖，污染企业要对允许它们进行特定数量排放的许可证进行出价，而不是由政府直接将许可证分配给各污染企业。通过对污染者获得许可证收费，政府同时可以筹集资金并提高能源消费的价格（这将直接解决全球变暖的负外部性问题）。但是，我们前面的讨论表明，这样的办法并不受政客的欢迎，因为会使他们面临来自污染行业（这些行业必须支付许可证的价格）和能源消费者（他们需要承担更高的能源价格）的反对声音。目前尚不清楚政客能否利用拍卖获得的收入来抵消批评。

在ACES的例子中，政客显然觉得这是不可能的，他们认为通过该法案的唯一途径就是将许可证直接分给污染者，而不是通过出售来获得收入。正如一位记者所写的："韦克斯曼和马基会将许可证免费分给污染者，而不是以拍卖的形式，因此会降低能够返还给美国人的收入。"①

第三种关于该法案的担忧来自觉得这一法案不足以解决全球变暖问题的人。一位博主这样写道："韦克斯曼和马基的气候变化法案中，关于全面实施以及坚持长期排放量限制的描述只会导致几年内全球变暖的预计增长放缓——从科学上来讲是没有意义的。"② 但奥巴马总统对该法案是十分有信心的，他认为这项法案将使美国转向能源更有效利用的方向，他说道："这项法案最终会带来清洁能源……可盈利的能源。"③ 其他人也同意迈出的第一步可能是转折性的。《纽约时报》的专栏作家托马斯·弗里德曼(Thomas Friedman)曾写道："如果美国政府对碳实行定价，即使是很低的价格，也会在消费者、投资者、农民、改革者和企业之中开辟一种新的理念，并且会在某个时刻产生巨大的影响——就像第一个关于香烟会引发癌症的警告那样。在警告发布的第二天，再没有人会以同样的眼光看待吸烟了。"④

众议院的代表关于这项法案的争论是异常激烈的。该法案的反对者继续将其描绘为对美国能源消费征收的一大笔税。宾夕法尼亚州共和党人乔·皮茨（Joe Pitts）说道："无论你怎么修改它，裁剪它，它就是一种税。"⑤ 最终，在2009年6月26日，该法案以七票的微弱差距得以通过。然而，参议院没有足够的支持使这项法案进入投票程序，

① Bandyk (2009).

② Knappenberger (2009).

③ Walsh (2009).

④ Friedman (2009).

⑤ Walsh (2009).

部分原因是其在经济衰退的环境下增加了与能源成本相关的政治问题。近年来，人们始终不愿意采取影响范围较广的立法方法来应对全球变暖，这促使奥巴马政府采取了在本章引言中所讨论的行政措施。

6.3 吸烟的经济学

并不是所有的外部性都是大规模的环境问题。有一些重要的外部性是局部的、个体的。这些外部性中的大部分出现在个人健康层面，而吸烟是其中最有趣的一个。

吸烟是美国目前最大的自我损害的健康危机议题。如图 6-4 所示，在过去的几十年中，香烟的吸食数量有了大幅下降，然而在吸烟每年导致超过 480 000 人死亡，死亡人数比艾滋病、违禁药品使用、酒精、交通事故以及枪击案的总和还要多的情况下，仍然有接近 18%的美国人吸烟。美国公民中由于吸烟而过早死亡的人数是美国历史上所有战争死亡人数的十倍以上。①

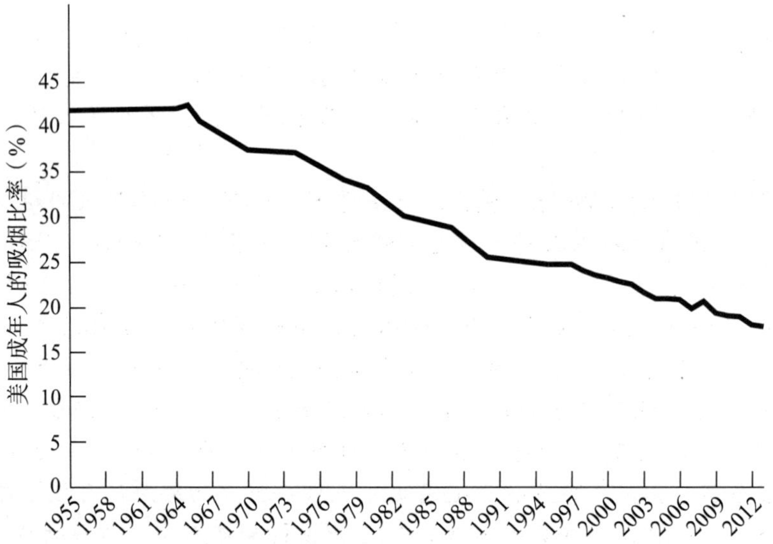

图 6-4　1955—2013 年美国每人每年的香烟消费

资料来源：Centers for Disease Control and Prevention (2013，2015).

说明：在 1964 年美国外科协会（U. S. Surgeon General）发布关于吸烟有害健康的报告之前，美国的吸烟率相当平缓。之后，吸烟率稳步下降。

在世界范围内，这一问题甚至更为严重。在现有的十多亿烟民当中，将有一半的人死于与吸烟相关的疾病。到 2030 年，每年将有 800 万人死于与吸烟相关的疾病。到那时，吸烟将会成为世界各地死亡的首要成因。②

① Centers for Disease Control and Prevention (2014).

② World Health Organization (2015).

这些可怕的事实能否作为管制吸烟的理由？传统微观经济学并不这样认为。在标准的效用最大化模型中，人们从事危险活动对自身造成的任何伤害都是在权衡了收益和潜在成本之后做出的理性选择。吸烟对健康的危害现在是众所周知的。经济学家认为，吸烟者在了解这些风险的情况下选择吸烟，意味着他们对吸烟的即时快感的偏好大于遥远的寿命减少成本。

但这种说法是否忽略了吸烟很容易上瘾这样一个事实？毕竟，成瘾行为方面的权威专家对尼古丁的成瘾性评价高于咖啡因和大麻，在某些情况下堪比可卡因：在可卡因的使用者当中，大约一半的人表示，想要吸烟的迫切性和使用可卡因的急迫程度是一样的。

这难道不意味着人们对其自身造成的伤害需要政府采取行动加以控制？

再一次地，来自传统经济学的答案是否定的。贝克尔和墨菲（Becker and Murphy，1988）在其很有影响力的一篇文章中假定，“理性的瘾君子”明白，他们今天所抽的每一根香烟都会增加上瘾程度，导致他们明天抽得更多。因此，当他们购买一包烟时，他们不仅考虑了这包香烟的成本，而且考虑了上瘾程度的加深导致未来会购买的额外香烟的成本。此外，吸烟者明白，点燃这根香烟不仅会通过当前这根香烟对身体造成危害，而且由于上瘾会导致未来香烟的消费，因此还会通过未来的香烟对身体造成危害。如果吸烟者消耗了香烟，那么这就是一个理性的选择，并不需要政府的干预。

□ 吸烟的外部性

传统经济学方法的关键公共财政含义是，政府的适当作用仅仅是吸烟者对其他人造成的外部性的函数。像所有其他的消费决策一样，吸烟行为是由理性选择主导的。吸烟者给自己带来的巨大成本与公共财政无关，只有吸烟者强加给别人的成本才是政府采取行动的理由。然而吸烟外部性的衡量是非常复杂的，我们接下来会进行相关讨论（并在表 6-1 中进行总结）。

表 6-1　吸烟的影响：是否为外部性？

影响	如果情况如下，则不是外部性	如果情况如下，则是外部性
健康护理成本增加	保险公司在精算上提高吸烟者的保费。	很多人投保的保险公司将吸烟者的健康成本分配给所有被保险的人群；同时，未投保人群的健康成本被转移给了其他人。
工人生产力下降	雇主根据生产力调整个人工资。	雇主没有根据个人的生产力进行工资调整，因此必须要降低所有工人的工资来弥补生产力的下降。
火灾数量增加	吸烟者只点燃了自己的财产，没有向消防部门寻求帮助，保险公司根据吸烟状况调整保费。	大火对非吸烟者的财产造成了损害，增加了当地消防部门的成本，或使所有人的火灾保险费用上升。
更早的死亡	吸烟者不缴纳社会保障税或不会在以后产生医疗费用。	非吸烟者需要存钱，因为吸烟者死亡过早，无法筹集足够的社会保障收益，他们的死亡使生命终期的高昂成本降低（正的外部性）。
二手烟的影响	影响很小，或者吸烟者在决定吸烟时考虑了家庭成员的效用。	影响很严重，吸烟者在决定吸烟时没有考虑家庭成员的效用。

吸烟会带来很多身体和财务方面的影响，但在许多情况下，这些影响可能不是外部

性。表格第一列列出了吸烟影响的几个例子，第二列讨论了在哪些情况下这些影响不属于外部性，第三列讨论了在哪些情况下这些影响属于外部性。

保险精算调整：保险公司为了弥补预期费用差异而进行的保费变动。

由吸烟导致的健康成本上升 根据一项估计，与吸烟有关的疾病使美国医疗保健成本增加了1 700亿美元，约为美国健康保健成本的8.7%（Xu et al.，2015）。然而，这一庞大的数字本身并不能成为政府干预的理由。假设社会中所有个体都自行购买了医疗保险，并且医疗保险的价格由保险公司根据吸烟状况的一个函数来设定。保险公司会计算预期花费在吸烟者医疗保健上的额外费用，并向吸烟者收取更高的保费来弥补保险公司支付的额外成本。这种增加保险价格以弥补预期费用差异的行为被称为**保险精算调整**（actuarial adjustments）。保险精算调整将吸烟带来的医疗成本外部性内部化了。在这一简化模型中不存在健康外部性，因为通过保险精算调整，吸烟者已经支付了与吸烟相关的高昂医疗费用：社会（在这里是保险公司）通过收取更高的保费，得到了吸烟所带来的额外成本的全额补偿。

由于现实世界从三个方面偏离了这一简单例子，因此吸烟所导致的医疗成本增加会产生外部效应。首先，保险并不总是针对吸烟行为进行精算调整。在麻省理工学院，我为团体保险支付的价格与我的吸烟行为无关。如果我吸烟，并且如果我的医疗成本较高，那么保险公司将不得不略微提高麻省理工学院每个人的保费来弥补这一损失。在这种情况下，我对我的同事施加了负的外部性，且我并没有对这一外部性进行内部化，因为我没有完全支付与我的吸烟行为相关的更高的保费。然而，随着时间的推移，这种外部性会下降，因为公司会更频繁地向吸烟的员工收取保险附加费。[①] 另外，患者保护及平价医疗法案仅允许保险费率根据个人的年龄和吸烟状况有所不同（其他健康状况的衡量则不行）。

▶ **快速提示**

外部性既可以是财务上的，也可以是身体上的。我的抽烟行为之所以产生了外部性，是因为我的香烟消费的社会边际收益低于我的私人边际收益，两者之间的差异等于我的同事需要支付的额外保险费用。

其次，领取政府保险的吸烟者不用缴纳更高的保费。这种情况会导致负外部性的产生，因为吸烟者的医疗费用会通过更高的税收负担由全体公民来承担。最后，有些人没有医疗保险，也不会支付他们的医疗保健费用。医疗服务提供者通常会向其他医疗支付者收取更高的费用来填补这部分成本，也因此对这些支付者施加了负的外部性。

工作效率 吸烟者在工作上的生产力低下有很多原因：他们可能会请更多的假，并且在工作中更频繁地休息（为了吸烟）。一项研究发现，吸烟者每年会给公司带来600～1 100美元的生产力和缺勤成本。另一项研究发现，吸烟者每年由于生病而缺勤的

① 参见Abelson（2011）关于沃尔玛（Walmart）策略的讨论。

工作天数比非吸烟者多出50%以上。[1] 这对于企业来说是一个外部性问题吗？答案仍然是不一定。在这个例子中，是否为外部性取决于这些工人的工资是否被调整，以补偿其较低的预期生产力。也就是说，精算调整不一定只存在于保险市场，它们可能同样存在于劳动力市场当中。如果为了弥补生产力的降低，吸烟者的工资被降低了，那么企业就可以将与吸烟有关的生产力外部性内部化。如果不是这样，那么这些外部性就不会被内部化。

火灾 吸烟者比不吸烟者更容易引起火灾，主要是由于一些人在香烟还在燃烧时就不小心睡着了。例如，2000年，全世界由吸烟引起的火灾共造成了30 000人死亡，财产损失达270亿美元。马科维茨（Markowitz，2010）指出，美国住宅火灾的3%～4%都是由吸烟引起的。[2] 这些死亡和财产损失是否代表着外部性的存在？如果一个吸烟者独自居住在山上，并烧毁了自己的房子，杀死了自己，但对其他人、植物或动物没有造成任何损害，那么就没有外部性的存在。但是在现实中，由这类火灾产生的外部性比比皆是。消防部门对抗火灾需要耗费成本，火灾会对其他人造成财产损失，并且每个人都必须支付更高的火灾保险费用，除非火灾保险市场针对吸烟做出了适当的保险精算调整。

“死亡收益” 对吸烟外部性的衡量有一个有趣的转折，体现在吸烟者较早死亡给纳税人带来的正的外部性上。举个例子，社会保障计划向工人收取工资税，直到他们退休，然后从退休当日起直到工人死亡，向工人支付退休福利。吸烟者通常在退休年龄段死亡，因此他们无法获得因为纳税而享有的退休福利。在这种情况下，吸烟者对非吸烟者带来了正的财务外部性：吸烟者缴纳税款为退休福利提供资金，但所活寿命不足以使他们获取福利，让政府有更多的资金支付给其他非吸烟者。因此，在现有的社会保障制度下，吸烟者通过“较早死亡”为不吸烟者带来收益。

另外，吸烟者的较早死亡也抵消了很多吸烟带来的医疗费用影响。如果吸烟者在65岁之前死亡，那么他们不会在年事已高时带来较大的养老院和其他医疗费用。这些节省下来的医疗成本很大程度上抵消了他们在较年轻时接受癌症和心脏病治疗所产生的额外医疗费用。

> **被动吸烟：**人们在吸烟者附近吸入烟草烟雾。

外部性的估计 以上四个方面的影响，以及其他一些较小的负外部性，使吸烟的外部成本估计约为每包0.52美元（2015年的美元水平）。[3] 这一数字对于很多因素都是敏感的，其中一个很重要的因素是：人们是如何在吸烟较为遥远的未来成本与当下的收益之间进行权衡的？然而，根据大多数估计，吸烟的外部成本远低于美国联邦加上各州征收的香烟税的平均水平（每包1美元以上）。当然，这些估计没有考虑吸烟的另一个潜在的、重要的，同时很难定量的外部性问题：**被动吸烟**（secondhand smoke）。

关于被动吸烟都有哪些内容？ 不吸烟者通过被动吸烟吸入烟雾的伤害是一个典型的外部性问题，因为个人并不具有空气的所有权。在没有明确的所有权界定的情况下，完全的科斯方法无法被使用。然而被动吸烟的成本很难轻易被添加到我们所关注的外部

① 参见 Manning et al.（1991）表4－11的缺勤统计以及第139页关于成本估计的文献综述。

② Leistikow et al.（2000）.

③ 参见 Gruber（2001a），更新到2015年的美元数据。

成本列表当中，原因有两个。首先，被动吸烟的损害具有相当大的医疗不确定性。因此，关于被动吸烟外部性的估计为每包 0.01～1.28 美元![1]

其次，大多数来自被动吸烟的伤害都是作用在吸烟者的配偶和子女身上的。如果一个吸烟的母亲将其家庭成员的效用包含在自己的效用函数当中（最大化家庭而不是个人的效用），那么她就会将吸烟对丈夫和孩子造成的损害考虑在内。在这种情况下，吸烟者在选择吸烟时，已经确定了从吸烟中获得的收益大于吸烟对自己和家人带来的健康成本。当外部性以这种途径被内部化时，其他家庭成员由于吸烟而生病所花费的成本必须可以被母亲从吸烟中获得的大量收益所抵消，否则她不会吸烟。另外，如果吸烟的母亲没有将其他家庭成员的成本考虑完全（没有实现家庭效用最大化），那么对其他人造成的部分损害不会被内部化，应该被计算在外部性的范畴内。现有的证据表明，家庭效用的最大化实际上是不完全的，因此这些被动吸烟的成本在一定程度上属于外部性。[2]

□ 我们应只关心外部性，还是说内部性同样重要?

传统的经济学方法认为，政府干预吸烟决策的唯一动机应是吸烟者对其他人施加的外部性，这是由于吸烟者对自己造成的任何损害都已经在做吸烟决策时被考虑在内。然而，这种模式忽略了吸烟决策中的几个重要特点，这些特点表明，可能存在其他促使政府干预的理由。

其中两项内容尤为重要：青少年的吸烟决策以及成年人的戒烟困难。在回顾了这些特征之后，我们转向他们如何通过提出自我造成的吸烟损害对政府政策也很重要，来挑战传统的基于外部性的香烟税的观点。

青少年吸烟　在所有吸烟的成年人当中，超过 75%的人在 19 岁生日以前便开始吸烟了。但经济学目前还没有令人满意的研究青少年行为的模型（事实上，关于父母的也没有）。[3] 吸烟行为的传统模型假定，开始这一成瘾行为的决定是在完全理性地权衡了当下收益与未来成本之后所做出的。如果青少年开始吸烟时并没有正确地、理性地评价这一权衡，那么政府的政策制定者可能就会关心吸烟决策对吸烟者本身的影响。

事实上，一些证据表明，一时冲动所做出的决定可能并不是以理性成瘾模型所要求的前瞻性方式做出的。一项调查问卷针对每天抽一包或以上的高三学生提出这样的问题：你们是否会在未来的 5 年之内一直吸烟？调查人员接着在 5 年之内对这些学生进行跟踪观察。在表示会在 5 年之内吸烟的人中，吸烟率为 72%，但表示不会在 5 年之内一直吸烟的人当中，吸烟率为 74%！这一结果表明，青少年在吸烟时可能并没有将上瘾的长期影响考虑在内。

---

① 参见 Viscusi（1995）的表 11，更新到 2015 年的美元数据。

② 参见 Lundberg et al.（1997）针对家庭效用最大化的惊人的证据。这篇文章指出，与家庭效用最大化模型（每个人都同样关心所有的家庭成员）形成鲜明对比的是，将家庭的财政控制权从丈夫的手中转移到妻子的手中，会显著增加代表孩子所进行的支出。Wang（2013）提出了最新的证据，他们发现，在中国，财产所有权在男性和女性之间的转移，会对男性青睐的商品的消费产生重大影响。

③ 除非另有说明，本节中关于内部性的内容，所有吸烟的事实都来自 Gruber（2001a）。关于青年危险行为的更宽泛的经济学分析，参见 Gruber（2001b）。

成年人无法成功戒烟，即使他们想要这么做 有关吸烟的另一个重要事实是，许多成年人想要戒烟，但是戒不掉。考虑以下事实：

- 在美国，10 个吸烟者当中，有 8 个都表达出想要戒烟的意愿，但实际做到的少之又少。
- 根据一项研究，80％以上的吸烟者都会在一年中尝试戒烟，他们平均每八个半月就要尝试戒烟一次。
- 54％的认真戒烟尝试都在一个星期内失败。

自我控制问题： 无法实施最优的消费策略的问题。

这些事实着实令人担忧，因为它们暗示吸烟者可能面临着**自我控制问题**（self-control problem），即无法实施最优的消费策略的问题。经济理论假设个体不仅能够最优化自己的效用函数，而且能成功实施这些最优计划。然而，心理学上有大量证据反驳了这一假设：当涉及自我控制的长期计划需要付出短期成本时，人们通常无法实施这一计划。这方面的一个很好的例子是吸烟——具有戒烟的短期成本（生理上的不适，也可能伴有精神上的痛苦），以及健康的长期收益。其他例子包括退休储蓄（短期成本为放弃当期消费，但长期收益为更高标准的退休生活）、是否节食和运动（短期成本为食物的减少和运动量的增多，长期收益为更长的寿命）。在很多方面，人们似乎都无法控制自己短期的欲望来换取长期的利益。

关于自我控制问题的存在有两种类型的证据。第一类来自心理学实验的实验室。在实验情境当中，人们不断表露出愿意在未来耐心等待但眼下很急躁的特点，这也正是自我控制问题的定义特征。一个在自我控制方面有问题的人，他们的长远目标是正确的（即能够根据预算约束理性地最优化自己的效用函数），但就是无法付诸行动。例如，在一项实验中，大多数人在今天能够兑现的 100 美元支票和 2 年后才能兑现的 200 美元支票之间更偏好前者。然而，同样一群人，在 8 年以后才能兑现的 200 美元支票和 6 年以后能够兑现的 100 美元支票之间选择了前者，即使这是同一个选择问题——区别仅在于其中一个为 6 年以后的选择。[①] 这与自我控制问题一致：当面临同样的选择时，人们愿意在未来富有耐心，但不是今天。

承诺机制： 一种机制，旨在帮助意识到其存在自我控制问题的个体抵抗不良倾向。

自我控制问题的第二类证据是对**承诺机制**（commitment devices）的需求。如果一个人有自我控制问题，并且意识到了这一问题，那么他就会有寻求某种机制来帮助他克服这一困难的需求。寻求承诺机制是大部分关于戒烟策略的推荐所选择的方法：人们经常会通过与其他人打赌，告诉其他人关于戒烟的决定，并以其他方式使吸烟变得尴尬，来建立起克制吸烟的机制。这些做法帮助人们通过提高吸烟的短期成本，以抵消吸烟的短期利益来克服自我控制问题。自我控制机制的使用同样广泛存在于其他领域：人们在银行设立“圣诞节账户”以确保有足够的钱购买圣诞节礼物；他们还会在健身俱乐部购买会员卡以督促自己健身，即使通常来说每次去的时候进行单次支付会更便宜。[②]

① Ainslie and Haslam (1992).

② DellaVigna and Malmendier (2004).

负的内部性：一个人通过逆向健康行为或其他行为对自己造成损害。

政府政策的影响　青少年吸烟者的非理性和成年吸烟者的自我控制问题似乎是所有吸烟决策模型中的合理特点：我们都了解（或曾经是）非理性的青年，我们都了解（或者是）自我控制存在问题的人。然而，在标准的经济学模型中加入这些合理的心理因素会对政府决策产生戏剧性的影响。因为不论在哪种情况下，需要政府干预的都不仅是吸烟的外部伤害，而且有一些吸烟者对自身造成的伤害。如果吸烟者在年轻时犯了错误，或者想要戒烟但没有成功，那么吸烟的损害就是一种**负的内部性**（negative internality），即一个人通过逆向健康行为（或其他行为）对自己造成损害。这一内部性给予了政府管制吸烟的正当理由，就像在传统模型中的外部性。这一次，政府仍然是为了解决失灵问题，只是在这一例子中，没有对他人的外部性，而是由个人短期耐性的缺乏或青少年的非理性给长期健康带来了成本。如果政府能够解决短期失败的问题，使人们的长期福利增加，那么就如纠正市场失灵一样，政府使效率得到了提升。

这里的赌注是很大的。虽然吸烟者带给别人的净损害很小，但是对自身造成的损害是巨大的。我们只考虑损害的其中一个方面：寿命的减少。吸烟者的估计寿命平均比非吸烟者少 6 年。经济学家通常将一年的寿命估价为 200 000 美元左右（所采用的方法在第 8 章中会详细讨论）。根据这一数字，由于吸烟而损失的寿命价值大约为每包 35 美元！这是一个巨大的数字，是吸烟外部性损害的一般估计的 75 倍之多。

政府在处理内部性问题上有多种政策工具。其中一个工具是关于吸烟对健康的危害的信息。在过去的 30 年中，吸烟的大幅下降很大程度上是由于吸烟有害健康的相关信息的发布。然而，有关吸烟对长期健康会造成影响的信息并不能有效抑制自我控制问题和青少年非理性问题。①

税收是政府可采用的一个很好的承诺机制，因为税收使吸烟者购买的香烟价格上升。大量的证据表明，吸烟者对香烟价格是相当敏感的，香烟价格每上涨 10%，吸烟数量则下降 5%（特别是在对价格敏感的青少年吸烟者中，吸烟数量会下降更多）。通过提高税收，政府可以强迫吸烟者面临更高的成本，并降低他们的吸烟数量，提供给他们所需要的自我控制能力。② 格鲁伯和科斯奇（Gruber and Koszegi，2004）计算出，对于实验所记录的具有自我控制问题的人来说，最优的税收水平是每包 5～10 美元，比任何一种为了抑制外部性而征收的税都要高。这是一个远远高于目前的税率的税收水平。

政府政策不仅由外部性决定，而且由内部性决定的观点，是背离传统微观经济学政策分析的一个主要方面。就此而言，需要更多的研究来确定内部性的大小。然而，吸烟所带来的高昂的健康成本（每包 35 美元）表明，即使内部性较小，这仍可能需要大规模的政府干预。

---

① 我孩子的学校已经认识到，警告青少年关于吸烟的长期风险的做法是没有效率的。他最近的反烟书签上列有不抽烟的理由，只有一项是长期的健康风险，而其他九项均为短期成本，如患青春痘的可能性更高，或更糟糕的运动表现。这些显然不如长期视角下的寿命减少问题重要，但这些书签的目的在于使青少年意识到吸烟会带来短期成本，这些短期成本会抵消短期收益。

② 事实上，Hersch（2005）发现，计划戒烟的吸烟者比其他吸烟者更加支持吸烟管制。

6.4 其他成瘾行为的经济学

虽然吸烟是一个特别有趣的例子，但它绝不是唯一的由外部性（或内部性）导致潜在市场失灵的健康行为。在这里我们简单考虑三种其他的健康行为。

□ 饮酒

酒精消费是除了吸烟以外另一个有趣的例子。与饮酒有关的外部性比与吸烟有关的外部性要大得多。这主要是因为饮酒带来的一个重要外部性是酒后驾驶造成的损失。在美国，每天有将近 30 人死于由酒后驾驶导致的交通事故，相当于每 48 分钟便有一例死亡。与酒驾相关的交通事故每年会带来超过 590 亿美元的成本。2013 年，有 10 076 人在酒后驾驶事故中丧生，占美国所有与交通相关的死亡数的将近三分之一（31%）。① 经济学家评估，由于这些意外而导致的生命价值损失是一个非常庞大的数值（约为每年 1 000 亿美元）。即使醉酒司机可能被吊销驾照，也可能被提高保费，但他不大可能承担由于他的行为给社会带来的全部成本。饮酒的外部性估计为每盎司酒精（纯酒精）1.22 美元，远高于目前根据酒的类型收取的每盎司 17～46 美分的税（每盎司酒精的税收在啤酒、白酒和其他酒精饮料之间各不相同）。②

这些数字还不包括饮酒的另一个潜在的、重要的外部性：暴力倾向和犯罪的增加。在 25%的暴力案件以及 40%的家庭暴力事件中，受害者都指认犯罪者在行凶之前曾喝过酒。③

由萨拉·马科维茨（Sara Markowitz）和他的同事撰写的一系列文章证明，反酒精政策（例如对酒精征收高额的税）对减少暴力、犯罪、危险的性行为以及性传染疾病具有重要影响。④ 再一次地，如果这种行为只涉及家庭成员，那么它可能具有（也可能不具有）外部性。当它涉及其他人，如通过犯罪行为，那么该行为显然具有外部性。

然而，饮酒的内部性远小于吸烟。少量饮酒虽然会影响驾驶，但实际上有利于长期健康。而且，因为饮酒而导致自身健康受损，或者损害了他人利益的饮酒者只是很少一部分。因此，政府管制饮酒的主要依据是外部性问题，即标准的管制理由。

政府在管制饮酒上的角色定位是比较困难的，这是由于饮酒的外部性产生于饮酒所引发的酒后驾驶和暴力事件所占的比例，而这一比例是非常小的。从理论上讲，最优的策略是针对酒后驾驶和暴力事件进行更严肃的罚款和处罚。但我们不可能实际将酒后驾驶和暴力事件的成本提高到足以弥补该活动的外部性的水平。在另一个极端，提高所有酒精消费的税收是一个非常生硬的手段。它会使不打算酒后驾驶或实施暴力的人过多地降低饮酒水平，而对于可能进行酒后驾驶或实施暴力的人来说，这一税收则是不够的。

---

① Centers for Disease Control and Prevention (2015).

② 参见 Manning et al. (1989)，更新到 2015 年的美元价格。

③ U. S. Department of Justice (1998).

④ 参见 Markowitz and Grossman (1999); Markowitz (2000a, b); Grossman, Kaestner, and Markowitz (2004); Markowitz et al. (2005)。

不过，鉴于饮酒所造成的巨大损失，相对于使酒精税停留在远低于饮酒外部性的水平上，征收较高的酒精税会使整个社会的福利水平有所上升。① 一个更好的具有针对性的措施也许是提高青年接触酒精的年龄限制，我们会在“实验证据框”中进行相关讨论。

□ 毒品

另一个引起政府关注的成瘾行为是毒品的使用，如大麻、可卡因、摇头丸和海洛因。美国和其他大多数国家一样，其政府通过禁止毒品的消费以及刑事处罚等手段来管制这些行为。这是一个特别有趣的例子，因为与毒品相关的外部性大多是由毒品的违法性所导致的。事实上，合法消费某些毒品的外部性可能远低于酒精的外部性。因此，理性的成瘾模型认为，对毒品的管制没有必要超过对吸烟的管制。正如著名经济学家米尔顿·弗里德曼（Milton Friedman）在 1972 年提倡毒品合法化时写道：“别人的上瘾行为对我们造成的伤害几乎全部来自毒品的非法性。美国律师协会（American Bar Association）最近的一项估计显示，美国有三分之一到一半的街头犯罪都是吸毒者所为。如果使毒品合法化，那么街头犯罪会大幅下降。”②

这种论点在最近美国大麻的合法化浪潮中具有相当的影响力。出于医疗目的的大麻使用已在 23 个州和华盛顿哥伦比亚特区实现合法化。2014 年，从科罗拉多州开始，四个州（科罗拉多州、华盛顿州、俄勒冈州和阿拉斯加州）及华盛顿哥伦比亚特区相继实现了大麻娱乐用途的完全合法化。科罗拉多州在实行该计划的前 11 个月销售了价值约 6 亿美元的大麻，仅占该州 25 亿美元市场的一小部分。自法律通过以来，毒品逮捕率减少了 41%。与此同时，一些研究发现，实行医用大麻法律的州的青少年开始使用大麻的可能性以及成人频繁吸烟的可能性有所增加。奥巴马政府已表示反对完全合法化，认为合法化造成的负面社会成本超过了在起诉和监禁大麻销售和使用方面的支出减少（以及大麻合法化带来的税收收入增加）。③

尽管有大麻合法化运动，但在包括美国在内的大多数国家，更广泛的药物合法化仍然是一个激进的想法。因此，政策制定者显然不相信理性的成瘾模型在毒品和其他潜在的成瘾行为（如饮酒和吸烟）之间同等适用。不同于吸烟和喝酒，政府似乎认定，人们在毒品的问题上并没有做出对自己来说最正确的长远决策——否则很难将大多数工业化国家所追求的公共政策理性化。④

▶实验证据框◀

“法定饮酒年龄为 21 岁”政策的影响

目前在美国，法定允许的饮酒年龄为 21 岁，但在 20 世纪 70 年代的很多州，这一年龄被降低到 18 岁、19 岁或者 20 岁，直到 20 世纪 80 年代重新被规定为 21 岁。关

① Cook and Durrance (2013) 的一项最新研究发现，1991 年的联邦酒精税翻倍使意外的致死率下降了 4.7%，将近每年 7 000 人。

② Friedman (1972).

③ 数据来源于 Conference of State Legislatures (2015)、白宫（White House），以及 Wen et al.(2014)。

④ 关于毒品合法化问题的一个很好的回顾，参见 Donohue et al. (2011)。

于法定饮酒年龄偏低的一个担忧是，青少年尤其容易受饮酒的内部性和外部性的影响，特别是在酒后驾驶方面。与此同时，另外一些人认为，21岁的法定饮酒年龄并没有达到制止青少年饮酒的效果，而且实际上可能使情况变得更糟。佛蒙特州明德学院（Middlebury College in Vermont）的前任校长约翰·麦卡德尔（John McCardell）在参加60分钟电视节目时说道："该规定并没有减少或者消除饮酒的现象。它只是使喝酒变成了暗中进行的地下行为，并且是在最危险、最缺乏管理的环境中。"麦卡德尔认为，该法律制造了一种危险文化，里面充斥着不负责任、粗鲁的行为，不受管制的放纵以及极端的酗酒行为。①

那么法定饮酒年龄是否重要？单纯地通过比较21岁以上及以下的饮酒率来说明这一问题并不是一个令人信服的方法，因为21岁以上的人群在饮酒的偏好上可能有别于21岁以下的人。举个例子，假设21岁以上的人更偏好喝酒，那么我们就会发现喝酒行为在21岁以后会上升，但这一增加并不是由饮酒的合法性引起的。如果不同年龄的饮酒偏好之间的不可比性是差异的来源之一，那么我们关于法定饮酒年龄的影响估计就是有偏的。然而最近的研究提出了两个有趣的实证策略来解决这一不可比性问题。

首先是利用这样的事实，各州在20世纪80年代将法定饮酒年龄政策调整回21岁的全国标准时，所选择的调整时间各有不用。这就为准实验提供了绝佳的条件，其中，实验组为提高了他们的法定饮酒年龄的州，对照组则是没有提高的州。如果法定饮酒年龄对饮酒问题是重要的，那么当政策发生变化时，相对于政策尚未变化的州，年龄处于旧政策所规定的年龄和21岁之间的人的饮酒率应有所下降。

大量研究评估了这项准实验并发现，提高法定饮酒年龄不仅推迟了青少年饮酒，而且有其他重要的影响。卡彭特和道博金（Carpenter and Dobkin，2011）总结了这些证据并给出了这样的报告，法定饮酒年龄的下降导致18～20岁人群的饮酒量增加了6%～17%。库克和摩尔（Cook and Moore，2001）发现，法定饮酒年龄的降低不仅导致青少年的饮酒量上升，而且随着这些青少年的年龄上升，他们会喝得更多。也就是说，更早开始喝酒的更可能在日后继续喝酒。卡彭特和道博金（Carpenter and Dobkin，2011）发现，更低的饮酒年龄与18～20岁人群的车祸死亡率上升了17%有关。沃森和费尔蒂希（Watson and Fertig，2008）发现，更低的饮酒年龄导致年轻母亲的生育结果变得更糟，包括较低的出生体重以及早产。②

其次是比较在21岁生日前后的近期数据的结果。虽然21岁以上的人在总体上不同于21岁以下的人，但在21岁生日前几天的人应与21岁生日后几天的人相似——不同的地方在于后者可以合法地进行喝酒行为。通过比较21岁生日前几天以及生日刚过的人群，研究者能够通过一种名为断点回归的方法，获取合法饮酒对结果的影响的因果估计。

① CBS News（2009）.

② Nilsson（2008）使用了一组来自瑞典的酒精获取的扩张数据，说明了新生儿健康的下降会对学业成就和收入等方面产生负面影响。

这一方法如图 6－5 所示，该图来自卡彭特和道博金（Carpenter and Dobkin，2009）。横轴以月份为间隔表示年龄。下方的（灰色）线表示人们饮酒天数的比例（数量由左纵轴表示）。图中的点是不同年龄的实际每月平均饮酒量。图中的线为第 3 章所讨论的回归类型，但回归线的估计在 21 岁以上及以下分别进行。我们从该图可以清楚地看到，在 21 岁的点有一个不连续的变化——在 21 岁生日的那一点的饮酒天数的比例有明显的跳跃。使用实际的生日而非生日月进行的回归分析表明，刚刚超过 21 岁的人喝酒的天数比接近 21 岁的人多 30%。① 这一相当大的断点说明了在 21 岁进行合法化的影响。

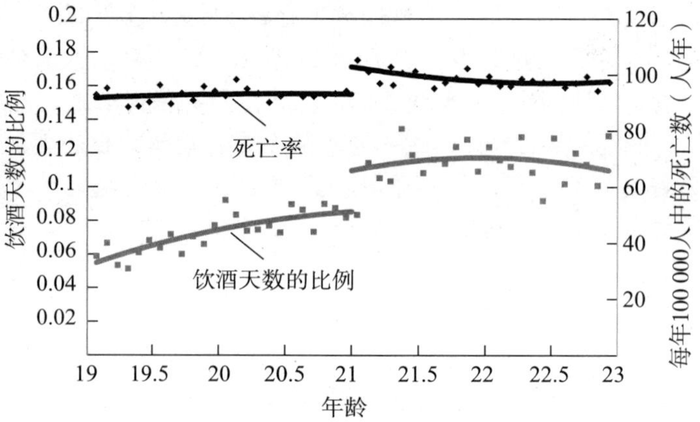

图 6－5　21 岁左右的饮酒情况及死亡率的变化

资料来源：Carpenter and Dobkin (2009).

说明：对于饮酒天数的比例以及死亡率来说，在 21 岁附近都有较大的回归断点。

最上方的（黑色）线针对另一个结果——死亡率（此时数量由右纵轴表示）重复了以上过程。同样地，死亡率在 21 岁的地方有明显的跳跃，刚过 21 岁生日的死亡率比将近 21 岁生日的死亡率高出 9%。也就是说，达到法定饮酒年龄之后，较多的人饮酒与更高的死亡率有关。作者还说明了这些死亡率的影响主要来自更多与酒后驾驶相关的死亡。卡莱尔、胡克斯特拉和韦斯特（Carrell，Hoekstra，and West，2011）通过使用类似的方法说明了学术表现同样会在达到法定饮酒年龄时有所下滑。这些实证分析清楚地表明，降低美国的饮酒年龄会对 18～20 岁的人产生负面影响。②

☞**应用**

针对肥胖问题的公共政策

最近在美国和其他地方，一个潜在的健康外部性问题引起了高度的关注，这就是肥胖问题。当一个人的体重指数远远超过该年龄正常的体重指数（Body Mass Index，

① 为了消除与生日会相关的影响，该分析的控制变量包括 21 岁生日当天以及生日第二天。

② 然而，Lindo et al. (2014) 最近的一项研究发现，在有着十分严格的酒后驾驶法律的澳大利亚某地区，饮酒年龄的变化对交通事故没有影响，意味着不同的饮酒管制类型可能可以互相替代。

BMI）时，则被定义为肥胖。BMI测量的是身高与体重的比例。美国的肥胖人数在最近几十年经历了大幅增长：被列为肥胖的人群占成年人口的比重从1960年的12％增长到2012年的35.1％。[①] 虽然美国的增重速度比其他发达国家更快，但肥胖程度的普遍上升已经成为全球范围内的现象。世界卫生组织（World Health Organization，WHO）的报告指出，全世界约有6亿成年人是肥胖的，相当于地球上每10个成年人中有超过1个人是肥胖的。[②]

为什么肥胖呈现上升趋势？研究表明，肥胖问题的增多归咎于热量摄取的增加以及体力活动的减少。热量摄取随着收入的增加而自然地上升，并且随着时间的推移，人们的偏好从健康的食物（往往需要大量准备工作的食物）转变为不健康的零食（现成的、易于准备的）。当人们存在"自我控制"方面的问题时，他们在面对通往体重增长的平坦的、低成本的道路面前是没有抵抗力的，因此现成的食物尤其会导致肥胖。大量研究表明，人们在一些情况下会吃得更多，比如，当更多的食物被摆在他们面前的时候，或者盘子比较大，食物看上去比较少的时候。唐斯等（Downs et al.，2009）认为，相对于内部暗示（他们有多饱），许多人对外部暗示（他们的盘子有多满）非理性地敏感，而事实上前者才是最为重要的。里德和范莱文（Read and van Leeuwen，1998）的另一项研究发现，个人愿意在将来承诺吃得更健康，但面对即时选择时，他们推翻了先前的承诺并选择了较不健康的食物。此外，正如热量的摄取在不断上升，体力活动也在不断下降。工业化社会已经从一种人们要收钱才运动（体力劳动者和需要体力活动的工作）转变为人们要付钱来运动的情况（由于工作需要长时间久坐，并且锻炼需要以放弃闲暇时间为代价，通常还要支付健身房的会员费用）。

公共政策制定者应当关注肥胖增加的问题，因为它的外部性和内部性都很大。事实上，美国目前增长最快的公共健康问题是糖尿病问题，糖尿病是一种身体无法调节葡萄糖（糖）的摄入量的疾病，是一种渐进的，往往是致命的疾病，目前还没有已知的治愈方法。它可以攻击体内每一个器官，导致心脏衰竭、中风及血液循环不良，从而导致截肢。2012年，2 900万美国人（占美国人口的9.3％）患有糖尿病，37％的成年人患有前驱糖尿病。[③] 导致美国糖尿病大幅上升的罪魁祸首是肥胖的增加以及缺乏运动的生活方式。

最新的估计表明，如果将与肥胖有关的所有负面健康影响都考虑在内，美国与肥胖相关的疾病每年的医疗费用可能高达1 470亿美元。[④] 50年内，肥胖可能会导致平均寿命缩短2～5年，影响超过癌症和心脏病。[⑤] 因此，无论是在传统的模型还是考虑了自我控制问题的模型中，政府在处理这一问题上都需要担负较大的责任。

然而，理解肥胖人数的增加以及肥胖带来的危害虽然容易，但想要针对这一问题制定合理的政策很难。使用公共政策工具减少肥胖现象有许多不同的方法，但迄今为止没有哪一种方法被证明是非常成功的。

---

① Centers for Disease Control and Prevention (2015).

② World Health Organization (2015).

③ Centers for Disease Control and Prevention (2014).

④ Finkelstein, Trogdon et al. (2009).

⑤ Olshansky (2005).

第一种方法是使健康的食物更容易获取来改变食物供应的性质，特别是在低收入的"食物沙漠"中，健康饮食的选择在以前往往是有限的。但目前为止，这些努力都没能改变饮食行为。例如，费城投资了数百万美元来开设新的商店，为该市低收入地区提供更健康的选择。然而，最近的一项研究发现，这些商店的供应并没有改变居民的饮食习惯，其他的研究也表明，虽然低收入社区的营养食品较少，但这只是解释弱势群体营养较差的一小部分原因。①

第二种方法是对不健康的食物进行征税甚至禁止。然而，通过对食物征税来解决肥胖要比解决吸烟问题困难得多。虽然每一根烟对你来说都是有害的，但是一定的食物消耗对你来说是有益的！因此，单纯地对热量进行征税是弊大于利的，因为这妨碍了低收入家庭获取足够的营养。一般而言，不同种类的食物消耗与健康之间存在着非常复杂的关系。例如，罗辛（Rosin，1998）写道："测量脂肪含量并不总是实用的。汉堡的肉中有一定比例的脂肪，但大部分都在烤制的过程中融化了。还有一些无脂肪的甜食，比如碳酸饮料和糖果等，又该如何评价呢?"丹麦的例子说明了对食品投入征税的另一个复杂因素：丹麦于2011年对食品中的饱和脂肪含量征税，这项税收在一年后被废除，当时它导致丹麦人在其他国家购买脂肪食品的数量大幅增加。②

这导致一些社区改为彻底禁止不健康的食品，例如反式脂肪。反式脂肪通常存在于烘焙食品，如糕点、饼干和其他的很多甜品，以及油炸食品如炸薯条、炸鸡块等食物当中。通过引用这样的事实，即反式脂肪是"化学改性食品配料，会使胆固醇以一种非常不健康的形式升高，并与心脏病有直接联系"，纽约市卫生局（NYC Board of Health）在2006年12月进行投票表决，并通过了第一项禁止反式脂肪使用的重大市政禁令。③丹麦早在2003年就开始限制工业化生产的反式脂肪的使用，反式脂肪已从丹麦人民的饮食中完全清除。④ 美国食品药品监督管理局最近宣布将逐步淘汰部分氢化油，也就是反式脂肪的主要来源。⑤

最容易解决的，也是到目前为止政策的主要目标，也许是学校以及儿童的肥胖问题。在美国，学校里出现的垃圾食品越来越多，这一现象可能是由学校的财务动机所导致的，学校需要通过出售这些食物获取利润。一项研究发现，获取垃圾食品的可能性增加10%，会使学生的平均BMI上升1%。这项研究估计，1990—2000年，青少年平均BMI的上升有五分之一是由在学校里可以选择不健康的食物引起的（Anderson and Butcher，2005）。遏制这一趋势的政策包括：限制学校对垃圾食品的出售，改良学校的膳食计划结构，关注更为健康的食物选择。为了增加体育活动，一些政策对学校的体育教学计划提出了更严格的要求。

解决肥胖问题的政策主要以信息的改进和与肥胖密切相关的成分为关注点。例如，2008年7月，纽约市实施了一项法律，要求所有（拥有15个或以上分店的）连锁餐厅

① 参见 Kliff（2014）以及 Handbury et al.（2015）。要获取通过新的商店选择改变低收入社区饮食习惯难度的更详细的文章，请参阅 McMillan（2014）。

② Kliff (2012a).

③ Lueck and Severson (2006).

④ Kliff (2011).

⑤ Ferdman (2015).

在菜单上注明食物的热量，否则将面临 200～2 000 美元的罚款（Sorrel，2009）。关于该法律早期实施效果的研究发现，该法律导致每单食品交易所含的热量有了小幅的下降，但这一下降在统计上是显著的。不过，关于这项法律是否使纽约的餐厅爱好者的肥胖程度有所降低，还需要进一步观察。① 平价医疗法案要求，在 2015 年 11 月之前，所有的连锁餐厅、自动售货机以及有 20 个分店以上的食品零售店须设置卡路里标签。

更成功的方法可能是让消费者直接进行自我控制。施瓦茨等（Schwartz et al.，2012）发现，当餐馆直接提供给消费者减少淀粉含量的选择时，相当一部分人会选择这样做，并且没有通过增加这一餐的卡路里消费来抵消这一点。而贝达德和库恩（Bedard and Kuhn，2013）发现，带有个性化定制的低卡路里选项的标签（例如，用火腿代替香肠或用冷冻酸奶代替冰激凌）会导致一部分人在之后来这间餐厅时选择低卡路里的套餐。

在该领域中，另一个被政策普遍关注的目标是含糖饮料。研究表明，含糖饮料的消费量从 1980 年到 2000 年增加了两倍。1998 年，美国平均每人每周的软饮料消耗量为将近 1 加仑。今天，这一数字下降到了每年 450 罐，也就是大约每周 0.8 加仑（Suddath and Stanford，2014），仍然是较大的数字。许多州正在考虑对含糖汽水进行征税。纽约市于 2011 年提出了另一种方案，向联邦政府申请允许禁止使用公共食品补贴来购买含糖汽水，但该提议被否决了。纽约市还提议禁止销售大瓶装的含糖软饮料，但该要求被州最高法院驳回。②

在更为激进的做法中，一些国家和美国的一些州已经转为直接对肥胖人群或者不关注自身体重的人群进行收费。2011 年，州长简·布鲁尔（Jan Brewer）提出对肥胖患者收取每年 50 美元的医疗补助计划费用。这一费用只有当被认定的肥胖患者或其他高风险患者未能改善自身健康水平时才会收取。③ 2008 年，日本卫生部通过了一项法规，要求地方政府以及雇主将“腰围测试”添加到成年人每年的例行体检当中。没有通过测试的腰围超过预设限制的人要采取改进措施，而如果一个地方政府或者一个公司的人群没有达标，则该政府或该公司要面临财务处罚。④ 一些州和公司为员工提供了参加健康改善计划的财务激励，帮助他们管理自己的体重。然而，最近的一项研究显示，参与了整整一年给予财务奖励的健康改善计划的员工，其体重有了稳步的下降，但并不显著（Cawley and Price，2009）。

□ 总结

管制其他健康行为会产生与管制吸烟类似的问题。然而对于饮酒和肥胖问题，现行的税收水平已经远低于负的外部性，以至于评价自我控制问题的影响以及内部性问题已经不重要了：几乎所有的经济学模型都指出，如果这些外部性的计算是正确的，那么税收水平应该更高。然而，在两种情况下，提高税收都会带来困难，不管是由于适当的消

① Bollinger et al. (2011).

② Grynbaum (2014).

③ Adamy (2011).

④ Onishi (2008).

费可能对于人们来说是有益的（在食物的例子当中尤为明显），还是由于我们很难合理地设计税收来针对外部性问题。

6.5 结论

本章说明了在第5章中介绍的外部性理论有很多有趣的相关应用。公共财政为我们考虑区域外部性（如酸雨）、全球外部性（如全球变暖），甚至是吸烟的“内部性”的管制问题提供了工具。对公共政策选择的仔细分析要求我们将真正的外部成本与被市场机制所吸收的成本区分开来，并理解可选择的管制机制在解决外部性问题上的收益和成本，同时考虑管制决策是只需要关注外部性，还是也需要关注内部性。

重点

- 酸雨是由发电厂带给野生动物、树木、建筑物以及（通过相关的颗粒物排放带给）人类健康的明显的负外部性。
- 《1970年空气清洁法案》显著（但低效）地减少了空气中的颗粒物数量（从而减少了酸雨）。1990年的修订案将交易机制加入法案中，使管制变得更加有效。
- 全球变暖是一个难以解决的问题，因为其影响是真正的全球性的，并且持续时间非常长。
- 《京都议定书》是解决全球变暖问题的昂贵的（对美国来说）第一步，但交易机制的存在以及发展中国家的参与可以显著降低成本。
- 吸烟的净外部成本相当低，意味着在传统模型中政府的角色十分有限。在消费者有自我控制问题的其他模型中，政府的作用可能会更大。
- 其他活动如饮酒和肥胖具有更大的外部性，但我们很难针对外部性的准确来源（分别为酒后驾驶和脂肪的消耗）设计管理机制。

习题

1. 一些人担心，1990年针对《1970年空气清洁法案》的修正案可能会产生污染的“热点”——污染物集中度非常高的局部地区。为什么这一修正案可能会导致“热点”的出现？从整体社会福利的角度来看，这些“热点”一定是坏事吗？解释说明。

2. 全国滥用药物研究所（National Institute on Drug Abuse）在 http://www.nida.nih.gov/infofax/hsyouthtrends.html 网站上给出了青少年吸烟、喝酒以及其他药物使用的六年趋势。根据这一网站信息，哪个年龄段中的青少年吸烟和饮酒率的变化是最显著的？

3. 考虑酸雨造成损害的几个主要途径，比如通过森林侵蚀、财产损失、能见度降低，以及不良的健康结果。在这些成本中，哪些是高度局部化的？哪些是由社会更大范围内的人来负担的？解释说明。

4. 东北部地区和西部沿海地区的许多城镇和城市最近通过了禁止在餐厅和酒吧吸烟的规定。这些禁令背后的经济学原理是什么？对禁止在汽车上吸烟有没有类似的原理？对公寓楼呢？对房子呢？

5. 考虑一下关于《1970年空气清洁法案》的担忧有哪些。1990年的修正案在何种程度上解决了这些担忧？解释你的答案。

6. 吸烟可以通过哪种途径对其他人产生正的外部性？

7. 一些观察者认为，鉴于在地球的历史上，二氧化碳含量和气温水平远远高于今天的水平，因此目前关于人类活动导致全球变暖的担忧有些过分夸大。你会如何对这一观点进行实证检验？

8. 诺德豪斯和波伊尔（Nordhaus and Boyer，2000）估计，美国要实现温室气体减排的京都目标，将承担全世界90%以上的成本。为什么美国在只生产约全世界四分之一的温室气体的情况下，需要承担如此高的成本？

9. 埃文斯、法雷利和蒙哥马利（Evans，Farrelly，and Montgomery，1999）发现了这样的证据，即工作场所禁止吸烟的规定大大降低了整体的吸烟率，特别是对一周工作时间较长的人。为什么工作场所禁止吸烟的规定在影响工作时间较长的人的行为方面尤其具有影响力？

10. 众议员史尼奇（Snitch）认为，由于肥胖会导致如此多的严重的健康问题，脂肪过多的食物应当受到管制。你是否同意他的看法？

进阶习题

11. 为什么斋和格林斯通（Chay and Greenstone，2003）度量酸雨影响的方法降低了与更为“传统”的方法相关的识别问题？

12. 想象现在是1970年，你的父母在上大学，并且在争论《1970年空气清洁法案》的价值。你的父亲支持这项法案，但你的母亲说，因为它只涵盖了新的工厂，它实际上可能使空气变得更脏。

a. 你母亲的观点是什么意思？

b. 你将如何构建一个实证检验来对你父母的假设进行区分？

13. 咖啡因是存在于咖啡、茶，以及一些碳酸饮料中的非常容易让人上瘾的药物。然而，与香烟不同，关于对咖啡因进行征税、管制消费或者限制公共场合的使用方面的呼吁非常少。为什么会有这样的差别？你能想到任何经济学的观点来管制咖啡因的使用（或对咖啡因进行征税）吗？

14. 当威斯康星州降低了法定饮酒年龄后，其边境上的县比该州内其他的县发生了更多与酒精有关的车祸。这一发现在有关一个州（或国家）的政策对其他管辖区的溢出效应的问题上暗示了什么？

15. 在贝克尔（Becker）和墨菲（Murphy）的“理性成瘾”模型中，吸烟者是完全清楚吸烟会导致上瘾的可能性的，而当他们决定是否吸烟时，也将这一点考虑在内。假设发明了一种新的技术，如尼古丁贴片，使戒烟对上瘾者来说变得更容易（成本更低）了。如果贝克尔和墨菲的模型是正确的，你预期这一发现会对人们的吸烟行为有何影响？你的答案会在年轻人与年长者之间有所不同吗？

第 7 章 公共物品

需要牢记的问题

- 我们如何决定公共物品（简称公共品）的最优数量？
- 在什么情况下，私有部门可能会提供最优数量的公共品？
- 公共品的公共部门供给有哪些主要问题？

孟加拉国的达卡市存在垃圾问题。每隔几天，达卡市各地的居民将他们的垃圾丢弃到市中心的大型垃圾桶或者沿街的小垃圾桶中。在理论上，市政雇员先收集垃圾，然后搬走处理。但实际上，这些雇员并没有出现，任凭垃圾在街上腐烂，居民怨声载道。

一位经济学家想知道为何达卡市居民不放弃现行的公共垃圾收集系统，并转而购买私人服务来收集他们的垃圾。用这种方法，自由市场可以解决达卡市的问题。问题在于，由该市居民自愿支付费用的私人垃圾收集服务面临着在第 5 章中介绍的典型的搭便车问题：任何居民都可以继续将垃圾扔进垃圾桶，并抱着他们的邻居将为自己的成本埋单的希望，从而拒绝支付属于自己的那一部分垃圾收集费。如果他们的邻居支付了所有的费用，搭便车的人就能得到垃圾收集的全部利益却没有支付任何费用。再者，如果有些人搭便车，其他人也会因为支付了本该由邻居支付的垃圾收集费用而感到被利用，所以他们也会选择不支付。最终搭便车的人的数量会变得足够大以至于该镇不能筹集到足够的资金来支付私人公司的垃圾收集服务。正因为该原因，每 1 100 名达卡市居民中仅有约 50 人能够用自愿性垃圾收集费购买的私人垃圾收集服务，来替代市政垃圾收集服务。[1]

---

① 参见 Pargal et al. (2000)。最近的关于达卡市持续存在的垃圾问题的鲜活证据，参见网站 https://www.youtube.com/watch?v=Wrm3XPO2FA8。

达卡市面临的问题说明了通过私人机制解决搭便车问题的困难性。在经济学中受搭便车问题困扰的物品被称为公共品，也是本章讨论的重点内容。我们从公共品的定义以及确定公共品供给的最优水平出发，然后转向财政学的第一个问题，探究政府是否应该提供公共品。我们会说明，由于搭便车问题的存在，私人部门提供公共品的水平实际上有可能不足。但有时，私人部门能够成功提供公共品，所以我们将探讨使得私人部门成功提供公共品的因素。

接着我们将讨论公共部门提供公共品的问题。在理论上，政府可以直接计算公共品的最优供给数量，然后按照该数量去提供。但在实际中，政府在提供最优水平的公共品时面临着一系列的问题。第一，当私人部门已经提供了公共品，政府供给可能会挤出私人供给，因此公共品供给的总体数量并不会增加。第二，公共品的公共和私人提供的最佳组合可能难以确定。第三，衡量公共品的实际成本和收益（这是决定公共品供给最优数量的必要条件）是很困难的。第四，推定公众对公共品的真实偏好，继而加总这些偏好以决定是否推进公共项目，将面临各种挑战。

本章从公共品供给问题开始讨论，第 8 章和第 9 章阐述了衡量公共品项目成本和收益（成本-收益分析）的细节，以及将选民对公共项目的偏好有效转换为公共政策（政治经济学）的困难。第 10 章探讨了地方政府公共品供给问题，并由此提出了一个重要问题，即各级地方政府的竞争能否解决第 7 章～第 9 章提出的公共品供给问题。最后，第 11 章聚焦美国最重要的公共品之一——教育。

7.1 公共品的最优供给

纯公共品（pure public goods）有两个明显特征。第一，**消费的非竞争性**（non-rival in consumption）。也就是说，我对公共品的消费和使用在任何方面都不影响你的消费机会。第二，**非排他性**（non-excludable）。即使你想阻止其他人消费或使用公共品，你也没办法做到。这些是非常苛刻的条件，在实际中很少有物品能够满足这些条件。我们所认为的公共品绝大部分属于**准公共品**（impure public goods），即在某种程度上而不是完全满足这两个条件。

> **纯公共品：** 在消费过程中具有完全非竞争性和非排他性的物品。
> **消费的非竞争性：** 一个人对某物品的消费不影响其他人消费该物品的机会。
> **非排他性：** 人们之间不能相互阻止消费一件商品的机会。
> **准公共品：** 在一定程度上满足两个公共品条件（消费的非竞争性和非排他性），但并不完全满足的物品。

表 7－1 显示了公共品特征的可能组合。同时满足排他性和消费的竞争性的物品是纯私人物品（简称私人品）。例如，冰激凌之类的私人品在消费上是完全竞争性的（一旦你吃了冰激凌，我就不能吃你的那个了），而且它们是完全排他的（你可以拒绝向我销售冰激凌）。

有两种类型的准公共品。有些是排他的，但在消费上不是竞争性的。最好的例子是有线电视：其他人对有线电视的使用绝不会降低你对有线电视的享受程度，所以消费是非竞争性的。但是，你可以被阻止使用有线电视：有线电视公司可以拒绝将你接入系统。其他商品，例如在拥挤的城市人行道上行走，在消费上是竞争性的，但不是排他的。当你在拥挤的人行道上行走的时候，你将降低其他行人的愉悦感，他们需要面临更拥挤的人行道。但是任何城市要排除个人使用人行道都是很困难的！这些类型的商品通常被称为普遍商品，如当地居民饲养牲畜的公共土地或“公地”。

表 7-1　定义纯公共品和准公共品

		这件商品在消费方面是否具有竞争性？	
		是	否
这件商品是否排他？	是	私人品（冰激凌）	准公共品（有线电视）
	否	准公共品（拥挤的人行道）	纯公共品（国防）

说明：一件商品是私人品还是公共品取决于它是否具有消费的竞争性和排他性。纯私人品如冰激凌同时具有消费的竞争性和排他性。纯公共品如国防既不具有消费的竞争性，也不具有排他性。具有消费的竞争性但不具有排他性的商品，或者具有排他性但不具有消费的竞争性的商品是准公共品。

纯公共品是很稀少的，因为很少有商品既满足非排他性，又满足消费的非竞争性。纯公共品的典型例子是国防。国防在消费上是非竞争的，如果有人在你家旁边建了一栋房子（并享受了国防保护），那么这个行为绝不会降低你所享有的国防保护。国防是非排他性的，因为一旦一个区域被国防力量所保护，这个区域的所有人就都被保护了：政府无法有效地拒绝对你进行保护，因为你的房子处在一个有许多其他房屋的街区。其他纯公共品的经典例子包括灯塔和烟火表演。

将公共品视为具有巨大的正外部性是很有帮助的。如果你燃放烟花到空中，这一景观将使除你之外的很多人受益，因为很多人能够观赏到烟火表演。你没有因为其他人的愉悦而得到补偿，但是你不能阻止其他人观看表演，所以你无法因其他人得到愉悦感而向他们收费。

□ 私人品的最优供给

在我们决定最优的公共品供给数量之前，先回顾私人品的最优供给条件。假设有两个人——本（Ben）和杰里（Jerry），他们在消费饼干还是冰激凌这两种私人品之间做出选择。为简便起见，假设饼干的价格为 1 美元。

▶ 快速提示

> **基准商品：**一种商品，它的价格被定为 1 美元，用以模拟商品之间的选择，这种选择取决于相对价格，而不是绝对价格。

经济学中一个方便的建模工具是**基准商品**（numeraire good），它的价格被设置为 1 美元。这个工具之所以方便，是因为所有的选择在技术上可被视为商品之间的选择，而不是对某一特定商品的选择。所以，对任何商品（诸如冰激凌）的需求建模有重要影响的是它相对于其他商品（例如饼干）的价格，而不是它的绝对价格。通过将饼干的价格设置为 1 美元，从而使得冰激凌的绝对价格和相对价格一致，我们的分析会变得更简单。

图 7－1 显示了对冰激凌市场的分析。图 7－1a 和图 7－1b 分别展示了本和杰里对冰激凌的个人需求曲线，也就是在每一价格水平上对冰激凌的需求数量。图 7－1c 显示了市场需求曲线，即这两人需求数量的水平加总：对每一个冰激凌的价格，我们分别计算出本和杰里的需求数量，然后加总得出总体的市场需求。在市场价格为 2 美元时，本想要 2 个冰激凌，而杰里想要 1 个，所以市场需求为 3 个冰激凌。正如我们在第 5 章所学，图 7－1c 的需求曲线也代表了冰激凌消费的社会边际收益（*SMB*），即消费一个冰激凌对社会的价值。

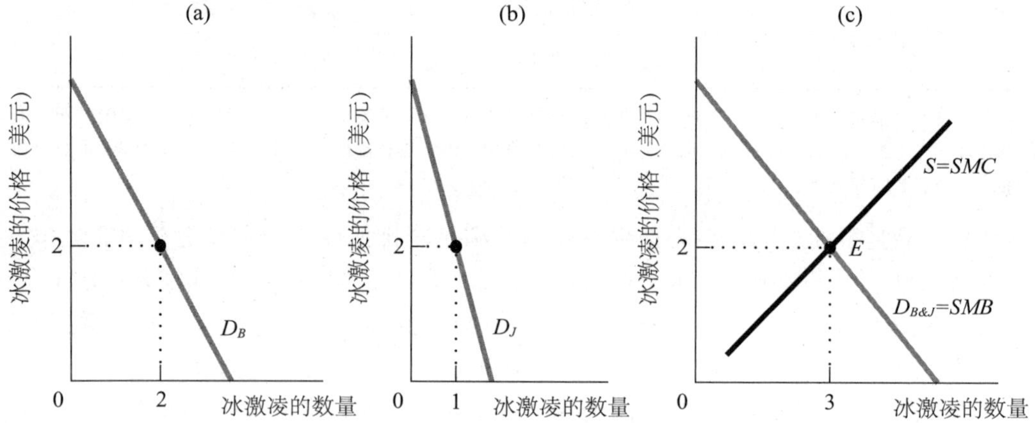

图 7－1　私人商品市场的水平加总

说明：在私人商品市场，我们对本和杰里对冰激凌的需求数量进行水平加总得到市场需求。如果本在价格为 2 美元时需要 2 个冰激凌，并且杰里在价格为 2 美元时需要 1 个冰激凌，那么当价格为 2 美元时，整个市场对冰激凌的需求数量为 3。

冰激凌的市场供给曲线代表了厂商生产冰激凌的边际成本。从第 5 章可知，在没有市场失灵的情况下，这条曲线也代表了冰激凌生产的社会边际成本（*SMC*），即全社会生产一单位冰激凌的成本。在私人市场，均衡位于 *SMB*＝*SMC* 的地方，即供求曲线的交点。在图 7－1 中，市场均衡位于 *E* 点：在价格为 2 美元时，冰激凌的市场需求量为 3，这也是厂商供给的数量。

私人市场均衡的关键特征是，在同一市场价格水平上，消费者需要不同的商品数量。相对于饼干，本和杰里对冰激凌有不同的偏好。市场通过加总需求以尊重个人的不同偏好，并用总供给予以满足。通过这种方式，本和杰里可以按照他们的偏好进行消费。由于本比杰里更喜欢冰激凌，本得到了所生产 3 个冰激凌中的 2 个。

用数学方法表述均衡结果也是很有益处的。回忆第 2 章的内容，个人的最优选择是无差异曲线和预算约束线的切点。在这一点上，冰激凌和饼干的边际替代率（消费者愿意用冰激凌交换饼干的比率）等于冰激凌和饼干的价格之比。即本和杰里各自消费冰激凌和饼干，直至他们消费这些商品的边际效用之比等于价格之比。消费私人商品的最优化条件可写作：

$$MU_{ic}^{B}/MU_{c}^{B}=MRS_{ic,c}^{B}=MRS_{ic,c}^{J}=P_{ic}/P_{c} \qquad (7-1)^{*}$$

* 原书等式最右边疑有误。——译者注

MU 是边际效用，MRS 是边际替代率，上标表示本（B）或者杰里（J），下标表示冰激凌（ic）或者饼干（c）。假定饼干的价格为 1 美元，冰激凌的价格为 2 美元，则冰激凌与饼干的价格之比为 2。这意味着，在均衡时，每个人用两个饼干交换一个冰激凌必须是无差异的。更喜欢冰激凌的本在他有两个冰激凌时，愿意进行该交易。但是不太喜欢冰激凌的杰里，只愿意用两个饼干交换第一个冰激凌。在这之后，他就不愿意舍弃两个饼干去交换一个冰激凌了。

在供给这边，厂商生产冰激凌直至生产的边际成本等于其边际收益，在完全竞争市场中，边际收益等于价格。所以，供给这边的均衡需要满足：

$$MC_{ic}=P_{ic} \tag{7-2}$$

我们已经设定 $P_c=1$ 美元，从式（7－1）中得到 $MRS=P_{ic}$，从式（7－2）中我们得到 $MC=P_{ic}$，所以在均衡时，$MRS=MC$。

私人市场均衡同时也是社会效率最大化的选择（最大化社会剩余的点）。这是因为不存在市场失灵时，任何数量冰激凌的 MRS 都等于 SMB。在完全竞争市场中，它对社会的边际价值等于其对个人的边际价值。类似地，当不存在市场失灵时，任何数量冰激凌的 MC 都等于 SMC。在完全竞争市场中，它对社会的边际成本等于厂商的边际成本。因此，当私人市场均衡时，$SMB=SMC$，这是我们在第 5 章中推导出来的社会效率最大化的条件。在该点处，任何人消费下一单位商品的边际价值都等于生产额外一单位商品的边际成本。

□ 公共品的最优供给

现在假设本和杰里不是在冰激凌和饼干中做选择，而是在导弹（公共品）和饼干中做选择。再一次将饼干的价格设定为 1 美元。导弹与冰激凌之间的差别在于，个人无法分离各自对导弹的消费。因为导弹是公共品，所以无论生产出多少数量的导弹，都将被所有人均等消费。

如图 7－2 所示，公共品的这一属性使得对其的分析与私人品市场完全不同。每个人都被强制选择相同数量的公共品。由于本和杰里对导弹和饼干有不同的偏好，他们愿意为这一公共品数量支付的价格也不同。本对导弹的需求曲线比较平坦。他仅愿意为第一枚导弹支付 2 美元，为第五枚导弹支付 1 美元（图 7－2a）。杰里的需求曲线较陡峭，他愿意为第一枚导弹支付 4 美元，为第五枚导弹支付 2 美元（图 7－2b）。

不管选择多少数量的导弹，对本和杰里的数量都是一样的，因为导弹是一个公共品。为获得导弹的市场需求，我们并没有像私人品一样进行横向加总（我们在每一特定市场价格上加总每个人的需求数量）。相反，我们将每个人愿意为特定数量商品支付的价格进行纵向加总。本和杰里共愿意为第一枚导弹支付 6 美元，但是随着导弹数量的增加，他们愿意支付的价格随之递减，所以他们仅愿意为第五枚导弹支付 3 美元。纵向加总需求曲线如图 7－2c 所示。

图 7－2c 也显示了导弹的供给曲线等于生产的边际成本。社会最优产量是供给曲线与纵向加总的需求曲线的交点。即对于任何数量用以保护本和杰里的导弹，生产者在做生产决定时应该考虑消费者估价（意愿支付价格）的总和。社会最优产量为 5 枚导弹。

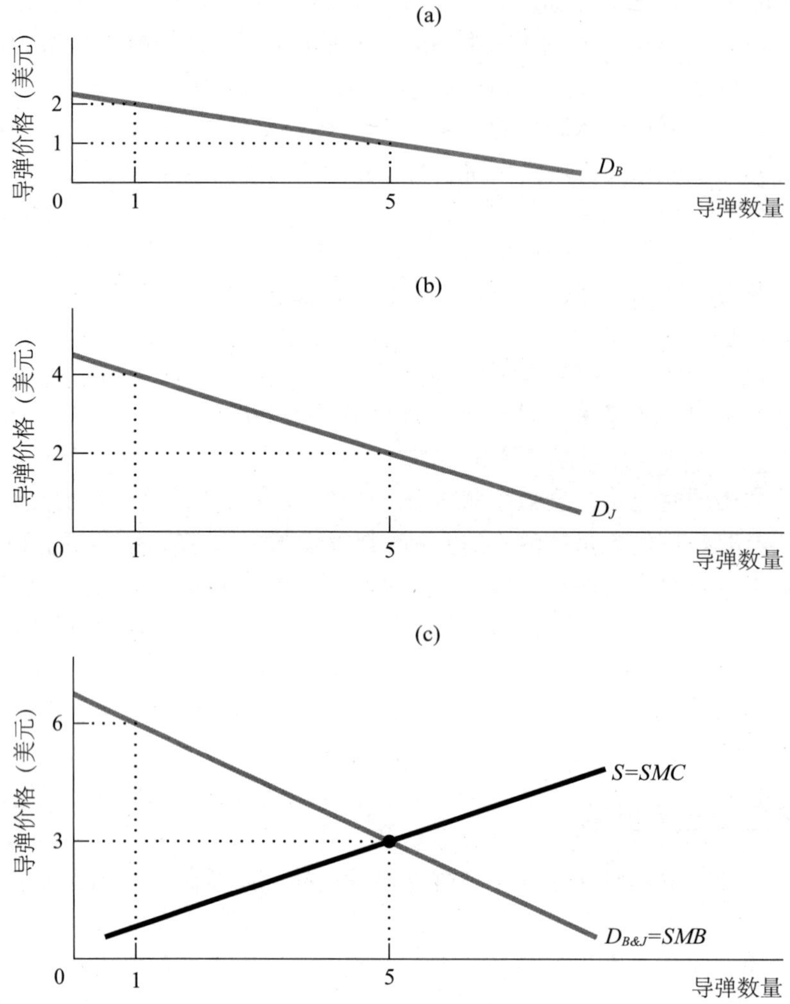

图 7－2　公共品市场的纵向加总

说明：对于公共品市场，我们纵向加总本和杰里的需求从而得到公共品的社会价值。如果本愿意为第五枚导弹支付 1 美元，杰里愿意为第五枚导弹支付 2 美元，那么全社会对第五枚导弹的估价为 3 美元。给定导弹的私人供给曲线，导弹的最优产量是 5，此时社会边际收益（3 美元）等于社会边际成本（3 美元）。

再一次用数学方法表述这一机制。导弹对于本的边际价值为 $MRS^B_{m,c}$，对于杰里的边际价值为 $MRS^J_{m,c}$，所以对于社会的总体价值为 $MRS^B_{m,c}+MRS^J_{m,c}$。下一枚导弹的社会边际收益（*SMB*）是本和杰里的边际替代率之和，代表了对导弹的估价。社会边际成本（*SMC*）与之前的分析相同，即生产导弹的边际成本。所以，公共品的社会效率最大化条件为：

$$MRS^B_{m,c}+MRS^J_{m,c}=MC \tag{7-3}$$

当边际成本等于每个人的 *MRS* 之和而不是单个人的 *MRS* 时，社会效率最大。对于私人品而言，厂商的最优选择是生产直至边际成本等于消费者的边际收益，这是完全竞争私人市场的产量。但是对于公共品来说，社会的最优选择是生产直至边际成本等于所有消费者的边际收益之和。因为私人品具有竞争性，一旦被消费，就会消失；而公共品是非竞争性的，可以被消费者共同消费，社会要求生产者将所有消费者的偏好考虑进去。

7.2 公共品的私人供给

我们已经推导出了公共品最优供给的条件：全社会应该持续供给公共品直至生产者的边际成本等于所有消费者的边际替代率之和。知道了这一点后，首先要问的问题是：私人部门能够满足该条件吗？如果私人部门以市场价格提供最优数量的公共品，那么不存在市场失灵，也就不存在政府提高供给效率的空间了。

□ 私人部门的供给不足

总的来说，由于在第 5 章中讨论的**搭便车问题**（free rider problem），私人部门实际上供给公共品意愿不足：因为你享受公共品的满足程度不仅仅取决于你对它们的贡献，所以相比于社会最优水平你将贡献更少。

搭便车问题：当一项投资由私人支出却产生公共收益时，私人投资将会表现为投资不足。

让我们讨论上文中的例子。假设本和杰里居住地相距甚远。7 月 4 日，他们想举办一个聚会。对于这次聚会，他们只关心两样消费品：冰激凌和烟花。每一件商品的价格为 1 美元。所以每购买一个烟花，他们放弃了一个冰激凌。冰激凌是私人品，但烟花是纯公共品。烟花之所以在消费上是非竞争性的，是因为本和杰里都可以在不影响他人愉悦感的前提下享受烟花表演；烟花之所以是非排他性的，是因为本和杰里都可以看到烟花在空中绽放的景象。只要他们都能够欣赏得到烟花，他们就不会关心是谁放的。无论谁点燃烟花，本和杰里都可以平等地观看烟花表演。他们关心的是烟花的总数量。为进一步简化这个例子，假设本和杰里对烟花和冰激凌的不同组合拥有相同的偏好。

如果由本和杰里单独做决定，他们会选择消费各自无差异曲线与预算约束线相切的点所代表的烟花和冰激凌的组合。预算约束线的斜率是 1，因为烟花和冰激凌都是 1 美元。无差异曲线的斜率是 MRS，或边际效用之比。所以本和杰里都会将边际效用设定为 $MU_F/MU_{ic}=1$，或者 $MU_{ic}=MU_F$。均衡点将决定烟花和冰激凌的消费数量。

公共品供给的最优条件是公共品的边际成本等于边际替代率之和。烟花最优消费量满足 $MU_F^B/MU_{ic}^B+MU_F^J/MU_{ic}^J=1$。因为本和杰里的偏好是相同的，这等同于 $2\times(MU_F/MU_{ic})=1$，或者 $MU_F=1/2\times MU_{ic}$。

回忆一下，边际效用会随着商品消费的增加而减少。在私人市场均衡中，烟花的消费满足边际效用等于冰激凌的边际效用（因为两种商品的价格均为 1 美元）。但是前一段所述的最优条件表明，烟花消费满足其边际效用等于冰激凌边际效用的一半，因此，公共市场均衡下的烟花消费数量要大于私人市场均衡。

这就是我们想从搭便车问题中得出的结论。本和杰里每人必须放弃冰激凌以消费烟花，但是每个人都从对方提供的烟花中受益。这里存在很清晰而且强烈的正外部性：本和杰里提供的烟花都极大地使对方受益。正如我们从以前章节中所学的，这种情形自然导致了公共品供给不足（本章的附录推导出了这个搭便车例子的标准数学公式，表明私人市场如何对公共品供给不足）。

☞应用

实际生活中的搭便车问题①

搭便车问题是所有经济学领域中最重要的概念之一，小到日常交流、大到国际政治都有其身影。下面给出的是一些日常生活的例子，以及有趣的解决方案。

- 澳大利亚的维多利亚州在提供消防服务方面遇到了棘手的搭便车问题。2013 年以前，消防服务资金都来自家庭火灾保险政策。这意味着当个人没有为他们的房屋投保火灾险时，他们仍然能够得到消防部门的服务，并且由为自己的房屋投保了的人支付。这导致保险价格上升，反过来又导致越来越多的人放弃保险并依靠邻居的支付来支持消防服务。认识到这个问题之后，2013 年，维多利亚州通过财产税为消防服务提供资金，以确保每个人都为他可能需要使用的服务做出贡献。
- 纽约公共广播台（WNYC）拥有约 100 万听众，但是其中仅有 75 000 人（占比为 7.5%）捐钱以维持广播台运营。捐赠仅占 WNYC 预算的 35%。英国广播公司（BBC）为避免类似的搭便车问题，每年向拥有电视的观众收取收看许可费（目前约为 227 美元）！通过构建用户购买电视记录的数据库，该项措施得以严格实行。一群 BBC 的先锋队员使用电视探测装置在全国各地搜寻“地方振荡器”。如果你被发现无证观看电视台，罚金可能超过 1 560 美元。但是，观众可以免费使用在线 BBC 来享受相应服务。
- 每月有超过 5 亿个独立访问者咨询免费在线的维基百科。该网站的内容完全由志愿者撰稿人撰写，但只有 6%的读者曾进行过编辑。此外，在维基百科 2011 年筹款活动结束时，只有约 3%的非编辑读者捐赠给该非营利组织。这使得超过 4.5 亿读者通过搭便车来免费享有编辑的工作成果和捐赠者的资金。然而，由于维基百科的创建初衷是向所有人提供知识，因此并没有做任何减少搭便车问题的尝试。

□ 私人供给者能够克服搭便车问题吗？

搭便车问题并没有导致公共品供给的私人供给的完全缺失。我们中的很多人在有私人资助的烟花表演、公园，甚至垃圾收集站的城镇中长大。实际上，反对私人供给公共品的最著名论据之一是灯塔的例子。灯塔似乎符合纯公共品的定义：一艘船对灯塔的使用并不影响其他人的使用，并且在大海中航行的船只不能被排斥使用灯塔。多年以来，经济学家确实将灯塔作为典型的私人部门供给不足的纯公共品。约翰·斯图亚特·穆勒（John Stuart Mill）第一个建议政府应修建灯塔，理由为“受益于灯塔的在大海中航行

① 维多利亚州消防服务融资的例子来自 Carter（2013）。公共无线电数据来自 Hesseldahl（2001）。其他研究来源还有 Hughes（2005）以及 Mao et al.（2005）。

的船只不可能在使用灯塔时交费”。伟大的经济学家保罗·萨缪尔森（Paul Samuelson）在他的经典教材《经济学》（*Economics*）中赞同道：“出于外部性考虑，政府应修建灯塔”。①

然而，罗纳德·科斯（科斯定理的创始人）在1974年的一篇著名文献中展开了历史研究并表明，在政府接管之前的很长时间内，英国灯塔都由私人部门成功供给。察觉到获利机会的私人实体从政府处获得了修建灯塔，以及当船只在港口抛锚停泊时收费的许可。这些私人实体按照船只在航行时经过的灯塔次数来收费。因而灯塔由私人市场成功供给直至1842年，英国政府购买了所有私人的灯塔并提供这项特殊的公共品。②

所以，似乎在一些场合中，私人部门能够克服搭便车的问题来供给公共品。下文中的“应用”显示了另一个通过使用者收费而由私人供给公共品的例子，以及这种方法面临的问题。

☞**应用**

商业改善地区

城市街道质量是另一个公共品的例子。所有的居民都想要一个清洁、安全的行走空间。但是向使用街道的行人收费是不可行的。正因为如此，城市使用税收供养提供治安服务的警察部门、提供清洁服务的卫生部门，以及装饰公共空间的公共实体部门。

不幸的是，公共部门提供这些服务并不总能起作用。以曼哈顿中心区纽约时代广场为例，20世纪80年代充满了抢劫者、小偷、海洛因交易者、妓女、贩卖色情文学和各种武器的商店。市政府花费10年的时间试图整顿时代广场，但是最终放弃了这片一度被称为“肮脏、危险、衰落和日渐凋零”的地区。③

到了1992年，当地的商人决心组成商业改善地区（BID）组织，该组织是由私人提供地方保安和清洁服务，并且向当地商店收费以资助这些服务的法律实体。理论上，BID组织应该因为搭便车问题而流产：每一家商店都会想着由其他地区的商店为它们共同受益的服务埋单。但是纽约的法律规定，如果BID组织得到当地60%以上的商业社区同意而加入，那么BID组织可以向当地所有商店收费。在时代广场地区，84%的当地商店同意支付BID服务的费用。

时代广场BID计划的成功声名远扬。拥有超过1 700万美元预算的BID雇用了120名员工。其中一半从事清扫、清理垃圾箱以及清除涂鸦的工作，另一半与警察联手作为非武装的“治安官”。由于这些改进措施，该地区犯罪率显著下降，而且变得更清洁和更有吸引力，商业和旅游业再次繁荣。正如BID组织首脑所说：“BID能够做的就是致力于城市本身无法治理的弹丸区域。有效的措施是将政府的很多职能本地化并聚焦于社区。”BID的秘诀在于通过对当地商店收费，而实现由私人部门提供公共品（例如安全和清洁）。布鲁克斯（Brooks，2008）、库克和麦当劳（Cook and MacDonald，2011）对洛杉矶的BID组织进行了深入的研究，结论显示它比其他的私人部门能够更有效地降低

① 这些引用来自Coase（1974）。

② 根据Coase（1974）的观点，政府收购私人灯塔的原因是政府产权能够通过阻止私人产权涨价，而实际上降低价格。科斯随之强调政府的接管实际上并没有降低价格。

③ 欲查询更多关于时代广场BID组织的信息，参见McDonald（2001）第66页，或www.timessquarenyc.org。

犯罪率。

BID组织是否运转有效与当地法律规定BID的初始组织形式息息相关。例如在马萨诸塞州，相关法律允许当地商店在得到BID授权30天内放弃上缴所需费用。退出机制打击了当地商店追随BID计划的热情，因为它们担心一旦所有基础工作完成，有商店将会在最后一刻退出而不是上缴BID费用。结果在马萨诸塞州，只有7家BID组织成功组建，而全国其他州则超过1 000个。[①]

□ 私人供给在什么情况下能够克服搭便车问题？

尽管搭便车问题确实存在，但是依然存在私人市场可能在某种程度上克服该问题的例子。那么在什么情形下私人市场的力量能够解决搭便车问题，什么情形下不能呢？在本节中，我们回顾三个能够决定私人供给成功的因素：私人对公共品需求的异质性；公共品经费捐赠者潜藏的利他主义动机；个人对公共品付费所得的效用。

一些人比其他人更关心（公共品） 当个人需求并不同质化，并且一些人对公共品有着特别高的需求的情况下，私人供给特别有可能克服搭便车问题。例如，假设本的收入比杰里多，但两者之间的总收入与前面的例子相同，因此烟花的社会最优数量与他们的收入相等时的烟花数量相同。我们在附录中会以数学方式说明，在这种情况下，本将比杰里提供更多的烟花：如果收入差异足够大，私人提供的烟花总数会上升到社会最优烟花数量。如果本和杰里拥有相同的收入水平，我们将得到相同的烟花数量，但是本从烟花中得到了更多的享受。尽管烟花是公共品，但是本依然愿意供给更多。

该处的关键点是对个人来说，决定供给多少烟花是他们从中获得乐趣的一个函数，即他们的愉悦感减去成本之后的净收益。如果一个人从中获得了巨大的享受，并且有很多资金购买烟花，那么他将选择购买更多的烟花，即便是与别人共享收益。由于愉悦感减去成本的净收益对于任何一个人来说都很大，公共品的供给接近于私人供给。

例如，考虑一条由别墅区和贫民窟共享的车道，理论上，平整车道存在搭便车问题，因为平整车道的费用主要由一方承担，然而双方都从中受益。尽管如此，别墅业主却情愿平整车道，允许贫民窟的业主搭便车，因为别墅业主拥有更多钱，而且更关心是否拥有一条干净的车道。

更高的收入和对公共品的更强烈的偏好可以从某种程度上减少搭便车，但是仍然不能从根本上解决问题。即使一个人提供了所有的公共品，他依然不会将其他人的收益考虑在内，所以公共品依然供给不足（参见附录中的例子）。因此，尽管别墅业主最终会平整街道，但并不会考虑贫民窟居民的意愿去平整贫民窟附近的道路。

> **利他主义：**个人在进行消费选择时重视他人的收益和成本。

利他主义 私人部门提供的公共品比我们的模型预测的更多的另外一个原因是，模型假定的是纯粹利己的效用最大化的私人部门。事实上，有很多证据表明，个人是**利他主义**（altruistic）的，即除了自己以外，他们也关心其他人的福利。如果个人是利他的，那么他们可能愿

① 参见 Massachusetts Legislature（2015）以及 Barry（2012）。

意资助公共品，即便搭便车问题暗示他们并不会这样做。在我们的例子中，利他主义相当于本不仅关心自己的成本，而且关心杰里的成本，所以他愿意支付更多，从而降低杰里的负担。

利他主义的证据来自在其他学科（例如心理学）广泛使用的实验室实验，现在这种方法在解决经济学问题方面也受到越来越多的重视。经典的经济学实验操作如下：5 名大学生被安置在一个房间内，玩 10 轮简单的游戏。每一轮中，每名学生获得 1 美元，他可以选择保留这 1 美元，或者放进公共基金中。当所有学生决定是否贡献出来后，公共基金的数量翻倍（由进行该实验的经济学家操作），并在 5 个人中平均分配，不管他们是否做出了贡献。所以，如果每人都选择给基金贡献 1 美元，那么每人都将获得 2 美元作为回报。如果只有 4 人做出贡献，则每名贡献者将获得 1.6（$=4\times2/5$）美元，而另外一名没有贡献的人不仅获得属于他自己的 1 美元，而且获得源于公共基金的 1.6 美元，共计 2.6 美元。捐赠者亏钱了，而未捐赠的人赚钱了，所以存在很强烈的搭便车的动机，以至于经济学家预测理论上没人会给公共基金捐款。任何自愿捐赠的个人都会亏钱，所以没人愿意这样做。

研究显示了完全不同于经济理论所预测的结果。正如莱德亚德（Ledyard，1995）的结果所示，几乎每次类似的公共品实验都会有 30%～70%的参与者贡献给公共基金。在多轮实验中，正如前文所述，随着实验的持续进行，捐赠者人数趋于减少，但很少降为零。所以，利他主义对搭便车问题的完全利己假设构成挑战。

然而，实验室实验作为关于现实世界行为的信息来源受到了一些限制。个人在实验室场景中可能与现实生活中表现不同，因为其风险常常比较小，而在真实的市场中，其风险可能很大。再者，经济学中大部分实验的参与者是大学生，并不能代表整个人群的行为导向。

但是，一些真实世界的行为也与私人供给公共品的利他主义动机一致。例如，布鲁纳（Brunner，1998）认为，公共品供给的经典理论表明随着公共品使用人数的增加，个人资助公共品的倾向随之降低，因为他们认为自己的贡献影响力越来越小（如果只有一个使用者，就不存在搭便车的可能性，但是随着使用者人数的增加，每人的贡献使自己获益越来越少，而使别人获益越来越多）。布鲁纳研究了全国范围内的公共电台，验证了听众的捐款与听众总人数的关系。令人惊讶的是，布鲁纳发现，当听众数量增加时，选择捐赠的听众人数只有轻微的减少，同时，在捐赠者中，捐赠的数量不变。这似乎表明存在一个公共捐赠者的子集，他们获得效用，仅仅是因为他们付出了自认为适合的份额。

社会资本：在社会中利他主义和集体行为的价值。

什么决定了利他主义动机？这是一个很棘手的问题，并且催生出了一个研究领域——**社会资本**（social capital)，即在社会中利他主义和集体行为的价值。该领域的主要研究结论是，当个人更相信其他人时，个人将变得更利他。例如，安德森等（Anderson et al.，2003）进行了一项典型的公共品实验，该实验刻画并匹配了个人对信任的态度（“你同意诸如‘大多数人可以被信任’这样的说法吗?”）以及行为（“你会借钱给朋友和陌生人吗?”“你曾经是犯罪的受害者吗?”“你曾经故意不锁上家门吗?”等)。他们发现，对信任的态度和行为措施与对公共品的捐赠呈现正相关关系。在本章开头的孟加拉国垃圾收集例子中，少数成功建立私人垃圾收集服务的社区的居民倾向于展现出更高的互惠倾向（“当邻居去世后你会帮助其家人吗?”“你和邻居会互相帮助去医院看医生吗?”）和共享（“在节日和其他欢庆的场合你会把食物赠送给邻居吗?”“你和你的邻居共享自己种植的水果/蔬菜吗?”等）。

温暖的辉光模型：一个公共品供给模型，纳税个体不仅关心公共品供给的总量，而且关心其纳税所做的特殊贡献。

温暖的辉光 私人部门提供的公共品可能比我们的模型预测的更多的最后一个原因是个人在意自身的贡献。在**温暖的辉光模型**（warm glow model）中，个人关注公共品的总量以及自己的贡献。也许他做出贡献后会得到一块刻有自己名字的牌匾，也许他的贡献会被广为传颂以至于他的朋友赞赏他的慷慨，也许他将得到与他的贡献相称的精神奖励。如果个人从其捐赠中获得了效用，公共品将变成私人品，并且个人捐赠数量比我们原始模型预测的更多（在原始模型中，仅仅关注公共品总量）。但是温暖的辉光模型并不能完全解决公共品供给不足的问题，因为一些人仍然不考虑由他们供给的公共品对其他人的积极影响。

7.3 公共品的公共部门供给

7.2 节的讨论强调了私人部门公共品供给不足，所以政府可以通过干预而潜在地提高供给效率。理论上，政府可以解决之前提到的公共品最优供给问题，要么政府自身提供最优数量的公共品，要么授权私人部门提供。

然而，在实践中，政府在试图解决公共品供给中的搭便车问题时会遇到一些重大问题。在该节中，我们探讨其中四个问题：私人对公共品供给的反应，或者“挤出效应”；公共部门与私人部门在解决搭便车问题上的可靠性问题；衡量公共品成本和收益的困难；难以确定公众对公共品的偏好问题。

□ 私人对公共品供给的反应：挤出效应

挤出效应：政府提供的公共品越多，则私人部门提供的公共品越少。

在一些情形下，如果政府没有告知私人部门必须提供公共品，那么它们绝不会提供公共品。在另外一些情况下，如果在政府干预之前私人部门已经供给了一部分公共品，私人部门就会对政府的干预做出回应。公共供给在一定程度上对私人供给产生**挤出效应**（crowd-out）：政府提供的公共品越多，则私人部门提供的公共品越少。私人供给的减少将抵消政府干预公共品供给带来的净收益。

这种挤出效应的大小取决于私人供给公共品的偏好。我们继续讨论烟花的例子并做出三个假设：

1. 本和杰里只关心烟花的供给总量，捐赠不存在温暖的辉光效应。
2. 政府将通过对本和杰里征收相同的费用来供给烟花。
3. 相比于本和杰里之前供给的数量，政府将提供更少的烟花。

在这些情形下，正如我们在附录中给出的数学表达式，每一美元的公共供给都将以 1∶1 的比例挤出私人供给。也就是说，政府干预对烟花的供给没有净效应。

结果表明了经济均衡的基本稳健性：假设个人处于初始最优水平，当市场环境改变时，如果个人能够做出改变以回到最优水平，他将会这样做。私人市场的均衡是本和杰里更为偏好的结果。如果他们能抵消政府的干预以回到均衡结果，他们将会这样做。在之前的三个假设下，政府干预前的最优结果在政府干预后仍然是最优结果。

例如，我们假设在政府介入前的均衡中，本和杰里每人提供 10 个烟花，每人花费 10 美元。烟花总的私人供给是 20 个，但是社会最优水平是 30 个。为达到社会最优水平，政府决定对本和杰里每人征收 5 美元，然后用这 10 美元去购买 10 个烟花。

本和杰里每人的收入减少了 5 美元，并且他们观察到政府将提供 10 个烟花。他们每人减少 5 美元的烟花消费，所以他们花费同样的成本（每人花费 5 美元用于购买烟花，另外 5 美元由政府负担），得到同样的烟花总量（20 个）。这与政府干预前的效果相同，政府干预不起作用。这是完全挤出效应的例子。

挤出效应是我们在第 1 章中讨论的政府干预行为未导致预料结果的一个例子。政府想通过增加烟花供应以达到社会最优，但是实际上没有效果，因为政府的行为被个人的行为变化完全抵消了。

完全的挤出效应是很少的。部分的挤出效应更常见，并且发生在两种不同的场合：一是公共品的非捐赠者被征税；二是个人除了从公共品的总量增长中获得效用，还从为公共品捐赠的行为中获得效用。

捐赠者 vs. 非捐赠者　假设一些人比另一些人捐助更多公共品，可能是因为他们更为富裕，也可能是因为他们对公共品有更加强烈的偏好。在极端的例子中，假设本贡献了 20 美元去购买 20 个烟花，而杰里什么都没有贡献，这是因为本比杰里更爱烟花，或者本更为富裕。然而这依然低于社会最优水平——30 个烟花。

现在，假定政府对本和杰里各征收 5 美元用于购买烟花，并提供 10 个烟花试图将烟花的数量增加至社会最优的 30 个。杰里现在多支付了 5 美元，因为他之前没有贡献。本并不会将烟花消费完全减少 10 美元（用以抵消政府供给）。本的福利比之前提高了：增加了 10 个烟花供给，但由于政府的强制征税，本仅花费了 5 美元，而如果他自己购买这 10 个烟花，他将花费 10 美元。本的有效财富水平（烟花的价值加上他可以购买的其他商品的价值）的增加对本购买烟花具有正向的收入效应，所以政府干预将不会完全挤出他的支出。烟花总量将增长至 20 个以上。通过强制要求杰里成为捐赠者，政府增加了公共品的供给总量。

温暖的辉光　另外，在温暖的辉光模型中，如果你关心自己的贡献，就可能不存在完全的挤出效应。如果你从自己的捐赠中获得了效用，那么政府捐赠的增加并不会完全挤出你的捐赠。例如，考虑极端情况即你只关心你捐赠了多少，而完全不考虑从其他人处受赠多少，如果政府提高了其他人的捐助，这些捐助不会抵消你的捐助，因为从你的视角来看，你的捐助是一个私人品。在这个极端的例子中，政府干预可能对你的捐赠没有挤出效应。只要你的捐赠中存在温暖的辉光，挤出比例就小于 1∶1，因为你捐赠的一部分是私人品。

挤出效应的证据　挤出效应在现实中有多重要？不幸的是，现存的挤出效应的例子很复杂。个人捐赠对政府支出反应的研究表明仅存在很小的挤出效应。然而在第 3 章的

“实验证据框”中，这些研究存在很多偏误问题。另外，实验室实验的证据表明，挤出效应很大，但不是完全的挤出效应。尽管不存在完全的挤出效应的例子，个人对政府干预的响应程度也无一致定论。

▶实验证据框◀

衡量挤出效应

大量学者研究私人公共品的支出如何响应政府对相同公共品的支出。一个经典的例子是金马（Kingma，1989）对公共电台的研究。公共电台的运维经费部分源于听众的捐赠，部分源于政府的资助。金马收集了全国不同城市政府对公共电台资助经费的数据，以及同一城市中私人对公共电台的捐赠情况。他发现政府支出每增加1美元，私人捐赠就降低13.5美分，即存在部分的挤出效应。其他类似研究也表明挤出效应非常小。①

这是一个很有趣的发现，但是它存在第3章中讨论的偏误问题：可能有部分原因是在政府对公共电台资助不同的地区，私人捐赠的偏好也不同。例如，假设高收入地区的政府比低收入地区的政府更有能力资助公共电台（因为高收入地区的政府能够征收更多的税），并且在高收入地区私人也对慈善事业（例如公共电台）捐赠更多。那么高收入地区和低收入地区并不是衡量政府对私人捐赠支出的挤出效应的一个好的实验组和对照组。这种对比将存在偏差，因为即使没有政府干预，高收入地区也会捐赠更多。理论上，使用收入作为控制变量的回归分析可以修正该偏误。但是实际上，第3章已讨论过，控制变量并不能完全修正这类问题。

最近的研究使用聪明的准实验方法以克服这些经验性问题。一个例子是亨格曼（Hungerman，2005）对基督教长老会响应联邦对慈善活动的转移支付变动的研究，第17章将详细讨论。1996年，联邦政府推行了一项引发现金福利项目重大变动的福利改革计划，其中一个变动旨在严格限定非居民参与福利项目的资格。亨格曼对比了拥有大量移民的地区（联邦政府转移支付急剧减少）和拥有少量移民的地区（联邦政府转移支付略有降低）中基督教长老会对慈善活动支出的变化。他发现改革实行后，相比于拥有较少移民地区的基督教长老会，拥有大量移民地区的基督教长老会大大增加了其慈善支出。这一发现与挤出效应一致：联邦政府转移支付减少了基督教长老会的慈善支出。所以，当联邦政府减少了对移民的转移支付时，移民聚集区的基督教长老会增加了慈善支出。但是预计慈善支出的挤出效应相对较小。联邦政府转移支付每增加1美元，基督教长老会支出仅降低20美分。亨格曼和格鲁伯（Hungerman and Gruber，2007）使用类似的方法表明在大萧条时期，随着新政支出的增加，基督教长老会减少支出。政府支出每增加1美元，基督教长老会支出甚至仅降低5美分，挤出效应更小。佩恩（Payne，1998）通过大样本的截面分析发现，政府支出每增加1美元，非营利组织支出降低约50美分。

① 参见Steinberg（1991）或者Manzoor and Straub（2005）的文章。斯特劳（Straub）甚至发现当使用最新的数据和更大的样本时，金马发现的很小的挤出效应在统计上不显著。

该领域其他的证据来自实验室实验。安德里尼（Andreoni，1993）使用该方法进行了经典研究。他设置了一个实验，其中个人通过向公共基金捐献代币来模拟向公共品捐款。他为这个实验设置了报酬，如果参与者选择搭便车，那么其必须贡献3个代币以最大化预期收益。预期捐赠（3个代币）接近于每个参与者实际选择的水平（2.78个代币）。①

安德里尼对实验室实验做出了如下改变：在同样的奖励框架下，他对每个参与者征收2个代币的税收。这项税收被捐赠给公共品。这个改变模拟了之前的挤出效应，所以如果没有温暖的辉光效应，参与者将减少0.78～2个代币以抵消政府的捐赠计划。但实际上，每个参与者仅仅将捐赠降低了1.43个代币，所以实际捐赠降低至1.35个代币。即挤出效应不是完全的，政府捐赠的每一个代币仅仅挤出了0.715个代币的私人捐赠。

该实验对挤出效应的估计大大高于经验性研究的结果（政府每支出1美元，就挤出私人支出5～50美分）。同时，正如已经指出的，实验室实验作为经济证据的来源有其局限性。所以，挤出效应的真实程度依然是一个很重要的问题。

□ 公共供给与私人供给的适当结合

即使明确了政府应该进行干预，仍然存在公共财政的第二个问题：政府应该如何进行干预？具体而言，虽然由私人部门自己提供公共品会导致供给不足，但私人部门仍然可以在实现公共品最优供给方面发挥作用。因此，需要解决的一个重要问题是公共部门与私人部门在公共品的提供上如何适当结合。

合同外包：政府在保留提供物品或者服务的义务的前提下，实际上雇用私营企业代替政府进行供给的一种方法。

如第1章所述，在这一问题上有多种选择。一个极端的做法是完全由公共部门提供，且管理、人员和资金都由政府提供。另一个极端是对私人供给进行补贴或强制要求，政府提供激励或强制私人部门提供最优的公共品数量。在两个极端之间包含了不同程度的**合同外包**（contracting out），即政府保留提供商品或服务的责任，但雇用私营企业实际提供商品或服务。政府在这种情况下可以通过竞争性招标，利用竞争机制，要求一些私营企业提交投标书以获得服务或商品的提供权。原则上，政府将把商品或服务的提供权授予能够最有效提供该商品的私营实体。实际上，应用部分也介绍了一个马萨诸塞州用竞争性招标的方式成功提供健康保险的例子。

然而在实践中，合同外包有两个问题。首先，私人部门的激励措施可能与公共目标不一致，导致公共成本虽然降低，但政策制定者关注的其他方面的结果可能变糟。其次，外包的招标过程通常远远没有达到竞争性的要求。在许多情况下，政府官僚可以利用它们的权力将合同授予帮助它们最大化自身权力的投标人，甚至通过收取回扣和贿赂

① 安德里尼的实验参与者确实很像搭便车者，并不像之前讨论的利他主义者，可能是因为他们都是有时间研究游戏结构的经济学学生。在一个公共品的实验中，Marwell and Ames（1981）证实经济学学生比其他大众更倾向于搭便车，他们只贡献20%的代币，而其他人贡献了49%的代币。

来最大化个人财富，而不是与成本最低、最有效率的投标人签订合同。应用部分对这些类型的问题都给出了例子。因此，合同外包是不是提供公共品的最佳方法，取决于合同的性质以及承包商和政府的利益。

☞应用

合同外包的利与弊

如正文中所强调的，将公共品外包给私营企业可能会有效地提供公共品，也可能适得其反。在这个应用中，我们首先介绍近期成功的合同外包案例，接着列举一些问题较多的例子。

成功的例子是2006年马萨诸塞州医疗改革（将在第16章详细讨论），该改革将为低收入参与者提供的健康保险外包给私人部门。这项改革的一个核心方面是建立了一项新计划——共同医疗保健计划，该计划为马萨诸塞州最贫穷的居民提供了成本极低的医疗保险。不过该州在提供这项健康保险时没有采取公共支付的方式，而是与五个不同的私人“管理式医疗机构”（managed care organizations，MCO）签订合同，以每月一次固定费用的形式满足所有最贫困居民的医疗需求。个人可以选择五个MCO中的任何一个，政府将支付大部分费用。由于州政府为MCO中的大多数参与者支付了溢价，因此MCO没有市场激励来向参与者提供低利率。因此，为了降低支出，国家必须弄清楚如何给予MCO一些激励，以低廉的竞争价格执行该计划。

为解决这一问题，该州采用了创新的投标机制。州政府会将新登记者“自动分配”给向该州提供最低成本出价的MCO。这些新登记者通常是最健康的患者，因此对MCO来说是最有利可图的（因为MCO将从州政府处获得保费，但不需要支付很高的医疗费用）。为了招揽新的健康的登记者，MCO之间开始展开竞争，以便吸引低成本的患者。由于这一激进的竞标机制，该计划的成本从2007年到2013年仅增长了3.7%；大约在同一时期，马萨诸塞州雇主担保的保险费上涨了30%。虽然保费增长缓慢，但消费者对他们的计划仍然非常满意。在最新的调查数据中，85%的共同医疗保健计划消费者表示他们对自己的计划非常满意或极度满意。①

合同外包不太成功的例子出现在公共安全领域。例如哈特等（Hart et al.，1997）比较了私人监狱和公共监狱。他们发现，私人监狱中对每个囚犯的支出便宜约10%，但这些是通过压低向监狱看守支付的工资来实现的。低工资导致质量较差的警卫配备，反过来又导致更多的暴力事件（在一起案件中，发生了严重的暴乱）。因此，成本的降低是以牺牲质量为代价的。

另一个相关的例子是新泽西州为新释放的囚犯提供过渡宿舍的经历。过渡宿舍或住宿重返中心（Residential Re-entry Centres，RRC）为新释放的囚犯提供援助，以帮助他们重新回归社会。RRC提供重要的服务，如求职、药物滥用治疗、医疗和心理保健。它们通常比监狱便宜，因此在解决囚犯释放后的过渡问题时可能成为更具成本效益的方法。

---

① 共同医疗保健计划和保费的满意度数据由马萨诸塞州联络员提供，雇主提供的保费数据时间为2007—2014年，可参见网站：http://archives.lib.state.ma.us/handle/2452/206119。

新泽西州的过渡宿舍系统共有3 500个床位。一名入狱的囚犯每天会花费新泽西州125～150美元，相比之下，一名囚犯入住过渡宿舍，每天花费65～75美元。这导致将过渡宿舍作为监禁囚犯的替代方案的做法越来越普遍。

德莱尼大厅（Delaney Hall）是一个主要的过渡宿舍，最初是为被判有轻微罪行的人和被判入狱不到一年的人设置的场所。但被判有更严重罪行的人很快被安排在德莱尼大厅，其中包括25名被指控携带武器和暴力犯罪的居住者。一名居住者因为3美元在德莱尼大厅被杀后，审判官发现这个过渡宿舍由帮派掌管，由于安保程度较低，造成了囚犯不安全的情况。

过渡宿舍的条件也令人担忧。报告指出，过渡宿舍的吸毒率较高，暴力、性侵案件及辅导员无法控制的危险情况均较多。例如，2009年，国家调查委员会（State Commission of Investigation）进行的一项研究发现，帮派问题最大的设施并非监狱，而是过渡宿舍。同年，新泽西州的默瑟县在罗宾逊之家（Bo Robinson Halfway House）进行了一次惊人的药物检测。在75名囚犯中，73%的人检测出药物呈阳性。一位辅导员甚至提到一些囚犯想要回到监狱，因为他们在罗宾逊之家感觉不安全。

如果潜在承包商竞相向政府提供成本低廉或质量上乘的产品，那么外包更有可能提高效率。然而，在实践中，这种竞争性招标可能是内定的。例如，自2005年以来，五角大楼直接（即没有通过竞标）将超过5 000万美元的军事合同授予图森市一家名为应用能量学（Applied Energetics）的公司。五角大楼需要的是应对简易爆炸装置（improvised explosive devices，IEDs）的方案，应用能量学公司承诺用一种未来的“闪电武器”来引爆这些路边炸弹。即使在测试失败后，该公司仍继续获得联邦资金支持。与此同时，超级另类防卫系统（Xtreme Alternative Defense Systems）等竞争公司已经开发了自己的反IED技术，效果更好。

尽管取得了成功，但超级另类防卫系统仅获得了150万美元的联邦资金支持，获得的支持力度仅为应用能量学公司的3%。2011年8月，海军陆战队不得不取消与应用能量学公司达成的300万美元合同，因为“闪电武器”无法满足军队的需求。①

在另一个例子中，自21世纪初以来，Wackenhut公司一直是美国各地武器工厂的主要安全承包商。2004年1月，美国能源部（U. S. Department of Energy）检察长透露，在进行武器工厂的安全性测试演习时，Wackenhut的袭击者事先就已经将哪些建筑物和目标会受到攻击告知了Wackenhut的防御者，包括会使用哪些转移战术。因此，这些演习中的防御团队往往表现得非常出色。但是，正如检查员所报告的，这样的结果是“不准确也不可靠的”。尽管如此，2004年8月，核能研究所（Nuclear Energy Institute）仍然宣布它将雇用Wackenhut公司，而此时，该公司已经负责该国半数以上民用反应堆的安全工作——培训和管理“对手团队”，以便在演习中攻击这些反应堆。马萨诸塞州的众议员爱德华·J. 阿基克（Edward J. Markey）抗议道：“允许Wackenhut在安全承包商的工厂测试安全性，这相当于允许运动员进行自己的药物测试。”②

---

① Weinberger (2011a).

② Wald (2004a, b).

尽管存在这些缺陷，但美国军方采用非竞争性招标的现象实际上在增加。公开提供的联邦数据显示，自 2001 年以来，非竞争性合同的金额几乎增加了两倍，从 2001 年的约 500 亿美元增加到 2010 年的 1 400 多亿美元。在过去十年中，五角大楼发布的竞争性招标仅占合同外包总金额的 60%左右。①

□ 公共品的成本与收益的衡量

在前面的理论分析中，我们假设政府可以衡量公共品供给的收益和成本。然而在实际中，这是很困难的。考虑一个修缮高速路（如高速公路或高速铁路）以减少交通拥堵和提高安全度的例子。依靠私人部门修缮高速路显然存在搭便车问题。尽管修缮高速路的收益对于使用高速路的整个司机群体来说很大，但对于某一位司机来说是很小的，因此没有司机愿意投资修缮高速路。

政府应该承担高速路的修缮工作吗？这取决于其成本是否超过了使用该高速路的司机收益总和，但是衡量这些收益和成本是很困难的。考虑修缮高速路的劳动力成本，劳动力的预算成本是政府为劳动力支付的工资，但是其经济成本不同。假如没有这项高速路修缮计划会导致该项目一半的工人失业怎么办？政府如何做到既要考虑支付工资，又要想到该项目是在为这些工人提供新的工作机会呢？

政府在估量该工程的收益时将面临更为棘手的问题。通勤者由于交通拥堵减少而节省的时间价值是多少？如果高速路改善减少了死亡人数，那么其生命价值是多少？

这些难题属于成本-收益分析的范畴，该方法提供了衡量公共项目成本和收益的框架。第 8 章在高速路修缮的例子中，展开了成本-收益分析的详细讨论。

□ 我们如何衡量对公共品的偏好？

在最优公共品供给的讨论中，政府了解每个人对私人品和公共品的偏好，因此政府可以计算出每个人对公共品的边际估价（公共品替代私人品的边际替代率），并将所有人的边际估价加总，使之等于公共品的边际成本（相对于私人品的边际成本）。

实际上，政府在将个人偏好转换为公共品供给的决策过程中至少面临三个问题。第一个是偏好显示：个人可能不愿意将自己的真实偏好告知政府，因为如果他们对公共品估价太高，政府有可能会对他们征收更多的税。第二个是偏好知识：即使个人愿意真实地告知政府其对公共品的估价，他们也并不清楚估价具体为多少，因为他们对高速路或者国防之类的公共品的定价缺乏经验。第三个是偏好加总：政府怎样将数百万居民的偏好加总，以决定公共项目的价值？

这些问题属于政治经济学研究的范畴，该范畴研究政府如何制定公共政策，比如决定恰当的公共品水平等问题。在第 9 章，我们将讨论政府解决这些问题的各种不同的手段，以及政府对搭便车这类问题的有效干预能力。

---

① Weinberger (2011b).

7.4 结论

政府的一个重要职能是供给公共品。这种政府干预的潜在收益来自搭便车问题，比如导致孟加拉国垃圾收集困难的搭便车问题。在一些情形中，私人部门可以供给公共品，但通常不会达到社会最优的供给水平。

当私人市场供给公共品存在问题时，政府干预可以潜在地提高效率。能否达到最优效率取决于政府能否恰当地衡量公共项目的成本和收益，以及是否拥有做出社会有效决策的能力。在接下来的两章中，我们将详细讨论这两个关键问题。

重点

- 纯公共品是非竞争性的（你消费或者使用该物品并不影响其他人的消费机会）和非排他性的（你没办法阻止其他人消费或获得该物品）。
- 纯公共品的最优供给水平位于所有消费者的边际收益之和等于边际成本处。
- 私人市场由于搭便车问题不太可能提供最优水平的公共品。
- 在一些场合下，私人市场可以部分地克服搭便车问题。如果存在拥有高收入或对公共品高需求的个人，或者秉持利他主义原则的个人，或者从自身的捐赠行为中获得温暖的辉光的个人，那么有可能存在接近社会最优的私人供给方法。
- 公共品的公共供给可能对私人供给产生挤出效应。
- 合同外包可以成为将私人部门纳入公共供给的有效手段，但也存在局限性。
- 要实现公共品最优供给需要面临的其他问题包括：如何衡量公共项目的成本和收益？如何有效反映公众对公共品的需求？

习题

1. 我们在确定社会边际收益时，将私人品的需求横向加总，但是将公共品的需求纵向加总。为什么要这样做？为何决定公共品和私人品需求的过程不同？

2. 巴拉兰的市民以前每年铺设 120 英里的公路。自从政府每年开始铺设 100 英里的公路后，市民减少至每年铺设 30 英里，每年铺设的公路总里程为 130 英里。这当中发生了什么？

3. 比尔（Bill）对汉堡（私人品）的需求为 $Q=21-6P$，泰德（Ted）的需求为 $Q=6-3P$。

a. 写出汉堡消费的社会边际收益的方程。

b. 现在假设汉堡是一个公共品。写出汉堡消费的社会边际收益的方程。

4. 你所在社区的居民向社区联合会缴纳年费。社区联合会向美化庭院的业主家庭返还会费。

a. 为何社区联合会提供会费返还？

b. 在最近的业主家庭联席会上，业主投票终止了这项规定，因为有些人不缴纳属于自己的维护社区环境的份额，所以业主感到不公。那么社区美化的总体水平会发生怎样的变化呢？请解释。

5. 佐罗兰拥有大量同质化的居民。波普兰与佐罗兰拥有同样多的居民和人均收入，但是收入的分布区间更广。为何波普兰会比佐罗兰拥有更高的公共品供给水平？

6. 考虑公共品的竞争和排他属性。广播电台在何种程度上是公共品？高速路在何种程度上是公共品？

7. 举一个你们家乡的搭便车的例子。你能为当地政府想出一个解决方式吗？

8. 为确定某种公共品供给的合理数量，埃塞克斯政府决定调查居民对该公共品的估价水平，然后通过对居民征税来资助该公共品。描述一个将导致居民低报估价的税制。描述一个将使居民高报估价的税制。

9. 为什么在实证上确定政府支出挤出私人供给公共品的程度是很困难的？

10. 回到第5章。为何公共品供给问题可以视为外部性问题？

进阶习题

11. 假定有20个人对街灯的需求函数为 $Q=20-P$，有5个人对街灯的需求函数为 $Q=18-2P$。建造每个街灯的成本为10。如果购买的街灯数量不可能为分数，那么社会最优的街灯数量是多少？

12. 安德鲁（Andrew）、伯斯（Beth）和凯西（Cathy）住在林德维尔。安德鲁对自行车道（公共品）的需求函数为 $Q=24-4P$。伯斯的需求函数为 $Q=14-P$。凯西的需求函数为 $Q=5-P/3$。建造自行车道的边际成本为：$MC=18$。镇政府决定采取以下方法来决定建造多少自行车道：询问每个居民他们想要多少车道，最终建造的数量为其中的最大数量。为筹集资金，对于每条道路，镇政府分别向安德鲁、伯斯和凯西征收数额为 a、b、c 的税收，$a+b+c=MC$（在居民陈述自己想要的道路数量之前，他们知道税率）。

a. 如果将税率设置成每个居民平均分担费用（$a=b=c$）的水平，有多少道路将被修建？

b. 证明政府可以通过修正税收价格 a、b、c，从而达到社会最优。税收价格怎样设定？

13. 斯普林菲尔德镇有两位居民：荷马（Homer）和巴特（Bart）。镇政府仅仅用这两位居民的捐赠来资助其消防部门。每一位居民都有一个关于私人品（X）和消防员总数（M）的效用函数，形式为：$U=6\times\ln(X)+2\times\ln(M)$。消防员总的雇用数量 M 为两人雇用的数量之和：$M=M_H+M_B$。荷马和巴特共有100美元的收入，每一件私人品和每一位消防员的工资为1美元。所以，总的消防员的雇用数量为0～100。

a. 如果政府不干预，将雇用多少消防员？荷马支付多少？巴特支付多少？

b. 消防员的社会最优数量为多少？如果与问题 a 的答案不同，这是为什么？

14. 缪斯克威尔有两位居民：巴赫（Bach）和莫扎特（Mozart）。小镇仅仅通过居民的私人捐赠来维持室外免费音乐会。每一位居民都有关于私人品（X）和音乐会数量（C）的效用函数：$U=3\times\ln(X)+2\times\ln(C)$。音乐会的总数量 C 是二者的需求之和：$C=C_B+C_M$。巴赫和莫扎特的收入都为 60，私人品和音乐会的价格均为 1。因此他们提供的音乐会数量为 0～60。

a. 如果政府不干预，那么将举行多少场音乐会？

b. 假设政府对私人市场均衡不满意，决定在巴赫和莫扎特自己选择举行的数量之外再举行 8 场。政府对巴赫和莫扎特征收相同的税收以举办音乐会，那么音乐会的数量为多少？与问题 a 相比，你的答案如何？我们达到了社会最优吗？为什么？

c. 假设一个匿名的好人支付了 8 场音乐会。新的音乐会总数是多少？这与问题 b 中的供给水平是否相同？为什么？

15. 考虑一个拥有三种类型人群的经济体，仅依据他们对纪念碑的不同偏好分类。无论纪念碑的数量为多少，第一类人群从纪念碑的存续中都获得 250 的固定收益。第二类人群的收益如下：

当 $M<2$ 时，$B_{\text{II}}=30M-2M^2$

当 $M\geqslant 2$ 时，$B_{\text{II}}=200+30M-2M^2$

第三类人群的收益如下：

$$B_{\text{III}}=150+90M-4M^2$$

其中，M 代表该市纪念碑的数量。假设每类群体均有 50 人。每座纪念碑的成本为 3 000 美元。应该修建多少座纪念碑？

第 7 章 附录

公共品供给的数学推导

在本附录中，我们将给出私人供给公共品分析背后的数学推导过程，并讨论政府干预如何影响供给。本章使用博弈论工具，该方法被经济学家用来解决多个主体互相影响并做出选择的问题。

□ 例子的设置

假设本和杰里住处相隔较远。他们在消费价格为 1 美元（$P_x=1$ 美元）的私人品 X，以及价格为 1 美元的公共品——烟花（$P_F=1$ 美元）中做出选择。他们每人的收入都为 100 美元。由于烟花是公共品，总体的供给数量为每人的供给量之和：$F=F_B+F_J$。每人（i）的效用函数如下：

$$U=2\times\ln(X_i)+\ln(F_B+F_J)$$

要在满足以下预算约束的条件下最大化效用：

$$X_i+F_i=100$$

□ 仅由私人供给

起初，本和杰里根据自己的意愿提供公共品，没有政府的干预。关于私人供给建模的一个问题是：在给定对方将提供多少烟花的情形下，本和杰里会如何行动？博弈论模型被用来解决诸如纳什谈判的问题：每一个主体在给定其他人行为的条件下，寻找其最优策略，如果存在双方兼容的最优策略，那么便达到经济均衡。纳什均衡是在给定其他人行为的条件下，每一个主体寻求其最优策略的过程。

结合效用函数和预算约束，本的最优化问题如下：

$$\text{Max}\ U=2\times\ln(100-F_B)+\ln(F_B+F_J)$$

对该表达式关于 F_B 求导，我们有：

$$-2/(100-F_B)+1/(F_B+F_J)=0$$

进而我们可以求解：

$$(100-F_B)/[2\times(F_B+F_J)]=1$$

得到：

$$F_B=(100-2F_J)/3$$

注意该表达式反映的搭便车问题：本的捐赠支出随着杰里的支出增加而下降。

我们可以类似地对杰里的问题进行求解：

$$F_J=(100-2F_B)/3$$

这产生了含有两个未知数的两个方程，我们可以将一个代入另一个以求解 F_B 和 F_J。我们解得 $F_B=F_J=20$，所以烟花总供给量为 40。

□ 社会最优水平

这与社会最优供给水平相比如何呢？当每个人的边际替代率之和等于价格之比（在本例中为 1）时，达到社会最优数量。每个人的 *MRS* 是烟花的边际效用与私人品的边际效用之比，我们可以对前述方程关于烟花数量或者私人品数量求导得到。所以烟花的最优数量取决于：

$$(100-F_B)/[2\times(F_B+F_J)]+(100-F_J)/[2\times(F_B+F_J)]=1$$

鉴于 $F=F_B+F_J$，我们可以化简为：

$$(200-F)/2F=1$$

我们可以得到 $F=66.6$，由于搭便车问题的存在，该数量远大于私人市场的供给量 40。私人市场对公共品的供给不足。

□ 不同类型的人群

假设本拥有 125 美元的收入，而杰里只有 75 美元。在这种情况下，本最大化效用：

$$U=2\times\ln(125-F_B)+\ln(F_B+F_J)$$

所以，本对烟花的需求量为：

$$F_B=(125-2F_J)/3$$

杰里最大化效用：

$$U=2\times\ln(75-F_J)+\ln(F_B+F_J)$$

所以，杰里对烟花的需求量为：

$$F_J=(75-2F_B)/3$$

通过求解这两个方程，可求得 $F_B=45$，$F_J=-5$。由于个人不能提供数量为负数的烟花，这意味着杰里不提供烟花，烟花供给的总量为 45。这个数量大于当本和杰里拥有相同收入时的私人供给数量。所以，通过赋予一方更高的收入会导致更接近于社会最优的结果。

□ 完全挤出效应

在最开始的例子中，假如政府认为私人部门供给数量为 26.6。为供给更多的烟花，政府强制本和杰里每人贡献 13.30 美元。这能解决供给不足的问题吗?

事实上不会。这项强制措施只会挤出现有的捐赠。在这项强制措施下，本和杰里最大化效用：

$$\text{Max}\ U=2\times\ln(X_i)+\ln(F_B+F_J+26.6)$$

每人在以下约束下最大化该效用函数：

$$X_i+F_i=100-13.3$$

求解以上问题，我们发现本和杰里每人对公共品的供给数量下降为 6.7，所以总的供给数量（政府提供 26.6，加上私人供给的 13.4）保持在 40 的水平。通过将他们的供给数量降至 6.7，本和杰里回到了之前他们的最优状态，即每人支出 20 美元，总共提供 40 个烟花。在这一章中，完全挤出仅仅是政府和私人一同进行公共品供给的可能结果之一。

第 8 章

成本-收益分析

需要牢记的问题

- 我们如何恰当地衡量公共项目的成本和收益？
- 对于难以衡量的成本和收益，例如时间价值和生命价值等，最佳的衡量方法是什么？
- 我们如何通过比较成本和收益来评估公共项目的最优性？

加利福尼亚州的交通系统承受着很大的压力。由于该州人口的快速增长，该州交通压力增加速度比公路的承受能力快五倍。这个问题在未来只会进一步恶化：预计未来30～40年，该州的人口将增加约2 000万人。为了解决这一发展中的危机，该州将在美国建立第一个高速铁路（high-speed rail，HSR）系统。它将覆盖从萨克拉门托到圣迭戈的800英里距离，能够达到每小时超过200英里的速度（从而将路程时间从8个半小时减少到大约4小时），预计耗资680亿美元。2008年，加州居民投票支持通过国家债券、州政府出售二氧化碳许可证，以及利用联邦捐款和私人投资的收入来支付高铁项目。①

如果不是州政府对高铁系统进行了一项评估成本和收益的研究，加利福尼亚的选民可能永远不会同意这一项目的实施。② 分析人员计算了该项目的支出，包括资本成本（例如设计、管理和土地获取）、运营成本（例如劳动力成本和电力成本）及维护成本（轨道和信号的维护），同时考虑了该项目的非货币成本，例如空气污染和噪声污染（进一步考虑了由噪声增加导致的睡眠损失和生产率下降）。分析人员得出的结论是，该项

① Sanders (2015).

② 所有详细内容来自 California High-Speed Rail Authority (2014)。

目的收益足以抵消上述所有成本。

该项目的好处表现为多种形式。据分析人员估计，到 2040 年，高铁将拥有 3 400 万名乘客，每年通过缩短花在交通拥堵上的时间，以及提高相对于航空旅行的交通可靠性，可节省近 1.5 亿小时。同时生产率也会提高，因为火车上的人们可能会工作，而如果是开车，则无法实现。该报告还预测，高铁每年将节省近 2.5 亿加仑的汽车燃料和 3 500 万加仑的航空燃料。而且由于道路上的人数减少，汽车事故数量会下降，因此人们免于遭受与汽车事故相关的工资损失和高额医疗费用。高铁还可以减少整体污染水平，从而改善健康状况（从而节省更多医疗费用），并减少全球变暖带来的社会成本。

最终，分析人员得出结论，高铁的效益价值约为 2 520 亿美元，而其成本为 1 190 亿美元，因此该项目的净收益约为 1 330 亿美元。这一巨大的净收益可能有助于解释加州选民对高铁项目的广泛支持，尽管国家税收收入的长期增长将需要偿还为该项目提供资金的债券。

成本-收益分析： 对公共品项目的成本和收益加以比较以决定是否实施该项目的分析方法。

第 7 章的讨论依赖于公共品的边际社会收益和成本的理论概念。然而，政府要决定提供多少公共品，这些理论概念必须转化为实实在在的数字。为了实现这种转化，政府使用**成本-收益分析**（cost-benefit analysis）来比较公共品项目的成本和收益，以决定是否实施该项目。原则上，成本-收益分析属于会计实务，是一种将项目的收益和成本相加，然后进行比较的方法。但是在生活中，成本-收益分析是相当丰富的经济学实践，可以验证在第 2 章总结中所提到的微观经济学的推导和大量有趣的经验证据。

加利福尼亚州的高铁案例清晰地展示了成本-收益分析的精髓。该案例中的成本-收益分析需要回答以下难题：我们如何评价通勤者节省的时间价值？我们如何评估噪声污染和能见度降低所带来的成本？我们如何评价安全性增加的收益？我们如何处理这样一个事实，即许多成本和收益不是在今天发生的，而是在遥远的未来？

在本章中，我们讨论运用成本-收益分析时必须解决的重要问题，以便我们探索政策制定者如何结合本领域的工具来应用第 7 章探讨的理论。

8.1 衡量公共项目的成本

这一节将引入一个能指导我们探讨成本-收益分析的例子，然后分析和衡量与公共项目成本有关的难点。虽然这里探讨的原理是一般化的，但是理解成本-收益分析最好的方法是通过实例。

□ 例子

假设你再一次为你所在州的政府工作，但并不是在卫生与人文服务领域，而是主管高速公路的部门。你所在州的收费高速公路状况堪忧，遍布的大坑和破碎的路肩阻碍了交通并造成安全隐患。州长安排给你一项任务，即考虑该州是否应该投资修路。①

如表 8－1 所示，修缮收费高速公路将需要以下投入：

- 100 万袋沥青；
- 100 万小时的建设劳动力（500 个工人，每人 2 000 小时）；
- 未来每年 1 000 万美元的养护费用。

关于修缮收费高速公路，主要有两种收益：

- 生产者（卡车）和消费者的驾驶时间每年将减少 50 万小时；
- 道路变得更加安全，使得每年死亡人数减少 5 人。

表 8－1　高速公路建设项目的成本-收益分析

		数量	价格/价值	合计
成本	沥青	100 万袋		
	劳动力	100 万小时		
	道路养护	1 000 万美元/年		
			第一年成本：	
			总成本：	
收益	节约的驾驶时间	50 万小时/年		
	挽救的生命	5 人/年		
			第一年收益：	
			总收益：	
			总收益减总成本：	

说明：该州收费公路的改造有三种成本：沥青、劳动力和道路养护。有两种关联的收益：驾驶时间的减少和死亡率降低。成本-收益分析的目的是量化这些成本和收益。

□ 衡量当期成本

> **现金流会计：**一种会计方法，在计算成本时只是加总政府为项目投入所支付的代价，而在计算收益时只是加总收入或由项目所带来的政府收益。
>
> **机会成本：**任何一项资源的社会边际成本，也是将该资源投入次优用途中的价值。

成本-收益分析的首要目标是衡量这项公共品的成本。看上去这是一项简单的任务，只要将上述列出的政府所有支出加总就能得到成本。这代表了会计师衡量成本时所使用的**现金流会计**（cash-flow accounting）方法。然而，这与第 7 章探讨的用社会边际成本去决定公共品供给的最优水平的理论概念并不吻合。任何资源（例如沥青、劳动力和道路的养护成本）的社会边际成本是其**机会成本**（opportunity cost），即所投入的资源在次优用途中能得到的最大收益。所以，对社会而言，投入任何资源的成本并不

① 尽管你在拥挤的收费公路上驾驶的经验可能会表明，这些收费公路既是竞争性的，也是排他性的，但是我们假设在这个例子中，公路是非竞争性的和非排他性的，所以不能认定该州的居民会出钱修理这条路。因此，政府必须考虑修缮收费高速公路是否值得。

是由现金成本决定的，而是由社会能够将该资源配置于其他最优用途所获收益决定的。首先考虑沥青。一袋沥青除了使用在该项工程上，次优用途是将它卖给其他人，其价值是该袋沥青的市场价格，所以在这种情形下，机会成本就是投入品的市场价格。这是关于机会成本的第一课：如果一项商品在完全竞争市场上出售，则机会成本就等于其价格。如果一袋沥青的价格是 100 美元，则这项工程的沥青总成本为 1 亿美元。在竞争性均衡状态下，价格等于社会边际成本。

如果劳动力市场是完全竞争的，那么以上分析同样适用于对该项工程劳动力成本的分析。在这种情况下，该项工程所使用的劳动力一小时的价值是市场工资，即该劳动力配置在其他最优用途上所能获得的报酬。如果建筑工人的市场工资是每小时 10 美元，那么该项工程劳动力的机会成本为 1 000 万美元。

不完善的市场　假设高速路建设给工人的报酬高于次优工作。比如，州法律可能规定建筑工人的最低工资是 20 美元/小时，但所有其他工人的市场均衡工资是 10 美元/小时。[①]

如果建筑工资高于其他工资，则会出现一些愿意在建筑行业工作但找不到工作的工人，他们只能在其他地方从事 10 美元/小时的工作。

在这种情况下，像这样的新项目的机会成本是加入该项目的工人的次优选择，也就是他们在其他地方可以赚取的 10 美元。因此，100 万小时的劳动力机会成本则为 1 000 万美元。

租金：对资源提供者支付的金额超过使用资源所必须支付的金额的部分。

当政府实际花费 2 000 万美元聘请这些工人时，会发生什么？政府对劳动力的现金支出包含两部分：劳动力的机会成本加上**租金**（rents）的转移。租金是向资源提供者（工人）支付的金额超出获取资源所需的金额的部分。劳动力的机会成本仅为每小时 10 美元，因为这是工人在其他地方工作可以获得的。因此，通过支付给他们每小时 20 美元，我们每小时额外转移了 10 美元给他们。这对社会来说并不是一种成本，它仅仅是从一个团体（政府）转移给另一个团体（建筑工人）。就政府支出的 2 000 万美元而言，1 000 万美元是政府转移给工人的租金，并不算作该项目的真实经济成本（尽管其计入现金流会计法的成本中）。经济成本只是将资源从其他次优用途转移到该项目上的支出，即从事其他工作可获得的每小时 10 美元的报酬，而其他的成本都是租金的转移。

类似地，假设沥青并不是由一个完全竞争的企业卖给政府的，而是通过垄断方式，其要价高于边际成本。在这种情形下，沥青的资源成本是生产它的边际成本，即制造这些沥青的资源倘若用于其他用途的成本。购买沥青的价格和生产的边际成本之间的差额仅仅是政府对沥青垄断厂商的租金转移。

衡量未来成本　最后的成本是道路养护成本，涉及原材料和劳动力。对这些原材料和劳动力的分析与迄今为止我们所做的工作一致，但稍有不同，因为我们需要把未来的养护成本的现金流与现期一次性的建造成本联系起来。为达到这一目的，我们对比这些成本的**贴现值**（present discounted

贴现值：今年 1 美元的价值为下一年 1 美元的 $1+r$ 倍，因为如果用它来投资，则可以赚取 $r\%$ 的利息。

① 自 1994 年开始进行现代生存工资运动以来，已经通过了 140 多条与生存工资相关的条例（Luce，2011）。

value，PDV），这一概念我们在第 4 章已经学习过了。明天的 1 美元比今天的 1 美元价值要低，因为我可以把今天的 1 美元存入银行，赚取利息，从而在明天获取更多的钱。所以今天 1 美元的价值是明天 1 美元的 $1+r$ 倍，r 是可以赚取的银行利息率。因此，未来的养护成本必须贴现，才能和今天的建筑成本做比较。

虽然运用贴现率法只涉及一些简单的代数问题，但是在计算贴现值时，如何选择正确的**社会贴现率**（social discount rate，第 4 章中贴现值表达式中的“r”，也称社会折现率），则需要考虑一些重要的经济问题。如果一个私人企业在做投资决策，恰当的贴现率应该代表公司运用这些资金所能从事的其他活动的机会成本。如果一个现有的投资每年能够产生 10%的确定收益，并且公司支付 50%的税率，则该项投资每年能够给公司带来 5%的净收益。公司投资任何新项目的机会成本是现有投资项目所能带来的 5%的净收益。因此，5%是任何有关新项目支付代价的贴现率。

社会贴现率：社会投资中用来计算贴现值的合适的 r 值。

政府在选择贴现率的时候还应该考虑私人部门的机会成本。政府所使用资金的次优用途是私人部门对该资金的使用。因此，如果一个私人厂商可以获得 10%的投资回报率，那么政府应把 10%作为其使用资金的机会成本。与私人部门不同，由于政府是收税的一方，税后投资收益并不能作为它的机会成本。这样一来，把资金从私人部门转移到政府部门的社会成本是 10%：5%为企业的税后收益，5%为政府的税收收入。这就是将这笔资金贡献给政府项目的机会成本，即贴现率应该为 10%。[①]

在现实生活中，美国政府使用不同种类的贴现率。[②] 1992 年，行政管理和预算办公室（Office of Management and Budget，OMB）建议对所有公共投资使用 7%的贴现率，这是私人投资的历史税前回报率。如果使用 7%的贴现率，回想在第 4 章我们学习过的规则，长期支付流的贴现值就是支出总额除以贴现率，1 000 万美元的道路养护成本现金流的贴现值是 1.43（=0.1/0.07）亿美元。因此，该工程沥青的现期总成本是 1 亿美元，劳动力的现期总成本是 1 000 万美元，养护的现期总成本为 1.43 亿美元，共计 2.53 亿美元。这一系列的成本如表 8-2 所示。

表 8-2　收费高速公路建设项目的成本-收益分析

		数量	价格/价值	合计
成本	沥青	100 万袋	100 美元/袋	1 亿美元
	劳动力	100 万小时	10 美元/小时	1 000 万美元
	道路养护	1 000 万美元/年	7%的贴现率	1.43 亿美元
			第一年成本：	1.1 亿美元
			总成本：	2.53 亿美元

① 也可以考虑增加政府债务为公共项目融资。在这种情形下，公共资金的机会成本是政府为其债务支付的利息率。

② 贴现率选择指引由 Office of Management and Budget（1992）发布。

续表

		数量	价格/价值	合计
收益	节约的驾驶时间	50 万小时/年		
	挽救的生命	5 人/年		
			第一年收益：	
			总收益：	
			总收益减总成本：	

说明：该工程沥青的成本由市场价格决定，即 100 美元/袋。劳动力的成本并不取决于工资，而是劳动力的全部机会成本，包括该工程所雇用的任何失业工人。道路养护成本是这些计划支出的贴现值。

8.2 衡量公共项目的收益

衡量与公共项目有关的收益比衡量成本更加困难，因为这些收益更难用市场价值进行测度。

□ 对节省的驾驶时间进行估价

与该项收费高速公路修缮工程有关的第一项收益是生产者和消费者节省的通行时间。对于生产者，我们可以用更直观的方法对节省的时间进行估价。生产者的收益来自商品供给成本的降低，因为现在只需要更少的时间来运输商品。成本的降低导致供给的增加（供给曲线向右上方平移），这将会提高社会剩余的总规模。因此，社会的收益就是由生产成本的降低所导致的社会剩余的增加。

衡量消费者时间节约带来的收益则更为复杂。我们如何衡量能够更加快捷地从一个地方到另一个地方所带来的收益？我们需要的是一些针对个人时间的社会评价方法，例如，行车耗时更少对我来说有何意义？经济学家用一些方法来回答这些问题。尽管当中没有一个是完全令人满意的，但是把它们组合在一起，我们可以对时间估值做出一些一般性的结论。

使用基于市场的手段来对时间估值：工资 我们假设个人把因驾车速度更快而节省的时间用于工作。我们进而假设存在着一个完全竞争的劳动力市场，允许个人从每小时额外工作中赚取时薪。在这些假设前提下，我们可以用驾驶人的工资来对他们节省的时间进行估价。机会成本是次优用途的价值，在这个例子中的次优用途是工作。在一个完全竞争的劳动力市场中，工作的时间价值就是一小时所能赚取的工资率。2014 年，美国工人的平均工资率是每小时 22.70 美元。[①]

如果将节省的时间一部分用来工作，一部分用来休闲呢？再一次地，如果我们在一个个人可以自由选择工作时长的完全竞争劳动力市场中，那么即使时间被花在闲暇上，工资也是合适的评价手段。这是因为在一个完全竞争的模型中，个人把其下一小时用于

① U. S. Bureau of Labor Statistics (2014).

闲暇的时间价值等同于其工资。如果闲暇时间的边际效用大于工资，则个人会选择少工作、多休息（通过“消费”更多的休闲来降低休闲的边际效用）。如果休闲的边际效用低于工资，则个人将工作更多，而休息更少（通过“消费”更少的休闲以提高休闲的边际效用）。因此，在一个可以自由调整工作时间的完全竞争市场中，时间的价值总是与工资相等，即使时间被用于休闲活动。

你可能会注意到，上述理论假设会涉及一些实际问题。

- 个人不能自由地在闲暇与工作时长中做出选择，工作可能伴随着时间限制。假如我想在现行工资水平下每周工作超过 40 小时，但是我的雇主不会让我这么做，因为这样他需要支付给我更高的加班费。在这个情形下，我对闲暇的估价会低于我的工资，但是我不能通过工作更长时间使它们相等。所以对我而言，工资夸大了所节省的时间对我的价值。
- 对于工作，可能会存在一些非货币性的因素。例如，在夏天，我的办公室安装了空调，但是我的家里没有。这意味着我对工作时间的估值高于工资，同时我也注意到工作环境更为舒适这一事实。因此，我工作的总报酬比我的工资要高。闲暇的价值应该与工作的总报酬相等，而不仅仅是工资，所以工资低估了所节省的时间对我的价值。

这些问题限制了用工资价值来衡量时间价值，使得经济学家考虑其他方法来估计时间价值。

条件价值评估法：要求个体对其现在不会或没有机会进行选择的项目进行价值评估。

基于调查的方法来估计时间价值：条件价值评估法 在你修读任何经济学课程之前，如果我问你如何计算出时间对于某个人的价值，你打算怎么做？你很有可能直接问一些人时间对于他们价值多少！也就是说，你可能会问：“你会为开车节省下来的 5 分钟支付多少钱？”这种方法被经济学家称为**条件价值评估法**（contingent valuation）：要求个人对自己目前尚未选择（或者他们没有机会选择）的项目进行估值。

条件价值评估法的优势在于，在一些情形下它是估计公共品价值的唯一可行方法。例如对保护一种珍稀猫头鹰这一行为进行估值，是很困难的。你不能使用明显的市场价值去估计这些物种。但是你可以调查一些人并询问保护这些物种对他们而言价值多少。这些偏好可以用来加总形成保护珍稀物种这一行为的价值。

然而，正如“应用”中所讲述的，条件价值评估法的问题令人生畏。

☞**应用**

条件价值评估法的问题

虽然条件价值评估法看起来是估计时间节约类收益的最直接的方法，但也有人认为，有关条件价值评估法的研究结果证明了这种方法是没有用的。对条件价值评估法的两个主要质疑来自经济学家彼得·戴蒙德（Peter Diamond）和杰瑞·豪斯曼（Jerry Hausman），他们指出，改变条件价值评估法调查的结构可能会导致很多不同的反应。[①]这些问题的例子包括如下。

---

① Diamond and Hausman (1994).

- 问题的孤立性很重要。当只被问及"对改善大峡谷的景观愿意支付多少"这一个问题时，回应者给出的答案将是当该问题被放在问题清单第三位时的五倍之多。
- 问题的顺序很重要。当先问愿意为保护海豹支付多少，后问愿意为保护鲸鱼支付多少时，回应者说，前者值 142 美元，后者值 195 美元。当调换问题的顺序时，则保护鲸鱼（先问）值 172 美元，保护海豹（后问）只值 85 美元。
- 内嵌效应很重要。当被问及阻止一个、两个、三个野生动物区伐木的价值时，回应者在三种情形下给出了大致相同的答案，暗示了他们所回应的价值并不是针对特定的目标，而是保护动物区的总体价值。类似地，回应者对保护 2 000、2 万和 20 万只鸟也给出了大致相同的价值。

显示性偏好：让人们的行为反映他们的价值评判。

使用显示性偏好来估计时间价值 对于非经济学家，估计时间价值的最直接方法就是询问个人时间对于他们价值多少，但是这种方法将面临之前提到的问题。对于经济学家，估计时间价值最直接的方法是使用**显示性偏好**（revealed preference）：让人们的行为来反映他们的价值评估。经济学的口号是：人们可能会撒谎，但是他们出于效用最大化的目的而采取的行动不会撒谎！

假设我们比较两间相同的房子，其中一间距离多数通勤者工作的中心城区更近，比另一间少了 5 分钟的车程。如果个人愿意为更近的房子支付更多，那么这暗示了其重视时间的节省。因此，我们可以用两套房子的售价之差来评估所节省的 5 分钟通勤时间的价值。这种比较提供了基于市场并能真实揭示个人偏好的时间价值评估法。

尽管该理论具有吸引力，但这种评估方法依然面临着实践操作的问题。上述例子在两个房子完全相同时才有效。但是如果靠近城市的房子条件更好呢？我们会发现它卖了更高的价钱，并错误地认为这意味着个人非常重视时间。问题在于，任何商品的价格都评估了它的整个属性集，但是对于显示性偏好分析来说，我们仅仅关心一方面的属性（在上述例子中是距离）。正因为其他属性也不相同，因此很难使用显示性偏好分离出商品某一特别的属性，例如位置。

评估时间价值的理想方式是控制性实验，在这个实验中，我们仅仅改变待评估商品某方面的属性：在上述例子中，我们可以将同样的房子搬到距离市中心缩短 5 分钟车程的地方，但这种方法在很多情况下显然是不可行的。然而在接下来的"实验证据框"中，我们会介绍解决这一问题的一种巧妙的尝试，该方法表明，一小时的价值与基于市场的估计值非常吻合。

▶实验证据框◀

评估时间节约的价值

显示性偏好法在实践运用中面临的基本问题是偏差问题，我们在第 3 章中讨论过这类偏差。当我们进行显示性偏好分析时，实验对象是具有一定属性（例如距离城市仅有 10 分钟车程）的商品，同时对照物是没有该属性的另一件商品（例如距离该城市有 20 分钟车程）。问题在于，实验对象和对照物可能存在会导致偏差的不同属性。假如距离城市更近的住房面积更小，或者院子的面积更小，这将导致其价值降低，以至于当对比距离城市较远和较近的住房价格时，研究者可能并不能得到距离越远的房子价格越低的预期结果。例如在波士顿都会区，埃弗雷特镇距离波士顿中心城区平均仅有4英里，而位于城郊的莱克星顿镇距离波士顿中心城区有11英里之遥。但是埃弗雷特住房的平均价格是35.3万美元，而莱克星顿住房的均价为77.8万美元，是埃弗雷特地区的2.2倍左右。① 这是因为莱克星顿的住房总体上比埃弗雷特的住房更大，并具有更好的属性。

这些属性很多是可观测的，比如住房的建筑面积以及浴室的数量。在这种情况下，我们可以通过使用控制变量和横截面回归的分析方法来尝试控制这些属性的差异。事实上，本节将这种方法命名为市场特征价格分析法。市场特征价格分析法是将住房价值对住房的一系列属性进行回归，例如与市中心的距离、卧室的数量、浴室的数量、建筑面积等。其原理是，如果在回归方程中控制了除距离以外的其他属性，我们将可以比较不同地方的相同住房。

但是正如我们在第3章中强调的，这种方法可能并不能令人完全满意。不同的住房之间存在着许多难以观测的差异，例如周围的环境质量、前主人对房子的保养程度等。如果这些因素与距离市中心远近相关，则意味着实验组（距离较近的住房）与对照组（距离较远的住房）并不是相同的，因此我们的（有偏）估计无法给出对时间差异的真实估计。

为了提供一种更具有说服力的估计所节约时间的价值的方法，我们可以采用准实验分析法。迪肯和桑斯特里（Deacon and Sonstelie，1985）的研究给出了一个准实验分析法的例子。在20世纪70年代的石油危机中，政府对大型的石油公司设置了价格限制，即对公司销售的每加仑汽油设置最高价。这些低价格（相对于真实的市场价）导致消费者排长队购买汽油。这些价格上限并没有在小型的、独立拥有的加油站实行，所以在这些地方排队的队伍更短。因此，个人愿意在大型石油公司的加油站（实验组）排队而不是去独立的加油站（对照组）所产生的等候时间，可以对应于去实验组而不是对照组所节约的金钱，由此形成了时间价值。

作者研究了加利福尼亚州的雪佛龙（Chevron）加油站，与独立加油站售价相比，该站每加仑售价被强制调低了0.49美元（以2015年的美元价格计算）。为了更便宜的汽油而在雪佛龙加油站排队使得消费者比在其他与之竞争的加油站平均多等待了14.6分钟。消费者的平均购买量为10.5加仑，意味着他们每小时的等待时间节省了20.79美元（以2015年的美元价格计算）。也就是说，他们显示了自己愿意为20.79美元而等待一小时——几乎和美国每小时的平均工资相等。②

---

① 统计数据来自City-Data.com（2012）。

② 消费者每加仑节省了0.49美元，并且平均购买量为10.5加仑，所以他们通过等待15分钟而平均节省了5.15美元，这意味着1小时的估价大约为20.79美元。

□ 对挽救的生命估价

回到高速公路的例子，修缮收费高速公路的主要收益是修缮后的道路能够提升安全性并挽救生命。然而估计人类生命价值是成本-收益分析框架中最困难的问题。许多人会说一个人的生命是无价的，所以我们应该不惜一切代价去挽救一个生命。根据这种观点，估计生命价值是备受谴责的活动，从而无法对生命这种如此珍贵的"物品"进行估价。

这种观点并没有意识到有限的政府预算有很多可能的用途，而每一种都可能挽救生命。认为生命不能被估价的论点将会使我们在选择不同的但又都能挽救生命的项目时陷入无助的境地。根据这种逻辑，我们必须资助任何能够挽救生命的政府项目，即使是以牺牲教育、住房等支出为代价。或者，我们也可以说事实上任何政府支出都存在挽救生命的可能，例如，通过改善教育，我们可以减少犯罪，这就挽救了受害者的生命。为了摆脱"生命无价论"强加的谬误，需要对一个人的生命进行估价。

☞应用

对生命估价①

对生命估价的道德问题存在于许多公共政策当中，如以下几个例子所示。

(1) 1993 年，消费者群体要求通用汽车公司召回其在 1973—1987 年生产的 500 万辆皮卡。这些货车的油箱被固定在机动车的外部。消费者群体声称这些货车的外置油箱使货车在碰撞中更容易爆炸，并自其投产以来已经导致了 150 人死亡。这项召回将耗费 10 亿美元，并且根据政府部门的计算，将至少挽救 32 人的生命（由于这些卡车逐渐被废弃使用）。通过这些估计数据，这项召回计划为挽救一人生命将花费 3 125（=100 000/32）万美元。

通用汽车公司并不想支付这笔钱，而是想方设法与政府达成协议，同意提供 5 000 万美元以资助有关安全带和醉驾的教育项目，承担有关烧伤和外伤治疗的研究，并为低收入家庭购买 20 万个儿童安全座椅。消费群体倡议者拉尔夫·纳德尔（Ralph Nader）宣称，这项协议实质上是监管历史上前所未有的一次有罪公司对执法官员的收买。但真的是这样吗？政府预计仅儿童安全座椅就将拯救 50 人的生命。假如这是唯一的收益（但实际上不是），那么每个拯救的生命价值 100（=5 000/50）万美元，远低于召回计划所挽救的个人生命的价值 3 125 万美元。也就是说，这项召回制度的替代方案将以更少的钱拯救更多的生命。通过该方式，这项协议远远优于召回计划，但是它只有在政府愿意给个人生命设定价值时才成为可能。

(2) 1999 年 10 月，一辆通勤火车在伦敦帕丁顿车站撞毁并夺走了 31 人的生命，愤怒的公众由此呼吁在轨道安全措施方面加大投资。公众的愤怒部分集中于曾经是公共单位的英国铁路公司近来被私有化这一事实（该公司被出售给了私人实体，这一政策我们将在第 9 章进行更多探讨），所以人们认为由追求利润的公司掌控铁道系统将会对安全措施采取敷衍态度。在列车撞毁期间，公众情绪高涨，一名政府官员承诺将采取任何

① 参见 Brown and Swoboda (1994) 及 Jowit (2002)。

可能的举措以保护铁路乘客安全，其说道："当生命处于危险中时，10亿* 并不是很多钱。"

政府要求铁路公司安装铁路保护和预警系统（TPWS），其耗资7亿美元并能够在发现危险的情况下快速地制动任何时速在75公里以下的列车。但是之后政府对铁路安全的一项调查建议采用更为先进的技术，即欧洲列车控制系统（ETCS），它可以制动任何时速状态下的列车。安装ETCS将耗资30亿～90亿美元，每年将拯救1～3人的生命，并可以持续使用30～50年。在最佳情况下（耗资30亿美元使用50年，每年拯救3人的生命），拯救每条生命将花费2 000万美元；在最差情况下（耗资90亿美元使用30年，每年拯救1人的生命），拯救每条生命将花费3亿美元。

鉴于对ETCS巨额成本的批评，政府官员开始收回其将不惜一切代价确保铁路安全的承诺。此外，正如反对上述铁路安全措施的人士所说，在公路上死亡的英国人要比在铁路上多得多，所以在英国的公路系统中执行政府的安全标准将拯救更多人的生命，每拯救一人的生命仅耗费200万美元。结果，政府并没有承诺安装更昂贵的铁路安全系统。

使用工资对生命估价 类似于对时间估价，基于市场的对生命估价的方法是使用工资：生命的价值是一生现金流的贴现值。尽管这看上去像是合乎逻辑的方法，但也面临着一系列的问题。用工资对生命估价的主要问题是，没有考虑非工作时间。在一个完全竞争市场模型中，我们想加总的不仅包括在工作中所赚的工资，而且包括以市场工资衡量的休闲时间。基勒（Keeler，2001）计算得出一个50岁以下的工人将花费其未来10%～20%的时间用于工作。所以，假设以其工资率来对其闲暇时间估价，其总体的生命价值约为一生工作所得的5～10倍。使用就业、工资以及死亡率等数据，基勒计算得出一个20岁的女性平均将有64.2万美元的未来收入（以2015年美元价格计算的净现值），但是对其一生的估价为406.6万美元（2015年美元价格）。男性由于拥有更高的收入，将有更高的生命价值，而老年人的生命价值较低，因为他们剩余的生命时间更少。

这种方法依然面临着与使用工资估计时间价值一样的问题，即市场工资可能不能准确反映休闲的价值。而且，生命不仅仅意味着赚取工资和休闲。例如，一个人在世时可以从内心感觉到别人带给他的快乐。

条件价值评估法 对生命估价的第二种方法是使用条件价值评估法。使用该方法的一种手段是询问每个人其生命价值多少。这显然是很难回答的问题。所以，一种更为普遍的方法是询问对一种改变死亡率的事项的估价。例如，通过一项调查来询问参与者这样的问题：相比于购买一张在50万次飞行中有两次致命坠毁事故的机票，他们愿意为一张在50万次飞行中有一次致命坠毁事故的机票多付出多少？另外一个问题是：相比于一间在非污染区的住房，他们愿意花多少钱购买一间位于环境污染区的住房？污染区的住房将减少他们1年的寿命。

然而，刚刚提出的估值问题显然也会受这一分析的困扰。或许正是由于这个原因，

---

* 原文中无单位。——译者注

条件价值评估法研究得到的生命价值区间非常宽泛，每挽救一人生命的价值为 100 万～2 880 万美元。①

显示性偏好 与衡量节省的时间价值类似，经济学家也喜欢用显示性偏好来估计生命价值。例如，我们可以通过估计个人愿意为降低其死亡率支付多少来评估生命价值。假如将一个安全气囊安装到新车上的成本为 350 美元，并且有万分之一的概率拯救乘客生命。这意味着对购买安全气囊的个人来说，生命价值至少为 350 万美元。

补偿性差异： 对工人额外增加（或削减）的工资支付，以补偿由他们的工作性质所导致的负面（或正面）影响，比如死亡率增大（或较好的办公条件）。

另外，我们也可以通过个人从事增加其死亡率的危险工作而要求得到的回报来估计生命的价值。假如我们比较两个工作，其中一个每年高出 1%的死亡率（例如，一个煤矿工人对比一个零售店收银员）。进一步假设较危险的工作每年的工资要高 3 万美元。这里的 3 万美元被称为**补偿性差异**（compensating differential）。在这个例子中，个人为了从事死亡率高 1%的工作而必须得到 3 万美元的补偿，所以他们的生命估价为 300（=3/0.01)万美元。

经济学中有大量文献使用这些显示性偏好方法对生命进行估价。该领域的著名专家——哈佛大学的基普·维斯库斯（Kip Viscusi）总结道，显示性偏好方法的一致性结论为，生命的价值大致为 960 万美元。②

但是这种方法也存在一些缺陷。第一，它做出了强烈的信息假设。在使用这种显示性偏好方法时，我们假定煤矿工人知道他每年的死亡率比收银员高出 1%。* 这种信息类型通常并不是现成可获取的。补偿性工资所暗含的价值取决于个人对风险的感知，并不是实际统计的风险，而试图估计生命价值的研究者常常不熟悉这些认知。第二，心理学方面的文献表明，即使有了这些信息，个人也并不能完美做出权衡。例如，一篇大型的实验性文章表明，个人常常高估较小的风险（例如死于飞机坠毁的概率）并低估较大的风险（例如死于高危工作的概率）。③

显示性偏好研究中的第三个问题在讨论住房价格和时间节省的时候强调过：我们需要控制产品或者工作中其他的有关属性。假设一个煤矿工人每年面临着比收银员高出 1%的死亡率，以及高出 5%的严重受伤的概率。那么 3 万美元的补偿性差异包含了这两种效应，而不能仅仅用于推测生命的价值。另外，煤矿开采工作在很多方面的幸福程度都远远低于收银员。补偿性差异既反映了工作的风险，也反映了决定工作总体吸引程度的工作环境。煤矿开采较差的工作环境，以及其他的健康风险，解释了为何其补偿性差异高估了生命价值（因为它包含了对工伤以及较差的工作条件的补偿）。

第四，生命价值差异中存在一个核心问题。在社会中可能不存在统一的生命价值，而是因人而异。显示性偏好方法为愿意从事更危险以及购买更安全商品的个人提供了生命的估计价值。但是这一答案可能并不能代表社会的整体情况。

例如，全社会有 1 万人，其中 1 000 人不太关心工作的风险（风险中性），另外

---

① 参见 Viscusi (1993) 的表 2，更新至 2015 年的美元价格。

② 参见 Viscusi and Aldy (2003) 第 26 页，更新至 2015 年的美元价格。

③ 有关行为经济学中对成本-收益分析的一般性介绍，参见 Robinson，Hammitt，and Loomis (2011)。

* 原文为 2%，疑有误。——译者注

9 000 人非常关心工作的风险（风险厌恶）。假如社会中存在两种类型的工作：一种是每年有 1%死亡率的工作，另一种是没有死亡风险的工作。风险中性的工人仅要求每年额外的 1 000 美元以从事风险性工作，而另外的工人则要求 10 万美元。

如果整个社会当中有 1 000 份危险性工作，那么谁会从事这些工作？这些工作的工资相比于无风险工作的工资会高出多少？如果企业在提供这些危险性职位时仅支付 1 000 美元的补偿性差异，那么这些职位都会由 1 000 名风险中性的工人获得，而风险厌恶者并不会在补偿性差异如此低的情况下接受这些工作。企业只想支付可能的最低的补偿性差异，因此它们会支付 1 000 美元给 1 000 名风险中性的工人。

因此，均衡时的补偿性差异为 1 000 美元，这意味着生命价值为 10（＝0.1/0.01）万美元。但是这样的补偿性差异并不意味着在社会中的代表性公民的生命仅为 10 万美元。这仅仅是从事这些工作的风险中性的个人的生命价值。这个估计可能会对社会总体的生命价值给出误导性的答案。洛夫斯等（Rohlfs et al.，2015）强调了人群分布的重要性，作者研究了 20 世纪 90 年代以及 21 世纪初的安全气囊支付意愿。他们发现，代表性个人的生命价值约为 1 000 万美元，然而不同人的生命价值从负值到 1 900 万美元不等。①

更一般地，由于风险中性的个人总是最先从事风险性的工作，对风险估价的显示性偏好将总体上低估代表性个人的生命价值。这是由于我们观测的并不是一个有代表性的平均水平的个人，而是一个（按照定义）比一般人更偏好风险的人。

政府显示性偏好 另一种生命估价的方法并不依赖于个人对其生命估价多少，而是关注现有的政府项目及它们花费多少去拯救生命。一项研究分析了 76 个由政府主导的旨在保护公共安全的项目，并计算了这些项目在降低死亡率方面的表现以及相应的实施成本（例如增加监管标准所带来的生产者成本增加）。这项研究的关键性结论如表 8-3 所示（成本已更新至 2015 年的美元价格）。这些成本包括：安全措施（例如儿童防护型打火机）中的每条生命价值 134 000 美元，以及牛饲料法规中的每条生命价值 2.241 亿美元等。在所有 76 个规定中，有 45 个项目的花费处于补偿性差异研究给出的 960 万美元之下，但是有 31 个项目的花费处于其之上。

表 8-3 在不同的管制措施中，每拯救一条生命所花费的成本

实施项目	年份	机构	每拯救一条生命的费用（百万美元，以 2015 年的美元价格计算）
儿童防护型打火机	1993	消费品安全委员会（CPSC）	0.13
食品标签	1993	食品药品监督管理局（FDA）	0.5
重型卡车反射装置	1999	国家公路交通安全管理局（NHTSA）	1.2
儿童防火睡衣	1973	消费品安全委员会（CPSC）	2.9
汽车后部/上部/肩部安全带	1989	国家公路交通安全管理局	5.9

① Rohlfs，Sullivan，and Kneiser (2015).

续表

实施项目	年份	机构	每拯救一条生命的费用（百万美元，以2015年的美元价格计算）
石棉	1972	职业安全和健康署（OHSA）	7.4
统计上的生命价值			**9.6**
苯	1987	职业安全和健康署	29.0
石棉禁令	1989	环境保护署	102.8
固体垃圾处理设备	1991	环境保护署	131.9
牛饲料	1979	食品药品监督管理局	224.1

资料来源：参见 Morrall（2003）的表2，更新至2015年的美元价格。

说明：政府的安全管制措施增加了成本，但拯救了生命，这些成本和收益可以被用来比较并计算出所拯救的每条生命的隐含价值。这些价值下至最低值——普及儿童防护型打火机为拯救每条生命花费13万美元，上至最高值——牛饲料法规为拯救每条生命花费2.241亿美元。

美国政府的确有一个官方的用于评估拯救生命政策的生命价值基准。然而令人惊讶的是，不同单位使用的数值不一样！阿贝尔鲍姆（Appelbaum，2011）的报告指出，数值范围从美国交通部（U. S. Transportation Department）用以衡量汽车安全的600万美元，到由美国食品药品监督管理局用以评估香烟警告标签的790万美元，再到由环境保护署用以评估减少环境污染的910万美元。目前尚不清楚为什么政府政策以不同方式挽救生命的价值会有如此大的差距！

政府愿意在很多公共政策中花费巨资去拯救生命，这一事实说明公共部门对生命估价极高。但另一层解释是，政府政策不具有一致性，在一些领域中没有使用与其他领域相同的标准。

▶实验证据框◀

避免交通死亡的成本是多少?

交通事故是全球最重要的死亡风险来源之一。据估计，全世界共有75万～120万人由于机动车事故而丧生。仅仅在美国，事故造成的损失每年就达到2 300亿美元。减少交通事故最重要的政策之一是加大警方对速度限制和其他交通法规的执行力度。迪安基洛和汉森（DeAngelo and Hansen，2014）的一项研究评估了当俄勒冈州警力大幅减少时交通事故死亡率的变化。具体而言，他们试图寻找减少警力对安全驾驶的影响，以及额外的政策执行对每拯救一条生命的成本的影响。

2003年2月，由于预算问题，俄勒冈州警察大规模裁员。35%的州警察被解雇，大大降低了州警察进行安全驾驶执法的能力。由于司机不再那么害怕被抓，因此采取了很多危险驾驶行为——法律修改后，平均时速的增加超过了0.5英里/小时。这一平均值看起来可能并不是一个庞大的数字，然而它包括许多不管警察存在与否都不会超速驾驶的注重安全的司机。因此，驾驶速度的增加可能反映了少数驾驶员驾驶得更快且更危险，因为他们不太可能被抓住。

为了研究警力减少的影响，迪安基洛和汉森将俄勒冈州的交通伤亡人数与附近治安力度没有明显下降的华盛顿州和爱达荷州的人数进行了比较。俄勒冈州的裁员为警力对安全驾驶的影响提供了准实验条件。实验组是俄勒冈州的司机，由于警力配置不足，该州的司机因超速行驶而被逮捕的风险较低；对照组则是华盛顿州和爱达荷州的司机，这两个州没有变化。

迪安基洛和汉森发现，警察执法的减少不仅导致驾驶速度更快，而且导致更多的交通事故死亡人数。他们估计，1979—2005 年，如果州警察的人数维持在 1979 年的水平，那么高速公路死亡人数将减少 2 167 人。将部队人员维持在 1979 年的水平意味着以 123 000 美元的年薪（2014 年）支付 5 445 名士兵，总费用为 6.7 亿美元。这一发现也意味着俄勒冈州可以通过花费 309 000 美元的成本挽救一条生命，这远远低于大多数关于生命价值和政府以其他方式挽救生命的成本的估计。而这并不是俄勒冈州唯一可以获得的收益：执法力度加大带来的安全驾驶行为使得非致命伤害会随之下降。

□ 对未来收益贴现

对于一些成本-收益分析，一个特别棘手的问题是，多数项目的成本是当期发生的，而收益是长期获取的。一个很好的例子是通过减少碳密集型的商品使用来对抗全球变暖（例如通过对商品的碳含量征税）。这项措施的成本将被视作短期，因为消费者将为加剧全球变暖的商品（例如汽油）支付更多的钱。但是这项措施的收益远在将来，因为相比于没有政府干预，这项措施将使全球气温在 100 年后有所降低。

这类例子之所以棘手是出于两方面的原因。第一，贴现率的选择将极大地影响远在未来的收益。例如，如果贴现率为 2%，则 100 年后的 1 美元的现值为 13.8[$=1/(1.02)^{100}\times100$] 美分。如果贴现率为 3%，则为 5.2 美分。如果贴现率为 4%，则为 2 美分。收益计算对贴现率变化的极度敏感使得获取正确的贴现率尤为重要。

第二，长期存续的项目不仅给负担成本的当代人带来益处，而且将造福于后代。我们对后代受益的处理方式应该有别于当代人吗？一些人认为我们应该仅将利益归于支付成本的当代人。但是如果当代人关心他们的子女呢？如果是这样，那么受益范围应该包括他们的子女。

□ 成本-效益分析

成本-效益分析：对于无法测量收益的项目，或者无论收益水平如何都需要实施的项目，我们只能计算成本，并选择最具成本效益的项目。

尽管存在估计公共项目收益的巧妙方法，但是在一些情况下社会并不能（或不愿意）这样做。这并不意味着成本-收益分析的技术是无用的。我们应该对比公共品供给的不同方法，从而选择最有效率的公共品供给方法，而不是简单地对比其成本和收益。这种对比方法被称为**成本-效益分析**（cost-effectiveness analysis），即寻找提供合意公共品的最有效方法。例如，全社会可能会决定对抗全球变暖，即使无法估测这样做的收益（或者因为收益远在将来而极为不确定）。尽管如此，正如在第 6 章中讨论的，存在许多对付全球气候变暖的方法，选择最佳方法时应该考虑成本与效益。

8.3 综合分析

表 8-4 给出了收费高速公路修缮项目的成本与收益对比。该项目成本的现值为 2.53 亿美元。该项目的收益包括减少的 50 万小时的驾驶时间，以及每年减少的 5 起重大事故。我们假定可以对生产者和消费者增加的时间赋以相同的价值，即每小时 22.7 美元（数据引自之前讨论过的显示性偏好研究）。所节省时间每年将产生 1 140 万美元的收益。我们还假定由显示性偏好得出的每拯救一条生命的平均估价为 960 万美元，则每年所拯救生命的价值共计 4 800 万美元。因此，每年的总收益为 5 940 万美元。

表 8-4　高速公路修缮项目的成本-收益分析

		数量	价格/价值	合计
成本	沥青	100 万袋	100 美元/袋	1 亿美元
	劳动力	100 万小时	10 美元/小时	1 000 万美元
	道路养护	1 000 万美元/年	7%的贴现率	1.43 亿美元
			第一年成本：	1.10 亿美元
			总成本（7%的贴现率）：	2.53 亿美元
收益	节约的驾驶时间	50 万小时/年	22.7 美元/小时	1 140 万美元
	挽救的生命	5 人/年	960 万美元/人	4 800 万美元
			第一年收益：	5 940 万美元
			总收益（7%的贴现率）：	8.486 亿美元
			总收益减总成本：	5.956 亿美元

说明：该项目所节省时间的价值最适合用时间的显示性偏好法进行估计，即 22.7 美元/小时。所拯救的生命的价值最适合用生命的显示性偏好法进行估计，即每人平均 960 万美元。该修缮项目成本的贴现值为 2.53 亿美元，而该项目收益的贴现值为 8.486 亿美元。由于收益超出成本 5.956 亿美元，很显然该项目应该被实施。

如果对这些收益统一采用 7%的贴现率，则收益的贴现值为 8.486 亿美元，超过该项目成本的两倍。即使时间和生命的价值只有预计价值的一半，这些收益仍将显著大于该项目的成本。因此，全社会将从这些道路修缮项目中受益，政府应该资助这些项目。

□ 成本-收益分析中的其他问题

尽管前面的讨论已经很复杂，但还有以下三个问题使得成本-收益分析变得更加困难：普遍的计算错误如重复计算收益、公共项目收益分配的影响问题，以及成本和收益的不确定性问题。

普遍的计算错误　当分析成本和收益时，一系列的普遍问题随之产生。

- 计算附加的收益：如果政府改善了高速公路，其沿线的商业活动可能会增加。有人可能会试图将此计算为该项目的收益，然而这条新路可能分走了别处商业活动的利益，而真正决定收益的因素是从这项活动中产生的社会总体剩余的增加（由修缮的高速公路所引致的交易活动使社会剩余产生的净增加）。

- 将就业计算为收益：在诸如高速公路修缮计划等公共项目的争论中，政客常常将其创造的就业机会看作收益的一部分。但工资是项目成本的一部分，并不是收益。如果这些项目降低了失业率，则降低了工人的机会成本，但并不是将这些工资成本转化为收益。
- 重复计算的收益：公共项目经常使资产价值增加。例如，对高速公路的修缮一方面使消费者节省了开车上班的时间，另一方面可能提升距市区较远的住房的价值。当考虑这项高速公路修缮项目的价值时，有人可能会将通勤时间的减少以及住房价值的提升都算作收益，然而由于住房价值的提升是由通勤时间减少所引起的，二者不能同时算作收益。

有些时候，此类错误是由草率或者非正规化的分析引起的，其他时候却是成本-收益激烈争论中的一方或另一方有意为之。随着成本-收益分析在公共政策制定中发挥越来越大的作用，这类操纵行为进一步得到规避，从而提升了分析的客观性。

对收益分配的关注　公共项目的成本和收益对不同人而言不一定是相同的。例如，当我们延长一条高速公路时，虽然通勤者受益了，但住在高速公路附近的居民的福利因更多的交通量和噪声而受到影响。在理论上，如果该项目的收益超过成本，就有可能从受益者处筹集资金并重新分配给福利受损的人，这样就能增加每个人的福利。但在现实中，这种重新分配极少发生，部分归因于经济问题（例如执行该分配的信息要求），部分归因于下一章要讨论的政治问题。

在这种重新分配机制缺失的情况下，我们可能会重点关注该公共项目的福利增进方和福利受损方。例如，如果一个项目仅仅有利于富人而有损于穷人，我们可能就会对该项目的收益打折扣并考虑更高的成本。问题当然在于：我们怎样选择权重？这将取决于我们在第 2 章中使用的社会福利函数类型。

不确定性　正如之前讨论所澄清的，公共项目的成本和收益经常是高度不确定的，不确定的程度因项目而异，所以在对比项目时应该将这种不确定性考虑进去。对于任何预期产出，个人更偏好更多的产出而不是更不确定的产出，我们将在第 12 章详细讨论原因。因此，对于任何成本、收益之间的差额，政府都偏好更具确定性的项目，而不是更不确定的项目，以便估计差额。正如政府可能偏好最大化穷人收益的项目一样，政府也可能偏好能够带来确定性收益的项目。

8.4　结论

各个层级的政府分析人员在试图将抽象的社会成本和收益运用于公共项目选择的实践中时，都面临着重大挑战。当资源并非在完全竞争市场中进行估价时，初看上去似乎是简单的会计操作也会变得很复杂。一个复杂之处在于，当市场并非处在竞争均衡中时，必须计算机会成本。另一个复杂之处是当收益并非由市场标价时，须使用条件价值评估法或者显示性偏好法。尽管如此，经济学家已经开发出一套工具，可以使分析师在计算公共项目的成本和收益方面走得很远。

重点

- 提供最优水平的公共品需要计算公共项目的成本和收益。
- 公共项目的投入成本由其机会成本衡量，即用于次优用途的收益。
- 如果市场处于完全竞争状态，要素投入的机会成本就是它的市场价格。如果市场并非处于完全竞争状态，那么机会成本将不同于市场价格，并且政府支出中的一部分仅仅是租金的转移。
- 如果是未来的成本，我们必须使用社会贴现率将其折合为现在的价值。
- 衡量公共项目的收益是很困难的，其方法包括使用市场价值（例如使用工资对时间估价）、询问个人的估价（条件价值评估法），以及使用现实世界的行为来显示估价（例如用高危工作的补偿性差异对生命估价）。
- 收益也经常远在将来，这使得估价对社会贴现率的选择十分敏感。
- 公共项目分析需要考虑项目的收益分配问题、成本和收益的不确定性水平，以及为该项目融资的预算成本。

习题

1. 一个新的公共项目需要 30 万工时来完成。

a. 假设劳动力市场是完全竞争的，市场工资是 20 美元。该项目所雇用劳动力的机会成本是多少？

b. 假如现在工人之中存在失业，并有一些工人愿意以 12 美元的时薪工作。那么雇用劳动力的机会成本是多少？这是否会根据该项目雇用的失业工人的比例而有所不同？

c. 如果你对问题 a 和问题 b 给出的答案不同，请解释为什么。

2. 政府采购的机会成本在完全竞争市场和垄断市场中有何不同？

3. 两名市政议员正辩论是否启动新项目。迈尔斯（Miles）议员说道，只有当供应商降低对公共项目投入的成本时，该项目才是“值得的”。斯切基（Squeaky）议员则不同意，其认为无论是否做出成本让步，都无关紧要——因为全社会的福利并没有变得更好。你同意哪一种观点？请解释。

4. 在你的毕业论文写作过程中，你对你的同学进行民意调查，并询问他们：“为使校园的停车数量加倍，你愿意支付多少？”基于他们的回答，你估计你的同学总体上愿意支付 1 200 万美元以使校园的停车数量加倍。该分析的缺陷是什么？

5. 考虑前文“实验证据框”中迪肯和桑斯特里（Deacon and Sonstelie，1985）估计时间价值的方法。假设两辆车除了油箱大小外其他地方都相同（例如每英里汽油消耗量），A 车的油箱容量是 B 车油箱容量的两倍。哪一辆车的司机更愿意光顾油价比独立加油站更低的雪佛龙加油站？请解释你的答案。

6. 市政府正考虑修建一条新的带有照明系统的自行车道。支持该项目的某议员列出了该车道的以下潜在收益：(1) 对现在和将来的自行车骑行者而言有更愉悦的骑车享受；(2) 由于自行车通勤者数量的增加而导致高峰期机动车数量的减少；(3) 创造了15个与建筑相关的工作。这些都可以算作收益吗？请解释。

7. 假设相比于每周工作20小时，你更偏好每周工作40小时。并且相比于每周要么工作20小时，要么工作40小时，你更偏好每周工作32小时。但是，你被强制每周要么工作20小时，要么工作40小时。你的时薪准确反映了你的时间价值吗？请解释。

8. 都市区在两个临近的地铁站之间增加了一个新的地铁站。该地铁站建成后，平均房价增加了1万美元，并且每天的通勤时间平均降低了15分钟。假设平均每一个家庭有一位通勤者，每位通勤者每周平均工作5天，每年工作50周，现在和将来的居民永久受惠于通勤时间降低带来的收益。假设利率是5%。根据这些信息估计通勤者的平均时间价值。

9. 计算生命价值的一种方法是使用补偿性差异研究法。哪些信息问题使这些研究难以进行？

进阶习题

10. 格鲁伯维尔镇正考虑修建一所新的公共游泳池。该游泳池每天能够容纳800位游泳者，建议的门票价为每天每人6美元。该泳池的预计总成本平摊到整个预期寿命上为每人每天4美元。

格鲁伯维尔镇聘请你来评估这个项目。幸运的是，附近一个相同的镇——菲利翁尼亚已经有了一个泳池，该镇随机变动门票价格以探寻价格对使用情况的影响。研究结果如下：

泳池每日门票价（美元）	每日的游泳人数（人）
8	500
10	200
4	1 100
6	800
2	1 400

a. 如果泳池按计划修建，则泳池每天的净收益为多少？游泳者的消费者剩余为多少？

b. 根据所给定的信息，800人的泳池对于格鲁伯维尔镇来说是最佳规模吗？请解释。

11. 美国行政管理和预算办公室（OMB）建议对于公共投资，政府应使用与政府资产销售不同的贴现率。对于公共投资，OMB 建议使用能够反映历史私人投资的税前回报率的贴现率。但对于政府资产的销售，OMB 建议使用政府的借贷成本作为贴现率。为何 OMB 会区别对待？

12. 安尼摩尔城计划新修一条横跨该城河两岸的新桥，供该城居民使用。市政府正在考虑收取过桥费（收多少）的方案，这座桥的资金供给需要每小时收取 28 000 美元来维持。如果收取的费用少于这笔资金，则将从一般税收收入中支付剩余的部分。城市规划者估计，该桥每小时的需求曲线为 $Q=2\ 800-100P$。在不堵车的情况下，这座桥每小时能容纳 2 000 辆小汽车。如果收取过桥费的成本可以忽略不计，收取过桥费是否为一个有效的融资方法？如果是，过桥费应该定为多少？

13. 你正在考虑去哪里度假的问题。在 A 国，你遭遇死亡的概率是 1/20 000，并且去那里度假会花费你 5 000 美元。在 B 国，你遭遇死亡的概率是 1/30 000，并且你需要花费 5 600 美元去那里度假。假设这两个度假胜地除了死亡风险以外对你来说是无差别的，那么你愿意为这些假期支付的价格反映了你对自己生命的估价如何？

14. 杰里斯通国家公园坐落在距离 A 城 10 分钟路程，距离 B 城 20 分钟路程的地方。A 城和 B 城各有 20 万居民，两城的居民拥有相同的收入和对国家公园的偏好。假设个人前往国家公园的成本用路程花费的时间成本表示。另外假设 A 城和 B 城居民的时间成本为每分钟 0.5 美元。

你通过观测得知 A 城每位居民每年去该国家公园 10 次，而 B 城每位居民每年仅去 5 次。假设以下条件成立：前往国家公园的人仅为 A 城和 B 城的居民；国家公园每年的运营成本为 150 万美元；社会贴现率为 10%。另外假定国家公园将永久存在。

a. 计算每个城市每位居民每次前往国家公园的成本。

b. 假设这两个观测值（A 城居民每次去公园的成本以及每年去公园的次数，B 城居民每次去公园的成本以及每年去公园的次数）为同一条国家公园的个人需求曲线上的两点，求出这条需求曲线。每个城市的居民消费者剩余是多少？总的消费者剩余是多少？

c. 有一个伐木商想购买国家公园以开展他的生意。他为国家公园出价 1 亿美元。该公园应该出售吗？

15. 假设 15 年前你是马萨诸塞州州长，并需要决定是否支持“大开挖”公路和桥梁建设项目（简称“大开挖”项目）。

“大开挖”项目预计耗费 7 年时间完成。该项目每年需要花费 4 500 万美元的建筑材料以及 2 000 万美元的人力成本。另外，该项目建设期间将会扰乱城市的交通。交通扰乱将使 10 万工人每人每年的交通时间延长 30 小时。所有工人的时薪为 15 美元（假设没有市场扭曲，工资反映了每位工人对每小时闲暇的估价）。

“大开挖”项目竣工后将缓解城区的交通拥堵。10 万工人每人每年的交通时间与建设之前相比，将减少 35 小时。另外，该项目的一部分内容还涉及将原本由高架高速路占据的空间改造为一个大型公园。马萨诸塞州议会裁定每位工人对公园的估价为每年 40 美元。我们假定没有其他人使用该公园。

我们同时假定政府使用 5% 的贴现率，而且工人将长生不老。“大开挖”项目于第 7

年开始产生收益，假设该项目开始于第 0 年（即该项目持续 7 年，建设期从 $t=0$ 到 $t=6$）。

a. 作为州长，你应该推进这个项目吗？请用成本-收益分析法进行分析。

b. 当计算完问题 a 后，你突然发现，成本预计存在不确定性。如果建设材料有 50%的概率被估价为 4 500 万美元，有 50%的概率被估价为 1 亿美元，那么该项目应该进行吗？假设政府是风险中性的。

第 9 章

政治经济学

需要牢记的问题

- 不同的偏好汇总方法如何影响公共选择？
- 代议民主制在多大程度上实现了典型选民所期望的结果？
- 当政府感兴趣的不仅仅是最大化选民的福利时，会出现什么问题？

2004 年，美国总统布什曾威胁要对国会提出的一个高速公路支出法案行使其任期内首个否决权，而这个法案是由布什总统所在党派控制的国会提出的，这令人不得不好奇其中的缘故。实际上是由于这个法案内许多项目的价值难以确认，他无法证明进一步增加赤字的合理性（法案中预计在未来六年内的支出会超过 2 750 亿美元）。法案中两座预计于阿拉斯加州建造的大桥则可能是这一高昂成本的罪魁祸首。①

其中一座桥梁的建造需要耗资 2 亿美元，在落成之后将会成为全美最高的桥梁之一，其高度相当于旧金山金门大桥的高度。但与金门大桥不同的是，这座桥不需要接待每年数以百万计的游客，而是用于凯奇坎镇（人口数为 7 845）与一个拥有 50 户居民的小岛及当地机场（每天运行六个航班）进行连接。目前，凯奇坎镇与小岛间的交通主要由五分钟一趟的渡轮完成。当地人对渡轮评价颇高，称其“相当可靠”。另外一座大桥则需要纳税人为其支付近 20 亿美元。该桥全长 2 英里，用于安克雷奇镇与一个港口的连通。而该港口仅有一户人家，几乎没有家庭和企业存在。该计划的颁布将导致联邦政府在交通运输上的支出达到每位阿拉斯加居民 1 151 美元，而美国的平均水平仅为每位居民 44 美元。②

---

① Egan (2004).

② Stories in the News (2005).

这种在经济上无用的行为是政治家通过将资金和就业机会带到他们的家乡来获取权力的明显例子。一个凯奇坎镇的居民对此评论："每个人都知道这只是我们得到的一个骗局，因为我们有一位强大的国会议员。"所谓的国会议员即当时阿拉斯加州唯一的国会代表——被称为"坚定先生"的共和党人唐·杨格（Don Young）。作为美国交通和基础设施委员会（Transportation and Infrastructure Committee）的主席，在高速公路法案撰写完成之际，他声称："这是我发挥自己所处位置作用的时候了……假如我没有为我们州争取到权益，我会为自己感到羞愧。"在捍卫这块政治"肥肉"（联邦政府给一些地区当地项目的支出配额，实际上这部分联邦政府资产会被用于某一政治家的选民身上）期间，密苏里州参议员基特·邦德（Kit Bond）曾说过："这块'肥肉'对密苏里州来说是一份上好的食物，含脂量低且工作机会多。"①

2005 年 7 月，众议院与参议院均批准了交通运输法案，之后由布什总统于 2005 年 8 月签署通过。至此，2 864 亿美元被分配完毕。其中有超过 240 亿美元被投入 6 373 个关于宠物的项目中。② 在最终法案中，10 亿美元被指定用于阿拉斯加州境内 100 个以上的"肥肉"项目，其中包括位于凯奇坎和安克雷奇的两座大桥。③ 尽管阿拉斯加在人口数量上仅排全国第 47 位，但其分配到的"肥肉"项目比除三个州之外的其他任何州都多。就像杨格议员对该法案的评论中所述："像填火鸡一样塞进去。"④尽管有联邦资助的承诺，但这座"不存在的桥"从未动工过，并成为 2008 年总统大选中"肥肉"项目过多的证明。而安克雷奇的建桥项目仍在施工中，预计于 2020 年完工。⑤

在第 7 章，我们学习了如何通过使社会边际成本与收益相等的方法来确定公共品的最优数量。在第 8 章，我们了解了如何使用成本-收益分析来对公共事业项目的收支进行定量估计。然而在实际生活中，经济学家不会在一开始就决定某一项国家政策是否应该实行，而是会在考虑其复杂的政治制度背景后再做出决定。在一些国家，这些决策也许是由一个或者一群统治者做出的；在其他国家，这些决策则是由选举产生的官员或公民直接投票做出的。那么这些机制能否提供本书理论分析所建议的最佳干预措施呢？在有些情况下答案是肯定的，有些情况下则不能。

本章讨论政府在做出经济决策，比如提供公共品时是如何进行实际操作的。本章也是本书中唯一专门探讨公共财政学第四个问题的章节：为什么政府要像现在这样运行职能？我们首先讨论一个最佳情况，即政府在决定开展哪些公共项目时适当地衡量和汇总其公民的偏好。接着讨论这一理想情形中存在的问题，并转向更现实的案例。

第一个较现实的例子是直接民主制，即选民直接投票赞成或反对特定的公共项目，我们讨论投票工作如何将广泛的选民偏好转化为公共品决策。第二个是代议民主制的案例，即选民选举代表，而代表对公共项目做出决策。我们讨论代议民主制在什么情况下可能产生与直接民主制相同的结果。

---

① Mallaby (2004).

② Rosenbaum (2005).

③ Taxpayers for Common Sense (2005).

④ Marsh (2005).

⑤ Brehmer (2014).

在本章的最后一节中，我们将上升到投票行为模型以外，讨论政府失灵问题，即政府无法或不愿意妥善解决市场失灵的问题。我们会讨论政府失灵可能带来的影响及其对经济福利的重要性的依据。

9.1 一致同意决定的公共品数量

林达尔定价：一种为公共品筹集资金的方法，即先由个人上报其对公共品的真实支付意愿，再由政府收取其上报数额的费用。

我们通过一个例子开始关于政治经济学的讨论，这个例子中的政府能够通过公民一致同意的途径来对公共品供给数量进行最优决策。政府一般通过**林达尔定价**（Lindahl pricing）机制进行决策。在这一机制下，个人上报其购买多一份公共品的意愿，政府通过汇总这些意愿来对新增一份公共品带来的社会收益进行全面估量，进而对得到的社会边际收益与新增的一份公共品所需的社会边际成本进行比较，以决定公共品的最优数量，而公共品供给所需要的资金则可以通过向个人收取他们愿意支付的费用来筹集。之后我们将讨论政府在采用这一方法时可能面临的问题，为讨论政府用于确定公共品供给水平的更现实的机制奠定基础。

□ 林达尔定价

边际支付意愿：个人愿意为下一单位商品支付的价格。

这一方法最初由瑞典经济学家艾瑞克·林达尔（Erik Lindahl）于 1919 年提出，该方法取决于个人的**边际支付意愿**（marginal willingness to pay），即个人愿意为下一单位商品支付的价格。回顾第 2 章至第 5 章，任意私人品的需求曲线都代表着该私人品的边际支付意愿。林达尔认为类似的曲线构建也适用于公共品，这一构建可以通过收集个人对不同数量公共品的支付意愿实现。

为了更好地说明林达尔定价的过程，假设有一边际成本恒定为 1 美元的公共品——烟花，并且提供给两个人——艾娃（Ava）和杰克（Jack）使用。回忆在第 7 章提到过的公共品的重要特征：该烟花必须等量提供给艾娃和杰克。林达尔定价的过程如下：

1. 政府公布此公共品的税收价格为每个人需要承担的那一部分成本。例如，政府可以要求艾娃和杰克每人支付 50 美分来承担一个烟花的成本，或者让艾娃支付 90 美分，而杰克支付 10 美分。

2. 每个人给出在这些税收价格下他所需要的公共品数量。

3. 政府重复上述步骤，构建出每个人的边际支付意愿情况，用于表示个人购买意愿与所需公共品数量之间的关系。

4. 政府对不同的公共品供给数量下的个人支付意愿进行汇总，得到该公共品的总体需求曲线（D_{A+J}）。

5. 政府将总体需求曲线与公共品的边际成本曲线相关联，以求出最优的公共品数量。

6. 政府通过向个人收取其在这一数量下的支付意愿金额来为公共品提供资金。

这一过程如图 9－1 所示：图 9－1a 表示艾娃关于烟花的边际支付意愿曲线。其购买第 1 个烟花时边际支付意愿为 1 美元，到第 50 个时减少为 50 美分，到第 75 个时边际支付意愿为 25 美分，到第 100 个时则变成了 0。图 9－1b 表示杰克关于烟花的边际支付意愿曲线。他购买第 1 个烟花时愿意支付 3 美元，第 50 个减少为 1.50 美元，第 75 个为 75 美分，在第 100 个时其边际支付意愿也为 0。

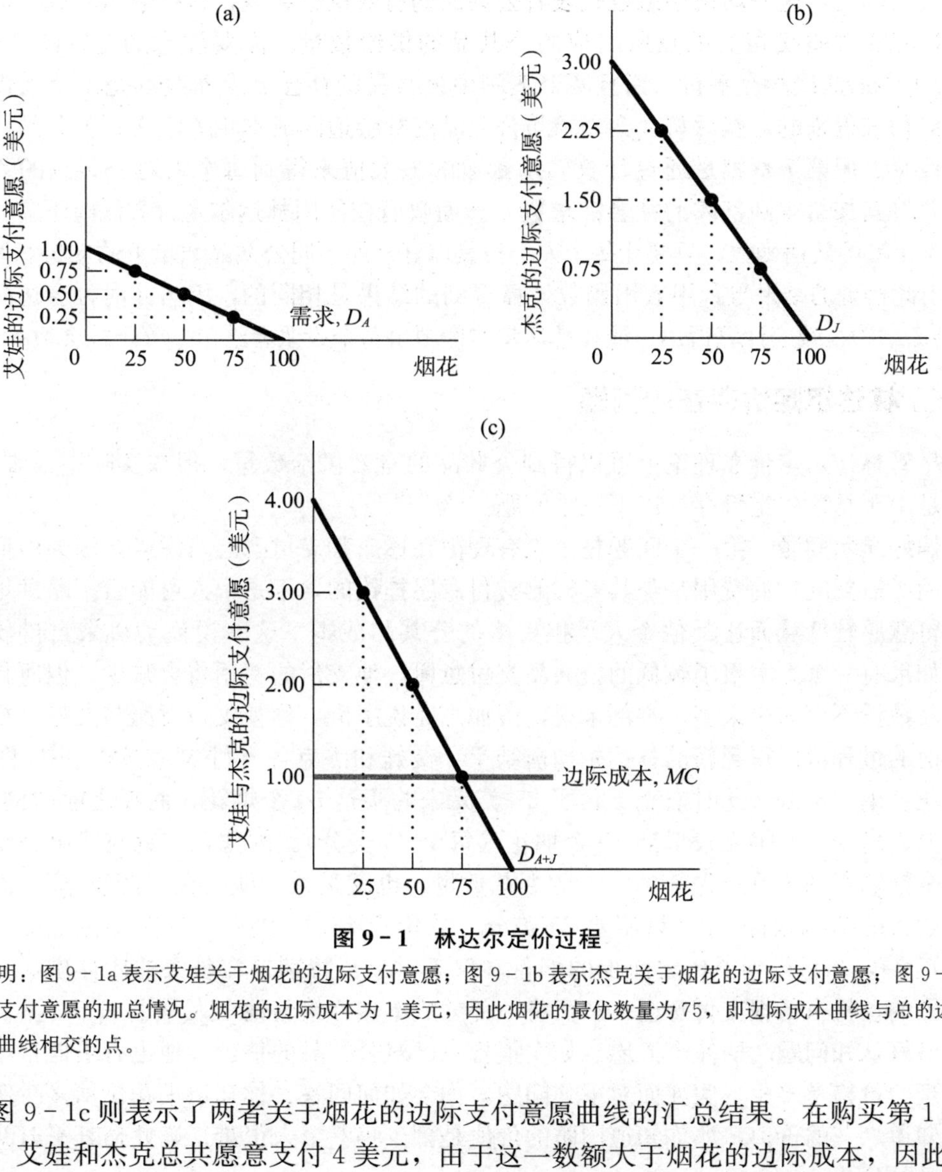

图 9－1　林达尔定价过程

说明：图 9－1a 表示艾娃关于烟花的边际支付意愿；图 9－1b 表示杰克关于烟花的边际支付意愿；图 9－1c 则为两人支付意愿的加总情况。烟花的边际成本为 1 美元，因此烟花的最优数量为 75，即边际成本曲线与总的边际支付意愿曲线相交的点。

图 9－1c 则表示了两者关于烟花的边际支付意愿曲线的汇总结果。在购买第 1 个烟花时，艾娃和杰克总共愿意支付 4 美元，由于这一数额大于烟花的边际成本，因此第 1 个烟花将被生产出来。到了第 50 个烟花，两者共愿意支付 2 美元，这一价格仍高于烟花的边际成本。直至第 75 个烟花，此时烟花的边际成本曲线与两者共同的边际支付意愿曲线相交，即艾娃和杰克愿意总共支付 1 美元购买该烟花。由此得出了林达尔均衡的结果：需要供应 75 个烟花，且对于每个烟花，艾娃须支付 25 美分，而杰克须支付 75 美分。

这一结果之所以是均衡结果，有两个原因：首先，两个人对这一结果都会满意——他们都乐意支付这些税收价格以获得 75 个烟花。其次，政府通过向个人收取其边际支付意愿对应的价格收回了生产这些烟花的成本。林达尔定价符合**受益征税**（benefit taxation）原则，即个人被征收的税额与其从公共品中获得的收益相符。

> **受益征税**：根据个人从公共品中获得的利益估值而向其征收的税款。

重要的是，这一均衡结果也代表着公共品的有效供给数量，即社会边际成本曲线与社会边际收益曲线相交的点所对应的公共品的供给数量。需要注意的是，图 7－2 与图 9－1 中的曲线相互平行，而且两个案例中公共品的社会需求曲线都是由个人需求曲线纵向相加得来的，然后将社会需求与公共品的社会边际成本相关联得到公共品供给的最优数量。但第 7 章则是通过计算效用函数的最大值来得到每个人对公共品的需求数量，并将其加总得到整体的社会需求数量。而政府在使用林达尔定价方法时不需要知道个人投票者的效用函数，只要让每个人上报其偏好（即不同公共品数量下的支付意愿）即可，由此得到的结果与利用效用函数计算得到的结果是相同的，因为此时社会边际收益（在第 7 章中由政府计算得出，或在林达尔均衡中由每个投票者给出）等于社会边际成本。

□ 林达尔定价存在的问题

尽管林达尔定价在理论上可以得到公共品的有效供给数量，但在实际中很难应用，主要是由于林达尔定价存在以下三个问题。

偏好显示问题　第一个问题是个人有理由在透露其支付意愿时说谎，因为他们购买公共品所需要支付的费用是与其宣称的支付意愿挂钩的，于是个人可能会策略性地假装其支付意愿较低从而让其他个人承担更多的公共品成本。这一说谎动机来自搭便车问题。如果有一个人上报了较低的公共品支付意愿，他支付的费用将会减少，但所得到的公共品数量不会减少太多。举例来说，假如杰克说了谎，称其支付意愿与艾娃一样，则按先前的过程可以得到新的林达尔均衡结果：艾娃和杰克各支付 50 美分，并且将有 50 个烟花被生产出来。此时杰克支付了 25 美元来购买这 50 个烟花，而在之前的例子中，他需要支付 56.25 美元来得到 75 个烟花（每个 75 美分）。因此，杰克花费了一半于之前的金钱购买到了等于先前的 2/3 的烟花数量，也就是说，他正在“搭便车”。而艾娃之前购买的 75 个烟花每个只需要 25 美分，总价为 18.75 美元，现在支付了更多的钱（25 美元），却只得到了比之前少的烟花（仅 50 个）！特别是在较大的团体中，个人会有强烈的动机来低报支付意愿，从而将一部分成本转移给其他个人承担。

偏好认知问题　即使个人愿意如实报告自己对公共品的估价，他也有可能根本不知道合理的价格是多少。假如面对下列问题，你会如何回答：你知道烟花价值多少吗？如果你知道烟花的价值，那你知道国防的价值是多少吗？个人很难正确评估其平时买不到的商品的价值。

偏好汇总问题　即使个人愿意诚实上报意愿，而且对所要购买的公共品的价值有所了解，在林达尔定价的过程中也存在一个问题：政府如何将每一个人的估值汇总为社会性的估值？在我们的例子中，可以直接通过不断地询问杰克和艾娃的支付意愿以得到他们的支付意愿曲线，并找到正确的公共品供应水平，然而在现实生活中，这种方法实行起来是很困难的。以美国国防为例，在正常情况下，明显不可能对 3.19 亿美国公民进行直接调查，并询问他们对导弹、坦克及保护他们的士兵的估值情况。

因此，林达尔定价方法尽管在理论上具有吸引力，但在现实生活中几乎是不可能实现的。在下面两个小节里，我们讨论确定最优公共品数量的更实际的解决方案。具体而言，我们关注两个问题：第一，社会如何利用投票机制来有效汇总个人的偏好？第二，选举出来的代表对个人选民偏好的反映程度如何？

9.2 汇总个人偏好的机制

在这一小节，我们将讨论投票如何对个人偏好进行汇总并转化为社会决策，我们暂不讨论选民选举出代表来行使决策权利的情形。我们目前只考虑选民直接对政策是否实行进行投票，并在“应用”中进行讨论。

☞应用

美国的直接民主制①

1657 年 2 月 11 日，在纽约州亨廷顿镇居住的民众召开会议，投票提议乔纳斯·霍尔兹沃思（Jonas Houldsworth）成为镇上第一位校长。相隔近 350 年，一场类似的会议于马萨诸塞州的斯托纳姆镇举行。该会议否决了一项预计花费 600 万美元将本地的圆形运动场改建为大型综合运动场的计划。在这三个半世纪里，直接民主制（个人直接对影响其生活的政策进行投票决策的制度）在美国始终有着不小的影响力，并且这种影响力在 20 世纪有了进一步的扩大。

公投：政府在投票上采取的一项措施，允许公民对已被州的立法机关通过的州的法律或者宪法修正案进行表决。

在很多新英格兰地区的社区内，城镇会议仍旧是用于进行决议的重要场所之一。拜伦（Bryan，2003）曾发起过一次关于城镇会议的综合性调查，范围包括 1970—1998 年在佛蒙特州的 210 个城镇中举办过的会议：足有 1 435 场，总计 63 140 位公民参加。城镇会议一般一年举办一次，对所有已登记过的选民开放。其中的一些会议会在当天投票；或者是第一天用于商议，第二天才进行投票。平均来说，佛蒙特州 1/5 以上的公民都至少参与过一次城镇会议。其他的一些城镇虽然没有正式的城镇会议，但存在对城镇预算的直接投票表决机制。例如在 2015 年 2 月 24 日，特拉华州红土学区的近 12 000 名选民投票支持增加该地区房产税的提案。该措施以 6 395 票通过，允许该学区为每个学生投入更多资金并避免削减预算。直接民主制在州的层面同样扮演着重要角色。州内的**公投**（referendum）允许公民对经州立法机关通过的州法律或宪法修正案进行投票。且所有的州均允许立法公投，即州立法机关或者其他政府机构会让选民对所出台的法规进行投票，由选民决定是否施行。其中有 24 个州允许进行普遍公投，即公民群体在收集足够多请愿签名之后，有权利在下发的

① 这里引用的关于直接民主制的信息大部分来自南加州大学（University of Southern California）公民立法与公民投票研究所（Initiative and Referendum Institute），参见 http://www.iandrinstitute.org/。关于直接民主制的内容，Matsusaka（2005）提供了一个相当优秀的综述。

选票上加一个问题——主要是询问原来的州法律中某一部分条款能否施行，然后由公投得出结论。公投的重要特征是其设计能够表现选民对立法者所通过法规的反应。

选民导向：公民将所支持的法案写在选票上。

相比于公投，**选民导向**（voter initiatives）机制采用得更频繁。选民导向机制指的是公民在收集到足够多的请愿签名后，有权利将自己的提案附在选票上，由选民投票决定是否将该提案纳入法律中——这种形式的投票表决则更为频繁。美国有 24 个州允许进行此类投票，首次使用这种投票方式的是 1904 年在俄勒冈州关于改革和酒精管制方案的选举。从那时至今，已有超过 8 000 项由热心公民提出的提案被记录在案，其中有超过 2 400 项被成功写在选票上，41％的提案被表决通过。有趣的是，大约 60％的提案活动发生在 6 个州：亚利桑那州、加利福尼亚州、科罗拉多州、北达科他州、俄勒冈州以及华盛顿州。

20 世纪初期，提案活动相当盛行，当时激进党正处于政治活跃期。1911—1920 年，接近 300 项提案出现在各州的选票上。但到了 20 世纪 60 年代，各州提出提案的活跃程度急剧下降，十年间被写上选票的提案不足 100 项。1978 年，加利福尼亚州的选民通过了第十三号提案——一项旨在通过修改州宪法来有效限制当地政府所征收的高房产税（第 10 章会详细讨论）的法案。这一措施一经出台，便在其他各州引发了一波反税的风潮，而该项提案也成为一件使用频率极高的政治工具。到了 20 世纪 90 年代，十年期间约 400 项提案被印上了选票（当时 48％的通过率为历史最高）。仅在 1996 年，差不多就有 100 项提案被纳入投票。在 1996 年之后，提案活动再次陷入低迷。2014 年，仅有 35 项提案被纳入投票。[①]

各种各样的议题都有可能引起全民公投或者提案。20 世纪早期，选民促成了投票规则、酒精管制条例、劳动法规以及政府管理规定等各类法规的修改。直至 20 世纪 70 年代，选民的关注重心转向了税收改革、环境问题以及核能的发展。近年来，公众的注意力已转向最低工资、大麻合法化、枪支管制和生育权利等问题。

□ 多数表决：有效的场合

多数表决：一种用来汇总个人投票以进行社会决策的机制，在该机制下，个人的政策选择体现为投票，得票数最多的选项将得以实施。

林达尔定价方案在决定公共品数量时设定了相当高的标准，只有当所有公民一致同意时，政府才能得到林达尔均衡的结果。实际中，政府通常无法达到这样一个高标准，于是**多数表决**（majority voting）机制成为一个普遍用于汇总个人投票情况来形成决议的投票机制。多数表决是指将个别政策选项付诸投票，得票数最多的结果将被采纳。然而，这种低标准仍然会使政府在设定最优公共品数量时面临困难。

在本节中，我们将讨论在何种条件下多数表决机制能够成功汇总个人偏好，在何种情况下则不能。在这部分内容中，成功意味着能够将个人偏好汇总成一致性的社会决

① 数据来自 ballotpedia.com。

策。为了达到一致性，汇总机制必须满足三个条件。

- 占优性：如果所有选民都倾向于一个选项，那么该汇总机制必然会产生执行这个选项的决策。也就是说，假如每个人都希望建造一座雕塑，而不是一个公园，那么汇总机制运行之后理应做出建造雕塑的决定。
- 传递性：汇总机制产生的选项必须能够满足数学规律中的传递性。举例来说，如果大雕塑比中等雕塑更受偏好，且中等雕塑比小雕塑更受偏好，那么选民对大雕塑的偏好必然大于小雕塑。
- 不相干选项之间的独立性：汇总机制产生的选项还必须满足下列条件，即当其中一个选项比另外一个选项的得票数更高时，第三个选项（与前两者不相干）的引入不会影响前两项的得票数。例如，与建造一个公园相比，选民更倾向于建造一座雕塑，那么引入建造一个警察局的选项之后，理应不会导致建造公园的得票数比建造雕塑的得票数更高的结果。

上述三个条件通常被认为是汇总机制成功将个体偏好转化为整体决策所必不可少的。然而事实上，多数投票只有在个人偏好被限制为一种特定类型时才能产生一致性的汇总结果。

为了说明这一点，考虑这样一个例子，一个城镇正在决定资助学校的可选方案。学校是一种准公共品（第 11 章中会进一步讨论），其资金来源于房产税。因此，提高对学校的资助力度，也就意味着要对该城镇的房产拥有者征收更多的税。该镇打算在三个资助等级里进行选择：H 为最高等级（因此房产税也最高）；M 为中等资助水平和中等房产税负；L 为低等资助水平和低房产税负。而该城镇中有三个类型的投票者，每个类型的人数相等。

- 有子女的夫妇：主要关心子女能否接受高质量的教育。这一类人群的第一选择为 H，第二选择为 M，第三选择为 L。
- 老人：因为没有子女，所以对本地学校质量并不关心。该群体倾向于低房产税的方案，因此第一选择为 L，第二选择为 M，第三选择为 H。
- 没有子女的年轻夫妇：现阶段没有为了高质量学校而支付高额房产税的打算，但也希望将来的子女能接受良好的教育。因此，这个群体第一选择为 M，第二选择为 L，第三选择为 H。

三个群体的偏好情况见表 9-1。

假设该城镇使用多数表决机制来选择本地学校的资助额度，且在这个过程中选票会以二选一的形式进行，任意一个选项都会与另外的选项做比较，直至决出最终的胜利者。对于每次投票，个人将被要求在已给出的选项中选择偏好的选项。因为这场投票中有三个选项，因此需要进行一系列的二选一投票。现举例说明这一过程。

- 首先，在 H 等级与 L 等级之间投票：有子女的父母会投票给 H 等级，因为相对于 L 等级，该群体更偏好 H 等级。而老人以及年轻夫妇都会投票给 L 等级，因为相比于 H 等级，这两个群体都更支持 L 等级。因此，当 H 等级得到一票时，L 等级则得到两票，L 等级会胜出。

表 9-1　产生一致性结果的多数表决

		选民类型		
		有子女的夫妇（33.3%）	老人（33.3%）	没有子女的年轻夫妇（33.3%）
偏好情况	第一选择	H	L	M
	第二选择	M	M	L
	第三选择	L	H	H

说明：在这一例子中，多数表决得出结果为中等的资助水平，也就是中间投票人（没有子女的年轻夫妇群体）的选择。

- 接着，在 H 等级与 M 等级之间投票：同理，当 M 等级得到两票（比起 H 等级，老人以及没有子女的年轻夫妇更倾向于 M 等级）时，H 等级只能得到一票（来自有子女的夫妇），因此，此轮是 M 等级胜出。
- 最后，在 L 等级与 M 等级之间投票：当 M 等级得到两票（相比于 L 等级，两个夫妇群体更偏好 M 等级）时，L 等级仅得一票（来自老人群体），于是此轮 M 等级胜出。

由于 M 等级打败了 H 等级和 L 等级，M 等级是最终的胜利者。实际上不论对二选一选票模式进行怎样的调整，M 等级都会是总体偏好的选项。多数表决机制通过汇总个人偏好最终达到了一个社会偏好的结果：中等的学校资助额度以及中等的房产税收。

□ 多数表决：无效的场合

假设上述例子中的老人群体被替换为一个新的群体——有子女的夫妇，相比于当地公办学校，他们更希望将子女送入私立学校来接受最好的教育。该群体的首选便是 L 等级，即低支出额度的资助以及低房产税。如果房产税较低，那么他们就可以有更多的资金送孩子进私立学校读书。但如果 L 等级不能实现，那么他们的第二选择是 H 等级，即高支出额度的资助以及高房产税。如果不能享受低房产税，这些父母则没有足够的资金让孩子进入私立学校，因此他们会选择公立学校作为替代。同时，为了使孩子接受更好的教育，他们愿意支付更高的房产税来支持公立学校。在这个群体看来，最坏的结果就是中等资助水平。因为此时他们不仅要面对高昂的房产税，还会因为公立学校无法提供优质的教育，只能将子女送到私立学校。

上述情况如表 9-2 所示。如果该城镇仍使用二选一的投票方式决定对学校的资助额度，则会有如下结果。

- 首先，在 H 等级与 L 等级之间投票：当 L 等级得到两票（相比于 H 等级，意向为私立学校的父母以及没有子女的年轻夫妇倾向于选择 L 等级）时，H 等级仅得到一票（只有意向为公立学校的父母选择 H 等级），故 L 等级胜出。
- 接着，在 H 等级与 M 等级之间投票：同理，H 等级能得到两票（来自两个有子女的夫妇群体），M 等级得到一票（相比于 H 等级，仅没有子女的年轻夫妇倾向于选择 M 等级），故此轮 H 等级胜出。
- 最后，在 L 等级与 M 等级之间投票：此时，M 等级得到两票（相比于 L 等级，没有子女的年轻夫妇以及意向为公立学校的父母群体更偏好 M 等级)，L 等级仅得到一票（来自意向为私立学校的群体），于是此轮 M 等级胜出。

表 9-2　无法产生一致性结果的多数表决情况

		选民类型		
		意向为公立学校的父母（33.3%）	意向为私立学校的父母（33.3%）	没有子女的年轻夫妇（33.3%）
偏好分布情况	第一选择	H	L	M
	第二选择	M	H	L
	第三选择	L	M	H

说明：在这一例子中，多数表决机制无法得到一致性的结果。

通过上述分析发现，投票所得结果是有问题的，因为当中没有明显的胜利者：L 等级比 H 等级得票数高、H 等级比 M 等级得票数高，但是 M 等级又比 L 等级得票数高！事实上，无论以何种顺序进行二选一投票，都得不到最终的选项。这样的结果违背了传递性的条件，造成了一种投票循环的结果。也就是说，我们在汇总城镇个人的偏好时是得不到一致性结果的，多数表决在这种情况下无法对城镇选民的偏好进行一致性汇总。

这里需要注意的是，多数表决不能得到一致性结果不能归咎于城镇中投票的个人。正如之前描述的，各人对资助额度都有其理性的偏好，问题出在汇总机制上——我们无法通过投票获得一致性的结果，由此便会产生一个严重问题——议程设定者，也就是决定投票如何进行（采用何种机制以及何种顺序）的那个人，会对投票的最终结果产生重要的影响。举例来说，一个议程设定者如果希望 L 等级的资助额度能够胜出，那么他可以首先安排 M 等级与 H 等级之间的投票，此时 H 等级将胜出；接着安排 H 等级与 L 等级的投票，此时 L 等级又将胜出，由此 L 等级会被宣布是最终的投票结果。或者如果议程设定者想要得到高资助额度的结果，则会先安排 M 等级与 L 等级的投票（M 等级胜出），再安排 H 等级与 M 等级的投票（H 等级胜出），这样便会使 H 等级最终胜出。这种多数表决不能得到一致性结果的情况会最终造成议程设定者拥有独裁的权力。

□ 阿罗不可能定理

其实并不是只有多数表决会发生不能够产生一致性结果的情况。包含意向为私立学校的父母群体的例子中，实际上没有任何的投票机制可以汇总出一致性的结果。我们可以尝试以下途径。

- 我们可以让每位选民只给出其第一选择，而不是进行二选一投票，但如此也只能造成三种选项所得票数相等的情况。因为三个群体人数相等，而第一选择彼此都不相同。
- 我们还可以尝试加权表决的方式。例如，第一选择为 3 分，第二选择为 2 分，而第三选择为 1 分，最后取得分最高的那个结果。在第一个例子中，M 等级得到 7 分，L 等级得到 6 分，H 等级得到 5 分，明显 M 会胜出。但在第二个例子中，三个选项的得分相等，均为 6 分。

政治经济学理论中最重要的观点之一是由诺贝尔经济学奖获得者肯尼斯·阿罗（Kenneth Arrow）于1951年提出的，也就是**阿罗定理**（Arrow's Theorem）。[①] 该定理说明，（投票）规则或机制如果不能满足以下两个条件之一，就不可能将个人偏好情况汇总为一致性的决策结果：（1）投票者的偏好类型需要受到一定的限制；（2）投票中实行专政。也就是无论投票规则如何设定，如果不符合两个条件中的一个，最终总会出现多数表决无法将个人偏好汇总成明确且社会全体一致同意的结果的情况。第一个条件可以通过对偏好一般结构增加额外的假设来限制投票者的偏好；而第二个条件之所以是实行专政，主要是由于独裁者可以简单粗暴地将他们自身的偏好变成具有社会一致性的决策。

阿罗定理： 一个（投票）规则或机制如果不能满足以下两个条件之一，就不可能将个人偏好情况汇总为一致性的决策结果：（1）投票者的偏好类型需要受到一定的限制；（2）投票中实行专政。

□ 通过限制偏好来解决关于不可能性的问题

最常用的限制偏好的方法就是设定偏好为**单峰偏好**（single-peaked preferences）。偏好中的“峰”，也被称作局部最大值，是与所有邻近点相比最被偏好的一点。在单峰偏好的情况下，偏好范围内有且仅有一个这样的点，当从位于峰值的偏好类型移至任意方向时，效用会随之下降。而多峰偏好会有多个峰值，因此效用会首先上升至一个峰顶，然后下降，接着又会上升至另一个峰顶。对比之下，单峰偏好在经济学理论上的明显优势是，在其范围内任何峰值都可以被认为是唯一的峰值。如果效用在某一点朝两边方向移动时都呈现下降趋势，那么这一点便是投票者最偏好的类型。而在多峰偏好的情形中，就不能做出这一判断。因为效用即使在某一点的表现能够符合上述描述，在另一处又可能上升到一个新的峰值。

单峰偏好： 该偏好下仅有一个局部最大值，即峰值，从位于峰值的选项往任意方向移动时，效用都会随之下降。

如果偏好分布呈现单峰特征，那么多数表决机制便可以产生一致性的决策。我们可以通过对前面的例子进行画图来更好地理解这一概念。图9-2显示了每个选项的效用（纵轴）与该选择所代表的支出水平（横轴）的关系图。以有子女的夫妇群体为例，在图9-2的两种情况中，有子女的夫妇的偏好情况均是由曲线AB表示，其在最高支出额度的选项上达到最高效用值U_{first}。而其对于中等支出额度的选项则表现出中等的效用值U_{second}。最后在最低支出额度的选项上，他们只有一个较低的效用值U_{third}。

图9-2a对应表9-1给出的例子，此时所有群体的偏好都呈现单峰特征。其中，有子女的夫妇群体的单峰峰值位于高支出额度，即A点，其效用随支出额度下降而下降。而老人群体的单峰峰值位于低支出额度，即C点，故效用会随支出额度上升而下降。对于没有子女的年轻夫妇，其单峰峰值位于中等支出额度，即F点。此时无论支出额度增加还是减少，该群体的效用值都会下降。

而图9-2b表示的是表9-2中的例子，即老人群体被替换为希望将子女送入私立学校就读的父母群体的情况。这个新的群体具有双峰偏好的特征：首先在低支出额度选

① 更多细节可参考Arrow（1951）。

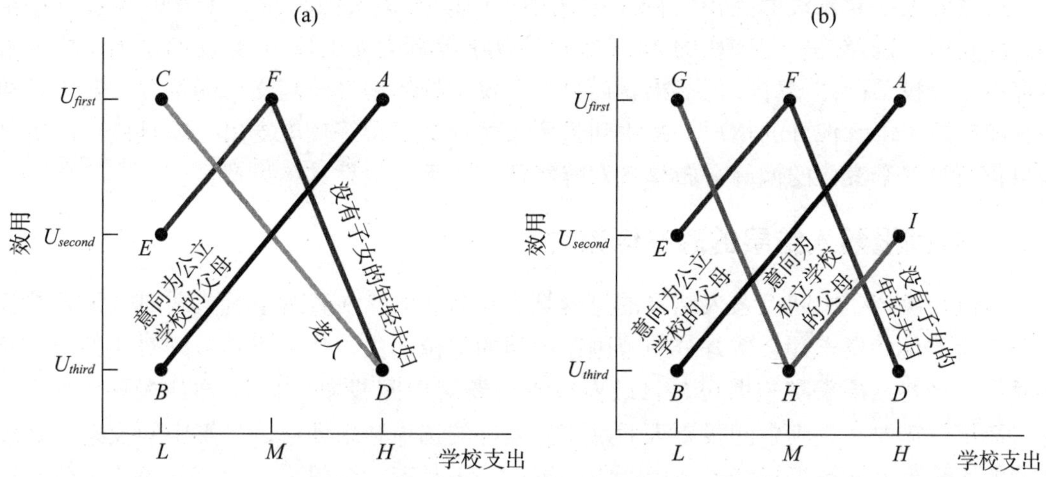

图 9－2　单峰偏好与非单峰偏好情况的对比

说明：图 9－2a 对应表 9－1，即每一群体的偏好均呈单峰分布，效用总是在每个人偏移其偏好选择时呈现下降趋势。图 9－2b 则对应表 9－2，其中，意向为私立学校的父母不具有单峰偏好的特征，因为其效用随着支出额度的增加先下降后上升。

项上有一个峰值（G 点），这也是他们的第一选择。之后随着支出额度的增加，该群体的效用会持续下降，直至到达 H 点（他们在中等支出额度下的效用值最低）。接下来和其他两个群体不同的是，随着支出额度的继续增加，其效用又会上升至第二个峰值 I 点。在这一例子中，正是由于偏好分布并非呈现单峰特征，多数表决机制无法得到一致的汇总结果。

值得庆幸的是，单峰特征对于偏好分布是一种较为合理的假设。在大多数案例中，个人在选择公共品如国防建设等的数量时总会有所偏好的水平，而该水平对应的效用在支出增加或减少时均会下降。然而，在公共品可能被私人品替代的情况下，单峰假设也会存在一些问题。学校资助支出的例子就是一个很好的说明。如果私人品替代是可行的，那么个人很可能会将中间选项视为最坏的选择，从而导致双峰偏好分布。再举一个例子——投票决定一个本地公园的建设质量。个人有可能想要一个非常好的本地公园或者干脆没有（没有公园的情况下，他们会将自己房子的后院当作公园），但一个不好不坏的公园（由本地税收承担建设费用）应该是最不受欢迎的选项。

□ 中间投票人定理

中间投票人定理：偏好情况呈现单峰分布时，多数表决将会产生中间投票人所偏好的决策结果。
中间投票人：选民群体中拥有中间层次偏好的个人。

在选民偏好分布呈现单峰特征的情况下，多数表决能够成功汇总个人偏好并且给出一致的结果。实际上，在单峰分布的前提下，我们还可以对公共品的多数表决结果做一个更强的推断——偏好情况呈现单峰分布时，多数表决将会产生中间投票人所偏好的决策结果，即**中间投票人定理**（median voter theorem）。其中，**中间投票人**（median voter）是指选民群体中拥有中间层次偏好的个人，且以此为准，偏好较多或较少公共品数量的选民数量是相等的。

在之前关于学校资助支出的两个案例中，中间投票人便是没有子女的年轻夫妇群体，因其第一选择是中间层次的 M 等级选项（中等额度支出）。并且在两个例子中，总会存在一个投票群体偏好较低支出，而另一个投票群体偏好较高支出的情况。其中，第一个案例属于单峰偏好的情况，故中间投票人的选择（中等额度支出）就是最终的决策结果；而第二个案例的偏好分布呈现双峰特征，故无一致性的结果产生。

□ 中间投票人结果的潜在低效性

多数表决产生中间投票人结果的过程是非常简便的。从直观上看，政府只需要找到对公共品的偏好位于社会偏好分布范围正中间的那位选民，然后将其偏好对应的公共品数量作为最终结果来实施即可。且政府也不需要对中间投票人以外的群体偏好进行了解，而仅仅需要在找到中间投票人后落实其偏好的选项结果即可。尽管中间投票人定理的确能够相当方便地得到结果，但所得结果不一定具有社会效率。社会效率要求公共项目的社会边际效益等于社会边际成本，而中间投票人的结果由于并没有反映偏好强度，因此可能无法满足上述要求。

公共品的社会边际收益是所有个人中得到的私人边际收益的总和。如果一小部分个人从该公共品中得到了巨大的利益，那么在计算社会总体边际收益的过程中，计算者必须考虑到这部分个人的情况。然而这种情况并不在中间投票人机制的考虑范围内，中间投票人的结果仅仅由选民的排序决定，与偏好的强度无关。①

想象一个例子，如果你所在的城镇正在商议建造一座纪念碑来纪念你在一生中所创造的丰功伟业。参与商议的选民有 1 001 位。这座纪念碑需要花费 40 040 美元，即每个选民都需要缴纳 40 美元的赋税来提供资金。在这一过程中，纪念碑建造与否由投票决定。由于城镇中每个人的偏好分布呈现单峰特征，最终决策即中间投票人的结果。

其中有 500 位选民认为你对社会有巨大贡献，每个人都愿意支付 100 美元来支持纪念碑的打造。与此同时，有 501 位选民忽视了你的贡献，故不愿意支付任何费用来建造该纪念碑。由此可以计算得到建造纪念碑的社会边际收益为：

$$500\times100+501\times0=50\ 000(\text{美元})$$

已知其社会边际成本为 40 040 美元，因此具有社会效率的决策结果应该是建造这一纪念碑。然而，让每个公民缴纳 40 美元税金用于建造纪念碑的提议在投票中将得到 501∶500，即反对票数更多的结果，因此无法实施。正是该案例中的中间投票人不愿意出钱建造纪念碑导致提议被否决。

该案例之所以会产生社会无效的结果，是由于中间投票人的选择并不能反映出偏好的强度。有众多选民愿意支付远高于 40 美元的费用来建造纪念碑的事实与投票结果无关。关键在于，最核心的中间投票人不愿意支付 40 美元。因此，两边阵营中有一方存在偏好强度非常高的情况有可能导致投票结果的社会无效率。

---

① 从技术上来说，决定有效性的因素是对某一公共品进行定价的方法。如果在中间投票人两侧的偏好分布强度是平均的（即偏好分布具有对称性），此时平均数与中位数相同，那么中间投票人的结果会具备有效性。但如果中间投票人的一侧的偏好强度高于另一侧，此时平均数便不等于中位数，中间投票人的结果便是无效的。

□ 总结

直接民主制中许多决策是通过多数表决产生的。在这一节，我们讨论了多数表决无法汇总个人偏好进而无法产生一致性结果的情况。如果偏好分布具有单峰特征，多数表决则可以汇总得到一致性结果，且该结果由中间投票人的选择决定。需要注意的是，这个结果虽然容易得到，但其不一定具有有效性。

9.3 代议民主制

在现实生活中，大多数发达国家并不会直接对公共品进行投票表决，而会采用选举出代表的方法。代表在汇总了公众偏好之后，进而在投票决定公共品的支出额度时选择汇总结果对应的选项。为了进一步理解如美国等代议民主制国家是如何产生决策的，我们有必要了解有关政治家行为的理论，而财政学中最为普遍的相关理论便是之前讨论过的中间投票人定理的另外一个版本——政治家倾向于选择中间投票人偏好的选项。在这一节里，我们会回顾代议民主制的中间投票人理论，讨论其背后的假设，并给出一些支持或反对该理论的经验证据。

□ 使选票最大化的政客将会代表中间投票人

代议民主制中的中间投票人理论取决于一个关键假设——所有政治家关注的都是如何将他们能得到的选票最大化。如果这一假设成立，那么这些被选举出来的政治家就会选择中间投票人所偏好的结果（只要偏好分布具有单峰特征）。换句话说，当政客的目标是使选票最大化时，之前用于解释直接民主制的理论也能够适用于代议民主制。

上述结论是由唐斯（Downs，1957）首先阐述的。在单峰偏好下，我们可以将选民情况用图 9-3 的模型表示，其中的横线代表选民所希望的国防支出占政府预算的比重，其范围从最左边的 0 到最右边的 50%。假定选民在这条线上是平均分布的，此时中间投票人所偏好的选项便是国防支出占政府预算的 25%。最后，假设选民投票选出最能代表他们对这个问题的看法的候选人，即在这条线最接近选民的候选人。

现在假设有两名政客——巴拉克（Barack）与米特（Mitt），他们作为对手正在参与竞选，且都意图将选票最大化。巴拉克希望吸引不愿意政府在国防上支出过多的选民为其投票，因此他将自己定位在 B_1 点；而米特则是将目标定位于希望政府能在国防上增加支出的选民群体，于是将自己定位在 M_1 点。在这种情况下，两位候选者将会平分选票，因为他们在附近有相同的选民份额，如图 9-3a 所示。

如果巴拉克将自己定位于 B_2 点，那么将其所支持的国防支出比重增加少许会如何？此时，巴拉克会得到更多的选票，正如图 9-3b 所示。他不仅可以得到偏好较低国防支出的群体的选票，而且能收获一些支持较高国防支出的人群的选票，这是因为比起米特，巴拉克此时更接近这部分选民的偏好。

那么米特应该如何回应巴拉克的这一举动呢？如图 9-3c 所示，他接下来应该改变

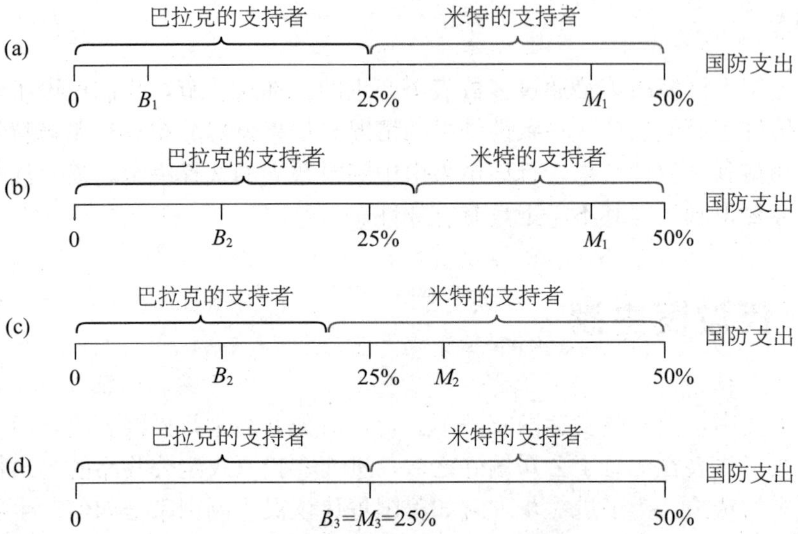

图 9-3 选票最大化目标导致中间投票人的结果

说明：在图 9-3a 中，巴拉克偏向于较小的国防规模，而米特偏向于较大的国防规模。两者所得票数相同。在图 9-3b 中，巴拉克增加了其所支持的国防支出水平，进而得到了过半数的选票。在图 9-3c 中，米特相应地减少了其所支持的国防支出水平，从而获得了过半数的选票。这一趋势一直持续到图 9-3d 中的结果，即两名政客均支持中间投票人所偏好的结果，并且得到一样多的票数。

其定位至 M_2 点，降低其原先支持的国防支出比重。这样一来，米特所得选票将会超过巴拉克，而巴拉克只能得到份额较少的支持较低国防支出比重群体的选票。假如这两位政客追求的仅仅是选票最大化，则这种博弈将会持续下去，直至两者所支持的位置都位于中间投票人的选项处，也就是占政府预算 25%的国防支出（见图 9-3d）。如果其中一位候选人所支持的位置偏离了中间数量，其获得的选票将会减少，因此没有人有动机将其位置偏离中位数选项。

由此可见，与直接民主制类似，中间投票人理论在代议民主制中也是一种强大的工具。政客以及政策分析师不需要知道选民整体的偏好分布情况，就能直接推断出投票的结果，他们所要做的仅仅是了解中间投票人的偏好即可。

□ 中间投票人模型的假设

虽然中间投票人模型是描述代议民主制作用的一个相当方便的工具，但这是建立在一系列假设之上的。在本节，我们将了解这些假设，并讨论其为何可能被推翻进而导致政客的选择偏离中间投票人的位置。

单维投票 第一，中间投票人模型假设选民必须以单个议题为基础进行投票。但现实中，政客的选举是根据一系列议题的投票结果来完成的。个人可能位于不同议题的投票范围内的不同位置，因此在某些问题上吸引频谱上位于极端处的人群可能会对选票最大化有所帮助。例如，如果大多数议题的中间投票人正好是支持高额国防支出的群体，那么政客选择高水平国防支出的位置，会有助于其获得其他议题的中间投票人的支持。

与此同时，如果选民在不同议题上的偏好情况是高度关联的，则投票可能是接近单维的。换言之，如果所有支持较少国防支出的选民都支持较高的教育支出、卫生保健支出以及失业福利保障，且所有支持较高国防支出的选民也都支持较低的教育支出、卫生保健支出以及失业福利保障，那么即使投票涉及多个议题，仍然可以被视作单维的。

仅有两位候选者 第二，中间投票人模型假设仅有两位候选者参与。假如有超过两位候选者，中间投票人模型的预测结果就不能成立。如果三位候选者的定位都是中位数选项的位置，则其中一位候选者向左或向右移动一点点都会导致这位候选者得票数增加（因为此时这位候选者会得到这一端所有的票数），而另外两位候选者将平分剩余选票。实际上，当有三位或以上的候选者时，模型不存在稳定均衡，因为每一位候选者总是有动机根据对手的位置调整自己的选择。在这条线上不存在不管如何移动都无法增加选票的情况。

在许多国家的选举中，都有可能出现三位或者以上的候选者的情况。不过在美国，通常只有两位候选者——共和党人和民主党人。

不存在意识形态或影响力 第三，中间投票人理论假设政客只关注选票最大化，但实际上政客会考虑其自身所处立场，而不仅仅是为了选票最大化。此外，在实践中，具有意识形态信念的政治家可能有能力引导选民的观点转向他们所偏好的位置。这种思想上的信念可能导致政治家摆脱中心位置和中间选民。

无选择性投票 第四，中间人投票定理假设受到公共品影响的所有人都会投票，但事实上，在美国只有一部分公民参与了投票。例如在总统选举的年份，大约只有一半的公民参与投票；而在非总统选举的表决中，民众的参与率更低，仅有约三分之一的公民参与投票。① 即使公民对特定主题的观点均匀分布，也可能是最具意识形态的公民进行投票。在这种情况中，一个政客要想尽可能地获得更多的选票，则需要采取中心左侧或右侧的立场，即使这个立场并不是多数公民（包括投票的群体与未参与投票的群体）的首选。

无金钱影响 第五，中间投票人理论忽视了金钱作为一种竞选工具的影响力。选票是政治过程的产物，而这一政治过程需要众多投入。其中一项关键投入便是用于资助竞选活动、宣传、竞选行程以及其他拉票手段的资源。如今美国的竞选活动所需要的资金数额越来越大。② 1990—2012 年，成功竞选一个众议院席位的成本增加了不止一倍（从 55 万美元增加至 157 万美元），而获得一个参议院席位的成本也是原来的两倍以上（从 430 万美元增加到 1 020 万美元）。不仅如此，竞选总统的成本增加更为惊人：参议员巴拉克·奥巴马（Barack Obama）在 2012 年的总统选举中耗费了 7.37 亿美元来赢得竞选——比八年前布什总统竞选成本的两倍还多。因此，如果对一项议题采取极端手段能够最大化资金支持，那么即使没有直接令选票最大化，这一举动也有利于候选者进行宣传，进而为总的选票最大化带来长期利益。

信息充分 第六，中间投票人模型假设信息在三个方面具有完备性：选民对议题的认知、政客对议题的认知，以及政客对选民偏好的认知。然而这三个假设都不现实——

① DeSilver (2014).

② 统计数据来自 Center for Responsive Politics' (2015)，网址为 http://www.opensecrets.org/bigpicture/stats.asp。

许多需要选民代表进行投票的议题都相当复杂，无法被大多数选民很好地理解，甚至连选民代表也经常会对议题感到困惑。[①] 民主党参议员罗伯特·伯德（Robert Byrd）曾经被问到是否明白一项由众议院通过的法案内容。该法案足有 4 000 余页，囊括了 5 200 亿美元的综合性支出。"你问我这项法案的内容？"他回答说，"你在开玩笑吧？只有上帝才知道会议报告里讲了什么，好吗？"[②] 不仅如此，即使选民群体理解了议题的内容，对于政客来说，要获悉选民对该议题的偏好分布也是相当困难的。

□ 游说活动

> **游说**：一些个人或群体以影响政客立场为目的所进行的资源消耗行为。

这些信息问题和资金的优势使得被选举的代表很可能会受到高度关注该议题的知情人群的游说。**游说**（lobbying）是一些个人或群体以影响政客立场为目的而消耗资源的行为。[③] 政客接受游说通常有两种原因。其一，这些群体能够为一个不甚了解情况的政客提供相关的信息。当这些特殊的小群体对一个复杂议题有相当大的兴趣时，它们通常也会对该议题有全面深入的了解。其二，这些群体将会帮助支持它们的政客进行竞选活动，以及发动它们群体的人员投票给该政客，这对政客总的选票最大化也是相当有利的。

原则上，游说活动有两个作用：提供信息以及表现偏好强度。对于中间投票人模型中的潜在无效率问题，一定程度的游说活动反而是最佳的。而游说产生的问题是，当一个议题给一个小群体带来极大利益并且只对较大的（甚至是大多数）群体施加很小的成本时，游说可能导致政治家支持社会无效率的立场。举例来说，假如有一个项目可以使 100 位美国公民每人获得 100 万美元的利益，同时其余的 25 999.99 万位公民则需要每人支付 100 美元。很显然，该项目的总体社会效益是负的（因为 $100 \times 1\ 000\ 000 < 100 \times 259\ 999\ 900$）。此时，若获益的这一小部分公民以保证选票与帮助竞选活动为条件向政客游说，且其余公民对这个议题不甚了解进而不参与投票，那么这个项目很可能会被追求个人利益最大化的政客所采纳。

伯川德等（Bertrand，2014）提供了两种游说观点的证据。他们研究了具备特定专业知识的说客和可能从这些专业知识中受益的政客之间的联系。一方面，他们发现游说者会"跟随"这些他们最初通过特定议题而产生联系的政客，即使这些政客转向另一个主题领域当中的另一个阵营。这表明说客的交易针对的是关系，而不是专业议题。另一方面，他们发现在复杂的政策领域中有特定的专家，无论政策从属关系如何，政客都会听取这些专家的意见。文章作者使用游说者补偿的数据，认为第一种类型的说客得到了更高的补偿，因此，虽然专业知识很有价值，但关系更有价值。

这里很重要的一点是，个人获益较少的大型群体在尝试进行政治活动时会受到之前提到的搭便车问题的阻碍。花费时间向政策制定者游说所损失的 100 美元是没有个人利

---

① 提高政治过程的参与度似乎并没有为选民解决这个问题。Lopez de Leon and Rizzi（2014）也表明，强制投票不会导致更明智的选民，而 Hodler et al.（2015）发现当投票成本下降时，边际选民的政治教育程度更低。

② McDonald (1998).

③ 这一名词变得流行是因为当时的特殊利益集团发现时任总统的尤里西斯·格兰特（Ulysses Grant）经常下午在华盛顿的威拉德酒店（Willard Hotel）大厅喝酒，因为在当天晚些时候，他可以拿到酒店的价格折扣！

益的。与其相比，个人获益较大的小型群体反而可以克服这一问题，但如此选举得出的结果不具有社会效率。在接下来的“应用”中，我们会阐述一个与该结论相关的典型案例——农业补贴。

☞应用

美国的农业政策

1900 年，美国国内约有 35%的工人在农场工作。2012 年，这一数字下降到 1.5%，主要是由于农业生产效率的提高以及农产品的进口。① 然而，这个很小的部门每年从联邦政府获得的直接支持为 110 亿美元。② 这些支持有两种形式：一种是对农民进行直接补贴，每年花费约 60 亿美元。另一种是用于保证最低农产品价格的价格支持政策，每年花费约 50 亿美元。③ 这些价格支持政策提高了美国消费者的食品平均价格，每年由于价格上涨而导致的支出增加为 140 亿美元。④ 然而，在 2014 年《农业法案》（Farm Bill）通过后，直接补贴被削减，取而代之的是增加的农作物保险计划，以保护农民免遭因自然灾害或价格下降造成的作物损失，这一计划在 2014 年给美国带来的成本接近 90 亿美元。资助农场每年给美国平均家庭带来 229 美元的花费，联邦资助的农民每年获得的商品计划和农作物保险金额为 6 372 美元，大于向社会保险计划支付的金额。我们将在第 12 章～第 17 章中讨论这项社会保险计划。⑤⑥

为什么美国的家庭要花费如此高的成本来支持农业产业？不管具有哪种政治倾向的公共政策制定者都会如此作答：这种财政支持对于保护美国“家庭式农场”不受大型农业公司和外国竞争者的影响是必需的。当 2002 年布什总统签署在未来十年将耗资 1 900 亿美元的《农业法案》时，他宣布：“该法案将促进农民独立，并保护农民世代的生活方式。”⑦ 但是这种论点的问题在于它与事实完全不符。在美国种植的大约 400 种作物中，只有 20 种符合补贴资格，且补贴量随着作物产量的增加而增加，因此较大的农场从补贴中获得的利益要多于小农场。于是，三分之二的补贴被分配给了仅占 11%的农户身上，而这些农户大多数每年的收入都在 10 万美元以上。1995—2012 年，前 10%的农场平均每年获得 32 043 美元的补贴，而最低的 80%每年只能收到 604 美元的补贴。⑧

如果农场补贴如此昂贵且分配结果与既定目标严重不符，那么该计划为何仍在实行？答案是，与一般农场通过保险和商品计划能获得的 6 372 美元的巨额收益相比，美国家庭平均每年所承受的 229 美元成本就显得微不足道了。这些农场能够通过有效的组织和游说行为来维持补贴和价格支持计划，而受这些计划影响的大规模纳税人群体则不能。注意到这种不平衡现象的，是来自印第安纳州的参议员理查德·鲁格（Richard

① Bureau of Labor Statistics (2013).

② USDA Economic Research Service (2015).

③ U. S. Bureau of Labor Statistics (2012).

④ 参见 Phillips (2012)，更新至 2015 年的美元价格.

⑤ Plumer (2014).

⑥ USDA Economic Research Service (2012).

⑦ Allen (2002).

⑧ Environmental Working Group (2013).

Lugar)，作为共和党的农业委员会（Agriculture Committee）的高级成员，他拒绝出席 2002 年布什总统签署《农业法案》的现场，并称该法案不仅是无数悲伤与痛苦的根源，还是一张多数美国人支付给极少数人的巨额转账支票。[①]此外，总统初选时候选人的第一站便是艾奥瓦州，而该地区是农业补贴政策的主要受益者，因此反对这一政策对于候选人来说是相当危险的。

上述例子并不意味着对农业的大额补贴现象仅在美国范围内存在。欧盟每年都要花费 900 亿美元来扶持农业生产。例如，欧盟地区的每头奶牛每天都能享受 2.2 美元的政府补贴。日本在农民身上的支出也超过了 410 亿美元，并且为了保护本国农民，对大米实行 800%的关税保护政策。[②] 经济合作与发展组织（Organization of Economic Cooperation and Development，OECD）估计发达国家每年直接补助农民的金额总计达 2 580 亿美元。[③]

表面上看，普通的美国民众面对这种强有力的农业政策游说毫无还手之力，但下面所阐述的新西兰的案例说明农业政策改革并非没有可能——甚至可能不会给农业部门带来损失。与美国和其他发达国家一样，新西兰在 20 世纪 80 年代中期之前一直施行大规模的农业补贴计划。这些计划包括价格支持政策以及降低肥料购买的贷款利息等。而一些专家认为这些补助措施导致了农产品的过量供应，继而使农产品价格下跌；还导致了拜占庭式的政策冲突。举例来说，一些农民在得到补贴并按照要求将树篱或湿地等保护性措施去除后，在下一次补贴时又被要求重新将其安置上。当然，一直保持这些自然景观和动植物的农户什么都得不到。

因此，从 20 世纪 80 年代中期开始，新西兰不再将经济重心放在大型农业补贴项目上。补贴取消之初出现了一些混乱情况：约 1%的农场关门大吉，羊毛商（之前得到补贴最多的群体）的收入急剧缩水等。但经过约 6 年的过渡期之后，土地和商品的价格及农业的盈利能力渐渐趋于稳定。时至今日，新西兰境内从事农业的人口比重以及农村地区居住的人口数量基本与之前存在农业补贴的时期持平。[④]

2014 年的《农业法案》是近年来力度最大的农业补贴计划改革，该法案旨在通过将补贴农作物的保险计划取代对农民的一些直接支付来提高农业补贴的效率。实际上，国会预算局的报告称，这一转变将节省超过 230 亿美元的成本。但这种估计依赖于作物价格的变化路径，具有较高的不确定性。事实上，在实践中，农产品价格的下降导致了计划成本的增加，而不是预期的减少，支出较改革前的法律高出约 10%。该法律的批评者强调，它没有采取任何措施来缓解政府补贴集中于大农场的现象。正如一位评论家所说："人们说该法案正在帮助家庭农场，但实际上它所支持的都是十分庞大的业务。"[⑤]

---

① Allen (2002).

② 关税是只对进口物品征收的税金。参见 Lakshmanan (2012)。

③ OECD (2014).

④ 这一讨论见罗代尔研究所（Rodale Institute）于 2003 年的报告总结，网址为 http://newfarm.rodaleinstitute.org/features/0303/newzealand_subsidies.shtml。

⑤ MacGillis (2015).

□ 代议民主制中关于中间投票人模型的实例

中间投票人模型是政治经济学中一个强有力的工具，但这一模型成立所依赖的强假设条件在现实生活中很难实现。政治经济学中的大量实证研究通过评估选民偏好对立法投票行为相对于其他因素（如党派或个人意识形态）的作用，测试了中间投票人模型。假设有这样一名民主党政治家：本身持自由的观点，却是南方区域内保守派选举区的代表。而中间投票人定理将会预测该政客在选举区内留下立场相当保守的投票记录来最大化选票，但其他因素如党派或个人意识形态则有可能令其选择更为自由的选举立场。

这一类研究得到的结论不一致，在接下来的"实验证据框"中将进行介绍。一方面，中间投票人的偏好在投票时是十分重要的，当中间投票人持保守观点时，政客的投票立场也会更为保守。因此，中间投票人模型是对政客行为进行合理建模的一个起点。另一方面，中间投票人的偏好不能完美解释立法者在投票表决中的行为表现。已有充分证据显示立法者在参与政策的投票表决时会考虑到自身的意识形态，不会完全迎合其所在选区中间投票人的偏好，而是会对他们自己的核心选民进行特别的关注。核心选民指的是选民中与政客的理念高度契合的少数选民，例如在共和党执政州内强烈支持某一名民主党参议员的少数民主党成员。

关于政客回应选民的方面，在 2007 年有一个相当有趣的案例。为了抗议本章开头介绍的专项，众议院民主党领导人增加了新的规则，使专项制度更加透明，并将专项拨款与赞助商一一对应。这一举措本意是使代表内心自省，由此降低对项目资金的需求，可惜事与愿违。根据当时《纽约时报》的报道："新的透明度不仅没有造成尴尬，反而提高了专项价值，因为专项成为衡量成员影响力的标准。事实上，立法者经常竞相将自己的名字附在专项资金上，然后急忙推出新闻稿，宣扬他们为家乡带回了多少资金。"因此，专项资金的增长仍在继续，例如这样的项目申请——在位于纽约州盛产葡萄酒的芬格湖群的康奈尔大学（Cornell University）内，花费 260 万美元打造一个新的葡萄遗传学研究中心。南希·博伊达（Nancy Boyda）代表在堪萨斯州莱文沃思堡附近的监狱博物馆为自己的 10 万美元专项申请辩护道："民主是一种接触性运动，我不会为了帮我的社区要钱而感到害羞。"①

▶实验证据框◀

对中间投票人模型的测试

如前所述，关于中间投票人模型的实验证据结论不一。一部分研究强烈支持该模型，例如斯特拉特曼（Stratmann，2000）研究了重新划分对受影响立法者投票模式的影响。人口普查数据可获取之后，每隔十年，国会选区就会重新进行调整，以反映过去十年的人口流动情况，而这种重新划分可以改变地区中间选民的性质。斯特

① Andrews and Pear (2007).

拉特曼通过研究重新划分区域对总统投票方式的影响，对比了新的、重新划分的选区与旧选区的偏好。他问道：当地区通过重新划分（通过1988年和1992年共和党总统候选人更多的投票来衡量）变得更加保守，但由同一位政客代表时，该政客是否开始选择更保守的立场？答案是肯定的，由此证实了中间选民偏好对立法者是十分重要的。艾德特和什韦茨（Aidt and Shvets，2012）也提供了肯定的证据，他们发现，当立法者面临任期限制（因此不必再关心中间选民）时，他们会向这些地区提供较少的“猪肉”。

与此同时，有清楚的证据表明，不仅一个地区的中间投票人会对立法者的行为有影响，“核心选区”也很重要。由于参议员的办公室遍布全州，两位官员都需要吸引同一批选民的支持。因此，中间选民模型将预测他们在立法上会采取相同的立场，然而事实并非如此。正如莱维特（Levitt，1996）所表明的，当每个州都有来自两党的参议员时，这些来自同一个州的参议员的投票方式截然不同。事实上，他们的投票与来自其他州同一党派的参议员非常接近。李等（Lee et al.，2004）提供了类似的证据。他们关注小范围的来自两党的众议院议员，这些来自同一地区的不同党派代表的投票方式应该是相似的，因为他们来自几乎相同的选区。而事实上，他们发现小范围选举的政客投票方式与大范围选举一样。

华盛顿（Washington，2008）的一篇论文也给出了表明意识形态重要性的直接证据。她比较了有女儿的立法者和具有同样家庭规模的有儿子的立法者。由于孩子的性别是随机的，对于两个拥有相同规模家庭的政客，若其中一个家庭中的女儿数量多于另一个，则形成了天然的实验组和对照组，以评估个人意识形态对立法者的行为是否重要（这两个家庭除了子女性别构成以外其他条件都相同）。作者发现，家庭中女儿占比较大的立法者更有可能支持女性议题，例如生育权利（如对限制青少年流产途径的法律进行反对）或女性安全（例如支持增加对暴力侵害妇女行为的惩罚的法律）等。华盛顿的调查结果强烈支持了个人意识形态很重要这一观点：政客也会根据自身经验采取行为，而不仅仅是对选民需求做出反应。

中间选民模型无法完全解释政客行为的结果可能是由于美国选民的两极分化加剧。麦卡锡等（McCarthy et al.，2006）根据政客的投票数制定了政客意识形态的衡量标准，并用它来计算美国两党之间历史上的两极分化程度。

图9-4显示了更新至2014年的参议院和众议院的两极分化结果。每个图中两条线之间的间隙大小表示两极分化程度——间隙越大，两极分化程度越大。美国的政治制度在20世纪30年代以前两极分化较为严重，但从这之后到20世纪50年代初期，两极分化程度较弱。近几年，两极分化程度迅速攀升，达到了众议院的历史高位。共和党的这种趋势尤其明显，自1970年以来，其在众议院的两极分化程度几乎翻了两倍。[①] 正如海德和艾布拉姆斯（Haidt and Abrams，2015）所评论的，对于这种两极分化的增加有很多可能的解释，其中包括意识形态的上升、选民两极分化导致选举成本上升，以及媒体环境的变化等。

① Ingraham (2015).

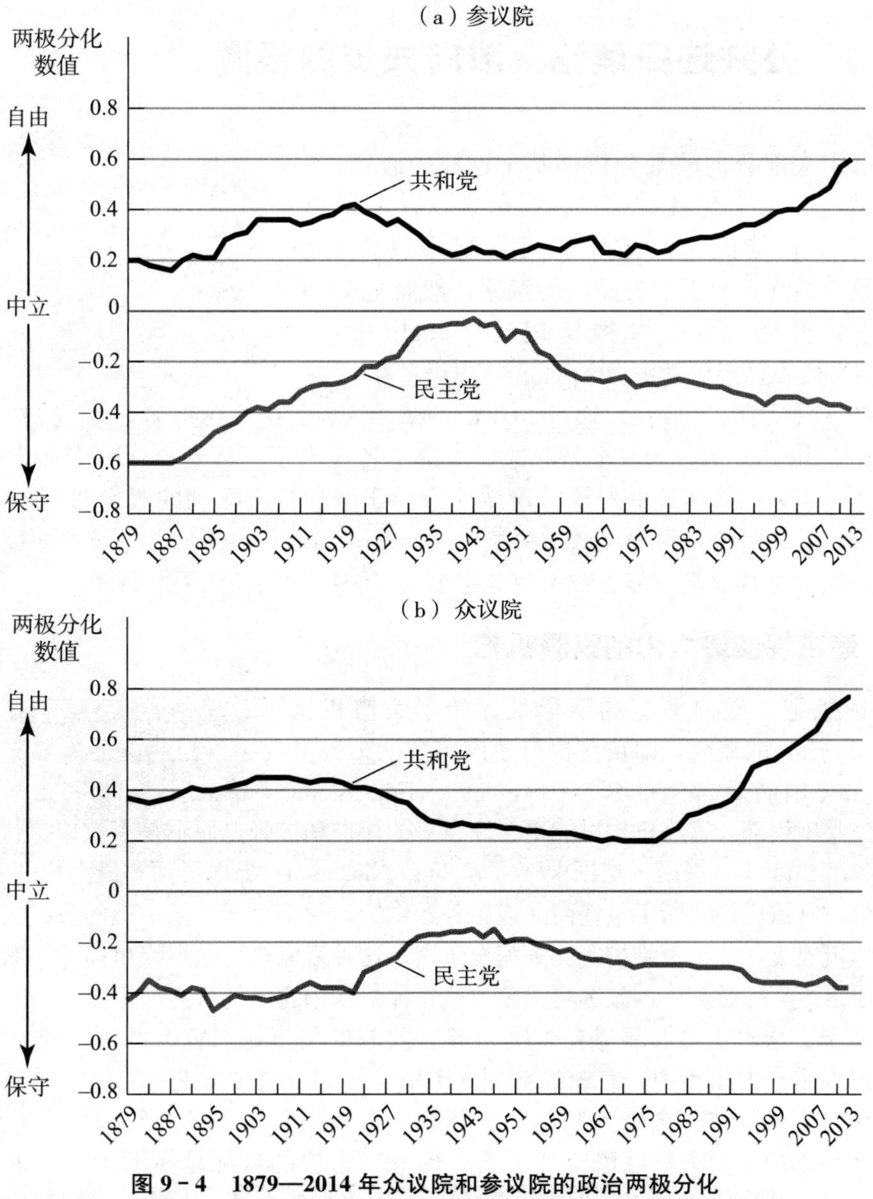

图 9-4　1879—2014 年众议院和参议院的政治两极分化

资料来源：Poole and Rosenthal (2015).

说明：图 9-4a 显示了参议院党派两极分化的趋势。在 20 世纪 30 年代至 20 世纪 50 年代初期，两党在意识形态上最为相似，之后两极分化程度增加，共和党的情况尤其明显。自 1970 年以来，共和党的得分几乎增加了两倍。图 9-4b 显示了众议院的两极分化趋势。民主党在 20 世纪上半叶变得更加保守，并在 20 世纪下半叶逐渐变得更加自由。在 20 世纪初到 20 世纪 70 年代中期，共和党逐渐变得不那么保守。但是自 1977 年开始，两极分化呈现指数增长。

9.4 公共选择理论：政府失灵的根源

> **公共选择理论：**一种学术流派，该流派强调政府行为可能并不是以公民福利最大化为目标。
>
> **政府失灵：**指政府缺乏以公民福利为目标履行职能的能力或意愿。

本书中大部分的政策分析都基于这样的假定：好的政府致力于最大化社会福利。类似地，在本章中，我们讨论了直接民主制与代议民主制均包含的假定——政客始终致力于代表民众的意愿。然而自 20 世纪 50 年代开始，以**公共选择理论**（public choice theory）为核心思想的学派开始对这一假设产生怀疑。以詹姆斯·布坎南（James Buchanan，1986 年诺贝尔奖获得者）和戈登·图洛克（Gorden Tullock）为首的一批公共选择理论学者提出了下列观点：政府通常不会以理想的方式行事，因此传统的对慈善型政府致力于增加社会福利的假设并不一定成立。① 在这一节，我们将会回顾导致**政府失灵**（government failure）的几个重要原因。所谓政府失灵，指的是政府没有能力或不愿意主要为了公民的利益而采取行动。

□ 追求规模最大化的官僚机构

> **官僚机构：**负责提供政府服务的公职人员组织，例如美国教育部或城镇公共工程部。

对理想主义政府概念的最早批评始于**官僚机构**（bureaucracies）的概念，即负责执行政府服务的公务员组织，如美国教育部（U. S. Department of Education）或城镇公共工程部，官僚机构可能更关注自身的保护和扩张，而不是有效地执行分配给它们的任务。1971 年，威廉·尼斯卡宁（William Niskanen）提出了预算最大化的官僚模型。该模型中，官僚机构垄断了某些商品或服务的供给。举个例子，某个镇的公共工程部门可能会对垃圾收集、下水道维护等服务完全负责。这种官僚机构是层级更高的镇政府的一部分，而层级更高的政府中的政客将决定这些官僚机构中官员的权力与资金。

尼斯卡宁指出，私人部门会奖励生产有效率的员工，而官僚的工资通常与效率无关。在尼斯卡宁的模型中，官僚的薪酬（工资、福利、地位与支持人员的质量等）是以官僚机构可度量的整体产出为基础的。例如，由于公共工程部门解决了更多的镇内问题，因此该部门负责人的薪酬有所上升。因此，官僚的目标是最大化其管理的机构规模，从而最大化预算，而不是选择使效率最大化的服务水平。即使上级镇政府清楚该官员正在追求一个自利的、无效率的目标，也很难在该机构中实施有效的生产，因为比起镇政府，该官员对所提供服务的真实成本要了解得更多。②

□ 利维坦理论

尼斯卡宁的理论假定个人官员会尽力将其所属机构的规模最大化，而上级政府会对

---

① 想要了解公共选择理论早期的论著，参见 Buchanan and Tullock（1962）。

② 富有善意但过于热心的官员也可能产生类似的结果，他们专注于自己的目标，而不是大政府的目标。在尼斯卡宁之后，有大量文献对该模型进行抨击，因为该模型不实际地假定了一个无知甚至愚蠢的立法机构。例如，Miller and Moe（1983）认为大规模的官僚机构仅有可能在立法机构疏于监督时出现。

这些机构加以控制。相反，布伦南和布坎南（Brennan and Buchanan，1980）将上述官员与上级政府视为一个垄断者，并将其称为“利维坦”（Leviathan），他们会利用选民对某些事实的不知情来尽可能扩大公共部门的规模。在这一理论中，选民不能相信政府能够有效使用他们缴纳的税金，并且必须采取措施来对抗政府的贪婪意图。

这种观点可以解释在美国或者其他地方的许多特定法规的来由——这些法规明确地将政府的“手”与税收和支出联系起来。在第 4 章中，我们曾对限制政府预算规模的条款进行讨论。与此相似，美国一些州已通过法律，限制当地社区提高财产税征收（对房屋和企业及其所依赖的土地征收的税收）的能力，该内容将在下一章详细讨论。如果是一个致力于最大化社会福利的福利型政府，那么这类“路障”没有存在的必要，然而对于一个利维坦政府，则需要这些“路障”来遏制政府的无效增长。

另一种对抗具有利维坦倾向的政府的方法则是确保政客能够受到来自选民的压力进而有效地提供公共服务。这一观点由贝斯利等（Besley et al.，2005）提出。这些作者研究了 20 世纪美国南部由于黑人和其他团体获得选举权而增加的“政治竞争”的影响。他们将选民在地方选举中选择平衡的候选人（而不总是投票给一方或另一方）的程度作为政治斗争的衡量。他们发现，政治竞争更激烈的地区的经济增长更快（长期增长 25%），部分原因是税收的减少和就业质量的提高。

□ 腐败

追求规模最大化的官员以及利维坦政府理论描述了政府如何采取行动以最大化其规模和履行合法职能的权力。而更为严重的问题则是**腐败**（corruption），即政府官员滥用权力寻求个人或所属团体的财富最大化。正如政策应用中所示，腐败已成为一种国际现象。

腐败：政府官员滥用权力寻求个人或所属团体的财富最大化的现象。

☞**应用**

政府腐败现象

腐败可以采取多种形式，但共同的主题是政府官员利用自身权力来丰富自己或其同僚的财富。以下是来自世界不同地区的几个例子。

- 2003 年 12 月，伊利诺伊州前州长乔治·赖恩（George Ryan）被联邦大陪审团起诉，控诉理由是其在任职期间通过将州内承包合同出售给其友人，以换取现金、礼品、贷款及家庭旅游等回报。这一丑闻的揭发仅仅是因为一件不幸的事故——六名儿童死于交通事故。在事故中，这些儿童乘坐的由其父母驾驶的出事面包车与某辆在其前面行驶的载货卡车掉落的一块钢材撞击后产生了火灾。这次死亡事件引发了“安全之路”行动。这项调查结果显示，这一卡车司机（以及其他许多卡车司机）曾向时任州务卿的赖恩行贿，从而获得驾照。总共至少有 20 人死于曾向官员行贿的司机涉及的事故。这一调查结果引发了 70 项指控，其中 60 余项被定罪。而许多被定罪的对象是赖恩的亲友以及盟友，他们曾将部分贿赂所得投入竞选基金当中。

  2002 年，赖恩在任期内被州长罗德·布拉戈耶维奇（Rod Blagojevich）取代，后者在竞选时强调改革，声称要清理州政府的腐败现象。然而事实上，腐败仍在继续，2008 年 12 月 9 日，罗德·布拉戈耶维奇及其参谋长约翰·哈里斯(John Harris）因联邦腐败指控被捕。根据美国司法部（U. S. Department of Justice）的新闻稿，两人合谋将奥巴马的美国参议院席位（奥巴马当选总统后空缺）卖给出价最高者。[①] 此外，布拉戈耶维奇威胁要撤销对保民官（Tribune）公司出售芝加哥小熊队（Chicago Cubs）的援助，除非该报解雇批评他的编委会成员。2009 年 1 月 29 日，伊利诺伊州参议院一致投票决定将其免职，并取消其未来在伊利诺伊州担任公职的资格。[②] 2011 年 12 月，布拉戈耶维奇被判处 14 年有期徒刑。[③]

- 卡洛斯·梅内姆（Carlos Menem）于 1989 年当选为阿根廷总统，之后立刻犒劳其所属政治党派的成员——给予他们相当轻松的工作，轻松到每个月只需要偶尔露面就可以拿到薪水。梅内姆自己则带着理发师乘坐私人飞机旅行，费用都由国家支付，并将一些行业私有化，同时通过操控招标程序，为自己和同僚获取了丰厚的回扣。为了保证贪污计划的顺利进行，梅内姆不仅将其他政客绑上同一条船，而且在法庭安排专门的手下秘密操纵审判使判决结果对其有利。1994 年，他修改了宪法以使自己能够在竞选中连任。不仅如此，他还试图再次修改宪法以获得第三个任期，不过失败了。这种腐败给阿根廷人造成了直接影响。例如，普通阿根廷人无法获得抵押贷款，因为政府借用了所有可用资金来满足自身的恶习，而且银行也不相信在这样一个法制缺位的环境中，他们的客户能够偿还贷款。

  2001 年，瑞士当局冻结了梅内姆在当地各个银行账户总计达 1 000 万美元的资产。阿根廷人对此非常惊讶，他们没想到梅内姆居然只拿了这么一点钱。2001 年之前，阿根廷人已经对官员选举完全丧失了信心，因此对于两周内更换了四个总统的事实，阿根廷国内流行起了一句笑话：“再多五个总统，就再多五个百万富翁。”即便如此，梅内姆在 2003 年又重新参与竞选，但在投票中输给了他的竞争对手——内斯托尔·基什内尔（Nestor Kirchner）。基什内尔总统的民众支持率约为 70%，这一数据部分归功于他在上任后的几个星期内就解雇了一些腐败无用的官员。[④]

- 赖恩和梅内姆等政客在腐败之王约瑟夫·蒙博托（Joseph Mobutu）面前可谓小巫见大巫。在 1965 年接管刚果（被他改名为“扎伊尔”，1977 年，蒙博托被罢免后，这个名字被废弃）后，蒙博托将这个资源丰富的国家视为他的个人封地。世界银行估计，1967—1997 年，当世界其他地区的收入迅速增长时，刚果的人均收入却下降了三分之二。与此同时，蒙博托成为世界上最富有的人之一，其财富估计为 50 亿美元。[⑤]

① U. S. Department of Justice (2008).

② Long and Pearson (2009).

③ Davey (2011).

④ Leight (2006).

⑤ Acemoglu et al. (2015a).

为什么会存在腐败现象？一些公共选择理论学家可能会同意阿克顿（Acton）勋爵的著名观点："权力会导致腐败，而绝对权力则会导致绝对的腐败。"在这一观点中，一个政府对公民生活某些领域的垄断权足以解释腐败的产生。当你申请驾照的时候，当地机动车部门的职员为什么不多收 10 美元让你申请得更快呢？他难道没有决定一个人能否拿到驾照的绝对权力吗？不过最终他不太可能要求贿赂，部分原因是如果该部门腐败猖獗，则可能会刺激选民选出一位誓言清理该部门的政客。

上述观点还暗示唯一能够抑制腐败的方式只有选举课责，即选民对腐败政权进行反对和否决的能力。选举课责作为防止腐败基本措施的观点得到了佩尔森和塔贝里尼（Persson and Tabellini，2000）的证据支持。他们通过对商界领袖进行调查来衡量政府的腐败程度，因为商业领袖是这种腐败的最直接受害者。此外，他们还对政府机制进行了比较。例如，在美国的选举中，候选者是以个人形式接受选民进行投票的；而在英国，则是进行比例投票，其中选民的投票对象为同一党派的一批候选者。对此他们有如下推断：在后一种投票系统中，个人政客对选民所负的责任将会减少，因为选民仅对党派投票而不是具体到个人。事实上，研究者发现在比例投票的机制中，腐败现象更为普遍。

其他表明腐败受到投票机制影响的证据来自费拉兹和菲南（Ferraz and Finan，2008），他们研究了巴西市政当局对联邦基金使用（和滥用）的随机审计情况。他们发现，被发现存在腐败行为的市长被重新选举的可能性大大降低。同样，坎潘提和杜（Campante and Do，2014）发现，首都与大多数民众隔离的国家（因此较少受公众监督和公众利益影响）的腐败程度较高。

如果政治系统中存在较为严重的官僚作风，这种官僚主义障碍使得该国的业务开展成本高昂，那么腐败在这样的政治体系中也更加猖獗。詹科夫（Djankov）等人调查了 85 个国家关于公民创业所必须经过程序的数据。各国的流程差别较大——从最短 2 天的加拿大和澳大利亚，到最长 152 天的马达加斯加。另外，这些官方程序所需要的成本，从美国人均国内生产总值的不到 0.5%到多米尼加人均国内生产总值的 460%不等。该研究发现，企业家必须通过大量官僚程序才能开展业务的国家，其腐败程度往往更高。

腐败的另一个关键决定因素似乎是政府官僚的工资。提高官僚的工资会使他们更不愿意冒着失去工作的风险陷入腐败行为，从而降低腐败率。戈尔和尼尔森（Goel and Nelson，1998）利用公开滥用职权的犯罪记录来衡量美国州级政府雇员的腐败现象，他们发现工资上涨导致政府腐败程度降低。

□ 政府失灵的影响

已经有明确证据表明，政府在某些情况下不能够很好地为公民利益服务，那么这些政府失灵现象会产生怎样的影响？或者公民是否可以利用财产税限制等政策来制约政府结构的危害？一些证据表明政府失灵会对经济增长造成长期的负面影响，具体会在之后的"实验证据框"中进行讨论。

9.5 结论

在这本书的大部分内容，以及其他大多数财政学图书的内容中，政府都被认为是一个良性行为者，致力于采用最优政策解决外部性、提供公共品和社会保险，以及制定公平有效的税收制度。但实际上，组成政府的个人代表难以轻易地汇总到大量公民的偏好情况。那么政府是否会以在本书其他章节内提到的经济分析所建议的方式来推行政策？

代议民主制的核心模型认为，政府有可能奉行中间投票人所偏好的政策，因为在大部分情况下，中间投票人的偏好能够较好地代表社会的普遍需求。尽管这一模型有着充分的论据支持，但也有相反的证据表明政客不仅仅考虑中间投票人的情况。特别是有清楚的例子表明，政府未能最大化其公民的福利，并可能对经济结果带来灾难性的影响。因此政府服务其公民利益的程度是未来政治经济学研究的重点内容之一。

▶实验证据框◀

政府失灵与经济增长

一些研究表明，不合理的政府结构会对经济增长有长期的负面效应。其中一项研究来自毛罗（Mauro，1995），该研究使用了一家私营公司收集的数据，该公司在不同国家的代理人根据政府的烦琐程序数量和腐败数量等对政府质量进行评级。毛罗通过研究发现，存在严重腐败以及官僚作风的国家的经济增长更缓慢。如果在他的样本中，官僚作风最严重、效率最低的国家（扎伊尔）将其效率提高到效率最高的国家（瑞士、新西兰、荷兰或新加坡）的水平，他的模型预测扎伊尔的增长率每年将高出4.9%！

与毛罗类似的研究经常会碰到下述困难：政府质量较高的国家（实验组）与较低的国家（对照组）相比，可能会在其他方面不一致，从而给政府绩效评估结果带来偏差。举个例子，某个政府机构的效率增长是由其工作人员所获工资上涨所致，那么低收入、慢增长的国家可能会因为不能给政府员工较好的待遇而导致政府运行机制停滞。在这种情况下，经济增长缓慢可能导致政府失灵，反过来则不一定成立。

阿西莫格鲁等（Acemoglu et al.，2001）试图从历史角度克服这一困难。他们表示，两组国家在被同一组欧洲大国殖民时非常相似，因此可被视为实验组和对照组，但殖民化采取了截然不同的形式。实验组是分布于加勒比地区、美洲中部地区和非洲的国家，其历史上所受到的殖民统治属于远程统治，其欧洲殖民者仅仅关注抢夺当地自然资源（如钻石、银和铜等）。殖民者并不想在这些国家建立机构（例如有效的产权或官僚机构）以促进经济成功。对照组中的国家则分布于南美洲、北美洲、澳大利亚以及新西兰等地。这些国家的殖民类型属于内部统治，即欧洲殖民者统治期间会输送大量移民并建立可促进经济发展的组织机构。

实验组中的国家之所以没有受到殖民者“亲自动手”的统治，原因很简单：统治者在实验组国家内患上致命传染性疾病如疟疾的概率远比对照组国家高。在加勒比地区、美洲中部地区和非洲等地的本地人已经拥有对本地疾病的免疫体质，但迁移者并不具备。所以殖民统治者仅对这些国家进行远程统治，几乎不会考虑在当地长期定居。而在南美洲、北美洲、澳大利亚以及新西兰地区，迁移者定居后罹患本地传染病的可能性较低，因此殖民者大量定居殖民地，并在当地建立促进经济发展的机构。此时两类国家政府的区别不应该归咎于经济增长问题，而是由本地人对疾病的免疫体质所致。当然，这两类国家在除了殖民类型以外的其他方面是具有可比性的。

尽管这两类国家在遭受殖民统治前具有相似性，但在后殖民时代的表现截然不同。相比于在南美洲、北美洲、澳大利亚以及新西兰地区分布的对照组国家，位于加勒比地区、美洲中部地区和非洲的实验组国家在殖民后的经济增长速度非常慢。实验组国家似乎受到了低效率政府组织的长期不利影响。例如，作者计算，如果尼日利亚政府机构的质量可以提高到智利的水平，尼日利亚的人均收入将增加七倍。

阿西莫格鲁（Acemoglu，2003）对朝鲜和韩国进行了类似的"历史事故"论证，在第二次世界大战结束之前，这两个国家是在日本控制下的单一地区（朝鲜）的两个部分。在第二次世界大战之前，朝鲜的南北区域之间并没有内在区别，文化上和经济上都非常相似。麦迪森（Maddison，2001）表明，这两个国家在 1950 年的收入水平相似，人均收入为 770 美元，且朝鲜实际上的工业化程度要比韩国更高。然而 60 多年后，朝鲜的人均收入仅为 1 800 美元，而韩国为 35 400 美元。①

阿西莫格鲁等（Acemoglu et al.，2015b）认为，互联网是当今最重要的技术之一。但巴林、伊朗、沙特阿拉伯和乌兹别克斯坦等多个国家严格限制互联网的使用以及控制网上言论，以打压异议并保持政治权力。虽然这对于这些国家的领导者来说可能是一个成功的短期策略，但从长远来看，这种关键技术的可用性限制可能会导致这些国家的增长率降低。

重点

- 理论上，政府可以通过简单地要求个人支付其对商品的估价（林达尔定价）来有效地为公共产品提供资金。
- 实际上，上述解决方法可能会面临如下问题：偏好显示问题（个人不如实表达其偏好）、偏好认知问题（个人不了解其自身偏好），以及偏好汇总问题（政府无法收集每个人的偏好）。
- 偏好汇总的方法之一是通过直接民主制，即让个人直接对特定事物进行投票决议。只要个人的偏好满足一定的限制（单峰偏好特征），这种投票机制就可以得到一致性的汇总结果。
- 如果偏好分布呈现单峰偏好，那么决议结果将会由中间选民决定。然而，如果选民的某一方具有特别强烈的偏好，那么这将不是有效的结果。

① 数据更新到 2014 年。

- 当政治家追求选票最大化，且存在之前提到的限制性条件时，代议民主制也会支持中间投票人机制的结果。在实践中，不仅投票最大化会影响代议民主制的结果，而且意识形态之类的因素也会对立法者行为产生重要影响。
- 公共选择理论直接构建了立法者偏好与政府失灵的模型，模型显示，若相比于公共利益，立法者更倾向于追求自身利益，则可能引发政府失灵。政府失灵如腐败等会对社会经济状况产生严重的不良影响。

习题

1. 在最近的一项研究中，美国人称愿意支付 700 亿美元来保护所有濒危物种。另外，他们同样愿意支付 150 亿美元来保护一种特定的濒危物种。上述结果反映了林达尔定价机制中的什么问题？请解释。

2. 林达尔定价所带来的偏好显示问题会因为社会中人数的增多而更加严重。为什么？

3. 松阪（Matsusaka，1995）表明，提供选民倡议的州的政府增长往往低于没有这类规定的州。为什么？

4. 棒球大联盟（Major League Baseball）使用名为 5－3－1 的投票系统来评选出每个联盟的最有价值球员。每个投票者一开始选择三位不同的球员作为其认为配得上这个奖项的候选者。其中，第一顺位的球员得 5 分，第二顺位的球员得 3 分，第三顺位的球员得 1 分。收集完所有投票者的结果后计算每位参选运动员的积分，得分最高者获得该奖励。现假设有三名投票者——内耶（Neyer）、洛（Law）和菲利普斯（Phillips），以及五名候选者——阿雷克斯（Alex）、戴维（David）、拉菲（Raffy）、曼尼（Manny）和马里奥（Mario）。下方表格显示了每位投票者的结果。拉菲被卷入精神药物滥用的丑闻之中，投票结果发表之前会做出对其是否有罪的判决，而有罪的判决会取消其所得选票。

等级	内耶	洛	菲利普斯
第一	戴维	戴维	拉菲
第二	阿雷克斯	阿雷克斯	阿雷克斯
第三	拉菲	拉菲	曼尼
第四	曼尼	曼尼	马里奥
第五	马里奥	马里奥	戴维

a. 如果拉菲被判无罪，谁将获得最有价值球员奖项？

b. 如果拉菲被判有罪，谁将获得最有价值球员奖项？

c. 此案例说明了有关一致性偏好的什么问题？

5. 弗莱彻（Fletcher，2003）表明，当国会选区被重新划分以将更多的老年人纳入范围时，国会议员更有可能在国会选举中采取偏向老年人的立场。为什么中间选民模型会预测出现这种情况？

6. 施特拉特曼（Stratmann，1995）记录了国会中互投赞成票的情况：国会政客间互相投赞成票来通过各自赞同的法案。互投赞成票的行为是否有效率？是否应该被禁止？请解释原因。

7. 中间投票人结果的一个问题是，其没有考虑到选民的偏好强度。假设政府决定给予具有强烈偏好的人多张选票，无论是赞成还是反对。这会解决问题吗？解释原因。

8. 当能源公司想要增加向顾客收取的费率时，它们必须在监督机构在场的情况下召开一场公众听证会。如何通过“搭便车”问题来解释能源公司通常能够得到提高费率的许可？

9. 费戈里奥（Figlio，2000）发现立法者更有可能在选举年度反映其选民的偏好，而不是在他们任期的前几年。对于相对缺乏经验的立法者来说尤其如此。为什么会出现这种情况？

10. 每年世界银行都会根据执政能力对世界各国进行评级，评选方面包括政治稳定情况、政府效率及法治状况等。这些指标可以在以下网站中查看：http://info.worldbank.org/governance/wgi/index.aspx。试着找出执政能力从1996年至今有所提升的国家。这种改善预示着这些国家未来的经济增长如何？

进阶习题

11. 阿尔菲（Alfie）、比尔（Bill）和科科（Coco）对警力保护的估值各不相同。阿尔菲对这一公共品的需求为 $Q=70-10P$，比尔为 $Q=70-5P$，而科科为 $Q=44-4P$。假设提供警力保护的边际成本为10美元，那么社会最优的警力供给水平为多少？在林达尔定价机制下，这三个人需要承担的税负各是多少？

12. 卡勃罗（Carrboro）对三个具有相同人数的群体进行研究后发现：(1) A类群体认为警力保护水平越高越好；(2) B类群体对警力保护的偏好为高水平＞低水平＞中等水平；(3) C类群体的偏好为中等水平＞低水平＞高水平。

a. 哪类群体偏好分布呈现单峰特征？哪类群体偏好分布呈现多峰特征？

b. 在该例中，多数表决机制能否产生一致性的结果？为什么？

13. 选民很少能够选择公共品的确切支出水平，而是会被提供两个选项——政府提议的支出水平以及“默认”（或称“回归”）支出水平，即在前一个选项被选民否决之后才会被采纳的选项。利维坦理论认为，政府会有意选择较高的支出水平作为提议选项，而默认选项对应的支出水平则会明显低于公众需求的支出水平。为什么说这种行为与政府追求规模最大化的目标是一致的？

14. 回顾第4章的讨论。美国存在严重的跨期预算失衡，当代人的支出远远超过了收入，并且最终成本将由后代人承担。为什么美国的政治制度会导致这种代际转移模式？

15. 众议院正在考虑两个相关联的立法——A法案和B法案。明确的是，参议院不会单独通过其中某一个法案，而是会使它们都通过。有200名代表对A法案持微弱赞成态度，并强烈反对B法案。还有200名代表略微支持B法案，并强烈反对A法案。其余35名代表对这两个法案都表示微弱赞成。众议院议长正在决定是将两个法案合并（使代表只能投票支持A法案和B法案，或者反对A法案和B法案）还是分别单独提交给众议院（不作为相关联的法案）。

a. 如果将两个法案合并，结果会如何？如果将两个法案分开，又会如何？

b. 哪一种结果更好地考虑了偏好强度？

第 10 章

州与地方的政府支出

需要牢记的问题

- 公共品在地方一级的供给如何影响其最优性?
- 不同级别的政府应如何分担不同类型的支出?
- 用于分担各级政府支出的政府拨款的影响是什么?

2002 年，美国总统乔治・布什签署了在他任期内对国内政策影响最大的法律之一——《一个孩子都不能掉队》(No Child Left Behind，简称 NCLB) 法案。NCLB 法案试图解决贫困和少数民族儿童受教育机会不足的问题，该法案要求全国学生从小学 3 年级开始到高中结束，每年都要参加统一的标准化测试。此外，NCLB 法案要求学校在公布分数时，必须按照种族、民族等标准进行各群体的分类公布。如果学校在学生成绩方面没有进步，则该学校会遭受严厉的惩罚（例如开除相关学校的校长和老师并委派新的管理层）。因此，NCLB 法案代表近 50 年内联邦权力在学校方面最大范围的扩张。

NCLB 法案在施行的第一年便引起了全国范围内的激烈争论，以及各州与联邦政府之间的对抗。除去法律实施存在技术难点和联邦资助低于预期等问题，争论的核心问题在于联邦政府对公共教育的干预行为，这一领域历来都是由地方以及州政府负责的。一方面，这一法案的支持者赞同联邦政府对公共教育的干预，因为有许多州不能甚至没有尝试过缩小白人学生与少数民族学生之间的成就差距。2005 年 4 月，一篇发表在《纽约时报》上的社论站在历史的角度上支持 NCLB 法案："当国内各州无法成功使大部分人口接受教育，从而损害了国家利益时，联邦政府便开始寻找一条路径。之前的方法导致我们国家的教育体系在发达国家世界里是最薄弱的……布什政府必须坚定自己的立场，反对不愿意为此做出努力的区域（政府）。”[①]

另一方面，NCLB 法案的批评者反驳称，联邦政府在国内强制实行标准化的规则，将会对现行地方希望因地制宜提升教育制度的意图带来干扰。NCLB 法案的要求在经历一系列挑战之后，奥巴马政府在 2011 年宣布将向符合资格的州发放豁免权。只要各州符合某些改进和问责标准并接受某些教育改革（例如第 11 章将讨论的共同核心计划），这些豁免权就可以免除现在 100％的数学和阅读能力标准。大多数州（截至 2015 年 4 月为 42 个）现在都享受这些豁免。[②]

2015 年 7 月 8 日，NCLB 法案的重新修订以微弱优势在众议院通过。新版本的法案将大大降低联邦在监督教育方面的作用，而是将该责任交给州和地方政府。该法案禁止联邦政府强制或鼓励像“共同核心”这样的具体课程，允许父母在没有制裁的情况下让他们的孩子退出考试。该法案将第一条款资金改为提供给学生，而非学校。

该法案的批评者担心允许父母决定他们的孩子是否参加考试可以掩盖教育差异，因为得分最低的学生可以留在家里而不去考试。众议员波比·斯考特（Bobby Scott）指出，允许选择不参加考试会扭曲测试结果：“如果你没有衡量成就的差距，你就无法应对成就的差距。”支持者反驳道：“该测试将焦点从学习转移到考试教学。”“由于对高风险测试的疯狂痴迷，越来越多的实际课堂学习时间被占用。”众议员马特·萨蒙（Matt Salmon）说道。[③]

对于第一条款基金可转移性的规定，存在进一步的争议。此前，第一条款基金被分配给贫困程度最高的学校，改写后的法案将资金资助给贫困学生，无论这些学生在哪个地区注册上学。[④] 该法案的反对者认为，当低收入学生从高贫困学校转出时，资金将流入更富裕的学校，从而剥夺了贫困学校急需的资金。奥巴马总统曾威胁要否决众议院法案。[⑤]

最优财政联邦制：关于哪一些活动应该在哪一级政府展开的问题。

本质上，这些关于 NCLB 法案的争论所围绕的中心问题就是关于教育政策应该由谁来决定的问题。[⑥] 这一争论也引起了对**最优财政联邦制**（optimal fiscal federalism）问题的思考，即哪些活动应在哪个级别的政府进行。反对 NCLB 法案的人有一个正确的观点：若通过地方政府供给政府服务，当地社区则可以得到最适合当地情况的服务方案，从而有可能提高公共品供给的效率，但布什政府关于“最能为当地利益服务的计划可能不符合国家利益”的主张也是正确的。

在这一章里，我们将会探讨国家与地方的支出以及不同层级政府的责任划分问题。我们先讨论现今在美国以及其他发达国家各级政府责任划分的情况。然后，我们转而讨论地方政府提供公共品是否解决了前一章强调的政府提供公共品的问题。特别是，在允许个人选择最符合其实际情况的政府管辖区域的前提下，地方政府很有可能为个人提供

---

① *New York Times* (2005b).
② Klein (2015).
③ Brown and Layton (2015).
④ Brown (2015).
⑤ Brown and Layton (2015).
⑥ Dillon (2005).

最优数量的公共品，由此克服偏好显示以及偏好汇总这两个妨碍国家公共品供给决策的绊脚石。

本章其余内容将会探讨政府是否以及如何在各个社区之间进行资源的重新分配。在公共品融资能力方面，美国不同社区之间的差距极大，很大程度上是因为财产税征收的税基，也就是财产价值存在差别。那么州政府和联邦政府应该关注这些差距状况吗？如果应该，那么这些较高级别的政府使用什么工具来进行不同社区间资源的重新分配？

10.1 美国以及其他国家的财政联邦制

政府间转移支付：从一级政府到另一级政府的支付。

美国宪法内的《权力法案》(Bill of Rights)* 的第十条即最后一条修正案（Amendment X）规定："宪法未授予合众国，也未禁止各州行使的权力，由各州各自保留，或由人民保留。"因此在美国早期的历史中，联邦政府在国家生活的许多层面都扮演着一个受诸多限制的角色，包括经济上。如图 10-1 所示，1902 年，联邦政府支出只占政府支出总额的 34%，地方政府则占了 58%，剩下的 8%为州政府支出。当时，联邦政府支出在国防、外交、司法职能以及邮政服务等方面均有限制；而州政府和地方政府则负责教育、警察、公路、卫生、福利、健康、医院等众多方面。各级政府在自己的范围内行使职能，很少发生相互重叠或干扰的情况。此外，州和地方政府有自己的资金来源为支出提供资金，州和地方政府收入当中只有不到 1%是来自联邦政府拨款。此处涉及一个概念：**政府间转移支付**（intergovernmental grants），即从一级政府到另一级政府的支付。

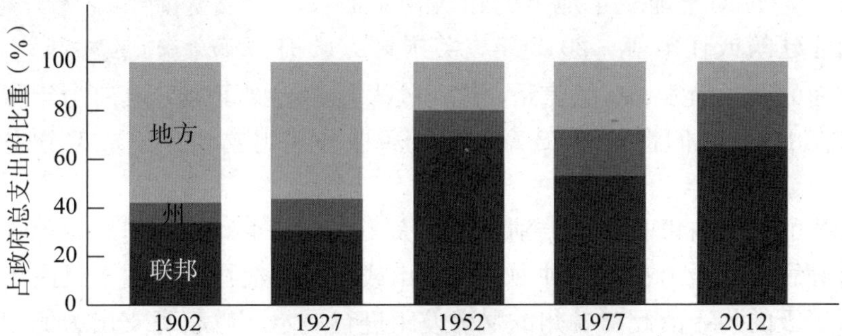

图 10-1 美国财政联邦制的变化情况

资料来源：1902—1977 年的数据来自 Wallis and Oates（1998）的表 5.1，以及 Bureau of the Census（2012）。

说明：在过去的 100 年间，相比于州和地方政府，联邦政府占政府总支出的比重增长迅速。

但在随后的 50 年里，上述情况发生了剧烈变化。1952 年，联邦政府支出占总支出的份额已经达到了 69%，而地方政府与州政府分别仅占 20%和 11%。此外，10%的州和地方政府收入都来自联邦拨款。发生这种变化主要是由于以下三个方面的原因：第一

* 《权力法案》为美国宪法前十条修正案的统称。——译者注

个原因是，1913年制定的《宪法第十六条修正案》（Sixteenth Amendment to the Constitution）允许联邦政府向个人公民征收所得税（在此修正案出台前，宪法基本上禁止这种税收），从而为联邦政府提供了集中的收入来源。第二个原因是，美国联邦政府在20世纪30年代用于应对大萧条所出台的新政启动了一系列的联邦政府项目，使联邦政府与州和地方政府之间的关系发生了根本性的改变。联邦政府对地方的拨款数量激增，并且资助了许多由地方政府管理的新计划，如公共事业振兴署（Works Progress Administration，后改名为Work Projects Administration，简称WPA）以及高速公路项目等。第三个原因是，联邦政府实施了大型社会保险与福利项目，尤其是其中的养老金社会福利项目，以及鼓励州政府为老人、盲人及残疾人士提供帮助的配套补助机制。

在过去的50年里，联邦、州和地方各级政府支出所占份额一直保持着相当稳定的水平。然而在这之后，联邦政府补助占各州融资的份额再次上升，这很大程度上是因为20世纪60年代联邦与各州联合融资的福利项目的实施，包括现金福利项目以及为贫困群体设立的公共医疗保险项目。2013年，联邦补助金额已经占据了州和地方政府收入的30%。①

□ 州和地方政府的支出与收入

正如第1章所提到的，州和地方政府的收入来源以及支出类型与美国联邦政府相比有很大不同。在支出方面，州和地方政府在教育方面投入了最多的支出，卫生保健与交通运输紧随其后；而联邦支出比重由大至小的前三位依次是卫生保健、社会保障以及国防建设，在教育方面的投入相当小。在收入方面，各州的所得税收入仅占总税收的20.7%；相比之下，联邦政府的税收大半来自所得税。

地方层面较为重要的一个收入来源是**房产税**（property tax），即对土地及土地上的建筑物所征收的税金，如商业建筑或住宅等。2012年，美国地方政府在房产税方面的收入为4 330亿美元，这一收入几乎占据了地方政府当年除补助以外总收入的半壁江山。② 我们将在第23章将房产税收作为财富税的组成部分进行更详细的讨论。

> **房产税**：对房地产，包括土地价值及任何附着在该土地上的建筑物所征收的税项。

美国各州的支出与税收举措差别非常之大。表10－1对各州支出与税收项目所涉及的价值进行分级，并给出在每一种项目的支出或税收价值排序中居于最高等级、中间等级以及最低等级的州，由此对各州的财政差距进行展示。以教育支出为例，阿拉斯加州的人均支出为4 672美元，居全国第一位；而马萨诸塞州在教育投入方面处于中等水平，人均支出达到2 848美元；教育支出最少的州为田纳西州，人均支出为1 993美元。在卫生保健支出方面，投入最多的华盛顿哥伦比亚特区的支出是投入最少的犹他州的两倍以上。在收入方面，纽约州的人均所得税收入为全国最高，达到了2 431美元；但有7个州在该方面无税收，因其不征收所得税。在销售税方面，华盛顿州的销售税收入最高；同样有5个州不征收此税种，故销售税收入为0。

① Lee et al. (2015), Figure 1.

② Barnett et al. (2014).

表 10-1 美国各州支出与收入的比较

		州	人均金额（美元）
支出	教育	阿拉斯加州	4 672（高）
		马萨诸塞州	2 848（中）
		田纳西州	1 993（低）
	卫生保健	华盛顿哥伦比亚特区	10 349（高）
		路易斯安那州	6 795（中）
		犹他州	5 031（低）
税收	所得税	纽约州	2 431（高）
		蒙大拿州	899（中）
		阿拉斯加州/北达科他州/佛罗里达州/内华达州/怀俄明州/华盛顿哥伦比亚特区/得克萨斯州	0（低）
	销售税	华盛顿州	1 904（高）
		康涅狄格州	908（中）
		亚拉巴马州/特拉华州/俄勒冈州/蒙大拿州/新罕布什尔州	0（低）

资料来源：National Center for Education Statistics (2013)；Centers for Medicare and Medicaid Services (2011)；Malm (2015)；Tax Foundation (2014).

□ 国外的财政联邦制

相比于其他大多数发达国家，美国地方政府（州和地方政府，简称地方）收入在总收入中（国家、州和地方政府的收入加总）所占比重相当大，支出所占比重则更大。近期一项关于 OECD 成员的调查（见表 10-2）显示，OECD 成员平均的地方收入仅占政府总收入的 27.2%，而在美国这一比例高达 36.8%。OECD 成员与美国在政府支出上的差距更为明显：OECD 成员的地方平均支出仅为政府总支出的 30.4%，而美国的这一数字高达 46.7%。

财政均等化：是中央政府的政策，通过向地方政府分配资金，以实现各地财力均等化的目标。

其他国家的中央集权程度较高，是因为在许多国家，如墨西哥、奥地利和挪威，地方政府几乎没有对公民征税的法律权力：这种权力由中央政府掌控。另外在大多数国家，中央政府将很大一部分收入重新分配给地方政府。许多国家都实行**财政均等化**（fiscal equalization），即中央政府通过对地方政府进行拨款，以平衡政府间的财富差距。这可以通过向较贫困的地区提供更多的人均国家补助来实现。例如，奥地利地方政府在税收收入方面的一半以上差异都被联邦政府所抵消。值得注意的是，美国的联邦政府并没有采取拨款的方式进行均等化。唯一的此类计划是由理查德·尼克松（Richard Nixon）总统在 20 世纪 70 年代初期提出的，该项目于 1986 年被取消。①

① 美国现在仍存在一些隐性的财政均等化措施，这些措施是通过联邦与州联合进行社会保险和福利计划的融资来实现的，因为随着州政府收入的下降，联邦需要承担的成本份额将上升。

其他国家在国家和地方政府支出的分布上也差异显著。以美国为例，30%～40%的州和地方政府支出被投入教育方面；而 OECD 成员在教育方面的平均投入为 20%左右，这凸显了其他国家中央政府在教育中发挥着更大的作用。①

近年来，全球范围内均呈现财政分权的趋势。在之前的福利改革例子中，美国已经试图将公共项目的控制权和融资工作交由各州负责。在匈牙利、意大利、韩国、墨西哥和西班牙等国家，中央政府一直努力将医疗卫生、教育和福利等职责从国家层面转移到地方层面。于是，在国家政府的拨款支持下，大多数国家的地方支出在过去的几十年间有所增长。而地方政府财权和事权的加强通常也伴随着对地方提供品的国家规范和质量标准的加强（例如日益严格的国家教育课程）。

表 10－2　2011 年地方政府支出/收入占政府总支出/总收入的比重情况一览

	支出（%）	收入（%）
希腊	5.6	3.7
葡萄牙	13.5	6.6
法国	20.2	13.1
挪威	33.6	12.1
美国	46.7	36.8
丹麦	61.2	26.7
OECD 平均值	30.4	27.2

资料来源："OECD Fiscal Decentralisation database"（2013），Table 1，Table 5.

说明：与其他国家相比，美国的州和地方政府所负责的项目在总的政府活动中所占比重较大。

10.2　最优财政联邦制

上述不同国家所拥有的不同形式的财政联邦制自然引出了以下问题：对于不同层级的政府，最佳的职责划分方案应该是怎样的？应该让地方政府负责所有事务吗？一个中央政府能包办所有事情吗？每一级政府最适合管理什么类型的项目？关于不同层级政府公共品供给效率差异的理论能够帮助我们回答这些问题。

□ 蒂伯特模型

前面章节曾提出，政府在进行公共品供给时会产生两个明显问题，即偏好显示问题以及偏好汇总问题：建立一个能够使个人诚实表露其偏好的民主制度是很困难的；通过汇总个人偏好情况进而产生社会决策的过程同样难以实现。因此，在实践中，政府通常无法完成公共品的最优供给。

1956 年，经济学家查尔斯·蒂伯特（Charles Tiebout）提出了一个问题：相比于私

① Joumard and Kongsrud (2003)，Table 4.

人市场内能够保证私人物品的最优供给数量，公共品的供给究竟缺少了什么因素?[①] 他的见解是：公共品市场所缺少的因素为购买与竞争。购物是诱导私人商品市场效率的基本力量。如果一家公司的产品质量低于其竞争对手，则消费者将购买竞争对手的产品，而不是这家公司的。这种竞争可以使公司在完全竞争的私人商品市场中有效地生产。

然而对于大多数的公共品，购买这一过程是不存在的。个人不会根据联邦政府是否制造多一枚导弹而选择在美国生活还是在加拿大生活。虽然选民可以根据各政党提供公共品的承诺在各党派之间进行选择，但这只是选民选择联邦政府的众多因素中的一个，而且改变联邦决策的过程是很漫长的。这是因为联邦政府在对公共品供给计划进行决策时几乎不会受到竞争压力的影响，因此做出的决策可能导致无效率的公共品供给行为(正如我们在第 9 章所见)。

不过，蒂伯特指出，当公共品由地方层级（州、城市或乡镇）的政府来负责时，上述情形将发生改变。他认为，在地方层级，竞争会自然产生，因为此时的个人可以用脚投票：如果他们不满意所在城镇的公共品供给水平，他们可以选择搬到下一个城镇，而不会像搬到另一个国家那样对他们的生活造成太大的干扰。

举个例子，假设你看到这样的消息：美国国防部花费 110 美元购买了一个电子二极管（价值 0.04 美元)，或者花费 435 美元购买了一把羊角锤，抑或用 437 美元买了一卷皮尺（美国 20 世纪 80 年代真实发生的事情)[②]，你会怎么办？你不大可能直接移民到其他国家。你可以给执政党投反对票，但是你对国会议员或者总统的投票是根据许多因素决定的，上述原因只是其中之一。因此我们很难阻止这种低效率的产生。

现在假设你发现当地公共图书馆每年花费 37 000 美元为图书馆馆长提供跑车，就像 2014 年在纽约市发生的那样。[③] 这种浪费明显提高了你为镇政府支付的房产税，在这种情况下，你有一个实际的选择：你可以搬到隔壁的城镇，新的城镇与当前所在城镇可能在大多数方面都十分相似，但在财政纪律方面表现更佳。此时，对于本地的公共品，我们有了一个新的偏好显示工具：迁移性。

蒂伯特认为这种退出性的行为会给地方政府带来一定的威慑力，进而能够推动本地公共品生产效率的提升。并且蒂伯特对此做了进一步的阐述：在特定情况下，地方层级的公共品能够充分有效地供给。正如竞争性的均衡能够实现私人物品有效供给的原理一样，地方政府之间的竞争也将导致公共品的有效供给。不能提供有效数量公共品的城镇则会失去一些居民，并最终倒台，这些居民会迁移到其他能够实现公共品有效供给的城镇。

正式模型　在这一节内，我们将讨论蒂伯特思想背后的正式模型。该模型进行了一系列实际上难以成立的设定，我们将在下一节讨论。不过，该模型的主要信息——“各个地方司法管辖区之间的竞争给当地公共品的提供带来了竞争压力”是一个重要的信息，与我们在本章后面给出的证据一致。

蒂伯特模型假定许多人自行分配到提供不同数量公共品的不同城镇之中。每个城镇

① 原始文献可见 Tiebout (1965)。
② Barron (1983).
③ Gonzalez (2014).

i 中有 N_i 个居民，为公共品提供金额为 G_i 的资助，即每个居民被征收数额为 G_i/N_i 的税金。蒂伯特认为在该模型中，个人将自行进行分组，使任何城镇的每个居民对公共品都具有相同的品味，继而有相同水平的公共品支出需求 G_i。

这一模型解决了公共品供给过程中产生的偏好显示问题以及偏好汇总问题。之所以说解决了偏好显示的问题，是因为人们面对统一的税收金额没有动机撒谎。为了说明这一点，我们回顾第 9 章（图 9－1）艾娃与杰克的例子，但现在假定烟花成本为每个 75 美分。如果杰克来到了一个拥有 100 人且偏好与他一致的城镇，该城镇投票决定生产 75 个烟花，每人为每个烟花支付 56 美分。我们再次假设杰克谎称自己与艾娃有相同的偏好。在蒂伯特的模型中，杰克想要成功利用这个谎言，就需要进入艾娃所在的城镇（因为杰克所在的城镇希望得到 75 个烟花）。在艾娃的城镇，人们选择只购买 25 个烟花，每人为每个烟花支付 19 美分，于是在迁移至艾娃所在的城镇后，杰克只需要支付之前价格的三分之一——但他也只能享受到三分之一数量的烟花。由于杰克必须实践其说出的谎言，因此没有动机说谎：当城镇中每个人的偏好一致并且平均承担特定公共品的成本时，杰克不能够成功“搭便车”。不仅如此，偏好汇总的问题在该模型中也将迎刃而解——因为城镇中的每个人想要的公共品数量 G_i 都相等，故该城镇的政府只需要简单地将成本分摊给每个人从而实现恰当的融资过程即可。

随着偏好显示问题和偏好汇总问题的解决，林达尔定价能够应用在蒂伯特模型中。即每个人上报其对公共品的真实定价，然后将这些价格相加，则每个人会被征收相当于该公共品的总成本除以人口规模的税额。上述结果是一个均衡，因为每个人都很乐意支付其需要承担的税金以得到相应数量的公共品。并且由于这一公共品的数量是由个人效益的总和决定的，因此这一结果也满足了公共品的最优供给要求。

□ 蒂伯特模型的缺陷

尽管蒂伯特模型相当有趣，但其描述的情形过于极端。很多问题阻碍了蒂伯特模型关于“地方公共品的供给有效”的预测。

蒂伯特竞争的问题　蒂伯特模型中所要求的一系列设定在现实中不一定成立。第一个假设要求完美的机动性：个人不仅要有“用脚投票”的想法，而且必须能够付诸实际行动，这在实际中是很难实现的。比如，如果我目前在我的故乡马萨诸塞州莱克星顿定居，有着许多的朋友和舒适的环境。现在要让我搬家，那么需要耗费的东西会比图书馆馆长的跑车资金更为离谱。

另一个看起来更加不合理的设定是个人对其从城镇获得的福利与所需缴纳的税收拥有完美的信息。事实是，就算当地的公共图书馆为馆内所有员工都买了跑车，如果不是当地媒体曝光（并且我又有所留意），那么我永远也不会知道。

此外，为了使蒂伯特模型能够成立，我还必须在一系列可能符合我对公共品的品味的城镇中自由选择。这个范围存在于波士顿的郊区，这里有许多城镇离我在麻省理工学院的工作地点非常近。但是在其他地方，城镇分布更为分散，这一设定不一定能够成立，“用脚投票”的结果可能会导致我搬到离工作地点过远的地方。这种关于一个城镇合适替代品的限制可能会制约蒂伯特机制在较小或已经没落的大都市区域的适用性。

最后，一些公共品的供给需要有足够的规模。建立一所只有几个学生的学校或者建造一个仅供少数居民使用的公园都是没有效率的，因为建设学校和公园需要高昂的固定成本。这种固定成本带来了规模效率，即如果有更多的人使用，则公共品的提供效率会更高。一个拥有 1 000 名学生的学校与仅有 10 名学生的学校相比，需要每一户居民支付的税额资助要低得多，这是因为学校的高昂固定成本（如建筑成本、校长工资等）可以由更多的家庭来均摊。

与此同时，为使个人能将自己分配到对公共品具有类似偏好的城镇，蒂伯特模型还要求有足够的城镇供个人进行选择。这显然导致了一个两难问题：我们是否可以将人口分成对公共品拥有相似偏好的人群，同时还要确保这些群体足够大，以支持公共品所需的规模经济？

> **一次性总额税：**一种固定数额的税收，该税收与个人的收入、对商品和劳务的消费以及财富水平均无关。

蒂伯特模型中的融资问题 蒂伯特模型运作的第二个主要问题是它要求所有居民为该公共品进行等量资助。这种融资方式叫作**一次性总额税**（lump-sum tax）——一种固定数额的税收，该税收与个人的收入、对商品和劳务的消费，以及财富水平均无关。我们将在税收章节中学到，这种形式的税收被公众认为是相当不平等的，因为穷人和富人都缴纳同等金额的税（大多数税种会向富人施加更重的缴税负担）。因此，一次性总额税很少被用在政府支出的融资方面。事实上，1990 年，英国政府的玛格丽特·撒切尔（Margaret Thatcher）最高调的一次关于一次性总额税的尝试导致了严重骚乱，迫使这位曾经非常受欢迎的首相下台。

一般情况下，城镇会通过征收与房屋价值成比例的财产税为公用品融资，但这种财产税会导致穷人追逐富人的局面。因为与贫困人群相比，富裕人群支付的公共品费用份额更大，因此重视公共品的人会希望生活在一个大多数人都比他更富裕的社区。这样穷人就可以从他们的富人邻居所缴纳的高额税金中受益。换句话说，每个人都想要住在有更多富人居住的城镇，这样一来，他们就可以通过富人邻居支付的高税金实现搭便车。①

> **分区制：**城镇对房地产使用的限制。

城镇曾使用**分区制**（zoning）来设法解决这一问题。分区制是城镇名义上以保护本地社区特征为目标，对不动产的使用方式进行限制。举个例子，一种常见的分区制要求房屋的建造地点必须与街道保持特定的距离以保留一些庭院空间，从而使邻里的景致更为优美。其他分区制的例子包括禁止在住宅区内将住宅用作经营用途，限制停车场或建筑物可容纳的最多人数，限制停车场的最小规模、限制建筑物的最大规模，以及禁止多户住房的情况等。

分区制利用高价格将低收入人群驱逐出房地产市场，来保护富裕城镇的课税基础。例如，一个城镇通过禁止多户住房（比如一栋房子或一间公寓内居住着两户人家的情况）降低了可用的房屋数量，从而抬高了现有住房的价值，使穷人无法搬进来并搭乘高收入邻居的便车。事实上，格莱泽和哲尔克（Glaeser and Gyourko，2002）在对比了不同地区的分区制法律后发现，分区的区域内的土地价格比未分区市场的价格高出 10 倍。

无外部性/溢出效应 蒂伯特模型的第三个问题是其假设公共品产生的影响仅在一

① 参见本章最后的问题 14，了解这一机制在实践中如何发挥作用。

个指定城镇内有效，即效应不会溢至相邻城镇。如果存在这种溢出效应，则可以在更高级别的政府中提供公共品，或通过拨款方式补贴地方政府购买。

现假设我所在的城镇正考虑建造一个大型公园，这个公园将主要由我所在的城镇的居民享受，但邻近城镇的许多人也会来参观游玩。在蒂伯特机制下，当我所在城镇决定是否建造该公园时，政府只会考虑本地居民的偏好情况，而不会关心可能会来这个公园的其他城镇居民的意愿。于是我们将面临一个关于公共品供给标准的问题：其他城镇的居民正在搭这个公园的便车，因此可能会造成政府在公园服务方面的供给不足。如果社会收益（对于我所在城镇以及邻近城镇来说）超过了建造该公园的成本，那么理应建造这个公园；但如果我所在的城镇的私人收益小于公园建设成本，那么这个公园不会被建造出来，此时的决策则是社会无效率的。

许多地方公共品都会有类似的外部性或溢出效应：比如警察（如果我所在城镇的警察部门规模较小，则城内的犯罪活动可能会对其他城镇造成影响）、公共建设（如果我所在城镇的街道坑坑洼洼，从邻镇过来的汽车司机在经过我们城镇时会受此困扰）、教育（公民受教育程度越高，对国家越有好处）等。因此，蒂伯特方法面临一个基本的权衡问题：对于居民比较相似的小城镇，由地方政府提供公共品虽然有其优势，但对于具有外部性或溢出效应的公共品，由更高级别的政府来提供可能是最佳的，因为这些政府可以将外部性内部化。

□ 蒂伯特模型的证据

如果从字面上理解，蒂伯特模型显然施加了一系列非常严格的假设条件，但关于个人“用脚投票”的基本直觉还是强有力的。事实上，有两种类型的测试表明，地方的公共品提供通常与蒂伯特模型所描述的一致。

各地区的居民相似性　蒂伯特模型有一个明确的预测：居住在特定地方社区（如一个镇）的人们应该对本地的公共品有相似的偏好。根据模型的逻辑，可以选择的当地社区越多，居民就越可以将自己分类到类似的群体当中。假设一个城市在通勤距离内只有一个郊区，在城市工作的居民如果不喜欢郊区的公共品供给水平，就很难用脚投票。因此，蒂伯特模型意味着当人们有更多的地方社区可以选择时，城镇居民对公共品的偏好会比没有这么多选择时（因此人们不能将自己分类到想法相似的社区）更为相似。

格拉姆利克和鲁宾菲尔德（Gramlich and Rubinfeld，1982）提供了支持上述观点的证据，他们调查了密歇根州的家庭对公共品的需求。他们在调查中发现，在较大的大城市区域（即城市附近的郊区），人们可以更多地选择他们居住的社区，城镇居民的公共品偏好比在较小的地区（较少的独立城镇可供选择）更为相似。不仅如此，与非城市地区（这些地区的居民能够迁移的地点较少，因此难以实现“用脚投票”）的居民相比，在城市或城郊地区内的居民对当地公共品的支出水平要满意得多。伯格斯特龙（Bergstrom，1988）利用密歇根州城郊地区的数据来估计当地对公共品的个人需求情况，结果表明，地方公共品供给似乎满足了边际成本等于居民边际替代率之和的效率条件。

财政差异资本化后反映为房价　对于许多人来说，关于居住地的决定并不主要取决于当地公共品的供给水平。事实上，许多居民并不清楚当地税收以及支出的基本情况，而上述两者是蒂伯特机制运行的必要条件。[①] 与此同时，蒂伯特机制并没有要求所有镇内居民都必须有“用脚投票”的意愿，但需要足够数量的居民愿意通过用脚投票来实现公共品最优供给的结果。在地方官员获知当地居民对公共品供给状况不满意的信息之前，该城镇的居民没有必要全部迁移出去，只要知情的少数群体在对公共品决策做出反应时有足够的机动性即可。

事实上，蒂伯特机制运行时几乎不需要机动性，因为现实中的人们不仅“用脚投票”，而且通过住宅价格的形式“用钱包投票”。蒂伯特模型预测，一个城镇的任何财政吸引力方面的差别都会呈现**房价资本化**(capitalized into house prices)。任何住宅的价格都会反映居住在该住宅内的成本（包括需要支付的地方财产房产税）以及收益（包括所享受的地方公共品）。因此在税收给定的情况下，能够提供较高水平公共品的城镇内的住宅会更贵；反过来说，在给定公共品提供数量的情况下，财产税相对较高的城镇内的住房价格会更低。因此住宅价格反映了“用钱包投票”的行为：人们愿意花更多的钱来购买能够有效提供公共品的城镇内的住宅。

> **房价资本化：** 将房屋的成本（包括需要支付的地方房产税）和住房收益（包括所享受的地方公共品收益）包含到房屋的价格之中。

在“实验证据框”中，我们将给出关于用钱包投票的强有力的证据。因此，即使一些居民不会根据蒂伯特所提出的因素来选择自己的定居处，也会存在足够数量的居民做出相应选择来推动各个地方社区的房价的变动。

□ 最优财政联邦制

尽管蒂伯特模型对现实情况的描述不够完善，但地方税收与支出的变化的确会对居民机动性以及住宅价格产生影响。鉴于这些实证的发现（即这些发现印证了蒂伯特模型关于行为表现的预测），蒂伯特模型对财政联邦制的最优设计的规范含义是什么？换言之，蒂伯特模型所暗示的不同等级政府公共品供给的指导方针应该是怎样的？

蒂伯特模型暗示了地方层次的公共品供给程度是由三个因素决定的。第一个因素是**税收-收益联系**(tax-benefit linkages)，即居民的纳税额与得到的商品和服务直接相关的程度。像地方公路这类具有较强税收-收益联系的公共品应该由地方政府负责供给，因为地方公路支出存在着一种直接的税收-收益联系：更高的财产税可以资助质量更好的公路建设，从而使城镇的大多数居民受益。而具有较弱的税收-收益联系的物品，比如对城镇最低收入人群的福利支出则应该由州政府或联邦政府提供，因为福利支出的税收-收益联系较为有限。城镇内的大多数居民并不会从面向低收入群体的再分配中得到好处（除非他们对当地贫困群体有利他主义的偏好）。

> **税收-收益联系：** 所缴纳的税收与得到的收益之间的直接联系。

如果居民能够直接看到他们所缴纳的房产税带来了利益，那么他们将会很乐意支付当地的税收；但倘若居民看不到这种收益，那么他们将会“用脚投票”，搬到财产税征

---

① 详见 Dowding et al.（1994）关于 Tiebout and Teske et al.（1993）给出的证据的综述，以及 Dowding et al.（1995）关于移居者对公共服务与税收认知方面的证据。

收较低的城镇。如果一个城镇组织了一个现金福利项目，那么高收入的居民就有动机离开该城镇，并移居到另一个不存在上述福利项目且财产税水平较低的城镇。因此，个人"用脚投票"的能力从根本上限制了城镇追求少数人福利的项目。

第二个决定财政分权最优水平的因素是公共品供给中的正外部性或溢出效应。如果地方公共品对邻近社区有着明显的溢出效应，那么当地政府对这些公共品会出现供给不足的情况。在这种情况下，更高层级的政府可以在促进这些公共品的提供方面发挥作用（例如通过拨款）。

第三个决定财政分权最优水平的因素是公共品的规模经济特征。具有大型规模经济的公共品，如国防，在地方管辖权彼此竞争的情况下无法被有效供给；而类似于警力保护等不需要大型规模经济条件的公共品，在蒂伯特模型描述的竞争情形中可能能够更好地进行供给。

综上所述，蒂伯特模型做出了下列预测：地方支出应侧重于基础广泛、外部效应较小且规模经济水平较低的项目，例如公路修缮、垃圾收集以及街道清洁等。与此同时，地方政府在其他的公共品提供方面则应该有所限制，比如再分配类的公共品（如现金福利项目）、具有明显溢出效应的公共品（如教育）以及具有大型规模经济的公共品（如国防）。美国财政联邦制的特点与上述预测大体一致：公共建设主要是在地方层面进行；再分配类型的计划则由州和联邦政府资助；国防则是国家层面的工程。教育方面一半由地方政府资助，另一半则由更高层次的政府负责（一般是州政府），这一情况符合教育的外溢性特征。唯一存疑的是：教育的外部效应在国家层面上也已经足够明显，但现今联邦政府在教育方面的支出不足10%，那么联邦政府是否应该像其他工业化国家一样，增加在教育上的投入呢？本章后续内容将对教育投入问题进行更为详细的讨论。

▶实验证据框◀

来自加利福尼亚州第十三号提案的资本化证据

州和地方公共财政中有大量文献可以用来检验资本化效应的存在。这类文献通常采用的方法是将住宅价格情况对学校质量或当地房产税税率进行回归，来评估更高质量的学校是否导致更高的房价，更高的税率是否会降低房价。然而这种简单的对比很可能是有偏的。举个例子，拥有较好公立学校的城镇可能吸引高收入家庭，在这种情况下，房价上涨可能并不一定是由学校质量更好引起的。这种关联只能够反映出高收入群体会为住宅花费更多钱。

更有说服力的资本化影响证据来自罗森（Rosen，1982）对加利福尼亚州第十三号提案（简称第十三号提案）的影响的研究。该提案最初为选民倡议，于1978年成为法律，并且已被证明是近半个世纪以来国家和地方公共财政中最有影响力的事件之一。第十三号提案是一系列限制州内地方政府征收房产税的法律的第一项内容。自该提案通过以来，共有18个州将近40项限税措施以选民倡议的形式通过表决。

第十三号提案规定了任何对不动产征收的税率不得超过该不动产全部现金价值的1%。全部现金价值被定义为截至1976年的价值，每年最多增加2%，除非房产被出售，否则全部现金价值为其销售价值。[1] 由此第十三号提案从两个方面限制了地方财产税的征收：首先，由于财产税税率不能超过房产评估价值的1%，因此该提案限制了财产税征收的比率。其次，鉴于20世纪70年代末的高通胀率，该提案将计税基数（不动产价值）增长率限制为每年2%。这实际上是一个相当严格的限制。1973—1977年，典型洛杉矶房屋的房产税增加了80%。[2]

罗森（Rosen，1982）研究了旧金山都市区超过60个市政当局的数据，考察了在第十三号提案通过之前的六个月以及之后的六个月的税率与房价的情况。他对1978年房产税税率较高的城镇（实验组）与房产税税率较低的城镇（对照组）进行了比较，前者在第十三号提案的要求下需要大幅降低房产税税率，而后者的财产税税率并无太大变化。只要实验组和对照组之间没有其他不同的变化，第十三号提案的通过就为评估房产税对房价的影响提供了一个准实验的条件。

罗森发现，财产税的下降与房屋价值的增长有着较强的关联性：每削减1美元的财产税，房屋价值就增长7美元。鉴于购买房屋意味着承诺未来房产税的支付，将较低的房产税通过资本化纳入房价意味着房价应该按减少的未来纳税额的贴现值上涨（价格在今天应该上涨以反映由房产税降低带来的全部未来收益）。从数学的角度来说，完全的资本化要求房产税每减少1美元，住宅价格上涨幅度为$1/r$，其中，r为利率（回顾第4章中的内容，对于一系列长期的未来支付现金流，贴现值为支付金额的$1/r$）。在第十三号提案施行时期利率约为12%，因此房产税每减少1美元，房价上涨7美元的情况是接近于完全资本化的。在完全资本化的情况下，结合当时的利率可知，住宅价值在财产税减少1美元后会增加8.33（$=1/0.12$）美元。

这一结果显示第十三号提案引起了相当高程度的资本化，因为原则上（若没有资本化现象）房产税的减少会引起公共品与服务在未来的减少，进而使得住宅价值下跌。举例说明：假设每1美元的税收将为居民提供价值1美元的公共品与服务，那么住宅价值不应该发生改变，因为此时所减少的房产税预期获得的收益被同期减少的当地物品与服务抵消了。然而房价上涨幅度接近于税收收益的贴现值这一事实表明，加利福尼亚居民认为在税收下降时，他们并不会失去很多有价值的公共品和服务。

罗森根据上述结果做出了一系列的猜想：加利福尼亚州居民之所以不担心公共品与服务会减少，是因为州政府会使用补充资金来抵消地方社区的损失。当地人清楚地知道这种弥补举措会持续进行，或者这种税收减少可能只是减少了浪费性的地方支出而已。然而这种乐观的猜想似乎没有事实根据。圣何塞镇作为一个拥有较好公共服务的繁荣地区，在第十三号提案通过后不得不急剧削减其服务数量：学区解雇了小学的艺术和音乐教师，削减公共汽车交通，解雇学校护士和辅导员，并将学制

---

① 房产税是对一份房产的评估价值进行征税，这一估值可能与该房产的市场价格有很大差别。相关内容将在第23章进行详细讨论。

② Sears and Citrin (1982).

从6年改为5年——但一切都无济于事。1983年，这一学区成为40年里首个宣布破产的美国公立学校系统。而该镇其他部分也受到了不小的影响，如图书馆运营时间减少、公园杂草丛生，以及心理保健护士集体失业等。一项圣何塞镇的居民投票结果显示，多数人认为第十三号提案对大多数人产生了不良影响。①

10.3 社区之间的重新分配

蒂伯特模型为财政联邦制中最重要的一个问题——社区范围内是否应该存在公共资金的重新分配——提供了一个思考框架。目前，当地社区为公共产品提供资金的能力（财产税税基的大小）与它们实际提供的程度之间存在严重的不对等。例如，在马萨诸塞州，莱克维尔镇对每名公立学校学生仅征收13 932美元的地方税，而卡莱尔镇的征收水平为22 472美元。② 这一差距部分来自地方税收水平的差别：莱克维尔镇对每1 000美元不动产征收14.25美元的税金，而在卡莱尔镇则征收17.68美元。然而，两镇收入的主要差距来自被计税的不动产价值：莱克维尔镇的中等单户住宅价值为367 000美元，而卡莱尔镇则高达851 722美元。③ 在纽约州，一项研究发现，公立学校学生的房产价值差异接近6倍，最贫困的10%地区的学生的平均房产价值低于313 891美元，最富有的10%地区的学生的平均房产价值超过1 871 956美元。④

□ 我们应该关心这些吗?

公共政策的制定者是否应该关注在不同社区间的课税基础（可由不动产价值反映）或征得的收入（即不动产价值的产品和房产税税率）存在的不平等现象？更高级别的政府是否应该采取重新分配的方式来抵消地方之间的这些差距？正如之前所提到的，这种再分配是一些国家财政联邦制的典型特征之一，这些国家的中央政府会对较为贫困的社区进行补助，在很大程度上弥补了不同社区之间的收入差距。

对于“我们是否应该关注”这一问题的宽泛回答是：这取决于蒂伯特模型的描述与现实的相符程度。在完美的蒂伯特模型中，我们不会对社区进行再分配：此时的社区是能够进行公共品有效供给的，而任何形式的再分配都会导致效率的下降。如果某个城镇的收入或支出较少，那是因为该城镇的居民选择了较低数量的公共品供给水平，因此这一结果对于他们的偏好来说是有效的。在这种情形下，政府再分配的重点应该是个人而不是社区。

然而，现实情况往往不能够完美符合蒂伯特模型的描述。有两个原因支持从高收

---

① *Washington Post* (1983).

② 数据来自“公立学区财政的对等搜查”，由美国教育部的教育财政统计中心提供，详见 http://nces.ed.gov/edfin/search/search_intro.asp。

③ 数据为 *Boston Globe* (2013) 的城镇住宅价格中位数，来自 http://www.bostonglobe.com。

④ New York State Education Department (2014).

入、高支出社区向低收入、低支出社区的再分配：第一个原因是蒂伯特模型的失灵。举个例子：假设存在一些使人们不能够“用脚投票”的原因，例如限制性的分区政策使得具备高水平公共品供给的城镇内的房子又大又贵（比如规定了每座住宅都要占据一英亩的土地）。在这种情况下，可能会存在这样一类人群——希望能够享受高水平的公共品，但又承担不起分区制导致的价格不菲的高质量住宅。这类人可能会被限制在公共品供给水平较低的城镇，因为只有这些城镇的房价在能够承受的范围之内。在这种情况下，对提供低水平公共品的城镇进行再分配则较为有效，可以帮助消费能力有限的个人摆脱窘境。

进行再分配的第二个原因则是外部性。如果大部分的地方税收都投入对其他社区具有溢出效应或外部性的地方公共品上，那么标准的外部性观点认为，更高层级的政府应对这些公共品的社区供给进行补贴。例如，假设一个城镇的基础教育质量提高会使该城镇和邻近城镇的犯罪率降低，那么在这种情况下，最优选择可能是州政府向高收入城镇征税并再分配给低收入城镇，从而确保低收入城镇能够提供高质量的基础教育。[①]

□ 再分配的工具：拨款

如果较高等级的政府因为上述两个原因之一而决定对地方进行再分配，它们一般会通过政府间转移支付来进行，即不同层级政府间的资金转移。拨款在联邦支出中占据较大份额，并且保持着增长的趋势。1960—2014 年，联邦支出中向地方的拨款从 7.6%增长至 17%。[②] 而州政府更是一直都将大笔预算留给地方政府。1960—2002 年，州对地方政府的拨款实际上轻微地减少了（从 34.1%降至 28.1%），大部分拨款用于地方教育事业。[③] 较高层级的政府会使用几种不同的拨款方式。在定义这些类型时，我们将用一个州对地方社区进行再分配的例子加以说明（尽管同样的描述也适用于其他形式的从上至下的政府再分配，例如从国家层面到州层面）。

假定莱克星顿镇仅对其居民提供一种公共品——教育。该镇通过征收财产税为教育支出融资，并且每户家庭在缴税后剩余的金钱都将用于私人物品消费（例如汽车或服装等）。图 10-2 给出了莱克星顿镇在接受拨款之前的状况。该镇的居民有 100 万美元的总预算可用于教育以及其他私人物品消费，我们将对他们如何划分预算的情况进行建模。在图 10-2 的 A 点处，莱克星顿镇的居民选择在教育上完全不投入预算，并将全部 100 万美元用在他们的私人物品上。而在 B 点处，该镇居民将 100 万美元全部投入教育支出，不消费任何私人物品。

莱克星顿镇内的选民对教育与私人物品方面所具有的偏好情况可以由一条无差异曲线 IC_1 表示。也就是说，我们可以使用对个人在教育事业与私人物品间的选择进行分析的方法，对莱克星顿镇在这两个方面的选择情况进行类似的分析。IC_1 曲线表示通过投票机制对选民的无差异曲线进行汇总的结果。在州政府的拨款到位之前，莱克星顿镇选择每年在教育上投入 50 万美元，在私人物品上投入 50 万美元。这一支出组合由 X 点

① 针对一系列“基于地方”的地方政策对经济发展的影响的复杂讨论，请参阅 Kline and Moretti (2014)。

② Office of Management and Budget (2014)，Table 12.1.

③ U. S. House of Representatives Committee on the Budget (2012).

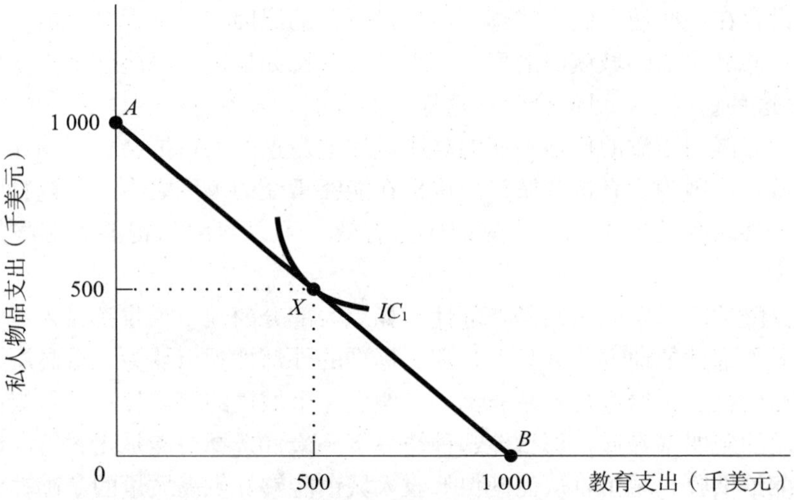

图 10-2　某城镇在教育与私人物品之间的选择情况

说明：莱克星顿镇有 100 万美元的预算可用于教育以及私人物品的消费组合，居民将选择预算约束线 AB 上 X 点的方案，即教育和私人消费各投入 50 万美元，该点为无差异曲线 IC_1 与预算约束线的切点。

表示，即该镇无差异曲线与其预算约束线的切点。

配套补助金： 是一项补助，其金额取决于当地社区的支出数量。

配套补助金　州政府可能会采用一种被称为**配套补助金**（matching grant）的方式来进行拨款，将转移给地方社区的资金数额与地方社区的公共品支出数额相关联。例如，一比一的配套补助金将为当地社区每 1 美元的教育支出提供 1 美元的资金。尽管我们以一比一的比例进行举例，但这种配比从 0.01 到超过 1 都是有可能的。

一比一的配套补助金使得教育的花费减少了一半。即原本每 1 美元的教育支出现在只需要花费莱克星顿镇 0.50 美元的预算，因为马萨诸塞州提供了另外的 0.50 美元的资金。图 10-3 反映了这一预算约束线的改变（从 AB 到 AC），从图中也可看出这一补助措施通过收入效应以及替代效应直接增加了教育方面的支出。在此例中，总的教育支出从 50 万美元增加至 Y 点的 75 万美元，其中，37.5 万美元来源于莱克星顿镇的预算，另外的 37.5 万美元来自州政府的配套补助金。在原来的 100 万美元预算中，该镇现在可以拿出 62.5 万美元用于购买私人物品（原本的 50 万美元加上不再需要用于教育方面的 12.5 万美元）。配套补助金的结果就是教育与私人物品两个方面的总支出都有所增加。

整体补助金： 一笔没有使用限制要求的拨款。

整体补助金　另一种拨款形式则为**整体补助金**（block grant），即联邦给予地方社区数额为 G 的补助，且对其用途没有限制。为了保证上级政府的成本不变，假设上级政府给予莱克星顿镇一笔 37.5 万美元的补助金，这一补助金使得莱克星顿镇足够富裕，从而可以花费 137.5 万美元在教育以及私人物品两方面，故此时的预算约束线从 AB 向外移动到 DE，如图 10-4 所示。

尽管马萨诸塞州拨给莱克星顿镇的配套补助金数额与拨款相同，但对该镇行为的影

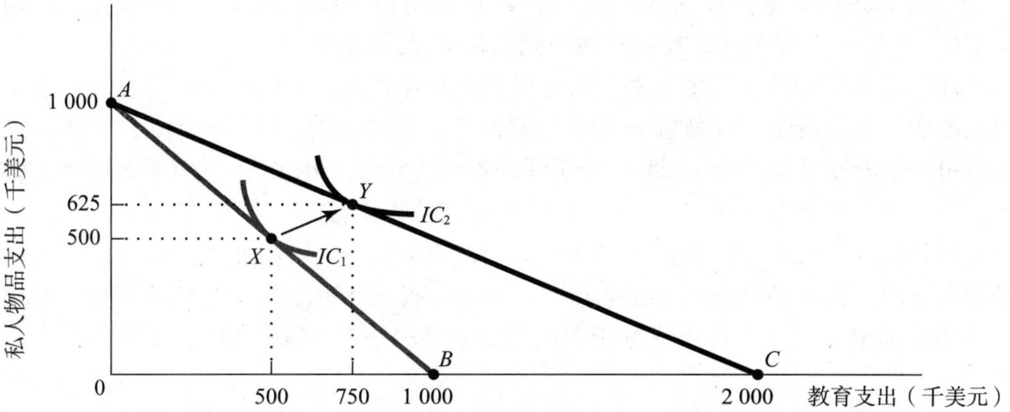

图 10-3　配套补助金对该镇预算约束线的影响

说明：在莱克星顿镇获得教育方面的配套补助金后，其在教育上支出 1 美元即可获得 1 美元的补助。在这种情况下，预算约束线从 AB 向外移动到 AC，此时莱克星顿镇会选择 AC 上的 Y 点，即增加 25 万美元的教育投入（教育支出从 50 万美元上升到 75 万美元），而私人物品支出也增加了 12.5 万美元。

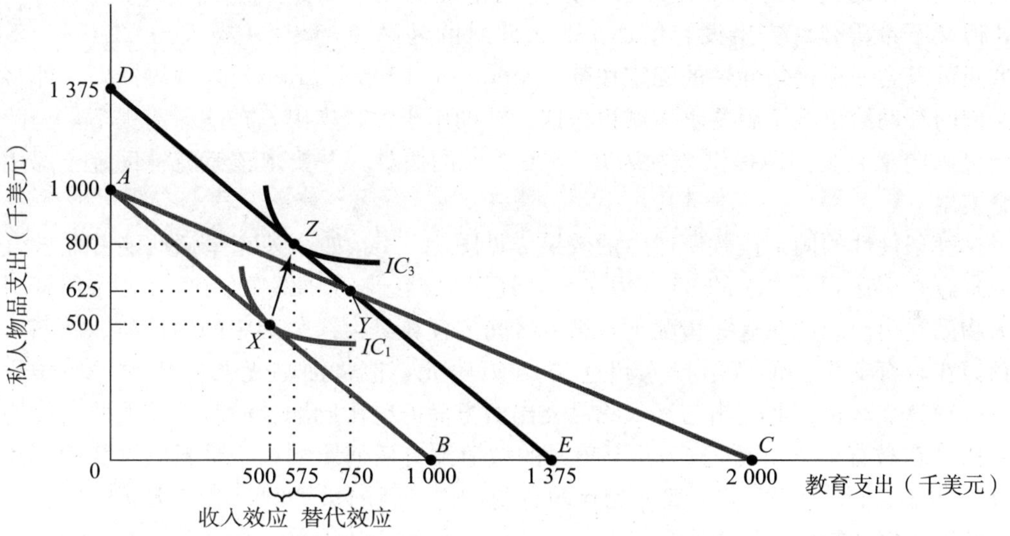

图 10-4　无条件的拨款对该镇预算约束线的影响

说明：在莱克星顿镇接受 37.5 万美元的无条件拨款后，其预算约束线从 AB 移至 DE。此时该镇选择 DE 上 Z 点的方案，即在教育上增加 7.5 万美元的支出（即教育支出从 50 万美元增加至 57.5 万美元），以及在私人物品上增加 30 万美元的支出。

响有所不同。整体补助金一部分用于增加教育支出，另一部分则投入私人物品的消费。此时，莱克星顿镇的选择将会移至图 10-4 中的 Z 点，即在教育上增加 7.5 万美元的支出，而私人物品方面则增加 30 万美元的支出（从 50 万美元上升到 80 万美元）。

在整体补助金的情况下，教育支出仅增加 7.5 万美元，低于配套补助金的情况（25 万美元），这是因为整体补助金对莱克星顿镇的教育支出仅产生了收入效应，而配套补助金有收入效应以及替代效应的双重效果：收入效应使得教育支出从 50 万美元增长至

57.5 万美元，进而该镇位置从 X 点转移到 Z 点；而替代效应则进一步使教育支出额外增加了 17.5 万～75 万美元，反映在图中则是从 Z 点移至 Y 点。

另外，莱克星顿镇在整体补助金的情形下比配套补助金的情形下更为富裕，这一点可以从图 10－4 中看出。在整体补助金的情况下，新的预算约束线（DE）显示，该镇原本有可能选择 Y 点的方案，即 75 万美元的教育支出投入以及 62.5 万美元的私人物品投入。但最终该镇还是选择了 Z 点，此时其所在位置必然位于一条更高的无差异曲线上。也就是说，在没有配额条件的限制之下，该镇被赋予了自由使用补助金的权力，因此会倾向于将大部分补助金用于私人物品，小部分投入教育支出。配套补助金会导致教育支出的增加超过城镇在自由支配金额时所选择的支出，使城镇处于较低的无差异曲线上。

因此，拨款机制的最佳选择取决于补助计划的目的。如果补助的目的是将低级别政府的福利最大化，那么整体补助金最为有效。如果目的是鼓励地方增加在教育等领域公共品上的支出，那么配套补助金才是最佳选择，因为这一补助方式能够利用收入效应与替代效应两方面来增加城镇支出。

条件性的固定拨款：一项固定数额的拨款，其使用方式受到特定的约束。

条件性的固定拨款　假设马萨诸塞州希望莱克星顿镇在整体补助金的情况下比配套补助金的情况下更好，但又不希望教育支出没有增加，那么此时的马萨诸塞州可以尝试通过**条件性的固定拨款**（conditional block grant）来解决问题，即将固定金额的补助给予城镇后要求该城镇将这一补助用于教育支出。在这一前提下，马萨诸塞州可以向莱克星顿镇提供数额为 37.5 万美元的拨款，并要求该镇将补助金全部用于教育支出。

这种条件性的固定拨款所产生的效果详见图 10－5。如今莱克星顿镇能够在教育上投入资金直至达到所要求的 37.5 万美元，还可以继续将其原本的 100 万美元预算用于私人物品支出。因此在这一情况下，第一区间的预算约束线为图中的 AF 段。然而，一旦该镇在教育支出上的资金投入超过 37.5 万美元，他将面临无条件拨款时一样的情况——预算在教育事业支出与私人物品支出两方面的分配问题：此时补助上所附加的条件对已经在教育上支出超过 37.5 万美元的城镇没有任何影响。于是新的预算约束线即 AFE。也就是说，在 37.5 万美元的点的右侧，这一新的预算约束线与无条件拨款时的预算约束线完全相同。

图 10－5 清楚地表明，补助上增加的附加条件对莱克星顿镇的行为没有影响：该镇与在接受无条件拨款时一样，依旧选择在教育上支出 57.5 万美元（Z 点）。因为莱克星顿镇在教育上的支出已经超过了 37.5 万美元，因此这一条件性补助实际上对该镇已经没有限制作用——这与直接拨给该镇 37.5 万美元补助并不限制其用途的情况是一样的。于是该镇可以通过将现有的支出重新分配来满足限制要求。这一情况属于我们曾在第 7 章讨论过的挤出现象。政府拨给该镇 37.5 万美元用于教育支出，但该镇仅在教育上投入了补助中的 7.5 万美元，其余 30 万美元则用于私人物品。因此，该镇的补助方案将 80%（=300 000/375 000）的州政府支出排挤了出去。尽管州补助的数额很大，但地方教育支出只增加了一小部分。

只有当该镇获得补助前在指定方面支出的资金数额小于补助所要求的额度时，条件

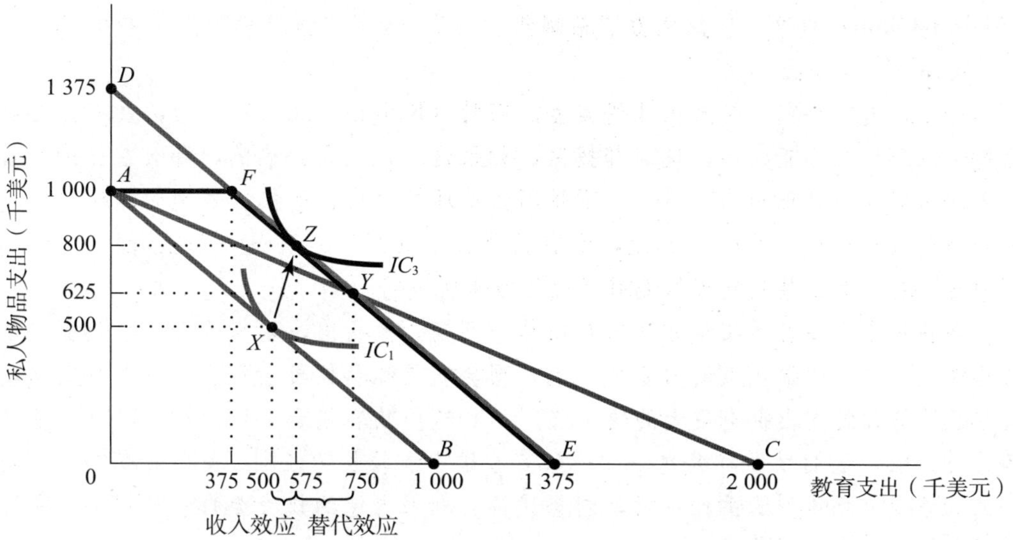

图 10－5 条件性的固定拨款对该镇支出的影响

说明：当该镇获得用于教育支出的条件性的固定拨款后，可以将 37.5 万美元用于教育，而另外的 100 万美元预算用于私人物品。在 F 点处，这种条件性的固定拨款的使用情况与无条件拨款相似，此时预算约束线为 AFE。对于像莱克星顿镇这样已经在教育支出上投入了较多资金的城镇，这种条件性的固定拨款将产生与无条件拨款相同的效果，即在教育支出上增加 7.5 万美元的投入。

性的固定拨款才能与无条件拨款有所区别。也就是说，在拨款基础上附加条件若想改变莱克星顿镇的表现，那么该镇在接受无条件拨款后，教育支出必须少于 37.5 万美元。在上述前提下，条件性的固定拨款将促使该镇在教育支出上的增加幅度大于 7.5 万美元。如果在不附加限制条件的情况下莱克星顿镇已经在教育上支出了 37.5 万美元，那么这些限制条件将会形同虚设。

▶实验证据框◀

粘蝇纸效应

当拨款是无条件的，或者拨款有条件但低于城镇对公共品支出的需求水平时，拨款仅仅起到了增加社区收入的作用。因此，社区对这种拨款的反应将与例子中的莱克星顿镇一样，大幅减少自己对公共品的贡献（如第 7 章所讨论的挤出效应），使得公共品支出的增加仅占总拨款额的一小部分。

上述理论也已经在联邦对州政府的拨款过程中进行了测试。研究者通过比较获得不同拨款金额的州之间支出水平的情况，验证联邦拨款是否对这些州的支出造成了明显的挤出影响。然而，结果似乎与理论并不相符。海恩斯和泰勒（Hines and Thaler，1995）研究了这些证据后发现，联邦支出对州支出造成的挤出程度很低，通常接近于 0（因此联邦拨款每增加 1 美元，州支出就增加 1 美元）。参考图 10－5，根据上述推论，类似莱克星顿这样的镇似乎不可能选择理论推导认为的 Z 点的方案，而是将原先的 100 万美元预算对半分：50 万美元用于私人物品支出，另外的 50 万美元用于教育支出，并将所有的拨款资金全部投入教育当中。经济学家亚瑟·奥肯

(Arthur Okun)将这一现象称为“粘蝇纸效应”，因为“钱就黏附在它在的地方”，而不会取代州的支出。

但是，这些研究存在潜在性的偏差。奈特（Knight，2002）认为，最看重公共品的州政府最有可能成功游说联邦拨款。如果这一说法是正确的，那么在补助与支出之间将存在一种正向的联系——不是因为粘蝇纸效应，而仅仅是因为能够获得补助的州是最喜欢花钱的州。因此，没有获得补助的州可能不是一个很好的对照组，因为这两种州对公共品支出的偏好情况可能有所不同。

奈特提出了一种准实验方法来解决这个问题，他指出，联邦政府向各州提供的公路拨款由该州政治代表的力量所决定。国会议员和参议员在符合下列条件时会对高速公路方面的支出拥有更大的决策权：(1) 这些政客属于众议院和参议院的交通委员会；(2) 他们属于多数党一方；(3) 在国会有较长的任期。就像在第 9 章所讨论的选票最大化模型的情况一样，国会议员会利用自己的权力为自己所属的州争取拨款。

奈特比较了国会代表团权力有所增加的州（实验组）的支出水平（例如，来自该州的参议员被调到参议院交通委员会任职，或者参议员所属的党派掌握了国会的控制权），以及国会代表团权力有所下降的州（对照组）的支出水平（例如，长期任职的国会议员不会再次当选）。奈特的发现与预期一致，即对于国会代表团权力有所增加的州，联邦拨款的金额也有所上升。不仅如此，标准模型（不包括粘蝇纸效应）所预测的结果还显示，这些拨款严重挤出了各州自身的支出：通过权力上涨所获得的每 1 美元联邦拨款会导致该州的自身支出减少 0.90 美元（因此，州和联邦政府的总支出仅增加了 0.10 美元）。

因此，奈特的研究对之前关于粘蝇纸效应的文献提出了一些疑问。此外，戈登（Gordon，2004）和卢茨（Lutz，2010）的研究也给出了与粘蝇纸效应不一致的证据，支持了政府拨款会导致挤出效应这一传统结论。

□ 实施中的再分配：学校财务均等化

学校财务均等化：指法律规定州内各个社区之间进行资金再分配，以确保各个学校的资金更加均等。

在高层级政府通过拨款方式来影响下级政府的尝试中，最具戏剧性的例子或许是**学校财务均等化**(school finance equalization)法律，这类法律要求州内社区之间通过再分配确保学校资金更加均等。在美国地方学区所获得资金中，约 44%来自当地，主要是当地的房产税。[1] 由于不同城镇的不动产情况差别很大，这种对房产税的依赖性导致用于教育的支出的课税基础差距明显。而这种不动产价值的差异使得同一个州内的不同地方政府对教育的资助程度有着相当大的区别。以得克萨斯州为例，该州的汤姆比恩区在每个学生身上的支出为 10 116 美元；

① New America Foundation (2014).

而波登区的支出则达到了每名学生 58 960 美元，为前者的五倍多。①

各州可以通过刚才讨论的各种拨款类型来尝试抵消这些不均等现象。州政府在汇总所有社区的税收收入后，通过拨款或者配套补助金的方式将这些税收收入重新分配到低教育支出或低不动产价值的社区，从而达到学区间教育支出均等的目的。自 1970 年以来，美国每个州都至少有过一次学校财务均等化方面的尝试，一些由州法院提出，其他则通过公众投票进行。

均等化方案的结构 学校财务均等化的方案有许多种不同的形式。部分州所采用的机制试图尽可能将学区间的支出情况均等化。例如，加利福尼亚州为其学区提供基础教育融资，并禁止学区之间的支出差异超过每个学生 350 美元。一旦某个学区的支出水平超出支出水平最低的学区 350 美元，那么该学区剩余的房产税则会上缴至州政府用于其他学区的分配。因此，在这一机制下，由于城镇多余的房产税会被分配给州内其他区域，城镇无法从提高的地方房产税中获益。②

还有一些州的做法更为温和，这些州以州为范围建立房产税制度，通过再分配确保每个城镇的学生人均资金达到某个“基础水平”。例如，在新泽西州，对于房产价值高于州内 85%的城镇的地方政府，州政府仅给予少部分的基础拨款，其余教育资金须由当地自行筹集。而对于不动产价值总额低于 85%的城镇的地方政府，州政府会给予配套补助金，数额为地方原本教育支出的倍数，从而帮助这些城镇增加在教育上的支出。③

均等化的成效 有大量的经济学研究对学校财务均等化的效果进行了评估，这些研究普遍赞同这些均等化的法律达到了预期的效果——在平衡了不同社区间学校支出的同时，使得学生的表现更加均衡。例如，默里、埃文斯和施瓦布（Murray，Evans，and Schwab，1998）总结道：法院规定的均等化措施减少了 19 个百分点的州内支出不平等，从而使不平等程度降至 34%。另外，卡和佩恩（Card and Payne，2002）发现，均等化措施使父母受教育程度较高的子女与父母受教育程度较低的子女之间平均 SAT（美国高考）分数的差距缩小了 8 分，也就是缩小了 5%的差距。

课税价格： 在学校均等化机制下，为了增加 1 美元的支出，当地学区必须增加的税收金额。

然而，关于均等化的结果是通过提高低支出区域的支出水平来实现，还是通过降低高支出区域的支出水平来实现，抑或两者兼而有之，尚未达成一致性的结论。霍克斯比（Hoxby，2001）对此进行了一项研究，他计算了学校均等化机制的**课税价格**（tax price），即某地区为多获得 1 美元的支出而必须征收的税收金额。加利福尼亚州的各个地区所面临的课税价格是一个无限值。无论它们通过地方税收得到多少收入，这些区域都不能使当地的教育支出超出支出水平最低的地区每名学生 350 美元。而新泽西州的大多数地区的课税价格均小于 1。某个地区可能为获得州政府补助的 0.4 美元而征收 0.6 美元的税收以实现在教育上 1 美元的支出增加，则该地区的课税价格

① 数据来自“Public School District Finance Search”，Department of Education's Education Finance Statistics Center（2015），http://nces.ed.gov/edfin/search/search_intro.asp。

② 数据来自“A Guide to California's School Finance System”，EdSource Online（2015），http://www.edsource.org。

③ 数据来自 Education Law Center（2015），详见 http://www.edlawcenter.org/index.htm。

为 0.6。

霍克斯比还发现，比较极端的均等化方案，比如加利福尼亚州的均等化方案会导致相当高的课税价格，从而导致生均支出（即每位学生的平均支出）水平的整体下降。由于加利福尼亚州内城镇所征收的任何数额超过最低水平（350 美元）的税金都会被上交至州政府，进而重新分配给其他区域，使得这些城镇有动机削减税收和减少支出。加利福尼亚州的均等化措施使生均支出下降了 15%；新墨西哥州的支出降低了 13%；俄克拉荷马州、犹他州以及亚利桑那州均有 10%左右的下降。虽然像加利福尼亚这样的州实现了生均支出的均等化，然而是通过“降级”的方式降低了州内各个地区的总体教育支出水平。这一结果造成了公立学校质量的普遍下降，而能够负担得起私立学校学费的学生则逃往私立学校。与此同时，课税价格较低的均等化方案，比如新泽西州、纽约州和宾夕法尼亚州的均等化措施，使每名学生的支出实际上增长了 7%～8%，也就是整体上提升了一个档次。因此，只有当学校财务均等化的制度被设计成能够使较贫困的地区产生增加支出的意图，且较富裕的区域不被过度剥削的时候，均等化的措施才能达到增加贫困地区教育支出的预期效果。

杰克逊等（Jackson et al.，2014）证实了霍克斯比关于学校财务改革影响差异的调查结果，然后研究了受这些改革影响的儿童后续的表现。他们发现这些差异对非贫困家庭的影响不大，但对最贫困家庭的影响很大：支出增加 20%导致受教育年限几乎增加一年，收入增加 20%足以消除在贫困和非贫困家庭中长大的儿童之间的大部分差距。

☞**应用**

加利福尼亚州的学校财务均等化与财产税限制措施

威廉·费舍尔（William Fischel，1989）曾针对第十三号提案中的房产税限制措施提出过一个非常有趣的问题：如果加州的居民认为房产税“太高”，那他们为什么等到 1978 年才降低房产税？事实上，在 1968 年和 1972 年的两次全民公投中，关于房产税限制的提议都没有能够通过。为什么这种情况在 1978 年的时候发生了改变？

费舍尔给出的答案是，第十三号提案实际上是对法院案件［塞拉诺 v. 普里斯特（Serrano v. Priest）案］的回应，该案件导致了 1976 年加利福尼亚州的学校财务均等化。这一决定的关键特征是它通过实施前面讨论的无限课税价格打破了地方房产税与学校支出之间的联系。因此，费舍尔认为，这一规定同时也打破了蒂伯特机制。在蒂伯特模型中，房产税是地方服务的重要资金来源。在这个模型中，人们通过跨社区进行购买（就像购买不同的商品一样），以找到最符合他们偏好的价格和支出。他们知道，如果选择税收较高的社区，那么他们也会获得较高的支出水平。因此，存在完全的税收-利益关系，即他们所缴纳的高税金为其带来了更好的公共服务（主要是学校教育）。

加利福尼亚州的均等化决定切断了所缴纳的税金与所获得的福利之间的联系。税收不再是一种代价：税收就只是税收。因此，社区投票降低税收水平是很自然的事情，因为它们不再从中获益。费舍尔声称，在没有学校财务均等化的情况下，富裕的选民会反对第十三号提案，因为他们希望所缴纳的高税收是为所在城镇的学校教育服务的，而不是补贴其他任何人的学校。而学校财务均等化使得税金被投入其他城镇的贫困居民身上，富裕的纳税人看到这一情况之后，便很乐意为第十三号提案投赞成票。

10.4 结论

每个国家的中央政府都只收取国家总税收的一部分，并且也只负责一部分的国家公共支出，剩余的税收与支出则是由地方政府（例如美国的州和地方政府）完成的。相比于其他发达国家，美国的地方政府承担了很大一部分政府责任。本章阐述了一个理论，来解释为什么支出会在国家和地方政府之间分配。当支出的对象是当地偏好相似的公共品，并且大多数居民都可以从这些商品中受益时，蒂伯特模型表明支出应该由地方负责。而当公共品支出只能使一小部分人受益（例如收入再分配）时，蒂伯特模型认为这一类支出由地方政府负责可能很困难，因为大多数没有受益的人会选择“用脚投票”，迁移到其他地区。上述结果与下列责任划分一致：地方政府负责教育和公共安全等方面的支出，而中央政府负责再分配。另外，如果地方支出对其他社区存在外部效应，那么当地供给可能也会失去效率，这与美国地方政府和州政府共同分担教育融资是一致的，尽管产生了联邦政府是否应该发挥更大的作用的问题。

更高层级的政府可能不相信理想化的蒂伯特模型的结论，在这种情况下，它们会想要在较低级别的政府中进行重新分配。如果上级政府决定要在较低层面进行重新分配，则可以通过几种不同类型的拨款方式来实现，哪种拨款形式更合适取决于上级政府想要达到的目标（重新分配以弥补蒂伯特失灵或抵消外部性）。

重点

- 相对于其他工业化国家，美国地方层面的公共支出和税收收入占总支出和总收入的很大一部分。
- 蒂伯特模型表明，如果个人通过“用脚投票”搬到符合其公共品偏好的城镇，那么地方公共品的提供就可能是有效的。
- 尽管蒂伯特模型的严格版本不太可能成立，但有强有力的证据表明，地方的支出和税收会对当地的偏好情况做出反应，这种反应主要表现在流动性上（“用脚投票”），并且地方公共品以及地方税收差异会出现房价资本化。
- 蒂伯特模型认为，具有较强税收-收益联系的支出类型（例如公共安全）应该由地方政府负责，而具有较弱税收-收益联系的支出（例如现金福利再分配）则应该由较高等级的政府完成。
- 当较高等级的政府想要对较低等级的政府进行重新分配时，一般会采取拨款的方式。配套补助金（补助金额与地方支出数额成比例）是鼓励地方增加特定支出的最佳方式，但无条件拨款（补助金额为固定值）可以最大限度地提高社区从再分配中获得的福利收益。

- 政府间再分配的一个经典案例是学校财务均等化的工作。这方面的工作成功减少了地方学校支出的不平等现象，但在某些情况下会降低整体教育支出。

习题

1. 某新兴城市的市民（视为彼此完全相同的个人）拥有200万美元的资金。这些资金可用在公园维护或者私人物品方面的支出上。每一单位的公园维护成本为1万美元。

a. 画出该城市的预算约束线。

b. 假设该镇选择消费100单位的公园维护，试画出这一选择对应的无差异曲线。

c. 现假设州政府决定补助该镇的公园维护支出，该镇每消费2单位的公园维护，政府会再额外补助1单位。试画出对应此情况的预算约束线。那么该镇将增加还是减少其在公园维护上的支出呢？对于私人物品的支出呢？请阐述答案并解释原因。

2. 为什么蒂伯特模型能够解决林达尔定价过程中所产生的偏好显示问题？

3. 有人认为社区和学校的多样性能够带来积极的外部效应。上述观点会对蒂伯特均衡状态下的效率情况产生怎样的影响？对政府政策又有怎样的启示？

4. 布伦纳、森斯特里和塞耶（Brunner，Sonstelie，and Thayer，2001）研究了房屋所有权和社区收入对加利福尼亚州关于“允许孩子在公立或私立学校获得当地资助的教育，而不是受到当地学校的限制”的选民倡议票数的影响。回想一下教育等公共服务是如何出现房价资本化的。试回答：为什么高收入社区的承租人会比房屋所有者更有可能支持该选民倡议计划？为什么低收入社区的房屋所有者比房屋承租人更有可能支持该计划？

5. 考虑两种公共品——公立学校与贫困家庭的粮食援助，结合蒂伯特模型分析：哪一种物品由地方层面进行供给会更有效率？哪一种由中央层面供给会更有效率？请给出回答并解释原因。

6. 描述针对社区间资金分配问题的外部性论点，并提供一个基于外部性的再分配的例子。

7. 密歇根州正在考虑两种当地公路建设的资助方案，即配套补助金和无条件拨款。如果采用配套补助金的方式，地方政府每支出1美元，密歇根州需要相应地资助1美元。

a. 在两种补助方式下，每增加1美元的地方支出的价格分别是多少？

b. 哪一种方式能够更好地增加地方在公路建设上的支出？请给出回答并解释原因。

8. 最近，马萨诸塞州政府开展了一项针对彩票的广告宣传活动，声称“即使你输了，你也会赢”。该宣传旨在说明彩票收入将被用在最合适的地方，例如教育等。假设彩票收入被用于教育方面，那么传统的经济理论会如何评价上述宣传口号？而对于一个信奉粘蝇纸效应的经济学家来说，又会做何评价？

9. 为什么加利福尼亚州的学校财务均等化政策会有如此高的边际课税价格？试解释原因。

进阶习题

10. 罗德和史特伦普夫（Rhode and Strumpf，2003）评估了一个世纪的历史证据来研究蒂伯特模型中迁移成本变化的影响。

a. 结合蒂伯特模型推测，在迁移成本下降的情况下同一个社区内居民之间的相似度会发生怎样的变化？

b. 罗德和史特伦普夫发现，在迁移成本稳步下降的情况下，社区之间公共品供给的差异也随之减少。蒂伯特模型中的分类过程是否解释了这种公共品供给的同质化现象？有其他因素发挥了更大的作用吗？试给出回答并进行解释。

11. 德拉兰德有两个类型的城镇。A类型城镇较为富裕，而B类型城镇则贫穷得多。作为更富裕的城镇，A类型城镇将更多的资源投入教育中。其对教育的需求曲线为 $Q=100-2P$，其中，P 为每一单位教育支出的价格。B类型的城镇教育需求曲线则为 $Q=100-4P$。

a. 如果每一单位的教育成本为20美元，那么两个类型的城镇各自的教育需求量是多少？

b. 考虑到两个类型城镇间巨大的教育质量差距，德拉兰德决定进行从A类型城镇到B类型城镇的再分配。具体而言，州政府对A类型城镇每1单位的教育供给征收5美元的税，然后给予B类型城镇中每1单位教育5美元的补助。此时两个类型的城镇各自的课税价格是多少？它们各自将购买的教育数量是多少？

c. 德拉兰德希望通过对A类型城镇的教育供给征税，然后补贴B类型城镇的教育支出，从而完全平衡城镇之间的教育供给水平。不仅如此，州政府希望从A城镇征收的税能够刚好满足B城镇的融资需求。如果每有四个B类型城镇，就有三个A类型城镇，那么德拉兰德需要对A类型城镇征收多少税？它们会为B类型城镇提供多大程度的补贴？

12. 美国的《残障人士教育法》（The Individuals with Disabilities Education Act）规定州和地方政府应向所有需要特殊帮助的学生提供适合的教育。各州采用了不同的机制来为特殊教育筹款。这些机制包含以下两种：一是普查法，即州政府根据学生的特点估计有多少孩子应该有特殊需求，并根据这些预测将资金分配给各地方政府；二是边际补助法，州政府在地方政府所上报的特殊教育支出金额的基础上给予一定百分比的补贴。

a. 现已发现，边际补助法在实行当中所认定的需要特殊教育的学生数量要高于普查法。为什么会出现这种情况？

b. 假设你对资助水平以及被纳入特殊教育对象的学生数量的截面数据进行分析并发现：在截面数据中，对地方的特殊教育学生资助最多的州，往往是特殊教育学生登记入学率最高的州。想想这个分析可能存在的问题。

13. 正如前文中所提到的，费希尔（Fischel，1989）认为加利福尼亚州的学校财务均等化引发了当地选民对房产税的限制措施。根据这一观点，另外一种学校财务均等化方案——使用州政府资金来增加较为贫困社区的支出——是更有可能，还是更不可能引起加利福尼亚州房产税的限制？抑或与前面的方案一样？请解释。

14. 布鲁克莱恩镇和波士顿镇上有两种居民——教授与学生。教授的收入为 $Y=200$，学生的收入为 $Y=100$。两镇均为其居民提供服务，教授更重视道路维修，因为他们有更好的汽车。事实上，道路维修对个人的价值为 $\left(\frac{Y\times R}{10}-\frac{R^2}{2}\right)$，道路维修的人均成本为 $5R$。

a. 对于每个类型的个人，道路维修的边际价值为多少？边际成本呢？

b. 教授群体希望在道路维修上支出多少？学生群体呢？

c. 假定居民数量分布如下表所示，如果每个镇均使用多数表决的方式来决定道路维修服务的供给数量，那么每个镇将提供多少？是否存在对道路维修数量不满意的居民？

	布鲁克莱恩镇	波士顿镇
教授人数	75	25
学生人数	25	75

d. 现假设教授与学生都能够在布鲁克莱恩镇与波士顿镇之间迁移，那么哪些居民会选择搬走？均衡时的居民分布情况如何？还有对道路维修服务不满意的居民吗？此时的供给方案是否有效？为什么？

e. 再次考虑迁移之前的均衡情况。马萨诸塞州决定通过一部关于道路维修的法律。该法律要求州内的教授必须向其居住的城镇贡献 75 单位的道路维修服务，学生则必须贡献 25 单位。在这一新制度下，两个城镇的道路维修服务各是多少？此时会有居民想要迁移吗？如果有，迁往何处？为什么？

f. 现在假设一些教授虽然收入高，但对道路维修的需求量很小，为 $\left(10R-\frac{R^2}{2}\right)$；而一些学生的需求量很大，为 $\left(20R-\frac{R^2}{2}\right)$。给定这些新的需求，如果一个城镇当中所有居民为道路维修支付相同的费用，那么人们会往何处迁移？如果道路维修的资金是按照居民个人收入的一定比例来征收的，那么不同群体的道路维修需求量是多少？这些群体会往何处迁移？

第 11 章

教育

需要牢记的问题

- 为什么政府应该参与提供教育？政府应如何参与提供教育？
- 竞争在教育市场中的适当作用是什么？
- 政府目前在高等教育提供方面的作用是什么？是否应该改变？

在美国，教育是联邦和地方政府最大的单项支出。它们花费预算的 28%来为公民提供教育。实际上，美国花费在每个小学生身上的教育支出比世界上几乎所有的其他国家都多。但美国学生在阅读、数学和科学能力上的表现大概只处在全球平均水平。更糟糕的是：美国八年级学生在数学和科学上的表现不如一些欠发达国家的学生，例如匈牙利、立陶宛和斯洛文尼亚，这些国家的 GDP 加起来也只有美国 GDP 的 1.4%。图 11－1 对比了美国和其他国家八年级学生人均支出和相应的数学成绩表现。结果显示，美国在生均教育支出多得多的情况下，学生的成绩表现却不如图中的其他国家。

尽管人们普遍赞同美国在教育方面存在问题，但在这些问题的原因及解决办法上都远远没有达成一致意见。2009 年，奥巴马总统任命阿恩·邓肯（Arne Duncan）为新一任教育部长，邓肯在之前担任芝加哥公立学校系统的首席执行官（CEO）期间，作为教育改革者赢得了很高的声誉，曾对表现不佳的学校采取有争议的关闭措施。[①] 邓肯把他的改革精神带到了国家层面，把教育改革称作"我们这一代的公民权利问题"。他在初等和中等教育中，通过更严格地要求老师和学生开展一个加强联邦政府责任的计划，增

① Parker (2009).

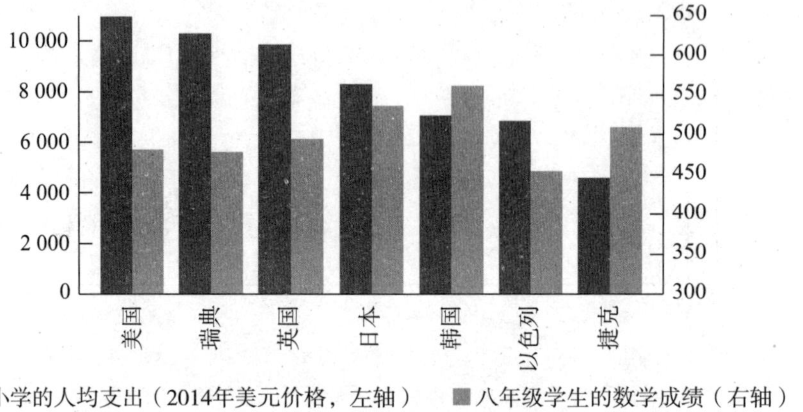

图 11-1 全世界教育支出及其效果

资料来源：教育支出数据见 OECD Education at a Glance (2014)，数学成绩数据见 PISA Country Profile (2012)。

说明：美国在人均教育经费上的支出几乎比其他国家都多，但教育的效果只相当于全世界的平均水平。

加对失败学校的帮扶，并且逐渐聚焦于把传统的公立学校转变为**特许学校**（Charter Schools）。这种学校提供免费的教育，但是不受限于很多传统公立学校的管制规则（以及共同义务）。

> **特许学校**：由公共财政资金资助的学校，且通常不受当地教育委员会的直接督导，也不受州政府对学校的法规约束。

推动法案的第一步行动是 2009 年年初通过的《激励法案》（Stimulus Bill）。该法案在两年内拨付了 540 亿美元来保护失业者、创造就业岗位和更新现代化的教育设备，另外拨付了 250 亿美元去提升欠发达地区学生的教育水平。然而，要想获得这项补助，州政府必须满足一系列的新要求，包括：确保州内最有才华的教师被公平地分配在贫富学生之中；建立先进的数据系统，将学生和考试成绩与教师联系起来，以方便权威机构去衡量教师的教学效果；采取有力的行动去帮助落后的学校；把建立特许学校纳入学校体系当中。

另外，该法案设立了“力争上游”基金，邓肯可以使用 44 亿美元资金来奖励州政府的教育创新，例如学校之间的合作或学校与非营利组织之间的合作。州政府同样可以将这些资金用于奖励优秀教师项目。在这个项目的第一期，有 40 个州申请，其中 2 个州（特拉华州和田纳西州）获胜。在第二期，有 47 个州申请，有 10 个获得通过。在整个项目实施期间，有 35 个州和华盛顿哥伦比亚特区采用了新的阅读和数学标准。有 34 个州通过修订法律或者政策以提高教育水平。①

对于支持者来说，这些改变以及邓肯的大规模计划是基础教育改革迈出的第一步。来自加利福尼亚的民主党人——家庭教育委员会（House Education Committee）主席乔治·米勒（George Miller）说：“这是一笔相当大的资金。无论是总统还是财政部部长，都不想这一两年的改革努力付诸东流，这些努力都是为实现在全国建立现代、有效的学校系统所必需的。”② 对于批评者而言，《激励法案》的实施意味着联邦政府对传统上由州政府和地方政府监管的领域的过度干预。受到非议最多的是法案对特许学校所表示出的偏爱。其中有一条规定，如果州政府不拥护特许学校（通常受到与之竞争的传统

① Department of Education Press Office (2010).

② Glod (2009).

公立学校的嘲笑)，那么该州就没有资格申请“力争上游”基金。高等教育研究基金的合伙人杰拉德·布雷希（Gerald Bracey）说：“邓肯是在勒索州政府，告诉州政府必须建立特许学校，否则就可能拿不到刺激性基金。没有明显的证据可以证明特许学校存在的好处。”①

关于教育改革的最新争议涉及 2008 年开始采用的共同核心教育标准，联邦政府计划通过该标准提高全国学生的成绩水平。共同核心是一套国家学术标准，概括了中小学教育当中每个年级的学生应该了解的数学和英语语言艺术。

共同核心标准最初提交给各州时是没有争议的。在 2009 年州长和学校高层参与的芝加哥会议上，许多人都认为这是正确的做法。

然而，共同核心标准在实施过程中过于强硬，部分原因是这些强调知识深度和批判性思维的国家标准比许多州已经存在的标准更为严格。很多州对在新标准下分数的明显下降表示反感。例如，在纽约，2012—2013 学年只有不到三分之一的学生达到了共同核心关于英语语言艺术的标准，而上一年达到标准的学生比例为 55%。② 其他人认为共同核心标准是联邦政府对教育系统施加过多权力的做法。2016 年，共和党总统候选人马克·卢比奥（Marco Rubio）参议员警告说：“白宫试图将教育部转变为有效的国家学校董事会……最好的方法是对父母、地方社区和个别州赋予相应的权力。”③

邓肯和奥巴马所追求的这种方法是正确的吗？我们是否应该进一步建立更有竞争力并且更可靠的教育体系？还是说我们只要在现有体系中投入更多的资金，就可以更好地实现教育改善？

在这一章中，我们将审视教育中涉及的公共财政问题。我们以公共财政的第一个问题——为什么政府需要参与教育供给为开始，讨论政府参与的理由以及公共财政中的第二个问题——政府应该如何参与？我们分两步解决这个问题。第一步，我们考虑政府参与的结构，说明对教育的公共支出在固定的水平上会挤出私人教育。这个结果意味着，如果公立或者私立学校使用教育券，那么效率可能会提高。接下来我们深入探讨有关学校选择和学校教育券的辩论，讨论支持和反对教育券的理论，并且介绍有关这一争论的有限的实验证据。

我们分析的第二步是提出问题：对于一个给定的结构，政府应该在教育方面投入多少经费？对于政府应该在教育中投入多少的问题，一个关键的决定因素是这项投资的回报，在这里我们回顾了有关教育回报的现有证据以及它们对政府参与的意义。最后，我们转向对高等教育的讨论，美国的高等教育市场似乎比其他所有国家运行得都要好，但是仍然出现了许多难以解决的政策问题。

11.1 为什么政府需要参与教育？

在美国，90%的小学生和初中生都是在公立教育机构而不是私立教育机构上学。公

① Bruce (2009).
② Resmovits (2014).
③ Williams (2014).

共部门应该在教育的提供上如此强势吗？私人教育市场中的何种失灵给予了政府充当支配角色的理由？教育不是纯公共品，因为它不具备非竞争性（一个人对某种商品的消费不影响其他人对该商品的享受）和非排他性（一个人在消费该商品时，无法剥夺他人消费或接触这一商品的机会）。教育显然是一种竞争性商品，一个教室中容纳更多的学生会降低教学质量。教育显然在一定程度上也是排他的，私立学校可以决定接受哪些学生入学。

与此同时，教育存在大量的公共收益（正外部性），这给予了政府参与教育提供的理由。

□ 生产率

教育的第一个潜在外部性是生产率。如果更高的教育水平可以提高劳动者的劳动生产率，那么社会就可以从生产率提高所带来的更高的生活水平中受益。然而，正如第6章讨论的，如果该劳动者是唯一从自身的生产率提高中获益的人，那么这种更高的生活水平就不是一种外部性。例如，如果更多的教育提高了史黛丝（Stacey）劳动的边际生产率，但是这种增加全部反映在她从雇主那里得到更高的工资上，那么社会就不会从史黛丝的教育中获得正的外部性。

生产率的提高带来社会收益的途径有两个。第一个是“溢出”给其他劳动者：史黛丝更高的生产率水平可以提高她的同事的生产率，继而提高他们的工资水平和福利。由于史黛丝给同事带来的加薪不大可能获得全额的补偿，因此她的教育对她的同事产生了正外部性。第二个是通过税收，如果史黛丝更高的劳动生产率体现在更高的工资上，那么政府就会获得更多的税收收入。

□ 公民权

公共教育也可以间接地改善美国的生活质量。教育可能使公民更明智和积极地参与选举，通过提高民主进程的质量对其他公民产生积极效益。教育也可以降低人们走上犯罪道路的概率，保证其他公民的安全和降低公共治安成本，使他们享受到积极的利益。更一般地，教育对外来移民在美国安家立业有所帮助，这些移民当中有一些是美国社会最具生产力的成员。这些观点在公共干预基础教育，如小学方面是引人注目的，但这些观点为公共干预中等及高等教育方面所提供的依据则相对较少。

□ 信贷市场失灵

另一个使政府干预变得合理的市场失灵是，家庭无法通过贷款来资助教育。换言之，没有政府的介入，家庭将不得不花钱从私立学校购买子女的教育。假设在仅有私立教育的世界，一个贫困家庭里有一个非常有天赋的孩子，如果获得合适的教育，那么这个孩子在成年后将可能获得一个舒适的生活条件。社会最优选择是让这个孩子接受教育，然而孩子的家人无法负担教育费用。

理论上，家庭可以借用孩子的未来劳动收入以资助教育。然而在实践中，银行和其他放贷者不可能提供这样的贷款，因为缺少抵押品（一个人拥有的资产，如果此人不偿还贷款，银行就可以扣押这些资产）。如果家庭需要贷款购房（住房抵押贷款），房子就是它的抵押品。如果家庭不偿还贷款，银行可以扣押它的房子以抵消损失。但如果它不偿还教育贷款，银行不可以扣押孩子，所以银行可能不愿意提供教育贷款。毕竟就算家庭再三保证，银行也无法真正辨别它的孩子是不是一个良好的投资。这种情况是一种**教育信贷市场失灵**（educational credit market failure）：信贷市场没有为能够提高社会总剩余的生产性教育提供贷款。

教育信贷市场失灵：通过资助生产性教育以提高社会总剩余的贷款市场出现失灵的现象。

政府可以通过将贷款提供给这些家庭以资助教育，来解决教育信贷市场失灵的问题。然而，美国和大多数工业化国家的政府都只为高等教育提供这类资助（在本章结尾讨论）。针对中小学教育，政府采取的做法是直接提供一个固定水平的公共教育资金，而不是提供贷款。

□ 家庭效用最大化失灵

政府认为贷款不是一个令人满意的解决信贷市场失灵的方法的原因是，政府担心父母仍然没有为他们的孩子选择适当的教育。在具有完善信贷市场（或者存在政府贷款）的世界中，私人教育很可能仍旧会需要父母做出一些牺牲，例如支付贷款没有解决的那部分学费，或者支付贷款利息。即使孩子所受教育水平的提高会带来整个家庭效用的增加，一些父母仍然不愿意减少自己的消费来支持孩子的教育，因为相对于孩子未来的收入，他们更重视自己的消费（正如第 6 章指出的，有证据表明，父母并没有以整个家庭的效用最大化为目标）。孩子可能会因为父母不愿意支持他们的教育而受到伤害，并且政府给父母提供贷款也不能有效地解决这个问题。在这种情况下，公共教育是一种更好的选择。否则，聪明的孩子会因为拥有自私的父母而受到伤害。

□ 再分配

政府参与教育的最终理由是再分配。在私人资助教育的模型下，只要教育是正常品（商品的需求量随着收入的增加而增加），高收入的家庭就会比低收入家庭为孩子提供更多的教育。由于更高的学历会转化为人生后半段更高的收入（这一点将在本章后面的内容中进行说明），因此这种情况会限制收入的流动，因为高收入家庭的孩子会有最好的机会。收入流动是指低收入家庭的人们有机会提升他们的收入，这是大多数民主社会长期以来的一个既定目标，而公共教育为促进收入流动提供了一个可以公平竞争的环境。

综上所述，政府参与教育有各式各样的原因：潜在的生产力溢出，具有更高认知水平和更少犯罪倾向的公民，信贷市场失灵，家庭效用最大化的失灵和再分配。下一步我们将转向政府如何参与教育，以及它们的参与对教育成果有何影响的问题。

11.2 政府如何参与教育？

在第 5 章，我们讨论了政府处理正的外部性的两种选择：价格机制和数量机制。在教育的问题上，价格机制是指为学生的私人教育花费提供折扣，数量机制是强制要求人们获得一定的教育水平。在实践中，大多数发达国家所寻求的不是两种方式中的任何一种，而是在不收费的情况下提供固定水平的教育。在本节中，我们将讨论提供免费公共教育对社会教育程度（个人接受教育的数量和质量）的影响。

□ 免费公共教育与挤出效应

我们可以采用与第 7 章中公共品（烟花）提供模型相同的方法来对公共教育进行建模：教育是某种程度上由私人部门提供的公共品。因此，公共教育提供机制的一个非常重要的问题是，它可能挤出私人教育提供。事实上，正如经济学家山姆·佩尔茨曼（Sam Peltzman）在 1973 年所说，提供固定数量的公共教育可能导致人们在质量较低的公立学校和质量较高的私立学校中优先选择前者，因此可能实际上会降低社会的教育程度。①

在佩尔茨曼的模型中，人们选择在子女教育上花费多少。他假设，人们花费得越多，就越能为孩子购买更高质量的教育（在本章的后面我们会回顾有关两者之间联系强度的证据）。公共部门提供的支出水平是固定的，因此教育质量也是固定的。如果父母想让子女接受比公共部门提供的更好的教育，就需要将孩子送到私立学校去。② 然而，把子女送到私立学校意味着他们放弃让子女接受免费公共教育的权利。结果是，一些可能希望孩子接受更好教育的家长没有选择私立学校。对于这类人群，免费的公立学校降低了他们为孩子“购买”的教育质量。

图 11－2 描述了家庭所面临的在教育支出和其他支出之间的选择。在没有公共教育提供的时候，家庭面临的预算约束线为 AB，它的斜率反映了私立教育同其他物品相比的相对价格。家庭花费在教育上的任何支出都会减少家庭在其他方面的支出。

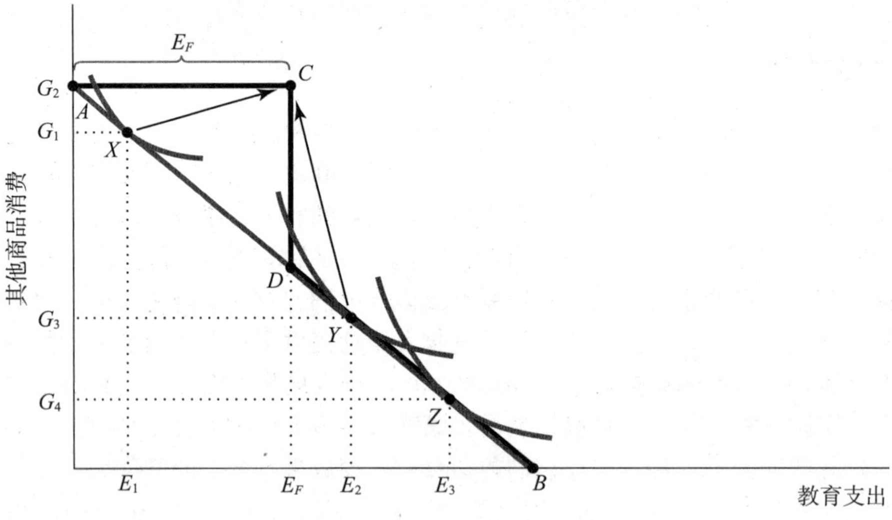

图 11－2　公共教育支出对私人支出的挤出效应

说明：当政府投入 E_F 数量的公共教育资源时，预算约束线由 AB 变为 $ACDB$。这使得 X 类家庭的教育服务消费从 E_1 增加到 E_F；Z 类家庭则保持原来的 E_3 水平的教育服务消费不变；Y 类家庭则将其教育服务消费从 E_2 减少到 E_F。

① 参见 Peltzman (1973)，这里讨论的是学校的质量，同样的讨论可以用于接受教育的质量。

② 该模型假设：人们不能简单地通过私人支出来“补充”公共教育，比如请家庭辅导老师。

政府接着提供一定质量水平的免费教育资源，它的成本是 E_F。此时，我们忽略这一教育支出的资金来源（由于所有我们讨论到的政策选择都涉及资金问题，因此在本章后面的内容中，我们会单独讨论这一问题）。免费教育资源的提供意味着，人们即使将他们全部的预算都放在其他消费上，也可以得到成本为 E_F 的教育水平（C 点）。如果在教育上的花费超过 E_F，那么家庭需要完全放弃免费教育的机会。虽然公共教育是免费的，但是它只能提供 E_F 水平的教育。因此，新的预算约束线为从 A 点到 C 点（因为免费教育的水平最多只能到 E_F），接着掉到 D 点，在 D 点之后的 DB 段与之前的预算约束线重合。那么提供免费的教育资源对教育支出（以及质量）的选择到底会产生怎样的影响呢？

在图 11－2 中，我们比较了三类家庭，即 X，Y 和 Z，这三类家庭都有孩子。在没有公共教育的时候，这些家庭选择不同质量（当然花费也不同）的私立学校。X 类家庭最初选择 X 点的消费集合，无差异曲线与私人市场预算约束线 AB 在这一点相切，该点的消费由相对较少的教育支出 E_1（一个质量较低的私立学校）和相对较多的其他商品服务支出（G_1）组成。当引入免费教育体系后，X 类家庭的消费组合由 X 点移动到 C 点，此时的组合包含了更高的教育支出（E_F）和更高的其他商品支出（A 点所代表的 G_2 水平）。在拐点处，这类家庭有一条更高水平的无差异曲线（表明更大的效用），这是因为，其教育消费水平和其他商品消费水平都提高了。

Z 类家庭最初选择 Z 点的消费组合，由很高的教育支出（E_3，质量很高的私立学校）以及相对较低的其他商品消费（G_4）组成，当引入免费教育体系之后，Z 类家庭在这两方面的消费支出和所得都没有变化，这是因为这类家庭对教育的期望很高，使得公立学校这一选项被排除在外。

最初，Y 类家庭选择兼顾教育消费（E_2）与其他商品和服务消费（G_3）的中庸模式（Y 点）。然而，在免费的公共教育被引入之后，这类家庭的消费组合变成了 C 点，相比从前，其教育支出有了小幅的下降，从 E_2 移动至 E_F，但是其他的商品支出则从 G_3 骤增到 G_2。其效用是增加的，因为 C 点的无差异曲线高于 Y 点。引入免费公共教育使得 Y 类家庭教育开支减少。此消彼长，Y 类家庭在其他商品和服务上的消费水平将会得到显著的提高，这是它们乐于看到的情况。当然，尽管 Y 类家庭的孩子的确能够从私立学校（E_2）中得到更好的教育服务，但这意味着他们的父母将放弃很多其他类型的商品和服务消费。对于这类家庭，最好的建议是适当削减一些教育开支，去获得更多的其他商品和服务。对于 Y 类人群，家庭在面对免费公共教育的选项时，减少了总的教育支出水平，因此我们说公共教育支出挤出了私人教育支出。

因此，免费公共教育的实施让 X 类家庭的孩子获得了更好的教育，使 Y 类家庭的孩子享受到的教育水平有所下降，对 Z 类家庭则没有影响。理论上来说，如果 Y 类家庭的数量远超过 X 类家庭，那么社会教育总支出（继而教育质量）实际上会因为免费公共教育政策的推出而降低。

□ 解决挤出效应问题：教育券

> **教育券：** 政府给予拥有学龄儿童的家庭固定数量的资金，这些钱可以在任何类型的学校中使用，不管是公立学校还是私立学校。

解决挤出效应问题的一个方法是通过使用**教育券**（educational vouchers），家长会被给予一定价值（例如，公共教育系统中某一给定年龄儿童的平均支出）的代金券，这种代金券能够在公立和私立学校使用。图 11－3 描述了教育券系统是如何运作的：每个家庭得到 E_F 数量的教育券，它们既可以用这种代金券从当地的公立学校换取免费的教育，也可以转换为一定数量的私立学校学费。这种教育券的实行将导致预算约束线变为 ACE，每个家庭都可以在不降低任何消费水平的情况下花费 E_F 在教育上。该代金券与地方政府的条件性拨款具有相同的效果：它提高了收入，但同时要求家庭保证最低教育支出。

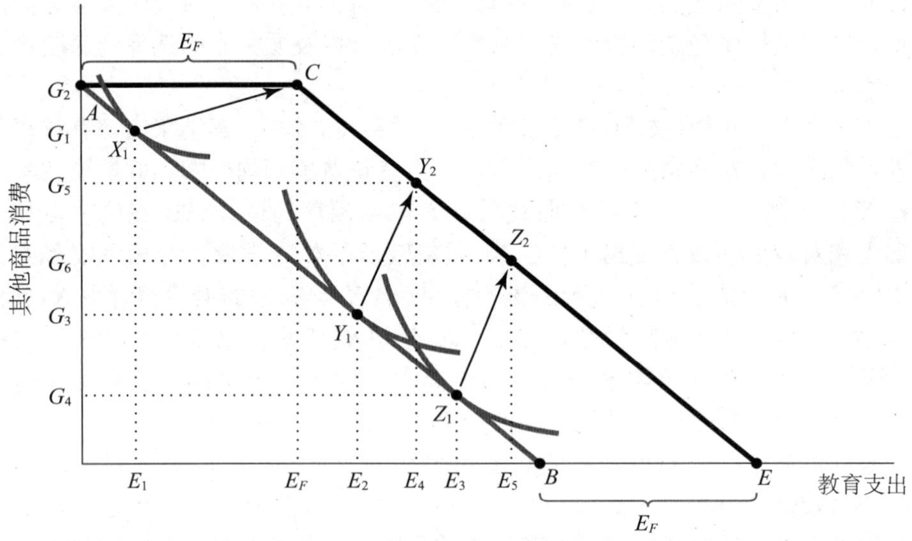

图 11－3　教育券对公立学校挤出效应的抵消

说明：当政府提供数量为 E_F 的教育券时，预算约束线由 AB 变为 ACE，导致所有的家庭都增加了教育支出。低支出的家庭例如 X 会在公立学校花费所有的 E_F。Y 这样的家庭会由在公立教育上花费 E_F 转变为在私立教育上花费 E_4。Z 这样的高支出家庭也会提高其支出（从 E_3 到 E_5），因为教育券增加了其有效收入。

在这个体系下，上述三类家庭的教育支出（当然，还有质量）都将有所增加。X 类家庭的消费组合仍将变为 C 点，其享受到的教育资源与其他商品和服务水平都有所提高。再一次地，X 类家庭的效用上升，它们在这一点会有一条更高效用的无差异曲线。

而 Y 类家庭则不会再像图 11－2 中那样移动到 C 点，购买更少的教育（E_F，而不是 E_2），因为此时，它们不需要通过放弃公共补贴来获得更高质量的私人教育。现在，它们可以移动到如图 11－3 中的 Y_2 点，使用一部分增加的收入（从教育券中所得）来购买更多的教育（E_4，而不是 E_2），以及购买更多的其他商品（G_5，而不是 G_3），这是比 C 点更好的组合，因为它们获得了更多的教育以及更多的其他商品消费。

不同于继续购买与图 11－2 中相同数量的教育，Z 类家庭现在会选择 Z_2 这样的点，并且利用它们更高的收入的一部分来购买更多的教育（E_5，而不是 E_3），然后用收入剩余的部分去购买更多的其他商品（G_6，而不是 G_4）。在教育券制度下，总的教育消费明显提高了。

在美国，这一类型的分析引发了人们对将教育券作为一项政策选择的支持。很多分析者提倡建立教育券制度，在该制度中，个人可以选择去免费的公立学校或者将当地公立学校的花费用在私立学校的教育上。教育券的支持者用两个观点来证明他们的想法，这两个观点对应了在大多数经济市场中支持自由选择的两个观点。

消费者主权 支持教育券的第一个观点认为，它允许个人做出更符合自己偏好的教育选择。现行的制度强制个人要么选择免费的公立教育，要么放弃这块丰厚的公共补贴而选择私立教育，不允许人们自由选择对他们来说最好的选项来实现效用最大化。这些限制会产生预期之外的挤出效应，而这一问题可以被教育券解决。

竞争 支持教育券的第二个观点认为，它会使教育市场从竞争压力中获益，这种竞争压力会使私人市场实现有效运转。批评者认为，公立教育部门普遍缺乏效率。他们指出这样的事实：从 1970 年到现在，学生的平均支出增加了一倍以上，但是同时间段的 12 年级学生的数学和阅读分数仅仅上升了 2%。此外，自 1970 年以来，公立学校的行政人员增加了 91%，而招收的学生只增加了 9%。①

批评者认为，这种无效率的官僚主义之所以能够滋长，原因在于缺少竞争压力。教育券通过使私立学校变为一种可负担的选项而给公立学校带来压力。如果学生依据谁能带来最好的产品，而不是根据本地公立学校给家庭财务带来的优势来选择学校，那么缺乏效率的学校将不会被选择，因为花在这些学校上的钱所带来的教育更少。如果没有人选择这些学校，那么它们就会被教育市场淘汰，如同竞争会迫使低效率的企业退出市场那样。因此，竞争压力会引导学校去满足学生和家长而不是官僚主义者的需求。教育券通过消除目前公立学校拥有的价格优势而撬开了私立和公立学校之间竞争的空间。

对这个观点的一个回应是，蒂伯特机制（“用脚投票”来选择房产税和公共品提供的最佳组合）使本地学校之间已经产生了竞争压力。如果本地学校缺乏效率，那么家庭可以选择搬到别的城镇，即它们的房产税被有效地用在为它们的孩子提供更好教育的地方。事实上，一项研究表明，父母有更多学区选择的地区（例如很多小郊区）比拥有更少学区选择的地区（例如只有几个大的郊区）具有更好的教育成果和更低的学校花费。② 这一发现与蒂伯特机制给学校提高教育生产力带来的压力一致。

然而，蒂伯特机制不大可能在这个案例中完美运行。人们在选择居住地时不仅考虑教育质量，而且考虑一系列因素。教育券允许蒂伯特机制部分起作用。人们可以因为非教育的原因选择居住在他们喜欢的城镇中，而把孩子送到他们喜欢的任何一所公立或私立学校。

□ 教育券的问题

消费者主权和竞争的观点为教育券的使用提供了有力的支持。然而，有很多引人注目的观点可以被用来反对使用教育券作为提升美国教育质量的手段。

教育券可能会导致学校的过度专业化 许多支持教育公共融资的观点都涉及外部性，外部性来自公共教育项目，尤其在基础教育层面。支持教育券的第一个观点，即认为学校会进行调整以迎合人们的喜好的观点，会降低公共项目带来的好处。原则上，一个免费的教育市场会生产“足球学校”或“艺术学校”，“足球学校”只提供少量的教育但卓越的足球项目，而“艺术学校”提供更多的艺术项目和少量的其他教育。如果尝试吸引特定的市场群体，那么学校给予教育的核心要素（例如基本的阅读、写作和数学技

① National Center for Education Statistics (2012).

② 参见 Hoxby (2000)，这项重要的研究是一些争论的主要话题；参见 Rothstein (2007) 和 Hoxby (2007)。

巧）的关注可能更少。[①]

理论上，这个问题可以通过要求所有的学校提供一定的基本技能教学来解决。这些规定可以配合测试制度的支持，以确保每所学校的学生对基本技能的掌握程度维持在可被接受的水平上。

然而实际上，这样的规定实施起来会变得十分繁重和昂贵，违背了选择学校的目的。此外，正如我们之后要讨论的，这些促使学校为学生的成绩而负责的努力经常会产生意料之外的副作用。最终，决定学校一致性的最优水平的是每一层级的学校教育一致性对社会产生的价值。如果这个价值很低（在高中层面更为可能），那么自由选择会产生较高的收益。如果这个价值较高（在基础教育层面更为可能），那么公共供给也许会比有管制的私人竞争更有效率。

教育券可能会加剧学校的种族隔离　在许多公民眼中，美国过去60年取得的一个主要成就是教育中种族隔离的减少。一个曾经为非洲裔和其他少数种族美国人提供分隔和不平等的教育质量的公共教育制度已经变得更加综合化，所以原则上，所有公民都有权享受高质量的公共教育。教育券系统的批判者认为教育券可能会再次引发多方面的隔离，例如种族、收入或者能力。这些批评者设想的情形是：有积极性的父母的孩子会转到高质量私人学校，而没有兴趣的或者未受教育的父母的孩子只能待在低质量的公立学校。如果有兴趣的和积极的父母的孩子和没兴趣的或不积极的父母的孩子在种族、收入和能力上都不一样，那么隔离情况会更严重。

教育券的支持者注意到，实际上，教育券可能会减少我们教育体系中已经存在的自然隔离。目前，学生正陷入垄断的困境，即当地教育体系提供的教育产品过剩。教育券允许积极的学生和他们的父母选择更好的教育并打破地理位置强加给他们的隔离。诺贝尔经济学奖获得者米尔顿·弗里德曼（Milton Friedman）在一个著名的例子中指出：一个内陆城市的孩子想用他的钱买辆新车是可以的，但如果他想用这笔钱获得更好的教育，那么他必须放弃他的公立学校补贴，而这是不公平的。

这一观点的正反两面都是有根据的。隔离确实是美国教育系统中的一个重要问题。尽管白人学生只占学生人数的一半，但一个典型的白人学生会去一个白人占75%的学校。38%的黑人学生和43%的拉丁裔学生会上种族高度隔离的学校，这些学校的90%～100%的学生是来自少数族裔。目前，在典型的黑人或拉丁裔学生就读的学校中，中低收入学生的比例几乎是典型的白人或亚洲学生就读学校的两倍。[②] 加利福尼亚州是学校种族隔离情况最严重的州之一，这里一个典型的黑人学生上的学校有78%的少数族裔学生。[③] 因此，教育券的支持者指出有些人可以通过使用教育券逃向高质量的教育而获益，这一观点无疑是正确的。

与此同时，教育券可能会由于学生的能力水平或积极性不同而加剧隔离。因为积极的和高能力的学生逃离了低质量的公立学校而选择了高质量的私立学校，而被留下的则是积极性较低和能力较低的学生。因此，学校选择可能会在某些方面减少隔离（例如允

---

① 这个问题的一个现实世界的例子最近出现在得克萨斯州，这里的一些特许学校正在教授创造宇宙说，并且正在摒弃进化科学。更多信息请参阅 Koplin（2014）。

② Orfield et al.（2012）.

③ Orfield and Lee（2006）.

许少数族裔的高能力和积极的学生更多地加入高质量学校的学生群体)，但在另外一些方面加剧了隔离（例如将教育系统分为拥有高的和低的能力/积极性的学校）。

教育券可能是公共资源的无效和不公平的使用 有一个问题在关于教育券影响的理论讨论中被放在了一边，那就是教育和教育券的融资。教育融资主要来自本地房产税和州税（正如上一章讨论的）。如果当前的融资被教育券取代，公共部门的总支出将增加，因为政府将要支付目前由学生和他们的家庭承担的私立学校支出的一部分。

对于来自图 11-2 和图 11-3 中的 X 类家庭的孩子，花费不会增加。这些孩子会留在公立学校，因此公共部门为教育 X 类家庭的孩子的花费仍然是 E_F。来自 Y 类家庭的孩子会转到私立学校，因此将在教育上花费更多，但是公共部门的花费仍然是 E_F，因为这是教育券提供的数量。家庭支付了私立学校的额外花费。对于来自 Z 类家庭的孩子，公共部门的支出会增加。在过去，Z 类家庭支付了它们孩子所在私立学校教育的全部成本，但是现在 Z 类家庭接受了教育券，当地政府则要承担部分支出，即 E_F。增加的政府支出只带来了非常小的教育成果上升，从 E_3 增加到 E_5，这是因为政府的转移支付（E_F）使家庭更加富有。

因次，Y 类家庭选择的教育水平大幅提升的一个成本是：为 Z 类家庭提供了大量新的补贴，而它们的教育水平没有改变多少。也就是说，Y 类家庭的私立教育支出的挤出效应减少了，但这种挤出效应被引入了 Z 类家庭。如果大部分的教育券被用在已经为它们的孩子支付了私立学校的费用的家庭（类似 Z 类家庭），那么这是非常无效的公共资源的使用。另外，如果教育券主要用于 Y 类家庭，这些家庭从公立教育转向更高水平的私立教育（从图 11-2 中的 E_F 移动到图 11-3 中的 E_4），那么这可能是公共资源的有效使用。在这里，政府的政策目标是将资源引向目前受教育不足的家庭（例如 Y 类家庭的孩子）。如果使用教育券的好处大部分流向了 Z 类家庭，那么政策目标就未能达成。

有关公平的考虑更加强调了这一点。收入与在私立学校上的花费是高度正相关的，Z 类家庭是高收入家庭的可能性比 Y 类家庭高得多。将大部分的教育券支出给予已经将孩子送去了私立学校的高收入家庭是对公共资金的无效和不公平的使用。

在理想的情况下，政府可以通过辨别一个家庭是 Y 类家庭还是 Z 类家庭来解决这个问题，然后分配更多的资源给 Y 类家庭（我们想要鼓励这些家庭消费更多的教育）。不幸的是，政府并不能完美地辨别出家庭分别属于哪个组，因此也就不能准确地达成这个目标。一种近似达成该目标的方法是将教育券的价值与家庭收入挂钩。随家庭收入上升而价值下降的教育券可以达到三个目标：首先，这样的项目可以将资源用于最有可能使用它们来提升教育质量的家庭组。其次，它可以降低一种制度的不公平性，这种不公平性是指制度主要给高收入家庭中的私立学校学生带来收益。最后，低收入家庭的孩子在某种程度上被高能力和更加积极的同伴“留”在公立学校，与家庭收入挂钩的教育券将为剩下的公立学校的成功提供资源（因为与收入挂钩的教育券将通过为低收入学校提供更多数量的教育券实现更高水平的资助）。

教育市场可能不是竞争的 教育券支持者的观点是基于教育市场的完全竞争模型。然而更贴近教育市场实际运行情况的是自然垄断模型，在这样的市场中，商品只有一个垄断提供者会更加有效率。教育供给的规模经济意味着：如果有许多小学校彼此竞争，则可能是无效率的；如果只有一个垄断供给者，则可能会有效得多。

教育市场可能是自然垄断的事实会导致教育市场的失灵。比如，如果内陆一所规模较大的学校因为缺乏需求而关闭，那么对并没有利用在别处登记的选择机会的不积极的学生会造成什么影响呢？城市里可能并没有一所能够满足他们需求的小规模的学校，那么他们学校的倒闭可能让他们失去受教育的机会。类似地，人口密度较小的农村地区如何支撑得起足够多的学校，以便有效引入竞争呢？

考虑到这些难题，政府不大可能允许某些学校倒闭，使当地学生失去上学的机会。然而如果学校知道自己"太重要所以不能倒闭"，那么学校的竞争压力就会减轻：如果一所学校知道无论其教育成效如何都能够获得资金支持，那么它为什么要努力提高效率呢？因此，在政府努力确保所有人有受教育机会，与教育市场向表现不佳的学校施加压力之间存在着冲突。

特殊教育： 为残疾儿童所设的教育项目。

特殊教育的成本　在这里描述的教育券制度下，每一个孩子都值一个教育券的金额，这一金额代表了该镇该年级学生教育的平均成本，但是并非所有的孩子的花费都相同。例如，患有残疾的儿童由于需要**特殊教育**（special education），且教育残疾儿童的项目需要额外的资源（比如受过培训的教师、小班教学，以及特殊设备），因此这些儿童的教育花费会更高。在美国，有 643 万名 3～21 岁的儿童接受特殊教育服务，残疾学生每年的平均教育花费为 12 700 美元，超过正常儿童教育花费的两倍。美国每年在特殊儿童上的教育支出为 500 亿美元，相当于初等和中等教育支出的 14%。①

相对较高的儿童特殊教育支出在教育券制度下遇到了问题，因为学校有动机避免接收特殊儿童。这些儿童持有一样数额的教育券，然而他们的教育支出更高。学校只想接收在一定教育券数量下可以得到有效教育的儿童，并避免需要花费较高成本的特殊教育学生。学校选择学生的做法将减少特殊教育学生可以选择的教育机会。理论上讲，政府可以运用抵制歧视规则来处理这一问题，但在实践上，学校有很多隐蔽的方式来拒绝特殊教育学生的申请。比如，它们可以实施一个质量很低的特殊教育项目，这将打消特殊学生的申请念头。

政府可以通过使教育券数额与教育支出相匹配的方法来解决这一问题。例如，使有特殊教育需求以及在教育上花费更多的学生获得较多的教育券数量，来弥补其在教育上的额外支出。然而，由于根据每一位需要特殊教育的儿童调整教育券数量是很困难的，因此有关教育券的问题依然存在。

11.3　教育市场中的竞争证据

在前一节，我们讨论了教育券怎样提高或者没有提高美国教育市场的效率。教育券的最终效果存在很大的不确定性。在这一部分，我们讨论教育市场上关于竞争的证据，试图理解教育券的广泛使用可能会对美国以及其他国家带来哪些影响。

① New America Foundation (2014).

□ 教育券的直接经验

最近几年，一些小规模教育券项目已经在美国实施。可能最有研究价值的项目是在密尔沃基推行的。从 1990 年开始，威斯康星州允许收入不高于贫困线 175%的家庭申请价值 3 200 美元的教育券，这些教育券可以在任何非宗教（与宗教无关联）的私立学校使用。"实验证据框"中回顾了关于这一项目的研究，这些研究为教育券能够使学生提高其教育质量的观点提供了一些支持。且教育券使用的范围越广泛，其作用就会越大，因为教育券会给所有学校提高其绩效带来竞争压力。来自世界各地越来越多的证据表明，鼓励私立学校入学的学校选择和代金券确实可以提高公立学校的表现。①

□ 公立学校选择的经验

一些学区没有提供私立学校的教育券，但是允许学生自由选择公立学校。在有些地方，学生被允许选择任何一所当地学校，并不仅仅是离他们最近的那一个。这些项目的证据来自这样一个事实，即在可以选择时，好的学校会被过度预约，所以它们必须采用抽签的方式分配学位。这一过程允许研究者评估可比较的中签者（进了较好学校的人）和非中签者（除了没有进入这样的学校之外，其他方面都与前者相同的人）在学习成果方面的不同。这些项目的结果是复杂的，其影响会由于当地公立学校地理位置和质量的不同而有所区别。②

其他可能的公立学校选择包括**磁石学校**（magnet schools）和**特许学校**（charter schools）。磁石学校的设立目的是吸引有天赋的学生或者对某一学科或教学风格感兴趣的学生。特许学校是可以免于传统公立学校所面对的诸多监管措施（包括对教师资格限制）的小型独立公立学校。更多的文献研究表明，在纽约（Dobbie and Fryer，2013；Hoxby and Murarka，2009）和马萨诸塞州（Angrist et al.，2013），特许学校在提升学生表现方面是特别有效的。

磁石学校：一种特殊的公立学校，其设立的目的是吸引有天赋的学生或者对一个特定学科或教学风格感兴趣的学生。

特许学校：由公共财政资金资助的学校，且通常不受当地教育委员会的直接督导，也不受州政府对学校的法规约束。

▶实验证据框◀

教育券项目影响的估计

在美国以及其他一些国家，大量研究试图估计教育券项目对学生成就的影响。在美国，劳斯（Rouse，1998）研究了密尔沃基教育券项目对使用教育券进入私立学校的学生的成就的影响。③ 她指出，我们不能直接比较使用和没有使用教育券的学生，

① 美国的证据参见 Figlio and Hart (2014)；加拿大的证据参见 Chan and McMillan (2009)；智利的证据参见 Neilson (2013)。相反的观点参见 Card，Dooley，and Payne (2008)（加拿大），以及 Hsieh and Urquiola (2003)（智利）。

② 参见 Cullen，Berry，Jacob，and Levitt (2003) 以及 Deming et al. (2014)。

③ 她的研究成果建立在 Greene et al. (1996) 和 Witte (1997) 早期的冲突分析的基础之上。

因为他们可能在很多方面都存在不同。例如，利用教育券的学生可能比没有利用教育券的学生更加积极。教育券的这种选择性使用会给两个群体之间的比较带来误差。然而，密尔沃基教育券项目的一个重要特点是，参加该项目的私立学校必须接收所有申请的学生，除非学校被过度申请（现有的学位被太多人申请）。被过度申请的学校必须采用抽签的方式从所有的申请人当中随机抽选。

官方解决办法的好处在于，它使这种选择近似于实证研究中的黄金准则——随机试验。随机抽签允许劳斯建立一个对照组（申请被过度预约的学校，但是在随机试验中被拒绝的学生）和一个实验组（同样申请被过度预约的学校，但是被随机选中的学生）。除了实验组中的学生去了私立学校而不是像对照组那样留在公立学校，这些组别之间应是具有可比性的。劳斯发现，实验组有更好的学术表现：相比于对照组，实验组每年有1%～2%的数学测试成绩的提升，尽管两个组在阅读分数上没有不同。①

在美国，大约10%的学生在私立学校上学，这个比例是低收入发展中国家的两倍或者三倍。在低收入发展中国家，公立学校的质量可能很低。引入教育券项目可能对发展中国家有巨大影响，因为发展中国家的私立学校是公立学校的近似替代品。安格里斯特等（Angrist et al.，2002）研究了哥伦比亚名为PACES的教育券项目，这一项目为超过125 000名小学生提供了教育券，几乎覆盖了私立中等教育一半以上的支出。很多教育券通过随机抽签的方式进行分配，使得安格里斯特能够对被随机抽签选中的人（收到教育券的实验组）和落选者（没有收到教育券的对照组）进行比较。

研究发现，收到教育券的学生完成八年级的可能性比落选者高10%，主要是由于他们在达到离开学校的年纪之前留级的数量低于落选者。研究还发现，中签者在标准水平测试中的分数显著高于落选者。另外，中签者结婚及同居的概率更小，每周工作的时间比落选者少1.2个小时，表明中签者对学业更为关注。研究结论指出，每个中签者的教育券需要花费政府24美元，然而教育水平和质量的提升使中签者群体每年的工资增加了36～300美元，使该项目成为一个相当成功的项目。

来自其他国家的最新结果也支持这一观点。尼尔森（Neilson，2013）研究了智利大范围代金券计划的影响，研究发现，该计划对获得该计划的贫困儿童具有巨大的积极影响。他估计，学校代金券将贫困和非贫困学生之间的成绩差距减少了大约三分之一。穆拉里德哈兰和山达腊拉曼（Muralidharan and Sundararaman，2013）研究了印度学生通过抽签方式在私立学校间的分配情况，他们发现，花费很低的教育成本就可以使考试成绩有一定程度的提高。

□ 公立学校激励的经验

尽管美国在实行教育券和学校的选择方面经验有限，但在教育改革的另一个方面——

① 美国教育券的其他主要经验来自几个私人资助的实验。在实验中，低收入的公立学校学生通过获得奖学金来入读私立学校。然而，对纽约该项目的最新研究仅为其成功提供了混合的证据，与密尔沃基的正面证据相反。

学校问责制问题上经验丰富。在美国，任何增加学校选择的行动都将带来评估工作的增多，以确保学校满足教育标准，国家在此过程中也积累了大量关于问责制措施的经验。2002年，25个州在州或地方的评估测试中，明确将学生的深造或毕业与学校表现相联系，18个州基于优秀学生在考试中的表现对教师和学校管理者进行奖励，20个州基于平均水平以下的学生的考试表现对教师和学校管理者进行惩罚。① 对学校的问责制安排通过2001年的《一个孩子都不能掉队》被编进联邦法案。

让学校对学生的表现负责可以激励学校提升其教学质量。通过一些措施，问责要求已经显示出了预期效果。一些研究发现，实施强有力的问责制计划可以提高考试成绩。② 戴明等（Deming et al.，2014）对得克萨斯州学生的长期跟进结果表明，面临绩效低就会被制裁的风险的学校的学生更有可能上大学并完成大学学业，获得四年制学位。

同时，问责制项目可能会带来两个非预期效应。第一，它可能导致学校和老师“为了考试而教学”。也就是说，仅仅使他们的教学局限于让学生在测试中表现优异，从而决定学校责任，而不是以全面提升教育质量作为出发点。雅各布（Jacob，2005）以及迪伊和雅各布（Dee and Jacob，2011）发现，学生在问责测试中的表现要优于更广泛的学生能力测试。瑞贝克等（Reback et al.，2014）发现，学校将资源投入专家和目标教师身上，而不是所有班级教学，这导致了教师的不满，但这种做法仍然使考试成绩有所提高，即使在一般的考试中也是如此。

第二，学校可以操纵参加测试者的范围和条件，在这些条件下，它们可以最优化测试结果。比如，雅各布（Jacob，2005）以及费戈里奥和盖茨勒（Figlio and Getzler，2002）发现，问责制在芝加哥和佛罗里达州的实施导致学校将低水平学生重新归类为特殊教育或残疾学生（因此可以免于测试）来提高学校的平均分。费戈里奥和维尼基（Figlio and Winicki，2005）发现，学校甚至操纵考试期间考生的自助餐厅菜单，通过增加菜单的卡路里来提升学生的能量水平和测试分数！老师甚至通过作弊手段来提高测试分数。雅各布和里维特（Jacob and Levitt，2003）发现，如果利害关系较大（在问责制度下），老师更有可能向学生提供标准化测试的答案。

□ 教育券的底线和学校选择

尽管上一节中回顾的证据是两面的，但这些证据告诉我们，更严格的学校问责制、更多的学校选择（特别是特许学校），以及更多教育券的使用将提高学生的教育水平。然而，教育券系统引发了对“最差”的学生能否受到平等待遇的担心，被转移到更好的学校且能力强、更积极的同学可能将这些学生甩在身后。为了确保每一个学生都至少有一个受教育的选择，必须提供某种绝对可得的教育途径，尽管这会减少政府不允许倒闭的学校的竞争压力。

① Hanushek and Raymond (2004).

② Hanushek and Raymond (2004); Dee and Jacob (2010); Ahn and Vigdor (2014).

11.4 教育回报的测算

> **教育回报**：当学生获得更多的教育或当他们在一个更高质量的环境中受教育时，对社会产生的好处。

无论是公共教育的使用还是私人教育的使用，政府或多或少都要在教育花费占预算比例的问题上做出决定。政府在决定教育投入时，须采用第 8 章讨论过的成本-收益分析。使用第 8 章中介绍过的机会成本方法来测算教育支出是相当直接的，然而，测算教育收益显得相当棘手。有大量经济学文献致力于测算**教育回报**（returns to education），即当学生获得更多的教育或当他们在一个更高质量的环境中（比如更高的师资质量或更小规模的班级教学）受教育时，对社会产生的好处。

□ 教育水平对生产力的影响

经济学家研究教育问题中最受人关注的是教育对工人生产效率的影响。在一个竞争性的劳动市场，工人的工资等于他们的边际产品，因此工资通常被用来代表生产力。这些研究的想法是，让市场显示教育是否提高了生产率。如果人们因为接受了更高水平的教育而拥有更高的生产率，那么企业应该愿意支付更高的工资来雇用他们。

大量文献表明，更多的教育会带来劳动市场更高的工资水平。一个典型的估计是通过比较受教育程度不同的工人的工资，得出每增加一年的教育会提高 7%的收入。关于受教育程度越高的人是否收入也越高的问题，并没有太多的争议。然而，在这种相关关系的解释问题上，争议很大。对这一结果有两个不同的解释。

> **人力资本**：指一个人的技能储备，进一步接受教育可能会带来这种技能的提升。

教育是人力资本的积累 这一观点认为，教育通过提升工人的技能来提升生产率。正如企业投资于有形资本，教育是个人在**人力资本**（human capital）上的投资。更多的教育提升了工人的技能储备，使得他们在劳动市场中赚取更多的收入。

> **筛选**：一个模型，认为教育只是提供了一种对能力强和能力弱的人加以区分的方法，实际上并没有改进这些人的技能。

教育是筛选机 另一个观点也可以解释更高水平的教育和更高水平的收入之间的关系。在**筛选**（screening）模型中，教育仅仅提供了一种区分高能力和低能力的人的方式，实际上并没有提升技能水平。在这一模型中，受教育程度更高的人的生产效率更高，工资也更高，但这并非因为教育提高了他们的人力资本，而是因为效率高的工人才有获取更高水平教育的能力，所以，正是更高的教育表明了他们更有能力（以及生产效率）。在此模型中的学校系统对提高生产效率而言没有任何价值，其价值仅仅在于筛选出了能获得最多的教育、最有能力、生产效率最高的工人。

因此，在筛选模型中，雇主支付更高的工资给受教育程度高的工人，并不是因为教育提高了他们的生产率，而是因为教育通过淘汰不积极的工人，成为一种潜在的积极性标志。在人力资本模型中，受教育程度更高的人挣得更多是因为教育提高了他们的边际生产力；在筛选模型中，受教育程度更高的人挣得更多是因为其受教育程度表明了其能力高。

政策意义 人力资本模型以及筛选模型对工资和教育之间的关系也许会做出相同的预测，但它们会给出非常不同的政府政策建议。在人力资本模型中，政府会希望支持教育或者至少为人们提供贷款使其获得更多教育并且提高生产率。然而，在筛选模型中，政府不会想要对任何人提供更多的教育支持。在这一模型中，教育的回报是完全私人的，而不是社会的。更高的受教育程度表明这个人更高效，但根本不能提高社会的生产效率。事实上，一个工人获取更多的教育会对其他受教育的工人造成负外部性，因为这降低了他们的教育在劳动市场的价值。

同时，教育在筛选模型中确实发挥了筛选机这一有效社会角色的作用，使得劳动市场识别并回报最有能力的工人。因此，在这一模型中，恰当的政府政策是，如果教育机构是最佳筛选机，那么政府应支持建立教育机构，而不是资助个人去获得更多教育，因为这样不会有社会回报，仅仅是降低了教育对于其他人的价值。

区分两种理论 尽管这两种理论会导致完全不同的政策，但实际上，要将它们区分开来很难。劳动经济学中的大量知识已经提供了区别这些理论的各种方法，并且结论很清楚：尽管获取更高学历可能有区分效果，但教育回报中的大部分还是反映了人力资本的积累。这些研究的详情会在“实验证据框”中进行回顾。

□ 教育水平对其他结果的影响

正如本章在前面讨论过的，政府对教育进行干预的主要动机在于教育增多所产生的外部性。近年来，大量研究评估了增加教育对外部收益的影响。主要发现如下。①

- 更高水平的教育与参加政治活动的更高可能性、对现行政策讨论的更强意识相关联（Milligan et al.，2004；Dee，2004）。
- 更高水平的教育与进行犯罪活动的更低可能性相关联（Lochner and Moretti，2004）。
- 更高水平的教育与受教育者及其子女的更高的健康程度相关联（Currie and Moretti，2004；Lleras-Muney，2005；Chou et al.，2010）。②
- 父母受到的更高的教育水平与他们子女的更高教育水平相关联（Oreopoulos et al.，2003）。
- 更高水平的教育与同事的生产效率提高相关联（Moretti，2004）。
- 更高水平的教育降低了实施风险行为，例如抽烟、酗酒的可能性（Jensen and Lleras-Muney，2012）。

这些调查结果以及更多教育会导致更高工资的结果表明，增加受教育的年限会增加人力资本，而这种人力资本的增加会带来大量的私人以及公共回报。

---

① 详细的文献回顾，参见 Oreopoulos and Salvanes (2009)。

② Clark and Royer (2010) 使用 Lleras-Muney (2005) 在英国的问卷、结论以及其他证据，发现更多的教育会导致更低的死亡率。

▶实验证据框◀

教育回报的估计

衡量一年的教育带来的工资回报的一个简单办法是对受教育更多的人（实验组）和受教育更少的人（对照组）进行比较，但是这一方法会遇到第 3 章中讨论过的问题：受教育更多的人可能比受教育较少的人更有能力。因此，这两个群体在工资方面的差异可能是因为人力资本的积累，也可能是因为背后的能力的差异。

有两种方法试图在估计教育对人力资本的实际影响时控制这种偏差。一种方法是试图直接控制工资回归中的能力因素，这样余下的教育影响则表示教育真正的生产力效应。例如，研究者将青年学生的标准测试分数包含在回归方程内，试图控制能力因素的影响。这一方法的问题在于，这一粗略的方式没有考虑未被观察到的因素。例如，迪克（Dick）可能不如简（Jane）聪明，但是他更努力学习，所以他的能力更高。

另一种在估计教育的人力资本回报时控制偏差的方法是准实验研究，这些研究试图找到除了受教育程度以外其他都完全相同的实验组和对照组。杜弗洛（Duflo，2004）进行了一个准实验，他研究了印度尼西亚一个大规模的公立学校建设项目带来的影响。1973—1978 年，超过 61 000 所新的小学在印度尼西亚开设，一些地区的小学数量多过其他地区。杜弗洛研究了在修建学校时正处在上小学年纪的学生。实验组的学生住在学校较多的区域，对照组的学生住在学校较少的区域。由于杜弗洛担心区域间可能会因其他原因产生差异，因此她同时将每个地区的年轻人与在学校建设项目之前就已经受教育的年长的人之间进行了比较，以消除长久以来地区间形成的差异。她发现，教育在有学校的地区比没有学校的地区发达得多。几年以后，她发现，从新学校中获益的年轻人的工资要高于较年长的、没有从新学校中获益的人的工资。这一研究使用了第 3 章讨论过的“双重差分”策略，证明了“增加的教育”确实能够提高生产效率。

另一个例子所使用的准实验是由 19 世纪末期和 20 世纪初期通过的义务教育法和儿童劳动法所提供的。在此之前，没有儿童上学的要求以及对童工的限制。这些法律设立了儿童上学的最低年龄以及退学的最低年龄，以及在参加全职工作之前的最低教育年限。研究表明，义务教育法和儿童劳动法大大地提高了美国学生的受教育水平。这些研究对比了出生在义务教育法和儿童劳动法有所变更以要求更多教育的州的人（实验组），和出生在法律没有发生改变的州的人（对照组）。这两个组除了规定义务教育水平的法律不同之外，其他能力均相似。然而过了一些年之后，受（义务）教育更多的人相比对照组有着更高的工资，再一次表明了相比同一能力水平的另一组，教育能提高生产率。

尽管这些方法有一些局限性，但这些分析的结果都出奇地一致：每一年的教育会提高 7%～10%的工资。这是教育的人力资本模型的有力证据。①

---

① 对一种特定类型的筛选机制存在双面证据，通常被称为“羊皮效应”，例如从高中、大学、研究生院获得学位。一些研究（Tyler，Murnane，and Willet，2000；Jaeger and Page，1996）发现，相比于取得相似考试分数和相同受教育年限的学生，拥有学位的学生所得工资将高出 10%～25%。但是 Martorell and Clark（2010）最近的研究对比了仅仅通过了高中结业考试和没有通过考试的学生，发现获得高中学位对后续的收入没有影响。

□ 学校质量的影响

有少量但不断增多的文献研究了一个不同的问题：质量较高的学校对教育的回报有怎样的影响？这一问题必定与怎样定义学校质量相关。运用最广泛的指标是平均班级规模（一个学校的师生比例）以及学校的生均花费。

正如在“实验证据框”中所回顾的，大量方法被用来估计学校质量对学生测试成绩的影响。来自田纳西州的实验证据表明，小班教学导致学生测试成绩要高得多。然而加利福尼亚州近期大幅减少班级人数的努力并未达到预期效果，也许是因为班级的急剧增加使加利福尼亚州不得不雇用一些不符合资格的老师。这些发现表明，提高学校质量的措施的效果非常依赖于采取了何种措施。

近来对优秀特许学校的研究表明，除了班级规模之外，还要考虑其他措施。具体而言，对特许学校的成功因素的分析表明，更长的在校时间和学年、经常收到学生反馈意见的教师，以及对学生表现的数据分析和指引，都是学校成功的关键。弗莱尔（Fryer，2011）讨论了将这些经验运用到休斯敦的传统公立学校中的情况，第一年的结果表明该方法的前景良好。最近的其他研究提出了提高教育质量的其他方法。例如，柯林斯和甘（Collins and Gan，2013）通过对学生进行“跟踪”调查来研究学校之间的差异，他们发现，学校对学生进行更积极的分类可以同时提高成绩好和成绩差的学生的考试成绩。

▶实验证据框◀

对学校质量影响的估计

研究劳动经济学的一个主要关注点即估计学校质量对学生成绩的影响。这一领域的研究已经认识到，我们不能简单地比较拥有较好和较差学校的学区，然后看对学生所产生的影响。较好学校所在地区（实验组）在许多方面不同于较差学校所在地区（对照组）。例如，处在实验组的居民很可能是给他们的孩子提供了较好家庭环境的人。因此，有必要找到一种方法，使研究人员可以辨别学校质量对教育成果的单独影响。

有两种方法已被用来解决这个问题。一种方法是运用实验数据。1985—1986年，田纳西州实施了“星计划”，将11 000名学生（从幼儿园到三年级）随机分配到小班（13～17人）、普通班（22～25人），或者有助教的普通班。克鲁格（Krueger，1999）分析该实验的数据时发现，小班在第一年标准化测试中成绩有大幅提高，且其后每年的成绩都有小幅提升。这种影响在贫困学生和少数民族学生中最为明显。克鲁格和惠特莫尔（Krueger and Whitmore，2001）发现，小班教学会持续影响日后的生活。也就是说，经历四年的小班教育，可以提高中学考试成绩，而且极有可能提高大学入学考试成绩。总体而言，他们的估计意味着小班教学的实际收益率（进行标准的成本-收益分析实验）大约为每年5.5%。

另一种方法是学校资源改变的准实验分析法。在加利福尼亚州有一个有趣的例子，20世纪90年代中期，加利福尼亚州的班级规模是全国最大的（平均每班有29名学生）。1996年，加利福尼亚州政府为学校提供了强有力的财政激励措施，支付每年10亿美元的财政成本，使幼儿园到三年级的每班人数减少至20人。博恩施泰特和施特彻（Bohrnstedt and Stecher，2002）利用学校实施小班教学速度的不同回顾了这一重大改革影响的相关证据。他们将较快实施小班教学的学校作为实验组，而将实施较慢的学校作为对照组。他们发现，小班教学的效果并不太理想。也许是因为该州聘请了一些不符合资格的老师来进行额外课程的讲授；也许是因为该州被迫采取了效率低下的教学方法，例如将不同级别的学生放在同一个班。因此，关于公共部门增加对学校投资的收益问题仍存在一些争议。

11.5 高等教育中的政府角色

到目前为止，我们讨论的焦点主要放在初等和中等教育上，然而在美国还有大量高等教育部门——198所高校、2 968所四年制学院，以及1 738个两年制的学位授予机构。高等教育机构每年花费4 960亿美元，约占教育总花费的43%。① 有趣的是，与其他层次的教育相比，美国的高等教育体系被视为一个巨大的成功。美国的研究型大学一直被评价为是世界最好的。关于美国高等教育的成功，有明显的市场证据：每年有886 052名外国学生花费221亿美元来到美国大学和学院进行学习。来美留学生的人数在过去20年中增长了161%，占目前美国高等教育总人数的4.2%。相比之下，每年只有8 862名美国学生在国外学习超过一学期。②

高等教育和初等、中等教育的主要不同在于私人的提供度以及竞争激烈程度。只有10%的学生上的是私立的小学和高中，公立学校在地方几乎是垄断的。③ 而在高等教育中，28%的学生进入的是私立机构，而且学生可以在全国范围内自由选择在哪里上大学。④ 美国在高等教育方面相对成功，领先于世界其他国家，却在初等、中等教育方面表现欠佳，这一特征为竞争提高教育成果提供了一些证据。我们在讨论私有化时曾提出，即使只有少数学生参加私立教育，私立学校产生的竞争压力也可以使公共部门提高效率。

□ 当前的政府角色

美国政府目前通过四个渠道来干预高等教育。

政府资助 政府资助高等教育的主要途径是通过州立以及国立大学和学院直接提供高等教育资金。这些机构为州内的学生提供经补助的低学费资助，而对州外的学生资助相对较少。目前，州政府及联邦政府每年花费大约2 420亿美元在这些高等教育机

① National Center for Education Statistics (2015).
② Institute of International Education (2015).
③ National Center for Education Statistics (2015).
④ National Center for Education Statistics (2015).

构上。

佩尔助学金 佩尔（Pell）助学金计划是联邦政府对高等教育提供的资助计划，以帮助低收入家庭支付教育费用。对于家庭年收入不足 15 000 美元的学生，佩尔助学金计划将资助 5 775 美元。对于家庭收入较高的学生，佩尔助学金根据其父母的收入及资产相应减少。目前佩尔助学金计划每年为约 900 万学生提供 320 亿美元的助学金。

直接学生贷款：直接由教育部门发放的贷款。

贷款 联邦政府还允许学生通过**直接学生贷款**（direct student loan）项目获得贷款，以支付高等教育的支出。对于收入和资产满足条件的学生，政府通过以下方式补贴学生的贷款成本：（1）保证低利率（2014—2015 年的 10 年期贷款利率为 4.66%，同期政府提供给私人部门的 15 年期住房贷款利率为 3.3%）。（2）允许学生推迟到毕业之后还款。而不满足条件的学生依然可以以相同的低利率获得贷款，只是必须立刻开始还款，而不是推迟到完成学业之后。未独立的本科生的贷款金额最高可达到每个学位项目 31 000 美元（23 000 美元为政府补助贷款），而一个独立的本科生可以获得最多 57 500 美元贷款（23 000 美元为政府补助贷款），一个硕士或博士最多可获得 138 500 美元贷款（65 500 美元为政府补助贷款）。每年直接学生贷款项目的贷款总额为 1 040 亿美元。①

税收减免 政府资助高等教育的最后一种形式是通过一系列的税收减免，减免对象为上大学的人以及他们的家庭。这些资助中力度最大的是 1998 年开始实施的终身学习税收抵免（lifetime learning tax credit，LLTC），以及美国机会税收抵免（American opportunity tax credit，AOTC），后者是 HOPE 税收抵免在 2009 年扩大了信贷额度之后的版本。LLTC 给予低收入和中等收入家庭每人每年至多 2 000 美元的高等教育花费税收抵免额度，AOTC 的抵免额度则高达 2 500 美元。另外，个人每年最多可以从他们的应税收入中扣除 4 000 美元的高等教育支出。学生贷款的利息与一些奖学金和助学金一样是免税的，为高等教育储蓄的账户也是免税的。这些税收优惠每年需要政府放弃大约 195 亿美元的收入。

□ 什么是市场失灵？该如何解决它？

之前讨论的激励公众对教育市场的干预的论点，例如提供一套共同的价值观，在收益大部分都归私人所有的高等教育市场中似乎站不住脚。近期一些研究表明了大学教育会带来公共收益（比如健康水平提高或者生产率外溢），但这些收益相对于高等教育的支出来说并不大。

政府干预高等教育的主要动机并不是产生正的外部性，而是纠正学生贷款市场的失灵。如本章开始时提到的，相比于贷款买房、买车，获得贷款来完成学业要难得多，这是由于如果贷款没有被偿还，后者没有可以提供给银行的抵押品。因此，在缺乏政府干预的情况下，银行可能不愿意借钱给学生来完成高等教育。政府干预的动机正是确保学生能够获得高等教育贷款来完成学业。

---

① 参见 Congressional Budget Office (2015) 的表 2，网址为 http://www.cbo.gov/publication/43054。这与之前长期存在的项目——担保的学生贷款项目（联邦政府补贴私人银行为学生放贷）形成了强烈的对比，该项目截止到 2010 年年末，对政府来说是一笔巨大的成本。

然而，政府在高等教育上的主要花费并不是贷款（见图 11－4），其他形式的政府干预的合理性较不明确。事实上，马克思和特纳（Marx and Turner，2015）的研究表明，佩尔助学金在很大程度上挤出了大学贷款，因此从净效应上看，可用于教育的资金几乎没有增加。

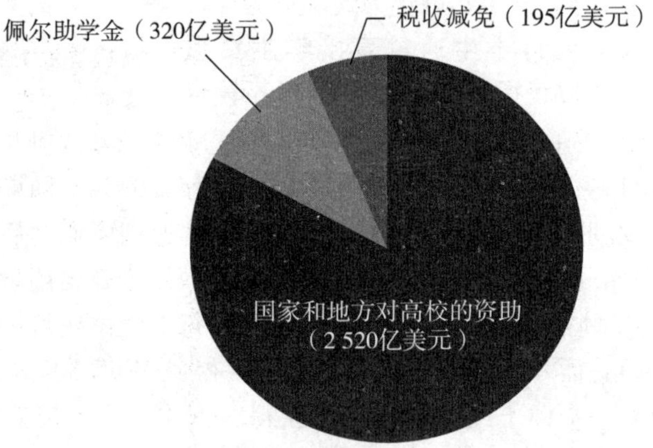

图 11－4　政府在高等教育上的花费

资料来源：National Center for Educational Statistics (2015)；U. S. Department of Education (2014)；Office of Management and Budget (2012).

说明：政府每年大约在高等教育上花费 3 040 亿美元，其中 83%是以国家或地方资助的形式发放给大学和学院的。其余部分为佩尔助学金和税收减免。学生贷款虽然数量庞大，但并不是政府的净成本。

与此同时，其他研究发现，影响教育性质的是教育拨款而不是贷款。例如，菲尔德（Field，2006）研究了纽约大学法学院的一个项目。在该项目中，该学院所录取的学生被随机分配数额相同的贷款或助学金，结果被随机分配到可以享受助学金的学生的注册入学概率是被分配到可以选择贷款的学生的 2 倍。另外，被分配到助学金的学生在毕业后选择低报酬的社会公益性工作的概率要比他们选择在高报酬的私人部门进行法律工作的概率高 40%。另一个对选定大学机构的研究发现，将学生贷款转换为助学金之后，学生更有可能拒绝高收入的工作，而选择低收入的公益性工作（Rothstein and Rouse，2007）。这些发现都表明，将助学金改为贷款确实会对学生行为产生影响。

此外，对于仅将补贴提供给从税收减免当中获益的高收入人群的做法，并没有明确的理论支持。实际上，布尔曼和霍克斯比（Bulman and Hoxby，2015）发现这些税收减免对大学实际入学率影响不大。州的教育资助存在不确定的情况，如图 11－4 所示，这是迄今为止公共高等教育支出的最大来源。可以假定，州政府提供公共教育是为了提升该州劳动力的技能水平，然而这个目标被大学毕业生的自由流动能力削弱了。邦德等（Bound et al.，2004）的一项研究发现，从长期来看，只有十分之三的本科毕业生会留在本州。鉴于高等教育的主要市场失灵是在信贷市场，将州的资源从直接提供助学金转移到贷款上可能会提高效率。

另外，过去十年来公共教育融资的大幅削减导致学生债务利息负担不断增加，现已超过 1 万亿美元。2015 年，奥巴马总统提出了一系列旨在解决这一问题的举措，包括减少没有为学生提供教育“价值”的学校的联邦资助和学校贷款，这些举措被定义为以更实惠的学费价格获得更好的职业成果。总统还建议将学生贷款的偿还金额限制在收入的10%以内，并且在偿还贷款超过20年后免除剩余债务。虽然这可以帮助之前的学生缓解沉重的贷款成本，但它也提高了政府在学生贷款项目上的支出。[①]

11.6 结论

教育作为一个不纯粹的公共物品，其供给是美国政府乃至全世界政府最重要的功能之一。外部回报、市场失灵以及再分配使得政府成为传统意义上教育的主要提供者。在这一章中我们发现，政府角色的代价可能是学生教育水平的降低。教育券系统能解决这个问题，但是这又会引起一系列的有关种族隔离和私人提供教育可行性的问题。政府在教育市场的最优介入程度取决于私人提供教育的市场失灵程度和政府在教育投入上的回报。大量文献显示，私人部门和政府都会在教育上获得可观的收益。

重点

- 在美国，教育主要由州和地方政府提供，只有很少一部分学生就读于私立学校。
- 政府干预教育的理由主要有正外部性、信贷市场的失灵、家庭最大化自身效用的失灵和政府的再分配职能。
- 政府提供免费的教育可能会挤出想要选择高水平教育但不愿放弃免费公共品的人的教育所得。
- 教育券可能通过允许人们选择最优的教育水平以及在教育市场中引入竞争，来解决挤出效应的问题。
- 与此同时，教育券可能会导致教育分层，教育市场实施竞争时可能会遇到困难。
- 现有的证据表明，通过教育券选择私立学校可以把学生送到更好的学校，但是在做出政策结论之前还需要对教育券的社会影响进行更为全面的评估。
- 额外的教育会带来可观的私人回报，这种回报反映的是人力资本的累积，而非筛选。还有一些关于公共回报的证据，比如投票率和健康水平的上升。
- 政府支持高等教育的手段有直接支出、助学金、贷款和税收减免。然而非贷款干预的理由，特别是公立大学的理由尚不清楚。

习题

1. 州政府和联邦政府积极支持初等教育、中等教育及大学教育。但是它们对初等教育及中等教育采取了强制要求的办法，而在大学教育层面仅提供补助和贷款。结合本

① Matthews (2013).

章 11.1 节的内容，说明政府这一区别对待的理论依据。

2. 考虑两个城市地区。一个有许多小学校，另一个有少数几个大学校。引入教育券制度会对这两个地区的效率和公平造成怎样的不同影响？

3. 假设只有一个小孩的家庭每年有 20 000 美元花费在私人物品和教育上，并且所有教育都由私人提供。画出这个家庭的预算约束线。现假设为这个家庭引入了一个生均资助 4 000 美元的免费公共教育项目，画出对应下列三种情况的无差异曲线：(a) 公共免费教育会提高在孩子教育上的花费；(b) 公共免费教育会减少在孩子教育上的花费；(c) 公共免费教育对孩子教育的相关花费没有影响。

4. 实验证据表明，受教育程度更高的成年人在相同的收入水平下，其慈善捐赠水平会高于受教育程度较低的人。为什么这个证据为政府在教育上的资助提供了支持？什么潜在偏差会使对实验关系的解释更为困难？

5. 有人认为，引入教育券制度会对两类学生有好处：在当前制度下获益最大的学生和受到损害最大的学生。为什么会出现这样的情况？

6. 一些研究者发现了“羊皮效应”的证据，即在劳动市场中第 12 年级的人获得的收入比第 11 年级的人高，而读了四年大学的人获得的收入比只读三年的人高。为什么这个“羊皮效应”的证据支持了教育和收入关系的筛选模型？

7. 通过比较双胞胎来研究教育和收入关系有什么优缺点？

8. 假设你想要通过给有教育券需求的学生提供教育券的方法，来评估教育券制度在提升教育所得方面的效率。如果仅仅比较接受和没有接受教育券的学生的表现，会有什么问题？更好的方法是什么？

9. 70%的公立大学的学生毕业后离开大学所在州，表明州政府在人力资本上的投资很大一部分颗粒无收。为什么州政府还在教育投资里扮演重要的角色？

10. 美国教育部定期实施“国家教育进步评估”(National Assessment of Educational Progress) 计划（也被称为“国家报告卡”），以监测学生在读写和数学方面取得的进步。访问它们的数据库网站：www.nces.ed.gov/nationsreportcard/naepdata/（或者从主页访问 http://www.nces.ed.gov/nationsreportcard/），比较 1998—2003 年你所在的州和另一个州的学生的进步程度。你所在的州在哪个学科或者哪个年级胜过其他州？

进阶习题

11. 许多州的法律都明确要求州政府提供“足够”的学校资金。为什么“充足性”的提高实际上会导致教育支出整体水平的下降？

12. 艾普和罗梅诺 (Epple and Romano，2002) 描述了教育券会导致“吸脂效应”的理论证据。这种效应表现为，私立学校会挑走好学生，而把能力一般的学生留给公立学校。他们提出了有针对性的教育券，不同规模的教育券用于不同的学生群体，以去除这一潜在担忧。你会设计一个什么样的有针对性的教育券制度来降低吸脂效应？

13. 格林维尔镇上有三个家庭，每个家庭都有一个小孩，每年的税前收入为 20 000

美元。每个家庭每年缴纳 4 000 美元来资助该镇的公共教育，任何家庭都可以免费参与该教育。公立学校中每个学生的教育花费为 6 000 美元。三个家庭在教育上的偏好不同。虽然 A 家庭和 B 家庭都把孩子送到公立学校，但 B 家庭比 A 家庭更看重教育的价值，C 家庭最看重教育的价值并把自己的孩子送到私立学校。

a. 画出每个家庭的预算约束线，画出可能的无差异曲线，使这些无差异曲线对应每个家庭做出的选择。这个镇正考虑用教育券制度代替现有的制度。在新的制度下，每个家庭会获得 6 000 美元的教育券，而且家庭可以把孩子送到与之前相同的学校，但由于新的制度更加昂贵，所以需要向每个家庭征收 6 000 美元的税款。

b. 画出家庭在这个制度下面临的预算约束线。假设当新制度被采用时，A 家庭仍然把孩子送到公立学校，而 B 家庭会和 C 家庭一起把孩子送到私立学校。

c. 为什么 C 家庭在教育券政策下福利变得更好，而 A 家庭变得更差？

d. 用图表示 B 家庭在教育券制度下福利可能变好，也可能变差。

14. 拉齐尔（Lazear，2001）注意到，尽管有假定（和经验证据）认为，小班教学会提高学生的成绩，但是当我们仅比较学生在不同大小的班级的表现时，差异很小。他认为这种班级规模和学生表现之间缺乏可观测的关系的原因是，学校可能在小班里面安排了更多的具有“破坏性”的学生。这对估计班级规模对学生成绩的影响会造成什么样的偏差？

15. 建立学生贷款偿还计划的一种方法是按收入比例偿还——将该学生需要在任意给定的月份偿还的总额与他在该月的收入联系起来。这种计划的存在会使学生对大学专业的选择发生什么样的改变？

第 12 章

社会保险：政府的新职能

需要牢记的问题

- 哪些市场失灵证明了公共社会保险提供的正确性？
- 个人是否总是需要公共社会保险来平滑消费？
- 社会保险的道德风险成本是多少？为什么它在经济上很重要？

在美国宪法的序言中，制宪者写道，他们把国家团结起来是为了“建立公正，保障国内安宁，提供共同国防，增进全民福利，并且确保我们自己的福利和子孙后代的自由”。就国家的大部分历史而言，这些目标之中的“共同国防”在联邦政府支出中具有明确的优先地位。例如，1953 年，每一美元的联邦政府支出中有 69 美分是用于国防支出的（图 12－1)。另外有 4 美分用于社会保障，这一社会保障计划实行了 17 年，只提供典型的老年人家庭收入的 18%。每一美元的联邦政府支出中只有 0.4 美分是专门为美国公民提供医疗保健的，且用于失业或残疾福利的支出占比不足 5%。

此后，政府支出的优先级发生了巨大变化，重心从“共同国防”转向促进“全民福利”。[①] 到了 2014 年，联邦政府支出的每一美元中只有 17 美分用于资助国防（图 12－1 的第二幅分图)，有 24 美分作为社会保障支出，相当于一个典型老年人家庭收入的 67%。[②] 另外有 26 美分用于医疗保健支出，主要用于 1953 年没有的两个项目中：为老年人提供全民覆盖的老年人医疗保险计划；为许多穷人和残疾人提供免费医疗保险的医

① 注意，图 12－1 中的数据与第 1 章图 1－7 中所显示的联邦支出分类有些不同。这些差异主要体现在定义方面。例如在此图中，社会保障支出包括残疾保险计划，但该计划位于图 1－7 的其他分类当中。

② 预算数据来源于 Office of Management and Budget (2014)。收入统计来源于 Social Security Administration (2008)。

疗补助计划。支出的巨大改变使得经济学家保罗·克鲁格曼观察到："不严格地讲，冷战后的联邦政府是一个碰巧拥有军队的大型养老基金。"①

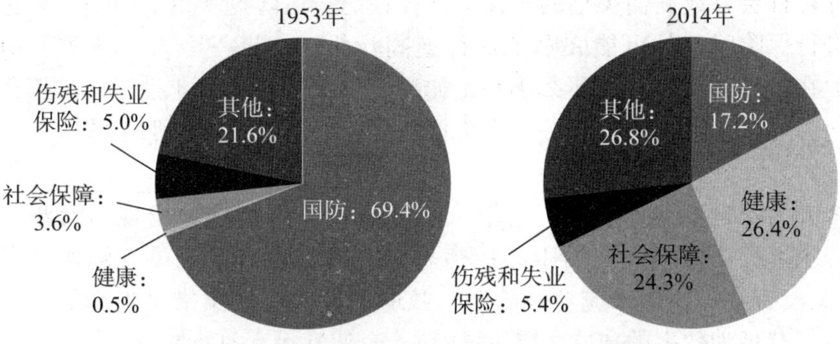

图 12-1　1953 年和 2014 年的政府功能性支出

资料来源：Office of Budget and Management (2014)；Bureau of Economic Analysis，NIPA Table 3.16.

说明：与 50 年前相比，政府现在将预算的大部分投入社会保险中。

> **社会保险计划**：为了解决私人保险市场失灵问题而由政府提供的用于应对不良事件的保险。

政府支出性质和范围的彻底改变是美国在过去 50 年里最根本的公共政策变化之一。这些成长起来的计划被统称为**社会保险计划**（social insurance programs），即为了解决私人保险市场失灵问题而由政府提供的用于应对不良事件的保险。在本章中，我们概括性地讨论美国的社会保险计划。之后的章节将着重讨论具体的社会保险计划，例如：

- 社会保障——为应对由死亡或退休造成的收入损失而提供保险。
- 失业保险——为失业提供保险。
- 伤残保险——为无法工作的残疾人提供保险。
- 工伤保险——为工伤事故提供保险。
- 国家老年人医疗保险——为老年医疗费用提供保险。

> **家计调查**：指救济获取资格取决于个人当前收入或资产水平的计划。

社会保险计划有几个共同的特点。工人通过工资税，或者通过雇主或自己的强制性供款来"购买"保险。这些保险使他们在发生一些重大的事件（例如残疾或工伤）时可以得到补偿。获得补偿资格的条件仅仅是需要在发生不良事件时仍在供款当中。补偿资格的认定通常不需要**家计调查**（means-tested）。也就是说，补偿资格不依赖于一个人的经济情况，即不依赖于这个人的当前收入或资产。

在接下来的几章中，我们将详细讨论社会保险计划，但在讨论细节之前，我们需要了解保险市场的一般经济学。本章开篇会解释保险的本质和为什么它是消费者所重视的产品。然后，我们讨论私人保险市场潜在的问题，以证明政府干预的必要性。这当中最重要的是逆向选择：事实上，被保险人对风险水平的了解要比承保人知道得更多，这可能会导致保险市场失灵。正如在本书中已经讨论过的，市场失灵可能是政府干预的正当理由。

① Krugman (2001).

然而，政府干预的价值被人们的自办保险所降低：自办保险是个人自行规避风险（例如，通过储蓄或借款）的程度，政府干预可能不会带来很大的福利，只会挤出自办保险。此外，社会（或任何类型的）保险都存在道德风险这一重要问题：当你为人们的不良事件进行保险时，你可能鼓励了这种逆向行为。如果一个人为预防工伤事故投了保，那么他在工作上可能会没那么小心；如果一个人为长期失业投了保，那么他可能不会很努力地去寻找新工作；如果一个人为他的医疗费用投了保，那么他可能会过度使用医疗资源。

只要个人为不良事件投了保，道德风险问题就会很自然地出现。因此，在这一章中，我们展示了社会保险计划的中心权衡思想：当保险市场失灵（例如，由于逆向选择），个人又没有自办保险来应对风险时，政府可以通过干预措施提高效率，但这些干预措施本身具有抵消效率的成本（道德风险），会使其目标打折扣。

12.1 什么是保险？为什么人们重视保险？

任何关于政府提供保险的讨论，都要从理解什么是保险，以及为什么保险对消费者来说是有价值的开始。

□ 什么是保险？

保险费：个人支付金钱给保险人，以便在遭遇不良事件时得到保障。

保险的提供是为了应对不同的情况，但它们有一个共同的结构。人们或者他们的代表（例如他们的雇主或父母）付款给一个私人的或者政府的保险公司。这笔支付被称为**保险费**（insurance premiums，简称保费）。作为回报，保险公司承诺会支付一定的补偿额给投保方，或其他为被保险人提供服务的第三方（如医生或汽车修理店）。这种支付要受限于一种特定的事件或者一系列事件（例如，意外事件或医生看诊）。

这种定义涵盖了存在于美国的多种私人保险产品。抽样调查结果如下所示。①

- 医疗保险：个人和雇主每年缴纳 9 170 亿美元的保险费为健康问题和与之相关的医疗费用投保。
- 汽车保险：司机每年支付 1 750 亿美元的保险费为汽车事故的损失以及盗窃投保。
- 人寿保险：个人与雇主每年支付 1 030 亿美元的保险费为死者的继承人提供收入。
- 临时性财产保险：个人和企业每年支付 4 810 亿美元的保险费为它们的房屋和其他财产应对火灾、自然灾害，以及盗窃财物投保。

□ 为什么人们重视保险？

根据在第 2 章曾讨论过的边际效用递减原理，保险对个人是有价值的。回想一

① American Council of Life Insurers (2014); Insurance Information Institute (2014); Centers for Medicare and Medicaid Services (2012).

下，我们通常假设消费的边际效用随着消费水平的上升而下降：第一块比萨带来的效用远比第五块要大。这种直观的假设意味着，人们在面对以下两种选择时，会更倾向于选择前者：(1) 两年的平均消费；(2) 一年消费过度，另一年饿肚子。人们之所以偏好两年的平均消费，是由于饥饿所带来的效用降低要大于过度消费带来的效用增加。

> **平滑消费：**把消费水平较高从而边际效用较低时期的部分消费转移到消费水平较低从而边际效用较高的时期。

例如，给定我们在经济学中通常使用的效用函数，在第一年和第二年分别消费 30 000 美元得到的总的效用水平，要高于在第一年消费 50 000 美元而在第二年消费 10 000 美元的总的效用水平。可见，第一年的消费水平从 30 000 美元上升到 50 000 美元所带来的效用增加要小于第二年消费水平从 30 000 美元下降到 10 000 美元所造成的效用损失。因此，人们想要的是**平滑消费**(consumption smoothing)：他们想把消费水平较高（从而具有较低的边际效用）时期的部分消费转移至消费水平较低（从而具有较高的边际效用）的时期。

> **世界状态：**在不确定的未来各种可能出现的结果的集合。

当结果不确定时，人们希望能够在可能的结果，或者说**世界状态**(states of the world) 间平滑消费，正如他们想在时间维度上平滑消费一样。而且，正如前面的例子所示，当第一年和第二年的消费水平相同时效用最大化。在这里，如果所有不确定情况下的消费水平相同，则效用达到最大化。

想象一下，在未来的一年中，有一定的概率你会被车撞到，因此需要花费高昂的医疗费用。这里存在两种可能性或者说是世界状态：你会被车撞到或者没有被车撞到。你的目标是在今天做出一种选择来决定每一种世界状态明天会带来的消费水平，继而使两种世界状态（发生意外或不发生意外）的效用达到最大化。

人们通过使用今天的部分收入为明天的不良事件购买保险来选择世界状态的消费水平。通过购买保险，个人承诺无论是哪种世界状态，都会支付一定数额，作为在不确定性结果是负面的（发生意外）情况下获得收益的回报。付给保险公司的钱（保险费）越多，在负面结果发生时获得的收益（保险理赔）就越大。因此，通过改变购买保险的数量，人们可以将消费从一种世界状态转移到另一种。例如，人们可以通过购买大量的保险，将有利的世界状态中（此时只支付保险费）的消费转移到不利的世界状态中（此时还可以获得收益）。

保险基础理论的基本结果是，人们有全额保险的需求，以完全平滑各种世界状态的消费。也就是说，在完善的保险市场中，人们会想要购买保险，以便无论是否发生不良事件（如被汽车撞到），他们都可以享受一样的消费水平。给定边际效用递减，与发生事故会导致消费水平降低相比，这种购买保险的行为会给予人们更高的效用水平。与本章开头所讲的跨时间例子的直觉一样：在所有世界状态下都有恒定的消费水平，要好于一种状态下高消费，而另一种状态下低消费。

□ 直觉的正式表达：期望效用模型

为了更好地理解这个困难的直觉，我们来看一下经济学家在不确定情形下建立选择模型时所使用的标准机制：**期望效用模型**（expected utility model）。该模型类似于我们在第 2 章中介绍的消费者选择模型，但它允许个人在面对不同的世界状态（而非商品集）时进行效用最大化。特别地，假设有一个不确定的结果，不良事件的概率为 p。则期望效用为：

期望效用模型：各种状态下效用的加权总和，权重为每种状态发生的概率。

$$EU=(1-p)\times U(\text{没有不良事件时的消费})+p\times U(\text{有不良事件时的消费})$$

我们可以利用这个模型来研究一个人决定购买多少保险。例如，假设山姆有 1%的概率（$p=0.01$）明年会被车撞到，且会导致 30 000 美元的医疗费。对于这笔潜在的医疗费，山姆可以选择不投保、部分投保或者全额投保，但保险每覆盖一美元的支出会花费他 m 美分的保费。因此，如果山姆购买的保险在他发生车祸时会支付 b 美元，那么他的保费为 mb 美元（例如，如果他为该风险全额投保，则需要支付 $m\times 30\ 000$ 美元）。如果山姆购买了保险，在他没有被车撞这种世界状态中，他会比没有购买保险的情况下少 mb 美元。在小概率的世界状态，即他被车撞了的情况下，他会比没有购买保险的情况下多（$b-mb$）美元（因为他支付了 mb 美元保费，而保险覆盖了 b 美元的费用）。因此，购买保险是山姆有效地将消费从消费水平较高从而边际效用较低的时期（没有被车撞），转移到消费水平较低从而边际效用较高的时期（被车撞了）的一个方式。

山姆将消费从没有意外的状态下转移到有意外的状态下的意愿，取决于保险的价格。一个出发点是假定保险公司收取的是**精算均衡保费**（actuarially fair premium）。即保险公司所收取的保费等于投保人的预期费用支出。这个假设意味着保险公司没有行政成本，且没有盈利。它们只是利用保险费来支付保险理赔。例如，如果保险公司需要支付 30 000 美元的概率为 1%，则预期支出为 300(=0.01×30 000) 美元。因此，保险公司收取的保费将为 300 美元。在这一保费水平下，给定事故的概率为 1%，则保险公司收支相抵，向每个人收取 300 美元，并支付 30 000 美元给 100 个人中的 1 个（平均每人 300 美元）。一般地，对于任何保险金额 b 美元和理赔概率 p，保险公司都将收取 $p\times b$ 美元的保费。

精算均衡保费：保费等于投保人的预期费用支出。

全额保险是最优的　期望效用理论的主要结果是：在精算均衡保费下，人们会想要购买全额保险，从而使所有世界状态的消费水平相等。这一点在表 12-1 中进行了说明。假设山姆的收入为每年 30 000 美元，并且完全被消费掉。第一行说明的是山姆没有购买保险的情况，如果他发生了车祸，则要自行支付全部医疗费。再假设他的效用函数为 $U=\sqrt{C}$ 的形式，C 表示他的消费，等于他的收入（没有储蓄）。在没有保险的情况下，山姆的期望效用为：

$$(0.99\times\sqrt{30\ 000})+(0.01\times\sqrt{0})=(0.99\times 173.2)+(0.01\times 0)=171.5$$

相反，假设山姆买了全额保险，即如果他被车撞了，则保险要支付他全部医疗费。不管山姆是否发生车祸，他都需要为保险支付 300 美元。但是如果他被车撞了，那么他不需要花费收入的 30 000 美元用于医疗费。在有保险的情况下，山姆的期望效用为：

$$\begin{aligned}&(0.99\times\sqrt{30\ 000-300})+(0.01\times\sqrt{30\ 000-300})\\&=(0.99\times 172.34)+(0.01\times 172.34)=172.34\end{aligned}$$

表 12-1　期望效用模型

如果山姆	并且山姆	消费（C）	效用（$\sqrt{C}$）	期望效用
不买保险	不被车撞（$p=99\%$） 被车撞（$p=1\%$）	300 000 美元	173.20	0.99×173.2+0.01×0=171.5
购买全额保险（300 美元）	不被车撞（$p=99\%$） 被车撞（$p=1\%$）	29 700 美元 29 700 美元	172.34 172.34	0.99×172.34+0.01×172.34=172.34
部分保险（150 美元）	不被车撞（$p=99\%$） 被车撞（$p=1\%$）	29 850 美元 14 850 美元	172.77 121.86	0.99×172.77+0.01×121.86=172.26

说明：山姆在面对被车撞的风险时可以选择购买多少保险。此表反映了山姆在被车撞和不被车撞两种世界状态下的消费和相关的效用。期望效用，即两种世界状态下的效用的加权平均（权重为每种世界状态的概率），在购买保险的情况下更高。

如果山姆购买了保险，则效用会更高，即使很有可能他最后仅仅是支付了保费而什么都没得到。这是因为在边际效用递减原理下，山姆想通过保险在两种世界状态中平滑消费。此外，与其他任何水平的收益 b 相比，山姆会更偏好 30 000 美元的全额保险。例如，假设山姆只选择了 15 000 美元的保险，即发生车祸时成本的一半。在这种情况下，山姆只要支付全额保险一半的保费，即每年 150 美元。但他的效用会下降到 172.26，低于购买全额保险时的效用水平。

因此，即使保险是昂贵的，只要它的价格（保费）是精算均衡的，那么人们就会想要针对不利事件进行全额投保。本章附录对这种直觉进行了数学形式化。这里的关键理论是：在精算均衡保费下，保险市场的有效市场结果是全额保险，也就是完全的消费平滑。①

风险厌恶的作用　不同个体之间有一个重要的区别在于他们愿意承担风险的程度，或者说他们的**风险厌恶**（risk aversion）水平。风险厌恶水平很高的人是消费边际效用迅速递减的人。他们非常害怕消费下降，并且愿意牺牲状况良好时的部分消费，以确保自己在遭遇坏状况时消费不会大幅下降。② 风险厌恶程度较低的人是消费边际效用下降较慢的人。他们在状况良好时不愿意牺牲太多来保障在状况糟糕时的消费。当保险是精算均衡定价时，任何程度的风险厌恶者都会想要购买保险。只要边际效用是递减的，那么消费平滑就是有价值的。但是当保费不是精算均衡保费时，也就是我们接下来要讲的在某些情况下，即使风险厌恶程度较低的人不愿意购买保险，非常厌恶风险的人也可能愿意购买保险，因为后者在状况良好时愿意牺牲的消费大于前者。

风险厌恶：个人愿意承担风险的程度。

① 当然，在不利事件发生时，你的消费偏好发生改变也是有可能的。例如，如果你是残疾人，你需要的消费（除了保险覆盖的医疗支出以外的消费）可能更少，因为你不需要支付工作费用，参加的娱乐活动也没有之前多，等等。在这种情况下，你不会想要完全的消费平滑。最大化效用意味着当你残疾时允许消费下降。这被称为状态依赖的效用函数。这里我们忽略了这种情况，并假设人们在所有状态中对消费的偏好都是一样的（无论不利事件是否发生）。由于这个假设，所有不利事件所做的仅仅是改变预算约束，而不是效用函数。然而最近的研究已经开始质疑这个假设。Finkelstein，Luttmer et al.（2009）回顾了一系列的研究，这些研究表明，当人们生病时，边际效用似乎真的会下降。

② 更一般地，风险厌恶的程度与效用函数的形状之间的关系更为复杂，但下降速度更快的边际效用等于更高的风险厌恶程度这一观点是相当普遍（有用）的一个直觉。

12.2 为什么有社会保险？信息不对称和逆向选择

如果世界如 12.1 节所述的运作，则不需要政府干预保险市场：人们会在私人市场中以精算均衡价格购买全额保险。然而这种政府干预广泛存在且在不断增长。在本节中，我们回顾经济学家所提出的最常见的政府干预保险市场的动机：承保人与被保险人之间的信息不对称导致逆向选择问题。

□ 信息不对称

信息不对称：市场中买方和卖方可获得的信息存在着差异。

保险市场的特点就是**信息不对称**（information asymmetry），即市场中买方和卖方可获得的信息存在着差异。当人们比保险公司知道更多关于自己的潜在风险水平，信息不对称就会出现在保险市场中。这种不对称会导致竞争市场的失灵。

由信息不对称所导致的市场失灵在二手汽车市场中得到了很好的说明，诺贝尔经济学奖获得者乔治·阿克洛夫（George Akerlof）在 1970 年使用了这个例子。[①] 二手车卖家知道他们的汽车的问题，而潜在的买家并不知道。人们出售汽车可能是因为他们的车是一辆“柠檬车”，即有严重缺陷的车。汽车的购买者并不知道他们要买的是不是一辆“柠檬车”，他们不能完全信任卖家所提供的信息，因为卖家就是想要将“柠檬车”卖给毫无警惕的消费者。因此，买家可能会干脆避免二手车市场。结果是，二手车市场的整体需求很低，二手车的卖家所得到的钱平均会低于车的价值。即使你的车况良好，并且你愿意证明这一点，购买者仍旧不会支付足够的价格，因为他们没办法确定你是诚实的。你可能不愿意将你的高品质的车以低价售出，二手车的交易则可能无法达成。

结果就是市场失灵，由于信息不对称，一些买卖双方都觉得有价值的交易没有达成。买家可能会非常乐意付高价钱买高品质的二手车，卖家也会很愿意以高价出售。然而买家担心会得到一个“柠檬车”的事实阻碍了交易的发生。

二手车市场的缺陷产生于卖家比买家多知道的信息，这使得该市场的买家都是小心谨慎的。在保险市场，信息不对称是相反的：保险的购买者对所投保的风险知道得比卖家（承保人）多。在这种情况下，保险公司将会不愿意出售保险，例如，它们会担心有问题的人才会需要保险，或者只有快要丢掉工作的人才会需要失业保险。因此，保险公司会收取高于精算均衡价格的保费，或者如果它们极度怀疑一个人的风险状况，则干脆不卖保险。下一节运用了医疗保险市场的例子规范化地阐述了这种直觉。

□ 完全信息的例子

设想有两个组，每组 100 人。一组是粗心组，在过马路时心不在焉，结果，这个组的成员每年会有 5%的概率被车撞到。另一组是细心组，在过马路之前总是先左右看，该组的成员每年只有 0.5%的概率被车撞到。这两种不同类型的行人对保险市场有怎样

① 原文参见 Akerlof (1970)。

的影响呢？结果取决于我们对个人和保险公司所能获得的相对信息的假设。

例如，假设保险公司和过马路的人有充分的信息知道谁是细心的，谁是粗心的。在这种情况下，保险公司对粗心组和细心组会收取不同的精算均衡价格。粗心组的人每一美元保额需要支付 5 美分的保费，而细心组的人只要支付 0.5 美分。在这些精算均衡价格下，两个组里的人都会选择全额保险（在 12.1 节已经证明）。粗心的人每年支付 1 500(＝30 000×0.05) 美元的保费，细心的人每年支付 150(＝30 000×0.005) 美元的保费。保险公司将获得零利润，社会将达到最优结果（每一组都被全额保险）。

表 12－2 的第一行说明了完全信息的例子，此时两组消费者面对的是不同的保费。在这些价格下，100 个细心的人支付总额为 15 000 美元的保费，100 个粗心的人支付总额为 150 000 美元的保费。总保费为 165 000 美元。保险公司预计：在 100 个细心的消费者中将有 0.5 起事故发生，理赔额为 15 000(＝0.5×30 000) 美元；在粗心的消费者中将有 5 起事故发生，理赔额为 150 000(＝5×30 000) 美元。因此，总的预期理赔额为 165 000 美元，保险公司收支平衡。

表 12－2　不同消费群体的保险定价　　单位：美元

信息	定价方法	每个粗心者的保费（100 人）	每个细心者的保费（100 人）	保费总额	总理赔额	保险公司的净利润
完全	分别定价	1 500	150	165 000 (＝100×1 500＋100×150)	165 000	0
不对称	分别定价	1 500	150	30 000 (＝0×1 500＋200×150)	165 000	－135 000
不对称	平均定价	825	825	82 500 (＝100×825＋0×825)	150 000	67 500

说明：如果保险公司对保险购买者是粗心的还是细心的拥有完全信息（第一行），则他会向粗心者收取 1 500 美元的保费，向细心者收取 150 美元，净利润为 0。如果被保险人知道自己是粗心的还是细心的，但是保险公司不知道，则保险公司会试图对两个组别分别定价（第二行），或者对所有人实行统一定价（第三行）。在这两种情况下，保险公司都会由于逆向选择而遭受损失，因此不会提供保险，从而导致市场失灵。

□ 信息不对称的例子

现在假设保险公司知道有 100 个粗心的消费者和 100 个细心的消费者，但它不知道每个人属于哪个组。在这种情况下，保险公司可以采取以下两种做法。

第一种做法是保险公司可以询问个人是细心的还是粗心的，然后通过分别定价来提供保险，如表 12－2 的第二行所示。如果你说你过马路时很小心，那么你只需要支付 150 美元的保费。如果你说你很粗心，则要付 1 500 美元。然而在这种情况下，所有的消费者都会说自己是细心的，这样他们可以用每年 150 美元购买保险。谁会愿意支付十倍的保费呢？从消费者的角度来看，这是一个很好的结果，因为每个人都享受了全额保险并且支付了较低的保费。但是保险公司呢？公司每年收取的总保费为 30 000(＝200×150) 美元，然而预计要对粗心的人进行 5 起理赔，对细心的人进行 0.5 起理赔，总成本为 165 000(＝5.5×30 000) 美元。在这个例子中，保险公司每年的损失是 135 000 美元。在这些条件下，公司很明显不会提供任何保险。因此，市场会失灵，消费者无法得到最优的保险金额，因为保险不会被提供。表 12-2 中的第二行对此结果进行了总结。

另一种做法是保险公司也可以承认不知道谁是细心的、谁是粗心的，继而按照平均成本来提供保险。也就是说，保险公司知道有 100 个粗心的和 100 个细心的消费者，因此平均每年保险公司都要进行 165 000 美元的理赔。如果他向 200 个人中的每个人收取 825 美元，那么理论上，保险公司就能够收支相抵。

那么到底能不能收支相抵呢？细心的消费者都面临着以 825 美元的价格购买保险或者不买保险的选择。细心的消费者会认为这是一个糟糕的交易，因为他们只有 0.5%的概率被车撞到，所以他们不会购买保险。然而同时，所有粗心的消费者都会认为这是一个很棒的交易，因此他们会买保险。保险公司一共可以收取 82 500 美元的保费（100 个粗心的消费者所支付的），但是需要理赔 150 000(=30 000×5) 美元给粗心的消费者，因此保险公司仍然是亏损的。此外，有一半的消费者（细心的人）的理想情况是选择一个能够覆盖车祸风险的全额保险，但是最后没有保险。再一次地，市场未能给两种类型的消费者提供最优的保险金额。这一结果反映在表 12-2 的第三行中。

□ 逆向选择问题

> **逆向选择**：投保人比保险公司更了解自己的风险水平的事实或许导致最有可能产生不良结果的人选择购买保险，因此，保险公司如果提供保险，则会赔钱。

上一节中的细心和粗心的例子是关于保险市场的信息不对称问题的例子。**逆向选择**（adverse selection）问题是：投保人比保险公司更了解自己的风险水平的事实或许导致最有可能产生不良结果的人选择购买保险，因此，保险公司如果提供保险，则会赔钱。我们在例子中阐述了逆向选择问题的一般运作。只有保险对于他们来说是公平交易的人才会购买保险。如果价格为高费用和低费用的群体的平均值，那么只有高费用群体中的人会认为这一保险是公平交易。对他们来说，这实际上比公平交易更好。如果只有高费用（发生不良结果风险最高的）群体购买（选择）保险，那么保险公司会赔钱，因为它收取的是平均价格，却需要支付粗心的人的高昂预期费用。如果保险公司知道提供保险就会赔钱，那么就不会提供保险。结果是在这种情况下，任何类型的消费者都得不到保险。

因此，逆向选择会导致保险市场失灵，市场最终可能会崩溃。这种结果之所以可能发生，是由于没有公司想要以单一的、平均的价格来提供保险，也就是没有公司会提供保险。例如，在 20 世纪 80 年代，加利福尼亚的保险公司——健康美国公司（Health American Corporation）开始拒绝所有在旧金山居住的想要投保医疗保险的人，因为该公司认为这里的艾滋病过于普遍。根据旧金山地区检察官的说法，健康美国公司会假装对旧金山申请人进行审查，但实际上仅仅是将申请放在抽屉里，几个星期之后就会寄出拒绝信。[①]

这是一个市场失灵的例子。因为在完全信息下，就算艾滋病的风险较高，保费会高一些，旧金山的人还是能够以精算均衡价格买到保险。

---

① *Journal of Commerce* (1988).

□ 信息不对称必然导致市场失灵吗？

是否只要存在信息不对称，保险公司就注定会失灵？不一定。首先，大多数人都很厌恶风险。风险厌恶者因为非常重视为不利事件投保，因此他们愿意支付高于精算均衡的价格来购买保险：他们愿意在精算均衡价格的基础之上，再支付**风险溢价**（risk premium）。在我们的例子中，可能细心的人非常厌恶风险，害怕没有保险，他们甚至愿意以平均价格来购买保险。也就是说，即使细心者的精算均衡价格是 150 美元，市场收费是 825 美元，风险溢价是 675(＝825－150) 美元，他们还是会购买保险。这种情况在学术上被称为**混同均衡**（pooling equilibrium），在这一市场均衡中，不同类型的人群都选择购买全额保险，即使这种保险并非对所有人都是公平定价的。

> **风险溢价：** 风险厌恶者愿意为保险支付的超过公平价格的金额。
>
> **混同均衡：** 在该市场均衡下，不同类型的人群都选择购买全额保险，即使这种保险并非对所有人都是公平定价的。

即使没有混同均衡，保险公司也可以通过对不同产品分别定价的方法来解决逆向选择问题。考虑我们的例子中逆向选择的来源：粗心者假装成细心者来获得便宜的保险。保险公司想要人们显示自己的真实类型（粗心的或细心的），但是公司面临着我们在公共品中遇到的偏好显示问题。即使人们不愿意自愿显示他们的偏好，他们也可能在做出选择时不自觉地暴露了自己的类型。

假设保险公司提供了两个政策：对 30 000 美元事故医疗费的全额覆盖，价格为 1 500 美元（粗心者的精算均衡价格）；对 10 000 美元医疗费的保险覆盖，价格为 50 美元（细心者在此水平下的精算均衡价格）。如果提供了这两种产品，粗心者可能会购买较昂贵的保险，而细心者会购买较便宜的保险。这一结果的产生是由于粗心者发生事故的概率较高，他们不想承担只有 10 000 美元保额的风险。他们宁愿支付一个较高的价格，以确保自己是全额投保的。然而细心者能够承担这种风险，因为他们发生事故的概率非常小。通过对不同的产品进行区别定价，保险公司使消费者自己暴露了真实类别。这一市场均衡被称为**分离均衡**（separating equilibrium）。

> **分离均衡：** 不同类型的人购买不同类型的保险产品的市场均衡，这些产品显示了他们的真实类型。

听起来遥不可及吗？考虑 30 年前在医疗保险市场发生的事情。在那个时候，保险公司以一个统一的高价格为所有消费者提供非常慷慨的保险。然而，随着医疗保险成本逐步上升，公司无法利用这一策略获得利润。为了应对更高的成本，保险公司开始提供两种产品：传统的保险计划，以及一个叫作健康维护组织（HMO）的新产品。HMO 严密监督所提供的服务，例如，可以看诊的医学专家少很多。但 HMO 的溢价要低得多。结果是，大部分健康的消费者都转移到了这一新的成本相对较低/收益相对较低的选项：经典的分离均衡，在第 15 章中我们会对这一结果进行详细的讨论。

然而，与混同均衡不同，分离均衡仍然代表着市场失灵。粗心的人能够得到他们在完全信息模型中能够得到的，即（他们愿意支付的）高价格下的全额保险。然而细心者却没有得到第一选择，没能以较低的精算均衡价格获得全额保险。为了解决市场失灵，保险公司强迫细心者在非常昂贵的全额保险和较便宜的部分保险当中进行选择。由于很多细心者会选择部分保险，因此这不是最优的解决办法：最优情况是两个群体都以反映了相对风险的价格获得全额保险。因此，即使有不同的产品，逆向选择问题仍然可以阻碍市场达到有效率的结果。

☞应用

逆向选择和健康保险的“恶性循环”

经验费率：对保险征收的费率是已实现结果的函数。

关于逆向选择在健康保险市场中造成损失的一个特别引人注目的例子来自哈佛大学的卡特勒和雷伯(Cutler and Reber，1998) 的一项研究。哈佛为其雇员提供一系列的健康保险计划，其中的一些比其他的要慷慨很多 (例如，覆盖更昂贵的医疗程序)。保险公司对该大学收取的保险价格是每个计划参与人使用保险来支付医疗费用的金额的函数。例如，如果一个计划当中有很多身体不好的参与人，那么成本就会更高，保险公司就要向学校收取更高的保费。这样的定价机制被称为**经验费率** (experience rating)：对保险征收的费率是已实现结果的函数。这是精算调整的一种“事后”等价：精算调整收取的价格是基于预期的经验，经验费率收取的价格是在实际的或已实现的经验基础之上。

健康保险计划的成本由哈佛大学和员工共同分担。传统上，学校通过支付更慷慨、更昂贵的健康保险计划的大部分保费，使其雇员无论选择哪种计划，都有类似的成本。因此，从雇员的角度来讲，选择更昂贵、更慷慨的保险计划所带来的惩罚相对较小。然而在 1995 年，哈佛大学改为无论计划的成本是多少，学校只为每种计划支付等额的保费，因此雇员如果想要购买较昂贵、较慷慨的保险计划，则需要支付更多。

卡特勒和雷伯发现，这一新的制度大大增加了哈佛健康保险计划的逆向选择问题。在 1995 年之前，许多健康的人会选择慷慨和昂贵的计划，因为价格都是相似的——这时存在一个混同均衡，即身体欠佳的人和健康的人都选择慷慨的 (全额) 保险。然而当雇员需要为慷慨的保险支付更多时，一些健康的参与人选择了更便宜的计划，身体不好的人则继续选择更慷慨的计划。也就是说，保险群体转变为分离均衡，健康的人以更便宜的价格获得较少的保险，病弱的人以高价获得更为慷慨的保险。

然而，由于这些病弱的雇员使用的医疗费用高得多，使得较慷慨的保险计划的经验费率溢价 (反映参与人的平均医疗效用) 大幅上升。在哈佛大学的新制度 (学校负担固定数额的成本，不管计划的总成本是多少) 下，这些慷慨计划的成本上升完全由计划的参与人承担，使得更多的健康雇员退出了慷慨的计划，而加入可以负担得起的计划当中。这导致了一个恶性循环，更高的保费使得健康的人放弃慷慨的计划，导致计划的成本更加高昂 (因为剩下的参与人平均来讲更加病弱)，继而导致更多健康的人退出计划。这一恶性循环一直持续到 1998 年，最慷慨计划的价格太高以至于保险公司不再继续提供。正是这种逆向选择导致了保险计划的“恶性循环”。

这显然是一个无效率的结果，因为想要非常慷慨的保险的人就算出再高的价钱都买不到这种保险。哈佛大学雇员的保险市场是失灵的，该市场不再提供需求等于 (或高于) 成本的产品。这一案例研究阐述了逆向选择是如何造成市场失灵的。

□ 政府如何解决逆向选择问题?

有许多潜在的政府干预措施可以解决逆向选择问题。假设在细心/粗心的行人的例子中，政府要求每个人以每年 825 美元的平均价格购买全额保险。这一计划的结果将是有效的，因为两种类型的行人都拥有了全额保险。然而对于细心的消费者来说，这并不是一个有吸引力的计划，他们可以认为，这项计划通过让他们支付高于风险基础的保费来支持这一市场，实质上是一种征税。也就是说，当保费为 825 美元时，很多细心的消费者会偏好于不投保，而不是被强制购买全额保险，因此政府让他们的状况变糟了。

另一种选择是公共提供：政府可以将全额保险提供给两种类型的消费者，这样所有的消费者都能享受最优的保险水平。或者，政府可以给每个人提供私人购买全额保险的补贴，以促进（最优的）全额保险的购买。然而这些政府措施都是需要财政支持的。如果干预措施的财政资金是对所有消费者平等收取的，那么会和强制情形下的情况相同：细心的消费者需要花费的钱会超过他们自愿为全额保险支付的钱（此时是以缴税而非保费的形式）。因此，政府可以通过多种途径解决逆向选择问题，以提高市场效率，但是这些途径都包含了将资源从健康的人手中转移到体弱的人手中的再分配过程，这种再分配是相当不受欢迎的。

12.3 政府干预保险市场的其他原因

逆向选择是政府干预保险市场的最普遍的原因，但不是唯一的。其他的政府干预理由包括以下几种。

□ 外部性

政府干预保险市场的一个经典原因是保险不足给他人带来的负外部性。正如在第 1 章讨论过的，你没有保险可能会成为我生病的一个原因，因此造成了一个负的物理外部性。或者，如果你没有汽车保险，却在一场车祸中把我撞伤了，那么我的承保人和我自己需要承担我所受伤害的费用，也就是一种负的财务外部性。正如第 5 章和第 6 章中政府为了解决外部性问题而干预市场一样，政府同样可以通过补贴、提供或者强制保险覆盖等方式在保险市场中这么做。

□ 行政成本

国家老年人医疗保险计划的行政成本大约为理赔额的 1.35%。另外，私人保险公司的行政成本约为理赔额的 15%。① 为什么行政管理成本很重要？回到完全信息的情况，即保险公司可以对粗心的和细心的消费者进行合理定价。我们提到过，这种情况下的保险公司会向细心的消费者收取 150 美元，向粗心的消费者收取 1 500 美元。且在此

① 国家老年人医疗保险计划的数据来自 Centers for Medicare and Medicaid Services (2014)。2011 年，总的理赔额为 5 413 亿美元，总的行政成本为 78 亿美元。私人保险的数据来自 Kaiser Family Foundation (2012)。

价格水平下，所有的消费者都会全额投保。然而，如果保险公司的行政管理费用为保费的 15%，那么它需要向细心的消费者收取 172.50(=150×1.15) 美元，向粗心的消费者收取 1 725(=1 500×1.15) 美元来达到收支平衡。在这些较高的（非精算均衡）价格下，部分没有那么厌恶风险的消费者可能决定放弃购买保险。这样，行政管理的非效率可能导致市场失灵，因为不是所有人都处于最优情况下的全额投保状态。

□ 再分配

在信息充分的情况下，最优的结果是粗心的消费者支付细心消费者十倍的价钱。从分配的角度来讲，这一结果对于很多社会群体来说可能并不是那么令人满意。政府可能想要通过对低风险人群征税，将收入用于补贴高风险人群的保费来对保险市场进行干预，使得保险成本的分配更加平均。

有趣的是，令私人保险市场运行更完善的技术同时是使再分配问题恶化的罪魁祸首。例如，基因检测最终可能允许保险公司通过检测人们的身体状况继而精确地预测出他们的医疗成本，从而消除信息不对称问题。然而这样的检测意味着，基因注定有问题的人将要支付比其他基因健康的人更多的保费。现代社会会容忍这样一个对不幸患有基因病的人群收取多几倍的保险费的保险市场吗？

□ 家长主义

家长主义是所有社会保险计划的另一个主要动机。政府可能只是单纯地认为如果政府不强迫人们去投保，那么他们就不能合理地为自己的风险进行投保。这种干预动机与市场失灵无关。相反，它与人们不能最大化自己的效用有关。因此，政府可能会坚持为了人们自身的利益而提供社会保险，即使他们自己在一个完善的私人市场中并不会选择这样做。

☞应用

水灾保险和撒玛利亚困境

社会保险的另一个理由名为撒玛利亚困境。富有同情心的政府很难忽视遭遇不良事件的个人，尤其是当错不在这个人的时候。当灾难来临，政府会转移资源来帮助人们重建家园。由于人们知道当发生不测时，政府不会抛弃他们，因此他们不会采取预防措施（导致道德风险问题，我们在之后会说明）。结果，善良的撒玛利亚政府为这些风险行为埋了单。

应对洪水损毁房屋的保险是撒玛利亚困境的一个例子。理论上，应有一个完善的水灾保险市场：因为承保人至少和房屋所有人一样了解每个房子所面临的洪水风险，逆向选择在这个市场中并不是主要问题。然而，20 世纪 60 年代末之前，即使是在最危险的洪水高发地区，也很少有房主为自己的房子投水灾保险。因为个人和企业知道，如果他们遭遇了洪水，则会收到联邦的灾难救助，因此没有理由让自己为这种不测进行投保。这种政府安全网导致了人们继续在洪水及其他自然灾害高发的地区开发住宅小区。

为了减少纳税人资助的防洪支出以及灾难救助，并将部分负担转移给受益人自己，联邦政府于 1968 年建立了国家水灾保险计划（National Flood Insurance Program，NFIP）。[①]

① Drew and Treaster (2006).

在该计划下，联邦紧急事务管理署（Federal Emergency Management Agency，FEMA）绘制出了美国泛滥平原上的特殊洪涝灾害地区——在任一年份都有1%的概率发生洪灾的地区。位于特殊洪涝灾害地区的社区被给予通过NFIP购买水灾保险的选项，但它们必须采纳并执行联邦的泛滥平原管理办法。如果一个社区同意参加NFIP，那么对自身风险进行评估并决定是否购买水灾保险政策的责任就落到了社区的房主和企业主身上。通过NFIP的制度安排，大多数政策由主要的财产保险公司制定，这些保险公司收取保费并在扣除了参与费用之后将这些保费交给国家水灾保险计划。NFIP的财务责任由其保费收入来完成。然而在紧急情况下，NFIP也是被允许向美国国库提出借款的。[①]

自1969年以来，联邦紧急事务管理署声称，NFIP已经支付了511亿美元的损失费用，如果没有NFIP，这些损失将需要由以纳税人为资金来源的灾难救助或者直接由受害者自己承担。此外，FEMA声称，NFIP的泛滥平原管理办法显著降低了洪灾损害的频率和严重程度：根据NFIP标准建设的房屋结构所遭受的损失降低了80%，且这些建筑限制估计每年可节省10亿美元。[②]

然而，NFIP在2005年卡特里娜飓风过后的种种失败表明，这一计划并没有达到原定的很多目标。在飓风发生的几周后，数据显示，接近一半的受害者没有水灾保险。另外，拥有水灾保险的人的250亿美元的索赔额直接导致这一每年仅收取22亿美元保费的计划破产。最后，FEMA被迫向国库借款175亿美元来履行其义务。[③]

NFIP的失败是由多方面的原因导致的。即使是在NFIP的成员小区中，也有很多人是没有支付保险的。[④] 独立保险代理人以及经纪人协会（Independent Insurance Agents and Brokers Association）的水灾项目经理琳达·麦基（Linda Mackey）认为："在每一次灾难性的事件过后，我们都会看到更多关于水灾保险的请求。通常情况下，他们最后会意识到自己可能处于危险中，然而只购买到下一次灾难发生前就已经过期的保险，然后急忙进行第二次购买。"[⑤] 这是一个经典的现实撒玛利亚困境的例子：如果在灾害发生时，政府将继续向人们提供帮助，没有法律要求人们购买水灾保险，那么为什么要买保险呢？事实上，联邦政府还是会继续修缮沿飓风多发地区的沿海基础设施，这些地区包括路易斯安那州、新泽西州、佛罗里达州和马萨诸塞州。[⑥]

由于该计划未能满足卡特里娜飓风的灾民的需要，国会于2007年通过了《水灾保险改革和现代化法案》（Flood Insurance Reform and Modernization Act）。该法案免除了FEMA欠国库的债务，并允许FEMA增加最多25%的水灾保险保费，包括在高风险地区收取更高的保费。虽然这项法案使政府政策向更合理的方向发展，但是只有部分房主参与该计划这一根本问题仍然存在（并且这一问题可能随着保费上升而进一步恶化）。伊万斯（Evans，2007）写道："到目前为止，国会所做的仅仅是提高了计划的借款限额，实质上是将一系列不可靠的借据交给了纳税人。"

---

① Federal Emergency Management Agency (2014).

② Federal Emergency Management Agency (2002).

③ Congressional Budget Office (2007).

④ Federal Emergency Management Agency (2015).

⑤ 参见Pasha (2005)。关于这一现象的直接证据，参见Gallagher (2014)。

⑥ Koebler (2012).

2012 年夏天，国会通过了《毕格特洪水法案》(Biggert-Waters Flood Act)，并得到了两党的支持。在卡特里娜飓风导致 NFIP 破产并暴露了其诸多缺陷之后，该法案旨在寻求这些问题的解决办法。被认为是“重复性损失财产”的房屋（即反复被淹没的房屋）会面临更高的保费，同时，技术测绘咨询委员会（Technical Mapping Advisory Council）得以成立，以便对洪灾多发区进行更准确的测绘。许多人称赞该立法是将成本负担从纳税人那里转移到私人市场、削减政府支出，以及准确评估气候变化和海平面上升成本的一种方式。然而，其他人则担心洪水保费上涨会对目标地区的房主产生不利影响，并可能导致他们完全避免保险购买。因此，2014 年 3 月，在《毕格特洪水法案》实施不到两年后，国会通过了《房主洪水保险平价法案》（Homeowners Flood Insurance Affordability Act，HFIAA)。该法案废除了《毕格特洪水法案》的多项内容，它降低了先前的保费增加幅度，同时对已废除的加价进行退款。虽然费率仍然可能上升，但是会采取逐渐增加的方式，而不是立刻全面上涨。[①]

很明显，关于洪水保险的辩论远未结束，并且将继续围绕着保护联邦洪水救助成本的目标，以防止公平定价的保险对洪灾多发区施加较高的成本。

12.4 社会保险 vs. 自办保险：消费平滑是多少?

自办保险：个人应对逆向事件时平滑消费的手段，例如使用自己的储蓄、家庭成员的劳动供给，以及向朋友借钱等。

我们刚刚提到的观点给出了大量原因来解释为什么私人保险市场可能无法使风险厌恶的人满足他们的消费平滑欲望。但这些观点并不意味着消费平滑是完全不可能的，因为人们可能有其他私人手段来平滑消费，比如使用自己的储蓄、家庭成员的劳动力供给，以及向朋友借钱等。社会保险的合理性取决于在消费者采取一定的私人方式进行消费平滑的前提下办理社会保险的必要程度。为了方便说明，我们将其他形式的消费平滑称为**自办保险**（self-insurance)，虽然在这些形式中很多并不是保险。如果人们在面对不良风险时普遍拥有自办保险，那么社会保险的收益就会减少。

□ 例子：失业保险

为了更好地理解自办保险是如何起作用的，让我们考虑失业保险的情形，该保险为失去工作的人提供收入。人们通常不会有私人形式的失业保险，但他们可能有其他的办法在失业期间平滑消费（自办保险）：

- 他们可以使用自己的储蓄。
- 他们可以通过抵押贷款（例如用家中的财产做抵押）或非抵押借款（例如信用卡）的形式借钱。

① 参见 Berry (2014) 以及 Federal Emergency Management Agency (2014)。正如 Knowles (2014) 在说明这一立法时指出的：“这是目光短浅的做法，他们将实际的灾难政策改革推迟到了下一次风暴之后。”

- 其他的家庭成员可以增加劳动收入。
- 他们可以接受亲戚、朋友或地方组织（如教堂）的资助。

社会保险计划作为一个平滑消费的来源，其重要性取决于自办保险的可得性。如果没有自办保险，那么社会保险将提供一个重要的消费平滑的来源。我们一旦允许自办保险这一私人形式的消费平滑，就会遇到与第7章讲公共品时遇到的类似问题：公共干预（社会保险）可能会挤出私人供给（自办保险）。如果社会保险仅仅是挤出了自办保险，那么社会保险就不存在消费平滑的净收益。鉴于提高政府收入会带来效率成本（参见第20章），因此无法提供消费平滑收益的（仅仅是挤出了私人收益来源的）保险市场干预是很难站得住脚的。

例如，想象失业人员的三种不同情形：一个极端情形是，这个人失去工作时没有自办保险——没有储蓄，没有信用卡，也没有朋友可以借钱。如果没有失业保险，这个人的消费将降低到零。每一美元的失业保险使他的消费增加1美元。在这种情况下，失业保险扮演着完全平滑消费的角色：没有自办保险的挤出（因为没有自办保险），每一美元的失业保险直接减少了由失业导致的消费下降。

另一个极端是拥有完全自办保险的情形。例如，可能存在以精算均衡价格出售的私人失业保险产品，或者失业工人的父母可能很有钱，乐意在他需要钱的时候借钱给他。从本章前半部分关于保险理论的内容中我们了解到，在没有政府干预的情况下，个人会选择全额保险，这意味着个人在失业时会选择完全平滑其消费。如果没有公共保险，则购买私人保险；如果有公共保险，则选择公共保险。在这种情况下，即使是零替换率（没有失业保险），失业工人的消费在失业时也不会下降，自办保险使他能够完全维持所需的消费水平。每一美元额外的失业保险并不会改变消费平滑程度，因为消费平滑已经处于期望水平（不管失业保险的慷慨程度有多高，消费的变化始终是零）。失业保险福利增加仅仅影响个人购买私人保险或从父母那里借钱的程度。在这种情况下，失业保险不会起到消费平滑的作用，只扮演着一个挤出的角色：每一美元失业保险仅意味着少了一美元的自办保险。

这个例子虽然是假设性的，但是并非不可能。我妻子的姑妈在中西部地区一家很大的制造公司工作，这个公司每年夏天都会停业，但基本上承诺会在之后的秋天重新雇用员工。在这一年里，她从收入中拿出一部分储存起来，并且每个夏天都很开心地去做她的州冠军垒球投手！随着她所在的州的失业保险慷慨程度不断上升，她只是减少了储蓄，维持了她想要的消费平滑水平。失业保险没有给她平滑自己的消费带来任何帮助，仅仅是减少（挤出）了她每年需要储蓄起来以保证不变的消费水平的数额。

最后，考虑一种中间情形，假设有个人只有“不完全的”或者说“部分的”自办保险。例如，他可以借钱，但是利率会更高；或者他可以向父母借钱，但借得越多，愧疚感越大。在没有失业保险的情况下，这个人只能使用一部分自办保险，因为拥有的自办保险不完全。因此，她将能够在一定程度上平滑消费，但不能（像拥有完全自办保险时）完全平滑，因为这种自办保险较为昂贵。在这种情况下，随着失业保险的增加会发生什么？每一美元的失业保险当中，有一部分会被失业工人用来增加消费平滑程度，另一部分则用来减少这种不完全的自办保险，也就是有自办保险的挤出，不过是部分挤出。每增加的一美元失业保险当中，有多少用来平滑消费，有多少用来减少自办保险，取决于消费的相对价值与自办保险的成本之间的比较。

总而言之，失业保险对消费平滑和挤出的影响取决于自办保险的程度。如果没有自办保险，失业保险将扮演100%消费平滑的角色：每一美元的失业保险直接转化为一美元的消费。同样，没有自办保险时，失业保险也没有挤出效应，因为没有任何东西可以被政府计划挤出。随着自办保险的增加，失业保险提供的消费平滑量下降，因为个人拥有可以依赖的自办保险。

因此，自办保险的可得性决定了社会保险对于遭遇不良事件的人们的价值。如果自办保险非常不完善或者非常昂贵，那么社会保险就是有价值的，因为它可以加强消费平滑的程度。如果自办保险几乎是完善的，那么社会保险就没那么有价值，因为它仅仅是挤出了自办保险。[①]

□ 社会保险消费平滑作用的启示

我们使用的例子虽然是针对失业保险的，但是得到的经验结论对于所有我们在接下来的几章会讲到的社会保险计划来说，都是适用的。例如，在第13章中我们会讨论，退休自办保险的一个重要来源是个人储蓄。那么提供退休收入的社会保障计划在多大程度上只是挤出了人们为退休所进行的储蓄？在多大程度上这一计划提供的是工作到退休期间的消费平滑？我们将在下一章中处理这些具体问题。

在一般情况下，社会保险对平滑消费的重要性取决于以下两个因素。

- 事件的可预测性：对于可预测的事件，社会保险所起到的消费平滑作用较小，因为人们可以自己通过其他途径（例如储蓄）为可预测的事件做准备。因此，当事件不可预测的时候，社会保险的收益是最大的。
- 事件的成本：对于为期几周的失业来说，储蓄或借款可能是可以平滑消费的渠道，但如果由于长期或永久的残疾而失业，这两种途径则不一定可行。因此，当事件的成本很高时，社会保险的收益是最大的。

理解社会保险计划提供的消费平滑程度对于评价本章的核心权衡问题是十分重要的。社会保险的收益是由该计划所提供的消费平滑数额来衡量的。接下来，我们探讨成本的度量问题。

12.5 保险的问题：道德风险

道德风险：个人或生产者为了应对保险合同中不利结果的产生而采取逆向选择的行为。

我们在第5章讨论外部性时，分析是很直接的：市场失灵时，政府原则上可以通过迫使相关参与人将他们造成的外部成本（收益）内部化来实现效率。然而，由于保险市场存在另一个信息不对称问题——**道德风险**（moral hazard）问题，当政府干预保险市场时，分析会变得更复杂。道德风险指的是保险在应对不良事件时鼓励

① Chetty and Looney (2006) 基于发展中国家的背景对这一点进行了很好的讨论。

了人们的逆向行为。道德风险是保险市场的一个核心特征：如果一个家庭为其房子购买了火灾保险，那么其房屋内可能就不会常备灭火器；如果人们拥有健康保险，则他们为防止生病而采取预防措施的可能性就会相对较小；如果工人享有失业保险，他们可能就不会努力寻找新的工作。正如莎士比亚（Shakespeare）在《雅典的泰门》（*Timon of Athens*）第三幕场景 5 中写道："没有什么比仁慈更加纵容罪恶了。"

道德风险的存在意味着政府应风险规避者的需求而提供全额保险不一定是最优的。考虑工伤保险——一个为员工的工伤投保的 620 亿美元的项目（将在第 14 章详细讨论）的例子①：显然，在工作中受伤是一件坏事，所以人们想投保。然而，工伤保险中存在一个很严重的问题：工人是否真的受伤，以及是不是在工作中受的伤，这些都是很难断定的。许多伤病无法被精确诊断，尤其是慢性疾病，如背部疼痛或精神损伤。并且，这些伤病，特别是慢性损伤，是在工作中还是在一个周末的垒球比赛期间发生的则很难判断。

损伤的评估难度是一个不可忽视的问题，因为对于工人来说，工伤保险的赔偿金是非常具有诱惑力的。工伤赔偿的内容包括治疗过程中的医疗费用，和因伤损失的工资（可达到工人受伤前工资的三分之二或以上）。回想在标准经济模型中，我们假定，休闲是一种正常品，在其他条件相等的情况下，人们宁愿待在家而不是上班。如果你声称你有工伤，即使事实上你没有，你也可以待在家中，并同时享受工作时工资的三分之二。因此，这一计划的存在实际上可能鼓励个人假装受伤。

在为不良事件（真正的损伤）进行保险时，保险人可能变相鼓励了人们假装不良事件已经发生。这种情况是道德风险的一个主要的例子。想象一下，在下一章中我们研究的一些欧洲国家的社会保障制度下，你待在家里实际上和工作时得到的一样多（或更多），这个问题该有多么严重！

☞**应用**

评估工伤损害的问题

典型的评估工伤赔付出现问题的例子是一些没有受伤的工人得到工伤赔偿的故事。②

- 洛杉矶警察局的侦探洛基·舍伍德（Rocky Sherwood）管理的一个 7～8 岁的小联盟棒球队非常成功，还在 2001 年 6 月赢得了加利福尼亚世界大赛。据舍伍德描述，1998 年发生的两起工作中的交通事故给他的脊椎和右膝盖带来了持续的疼痛，使他无法工作，他因而获得了工伤赔偿。不幸的是，警方怀疑这是一起诈骗，并录下了一段他指导小联盟棒球队的录像。根据调查人员的录像，舍伍德从事各种"剧烈的活动"，包括击打、投球和防守，并给孩子展示如何滑垒。他被指控犯有工伤赔偿金诈骗的重罪。
- 2008 年，巴拿马的一个女服务员克莉丝汀（Christina），由于在红罗宾（Red Robin）餐厅工作时滑倒受伤而辞职，她声称这次滑倒使她难以"站立"和"移

① Social Security Administration (2014), Table 9. B2.

② Rothstein (2002); Perlstein (2004); http://www.lapdonline.org/ (Article #1236).

动位置”。申请工伤赔偿后，她能够从2008年10月开始获得每周360美元的赔偿。然而不幸的是，调查人员发现，当年稍晚一些的时候，她又找了一份新工作，是在范妮的绅士俱乐部和体育酒吧（Fanny's Gentlemen's Club and Sports Bar）当脱衣舞娘。他们将她跳舞的录像作为证据，指控了她在2010年8月的两起欺诈罪以及一起盗窃罪。

- 国家地理电视真人秀节目《邪恶金枪鱼》（*Wicked Tuna*）的明星保罗·赫伯特（Paul Hebert）于2010年开始获得工伤赔偿。作为第三代金枪鱼渔民，他申请社会保障的时候声称因身体残疾而无法从事任何工作，并且他独自生活，没有经济来源。但是两年后，赫伯特开始出现在钓鱼节目中，开着他的船收线、穿刺，以及打捞蓝鳍金枪鱼（重达2 000磅）。2015年7月，他被指控犯有四项欺诈罪，据称他在2010—2014年期间获得了超过44 000美元的社会保障金。

道德风险是私人或社会保险中一项不可避免的成本。由于个人和企业的最优化行为，对不良事件投保会提高不良事件发生的概率。因此道德风险问题的存在带来了社会保险的核心权衡问题：当私人保险市场不能正常起作用时，政府参与其中反而可能增加被投保的不良事件发生的概率。

□ 什么决定了道德风险？

道德风险的程度随着两个因素发生变化。第一个因素是观察不良事件是否发生的难易程度。如果雇主能够确切知道一个工人是否真的在工作中受了伤，那么工伤赔偿的道德风险问题就会大大减少。第二个因素是通过改变行为促成不良事件的难易程度。如果符合理赔资格需要进行的行为改变既不容易做到又不具有吸引力，比如在死亡保险的情况下，道德风险就不大可能会成为一个问题。然而，当不良事件很容易达成（或伪造）且代价较低时，道德风险问题相对较大。

对于不同人来说，他们愿意为财务收益承受的痛苦程度是不一样的。也许最极端的例子是佛罗里达州一个名叫弗农（Vernon）的人的例子，这个案子在20世纪50年代末和60年代非常出名。调查人员注意到，这一时期美国的肢体损伤事故索赔中超过三分之二来自佛罗里达州。原来，有一伙人认为，失去肢体对于他们的成本要小于他们可以获得的保险金收益。因此，许多保险索赔的文件中记录着这样一群人，比如在工作中锯掉自己左手的人，在保护鸡群时用枪打了自己的脚的人，以及在射杀老鹰时失去一只手的人。在该区域，由于这些所谓的事故而得到保险赔付金的有近50人，导致该镇被称为“核心城市”（Lake，2007）。

□ 道德风险是多方面的

道德风险可以是多方面的。在研究社会保险的影响时，四种类型的道德风险发挥着重要影响。

- 对不良事件的预防措施减少。例子：因为有覆盖疾病的医疗保险，因此你减少了保护健康的预防性活动；或者因为有工伤保险，你在工作时变得没那么细心。
- 进入不良状态的可能性增加。例子：因为你有工伤保险，你更有可能声称你在工作中受伤；或者因为你有失业保险，你更有可能失业。

- 在不利状态中的支出增加。例子：因为你有医疗保险，你可能会比你没有保险时使用更多的医疗服务；或者因为你有工伤赔偿，你不努力锻炼来康复。
- 提供者对不利事件的保险做出反应。例子：因为你有医疗保险，医生可能会提供过多的服务；或者因为你有工伤保险，公司可能没那么注意保护你免受工伤事故。

在接下来的几章中，我们一般不会明确区分这些不同类型的道德风险，但是辨别道德风险可以存在于哪些方面是很重要的。

□ 道德风险的后果

为什么道德风险是一个问题？例如，如果社会保险鼓励个人花更多的时间在家里假装受伤而不去工作，那么为什么这是社会保险的重要成本？

道德风险代价很高的原因有两个。第一，保险对不良行为的鼓励降低了社会效率。例如，它减少了社会的有效劳动供给。在完全竞争的劳动力市场，工人的工资等于其边际产出，即他为社会生产的商品价值。在没有工伤保险时，工人会提供劳动直到他们的工资（他们的边际产出）等于他们下一个小时闲暇的边际价值（如看电视的价值）。如果工资的价值在闲暇之上，那么对于工人来说，继续工作是社会有效的，因为工作的收益（劳动的边际产出）大于成本（放弃看电视的价值）。

当引入工伤赔偿后，闲暇的价值上升：每小时的闲暇不仅提供了一小时的电视，同时还有一份工伤赔偿。因此，人们只会提供劳动力直到工资等于闲暇的边际价值加上工人假装受伤时得到的工伤赔偿金之和。这将导致人们的工作量低于社会有效水平。即使工资（边际产品）在看电视的价值以上，个人也可以选择不工作，因为他可以享受工伤赔偿。

这种道德风险的成本产生于保险的任何方面，如健康保险。在医疗保险的情形中，个人应使用医疗服务直到边际效益（表现为健康的改善）等于边际成本。然而，如果一个人是全额被保险的，并且不需要为他接受的医疗服务支付任何费用，那么他就会一直使用医疗服务，直到边际收益为 0（在全额保险中，他的边际成本为 0）。如果实际的边际成本大于 0，那么这会导致医疗服务很大程度上的无效率使用。

道德风险给社会保险带来的第二个成本是税收的增加。当政府增加支出时，必然要提高税收来进行弥补（至少在长期是这样的）。正如我们在税收章节详细讨论的，政府征税通过对工作努力程度、储蓄和其他行为造成负面影响，从而带来效率成本。因此，当社会保险鼓励不良事件（这种不良事件会增加社会保险计划的成本）时，税收会增加，社会效率进一步降低。

12.6 汇总：最优社会保险

本章的讨论提供了四个基本经验。第一，人们重视保险，因为他们想要在不同的世界状态中平滑消费。也就是说，人们愿意拥有相同的消费水平，无论失业和伤病是否降临在他们身上。第二，有许多原因导致市场可能无法提供这样的保险，特别值得注意的是逆向选择问题。第三，即使市场不能提供这种保险，社会保险的合理性也要取决于是否有其他有效的个人消费平滑机制。关键的问题在于，社会保险所提供的有多少属于新的消费平滑，有多少是对自办保险的挤出效应。第四，扩大保险覆盖存在鼓励不良行为的道德风险成本。

这些经验有一个明确的政策含义：最优的社会保险体系应该是为人们应对不良事件提供部分而不是全额的保险。对于本书中所有的政府政策，政府在提供社会保险时扮演的适当角色反映出这种干预的成本和效益之间的权衡。社会保险收益是由社会保险计划提供的消费平滑数量。如果一个人在工作中受伤，那么政府为这一伤害进行保险，来平滑他们的消费，这时，社会效率上升，因为政府弥补了一个市场失灵。另外，如果个人拥有完全的自办保险，那么政府的社会保险没有提供任何的消费平滑，干预的收益会变少（虽然在自办保险本身是低效率的情况下可能存在一些收益）。

社会保险的成本是由为不良事件投保时存在的道德风险所引发的。如果实际上没受伤的人参与一个工伤赔偿计划，则社会效率会下降。原因有两个：首先，这些人没有工作，所以社会的产出小于效率水平。其次，政府必须提高税收来支付工伤赔偿，但更高的税收也降低了社会效率。

因此，较高的社会保险通过修复市场失灵提高社会效率，但会通过减少产量和提高税收降低社会效率。像经济学中的大多数权衡问题一样，全额保险的解决办法——不良行为的权衡一般会在中间水平，即为不良事件提供部分保险是最优的，而非全额保险。

12.7 结论

保险市场的信息不对称有两个重要的启示意义。第一，它可能导致逆向选择，使得保险市场难以为需要保险的人提供精算均衡的保险。第二，它将引发道德风险，即保险的提供鼓励购买保险的人采取不良行为。因此，信息不对称的一个值得讽刺的特征是，它既是政府通过社会保险进行干预的理由，又削减了这种做法的合理性。

在本章的剩余部分，我们探讨了政府在为一些重大生活事件进行保险时起到的作用，这些事件包括：失业、工伤、导致职业生涯结束的残疾、退休，以及疾病。在每一种情形中，我们都会看到修复不完善的保险市场的收益与激励不良行为的成本之间的权衡。权衡的程度会根据被保险的不良行为的性质而有所区别。其目的是评估关于这些社会计划的大量文献在多大程度上可以帮助政策制定者对这些计划进行适当的改革。

重点

- 政府最大的、发展最快的职能是针对不良事件提供社会保险，如退休、失业、工伤及疾病保险。社会保险具有强制性，是一种以贡献为基础的制度，它将福利支出与一个可度量事件的发生相联系。
- 人们需要保险，是因为保险允许人们在不同的世界状态中平滑消费。在精算均衡保费的条件下，最优结果是个人为应对不良事件购买全额保险。

- 政府提供社会保险的主要动机是逆向选择导致私人保险市场失灵。逆向选择会导致保险市场失灵，是由于不完全信息导致保险人无法对不同类型的消费者提供全额保险。
- 社会保险的其他动机包括外部性、私人保险市场中的行政非效率、再分配，以及家长主义。
- 社会保险的消费平滑收益取决于人们使用其他形式的自办保险来平滑消费的能力。
- 道德风险是抵消社会保险收益的一项成本。通过为人们的不良事件投保，我们可能会增加被保险人发生投保事件的概率。
- 全额保险是最优保险的可能性不大：最优的社会保险收益水平权衡了道德风险成本与消费平滑收益。

习题

1\. 很多网站，如 www.quickquote.com，提供即时的定期人寿保险报价。使用一个这样的网站可以比较为 50 岁的男性和女性提供的 100 万美元的五年期寿险保单的价格。请解释男性和女性的定价差异。假设美国政府通过法律要求保险公司以相同的价格为男性和女性提供保险，那么你预期这将会对价格和保险覆盖范围产生什么影响？

2\. 消费平滑是什么？保险是如何帮助人们达到消费平滑的？

3\. 假设你有一份年收入为 50 000 美元的工作。明年你的工资将有 5% 的概率减少到 20 000 美元。

a. 你明年的期望收入是多少？

b. 假设你可以为明年消费水平的下降投保。保险的精算均衡保费是多少？

4\. 与大型公司相比，小企业如果为每个雇员购买健康保险会更加昂贵。同理，购买雇主提供的健康保险计划要比直接从保险公司购买便宜，即使老板要求你支付全部保费。运用本章的知识解释这种现象。

5\. 由于保险市场的逆向选择问题，为所有潜在客户提供同样价格的保险对保险公司来说不是一笔好的交易。那么为什么我们观察到一些保险公司（比如，出售“旅行保险”的公司为不能按计划出行的人提供退款）都在这样做呢？

6\. 为什么政府提供保险会导致索赔数量比私人保险公司要高？

7\. 为什么政府在某些情况下强制人们自行购买保险，例如汽车责任险，而在另一些情况下直接为人们提供保险，如健康保险？

8\. 你的教授每年只有 9 个月的工资（真的）。假设她每年春天被解雇，并在秋天被再次雇用，因此有资格领取失业保险金（毕竟，所有学生在夏天离校造成了大学的经济困难）。你认为，与每年秋天不被解雇的情形相比，这会影响她在这一年的消费平滑吗？解释你的答案。

9\. 目前，索赔人想要得到工伤赔偿必须经过他选择的医生进行损伤鉴定才可以。

假设工伤赔偿政策发生变更，只有政府指定的医生才有资格验证工伤赔偿，那么这对报告的工伤赔偿数量会有何影响？请给出解释。

10. 描述道德风险的几种类型。你能想出哪些办法，使政府可以减少这些道德风险？

进阶习题

11. 如果你认为在没有失业保险的情况下，缺乏教育的家庭比受过良好教育的家庭更缺乏平滑消费的能力。你会如何用实证方法检验这一假设？你会想用什么类型的数据？

12. 在公路上有两种类型的司机。快车手每年有5%的概率发生事故，而慢车手每年有1%的概率发生事故。快车手和慢车手数量相同。事故带来的成本是12 000美元。

a. 假设一家保险公司明确知道每个司机的类型。那么保险公司对每种类型的司机收取多少保费？

b. 假设存在信息不对称，即保险公司不知道每个司机的类型。那么在以下两种情况下，保险是否会被出售：

ⅰ. 司机向保险公司报告他们的类型；

ⅱ. 关于司机的类型没有任何信息。

如果你不确定保险项目会不会被出售，请解释为什么。

13. 你的效用函数为$U=\sqrt{C}$，其中，C是你在任何给定的期间内消费的金额。你的收入是每年40 000美元，你有2%的概率会被卷入一个灾难性的事故，这一事故会在下一年花费你30 000美元。

a. 你的期望效用是多少？

b. 计算一个精算均衡保费。如果你以精算均衡的价格购买了保险，你的期望效用是多少？

c. 给定你的效用函数，你愿意支付的最高保费是多少？

14. 比利·乔（Billy Joe）的效用函数是$U=\ln(C)$，而博比·苏（Bobby Sue）的效用函数是$U=\sqrt{C}$。哪个人更加厌恶风险？哪个人会支付更高的保费来平滑消费？

15. 西米亚有规模相同的两群人：吸烟者和不吸烟者。两种类型的人的效用函数都是$U=\sqrt{C}$，其中，C是在任意时期内人们消费的金额。只要他们是健康的，就会消费掉全部的收入（16 000美元）。如果他们需要医疗护理（且没有保险），则需要花费12 000美元来恢复健康，因此只剩下4 000美元用来消费。吸烟者有10%的概率需要重大的医疗护理，而非吸烟者只有2%的概率。

西米亚的保险公司有两种保险出售方案。低免赔方案覆盖超过2 000美元部分的全部医疗费用，而高免赔方案只包括超过10 000美元部分的医疗费用。

a. 对每一群人来说，每种政策的精算均衡保费是多少？

b. 假设保险公司可以辨别吸烟者和不吸烟者，并且在每种方案下都对两群人收取精算均衡保费，说明两群人都将购买低免赔方案。

假设吸烟状况是信息不对称的，每个人都知道自己是不是吸烟者，但保险公司不知道。

c. 在这种假定下，解释说明为什么在任何价格下，两群人都购买低免赔方案的保险是不可能的。你预期哪一群人（如果有）会购买低免赔方案的保险？以何种价格？

d. 解释说明以下情况是可能的：两群人都购买保险，其中一群人购买低免赔方案的保险，另一群人购买高免赔方案的保险。

16. 探险世界国家的两个公民——比尔和泰德在同一公司做同样的工作，每星期都赚1 000 美元。比尔和泰德都面临着明年市场不景气因此被解雇的风险，在这种情况下，他们只能做兼职工作赚取 250 美元的工资。比尔有 10%的概率被解雇，而泰德有 30%的概率被解雇。比尔和泰德有相同的效用函数 $U=\ln(C)$。

政府正在考虑提供社会失业保险。其重点考虑两种方案：一种是为每个失业者支付 100 美元；另一种是为每个失业者支付 600 美元。这两种方案都需要通过向在职人员征税来提供资金。

a. 在每种方案下，政府分别需要设置多高的税才不会赔钱？

b. 假设政府设置了你在问题 a 中得出的税率，计算每种方案下比尔和泰德的福利。比尔和泰德如何对这三种可能性（这两种方案和现状）进行排名？请从再分配和风险规避的角度解释你所看到的顺序模式。

c. 如果社会函数为功利主义福利函数，那么哪一种方案是最优的？如果是罗尔斯社会福利函数呢？如有需要，可以查阅第 3 章社会福利函数的内容。

第 12 章
附录

期望效用的数学模型

本附录给出了基于第 12 章中期望效用理论的数学模型。该模型说明了保险市场中逆向选择的后果。

□ 期望效用模型

该模型由以下几个参数描述：

- 你被车撞到的概率是 p。
- 无论你是否被车撞到，你的收入都是 W。
- 然而，如果你被车撞到，你将承担的医疗费用为 δ。
- 你可以购买保险，每一美元保险的保费为 m。
- 如果你被车撞了，将会收到保险赔偿 b。

在这种情况下，我们可以将你的期望效用（EU）表示为：

$$EU=(1-p)\times U(W-mb)+p\times U(W-\delta-mb+b)$$

问题是，我们的公式中有两个未知数（m 和 b），为了解这个公式，我们需要增加一个条件：保险的定价方法是精算均衡的，因此保险公司的预期利润为 0（此时我们假设行政管理成本为 0）。在这种情况下，保险公司的预期利润（$E\pi$）为 0：

$$E\pi=m\times b-p\times b=0$$

保险公司的期望利润等于收到的保费减去预期收益支付，也等于 0。这反过来意味着：

$$m=p$$

换言之，如果风险为 10%，则每一美元保险的保费为 $m=10$ 美分。将它带回预期效用方程中，最大化预期效用，可以解出 b。在这个例子中，我们假设效用 $U=\sqrt{C}$，因此：

$$\text{Max } EU=(1-p)\times\sqrt{(W-b\times p)}+p\times\sqrt{(W-\delta-bp+b)}$$

关于 b 对该方程最大化，我们得到：

$$-(1-p)\times p/\sqrt{(W-bp)}+p\times(1-p)/\sqrt{(W-\delta+bp+b)}$$

使该式为 0，求出保险收益最优水平（$b^\star$），我们得到 $b^\star=\delta$。即人们应该购买足够的保险，以至于如果他们有不良的结果，他们的利益正好抵消成本：人们应该购买全额保险来平滑消费。另一个方法是将最优收益水平（$b^\star=\delta$）代入效用函数：

$$\begin{aligned} EU &= p\sqrt{(W-p\delta)}+(1-p)\sqrt{(W-\delta-p\delta+\delta)} \\ &= p\sqrt{(W-p\delta)}+(1-p)\sqrt{(W-p\delta)} \end{aligned}$$

也就是说，在两种世界状态中，消费是相等的（都是 $W-p\delta$ 的水平）。这一结果支持了本章的主要结论：在精算均衡的保险市场中，人们想要为自己投全额保险。

□ 逆向选择

为了更规范地理解逆向选择的影响，我们考虑两个组：细心的人和粗心的人。细心的人发生事故的概率是 p_c，粗心的人发生事故的概率是 $p_a>p_c$。

正如本章所讨论的，在完全信息的情况下，保险公司将对粗心的人收取 $m_a=b\times p_a$ 的保费，向细心的人收取 $m_c=b\times p_c$ 的保费。由于 $p_a>p_c$，因此前者的保费较高，更容易发生事故的人必须支付更多的保费。

但是，如果是在不完全信息的情况下，保险公司只知道不同类型人口的比例，则有两种可能的定价策略。其中一种策略是，假设个人会诚实地依据各自的类型提供报告并支付保费。然而，依据本章的讨论，这种策略会导致所有的人声称自己是细心的。在这种情况下，对于细心的人投保，保险公司赚取的利润是：$E\pi=m_c-b\times p_c=b\times p_c-b\times p_c=0$。也就是说，对于细心的人投保，保险公司达到收支平衡，不赔不赚。但是，对于粗心的人投保，保险公司赚得的利润是：$E\pi=m_c-b\times p_a=b\times p_c-b\times p_a<0$，由于 $p_a>p_c$，所以整体利润为负，保险公司将不提供保险给任何人。

本章考虑的另一个策略是，保险公司基于平均的事故发生概率 $p_a>p_v>p_c$，以平均价格 mv 提供保险。这个价格对于粗心的人来说是一笔很好的交易，但对于细心的人则不然，因此，可能只有粗心的人会购买保险。在这种情况中，保险公司的预期利润再次为负：

$$E\pi=m_v-b\times p_a=b\times p_v-b\times p_a<0,\quad \text{由于 } p_a>p_v$$

然而，细心的人仍然有可能会购买全额保险（混同均衡）。例如，如果有保险时的期望效用（在不公平的价格下）高于没有保险时的期望效用，细心的人仍然会购买保险。即如果

$$EU(\text{有保险})=(1-p_c)\times U(W-p_v\delta)+p_c\times U(W-p_v\delta)$$
$$>$$
$$EU(\text{无保险})=(1-p_c)\times U(W)+p_c\times U(W-\delta)$$

那么这个不等式成立与否取决于两个条件：细心的人对风险的厌恶程度，以及 p_c 与 p_a 之间的关系。如果细心的人更厌恶风险，那么他们可能更愿意购买保险（即使是在非精算均衡的保费价格下）去防范低消费的可能性。而且，平均风险越接近细心的人所面临的风险，保费越接近精算均衡价格，细心的人购买保险的可能性也越大。

第 13 章

社会保障

需要牢记的问题

- 社会保障如何运作？它是如何实现社会收入的重新分配的？
- 社会保障对消费平滑和提前退休有何影响？
- 我们如何对社会保障进行改革以解决其预算不足的问题？

社会保障：一项联邦政府的计划，通过向有工作的人征税来为老年人提供收入保障。

2011 年 9 月，在共和党总统候选人竞选辩论中，得克萨斯州前州长里克·佩里（Rick Perry）发表了关于联邦政府**社会保障**（social security）计划的声明，即向工人征税来为老年人提供收入保障。在接下来的几十年里，第二次世界大战后出生的庞大“婴儿潮”的老龄化将导致退休老人数量相对于工人数量的大幅增加。因为更少的工人要养活更多的老年人，社会保障计划面临着一个严峻的财政问题：该计划承诺，在下一个 75 年里，为工人支付的福利支出要比计划从工人身上课征的税收收入多出 10.6 万亿美元。①

在辩论中，州长佩里认为社会保障计划对未来的几代人是一个“弥天大谎”。他声称年轻人正在为一个当他们年老时不会“为他们服务”的计划埋单。② 他提议重新采用 1983 年以前的社会保障计划的运作方法，即州和地方的工人可以自由选择是否退出社会保障计划，而不是必须为州和地方运行的退休计划埋单。佩里计划的其他部分聚焦于为年轻工人创造社会保障个人储蓄账户，以及逐渐延长退休年龄——这个政策也被其他

① Social Security Trustees (2014).

② Daly (2011).

政治家广泛提议，并且备受支持。[①]

另一位共和党候选人米特·罗姆尼（Mitt Romney）反驳了佩里的反对现状的方案，他说："你不能对数以千万计的靠社会保障活着的美国人说这样的话。"罗姆尼关于社会保障的改革有两个方面：延长退休年龄 1～2 年，以及降低高收入者的福利增长速度。[②] 他用"在任何情况下我都不会说……（社会保障）是一个失败"[③] 作为他对这个问题评论的总结。

佩里的选择性退出政策和奥巴马总统的方案也形成了对比，该方案是在 2020 年后，两党债务缩减委员会要将新雇用的州和地方政府的工作人员编入社会保障。委员会成员、怀俄明州前共和党参议员艾伦·辛普森（Alan Simpson）说，这个政策会增加社会保障的财政地位，保护退休后可能拿不到公共养老基金的州雇用者。他和其他人举例，伊利诺伊州的公立学校教师的养老基金在 2010 年承诺返还的每一美元最终只返还了 48 美分。[④]

在过去的十年中，社会保障改革几乎没有任何进展。例如，2001 年的一个总统委员会对该制度进行了审查并发布了一份报告，其中提出了一些建议，但没有一位政治家愿意认真对待任何一种选择。改革非常艰难，因为社会保障是美国的老年人口最大的收入来源：60%的受益人一半以上的收入都来源于社会保障，将近 30%的受益人的 90%的收入都来源于此。[⑤] 任何被视为减少社保力度的改革都可能会遭受强烈的政治攻击。

政客对待社会保障计划的改革是小心翼翼的，不仅因为它是当今最大的政府支出项目，而且因为它是国家最大规模的社会保险计划。通过使用工薪税支付社会保障计划，工人购买保险以减少在他们退休或者死亡后所产生的收入损失。因此，我们在前面章节用来分析社会保险计划的成本和收益的工具，也可以帮助我们评价社会保障在美国的作用。

本章首先回顾社会保障的制度特征，然后讨论政府为什么要干预为老年人提供收入保障的问题。承接我们在之前章节的讨论，我们讨论个人通过储蓄进行自办保险以防退休后收入减少的能力，以及社会保障对自办保险的挤出程度。我们将测算提供此类收入保障的成本，以及它对提前退休等逆向选择行为产生激励作用的可能性，并回顾有关道德风险的理论和依据。最后，我们研究可能的社会保障改革，包括提议改变现有计划的方法以及改变计划本身性质的办法。

13.1 什么是社会保障？它是如何运作的？

在这一部分，我们讨论社会保障的基本结构。[⑥] 这个计划开始于 1935 年的大萧条

① Cooper and Walsh (2011).

② Friedman (2011).

③ Stein and Grim (2011).

④ Cooper and Walsh (2011).

⑤ Vernon (2013).

⑥ 正如第 12～17 章中讨论的社会保险与福利计划一样，本章提出了项目经济分析中必须了解的最低限度的制度描述。关于所有这些计划的更多描述，Robert Moffit (2003) 的《美国转移支付项目的经济调查》(*Means-Tested Transfer Programs in the United States*) 描述了这些计划，其中包含着大量的经济学文献回顾。关于社会保障计划的最新消息，请参见 http://www.ssa.gov。

顶峰时期，当时资产价值暴跌，彻底摧毁了许多老年人一生的积蓄。建立社会保障的一个主要动机就是提供一种收入保障手段以帮助这代不幸的老年人。

该计划的基本操作非常直接。工人就所得支付一笔税金，这笔税金中的钱会存到一个信托基金，用以投资政府债券。参加社会保障计划的老年人将会收到信托基金的支票，这些老年人绝大多数超过 62 岁。直到受益人去世，信托基金才会停止支付，如果受益人的配偶还在世，信托基金将持续支付直至其配偶去世。

□ 计划细节

关于社会保障计划在实践中的运作涉及很多细节内容。接下来讲几个最重要的细节。请注意，本节描述的所有数字和资格要求都指的是 2015 年的社会保障计划。

社会保障如何融资？ 几乎所有的美国工人都为他们的收入支付《联邦社会保险捐款法》(Federal Insurance Contributions Act，FICA) 税。这项税的税率现在是 6.2%。此外，他们的雇主（如果是自己单干，就是工人自己）也要为收入支付 6.2%的税，因此总税收负担变成 12.4%。这项税仅对所得中的前 118 500 美元征收。[①]

谁有资格享受社会保障？ 为了得到享受社会保障收益的资格，个人必须工作超过 10 年并且支付在这段时间内的工薪税，同时，他必须超过 62 周岁。

年金支付： 直到接受者死亡才终止的支付。

如何计算社会保障福利？ 一旦符合资格，社会保障申请人会得到一份**年金支付**（annuity payment），这是一份一直持续到接受者死亡的报酬。养老金的数量是接受者终生平均收入的函数，每月结算收益时，他们得到的养老金以当前美元通货膨胀后的价值计算，反映了工资水平的上升。特别地，政府计算了个人收入最高的 35 个年份的平均个人收入。如果一个人工作少于 35 年，例如 30 年，公式就会把消失的几年作为零收入，因此社会保障收益是基于 30 年的所得收入和 5 年的零收入计算的。如果一个人工作超过 35 年，在计算平均值的时候，最低收入的几个年份将被忽略。这种 35 年真实月收入的平均数被称为月均指数化收入（AIME）。然后将福利计算为过去所得的再分配函数，即低收益比高收益更容易转化为更高的收益。这点在图 13-1 中给予了解释，该图表示了将 AIME 转换为月度收益的公式，亦被称为基本保障额（PIA）。每月 AIME 为 816 美元或以下的工人每获得 AIME 一美元，则可获得 0.90 美元的福利。而 AIME 在 817～4 917 美元的工人，平均每一美元收入只得到 0.32 美元的福利。AIME 超过 4 917 美元的工人每获得 AIME 一美元只有 0.15 美元的保险福利。这两种标准的结果是：(1) 工人得到更高的保障福利，(2) 保障福利不如工资增长得快。这就是过去所得再分配的含义：当工资增长时，过去的收入转化为以较慢速度增加的保险收入。

替代率： 获得的收益与权益事件发生之前的收入之比。

社会保障计划慷慨程度的关键衡量指标是**替代率**（replacement rate），它是获得的保障收益与权益事件发生之前的收入之比。对于社会保障来说，替代率代表保障收入与退休前收入的比率，

① Social Security Administration (2015).

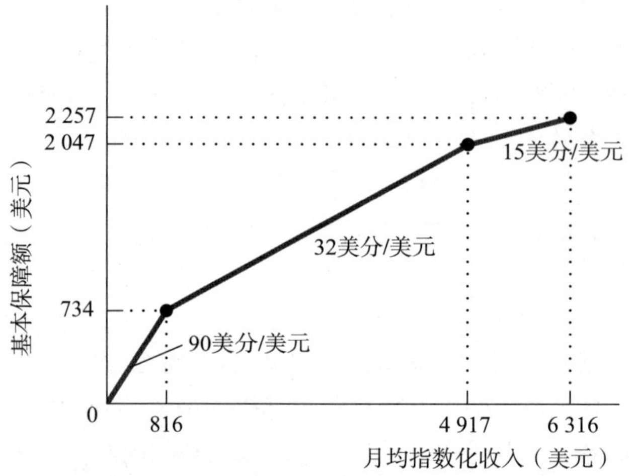

图 13-1　社会保障收益是收入的函数

资料来源：Social Security Administration (2014).

说明：社会保障的基本保障额是月均指数化收入的再分配函数，图中显示了 AIME 在该范围内每一美元 AIME 的收益增量。例如，如果你的 AIME 在 4 917 美元和 6 316 美元之间，AIME 每增加一美元，你就会得到 0.15 美元的额外福利。

因为退休是得到保障福利的前提。对于一般人来说，社会保障福利大约是退休收入的 40%。[①] 对于典型的低收入工人，这个替代率接近 60%。对于高收入者，替代率平均只有 20%，这是因为在他们的高收入中，只有少部分转化为保障福利（图 13-1）。当个人退休并得到保障福利后，这项收益会由于通胀而根据消费者价格指数向上调整，以帮助老年人应对物价上涨的压力。

☞应用

为什么选择 35 年？

社会保障选择 35 年作为平均时间反映了两种考虑的权衡。第一，个人不应该因为多年的兼职工作或者低收入的工作而处于不利地位。假如你毕业 35 年后挣到了一大笔薪水，你不会因为你曾于大学期间在麦当劳打工而得不到保障。

第二，如果平均周期太短，可能对老员工会有反常的激励。关于这种行为的一个典型例子是，一个在马萨诸塞湾交通局（MBTA）的 61 岁地铁司机在方向盘上睡着了，导致发生了严重的碰撞，致使 18 名乘客受伤。[②] 调查显示，这位司机为了最大化他的加班费，已经持续工作了 25 个小时。这有一部分原因是这位司机将得到的养老金作为他工作最后 5 年的收入的函数。MBTA 公司的主席因为这场事故发表声明："非常不幸，体系的发展导致了双重激励；现在的加班收入会导致未来更多的养老金收入……无论是资历制度还是养老金制度，设计初衷都不是为了让人过度工作以换取退休收入，这种过度劳累缩短了他的预期寿命，也妨害了公共安全。"由于这场事故，MBTA 改变了

① Social Security Administration (2004).

② Radin (1980).

它的退休金计划，不再奖励这种在职业生涯即将结束却过度工作的人。

一个相似的问题出现在了巴西，它的公务员养老金计划是世界上最慷慨的，给国家造成了巨大的财政压力。这很大程度上是由于养老金100%取决于工人最后几个月的工资。世界银行发现，在公共部门中，公务员在退休前几个月得到极大的晋升并不是稀罕事儿。近年来，巴西试图通过将养老金计算为1994年至退休日之间最佳月收入的80%来解决这一问题，因此，随着时间的推移，巴西正在创造一个更长的平均期。①

完全收益年龄：社会保障接受者获取完整退休福利（基本保障额）的年龄。

最低享受权利年龄：社会保障接受者可以享受被削减的福利的最低年龄。

如何支付社会保障福利？ 对于一位在1956年出生的人，他能在66岁4个月的时候开始拿到他的PIA，这是一个**完全收益年龄**（full benefits age，FBA）。作为1983年法案的结果（本章后面将详细讨论），现在的完全收益年龄对于1960年或之后出生的人已经提高到67岁。②

最早可能得到福利的年龄是62岁，这就是**最低享受权利年龄**（early entitlement age，EEA）。65岁之前，每一年的福利会有一个精算后的下降，下降幅度为每年6.67%（在完全收益年龄前3年）或5%（更早的月份）。从62岁起领取福利的人得到的要比从65岁开始领取福利的人少24.6%，这就叫作“精算上的”减少，因为它被设计来抵消很早获取福利又要领更多年的人的不公平的情况。也就是说，如果你和一个朋友的年龄一样，你的朋友从62岁开始领福利，你从66岁开始领，你们都活到75岁为止，那么你的朋友就比你多领3年的福利。你朋友每年得到的福利的减少就是被设计来抵消他多拿3年福利的不公平的收益。通过精算调整，你预期可以在退休岁月中得到相同的总收益。类似地，如果你决定等到超过了完全收益年龄再领福利，你将会得到延迟退休信用奖励（DRC），它会为你延迟退休的每一年增加8%的福利。

你能在工作的同时领取社会保障福利吗？ 社会保障的另一个关键特征是收入检验，它减少了62～64岁并且收入在15 480美元以上人群的福利，每一美元减少0.5美元的福利。这种减少被广泛视为对有收入的老年人的福利进行征税。实际上并不是这样：这些福利对于工人来说并不是损失，因为这些福利会在后期工人的收入低于这个门槛时被返还（以精算调整的利息形式）。因此，收入检验实际上不是一种税收，而是一种当工人收入高时带走一些利益，再在他们真正退休后还回去的“强制储蓄”机制。这个计划被公众所误解，很多人相信项目会导致老年人减少收入，甚至宁愿裸退，也不愿意担负这个“税收”。③

对家庭成员有好处吗？ 社会保障申请者并不是唯一能从该计划中获益的人。申请者的配偶也可享受相当于其自身福利（根据其收入）或配偶一半福利（配偶福利）中较高者的福利。所以低收入的配偶（或者十年不工作却需要社会保障的人）可以得到他们

① OECD (2014).

② 传统上，这个年龄被称为正常退休年龄，但这是一个误称，因为今天80%的工人在这个年龄已经退休了。关键在于，67岁是一个工人开始获得他们的完全基本保障额的年龄。

③ 在劳动供给上，收入检验方面的证据是复杂的，详见Haider and Loughran (2008) 的综述。

配偶的福利水平一半的福利。已故工人的孩子可以得到一份福利，但是总家庭福利水平不能超过工人福利总量的185%。此外，幸存的配偶有权享受社会保障福利。社会保障接受者的幸存配偶可获得自己的福利和死者的福利中的较高者。

▶ 快速提示

回顾一下缩写。

- AIME（Average Indexed Monthly Earnings）：月均指数化收入，用于衡量终身的平均收入。
- PIA（Primary Insurance Amount）：基本保障额，它决定了保险福利水平。
- FBA（Full Benefits Age）：个人可以申请保险福利并得到PIA的完全收益年龄（目前为67岁）。
- EEA（Early Entitlement Age）：最低享受权利年龄（目前为62岁），最早可以申请得到福利的年龄。
- DRC（Delayed Retirement Credit Amount）：延迟退休信用奖励（目前是8%），如果个人推迟退休年龄，在FBA之后退休就可以得到它。如果他从EEA开始领取福利，那么PIA会有一个相应的向下的精算调整。

□ 社会保障如何跨期运作？

基金式：是指将当前储蓄投资于不同的资产以支付未来福利的退休计划。

非基金式：指的是从今天的工作者那里收取的款项直接支付给今天的退休人员的退休计划，而不是进行投资以支付未来的福利。

思考社会保障运作的最好方法是将其与私人退休金计划比较。私人退休金计划是**基金式**（funded）计划：今天的储蓄被用来投资例如政府债券、公司债券，或者股票一类的资产，然后积累起来的资产为养老金所承诺的未来收益进行支付（提供资金）。另外，从传统上讲，社会保障是一项**非基金式**（unfunded）计划。今天从工人那里收取的税收直接转移到了今天的退休人员手中，而不是被存起来等缴税的工人退休时再进行福利的支付（这通常被称为现收现付过程）。

虽然没有担保，但是这个体系实际上还是会以这种方式运行。要是社会保障计划破产，或者工人在40年里拒绝为退休保障基金交税，又会怎样呢？如果这些发生了，说明退休者的运气不佳。他们已经为这个项目进行了支付却从中拿不到任何回报。相反，如果退休者有一个能够积累资产的基金计划，则能够保证这些资产被出售以筹集他们的退休收入。

换句话说，私人退休金计划会被该计划持有的实际资产所支持。社会保障的承诺亦被政府政策所支持。政府似乎不大可能会打破这些承诺。然而，正如第4章指出的，美国（还有其他国家）面临着非常严重的长期财政失衡，更低的社会保障福利是解决失衡的一种办法。可能是因为这个原因，在投票的时候，一半的年轻人（18～29岁）认为等他们退休的时候，社会保障将不复存在。①

你们中的一些人可能知道，今天的社会保障并不是非基金式的体系而是部分基金式的体系。从今天的工人那里征收的税收不仅为今天的退休人员提供福利，而且为投资于美国政府债券的社会保障信托基金提供资金。正如我们将在本章后面讨论的，该信托基金是对未来半个世纪社会保障体系面临的融资问题的临时解决方案。然而预计到 2033 年，这个信托基金将资金耗尽，因此社会保障将重新回到纯粹没有资金的系统。

社会保障如何对收入进行再分配？社会保障的非基金性质对于跨代际的收入再分配有着重要意义，正如下面的例子所述。如表 13-1 所示，考虑一个简单的两期模型，人的一生被划分为两个时期。第一期是他们的年轻时期，他们在这一时期工作并且支付税金去支持社会保障计划。在第二期，他们年老退休，并且依靠社会保障福利生活。在每一个时期中，年轻人的数量增长 5%（人口增长率），他们的工资（由于生产力的增长）上升 5%。

表 13-1　两期世界的社会保障

时期	年轻工人的数量	年轻工人的收入（美元）	年轻工人支付的税金（美元）	支付的总税金（美元）	退休老人的数量	退休老人的保险福利（美元）	退休老人缴纳的税金（美元）	回报率
1	100	20 000	0	0	0	0	—	—
2	105	21 000	2 100	220 500	100	2 205	0	无穷大
3	110	22 050	2 205	242 550	105	2 310	2 100	10%
4	115	23 153	2 315	266 225	110	2 420	2 205	10%
5	121	24 310	0	0	115	0	2 315	−100%

说明：在这个两期模型中，工人在第一期年轻的时候不纳税，但是在第二期他们年老的时候接受福利。在第二期，每个年轻工人支付 2 100 美元税金，所以每位退休者获得 2 205 美元的福利——回报率无穷大。在第三期和第四期，退休者在年轻时支付税金，他得到 10% 的回报率，这是由人口和工资增长决定的。在第五期，最后一代人在年轻时支付税金，但是年老时什么都得不到，因此回报率是 −100%。

在第一期，100 个年轻人工作，没有社会保障计划。每个年轻人每一期赚 20 000 美元。

在第二期，最开始的 100 个年轻人现在已经退休，一项非基金式的社会保障计划已经建立，并筹集到 10% 的工薪税。这些税收从今天的工人那里征收，并且被立即支付给今天的退休者。

第二期中有 105 个工人，每人赚 21 000 美元，并支付 10% 的工薪税 2 100 美元。征收的 220 500（=105×2 100）美元随后会花在这个时期的 100 个老人身上，每个退休者获得 2 205 美元的福利。因为这些老人在年轻的时候没有缴税，他们的回报率是无穷大的：他们不需要任何付出就能得到收益。因此，在非基金式社会保障体系中，最初的一代人是大赢家，因为即使他们在工作时期基本没有贡献，也依然能够得到退休福利。如前所述，这是 1935 年美国社会保障体系建立时就已明确的目标。

① *Huffington Post* (2011).

在第三期，老人就是在第二期中第一批缴纳税金的人。这些退休者在工作时期每人缴纳了 2 100 美元的税金，当他们老了时，得到 2 315 美元收益，比他们支付的金额多出约 10%。额外的这些钱从哪儿来呢？第一，工资增长效应：由于有更高的生产力，现在的每一个工人赚的钱都比这些退休者年轻时赚的钱要多。因为税金来自第三期中年轻人的更高的收入，因此有更多的基金作为退休者的福利。第二，人口增长效应：有更多的人支付税金，就会有更多的基金作为福利付给退休者。

在我们的例子中，我们假设每个时期人口和工资的增长率都为 5%。然而，在现实世界中，增长率是多样的，社会保障体系对"中间的几代人"的影响也是模糊不定的。这些影响依赖于人口的规模以及工资增长的效应。如果这两者都很大，受益者可以在他们付出的税金上得到更大的回报率。如果其中一个或者两者都很小甚至为负数，受益人的纳税报酬率就会很低。

在第三期和第四期，退休者在他们年轻时缴纳给社会保障体系的税金上获得了 10%的回报率。可是试想一下，在第五期，年轻的工人决定不再参加社会保障计划。他们不支付税金，因此如果他们脱离社会保障计划，也不会有成本。谁将承受这个决定的代价？第五期的退休者！因为他们在第四期工作的时候支付了 2 315 美元的税，但是在退休后没有任何回报。因此，最后一代人将成为非基金式社会保障制度中的受害者。

☞应用

埃达·梅·富勒[①]

社会保障的第一个受益者是埃达·梅·富勒（Ida May Fuller）。埃达·梅·富勒于 1874 年 9 月 6 日出生在佛蒙特州，与未来的总统卡尔文·柯立芝（Calvin Coolidge）一同入学。埃达·梅·富勒在社会保障体系建立后仅仅工作了 3 年，总共支付了 24.75 美元的社会保障税。1939 年 11 月 4 日，她访问了在佛蒙特州拉特兰的社会保障办公室。如她后来所说："我不期望什么，但我知道我已经支付了所谓的社会保障，我想就此问问拉特兰的人们。"埃达·梅·富勒的案件是社会保障管理局处理的第一个案件，因此美国历史上的第一张社会保障支票于 1940 年 1 月 31 日以 22.54 美元的价格开给了她。

埃达·梅·富勒又活了 35 年，于 1975 年过世，享年 100 岁。在这 35 年中，她总共获得了 22 888.92 美元的社会保障福利。对于她支付的 24.75 美元，这是一笔巨大的投资回报！在新的社会保障项目下，第一代社会保障受益人是最大赢家，埃达·梅·富勒便是其中一个突出的例子。

遗留债务：由于早期几代的受益者享受了比他们所缴纳的税款更多的利益从而形成的政府债务。

经验启示 总而言之，这个例子阐述了两点。第一，非基金式的社会保障提供给"中间几代人"的回报率依赖于人口和工资的增长。第二，非基金式的社会保障带来了戴蒙德和奥尔扎格（Diamond and Orszag，2004）提出的**遗留债务**（legacy debt）问题。在第一代的时候，给埃达·梅·富勒和其他人的非基金式的转移

① 埃达·梅·富勒的信息来自 Social Security's website (2015)，http://www.ssa.gov/history/imf.html，以及 http://www.ssa.gov/history/idapayroll.html。

立即给这个体系带来了巨大的债务。如果社会决定结束社会保障项目，那么现存一代支持过该计划的老年退休者将得不到任何福利，因此他们过去缴纳的税金将被用来偿还遗留下来的债务。

政治进程似乎不太可能允许单独一代工人为这样巨大的债务负责。因此，社会保障体系的改革必须抓住一个现实，那就是在我们能够使非基金式社会保障体系平衡之前，债务必须被偿还。

□ 在实践中，社会保障如何再分配?

表 13－1 中的例子展现了一个虚构的社会保障体系是如何促成代际再分配的：第一代人是大赢家，中间几代人的回报率取决于工资和人口的增长，最后一代人（如果有）就是大输家。现实比这个简单的例子更加复杂。在本节中，我们看一下美国社会保障体系的真实再分配的证据。哪几代人会从这个制度中获益？哪几代人会受损？程度是多少？

社会保障财富：个人未来社会保障支付的预期贴现值减去支出的工薪税的预期贴现值。

我们通过计算在美国属于不同的几代人的**社会保障财富**（social security wealth，SSW）来度量再分配。SSW 是个人一生中未来社会保障支付的预期贴现值减去个人付出的总工薪税的贴现值。SSW 的计算如下：

- 计算个人在去世前预期获得的整个未来收益流，考虑到死亡的日期是不确定的（这就是为什么这是预期未来贴现值），因此将每个时期的收益乘以个人接受收益的概率（例如，68 岁时的福利比 80 岁时的福利要高得多，因为 80 岁时获得福利的概率较低）。
- 用一个贴现率去计算收益流的贴现值（如第 4 章所讨论的）。
- 计算人们预期在去世前支付的整个未来税金流。
- 计算税金流的贴现值。
- 比较两者的差别来得到社会保障财富。

表 13－2 展现了 1960 年、1995 年和 2030 年未婚者（也就是分别生于 1895 年、1930 年和 1965 年）的 SSW。对于每一个年龄组，该图也展示了 SSW 分为低、中、高三个方面的工人。表中每个单元格的数据表示了图表顶部和左边对应组的 SSW。例如，1960 年 65 岁的属于平均工资收入的人，可以得到比他所付出的税金多 99 640 美元的福利。1995 年 65 岁的属于平均工资收入的人，可以得到比他所付出的税金多 26 141 美元的福利。2030 年 65 岁的属于平均工资收入的人，可以得到比他所付出的税金少 69 321 美元的福利。[①]

为什么我们看到的是从较晚出生的人到较早出生的人的再分配？第一，表中最老的退休人员（1960 年 65 岁的人）从表 13－1 第二期的相同特征中受益。这些退休者都是 1895 年出生的，如果他们从 1913 年（当他们 18 岁时）开始工作，他们将工作 24 年而没有支付任何社会保障税金，因为社会保障税金支付直到 1937 年才启动。因此，这些

① Brown et al.（2009）和 Goldman and Orszag（2014）认为不同收入群体之间的再分配金额远小于此处衡量的数值，这是由于富人和穷人之间的预期寿命差距不断扩大，且不同收入群体在家庭收入和人力资本禀赋方面存在差异。

退休人员仅仅在一部分职业生涯中对该制度进行了支付，却在整个退休期间都获得了福利。

表 13-2　对于单身男性的社会保障再分配　　单位：美元

收入水平	1960 年的 65 岁退休人员	1995 年的 65 岁退休人员	2030 年的 65 岁退休人员
低收入者	70 024	47 340	21 986
平均收入者	99 640	26 141	−69 321
高收入者	106 874	−196	−205 882

说明：就不同年代的单身者的社会保障福利而言，更老的几代比最近的几代得到更多的福利。在这些人中，相较于穷人，第一代富人得到更多的福利，而最近一代富人得到最少的福利。

第二，在实行社会保障计划的大部分岁月中，不仅有人口与工资增长的效应（如前文中的例子所示），而且有税率增长的效应，即工薪税的规模在这些年里一直在上涨（在前文的例子中，工薪税被固定为 10%）。1937 年，工薪税担负着社会保障体系 2% 的资金；如今，这个值已经是 12.4%了。当税率与人口、工资一并上升时，该计划使得最初几代的福利也会上升。

对于在 21 世纪年满 67 岁的人，社会保障成为一个失败的主张，原因有三个。第一，与 1960 年就到 65 岁的人不同，这些工人不得不在他们全部的工作时间里支付税金来为他们的福利提供资金。第二，缓慢的税收增长意味着他们得到更小的税收增长效应。第三，从 20 世纪 70 年代初开始，工资和人口增长效应出现了非常显著的下降。例如，在 1973 年之前，人口增长率为平均每年 1.5%，工资增长率为平均每年 2.5%。自 1973 年起，人口增长率平均每年仅为 1%，工资增长率是平均每年 0.6%。① 在 2030 年满 65 岁的人的结果最糟糕，因为工薪税根本不再上涨，而工资与人口增长也十分缓慢。

表 13-2 除了展现社会保障体系对于每代人是不同的之外，也展现了这个制度是如何对待收入水平不同的工人的。具体而言，社会保障体系从偏爱富人，给予富人更多的社会保障财富，转变为一个偏爱穷人，给穷人更高的社会保障财富的制度。这种转变的原因是，高收入者通过工薪税向社会保障体系支付更多的金钱。所以当社会保障回报很高的时候（通过高工资增长、人口增长和税率增长），他们比低收入者得到更多的保障福利。但是当社会保障回报率很低的时候，高收入者收入的大部分会变成表现不佳的资产，从而比低收入者更加糟糕。

不同收入水平的待遇只是社会保障在任何一代中不同群体之间重新分配的一个例子。关于 SSW 如何在同龄群体中变化的一些例子如下。

- 女性比男性有更多的 SSW：因为她们活得更久，她们付出相同的税金，但是会得到更大一笔收益流。
- 已婚夫妇比单身人士享受更多的 SSW：工人的配偶自动享有工人 50%的福利，在世的配偶享有逝去工人 100%的福利。所以已婚工人付出的社会保障税金不仅购买了他自己的福利，而且为其配偶购买了福利，这可以提供更高的回报。

① 人口和工资增长率数据来源于 U. S. Bureau of the Census (2011) 以及较早的版本。

- 家里只有一个人赚钱的夫妻比两个人都在赚钱的夫妻享受更多的 SSW：即使不工作的配偶不支付税金，这对只有一个人工作的夫妻仍然可以获得工人福利的 150%。两个人都赚钱的夫妻不得不全额缴纳税金，即使他们可能不会比家里只有一个人赚钱的夫妻得到更多的保险福利。①
- 相对于富人，穷人从社会保障中获得的收益被夸大了，这是因为生命的长度会提高收入，所以富人通常会比穷人多得到若干年的福利。虽然这种夸大已经具有相当规模，但是从现今的社会保障体系看，还不足以推翻“穷人赢，富人输”的基本结论。

13.2 社会保障的消费平滑收益

社会保障的根本动机是这样一种观念，即老年人在退休时没有足够的收入来养活自己，也不足以在他们死后养活他们的家属。波特巴（Poterba，2014）对这方面的证据进行了评估，例如，他表示，对于处于收入底层的人群来说，除了社会保障以外，几乎没有其他的退休支持来源。因此，政府需要强制工人在工作时期缴纳工薪税以供他们退休时取得福利收入。

□ 社会保障的基本理由

鉴于退休是由个人决定的期望事件，为什么政府需要参与提供退休收入呢？当该事件是高度可预期的时候，社会保障的依据是什么？

沿着第 12 章的思路，对于社会保障，我们提出了基本理由。养老金市场是失灵的。纯粹的养老金是一个人在最开始支付一定数量的金钱给保险公司，作为回报，保险公司付给个人固定的回报，直到他死亡。面临不确定死亡日期的消费者应该会重视这样的养老金，因为它们有助于我们在第 12 章中描述的消费平滑。也就是说，这些养老金使不确定何时死亡的人们能够在剩余的岁月中平滑他们的消费，以解决储蓄过少（因此晚年会饥寒交迫）或者过多（没有完全享受他们的财富）的问题。②

然而逆向选择会导致养老金市场的失灵。回顾逆向选择，它会在投保方比保险公司更有信息优势的时候引起保险市场的失灵。对于养老金来说显然也是如此，因为个人对于他们潜在的预期生命知道得比保险公司更多：他们知道更多家族健康历史（例如他们的祖辈是否都活过了 100 岁）以及他们自己从事的外部行为，这些行为可能会导致他们特别的长寿或短命（例如他们是否遵循健康饮食并且绝不超车）。一个人活得越久，保险公司从养老金合同中得到的钱就越少。因此保险公司并不愿意卖养老金的保险，因为

① 例如，假设我可以得到每年 10 000 美元的社会保障福利。如果我的妻子从不工作，我们每年可以得到 15 000 美元（我的福利的 150%）。如果我的妻子和我收入完全一样，支付完全一样的工薪税，我们将会得到两倍，即每年 20 000 美元的福利。即使我们多付出了 100%的工薪税，我们的福利也只增加了 33%。

② 理解养老年金的一个有效方法是将它们与人寿保险对比。人寿保险是一个人预先向保险公司支付一笔钱，在这个人过世后，保险公司将为此人的后代支付福利。人寿保险是一种对抗短命的保险（一旦此人死去，这个家庭便没有了收入）；养老年金是一种对抗长命的保险（此人没有了收入来源，但是他还活着）。

它们担心只有长寿的人会来购买（逆向选择）。这种情况导致了保险金的价格高昂以至于大多数的潜在消费者不愿意购买它们。[1] 通过提供公共养老金，社会保障能够解决市场失灵问题。[2] 尽管养老金市场的失灵是社会保障的基本经济学原理，但是政策制定者偏好社会保障计划的真正原因是家长主义。也就是说，他们担心人们没法为自己的退休存足够的钱。赫德和罗希德（Hurd and Rohwedder，2011）用退休前的消费去估计个人在 66～69 岁是否准备充足以维持他们退休后的生活水平。他们发现，大部分人是准备充足的，但是也有不少人没有准备充分。例如，80%的已婚人士和 89%的大学毕业生准备好了，但在单身者和缺乏高中文凭的人中，分别只有 55%和 70%的人为退休生活做了充分的准备。

□ 社会保障平滑了消费吗?

忽略养老金市场失灵以及家长作风，社会保障存在的动机是这样的观念——个人不能恰当地保护他们退休后的消费。那么是不是这个原因导致了消费平滑的失败，继而需要政府介入，这是一个尚没有定论的问题。一方面，一旦工人退休了，他们需要负担很多年的消费。另一方面，通常来说，退休是一个非常好预期的事件，大部分工人能够很容易地准备。因此，尚不清楚社会保障对平滑工作期间和退休期间的消费的重要性。具体而言，社会保障的全部作用可能仅仅是挤出了个人为退休生活预留的储蓄。于是，两个不同领域当中大量研究的一个目标问题是，社会保障在多大程度上提供了真正的保险，而不仅仅是挤出储蓄。

□ 社会保障和私人储蓄

对于退休的自办保险的主要形式是私人储蓄。在一个没有社会保障的世界里，人们不得不依靠自己的储蓄（无论是作为个人还是通过公司的养老金计划）来为退休提供资金。社会保障可能会通过允许人们依赖政府转移来支持老年生活的收入从而挤出私人消费。挤出效应越大，提供给退休者的消费平滑越少。现有研究认为，每一美元社会保障财富会挤出 0.3～0.4 美元的私人储蓄，因此挤出效应是存在的，不过是部分挤出。

□ 老年人的生活标准

社会保障和消费平滑的其他方面的证据来自对老年人生活水平的考察。图 13 - 2 展示了 1959—2013 年的老年人贫困率。贫困率是收入低于贫困水平的人口的百分比，贫困水平是购买食物、房屋、其他物品（第 17 章将会更精确地定义和详细讨论这个概念）的“最小合意”束的收入总数。对于一个四口之家，2013 年的贫困水平是 23 550 美元。图中，老年人贫困率与社会保障体系的规模（作为 GDP 的一部分）负相关。1960 年，35%的老年人过得很贫困（非老年人的贫困率为 21%）；到了 2013 年，只有 9.5%的老

---

① Finkelstein and Poterba (2004) 在养老金市场的逆向选择方面提出了引人注目的证据。长寿的人要比短命的人更有可能购买养老金。此外，长寿的人更可能购买“真正意义上的”养老金产品，而短命的人则更有可能购买部分年金的产品，如果他们很快就会死去，这些产品就会对他们的继承人进行偿付。

② 养老金市场失灵也可能是由于消费者对该产品的复杂性产生了混淆。Brown et al. (2013) 发现消费者似乎无法选择最优的养老金方案。

年人生活得很贫困（非老年人的贫困率为15.3%）。

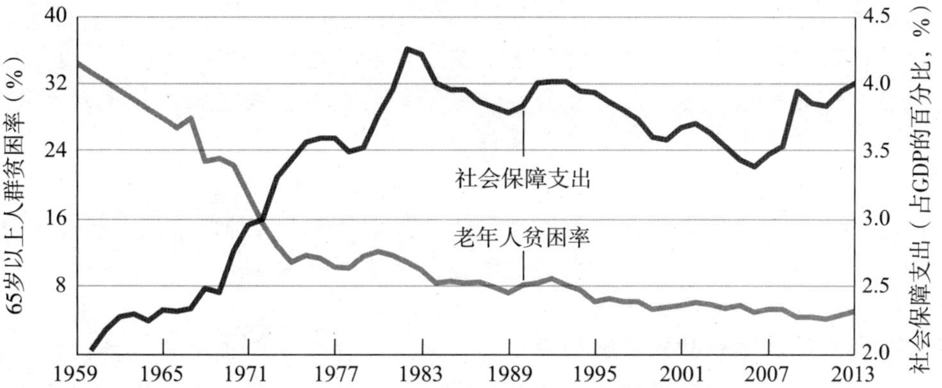

图13-2　1959—2013年老年人贫困率和社会保障支出

资料来源：U.S. Census Bureau (2014)；Social Security Administration (2015).

说明：随着时间的推移，在老年人贫困率（有所下降）和社会保障体系的规模（有所上升）之间存在着显著的负相关关系。

这种变化与社会保障体系的演变密切相关。贫困率的骤降发生在20世纪60—70年代，该时期正是这个项目发展最快的时期。事实上，恩格尔哈特和格鲁伯（Engelhardt and Gruber，2004）分析了贫困率如何由于出生人群而降低。特别地，相对于没有得到益处的人，这些人受益于社会保障扩张。他认为，社会保障的扩张能够解释为何贫困在这个时代的老年人身上全面减少。社会保障的增加对于老年贫困有戏剧性的效果，说明了个人实际上不能为他们的退休提供适当的保护，因此该项目有很大的消费平滑收益。综合考虑，所有证据都表明，社会保障项目只是部分地挤出了私人储蓄。

最近来自墨西哥的加里亚尼等（Galiani et al.，2014）的证据进一步支持了社会保障的重要消费平滑作用。他们研究了墨西哥农村老年人的现金转移计划，发现接受转移支付的老年人的消费支出大幅增加，几乎没有证据表明自办保险有所减少。

▶实验证据框◀

度量社会保障在储蓄方面的挤出效应

在过去的30年里，私人储蓄的社会保障效应已经成为一大批研究的主题。费尔德斯坦（Feldstein，1974）通过社会保障财富和私人储蓄的时间序列分析，认为社会保障使美国的私人储蓄率降低50%；然而，后续的研究发现了这个方法存在缺陷，从而产生了混合的结果。此外，这个应用是时间序列分析困难的经典案例。国民储蓄随着时间被一系列的因素所推动，社会保障只是其中一个。社会保障在一个特殊的时间点上没有明显的变化，因此，单独从时间序列上难以提取出社会保障对储蓄的任何影响。

另一种考察社会保障影响的建模方法是做横截面回归分析，就像第3章所讨论的。一些文章研究了未来有权获得更高社会保障福利的人今天是否会减少储蓄。这类文章通常发现，更高的社会保障福利会导致储蓄的减少，不过这种减少远远低于一比一的比例。

但是，回忆第3章提出的关键问题：实证分析的结果可能是有偏的，因为无法找到实验组和对照组。为了从计量经济学分析的角度有效衡量社会保障对储蓄的影响，必须有一种方法来比较除了社会保障福利之外，其他方面都相同的人。社会保障福利很大程度上取决于个人特质：平均终身收入、婚姻状况、年龄和退休年龄。因此，任意两个具有不同福利的人也有可能会在几个或者全部的维度上不同。例如，收入和年龄这样的因素可能与个人的储蓄偏好相关，很难假设社会保障福利与储蓄之间的任何关联都归因于该计划本身。

回答这个问题需要某种类型的准实验，从而允许我们对拥有相似特质，但在社会保障福利水平上非常不同的人们进行比较。在美国，这样一个准实验被证明是难以找到的，因为社会保障是一个国家项目，它适用于所有的工人。非常相似的人通常有相似的保险福利。然而，两项研究提供了社会保障类似计划在意大利和英国对私人储蓄的影响的准实验证据。① 这两项研究都侧重于社会保障制度的改革，这些制度改变了某些类型工人的社会保障福利，而不是其他工人。

例如在意大利，1992年的改革大幅削减了福利，因此公共部门的年轻工人的未来SSW减少了，老年工人和私人部门工人的福利削减幅度则小得多。这种变化形成了一个自然的准实验分析，研究者可以评估公共部门年轻工人的储蓄是否上升以抵消未来SSW的下降。作者同时比较了公共部门年轻工人（实验组）在改革前后储蓄上的变化、公共部门老年工人以及私人部门工人（对照组）在储蓄上的变化。这使得作者可以消除因储蓄的其他时间序列变化而产生的任何偏差（第3章“双重差分”估计）。根据作者的估计，30%～40%的SSW减少被更高的私人储蓄抵消了。英国的研究结果也类似。也就是说，社会保障确实挤出了私人储蓄，但只是在一定程度上，并不是完全挤出。

13.3 社会保障和退休

社会保障的基本动机是通过给退休人员或者已故工人的未亡亲人提供收入支持，来应对因死亡或年纪过大而无法工作这种不良事件。这个目标导致了一个自然的道德风险：工人可能更早地退休，从而开始获取他们的福利。就像我们早前提到的，在美国，没有必要为了获取福利而在较早的年龄退休：你可以继续工作，你的收益由于收入测试而减少，但是你在完全退休后会拿回收入（通过精算调整）。然而几乎所有人都会（错误地）认为收入测试对于他们的收入是一种征税，觉得福利获取必须与完全退休联系起来。因此，就如第12章讨论的道德风险例子，以保险对抗退休的不良影响可能鼓励不良事件，降低社会效率，提高项目成本（以及相关的税收）。

① Attanasio and Brugiavini (2003); Attanasio and Rohwedder (2004).

□ 理论

理论上，社会保障在退休决策中有两个效应。第一个是隐性税收，如果退休被推迟了，社会保障会通过减少社会保障福利的价值对更大的年龄征税。格鲁伯和怀斯（Gruber and Wise，1999）将社会保障的隐性税率定义为如果一个人多工作一年，社会保障财富的减少（预期社会保障福利的贴现值减去预期支付税金的贴现值）与这一年当中赚取的工资的比值。这个变量的分子通过计算一个可能的退休年龄的社会保障财富进行估计，然后测量如果一个人再工作一年，它会如何变化。以一个 62 岁的工人为例，如果他工作到 63 岁，而不是在 62 岁退休然后申领他的社会保障福利，那么在社会保障制度下，会发生以下四件事：

- 他额外支付了一年的工薪税。
- 他少得到一年的社会保障福利。
- 他通过精算调整得到更高的社会保障福利。
- 收入通常随着年龄上涨，所以他在 35 年工作收入平均期内，用高收入的一年取代了低收入的一年。

前两个因素减少了额外工作一年的回报，后两个因素增加了回报。如果前两个因素占主导地位（在下一节我们会说明这是大多数国家的情况），那么会有一个隐性的工作税收。因此，更多人选择退休。这个旨在保护个人免于退休收入损失的制度实际上将促使人们退休。

社会保障对退休的第二个影响是前面讨论到的再分配效应。社会保障制度使得一些人在一生中变得更加富有，其他人则变得更加贫穷。当更富有的人用他们的部分财富为自己购买更多的退休时间，而更穷的人工作得更久时，福利的这些变化将产生退休收入效应。

□ 证据

三类证据表明了社会保障是退休决策的强有力的决定因素。这些证据主要集中于男性，因为自第二次世界大战以来，女性劳动力参与率迅速上升，以至于难以识别女性的退休社会保障效应。

第一个证据是时间序列证据，如图 13-3 所示。社会保障计划在 20 世纪 60 年代和 70 年代快速发展，老年人的劳动力参与率即正在工作和正在找工作的老年人口的百分比相应减少。接着，在 20 世纪 80 年代中期，当社会保障计划增速放缓时，劳动力参与率的增长也跟着放缓（尽管有几年的滞后）。但是，就其本身而言，这个证据不能完全令人信服，因为很多其他因素在此期间同样发生了变化，且这些其他因素能够解释老年人的劳动力参与率的变化。此外，在最近几年，社会保障支出和老年人的劳动力参与率都在增长，凸显了解释这种时间序列证据的难度。

> **退休风险比率**：在一定年龄退休的工人比例。

社会保障对退休行为至关重要的第二个证据来自对美国退休年龄模式的考察。图 13-4 显示了**退休风险比率**（retirement hazard rate），即某一年龄的工人退休的比率。退休风险比率在 62 岁之前增长缓慢，在 62 岁这一点呈现跳跃式上升，然后迅速掉落。在 61 岁，10%的工

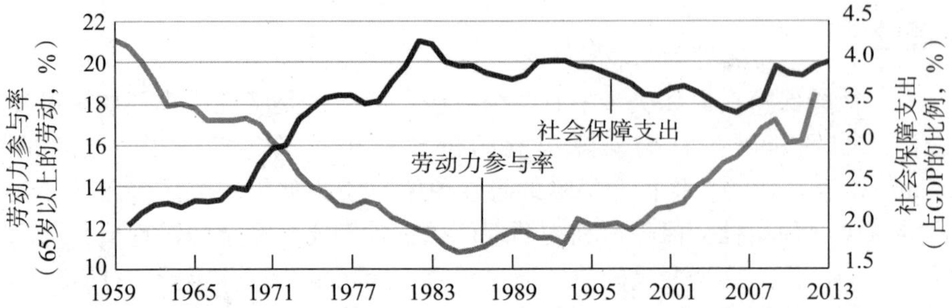

图 13-3　1959—2012 年老年人工作和社会保障

资料来源：U. S. Census Bureau：Table 587，Civilian Labor Force and Participation Rates with Projections：1980 to 2018.

说明：随着时间的推移，在老年人的劳动力参与率（下降）和社会保障计划的规模（上升）之间呈现显著的负相关关系。

人退休。在 63 岁，只有 8%的人退休。但是在 62 岁，该比率达到 25%。62 岁是最低享受权利年龄（EEA），这是最早能够申领社会保障收益的年龄。另外一个峰值出现在 65 岁——社会保障的完全收益年龄（FBA）。工人在这些特殊的年龄段大规模退休并不能证明这是由社会保障引起的。人们可能有其他的原因选择在这些年龄退休。然而，如图 13-5 所示，1960 年，在 EEA 采用之前，62 岁并没有出现一个峰值，峰值出现得很缓慢。1970 年，有一个小小的峰值。1980 年，有一个稍大的峰值。这种模式意味着 1963 年 EEA 的实施导致了峰值的演变。最近，贝哈格尔和布劳（Behaghel and Blau，2012）表明，65 岁退休比例的飙升由于 FBA 的上升而减少。最有趣的是，他们发现在新的 FBA 中，具有较高认知技能（即更佳的学习和记忆能力）的人中出现了一个新的峰值，但认知技能较低的人的退休行为似乎没有迅速适应新的 FBA。

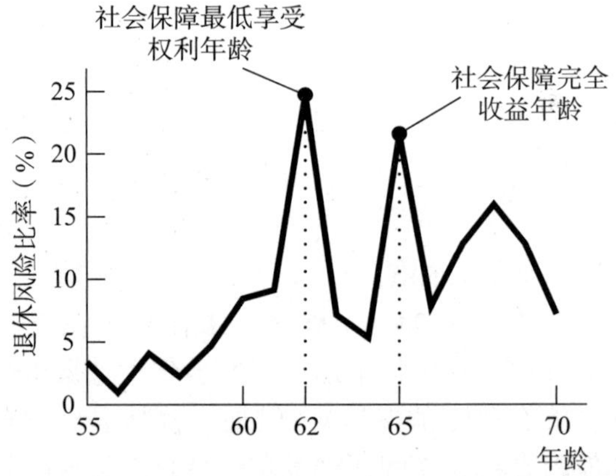

图 13-4　美国男性的退休风险比率

资料来源：Diamond and Gruber（1999），Figure 11. 12.

说明：男性退休风险比率，或者说男性工作到的年龄的退休率，在 62 岁（最低享受权利年龄）和 65 岁（完全收益年龄）有明显的峰值，这是社会保障体系的关键年龄。

第三，社会保障退休问题的最强有力的证据类型来自国际比较。在其他国家人们的最低和正常退休年龄中，都有巨大的峰值，这与我们在美国看到的情况非常接近。最引

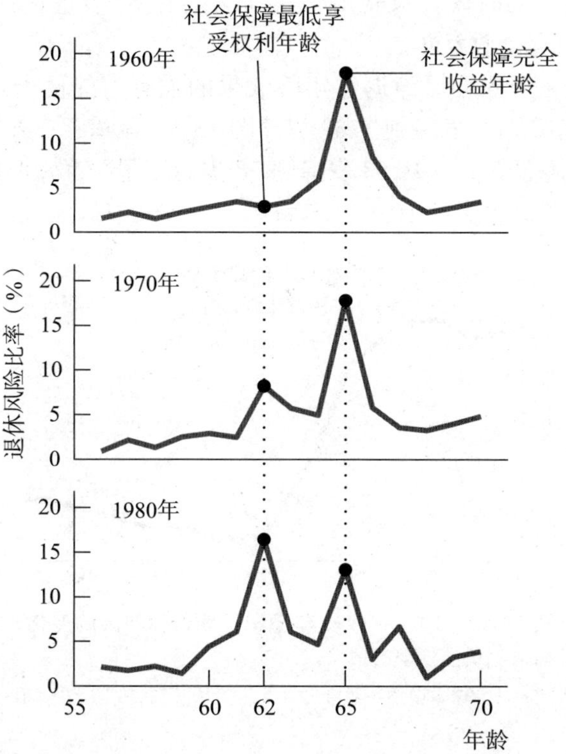

图 13-5　美国男性退休风险比率的演变

资料来源：Gruber and Wise (1999), Figure 12.

说明：1960 年，62 岁的 EEA 尚未被采用之前，男性的退休风险比率在 65 岁达到最高（完全收益年龄），在 62 岁时没有峰值。1970 年，62 岁的峰值开始出现。1980 年，62 岁的峰值变得比 65 岁的峰值还要大。

人注目的例子也许来自法国，60 岁是最早可以申领保险福利的年龄，也是完全收益年龄。如图 13-6 所示，在法国，退休风险比率在 60 岁时有一个巨大的峰值：60%正在工作的人会在下一年到达 60 岁的时候退休。这个例子惊人的地方在于，30 年前，当

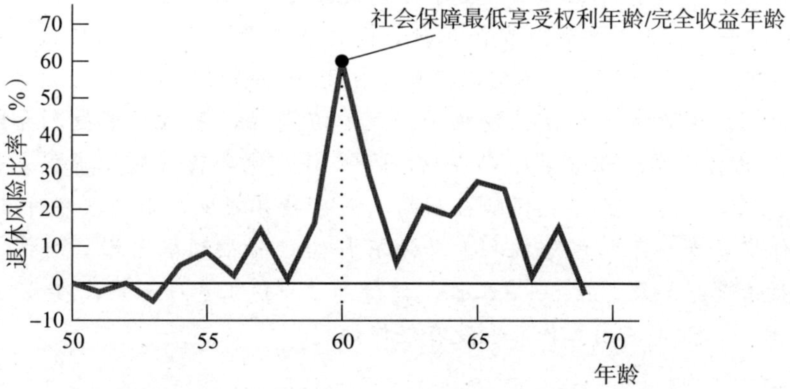

图 13-6　法国的退休风险比率

资料来源：Gruber and Wise (1999), Figure 11.

说明：在法国，劳动力在 60 岁时有一个巨大的退出率，它同时是最低享受权利年龄和完全收益年龄。

第 13 章　社会保障

60 岁退休不是一种选择的时候，只有 10%的工人会在 60 岁退休；退休集中在 65 岁时的最低享受权利年龄/完全收益年龄。

德国提供了另外一个社会保障退休年龄效果的强有力的例子。1973 年，德国降低了最低享受权利年龄，从 65 岁降到了 60 岁。图 13－7 显示了，在 7 年时间里，这个国家的平均退休年龄下降了 5 年，从 63 岁降到 58 岁。这是一个短时间内的显著变化，进一步证明了社会保险在退休决策中的重要地位 。

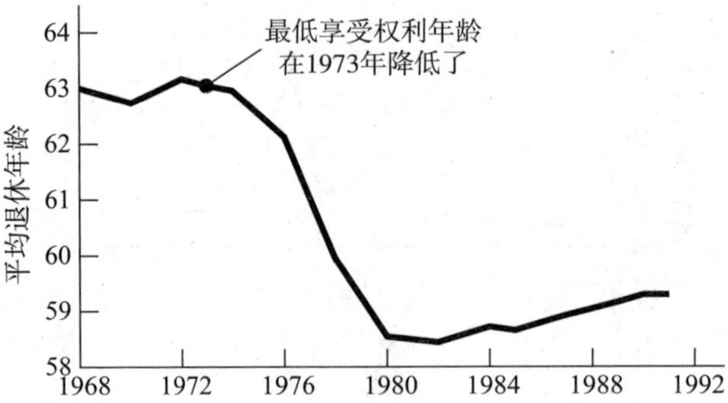

图 13－7　1968—1992 年德国平均退休年龄的变化*

资料来源：Gruber and Wise（1999），Figure 5.

说明：1973 年，德国将它的社会保险申领年龄降低了 5 年（从 65 岁到 60 岁）。在 7 年内，个人平均退休年龄从 63 岁降到了 58 岁。

* 1968—1990 年指联邦德国。——译者注

☞应用

隐性的社会保障税收和退休行为

格鲁伯和怀斯（Gruber and Wise，1999）给出了一系列社会保障隐性税收的数据，计算如前所述。他们发现，在美国，当 62 岁时再工作一年的隐性税收为 0：工人不得不支付额外一年的工薪税与工人少获得的一年收益两者加起来刚好完全抵消当工人退休以及工人的收益基于更高的收入平均数时的更高收益。① 在完全收益年龄，隐性税收实际上是 0。在这个点上，隐性税收变为正数，因为少享受一年福利的回报（过了完全收益年龄，就是延迟退休信用了）不足以抵消少享受一年福利的损失。

比较在美国发生的情况和荷兰发生的情况。在荷兰，最低享受权利年龄为 60 岁，存在一个 91%的替代率，即如果个人在这一年工作，他会获得的工资就是保险福利总量的 91%。此外，对于早期申领保险福利的人没有精算减少，因此，超过 60 岁仍工作仅仅意味着你少享受一年的保险福利，并没有补偿性的福利水平增加（像美国那样）。试想一下这种情况：如果你在 60 岁工作，你得到了一份工资；如果你在 60 岁退休，你得到工资的 91%，但是不用工作，也没有任何惩罚。

① 这里提出了一个有趣的问题，为什么美国的退休大高峰在 62 岁。这确实是退休行为的一大谜团。一种观点是“流动性约束”：他们实际上更想要在 62 岁之前退休，但是他们没有储蓄，所以在 62 岁能够领取福利之前，他们不能负担退休后的生活。另一种观点是，人们并没有完全了解社会保障体系，认为如果他们超过 62 岁退休，则是不利的（或者他们太急于在 62 岁退休，没有考虑后果）。

在荷兰退休甚至还有一个好处。为了负担慷慨的退休福利，荷兰必须对工人征收非常高的工薪税。到了退休的时候，你就不再需要支付这一税收。这些因素的最终结果是：超过 60 岁还在工作的荷兰人是损失金钱的，拿回家的税后工资比他们退休的保险福利要少。在这种情形中你会怎么办？在荷兰最可能的做法是：60 岁就停止工作！

实际上，在格鲁伯和怀斯研究的国家中，隐性税收和工作决策之间有强相关性。如图 13－8 所示，横轴表示每个国家由于隐性税收而抑制工作（的程度）。[①] 纵轴度量了不工作的老年人的数量，即在 55～65 岁的人中不工作人口的平均比例。两者之间是显著正相关的。在一些国家，如美国、瑞典，尤其是日本，是没有隐性税收的（也就是说，制度不会惩罚超过早期退休年龄却继续工作的人），因此不工作的人相对少一些。而在荷兰、比利时、法国和意大利，则会有很大的隐性税收，绝大多数人在老年时期不工作。这一隐性税收衡量标准的变化可以解释样本中不工作的老年人比例变化的 82%。

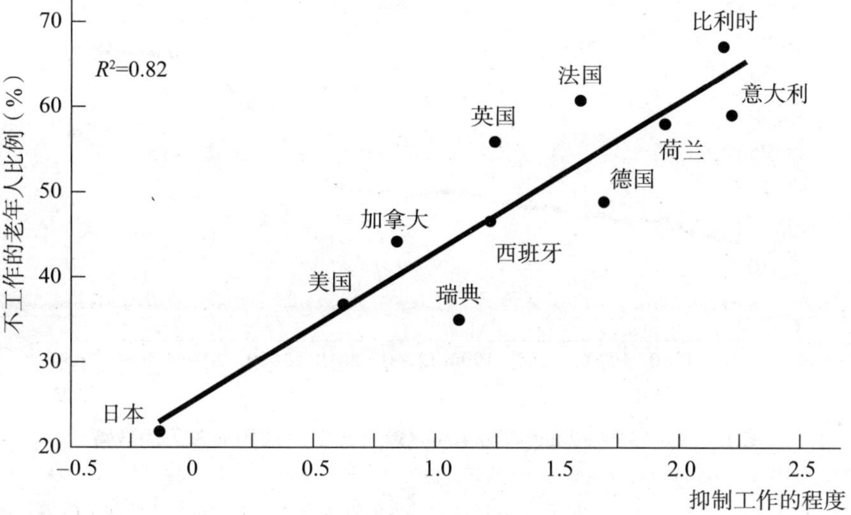

图 13－8　工作和不工作的隐性税收

资料来源：Gruber and Wise (1999), Figure 17.

说明：不同国家在社会保障抑制老年时期工作方面差异很大。抑制工作的程度是以老年时期工作的隐性税收总量的对数来衡量的。在对工作抑制较大的国家的老年人中，不工作的人的比例更高。

□ 启示

这个证据表明，设计一个惩罚退休年龄之后额外工作的社会保障制度可能是代价非常高昂的。像欧洲这样不会为了增加的工作时间而增加收益的制度，似乎导致了老年工人劳动力的大量流失。对制度进行调整以便更加公平地奖励老年工人，能够减少社会保

① 这一衡量指标是这些国家的税收力量的自然对数，税收力量是从早期退休年龄到 69 岁的所有工作年龄的隐性税收的总和。

障的大量道德风险效应。

13.4 社会保障改革

社会保障制度目前面临着巨大的财政失衡。1950 年，在美国，每 100 个处在工作年龄的人中，有 12 个是大于 65 岁的。到 2050 年，如图 13－9 所示，每 100 个处于工作年龄的人中，将会有超过 38 人是大于 65 岁的。这种增长是由于第二次世界大战后出生的巨大婴儿潮一代的老龄化。这可能看起来很抽象，但是这样想一想：到了 2030 年，美国老年人的数量将会超过今天佛罗里达州的人口！如前面提到的，在接下来的 75 年里，社会保障制度的给付义务的现值会比征收的税金的现值要高出 10.6 万亿美元。①

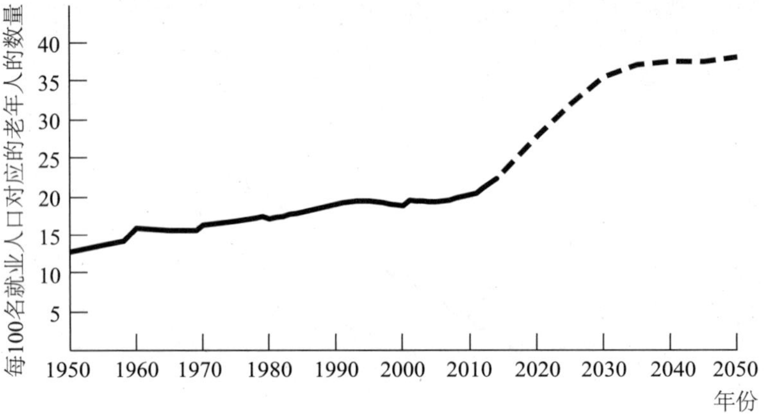

图 13－9　1950—2050 年每 100 名就业人口对应的老年人的数量

资料来源：U. S. Bureau of the Census (2014), Table 3.

说明：每 100 名 15～64 岁就业人士对应的 65 岁以上的人的数量在一个世纪里几乎增加了两倍，从 1950 年的每 100 人对应 13 人增长到了 2050 年的每 100 人对应 38 人。

有三个因素共同导致了这种财政失衡。第一个因素是贯穿整个 20 世纪的预期寿命的显著改善，这意味着老年人获得福利的年限更长。第二个因素是出生率的降低导致更少的工人去负担数量增长的老年人。第三个因素是工资增长显著放缓。因此，回到表 13－1 讨论的，我们基于高工资率和人口增长率，承诺给退休人员带来好处，因此实际增长率的降低使我们无法兑现这一承诺。此外，社会保障制度继续运行的“遗留债务”是因我们对第一代社会保障受益者的非基金式支付而产生的，这也成为该制度长期财政失衡的重要来源之一。社会保障体系资金不足的问题不仅是婴儿潮一代纷纷退休的问题，而且是由于前面列出的各种因素而造成的长期问题。社会保障管理部门预计，社会保障制度非基金式的负担在 2088 年以后会增长到 14.3 万亿美元！②

① Social Security Trustees (2014).

② Social Security Trustees (2014).

□ 第一轮改革：格林斯潘委员会

美国第一次面临社会保障财政危机是在 1983 年，当时预计社会保障信托基金将在同年 7 月支付福利时被耗尽。政府建立了格林斯潘委员会，由前经济顾问委员会主席［后来的美国联邦储备（简称美联储）委员会主席］艾伦·格林斯潘领头。[①] 委员会的主要建议是，社会保障体系应该在一定程度上摆脱非基金式的体系，政府应该积累社会保障信托基金的储蓄，以便当婴儿潮人口退休，并且支持他们的工人变少时，也有足够的钱来支付保险福利。为了增加信托基金，格林斯潘委员会做了一系列的改变，包括在未来增加工薪税增长速度以及削减福利的计划。

☞应用

社会保障信托基金和国民储蓄

从理论上讲，通过建立信托基金来为社会保障提供部分资助的一个好处是增加了国民储蓄，以及第 4 章强调过的资本存量和生产率增长的相关收益。可是实践中，信托基金可能不会真的增加国民储蓄。法律上，这种信托基金是“预算外”的，这意味着政府应该考虑它与其他信托基金截然不同的其他收入和支出义务。但传统上并非如此。当政府每年报告预算赤字或者盈余的时候，通常报告的是“综合预算”，这其中包含了预算外的类别。例如，2014 年，联邦政府报告了 4 840 亿美元的赤字。这个数字反映了 5 130 亿美元的预算内赤字，以及 320 亿美元的社会保障盈余（连同邮政服务赤字的 25 亿美元），意味着真实赤字（5 130 亿美元）比普遍报道的要多出 6%。[②]

假设政府似乎忽略了预算内和预算外的区别，并且只关注综合预算。进一步假设政府及其负责的公众有一些预算目标，例如平衡预算。通过允许政策制定者在其他领域隐瞒赤字，社会保障信托基金正在取代其他政府储蓄。即在缺乏信托基金的条件下，为了平衡预算，政策制定者不得不储蓄更多，这就要求税收增加以及支出减少，而这两者都难以实现。

通过隐瞒赤字，信托基金使政策制定者避免了这些艰难的抉择——直到账单到期。当婴儿潮时期出生的人开始退休时，信托基金也将沦陷，看起来处于平衡状态的综合预算将迅速转为赤字。因此，如果政策制定者只关心综合预算，信托基金就不是新的储蓄——它仅仅替代了其他的政府储蓄。信托基金在 2012 年不一定使国民储蓄增加了 600 亿美元，它可能只是让政府避免面临需要将国民储蓄增加到这个数额的艰难决定。[③]

① 委员会的最终报告可以在该网站找到：http://www.ssa.gov/history/reports/gspan.html (2015)。

② Congressional Budget Office (2015).

③ 现存的结论胶着于信托基金实际上是否会挤出其他的政府支出。Nataraj and Shoven (2004) 提出，这种挤出效应是完全的。Bosworth and Burtless (2004) 发现，试图积累社会保障剩余的经济合作与发展组织国家相较于没有这样做的国家，反而拥有更大规模的财政赤字。另外，Bosworth and Burtless (2004) 发现，没有证据表明，州政府利用其他层级政府更大规模的财政赤字，去抵消政府雇员养老信托基金的储蓄。

□ 进一步的改革

虽然委员会于 1983 年在一定程度上避免了财政问题，但这些问题又将随着婴儿潮的老龄化而卷土重来。我们能做什么来超越 1983 年的改革以及解决长期资金问题？这里有几种方法。在本节中，我们将讨论基于当前制度结构的方法，然后转向根本性制度改变的方法。

进一步增加税收 当面临的社会保障融资问题非常大时，它们并不是不能克服的。增加 2.83 个百分点的工薪税，从 12.4%到 15.23%，预计可以解决接下来 75 年的财政问题，增加 4.23 个百分点则预计能够永久地解决这个财政问题。①

扩大应税工资的基础 另一个策略是试图通过扩大社会保障应税工资的基础来负担退休后的收益，以缓解（资金不足的）问题。因为该项目老年人的数量相对于年轻人极快地增长，我们可以尝试增加为体系支付税金的年轻人的数量。例如，很多州和地方政府部门的员工现在被排除在社会保障体系之外（因为他们可以选择参加州或者地方的养老金计划），我们可以强制要求他们进入体系。或者我们可以放宽年轻工人的移民限制。这些措施可以从两个方面改善财政状况。第一，在短期，他们增加了能够收集到的工薪税的基础。第二，平均上来说，该制度向工人征收的工薪税，比他们最终期望得到的保险福利还要多。因此，若有新的工人被纳入该体系，则意味着该项目的财务状况是有净收益的（工人是净损失的）。

扩大应税工资基数的另一种方法是增加支付社会保障金的工资税的最高收入。2015 年，工人每年支付工薪税的最高收入为 118 500 美元。由于社会保障体系是进步的，对收入征税上限的调整会再一次在长期和短期都改善该体系的财政状况。我们将在第 20 章和第 21 章讨论如何评估这种税制变化。

提高退休年龄 相对于预期寿命，社会保障完全收益年龄一直在降低。1950 年，65 岁的男性预计能平均再活 12.7 年；现在，这个数据是 19.3 年。对于女性，65 岁时的寿命预期已经从 1950 年的 15 年增长到了现在的 21.6 年。② 随着人们寿命的延长，工作时间的延长似乎是合理的，否则需要更多的退休融资来负担越来越长的退休期。然而，完全收益年龄长期以来都固定在 65 岁，只是对于 1960 年以后出生的人有一个缓慢的增加，上升到了 67 岁。通过提高并加快完全收益年龄的增长，社会保障计划的支出可以被大幅减少。

完全收益年龄是个人能够获得全部基本保障额的年龄，认识到这一点很重要。所谓的正常退休年龄不再是正常的了。实际上，1943—1954 年，更多的人在 62 岁的最低享受权利年龄而不是在 66 岁的完全收益年龄退休。所以增加完全收益年龄仅仅意味着在任意年龄削减福利。因为精算减少惩罚在完全收益年龄到来前申领保险利益的人，所以当完全收益年龄变动的时候，申领者在给定的年龄面临着更大的惩罚。例如，如今 62 岁退休的人会得到他们 75.4%的基本保障额；由于完全收益年龄的增加，在 2025 年或者之后的 62 岁退休者预计只能得到他们基本保障额 70.4%的福利。所以，完全收益年

① Social Security Trustees (2014).

② 预期寿命数据来自 http://www.ssa.gov/planners/lifeexpectancy.html (2015)。

龄的增加准确来说是福利削减，而不是根本性的制度改革。

一个更根本性的选择是提高 62 岁的最低享受权利年龄，美国和其他国家的证据显示这能够显著降低退休率，因为在早期退休年龄有非常高的退休率。这个改变能够通过减少老年人得到福利的年份从而节省政府资金。但代价是，可能有人在 62 岁之后工作起来非常困难，而且他们会因为最低享受权利年龄的增加而越发不堪重负。

削减福利 另一个选择是直接削减社会保障支付的福利总数。有不同的方法可以实现这一点。例如，可以通过降低月均指数化收入转化为基本保障额的比率直接削减福利。或者，政府可以减少社会保障福利的指数化率。目前，保险获得者的福利水平每年随着生活成本的增加而增加，由 CPI 度量。如果我们减小调整度，比如，低于 CPI 增长率的 1%，这会显著减少支出——在某种程度上对选民来说无关痛痒（对政治家更具吸引力）。

尽管它有政治优势，但是更好的政策是全面削减福利而不是减小指数。指数减小对活得最久的人的冲击最大，因为相对于改革前，他们的福利每年都在降低。① 但是，如果有一群老人仍然面临贫困问题，那就是“最老的老人”，特别是寡妇。在 80 岁以上的老人中，12%生活在贫困中，而对比 65～69 岁的老人，贫困人群的比例为 8%。② 直接的福利削减会平等地影响全体人，通货膨胀调整的减少会给生活贫困的老人带来更恶劣的影响。

减少高收入群体的福利 另一种全面削减福利的选择是只针对高收入群体削减福利。毕竟，超过 1/3 的福利都是支付给家庭年收入超过 50 000 美元的人，因此削减他们的福利不会带来很大的困难。③

要完成它的一个简单的方法是，增加社会保障福利的税收。根据现行法律，社会保障收入仅在个人的其他收入与社会保障收入的一半的和超过 25 000 美元时征税。结果是，只有一半的保险获得者为他们的福利交了税，只有 2%的社会保障福利金以税收的形式回到了联邦政府。④ 很难说清楚为什么同样是拥有 25 000 美元收入，老年人家庭要比年轻人的家庭交的税金更少，特别是在许多必须由收入支持的支出（住房抵押贷款及儿童教育）主要发生在老年人家庭的情况下。

另一个受到广泛关注的方法是波曾（Pozen，2005）的“渐进价格指数”。如早前提到的，社会保障福利是基于历史收入按照工资水平的膨胀率进行计算的。波曾建议，对于收入较高的工人，根据价格上涨的速度（低于工资上涨的速度）来计算保障收益。随着时间的推移，这种方法会减少高收入者相对于低收入者的福利。这个办法能够节省足够多的福利支付，以应对 75 年以内 75%的社会保障短缺。

反对者担心，只对富人减少福利的做法会损害（民众对）社会保障计划的广泛支

---

① 为了搞清楚这点，考虑一个每年 1%通胀调整的减少。在通胀调整的第一年，所有的老人会得到一个比削减之前的基线低 1%的福利。在第二年，去世的老人不会受到影响，但是仍然活着的老人的福利降低 2%。随着时间的流逝，相对于另一种无改革的选择（或者简单的全面福利的削减），活得最久的老人承受最大的福利削减。

② Cubanski et al. (2015).

③ 基于 2003 年 3 月《当今人口调查》(Current Population Survey) 的补充计算而来。

④ Social Security Trustees (2014).

持。如果该计划被视为穷人的“福利计划”，而不是所有退休人员普遍享有的权利，那么该计划无法获得这样一个团结的老年选民群体的拥护。不过，上面提到的这一类型的变化似乎并不足以导致人们对社会保障态度的变化。

投资信托基金于股票　1983 年的格林斯潘委员会方案的一个问题在于，信托基金的投资非常低效。考虑一个个人退休计划，这个人有两种截然不同的投资选择：股票和债券。股票是一种短期风险较高的投资，但是在长期（例如 30 年），它能够持续产生较高的收益率。因此，在为退休储蓄时，大多数专家建议个人，特别是年轻人，将他们资产的大部分投入股票。因为他们很多年不必动用这些资产，而股票历来在长期更有优势，这补偿了投资股票的短期高风险。

根据这个逻辑，因为社会保障信托基金本质上是为将来退休的一代人做储蓄，它必须至少投资一部分股票，可是，这里 100%的信托基金资产被投入政府债券。因此，信托基金的投资是低效率的。私人养老金管理者要是把他的私人养老金 100%投入政府债券，则会被立即解雇！将信托基金缓慢投入股票市场，并将投入市场的基金比例限制在 40%以下，就能覆盖预计 75 年的社会保障赤字的一半或者更多。① 所以，为什么不把信托基金投资于股票市场，得到更高的长期回报，以减少社会保障体系的长期财政失衡呢？

对于这个途径有两方面的担忧。第一，如果我们不能做到让政客不滥用纳税人的资金而自肥，那我们为什么要向政府缴纳更多的税呢？如果信托基金将被用于其他政府计划的融资，社会保障的长期问题就不能通过市场投资解决。

第二，我们真的想让政府将如此一大笔钱投在私人股票市场吗？如果政府投资一半的信托基金到股票市场，它将会在今天拥有全部股份的 6%。随着时间的推移和信托基金的上涨，这个持股比例也会大幅上涨。因此，我们可以合理地担忧，政府可能会滥用其地位以操纵资本市场，为自己谋利。例如，不喜欢非工会劳动力的政客会投票让政府抛出所有非工会企业的股票，不喜欢吸烟的政治家会投票抛出所有烟草生产厂商的股票。1999 年，美国联邦储备委员会主席艾伦·格林斯潘在作证时指出：“正如行政当局和其他人提出的，将部分社会保障信托基金资产投资于股票，可能会使我们的资本市场效率受到威胁，从而影响我们的经济。即使付出大量的努力，我也会怀疑从长远来看，我们能否将信托基金从政治压力（直接和间接将资本分配到低于其最佳用途）中解脱出来。”②

理论上，这两个担忧可以通过投资策略的适当设计来解决。政府可以用一种“铁壳”的办法存放预算外股票投资收益，而不是用现在的信托基金。它可以建立一个独立的类似美联储的机构来管理这些股票，并使这些股票免受政治压力的影响。事实上，铁路退休信托基金似乎已经成功实施了这种保障措施，这是一家较小但相似的退休信托基金，近年来已成功投资于股票。然而，在实践中，目前尚不清楚这些保障措施对于更大和更具政治性的社会保障计划能否成功。

---

① Sass (2013).

② 参见格林斯潘于 1999 年 1 月 28 日的证词，网址为 http://www.federalreserve.gov/boarddocs/testimony/current/19990128.htm。

□ 根本性的改革：私有化

> **私有化**：改革社会保障的计划，这一计划允许个人将工薪税通过个人控制的账户投资到各类资产上。

最后，改革最根本的选择是**私有化**（privatization），即转变为由个人来控制账户的完全基金式制度。也就是说，社会保障将变成私人养老金，个人将其工薪税进行投资，并在退休时拿回投资收益。

这个方法有两个主要的优势。第一，该体系是由个人储蓄提供资金，从而会增加资本存量和长期的美国社会福利。[①] 进一步说，因为资本能够被个人所掌握，而不是政府，它会是真正的"预算外"资金，因此政府不会试图动用这个账户的资金。第二，这个方法尊重了消费者关于投资选择的自主权。一些消费者是非常厌恶风险的，他们更愿意保守地投资他们的退休储蓄。其他人更愿意承受风险，积极地投资他们的退休储蓄。由于社会保障计划是通过强迫人们以某种方式进行投资，因此可能会因为限制他们的选择而减少福利。

尽管有很多正面的特点，但是私有化也有许多问题。当然，最紧迫的是：我们如何才能让个人为自己的退休储蓄，同时又继续支持现有一代退休人员？如果我们私有化社会保障计划，那么我们仍然必须支付由第一代接受者带来的遗留债务，这需要现在的几代人支出巨大的双份税收，或者巨大的赤字。如果选择后者，就会完全抵消私有化保证的储蓄福利！也就是说，如果我们通过建立巨大的债务来支持现在的退休者，我们就是同时增加国家借贷和储蓄，没有产生资本存量净效应。

这一点与通常由私有化支持者做出的声明有关：私有化将允许个人在其社会保障工薪税上获得更高的回报率。如很多人已经提到过的，社会保障计划与私人储蓄提供的回报率相比，其回报率（工资与人口增长效应的总和）要低得多。社会保障的回报率目前大约只有2%，而历史真实的股票投资回报率大约是7%。因此，私有化的一个有力论点是，可以允许个人把他的钱从表现不佳的社会保障投资中拿出来，放入更有效的私人投资机会中。

吉纳科普洛斯等（Geanakoplos et al.，1999）认为，一旦我们需要对还清遗留债务负责，私有化的社会保障体系就不会比我们现在的体系提供更高的回报率。他们考虑到一种私有化体系的变动，即未来每一代人全部要为遗留债务支付一种附加税。他们证明了这种税大到恰好抵消私人投资的高回报率。因此我们可以从一个人们被迫要低效储蓄的体系，转变成一个可以有效储蓄的体系，只是我们不得不为遗留债务支付税金，这又抵消了有效所得。参加社会保障计划是没有投资效率净收益的。

另一个私有化的问题是，这样的体系会带来更高的管理成本。社会保障计划在投资方面（因为信托基金仅仅购买政府债券）和养老金管理方面（由于有大量接受者，养老金管理的固定成本可以分摊）都有非常低的管理成本。社会保障计划总的管理成本（62亿美元）仅为该计划资产余额（27 325亿美元）的0.227%。[②]

---

① 这个说法假定，个人不会只是通过减少为退休准备的其他私人储蓄来抵消这种变化。我们将在第22章讨论这种抵消的重要性。Aguila（2011）估计，在墨西哥引入私人账户所引起的私人储蓄中约有25%被减少其他储蓄所抵消。

② Social Security Trustees (2014).

另外，一些把社会保障体系完全或者部分私有化的国家有更高的管理成本。例如在英国，光是投资账户的管理成本每年就有 1.24%。这些更高的成本源于更小的投资组合的管理低效率、私人管理者赚取的利益，以及与个人退休账户竞争相关的广告支出。这可能看起来没有太大差别，但是每年 1.24%的差异长期累积起来就有比较大的影响了。例如，对于一项 40 年的投资，每年行政费用为 1.24%的账户的投资回报仅为每年行政费用为 0.19%的账户的三分之二。①

英国并非一个特例。例如在智利，私有化社会保障计划的管理成本最初每年超过 5%，即使该计划经过 30 年的运作，成本也仅下降到每年约 1%。② 墨西哥的私人养老基金制度的行政费用约为工资的 2%。③ 在美国，凭借着较完善的共同基金和人寿保险行业，行政成本可能会低得多，但国际方面并没有给出令人振奋的证据。

私有化还有一个问题是，政策制定者可能不希望在退休储蓄方面尊重消费者主权。毕竟，在大多数政策制定者眼里，进行社会保障计划的主要动机是个人目光短浅或者无知，而不能为他们自己的退休进行储蓄。然而私有化的观点认为（或者相信）个人具备对最优化退休储蓄投资进行复杂决策的能力。这似乎是一个明显的矛盾——好像和给定的现有证据不同，例如，今天的老年人“甚至缺乏对股票和债券价格、风险差异、投资组合以及投资费用的基本了解”（Lusardi et al.，2009）。正如政府可能在强迫消费者储蓄方面发挥家长作用一样，它也可能告诉他们如何在储蓄方面发挥作用。

☞**应用**

401(k) 公司股票计划

在美国，退休储蓄的一个重要特征是 401(k) 计划的发展。这些计划允许个人为自己的退休储蓄进行自主投资选择，我们在第 22 章会进行更多的讨论。然而，最近一些研究记录了关于这种自主选择的问题，表明了允许个人主导其社会保障投资所具有的风险。

许多公司的 401(k) 计划是把钱投入公司股票中。但是这种选择几乎没什么意义，尤其是对于大部分的个人退休投资组合。工人的一生中存在两种主要的财务不确定性：他们的工作保障，以及他们的储蓄表现。投资公司股票将这两种不确定因素捆绑在一起。如果公司运作得好，工人收益会很好。但是如果公司运作得很差，工人的工作和储蓄情况都会很差。再一次地，假设我们希望平滑消费，我们应该更喜欢这样一个结果，就是这两个方面的不确定性是不相关的。折中的路径总是优于一个时好时坏的结果。

尽管逻辑上如此，投资公司股票对于 401(k) 账户持有人来说，仍然是一项热门的选择。38%的 401(k) 账户持有人选择了投资公司股票，总体上，公司股票占有 401(k) 资产的十四分之一。在选择了投资公司股票的工人中，6%的人把他们超过 80%的资产投入公司股票。④

安然员工的例子说明了这种方法的危害。安然公司曾是世界上最大的能源公司之

① 参见 Orszag (1999)。Carrera (2010) 指出，最近成本一直保持在这个范围内。

② James et al. (2001).

③ Mitchell (1999).

④ VanDerhei et al. (2012).

一，2001 年，安然的严重会计违规被披露，公司破产，超过 4 000 名工人在一夜之间失去工作，而更多人的退休储蓄也化为乌有。安然公司的 401(k) 资产当中，有 62%投资于自己的股票，然而该股票当年的破产贬值超过 99%。[①] 所幸这些工人仍然拥有社会保障以支持他们的退休生活，但是如果私有化的社会保障投资与 401(k) 基金一样糟糕，那么社会保障福利也会消失！

根本性改革之间的权衡 总而言之，在信托基金的股权投资和个人账户之间存在一个明确而重要的权衡。政府股权投资看起来比个人私人账户更有效率，因为它减少了管理成本，解决了个人退休储蓄决定的非最优化问题。但是，在私人股权市场中，赋予政府如此大的股权是非常冒险的，而且它并不能解决政府将信托基金盈余用作花销的问题。

一个潜在的中间地带是政府监管账户。在这样一个计划下，每个人得到一个账户，但是政府会限制投资选择并且强制实行年金化。在应用中，我们评论了这样一种混合提案的实质。可是像大多数中间地带一样，这种方法可能让所有人都不高兴：对于传统主义者来说过于冒险，对于私有化主义者来说又不够私有。因此，社会保障改革仍然是美国目前以及未来面临的最严峻的问题之一。

尽管这个问题很重要，但在过去的几年里，相对于其他问题，社会保障改革已经退居次席。部分是因为近年来股票市场的显著下滑，这引发了公众对信托基金投资和私有化选择的警惕。然而讽刺的是，这种显著下滑只加强了这些论点，因为许多人认为，现在的股票交易比几年前要好得多，因为价格更低。的确，从长期来看，一个有效的退休组合应该包含一些股票投资。

☞**应用**

社会保障改革的混合提案[②]

在 2001 年，布什总统任命了一个委员会，为社会保障的长期财政问题提出解决方案。该委员会提出了三个计划，每一个都包括政府监管个人账户。没有哪个计划的提出能完全取代现存的在私有账户系统下的现收现付制社会保障体系；相反，每个提案都反映了当前结构和私有化结构的混合。在其中一个方案下，工人可以选择在个人账户中投入高达 2%的工资。如果他们选择了这个选项，他们就会发现他们未来的社会保障福利下降了，下降幅度等于投资于个人账户的工资按照 3.5%的利率增长。因此，如果人们能够赚取超过 3.5%的回报率，他们可能会选择退出传统社会保障计划的一部分。

这三个计划都试图解决私有化的一些问题，例如，建议政府监管个人账户的投资。但是所有的计划面临的主要问题是它们的成本。因为所有的计划都从社会保障计划里转移了一部分工薪税到私人账户中，因此需要找到收益增长的途径，来抵消我们当前需要承担的社会保障支付义务。在其中一个计划下，这些收益能够纯粹地从其他资源里获

① Davis (2002).

② 加强社会保障总统委员会（President's Commission to Strengthen Social Security）的信息请参阅 http://govinfo.library.unt.edu/csss/index.htm。

得；而另外两个计划建议通过减少社会福利来获取部分融资。

最近的一个混合提案来自利布曼等（Liebman et al.，2005）。该提案代表了三位人士制订的共识计划，他们在政治领域的不同阶段为政治家提供建议。这个计划有以下几个关键元素。第一，通过以下手段削减社会保障福利：(1) 将基本保障额转化为月均指数化收入的转换率减少到 67.6、15，以及 7.5（如图 13－1 所示）；(2) 将完全收益年龄提高到 68 岁，将最低享受权利年龄提高到 65 岁。第二，通过以下手段增加新的收益：(1) 1.5%的工薪税强制投入个人退休账户；(2) 增加可纳税的最大所得额，因此收入的 90%都需要纳税（就目前而言，这将意味着增加至 204 000 美元，大约为当前最大值的两倍）。第三，用下列规则建立个人退休账户：投入金额为收入的 3%，投资局限于不超过 15 家公司的五大选择（限制管理成本以及糟糕的投资选择的可能性），并强制年金化。利布曼等（Leibman et al.，2005）估计，该计划能够取得盈亏平衡，尽管它可能给高收入者带来更大的福利。

13.5 结论

社会保障是美国最大的社会保险项目，也是联邦政府最大的单独支出项目。毫不奇怪，这项计划对老年人的生活水平以及为支持这项计划而缴纳税款的非老年人有重大影响。社会保障面临着长期的财政问题，并且没有简单的解决方案。至少在 21 世纪的前半部分，如何解决这一问题是最具争议的政治辩论来源之一。

重点

- 社会保障是美国最大的社会保险项目。
- 社会保障资金来源于收入的税款，以给退休的工人支付福利。这些福利体现了工人平均寿命收入的再分配功能。
- 社会保障是一项非基金式的制度，对早期的几代人支付超额的回报。结果是，社会保障有一项“遗留债务”必须清偿。
- 政府提供了社会保障来弥补私人养老金市场的失败，家长式地确保工人为他们的退休储蓄了合适的金额。
- 社会保障项目在一定程度上挤出了储蓄，但是该项目对于老年人的消费平滑的价值已经通过过去 40 年老年人贫困率的显著下降有所体现。
- 同时，我们也看到，社会保障极大地提高了美国和其他国家的退休率。
- 在接下来的 75 年，该项目面临着重大缺口，因为人们越来越长寿，出生率下降，工资增长越来越缓慢，而支付的工薪税并没有计划增加。
- 对于改革社会保障计划，有各种各样的选择，从基本改革（进一步提高工薪税）到彻底改革（对该制度进行私有化），这些计划使社会保障的财政根基更加稳健。

习题

1. 韦斯特伐克政府刚刚改革了它的社会保障体系。这次改革改变了体系的两方面：(1) 废除了早期退休的精算减少；(2) 对于超过早期退休年龄而选择继续工作的工人，工薪税减半。对于这两项改变，韦斯特伐克的平均退休年龄是增加了还是减少了，抑或无法得知？请解释你的回答。

2. 你昨晚打电话给你的祖母，她向你吐露，她害怕卖掉她的房子，因为这样做会影响到她的社会保障福利。你告诉她，一旦你学习完第 13 章，你就会尽快打电话给她。现在你读完第 13 章了，你会怎么对她说？当她卖掉她的房子后，她的福利如何变化？

3. 国会议员斯尼克（Snicker）提出一项法案，该法案将增加计算月均指数化收入的年数，从 35 年增加到 40 年。这项政策变化对工人的退休行为会有什么样的影响？社会保障信托基金的余额会增加还是减少？为什么？

4. 假设现在社会保障工薪税增加到 16.4%，以解决 75 年内的该项目的财政平衡问题。对于不同年龄、收入水平和性别的人，解释这个变化对社会保障体系价值方面的影响。

5. 参议员迪尔（Deal）为未来的退休者提供了一项选择：如果你在 70 岁之前退休，福利就根据你收入的最后 35 年计算；但是，如果你在 73 岁退休，你得到的福利就会仅仅根据你收入的最后 15 年计算。哪个选项是高收入工人可能选择的？低收入工人呢？为什么？

6. 考虑两个家庭——史密斯（Smiths）一家和琼斯（Joneses）一家。史密斯一家是双收入家庭：迪克（Dick）和简（Jane）都工作并且两人年收入相同。琼斯一家是单收入家庭：萨莉·琼斯（Sally Jones）工作，哈里·琼斯（Harry Jones）充当管家和全职爸爸。用社会保障体系中配偶福利的办法解决下列问题：

a. 比较两个家庭社会保障工薪税的相对回报率如何。

b. 在孩子上大学后，哈里想去做一份小兼职。税收和福利的社会保障体系如何影响他的决定？

c. 假设两个家庭都已经退休并开始享受社会保障福利。对于每个家庭来说，如果家庭中一人死亡，那么这些福利会下降多少？这对两个家庭的相对消费平滑有什么影响？

7. 参议员戴尔（Dare）建议，对于未来的退休者，通过降低月均指数化收入对基本保障额的转换率以降低社会保障福利。参议员斯诺（Snow）反而建议降低福利相对于通货膨胀的比率，当消费者价格指数增长 1 个百分点时，社会保障福利增长少于 1%。哪一个提议对现在的退休者更糟？哪一个提议对将来的退休者更糟？

8. 正如最近提出的，将大部分社会保障信托基金投资于股票市场的政治和经济后果是什么？

9. 在 1982 年之前，作为社会保障项目的福利，已故工人的正在大学念书的孩子可以得到大学学费补贴。根据第 11 章，你认为该项目这样做的理由是什么？

10. 多米尼兹、曼斯基和海因茨（Dominitz，Manski，and Heinz，2003）的调查证据表明，美国年轻人极度不确定他们能够得到社会保障福利的可能性。美国的人口趋势是如何导致这种担忧的？

11. 社会保障管理办公室网站有一个链接，里面有一篇题为《全世界的社会保障项目》（Social Security Programs throughout the World）的文章。欧洲版本的网址是 http://www.ssa.gov/policy/docs/progdesc/ssptw/2012－2013/europe/index.html。选择任意两个欧洲国家，比较它们的社会保障项目的关键特性。你觉得这两个国家哪一个早期退休的可能性更大呢？为什么？

进阶习题

12. 辣辣岛是一个非常稳定的国家，有 200 000 名居民，一半是年轻工人，还有一半是退休者。每年的年末，有 100 000 名退休者死亡，100 000 名工人退休，100 000 名新的年轻工人出生。工人每年一共挣得 8 000 美元。辣辣岛实行现收现付制的社会保障体系，每一名当前的工人要缴纳 3 000 美元的税，该收益被收集起来向每一名退休者支付 3 000 美元的退休金。邻国高高维亚更大且更有活力。高高维亚有一个活跃的股票市场，辣辣岛的居民可以投资到其中并得到 10%的回报率。高高维亚也有一个活跃的银行业，很乐意借钱给辣辣岛的政府以收取 10%的年利息。辣辣岛正在考虑转变为个人账户体系，这样每个辣辣岛人都可以把 3 000 美元投资于高高维亚市场（获得更高的回报率）。辣辣岛政府会向高高维亚银行家借 3(＝3 000×100 000/100 000 000) 亿美元以支付目前的退休者的退休金，并向退休者每年征收足够支付这项负债利息的税收。对于辣辣岛来说，这个新的体系比以前更好还是更坏了？

13. 根据退休者决策的消费平滑，社会保障提供了更多的福利吗？对比社会保障，有一个不同的社会失业保险项目对失去工作的人提供半年的收入支持。你认为失业保险比社会保障提供的消费平滑更多还是更少？

14. 爱德华兹和爱德华兹（Edwards and Edwards，2002）描述了如下证据，在智利的社会保障改革减少了对正规部门工作的隐性税收后，非正规部门的工资上涨。你认为其中的机制是什么？

15. 假设你知道在社会保障项目开展前后的这些年里私人储蓄的总额。你能用双重差分法分析社会保障项目对私人储蓄方面的引入吗？

16. 假设你发现，高中辍学的工人更可能比受过大学教育的工人在 62 岁退休。你认为这些工人这么做的原因是他们比其他工人更加具有流动性约束。对此，你能想到其他解释吗？

17. 设想一个经济体是由只活两期的完全相同的人构成的。这些人在时期 1 和时期 2 的消费偏好由公式 $U=\sqrt{C_1}+\sqrt{C_2}$ 给出。他们在时期 1 得到收入 45，在时期 2 得到收入 20。他们可以将尽可能多的收入储蓄到银行账户中，每期得到 10%的利率。他们不用担心孩子问题，因此他们将在时期 2 结束之前花光所有的钱。

每个人一生的预算约束由公式 $C_1+C_2/(1+r)=Y_1+Y_2/(1+r)$ 给出。个人在预算约束下通过最大化一生的效用来选择每期的消费。

a. 个人在每个时期的最优消费是什么？他在时期 1 会储蓄多少？

b. 现在，政府决定建立社会保障体系。这个体系将会在时期 1 从每个人身上拿走 10 美元投入银行，然后在时期 2 连同利息一起还给这个人。写出新的一生的预算约束。这个体系是如何影响私人储蓄的数量的？这个体系是如何影响国民储蓄的（社会总储蓄）？这种类型的社会保障叫什么？

c. 假设政府决定从每个人身上拿走 10 美元，为现在退休的人支付福利（这些人没有在工作的时期给社会保障体系交过钱）。政府仍然承诺，当现在的工人退休时，返还他们每人 10 美元（加上利息），当然，这笔钱从未来的工人身上出。相似地，政府也会用下一代工人的资金，来还未来的工人所支付的钱以及利息。一位具有影响力的政治家说："这是一顿免费的午餐。我们帮助了现在的退休者摆脱困境，现在以及未来的工人会一直做出相同的出资，并得到相同的福利，因此这也不会伤害到他们。"你同意这个说法吗？如果不同意，这个说法有什么问题？

18. 对于下列每一项改革，简要讨论其中的优势和劣势，特别注意其对效率的影响（通过行为对改变可能做出的反应）以及对公平的影响（谁输谁赢）。注意，所有的改革都旨在为制度省钱，所以你不需要把这一点当作收益。

a. 将计算福利的年数从 35 年提高到 40 年。

b. 减少高资产（财富）水平的受益人的福利。

c. 将新的州和地方政府工作人员添加到保障覆盖的工人群体中（即他们现在支付工资税，并在他们年老时获得福利）。

d. 逐渐将正常退休年龄（NRA）从 66 岁提高到 70 岁（在当前的法律下，NRA 在 2022 年之前会逐渐增加到 67 岁；这项提议是为了加速这个进程，因此，到 2022 年，NRA 将会是 70 岁）。

第 14 章

失业保险、伤残保险和工伤保险

需要牢记的问题

- 失业保险、伤残保险和工伤保险计划如何适应一般社会保险框架？
- 这些计划的消费平滑效益和道德风险成本是多少？
- 行为反馈的证据如何表明这些计划需要改革？

2009 年 10 月，1 510 万美国人失去了工作，失业率达到 9.8%，这是自 1983 年年中以来出现过的最高水平。许多失业者领取他们州的失业保险（UI）计划下的失业救济金，但是这种救济通常在 26 周之后结束。

2008 年 7 月，国会意识到，在经济不景气的情况下，26 周的时间可能不足以找到一份工作，并通过了一项临时联邦福利计划——延长失业补偿（EUC）计划。EUC 计划适用于已经用尽所有常规失业福利的人，该计划于 2009 年年底到期。

随着经济萧条一直持续到 2009 年秋季，失业率超乎预期地上升，许多工人开始用尽他们的 UI 福利。到 2009 年 10 月末，314 000 名工人即将用尽 UI 福利，超过 100 万人在这一年年末也将用尽 UI 福利。

随着 2009 年年底的临近，关于如何解决高失业率和即将到期的失业保险福利问题引发了巨大的争议。众议院提出的向高失业率的州提供额外 13 周福利的建议获得通过，但在参议院，该法案面临重大阻碍。参议院民主党推出了一项更为慷慨的法案，在全国范围内将失业补偿福利延长 14 周，并且对失业率高达 8.5%的州给予额外 6 周的保险福利。参议院共和党用各种程序化的策略以拖延阻碍该法案。

2009 年 11 月 6 日，《2009 年工人、房屋所有权和商业援助法案》（Worker，Homeownership，and Business Assistance Act of 2009）被签署成为法律，将 EUC 计划延长了 14 周。法律规定，人们可以根据住址所在的州领取额外 6 周的失业救济，因此，一个工人可以获得长达

79周的失业救济。[1] EUC计划通过《2010年失业救济延长法案》(Unemployment Compensation Extension Act of 2010)、《中产阶级税收减免》(Middle Class Tax Relief) 及《2012年增加就业法案》(Job Creation Act of 2012) 再次得到延续。EUC计划的福利持续到2013年年底，根据登记的时间和所在的州，形成了长达99周的失业救济担保。[2]

然而，在2013年年底延长福利用完，最长福利期限恢复到26周之后，对于延长福利的问题则没有达成进一步的共识。两党参议员团体能够在参议院通过立法将福利延长至73周，但立法没有在众议院获得通过。参议院多数党领袖哈里·里德(Harry Reid)在回应该法案被众议院否决的问题时表示："为了帮助美国人找工作，我们应该为失去工作的人提供失业保险的救命稻草，因为失业并不是由他们自己的错误导致的。我们是由共和党投票表决的。"[3]

作为回应，参议员兰德·保罗(Rand Paul)说："我确实支持他们支付的26周失业救济金。如果将其扩展到超出范围，则会对这些工人造成伤害。当你允许人们享受99周的失业保险时，你是在使他们成为我们经济中永久性失业群体的一部分。"[4] 尽管自2013年以来已经多次尝试，但没有额外的联邦延期失业保险被提供，失业保险金的期限始终是26周。

这个争议说明了美国政府在失业保险的公共提供上被认为具有重要的作用。但是第12章告诉我们，公共财政经济学家必须退一步提出疑问，为什么政府在提供这样的保险方面具有作用。我们也必须考虑延长失业保险带来的收益(对于流离失所的工人来说，收益是额外的消费平滑)是否超过了成本(失业的道德风险效应)。

在本章中，我们将详细讨论提供失业保险和其他两种主要社会保险形式——针对职业伤害的工伤保险和针对职业残疾的伤残保险时出现的问题。这是美国最大的三个社会保险计划，它们之间有很多共同点。福利取决于一些不良事件(失业、残疾和伤害)的发生，以及过去的工作收入。最重要的是，福利至少部分基于不可观测或难以确认的条件，例如求职的努力程度以及是否真的由于残疾或伤害而无法正常工作。不利事件某些方面的不可观测性会引发道德风险问题，必须在制度设计中加以考虑。

我们在本章的开始先讨论这三个保险计划的结构，比较它们的异同点。下一节将介绍这些计划的成本和收益的经验性证据，并采用第12章的框架讨论最优计划福利水平的影响。接着我们来看这些计划对雇主在裁员和工作场所安全等问题上的决策的影响。最后，我们讨论这些研究结果对计划改革的影响。

14.1 失业保险、伤残保险和工伤保险的制度特点

与社会保障一样，对于这些社会保险计划，要想讨论它们对经济的影响，需要首先了解它们如何运作。在这一节，我们给出这三个计划的制度特点的简要概述。

---

① White House Office of the Press Secretary (2009).

② The U.S. Senate Committee on Finance (2012).

③ Garver (2014).

④ Plumer (2013).

□ 失业保险的制度特点

> **失业保险**：由联邦政府强制要求并由各州执行的计划。在该计划下，工薪税被用于支付遭遇公司裁员的工人的福利。

失业保险（unemployment insurance，UI）是联邦政府规定的计划，由美国 50 个州和华盛顿哥伦比亚特区各自管理，它们可以自由设定福利水平以及计划的其他方面。[①] 失业保险是由各个州管理的，这对实证经济学来说是一个极好的特点，因为经济学家可以通过研究在各个州不同慷慨程度的失业保险制度下，保险的消费平滑收益和道德风险是如何变化的，来研究失业保险的影响。实际上，本章讨论的大量实证文献的成功就来源于各州失业保险项目上的广泛不同。

> **部分经验评级**：企业裁员越多，用于支持失业保险计划的税收就越高，但这种增加并不是一比一的。

失业保险由工薪税提供资金支持，这是向雇主征收的，全国平均税率为 1.71%。和社会保障工薪税一样，该税仅对一定数量的收入征收，在大多数州都是一个相当低的水平。UI 工薪税是**部分经验评级**（partially experience-rated）的。也就是说，当公司裁员增加，它会上升，但不是以一比一的比例。因此，公司裁员两倍人数的时候，通常不支付两倍的工薪税。

失业保险的一个重要的特点是，并非所有失业者都有资格获得救济金。要符合资格，工人必须满足三个标准。第一，工人在过去的一年必须赚取最低金额。大多数情况下，在个人达到获取救济金的资格前，国家要求在过去的几个季度中必须赚得一个最小的收入额。第二，工人辞职或被解雇不能由于特殊原因，失业保险只提供给因为经济原因下岗的人。第三，工人必须积极找工作并且愿意接受一份和他们失去的工作相当的工作。即使有资格获得救济金，也不是自动获取的。他们必须去失业保险办公室按程序登记，同时必须出示他们正在找新工作的证据。

在资格要求和申请失业保险所需的努力之间，只有 23.1%的失业工人真正得到了 UI 救济金。[②] 即使在有资格的人中，也只有三分之二能得到救济金（Blank and Card，1991）。这些有资格得到救济金的人不参与申请的原因尚未明了，但是通常被分为两个方面。首先是信息：有些人可能不知道他们失去工作的时候是可以申请失业保险的。其次是对失业感到丢脸：他们可能不太愿意签署在他们看来是政府施舍的东西，特别是他们不得不去失业保险办公室，然后说明他们找不到工作。

当一个人有资格得到失业保险时，他得到的救济金是失业前收入的函数，通常由过去一年的收入最高的季度的平均周工资来度量。以密歇根州作为典型例子，该州的福利计划如图 14-1 所示。对于在过去一年最高收入的季度中平均每周赚钱超过 243 美元的工人来说，最小救济金水平是每周 129.5 美元。如果在这些季度中平均每周的收入少于 243 美元，就不能得到任何救济。失业前的收入每增加一美元可增加 0.53 美元的救济金（在他们收入最高的季度中赚取的工资的 4.1%），直到得到最大救济水平，即每周

---

① 关于失业保险的更多信息，请参阅 U.S House of Representatives Committee on Ways and Means（2014）第四章。

② 参见 McHugh and Kimball（2015）。关于失业保险救济金获得率的最新数据，请参阅美国劳工部网站关于失业保险的数据：http://workforcesecurity.doleta.gov/unemploy/content/data.asp。

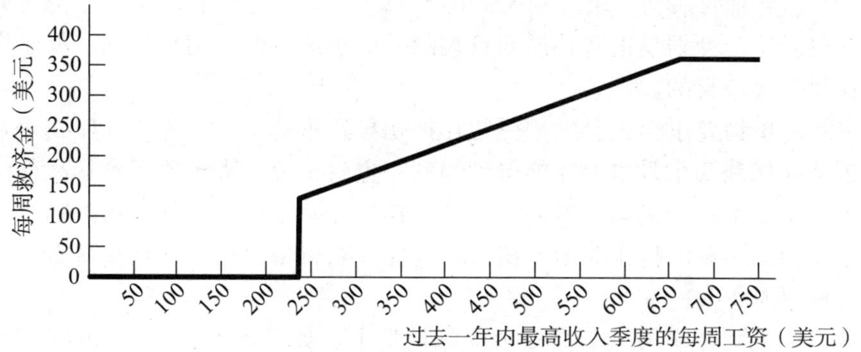

图 14－1　密歇根州的救济金计划

资料来源：Michigan Unemployment Insurance Agency (2014).

说明：在密歇根州，过去一年内最高收入季度的每周工资未达到 243 美元的人是得不到失业救济金的。一旦达到 243 美元的水平，失业救济金就能随着过去一年内最高收入季度的每周工资而增长，最高救济金可达 362 美元。

362 美元。①

像社会保障一样，失业保险计划的慷慨度的一个关键度量是替代率，即救济金取代下岗前收入的程度。美国失业保险制度的替代率对于收入最低的工人来说是很高的，但是对于较高收入的工人来说可能比较低，因为他们的救济金是有上限的（例如密歇根州是每周 362 美元）。实际上，替代率在各州差异很大。全国来说，替代率大概为 46%，但是阿拉斯加州的平均替代率只有 35%，而宾夕法尼亚州的平均替代率为 53%。② 不像大多数其他社会保险计划，从失业保险得到的救济金像工资收入一样被征税。

失业保险救济金支付的另外一个关键方面是它的持续期。通常来说，救济金会持续发放 26 周，但也有一些例外情况。首先，有零散工作经历的工人可以申请救济金，但是只能有很短的持续期。其次，只有当某个州的失业率超过了一个（比较高的）阈值时，自动延长失业保险计划才会启动。该计划生效后，个人可以申请额外 13 周的救济金。最后，在经济衰退期，联邦政府通常会介入，强制进一步延长失业保险的可用性，就像本章开始的例子。20 世纪 80 年代初，第二次世界大战后最严重的经济衰退期间，州和联邦的延长救济金计划的结合导致救济金最长持续期增加到 65 周，也就是一般救济金发放持续期的 2.5 倍。在经济衰退期，失业保险救济被延长到 99 周。在本书即将出版之际，失业保险福利已经恢复到经济衰退前的 26 周。

□ 伤残保险的制度特点

伤残保险： 一项联邦计划，在该计划下，社会保障工薪税的一部分被用来向因遭受医疗损伤而无法工作的工人支付福利。

伤残保险（disability insurance，DI）于 1957 年推出，对造成职业生涯终结的伤残提供保险。随着社会保障计划的开展，伤残保险已经成为老年保障和伤残收入计划（OASDI）的一部分。伤残保险计划现在已

① 这些数字是利用由密歇根失业保障局（Michigan Unemployment Insurance Agency）提供的方法计算而得的，参见 http://www.michigan.gov/uia/0,4680,7-118-1535-78911--F,00.html。

② 数据来源于美国劳工部的失业替代率报告，请参阅 http://workforcesecurity.doleta.gov/unemploy/ui_replacement_rates.asp。

经支出 1 434 亿美元的福利，超过 OASDI 总预算的 8.5%。① 它的资金一部分来源于社会保障工薪税。这个计划是由联邦层面管理的，属于统一的全国性福利，但是资格的最初认定是在州一级进行的。

伤残保险的申请要求个人必须遭受医疗损伤导致不能工作。为了证明伤残，伤残保险计划要求个人伤残 5 个月以上才能得到福利。也就是说，谁想要得到伤残保险，必须在 5 个月内不工作以证明他们是真的伤残了。伤残保险申请人必须到州医疗鉴定委员会申请，而委员会对福利的授予非常严格。伤残保险获得率——该计划获得者占申请者的比例——大概只有 1/3。

工人获得的福利金额相当于在社会保障计划下，如果他们在 66 岁的完全收益年龄退休所能享受的金额和社会保障一样，那么这些福利很大程度上是免税的。在伤残两年之后，工人还有资格获得覆盖 65 岁以上人群的全美医疗计划的健康保险。如果申请伤残保险被拒，可以通过法律系统提出上诉。最终，由于成功的上诉，大约一半申请伤残保险的人获得了福利。一旦获得伤残保险，个人就不太可能脱离该计划，并最终会在 66 岁时进入 OASDI 的老年部分。

伤残评估是由训练有素的专业人士做出的，但是这仍然难以完美鉴定伤残。Parsons（1991）给出了这个问题的一个例子，他曾经报道了一项研究，同一组伤残申请者最初被同一个州的审查组鉴定，一年后，这组人再次向同一个审查组提出申请，但是使用的是匿名。他发现，审查组频繁地变换它的决定：22%最初获得伤残保险的申请者在一年后被拒绝了，而 22%最初被拒绝的人在一年后被授予资格。对于伤残，同一组专家不能提供一致的判断的比例如此之大，突出了鉴定真实伤残的困难。

□ 工伤保险的制度特点

> **工伤保险：** 由州规定的保险，通常由公司向私人保险公司购买，用以支付与工伤有关的医疗费用和工资损失。

工伤保险（workers' compensation，WC）不同于失业保险和伤残保险，它不属于公共提供的保险。相反，州政府强制所有雇主购买保险以防工伤事故。工伤保险通常由私人公司提供，但是在一些州，州政府可能同样出售工伤保险。该计划的性质，包括赔偿金福利的确定，在各个州有着很大的差异（和失业保险相似）。公司支付给这项保险的保费的经验评级比失业保险更严格，但是对于大多数大公司，工伤保险的保费仅仅基于它们过去的工伤索赔历史（对于小公司，公司层面上的经验评级则更低）。

工伤保险由两部分组成。首先是与受伤相关的成本的医疗保险。其次是为了补偿工人在受伤恢复期间损失的工资而支付的现金。在大多数州，工伤保险制度被设计为可以替代工人 2/3 的工资，但是不像失业保险，工伤保险赔偿金在联邦税收体系中是不需要纳税的。② 因此，税后替代率被认为更高了：一个税率为 25%的工人（大致是中位数）可以工作并得到每美元 0.75 美元的税后净报酬，或者工人可以获得工伤保险并得到

① Social Security Trustees (2014)，Table Ⅱ. B1.

② 更多工伤保险的信息请参阅 U. S. House of Representatives Committee on Ways and Means (2004) 的 15-WC 部分。

0.67 美元的免税收入，因此税后替代率实际上是 89%（=67/75）。

全国各地的工伤保险福利差异很大，如表 14-1 所示，该表展现了在工伤保险制度下，10 个州对于不同身体部位的永久性伤害的补偿。例如，在华盛顿哥伦比亚特区失去一条腿给予的补偿是密西西比州的 4 倍（315 973 美元对 81 128 美元）。① 大多数福利都是用于支付所谓的暂时性全身损伤，这种伤害使工人无法工作，不过只是短时间的。暂时性全身损伤的典型例子包括撕裂伤或背部扭伤。暂时性伤害通常比永久性残疾更难诊断，并且通常更难以评估伤害是否由工作所引起。

表 14-1　2015 年特定工伤类型的最高赔偿金　　单位：美元

州	永久性损伤					暂时性全身损伤（10 周）
	手臂	手	眼睛	腿部	足部	
佐治亚	118 125	84 000	78 750	118 125	70 875	5 179
夏威夷	245 232	191 784	125 760	226 668	161 130	7 208
伊利诺伊	39 858	279 167	235 590	403 090	227 419	12 201
印第安纳	202 050	144 810	116 190	173 430	116 190	6 422
密歇根	220 580	176 300	132 840	176 300	132 840	7 654
密西西比	92 718	69 539	46 359	81 128	57 949	7 664
密苏里	115 100	86 821	69 457	102 697	74 418	7 692
新泽西	268 983	163 391	102 600	256 757	136 344	7 685
纽约	252 299	197 391	129 384	232 891	165 773	5 179
华盛顿哥伦比亚特区	342 305	267 700	175 541	315 973	225 277	13 341

资料来源：Grabell and Berkes (2015).

说明：针对不同类型伤害的福利在州的样本中差别很大。最后一栏显示了超过 10 周的暂时性全身损伤使工人无法工作的福利（从 2008 年开始，以 2015 年美元计算）。

无过失保险： 当一起符合保险资格的受伤事件发生时，无论伤害是由工人还是由公司的过失引起，都由保险公司向工人进行赔偿。

工伤保险的一个关键特点是，它提供**无过失保险**（no-fault insurance）来应对事故。在 20 世纪初工伤保险尚未出现的时候，工人如果在工作中受伤，他们只能通过起诉雇主来得到赔偿。这个制度被认为是不公平的，因为受伤的低收入工人可能没有条件对雇主提起诉讼。此外，将法律作为一种解决受伤索赔的手段，产生了大量的无谓损失。既然在危急情况下，金钱只需要从雇主转移给雇员，那么所有关于这些事情的成本（比如律师费和其他法律成本）就是一种社会浪费。② 工伤保险则刚好相反，该制度并不分配受伤的责任：不管是谁的过失，只要工人是在工作中受伤，他们就有权得到保险金。这种做法的结果是，由于无过失保险的存在，转移的交易成本大大降低了。

① Grabell and Berkes (2015).

② 回忆第 8 章的成本-收益分析，从一方转移到另一方不影响社会成本，所以从社会角度来看，实现这些转移的任何成本都是一种浪费。

□ 失业保险、伤残保险和工伤保险特点的比较

表 14－2 比较了这三个计划的主要特点。失业保险提供的保险金是最少的，也是时间最短的。失业很容易验证，但是要确认一个人是否真的在找工作几乎是不可能的。伤残保险的保险金额度较高，且没有期限限制。但是查证伤残保险的伤残有一定困难。工伤保险是三者中最为慷慨的，而且持续期长到只要医生愿意说工人还没康复就能一直享有。该计划的伤害比伤残保险还要难以鉴定。

表 14－2　比较失业保险、伤残保险和工伤保险

特点	失业保险	伤残保险	工伤保险
资格条件	失业，找工作	伤残	工作中受伤
持续期	26 周	无限	无限（需要医学鉴定）
鉴定难度	失业：容易 找工作：几乎不可能	较为困难	非常困难
税后平均替代率	47%	60%	89%
州与州的差别	救济金和其他规则	只有伤残测定	保险金和其他规则

资料来源：U. S. Department of Labor (2004), Chart A. 17; National Academy of Social Insurance (2005); Hunt (2004).

说明：失业保险、伤残保险和工伤保险在很多方面都有所不同，例如资格条件、持续期、鉴定难度、税后平均替代率以及计划在各州之间的差异程度。

☞应用

世界范围内社会保险福利的持续期

我们在本章学到的美国的三个计划有非常明显的时间模式：失业保险是在有限时间内给付的（通常是 26 周）；伤残保险的期限是无限的，可以使用相对较少的努力去重新评估个人再度工作的意愿；只要伤害能被医学鉴定，就要给付工伤保险。这些并不是唯一可能的时间模式。例如失业保险，我们可以简单支付一笔一次性的金额给失业者。或者，我们可以看看欧洲的例子，图 14－2 中展示了几个代表性国家的例子。典型的欧洲方案是，以相当高的替代率给付相当长一段时间（30 个月或以上）的保险金。实际上，奥地利和比利时等欧洲国家在失业保险到期时不会直接取消福利，而是将工人转移到无限期享受较低福利的制度当中。

在社会保险计划下，保险金适当的时间模式必须对三个方面进行平衡取舍。第一个考虑是道德风险：保险金持续时间越长，个人选择休闲而不是工作的时间就越长。这是美国采取持续期较短（相对于欧洲），只给付 6 个月（26 周）的失业救济方案的动机。

第二个考虑与消费平滑有关。正如第 12 章提到的，相较于长期的不良事件，个人更有能力对短期的不良事件自办保险。当失业持续时间上升时，个人对消费的自办保险能力就会下降，比如他们的积蓄耗尽了。① 这个考虑表明，福利应该随着持续时间的增

① Gruber (2001c) 认为，对大多数工人来说，失业者持有的财富足以经受得住平均失业期，但是失业期更久的人通常没有足够的财富来支撑他们额外时期的消费。

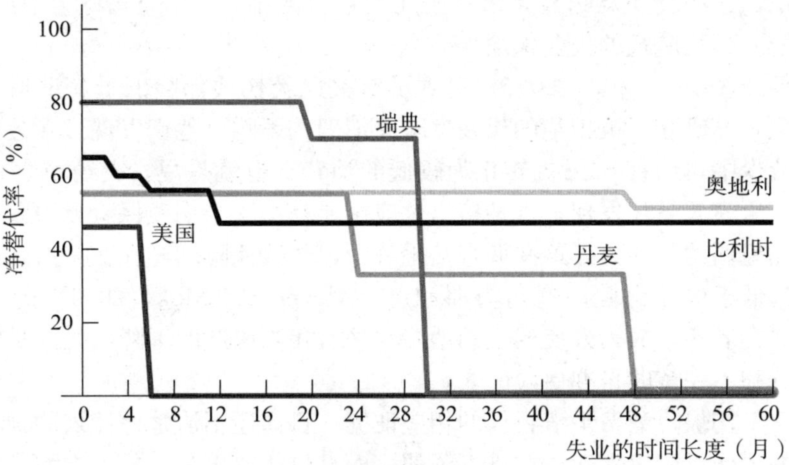

图 14－2　失业保险救济金的持续期

资料来源：European Commission (2015).

说明：在大多数欧洲国家，失业保险救济金持续期比美国的 6 个月（26 周）久得多。美国是这个样本中唯一在工人失业 5 年（60 个月）内没有提供福利的国家。

加而上升。

第三个考虑是要把福利集中在最需要的人身上。没有工作（由于失业或受伤）时间最长的工人可能最需要政府协助其寻找新工作。如果他们可以很容易找到一份工作，他们早就这么做了。在这种逻辑下，在一段固定的时间之后就削减福利是完全错误的做法。由于要考虑以上三个方面的因素，社会保险福利的最优持续期是非常难以计算的，这就可以解释相似的工业化国家在福利结构方面的差异。

14.2　社会保险计划的消费平滑福利

如第 12 章中讨论的，社会保险计划最优规模的一个决定因素是对自办保险的挤出程度。不幸的是，有关这些计划的消费平滑影响方面的证据相对较少。格鲁伯（Gruber，1997）给出了最直接的研究，他度量了失业保险的消费平滑福利。他发现，个人所拥有的其他资源并不能完全覆盖失业带来的收入损失，当他们失去工作时，他们的消费显著下降，而高水平的失业保险确实减少了这种下降带来的消极影响。格鲁伯的研究同时发现，失业保险在消费平滑方面的角色是有限的：每一美元失业保险救济金只减少大约 30 美分的消费下降。失业保险以有限的方式平滑消费，因为其他形式的自办保险使失业工人能够维持部分失业前消费。

用另一个方式来表达这个结论就是，当人们失业时，失业保险挤出了其他形式的收入支持。其他研究直接表明了挤出效应的发生：当个人面临更慷慨的失业保险救济金时，他会储蓄得更少，在他失去工作的时候，他的配偶将更加不愿意工作。这些研究估计了失业保险的挤出效应大约是每一美元挤出 0.7 美元，与上面提到的消费研究结果一致。也就是说，这些发现意味着，每一美元失业保险中，0.3 美元将会增加消费，0.7 美元则挤出个人其他形式的失业保险。[①]

奥托尔等（Autor et al.，2015）提供了有关此类伤残保险的最新证据。他们考察了挪威的案例，并研究了被拒绝的伤残保险对消费的影响。他们发现，在被拒绝的伤残保险的收入减少中，约有 60%被转化为较低的消费。也就是说，大约 40%的伤残保险福利被挤出。研究人员还发现，这种挤出效应主要是由于当伤残保险无法获得时，大部分人都会增加配偶的劳动力。这些调查结果表明，伤残保险同样存在挤出效应，但挤出效应的程度远低于失业保险。这与梅耶和莫（Meyer and Mok，2013）的证据是一致的，他们的研究表明，成为残疾的人的消费水平有相当幅度的下降，尤其是发生严重残疾且只有部分和不完整的自办保险的人。

没有关于工伤保险消费平滑特征的相应证据，目前还不清楚该计划的预期结果。一方面，真正的工伤可能比失业更加难以预期，而且持续得更久。另一方面，根据接下来要介绍的关于道德风险的证据，许多声称遭遇工伤的案例实际上是计划好的，因此个人可能已经准备好要平滑其消费了。

14.3 社会保险计划的道德风险效应

关于社会保险计划的消费平滑效应的研究较少，关于它的道德风险效应的研究却有很多。在本节中，我们来回顾这些证据。

□ 失业保险的道德风险

失业保险的主要道德风险效应体现在失业持续期上。关于失业保险如何影响失业概率的问题，我们会在后面讨论到公司行为时单独进行讨论。

存在大量关于失业保险救济金水平对失业期的影响的经济学文献。文献的动机来自图 14-3 所示的事实。该图显示了退出失业的风险（类似于前一章的退休风险），即每周失业工人退出失业的百分比。在失业期的头 25 周，存在一个相当稳定的退出模式，每周有 5%～7%的失业工人退出失业。可是，在第 26 周（失业保险救济金用光时），退出率跃升至 16.5%。这种模式说明了失业保险救济金是个人考虑何时重返工作的一个关键因素。

这些文献中最具有说服力的研究运用了第 3 章讨论到的准实验方法。具体而言，因为社会保险计划在每个州各不相同，研究者可以运用州与州之间失业保险救济金的差别来度量福利水平对失业期的影响。这些分析表明，更高的救济金导致失业持续时间大幅增加。在“实验证据框”中的最佳估计值表明，失业保险福利金每增加 10%，失业时间就会延长 8%。

更长持续期的规范性含义 实证研究的结论很清晰，更高的失业保险救济金对失业期有显著的因果效应。但是，这一实证发现的规范性含义尚不明确，并且取决于工人在

① Engen and Gruber (2001); Cullen and Gruber (2000).

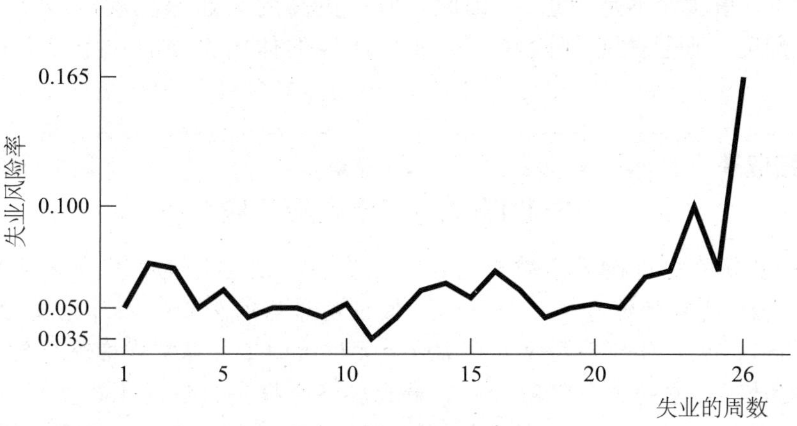

图 14-3　失业风险率

资料来源：根据 Meyer（1990）的表 4 整理而得。

说明：该图上的每一个点表示工人的失业风险率，即他们退出失业的比率。美国工人在第 26 周（即失业保险福利结束的那一周）离开失业的可能性要大于前面的周。

较长的失业期内所做的工作。假设失业工人能够相对容易地找到工作，但是当救济金足够高的时候，他们推迟工作，用额外几周的闲暇时光看看电视。这样的结果可能意味着增加持续期是低效率的。一方面，工人坐在家里的时候没有生产力；另一方面，必须对具有生产力的工人征收更高的税才能为这些福利提供资金。

> **工作匹配质量：**与从事某项特定工作的特定工人相关联的边际产品。

可是，如果工人用这些时间来寻找一份更好的工作，那么更长的持续期可能是失业保险的一个有效率的结果。任何工人在任何职业的生产力取决于该工人与这个特殊职业的匹配度。在某些工作中工作效率高的工人在其他工作中可能没有效率。另外，拥有特殊技能的高生产力的工人如果失去工作，则可能需要相当长的一段时间来寻找新的工作。随便接受一份工作可能是低效的，例如如果脑外科医生失业而从事快餐行业，社会生产力肯定得不到最大化！如果失业保险通过补贴有效（但时间密集）的求职来增加持续时间，那么社会可以从提高的**工作匹配质量**（job match quality）中获益。[①]

我们如何区分失业保险补贴的是非生产性休闲活动还是高效的求职活动呢？最好的方法就是研究失业保险之后的工作匹配质量。如果说更高的失业保险救济金会导致更长的持续期是因为更有效的找工作行为，那么我们应该看到更高的救济金导致更高的工作匹配度。但是如果高昂的失业保险救济金仅仅补贴了休闲活动，那么当救济金增加的时候，就不会有更好的工作匹配质量，因为个人只会选择在福利没有增加的情况下就可以获得的那份工作（救济金的提高仅仅增加了重新工作之前的休闲活动）。

虽然很难衡量工作匹配质量，但工作的工资率应该是其中一项指标。如果研究发现更高的失业保险会导致更高的失业后工资，则意味着工作匹配度更好了。然而一系列的

① 在一个完美运作的资本市场中，这种说法并没有太大意义：需要等待找到合适、匹配的工作的工人可以直接贷款。实际上，针对失业工人的贷款市场可能是非常不完善的，所以为失业者提供收入能够改善他们找工作的环境。

国际研究表明，事实并不是如此。① 因此，似乎更高的失业保险救济金并不能导致更好的工作匹配度，而且失业保险在补贴非生产性的休闲方面有一个显著的道德风险成本。

▶实验证据框◀

失业保险的道德风险效应

研究失业保险的道德风险效应的最佳准实验方法也许是布鲁斯·梅耶（Bruce Meyer，1989）的经典研究（图 14-4）。假设新泽西的失业保险计划支付的最高福利为每周 350 美元，任何每周收入在 700 美元以上的工人都有资格获得最大救济金。新泽西随后改变了它的失业保险计划，最大救济金提高到每周 400 美元。在这项改变后，任何每周收入超过 800 美元的工人（*H* 组的工人）都有资格获得新的最大救济金。因此，每周收入超过 800 美元的工人的每周救济金增加了 50 美元。

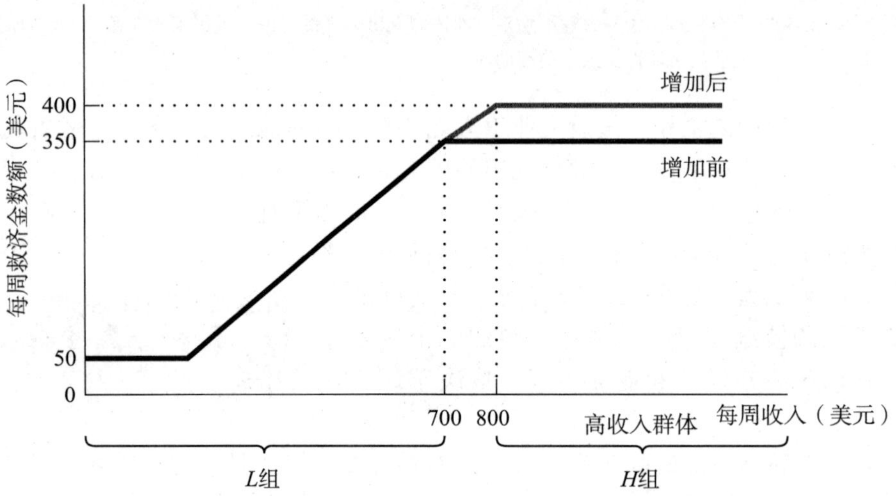

图 14-4　研究失业保险救济金对失业持续期影响的准实验

资料来源：依据 Meyer（1989）的表 1 整理而得。

说明：实验州新泽西一开始为每周收入超过 700 美元的工人提供了每周 350 美元的最大救济金。随后针对每周收入超过 800 美元的工人（*H* 组），最大救济金增加到 400 美元。每周收入低于 700 美元的工人（*L* 组）不会受这项政策的影响。

这项政策的改变建立了一个自然的准实验。*H* 组的新泽西工人（实验组）能够与另一个州的有相同收入（每周收入为 800 美元或以上）但救济金没有增加的工人相比较，例如宾夕法尼亚州（对照组）。通过比较，我们可以控制任何随着时间可能影响失业持续期变化的因素，例如，同时影响新泽西州和宾夕法尼亚州的经济衰退。对照州（宾夕法尼亚州）失业持续期的变化可以衡量经济衰退导致持续期变化的程度。

① Meyer（1989）发现，更高的失业保险救济金导致更长的持续期但再就业工资并没有增加。Card et al.（2007）发现，澳大利亚的区别给付在延长持续期方面对失业保险有相似的作用，但对增加工作匹配度没有影响。Ours and Vodopivec（2008）发现，在斯洛文尼亚减少失业保险的慷慨度并不会影响工作匹配质量。

实验州和对照州之间的差异已经考虑了经济衰退的影响，因此提供了福利变化对失业期的影响的因果估计。

为了完成这个分析，梅耶用如下所示的双重差分估计法计算：

持续期(实验组，之后)－持续期(实验组，之前)＝实验影响＋萧条影响
持续期(对照组，之后)－持续期(对照组，之前)＝萧条影响

差别 ＝实验影响

通过比较实验组和对照组的持续期变化，梅耶消除了时间变化的影响，例如经济衰退的影响。结果发现，救济金上升10%会导致持续期增加8%。

但是梅耶提到，这种双重差分法可能无法提供一个真实的因果估计。假设经济衰退对不同的州有不同的影响。具体而言，假设新泽西州是受打击最严重的，这也可能是它提高救济金的原因。在这种情况下，用宾夕法尼亚州作为对照组不足以消除偏误，因为新泽西州的失业持续期可能因为更严重的经济衰退而延长，而不是因为提高了救济金。如果实验组和对照组受到经济衰退的影响程度不同，偏误就会在进行跨州比较时成为一个问题。

为了尽量消除在比较中剩余的偏误，梅耶提出了一个额外的控制：图 14－4 的 *L* 组——新泽西州的低收入者，他们的救济金是不会变化的。因为这一组和 *H* 组同在一个州（新泽西），它们受到经济衰退的影响是一样的。因此，我们可以用梅耶的办法计算一个相似的双重差分估计，但是用新泽西州的 *L* 组为对照组，而不是用宾夕法尼亚州的 *H* 组为对照组。梅耶对结果进行了分析（在同一个州比较 *H* 组和 *L* 组，以及本州的 *H* 组同其他州的 *H* 组），他的结论仍然不变。注意，可以同时使用两个检验方法来消除偏差的估计，这一方法在本章的附录中有详细介绍。

也有一些随机试验的证据来评估失业保险救济金对失业持续期的影响。在20世纪80年代，许多州推出了“再就业奖金实验”，其中，实验组的人如果能够迅速找到工作，则可以获得一笔奖金，而对照组的人则没有这种奖励。例如，在伊利诺伊州的实验中，如果在申请失业保险的11周之内找到工作，实验组中的失业保险申领人则可得到一笔500美元的奖金（相当于4周的失业保险救济金）。该实验表明，当有奖金制度存在时，相较于对照组，实验组的失业持续期有明显的下降。平均而言，在不同的实验中，这样的奖金发放使得失业持续期平均下降将近半周，或者说3%的平均持续期。[①] 因此，我们能从随机试验中确定，失业持续期确实会对救济金水平做出反应。

□ 伤残保险的道德风险证据

存在大量研究伤残保险计划的道德风险程度的文献。虽然这些研究采用的方法各不相同，但所有这些研究都试图评估更慷慨的伤残保险金是否会导致伤残保险计划更高的使用度，或者更少的劳动力参与。如果不存在道德风险，参与这些计划的人是真的伤残

① Woodbury and Spiegelman (1987).

了，那么计划的使用度（以及劳动供给）应该不受保险金水平的影响。个人要么因残疾而不能工作，要么就不是这样。如果保险金水平对伤残的发生率以及努力工作的程度有显著的影响，那么这些计划就可能存在道德风险效应。

伤残保险中道德风险的第一个证据源于图 14－5 所示的事实（Parsons，1984）。自 1957 年伤残保险计划推出开始直到 1980 年，45～54 岁的男性接受伤残保险福利的人数以及该年龄组的男性从劳动力中退出的人数均大幅增加，这一惊人的对应关系表明，伤残保险对降低劳动力参与率起到了巨大的作用，这与道德风险的结果一致。不过从这一证据很难得出一个强有力的结论，因为在 20 世纪 60—70 年代，有许多其他事情正在不停变化，使老年人减少工作。例如，在这些伤残的人中，很多都是参与了第二次世界大战的老兵，可能他们的体能不足以从事老年劳动，因此，即使他们没有得到伤残保险金，他们也可能会退出劳动市场。此外，这个时期私人退休金计划的发展使退休变得更具吸引力。

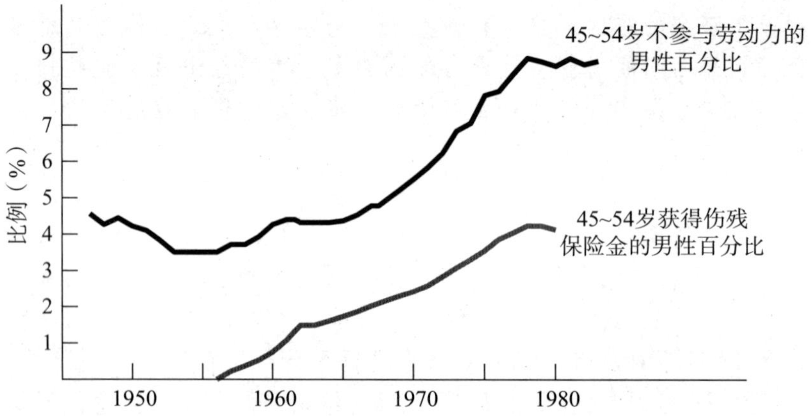

图 14－5　老年人的劳动力退出与伤残保险的增长

资料来源：Parsons (1984)，Figure 1.

说明：20 世纪 50 年代中期到 70 年代中期伤残保险计划的增长与这一时期 45～54 岁的人的劳动力退出率的增大有着显著的相关性。这种相关性可能表明，伤残保险的获得导致老年人退出劳动市场，但是其他因素也有可能解释这个相关性。

伤残保险中道德风险的第二个证据来源于经济周期的作用。大量研究表明，在经济衰退时期，伤残现象大幅上升了。[①] 经济衰退时期的残疾人似乎不太可能比其他时候多，因此这一发现与道德风险的影响是一致的：由于经济衰退，工人反正已经失业了，因此伤残保险规定的五个月等待期基本无法构成障碍，即使他们不是真的残疾了，他们也愿意试着申请一下。

伤残保险中道德风险的第三个证据来源是个人劳动力供给和伤残保险申请决策取决于伤残保险项目中筛选的严格性。如果个人只在他们真的伤残时才申请伤残保险，那么严格的筛查会影响到伤残保险的获得率，但不会影响劳动力的供给和退出决策。然而，大量美国的研究发现，当筛查比较宽松的时候，伤残保险申请率（Parsons，1911）和劳动力退出率（Gruber and Kubik，1997）均有所上升。荷兰最近的一项大范围的实验

① 参见 Lewin Group (1995)。

表明，在2个区域提高严格筛选力度，而其他24个区域保持不变，那么更加严格的筛选会减少长期的旷工以及伤残保险的申请数量（van der Klaauw，2006）。最近的研究在“实验证据框”中进行了介绍，结果表明，被残疾人保险拒绝的人仍具有非常强的工作能力。

关于道德风险的最后一项测试与失业保险和伤残保险中的工作最为相似，可用于评估伤残保险福利的慷慨程度变化如何影响工作量。一项最新的研究发现，劳动供给确实对保险的慷慨度做出反应，但是程度较小，劳动供给对保险福利的弹性为0.3。也就是说，伤残保险金每增加10%，退出劳动市场的老年人数量就会减少3%。[①] 这是非常低的水平。梅耶估计，失业持续期对失业保险救济金的弹性是0.8，这意味着伤残保险计划的道德风险要低于失业保险计划的道德风险。

□ 工伤保险中的道德风险证据

有很多证据指向工伤保险计划的重大道德风险效应。第一个证据是克鲁格（Krueger，1990）关于伤害发生率的研究，他提出疑问：报告的工作中的伤害是否依赖于工伤保险制度的慷慨度？克鲁格利用这样一个事实回答了这个问题：在各州的工伤保险福利各不相同的情况下，考察当各州增加工伤保险福利时，所报告的在职伤害率如何变化？如果不存在道德风险，那么没有理由仅仅因为一个州增加了它的工伤保险金，伤害率就会增加。然而实际上，克鲁格恰恰发现了这一点：赔偿金每增加10%，就导致报告伤害率上升7%（0.7的较高弹性）。

第二个证据来自克鲁格（Krueger，1991）的工伤保险金对伤害持续期的影响的研究，这和早前的失业保险对失业持续期的影响的研究很相似。“实验证据框”对该研究进行了介绍，克鲁格发现，工伤保险金对伤害持续期有着巨大的影响，保险金增加10%将导致持续期延长17%！这要比失业保险的反应大得多！失业保险救济金每增加10%，导致失业持续期延长8%。

第三个有关工伤保险中道德风险的证据来自报告的伤害类型。回想一下，道德风险问题是真实伤害状态不可观测的问题。不可观测性意味着道德风险对于难以观察或验证的伤害（例如扭伤或拉伤）来说更为严重，而对于可证实的伤害（例如撕裂、肢体断裂或缺失）来说则问题较少。实际上，克鲁格（Krueger，1991）发现，伤害持续期对赔偿金增加的反应在难以验证的伤害上要比容易验证的伤害上强烈得多。也就是说，例如，赔偿金的增加会引起报告的背部扭伤的巨大增加，但是撕裂伤则增加很少（或者根本没有增加）。

第四个工伤保险中道德风险效应的证据来自臭名昭著的“星期一效应”。通过考察一周当中对工伤保险做出的索赔类型，人们可以看到，在星期一，扭伤和拉伤的索赔相对于撕裂有很大的增加。[②] 这说明，很多星期一报告的伤害其实是上周末发生的，为了得到工伤保险，他们声称伤害是星期一发生的。如果你在星期天打垒球把自己拉伤了，可能伪装成发生在星期一的工作伤害会很容易；但是如果你在星期天用电锯割伤了自己，那伪装成星期一发生的工作事故就要难得多了！

---

① Gruber (2000).

② Smith (1989).

▶实验证据框◀

伤残保险的筛查机制与劳动供给

伤残保险制度面临的最困难的问题是确定谁是真正的残疾人。不同的国家对解决这个问题采取了不同的方法，但最近来自多个国家的证据显示了一致的结论：被伤残保险拒绝的人往往有能力获得有报酬的工作。

评估被伤残保险拒绝的人的工作能力是非常困难的，因为只要筛选机制在一定程度上有效，被伤残保险拒绝的人将比留在该计划中的人更健康。因此，接受伤残保险的人和被拒绝的人之间存在明显的偏差。然而，最近的两项研究提出了一种巧妙的准实验方法来克服这一局限。

美国的证据来自弗兰茨和宋（French and Song，2014）：当个人对他最初的伤残保险决定提出上诉时，他会向行政法法官（administrative law judge，ALJ）寻求重新确定他的初始案件。弗兰茨和宋指出，ALJ 批准和不批准上诉的比率存在很大差异：法官的宽松度每上升 1 个标准差，申请被允许的可能性增加 15.3%。① 最重要的是，法官的分配完全是随机的，与伤害的严重程度或申请人的其他特征无关。因此，被分配到“强硬”的法官的人更有可能申请不到伤残保险。伤残保险系统中的这些变化使弗兰茨和宋提出疑问：如果申请人被伤残保险拒绝，由于被随机分配给一个强硬的法官，他们是否更有可能最终工作？如果申请伤残保险的人真的无法工作，那么就应该对工作没有影响，被拒绝的人应该和被批准接受伤残保险的人一样没有能力工作。

弗兰茨和宋发现，被分配给更严厉的法官会导致更高的拒绝率和更高的工作率。被随机拒绝的人比被批准的人工作的概率高出 26 个百分点。这一发现表明，如果被拒绝保险福利，那么接受伤残保险的人中有相当一部分可以工作。

伯格汉斯等（Borghans et al.，2014）使用另一种方法研究了荷兰的伤残保险的重要改革。荷兰的伤残保险计划比美国更为慷慨，获取标准更为宽松（即申请人不需要是严重残疾就能获得福利），福利也更高。此外，福利因测量的残疾程度而异，残疾最严重的人获得最高的福利。1993 年，该制度进行了改革，对残疾重新进行分类，将残疾的严重程度降级。一些严重残疾的人被重新归类为不太严重（因此只能获得较低的福利），而其他残疾较轻的人则被重新归类为非残疾人。改革还有一部分内容是对享受伤残保险福利的人进行重新审查，不过这些新的更严格的标准仅适用于 45 岁及以下的人。这就构成了第 6 章讨论的“回归断点”的设计类型：我们可以考察 45 岁时是否存在明显的行为变化。

该分析的结果如图 14－6 和图 14－7 所示，首先是伤残保险福利金额，然后是收入金额。图中的每个点代表特定年龄（例如，1944 年出生的 45 岁的人）的出生队列的平均福利/收入。每幅图中的横轴显示年龄，而纵轴显示伤残保险福利金额（图 14－6）或收入（图 14－7）。45 岁左右两边的实线显示了对于低于和高于该年龄

① 标准差是一个数值，用于表示组中个体的变化范围。如果个体观察结果与组平均值差异很大，则标准差很大；反之亦然。

的人，其年龄和福利/收入之间的关系的回归预测。

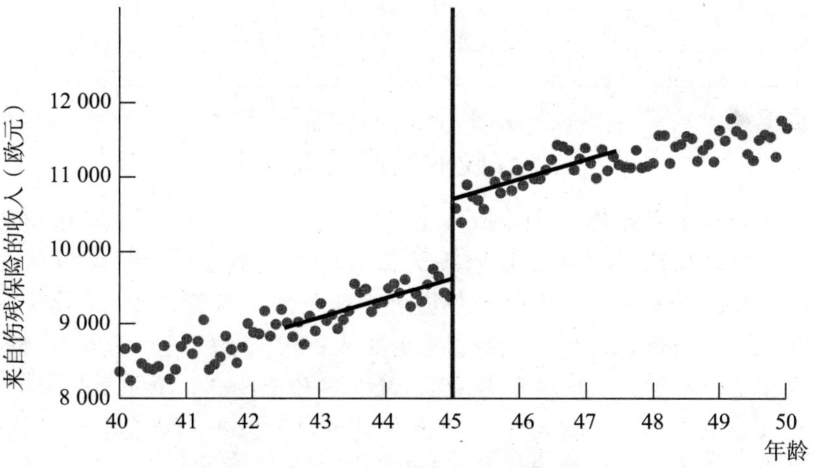

图 14-6　不同年龄的伤残保险福利

资料来源：Borghans et al.(2014).

说明：随着年龄的增长，人们更有可能获得残疾保险福利，因此他们的预期福利金额会增加。但在45岁时，福利金额大幅增加，增加幅度约为1 100欧元，这可能是由于45岁以上人群的筛选标准较为宽松。

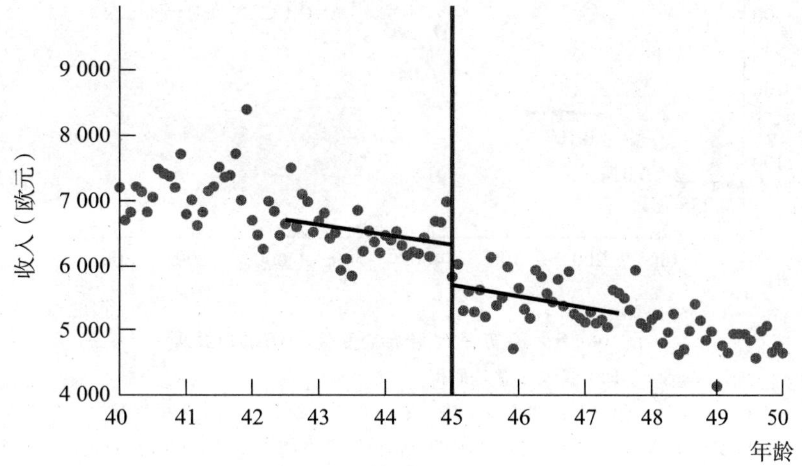

图 14-7　不同年龄的收入

资料来源：Borghans et al.(2014).

说明：年龄在45岁这个分界线之前的收入比之后的收入每年高出624欧元。这表明劳动收入被伤残保险收入挤出，因为伤残保险在45岁之后更容易获得。

图14-6显示，和预期的残疾率上升一样，伤残保险的福利随着年龄的增长而增加，但45岁时有一个不连续的跳跃：45岁以上的人的福利大约高出1 100欧元，与在这个年龄的筛查机制较松吻合。图14-7显示，收入在45岁时有一个明显的相对下降。45岁右侧的斜率相对于左侧有一个不连续的减少。该结果意味着失去伤残保险福利的人的收入大幅反弹：他们的伤残保险福利每减少100欧元，他们的收入增加62欧元。

总之，这些研究表明伤残保险存在重大的道德风险：如果没有该计划，许多依靠伤残保险的人就会工作。

▶实验证据框◀

工伤保险的道德风险效应

图 14-8 阐释了克鲁格（Krueger，1991）的一个绝佳的明尼苏达州的准实验。明尼苏达州的工伤保险计划有三段水平的部分，这几部分由两段倾斜的部分连接。1986 年 10 月 1 日，该州对水平的部分增加了赔偿金，而倾斜部分不变。这项政策改变建立了三个实验组，即处于水平部分的工人（A 组、C 组和 E 组）；以及两个对照组，即斜坡部分的工人（B 组和 D 组）。除了赔偿金变化，看上去不太可能还有别的因素变化只影响三个实验组而不影响两个对照组。因此，对照组和实验组是可比的。这个条件使克鲁格估计赔偿金改变的因果关系成为可能。

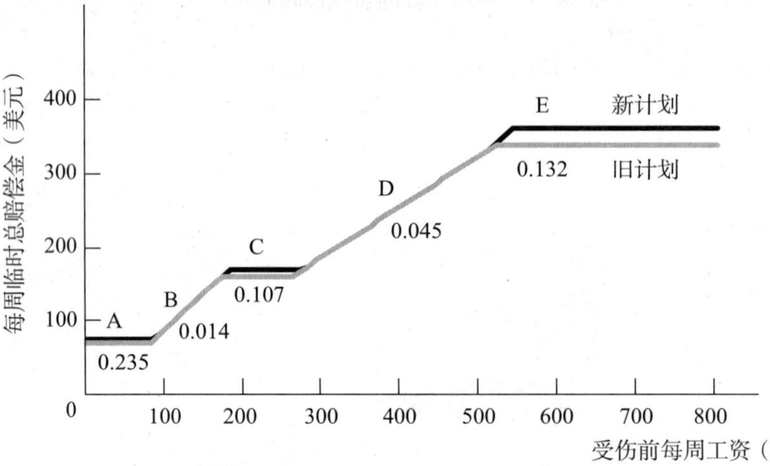

图 14-8　工伤保险赔偿金变化和伤害持续期

资料来源：根据 Krueger（1991）的图 2 整理而得。

说明：1986 年 10 月 1 日，明尼苏达州提高了该计划 A 组、C 组和 E 组工人的赔偿金，B 组和 D 组的赔偿金保持不变。克鲁格发现了 A 组、C 组和 E 组工人的工伤持续期增加了，但是 B 组和 D 组没有增加。弯曲部分下面的数字是赔偿金改变前后工人受伤的差异 [ln(得到赔偿金的周数)]。

图中每条线段旁边的数字表示在 1986 年 10 月 1 日前后伤害持续期的百分比变化。对于 A 组、C 组和 E 组（赔偿金增加的人），伤害持续期大幅增加：A 组增加了 23.5%，C 组增加了 10.7%，E 组增加了 13.2%。对于 B 组和 D 组（赔偿金没有增加的人），伤害持续期的增加竟然是负的（B 组减少 1.4%，D 组减少 4.5%）。① 因此赔偿金的增加似乎是与伤害持续期的增加相关的。伤害持续期对赔偿金增加的反应非常大，弹性为 1.7。也就是说，赔偿金每增加 10%，就会导致伤害持续期延长 17%。

① 参阅我们在第 3 章附录中关于回归分析的讨论。三个实验组的估计在统计上是显著的；而两个对照组的估计在统计上不显著。

14.4 社会保险对于公司的成本和收益

迄今为止，我们的研究集中于社会保险计划对工人的影响。但是由于雇主在裁员和工伤中都扮演着重要角色，因此失业保险和工伤保险计划对公司的决策都将起到重要的影响。我们首先讨论失业保险对公司的影响，再讨论工伤保险对公司的影响。

□ 失业保险的部分经验评级对裁员的影响

从公司的角度来说，失业保险的关键特征在于它是部分经验评级的。一个完全经验评级的制度是，公司每解雇一个员工都需要缴纳额外的税，税收金额等于该工人预期获得的失业保险福利。在当前的失业保险制度中，工薪税确实随着过去的裁员增加，但是这种增加远少于一比一的比率。

图 14－9 展示了部分经验评级的程度，它显示了佛蒙特州的失业保险工薪税税率和以往裁员之间的关系。佛蒙特州有一个典型的州经验评级体系，在该州，所有公司要支付 0.4%的最小工薪税税率。除此之外，工薪税随着福利比率增长，福利比率即失业保险计划提供给被解雇工人的福利与公司在过去 4 年平均发放的工资之比。因此，福利比率为 10 意味着失业保险支付的救济金等于公司过去 4 年的平均工资的 10%。当过去的裁员规模达到一个特定的水平，工薪税税率会攀升，以这种方式继续向上推进，直到福利比率为 11 或更高的公司达到 5.4%的最高税率。

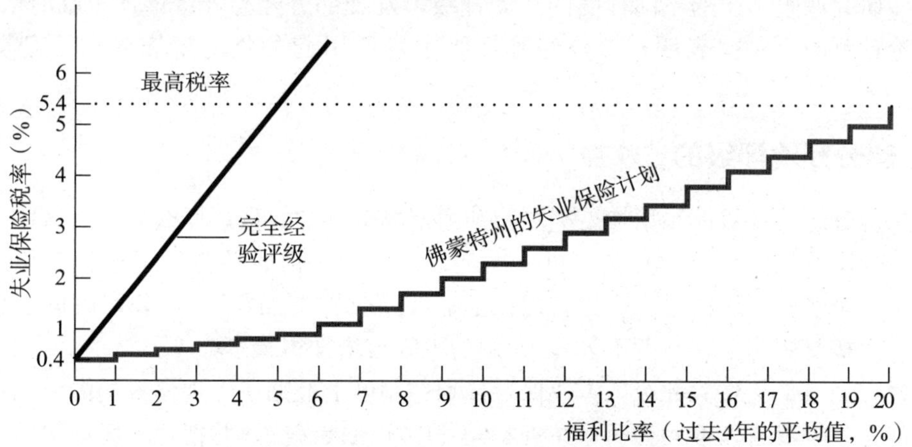

图 14－9 佛蒙特州的经验评级计划

资料来源：税率数据来自 Vermont Department of Labor (2015)，见 http://labor.vermont.gov/unemployment-insurance/employers/ui-tax-rates/。

说明：与大多数州一样，佛蒙特州的失业保险税率由雇主支付并随过去的裁员增加而增长，由福利比率衡量，福利比率即付给公司员工的失业保险救济金与公司所发放薪酬的比值。然而，这种增长并不是以完全经验评级，或者说一比一的比率为基础的。因此，在该制度中，解雇员工多（高福利比率）的雇主是相对受到补贴的。

部分经验评级补贴裁员 完全经验评级体系跟随从原点出发的 45 度线的路径，这表明随着福利的增加，税金支付都会一比一地增加。相对于完全经验评级，佛蒙特州所采取的制度导致裁员水平很低的公司支付过多（因为实际的安排是在 45 度线以上），裁员很多的公司却支付过少（因为实际的安排是在 45 度线以下）。因此，相对于完全经验评级体系，部分经验评级对高解雇率的公司进行了补贴。这个结论被最大化条件完美地解释：一旦公司达到最大的失业保险税率，额外的解雇对于它们来说就没有附加的纳税成本。这在全国范围内是一个普遍现象：相对于完全经验评级体系，解雇员工多的公司得到了额外解雇的补贴。

这种补贴是如何实现的？考虑公司和工人共同决定是否让工人临时下岗，即让工人离岗一段时间，但是承诺（明示或暗示）在下岗结束后（像第 12 章中我妻子的姑姑）工人将被雇用回去。从工人的角度来说，临时下岗是在享有部分工资的基础上休假——部分带薪休假。从公司的角度来说，临时下岗的吸引力取决于经验评级的程度。如果没有经验评级，工人临时下岗时，公司就会一分钱都不给。因此，经验评级下的工人临时下岗对于工人是一个假期，由政府支付对于公司和工人是一笔好交易。

对比完全经验评级的情形，在完全经验评级的情况下，付给工人的救济金会被公司交纳的税金恰好抵消，这样一来，实际上，没有钱从政府流向工人或者公司。因此，如果工人想要带薪休假，公司就不得不为其埋单；政府没有为裁员提供补贴，因为公司为裁员支付了全部成本。

裁员的部分经验评级效应的证据 很明显，从前面的讨论可知，如果一个州的经验评级体系越小（也就是说，当员工被解雇的时候，政府支付得更多，而不是公司），那么公司就会存在更多的解雇。事实上，关于裁员决策的经验评级结构存在几个详细的研究。这些研究调查了州的不同程度的经验评级，发现部分经验评级增加了临时解雇率，就像理论预测的。研究表明，部分经验评级本身所引起的临时解雇就占了全美国的 21%～33%。①

□ 部分经验评级的“收益”

如果部分经验评级体系增加了美国劳动力市场裁员的数量，那么为什么该体系在美国的失业保险计划中如此常见呢？再一次地，是消费平滑收益弥补了这种道德风险成本。一个完全经验评级体系会“使公司在走下坡路时雪上加霜”：当公司解雇了最多的员工时（大概是因为公司经营不善），它们的税收会增加得最多。

同时，通过部分经验评级，失业保险计划在制度上补贴了大规模裁员的公司。这些公司可能是特别没有效率的公司，在资本经济中应该被淘汰，并把“战场”留给更有竞争力的对手。具体而言，部分经验评级体系补贴了季度性的公司，这些公司只能在一年的部分时间中为所雇用的工人支付工资，而工人在该年剩下的时间里得到失业保险，公司是没有边际成本的。安德森和梅耶（Anderson and Meyer，2000）计算，在华盛顿州，1/8 的公司连续四年得到失业保险体系的补贴，占全部失业保险救济金支付的 1/3。

① Topel (1983)；Anderson and Meyer (1993).

☞应用

部分经验评级的“摇钱树”

美国在工业化国家中实际上是相对独特的，因为它的失业保险体系包含经验评级内容，不管部分经验评级的程度是多少。大多数国家通过与公司实际裁员经历无关的单一工资税来为其失业保险体系提供资金。这种制度可以让失业保险体系变成“摇钱树”，为高度无效率的公司提供补贴。

考虑加拿大失业保险体系的例子，传统上工人必须工作10周才有资格得到42周的、替代率为60%的失业保险，并且不会给他们的公司带来任何额外的成本。我们可以通过一个假设的例子来评估如此慷慨的体系的影响。你和4个朋友想找到一个在一年中仅需工作10周，剩下的时间全部用来度假的方法。你们5个人考虑买一艘渔船，每个人每年工作10周，一共就是50周。你知道，有了这艘渔船，你们就能够在全年捕捉到价值40 000美元的鱼。而每一个10周时间只有8 000美元的鱼，总数不足以支持你们一年的生活。在没有失业保险的情况下，你们是不会买这艘渔船的，这是社会有效率的结果：你们的联合工人小组每年只能生产价值40 000美元的商品。

但是在加拿大的失业保险制度下，这种购买就会变得有吸引力得多。在该制度下，你和你的朋友每人工作10周，总共50周。你们每个人报告工作了10周，每周赚了800美元，然后自己被解雇了。因为你报告自己被解雇了，所以你可以在该年度剩下的时间里得到20 160美元的失业保险（每周收入800美元的60%，共42周）。因此，5个人总的失业保险救济金收入为100 800(=20 160×5）美元。加上价值40 000美元的鱼产量，你们5个人的总收入达到140 800美元，即每个工人每年仅仅工作10周就能得到28 160美元！这就使购买渔船变得非常有吸引力。

这个例子说明了部分经验评级的根本问题：它资助了无效率公司的生存。你们这家只有5个员工的公司不是经济可行的。因为如果没有失业保险制度，它每年只能给每个雇员8 000美元。但是通过利用部分经验评级，公司可以继续运行，每个人每年赚得28 160美元。因此，失业保险不仅是一个对抗失业风险的保险体系，而且是一个对无效率公司和它们解雇的工人的很大一笔政府转移支付。

□ 工伤保险和公司

相似的问题也出现在工伤保险的情形下。通过失业保险，部分经验评级意味着公司和工人有动机增加裁员，以利用政府支付的闲暇费用。而通过工伤保险，如果保险不是完全经验评级，那么公司和工人可以联合起来增加“伤害”。还有一个问题是：当存在伤害的无过失保险时，公司将不愿意在安全方面进行投资。在过去，当伤害可能导致公司面临法律诉讼时，如果有工人受伤，公司就不得不在使工作环境更加安全的成本和被诉讼的成本之间进行权衡。现在，对于部分经验评级的公司，如果工人受伤，由于公司可以支付相对较低的工伤保险福利成本，因此会减少为了使工作场所更安全而进行的储蓄。因此，无过失工伤保险所带来的另外一种道德风险是，无过失工伤保险会导致更加危险的工作环境。

工伤保险经验评级的潜在重要作用在克鲁格（Krueger，1991）的研究中有所阐述。克鲁格比较了两种公司的工伤持续期：一种是通过自办保险支付其工伤保险成本的公司，另一种是通过在部分经验评级的保险市场中购买工伤保险的公司。由于自办保险公司自己支付工伤保险，根据定义，它们属于完全经验评级体系（更多的伤害导致更高的公司成本）。克鲁格发现，给定伤害类型，在自办保险公司的工人从受伤到重返工作岗位要比在可比的非自办保险公司（部分经验评级）的工人更迅速。此外，在自办保险公司，工人的伤害持续期对赔偿金的反应程度要低于非自办保险公司。该发现说明，完全经验评级公司在监督工人伤害持续期方面要积极得多。

14.5 制度改革的影响

本章给出了美国的三个最重要的社会保险计划的成本和收益的大量证据。我们可以利用这些证据及第 12 章提出的理论，为制度改革提供参考。

□ 福利的慷慨程度

福利的最优慷慨程度反映着道德风险和消费平滑福利之间的权衡。很显然，本章研究的三个计划的替代率应该都低于 100%，因为每种保险都存在严重的道德风险问题。文献也指出，这些计划产生的负面行为（例如更久的失业期或者伤害持续期）等问题在工伤保险中非常严重，在失业保险当中较严重，在伤残保险中相对较小。与此同时，伤残保险的消费平滑福利似乎最大，而失业保险被证明只有部分消费平滑的作用（工伤保险也是一样）。综上所述，这些情况表明，伤残保险的福利应最高，工伤保险的福利应最低，失业保险介于两者之间。

然而，如表 14－2 所示，事实并非如此。实际上，工伤保险的福利在这三个计划中是最慷慨的。这和上文提出的证据明显不一致。

□ 福利的针对性

第 12 章的讨论和本章的证据所引发的另一个问题是，我们需要提高保险的针对性，将其定位于能够从保险中获得最多消费平滑收益和最低道德风险的人群。考虑经常临时性失业的人和从雇主处得到隐性承诺的人，这些人可以回到原来的工作岗位上。对于这些人，失业保险几乎没有带来消费平滑福利，因为这种解雇的可预测性和规律性使得他们能够通过自办保险来平滑消费。此外，实证分析结果表明，这类人群的失业持续期对失业保险的福利水平是最敏感的。对于他们来说，失业保险福利的高成本似乎超过收益。因此，如果把失业保险福利的目标转到永久性下岗的人身上，效率会得到提升。

针对性问题也可能在伤残保险和工伤保险制度中出现。一些伤害和残疾更容易诊断，最大限度地减少了道德风险问题。失明、瘫痪、裂伤或失去肢体等不太可能作为回应社会保险计划慷慨性的负面行为。理论上，可以进行适当的制度安排，使更高的福利支付给更容易确认残疾或伤害的人，以及其消费平滑福利更可能大于道德风险成本的人。实际上，如前所述，荷兰和其他国家都采取了该类制度。弗兰茨和宋（French and

Song，2014）以及伯格汉斯等（Borghans et al.，2014）发现，伤残保险的道德风险效应对更年轻或残疾较轻的工人来说相对更小。此外，梅耶和莫（Meyer and Mok，2013）发现，患有更严重残疾的人的消费下降幅度要大得多。然而，在实践中，这种方法涉及如何对伤害进行分类的难题。[①]

另一种提高福利针对性的形式是以经济条件为标准。克罗夫特和诺特多威格多（Kroft and Notodowigdo，2011）发现，在高失业率时期，失业保险的道德风险效应较小（因为没有找工作的人即使找也找不到）。且伊斯特和库卡（East and Kuka，2014）发现，失业保险的消费平滑优势在经济衰退时期要强得多，这为经济衰退时期实施更慷慨的失业保险措施提供了理由。另外，失业保险的申请数量在经济衰退时期急剧增加的证据表明，在这种情况下可能需要进行更严格的筛查。

□ 经验评级

公司层面的部分经验评级已经被证明同时增加了裁员数量和工伤保险申请的持续期。该制度也使得无效率的公司得以继续生存，代价是更多的有效率的公司支付工薪税，尽管它们很少裁员；在没有实施经验评级的国家的失业保险中更是如此。因此，我们再次面临保险和激励之间的权衡：我们想要给公司上保险来避免衰退，但是这么做又补贴了无效率公司的继续经营。

然而在这种情况下，支持保险的论据似乎还有点弱。业务形势大致良好但正经历比较艰难时期的公司能够以比失业工人更容易的方式进入资本市场（比如通过银行贷款）。也就是说，相对于个人而言，企业拥有更多的自办保险的正式结构。因此，从消费平滑的角度为公司保险提供支持是有点困难的。更完全的经验评级似乎在促进无效率的企业倒闭方面作用更大，而对一个基本健全但处在低谷的企业则损害较小。

□ 工人的自办保险？

关于这三个社会保险体系的一个更加根本性的改革是可能会将注意力放在工人自办保险上，从而应对不良事件。例如，政府可以用个人“社会保险储蓄账户”来替代工薪税以及强制保险，使工人把固定金额存入账户中。如果他们经历的不良事件符合社会保险的享受资格，他们就能取用这个账户；如果超出了账户余额，则要根据规定做借用（和返还）处理。如果退休时该账户的余额为正，则可以为退休后的消费提供资金。这种方法的优点和缺点将在下面的“应用”中讨论。

☞应用

失业保险改革

以工人自办保险为核心的失业保险体系与私人社会保障体系相似，因此它也有着很多私人保险体系所具有的优点和缺点。其中一个主要的优点是，有更明确的证据表明，社会保障的道德风险效应没有失业保险和工伤保险那么明显，并且社会保险所提供的消费平滑很可能要少得多。通过让工人用自己的储蓄账户支付他们失业和受伤后的收入，

① 参见 Autor and Duggan (2010) 的一份详细的伤残保险改革建议，它区分了长期和短期残疾。

该计划能够最小化道德风险。费尔德斯坦和奥特曼（Feldstein and Altman，2007）认为，将4%的失业保险工薪税投资在这样的账户中，能够覆盖几乎所有工人在失业期间的成本。但这种自办保险体系的一个缺陷在于，我们丧失了把收入从没有丢掉工作的人分配给下岗的人的再分配功能。

克林（Kling，2006）提出了一种解决方法，该方法将失业保险的部分自办保险与一种新的制度——再就业收入保险相结合。平均来说，由于经济原因（例如工厂倒闭），下岗的全职工人再找一份全职工作的收入相对于工作类似但没有下岗的工人要低17%（Farber，2005）。与26周的暂时收益损失相比，终身资源的减少幅度要大得多，但是没有社会保险可以防止这种收入损失。此外，下岗后收入降低的工人还要遭受转移到失业自办保险体系的再分配的损失。

因此，克林建议通过一个“两部分计划”代替失业保险。第一部分是失业自办保险：失去工作的工人可以从他们在工作时的自愿储蓄账户中提取资金，也可以从政府那里获得贷款，这些资金将从未来的劳动收入中支付。低工资的工人或者找不到新工作的人可以得到失业期间的贷款减免（本质上是将贷款转换为失业救济金）。克林计划的第二部分是工资保险：工人能够从政府那里得到一笔转移支付，金额相当于旧工作时薪与新工作时薪差额的25%。支付持续期取决于下岗前两年的工作时数（支付持续期上限是6年）。由于只有25%的工资差距的部分替代，因此这确保了工人仍将试图寻找工资更高的工作。事实上，加拿大一项类似的制度的社会实验发现，该制度为工资损失提供了重要保险，且不会对求职或工作行为产生不利影响。“两部分计划”的最终结果是这样一个体系：具有更低的道德风险，并且能够对低工资工人和遭受大量工资损失的工人进行再分配。

14.6 结论

本章所学的三个社会保险计划（失业保险、伤残保险和工伤保险）为第12章学习的社会保险一般原则提供了精彩的应用。在每种情形下，人们显然看重计划提供的消费平滑；并且在每种情况下，存在与保险规定相关的显著的道德风险成本。道德风险成本意味着保险不足。随着计划改革的推进，对所有三个计划的许多实证分析可用于为政策制定者的决策提供信息。

重点

- 失业保险为正在找工作的失业者提供长达26周的救济金。
- 伤残保险在社会保障的层面上，为伤残且无法继续工作的工人提供替代收入。
- 工伤保险为在工作中受伤的工人提供慷慨的现金福利和医疗保险。
- 失业保险提供的消费平滑只是部分的，因为该计划似乎在很大程度上挤出了其他形式的自办保险。伤残保险和工伤保险在消费平滑方面的研究还不足以得出有关它们的消费平滑效应的结论。

- 现有的证据表明，失业保险的道德风险成本很大，失业持续期关于保险福利的弹性是 0.8（救济金每上升 10%，失业持续期延长 8%）。
- 关于伤残保险也有显著的道德风险效应，不过弹性较小，保险金每上升 10%只引起劳动力流失 3%。
- 最大的道德风险效应似乎出现在工伤保险制度当中，赔偿金每上升 10%导致申请工伤保险的比率上升 7%，以及伤害持续期延长 17%。
- 失业保险和工伤保险计划的部分经验评级机制似乎增加了裁员数量以及和工作伤害相关的停工持续期。
- 本章的证据表明：工伤保险计划可能过于慷慨，伤残保险计划则不够大方；福利的目标应该定位于诸如长期失业和严重伤残的人群；公司对给予工人的社会保险支付应该更加倾向于完全经验评级。

习题

1. 失业保险工薪税被认为是部分经验评级的，因为对收入征收的税率对于有过裁员经历的公司来说要更高。依据公司裁员经历制定工薪税的原理何在？

2. 请描述提高失业保险福利上限对高收入工人的储蓄率的影响。这项政策带来的消费平滑福利的改变可能是多大？提高失业保险福利上限还有其他潜在好处吗？

3. 工伤保险金因各州以及伤害类型而异。你能利用这些信息估计伤害相对于工伤保险金慷慨度的弹性吗？

4. OECD 比较了不同国家之间不同类型的失业家庭的净替代率。这些数据可以在下述网址的“Statistics”链接中找到：http://www.oecd.org/els/social/workincentives。1961 年以来，哪个国家提供的失业救济金的替代率增加得最多？有哪些国家的替代率下降了吗？

5. 失业保险的消费平滑福利的经验证据表明，平均而言，个人在与失业相关的收入损失方面的保险程度如何？

6. 思考一下梅耶（Meyer，1989）关于失业救济金对失业持续期的影响的研究。该研究如何论述在经济衰退时期，失业持续期和失业救济金可能同时增长的可能性？

7. 格鲁伯（Gruber，2000）的证据表明，劳动供给对于伤残保险福利的弹性估计要小于失业持续期对于失业保险救济金的弹性估计。为什么伤残保险计划的道德风险要低于失业保险计划？

8. 政府通常为工人提供伤残保险和失业保险。与此相反，政府通常强制要求公司为工人提供工伤保险，而不是政府提供。为什么会有这种差别？为什么政府不提供工伤保险，而是强制要求公司提供？

9. 2004 年 5 月，佛蒙特州对其工伤保险体系进行了大幅改革。其中一项重要举措是缩短索赔人提出初始工人赔偿所要求的时间。这是否有助于降低工伤赔偿制度的欺诈事件数量？请给予解释。

10. 参议员多佩尔根格（Doppelganger）提出了一些便于工人申请和获得伤残福利的规定。这可能对伤残保险金的申请率产生什么影响？对报告的失业率呢？

11. 失业救济金以所得税作为资金来源，（在默认情况下）不受扣缴或工资税约束。假设特定工人的工资税为其工资的7.65%；她支付的平均所得税税率为10%；失去工作后，她有资格获得以前每周收入的60%。

a. 她从失业保险中获得的薪水有多少？

b. 失业保险金的税收待遇对其为收入者提供平稳收入的能力有何影响？

进阶习题

12. 相比于难以预防的工作伤害，人们在受到容易预防的工作伤害后，更可能保持他们受伤前的消费水平吗？请解释。

13. 失业持续期的实验证据证明，更早再就业（即找到或者获得一份工作）的工人的失业后工资并不比再就业较晚的工人高。这个结果可以作为证据解释，当失业期增加时，工作匹配质量并没有得到改善。

a. 对于失业保险的道德风险成本，这个证据的解释意味着什么呢？

b. 关于这个证据的另外一个解释是，更长失业期的工人要比更短失业期的工人质量差。你如何从实证的角度区分这个解释以及问题a中的解释？

14. 美国劳工部网站 http://workforcesecurity.doleta.gov/unemploy/将各州的失业保险计划的主要区别总结在一份表中（见 http://workforcesecurity.doleta.gov/unemploy/pdf/sigmeasuitaxsys08.pdf）。在写作本书的时候，对于具有不同经验评级的公司，肯塔基州的工薪税税率比俄勒冈州范围更大。哪一个州的制度在更大程度上资助了高裁员率的公司？请解释。

15. 你受雇于总统办公室并负责审查失业保险计划。目前工人在失业后26周的工资替代率大约为45%。考虑现行失业保险制度的两个改革方案。第一个方案是公司完全经验评级体系，这样一来，公司支付的税金完全等价于工人得到的救济金（救济金维持在工资的45%不变）。第二个方案是个人完全经验评级体系——政府在工人失业时借给他们占工资45%的钱，但是工人在找到新工作后必须偿还。

a. 比较这两个方案对失业持续期和工人下岗可能性的影响。

b. 每一个方案的消费平滑特点是什么？

第 14 章 附录

进阶准实验分析

正如本章所讨论的，梅耶关于失业保险福利对失业持续期影响的研究考虑了以下两个可能的对照组：其他州高收入的工人和同一州内低收入的工人。本章描述了利用这两个不同的对照组计算两个双重差分估计量的过程。此附录将说明如何综合这些估计形成一个更加可信的失业保险福利对失业持续期影响的准实验估计（称为“三重差分估计”）。

进行两个双重差分估计 为了定义这些估计，我们需要使用失业持续期的 8 个度量，记作 DUR(e，s，p)。

e 代表每组收入水平：H 是福利变化的高收入实验组（收入高于每周 800 美元），L 是福利不变的低收入对照组；

s 为每组居住状态：T 是福利变化的实验组（新泽西州），C 是福利不变的对照组（宾夕法尼亚州）；

p 为时期：B 是福利变化之前，A 是福利变化之后。

因此，DUR(H，T，B）是福利变化前实验组的高收入工人的失业持续期。

如本章所述，我们可以计算出两个双重差分估计量。第一个估计对比了实验组和对照组的高收入工人失业持续期的变化（政策调整前后）。

$$DD1=[DUR(H,T,A)-DUR(H,T,B)]-[DUR(H,C,A)-DUR(H,C,B)]$$

这是一个关于更高的失业保险福利对失业持续期影响的因果估计，它假设，随着时间的推移，经济衰退等其他变化以同样的方式同时影响两个州。在这种情况下，第一项包含了福利增加和经济衰退对持续期的影响，第二项包含了经济衰退对持续期的影响，两者之间的差为福利增加对持续期的影响。

第二个双重差分估计比较了实验组的高收入和低收入工人失业持续期的变化（政策调整前后）：

$$\mathrm{DD2}=[\mathrm{DUR}(H,\ T,\ A)-\mathrm{DUR}(H,\ T,\ B)]-[\mathrm{DUR}(L,\ T,\ A)-\mathrm{DUR}(L,\ T,\ B)]$$

这是一个关于更高的失业保险福利对失业持续期影响的因果估计，它假设，实验州的经济衰退对 H 组和 L 组的工人有同样的影响。在这种情况下，第一项包含了福利增加和经济衰退对持续期的影响，第二项包含了经济衰退对持续期的影响，两者之间的差为福利增加对持续期的影响。

这两个假设有可能都不成立。如果经济衰退对实验组的影响相较于对照组更强烈，那么 DD1 不仅可以衡量更高的失业保险福利对失业持续期的影响，而且可以衡量部分经济衰退的影响。进一步假设，经济衰退对低收入者的影响比对高收入者的影响更强烈。这样 DD2 就会面临同样的问题：衡量更高的福利的影响以及部分经济衰退的影响。

三重差分估计 即使这两个双重差分估计各有局限性，它们也可以结合起来产生一个更可信的估计。即人们能够采用这些双重差分估计的差异来同时说明新泽西州的经济衰退比宾夕法尼亚州更强烈的情况，以及经济衰退对高收入工人和低收入工人产生的影响不同的情况。这可以通过使用一个三重差分估计来完成：比较实验组的高收入工人的失业持续期和低收入工人的失业持续期，然后在对照组做同样的比较，最后得到两个 DD 估计的差异。即我们可以计算：

$$\mathrm{DDD}=\{[\mathrm{DUR}(H,\ T,\ A)-\mathrm{DUR}(H,\ T,\ B)]-[\mathrm{DUR}(L,\ T,\ A)-\mathrm{DUR}(L,\ T,\ B)]\}-\{[\mathrm{DUR}(H,\ C,\ A)-\mathrm{DUR}(H,\ C,\ B)]-[\mathrm{DUR}(L,\ C,\ A)-\mathrm{DUR}(L,\ C,\ B)]\}$$

这是一个关于更高的失业保险福利对失业持续期影响的因果估计，它假设，在实验州和对照州中，经济衰退对高收入工人与对低收入工人的影响是一样的。在这种假设下，即使经济衰退在两个州的影响是不同的，甚至对两组工人的影响是不同的，我们依然可以用三重差分估计法消除这种估计偏误。

实际上，前面几段提出的假设可能都不成立。就像第 3 章强调的，准实验方法在复制随机试验的“黄金准则”方面的机制并不完善。但是，本附录展现了如何运用不同州的不同组数据帮助解决随着准实验估计而产生的偏误问题。

第 15 章 医疗保险Ⅰ：健康经济学与私人医疗保险

需要牢记的问题

- 美国人有哪些不同的保险来源？
- 保险对疾病的覆盖范围应该多大？
- 保险在为医疗服务提供者进行报销时应该有多慷慨？

1981 年 3 月 30 日，就职仅两个月的罗纳德·里根总统遭到约翰·欣克利（John Hinckley）的枪击。约翰是朱迪·福斯特（Jodie Foster）的一名狂热粉丝，他认为如果他刺杀了总统，就能获得这位女演员更多的注意。里根被紧急送往乔治·华盛顿医院（George Washington Hospital）并接受了 3 个小时的手术来取出进入肺部的子弹。虽然这一伤害可能是致命的，不过之后里根完全康复并继续完成了他 8 年的总统任期。

100 年前，詹姆斯·加菲尔德（James Garfield）总统就没有这么幸运了。1881 年 7 月 2 日，同样就职两个月的他被查尔斯·吉托（Charles Guiteau）枪杀。查尔斯·吉托认为是上帝派他来刺杀这位总统的。加菲尔德被送回白宫之后的 80 天里，十几个医生试图找到卡在总统脊椎附近的子弹。这些医生用未消毒的手指以及金属棒探查总统的伤口，然而这么做只是让伤口继续扩大、感染，并且刺穿他的肺部。亚历山大·格雷厄姆·贝尔（Alexander Graham Bell）对加菲尔德的身体使用了金属探测器，并很快宣布他找到了那枚子弹。然而外科医生继续寻找之后依然无法定位，他们都没察觉到贝尔误将总统身下的弹簧床的一根弹簧探测成了子弹。由医疗护理的不足所导致的感染很快引发了加菲尔德的心脏病。当他最后去世时，他的验尸官称，只要当时医生让他一个人待着，他就能够活下来。[1]

从加菲尔德总统的去世到里根总统当选这段时间，医疗卫生领域取得了巨大的进步，因此现在的医生不再害人，而是帮助人们。伴随着美国医疗卫生质量的不断提高，美国经济对医疗卫生的投入也有了巨大的增加。1950 年，美国用于医疗卫生部门的投入仅占 GDP 的 5%，在当时，美国人在医疗卫生上的花费少于在汽车、燃料或服装上的花费。到了 2010 年，医疗卫生消费占美国 GDP 的 17.4%，超过了住房及食品支出。[2] 医疗卫生支出的增长仍将持续，预计到 2082 年，医疗卫生将占据美国 GDP 的 49%，这一比例超过了目前美国在汽车、燃料、家具、食品、服装、住房、公用事业以及娱乐活动上的花费的总和。[3]

如此快速增长的医疗卫生支出会不会成为一个问题呢？答案是，没有什么东西能比我们的健康更为重要。而且通过一些措施，我们花在医疗卫生上的钱能够买到不错的东西。对比 20 世纪 50 年代对膝盖损伤的处理以及今天对膝盖损伤的处理，在 50 年前，如果发生半月板（膝盖骨下面的软组织）撕裂，唯一的方法就是进行开放性手术，将膝盖切开，移除整个半月板。你需要在医院里待上几天，再花几个月的时间恢复，而且在未来的 15 年里，患上膝关节炎的概率会增加。今天如果发生半月板撕裂，你一般只需要通过做一个膝盖关节镜手术将一小片半月板移除即可。这种手术在膝盖上留下的创口很小，平均只需要 30 分钟就可以修复，当天就可以回家，几天之内就可以干一些轻活，三到六周就能够跑步了（或者任何你喜欢的其他运动）。

同样地，在 1950 年，每 1 000 个美国人里有 6 个死于心脏病。从那以后，这个数字降到了 1.7 个。[4] 1950 年，每 1 000 个婴儿当中有 29 个在出生第一年便死亡。今天，这一数字变成了千分之六。[5]

尽管美国的医疗制度带来了巨大的效益，然而这一制度并不是完美的，在医疗结果方面存在严重的不对等。例如，2013 年，美国白人婴儿死亡率，即第一年死亡的白人婴儿比例为 5.1*，与加拿大和希腊等其他发达国家相似。然而，2013 年，黑人婴儿死亡率为 11.2，略高于巴巴多斯的婴儿死亡率（10.9），是关岛（5.5）的两倍。[6] 在马里兰州巴尔的摩的 15 个最贫困社区，人口的预期寿命低于朝鲜这一贫困国家的预期寿命。[7]

这些差异在历史上可以追溯到这样一个事实，美国是主要工业化国家中唯一没有致力于为公民提供普及性的医疗卫生服务的国家。因此在 2010 年，美国有 5 000 万人，即超过六分之一的人口是没有医疗保险的。如前所述，平价医疗法案试图解决这一问题，截至撰写本书时，已有超过 1 600 万美国人获得了保险，但覆盖范围的缺口仍然很大。

---

① 关于加菲尔德总统的故事来源于 www.anecdotage.com。

② Centers for Medicare and Medicaid Services (2014).

③ Chernew et al. (2003); Congressional Budget Office (2007).

④ 参见 Cutler (2004) 的第 3 章和第 4 章附录，更新的数据来自 Kaiser Family Foundation (2013)。

⑤ Centers for Disease Control and Prevention (2014), Table 20.

⑥ 参见 Centers for Disease Control and Prevention (2014), Table 20；国家之间的比较来自 CIA World Factbook (2015)，参见 www.cia.gov/library/publications/the-world-factbook/rankorder/2091rank.html。

⑦ Ingraham (2015).

* 原书数据如此，后同。——译者注

虽然美国的医疗保险制度被认为具有“私人”性质，但美国政府还是承担了将近一半的医疗支出。目前医疗卫生支出占联邦政府预算的比例超过四分之一，占州政府和地方政府预算的比例超过五分之一。①

另外，由于美国的人口老龄化以及快速增长的医疗卫生成本，医疗支出的增长将成为美国政府所面临的长期财政问题的主要来源。因此，如此庞大且不断增长的医疗经济毫无疑问将带来公共财政问题。在后面的两章里，我们将讨论与医疗卫生及其对经济和政府政策的重要性相关的诸多问题。在本章，我们将讨论医疗卫生的本质以及与政府提供医疗保险有关的一系列问题。本章为理解医疗经济提供了基础，让我们可以思考在医疗卫生的提供过程中政府角色的变革。在下一章里，我们会考察医疗保险市场当中两个最大的公共部门干预项目——医疗补助计划和老年人医疗保险计划，以及以往经验为今后医疗保险制度改革的方向所带来的启示。

15.1 美国医疗卫生情况概述

2010 年，美国在医疗卫生方面花费了 2.9 万亿美元，占 GDP 的 17.4%。② 如前所述，这一数字对比 50 年前有了极大的增长，并且远高于其他工业化国家在医疗卫生上的支出。如图 15-1 所示，2012 年，美国在医疗卫生上的支出占整个国内经济的比重是瑞典和英国的将近两倍。美国男人、女人和小孩的人均医疗卫生支出达到了 8 508 美元。③

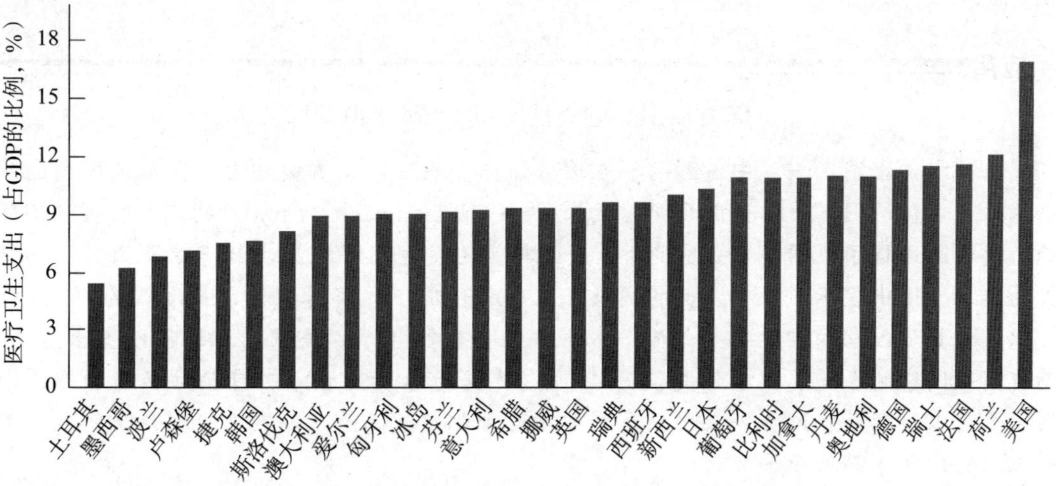

图 15-1　2012 年 OECD 国家医疗卫生支出

资料来源：OECD (2010，2014).

说明：美国的医疗卫生支出远高于其他主要工业化国家。

① Center on Budget and Policy Priorities (2015)；Boyd (2014).

② Centers for Medicare and Medicaid Services (2014).

③ OECD (2013).

我们花费在医疗卫生上的钱是如何分配的呢？图 15－2 反映了医疗卫生支出在几个主要支出类别上的分布情况：将近三分之一的医疗卫生花费用在住院治疗方面，五分之一花费在医生治疗方面，处方药的消费则占了医疗支出的十分之一，而花费在疗养院以及照顾老人上的支出同样占了医疗卫生支出的将近十分之一。

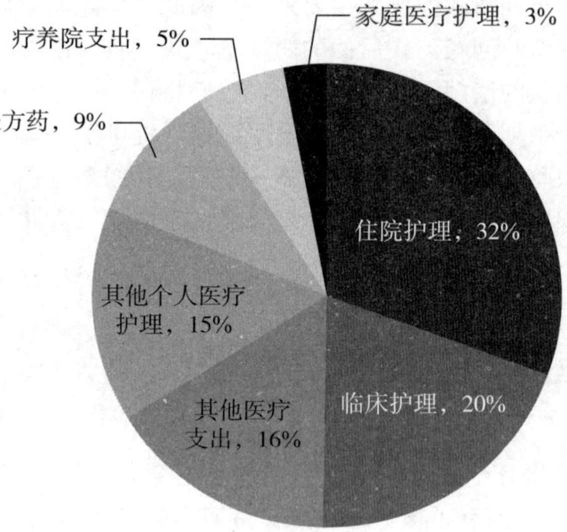

图 15－2　2013 年全国医疗支出分布

资料来源：Centers for Disease Control and Prevention.

说明：美国医疗卫生支出中所占比例最大的是住院护理，住院护理与临床护理支出加起来大约占医疗卫生总支出的一半。

☞**应用**

探寻美国医疗卫生的低效率问题

正如我们在图 15－1 中看到的，在医疗保健支出方面，美国相当于国际范围内的一个主要异常值。图 15－3 利用共同健康基金（Commonwealth Fund）的汇总数据从不同的角度对此进行了说明。[①] 该图显示了美国与其他发达国家在卫生制度结果的若干指标上的排名。图中显示了五个方面的成果，在每种情况下，将美国价值标准化为 1，这样可以显示其他国家的相对水平。例如，第一组条形图显示，美国的人均医疗支出最高，而英国等国家的人均支出不到美国的 40%。美国的婴儿死亡率、可预防性死亡率，以及由于成本过高而在过去一年中缺乏护理的比率都是最高的，仅在看诊等待时间在 6 天或以上的比率方面低于加拿大。

为什么美国的医疗保健如此昂贵？国家提供医疗服务时效率低下的原因是什么？2012 年，医学研究所（Institute of Medicine）的一项研究认为，三分之一的美国医疗保健支出（即 7 500 亿美元）无助于让任何人更健康。该研究将医疗保健超支按照图 15－4 所示的类别进行了划分。浪费性支出的三大来源是：过高的价格、过高的行政成本，以及低效率的服务。虽然专家对这些因素的相对重要性没有达成一致意见，但人们普遍

① 数据来源于 www.commonwealthfund.org。

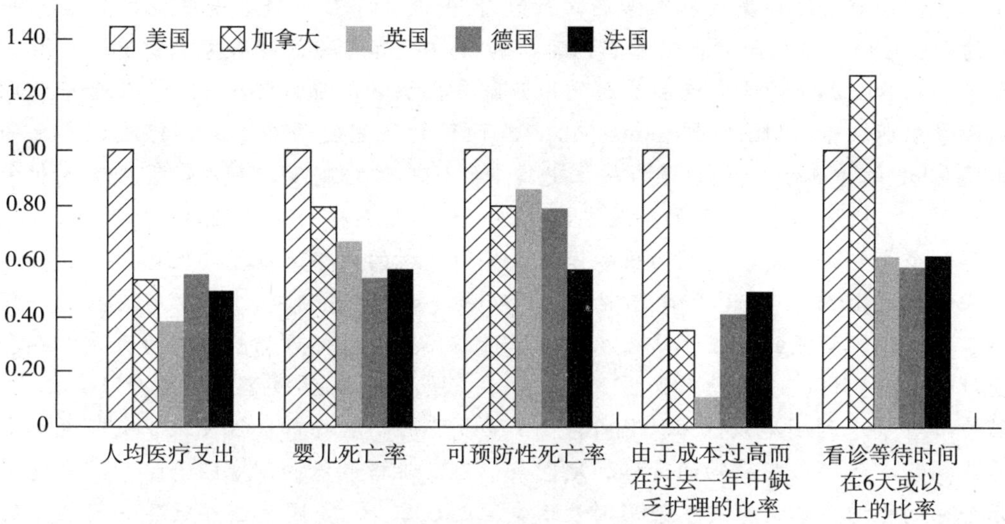

图 15-3　美国医疗制度成果排名

资料来源：共同财富基金（Common Wealth Fund），参见 www.commonwealthfund.org。

说明：该数据显示了美国与其他发达国家在医疗制度结果方面若干指标上的排名。美国在医疗保健方面的花费是其他大多数发达国家的两倍，但几乎所有其他指标都表现最差。

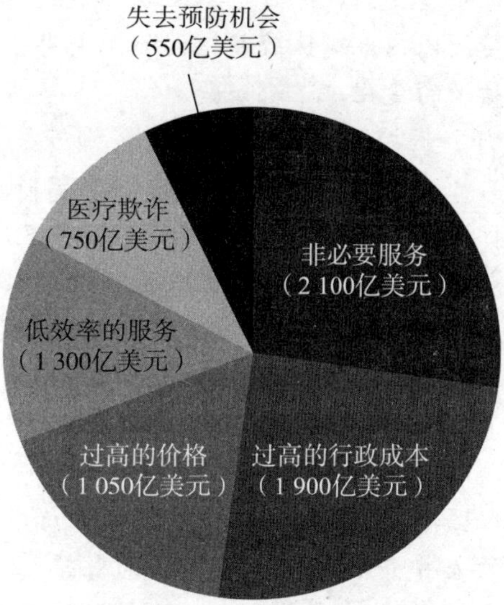

图 15-4　医疗保健超支的划分

资料来源：Kliff (2012b).

说明：2010 年，美国在医疗方面有 7 500 亿美元的支出没有对患者的医疗护理做出任何贡献。该图显示了这些支出的去向。浪费性支出的三大来源分别是：过高的价格、过高的行政成本，以及低效率的服务。

认为这些是美国医疗保健制度中浪费的主要来源。①

最容易识别的问题是美国的行政支出浪费，这主要是由于医疗保险和医疗供给制度

① 具体而言，大量的健康专家认为价格差异比此处所示的更大，如 Anderson et al. (2003) 所总结的。

过于松散。如前所述，美国私人保险的行政费用平均约为15%，是其他发达国家平均水平的两倍多。① 与此同时，属于不同私人和公共所有者的医疗服务提供者，以及必须与多个私人和公共医疗支付者打交道的医疗服务提供者，都需要花费大量资金来收取费用。西摩尔斯坦等（Himmelstein et al.，2014）的研究发现，医院在行政成本上的花费占了GDP的1.43%。关于是否建立更集中的医疗供给制度，有许多赞成和反对的意见（如下一章所述），但过高的行政支出是该松散制度当中一个明显的成本因素。

另一个主要因素是，美国为医疗保健服务所支付的价格远高于其他国家。国际健康计划联合会（International Federation of Health Plans，见 www.ifhp.com）为这一观点提供了跨国比较研究的证据。该组织收集了世界各地大量健康保险公司为医疗产品和服务支付的价格数据，比较结果如图15-5所示。图15-5a反映了五种医疗服务的费用，从髋关节置换术到阑尾切除术。图15-5b显示了用于治疗多发性硬化、关节炎和白血病等疾病和症状的医疗药物的价格。黑色条形显示价格最低的国家的价格、浅灰色条形显示全球的平均成本，深灰色条形则表示美国的成本。② 美国为这些服务和药品中的每一种所支付的价格都高于其他国家，很多甚至是成本最低国家价格的数倍之多。

为什么美国的价格会高出这么多？主要原因是其他国家对医疗服务和药品的价格实施了更强有力的监管。在美国，医疗产品和服务反映的是公共价格设定和私人竞争的综合结果，这种综合一直无法（或不愿意）将价格控制在与其他国家相近的水平。

最后，美国患者的治疗强度更高，导致了不必要和低效率的护理。这一事实最常被引用的相关证据是即使在美国国内，对医疗护理的使用也存在巨大差异，并且这种差异没有导致相应的医疗护理结果的变化。

2009年6月，内科医师、医疗保健专家阿图尔·伽万德（Atul Gawande）在《纽约客》（*The New Yorker*）上发表了一篇关于探究得克萨斯州麦卡伦城市的经验的文章。麦卡伦是美国第二昂贵的医疗服务市场（仅次于佛罗里达州的迈阿密）。2006年，老年人医疗保险计划（为老年人提供保险的计划，简称老年人医保计划）在麦卡伦的人均花费为15 000美元，是全国平均水平的两倍，比当地居民的人均收入高出了3 000美元。并且这种高额的医疗支出是在麦卡伦的心血管疾病发病率比全国任何一个地方都要低的情况下发生的。事实上，麦卡伦的居民人口数和临近的埃尔帕索县是一样的，但后者的老年人医保计划的人均成本仅为麦卡伦的一半。

由于两个地方的老年人医保计划都是按照类似的收费标准对医疗服务的提供者进行支付的，因此成本上出现的差异并不是由不同地区的每单位医疗服务的成本不同导致的，而是由于麦卡伦的病人接受治疗的次数比其他相似地区（如埃尔帕索）要高出很多。伽万德写道："2001—2005年，麦卡伦的老年人医保计划当中的重症患者接受专家看诊的次数比埃尔帕索要多出将近50%，并且麦卡伦的医保计划成员当中有三分之二的人在6个月之内看了10个或以上的专家。在2005年和2006年，麦卡伦的病人接受腹部超声检查的次数多出20%，骨密度检查多出30%，用超声心动图进行的压力测试多出60%，用于诊断腕管综合征的神经传导检查多出200%，以及用于诊断前列腺问题

① Kaiser Family Foundation (2012).

② 最常被用于进行比较的国家是澳大利亚、瑞士、新西兰、荷兰、西班牙和阿根廷。

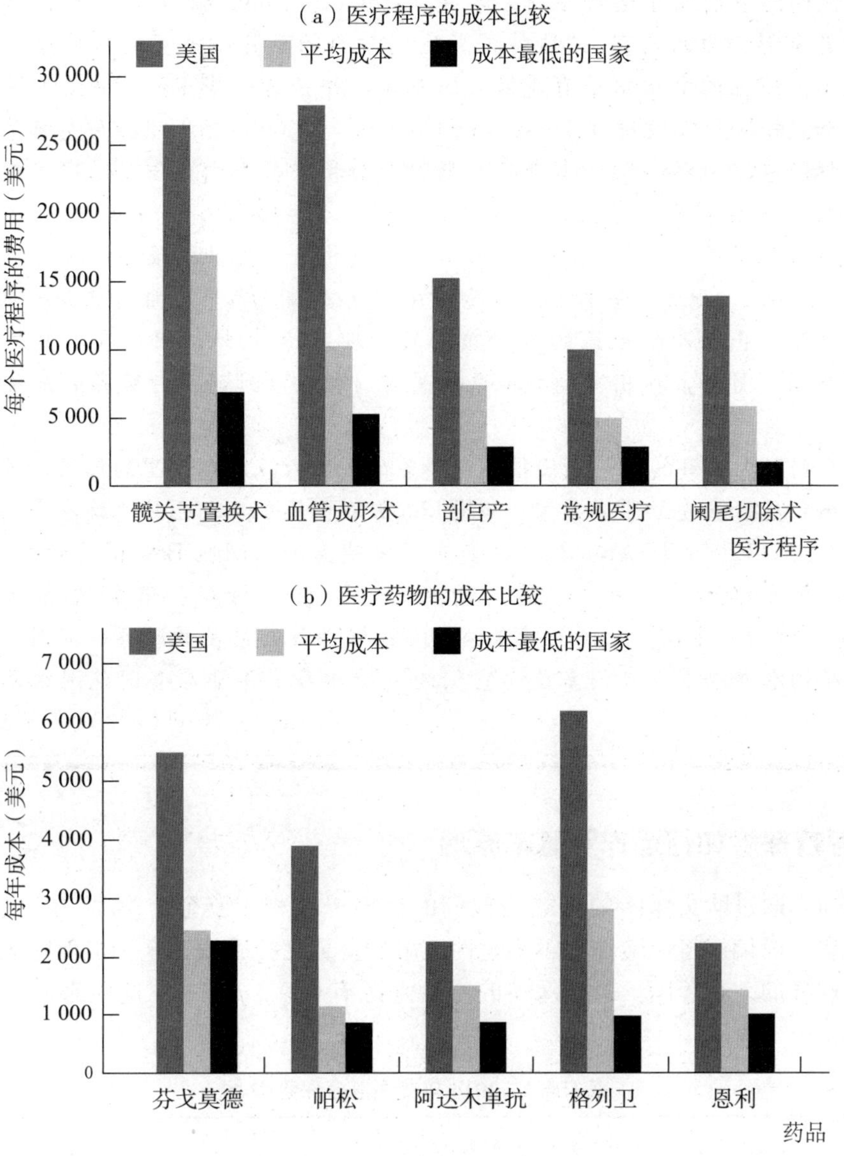

图 15－5　医疗程序和药物的成本比较

说明：美国平均为每一项服务（图 15－5a）和药物（图 15－5b）支付的价格高于其他国家支付的价格，并且是最低成本国家的数倍之多。

的尿流检查多出 550%。他们接受的胆囊手术、膝关节置换手术、乳腺活组织检查以及膀胱镜检查的次数多出五分之一到三分之二。他们接受的起搏器、植入式除颤器、心脏搭桥手术、颈动脉内膜切除手术以及冠状动脉支架也要多出一到两倍。老年人医保计划为麦卡伦到家看诊支付的费用也是埃尔帕索的五倍之多。”

令人惊奇的是，这种对医疗服务的高度使用并没有为麦卡伦带来比埃尔帕索更好的结果。在老年人医保计划对医院做的医疗服务指标排名中，麦卡伦最大的五家医院比埃尔帕索的医院表现要差。伽万德总结道：“导致麦卡伦巨额医疗成本的根本原因非常简单，就是医药的全面过量使用。”

伽万德的结果引发了达特茅斯大学（Dartmouth University）专家对此进行了长达数十年的具有影响力的研究。“达特茅斯地图”绘制了各个地区的医疗服务支出，结果表明，不同地区的支出水平有着很大的差异，并且这些差异似乎并没有导致更好的结果。例如，白柯和钱德拉（Baicker and Chandra，2004）将各州按质量标准进行了排名，这些标准包括针对心脏病患者的乙型阻滞剂和阿司匹林的合理使用，针对老年人的流感疫苗以及用来进行癌症检查的乳腺X光。他们发现，医疗服务质量与支出之间存在着负的相关关系。换言之，支出水平更高的地区提供的服务质量更低。费舍尔等（Fisher et al.，2003）考察了因为髋骨骨折或者心脏病等原因而就医的患者的治疗结果，并发现支出最高的地区的患者接受的护理高出60%，但生存率并不比支出最低的地区要高。另外，支出更高的地区的患者对他们受到的医疗服务的质量并没有更加满意。

这一系列引人注目的发现促使很多人争论道：医疗保险制度里的储蓄即使减少一部分也不会牺牲患者享受的服务质量。就像2009年6月2日奥巴马总统在写给参议员爱德华·肯尼迪（Edward Kennedy）和麦克斯·鲍克斯（Max Baucus）的信中所说的：“我们应该问问为什么像明尼苏达州的梅约（Mayo）诊所、俄亥俄州的克利夫兰（Cleveland）诊所，以及其他的医疗机构能够在提供最高质量的服务的同时，又使成本处在全国平均水平以下。我们需要向它们的成功学习，并且在全国范围内复制最好的做法。”①

□ 医疗保险如何运作？基本原理

人们通常通过购买保险的方式为他们的支出提供相应资金。第12章已经提到过，风险规避者一般偏好将保险作为不确定性支出的资金支持手段，至少当保险为精算均衡保险时是这样的。在美国，医疗保险的主要来源有很多。2013年这些来源的人口分布情况如表15-1所示。

表15-1　2013年美国医疗保险来源

	人口（百万）
总人口	313.4
私人	201.1
以就业为基础	169.0
直接购买	34.5
公共	107.6
老年人医疗保险计划	49.0
医疗补助计划	54.1

① Obama (2009).

续表

	人口（百万）
军人及其受养人医疗保险计划/退伍军人国民健康及医疗保险计划	14.1
无保险的	42.0

说明：约三分之二有保险的美国人拥有私人医疗保险，大部分是通过雇主获得的，其余的人则拥有公共医疗保险。约六分之一的美国人是无保险的。需要注意的是，对保险类型的估计并不是相互独立的，人们可能在当年拥有一种以上的医疗保险。

医疗保险与第 12 章讨论过的一般保险结构类似。个人或代表个人的公司每个月向保险公司支付保费，保险公司向医疗商品和服务的提供者支付大部分个人使用商品和服务（个人的医疗护理）的成本。然而在大多数的医疗保险计划中，患者也需要支付部分医疗商品和服务的成本，并由保险公司支付余下的部分。患者有三种支付方式。

- 免赔额：个人有限度地承担全部的医护成本。例如，100 美元免赔额表示你需要支付当年医护成本的第一个 100 美元，之后的成本部分或全部由保险公司支付。
- 共担额：个人为其获取的医疗商品和服务进行固定数额的支付，例如找医生看一次病或取得新的药方支付 10 美元的共同付费。
- 共同保险：患者支付每单医疗费用的一定百分比（共同保险率，如 20%），而不是单纯按照金额支付（如共担额）。

□ 私人保险

私人保险是美国最重要的医疗保险来源。2013 年，美国 64.2%的人口（即 2.01 亿人）拥有私人保险。在这一群体当中，私人保险的主要来源是由雇主提供的医疗保险。只有 11%拥有私人保险的人是通过**非团体保险市场**（nongroup insurance market）自行购买的。

非团体保险市场：该市场中，个人或家庭直接购买保险，而不是通过一个团体（例如工作场所）去购买。

雇主向公司里有资格的员工提供保险，这些员工主要是全职工作并且已经完成了最低服务要求的人（例如已被公司雇用了 6 个月以上）。同时，雇主也会向员工收取一定比例的保险支付费用，这导致了部分雇员即使在被提供了这样的保险的情况下也会选择不参加保险。2013 年，在一般的由雇主提供的保险计划中，个人保险需要支付 6 025 美元，家庭保险需要支付 16 834 美元。员工通常要支付 18%的个人保险费用以及 29%的家庭保险费用。①

雇主成为保险的主要来源有两方面的原因。

为什么雇主要提供私人保险？第一部分：风险分担 雇主提供大部分私人保险的第一个原因是保险具有风险分担性质。一个保险的**风险池**（risk pool）是指参加保险计划的人群。当承保人将保险计划卖给一个群体时，其并不关心群体里某个成员的病史。对承保人来说，重要的是从整个风险群体中收取的保费以及为该群体支付的医疗费用。回忆一下第 12 章中

风险池：参加保险计划的人群。

① Kaiser Family Foundation (2014), Exhibits B and C.

提到的例子：精算均衡定价仅需要保险公司从整个群体中收取的保费能够支付该群体的保险成本。

因此，承保人的目标是创造较大的具有可以预期的医疗风险的风险群体。只要承保人能够准确预测需要为该风险群体支付的医疗费用，他就可以收取足以支持这一费用（连同行政成本和利润）的保费。如果承保人无法进行准确的预测，那么就会存在这样的风险，即收取的保费无法支付风险群体的医疗成本。

有两个特征会增加保险风险群体的医疗风险分布的可预测性：第一个是不存在逆向选择。承保人对医疗风险的预测是基于风险群体中个人的可观察特征（比如年龄和性别），且只有当这些个人具有他们的年龄和性别群体的平均医疗风险时，这种预测才有效。如果个人在形成风险群体的时候还基于自身的（对于承保人是不可观测的）健康状况，那么承保人就无法很好地预测这一风险群体的期望成本。第二个会增加可预测性的要素是群体规模。统计学上的大数法则（第3章中介绍过）表明，当群体的规模增加时，承保人无法预期群体的平均医疗结果的概率将下降。

公司的员工，特别是大公司的员工，很有可能形成满足这两个条件的风险群体。员工通常不会在选择公司工作的时候将自己的身体状况考虑在内，因此我们有理由相信在这种风险群体中不存在逆向选择。也就是说，我们没理由怀疑为一个公司（特别是大公司）工作的都是特别病弱的或者特别健康的，因此平均来讲，公司内一定年龄和性别的工人的医疗支出会与和他们具有同样年龄和性别的人的期望医疗支出相同。此外，大多数员工所在的公司都是足够大的，大数法则在预测这些公司的医疗风险的时候是可以被使用的。

由于这些原因，公司为承保人提供了具有吸引力的风险分担机制。而个人就不具备这样的吸引力了。个人可以通过形成大规模的群体来解决第二个担忧的问题，即群体规模，但是第一个逆向选择问题始终存在：人们聚集在一起向承保人购买保险可能仅仅是因为他们都生病了。因为逆向选择的存在，比起小群体或者个人，承保人更愿意将保险卖给大规模的员工群体。

保险条款的行政成本进一步加强了承保人对大群体的偏好。保险的很多行政成本是固定在某个水平上的（例如，销售保险产品的成本），与群体的规模无关。因此，群体越大，行政成本就会被越多地分摊。对于个人和小群体来说，这些固定的行政成本可能占保费的很大一部分比例；而对于大公司来说，这些成本只是保费的很小一部分。

这些问题都通过美国私人保险的覆盖情况反映了出来。美国几乎每个大型的雇主都向其员工提供医疗保险。98%的超过200人的公司都提供医疗保险。然而在小公司中，医疗保险的提供率要低得多：在10个员工以下的公司中，只有44%提供了保险；在10～24个员工的公司中，只有64%提供了保险。[①] 这一差距部分是由于承保人无法将这些小群体诉诸大数法则：在小公司中，只要有一位癌症患者或艾滋病患者，都可能造成医疗护理成本超过保险公司的预测，从而高于收取的保费。因此，承保人较不愿意为小公司承保，因为其无法准确预测保费需要覆盖的保险成本。导致这一差距的原因还有

① Kaiser Family Foundation (2014), Exhibit 2.3.

小公司中更高昂的（固定的）人均行政成本。如第12章讨论过的，如果行政成本导致保费上升到精算均衡水平之上，那么保险的需求将会下降。

为什么雇主要提供私人保险？第二部分：税收补贴 **对雇主提供的医疗保险的税收补贴**（tax subsidy to employer-provided health insurance）是雇主提供大部分私人保险的第二个原因。在现行的美国税法下，通过工资形式对员工进行补偿是需要纳税的，而医疗保险的补偿是不需要纳税的。如果你的雇主向你支付1美元的工资，那么你只能保留 $1\times(1-\tau)$ 美元的工资，τ 是你的税率；如果你的税率为33%，那么你赚的每一美元当中只有0.67美元能够被保留。如果你的雇主为你支付医疗保险，那么你可以保留全部1美元的医疗保险。这一税收补贴政策仅适用于雇主提供的医疗保险。因此，通过雇主购买医疗保险会获得一大笔补贴，自己购买则没有这一补贴。

对雇主提供的医疗保险的税收补贴： 雇员的工资补偿需要征税，但以医疗保险形式出现的补偿无须征税，这相当于对由雇主提供的医疗保险进行补贴。

举个例子，假设吉姆（Jim）和彼得（Peter）都为同一个雇主工作（见表15-2），劳动力市场是完全竞争的，因此他们的工资等于边际产量，每个员工每年的产量为30 000美元。假设两个人都面临33%的固定税率，那么在没有保险的情况下，他们的税后收入为20 000[=30 000×(1−0.33)] 美元。现在雇主向两人都提供这样的机会：获得成本为5 000美元的医疗保险，但是如果雇员想要获得这份保险，那么工资要减少5 000美元。因此他们获得总的补偿仍旧与他们的边际产量相等。

表15-2　雇主提供保险的税收补贴说明　　单位：美元

	边际产量，工资	雇主的医疗保险支出	税前收入	税后收入	个人的医疗保险支出	税后，支付医疗保险后的收入
吉姆	30 000	0	30 000	20 000	4 000	16 000
彼得	30 000	5 000	25 000	16 666	0	16 666

说明：吉姆和彼得有同样的劳动边际产量，但是彼得选择接受雇主提供的保险，以及相应减少5 000美元工资。而吉姆自己花了4 000美元购买保险。尽管吉姆的保险更便宜，但最终彼得的税后收入比吉姆多了666美元，这一差距是由雇主提供的保险可享受补贴导致的。

吉姆可以自己花4 000美元购买保险，因此他拒绝了雇主提供的医疗保险。他的税后收入为20 000美元，其中4 000美元用来购买保险，因此他最终的收入为16 000美元。彼得接受了这份医疗保险，他的收入降为25 000美元，税后收入为16 666[=25 000×(1−0.33)] 美元。尽管彼得购买的保险比吉姆的贵很多（彼得花费5 000美元，吉姆花费4 000美元），但是彼得的税后及保险扣除后收入要高于吉姆。这是由于彼得从雇主提供的医疗保险所具有的税收优惠中获益——他需要交纳的税款减少了1 666美元（5 000美元的33%），大于雇主提供的医疗保险比自己购买所多出的1 000美元。

▶ **快速提示**

对雇主提供的医疗保险的补贴并没有被很好地理解。这不是一种对雇主的补贴，而是雇佣关系当中对雇员购买保险的补贴。从雇主的角度来讲，通过支付工资的方式和通过支付医疗保险的方式对他们来说是没有区别的，无论哪种方式，雇主每支付一美元对公司账面带来的影响是一样的（因为任何一种员工补偿形式都可以从公司税中扣除）。然而站在员工的角度，这两种补偿方式有着很大的不同：医疗保险方式会减少员工缴纳的税收。如果政府想要终止这项税收补贴，那么它们不会采用增加公司所缴纳公司税的方法，而是会将雇主用在医疗保险支付上的钱包括在雇员的应税收入之内。

其他选择：非团体保险　在大约 7 650 万没有享受雇主提供的保险（或者本章后面会介绍的公共保险来源）的人群中，只有大约 45%（3 450 万）的人在非团体保险市场中购买保险。这是一个比较小但不断增长的百分比。这一比例相对较小的原因可归结为我们强调过的小群体市场问题（逆向选择的可能性和高昂的人均行政成本），且这些问题在被保人是个人或者家庭的时候更为严重。因此，非团体保险市场不是一个完善的市场。承保人通过针对健康状况较差的人群建立起较高的门槛的方法来应对市场失灵。非团体保险的政策通常会具备先存条件的排他条款，条款声明医疗保险会拒绝支付与购买者在购买保险时患有的任何疾病相关的支出（例如，如果拥有癌症病史的人复发癌症，则不会获得保险赔偿）。大多数州的承保人还可以向患病者收取相当于健康人群保费几倍的价钱，并且经常大幅提高保险费率来避免这些人在患病的时候仍然在保险政策期内。换句话说，在这一市场当中的人们并没有享受到真正意义上的保险，因为他们无论在面对过去还是未来的疾病时都没有获得真正的保护。①

平价医疗法案的一个核心特征（正如第 16 章中将详细讨论的）是其努力减少非团体保险市场的这些障碍。该法案禁止先存条件的排他条款，并禁止对健康情况较差的申请者收取更高的费用。这些规定再加上对个人的强制要求以及税收抵免，成功促进了非团体保险市场的增长，该市场在 2014 年增加了 670 万人。②

□ 国家老年及残疾人医疗保险计划

国家老年及残疾人医疗保险计划：一项联邦计划，旨在为 65 岁以上的人以及 65 岁以下的残疾人提供医疗保险服务。

医疗保险的第二大来源是**国家老年及残疾人医疗保险计划**（Medicare，简称老年人医疗保险计划或老年人医保计划），这一计划旨在为 65 岁以上的人以及 65 岁以下的残疾人提供医疗保险服务。老年人医保计划的资金由每个雇主和雇员缴纳的 1.45%的工资税构成。对于收入超过 20 万美元的个人，或者收入超过 25 万美元的家庭，超过的部分的工资税率要高 0.9%，并且整体的 3.8%的税率也适用于投资收入。③

每名在该保险计划范围内受雇工作超过 10 年的公民（及其配偶）都可在 65 岁时享受这一保险计划（与社会保险不同，人们在 65 岁之前无法参与老年人医保计划）。2013 年，约有 5 230 万老年人符合老年人医保计划的条件。经过两年的等待时间，老年人医保计划同样适用于已经享受了残疾人保险的人群。65 岁以下的残疾人为老年人医保计

① 有关个人保险市场缺陷的详细讨论，请参阅 Pollitz et al.（2001）或 Collins et al.（2006）。

② Levitt et al.（2015）.

③ 工资税信息来自 www.irs.gov/Businesses/Small-Businesses-&-Self-Employed/Questions-and-Answers-for-the-Additional-Medicare-Tax（2015）。

划增加了 880 万人。①

□ 医疗补助计划

> **医疗补助计划**：联邦和州的计划，旨在为穷人提供医疗保险服务。

美国另一个主要的公共医疗保险项目是**医疗补助计划**（Medicaid）。这一计划旨在为穷人提供医疗保险服务。联邦和州政府共同承担该计划的融资任务，该计划是从一般税收中支付的。

医疗补助计划的受益人群主要有：

- 有资格享受现金救济计划的人，大多为单身母亲和她们的子女。
- 美国的大多数低收入儿童（通常在联邦贫困线的 200%以下）和大多数低收入孕妇（通常低于贫困线的 200%，其与怀孕相关的费用可享受该计划）。
- 所有低收入家庭的人（收入低于联邦贫困线的 138%），但仅限于在平价医疗法案下将该群体纳入此计划的州。
- 低收入的老年人和残疾人（针对非老年人医保计划范围内的花费以及长期护理成本，如疗养院的费用）。

医疗补助计划最为人熟知的地方是它的补助范围涵盖了年轻的贫困人口，特别是母亲和儿童，几乎占了项目受益者的 70%。然而超过三分之二的项目支出被花费在残疾人和老年人身上，这一部分人群的费用包括了长期医疗保健费用，既有医疗服务提供者到他们的家里看病时需付的费用，也有如疗养院这样的机构的支付费用，长期医疗保健费用占医疗补助计划总支出的 15%。②

□ 军人及其受养人医疗保险计划/退伍军人国民健康及医疗保险计划

美国医疗保险的另一个重要来源是为目前或曾经在军队服役的人及其家属提供的保险。军人及其受养人医疗保险计划（TRICARE）是由国防部管理的，参与人由退伍军人以及现役、退休或已故的服役成员的家庭组成的保险计划。退伍军人国民健康及医疗保险计划（CHAMPVA）是针对退伍军人和一些幸存退伍军人的残疾人家属的医保福利。这两个项目加起来为大约 1 410 万美国人提供了医疗保险。

□ 未参保人

最后，美国有 4 200 万人是没有参与任何保险的，他们是谁呢？③

- 未参保人群的收入低于平均水平：超过一半的未参保人的家庭年收入低于 50 000 美元。然而并不是所有未参保人都是穷人：16%的未参保人的家庭年收入超过 75 000 美元。
- 2012 年，将近三分之二的未参保人的家庭成员中有一个或多个成员是全职雇员，但要么他们的雇主没有提供医疗保险，要么他们的雇主提供了，但是他们自己没有参与进去为自己和家庭成员投保。

---

① National Committee to Preserve Social Security and Medicare (2015).

② Social Security Administration (2014), Tables 8.E1 and 8.E2.

③ Smith and Medalia (2014).

● 7.6%的未参保人是儿童。

为什么人们不参与保险？ 为什么如此多的人没有参与医疗保险呢？第一个原因是如果保险并不是精算均衡定价的，那么即使是风险规避者，也可能不愿意购买保险。美国的私人保险的行政成本平均为保费的15%。①

在第12章推导的期望效用模型当中，对精算均衡定价的偏离会导致风险厌恶水平偏低的人放弃该保险。

第二个原因是医疗保险市场里的逆向选择。逆向选择增加保险成本的途径是通过第12章讨论过的标准柠檬定价效应：价格会偏高，以反映选择购买保险（最病弱）的人群。这种逆向选择在一定程度上被平价医疗法案强制个人投保的要求所抵消，因为它将更健康的个人带入保险风险池。然而，这种强制要求并不能完全抵消逆向选择的影响，因为该要求尚未普及至全国（正如第16章末尾将讨论的）。

无偿医疗：由医疗服务提供者提供的不能报销的医疗费用。

第三个原因是人们可能会因为疾病的低发病率而理性地放弃保险，而且如果他们病了，还可以免费享受医疗提供者的治疗。在联邦法律下，任何接受了老年人医保计划补偿的医院都必须为紧急情况下到达的患者进行治疗，无论他们有没有能力支付医药费。医院可以尝试向未参保人收取这一医疗成本，但是通常它们拿不到钱，因此这一部分医疗对医院来说便成为**无偿医疗**（uncompensated care），并且为患者提供了一种“隐性保险”形式。

第四个原因是人们可能仅仅由于支付不起高昂的医疗保险费用从而没有参与任何保险。没有雇主提供保险的人，或者雇主只支付保险成本很小一部分的人，可能就会缺乏足够的资金来支付剩下的保险费用。

第五个原因是人们总会犯错误，并且没有对保险的价值进行合理的评价。这种情况可能会出现在年轻并且身体健康的人没有足够意识到他们所面临的健康风险的时候。或者当人们面对第6章中提到的自我控制类问题的时候，也就是说，他们对短期内的医疗保险成本的估算要高于长期的医疗风险。

为什么要关注未参保的人？ 有人没有医疗保险有什么关系呢？对于这个问题有几种可能的答案。第一，存在与传染性疾病有关的物理外部性。未参保人群接种疫苗以及接受传染病治疗的可能性会更低（回忆第1章中麻疹的例子）。第二，无偿医疗使未参保人群对参保人群造成了严重的财务外部性。当未参保人群获得医疗提供者的治疗并且没有支付医药费时，这些成本就会通过高昂的医疗价格转嫁给其他医保制度的使用者，这一做法被称为成本转移。最新的估计表明，在平价医疗法案最重要的保险条款生效之前的2013年，美国为未参保人群提供的无偿医疗高达500亿美元以上。2014年，在平价医疗法案条款开始实施后，医院的无偿医疗支出下降了21%。② 这是典型的负财务外部性，因为未参保人群增加了其他人的医疗成本，而他们自己没有承担全部的成本。

我们会关心一个人是否参保的第三个可能的原因是，这些未参保的人群可能并没有接受合理的治疗，从而对他们的健康造成危害，并进一步增加由参保人群支付的无偿医

① Kaiser Family Foundation (2012).

② U.S. Department of Health and Human Services (2015).

疗的成本。一个典型的例子是未参保人群在急诊室（为严重的紧急情况设计的科室）里接受基本护理，如普通感冒的治疗。有大量医疗服务没有被有效使用的事实证据，例如，在对洛杉矶的一个急诊室里的人们进行调查时发现，38%的人愿意将自己在急诊室里看病的机会换成 3 天之内的医生看诊机会！① 由于用急诊室来看小病的代价过高，因此对医疗服务的不当使用成为一个不可忽视的问题。如果这些急诊室里的患者被送去治疗师的办公室看病，那么医疗系统的效率将会提高。

第四，为未参保人提供医疗涉及家长主义和公平动机。具体而言，人们可能会因为没有足够理解自己面临的风险从而非理性地选择不足额地投保，那么政府就会把这种非理性的不足额投保行为看作其干预保险市场的有力依据。另外，很多人觉得医疗保险是基本权利，就像食品或者避难所一样，而且由于未参保的人通常较平均水平更为贫困，因此他们可能是我们对医疗卫生进行再分配的对象。

工作锁定：由于担心失去医疗保险而不愿意去换更好的工作。

关注未参保问题的第五个原因是，数以百万计目前拥有保险的人们可能会担心有一天他们也会变成没有保险的人。很多人不敢寻找或换一份他们会有更高生产积极性的工作，因为他们担心会失去医疗保险。这种不情愿换工作的现象可能导致工人和工作之间的不匹配，从而降低整个美国的生产力。这种现象通常被称为**工作锁定**（job lock），即由于担心失去医疗保险而不愿意换更好的工作。

为了说明这个问题，假设只有医疗保险和消费这两种商品对布里吉特（Brigitte）具有效用，她的效用函数形式为 $U=U(C, HI)$，C 为消费，如果她享有医疗保险，那么 HI 为 1，否则为 0。假设她在完善的劳动力市场工作，她的工资等于她的边际产量减去医疗保险的提供成本，同时假设她将净收入用来消费。

假设布里吉特目前在公司 1（会计公司）工作，但是有一个可以跳槽去公司 2（起步阶段的软件公司）的机会，在公司 2 里她能够有更高的边际生产力（$MP_1<MP_2$）。这种跳槽从社会角度来讲能够提升生产效率。不过我们假设公司 1 是大公司，医疗保险相对便宜，提供成本为 P；公司 2 是一个小公司，医疗保险价格非常贵，因此没有被提供。布里吉特参加了公司 1 提供的医疗保险，因此她的工资为 MP_1-P。消费等于净收入。如果布里吉特继续待在公司 1，则她的效用为 $U(MP_1-P, 1)$；如果她跳槽去公司 2，则效用为 $U(MP_2, 0)$。在公司 1，她有一个较低的边际产量，医疗保险成本从这一边际产量中扣除，但是她可以享受到医疗保险；在公司 2，她有一个较高的边际产量且无须支付医疗保险成本，但是她无法获得保险。

在这种情况下，如果布里吉特认为医疗保险的价值高于它的成本（如果她的效用函数的第二项的权重比第一项高很多），那么她可能会继续以前的工作，即使 $MP_2>MP_1$，因为失去保险会带来负效用。因此，医疗保险的可得性可能会阻碍提升生产力的跳槽行为。② 事实上，通过“实验证据框”可知，工作锁定在美国是一个很重要的现

① Hadley et al. (2008).

② 这一结论假设：(1) 公司无法仅对部分员工提供医疗保险，(2) 公司无法使每个员工的工资都达到他对医疗保险的评价水平。如果公司能够做到这两件事情，那么公司 2 可以通过只为布里吉特提供医疗保险并相应减少她的工资的方法来吸引她从公司 1 跳槽到公司 2。假设 (1) 在法律上是合理的，公司不能基于工作时间或工作年限以外的因素来限制医疗保险的获取资格。假设 (2) 比较复杂，我们会在第 18 章中讨论这一点。

象：拥有医疗保险的工人换工作的可能性低25%，且这一差距是由保险造成的。

▶实验证据框◀

医疗保险与流动性

工作锁定在现实生活中是一个重要的问题吗？大量的研究对这一问题进行了调查，并总结道事实确实如此。最初，对这一问题的研究对比了享有医疗保险和没有医疗保险的人的流动率，结果显示享有医疗保险的人换工作的可能性比没有医疗保险的人要低，暗示了工作锁定现象的存在。不过，研究涉及的这些人并没有形成合理的实验组和对照组，他们至少在两个方面可能是不相同的：首先，选择提供医疗保险的工作的人可能与没有进行同样选择的人有很大的不同，比如他们的身体状况可能更糟糕。如果身体状况的欠佳与工作流动性的缺乏有关，那么这可能是造成所观测到的医疗保险与流动性之间的关系的原因。享有保险的人因为大多数身体欠佳，因此跳槽的可能性较低，而不是因为能够享受到保险。

其次，从多方面来讲，提供医疗保险的工作很多时候是“更好的工作”，比如工资更高、福利更多（如养老金计划或假期）。人们可能因为这些工作的待遇好，因此不愿意跳槽，而不是因为担心会损失医疗保险。这种实验组（有医疗保险的组）与对照组（没有医疗保险的组）之间可比性的缺乏导致估计是有偏的。

20世纪90年代，有人通过两种方法克服了这一问题，并进行了更为复杂的研究。[①] 首先，研究采用了差分策略对实验组与对照组进行了对比，其中，实验组对医疗保险的价值有很高的评价，对照组则不然。这些研究提出的问题包括：对比能够从配偶或者其他渠道获得保险的人（对照组），拥有医疗保险是否降低了没有任何其他保险来源的人的流动率（实验组）？如果工作锁定是一个重要的问题，那么这一问题应该在没有配偶可以为其投保的人群中最为明显。其他影响保险与流动性之间关系的因素（未反映医疗保险真正效应的偏差）已经包含在对照组，即没有配偶为其投保的人群当中。

其次，研究考察了这样一条州法律的影响，该法律允许劳动者在离开原工作的一段时间之内，继续购买由雇主提供的医疗保险。这些法律在某种程度上消除了工作锁定的问题，因为工人可以确定即使他们从一个提供医疗保险的工作转换到另一个不提供医疗保险的工作，他们仍然可以享受一段时间的保险。

这些法律在20世纪70—80年代的时候在一些州得以通过，使一些准实验的分析成为可能：通过了该法律的州作为实验组（因为工作锁定的程度会放松），没有通过该法律的州作为对照组，那么任何流动性上的差距都是由法律带来的工作锁定程度的放松所导致的。1986年的联邦立法［作为《整固综合和解法案》（Consolidated Omnibus Reconciliation Act，COBRA）的一部分］将延长性的保险提供变成全国性的法律（也就是为什么它通常被称为COBRA保险）。COBRA的通过为准实验分析提供了另一个研究机会：还没有实行该法律的州作为实验组，已经实行了该法律（因

① 有关该文献的综述，参见Gruber and Madrian (2004)。

此不受联邦法律的影响）的州作为对照组。

这些研究的结果支持了工作锁定在定量上的重要性。例如，马德里安（Madrian，1994）的估计表明，工作锁定降低了拥有医疗保险人群25%的工作流动性。该领域的后续研究发现，如果退休人员无法享受到医疗保险，那么人们在65岁之前退休的概率会降低，因为老年人不想在65岁获得老年人医保资格之前面对失去保险的风险。

15.2 保险对患者应该慷慨到什么程度？

在考虑政府干预医疗保险市场的时候，首先要思考的问题是：医疗保险需要慷慨到什么程度？与第12章～第14章中讨论过的其他保险一样，医疗保险的最优慷慨程度由消费平滑的收益与道德风险成本之间的权衡决定。不过，医疗保险慷慨程度的度量方法与我们学习过的其他保险项目有很大不同。对于社会保险和失业保险，慷慨程度反映了保险对事件发生前工资的替代比例，或者说利益的持久度。在医疗保险的内容中，慷慨程度反映了医疗支出当中能被医疗保险公司报销的比例。

第一美元保额：一项覆盖所有医疗支出，而患者无须支付或较少支付的保险计划。

因此，医疗保险的慷慨程度可从两个方面进行度量。第一个方面是对患者的慷慨程度：通过免赔额、共担额及共同保险的方式，保险公司会为患者支付多大比例的医疗服务费用？患者自己需要支付多少费用？最慷慨的医疗保险计划是**第一美元保额**（first-dollar coverage），该保险对提供者实行完全报销制度，且患者无须支付费用。降低计划的慷慨程度可以通过拒绝某些服务的报销，让患者自己支付全部成本，或者提高患者在接受医疗服务时需要支付的数额。在这一节，我们讨论以下问题：保险公司对患者的医疗支出报销比例应该为多少？患者自己需要支付多少比例？

保险慷慨程度的第二个方面是对提供者的慷慨程度：保险公司应该为提供者提供的医疗服务报销多少？保险公司是直接为医疗服务提供者开出的账单进行付款，还是应该在某种程度上对提供者能够报销的数额进行限制？在下一节，我们会讨论关于慷慨程度的这些问题。

□ 医疗保险为患者带来的消费平滑收益

运用我们在第12章中学习过的知识，医疗保险为个人带来的收益是非常清楚的。风险规避者会将医疗保险看作对医疗事件成本的消费平滑。然而并不是所有的医疗事件都是相同的。有一些是比较小型的，并且是可预测的，例如一次短暂的看诊检查。其他的可能更具有延续性及不可预测性，例如心脏病的住院治疗。期望效用理论的关键内容在于，保险对于后一种医疗事件远比前者更有价值，对前一种医疗事件进行保险覆盖所带来的消费平滑收益相对较小。因此，第一美元保额与小额医护成本需要患者自行支付、保险公司只负责高成本的重大医疗事件（通常被称为重大疾病）的保险相比，前者并没有提供更多的消费平滑。

有两个原因造成第一美元保额覆盖了小型且可预测医疗事件之后的消费平滑收益较小。第一，风险规避者从小风险被保中获得的效用很少：为小风险支付保费所带来的负效用可能与他们从中获得的正效用大致相等。我们可以通过回顾表 12－1 中的例子来说明这一点。在该例中，山姆面临着一个精算均衡定价的保费，这一保险针对的重大风险为：1%发生车祸的风险，以及在此情况下他收入中的 30 000 美元需要用来作为医药费。我们已经说明了山姆可以通过为这个小概率的重大风险购买全额保险的方式大大提高自身的效用。

现在考虑同一个例子，但是假设车祸的医疗护理成本仅为 100 美元，而非 30 000 美元。那么在这种情况下，没有保险的山姆的效用为：

$$0.99\times\sqrt{30\,000}+0.01\times\sqrt{29\,900}=0.99\times173.2+0.01\times172.9=173.2$$

假设山姆购买的是当他发生车祸时支付 100 美元的保险。由于车祸发生概率为 1%，因此该保险的精算均衡定价为 1 美元，也就是无论山姆是否发生车祸都需要支付的保费价格。这时山姆的期望效用变为：

$$0.99\times\sqrt{30\,000-1}+0.01\times\sqrt{30\,000-1}=0.99\times173.2+0.01\times173.2=173.2$$

因此，如果山姆购买该保险，他的效用并不会显著增加。这一结果与先前的例子中购买保险会大幅提升效用的结论相反，新的例子说明了对微小风险进行投保的价值很小。从学术上讲，对微小风险进行投保所带来的消费平滑收益很小，原因是消费发生较小变动时，边际效用的下降非常微小：减少一美元消费所带来的损失与增加一美元的消费带来的收益大致相等。对于会造成较小收入损失的风险，人们将不再是风险厌恶的（他们近似于风险中性）。

在医疗支出数额较小且可预测的情况下，第一美元保额的消费平滑收益较小的第二个原因是，比起面对重大的、不可预测的医疗事件，人们在面对这种微小风险时更有能力进行自办保险。人们可以事先为预期的医生看诊进行储蓄，但是要额外存 200 000 美元来应对小概率的心脏病发作的做法对他们来说是无效率的。

□ 医疗保险中患者的道德风险成本

对医疗保险中消费平滑收益有抵消作用的是道德风险成本。费尔德斯坦（Feldstein，1973）对医疗保险中患者的道德风险进行了经典分析，如图 15－6 所示。以医生办公室看诊为例（虽然这一理论通常适用于大多数医疗产品和服务），横轴是马蒂（Marty）到诊室看病的次数，纵轴是马蒂需要为每次看诊支付的价格。假设看诊的边际成本（治疗师的时间、物资等）为 100 美元，则医疗服务的供给曲线为一条水平线 S。假设马蒂对医疗服务，比如到诊室看病的需求为一条下降的曲线：医疗服务越多，他愿意支付的越少（根据边际效用递减）。最后，假设马蒂是在一个大群体当中，因此他的医疗支出与他支付的保费无关（在保险价格中没有个人层面的经验费率）。对于他来说，使用医疗服务唯一的成本是他需要为该服务支付的共担额。

如果马蒂面对的是全额的医疗服务费用（例如，如果他的共同负担率是 100%），那么他每年会消费 Q_1 的看诊次数（A 点）。在 A 点，他接受医疗服务的边际收益（由

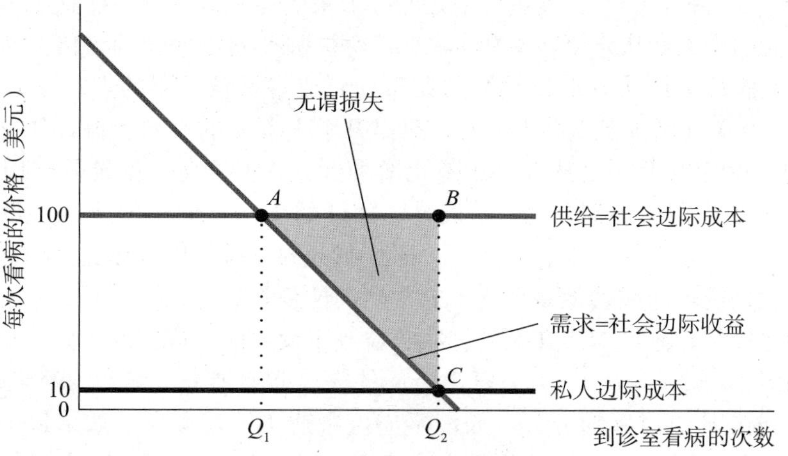

图 15-6　患者的道德风险

说明：在没有保险的情况下，每次看病的成本为 100 美元，人们会消费 Q_1 的医生看诊次数，这时边际成本和收益是相等的。然而当共同付费为 10 美元时，人们会消费 Q_2 的看病次数。在这一点，私人边际成本等于社会边际收益。这种对医疗服务的过量消费导致了 *ABC* 区域的无谓损失。

需求曲线给出）等于服务的全价，即 100 美元。Q_1 也是社会最优的医疗服务水平，在这一点上，社会边际收益（需求）等于社会边际成本（供给）。

现在假设马蒂找医生看病时，需要支付 10 美元的共担额，这在今天的很多医疗计划中具有代表性。在这种情况下，他面对的是一个仅为 10 美元的私人边际成本，并且会选择 Q_2 的看病次数（*C* 点）。Q_2 是一个医疗服务量大但低效率的点，因为在这一数量水平，私人边际成本（10 美元）远远低于社会边际成本（100 美元）。因此，区域 *ABC* 为无效率区域，代表了所有边际收益（需求）低于所提供医疗服务的社会边际成本。与没有向马蒂收取全额服务成本有关的道德风险导致了区域 *ABC* 的无谓损失。

共担额较小的收益是消费平滑：像马蒂这样的人在找医生看病的时候，会重视其有保险而无须支付全部价格的事实。一个 100%的共同担保率会带来有效率的医疗服务使用，但是它没有提供风险规避者所重视的应对高额医疗成本的保险。在这里，我们看到医疗保险中最基本的权衡：消费平滑所带来的收益（找医生看病只需要支付 10 美元，而不是 100 美元）与医疗服务过量使用带来的成本（消费 Q_2 的数量，而不是社会最优的 Q_1）之间的权衡。

曲线平滑　这种对医疗服务的无效过量使用使一些人提出应该使用“曲线平滑”的药物。图 15-7 说明了这一想法，该图表明了医疗支出和健康状况提升之间的关系，或者称“健康效率曲线”。图中横轴表示医疗支出水平，纵轴表示在医疗支出上多花 1 美元会带来的边际健康收益。健康收益在此抽象化的图中是由美元单位，或者说提高健康水平的货币价值所代表的。1 美元的提升表示健康水平的提升对这个人来说价值 1 美元。曲线上的每个点都是花在医疗卫生上的下一个 1 美元所带来的边际健康水平的提升。

最初，医疗支出在提高健康状况上是非常有成效的，因为有一系列成本效益非常好的医疗干预（比如为老年人提供的流感疫苗）。以 *A* 点为例，它表示在已经为医疗服务花费了 1 000 美元的前提下，多花 1 美元能够带来的边际健康收益。这个多花的 1 美元提高了 5 美元的个人健康水平（纵轴），或者说是医疗支出增长的 5 倍。然而随着医疗花费的上升，医疗干预从成本效益好的点移动到成本效益较弱的点。在 B 点，医疗卫生支出从 2 000 美元增加到 2 001 美元，只提升了 1 美元的健康收益，与支出的增长相等。在 C 点，医疗卫生支出从 5 000 美元增加到 5 001 美元，仅仅使健康水平上升了 0.10 美元，即支出增加的十分之一。最终，额外的支出对健康的改善将没有任何的好处，效率曲线变为水平线。也有人认为，医疗服务的过量使用实际上会降低一个人的健康水平，也就是说，曲线会从一个支出非常高的位置降到 0 以下。

最佳的选择是，人们应当在额外健康收益小于额外医疗成本的时候停止对医疗服务的使用。如图 15－7 所示，B 点为每 1 美元的支出能够带来 1 美元的健康改善的地方，我们可以看到在 B 点以后的部分，人们不应该再购买医疗服务。如果每个人支付的是全额的医疗服务费用，那么 B 点就是完全竞争市场中会被选择的社会最优的医疗服务水平。如果人们不需要为他们额外的医疗服务支付很多，那么只要效率曲线没有完全水平，他们就会继续需求医疗服务。这种需求将我们的社会推至 B 点的右侧的区域，在这一区域内，每 1 美元医疗服务只能购买比 1 美元小很多的健康改善。因此，一些研究判断，美国有多达三分之一的医疗程序的提供是收益有问题的。[①]

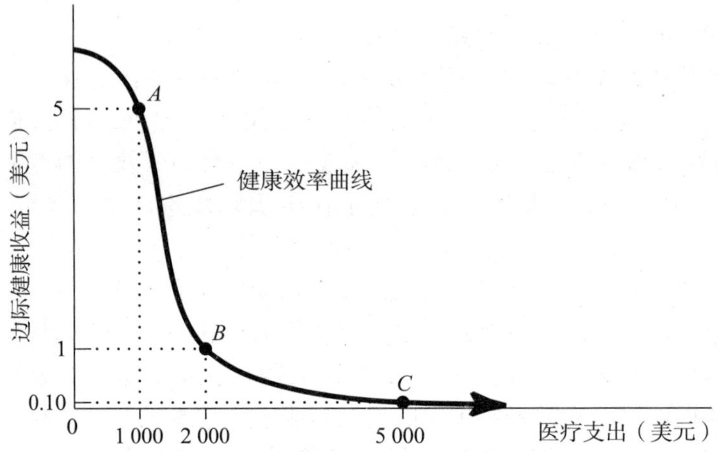

图 15－7　曲线平滑

说明：假定医疗服务支出在开始时对改善医疗服务成果是非常有效的，但随着支出的增长，这种有效性会减小。曲线表明了每 1 美元的医疗支出所带来的健康提升的价值。在 A 点，人们花费了 1 000 美元在医疗服务上，每增加 1 美元的医疗支出能买到价值 5 美元的健康水平提升；在 B 点，人们在医疗服务上花费了 2 000 美元，每增加 1 美元的支出将购买到价值 1 美元的健康水平提升。在 B 点以后，每 1 美元的支出只能带来比 1 美元小很多的健康改善。

□ 医疗服务的需求弹性如何？RAND 公司的医疗保险实验

道德风险引起医疗服务的实际消费量超过社会最优水平的程度取决于共担额和医疗

① 兰德（RAND）公司针对大量医疗情形做过“服务的恰当性”研究，见 Winslow et al.（1988）关于一个三分之一的时间都被不恰当使用的医疗程序的例子。

服务的需求弹性。很多年前，政策制定者假设这一弹性接近于 0，人们在生病的时候才看医生。然而几十年的实证经济学研究显示，事实并不是这样的。

解释需求弹性的最佳证据来自美国历史上最有野心的社会实验之一：RAND 公司的医疗保险实验（HIE)。这一实验于 20 世纪 70 年代中期在美国的几个地点进行。在 HIE 中，人们被随机分配到具有不同共同保险率（简称共保率）的计划中。例如，一些人被安排在没有共同保险的计划中，而其他人则被安排在有 95%共保率（他们支付所有医疗成本的 95%）以及一系列共保率在两者之间的计划当中。这个方法的一个局限在于，被分配到慷慨度较低的计划当中的人们需要支付更多，这是不太道德的做法（同时可能会令实验很难招收到参与人)。因此，每个计划都有一个 1 000 美元的“自付最高金额”，一旦家庭在它们的医疗服务上花费超过 1 000 美元，那么无论它们属于哪个保险计划，都无须支付超出的部分。HIE 的调查结果是惊人的。① 第一，医疗服务的需求是价格敏感的：免费计划中的人比支付 95%医疗成本的人多使用了三分之一的医疗服务。整个研究的弹性为 0.2，意味着医疗服务价格每上升 10%会导致人们减少 2%的医疗服务使用。

第二，平均来讲，因为低价格而使用更多医疗服务的人的健康水平并没有明显的改善。这一发现表明，这一类典型的人在对共同保险变化做出反应时，其实是在健康效率曲线的水平部分。然而这个结果并不意味着保险完全没有价值，因为实验中的每个人都是被保的。在一个家庭的医疗支出达到 1 000 美元以后，他们就能够享受全额保险。RAND 公司的研究结果意味着当人们对大额开支投保后，对小额开支的共同保险的差异似乎并不会影响他们的平均健康水平。

第三，对于患有慢性疾病并且没有足够收入承担共担额的人来说，他们的健康状况会恶化。特别地，患有高血压的低收入者如果缺乏护理，血压就会升高。最近的研究证实了这一发现，并总结道：共担额可能使患有可治疗慢性病的人的健康状况恶化。实际上，有些研究发现，对于慢性疾病，提高共担额会增加医疗成本，这是由于处方药使用的减少和看病次数的减少会导致健康状况的恶化，从而需要更昂贵的治疗。②

▶实验证据框◀

估计医疗服务的需求弹性

最初关于医疗服务需求弹性的研究是通过比较不同类型健康计划当中的人来进行的。部分健康计划提供第一美元保额，即人们不需要共同负担保费；其他则有着较大的共保率——20%（患者需要支付看病费用的五分之一）或者更多。这些研究

① 关于该研究发现的全面总结参见 Newhouse and the Insurance Experiment Group (1993)。较简短的总结参见 Gruber (2006)。

② 参见 Gruber (2006) 的研究综述。一个例子是 Chandra, Gruber, and McKnight (2006)，他们研究了治疗和处方药共担额增加对加利福尼亚州退休公职人员的影响。他们发现，所有退休员工的看病次数和处方药使用都减少了，这群人的总支出也变得更低。但对于患有慢性疾病的退休者，住院支出有了抵消性的上升，可能是由于门诊护理的缺乏导致了住院护理的增加。这种住院护理的数量增加之大，足以抵消从更少的看病次数和更少的慢性病处方药使用当中节省下来的部分。

显示，共保率更高的计划当中的人使用的医疗服务更少，说明医疗服务需求是有弹性的。

然而这些早期的研究可能是有偏的，因为保险计划并不是随机分配给人们的，在医疗护理上花费较大的人可能会购买低共保率的计划，因此低共保率和医疗服务的高度使用之间并不是因果关系。相反，这一关系反映出对医疗服务使用较多的人会选择低共保率的计划。这是当我们尝试将相关关系解释为因果关系时出现偏差的典型例子。

RAND公司的医疗保险实验在设计过程中解决了这一缺陷。由于是随机分配，我们可以利用HIE的数据，通过比较不同计划中的人来评估共保率对使用率的因果影响。按照定义，具有不同共保率的人在其他方面是相同的，因此可以通过比较高共担额的人和低共担额的人的使用率来确定医疗服务的需求弹性。①

不幸的是，RAND公司的医疗保险实验之后的40年，我们无法再进行另一项关于保险慷慨程度的随机试验。② 但最近的研究使用了准实验方法来估计医疗需求的价格弹性。格鲁伯（Gruber，2006）回顾道，这些研究比较了一个计划中共保率变动之前和之后的服务使用率，并与其他共保率不变的计划进行了比较。这些研究有一个缺点，即共保率的变化并不是根据实验变化的。例如，公司可能会因为处方药的需求上升而提高共保率，从而造成这样的局面：更高的共保率导致更多的药物使用！然而事实上，大量不同的研究都采用这种方法，且结果相当统一。这些研究证实了RAND公司的医疗保险实验的结论，即更高的共保率会减少医疗服务，特别是处方药的使用。不过稍后我们会说明，这些研究者发现医疗服务的减少使用给患有慢性病的人带来的影响是有害的，这也突出了具有针对性的共同保险政策的价值。

日本一项新的令人振奋的准实验研究证实，这些类型的结果也适用于其他国家。正如重冈（Shigeoka，2013）所描述的，日本的保险成本分摊结构使得成本分摊在70岁时急剧下降。在70岁之前，患者面临30%的共同保险率，自掏腰包的最大金额超过80 000日元；然而，一旦他们达到70岁，共同保险下降到10%，自费的最大金额仅为12 000日元。因此，70岁接受治疗的患者所面临的负担急剧减少。

事实上，70岁时医疗保健支出的增长远远超过了其他年龄段的增长。如图15-8所示，图15-8a和图15-8b分别为门诊就医（医生和非入院患者医院支出）和住院病人随年龄变化的住院情况。该图中的每个点表示各个年龄对应的就医次数的自然对数的实际平均值（例如，第一个点为65岁，第二个点为65岁零一个月，依此类推）。③ 在两种情况下，门诊和住院病人的就诊次数都随着年龄的增长而增加，这与年龄增长时的医疗保健需求一致。但是，这种增长在70岁时出现了巨大

① 如前文所述，RAND公司的健康保险实验包括为所有参加者提供1 000美元以确保没有人的情况变得更差。然而这1 000美元并没有造成偏差，因为它是同时支付给对照组和实验组的，因此这笔钱为两个组带来的收入效应是一样的，他们仍然可以被用来进行比较以评估共保率变动的影响。

② 虽然下一章会讲到，近年来有一项关于保险范围的随机试验得到了非常振奋人心的结果。

③ 分析使用自然对数，是因为这样一来，不同出生年月的比较就可以用百分比来解释。因此，如果两个月份在对数上相差0.1，则意味着它们相差10%。

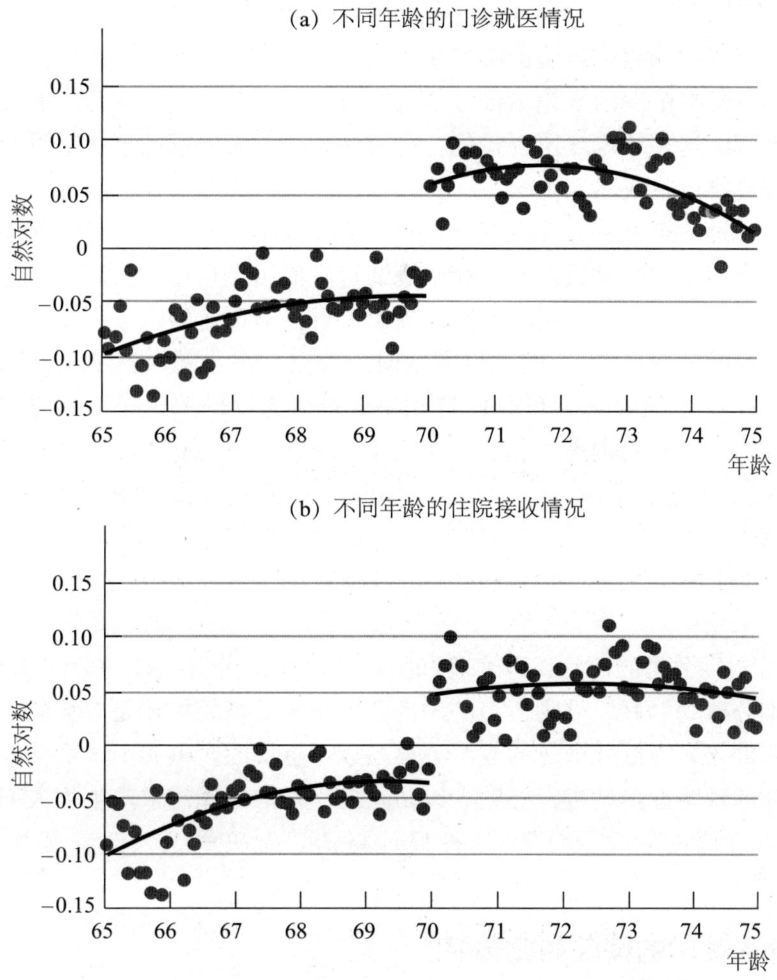

图 15-8　不同年龄门诊就医和住院接收情况（自然对数值）

资料来源：Shigeoka（2013），Figures 2A and 4A.

说明：图 15-8a（门诊就医情况）和图 15-8b（住院接收情况）显示两者均随年龄的增长而增加，这与我们随着年龄增长，对医疗保健需求增多的趋势一致。70 岁标志着老年人的共担额大幅下降，此时门诊就医和住院患者的访问量也相应地呈现跳跃式增长。

的跳跃，这正是成本分摊下降的时间点。图中的拟合线显示了这种“回归不连续性”，正如第 6 章中关于 21 岁法定饮酒年龄的影响的“实验证据框”讨论过的。重冈的研究显示，70 岁时门诊就诊人次增加了 10%，住院患者入院率增加了 8%。

引人注目的是，这些变化所表明的弹性几乎和 RAND 公司的医疗保险实验所发现的一样：弹性大约为−0.2；对患者死亡率没有显著的影响；尽管医疗保健利用率大幅增加，但 70 岁时的死亡率并未显示出不连续性。这证实了医疗保险实验的“曲线平滑”的结论。

□ 最优医疗保险

医疗保险市场中的道德风险能够带来大量无谓损失的发现表明：最优医疗保险政策应使人们在可负担的范围内承担大部分的医疗成本，只有当成本变为不能负担的时候才能享受全额保险。这种结构之所以最优，是因为第一美元保额的消费平滑收益很小，但是具有很高的道德风险成本。

我们前面说过，第一美元保额的消费平滑收益较小。但是第一美元保额的道德风险成本很大，这是因为它鼓励人们对医疗系统的过度使用，在这种医疗服务需求下，社会成本大于社会收益。换言之，对小额医疗支出进行保险覆盖的收益很小（因为人们并不看重针对小风险的消费平滑），成本很高（因为人们是在边际收益小于边际成本的情况下使用医疗服务），因此，最优的保险计划不应提供这样的覆盖，而是应该只提供大额医疗费用的保险，这样的消费平滑收益才是比较高的（且这种保险的道德风险可能更小，比如心脏病的道德风险）。一个最优保险计划的例子是费尔德斯坦（Feldstein，1973）提出的重大风险保险计划。在这一计划中，人们需要对所有服务承担50%的共保率，如果他们在医疗服务上的花费超过收入的10%，则超过的部分无须支付共担额。

然而，RAND公司的医疗保险实验和随后的研究结果对这种一般结构给出了警示：以消费者成本分摊为目标，鼓励适当的护理和阻止不适当的护理是有益的。例如，对于患有慢性疾病的人，降低处方药的成本分摊是成本有效的。事实上，最佳办法甚至可能是对这一群体的预防性护理进行补贴，以防止更昂贵的护理需求产生。人们也越来越关注这种“基于价值的保险设计”，这种设计将消费者决策纳入改善医疗保健的考虑当中。①

□ 为什么美国的保险如此慷慨？

美国一般的私人保险计划比费尔德斯坦的建议要慷慨得多。通常的私人保险当中，参与人需要承担的共担额相对较低。图15－9很好地描述了美国的保险分布。横轴是美国的人口，从左到右为慷慨程度最低的保险（无保险）的人口数量到最慷慨的保险的人口数量；纵轴是医疗保险产品的慷慨程度。4 200万没有保险的美国人的纵坐标都为0（无保险表示慷慨程度是0）。之后曲线跳到一个慷慨程度相当高的保险，剩下的人口的保险慷慨程度逐步增加。为什么是跳跃？为什么不是更多的人需求慷慨程度较低，但刚好能够覆盖他们灾难性风险的保险呢？为什么人们不是没有保险，就是超额保险？可能的原因有三个。

税收补贴 如前所述，雇主的医疗保险支出是有税收补贴的，也就是说，以工资形式支付给员工是要纳税的，而以医疗保险的形式支付则不需要。这一方面成为很多公司提供医疗保险的主要原因；另一方面产生了这样的作用，即通过降低医疗保险的相对价

① 有关该主题的问题综述和资料来源，可以访问 www.vbidcenter.org（2015）的价值保险设计中心（Center for Value Based Insurance Design）。

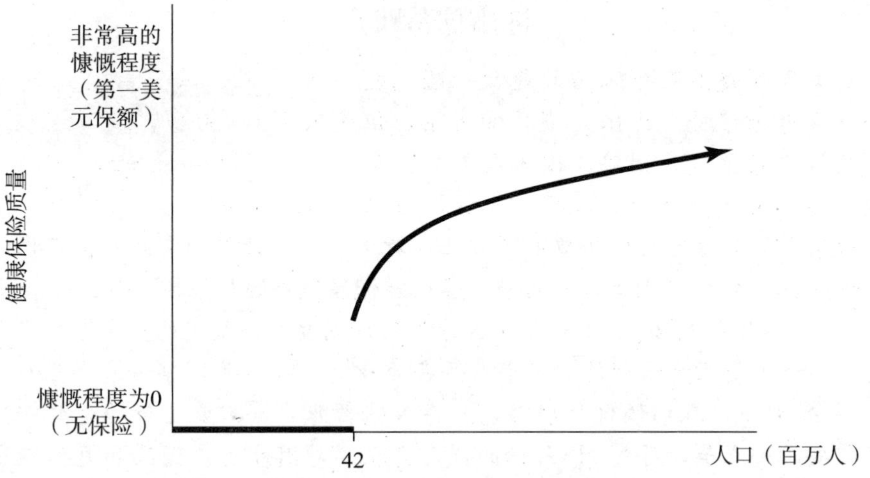

图 15－9　美国健康保险的慷慨程度

说明：此图中的纵轴表示健康保险的慷慨程度，从最低的无保险（未参保的）到非常慷慨的保险（第一美元保额）。美国有 4 200 万人没有保险，处于纵轴底部。其余的人几乎都拥有较慷慨到非常慷慨的医疗保险，导致曲线向上跳跃。为什么美国中低慷慨程度的保险（例如仅覆盖灾难性风险的保险）这么少？

格而增加了对医疗保险的消费。对于一般的员工来说，将边际美元花在医疗保险上能够换来价值 1 美元的保险，而如果这 1 美元变成工资支付，那么他们只能用 0.7 美元来进行其他消费，剩下的 0.3 美元则需要用来纳税。补贴的存在会导致员工将更大一部分的报酬投入医疗保险。即使在没有补贴的情况下，他们没有慷慨保险的需求，他们也可能选择在有税收补贴的情况下购买这些保险。估计的结果表明，取消对医疗保险购买的税收补贴会使雇主提供的保险支出减少将近一半。①

这一估计并不意味着取消当前的税收补贴一定是一项好的卫生政策。如果补贴被取消，那么很多人（据估计，超过 2 000 万人）会失去由雇主提供的医疗保险，并且会面临这样的困难：如何在价格更高、保险覆盖不完善的非团体市场中获得保险？

一个折中的对策是设一个税收补贴上限。如果想取消税收补贴，可以像征收工资税一样，通过对所有雇主提供的医疗保险进行征税来实现。而设一个税收补贴上限意味着当医疗保险支出在一定水平（可能是该地区健康保险计划的成本中位数）以下的时候，仍旧将其排除在收入征税范围之外，但是对任何超过这一水平的支出，则采取和员工工资相同的征税方法。举例来说，你的雇主会将超出上限水平的那一部分保险支出添加到你的工资收入报告当中，而这部分收入和其他工资收入一样需要被征税。这一方法还是会保留对一些基本保险支出的税收补贴，因此会激励雇主提供一部分保险。但是对于过于慷慨的保险来说，这种补贴就不可用了。因为一旦雇主的支出超过了补贴上限，雇员就没有理由在慷慨程度很高的保险与现金报酬之间选择前者。如第 16 章所述，平价医疗法案规定的“凯迪拉克税”对此类上限有类似的激励。

① Gruber and Lettau (2004).

☞应用

健康储蓄账户

健康储蓄账户：一种患者承担高免赔额的保险，患者节省的保费可以存入免税账户并用于预付医疗费用。

为了解决雇主提供医疗保险的超额保险问题，取消税收补贴或者增设补贴上限是直接的办法，但是这种办法在政策实行上较为困难，因为人们会对员工纳税负担增加这一点表示不满。除了“大棒”方法，还有一个在政策上更为可行的“胡萝卜”方法：对选择了设计更为有效的医疗保险计划的人实行额外的税收补贴。在此方面的一个尝试是**健康储蓄账户**（health savings account，HSA）的使用，HSA是2003年老年人医疗保险计划处方药规定的一部分（在下一章会详细阐述）。HSA是高免赔额计划（个人每年至少1 000美元，家庭每年至少2 000美元），在这一计划下，人们预付免赔额，并存入储蓄账户，需要支付的免赔额从账户中提取。很重要的一点是，存入HSA中的钱是免税的，因此对在保险和免赔额上的花费的税务处理是相同的（与其他保险计划相反，在其他保险计划中，保险支出能够享受税收补贴，但员工的共同保险没有补贴）。① 如果人们在当年没有用完账户中的钱，那么剩余的钱可以转存到下一年使用。如果退休时账户里还有剩余，则可以提取出来用于退休人员的医疗保险需求，或者任何其他的用途。前者是免税的，后者的收益则要纳税。因此，HSA为高免赔额保险计划的持有者提供了大量的税收补贴，希望促使更多人使用这一类的（接近最优的）保险协议。目前，HSA发展迅速，2013年已有超过1 550万的美国人使用健康储蓄账户。②

比较遗憾的是，HSA同时也有很多缺点。首先，这种免税从减少的税收角度来讲是很昂贵的，预计2013—2022年的总税收损失将达到47亿美元。③ 此外，HSA带来的税收利益主要针对高收入人群，这些人能够承受高额的免赔额（这些人的税率较高，能够从HSA中获益）。其次，固定的免赔额并不是鼓励人们合理使用医疗服务的正确模式。对于穷人，这可能意味着过高的支出风险，不如最优的共担额设计，因为最优的共担额设计具有与收入相关的现金支出限制。而对于富人，他们清楚自己在当年一定会使用不少于某一水平的医疗服务（例如，家庭至少使用2 000美元的医疗服务），因此免赔额对于他们来说过低。在人们知道自己当年使用的医疗服务一定会超过免赔额的情况下，他们会直接忽略它。最后，如果限制对雇主提供保险的免税政策是解决超额保险的正确选择，那么HSA在税收政策上提出的方向就是错误的，因为他们试图通过一个新的税收补贴政策来弥补现有税收补贴的扭曲。

可得性动机 保险如此慷慨的第二个原因是，传统的分析夸大了道德风险的成本。在传统保险模型当中，额外的医疗服务使用全部是由于道德风险的存在。尼曼（Nyman，1999）强调了这种观点存在的问题：额外的医疗服务使用当中有一些并不是

① 然而在很多工作场所，雇主建立了灵活的支出账户，雇员可以在年初把钱存入账户，在免税的基础上用账户中的钱支付他们的共同保险成本。

② America's Health Insurance Plans (2013).

③ Congressional Budget Office (2012).

由道德风险引起的，而是因为人们现在能够支付得起更好的医疗待遇。设想这样的例子，你患上了一种需要100万美元来医治的疾病，再假设你对自己的健康足够重视，如果有人今天给了你100万美元，那么你会立刻用它来医治你的病。类似地，如果你有一个能够覆盖该疾病的保险，那么你一定也会选择治疗。在这种情况下，便不存在道德风险，因为保险的作用只是使你能够支付一个你觉得有价值的治疗。

从技术上讲，道德风险是用100万美元保险购买的医疗服务与用100万美元现金购买的医疗服务之间的差距。如果你在有保险的情况下选择治疗，而在这100万美元为现金的时候选择将其用于其他用途，那么保险就引发了道德风险。换个角度讲，如果你无论是有保险还是有现金都会用来进行治疗，那么道德风险就不存在。保险允许你将足够的资源从你身体健康的时候转移到你生病的时候。道德风险仅仅是由社会保险制度的替代效应来衡量的，即相对价格变化时所带来的行为变化程度。而社会保险制度的收入效应，即如果变得更为富有所带来的行为变化程度，则不属于道德风险。

这一分析表明了与保险引起支出上升相关的无谓损失中，有一部分并不是纯粹的道德风险，而是保险的收入效应。因此，我们高估了与医疗保险相关的无谓损失，这也是保险可能会比我们在分析中提出的最优水平更慷慨的原因。

不幸的是，我们很难将医疗服务使用的上升分解为可得性和道德风险效应。可得性动机对于非常昂贵的治疗来说是更为重要的考虑，而对于日常的治疗，如医生看诊，则没那么重要。因此，可得性动机可能解释了人们对限制重大疾病共担额的强烈需求，却解释不了为什么人们在更小的，如到医生办公室看病这样的医疗程序上，没有面临更高的共担额。

心理动机 保险会如此慷慨的第三个原因是，人们在第12章推导的期望效用模型以外，可能还有其他动机来持有保险。例如，存在自我控制问题的人们可能将保险当作保证机制。你可能会预料到如果没有保险，那么你会在今天把所有的钱花光，而没有存任何的钱来为将来可能发生的医疗开销做准备。通过购买保险，你就可以有效地强迫自己为治病存钱。你会购买过于慷慨的保险可能是因为，如果不这样，耐性的缺乏会使你没有钱去支付大额的医疗账单。然而再一次地，患者不喜欢针对小型医疗事件的适度共同保险的现象仍旧无法被解释。

或者，可能是因为人们单纯地不想将财务事项与医疗服务相联系。他们宁愿预先支付更高的保险费，以避免在接受治疗时面临是否愿意付款的困难选择。可以明确的是，为了更好地理解美国现在超额保险现象的成因，我们需要做更多的分析。

15.3 保险对医疗提供者应有多慷慨?

与医疗服务相关的另一种道德风险是来源于提供者方面的。即使承保人能够完美评估你患病的实际程度，他们也没有办法总是完美估算要医治该疾病需要花费多少成本。对于很多疾病来说，并没有明确的关于治疗过程的描述，并且很多重大疾病在不同人身上的作用情况会有很大不同。因此，承保人一直是根据医疗提供者的治疗成本报告来对他们进行传统的保险。如果两个医生对治疗心脏病开出的医疗账单不同，即使患者的心脏病特征是类似的，他们通常还是会按照这些不同的金额进行支付。这一报销机制被称为**追溯报销**（retrospective reimbursement），因为承保人只是单纯地为医生报销已经发生的费用。

追溯报销：为医生报销已经发生的费用。

追溯报销消除了提供者对病人进行治疗时节省成本的动机。假设一个医生关心的全部内容是让病人尽可能地恢复健康。在这种情况下，如果有一种医疗程序或者测试，只要其可能带来的医疗收益超过患者的私人成本（共同保险加上任何不适感或因治疗程序导致的时间损失），那么医生就会提供这一治疗。毕竟，当你正在以某个人的健康作为风险代价时，为什么要吝啬呢？问题是这些程序的社会成本可能远远超过了患者的私人成本（以及私人收益），特别是如果医疗服务是在“曲线平滑”的部分。因此，存在医疗服务的过量使用及无谓损失，且这些都来源于提供方的道德风险。

除此之外，如果提供者同时关注他们的收入，过量使用问题可能会加剧。假设你的医生不仅关心你的健康最大化，而且要最大化他的收入。在这种情形下，如果有一个医疗程序对你没有好处（也没有坏处，或至少没有很多坏处），同时她可以通过该程序获得一笔净利润，那么她会进行这项治疗程序。

□ 管理式治疗与前瞻性报销

患者的道德风险问题及提供方的道德风险问题被认为是战后时期医疗服务成本快速增长的主要驱动力。最初，保险市场采取增加患者费用分担的方式来应对这些道德风险问题，但是这一方法并没有减缓医疗服务成本的上升。20 世纪 60—80 年代，医疗服务成本的实际增长始终保持着很高的速度。

在 20 世纪 80 年代末期及 90 年代，私人市场（以及公共保险计划）致力于另一个成本控制方法：**管理式医疗**（managed care），这种方法对医疗服务的供给方实行控制。管理式医疗有两种形式。

管理式医疗：一种通过限制供应方来控制医疗成本的方法，例如限制医疗供应者的选择。

优先提供者组织　在医疗市场中，一个基本的失灵是人们很难去购买医疗提供者。一个医疗服务的消费者怎样才能有效地比较医院和医生？在特定医疗程序的价格并没有被医院或者医生公布出来的情况下，消费者怎样才有可能购买节省成本的提供者？这种两难的局面在急诊治疗情况下更是如此，没有人会告诉救护车司机“带我到附近的几家医院看看哪家最便宜”。这种价格购买的缺乏意味着提供者的定价策略受到的竞争压力非常小，因此提供者也就没有动机去降低医疗服务的成本。

20 世纪 80 年代，一种新型的健康组织——**优先提供者组织**（preferred provider organization，PPO）作为解决这一问题的途径而备受青睐。优先提供者组织本质上是中间人，代表被保险人在提供者之间进行购买，它们达成的协议能够降低医疗服务的成本。例如，一个优先提供者组织可能首先会找到一个区域的雇主，并向其提供一个方案，即如果该雇主愿意将其雇员可以选择使用的医院限于该优先提供者组织的医院“网络”，则其医疗服务成本可以节省 20%。接下来优先提供者组织会告知这一区域的医院，如果它们想要从这个公司（或者其他使用优先提供者组织的公司）招揽到生意，那么它们就需要降价 20%。作为交换，同意为优

优先提供者组织：一种医疗保健组织，该组织通过为代表受保人的医疗服务提供者提供购买服务以降低医疗成本。

先提供者组织的客户降低价格的医院就可以成为受限的有效提供者组织网络的一部分。雇主会告诉其雇员，他们只能使用在 PPO 网络中的医院。一般而言，这种购买策略不仅能够导致价格的下降，而且和在其他市场当中选购能够增加效率一样，这一策略能够提供更有效的医疗服务。

健康维护组织：是一种整合了保险和健康服务提供的医疗服务组织。该组织支付给医生和医院的薪水与它们提供的医疗服务的数量无关。

健康维护组织 另一种类型的管理式医疗组织是**健康维护组织**（health maintenance organization，HMO）。与 PPO 一样，健康维护组织对医疗提供者的会员选择进行了限制，但健康维护组织进一步整合了保险和医疗服务的提供。在经典的员工模式下，健康维护组织自己雇用医生，并且可能拥有自己的医院。它们给予提供者的薪水独立于它们所提供服务的数量。这种方法消除了过量服务提供当中的收入激励因素。

前瞻性报销：基于治疗病人会耗费的成本对医疗服务的提供者进行支付，而非基于该提供者花费了多少。

更加典型的健康维护组织模式是独立从业者协会，即健康维护组织与独立的提供者签订合同（在一个限制的网络范围内），来为会员提供服务。在这种情况下，健康维护组织通过使用**前瞻性报销**（prospective reimbursement）来防止道德风险，即基于治疗病人会耗费的成本对提供者进行报销，而非基于提供者的花费。健康维护组织可能会进行这样的支付：一个初级护理医生（比如家庭医生）每个月每有一个病人，则健康维护组织支付给他 100 美元，不管被治疗的病人使用了多少医疗服务。①

前瞻性报销完全颠倒了医生的财务动机。在追溯报销制度下，医生只是根据成本账单进行报销，医生提供的服务越多，则赚的钱越多。现在，提供的服务越少，能放进自己口袋的部分则越大。因此，就像追溯报销会为过量服务提供财务动机一样，前瞻性报销为服务不足提供了财务动机。

前瞻性报销有很多不同的形式，健康维护组织所使用的前瞻性报销机制就有很多种。一些健康维护组织增大了对初级护理的固定支付来抑制专家就诊及医院就诊的使用。例如，初级护理医生每次推荐专家或者医院就诊，健康维护组织就可以减少支付给医生的报酬，或者当没有此类建议的时候增加对医生的报酬。通过这种办法，健康维护组织试图给予这样的激励，即不仅限制提供者自身所提供的服务，而且限制整个系统提供的服务。

在 20 世纪 80 年代和 90 年代，随着 PPO 和员工模式健康维护组织的产生，美国大部分有保险的人都转而参加了某种形式的管理式医疗。目前，98%的私人保险拥有者都参与了管理式医疗计划。②

□ 管理式医疗的影响

从我们的角度来看，最主要的问题是：管理式医疗是否改善了保险市场的运行？

---

① 这些也经常被称为“人头”支付计划，因为提供者按人均（每个患者）固定金额而不是治疗金额支付。

② Kaiser Family Foundation (2009).

特别是管理式医疗是否降低了过量医疗服务使用所造成的无谓损失？如果是，前瞻性报销是否走得太远，以至于限制了在现有成本下人们认为有价值的医疗服务的提供。

支出 在健康经济学中，有大量的研究是关于如何解决这些问题的。这些研究的一个共同发现是，健康维护组织在每个会员身上的花费要远远小于传统追溯报销计划下的花费。然而对这个发现的解读并不像看上去那么简单。我们很难比较这两个计划的人均支出，因为参与计划的人分属不同的类型。很多研究通过测算人们转到健康维护组织之前的支出等方法发现，管理式医疗计划吸引的是最健康的参与人群。这种对成本最低的人的选择意味着并不能简单地将健康维护组织和传统保险计划进行比较。即使健康维护组织没有改变医疗服务的提供，它们也会因为拥有最健康的参与人而成本更低。

为了评估健康维护组织对成本的影响，人们进行了大量尝试来控制选择问题。最有说服力的或许是先前讨论过的 RAND 公司的医疗保险实验提供的证据。RAND 公司的医疗保险实验的第二个部分是将人们随机分配到国家最早的健康维护组织之一——华盛顿普吉特海湾的健康维护组织。由于这些人是被随机分配的，因此他们与传统保险计划当中的人们可以进行比较，任何成本上的不同都反映了健康维护组织对医疗使用的影响。该研究发现，健康维护组织成员的医疗服务成本仅为传统医疗计划成员的 72%，主要是由于健康维护组织接收患者到医院的比例更低（7.1%的患者被健康维护组织接收到医院治疗，传统计划为 11.2%）。[①] 因此，健康维护组织更节约成本反映的并不完全是选择的问题（即并非单纯由于更健康的人会选择参加健康维护组织）。

质量 正如我们之前看到的，对提供者进行追溯报销会导致服务的过量提供。我们还看到健康维护组织下的前瞻性报销可能会导致服务的提供不足。那么健康维护组织到底是提供不足，还是只是纠正了追溯报销的部分过量提供呢？目前有大量关于健康维护组织对患者治疗情况影响的研究，答案是不确定的。健康维护组织的医疗服务提供与传统医疗保险相比，更好、更差、一样这三种结果的研究支持数量大致相等，人们在关于健康维护组织对服务质量的影响这一点上并没有真正达成一致。可以肯定的是，人们为医疗服务支付的价格更低，但不明确的是，他们是否显著减少了实际的服务供应量或者对健康状况是否有任何可测量的不良影响。

□ 应如何为提供者进行报销?

管理式医疗“革命”似乎并没有对患者的健康造成一些人所担忧的负面影响。管理式医疗的出现一方面显著降低了对提供者的报销，另一方面并没有明显降低提供者提供的服务质量。因此，从追溯报销到前瞻性报销的转变似乎提高了医疗服务部门的效率。未来需要解答的主要问题是，是否有必要进一步“收紧”前瞻性报销制度。我们将会在下一章讨论老年人医保计划时详细探讨这一问题。

---

① Manning et al. (1984).

15.4 结论

本章对美国医疗服务经济的情况进行了概述。我们首先探讨了美国医疗保险的特征，并了解到大部分人都拥有私人医疗保险，且对于被大公司雇用的员工来说，这是一个运行良好的保险市场。对于小公司及公司员工来说，保险市场存在更多的失灵，这也是将近 4 200 万美国人没有参保的一个可能的原因。

从第 12 章的理论分析中，我们清楚了解到医疗保险的益处：风险规避者非常重视支付医疗账单带来的消费平滑收益。然而道德风险成本也同样存在于患者和提供方。一些成本分摊的方法被用来解决患者的道德风险问题，管理式医疗作为解决提供方的道德风险问题的途径而产生。这些方法的成功或者失败都还不甚明显。在下一章中，我们会讨论政府是如何在为需要保险的人提供保险以及减少道德风险引发的过量医疗服务之间进行权衡的。

重点

- 过去 50 年当中，美国的医疗服务发展迅速，但大量的不平等现象仍旧存在。
- 大部分人拥有私人保险，这些保险多由公司提供，原因是风险的分担机制以及雇员可享有的对雇主提供的医疗保险的税收补贴。
- 4 900 万未参保人引起政策制定者的关注是由于：外部性、劳动力市场非效率（工作锁定），以及家长主义。
- 医疗服务机制下的患者确实有存在道德风险的可能性，因为医疗需求被证明是具有一定弹性的，更慷慨的医疗保险计划所带来的健康提升很小。
- 尽管如此，在美国，人们还是会需要非常慷慨的保险，这可能是由于：对保险存在税收补贴，保险可以提供接受最昂贵的治疗的机会，或者心理动机。
- 医疗服务机制下提供方的道德风险可能性使管理式医疗得以产生，管理式医疗通过使用选购及前瞻性报销的方式来控制医疗成本。
- 现有的研究表明，管理式医疗对成本有所控制，并且没有明确的证据表明医疗服务的质量有所下降。

习题

1. 马特（Matt）是一所规模很大的大学的雇员，他每个月支付 120 美元的保费，他的雇主每个月支付给他 300 美元。他发现如果他辞掉工作，同样质量的保险每个月要花费他 600 美元。为什么保费会存在差别？

2. 美国人口普查局（U. S. Bureau of the Census）在 http://www.census.gov/

hhes/www/hlthins/data/historical/original.html 以及 http://www.census.gov/hhes/www/hlthins/data/historical/HIB_tables.html 上按照种族和性别记录了医疗保险覆盖的时间趋势。1987—2012 年，哪个种族的医疗保险覆盖率增长幅度最大？这一增长的主要来源是政府提供的保险比率，还是雇主提供的保险比率，抑或私人购买的保险比率？

3. 假设美国政府停止了对雇主提供的医疗保险的免税政策，而是对雇主提供的医疗保险给予 20%的补贴，即雇主只需要支付成本的 80%。这一政策变化会如何影响公司会为其提供医疗保险的这一类员工？这项政策最有可能影响哪些类型的公司？

4. 在平价医疗法案出台之前，很多私人购买的医疗保险计划有着严格的先存条件限制，这种限制拒绝为任何在参加保险计划时已知的健康状况进行保险。为什么这一限制反映的是保险市场的一种市场失灵呢？

5. 当一个人没有医疗保险时，会产生何种负外部性？

6. 一个人每年找医生看病的需求为 $Q=10-(1/20)P$，P 是一次办公室看诊的价格。提供办公室看诊的边际成本为 120 美元。

a. 如果人们为获得的医疗服务支付全价，那么他们每年会去看病多少次？

b. 如果人们每次看病只需要支付 20 美元的共担额，那么他们每年会看病多少次？

c. 没有向人们收取医疗服务的全价所带来的无谓损失是多少？

7. 杰克有三种类型的医疗支出：隐形眼镜、根据身体状况开的处方药，以及事故和急性病（如骨折和肺炎）。他过去一直自己支付所有的医疗费用，现在他正在考虑购买医疗保险。他考虑的几个不同计划分别为不同类型的支出进行保险。描述对隐形眼镜、根据身体状况开的处方药，以及事故和急性病进行保险带来的消费平滑收益和道德风险成本。

8. 如图 15-1 所示，美国的医疗保险支出超过了所有 OECD 国家，其医疗保险支出占 GDP 的比重是 OECD 国家平均水平的将近两倍。但美国的医疗服务成果并没有比其他 OECD 国家好很多。如何解释差异支出与差异结果之间的这种脱节？

9. 参议员史尼德（Snead）认为，在普遍性的免费医疗服务背景下，人们对医疗服务的成本是不敏感的。当他们需要找医生看病时，他们就会不顾成本地去找。试根据有关医疗服务需求的价格弹性的实验证据对这一观点进行评价。

10. 重大损伤与疾病占了吉纳提总医疗服务成本的三分之二。吉纳提政府正在两个不同的全国性医疗保险计划当中进行选择：X 计划会为吉纳提公民的任何医疗服务费用支付三分之二；而 Y 计划只支付重大疾病和损伤的费用，但会支付成本的 100%。哪个计划更有可能使吉纳提公民做到消费平滑？哪个计划可能会让吉纳提政府花钱更少？对你的答案进行说明。

11. 你观察到在所得税税率更高的州，由雇主提供的医疗保险比例往往更高。这可以很好地检验税收政策对雇主提供的保险需求的影响吗？解释说明。

12. 帕特（Pat）、杰米（Jamie）和泰勒（Taylor）三个人在其他方面都是相同的，除了一点：他们的健康保险范围不同。这三个人都被诊断出患有完全可治疗且无生命危险的疾病，治疗费用为 20 000 美元。如果帕特选择接受治疗，帕特的健康保险将承担 100%的费用。杰米没有健康保险：杰米必须支付 20 000 美元才能得到治疗。泰勒的保险公司则在诊断结果出来之后就立刻向泰勒支付了 20 000 美元。泰勒现在可以自由选择是将这笔钱用于治疗，还是装进自己腰包。你将观察谁选择接受治疗，谁选择不接受治疗。哪些观察结果会让你得出“健康保险会导致医疗护理使用增加”的结论？哪些观察结果会让你得出“健康保险会导致道德风险”的结论？

13. 你的雇主提供的医疗保险允许你在两者之间进行选择：一个是健康维护组织，在这一组织中，你选择一个医生作为你的治疗师，无论你找他看多少次病，保险公司支付给他的钱都是一样的；另一个是优先提供者组织，在该组织中，保险公司为你的医生进行报销，报销是基于为你的健康利益所提供的服务数量。在哪个组织中，你会更容易预约到医生？解释说明。

进阶习题

14. 假设奥威尔政府决定对所有人进行基因检测来判断患重大疾病的风险，并在人们申请个人医疗保险的时候将这些结果报告给潜在的承保人。健康的人会觉得在大公司工作比这一检测项目实施之前更有吸引力，还是更无吸引力，抑或一样？不健康的人呢？解释说明。

15. 下列问题考虑了这样的可能性——雇主提供的医疗保险会减少就业流动性，这一现象被称为工作锁定。工作锁定妨碍了工人从目前的工作跳槽到边际生产力更高的工作。

考虑有三个员工，他们的偏好如下：

$$U_{ij}=W_{ij}+(50\times H_{ij})$$
$$U_{kj}=W_{kj}+(110\times H_{kj})$$
$$U_{lj}=W_{lj}+(150\times H_{lj})$$

其中，W_{ij} 为员工 i 在从事工作 j 时的工资，H_{ij} 为员工 i 在从事工作 j 时是否有雇主提供的医疗保险（EPHI）的指示变量（值为 1 或 0）。假设雇员没有共担额，且劳动力市场是完全竞争的。员工 i、k 和 l 的边际产值都为 200 美元。经济体中有任意多的公司，各个公司无法提供针对员工的特殊薪酬待遇。如果它们为一个员工提供 EPHI，那么它们必须为所有员工都提供这一保险。每个员工的 EPHI 会为公司带来 100 美元的成本。假设全部就业——三个员工都被雇用。

a. 每个员工的工资为多少？他们有 EPHI 吗？EPHI 带来的工资差异是多少（劳动力市场工作提供 EPHI 所带来的工资下降）？

b. 现在假设有两种类型的公司：类型 1 和类型 2。类型 1 的 EPHI 提供成本为每个员工 200 美元，类型 2 的 EPHI 提供成本为每个员工 100 美元。三个员工分别会被哪种类型的公司雇用？为什么？哪些员工有 EPHI？

c. 假设类型 1 的公司发展了一种新技术，可以使员工的边际生产力提升至 230 美元。那么现在三个员工在哪种类型的公司工作？他们当中有人面临工作锁定的问题吗？

16. 1985 年的《整固综合预算和解法案》要求，拥有超过 20 个雇员的雇主允许已经脱离工作的员工通过他们的医疗保险计划（如果他们有提供）来购买保险。你会如何用这个法律来检验与保险相关的工作锁定？

17. 齐普兰目前有一个全国性的医疗保险机制，该机制为公民90%的医疗服务费用进行报销。齐普兰政府正在考虑一个政策变动：为医疗服务提供者按每个诊断的疾病进行固定水平的报销，这样公民就无须掏钱承担任何医疗服务的费用。这一政策变动将如何减少道德风险？又会如何增加道德风险？

第 16 章 医疗保险Ⅱ：国家老年及残疾人医疗保险计划、医疗补助计划与医疗改革

需要牢记的问题

- 医疗补助计划对患者的健康有何影响？
- 国家老年及残疾人医疗保险计划如何实现成本控制？
- 平价医疗法案如何起作用？

美国医疗制度的根本性改革在过去的一个世纪里一直是政治辩论的话题来源。在第二次世界大战以后，曾有几次重要的改革医疗制度的尝试：杜鲁门（Truman）在1950 年、尼克松（Nixon）在 1974 年，以及克林顿在 1994 年都进行了尝试，但是全部以失败告终，甚至有一些失败很严重。直到 2010 年，奥巴马总统将美国的医疗改革签署成为法律，医疗改革的失败才得以终结。这一改革是自 1965 年国家老年及残疾人医疗保险计划（简称老年人医保计划）和医疗补助计划实行以来最全面的医疗改革。

《患者保护与平价医疗法案》（Patient Protection and Affordable Care Act，ACA）对美国的医疗保险制度进行了四项根本性改变。

- 该法案禁止保险公司因先存条件而拒绝承保，并禁止其根据健康状况向不同的人收取不同的价格。
- 该法案要求所有美国的居民都要被医疗保险所覆盖，以下人群除外：非法移民者、收入非常低的家庭以及支付不起保险的人。
- 该法案要求联邦政府通过扩大医疗补助计划以及大量能够抵消保险成本的税收抵免来对穷人的医疗保险实行大范围补贴。
- 该法案采取一系列措施来降低医疗服务成本，包括引入私人保险交易所、促使承

保人在竞争性压力下降低价格、限制对雇主提供的保险的免税政策，以及为提供者安排选择性报销的试点计划，以便推动报销制度达到第15章讨论过的最优提供者报销策略。

这项法案饱受争议，在严格的党派投票中以非常微弱的优势（没有共和党成员投赞成票）在美国国会获得了通过。在第1章中，右翼的评论表达了对该项法律会限制患者的选择和政府官僚主义的膨胀问题的担忧。正如共和党总统候选人赫尔曼·凯恩（Herman Cain）在2011年8月所说的："如果在我患上癌症的时候，奥巴马医改计划已经全面实施，那么我可能已经死了。"①

单一支付者制度：所有医疗保险都由政府提供和埋单的医疗保健制度。

然而左翼也没有十分满意：他们认为这项议案反映的是政府运作的**单一支付者制度**（single-payer system）的退缩，单一支付者制度在扩大保险范围以及控制保险成本方面可能更有效率。佛蒙特州前州长霍华德·迪恩（Howard Dean）认为："这实质上是美国参议院医疗改革的瓦解。"右翼和左翼之间的辩论强调了关于政府在美国医疗改革中应扮演何种角色这一关键议题。

国家老年及残疾人医疗保险计划：一项联邦计划，旨在为65岁以上的人以及65岁以下的残疾人提供医疗保险服务。

医疗补助计划：联邦和州的计划，旨在为穷人提供医疗保健服务。

尽管大多数人将美国理解为私人医疗保险体制国家，但美国政府在医疗服务提供中仍旧扮演着非常重要的角色：当前所有医疗服务支出中将近一半为政府进行的支出。② 公共卫生支出针对三个特殊群体：**国家老年及残疾人医疗保险计划**（Medicare）针对老年人及残疾人。**医疗补助计划**（Medicaid）针对低收入家庭，包括不符合老年人医保计划的低收入老年人及残疾人。医疗补助计划和老年人医保计划是联邦政府和州政府增长速度最快的支出项目。这两个计划于1965年才开始实行，但目前已经达到了国内生产总值的17.4%。③ 由于数额庞大、增长速度快，这些计划成为政策辩论经久不衰的话题。

为了更熟悉这些计划的运作，本章将介绍这些计划如何运作、为谁运作。我们还将回顾有关这两个计划的主要政策问题。我们将针对医疗补助计划对医疗保险覆盖及低收入家庭健康的影响进行评估：将公共保险范围扩大到覆盖低收入群体是不是一个成本有效且提升他们健康水平的办法？接着我们将了解老年人医疗保险计划中政策性辩论的主要来源：如何控制飞速增长的项目成本？这里我们将讨论政府为控制成本做出的两方面努力：向前瞻性报销转变以及使消费者可以选择管理式医疗。接下来，我们会围绕同时涵盖了两个计划的长期老年人医疗服务进行一系列相关问题的讨论。

本章最后一节将结合第15章的内容，讨论美国医疗改革这一较为宽泛的问题，并讨论平价医疗法案的设计及其影响的早期证据。

---

① Lee (2012).

② Centers for Medicare and Medicaid Services (2014).

③ Centers for Medicare and Medicaid Services (2014).

16.1 针对低收入家庭的医疗补助计划

医疗补助计划是美国对低收入人群的主要公共医疗干预措施。这一计划为两类群体服务：低收入家庭、低收入残疾人及老年人。由于计划当中的成员大部分为第一类群体，因此我们的讨论将集中在低收入家庭上；在本章的后续部分，我们会简要讨论残疾人及老年人的情况。

□ 医疗补助计划如何运作？

医疗补助计划与失业保险一样，是由联邦规定但由州执行的计划。[①] 该计划的资金来自联邦政府的拨款，由一般收入支付。联邦政府在医疗补助计划支出中承担的比例为州地方收入的反函数。在高收入的州，如马萨诸塞州，联邦政府承担计划当中一半的成本。在如密西西比等低收入的州，联邦政府则承担超过四分之三的成本。联邦政府对保险的资格标准及服务覆盖范围的最低水平进行了规定，州则可以自由地将保险慷慨程度增加到这一水平之上。

之后我们会介绍，人们是否具备享受医疗补助计划的资格需要在他们的收入及家庭结构的基础上进行判断。如果符合条件，则可以加入医疗补助计划。医疗补助计划的保险与私人保险类似，即使很少或者没有患者的共付保险，医疗补助计划仍对提供者为成员提供的服务进行报销。

□ 符合医疗补助计划资格的人有哪些？

医疗补助计划在 20 世纪 60 年代末被作为国家福利计划中针对低收入单亲家庭的医疗保险部分而提出。从 20 世纪 80 年代中期开始，医疗补助计划逐渐从福利计划当中被剥离开来，先是将受益范围延伸到双亲家庭中的低收入子女，接着降低了两个群体——儿童及孕妇的收入准入门槛（在孕妇方面，只有与怀孕相关的成本可以享受保险覆盖，其他医疗成本则不可以）。

1997 年，**儿童医疗保险计划**（Children's Health Insurance Program，CHIP）加强了针对儿童的医疗补助计划。CHIP 的目标是通过使用医疗补助计划的扩展项目或者一个模仿私人医疗保险的新计划，扩大公共医疗保险对儿童的资格认定范围，打破医疗补助计划的现有限制。为了让各个州更有动力用 CHIP 基金来扩大低收入者的医疗服务覆盖范围，联邦政府在每个州的 CHIP 成本负担比例要高于对医疗补助计划成本的支付比例。在本章的后续部分，我们将把 CHIP 也看作医疗补助计划。

> **儿童医疗保险计划：** 于 1997 年启动，旨在扩大对儿童接受公共医疗保险资格认定的计划，相对于医疗补助计划，其将受益人覆盖范围拓宽到贫困线的 200%以上。

① 有关本章讨论的计划的详细信息，请参阅 U. S. House of Representatives Committee on Ways and Means (2014)。

目前，所有在贫困线的100%（四口之家为24 250美元）以下的18岁及未满18岁的年轻人都可以享受医疗补助计划或儿童医疗保险计划；6岁以下的儿童及孕妇的覆盖范围高达贫困线的133%（32 253美元）。在大多数州，儿童及孕妇的受资助计划的享有资格被进一步延伸：一个典型的州对这两个群体支付的医疗保险覆盖范围可以高达贫困线的200%（48 500美元）。某些州的范围更大：以纽约的儿童为例，保险的覆盖范围达到了贫困线的400%（97 000美元）。①

最近，平价医疗法案对医疗补助计划进行了大规模的扩张，该计划将资格范围扩展到联邦贫困线的138%以下的所有家庭结构。② 这一做法是为了将保险覆盖范围扩展至整个美国，但由于2012年最高法院的裁决，各州能够选择退出该扩张计划。尽管联邦政府至少支付了扩张成本的90%，但截至2015年，美国已有近半数的州选择退出，没有将这一新的群体纳入医疗补助计划。

□ 医疗补助计划都包含哪些医疗服务?

除了享有资格以外，该计划在各个州的灵活性还体现在另外两个方面。第一个方面是服务范围。联邦医疗补助计划规则要求各州涵盖主要的服务，如医生治疗与住院护理，并没有要求各州对可选择的服务进行支付，如处方药或口腔护理。即使如此，所有州还是选择了将最贵的可选择性服务纳入支付范围。例如，所有州都涵盖了处方药及验光师服务，除了一个州以外，所有州都涵盖了口腔护理服务。这些服务在提供给传统的医疗补助计划成员时不要求或者只要求很少的共担额（有儿童医疗保险计划的州对保险覆盖在贫困线的150%以上的，允许其共担额适当提高）。这一系列服务比任何私人保险计划都要慷慨。因此，医疗补助计划确实是用金钱买不到的最佳保险。

□ 提供者如何拿到报酬?

第二个方面是，各州还可以规定医疗服务提供者以何种比率进行报销。与服务的涵盖情况有所不同（在涵盖的服务方面，所有的州都基本包含了相同的医疗服务），各个州在提供者报销方面有着很大的不同。在大多数州，医疗补助计划对医生的报销水平远低于私人部门，这就导致医生不愿意为医疗补助计划中的患者提供治疗。以接生为例，同样的服务，医疗补助计划对医生的平均报销比例为私人部门报销比例的一半。也许正因为如此，在2011年的一项调查中，近三分之一的医生表示不接收新的医疗补助患者。③ 因此，虽然在所有的州，医疗补助计划所提供的覆盖范围都相当慷慨，但是由于医生不想接收这些患者，很多地方的人在试图享受这一保险覆盖的过程中可能会遇到困难。

---

① 贫困线的信息来源于 U. S. Department of Health and Human Services (2015)，医疗补助计划资格认定的信息来自 Centers for Medicare and Medicaid Services (2015)，纽约的保险资格信息来源于 U. S. Department of Health and Human Services (2012)。

② 从技术上讲，延伸到贫困线的133%，但由于收入的定义方式，它实际上达到了贫困线的138%。

③ Decker (2012).

16.2 医疗补助计划的好处有哪些?

2013年，医疗补助计划共支出4 494亿美元，该计划不仅规模庞大，且增长迅速——自全面启动以来，年平均增长率高达10.8%。[①] 如此庞大并且增长迅速的计划的目的就是为付不起私人保险的低收入人群提供医疗保险，继而改善他们的健康水平。医疗补助计划是否达到了预期的效果是一个实证问题，在本节中，我们会对这一问题的相关实验证据进行回顾。

□ 医疗补助计划是否提供了财务保护?

医疗补助计划等的主要目标是提供财务保护，以抵御医疗支出带来的风险。这对于有资格参加该计划的极低收入家庭尤其重要，因为对这些家庭来说，即使是较低的医疗护理费用，也可能超过它们的财务承受能力。

有许多研究记录了医疗补助计划对财务情况带来的改善。格鲁伯和耶洛维茨(Gruber and Yelowitz，1999)表明，医疗补助计划的扩张与非医学商品的更高消费水平相关。格罗斯和诺托维迪格多(Gross and Notowidigdo，2011)表明，扩大医疗补助计划可以降低消费者破产率。而芬克尔斯坦等(Finkelstein et al.，2012)显示，在俄勒冈州有资格获得医疗补助的个人的现金医疗支出、医疗债务和支付给收款机构的账单均大幅减少。显然，医疗补助计划为低收入家庭提供重要的消费平滑来源。

□ 医疗补助计划会提升健康水平吗?

公共保险对财务保护的影响相当直观，其对健康的影响则更为间接。图16-1通过几个步骤为回答这一问题提供了组织框架。

步骤1：将享有资格的变化转化为医疗补助计划的实际保险变化。享有资格的增加可以从两个渠道扩大保险范围。第一个是“获取”渠道：享有资格的变化使原先没有保险的人获得了享受保险的资格，但这些刚刚符合资格的人中只有一部分会登记加入该计划。第二个渠道是“挤出”渠道：享有资格使一些拥有私人保险的人终止他们的私人保险，加入公共保险当中。这一结果是我们在第12章～第14章所讨论的社会保险对自办保险的替代效应的另一种形式(挤出)。

步骤2：将医疗补助计划覆盖的增加转化为实际服务使用量的增加。如前所述，很多提供者之所以不为医疗补助计划的患者看病是由于报销率较低。因此，无法确定将更多人纳入医疗补助计划中是否大幅增加服务使用率。如果提供者愿意为其看诊的医疗补助计划的成员数量是固定的，即供给是固定的，那么增加服务的需求并不会增加服务的总供给量。

步骤3：将服务使用量的增加转化为健康水平的提升。增加医疗服务对改善健康水平到底有多重要，这一点并不十分明确。上一章对RAND公司的医疗保险实验结果的

① Centers for Medicare and Medicaid Services (2014), Table 3.

回顾表明，改变医疗保险的慷慨程度并没有显著改善健康状况。

步骤 4：确定医疗补助计划扩张的成本效益。医疗补助计划所引起的任何健康改善都需要与成本对比来进行评价。虽然医疗补助计划改善了健康水平，但是如果我们能够通过其他更节约成本的政策来更好地改善健康水平，那么我们就会转而追求这些政策。

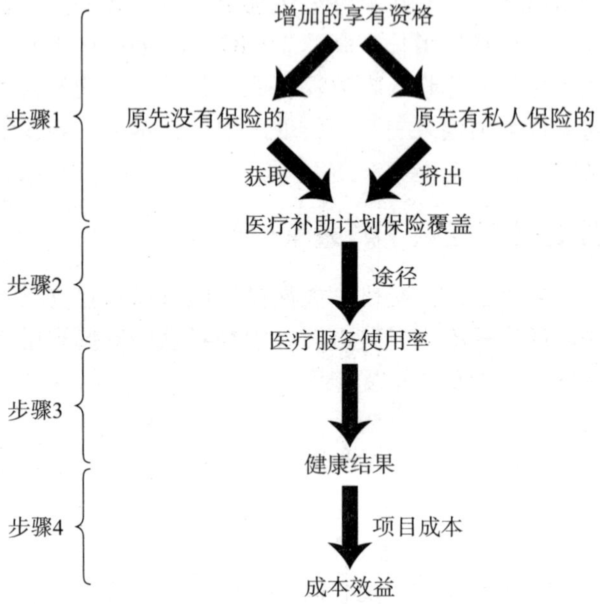

图 16-1　医疗补助计划是如何影响健康的？

说明：该图表示扩大医疗补助计划享有资格是通过哪些渠道影响健康的。扩张增加了人们的保险享有资格，继而导致没有保险的人增加对保险的获取，以及对私人保险产生挤出效应（步骤 1）。这种保险覆盖的增加导致了医疗服务使用率的上升（步骤 2），上升程度依赖于医疗补助计划成员在获取医疗服务时所受到的限制程度。更高的医疗服务使用率可能带来更好的健康状况（步骤 3）。这一更佳的健康状况与增加的项目成本有关，继而引出了最终的成本效益问题（步骤 4）。

□ 医疗补助计划是如何影响健康的？证据

图 16-1 中的几个步骤有哪些相关证据支持？在本节，我们会对相关的经济学文献进行简要概述。

获取　医疗补助计划在 20 世纪 80 年代到 90 年代的扩张导致了该项目享有资格的激增。1982 年，全国 18 岁及以下的人当中有 12％符合医疗补助计划的公共保险政策。到 2000 年，这一群体中有 46％的人都符合资格，增幅将近 400％。在孕妇当中存在同样的增长，在一些选择将享有资格扩大到符合资格儿童的父母的州，这些父母的享有资格也有少量增加。①

然而，在新增的符合资格的人群当中，登记参加计划的人相对较少。根据大多数估计，在 20 世纪 80 年代末到 90 年代初被赋予医疗补助计划资格的人中，只有大约四分之一的人加入了计划。在 20 世纪 90 年代末由于 CHIP 扩张而获得资格的人中，只有

① 根据作者与康奈尔大学的科萨利·西蒙（Kosali Simon）的研究计算。

10%参加了计划。正如我们在第14章讲到失业保险时一样，低参与率部分是由于人们对计划享有资格的相关信息缺乏了解，还有一些人认为接受社会的施舍是见不得人的事情。然而针对医疗补助计划还有另一个原因，就是大部分被赋予享有资格的人都已经拥有私人保险。对于这些人来说，从私人保险转移到公共保险可能并不具有吸引力。例如，人们在决定是否放弃私人保险转而投入公共保险计划时会十分谨慎，因为如果他们的收入增加，那么他们可能就不再具备享受该计划的资格。

挤出 与更愿意维持私人医疗保险的人不同，部分人可能觉得放弃私人保险，加入公共保险更具有吸引力，因为医疗补助计划的保险内容比一般私人保险计划要慷慨得多，且不需要付出任何代价。从福利的角度来讲，几乎所有州的医疗补助计划都包含"可选择的"福利，如口腔护理及视力保健，但很多雇主提供的医疗保险都不包含这些内容。从成本的角度来看，一般的雇主在提供医疗保险时都要向家庭收取超过每个月268美元，或每年4 421美元的费用来参加保险计划，而医疗补助计划则是免费的。①另外，虽然雇主提供的保险所要求的共担额低于经济理论推荐的最优水平，然而仍旧远高于医疗补助计划中的共担额，法律规定的医疗补助计划共担额接近于零。由于私人和公共保险之间存在成本及所涵盖内容的差异，一些拥有私人保险的人在获得享有资格时可能会发现，转移到公共保险对他们来说更有利。这也是政府干预挤出私人供给的另一个例子，与烟火、教育和社会保险一样。

大量实证研究对挤出的程度进行了估计。这些研究发现，确实存在一定的挤出效应，但还远未达到完全的程度，私人保险下降程度相当于公共保险增加部分的20%～50%。②

医疗服务使用率与健康 即使是在挤出效应最大的估计当中，医疗补助计划的扩张仍然显著减少了未参保人群的数量，因此这种扩张可能会对医疗服务使用率（如医生的看病次数）继而对新获得保险的人的健康产生影响。事实上，现有的证据表明，当医疗补助计划扩张时，医疗服务使用率与医疗结果都有所提升（图16-1的步骤2和步骤3）。预防性护理，特别是早期产前护理及儿童的预防性检查，在人们获得医疗补助计划资格之后上升了50%。同时，婴幼儿死亡率同步大幅下降。例如，由于医疗补助计划扩大了孕妇的保险范围，婴儿死亡率下降了8.5%。③

为没有保险的人提供医疗保险能够改善其健康水平，这一发现在其他研究当中也有所反映。汉拉提（Hanratty，1996）在研究加拿大国民健康保险时发现，该保险制度的采用与婴儿死亡率下降4%以及单亲妈妈孩子的低出生体重率下降8.9%相关联。卢瑞（Lurie，1984）研究了加利福尼亚一大群失去接受公共保险资格的人（由于20世纪80年代早期的财政危机，该州削减其保险覆盖）并发现，这群人的健康状况在这之后严重恶化。例如，高血压患者的血压有所上升，导致死亡风险增加了40%。总体上，186个失去保险的患者当中，有5个在这之后死亡；而没有失去保险资格的109个患者当中，死亡人数为0。

---

① Kaiser Family Foundation (2013).

② 参见Gruber and Simon (2006) 对这些文献的综述。Goldstein et al. (2014) 的最新证据发现，2008—2012年，CHIP计划的扩展呈现出更强的挤出效应。

③ Currie and Gruber (1996a, b).

芬克尔斯坦等（Finkelstein et al.，2012）对医疗保险覆盖范围进行了一项新的随机试验，该试验与第 11 章讨论的学校抽签类似。俄勒冈州在其资助的公共保险计划中增加了 10 000 个新的名额，但是当开放个人登记时，将近 10 万人进行了登记。因此，该州通过抽签的方式随机分配这些名额。这项研究发现，中签者身体健康状况并没有好转，但心理健康状况有了很大改善：所报告的抑郁情绪大幅减少，至少有一部分原因是自费医疗保健的压力减轻。

▶实验证据框◀

利用州的医疗补助扩张来估计项目影响

度量医疗补助计划对健康状况的影响，一个自然的办法是将选择参加该计划与没有参加该计划的人进行比较。然而这种方法存在两种偏差。第一，医疗补助计划的享有资格是由收入等因素决定的，而收入可能同样决定了结果，比如健康状况（例如，符合医疗补助计划的穷人可能同样是一个州当中健康状况最差的人）。第二，符合医疗补助计划资格的人当中只有部分人参加了计划，而这些人可能与没有参加的人有所不同（比如，参加的人可能健康状况更差）。因此，实验组（医疗补助计划当中的人）与对照组（没有参加医疗补助计划的人）可能在很多方面都存在差异，继而对项目影响的估计造成偏差。

值得庆幸的是，20 世纪 80—90 年代的医疗补助计划享有资格的扩张为克服这一限制提供了天然的方法。如表 16-1 所示，医疗补助计划扩张具有一个重要的特征，即在各个州之间、在不同年龄的儿童群体之间开展的步调不尽相同。以密苏里州为例，该州在医疗补助计划扩张之前对该计划的享有资格有着较为严格的限制，在扩张之后，该州符合医疗补助计划资格的儿童从 1982 年总数的 12%上升到 2000 年的 76%。密歇根州则大为不同，1982 年符合资格的儿童为 20%，截至 2000 年，该数字仅增加到 34%。

各个州之间扩张的进度差异为针对该项目影响的准实验分析提供了绝佳的条件。研究可以将享有资格扩大程度较高的州——实验组，与扩大程度较低的州——对照组进行结果（例如患病程度）比较。只要任何与享有资格扩张和结果变量都相关的因素（如健康）没有发生变化，那么这一方法则控制了比较计划内和计划外的人群时会发生的偏差。

然而，随着国家保险计划的扩张，其他方面也可能相应发生变化。例如，当面临国家经济衰退时，各州可能更愿意扩张医疗补助计划，因为经济衰退可能会独立影响到健康状况（如果人们的钱更少，那么他们对子女的食物及医疗服务的支付能力会更低）。然而像在失业保险中，“州范围内”的对照组能够进一步限制偏差，这是由于享有资格仅在同年龄的儿童群体中扩张，对其他人则没有扩张。例如，研究者可以比较华盛顿 13 岁的儿童群体与新生儿之间的健康结果。前者为实验组，自 1982 年到 2000 年其享有资格增加了 40%以上（从 18%到 59%）；后者为对照组，享有资格仅增长了不到 10%（从 48%到 56%，因为新生儿的很大一部分比例在 1982 年便已经符合计划资格）。两个组都受限于相同的外部因素，例如衰退，然而它们面临的是非常不同的医疗补助计划政策。如第 14 章的附录所示，我们可以将州之间的比较与州内的比较相结合，形成更具有说服力的准实验估计。

表 16-1　州之间及州内的医疗补助计划享有资格变化

儿童的享有资格，按州分		
年份	密苏里州的享有资格	密歇根州的享有资格
1982	12%	20%
2000	76%	34%
华盛顿儿童的享有资格，按年龄分		
年份	13 岁的享有资格	0 岁的享有资格
1982	18%	48%
2000	59%	56%

资料来源：根据作者与康奈尔大学的科萨利·西蒙的研究计算。

说明：1982—2000 年，医疗补助计划享有资格在密苏里州的增长幅度远高于密歇根州（上方表格）。州内享有资格的增长同样存在很大的不同：华盛顿 13 岁儿童群体的享有资格增长远高于新生儿（下方表格）。

这些研究是否与 RAND 公司的医疗保险实验所得出的改变保险的程度（通过改变共同保险比例）对健康并无影响的结论相矛盾？事实上并不矛盾，因为医疗保险实验中没有人是无保险的，所有人在花费超过 1 000 美元以上时都是全额被保的。因此将两部分证据放在一起，我们得出如图 15-7 所示的健康效率曲线类型。将人们从没有保险移动到有保险，如医疗补助计划扩张，将对健康产生重要的积极影响。然而一旦人们拥有保险，那么改变保险的数量（如 RAND 公司的医疗保险实验中所做的）似乎不会造成健康状况的明显变化。

成本效益　最后，我们探讨图 16-1 中最后一个箭头所示的成本效益问题。证据表明，公共保险的扩张会改善健康水平，那么扩张的成本是多少？柯里和格鲁伯（Currie and Gruber，1996）估计，该计划的扩张相当于每拯救一名婴儿，需要花费医疗补助计划大约 100 万美元，远低于第 8 章所讨论的补偿差别研究对生命价值的一般估计（300 万美元到 700 万美元）。这 100 万美元同样远低于政府用来拯救生命的其他很多干预措施的成本，例如食品或安全带法规。这一发现表明，将钱投入低收入者的医疗服务中可能成为提高美国健康水平的一个具有成本效益的途径。

16.3　国家老年及残疾人医疗保险计划

美国最大的公共保险项目是国家老年及残疾人医疗保险计划。如前所述，该计划作为全国性的老年人及非老年残疾人（接受联邦政府的残疾保险的人）医疗保险制度，于 1965 年开始实行。为了帮助理清思路，表 16-2 比较了医疗补助计划和老年人医保计划的主要特点。

表 16-2　2015 年医疗补助计划与老年人医保计划

	医疗补助计划	老年人医保计划
符合资格的人	福利家庭； 低收入儿童、孕妇； 低收入老人、残疾人	65 岁及以上的退休人员及配偶； 65 岁以下的特定残疾人； 肾衰竭的人（需要透析或肾脏移植）
保费	无	住院保险：无； 医生治疗保险：每月 104.90 美元； 处方药保险：可变的
免赔额/共担额	无（或极少）	住院保险：前 60 天的免赔额为 1 260 美元； 医生治疗保险：147 美元免赔额，20%共同保险； 处方药保险：可变的
不包含的服务	无	处方药（到 2006 年）、常规检查（到 2010 年）、口腔护理、家庭护理、眼镜、助听器、疫苗注射
对提供者的报销	非常低	中等（但在下降）

说明：医疗补助计划为低收入人群提供医疗保险，以很低的成本为这些人提供各种不同的医疗服务保险。老年人医保计划为 65 岁及以上的人提供医疗保险，以一定成本为这些人的很多（虽然不是全部）医疗服务进行保险。

□ 老年人医疗保险计划如何运作?

老年人医疗保险计划（即老年人医保计划）在联邦一级执行。所有工作并支付工资税达到 10 年的美国公民及其配偶都有资格获得保险；其他没有达到工作经历要求的公民可以全价购买老年人医疗保险。该计划的运作方式与私人保险计划类似，政府为提供者的成本进行报销，患者则需要支付共同保险。当我们学习老年人医疗保险计划及其改革时，需要牢记两个特征。

老年人医疗保险计划 A 部分：是老年人医疗保险计划的一部分，涵盖了住院费用和一些长期医疗保健费用。保险资金来源于工薪税。

老年人医疗保险计划 B 部分：是老年人医疗保险计划的一部分，涵盖了医生支出、医院门诊支出，以及其他服务。保险资金来源于参保人的保费和一般性收入。

老年人医疗保险计划 D 部分：是老年人医疗保险计划的一部分，涵盖了处方药的支出。

老年人医疗保险计划是三个不同的计划　老年人医疗保险计划实际上由三个不同的计划组成。**老年人医疗保险计划 A 部分**（Medicare Part A）涵盖了住院费用和一些长期保健费用（老年人保健，在疗养院或他们自己的家里）。该部分的资金来源于老年人医院保险信托基金，该基金由第 15 章讨论的雇主及雇员的工资税构成。**老年人医疗保险计划 B 部分**（Medicare Part B）涵盖了医生支出、门诊医院支出，以及其他服务。该部分成本资金大约有 25%来自参保者的保费，直接从社会保险金当中予以扣除；余下的 75%则由一般政府收入进行支付。B 部分的保费依赖于收入高低。对于大部分老年人，保费为每月 104.90 美元；但对于收入超过 214 000 美元的老年人，每月的保费则上升到 335.7 美元。[①] **老年人医疗保险**

① 成本分布信息来自 Kaiser (2014)，保费信息来自 U. S. Department of Health and Human Services (2014)。

计划 D 部分（Medicare Part D）为处方药的花费提供保险。如下文所述，人们可以在大量的私人保险计划当中选择处方药的保险。D 部分的保险资金来源于参保人的保费（在各个可用的计划之间大不相同）与政府一般收入的混合。

老年人医疗保险计划具有高昂的患者成本　相对于私人医疗保险，老年人医疗保险计划具有相当高的共担额及免赔额，以及相对贫乏的福利套餐，相对于医疗补助计划来说更是如此。计划的 A 部分当中，住院前 60 天的免赔额为 1 260 美元（61～90 天患者的成本增加到每天 315 美元，91～150 天为每天 630 美元，之后则需要全额支付）。B 部分的免赔额为 147 美元，共同保险率为 20%。① 值得注意的是，B 部分的共同保险并没有金额支付上限。如果一个人当年的治疗费用为 10 000 美元，则他需要支付 2 000 美元的共同保险。这大大降低了老年人医保计划的消费平滑价值，因此生病时依然可能面临治疗费用过高的风险。尽管 D 部分的各个保险存在不同，某些计划收取的保费更高，对处方支出的保险比例更高，然而 D 部分保险同样以较高的患者成本为特征（见下面的应用部分）。另外，很多私人部门保险计划的福利并不包含在老年人医保计划的保险范围内，这些福利包括口腔护理和视力保健。

☞**应用**

关于老年人医疗保险处方药的争论

21 世纪早期最热烈的卫生政策争论之一，是关于将处方药福利加入老年人医疗保险计划的话题。1965 年，老年人医疗保险计划刚建立时，其保险范围涵盖了老年人及残疾人的大部分医疗需求，包括住院及医生治疗成本，但不包括处方药。这一遗漏在老年人医疗保险计划建立之初并没有被人们认为是重要的问题，但在 20 世纪 90 年代，处方药在治疗老年人常见疾病方面取得的进步引起了人们对该保险计划缺口的重视。

20 世纪 60 年代，在老年人医疗保险计划的接受者中，高血压、抑郁症、消化性溃疡、糖尿病以及其他很多常见病很少有相应的门诊药物。然而到了 20 世纪 90 年代，所有的这些疾病都可以通过处方药进行治疗。以老年人医疗保险计划的接受者为例，2003 年，每人在处方药上的平均花费为 2 500 美元，这是 1965 年美国人均花费在所有医疗服务上的金额的两倍！② 因此，人们对将处方药福利加入老年人医疗保险计划当中的需求非常强烈。这也是 1998—2002 年的国会竞选及 2000 年总统竞选的主要议题。

民主党及共和党提出了两种不同的方法来解决这一问题。民主党建议将处方药福利加入老年人医疗保险当中，通过政府与药物公司直接沟通的办法确保药价的低廉。共和党建议政府通过健康维护组织或独立的处方药计划，对提供老年人处方药保险的私人保险公司进行补贴。

两种方法各有优缺点。一方面，联邦政府会成为巨大的处方药购买池，不仅能够使

---

① Centers for Medicare and Medicaid Services (2012).

② 处方药支出数据来自 Congressional Budget Office (2002)。美国人平均健康支出数据来自医疗保险和医疗补助服务中心（Centers for Medicare and Medicaid Services）发布的《国家健康支出账户》（National Health Expenditure Accounts）中关于"国家健康支出"的章节。本章其他的健康支出数据都出自《国家健康支出账户》。网址为 http://www.cms.gov/Research-Statistics-Data-and-Systems/Statistics-Trends-and-Reports/NationalHealthExpendData/index.html。

管理成本最小化，而且可以在沟通过程中要求对方降低价格。另一方面，联邦政府可能会负担过重，且价格过低会导致新的药物研发变得无利可图，因此制药方面的创新会有所下降。①

私人保险的办法则不会遇到这些问题，因为可以与制造商进行价格沟通。然而私人模式会产生新的逆向选择问题，即可能会面临只有最需要处方药的人群才参与计划的情况。

2003 年 12 月，乔治·布什总统采纳了共和党的办法，并将其签署为法律，但同时提供了政府再保险，以解决潜在的逆向选择问题。在再保险制度中，联邦政府对承保人的超大额药物账单进行部分比例的报销，以确保承保人在吸纳病弱人群时不会遭受过度的损失。

新的计划被称为 D 部分，其登记制度在最开始时存在着许多问题。在 2005 年 11 月 15 日登记开始前，老年人医疗保险计划及州政府官员每天都会接到成百通电话。这些电话来自灰心的老年人医疗保险接受者，他们在选择计划时感到很迷茫，并且在他们尝试做出选择的过程中，一些激烈的私人保险竞争者仍旧在对某些计划进行调整。尽管开局如此艰难，但在接下来的几个月当中，联邦政府成功解决了初期过渡时出现的很多问题，截至 2006 年年底，已有超过 2 300 万老年人加入了该计划。②

对于以私人保险为基础的办法究竟有多成功这一问题，并没有明确的证据。一方面，该计划的成本比早年预计的要低得多。2015 年，D 部分的每月人均保费为 33.13 美元，比 2003 年该法律通过时国会预算局所预测的低了 25%。③ 低成本的一部分原因是承保人之间的激烈竞争，以及承保人能够引导 D 部分接受者选择低成本的“通用性”药物（Duggan and Scott Morton，2010）。另外，有明确的证据表明，老年人在众多可选的保险项目当中，并没有选择对他们自身最有利的。阿巴拉克和格鲁伯（Abaluck and Gruber，2011）对老年人使用处方药的大样本进行研究后发现，一般的老年人如果选择一个较便宜的计划，则可以节省 30%的钱。

然而可以确定的是，药物福利的基本结构是不合理的。2006 年 D 部分基本计划中，人们能够获得的保险如下：

- 每年第一个 250 美元药物花费的保险为 0。
- 接下来 2 250 美元药物花费的 75%（总计 2 500 美元）。
- 接下来 3 600 美元药物花费的 0%（总计 5 100 美元）。
- 5 100 美元药物花费以上部分的 95%。

这是一个非常奇怪的结构，对低水平支出部分（在 250 美元与 2 500 美元之间的药物支出）的保险更慷慨，紧接着是一个没有保险的“甜甜圈洞”（到 5 100 美元），而在一个很高的水平以上（5 100 美元以上）又几乎是全额保险。这一结构并没有相关的经济学原理的支持。第 15 章中讨论的最优保险安排指出，为了避免道德风险，为初始消费提供的保险应较少，随着支出的增加，保险覆盖也应增加以确保消费平滑的实现。该

① Finkelstein（2003）表明，药品创新将对政府保险提供的激励做出反应。

② Chronic Conditions Data Warehouse（2015）.

③ 信息来自 Medicare Interactive（2015），网址为 http://www.medicareinteractive.org/page2.php?topic=counselor&page=script&script_id=1479。

计划当中的第一档及最后一档分别为初始免赔额以及 5 100 美元以上的重大保险，这两个档次都遵循了最优保险安排。但没有经济学原理能够支持中间的两档，即相当慷慨的 250 美元到 2 500 美元档，和接下来完全没有保险的 3 600 美元档。这是与最优保险设计完全相反的福利结构。

这一结构的原理具有明显的政治特点。大部分年长者的药物花费为中等水平。例如，54%的老年人医疗保险计划接受者每年的药物花费在 2 000 美元以下。① 这项法案的目的是，在一定的联邦预算成本下，为最大数量的老年人提供福利，不管他们对保险的最终需求如何。倒置的药物福利则可以实现这一点。因此，对最大化政治选票的追求导致低花费伴随低水平的共同保险，高花费伴随高水平的共同保险。

在 D 部分成立后，“甜甜圈洞”立刻受到了批评，并且成为很多政治辩论的重要话题来源。最近颁布的卫生改革的一项主要内容是，“甜甜圈洞”在接下来的 10 年里会被逐步填满，在 2019 年之前，这一结构将实现“重大水平”之前 75%的保险，以及该水平以上 95%的保险。

16.4 老年人医保计划有哪些影响？

与医疗补助计划不同，针对老年人医疗保险的公众政治辩论并不是聚焦在哪些人应具备享有资格上。一个覆盖范围遍及老年人和残疾人的制度赢得了广泛的支持。然而即使有这些支持，令人惊讶的是，很少有证据表明老年人医疗保险计划实际上提高了老年人的健康水平。②

这并不意味着老年人医疗保险计划是没有价值的。回忆第 12 章中讨论过的，保险的角色并不是提高健康结果，而是在发生不良事件时确保消费平滑。老年人医疗保险计划很好地达成了这一目标。正如芬克尔斯坦和麦克奈特（Finkelstein and McKnight, 2008）证明的，老年人医疗保险计划的建立与自付医疗费用的大量减少相关，特别是具有最高医疗花费的人。运用第 12 章所讲的保险模型，这些研究者计算得出，老年人医疗保险计划的消费平滑收益至少为该计划支出的一半，因此即使没有对健康产生积极影响，普遍范围内的老年人医疗保险计划仍然带来了可观的效益。

人们对于老年人普遍能够享受医疗保险这一事实达成了共识，争论点主要集中在控制该计划快速增长的成本方面。在最初的 15 年中，老年人医疗保险计划呈现指数增长，联邦支出从 1966 年的 6 400 万美元增长到 1980 年的 321 亿美元。这种急速增长导致政策制定者从两个不同的方面关注成本控制问题。

---

① Congressional Budget Office (2002).

② Card et al. (2008) 发现，无论 65 岁之前是否有保险，当人们达到 65 岁时，并没有明显的健康水平提升。Finkelstein and McKnight (2008) 发现，在老年人医疗保险计划实施后，老年人的总体健康水平并没有明显上升。另外，Card et al. (2009) 发现，对于被医院接受进行急诊的患者，老年人医疗保险计划的实施与下降的患者死亡率有关。

□ 预期支付制度

> **预期支付制度**：基于国家对特定诊断的支付标准而对医院进行补偿的医疗系统。

就像私人部门一样，老年人医疗保险计划的行政人员意识到基于医疗提供者账单的追溯报销制度是成本迅速增长的原因所在。为了控制医疗服务的过量使用，该计划也因此成为向前瞻性报销制度转变的先行者。前瞻性报销基于预期的成本，而非实际提供的服务。1983 年，老年人医疗保险计划对医院的报销制度转变为**预期支付制度**（prospective payment system，PPS）。该制度具有几个重要特征：

1. 所有医院接收的病情诊断都被分到 467 个诊断相关组中。

2. 无论实际治疗过程的成本如何，政府均根据患者的诊断相关组对医院实行固定数额报销。对于更为“严重”（成本更高）的诊断相关组，报销数额则更高。

3. 报销的数额由治疗该诊断相关组所需成本的国家标准，以及根据具体医院进行的调整来决定。对教学医院以及为很多穷人患者提供治疗的医院报销力度更大。

□ 向预期支付制度转变的实验证据

理论上看，预期支付制度是一个典型的前瞻性支付制度，由于医院得到的报销数额是固定的，与治疗强度无关，因此该制度的目的在于鼓励成本效益尽可能高的治疗手段。事实上，预期支付制度的效果是惊人的。医院对老年人的治疗强度大幅下降，这一结果与从追溯报销制度向前瞻性报销制度转变的动机一致。仅一年时间，老年人患者的平均住院天数便从 9.7 天减少到了 8.4 天，是过去 20 年下降比例的 4 倍。在印第安纳州的一个医院，因髋骨骨折而住院的时间长度从将近 22 天减少到只有 13 天。重症监护病房的接收率下降了 15%，冠心病重症监护病房的接收率下降了 16%。[①]

另外，虽然治疗强度方面有了极大程度的下降，但并没有证据表明这一变化对患者的身体造成了不良影响。一年内治疗当中的死亡率在这一重大政策变化之前和之后是一样的。这个结果进一步证明了图 15－7 所示的“曲线平滑”模型：只要人们有保险，降低治疗强度所导致的健康水平下降微乎其微。

向预期支付制度的转变导致住院成本的增长速度急剧下降：在经历了 1967—1982 年每年 9.6%的增速之后，老年人医疗保险计划下的住院成本在 1983—1988 年的年均增速仅为 3.0%。不幸的是，预期支付制度似乎在 1988—1997 年间失效了，在此期间，住院成本每年增长 5.4%。

□ 预期支付制度存在的问题

预期支付制度为什么不能解决老年人医疗保险计划长期成本增长的问题？或许是因为它的前瞻性还不够。这一制度几乎立刻遇到了“诊断取巧行为”的问题。老年人医疗保险计划对每个诊断按照固定数额进行报销，但当医院接收病人时（特别是身体问题较多的老年患者），医院在诊断的选择问题上具有一定的控制权。因此，医院可以通过将接收的患者归为较严重的诊断来改变他们的医疗诊断分类，使医院能够获得更高的报销

---

① Fitzgerald et al.（1987）；Leibson et al.（1991）.

数额。事实上，在预期支付制度实施时期，报告显示，与老年人相关的医疗诊断的严重程度大幅上升！

在这当中有一些极为恶劣的例子。美国最大的医院链——哥伦比亚/HCA公司*甚至出现了刑事案件。例如，1995年，迈阿密的哥伦比亚雪松医疗中心（Columbia's Cedars Medical Center，简称雪松）为其老年人医疗保险内的呼吸道疾病进行医疗诊断分类时，将其中的93%归类为具有复杂的呼吸道感染（报销率为5 700美元），仅有7%被归类为肺炎并发症（报销率仅为1 700美元）。与此同时，仅隔一条街的一所非哥伦比亚公司运营的医院——杰克逊纪念（Jackson Memorial）医院，只有28%的账单在复杂的呼吸道感染分类当中。另外，雪松的医疗账单构成发生显著变化的时间被证明与哥伦比亚将其收购的时间完全吻合。1992年，也就是这个医院独立运营的最后一年，只有31%的呼吸道病例被归类为报销比例最高的一类；仅一年之后，也就是在哥伦比亚公司将其收购之后，这一数字上升到76%。最终，在2000年，HCA公司承认了14项严重罪行，同意支付17亿美元的民事及刑事罚金，这是医疗卫生欺诈案中联邦检察官做出的最大金额处罚决定。①

这一短期问题具有长期表现，即诊断相关组自身的制度设计存在问题。将近一半的诊断相关组认定都不是单纯基于诊断，而是根据对患者进行的实际治疗。例如，一个具有严重心脏疾病的患者进入医院时可能被诊断为“心脏骤停，原因不明”（诊断相关组129），医院能够得到5 000美元的报销。或者他可能会接受众多手术当中的一种，包括冠状动脉旁路手术（诊断相关组106，报销数额为33 000美元）、起搏器安装（诊断相关组551，报销数额为15 000美元），或者最极端的情况，如心脏移植（诊断相关组103，报销数额为88 000美元）。② 有了这一分类，就可以实现有效的追溯报销制度：通过完成一定的程序，提供者可以将患者的情况移至更高级别的诊断相关组来提高报销水平。

预期支付制度的另一个问题是，该制度按照医院接收人次进行报销，为医院提高接收率提供了动机。具体而言，这引起了对同一诊断的重复入院的担忧，医院可以通过在病人康复之前让其出院，然后让他们因为同样的疾病重新住院来赚钱，这样就能够再次获得报销。实际上，平价医疗法案的一个关键特征是对重新入院率高的医院进行处罚，并且这些处罚的引入与医院再入院率大幅下降有关。③ 但医院的内部财务激励措施可能会产生有害影响：针对营利性医院链——健康管理协会（Health Management Associates）的诉讼称，该连锁组织正在为医生接收更多的老年医保计划参与人支付更多的费用。例如，医生被迫将任何体温高于正常温度98.7度**的老年患者归类为“发烧”。④

预期支付制度的另一个问题是，它只适用于医疗系统当中一部分针对老年人的治疗，然而医疗系统的不同组成之间存在大量的可替代性。纽豪斯和拜恩（Newhouse

① Eichenwald (2002); Gottlieb et al. (1997).

② Office of the Federal Register (2005).

③ Kliff (2015).

④ Cresswell and Abelson (2014).

* 1994年，哥伦比亚公司与美国医院（HCA）合并为哥伦比亚/HCA公司。——译者注

** 原书数据如此，应该是华氏温度数据。——译者注

and Byrne，1988）在这个问题上提供了一个很好的例子。他们研究了主要为长期住院的情况而设立的康复医院，在这些医院当中通常不需要急性的医疗服务（较少的持续监护，更多的长期康复治疗，如髋关节置换术的康复）。康复医院最初不受预期支付制度的限制，因此在预期支付制度实施时，有大量患者从急性治疗医院转移到这些获得豁免的康复机构中，抵消了预期支付制度变更所带来的大部分节省。

▶实验证据框◀

长期护理医院中的短期住院

正如前面所讨论的，医院转变为预期支付制度的意外影响是医院开始更多地使用不包含在该制度当中的其他设施类型。从 1997 年开始，老年人医保计划试图通过在其他设施中引入预期支付系统来弥补这些变化。但这些方法本身可能会导致一些问题。

金等（Kim et al.，2015）针对长期护理医院的研究提供了一个很好的例子。他们指出，这种医院在 20 世纪 80 年代首次出现，对于需要在短期急症护理医院进行长期护理的患者来说，这是一种具有成本效益的替代方案。随着时间的推移，长期护理医院已成为医疗补助计划中发展最快、收入最高的急性期后护理（住院后护理）的提供者。1993—2011 年，长期护理医院的数量从 192 个增加到 424 个，医疗保险支出从每年的 3.89 亿美元飙升至 56 亿美元。

预期支付制度的实施推动了部分增长，预期支付制度豁免了这些类型的医疗服务提供者，为急症医院提供了激励措施，使其能够迅速将患者送到按服务付费的医院。为了解决这种情况，政府于 2002 年 10 月推出了一项针对长期护理医院的预期支付制度，该制度将在几年内逐步实施。为了阻止短期患者被转移，该制度包括减轻在上限停留时间（根据条件而变化）之前出院的患者的费用，并且这种费用减轻的程度相当可观。对于需要长时间机械通气的呼吸系统疾病，2015 年的诊断相关组报销为 79 128 美元。但如果患者在第 29 天之前停用该设施，那么这笔费用可以减至 31 376 美元——减少 50%以上。

该研究提出的问题是，长期护理医院在面对这种激励时，是否会让患者使用设备的时间超过 29 天这一阈值。具体而言，如果医院对这种经济激励做出反应，那么在患者对医疗设施的使用时间超过阈值且费用升高之后，出院率应该会有所上升。

当然，这种分析的问题在于，该患者在第 29 天出院可能存在自然原因。例如，这可能是通常建议的出院时间。为了解决这一问题，作者使用了对照组，这些患者在新制度出台之前于 2002 年出院。对于这些患者，第 29 天没有特别的经济激励措施。因此，如果在 2002 年之前的第 29 天出院率没有特别大幅增加，但是在 2002 年之后出现大幅增加，则表明财务激励措施发挥着重要作用。

事实上，图 16－2 表明情况就是这样。这是我们在第 13 章中用于分析退休类型的“风险图”：横轴显示患者的住院时间，而纵轴显示在该住院时间内离开长期护理医院的患者百分比。灰色线表示政策变化前，即 2002 年的住院时间分布，而黑色线表示政策实施后（2005—2010 年）的分布情况。在政策变化之前，每个住院时间的患者出院率基本维持在 2%，直到大约 29 天的时候开始下降。但是在政策改变之后，在 29 天以下的住院时间（特别是住院时间为 1～4 天）的出院率有所降低，然后在收费提升的 29 天门槛之前出院率大幅上升。虽然 2%的患者在新政策出台前 29 天出院，但在政策变化后，这一比例几乎增加了两倍。显然，报销政策的这种变化影响了医院的行为。

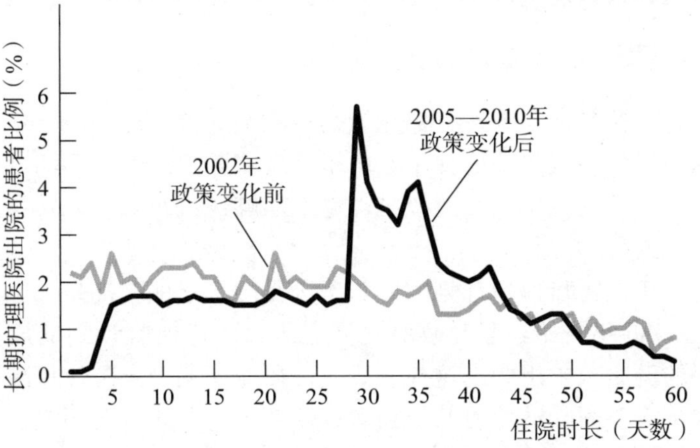

图 16-2　政策变化前后的医院出院时间

资料来源：Kim et al.（2015）.

说明：该图显示了长期护理医院在不同住院时间出院的患者比例。在政策变化之前，2%的患者在第 29 天出院。改变后，出院率几乎是之前的三倍，达到 5.7%。

我们应该如何实施这些激励措施？正如下一节所讨论的，真正将此类激励措施纳入制度中的唯一方法是使用广泛的报销制度，其中包括激励提供者进行合作医疗，并将医疗内容的低效率内部化。但是，这样的制度说起来容易做起来难。而且不幸的是，在短期内，政府的发展方向正好相反：医疗保险只是在这些设施的短期使用中再次减少报销！

□ 经验教训：局部性改革的困难

这些研究结果均突出反映了提供者报销制度局部性改革的问题。如果政策制定者没有解决追溯报销制度所导致的整个系统范围的过量使用动机，那么局部的解决方法就像挤压枕头的一个角：只是成本被转移到了其他几个角而已。基于诊断对医院实行报销，患者的病情会突然变得更严重。针对某一特定类型的医院实行严格的报销制度，患者则会转移到其他地方。

1997 年，联邦政府在意识到这一问题之后，要求其他所有现行追溯报销制度的部门全部实行前瞻性报销制度。这些变化进行得很缓慢，但初步的证据表明，这一措施是有效果的。最近的研究证明了前瞻性报销制度在家庭健康护理机构以及住院病人康复机构的推行有效降低了使用率，并且没有对医疗结果产生不良影响。[①]

① Huckfeldt et al.（2011）；Sood et al.（2011）.

正如为员工设计最优保险制度一样，为提供者设计最优报销制度同样反映了一个权衡问题。一方面，追溯报销没有提供足够的控制医疗成本的激励。另一方面，单纯的前瞻性报销制度尚未实现，可能会导致提供者过多地削减成本来达到赚钱的目的。因此，最优的制度可能包含两种方法的结合。现有的关于老年人医疗保险计划的证据表明，该制度可能在保留追溯报销制度的关键特征方面犯了太多的错误。

□ 老年人医疗保险计划的管理式医疗

政策制定者为了控制老年人医疗保险计划的成本寻求的另外一条途径是，增加老年人医疗保险计划中对管理式医疗的使用。由于管理式医疗能够在不明显减少服务质量的前提下降低每个参与人的成本，因此政府理论上能够通过将参与人转移到管理式医疗的办法达到节省资金的目的。

过去，所有老年人医疗保险计划的参与人接受的医疗保险都是同一种实行追溯报销制度的保险。从 1985 年开始，联邦政府允许老年人医疗保险计划的成员可以选择老年人医疗保险计划的健康维护组织。这些方案通常覆盖了老年人医疗保险计划的大多数自付成本，因此成员需要面临的项目共担额和免赔额更少。该方案还提供了老年人医疗保险计划中没有提供的其他福利，最突出的是处方药保险。然而对于患者来说，健康维护组织有一个劣势，它限制了患者对医疗服务提供者的选择，以及为了降低成本而潜在地参与了配给制度，而此做法在传统制度下是不曾出现的。尽管有这一劣势，如图 16－3 所示，老年人医疗保险计划的健康维护组织参加率稳步增长到了 1999 年的 16%，接着有所下降，2003 年之后由于对管理式医疗提供者的报销率的增加，又再度上升。近几年，参与率增长尤为迅速。

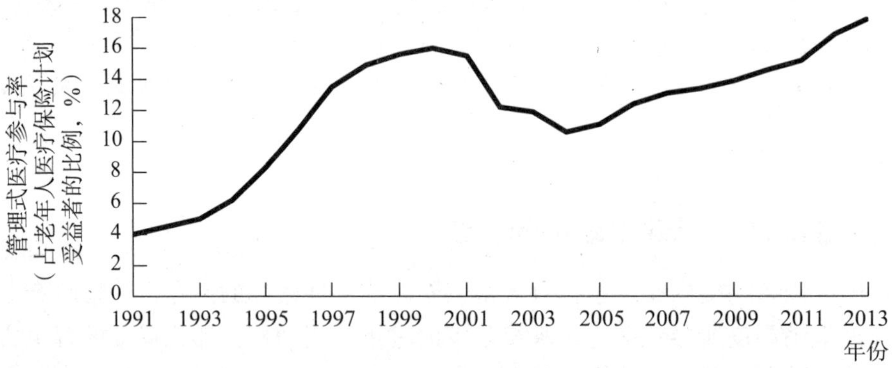

图 16－3　老年人医疗保险计划受益人的管理式医疗参与率

说明：当管理式医疗这一选项被引进老年人医疗保险计划时，参与率稳步上升，在 1999 年达到了最高值——为老年人医疗保险计划受益人的 16%。参与率在 21 世纪头十年由于政府对管理式医疗提供者降低了报销比例而有所下降。2003 年报销比例的上升又带来了后续管理式医疗参与率的进一步增长。

老年人医疗保险计划为了竭力压低成本，对健康维护组织的报销数额仅相当于传统老年人医疗保险计划参与人平均每年医疗成本（调整后的人均成本）的 95%。通过这种办法，所有人都得到了好处：选择老年人医疗保险健康维护组织的人得到了他们所偏好的福利，而政府又达到了省钱的目的。

但是政府真的节省了开支吗？回忆上一章提到的，强有力的证据表明健康维护组织具有正向选择——只有最健康的患者选择这个选项。这种选择同样作用于老年人医疗保险计划中的老年人。结果是，在老年人医疗保险计划的很多健康维护组织中，成员每年的医疗成本远低于调整后人均成本的 95%，因为它们招收到的都是最健康的人群。因此，大多数估计都认为政府在健康维护组织这一项目上实际是在赔钱。那么政府是如何在仅支付人均水平 95%的情况下又赔钱的呢？这是由于政府是按照留在老年人医疗保险计划当中最病弱的参与人的平均成本的 95%来支付的，而健康维护组织当中健康的参与人的实际成本要低得多。图 16－4 说明的是一个虚构的老年人医疗保险计划当中的选择过程。在健康维护组织可用之前，该制度当中一共有 300 个人。其中三分之一的参与人的平均成本为每年 1 000 美元，三分之一为每年 2 000 美元，剩下的三分之一为每年 3 000 美元。因此该老年人医疗保险计划的平均成本为每个参与人 2 000 美元，政府的总支出为 600 000 美元。

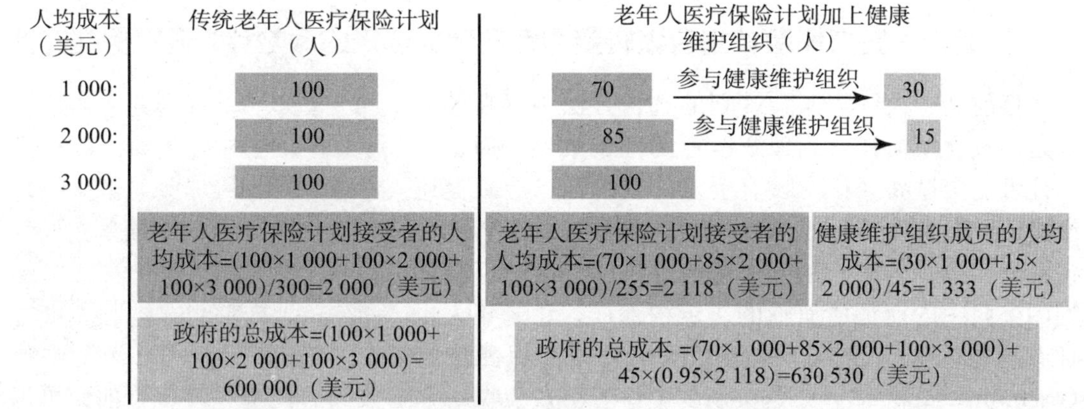

图 16－4　将健康维护组织纳入老年人医疗保险计划

说明：在引入健康维护组织之前（第一列），三个成本水平上各有 100 人，老年人医疗保险计划接受者的人均成本为2 000 美元。健康维护组织被引入之后（第二列），选择健康维护组织的人主要为低成本人群，导致老年人医疗保险计划的人均成本更高（2 118 美元），健康维护组织的人均成本则较低（1 333 美元）。然而政府还是对健康维护组织实行相当于老年人医疗保险计划成本 95%水平的报销（2 012 美元），因此当健康维护组织可以被选择之后，政府的支出增加了 30 530 美元。

引入健康维护组织之后，每年花费 1 000 美元的人当中有 30 人选择了健康维护组织，每年花费 2 000 美元的人当中有 15 人选择了健康维护组织，每年花费 3 000 美元的人当中无人选择健康维护组织（因为健康的人偏好健康维护组织）。因此，健康维护组织的人均花费为 1 333 美元，留在老年人医疗保险计划的人群的平均花费则为 2 118 美元。政府按照老年人医疗保险计划平均花费的 95%对健康维护组织实行报销，即每年报销 2 012(＝2 118×0.95) 美元。所以政府实际上每年在健康维护组织成员身上平均损失了 679 美元（用 2 012 美元的报销数额减去这些人的实际支出 1 333 美元）。换言之，政府现在需要为留下的成员支付 540 000(＝70×1 000＋85×2 000＋100×3 000)美元，加上为健康维护组织的 45 个成员支付的 90 530 美元（每人支付2 012 美元），共计 630 530 美元。因此，政府在引入健康维护组织之后损失了超过30 000 美元！

认识到这一问题后，政府在 1997 年进一步降低了对健康维护组织的支付水平。这导致很多在吸引最健康的成员方面可能有困难的健康维护组织放弃了在老年人医疗保险计划上的业务。因此，曾在1999年达到16%峰值的老年人医疗保险计划健康维护组织参与比例，在2003年下降到了12.6%。受此变化趋势的影响，美国国会阻止其成为2003年《医疗保险现代化法案》(Medicare Modernization Act)的一部分（比较出名的是将处方药福利添加到老年人医疗保险计划范围中），并提高了健康维护组织的报销比例，使其不低于传统老年人医疗保险计划水平的100%（2004年为107%）。这一变化导致老年人医疗保险计划中参加管理式医疗的人群比例有所上升，到2009年，该参与率超过了以往的最高点，达到了22%的水平。然而，我们并不清楚为什么管理式医疗的参与率本身应该成为政府的目标；我们清楚的是，相对于传统的老年人医疗保险计划，政府再一次在健康维护组织的报销方面赔了钱![1] 因此，减少对老年人医疗保险计划管理式医疗的"超额赔付"是平价医疗法案下新支出的主要资金来源。尽管改良的老年人医保计划的报销率降低，但如图16-3所示，该计划的使用率持续增长。

□ 老年人医疗保险计划应该转变为包含全部选择的保险计划吗？保费支持

> **保费支持**：一个包含了老年人医疗保险计划参与者可享受的所有医疗保险选择的制度，这些参与者会收到一定额度的可用于一系列医疗保险选择的代金券（支付或收取计划所需保费与代金券之间的差额）。

目前老年人医疗保险计划的选择方法中存在的问题是，政府须估计对管理式医疗的报销数额，而这一估计可能会过高（花费政府资金）或过低（导致健康维护组织退出计划）。另一个可供选择的办法是转变为包含全部选择的医疗制度，就像提供多种医疗保险计划的公司中的雇员所面临的决定权那样，让老年人也拥有同样的决定权。这种制度通常被称为**保费支持**(premium support)，在这类制度中，老年人会收到一定数额的代金券。接着他们可以从一系列的保险项目中进行选择，其中也包括传统的老年人医疗保险计划。如果他们选择的项目花费少于代金券数额，那么他们可以保留差额；如果他们选择的项目花费更高，则需要支付差额。正如我们在"应用"中讨论的，这样的制度将竞争引入老年人医疗保险计划中，使政府更容易设定报销水平，但代价是将资源从最病弱的成员分配到最健康的成员身上。

☞**应用**

老年人医疗保险计划的保费支持制度

表16-3的上方表格阐述了一个典型的保费支持计划。例如，一个老年人可能在他可享受范围内的三个计划——A计划、B计划和C计划中进行选择。这些计划每年的成本分别为1 800美元、2 000美元和2 500美元。政府可以将代金券设置为任何水平，但假设政府在这一范围中选择了相当于中位数保险计划的成本水平进行报销（该例子当中为2 000美元）。那么选择了A计划的人则可以享受200美元的返还；选择了B计划的没有返还；而选择了C计划的则需要支付500美元。

---

① Brown et al. (2011) 报告了14%~超过50%的超额给付的估计。老年人医疗保险计划的健康维护组织确实提供了比传统老年人医疗保险计划更丰富的给付项目，但不明确的是，政府为什么对只是刚好选择了健康维护组织的人补贴更丰富的给付项目。事实上，Pizer et al. (2003) 发现，选择了健康维护组织的人对额外项目的评价并没有高于或者等于它们的成本，这意味着没有理由对这些项目的提供进行补贴。

保费支持制度的优点与教育当中的代金券制度一样（在第11章讨论过）。首先，该制度尊重了消费者的自主权，允许他们选择最符合他们偏好的医疗保险计划，而不是强迫他们选择政府提供的选项。其次，该制度通过允许人们在各个计划之中进行选购达到了提高医疗服务提供效率的目的。健康维护组织及老年人医疗保险计划都需要尽可能高效地提供医疗服务，这样它们才能提供尽可能低的保费以吸引参与人。在现今的老年人医疗保险计划中，这方面的激励较少，因为成员无论选择什么选项，他们支付的保费数额都是一样的。

最后，该制度通过让市场来运作，解决了管理式医疗的“适当”报销水平问题。例如，政府可能只是简单地声明会在该范围内采用相当于中位数保险计划的成本水平的报销机制。接下来不同计划将会竞相通过低成本来吸引参与人，经过这一竞争过程，政府只需要找到中位数价格并将报销水平设定在此即可。也就不会产生关于适合所有健康维护组织的正确报销水平的猜测。

医疗保健选择的这些优点可能会被两个明确的问题所抵消。第一个问题是逆向选择。如果政府只是实行固定数额报销，让人们自行支付较昂贵的计划的多出部分（或允许他们从较便宜的计划当中节省资金），那么我们就会碰到早前在第12章当中讨论过的与哈佛大学的相关内容相同的问题：健康的人选择较便宜的计划，加剧了病弱人群成本上升的程度，这些病弱人群通常偏好更慷慨的保险计划。

表16-3的下方表格阐述了当逆向选择带来损失时保费支持制度的情况。最健康的人们转移到了A计划当中，成本进一步降低到了每年1 600美元。这些人一部分来自B计划，因此B计划当前的成员身体状况平均水平有所下降，成本则上升到了2 100美元。C计划当中的一些人可能也转移到了A计划，更多的则是转移到了B计划当中，因此C计划当前拥有最病弱的成员，其成本上升到了3 000美元。现在，由于代金券数额相当于中间成本计划的成本水平，因此A计划的人能够获得每年500美元的返还，而C计划的人则需要每年支付900美元。

表16-3　逆向选择存在及不存在情况下的保费支持制度　　单位：美元

包含全部选择的老年人医疗保险计划（在逆向选择发生前）			
计划	计划成本（每人）	代金券（中间计划成本）	个人支付
A	1 800	2 000	−200
B	2 000	2 000	0
C	2 500	2 000	500
包含全部选择的老年人医疗保险计划（在逆向选择发生后）			
计划	计划成本（每人）	代金券（中间计划成本）	个人支付
A	1 600	2 100	−500
B	2 100	2 100	0
C	3 000	2 100	900

说明：在典型的保费支持制度下，人们支付他们的保险计划成本与中位数保险计划成本之间的差额，如上方表格所示。然而逆向选择将导致更病弱的患者选择最贵的计划，使这些计划变得更加昂贵。最健康的人选择花费最少的计划，使这些计划的价格下降。长期来看，代金券机制带来的最终结果是奖励了健康的人，并使病弱的人花费更多（下方表格）。

在一个报销水平相当于中位数保险计划成本水平的制度当中，逆向选择问题可能会导致对健康人群（通常选择 A 计划）的大量返还以及病弱人群（通常选择 C 计划）的高昂成本。因此关键点在于，逆向选择问题从根本上来看是收入分配问题：我们愿不愿意让更健康的老年人省钱而让更病弱的老年人支付更多，以将竞争引入老年人医疗保险计划中？老年人医疗保险计划中方案选择的适当水平反映了这样的权衡，即竞争带来的收益与从病弱人群到健康人群之间的成本再分配之间的权衡。[①]

第二个问题是老年人决策不力。在一般的经济学模型中，更多的选择只会使个人变得更好，但是行为经济学中越来越多的文献认为，额外的选择会使决策过程的结果恶化。在各种各样的背景下进行的研究表明，更多的选择会导致市场参与度降低，对所做出的选择的满意度降低。在阿巴拉克和格鲁伯（Abaluck and Gruber，2013）中回顾老年人医疗保险计划 D 部分的文献表明，面临大量处方药计划选项（通常约有 50 种选择）的老年人在做选择方面表现很差，而且没有逐渐学会如何进行更好的选择。

原则上，这两个问题都可以通过技术方法来解决。由于逆向选择导致的再分配问题可以通过适当的风险调整进行抵消，即接收了最病弱患者的承保人从接收了最健康人群的承保人处获得转移支付。风险调整在近几年取得了巨大的发展，目前政府及私人保险公司所使用的调整方法也颇为复杂。然而即使是这些复杂的调整方法也是非常不完善的，因此无法完全抵消不同计划之间的医疗风险差异。[②] 同样，老年人的决策不当也可以通过适当的"决策支持"工具加以解决，这些工具可以精确地指导客户完成保险计划决策的复杂方面。然而，这些工具仍处于起步阶段，迄今为止几乎没有证据表明它们已经大大改善了保险决策。

□ 老年人医疗保险计划中的缺口

当大部分围绕老年人医疗保险计划的政策争论都聚焦在成本控制的时候，另一个重要的争论则来源于是否应该丰富老年人医疗保险计划的给付项目，以及如何丰富这些给付项目。由于老年人医疗保险计划有着较高的共担额以及免赔额，且部分医疗商品和服务不在其保险范围内，因此比起大部分的私人保险，老年人医疗保险计划的慷慨程度要低得多。人们通过三个途径来填补老年人医疗保险计划的缺口：

1. 低收入老年人在老年人医疗保险计划下可以享有更慷慨的保障，或者通过补贴来加入私人处方药保险计划。

2. 大约有 16%的 65 岁以上退休职工从以前的雇主那里享有退休医疗保险，这也填补了很多缺口。

3. 很多不在医疗补助计划范围内且没有退休医疗保险的退休人员都会从填补这些缺口的保险公司处购买个人补充医疗保险保单。

通过这三种途径来填补老年人医疗保险计划覆盖范围的缺口有一个重要的问题，就

① 关于实践当中保费支持制度如何运作的详细讨论，参见 Congressional Budget Office (2006)。

② 事实上，Brown et al.（2011）认为，改良的老年人医疗保险计划中的风险调整会带来负面影响，这是由于老年人医疗保险计划找到了一个如何选择患者的方法，即选择能够获得最大风险调整支付的患者类别。

是它们会对老年人医疗保险计划带来财务负外部性。如前所述，患者对医疗服务成本的共同保险减少了老年人医疗保险计划成员使用的医疗服务总量。因此，当有其他形式的保险覆盖了老年人医疗保险计划的免赔额及共同保险这一部分时，医疗服务的使用量会增加。由于这些被使用的医疗服务的大部分成本（在共担额水平以上的支出）都由老年人医疗保险计划负担，这些其他形式的保险就会对老年人医疗保险计划造成负的外部性：持有补充性保险的人在增加了老年人医疗保险计划成本的同时却不需要承担这么做的成本。如果在传统的老年人医疗保险计划下，我需要为 100 美元的医生看诊费用支付 20 美元，我可能就不会去看医生，因此，老年人医疗保险计划就没有发生成本。但如果我的补充医疗保险保单覆盖了 20 美元，那么我就会去看医生，同时老年人医疗保险计划在自身没有进行任何变动的情况下，其成本便增加了 80 美元。补充医疗保险的可得性使我多使用了老年人医疗保险计划 80 美元的钱，但我的补充医疗保险的承保人以及我自己都不需要承担公共部门增加的 80 美元成本。

16.5 长期医疗保健

> **长期医疗保健**：通过设立机构（养老院）或者在家照看的方式，为残疾人和老年人提供的长期而非紧急的医疗保健服务。

本章到目前为止关于医疗服务的讨论都集中在急性的医疗服务上，如流感或心脏病发作。然而医疗支出当中，慢性疾病的长期护理需求所占的比例在不断地上升，如老年人和残疾人的疗养院治疗等。1960 年，只有 3.4%的医疗服务支出是花在**长期医疗保健**（long-term care）上的。2013 年，8%的医疗服务支出，即每年有 2 356 亿美元被使用在了长期医疗保健支出上。①

这种医疗通常以两种形式提供：

1. 疗养院提供的机构式照顾。此类机构（病弱人群全天生活的地方）的成本报销占长期医疗保健成本的 66%。医疗补助计划是疗养院成本的主要承保人，承担了全国 48%的此类成本；老年人医疗保险计划仅支付了与在疗养院的第一个 100 天相关的一小部分成本。②

2. 家庭医疗护理，即护士或其他助手在患者家中提供医疗服务，这部分成本占了长期医疗保健成本剩下的 34%。老年人医疗保险计划是家庭卫生护理的主要保险支付者，通过涵盖家庭卫生保健福利的 A 部分承担了全国这类成本的 43%。③ 自 1980 年开始，有很大一部分医疗服务都从机构转移到了家庭卫生保健。

□ 长期医疗保健的资金筹集

在长期医疗保健问题上的争论主要是关于资金的筹集。目前，疗养院的成本主要由私人支付者（个人的自办保险及私人长期医疗保险也提供了小部分的资金，且这部分在

① Centers for Medicare and Medicaid Services (2014), Table 2.

② Centers for Medicare and Medicaid Services (2014), Tables 2 and 15.

③ Centers for Medicare and Medicaid Services (2014), Tables 2.

不断增长）以及医疗补助计划来提供资金支持。人们在刚开始进入疗养院时用自己的储蓄来支付成本，通常这些储蓄会由于疗养院平均每年超过 80 300 美元的费用而迅速下降。① 当储蓄被降低到临界水平以下的时候，就达到了医疗补助计划下国家对疗养院成本提供保险的标准。因此，人们的疗养院费用是有保险的，但前提是他们已经用光了所有的个人储蓄。从这个意义上讲，医疗补助计划对资产征收了隐性税收：医疗补助计划只有在资产达到很低水平的时候才会提供资金支持，因此拥有大量资产意味着在疗养院治疗时放弃享有政府资助的权利。

这一融资制度存在几个问题。首先，希望可以在死前留下一笔钱的人在疗养院的成本面前毫无防备，只能失去所有的财产。其次，人们有动机将他们的财富通过不会被发现或者被医疗补助计划官方评估到的形式加以隐藏，这样就可以更快地达到符合公共保险资格的条件，同时保留了自己的财富。最后，这一制度挤出了老年人的储蓄，因为只有当人们花光了他们的财产时才能够符合医疗补助计划的享有资格。这一情形与第 11 章有关教育问题的探讨类似：这导致本想要为他们老了之后能够进入更好的疗养院存钱的人反而变为完全不存钱，这样才有享受免费的医疗补助计划的资格。原则上，私人的长期医疗保健市场能够解决这些难题。尽管该市场在过去的十年里经历了快速的增长，然而其规模仍然很小，支付的成本仅占疗养院成本的 8.1%。② 有很多潜在的因素会导致该市场失灵，最突出的是逆向选择问题，这种逆向选择是在有关参与人进入疗养院的可能性的私人信息的基础之上产生的。因此可能会产生这样的争议，即是否应实行社会保险制度，以取代政府目前为了长期医疗保健的融资而采用的拼接融资方式。一如既往，改变制度的成本会由于道德风险而有所增加，这种道德风险表现为：如果长期的疗养院成本被添加到保险范围，那么老年人就会增加对疗养院的长期使用。③ 曾经有过将该制度作为平价医疗法案的一部分来运行的尝试，其被称为《集体法案》（CLASS Act）*，然而最终基于资金可持续性的考虑并没有真正实行。

16.6 美国的医疗改革

自 1915 年早期的医疗改革到现在，美国在基本医疗改革问题上已经努力了将近一个世纪。如斯塔尔（Starr，2011）回顾的，美国医疗改革的很多方面都在平价医疗法案中达到了顶点。

□ 历史上的僵局

美国的医疗改革者一直以来都在努力寻找两个极端的折中办法。例如所倡导的公共的单一支付者制度（加拿大现行的医疗制度）。在这种制度下，政府通过将所有公民安

① 各个国家长期医疗保健的成本参见 Genworth. com 网站，网址为 https://www.genworth.com/corporate/about-genworth/industry-expertise/cost-of-care.html。

② Centers for Medicare and Medicaid Services (2014), Table 15.

③ 参见 Grabowski and Gruber (2007)，然而，他们并没有发现疗养院使用过程中有道德风险存在的证据。

* 疑全称为《集体诉讼公平法案》(Class Action Fairness Act)。——译者注

排到公共运营的医疗保险计划中来为全民提供保险。成本的控制通过明确的全国范围内的医疗保险预算来实现，这一全国医疗保险预算对整个医疗保险体系实行真正意义上的前瞻性报销。例如，政府在每个地区建立一个提供者的网络（医生、医院等），并且给这一网络支付固定的数额来承担该地区每个人的所有医疗成本。接着这一数额可能会被缓慢提升，以限制医疗服务支出的增长。

这一计划主要有几个优点。第一，它完全解决了有人没有参与保险的问题。第二，它减少了美国医疗保险制度所固有的行政成本。加拿大国民健康保险体制的行政成本仅占 1.3%，美国私人医疗保险的行政成本平均比重为 15%。[①] 第三，政府提供的保险有可能成功控制成本，这是由于成本控制不是零散的，而是全面综合性的。第四，它可能解决美国现有医疗保险制度的拼接覆盖方式所产生的很多不公平及无效率问题。例如，它将解决工作锁定的问题。工作锁定反映了人们担心跳槽之后会失去基于雇主提供的医疗保险，从而不更换工作的现象。

然而，公共的国民健康保险也有几个重要的缺陷。首先，它要求政府新拿出一笔庞大的开支，因为现在政府要为每一位公民的保险成本进行支付。这一成本当中有很大一部分将被现有公共保险的非老年人支出部分的降低所抵消，但更多的还是需要新的公共部门收入来支持。

▶ 快速提示

关于公共医疗保险的讨论使人困惑的一个方面是，公共支出急剧增加的同时，私人保险支出几乎以相同的水平（甚至更大程度地）减少。因此，相比起政府的实际成本增加，医疗卫生总的社会成本的增加是非常小的（甚至是负的）。理论上来说，社会成本才是最重要的，而非政府的预算支出。然而实际上，政府支出的原因主要有两点。第一，如税收章节详细讨论过的，为了承担这些支出需要增加政府的收入，这就可能产生无谓损失，而在私人支出上则不存在这种情况（这一无谓损失是否大于公共保险所带来的行政收益还不明确）。第二，也是在实际中更为重要的一点，即通过雇主支出来实现从私人融资的医疗保险到公共融资的医疗保险的转变，就好像从隐蔽税收转变为显性税收。即使经济学家会竭力解释这些税收是如何仅仅从一个支付者转移到另一个支付者身上的，一般的选举人还是会将其视为巨大的税收增加而不愿意支持它。

其次，以全国性的预算作为控制医疗服务成本的工具并不理想，这可能使医生无法使用值得花费较高成本的技术。例如，假设美国政府对医疗服务支出实施相当于 1950 年国内生产总值（GDP）5%的全国性预算。即使今天的卫生保健部门可能更有效率，但仍可能导致很多有用的医学进步无法得到试用。再一次地，即使我们可以选择回到 1950 年，回到当时的医疗服务水平，采用当时的价格，我们当中的很多人似乎也并不会这么做。而且很有可能在 2066 年到来时我们也会说同样的话，我们同样不会想回到 2015 年的医疗服务水平，即使是以 2015 年的价格提供服务！

① Woolhandler et al. (2003).

最后，国民健康保险所面临的政治障碍在近期是不可逾越的。美国的医疗保险行业每年的收入超过 9 000 亿美元，该行业利益的高度集中使得该行业的发展道路上荆棘密布。另外，大多数的美国人，特别是在大公司工作并且拥有很多保险计划可以选择的人，对他们的私人保险是相当满意的。告诉他们为了让美国的一小部分人可以享受保险从而他们必须要放弃这份保险是一种非常困难的政治推销术（从克林顿总统的计划遭到担心会被限制保险选择之人的攻击则可以看出来）。

另一个极端则是将解决医疗服务问题的关注点完全放在私人部门上（例如，通过为没有保险的人提供可以用来购买保险的税收抵免）。这一方法的问题在于，它没有认识到基本层面的市场失灵使私人市场无法解决我们医疗服务制度的问题。如前所述，对于没有雇主赞助的医疗保险的人来说，只有一个不健全的非团体保险市场。而如果他们生病了，他们甚至无法在这一市场当中购买到保险。这是私人保险市场中的逆向选择所带来的结果，并且如果没有政府干预，则无法被解决。另外，并没有证据表明仅靠消费者的自主权就能够控制医疗服务成本的快速增长，原因是医疗支出的决策主要是由在人们接受的服务中拥有财务股份的提供者来驱动的。

□ 马萨诸塞州关于增量的普遍性的实验①

2006 年，马萨诸塞州政府提出通过实行一个可被称为“增量的普遍性”的计划来解决这一矛盾：该计划不会影响对他们的保险较为满意的人，而是填补马萨诸塞州现行的私人保险和公共保险制度中的漏洞，从而向保险全民覆盖的目标推进。马萨诸塞州具有三个方面的优势，这些优势使得保险的全民覆盖不仅仅是一个美好的愿望。首先，该州非老年人当中没有保险的人所占的比例相对较低，大约为 9%，低于全国的 15%。这一较低的比率意味着要达到保险的全民覆盖所需的补贴会更少一些。其次，在紧要关头，联邦政府会对该州采取大规模的转移支付。多年来，联邦政府一直将额外的资金转移到马萨诸塞州的安全网医院，这些医院都是为穷人提供医疗服务的，而布什政府一直威胁要终止这些额外的支付。联邦官员表示，如果这些资金是用于推进保险的全民覆盖，那么他们同意该州保留这些资金，前提是这一计划必须要在 2006 年之前得以落实。最后，马萨诸塞州已有现成的资金来源：非补偿性的医疗保健池。作为 20 世纪 80 年代末医疗改革早期尝试的一部分，州政府建立了一个医院可以将低收入患者的治疗成本开成账单让马萨诸塞州政府来支付的机制，而不是将这些成本承担下来再转移给其他支付者。截至 2005 年，这个池子的资金量已经增至 5 亿美元以上。由于全民覆盖会降低未参保的人数，因此无须再建设如此大规模的资金池了，部分资金便可以腾出来用于支付保险索赔。

马萨诸塞州所采取的方法可被看作一个“三条腿的凳子”。第一条腿是保险市场监管，作用是使先存条件排斥以及基于健康状况的保险差别定价变为不合法。事实上，这一条腿在马萨诸塞州已经实行，马萨诸塞州是 5 个要求实行保险市场的“社区评级”的州之一。而结果也是可以预见的：由于逆向选择的存在，所有州的保险公司都不得不大幅提高价格。如果保险公司被要求对每个人收取同样的费用，而人们可以等到生病了再

① 这一讨论大量借鉴了 Gruber（2008，2011，2012）。

去购买保险，那么保险公司就不得不将价格定在假设所有参与人都生病了的水平上。结果就是这几个州成为国内非群体保险购买价格最贵的几个州，而目前在这些州中，马萨诸塞州的价格最高。

凳子的第二条腿则是强制保险，即要求所有居民都要购买医疗保险。通过强制购买，马萨诸塞州能够确保人们对保险池的广泛参与，继而使保险公司能够对所有人进行合理定价。具体来说，支付得起保险的人必须要购买保险，否则就要面临每年 1 000 美元的税务罚款。一个人的支付能力被定义为他需要为最低成本的保险项目支付的金额占其收入的比例。

> **强制要求**：强制要求雇主提供保险，或强制要求雇员获取保险的法律要求。

虽然这样的强制方法在理论上是可能实现的，但是如果没有凳子的第三条腿，则无法在现实中行得通。第三条腿便是通过实行补贴使人们能够负担得起保险。当马萨诸塞州的计划实行的时候，一项家庭医疗保险计划的花费超过了贫困线上的人 50%的收入，州政府不可能**强制要求**（mandate）人们将这么大一笔收入花费在保险上。因此，州政府采用了一种新的制度（即共同健康基金）为贫困线 150%以下的人提供免费的保险，并为贫困线 300%以下的人提供补贴力度很大的保险。这些低收入人群所获得的保险套餐也是十分慷慨的，且人们可以自由选择 5 个“医疗补助计划的管理式医疗组织”（针对低收入人群的健康维护组织）当中的一个。因此，虽然针对低收入人群的保险的大部分成本都由公共部门来负担，但保险本身是由私人保险公司提供的。鉴于在贫困线 300%以上的人无法享受补贴，州政府采用了一种新的“联络器”——一个医疗保险的交易所，人们可以通过它达到更有效率地购买非团体保险的目的。

这一改革的成效是惊人的。马萨诸塞州的医疗保险目前已经覆盖了大约三分之二的未参保人群，未参保比率降低到了 3%左右（全国为 18%）。保险覆盖率的增加中约有一半来自公共保险以及政府补贴的私人保险。另一半则来自私人途径，包括雇主提供的保险的增长。与全国的趋势相比，非团体保险市场的保费降低了一半。全面推行改革的成本大约为 8 亿美元，与预期水平相当。该项强制要求的遵从率很高（从纳税申报表格上来看，98%的纳税人服从了这项要求），该法律也受到了普遍欢迎，拥有 60%～70%的公众支持率。

那么该法律是否改善了马萨诸塞州人口的健康状况？许多研究发现，马萨诸塞州的改革使该州的健康水平有所提升。萨默斯等（Somers et al.，2014）发现马萨诸塞州相对于邻州的死亡率显著下降。

□ 平价医疗法案[①]

马萨诸塞州实验的成功促使国会在 2009 年考虑在全国实行类似的办法。但国会面临的挑战远远大于马萨诸塞州。全国人口中未参保人群所占的比例要大得多，因此潜在成本也会高出很多。另外，从平均水平上看，全国人口要比马萨诸塞州人口更穷，因此

① 更多有关平价医疗法案的内容参见 Gruber（2012），或访问凯泽家庭基金会（Kaiser Family Foundation）网站的医疗改革板块（www.healthreform.kff.org）及共同健康基金（Commonwealth Fund）网站（www.commonwealthfund.org/health-reform.aspx）。

需要更大的补贴力度，这也进一步提高了实施成本，而联邦政府并没有现成的资金可以轻易地投入如此大规模的保险覆盖率的扩张当中。最后，国家层面的政客决定不仅要解决保险覆盖率的问题，而且要解决潜在的医疗服务成本的增加问题。

奥巴马总统和国会的民主党人支持以马萨诸塞州模式为基础的改革。这一提议是2009年到2010年年初美国国内的主要政治问题，有好几次似乎要重蹈过去改革失败的覆辙。但经过了激烈的政治斗争之后，奥巴马总统在2010年3月23日将平价医疗法案签署进了法律。①

平价医疗法案对美国的医疗制度进行了很多根本性的改革。首先，它遵循了马萨诸塞州的三条腿的凳子模式。鉴于美国数个州已经实行社区评级的做法，平价医疗法案要求全国其他地区也要实行类似的做法，使全国范围内的保险公司都无法再进行先存条件排斥或者根据健康状况来定价。平价医疗法案还包括其他的保险市场法规，例如要求家庭保险涵盖26岁以下非独立子女的保险，以及对保险自付费用进行限额（目前个人为6 600美元，家庭为13 200美元）。其次，平价医疗法案对所有合法居民都实行购买保险的强制要求，除了“无法负担”保险的人（即可获得的最低成本保险的花费超过了他们收入的8%），该法案所规定的税务罚款为695美元或收入的2.5%，取其中数额较大的一项。

最后，平价医疗法案将医疗补助计划的范围扩大到了收入在贫困线138%以下的所有合法居民。这是第一次推动该计划向纯粹根据经济情况调查的转移支付，而不是分类转移支付方向发展。然而，如前所述，在平价医疗法案通过之后，最高法院裁定，此类医疗补助计划的扩展对各州来说是可选的，迄今为止只有29个州进行了这些扩张。该法案还采取大幅度的税收抵免来抵消收入在贫困线133%和400%之间的人的保险成本。具体而言，收入为贫困线133%的人需要为医疗保险支付3%的收入，余下的由政府支付；收入为贫困线400%的人需要支付9.5%的收入；收入在贫困线400%以上的则无法享受补贴。

相较于马萨诸塞州的改革，平价医疗法案在两个重要的方面更具野心。第一个是融资：该项法律包含了各种各样的融资机制，为未来10年将面临的1万亿美元的公共保险预计新增支出以及税收抵免进行融资。约有一半的资金来源于支出削减：减少对改良的老年人医疗保险计划中保险公司（在本章前面讨论过）的超额偿付，并降低了随着时间增加，老年人医疗保险计划对医院报销比率的膨胀幅度，降幅为0.5%。另一半资金来自收入的增加，收入的增加有四个来源：一种对某些雇主实行的“搭便车收费”，这些雇主的员工都超过50人，且没有从雇主处获得保险，而是使用税收抵免；对从3 200万新增保险消费者身上获益最多的行业征收消费税（医疗设备、制药行业以及私人医疗保险）；增加美国最富裕的人群的工资税（收入为25万美元或更多的家庭）；一种新的“凯迪拉克税”，对成本最高的医疗保险计划征收40%的消费税。

平价医疗法案与马萨诸塞州计划之间的第二个重要差异是对成本控制的力度。下面的应用部分着重讲述了联邦政府所面临的医疗服务成本控制问题，以及平价医疗法案最初为了解决这一问题所做出的努力。

① 更多有关平价医疗法案的政治发展，参见Starr（2011）以及McDonough（2011）。

☞应用

不断增长的医疗服务成本与平价医疗法案为成本控制所做出的努力

自1950年以来，医疗服务的消费者价格指数（CPI）每年的增长速度比美国经济体当中的所有商品CPI的增长速度高出了2.1%。[①] 虽然20世纪90年代的管理式医疗导致了更低的医疗成本，但自2000年开始，医疗成本的增长便远远超过美国经济的增长，2007年之后增长速度又再度放缓。是什么推动着医疗服务成本的持续增长？

对于这一问题并没有一个简单的答案，这也是为什么美国想要实现根本性的成本控制如此困难。一方面，第15章所讲述的证据清楚地表明，我们的医疗制度当中存在着大量的浪费，我们可以用少得多的支出来达到类似的医疗成果。另一方面，在推动美国医疗服务支出快速增长的原因中，有很大一部分是医疗服务提供中所进行的提升质量的技术变革。

关于这种技术的效果，卡特勒等（Cutler et al.，1998）在对心脏病治疗的研究中给出了一个很好的例子。作者认为，心脏病的治疗方法有很多种——从疗效最弱的（成本最低的）治疗方法如药物治疗和心脏活动监测，到疗效最强的（成本最高的）治疗如心脏搭桥手术。他们发现，1984—1991年，治疗心脏病的平均成本每年的实际增长率为4%。但在同一时期，老年人医疗保险计划（主要支付者，因为心脏病患者大多为老年人）为每个类型的心脏病治疗所支付的价格实际上下降了。

各种治疗方法的价格在下降，而总的治疗成本在上升的事实，反映了人们从更便宜、疗效更弱的治疗方法到更昂贵、疗效更强的治疗方法的转移趋势，因此才提高了心脏病治疗的平均成本。例如，仅接受低成本的药物治疗（一个病例平均花费9 829美元）的人所占的比例从89%下降到了59%，而接受高成本的心脏搭桥手术（一个病例花费28 135美元）的人所占比例则从5%上升到了13%。同时，这种转变与心脏病患者的治疗结果显著提高有着紧密的联系。在这期间，心脏病患者的平均寿命增加了8个月，相当于基准线平均寿命的13%。因此，在心脏病患者身上多花的钱购买到的是健康状况的有效改善。更一般地，卡特勒（Cutler，2004）提出一个引人注目的观点，他认为，美国卫生支出的增加导致了健康水平的提升，而这种提升对于我们公民来说具有更高的价值。他问了这样一个问题：你宁愿以20世纪50年代的价格购买20世纪50年代的医疗服务，还是愿意以今天的价格购买今天的医疗服务？几乎每个人的答案都是后者。

第15章中得克萨斯州的麦卡伦与埃尔帕索的比较结果表明，我们可能处在图15-7中的“曲线平滑”部分，医疗服务使用的降低（由于更高的共担额或前瞻性报销）可能并不会导致健康水平的下降。那么这一结论与刚刚讨论过的证据如何达成一致？关键在于我们将医疗技术进步的平均价值与治疗过程增加所产生的边际价值区分开来。平均来看，医学技术进步带来的好处是巨大的，患者为此支付更多的钱也是合理的。但是，从边际上看，对医疗服务的不恰当使用以及低效率使用的案例有很多。如果政府能够想出针对这些案例的办法，那么或许可以缩小卫生部门的规模，同时又不会牺牲健康结果。

---

① Bureau of Labor Statistics (2015).

然而这种目标针对的方法说起来容易做起来难。我们很容易就可以回顾并且找出浪费较多的医疗服务，但想要往前看，判断哪些服务可能会导致浪费则困难得多。例如，分析者在分析我们的医疗制度浪费程度有多高的时候，通常会引用这样的事实，即30%的医疗支出都被用在了处在生命最后六个月的人身上。他们认为我们将钱“浪费”在无论如何都会很快死去的人身上。

这一论点的问题在于，医生事先并不知道哪些患者是处在他们生命的最后六个月的，哪些是可能多活很多年的。我们只知道很小一部分支出的使用者是处在生命的最后的时光。其余的支出可能并不属于浪费，因为也许有机会可以大幅延长患者的寿命。如果你得了一种可能会在六个月之内终结你的生命的病，但也可能通过使用昂贵的、先进的治疗手段来治愈（或得到缓解，使你能够多活几年），那么你难道不想让你的医生尝试这些治疗手段吗?

最近的研究进一步比较了麦卡伦和埃尔帕索，并强调了上述难题。弗兰基尼等(Franzini et al.，2010）在比较了两个城市里购买了蓝十字公司（Blue Cross）私人保险的非老年患者后发现，与老年人医疗保险计划里的年长者相反，在麦卡伦的私人保险样本支出比在埃尔帕索低了7%！该研究可以被理解为，即使看上去是一个简单的案例，但是麦卡伦的过度支出问题远比老年人医疗保险计划的对比结果所反映的要复杂得多。麦卡伦并不是单纯地在所有患者身上都浪费了钱。该结果还可以像作者那样来理解——对阿图尔·古万德（Atul Gawande）在患者治疗方面提出的“钱的文化”的观点表示支持。传统的老年人医疗保险计划没有对患者接受的服务进行管理，而私人保险则会谨慎管理医疗服务，监督提供者的行为。或许正是后者在麦卡伦非老年人的医疗成本控制方面起到了重要作用。

面对这些难题，平价医疗法案无法找到一个可靠的方法来控制医疗服务支出，而是采用了五个不同的方针朝着成本控制的方向推进。第一个方针是对由雇主提供的、成本最高的医疗保险施加课税豁免的上限。原则上，超过上限的医疗保险支出将被包含在应纳税收入的范围内。实际上，这个办法被认为存在政治难度。因此，国会改为征收“凯迪拉克税”，对最昂贵的保险计划（大约占保费最高的保险计划的10%）征收40%的消费税，从2018年开始实行。由于这样的水平大致能够抵扣收入最高的纳税人的课税豁免，因此有效地取消了这一群体的课税豁免（虽然低税率支付者的抵消额已超过全额）。另外，这一上限的水平是根据整体价格水平来制定的，而非医疗保险保费的增长率，因此除非医疗服务成本的增长显著减缓，否则未来会对越来越多的保险计划征收此税。

第二个方针是为非群体及小群体保险购买引入竞争性的医疗保险交易所。平价医疗法案赋予了各个州建立交易所的权利，这些交易所效仿了卓有成效的马萨诸塞州的“联络器”模式，通过将竞争性的环境引入非群体保险市场来努力降低保险的价格。

第三个方针是建立独立支付顾问委员会（Independent Payment Advisory Board，IPAB)。该委员会的宗旨是将老年人医疗保险计划当中提供者支付比率的设定“非政治化”，并尝试控制该计划的整体增长率。它能够为受制于国会表决的医疗服务提供者报销制度提供建议。第四个方针是对“比较效果”研究倾注大量新的投资。平价医疗法案建立了患者导向的医疗效果研究所（Patient-Centered Outcomes Research Institute，PCORI)，在医疗服务如何提供才能更具成本效益的研究上，平价医疗法案投资了30亿美元。

第五个方针是平价医疗法案推行了很多试点计划，探索其他可供选择的模式来组织医疗服务的提供者以及为其报销。终极目标是考虑第15章所讨论的原始健康维护组织模式的升级和改进版本。这种模式鼓励医生和医院联合起来形成“责任医疗组织”，对这种组织的报销不是以它们提供服务的多少为基础，而是以所提供服务的价值为基础，这些组织每接收一个病人所获得的报销数额是固定的，并且需要承担有效管理医疗服务的责任。较早期的健康维护组织运动的创新之处在于，它将报销与质量指标联系在了一起，这种质量指标是基于适当的医疗（如定期为儿童进行疫苗接种）以及结果指标（如参与计划的患者的死亡率）来进行衡量的。

这些创新本身都不能保证医疗服务成本增长率的降低。这些改革最终被看作朝向更长远的成本控制计划所迈出的第一步。在未来的十年中，有关卫生政策的一个关键问题是要跟踪这些方法以及其他方法在控制成本方面的成效，并在进一步重建医疗制度上取得一定的成就。

□ 平价医疗法案的预期影响和早期证据

想要预测像平价医疗法案这样大规模改革所带来的影响是很困难的，但国会预算局还是对此进行了尝试（CBO，2014）。它预测，到2019年，这些改革将会带来2 600万的新增被保险人口。然而这仅占未参保人口的不到50%，由于法律对没有正式文件的外来人口并不适用，很多人不在强制要求的范围之内，剩下的未参保人群则是宁可支付税务罚款也不去获得保险的人。[①] 国会预算局还预测，平价医疗法案改革过程中的支出削减及收入增加将足以抵消平价医疗法案所带来的新增支出，因此该法案在第一个十年将会削减超过1 000亿美元的赤字，在第二个十年将削减超过1万亿美元的赤字。

关于平价医疗法案影响的早期证据似乎支持了国会预算局的分析。美国未参保的人数减少了至少1 500万，未参保率下降了三分之一以上。图16-5给出了整个国家的未参保率随时间变化的情况，并且分别给出了扩展了医疗补助计划（将医疗补助计划扩展到133%的贫困线）和没有扩展医疗补助计划的州的未参保率情况。

自2014年年初以来，成年人的未参保率急剧下降。在决定扩展其医疗补助计划的州中，这一降幅更大。其他研究发现，平价医疗法案专门针对的群体的保险范围大幅增加，例如父母计划所涵盖的年轻人。这些研究表明，这种覆盖也改善了护理的可得性和自我报告的健康状况，减少了急诊室的使用，并增加了预防性护理的使用。[②]

最令人感兴趣的是平价医疗法案对医疗保健成本增长的潜在影响。自平价医疗法案通过以来的成本增长一直处于历史低位：2011—2013年的医疗保健支出是历史最低水

---

① 另一个主要原因是一些州决定不扩大医疗补助计划。CBO早前预计的新增参保人群数量要比该数字多600万人。

② Sommers et al.（2014）；Wallace and Sommers（2015）；Barbaresco et al.（2015）；Akosa Antwi et al.（2015）；Lipton and Decker（2015）.

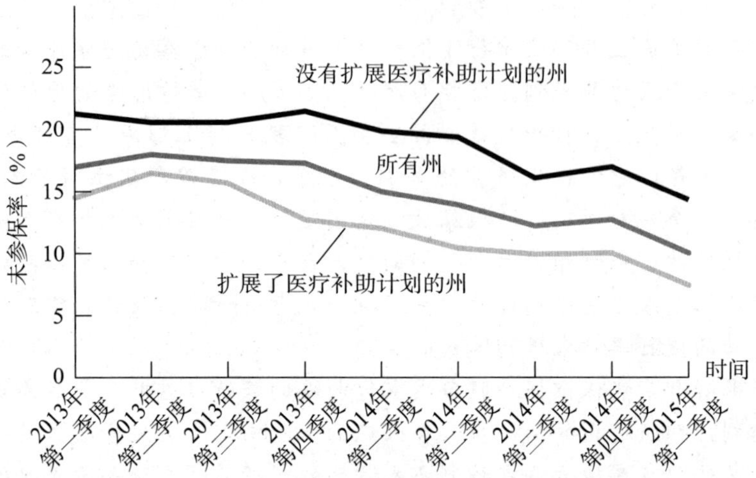

图 16－5　18～64 岁成年人未参保率的变化趋势

说明：扩展了医疗补助计划的州的未参保率显著低于未扩展医疗补助计划的州。自 2014 年年初以来，各州的未参保率均大幅下降。

平，2013 年实际人均医疗保健支出仅增长了 1.4%。① 虽然目前尚不清楚平价医疗法案对这一改善起了多少作用（因为放缓在法律颁布之前就开始了），但该法案的某些内容显然力图降低成本。其中一个例子是之前提到的老年人医疗保险计划对再入院行为的惩罚措施，这一措施自 2010 年以来估计为老年人医疗保险计划节省了 4.28 亿美元。②

另一个例子是平价医疗法案推动的责任医疗组织（Accountable Care Organizations）的快速发展。最近的两项研究表明，早期的责任医疗组织使支出降低了 1.2 至 3.6 个百分点。③

了解平价医疗法案下医疗卫生重组的潜在回报的最佳方式或许是再回到得克萨斯州的麦卡伦的例子，正如阿图尔·古万德在最近的一篇文章中所做的。④ 古万德称，自他最初的分析以来，麦卡伦县医疗保险支出大幅放缓，每名医疗保险受益人的支出下降了 3 000 美元。古万德认为，这种变化至少有一部分归功于平价医疗法案的责任医疗组织，该组织为医生协调其最昂贵患者的护理提供了动力。

16.7　结论

在过去的几年里，美国经历了几十年来最根本的一次医疗改革。平价医疗法案具有解决医疗制度的很多弊端，以及大幅缩减未参保人群规模的潜力。过去保险扩张的经验表明，此次改革为改善人们的健康水平提供了一个成本有效的方法。

① Furman and Fiedler (2014).
② Boccuti and Casillas (2015).
③ Frakt (2015).
④ Gawande (2015).

但对于实现更大程度的医疗服务成本控制以及长期成本控制来说，这仅仅是一系列改革的开始。在成本控制的尝试中需要认识到，美国政府已经通过老年人医保计划和医疗补助计划承担了一半的医疗服务支出。因此，为了减缓医疗服务支出的增长，这些计划都需要做出重大的改变。

重点

- 医疗补助计划的服务对象为低收入家庭、低收入的残疾人以及低收入的老年人。
- 享受现金福利的低收入家庭具备医疗补助计划的享有资格；在大多数州，收入在贫困线200％以下的低收入儿童及孕妇具备享有资格。
- 医疗补助计划被证明降低了未参保人群的数量（虽然对私人医疗保险造成了严重挤出），增加了医疗服务使用率，并通过成本有效的方法提高了健康水平。
- 老年人医保计划为老年人以及残疾人提供普遍的保险，参与人需要承担较高的共担额。
- 老年人医保计划尝试通过限制对提供者的报销来控制成本的增加，最引人注目的是向预期支付制度的转变，在没有明显降低服务质量的同时，降低了医疗服务的成本。
- 老年人医保计划还尝试在保险项目中引入选择机制，但成效有限。保费支持计划是一种能够在老年人医疗保险当中引起较强选择机制的计划，能够起到控制成本的作用，但会对最病弱的受益人的生活水平带来负面影响。
- 很大一部分的医疗支出是花费在长期医疗保健服务上，并且这一比例在不断上升，针对这些成本的资金来源在个人和政府之间的合理分配问题，争论较大。
- 平价医疗法案在很多方面解决了长达一个世纪的围绕美国根本性医疗改革所展开的争论。这一法律在马萨诸塞州尝试覆盖大部分的未参保人群，弥补非团体保险市场的市场失灵方面建立起了成功的改革机制。
- 然而，美国还面临着一个更为长远的问题——医疗服务成本的快速增长。该问题很难解决，因为过去的很多医疗服务支出的增长都带来了美国人口的医疗结果的改善。未来的改革所面临的挑战是，在减缓成本增长速度的同时，不会牺牲医疗服务改善所带来的健康收益。

习题

1. 当你所在州的州长上任时，100 000 名儿童具备医疗补助计划的享有资格，200 000 名儿童不具备。现在，由于医疗补助计划的大幅扩张，150 000 名儿童有资格获得医疗补助，150 000 名儿童没有资格。你的州长宣称，在她的监督下，无法获得医疗服务的儿童数量下降了四分之一。这是一个有效的声明吗？为什么？

2. 解释为什么老年人医疗保险计划的接受率（参与计划的人占具备享有资格的人

的比例）远高于医疗补助计划。

3. 描述医疗补助计划扩张与儿童健康水平提升之间关系的实验证据。这些医疗补助计划扩张的成本效益如何？解释说明。

4. 从 20 世纪 80 年代中期开始，医疗补助计划的儿童享有资格经历了大幅扩张。你认为这对中低收入父母的就业流动性造成了何种影响？如何进行检验？

5. 老年人医疗保险凭证与教育券（见第 11 章）之间的相似点有哪些？不同点有哪些？

6. 卫生部门支出占美国 GDP 份额的迅速扩大是医疗服务支出浪费的必要证据吗？为什么？

7. 是什么解释了图 16－2 中描述的长期护理医院出院模式的变化？其政策意义是什么？

8. 像加拿大这样的国民健康保险制度有一个缺点，就是需要排队——人们往往需要等待很长的时间才能接受所期望的治疗。国民健康保险制度当中的哪些因素可能导致这种情况的发生？

9. 美国很大一部分的医疗服务支出是用在处于生命最后六个月的人身上的，这一事实导致很多人认为美国的医疗制度是"浪费的"。为什么这种说法是以偏概全的？

进阶习题

10. 马萨诸塞州的全方位医疗卫生改革为全国性的医疗改革提供了哪些经验？为什么马萨诸塞州的经验并不是全国医疗改革的完美向导？马萨诸塞州的经验能否帮助解决国民医疗卫生的三个最具争议的政治问题？

11. 为了响应 1997 年的儿童医疗保险计划，37 个州（包括哥伦比亚特区）将医疗补助计划的覆盖范围扩大到了在贫困线的 200%以下的家庭的儿童，一些州的标准甚至高于贫困线的 200%。

a. 在某些州，享有资格的扩张已经覆盖了所有的儿童。你会如何设计一个准实验分析来评价这些扩张的影响？

b. 在其他的州，享有资格的扩张仅覆盖了一定年龄组的儿童。你会如何设计一个准实验分析来评价这些扩张的影响？你要如何让这一评价比问题 a 中的评价更有说服力？解释说明。

12. 在老年人医疗保险计划采用了预期支付制度以后，研究人员发现，对于诊断出来的任何给定的症状，人们都倾向于接受更少的治疗。

a. 针对这一发现的一个解释是，预期支付制度提供了一种激励——对任何给定的诊断都提供较低级别的处理。为什么预期支付制度会提供这种激励？

b. 另一个解释是，预期支付制度为医生提供了这样的激励——对边际健康状况做出比实际情况更为严重的诊断。为什么预期支付制度提供了这种激励？

c. 鉴于医疗服务数量的减少并没有伴随健康结果的下降，你能对政策变化之前的老年人医疗保险计划的效率做出何种推断？解释你的回答。

13. 老年人医保计划的一个特点是，个人需要承担B部分的20%的成本（主要为医生支出），不设上限。人们习惯购买能够填补这一缺口的补充保险保单来支付老年人医疗保险没有覆盖的现金成本部分。但一些补充保险保单没有涵盖20%的共担额。

芬克尔斯坦（Finkelstein，2002）研究了联邦政府规定补充保险要涵盖20%的共担额所带来的影响。她发现这一规定会导致购买补充保险保单的人变得更少。

a. 为什么这一规定会降低人们对补充保险覆盖的需求？

b. 你认为这个政策对老年人医保计划本身的成本的净影响是什么？

14. 1981年，联邦政府通过了一项法律，允许各州改变它们的医疗补助计划的结构。只要这些州愿意，它们就可以要求医疗补助计划的受益人参加医疗补助计划的管理式医疗组织（MCO），只要这些州为医疗补助计划的受益人提供多种可以选择的保险方案。医疗补助计划的受益人将被要求只能通过他们的MCO获得相应的医疗服务。这些MCO将获得州政府定期的、固定的支付，反过来，它们要承担医疗补助计划参与人的医疗费用。

a. 运用你所知道的有关医疗补助计划和管理式医疗的知识，解释为什么政策制定者会支持医疗补助计划受益人参加MCO这项要求。

b. 运用你所知道的有关医疗补助计划和管理式医疗的知识，你认为这项要求会对具备参加医疗补助计划资格的人的决定产生怎样的影响？具体说明具有参加资格的人当中，哪些人可能会改变他们参与医疗补助计划的决定，哪些人不会改变。

c. 这项要求从整体上会对具备医疗补助计划享有资格的患者获取医疗服务产生何种影响？

15. 普斯兰目前的政府提供制度是为所有儿童提供免费的医疗保险，但不对成年人提供。普斯兰有两种类型的成年人：高收入者和低收入者。所有的100 000个高收入者都通过他们的雇主获得医疗保险，但100 000个低收入者当中只有一半的人通过雇主获得保险。其余的成年人都没有保险。你被聘请来分析一个提出为所有低收入者提供保险的计划的有效性。你读过普斯兰的经济学文献之后，你的最佳估计如下：（1）只有80%的没有保险的工人会在政府为其提供医疗保险之后选择参加保险；（2）60%的有保险的低收入者所在的公司在发生政策变化之后会放弃为他们提供保险，另外的40%将会被保留在他们目前的雇主提供的保险计划当中；（3）10%的高收入者会选择成为（不提供医疗保险的公司的）低收入者，然后在他们能够获取政府保险时参与政府提供的保险计划。

a. 估计被保险的成年人数量的增加。

b. 估计每增加一个被保险的成年人的成本。为什么该成本远高于5 000美元？

c. 假设没有任何保险，每个成年人有5%的概率在一年中死亡。政府提供的医疗保险会使这一概率减少到3%，而雇主提供的医疗保险会使这一概率减少到2%。如果政府每年需要花费5 000美元向一个成年人提供医疗保险，估计每挽救一条生命，该计划的成本是多少。

第 17 章

收入分配和福利制度

需要牢记的问题

- 我们如何衡量美国的收入分配？
- 哪些因素决定了福利的道德风险成本？
- 如何设计福利计划以减轻道德风险成本？

2015 年 4 月的最后一周，马里兰州巴尔的摩发生了长达数周的暴力事件。由于少数民族罪犯弗雷迪·格雷（Freddie Gray）在警方拘留期间死亡，对此进行的抗议活动导致大约 113 名警察受伤，486 人被捕，估计经济损失 900 万美元。虽然弗雷迪·格雷的死亡可能煽动了这种暴力，但更大的原因可能是巴尔的摩市令人震惊的不平等程度。即使是相隔仅几英里的不同社区，生活环境也大不相同。

例如，在弗雷迪·格雷所在的沙镇-温彻斯特社区，居民的平均预期寿命为 67 岁；而仅三英里以外的巴尔的摩富人区——罗兰公园（Roland Park），居民的平均预期寿命为 84 岁。换句话说，这三英里的差异相当于一个高于美国平均水平的预期寿命与远低于朝鲜这个世界上最贫穷国家之一的预期寿命之间的差异，而朝鲜的平均预期寿命与美国在 1948 年的平均水平大致相等。而且这并非一个特例：巴尔的摩有 15 个社区的预期寿命低于朝鲜。①

这一巨大差异反映的是这些社区在经济资源方面存在的巨大差异。2015 年，弗雷迪·格雷所在的沙镇-温彻斯特社区的家庭年收入中位数为 24 000 美元，而较富裕的罗兰公园则超过 107 000 美元。沙镇-温彻斯特社区一半以上的居民每年的生活费低于

① 抗议的数据来自 Morse and Bui（2015）以及 Wenger（2015）；平均预期寿命的数据来自 Ingraham（2015）。

25 000 美元，而罗兰公园只有不到 10%的居民生活在该水平线以下。此外，罗兰公园只有 2.5%的儿童生活在贫困线以下（后面描述的绝对贫困程度），但沙镇-温彻斯特社区的儿童中有 54.8%的人生活在贫困线以下。关于最近发生的暴力事件，记者迈克尔·弗莱彻（Michael Fletcher）写道：“三十多年来，我把这座城市称为家乡，巴尔的摩一直是贫困、犯罪和绝望的结合体，却不幸地与丰富的历史、友好的人民、尊贵的机构，以及过去财富的口袋（pockets of old-money affluence）并存。”①

这种资源上的巨大差异引发了公共财政的核心问题。在第 2 章中，我们将讨论为什么一个国家经济的社会效率结果不一定是社会福利（这里指幸福）最大化的结果。如果社会同等地关心全体社会成员的效用，那么通过高收入群体（损失 1 美元的边际效用成本低）向低收入群体（得到 1 美元的边际效用高）再分配的方式，社会福利可以实现最大化。如果社会特别关心低收入者，那么对再分配的呼声会更高，这是一个体现在第 2 章所讨论过的罗尔斯社会福利函数的哲学思想。

然而，私人部门不可能提供这样的收入再分配。因为再分配面临着与私人提供其他公共物品时遇到的相同的搭便车问题。穷人的消费可以被看作一种公共物品：我愿意穷人有更多的消费，但我更愿意由别人来为他们提供这种消费，因为这样我会从看到穷人得到更多的消费中得到好处而不用承担他们的消费量增加的成本。如果人人都这样想，那么只会有很少的私人再分配，因为每个人都将依赖他人提供。正如第 7 章所讨论的，政府的作用之一就是通过对其公民征税来提供公共再分配以解决这种搭便车的问题。

在向低收入公民进行再分配的方法中，最为人熟知的是通过现金福利。请注意，在此使用福利一词并不是指经济福利的衡量标准，而是指向低收入人群支付现金的政府计划。联邦政府的现金福利支出最多时只占到联邦预算的 1.7%。然而实际上，其他任何的公共干预政策都没有像现金福利计划这样引起如此多的争论。

一些保守派认为，为低收入的单身母亲提供现金福利的负面影响是导致美国许多社会弊病的原因。1995 年 4 月 7 日，新当选的众议院议长纽特·金里奇（Newt Gingrich）在国会大厦前的台阶上的电视讲话中说道：“福利计划最大的成本是穷人的人力成本。以‘同情’为名义，我们建立了一个残忍的破坏家庭的体系。它的失败体现在各地方电视新闻广播中出现的暴力、暴行、虐待儿童以及吸毒成瘾。”②

一些自由主义者认为，强迫低收入家庭远离福利并且进入劳动力市场是不对的。在对福利受助者工作要求的争论中，马萨诸塞州的爱德华·肯尼迪（Edward Kennedy）议员说：“我们不能将工作者扔到低工资、无前途的工作中，并且期望他们以此来养活家庭。我们不能强迫工作者进入他们没有相应工作技能的工作中，并且期望他们能够成功。”③ 究竟谁是正确的？现金福利在低收入群体的生活中扮演的到底是建设性的还是毁灭性的作用？

本章以美国和世界各地的收入分配的事实为开头，来促使我们关注收入再分配。然

---

① 参见 Fletcher (2015)。巴尔的摩社区指标的信息来源于 bniajfi.org/vital_signs/data_downloads/。

② Gingrich (1995).

③ Leonard (2002).

后，我们将讨论各种收入再分配方式的理论和现实影响。我们在最开始会专注于现金福利计划的讨论，但也会讨论其他再分配手段，如食品券、免费儿童保健和工作培训。最后，我们将回顾1996年美国福利制度激进改革的影响的证据。

17.1 美国的收入分配的事实

将美国的收入分配的事实作为切入点，有助于了解政府参与收入再分配的恰当方式。

□ 相对收入差距

相对收入差距： 穷人相对于富人的收入。

有两种方式可以考察收入分配问题：相对收入差距和绝对贫困。**相对收入差距**（relative income inequality）衡量的是穷人相对于富人的收入。表17-1体现的是随着时间的推移，美国相对收入差距的事实。它显示的是美国每五分之一（收入分配的每五分之一）收入阶层所累积的收入份额。比如，在1967年，美国收入分布底层的五分之一累积收入只占当年总收入的4%。对比之下，最高层的20%的累积收入占到总收入的近44%。在一个没有相对收入差距的国家，每个收入分布的五分之一都应该累积占有相同的总收入份额（20%）。相对收入差距衡量的是高收入群体累积的收入份额和低收入群体累积的收入份额之间的差异。

表17-1 1967—2013年每五分之一收入阶层所累积的总收入份额

收入	1967	1975	1980	1985	1990	1995	2000	2005	2010	2013
最低的20%	4.0	4.4	4.3	4.0	3.9	3.7	3.6	3.4	3.3	3.2
第二个20%	10.8	10.5	10.3	9.7	9.6	9.1	8.9	8.6	8.5	8.4
第三个20%	17.3	17.1	16.9	16.3	15.9	15.2	14.8	14.6	14.6	14.4
第四个20%	24.2	24.8	24.9	24.6	24.0	23.3	23.0	23.0	23.4	23.0
最高的20%	43.8	43.2	43.7	45.3	46.6	48.7	49.8	50.4	50.2	51.0

说明：1967年，最穷的20%的家庭得到国民收入的4%，最富有的20%得到约44%。2013年，最穷的20%的家庭得到国民收入的3.2%，最富有的20%得到51%。

在美国，相对收入差距有一个有趣的演变。从20世纪60年代后期到20世纪70年代后期，随着收入分布最底层的五分之一所累积的收入份额的增长，收入分布最高层的五分之一所累积的收入份额在降低，相对收入差距正在下降。然而，从1980年开始，相对收入差距大幅上涨：收入分布最底层的五分之一所累积的收入份额下降超过25%，到2013年下降到3.2%；而收入分布最高层的五分之一所累积的收入份额增加了约17%，在2013年达到51%。

绝大部分的收入不平等是由收入分布顶端的富人财富巨额增长造成的。图17-1显示的是阿尔瓦来多等（Alvaredo et al.，2013）提供的收入分布顶端1%的人所累积的收入份额数据。① 在20世纪20年代中期，排名前1%的人的收入几乎占美国所有收入的四分之一。在大萧条和第二次世界大战期间，这一份额急剧下降，并在20世纪50—70年代保持低位，然后从20世纪80年代开始再次上升，并且持续上升到与20世纪20年代相当的水平。②

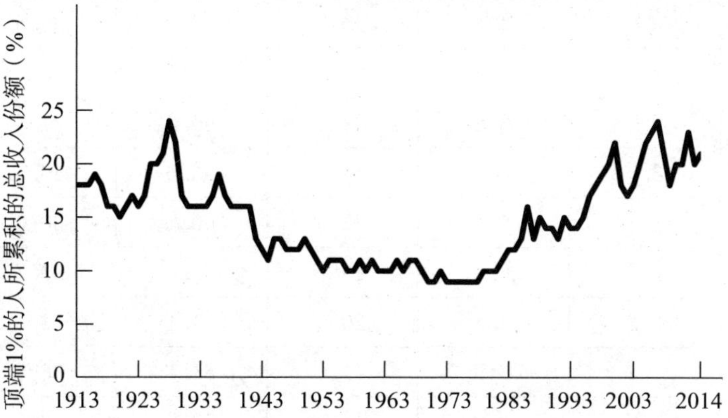

图 17-1　顶端1%的人所累积的总收入份额

资料来源：Alvaredo et al.（2013），Figure 1.

说明：在20世纪20年代中期，排名前1%的人的收入几乎占美国所有收入的四分之一。在大萧条和第二次世界大战期间，这一份额急剧下降，几十年来保持低位，然后在20世纪80年代开始上升，在此之后持续增长，自1975年以来翻了一倍。

美国的相对收入差距比其他发达国家要高，如表17-2所示。通过该表中的未加权平均数可知，美国最穷的10%的家庭所占的收入份额略多于典型的工业化国家最穷的10%的家庭所占收入份额的一半（1.6% vs. 2.9%）。③ 事实上，美国收入分布最靠下的家庭所占的国民收入份额比其他OECD国家都要少，除了墨西哥。对于美国收入最靠前的10%的家庭来说，这种差异有所改变，它累积的国民收入份额要比OECD对应人群累积的国民收入份额多5.4%（30% vs. 24.6%）。

表 17-2　2013年OECD国家总收入的收入份额（%）

国家	总收入的收入份额					
	最低的10%	最低的20%	最低的40%	最高的40%	最高的20%	最高的10%
奥地利	3.1	8.5	22.6	59.2	36.0	21.6
比利时	3.6	8.8	22.6	58.8	35.2	20.8
加拿大	2.8	7.6	20.4	62.2	39.1	24.2
捷克	4.0	9.9	24.3	58.0	35.7	21.7

① 请注意，这里的数据来源于税务申报，而表17-1中的数据来源于个人调查，所以并非完全一致。

② Piketty（2014）是一本引人注目的著作，其中写道，对于资本主义经济，这种广泛的不平等比20世纪中期的平等更为“自然”，并且这种情况可能会随着时间的推移而恶化。有人批评了这个结论，参见Rognlie（2014）对该观点的反驳。

③ 此表采用了工业化国家经济比较的典型方法，使用的是OECD中的国家。

续表

国家	总收入的收入份额					
	最低的10%	最低的20%	最低的40%	最高的40%	最高的20%	最高的10%
丹麦	4.0	9.8	24.3	57.3	34.5	20.8
芬兰	3.9	9.4	23.6	58.3	35.5	21.5
法国	3.4	8.5	21.8	61.3	39.5	25.3
德国	3.6	8.8	22.4	60.2	37.8	23.5
希腊	2.0	6.4	18.8	63.6	40.3	25.1
匈牙利	3.1	8.3	22.0	60.2	37.0	22.5
意大利	2.2	6.9	19.7	62.8	39.7	24.7
韩国	2.2	6.8	20.5	61.1	37.1	21.9
卢森堡	3.4	8.5	21.6	61.1	38.7	24.2
墨西哥	1.2	3.9	12.5	73.9	52.9	36.7
新西兰	3.1	7.6	19.7	63.8	40.7	25.7
挪威	3.3	9.1	24.1	57.3	34.5	20.6
波兰	3.2	8.1	21.5	61.0	38.1	23.2
葡萄牙	2.6	7.0	19.5	63.7	41.1	25.9
斯洛伐克	3.5	9.1	23.8	57.7	34.2	19.7
瑞典	3.5	8.7	22.7	59.0	36.1	21.9
土耳其	2.1	5.6	16.0	69.0	47.4	31.7
英国	2.7	7.2	19.3	64.5	42.6	28.0
未加权平均数	2.9	7.7	20.6	62.2	39.4	24.6
美国	1.6	5.2	16.0	68.2	45.5	30.0

资料来源：OECD (2015).

说明：根据这些数据，美国收入分布靠下的家庭所占的国民收入份额比OECD国家都要少，除了墨西哥。美国前10%的阶层收入所占比例高于除墨西哥和土耳其以外的任何国家，比OECD国家平均水平高出18%。

□ 绝对贫困和贫困率

> **绝对贫困**：相对于一定的“最低限度的可接受的”收入，穷人所拥有的收入额。
>
> **贫困线**：联邦政府衡量绝对贫困的标准。

考察收入分配的第二种方式是**绝对贫困**（absolute deprivation）：相对于一定的“最低限度的可接受的”收入，穷人所拥有的收入额。在美国，衡量绝对贫困的标准是**贫困线**（poverty line）。这种方法是由莫利·奥申斯基（Molly Orshansky）于1964年提出的，她是社会保障管理局的一名员工，想计算出一个适用于美国的最低生活标准。她从一个可接受的最低膳食标准开始，采用全国平均食品成本，为不同规模的家庭计算出购买这些食品的成本，接着确定有三个或以上成员（不仅仅是穷人）的平均家庭的税后收入有三分之一用于食品支出，所以她将这些食品束的成本乘以 3，从而得到了贫困线。在这之后，这些数字根据通货膨胀进行了更新，从而得到了我们在表 17－3 中看到的贫困线。在 2015 年的美国，一个四口之家的年收入低于 24 250 美元，则被认为生活在贫困之中。

表 17－3　2015 年以家庭规模划分的贫困线

家庭规模（人）	贫困线（美元）
1	11 170
2	15 930
3	20 090
4	24 250
5	28 410
6	32 570
7	36 730
8	40 890
每增加一个家庭成员，贫困线增加	4 160

资料来源：U. S. Department of Health and Human Services (2015).

说明：在美国，一个四口之家每年收入低于 24 250 美元即被认为生活在最低可接受水平之下。

图 17－2 显示的是美国所有人的贫困率的演化，包含两个特殊的年龄群体：18 岁以下和 65 岁及以上的人群。在 20 世纪 60 年代和 20 世纪 70 年代早期，所有人的贫困率以及这两个年龄组的贫困率都是下降的。但是，从 1973 年到 1995 年，所有人（尤其是 18 岁以下的儿童）生活在一个越来越穷的环境中。对于儿童而言，贫困率从 1973 年的 14.4%上升到了 1995 年的 20.8%以上。另外，对于老年人而言，这一时期的贫困率在

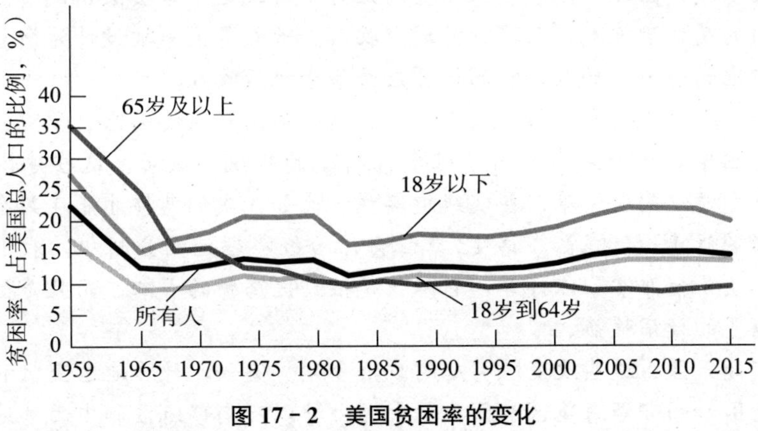

图 17－2　美国贫困率的变化

资料来源：U. S. Census Bureau (2014).

说明：所有人的贫困率，尤其是儿童的贫困率，从 20 世纪 60 年代开始显著下降，然后平稳增长直到 20 世纪 90 年代中期，在 20 世纪 90 年代后半期下降，然后在 21 世纪早期又开始上升。对比之下，老年人的贫困率在整个时期都较平稳地下降。2010 年后，所有贫困率再次开始下降。

持续下降。20 世纪 90 年代后期，所有群体的情况都有所改善，但是 21 世纪第一个十年期间情况又被逆转。2010 年后，所有贫困率再次开始下降。

☞应用

贫困线测量中的问题

尽管贫困线最开始的提出并不起眼，但贫困线一直是美国公共政策的中流砥柱，其所在位置每年影响着数十亿美元的政府支出。然而，这一贫困线受到了广泛的批评，这意味着需要重新审视其计算方法。① 这些批评可以归纳为三种类型。

消费束已变：随着时间的推移，相对于服装、住房、医疗保健和其他商品，食品在家庭消费中的份额已下降。2013 年，典型家庭的食品预算只占 13%，较 1964 年计算贫困线时的 33%有所下降。② 因此，使用食物成本的 3 倍不再是一种计算最低生活标准的合适方式。一个更好的解决办法可能是使用家庭每年的一个典型消费束的成本，然后乘以一定的百分比，得到贫困线。

跨地区生活成本差异被忽略：2015 年，处于中位数水平的单亲家庭在马萨诸塞州的波士顿—剑桥—昆西地区的生活成本是 374 600 美元。同年，同样的单亲家庭在密苏里州圣路易斯市的生活成本仅需 134 800 美元。③ 然而这两个地区采用的是同一贫困线。这些跨地区生活成本差异应该被包含在获得最低生活标准的成本之中。

收入定义不完备：贫困率的计算是将个人的现金收入与贫困标准相比。然而，基于几个原因，现金收入不是个人可获得资源的一个真实的代表。第一，这个代表必须包含其他为个人提供的非现金收入，比如通过医疗补助计划提供的转移收入。如果两个人拥有相同的现金收入，但是只有一人在医疗补助范围之内，那么有医疗补助的人就比较富有，因为他不需要支付医疗费用，因此这种转移支付需要体现在贫困的计算之中。第二，与贫困线相比的收入也应该包括谋生的成本。如果两个人拥有同样的工作，挣着同样的工资，但是其中一人为了保持这份工作必须为儿童保健支付更多，那么他就只有比较少的可支出资源，因此，他的收入测量应该为了反映这个事实做出调整。第三，决定家庭消费能力的是税后收入，而非税前现金收入。既然贫困率被设计为衡量一个家庭获得给定消费标准的能力，那么，它的计算应该基于税后收入。

在 20 世纪 90 年代初期，与贫困率相关的这三类问题促使国家科学院任命的蓝丝带小组对美国贫困率的计算方式给出了根本性改变的建议。然而，这些建议遇到两大难题。第一个问题是这些变化难以在实践中实施。比如，我们怎样才能在某个人的收入中包含医疗补助的真正价值呢？在第 12 章社会保险经济理论的分析中，我们清楚地知道医疗补助的真实价值非常难以计算，它不仅是报销医药费的成本，而且是健康和患病跨状态间平滑消费的效用收益。

第二个问题是做出这些改变所引起的政治分歧。例如，计算地区变化的生活成本将意味着东部地区和西部沿海地区贫困率的大幅上升以及南部地区和中西部地区贫困率的

① 本节呼应国家科学院（National Academy of Sciences）对这个问题的研究结论（National Research Council，1995）。

② U. S. Bureau of Labor Statistics (2015).

③ National Association of Realtors (2015).

下降。这种转变将导致政府收入转移在全国各地区间巨大的相对再分配，东部地区和西部沿海地区新成为穷人的人会获得更多的转移，而南部地区和中西部地区新变成富人的人则会被减少转移支付。这些变化将在政治上不受生活在南部地区和中西部地区的人的欢迎。因此，这种政府资源分配的根本性改变可能在政治上不可行，即便它们有良好的经济科学意义。①

□ 哪个更重要——相对贫困还是绝对贫困?

政府再分配政策的一个重要问题是相对贫困和绝对贫困哪个才是推动再分配更合适的衡量方法？政府应该关心穷人相对于富人的贫穷程度，还是相对于一些绝对标准的贫穷程度？直觉上似乎后者对政府政策来说更重要。毕竟，一旦穷人达到一个可接受的消费水平，富人有多少钱又有什么关系呢？如果说富人的收入不重要，给定一个穷人的可接受的消费水平，那么国家关心的就不再是相对收入差距而是绝对贫困。

有两个原因可以解释为什么相对收入差距是重要的。第一，相对于他人的生活水平可能是社会“最低”生活标准的最佳定义。在 1950 年，一个穷人家庭的最低可接受生活标准中可以没有电视或者汽车，但今天显然不行。如前面“应用”中提到的，在美国，这种担心可以通过定义贫困线为典型消费束的一小部分来解决，这会使我们转向相对收入方法。

第二，最近一些有趣的证据表明，社会不平等程度本身与幸福指标呈现负相关关系。② 卢特默（Luttmer，2004）也发现，个人报告的幸福感随着收入的增加而上升，随着邻居收入的增加而下降。这表明，决定了幸福与否的是相对收入而非绝对收入。③然而，这个证据只是表明了这一点，从不平等到幸福的因果关系渠道尚未建立。

17.2 美国的福利政策

世界各国政府在收入再分配方面发挥着重要作用。实际上，如果忽略税收和转移支付，美国的收入分布看起来与更平等的欧洲国家的收入分布相似。④ 但是，如果我们考虑税收和转移，美国的分配则与这些国家大不相同。在欧洲国家，税后和转移分配更加平等，原因有两个：一是向弱势群体提供更为慷慨的资源分配，二是在较小程度上对富人征收更高的税收。这种差异凸显了政府计划在全球范围内向低收入群体进行资源再分配

① Meyer and Sullivan (2009) 表明了在过去 50 年里贫困测量对这些问题的敏感性。他们发现了一个基于个人消费而非收入的更为可靠的贫困测量方法，因为消费更好地反映了个人真实资源的变化。运用这个方法，他们发现过去 50 年里的贫困人数的下降远远超过基于收入方法测算的结果，特别是对于受益于再分配计划增长的弱势群体而言。

② 见 Deaton (2003) 对此类文献的一个很好的回顾。

③ 这个观点的更进一步的证据来自 Card et al. (2011)，该研究表明，对大学员工来说，他们的同事的收入越高，他们自身对工作的满意度越低（保持自身收入不变的情况下）。Bertrand and Morse (2013) 提出了一个潜在机制的有趣证据，他们发现，保持收入不变的情况下，当富人在一个地区消费越多时，中等收入家庭消费也会越多。

④ 参见 Matthews (2013) 的数据。

的重要作用。在本节，我们简单讨论美国对低收入群体收入再分配项目的类型。对较高收入群体征税为项目提供资金的相关内容，将在后面介绍税收的几章予以讨论。

在讨论福利政策时，理解每个政策的两个特征很重要。

1. 分类和根据实际情况发放救济福利：**分类福利**（categorical welfare）制度针对被限定为具有特定人口特征的群体，比如单身母亲、残疾人等。**根据实际情况发放救济福利**（means-tested welfare）制度指与收入和资产水平绑定的制度。例如，一个根据实际情况发放救济福利的制度可能明确规定，只有收入低于贫困线的人才可以获得这些收益。美国的很多再分配计划，比如为低收入的单身母亲提供的现金福利，既是分类（单身母亲）的，又是根据实际情况（低收入）发放的。

> **分类福利**：受到人口统计特征所限制的福利计划，如单身母亲或残疾人士津贴。
>
> **根据实际情况发放救济福利**：福利计划仅受收入和资产水平的限制。

2. 现金和实物福利计划：**现金福利**（cash welfare）是为受益人提供现金利益的福利计划。**实物福利**（in-kind welfare）是以商品而非现金形式提供给福利接受者的福利计划，诸如医疗服务或住房服务。

> **现金福利**：为受益人提供现金利益的福利计划。
>
> **实物福利**：为福利接受者提供诸如医疗或住房等商品的福利计划。

□ 现金福利制度①

美国有两个主要的现金福利计划：对贫困家庭的暂时性补助（Temporary Assistance for Needy Families，TANF）和补充性保障收入（Supplemental Security Income，SSI）。第三个再分配计划是劳动所得税抵免（Earned Income Tax Credit，EITC），它为低收入家庭的劳动供给提供补助，这一计划作为税收政策的一部分将在第21章中进行介绍。

对贫困家庭的暂时性补助 由联邦政府和州共同提供资助的TANF计划为有孩子的低收入单亲家庭（亲生父母一方已去世）提供资助。② 作为本章讨论福利的主要部分，TANF替代了对有儿童家庭的补助（Aid to Families with Dependent Children，AFDC）计划。AFDC计划于1935年开始实施，目的是资助寡妇和孤儿。然而，在接下来的数十年间，AFDC计划变为主要关注离婚或一直未婚的女性。作为1996年福利改革的一部分，各州被允许使用TANF资助单身母亲或者双亲家庭，但是绝大部分受助者仍是单亲家庭（只有5.3%的受助家庭是双亲家庭）。与本书其他章节所讨论的政府计划相比，TANF是一个相对较小的计划，2013年的支出为142亿美元。③

如果家庭收入足够低，那么就有资格获得TANF。在这种情况下，它们可以从国家获得现金支付，这被称为**福利保障**（benefit guarantee）。例如，对于一个有两个小孩的单亲家庭，各州的福利保障是不同的，范围从2013年阿肯色州的每月204美

> **福利保障**：为没有其他收入的个人提供的现金福利，该福利可能会随着收入的上升而减少。

① 有关本章讨论的每个制度的更多详细信息，请参阅Moffitt（2016）。

② 更多关于AFDC/TANF的细节信息，可以参考2014年绿皮书（Green Book）的第7章，该书由美国众议院筹款委员会出版。

③ U. S. House of Representatives Committee on Ways and Means（2014），Table 7.2；U. S. Department of Health and Human Services（2014）.

元到阿拉斯加州的每月 1 541 美元，没有一个州的家庭可以从该计划中获得足够高的支付以使其脱离贫困线。[1] 这种支付是根据实际情况发放的：它随着家庭其他收入来源的增加而减少。各州的**福利减少率**（benefit reduction rate）（每赚取一美元其他收入而减少的福利的比率）有很大的不同，通常各州从减少中免除一定水平的收入，随着收入的增加减少收益的 50%～100%。

福利减少率： 随着每赚取一美元其他收入而减少的福利的比率。

联邦政府的主要作用是资金支持：它通过提供大笔拨款来为各州制度提供财政支持。另外，联邦政府向受助者施加时间期限和工作要求的压力。联邦政府提出，个人在其一生中获得 TANF 的收益不能多于 60 个月（五年）的期限。联邦政府还要求福利受助者在接受 TANF 收益后最长 24 个月之内要找到工作。但是各州可以选择更短的期限，超过 12 个州的政府要求其受助者立即工作。总而言之，联邦政府要求各州半数的 TANF 的受益者在一定的时间内去工作。然而，这些要求存在漏洞：各州可以以“困难”为理由向其高达 20%的福利受助者免除时间期限的要求；并且“工作”的定义是很灵活的，因为高达 30%的受助者可以将教育或者工作技能培训当作工作。

补充性保障收入 SSI 是一个为老年人、盲人和残疾人提供现金福利的制度。本质上，SSI 的工作是填补社会保障和残疾人保险（DI）这两个主要的社会保险制度遗留的漏洞。过去没有充分工作的人可能不具备这些社会保险制度所要求的受助资格，但是他们有申请 SSI 的资格。例如，一个从来没有工作过的在一场汽车车祸中变为残疾人的年轻人不具备 DI 的受助资格，但是可以获得 SSI。事实上，SSI 受助者很多是年轻人，这是由于法院在 1990 年裁定，具有学习障碍和多个条件的年轻人符合 SSI 的享有资格。这个决定导致了此制度中年轻人数量的增加，四年之内从 1990 年时的不足 30 万人上升到超过 80 万人。[2] 申请数量的激增表明残疾的真实定义存在问题，尤其是对儿童这个群体。SSI 并不广为人知，也不像 TANF 那样备受争议，但实际上它是一个规模较大的计划，2013 年的支出超过了 530 亿美元。[3]

□ 实物福利制度

在美国，除了以上两个现金制度，还有四个为穷人提供实物福利的计划。

补充营养援助计划 传统的补充营养援助计划（Supplemental Nutrition Assistance Program，SNAP）为个人提供食品券，人们可以用这些食品券在参与该计划的零售商处购买食物。这些食品券已被类似借记卡的系统所取代，因此个人可获得一张特定价值的食品卡。当个人使用这张卡进行购买时，卡上的金额会被提取。

SNAP 是国家计划，2014 年的支出为 741 亿美元。[4] 被 TANF、SSI 或其他州现金福利覆盖的受助者家庭自动符合该计划的资格。除此之外，每月的现金收入为是否符合资格的主要决定因素。没有老年人和残疾人的家庭的收入必须低于贫困线 130%才有资格获得 SNAP 福利，且福利数量随收入的增加而减少。另外，体格健全的成年人被要

① U. S. Department of Health and Human Services (2014), Table Ⅱ. A. 3.

② 参见 Garrett and Glied (2000) 对此变化的一个讨论。

③ Social Security Administration (2014).

④ USDA Food and Nutrition Service (2015).

求去参加工作并且接受提供的任何工作。如果他们违背这些条件，福利局会中断其一到六个月的福利。最后，许多非公民不具备资格：永久居住者必须在美国居住五年以上才可享受 SNAP 福利。

医疗补助计划 我们已经在前面的章节中详细地讨论了医疗补助计划，但是值得我们记住的是，医疗补助计划是美国迄今为止最大的分类福利计划，2014 年的支出达到 5 829 亿美元。①

公共住房计划 美国的公共住房计划包含两个独立的计划。第一个是在公共住房计划中提供住所，主要是大的公寓大楼。第二个是提供“第八项住房券”，可以为参与私人出租的房东提供补贴。这些计划都只针对低收入家庭，通常是收入低于都市区中位数收入 50%的家庭（2015 年，中位数收入范围为从较低的南达科他州布法罗县的 32 500 美元到较高的康涅狄格州的斯坦福-诺沃克的 127 900 美元），且收益额度随着收入的增加而减少。② 2014 年，划拨给公共住房的支出是 455 亿美元，约 40%被用在私人部门住房券上。③

其他营养计划 美国其他主要的实物福利计划类型是额外的营养计划。其中一个计划是妇女、婴儿和儿童特别补充营养计划（Special Supplemental Nutrition Program for Women，Infants，and Children，WIC），该计划为购买营养食品提供资金，专门用于改善胎儿发育和婴儿健康。享受现金福利、医疗补助计划，或收入低于贫困线的 185%的孕妇、刚生产的母亲以及 5 岁以下的儿童，拥有该计划的享有资格。2014 年，该计划为大约 800 万人提供服务，费用为 63 亿美元。④

其他这类计划有学校午餐和早餐计划（School Lunch and Breakfast Programs），为儿童提供免费或者降价的膳食以助其达到联邦政府的营养标准。家庭收入低于联邦政府贫困线的 130%的儿童可以在学校获得免费餐，家庭收入在联邦政府贫困线的 130%与 185%之间的儿童餐费不高于 40 美分。在 2014 财政年度，政府每天提供 2 170 万份免费或降价午餐和 1 150 万份免费或降价早餐，费用为 150 亿美元。⑤

17.3 福利政策的道德风险成本

与社会保险计划一样，对穷人进行再分配（在提高社会福利方面）的好处可能伴随着很大的潜在道德风险成本。从富人那里拿走 1 美元给穷人是一回事，实际实施起来又是另外一回事。著名的经济学家阿瑟·奥肯（Arthur Okun）曾经将收入再分配比作一个“漏桶”：我们从富人那里拿钱出来给穷人，但是这个过程中有一部分钱漏走了。奥

① Centers for Medicare and Medicaid Services (2014).

② 中位数收入数据来自住房和城市发展部（HUD）网站，网址为 http://www.huduser.org/portal/datasets/il/il15/index.html。

③ Yentel and Johnson (2014).

④ USDA Food and Nutrition Service (2015).

⑤ USDA Food and Nutrition Service (2015).

肯的问题是：漏损量严重到何种程度时我们将不再愿意进行这种收入转移？[①] 这个答案取决于国家的社会福利函数的特征，该函数量化了这种效率与公平之间的权衡，即在高社会效率低再分配与高再分配低社会效率之间的权衡。通过提供社会福利的总体衡量标准，社会福利函数使公共财政的经济学家可以去思考，是社会馅饼比较大但分配不均好还是社会馅饼比较小但分配均衡好。

依据奥肯的漏桶原理，在社会资金从高收入群体向低收入群体转移的过程中有三种漏损。第一种是使这种转移可行的行政成本，这部分不算太高（大约占 TANF 总支出的 10%）。第二种是高收入群体在收入转移时需要纳税。这种税收降低了工作和储蓄的回报，可能会导致高收入群体不再那么努力地工作或者减少其储蓄（这种漏损是我们在接下来的税收章节里要详细讨论的税收的无谓损失）。

第三种是本节的主要关注点，即这些转移当中潜在的穷人受益者的道德风险。由于政府要确保人们免受贫穷，它提高了人们变穷以便符合享受转移支付资格的动机，从而提高了根据实际情况发放救济的转移支付的成本。这种影响对社会效率也很重要，因为收入减少会带来无谓损失。当人们为了变穷以求得到现金福利的资格而降低其劳动供给时，社会剩余就会由于较少的商品生产而降低（见图 2－17）。效率-公平权衡中的关键是由社会福利受助者劳动供给的减少而导致的社会剩余（效率）损失。

□ 根据实际情况发放救济的转移支付制度的道德风险效应

正如第 2 章所讨论的，我们可以用一个纯经济状况转移制度来解释这种道德风险问题。该制度是 TANF 或其他再分配制度的一个简化版本，它可以让我们清楚地看到伴随着再分配而来的道德风险效应。在这种制度下，政府保证每个人都可获得收入转移（收益保证），但是这种转移会以一个福利减少率（隐含税率）随着劳动工资的增加而减少。每个人的收益都等于：

$$B=G\times\tau\times w\times h$$

其中，G 是收益保证率水平（即福利保障水平），τ 是福利减少率（即隐含税率），w 是工资率，h 是工作小时数。例如，福利保障是 10 000 美元，福利减少率是 1，个人获得的收益就是 10 000 美元减去其劳动工资（如果个人的劳动工资达到 10 000 美元，那么在这个点上他将什么也得不到）。

事实上，在今天的美国，使用这个制度确实有可能消除贫困。假设政府建立了一个福利保障水平（G）等于贫困线的制度，福利减少率（τ）是 1（一个 100%的隐含税率，使收益随着收入增加 1 美元而减少 1 美元）。在此制度下，政府将向贫困线以下的任何家庭支付贫困线与其收入之间的差额。这种支付每年将耗资 1 310 亿美元，仅相当于社会保障计划成本的六分之一左右。[②]

但是估计出来的 1 310 亿美元是有误导成分的，因为它没有考虑个人对此制度做出的反应。图 17－3 考虑了在一个有贫困线的福利保障（每个家庭大约 11 770 美元）且福

① 奥肯的原始讨论可见 Okun (1975)。

② 基于 2013 年美国人口普查（2013 American Community Survey）数据计算而得。

利减少率为 100%的福利世界里，个人在闲暇与消费之间的选择。假设每个家庭只有一个人，且此人参加工作。这个工人每年最多有 2 000 小时的闲暇（所以工作小时数等于 2 000 减去闲暇小时数），市场工资为每小时 12.50 美元。在实施根据实际情况发放救济福利的制度之前，预算约束线是 ABC，斜率是工资的相反数（-12.50）。

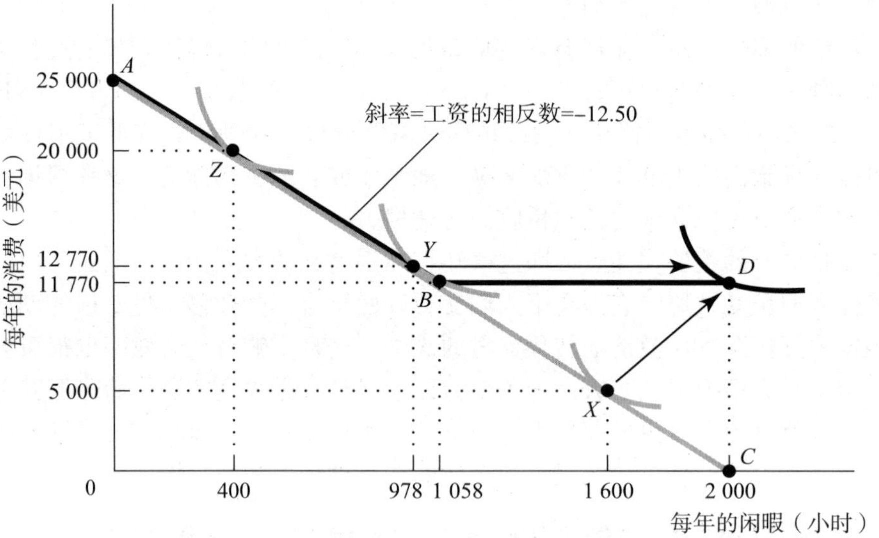

图 17-3　100%福利减少率下的劳动供给决策

说明：如果工人身处一个福利减少率为 100%的福利制度中，他们的预算约束线会从 ABC 变为 ABD，那么像 X 先生（没有福利时工资低于 11 770 美元）这样的人将不再工作（他享受 2 000 小时的闲暇）。一些无福利时收入刚好高于 11 770 美元的人，比如 Y 女士，也可能会被诱导离开劳动力市场进入福利制度。这时，Y 女士从 Y 点移动到 D 点。像 Z 先生这样的人不会受到影响。

假设引入一个制度，它为每个家庭（在我们的例子中只是一个人）提供一个 11 770 美元的福利保障水平（G），福利减少率（τ）是 1。那么对于家庭来说，它们的工资每比 11 770 美元高出 1 美元，就会减少 1 美元的福利保障。这使得个人预算约束线变为 ABD。对于工作时间多于 942 小时（闲暇少于 1 058 小时）的人，预算约束线 AB 段未改变：在福利保障是 11 770 美元、福利减少率是 1 时，工资高于 11 770 美元的人将不再符合此福利制度的资格。但是，工作时间少于 942 小时（闲暇多于 1 058 小时）的人有享受此福利制度的资格。无论如何努力地工作，他们的收益都是 11 770 美元，因为他们的任何收入都被福利保障以 1∶1 的比例抵消了，所以他们的预算约束线在 B 点和 D 点之间是水平的。

这对人们的劳动供给决策有何影响呢？考虑三个人，他们在没有福利制度时对闲暇时间的选择各不相同。在没有福利时，X 先生选择图中的 X 点：他享受 1 600 小时的闲暇和 5 000 美元的消费。在引入福利制度后，X 先生的最优选择是移动到 D 点，即享受 2 000 小时的闲暇，且能从政府福利保障中得到 11 770 美元的消费。这个福利制度不但增加了 X 先生的闲暇时间，而且提高了其消费。毫无疑问，X 先生的生活变得更好了。

在预算约束线的 B 点，福利制度对人们行为的影响取决于其偏好的无差异曲线的形状和位置。考虑 Y 女士，她现在每年有 978 小时的闲暇，工作 1 022 小时，工资是

12 770 美元。如果她打算加入这个福利制度，她将移动到 D 点。给定 100%的税率，一旦人们进入此制度，将没有理由再去工作，因为他们不工作就能得到相同数量的消费，从而得到更多的闲暇。如果 Y 女士移动到 D 点，那么她每年的消费会减少 1 000 美元（到 11 770 美元），但可以增加 1 022 小时的闲暇。所以，Y 女士很可能接受这种交易并移动到 D 点。如果她在 D 点能比 Y 点达到更高的无差异曲线上，她就会移到 D 点。这就是图 17-3 的例子（因为旧的无差异曲线从新的预算约束线的下方穿过），她进入了新的福利制度。

现在考虑 Z 先生，在福利制度实施之前，他的消费-闲暇组合如图 17-3 中的 Z 点所示。他现在每年工作 1 600 小时，休息 400 小时，挣 20 000 美元。如果他不进入福利制度，他会生活得更好。D 点会使他处于一个比 Z 点还低的无差异曲线上。

这些行为反应对之前描述的消除贫穷计划的成本有何影响呢？首先，它们表明，收入低于贫困线的家庭（像 X 先生）会立即停止挣钱，从而得到更多的闲暇，并给家庭带来更多的消费。这意味着，现在对每个低于贫困线家庭的转移支付额都变为贫困线自身（在我们的例子中，一个人的家庭是 11 770 美元），因为家庭没有收入来抵消减少的转移。制度的成本变为每个家庭规模的贫困线乘以贫困线之下的每个家庭规模的人数，即 2 920 亿美元。我们估计的 1 310 亿美元是远离真实值的，因为我们做的是静态（没有行为变化）的假设，即假设个人维持其转移前收入。如果所有的转移前收入都降为 0（就像 X 先生的做法），制度的成本则会大大增加。

其次，许多在贫困线以上的人（像 Y 女士）将停止挣钱，因为他们只需要减少一点消费就能获得大量的闲暇。如果收入高于贫困线 25%以内的所有人都这样做，那么制度成本将会增加 920 亿美元。因此，消除贫困的制度总共将花费 3 840 亿美元，而非最开始估计的 1 310 亿美元。

更一般地，图 17-3 说明了由 TANF 这样的现金福利制度的道德风险效应所导致的效率损失类型。通过对低收入群体提供收入转移，该制度使得变为低收入者更有吸引力，鼓励个人减少工作。这种道德风险效应降低了低收入群体的劳动力供给，导致其劳动供给曲线向内移动，从而减少了社会剩余（如图 2-17 所示）。换句话说，对该制度的道德风险反应增加了再分配桶的一个漏损。

□ 通过降低福利减少率来解决道德风险问题

解决道德风险问题的一个方法是降低福利减少率。如果对工作征收 100%的税率，毫无疑问，人们将会停止工作；如果是一个较低的税率，他们可能会较少地降低其工作的努力程度。考虑一个福利减少率 $\tau=0.5$ 的制度。如图 17-4 所示，有一个新的预算约束线 AB_2D。图 17-3 中的预算约束线也包含其中，即 AB_1D。与福利实施前的预算约束线相比，AB_2 段不变。福利保障是 11 770 亿美元，福利减少率是 50%，一旦收入达到 23 540 亿美元，个人将不再有资格享受福利。预算约束线的第二段 B_2D 的斜率是−6.25：福利受助者每工作 1 小时获得 12.5 美元的工资，但收益要减少 6.25 美元。

与 100%福利减少率的制度相比，这种类型的制度减少抑制工作的因素了吗？事实上，不一定。考虑同样的三个人。对 X 先生而言，由于工作的税率变低了，他工作的不利因素的确减少了。在旧的制度中，对 X 先生的工作没有激励，因为每 1 美元所得都

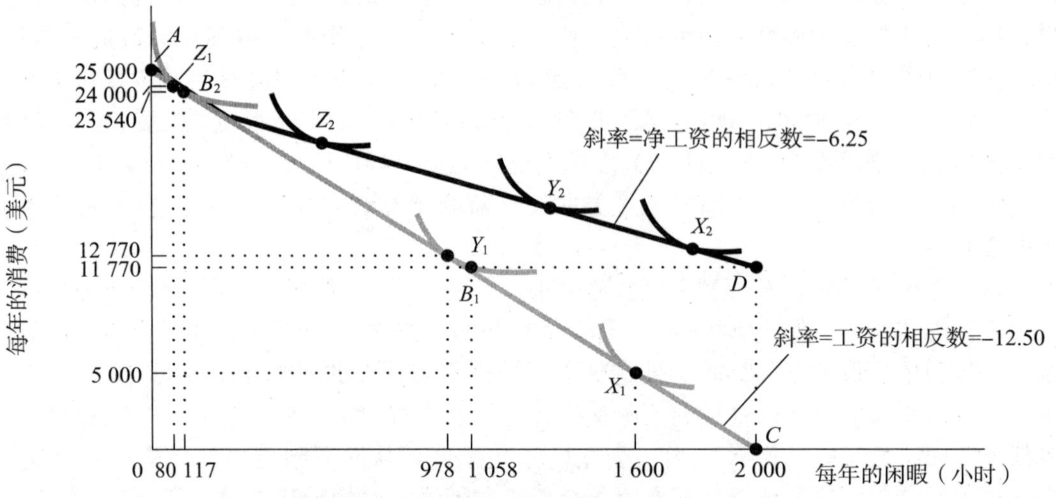

图 17-4　50%福利减少率下的劳动供给决策

说明：福利减少率减少到 50%，有福利的预算约束线变为 AB_2D。与福利减少率为 100%时相比，这导致像 X 先生和 Y 女士这样的人减少其闲暇（增加其劳动供给），即从 D 点移动到 X_2 点和 Y_2 点。但是像 Z 先生这样的人现在会进入福利制度且减少劳动供给，即移动到 Z_2 点。

要一比一地减少收益，所以他选择 D 点。现在，由于 X 先生每挣得 1 美元可以得到 50 美分，他会选择移动到一个新点，比如 X_2，该点与 D 点相比，有较少的闲暇（较多的劳动供给）但有更多的消费。

对 Y 女士来说，她的不利因素也减少了。之前她也同样面临 100%的工资税率，所以当她加入福利制度后，她自动地选择不工作（D 点）。现在，工资的税率较低，她选择 Y_2 点，与 D 点相比，同样是闲暇减少了，但消费增加了。

然而，对 Z 先生而言，有一个之前没有的劳动供给的抑制因素。在旧制度下，预算约束线的福利段部分使他只能停留在一个低得多的无差异曲线上，所以他忽略了福利选择。现在，福利变为一个可考虑的选择：他的无差异曲线落到了新的福利段 B_2D 之下，所以他选择领取福利，并移动到 Z_2 点，该点只需降低少许的消费就能获得较高闲暇（较少的工作）。X 先生和 Y 女士的劳动供给增加（闲暇降低）了，Z 先生的劳动供给却减少（闲暇增加）了。因此，新福利制度对劳动供给的净效应是不确定的，取决于这些不同群体的相对规模和偏好。例如，如果像 X 先生和 Y 女士这样的人分别只有 100 个，但是有 1 000 个像 Z 先生这样的人，那么福利减少率下降带来的总的劳动供给也会下降。

□ 再分配制度的“铁三角”

这个例子解释了现金福利制度的**铁三角**（iron triangle），即没有办法去改革一个简单的现金福利制度（如这里使用的）来同时实现以下三个目标：(1) 鼓励就业，(2) 收入再分配，(3) 降低成本。在这样的制度中，政府有两个处理工具：福利保障水平（G）和福利减少率（τ）。在这两个参数间也

铁三角：无法通过改变福利减少率或福利保障，同时实现鼓励就业、收入再分配以及降低成本这三个目标。

没有方法可以同时实现这三个目标。正如我们所展示的，如果政府在给定的保证水平上降低福利减少率，则不一定能够鼓励就业或降低成本。如果政府在给定的福利减少率下降低保障水平，肯定会鼓励就业并减少成本，但是会降低收入再分配的数量（因为穷人在较低保障水平的制度下得到的也更少）。如果政府提高保障水平，肯定会增加收入再分配，但是也会抑制工作并增加成本。

17.4 降低福利的道德风险

17.3 节中主要的结论是，福利制度的抑制作用不一定能通过降低福利减少率来解决。那么有没有可能设计出一个福利制度来解决铁三角问题？有三种方法可能会有用。

□ 转向分类福利支付制度

现金福利的道德风险效应是由政府无法观测的个人工作能力引起的。如果政府确切地知道每个人的挣钱能力，它就可以设计出一个没有道德风险的现金福利制度。例如，假设我们一出生就将自己的工作能力标签贴在了自己的额头上，我们不能改变这一点，并且政府也完全可以观测到这些，那么政府就可以建立一个制度，给那些谋生能力较低的人较大的现金福利支票。这个制度不会有道德风险效应，因为我们没有方法来改变自己的行为去影响我们的福利支付。①

问题是政府不知道每个人的挣钱能力，政府只能观测到每个人实际上挣了多少。这个数字与个人的谋生能力有关，但也是由个人的劳动供给决定的。所以一个穷人可能是能力低但工作努力，也可能是能力高但懒惰。通过将福利与观测到的收入挂钩，政府为个人提供了不努力工作的激励，以便有资格获得更多的福利。

如果福利制度可以将目标定位到真实的挣钱能力低的人，确保收益能给到确实需要的人，而不是不努力工作以便得到受助资格的人，那么这些问题就可以被消除。在没有与生俱来的工作能力标签的情况下，政府可以通过根据不容易改变的其他特征对个人进行分类来提高福利的针对性。

例如，考虑一个对盲人的收入再分配计划。失明是衡量挣钱能力的一个非常好的方法，因为盲人很难赚取高工资；并且采用失明作为现金福利的目标也可以消除道德风险，因为个人不太可能改变他们的行为（使自己变瞎）来获得福利收益的资格。通过将资源引向盲人，政府可以实现对潜在挣钱能力低的人的收入再分配，而不会干扰个人对市场供给劳动的动机。这种目标导向的分类可以克服铁三角问题：对能力低的人（比如盲人），可以不抑制其工作就可以改善其生活。

什么是最好的定位机制？ 最好的定位机制有两个特征（或准则）。第一，不可变

① 在这个制度下，转移支付会影响工作行为，因为闲暇是一种正常品。得到转移支付的工作能力低的人会更不努力工作。但是，就可得性效应和健康保险来说，这不是一个道德分界线，因为人们不努力工作只是因为他们比较富有，不是因为福利制度本身。道德风险只出现在个人根据政府项目的实施做出行为改变的反应时（只是通过对政府项目的替代效应，而非通过收入效应）。

性。福利制度的道德风险和桶的漏损来自替代效应：人们改变其行为以获得福利收益。如果由一个不可变的特征来决定收益，人们就没有办法为了资格去改变行为。

第二，最好的机制针对收入能力低的人。比如，政府今天可以宣布一个制度，去年是财富 500 强企业首席执行官（CEO）的 500 个人可以获得一次性的奖金。这个制度满足最好的定位机制的首要条件。任何一个人都不可能通过改变今天的行为来达到这个条件，因此不会对行为产生替代影响。但是这个制度不满足第二个准则，因为很明显这不是一个低挣钱能力的群体！

针对单身母亲 美国使用的传统定位方法是针对单身母亲的现金福利。这种定位满足上面的两个准则吗？似乎很明显这个群体满足第二个准则，即低挣钱能力：单身母亲家庭的贫困率将近 31%。[①] 但是尚不清楚这个群体是否符合第一个准则，即不可改变的准则。女性为了福利资格可以选择通过未婚生子或者离婚成为单身母亲。正如根据实际情况发放救济福利制度存在减少工作努力的效率成本，也存在与女性为了福利资格变为单身母亲有关的效率成本（比如只有一个家长对孩子成长带来的负面影响）。

事实上，福利最具争议的方面可能是它对核心家庭解体的激励。1992 年洛杉矶暴动后，副总统丹·奎尔（Dan Quayle）宣称："我们看到的无法无天的社会混乱与我们社会很多地区存在的家庭结构、个人责任和社会秩序的崩溃有直接的关系。对于穷人来说，福利精神加剧了这种情况……福利支票不是丈夫。"[②]

从理论上讲，为了有资格获得福利，女性有可能主动成为单身母亲。但是两种证据表明这种理论可能性在实践中并不普遍。首先，时间序列证据（图 17－5）表明，在 20 世纪 60 年代，单身母亲和福利待遇的变化步调一致，这与高福利造成了更多的单身母亲的观点是一致的。但是在接下来的年份当中，尽管实际福利急剧下降，单身母亲的数量仍持续增加。然而，一如往常，这些缓慢变化的时间序列趋势可能是由其他难以从这个图上提取出的因果关系驱动的。其次，大量的研究已经评估了相对于其他收益不变或者下降的州，收益提高的州的单身母亲数量是否增加。研究结论是这种效应不存在或者很小。[③]

因此，单身母亲似乎满足目标定位机制的第一个准则：一个女性不大可能只是为了得到福利收益就选择成为单身母亲。那么，单身母亲似乎是一个合理的定位机制：它通过一个对制度激励（道德风险效应小）不是非常敏感的特征来定位一个低收入群体。因此，目标定位为单身母亲使我们能够克服铁三角问题。

尽管对现金福利制度的实证文献在这一点上达成了共识，但现金福利对稳定家庭形成方面的负面影响仍然是政策制定者反对现金福利的主要原因。在 1996 年引入 TANF（虽然大部分受助人仍是单身母亲）时，这种对立消除了（至少在理论上）单身女性为户主的家庭和其他类型的家庭的区别。然而，决策者必须意识到减少这种差别（去除婚姻的差别）的收益被两种成本抵消了。第一，通过去除定位，我们使自己再次面临铁三角问题：一个改善已婚家庭生活的制度会减少它们的劳动供给（因为对于图 17－3 和

① 贫困数据来自国家法律和经济司法中心（National Center for Law and Economic Justice），网址为 http://www.nclej.org/poverty-in-the-us.php。

② Quayle (1992).

③ Moffitt (1992); Hoynes (1997).

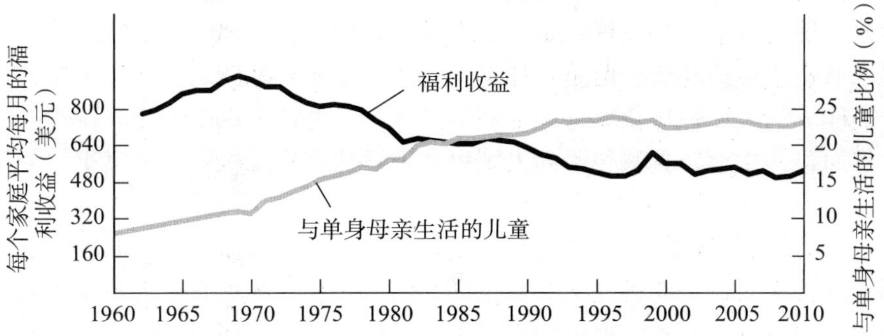

图 17-5　1960—2010 年的福利收益和单身母亲

资料来源：福利收益数据来自 U. S. Department of Health and Human Services (2011)，Table TANF 6。与单身母亲生活的儿童的数据来自 U. S. Bureau of the Census (2011)，Table CH-1。

说明：20 世纪 60 年代，每个家庭平均每月的福利收益与单身母亲的数量同步上升；但是在过去的 30 多年间，福利收益减少，单身母亲的数量仍持续增加。

图 17-4 中 Z 先生这样的已婚家庭，之前的福利与它们无关，现在却使它们不再那么努力工作)。第二，我们现在要以更高的成本为更大的群体支付福利。因此，如果目标对福利不敏感，比如单身母亲，那么去除针对性的好处可能会被这样做的成本预算所抵消。

□ 使用“折磨机制”

> **折磨机制：**福利制度的特征是让其不具有吸引力，从而让最需要该福利制度的人士做出自我选择。

刚刚讨论的第一种方法是使用人们可观测的特征来定位最低能力的制度。该方法面临的问题是，我们可能很难基于一组有限的可观测特征对能力进行评估。另一种方法是，尝试设计一个福利制度使人们自己表露低能力特征。这个福利制度对社会上能力强的人不具有吸引力，但是仍能对能力确实低的人实现再分配。政府可以通过使用**折磨机制**（ordeal mechanisms）来实现这一目标，折磨机制是一种使福利制度缺乏吸引力的特征：如果福利制度没有足够的吸引力，那么就只有能力最低的人愿意报名参加。①

假设有两组人想加入福利制度：努力工作但是能力低的人和懒惰但是能力高的人。政府想要建立一个福利体系对低能力的人进行收入再分配，而非针对只是由懒惰导致收入低的高能力的人。这样做的一种方式是发现特征，比如教育，它与能力有关，但是这种相关关系并不完全。另外一种方式是建立一个福利制度，它对高能力却懒惰的人没有吸引力，所以高能力的人自主选择离开福利。

关于折磨机制的一个很好的例子是作为 TANF 计划特征的工作或者培训要求。这种要求对只是利用福利作为增加自己闲暇的方法的懒人强加了成本。然而，对于即使努力工作也无法维持生活的人，这些要求是没有成本的。事实上，这些能力低的人可能会乐于接受所提供的培训。

① 关于这些问题的一个很好的讨论参见 Nichols and Zeckhauser (1982)。

折磨机制的另外一个例子是通过福利计划提供实物而非现金补助。与现金有关的定位很难做到，因为每个人都重视现金！如果政府分配现金，那么不是穷人的人也会假装贫穷，以求有资格得到现金。但是，如果政府在一个比较低廉的公共住房项目中分配一套房子，高能力的人可能对获取这些福利不感兴趣，他们宁愿工作而非住在一个糟糕的公寓里。然而再一次地，真正贫困的人则更愿意居住在这个破败的公寓里，而不是生活在大街上。

但是，折磨机制的运用可能并不是提供实物而非现金转移的唯一原因。也有可能是选民更愿意支持实物机制的再分配，这也许是出于家长式的关心，担心低收入群体不会合理地花钱。关于这方面的证据可能来自雅各布松等（Jacobsson et al.，2007）的一项创新性的研究。这些作者进行了许多实验，参与者可以选择以现金或实物的形式向他人提供帮助。例如，给他们两个选择来帮助有糖尿病的烟民：一个是现金，另一个是等价的戒烟产品。在90%的情况下，当参与者面临这些选择时，他们都会选择实物转移。①

折磨机制的悖论　转移制度中基本的效率问题是非贫困的人可能会伪装成贫困的人，以便有资格得到福利，导致政府无法将福利分配给穷人。如果政府提供了一个对非贫困的人没有吸引力却能为穷人排忧解难的福利，那么非贫困的人就不会追求这种伪装，这种定位机制就会更有效率。

因此折磨机制的悖论在于，对低能力者进行折磨反而可以使他们的福利变好。这是因为政府支付在福利上的开销总额是固定的。如果低能力的人必须与较高能力的人（冒充穷人的人）共享这笔预算，那么他们分到的收益就会变少。如果一个折磨机制可以使较高能力的人远离福利，那么低能力的人就可以得到更多的收益，即使这一过程使他们经历一场艰难的考验。如果政府可以通过折磨机制评估出谁才是真正的低能力的人，那么通过一个针对低能力的人的更慷慨的制度，就可以战胜铁三角问题。

折磨机制的直觉意味着应建立一种让接受福利的过程不那么愉快的机制，例如让个人在超市使用其他人都能看到的SNAP代金券，或让他们在公共福利办公室排队等候。通过更有效地定位福利，这种方法可以使受助者获得更多的福利。即通过淘汰假装贫穷以获取福利的较高收入者，来消除制度里的福利流失。

☞**应用**

折磨机制的一个例子

一个例子可以说明折磨机制作为定位工具的作用。政府想要为低能力的穷人设立一个可以做汤的厨房，但是政府无法判断一个人是真的能力低，还是能力高但是懒惰。政府可以选择为这个厨房雇用大量的工人，这样人们不需要为了一碗汤等待很长时间，也可以选择雇用较少的人，这样总有一些人要在外面排队。使贫困和饥饿的人在外面排队似乎是低效率的，但是这样做或许就可以显示谁才是真正需要免费食品的人：较长的队伍可能阻止较有能力的人使用他们不需要且本来也不是为他们准备的资源。

① Cunha et al.（2010）提出发展中国家背景下的实物转移的另一种讨论：通过提供实物，而非现金，决策者可以在不完全竞争市场和整体工资水平较低的情况下提高物品的供给。

更具体地说，假设能力低的人获得汤的效用是 $U_l=240S-W$，其中，S=汤，W=等待时间。高能力的人获得汤的效用是 $U_h=120S-2W$。高能力的人从每一份汤中得到的效用较低（因为高能力的人不是很饿），并且等待过程带来的负效用更多（因为高能力的人可以利用他们的时间做更有生产力的事情）。进一步假设，政府试图最大化社会效用函数。社会效用函数是每个社会成员效用的等权重加总，$SWF=U_l+U_h$。最后，假设有两碗汤要分配，政府想要计算出应该让人们为这些汤等待多长时间。

政府首先尝试一个没有等待时间的制度（$W=0$）。在这样的一个制度下，高能力和低能力的人都会去取免费汤，让我们假设他们一人一碗。因此，低能力的人的效用是 $U_l=240$，高能力的人的效用是 $U_h=120$，所以社会总福利是 360。

接着政府转而采用另外一个制度，人们为得到免费汤要等待 61 分钟。在这一制度下，高能力的人不再需要这碗汤，因为此时他的效用为负 $[U_h=120-(2\times 61)<0]$，所以此时没有人排队。低能力的人因此会得到两碗汤，其效用是 $U_l=240\times 2-61=419$。社会福利因此从 360 上升到 419。因此，使低能力的人排队不仅提高了个人效用，而且提高了社会总效用！

之所以能实现这一结果，是因为有效定位的收益（不需要与高能力的人分享福利）超过了使低能力者排队的成本。通过使用诸如排队等待的折磨机制，福利计划可以利用“低能力者更想要该物品，并且这种折磨给他们带来的负效用较低”这样的事实，以提高稀缺资源再分配的针对性。

□ 增加外部选择

降低福利道德风险效应的第三种方法是增加个人可获得的外部选择，以使福利制度不再具有吸引力。图 17-6 再现了图 17-3 中描述的选择集，此处只关注先前例子中的一个工作者（Y 女士）。正如之前的图示，Y 女士这样的人原先每小时的工资是 12.50 美元（如预算约束线 ABC 所示），在 Y_1 点选择 978 小时的闲暇和 12 770 美元的消费。如前所示，如果引入 11 770 美元的福利保障，并且福利减少率为 100%，则预算约束线变为 ABD，她选择待在 D 点完全不工作。在这一点，她损失了 1 000 美元的消费，但是得到 1 022 小时的闲暇。

假设现在 Y 女士的工资上升到每小时 17.50 美元，那么现在她的预算约束线变为没有福利时的 EFC，有福利时的 EFD。在较高工资水平上，Y 女士挣得 17 500 美元，不管有没有福利，她都会选择 1 000 小时的闲暇（Y_2 点）。即使引入福利，她在 Y_2 点的无差异曲线也要高于在 D 点的无差异曲线。因此，将工资率提高到每小时 17.50 美元可以使福利相对于工作的吸引力降低，从而减少福利的低效率，并且不需要通过实际降低福利来惩罚享受福利的人群。这个理论构成福利改革“胡萝卜”方法的基础：通过向妇女提供工作使其脱离福利从而减少福利受助者，而非简单地削减福利。

政府可以使用五种不同的方法增加福利受助者的外部机会。

培训 增加外部机会的传统方法就是对福利受助者进行培训。靠福利生活的女性大多数技能水平较低。她们一般在高中就辍学了，因此不具备在美国的高科技经济中谋生

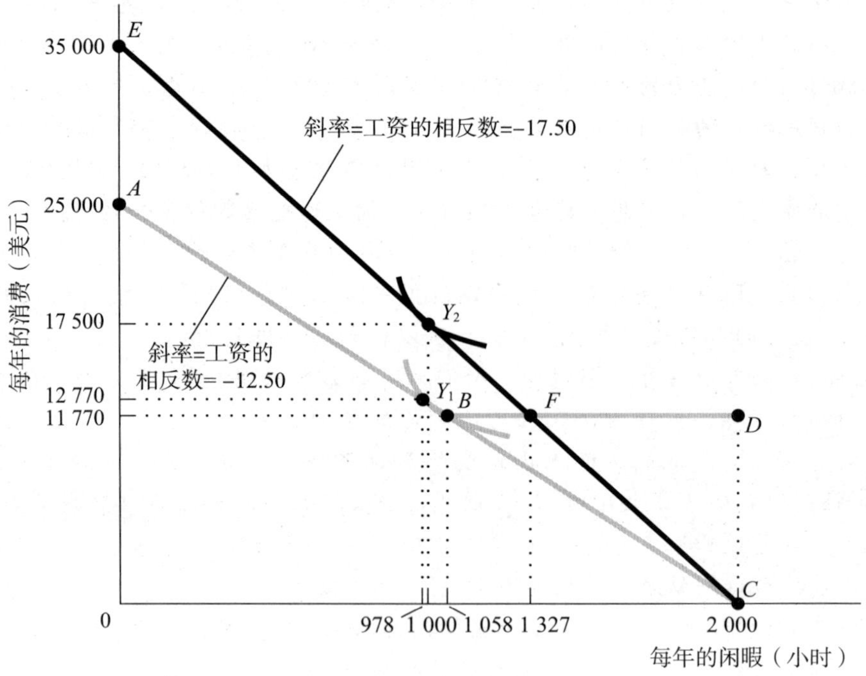

图 17－6　增加现金福利机会集

说明：不改变福利减少率却能减少福利使用（因此进入铁三角问题）的一种方法是增加单身母亲的外部机会，从而使她们可以真正地"以她们的方式工作从而脱离福利"。通过将单身母亲的工资增加到每小时 17.5 美元，我们可以将其有福利时的预算约束线从 ABD 移动到 EFD。在这个新的预算约束线下，她不再选择留在福利制度里。

所必需的许多技能。如果这些女性可以学习当前经济中看重的技能，她们潜在的工资可能会如图 17－6 中显示的那样有所增加，并且她们会发现，福利相比于外界劳动力市场的机会并不那么吸引人。

国家福利计划实际上已经开展了一系列随机试验，来评估培训方法（包括课堂培训、就业培训和求职帮助）是如何起作用的。这些随机试验表明培训确实有效。培训计划导致了福利受助者数量的轻微下降，提升了福利受助者的收入。[①] 然而，大多数专家认为，虽然培训计划的影响是积极的，但是影响力较小，这种方案不能引起福利受助人数的大幅减少。

劳动力市场补贴　增加福利接受者外部选择的另一种方法是直接对其市场工资进行资助，使市场工作对其更有吸引力，让其得以摆脱福利。这些类型的补贴可以分两种形式。第一种形式是对最低收入工人的劳动力供给进行一般补贴。这种方法的一个例子是劳动所得税抵免（EITC），即对收入低于一定水平的人挣得的每一美元提供补贴。2014 年，符合 EITC 资格的家庭包括：有两名或两名以上子女且收入不超过 49 186 美元的双亲家庭；有一名子女且收入不超过 43 941 美元的家庭；没有子女且收入低于 20 020 美元的家庭。[②] 在第 21 章中我们会讲到，从低收入者增加劳动力供给的角度来说，这种

---

① 参见 Gueron (1990) 的文献回顾。

② EITC 的信息来源于 http://www.irs.gov/。

方法已经被证明是非常成功的。同时，它也是相当昂贵的，目前每年的 EITC 支出超过 580 亿美元。①

第二种形式是针对已经享有社会福利的人进行工资补贴，以减少补贴方案的成本。布兰克等（Blank et al.，2000）回顾了一系列旨在促使福利家庭回归工作的计划的相关证据。他们发现，工资补贴增加了就业，减少了依赖福利的人数，而且这种影响随补贴规模的扩大而上升。此外，这些有针对性的方案的成本相较于 EITC 之类的一般性工资补贴计划要小得多。

然而，这种有针对性的方法有两个缺点。第一，有很多可以从工资补贴中受益的人不符合补贴资格。举例来说，一个单身母亲失去了工作，但她不想在社会福利登记，如果政府提供的福利仅限于福利接受者，那么她将由于不愿意接受政府的帮助而处于不利地位。这就引出了第二个缺点：布兰克等（Blank et al.，2000）发现，对福利受助者参加工作进行工资补贴会增加接受福利救济的人数。由于要得到这些工资补贴必须是处于接受福利的状态（相对于 EITC 的一般性补贴），人们会为了符合资格而参加福利计划。在我们的例子中的那位母亲现在为了符合资格更有可能进入福利，抵消了更有针对性的补贴计划的部分成本节约。

因此，在更一般和更有针对性（给现有福利受助者）的工资补贴计划之间存在一个明显的权衡。更有针对性的补贴方案相对于更一般的方案将会节省成本，但也会面临风险，它可能会忽视一些真正贫困的人，并且可能会增加试图符合福利资格的申请数量。

儿童保育和幼儿园 实际上，对于有子女的家庭，图 17-2 和图 17-6 所示的预算约束线应该代表母亲在劳动力市场上可以获得的工资，减去她在上班时必须为子女花费的儿童保育费用。母亲在工作时需要支付别人照顾自己孩子的费用越多，她在周末带回家的钱就越少。因此，增加女性外界机会的另一种方法是，资助她们的托儿费用，甚至提供免费的托儿服务。这相当于增加了工资，也因此提升了非福利预算约束线的斜率。资助幼儿护理被证明能提高女性劳动供给：最近的估计表明，托儿补贴每增长 10%，女性劳动力约增加 2%（在第 21 章会讲到）。

但幼儿护理使用的增加也意味着对孩子的很多照看工作不是由父母来完成的，关于这一点是否有益也引起了争论。实证应用当中对这一问题的相关文献进行了回顾。有明显的证据表明，高质量的学前班为弱势儿童带来了红利，但也有明确的证据表明，为中产阶级青年提供日托可能实际上会损害其结果。

▶实验证据框◀

加拿大自给自足计划

工资补贴制度的一个特别有趣的例子是加拿大的自给自足计划（Self-Sufficiency Project，SSP）。② 该计划随机向已享受福利一年以上的加拿大福利受助人实验组提供

① Office of Management and Budget (2015), Table 15-3.

② 关于 SSP 实施与结果的更多细节参见 Ford et al. (2003)。

工资补贴：如果这些人找到了一份全职工作且一年之内脱离福利制度，该计划就会在他们保持这个工作的前三年支付给他们两倍的工资。该计划通过选择长期待在福利制度里的人，在最小范围内关注个人为了得到福利所提出的要求，但代价是排除了很多本该受益于该计划的人。这种实验组是与随机选择不能得到工资补贴的长期福利受助者的对照组相比较的。

这项随机试验的结果是令人吃惊的：与没有提供补贴的组（对照组）相比，提供补贴的组（实验组）的就业率上升了12个百分点（43%），福利注册数大致下降了同样的幅度。然而，这种短期补贴并不能产生持久的效应。五年之后，实验组和对照组在工作和福利方面表现相似。一个悬而未决的问题是，长期的补贴是否会有更深远的影响。在研究人员研究的整个五年期间，每1美元的政府支出转化为获得该补贴的前福利领取者2美元的收入增加。因此，该计划是漏桶的对立面：政府转移增加了总收入，并且超过了政府转移额。这一发现表明，定位良好的、大幅度的工资补贴可能成为减少福利人数的一种有效方法。

子女抚养费：由法院强制要求的不能亲自抚养子女的父母对未成年子女的支付补偿，以支持子女的成长。

子女抚养费　增加外部机会的第四种方法是当儿童的母亲为福利接受者时，更充分地要求孩子的父亲履行其支付**子女抚养费**（child support）义务。当人们离婚，或子女非婚生时，法院系统往往会强制要求不在场的一方（通常是父亲）提供一些资金支持给保留了子女抚养权的一方（通常是母亲）。问题是，美国现今只有一半的法院裁定的子女抚养费是实际执行了的。因此，妇女无法离开福利，因为没有这些孩子的抚养费，她们仅靠工资收入无法负担自己和孩子的消费支出。如果有更多的子女抚养费被支付，图17-6中的无福利预算约束将有一个向外的移动，福利将变得不那么有吸引力。

这是减少福利依赖的一种非常有吸引力的方法，毕竟，没有一个大选区会捍卫不支付他们子女抚养费的赖债父亲。这种方法的吸引力或许解释了为什么在1981—1999年间，几乎每年都有重大的联邦立法来继续加强子女抚养费的执行，以便找到赖债父亲，让他们履行其法定义务。州（即强制执行子女抚养费的法律实体）现在有权力命令可能的父亲接受基因测试以确定父亲的身份，调查父亲的财务记录以便于法院裁定子女抚养费的支付额度，并可通过扣压赖债父亲的工资或扣押和出售他们的财产来强制其执行子女抚养令。①

然而，这种解决福利依赖的方法的问题是，很多赖债父亲也是穷人，所以从他们身上并不能有效地收到多少钱。此外，在各州TANF制度的现行结构下，从赖债父亲处收集到的子女抚养费本该发放给接受福利援助的妇女，却几乎全都直接进入各州以抵消妇女的福利成本，只给妇女留下了微乎其微的一小部分。所以现行制度实际上是从低收入赖账父亲处收税以资助福利制度。

由于是国家而不是母亲拿到了钱，因此该制度几乎没有为妇女追踪赖债父亲提供激励。这就是为什么一些州正在尝试将所有从缺席父亲处收取的子女抚养费都“传递”给

① U. S. House of Representatives Committee on Ways and Means (2004), Section 8.

福利制度中的母亲。

另外，加强对子女抚养费的强制执行的主要优点是，通过使父亲对抛弃其家庭付出巨额财富代价的方式，可能会减少单身母亲的发生率。然而，很少有令人信服的证据表明更强制的子女抚养费执行与较低的离婚率或较低的婚外生育率有关。

▶实验证据框◀

儿童保育、学前儿童与儿童表现[①]

虽然补贴、免费托儿所和学前教育可能是促进母亲工作的手段，但这些方案最重要的影响可能是对儿童本身。一个开放而关键的问题是，将儿童护理模式从家庭护理转为幼儿园护理会对儿童产生什么样的短期和长期影响。然而，解决这个问题很困难，因为选择不同照顾孩子的方式的家庭可能在很多方面有所不同，因此更难以比较不同环境中儿童的结果。

解决这个问题的一种方法是对接受托儿服务和没有接收托儿服务的兄弟姐妹进行比较。对同一家庭环境中抚养的兄弟姐妹进行比较可以消除该维度上的任何可比性差异。这种方法由柯里和托马斯（Currie and Thomas，1995）开创，旨在评估领先（Head Start）计划。该计划是一项高质量的学前教育计划，以补贴的方式提供给美国的低收入家庭。它们的工作和后续工作为领先计划提供了正面支持，该计划在低龄层面带来了更高的考试成绩和更好的健康状况，在高龄层面带来了更高的考试成绩、更高的毕业率、更低的被逮捕可能性以及更低的吸烟可能性。然而，这种方法的问题在于，即使在家庭中，兄弟姐妹也可能存在其他方面的不同。例如，参加领先计划的兄弟姐妹可能是在家庭经济状况较差的时间段出生的，而没有参加该计划的兄弟姐妹可能出生在家庭经济状况相对较好的时候，此时他们不符合计划参与条件（在这种情况下，领先计划的任何积极影响都会被低估）。

另一种方法是在领先计划中采取“不连续性”规则，这导致相似的儿童要么有资格，要么没有资格，因为该计划资格点附近的收入差异很小。卡内罗和金佳（Carneiro and Ginja，2008）使用这一策略来证明对领先计划的参与减少了12～13岁的人的行为问题和肥胖，并减少了16～17岁的人的抑郁、肥胖和犯罪。然而，这种方法的局限性在于领先计划对家庭收入的验证程序并不完善，因此家庭可以操纵它们的收入来获得该计划的资格。如果以其他方式大力支持子女的家庭是减少或少报收入以获得该计划资格的家庭，那么这可能会让我们认为这项计划是有积极作用的。

由于文献中的这些局限性，联邦政府资助了领先计划影响研究（Head Start Impact Study，HSIS），该研究于2002年将领先计划当中超过申请人数上限的儿童随机分配到两组：获准进入该研究的实验组和被拒绝的对照组。这种随机分配解决了困扰早期研究的可比性问题。

迄今为止，HSIS的研究结果支持了领先计划在短期内导致儿童表现显著改善的

① 该部分主要依据Almond and Currie（2010）、Baker et al.（2015），以及Bitler et al.（2014）的文献综述。

观点。但研究还发现，随着时间的推移，这些影响会逐渐消失，因此任何考试成绩的提高都会在一年级时基本消失（Bitler et al.，2014)。这提出了一个疑问，即其他研究当中记录的长期增益是否会出现在这个实验评估中。

这些收益可能出现的建议来自或许是这一领域最著名的一项工作：评估20世纪60年代的随机试验，其中儿童被随机分配到非常高质量的学前干预组。这些研究显示，虽然考试分数的短期收益逐渐消失，但后期生活的回报非常高，包括更高的收入、更好的家庭稳定性和更低的犯罪率。据估计，这些干预措施上花费的每1美元会为纳税人带来4美元的储蓄，这些更高的储蓄来自降低的犯罪率和其他社会改善。对这种长期收益的可能解释是，尽管干预措施在持续增加测试分数方面作用有限，但可能会改善成功所必需的非认知技能。

最后，一些最近的研究使用准实验差异来评估全世界儿童保育和学前教育的更广泛扩张。这些研究通常使用双重差分法，将儿童护理或学前教育得以扩张的地区的儿童群体与没有扩张的群体进行比较。

许多关于在美国引入幼儿园前课程的研究发现，这些课程可以改善弱势学生的学习成绩，但不会提高优势学生的学习成绩。加拿大魁北克省已经实现了儿童保育的普及，为弱势公民提供了儿童保育。对这种普及的研究发现，不管是短期还是长期的儿童表现都在恶化。关于丹麦、德国、挪威和西班牙儿童保育扩张的研究都发现，这对处境最不利的儿童有益，但对有优势家庭的儿童没有任何好处，甚至使这些儿童表现变差。

总而言之，大量文献对儿童保育和学前教育机会对弱势青年的教育及社会成果产生的积极影响都进行了相当一致的描述，特别是对高度密集的干预措施。但对于拥有更多资源的家庭的年轻人，这种影响似乎较弱，甚至是负面的。这表明，从长远来看，努力将资源用于最弱势儿童的政策，而不是全面普及儿童保育的权利，可能会更有成效。

解除"福利锁定" 最后，改进外部激励的第五种方法是取消现金福利与其他实物福利的关联。例如，20世纪80年代中期以前，为低收入者和非残疾的母亲提供的医疗救助下的公共健康保险仅限于接受福利救济的人。如果他们离开了福利救助，大多数的女性则无法找到提供医疗保险的工作。现金福利和保险之间的这种联系可能会导致妇女仅仅为了获得医疗保险福利而继续留在福利制度当中。

这一点在图17-7中进行了说明。图17-5显示了一个引入福利前斜率为-12.50的预算约束线*ABC*。引入福利保障为11 770美元，福利减少率是50%（受助者每挣1美元，福利减少50美分）的福利制度后，预算约束线移动到*ABD*，如图17-5所示。现在假设由政府提供的扶贫计划包括只针对福利受助者的免费健康保险，该健康保险价值1 200美元。一个人的福利增加1 200美元，会导致预算约束额外上升。只要个人参加福利计划，就会获得价值1 200美元的健康保险。然而，一旦她们离开福利，她们在失去现金福利的同时也将失去医疗保险。因此，福利（和公共健康保险）的预算约束线将变为*ABEF*。

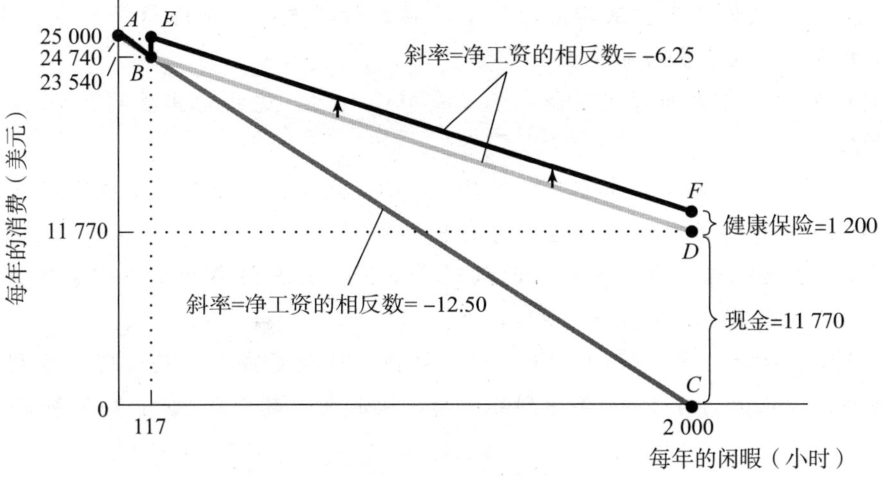

图 17-7　健康保险与现金福利相捆绑

说明：医疗保险的覆盖范围与现金福利的关联对个人离开福利产生了额外的抑制作用。当保险与福利挂钩时，有福利的预算约束线由 *ABD* 移动到了 *ABEF*，增加了反映医疗保险价值的那一部分（*BEF*），但当个人离开福利时会结束。因此，当医疗保险与福利相关联时，除非工作提供健康保险，否则人们不会为了收入稍高一点的工作而离开福利。

这意味着，对于一个考虑通过工作离开福利的女性，脱离福利时最后挣得的 1 美元不止花费了 50 美分的福利，而且花费了其健康保险计划的全部价值！因此，这对通过工作来摆脱福利有一个巨大的抑制作用。在收入超过福利救济的金额足以覆盖损失的健康保险费用之前，妇女都不会离开福利制度。就第 15 章关于工作锁定的讨论而言，存在福利锁定。即使女性在劳动力市场中可以增加收入，她们也可能不愿意离开福利，因为她们将失去全民健康保险。

因此，提高妇女的外部机会的一种方法是将她们获得健康保险的资格从接受现金福利中分离出来。这是 20 世纪 80 年代和 90 年代医疗补助计划扩展的一个主要动机，扩展后的医疗补助计划不与现金福利挂钩。然而不幸的是，关于福利锁定在实践中是否重要只有混合的证据，即使是最大的估计也只表明，将健康保险从福利中分离出来只会导致福利登记人数的少量减少。

☞**应用**

1996 年福利制度改革的评估

1996 年 8 月 22 日，克林顿总统签署了《1996 年个人责任与就业机会协调法案》(Personal Responsibility and Work Opportunity Reconciliation Act of 1996，PRWORA)，该法案通常被称为福利改革法案。该法案兑现了克林顿总统（和许多其他政策制定者）所做的承诺，即“以我们知道的方式结束福利”。一些重要的修改如下。

1. 现金福利从联邦政府支付至少一半的州福利成本的配套机制改为整笔拨款，即联邦政府只需向各州提供固定金额的支票以资助福利计划。这种变化相当于对各州的福利成本实行从追溯报销到预期联邦报销的转变。

2. 允许并且鼓励各州尝试其他的现金福利支付模式，比如降低福利减少率或者让女性保留更多孩子父亲支付的子女抚养费。

3. 对福利受助者施加时间限制，如本章前面所述，这些时间限制在 PRWORA 之前并不存在。

4. 对福利受助者实行工作要求。在 PRWORA 之前，这方面的工作要求很低。

5. 引入限制未婚母亲的新措施：想要获得福利的青少年必须同父母一起生活并且要入学；不为孩子做亲子鉴定的母亲的福利减少 25%；允许各州实施"家庭封顶"，即福利不会随着妇女有更多的孩子而增加。

如图 17－8 所示，该法律的推行时间与福利案件数量减少（获得现金福利的人数）之间的关联是惊人的。在 1994 年达到高峰后，福利案件数量到 2014 年下降了四分之三以上。

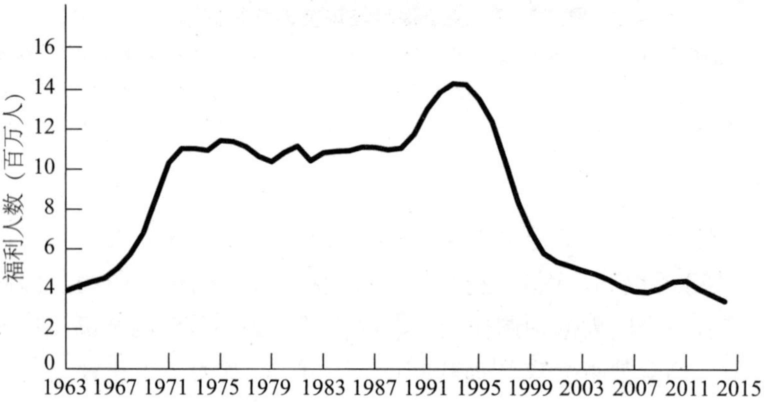

图 17－8　1963—2015 年美国的福利案件数量

资料来源：U. S. Department of Health and Human Services (2015).

说明：20 世纪 60 年代，福利人数迅速增加，之后基本保持稳定，在 20 世纪 90 年代初的经济衰退中再次上升。1994 年以后，福利登记人数大幅下降，其中一部分减少是由于 1996 年的福利改革法和相关的早期州政策。

然而，正如你所预料的，图 17－8 中福利改革影响的时间序列证据并不完全令人信服，原因有两个。第一，案件数量在 1994 年即福利改革发挥效应之前开始下降。第二，这一时期经历了美国历史上最大的经济繁荣之一，更好的劳动力市场一直与福利登记数的减少有关。类似的问题也困扰着福利改革对其他结果（如劳动供给和生育等）的影响的评估。

然而我们很难超越福利改革的时间序列分析，因为改革是在国家层面而非州层面进行的。由于每个州在做决策时具有一定的灵活性，该法案在不同的州确实有不同的表现形式。但是其改变了太多不同的方面，这就很难对任意一个变化指定一个因果关系的影响。

对 1996 年福利改革的分析有两种解决方法，但都不能完全令人满意，但将它们结合在一起可以开始描绘改革效应图。第一种方法是拿单身母亲（实验组）的结果与其他对照组（例如受到类似经济冲击但不怎么受到福利改革影响的已婚母亲）进行对比。第二种方法是利用一些州接受来自联邦政府的豁免的事实来对国家法律实施之前福利改革的特定方面，比如福利减少率的改变和其他的工作激励或者不工作的惩罚进行实验。在20世纪90年代中期，这些政策只在一部分州试行的事实为评估其影响提供了一种准实验条件。①

基于这些方法，研究人员记录了许多关于福利改革的明确发现。首先，福利人数下降的三分之一可归因于改革，其余则归因于经济的改善。其次，尽管福利大量减少，但单身母亲作为一个群体，她们的收入和消费并没有因为福利改革而下降。这个令人惊奇的发现是由于单身母亲的劳动供给大量增加，增加的工资完全抵消了福利的下降。相应地，单身母亲劳动供给增加的原因有这一时期强大的经济、EITC工资补贴的扩张，以及福利改革自身。与此同时，单身母亲的一些子群体，如技能水平特别低从而无法增加收入的人，则遭受了现金福利的减少。

最后，福利改革的主要动机之一是减少婚外生育。然而，与本章前面部分针对单身母亲描述的证据一致，这里没有关于生育率的显而易见的福利改革效应。例如，卡尼（Kearney，2004）关于州层面家庭上限的一项研究发现，收益水平上限根本没有降低单身母亲生育孩子的比率。

那么福利改革是成功的吗？这些改革以及之前的州改革似乎减少了福利登记数量而没有降低美国单身母亲的收入。

然而，这些改革是否最终"成功"依赖于四个额外因素。第一，虽然平均收入没有下降，但是一些妇女的收入下降了。如果社会特别关心处在收入分配底层的人，那么这一小部分妇女的成本可能会超过政府削减福利支出的收益。②

第二，尽管单身母亲的收入平均来说没有下降，但是她们的收入也没有上升，且闲暇明显地下降了。因此在一个标准的效用最大化框架下，这些单身母亲的效用变差了。政府福利支出减少的收益必须与闲暇的减少给这些单身母亲带来的效用的减少相权衡。③ 第三，这些改革是在美国历史上最大的经济扩张之一的时期被通过的，并且福利制度对21世纪后期的严重衰退并没有及时应对。正如迪帕勒（DeParle，2012）所记录的，经济衰退导致食品券计划的巨大增长，因为这是一种配额机制，因此能够对经济状况做出反应。而福利券则没有上升，因为它们是通过整笔拨付的资金予以支持的。迪帕勒介绍了大衰退中福利限制所带来的许多令人信服的例子，尽管还没有关于TANF作用（或不起作用）的系统证据。第四，福利改革最重要的长期效应可能是针对有福利资格的家庭的小孩。福利改革并没有给这些孩子的平均收入带来太大变化，但他们现在越来越多地被其他人照看，而不是被自己的母亲照看（因为母亲需要外出工作而不是留在家里享受福利）。这对孩子自身的幸福是正效应还是负效应也有待观察。

---

① 福利改革效应的回顾参见 Blank (2002)。福利改革和消费的证据参见 Meyer and Sullivan (2004)。

② Bitler et al. (2006) 强调福利激励对整个收入分布的不同影响。

③ 事实上，Meyer and Sullivan (2008) 发现，福利改革后，低收入的单身母亲的闲暇大幅下降，他们建议，在一个标准的模型中，如果非市场时间价值在每小时3美元以上，则应该对这些家庭采用一个效用损失。同样，Greenberg and Robins (2008) 发现，当闲暇价值被考虑在内时，加拿大的SSP计划估计的巨大收益变得更小，甚至为负。

17.5 结论

美国和世界上其他国家的政府的主要作用之一就是对低收入群体进行资源再分配。在美国，这种再分配是通过现金和实物福利实现的，一般针对低收入群体，尤其针对低收入的单身母亲。很多年以来，福利制度一直是争论的来源，而1996年的现金福利改革是该制度建立以来最彻底的一次改革。尽管1996年的福利改革有明显的成效，但福利争论在未来仍将持续。

重点

- 再分配的考虑可以从相对收入差距或者绝对贫困的角度进行，后者使用贫困线度量。无论是与其他国家相比还是与历史水平相比，美国的收入不平等现象都比较严重。
- 美国有两个主要的现金福利制度（TANF和SSI）以及四个主要的实物福利制度（补充营养援助计划、其他营养计划、医疗补助计划，以及公共住房计划）。
- 福利政策可能会对低收入人群的工作（劳动供给）有扭曲激励。这种不利诱因不能简单地通过降低福利减少率来解决，因为一些群体增加的劳动供给动机被其他群体新的劳动供给抑制因素给抵消了（铁三角问题）。
- 铁三角问题的一种可能的解决方法是使用分类福利制度，如果满足以下条件，那么分类福利制度就是有效的。(a) 个人不能（或不会）轻易地变为定位目标群体之一，(b) 定位目标群体挣钱能力低。基于这些准则，单身母亲家庭似乎是一个良好的定位工具。
- 铁三角问题的一种可能的解决方法是使用折磨机制（比如实物福利或福利耻辱）减少对较高能力群体的福利价值，因此可以利用有效的定位对较低能力群体进行公共支出。
- 铁三角问题的一种可能的解决方法是增加福利受助者的外部机会，通过培训、工资补贴、儿童保健、儿童抚养费，或者将实物福利从现金福利中剥离出来等方法实现。
- 1996年的福利改革似乎在减少福利登记数量方面是成功的，且没有显著减少福利受助者的收益。

习题

1. 如表17-2所示，与其他典型的发达国家相比，美国最穷的五分之一家庭占美国总收入的份额小得多。这是否意味着与其他国家最穷的五分之一家庭相比，美国最穷的五分之一家庭生活得更糟？为什么？

2. 美国联邦政府在全国各地所有社区的贫穷定义都是相同的。这合适吗？为什么？

3. 假设在迪普利亚有两种人：只看重食物和技术的无技能的人，以及只看重酒精饮料的懒惰的人。迪普利亚政府正在考虑从现金福利制度转为食物券制度。新制度会提供相同的福利水平，但是受助者得到的是可以购买食物的券而不是现金。请解释一下这种改变将对迪普利亚这两种人的工作努力程度和效用水平有何影响。如果无技能的人对食物和酒精饮料都看重，答案将有何不同？

4. 假设政府现在为每个人提供每年 12 000 美元的福利保障，但是这个收益水平随着工作收入增加 1 美元而减少 1 美元。政府正在考虑改变这种政策，使得收益水平随着工作收入每增加 2 美元而减少 1 美元。这种政策会对工作努力程度有何影响？请解释你的答案。

5. 参议员奥斯特利其（Ostrich）建议："为了消除贫困，我们所需要做的就是向每个处在贫困线以下的人支付他所赚取的收入与贫困线之间的差额。"奥斯特利其认为，按照目前低于贫困线的人口计算，这种措施每年将花费 980 亿美元。为什么奥斯特利其低估了这一制度的成本？

6. 如果一个人工作，每小时将挣 12 美元。在下面三个福利制度下，请绘出表示每月闲暇与消费之间权衡的预算约束线：

a. 政府保证每月有 600 美元的收入，并且随着劳动收入每增加 1 美元，收益减少 1 美元。

b. 政府保证每月有 300 美元的收入，并且随着劳动收入每增加 3 美元，收益减少 1 美元。

c. 政府保证每月有 900 美元的收入，并且随着劳动收入每增加 2 美元，收益减少 1 美元，直到收益减少到每月 300 美元，政府不再减少其收益。

7. 假设你想检验这个假说，即引入慷慨的福利收益会诱使人们变为单身母亲。

a. 你的研究会选择哪一个群体回答这个问题？

b. 你如何利用福利收益的变化来估计福利对单身母亲的影响？

c. 你如何知道福利的慷慨程度是否会影响单身母亲？

8. 最近的几项研究已经证明福利水平的"逐底竞争"，即各州通过减少自己的福利慷慨程度来回应邻州的福利削减。为什么一个州会对其邻居的慷慨程度变化做出反应？

9. EITC 为每年收入低于 52 247 美元的人所挣得的每一美元提供现金补助。EITC 如何提高个人的整体工作量？EITC 如何降低个人的整体工作量？

10. 当设计福利制度时会遇到这样一个问题：是让所有有子女的低收入家庭都可以获得福利，还是只有单身母亲家庭可以获得福利？请解释该决策中涉及的权衡问题。

11. 考虑 17.5 节描述的 1996 年福利改革中福利制度的主要变化。其中哪些改变有可能减少福利人数？哪些有可能增加福利人数？

12. 众议员斯诺鲍尔（Snowball）阅读了本书第 11 章后告诉他的同事：受教育水平较高的人会具有更高的赚钱能力。他认为，按照第 17 章，一种减少福利道德风险的方法是支付给挣钱能力有限的人较高的福利。因此，按照众议员斯诺鲍尔的说法，应该给受教育程度低的美国人提供较多的福利支付。这会消除道德风险吗？

进阶习题

13. 妇女、婴儿和小孩的食品援助计划是为贫困家庭提供易于识别的特定类型食品的优惠券。在很多州，食品券计划是为受助者提供一张电子福利转账卡，这张卡看起来和使用起来都很像是一张标准的借记卡。哪种制度更有可能解决铁三角问题？解释你的答案。

14. 《1996年个人责任与就业机会协调法案》对家庭在其成员童年期间可以获得现金福利的时间进行了限制。格罗格和米哈洛普洛斯（Grogger and Michalopoulos, 2003）发现，这些时间限制导致了福利受助人数的立即减少，即使家庭中没有成员达到时间限制。哪组家庭会对这些时间限制的引入尤其敏感：孩子较小的家庭还是孩子较大的家庭？解释你的答案。

15. 杰基（Jackie）将钱花费在食品和其他物品上。现在，她每月有600美元的收入。比较两个可供她选择的福利制度：制度A每月提供一张300美元的支票，制度B每月提供一张400美元的只能支出在食物上的信用证。

a. 请画出这两种情况下杰基的预算约束线。

b. 画出反映这三种情形的代表性无差异曲线：（ⅰ）与制度B相比，杰基更偏好制度A；（ⅱ）与制度A相比，杰基更偏好制度B；（ⅲ）杰基认为这两个制度无差异。

16. 波莉（Polly）、莫莉（Molly）和多莉（Dolly）都是单身母亲。她们每人每小时可赚10美元，每年工作时间可以达到2 000小时。政府的一个福利制度为没有收入的单身母亲每年提供5 000美元的收入，福利收益随着工作收入每增加2美元而减少1美元。现在，政府也为收入少于25 000美元的单身母亲的孩子提供免费的医疗保险。每个母亲都认为此保险每年价值2 000美元。在此福利制度下，波莉每年工作200小时，莫莉每年工作1 025小时，多莉每年工作1 500小时，所以只有波莉获得福利。

a. 画出这些母亲面对的工作时间与消费的组合（仔细标注预算约束线的斜率）。画出每个母亲的代表性无差异曲线。

b. 为了节约资金，政府决定削减保险条款。它规定，单身母亲必须一直在福利范围内，其子女才能获得免费医疗保险。在新的坐标轴上画出三个母亲的新的预算约束线。详细说明每个母亲工作的小时数会发生怎样的变化。

17. 考虑下面的福利制度，其目的是确保穷人得到足够的收入来购买食物。政府为收入不足980美元的工人提供现金援助$C=294-0.3I$。

人们有两种消费品：食品（F）和其他物品（X）。效用函数为：

$$U=\frac{1}{4}\ln(F)+\frac{3}{4}\ln(X)$$

食品和其他物品的价格都被标准化为1，因此，预算约束线为：

$$F+X=Y$$

a. 当个人工资收入是 380 美元时，确定其食品和其他物品的最优水平。

b. 现在考虑用食品券制度替代现金福利制度。工人将会得到等量的只可以花费在食品上的食品券，而不是现金。当工资收入是 300 美元时，确定其食品和其他物品的最优水平。与现金福利制度相比，人们的生活是更好了还是更差了？

c. 当工资收入是 900 美元时，重复计算问题 a 和问题 b，解释结果的差异。

第 18 章

税收：机制与内涵

需要牢记的问题

- 所得税在美国如何运作？
- 所得税的合理税基是什么？
- 税收的合理家庭单位是什么？

布什总统在 2001 年 1 月上任后面临着难得的机会：预计的联邦预算盈余。布什很快决定政府应该利用这笔盈余来降低联邦税负。正如他在 2011 年 2 月 24 日的广播讲话中所说："税收盈余毕竟意味着纳税人被多收了税。而且通常当你被多收钱时，你希望得到回报。"

在任期第一年年末，布什签署了 2001 年《经济增长和税收减免法案》(Economic Growth and Tax Relief Reconciliation Act)。该法案全面降低了税率，从 15%～39.6% 降低到 10%～35%。对美国最富有人群的遗产征收的遗产税也被逐步取消，到 2010 年彻底取消。2003 年的《就业和增加税收减免法案》(Jobs and Growth Tax Relief Reconciliation Act) 进一步扩大了这些减税政策，从而加快了降低税率的速度，同时降低了股票分红和资本利得收入的最高税率，并增加了公司税的扣除额。

不幸的是，正如第 4 章所讨论的，当布什总统卸任时，这种盈余已转变为大规模的赤字。在随后的奥巴马总统任期内，大家对是否以及如何结束布什的减税政策进行了一场持续的辩论。削减计划于 2010 年到期，奥巴马提议对 25 万美元以下的收入额外延长一年的税收减免，这一范围包括 98% 的美国人，但对于赚取更多收入的人，税收将回到原来的水平。①

① Cohen (2012).

奥巴马解释道："对美国最富有的人的减税也是最不可能促进经济增长的减税政策。"① 但共和党人认为，在经济衰退期间提高税收会惩罚缴纳个人所得税并创造就业机会的小企业，从而进一步损害经济。

最终，双方达成了协议，延长两年的全套减税措施，并采取其他减税和支出措施来促进经济衰退期间的增长。奥巴马总统发誓不会允许再一次这样的延期，并说道："我之前说过，我觉得中产阶级的减税政策被高收入阶层减税当成了人质，除非人质受到伤害，不然我真的不想与劫持人质的人进行谈判。接着人们就会质疑这种策略的智慧。在这种情况下，人质是美国人民，我不愿意看到他们受到伤害。"② 鉴于共和党对国会的控制，关于不允许再次延长布什减税政策的承诺能否兑现是不确定的。

当减税政策在 2012 年（再次）到期时，2012 年颁布的《美国纳税人法案》（American Taxpayer Relief Act）再一次达成了妥协。该法案对收入低于 45 万美元的家庭进行了永久性的减税。超过这个水平则减税到期，最高税率从 35%增加到 39.6%。对于收入超过 250 000 美元的个人以及收入超过 300 000 美元的夫妻，税收扣除和各种税收抵免也开始逐步取消。遗产税也从 35%增加到 40%，但免税额仍维持在 500 万美元（即只需支付超过 500 万美元的那一部分遗产税）。

这些争论突出了税收在美国政治舞台和政府政策制定中的重要作用。在本书的这一部分，我们的研究对象将从政府支出转移到通过税收筹集的政府收入上来。本章通过介绍税收政策及其影响的制度和理论，开始对税收进行研究。理解了这些基本概念后，我们的税收研究将分三步进行。第 19 章和第 20 章涵盖税收的基本理论。第 21 章至第 24 章将这一基本理论应用于研究税收制度如何影响个人和企业的经济行为。第 25 章讨论我们对美国基本税制改革的分析的启示。

我们通过简要概述美国联邦、州、地方以及世界各地的现行税收类型，来开始我们的研究。接着，我们将详细讨论美国增加收入的主要工具——联邦所得税。我们对所得税结构进行概述，并讨论测量所得税制度的"公平性"的各种方法。随后，我们转向如何衡量应征收所得税的基础的问题。是所有类型的所得都应该征税还是只有部分类型应该征税？政府是否应该利用税法，通过豁免私人提供公共品的税收来激励公共品的私人供给行为？政府对个人课税应该以个人收入为基础还是以家庭收入为基础？本章的这一部分讨论政府应如何形成税收的基础。

18.1 税收类型

美国和其他国家的政府通过各种各样的途径提高税收。本章中我们将主要关注五个最常见的税种。其他更具体的税种也将在适当的时候在本书的其余章节中讨论。

① Landler and Cushman (2012).

② Herszenhorn (2010).

□ 对收入征税

第一类税是**工薪税**（payroll tax），它对工人的收入课税。工薪税为诸如前面章节所讨论的社会保险计划（社会保障、失业保险，以及老年人医疗保险等）提供资金。

工薪税：对个人所从事工作的收入课税。

□ 个人所得税

第二类税是**个人所得税**（individual income tax），对年度内个人收入所征的税。个人收入包含劳动所得，但个人所得税不同于工薪税。（1）它适用于更广泛的收入来源（比如家庭储蓄的利息所得）；（2）它在许多情况下适用于一个家庭的全部收入，而不仅仅是单个劳动者的收入。对收入课税的一个特别有意思的形式是对出售资产的**资本利得**（capital gains）课税，比如出售股票、画作和房子。

个人所得税：对年度内个人收入所征的税。

资本利得：出售资本资产例如股票、画作或房产所得的盈利。

□ 公司所得税

除对个人所得课税外，许多国家还通过**公司所得税**（corporate income tax，也称企业所得税）单独对公司的盈利课税。在征收个人所得税的同时对公司征收独立的公司所得税的目的是防止税收的资本所有者可能通过以个人为基础的所得税制度逃避税收。

公司所得税：向公司盈利课征的税项。

□ 财富税

财富税（wealth taxes）不是对收入进行课税，而是对个人或家庭持有的资产价值进行课税，比如土地、珠宝、艺术品、房地产和股票。财富税包括州和地方的房产税以及遗产税。**房产税**（property taxes）是对土地及其上的建筑物课税。**遗产税**（estate taxes）是基于一个人去世时留下的遗产（金钱、财产等）征收的税。

财富税：对家庭或个人拥有的资产价值，譬如房地产或股票所课征的税项。

房产税：对房地产，包括土地价值及任何附着在该土地上的建筑物所征收的税项。

遗产税：财产税的一种形式，以死者遗留给其后人的资产价值为基础。

□ 对消费征税

全世界最常见的税是**消费税**（consumption tax），它对个人或家庭的商品（有时候是服务）消费课税。消费税往往以**销售税**（sales taxes）的形式征收，在销售时由消费者向销售者支付。这些税收可以应用于各种各样的消费品，或特定的商品。当只适用于某些商品时，如香烟、汽油，此销售税被称为**商品税**（excise tax）。

工薪税、所得税和财富税直接对个人征收，因此被称为直接税。而消费税被称为间接税，因其通过间接对交易课税实现对个人课税。

消费税：对个体或家庭消费的商品/服务所课征的税收。

销售税：消费者在销售点向零售商支付的税金。

商品税：销售特定商品（如香烟或汽油）所需支付的税款。

□ 世界各地的税收

图 18－1 和图 18－2 显示的是美国和其他国家不同税收类型的分布图。美国联邦政府大部分税收（41.6%）来自个人所得税，还有一部分（34.8%）来自工薪税。公司所得税所占税收份额较小（15.1%），消费税及其他税（如财富税）占税收的比例非常小。

税源在国家层面和地方层面的分布有着很大的不同。对于州和地方，个人所得税收入仅占税收总收入的 13.9%。美国地方政府税收的两个主要来源是销售税，以及基于住宅和商业房产的地方房产税。虽然有些州征收工薪税，但缺少工薪税数据。就美国整体而言，结合地方各级政府数据，税收中个人所得税最多，其次是工薪税和消费税，然后是占比很接近的房产税和公司所得税。

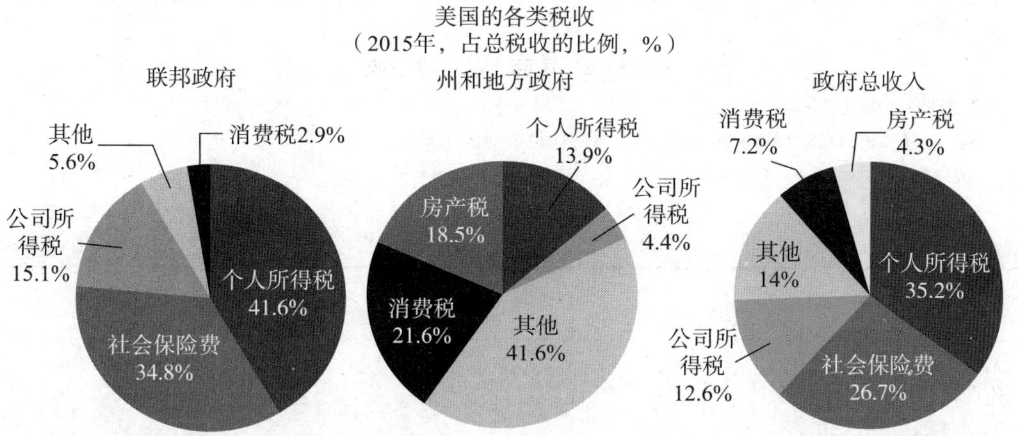

图 18－1　各类税收*

资料来源：Bureau of Economic Analysis (2015), Tables 3.1－3.3.

说明：联邦政府超过四分之三的税收来自个人所得税和工薪税。对于州和地方政府，税收来源在财富（财产）、消费和个人所得上更为平均。总体上，美国政府从个人所得税和工薪税上约获得税收总收入的三分之二。

* 原书数据如此。——译者注

其他国家的税收分布与美国有很大的不同。图 18－2 刻画了税收制度迥异的挪威和丹麦两个国家的税收分布，同时将 OECD 作为一个整体来描述。在挪威，税收中的个人所得税、工薪税、消费税和公司所得税几乎相等，房产税比例非常小。相比之下，丹麦税收的半数来自个人所得税，其余很大一部分来自消费税；只有一小部分来自公司所得税、房产税和工薪税。平均而言，其他 OECD 发达国家的消费税收入占比是美国的四倍多，工薪税占比与美国大致相同。

18.2　美国个人所得税结构

如上一节所述，美国最主要的税收来源是联邦个人所得税。在本节中，我们将对该税种的结构进行介绍，相关内容在表 18－1 中列出。在一般项目计算和一些举例计算当中，我们假设被计算的对象名字叫杰克（Jack）。

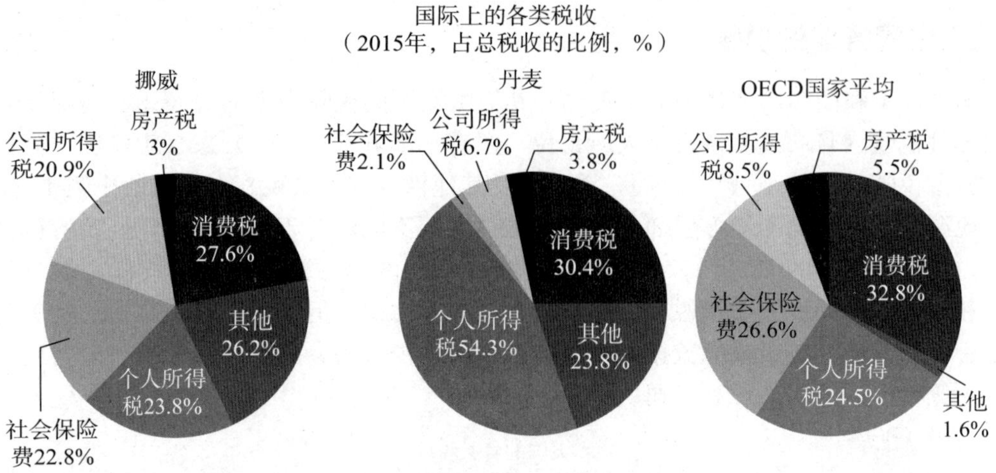

图 18-2　国际上的各类税收*

资料来源：OECD（2013）.

说明：所有 OECD 国家的消费税占政府收入的比例都要大于美国。

* 原书数据如此。——译者注

表 18-1　计算杰克的所得税　　单位：美元

总收入		70 000
−扣除		−2 000
=调整后总收益		=68 000
−免征额		−19 750
−标准（或分项）扣除		−12 400
=应税所得		=35 850
↓	应用税率表（图 18-3）	↓
=应纳税额		=4 455
−税收抵免		−3 000
=纳税总额		=1 455
−预扣税		−2 000
=到期应付（应返还）税		=（545）

说明：杰克的总收入是 70 000 美元，减去一些扣除后得到调整后总收益（AGI）。从 AGI 中减去免征额和标准（或分项）扣除（杰克选择了标准扣除）后，得到应税所得。运用税率表计算其应纳税额，然后减去税收抵免，得到纳税总额。

□ 计算税基

> **总收入：**个人各种收入来源的总和。
> **调整后总收益：**个人总收入减去应扣除的费用，如转入个人退休金账户的部分。

所得税的计算首先是将个人各种来源的收入加总计算出**总收入**（gross income），对杰克来说就是 70 000 美元。这包括：薪酬、工资；资本利得，如利息、股息或租金收入；其他营业收入。一旦纳税人确定了他的总收入，就可以通过减去几项支出来调整收入，扣减后的收入称为**调整后总收益**（adjusted gross income，AGI）。调整项随时间而变化，但目前它们包括：

- 通过个人退休账户（Individual Retirement Accounts，IRAs）或自雇养老金计划为退休储蓄提供的缴款；
- 支付给前配偶的赡养费；
- 自雇者支付的医疗保险费用；
- 工薪税中自付的那一部分；
- 教育支出；
- 对健康储蓄账户的缴费；
- 与工作变动有关的搬迁费用；
- 学生贷款利息支出。

在我们的例子中，杰克向个人退休账户中存入 2 000 美元，所以从他的总收入中扣除 2 000 美元，其调整后总收入是 68 000 美元。

然后从调整后总收益中减去免税项目。**税收豁免**（exemption，又称免征额）是一种可以为纳税人、纳税人的配偶和与其共同生活的任何其他家属（如依靠纳税人及其配偶抚养的小孩或赡养的老人）扣除的固定金额。2014 年，免征额是每人 3 950 美元。[①] 杰克有一个妻子和三个孩子，所以他可以从其 AGI 中扣除 19 750 美元。

税收豁免：纳税人可以从调整后的总收入中扣除家庭的每个家属（包括纳税人和纳税人配偶）的固定金额。

在减去免征额之后，纳税人对其应税收入做进一步的扣除。有两种扣除形式可供选择。

1. **标准扣除**（standard deduction）指纳税人可以从应税所得中扣除的固定金额。2014 年，单身纳税人的标准扣除额是 6 200 美元，已婚夫妇纳税人的标准扣除额是 12 400 美元。

2. 此外，纳税人可以放弃标准扣除，选择**分项扣除**（itemized deductions）。此时，纳税人从其所得中扣除几大类支出：

标准扣除：纳税人可以从应税所得中扣除的一个固定金额。

分项扣除：是一种替代标准扣除的方法，纳税人可以将各类支出金额用于抵扣税款，例如慈善机构捐款支出以及住房抵押贷款的利息支出。

- 医疗及牙科开支超过 AGI 的 10%的部分；
- 支付的其他税项，如州或地方所得税（或销售税，如果该州没有所得税）、遗产税和个人房产税；
- 基金投资借款和住房抵押贷款利息；
- 慈善捐赠；
- 伤亡和盗窃损失；
- 未报销的雇员支出，如工会会费或差旅费。

纳税人可自由选择这两种方法（标准扣除或分项扣除）以实现最大化扣除额和最小化税单的目的。大多数房主都有相当高的住房抵押利息和房产税，他们认为分项扣除法

---

① 非常高收入（从已婚夫妇分开申报的 AGI 154 950 美元以上到已婚夫妇联合申报的 AGI 309 900 美元以上）的免征额和某些扣除额（接下来将要讨论的）会逐渐递减。参见 Tax Policy Center (2015)。

更合理。杰克支付了 6 000 美元的房贷利息，2 500 美元的州和地方税，慈善捐赠 500 美元，所以他的分项扣除总额是 9 000 美元。由于这个数额低于已婚夫妇的标准扣除额（12 400 美元），所以他选择标准扣除。2010 年，全国共有 70%的纳税人选择标准扣除，其余 30%的纳税人选择分项扣除。①

调整后总收益减去免征额和扣除部分后被称为**应纳税所得额**（taxable income，又称应税所得）。杰克的应税所得是 35 850 美元。

应纳税所得额：从调整后总收益中减去免征额和扣除部分后剩余的收入金额。

□ 税率和税金

下一步就是计算出 35 850 美元的应税所得需要向政府缴纳多少税，杰克可以通过查看如图 18－3 所示的税率表来计算应纳税额。美国和世界各地的典型税收制度是随着收入的增加，下一美元收入的税率上升。2015 年美国的税率表（已婚纳税人联合申报纳税）如下：

- 应税所得低于 18 450 美元时，每 1 美元征收 10 美分的税收。
- 接下来的 56 450 美元的应税所得，每 1 美元征收 15 美分的税收。
- 接下来的 76 300 美元的应税所得，每 1 美元征收 25 美分的税收。
- 接下来的 79 250 美元的应税所得，每 1 美元征收 28 美分的税收。
- 接下来的 181 050 美元的应税所得，每 1 美元征收 33 美分的税收。
- 接下来的 53 350 美元的应税所得，每 1 美元征收 35 美分的税收。
- 对于 464 850 美元以上的应税所得，每 1 美元征收 39.6 美分的税收。

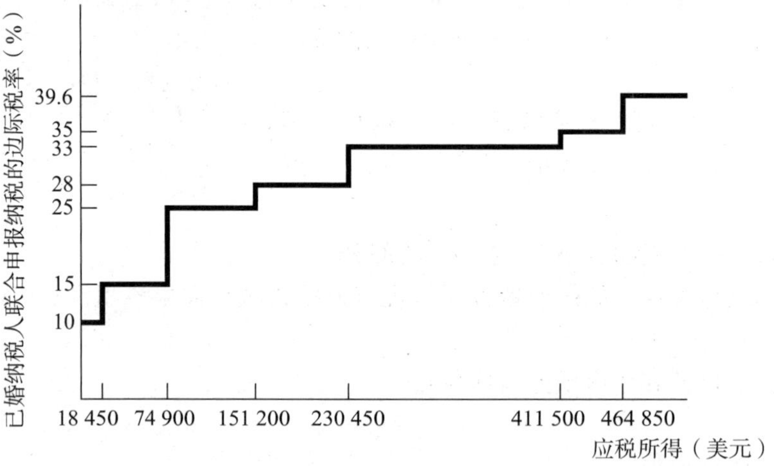

图 18－3　2015 年美国联邦所得税税率表

资料来源：Tax Policy Center (2014).

说明：2015 年，应税所得下一美元的税率包括从已婚纳税人应税所得低于 18 450 美元的 10%到应税所得高于 464 850 美元的 39.6%。

---

①　美国国税局（IRS）的统计数据参见 http://www.irs.gov/taxstats。

依照税率表，杰克的应纳税额是 4 455 美元：18 450 美元以下的部分适用 10%的税率（应纳税额是 1 845 美元），剩下的 17 400 美元适用 15%的税率（应纳税额是 2 610 美元）。

纳税人可以通过一定的**税收抵免**（tax credits）来减少其应纳税额。这些抵免的对象包括：生儿育女（子女税收抵免），照顾子女和老人的支出（照顾老幼支出抵免），穷人和老人或残障人士（老人或残疾人税收抵免），家庭成员教育支出（HOPE 与终身学习抵免），对福利受助者、前罪犯、退伍军人或其他高失业率群体的雇用（工作机会抵免），低收入家庭工资所得（劳动收入抵免）。杰克的三个孩子有资格获得 3 000 美元的抵免，所以他的应纳税额变为 1 455(=4 455−3 000) 美元。

税收抵免：允许纳税人通过支出（如抚养小孩的支出）来减少他们应缴纳给政府的税款。

个人所得税每年必须在次年的 4 月 15 日之前缴纳。对于大多数纳税人来说，税收是从他们的工资、薪金所得中扣除的，这个过程被称为**预扣税**（withholding）。[①] 预扣税是基于纳税人所得估计的税额，但是这个估计值很少是完全准确的。对杰克而言，政府当年对其的预扣税为 2 000 美元。因此，他将得到 545 美元的**退税**（refund），这是其所得中预扣税与应纳税额的差额。在其他情况下，预扣税可能低于应纳税额，那么纳税人提交纳税申报时，必须补交。

预扣税：直接从工人的收入中扣除估计的税款。

退税：当从工人所得中预扣的金额较高时，退税就是预扣税与应纳税额之间的差额。

☞应用

修正替代最低税制度[②]

图 18－3 给出的是简化的边际税率表，因为它没有考虑劳动收入税收抵免（我们将在第 21 章讨论，它是一种对低收入劳动者进行收入再分配的税收补贴），或**替代最低税制度**（alternative minimum tax，AMT）。替代最低税制度按另一套税则计算，适用于税收扣除和免征额占总所得比重很高的纳税人。在 1969 年的电视转播听证会上，美国财政部部长约瑟夫・W. 巴尔（Joseph W. Barr）为国会联合经济委员会（Congress's Joint Economic Committee）制作了一张 155 个高收入家庭的列表。1966 年，这些家庭已经赚了超过 20 万美元（相当于 2015 年的 147 万美元），却没有缴纳所得税。包括 21 例收入超过 100 万美元（相当于 2015 年的 734 万美元）的家庭在内，这些家庭都没有违法。它们只是利用了现行税法的漏洞（利用上面讨论的税收豁免和扣除的种类）最小化其应纳税额。愤怒的公众要求政府针对这种现象采取措施。1969 年，尼克松总统签署了最低税法，旨在确保所有富裕家庭支付一定量的所得税额。到 1986 年，659 个富有的美国家庭仍然设法避免一切所得税，因此国会加强了法律，即现行的替代最低税制度。

替代最低税制度：适用于扣除额和豁免额占总收入比重较高的纳税人的税收计划。

---

① 还有其他可选择的预扣税形式，比如养老金和转移支付。有些纳税人在非扣缴形式下有大量的所得，比如储蓄利息或者自营收入。这些纳税人每年基于当年他们最好的收入预测做四次应纳税额估计。

② Internal Revenue Service (2009).

拥有高税收豁免或扣除额的所有纳税人须同时根据一般税则和 AMT 两种方法来计算其应纳税额。根据 AMT 计算所得时，不考虑个人和家人的免税、标准扣除额、州和地方税务注销和其他税收优惠。然后减去 AMT 免征额，个人是 53 600 美元，联合报税是 83 400 美元，已婚夫妇各自报税时每人免征 41 700 美元。剩下的所得低于 185 400 美元的部分适用 26%的税率，高于部分适用 28%的税率。①

国会没有根据通货膨胀调整 AMT 征税额，从而随着名义收入的增加，越来越多的人需要缴纳 AMT。它原本只打算影响试图完全避税的人。到 2012 年，AMT 涵盖了 34.9%的纳税人（或总共有 3 240 万纳税人），使得它像现在的抵押贷款利息扣除一样普遍。收入在 200 000～500 000 美元之间的 96.9%的家庭需要支付 AMT，收入在 78 000～104 000 美元之间的 45.5%的家庭需要支付 AMT（按 2015 年的美元计算）。②

由于 AMT 的计算增加了太多的复杂性，并且越来越多地适用于中产阶级而不是最初针对的富裕家庭，因此政府对改革进行了广泛的政治协商，这将再次使 AMT 成为仅适用于富人的税收。然而，改革的代价将是昂贵的，主要是由于 2001—2004 年的减税措施引入了对常规所得税制度的削减，而没有对 AMT 做出任何重大、持久的改变。2001—2004 年立法之前，只有 14%的纳税人打算在 2010 年支付 AMT；立法通过之后，这个数字上升到 31%。如果 2001—2004 年减税政策不会延长到 2013 年，废除 AMT 将会在 2011—2022 年减少超过 1.3 万亿美元的税收收入。如果延长 2001—2004 年的减税政策，将会减少超过 2.7 万亿美元的税收收入。③

因此，国会多年来通过提高 AMT 门槛的临时年度“补丁”来处理 AMT 问题。但是在 2012 年，作为我们在本章开头讨论的更大规模税制改革的一部分，国会针对 AMT 提出了一个重要的解决方案，即提高门槛并根据通货膨胀进行指数调整。由于税收改革结束了 2001—2004 年的部分减税政策，因此这一修改比前几年更加实惠。该修正在未来十年内的成本为 3 500 亿美元，相比之下，在减税政策逐步取消之前，这一成本超过 1 万亿美元。

这一修改显著降低了 AMT 的影响。在没有修改的情况下，有 3 000 万人不得不缴纳 AMT，而 2013 年只有 340 万人仍需要缴纳 AMT。④ 2022 年，受 AMT 影响的纳税人比例将为 3.9%，相比之下，修改之前该比例为 41.8%。关于 2022 年的其他预测得出的结论是，如果没有这个修改方案，收入在 5 万美元到 10 万美元的家庭中的 89.9%都将要缴纳 AMT，而根据现行法律，同一批人当中只有 3.4%的人将缴纳 AMT。

---

① AMT 数据来自 http://www.savingtoinvest.com/alternative-minimum-tax-amt-and-exemption-amounts/ (2015)。

② 更多关于 AMT 的信息参见 Tax Policy Center et al. (2012)，网址为 http://www.taxpolicycenter.org/taxtopics/AMT.cfm (2015)。

③ Tax Policy Center et al. (2012).

④ Williams (2013).

18.3 税制公平性的测量

1990年3月的伦敦，骚乱者放火焚烧了停着的捷豹和保时捷，砸碎了商店橱窗，毁掉了雷诺展厅，并最终造成400余人受伤和近350人被捕。这次骚乱源于英国首相玛格丽特·撒切尔（Margaret Thatcher）提出的个税改革方案。撒切尔夫人曾建议用人头税替代（基于不动产价值的）财产税，人头税对所有人，无论是富人、穷人还是介于两者之间的人统一同等课税。这一提案引起了极大的愤慨，因为税负从拥有宝贵财产的富裕公民转移到了贫困的公民那里，这些贫困公民以前不需要缴纳财产税，但现在将不得不支付人头税。因为人头税的不受欢迎，撒切尔夫人最终被从保守党领袖的位置赶下台，其建议也被迅速抛弃。撒切尔夫人应该清楚地记得：上次英格兰在1381年试图征收人头税，导致几名著名公民被斩首。①

这个例子说明，全世界公民都非常关注税收公平。然而，公平是一个难以实现的目标：对我来说公平的税制可能对你来说是不公平的。对税收制度的公平性进行评估需要一个有关“公平”或“平等”的特定概念，还需要一个衡量税收制度是否通过收入再分配以使分配更公平的方法。本节将定义用来测量公平的概念，以及用来评估税制是否符合这些公平目标的数据。但是，我们首先必须定义一些用来衡量税收制度分配性质的重要术语。

□ 平均税率和边际税率

边际税率：赚取的下一美元需要缴纳的税率。

所得税有两个重要的概念。第一个是**边际税率**（marginal tax rate），政府对下一美元应纳税所得额课税的比例。对于美国这样的税制，边际税率随所得增加而增加。当应税所得低于18 450美元时，边际税率是10%；当应税所得高于464 850美元时，边际税率是39.6%*。

平均税率：应纳税额占总收入的比例。

第二个是**平均税率**（average tax rate），指应纳税额占总收入的比例，即总税收与总收入的比率。

一个人的平均税率是个人按照税率表支付的边际税率的加权平均。例如，假设乔希（Josh）拥有190 000美元的总收入，应税所得（经扣除和免税调整后）是170 000美元（没有税收抵免）。他的总税单如下：

$$(18\ 450\times0.1)+(56\ 450\times0.15)+(76\ 300\times0.25)+(38\ 800\times0.28)$$
$$=34\ 651.50^{**}\text{（美元）}$$

我们将乔希的收入对照边际税率表来计算他的总税单。乔希的边际税率是28%，因为这是他下一个美元所得所要支付的税收比率。他的平均税率为18%，这是由其总税单（34 651.50美元）除以其总所得（190 000美元）而得的。这是乔希支付的所有边

---

① Slemrod and Bakija (2008), p. 49.

* 书中为35%，但根据前文给出的税率，最高档税率应为39.6%。——译者注

** 原书数据如此，计算结果疑有误，应为40 251.5。——译者注

际税率的加权平均，权重是每个税收级次占总所得的份额（包括未课税的 20 000 美元，其边际税率是 0）。

□ 纵向公平和横向公平

有两个分配目标经常被用来测量税负公平。一个是**纵向公平**（vertical equity），这个原则指拥有较多资源（高收入、高财富、高收益等）的群体应该比拥有较少资源的群体纳税更多。这个观点与第 2 章和第 17 章讨论的公平概念有关，即资源在高收入群体与低收入（或低能力）群体之间的分配。例如，对税收纵向公平的关注可能受到功利主义社会福利函数的推动，该函数要求社会中边际效用较低的消费群体向边际效用较高的消费群体转移以实现效用再分配。

纵向公平：拥有较多资源的群体应该比拥有较少资源的群体缴纳更高的税收。

在税收政策讨论中经常被提及的另一个公平的概念是**横向公平**（horizontal equity），这个原则要求类似的但选择了不同经济或生活方式的人应该被税制同等对待。考虑两个州的销售税制度。一个州对所有物品统一征税 5%。另一个州实行的税制是每当你购买物品时，收银员都抛掷一枚硬币。如果是正面，你不用支付销售税；如果是反面，你需要支付 10%的销售税。后者税制与前者税制的平均筹资金额相同，但它更缺乏横向公平，因为两个完全相同的人最终可能会支付非常不同的税。

横向公平：相似的人做出不同经济决策时应该被税制同等对待的原则。

这个极端的例子清楚地说明了横向不公平，但实际上横向不公平很难界定。想象一下，我的朋友和我在智力、教育和激励方面是相同的。我选择花更多的时间在家陪孩子，而我的朋友选择花更多的时间在工作上。尽管我们在许多方面都一样，但我的朋友比我有更高的收入，他也将支付更高的所得税。

这个结果是否违反了横向公平？一方面，我们收入不同，所以我们纳税不同，这似乎是横向公平的。另一方面，就能力和潜质而言，我们是两个相同的人，但由于选择不同，我们的应纳税额就不同，这似乎是横向不公平。

每当应纳税额依赖于个人所做的选择时，这种困境就会存在。同样潜质的人选择不同，应纳税额也将不同。当税收差异的原因与选择无关时，明确存在横向不公平，如先前随机课税的例子。因此，在旁观者看来，横向公平的违背最终是一个不幸的事实，因为横向公平问题在税收辩论中不断被提出，但往往被扭曲，以适应支持者或反对者的特定的税收提案。[①]

□ 测量纵向公平

横向公平往往难以界定和衡量，但作为税收政策争论焦点的纵向公平测量有更为标准的方法。多数分析师认为，要想纵向公平，税收制度必须是**累进税制**（progressive）。平均有效税率必须

累进税制：平均有效税率随收入增加而上升的税制。

① 纵向公平和横向公平是税收公平“支付能力”原则的说明。还有一种完全不同的方法叫作“收益”原则，它规定税收公平应该通过将由个人承担的税收负担与其从公共部门处得到的收益相比来衡量。这一原则很少在税收政策讨论中被使用，但是我们在第 20 章会讨论税收-收益联系的重要性。

随收入上升，让富人的纳税比例高于穷人。例如，累进税制下，收入是 10 000 美元时纳税 10%，但收入达到 100 000 美元时纳税 30%。平均有效税率不随收入变化的税制是**比例税制**（proportional），每个纳税者所纳的税占收入的比例相同。例如，收入无论是 10 000 美元还是 100 000 美元，个人纳税比例都是 15%。平均有效税率随收入增长而下降的税制是**累退税制**（regressive）。例如，收入是 10 000 美元时纳税 15%，但收入是 100 000 美元时只需纳税 10%。

比例税制：平均有效税率并不随着收入的变化而改变，在该税制下，所有纳税人的纳税金额占其收入的比例都是相同的。

累退税制：平均有效税率随收入增加而下降的税制。

☞**应用**

税制公平测量的政治进程[①]

如上所述，测量税收公平是具有挑战性的。有几种不同的方法来衡量公平，但在倡导或反对税收改革时，政治家可能会选择最适合自己议程的度量方法。这一过程的一个很好的例子就是乔治·W. 布什总统提出的关于所得税减免的辩论，该减税于 2003 年由国会签署成为法律。这些减税加速了已经确定的所得税税率的降低，扩大了已婚夫妇的税收优惠，增加了有子女家庭的税收抵免，并且增加了公司的税收优惠。

民主党的批评者反对这些以“公平”为理由的减税。例如，他们指出，收入分布最高的 1%的纳税人将享有该法案 44%的税收减免。布什政府承认这一事实，但其回应指出，这些拥有最高收入的纳税人已经缴纳了全部所得税的 38%。因此，他们的税单的减少大致与现有的应纳税额成比例。所以该法案的支持者认为，对纳税最多的人而言，这是一项公平的减税。

民主党回应时强调，虽然收入前 1%的纳税人缴纳所得税的 38%，但是他们只需支付所有税种的 30%，因为工薪税制相比所得税制缺少累进性（由于工薪税税率是固定的而非上升的），并且美国联邦社保基金（Old Age Security and Disability Income，OASDI）税对高收入者是封顶的。因此，收入前 1%的纳税人正在享受税收优惠（减税的 44%），这与其总应纳税额（总税收的 30%）远远不成比例。他们认为，这一点是不公平的。

管理部门还及时指出，3 400 万个有子女的家庭每户平均将获得 1 549 美元的减税。但批评者指出，这误导性地使用了“平均”一词。这些平均数字被最高收入的家庭拉高了，也就是说我们“被平均”了。正如经济学家兼《纽约时报》专栏作家保罗·克鲁格曼（Paul Krugman）所说的：“当比尔·盖茨进入一间酒吧时，顾客的平均身家大涨，但这并没使在酒吧的每个人成为亿万富翁。”[②] 虽然 3 400 万有子女的家庭平均可以减税 1 549 美元，但这个平均值包括 1 000 万个减税不到 100 美元的家庭，和 200 000 个家庭（每年收入超过 100 万美元）减税达到 93 500 美元的家庭。收入分布中间的家庭平均只得到 217 美元的减税。

正如在华盛顿哥伦比亚特区常说的那样，“屁股决定脑袋”。大多数共和党人认为，

① Lee and Friedman (2003).

② Krugman (2003).

这种减税措施可以公平地奖励目前所得税负担最重的人。而大多数民主党人认为，这个减税不公平地奖励了富人，与他们目前的整体税务负担不成比例。辩论的任何一方都没有真正强调经济学家对税收政策的分配效应的一般优先衡量标准，即它们是如何影响税后收入分配的。累进税制改革将缩小税后收入分配差距，累退税制改革将扩大税后收入分配差距。根据无党派税收政策中心对 2001 年和 2003 年减税政策的评估，收入分布中最低的五分之一的家庭的税后收入由于减税政策增加了 0.7%，收入分布最高的五分之一的家庭的税后收入增加了 4.4%，而收入分布前 0.1%的纳税人的税后收入增加了 7.5%。显然，通过这一措施，税收变化具有高度累退性，导致税后收入分配差距的加大。①

18.4 所得税税基的定义

由表 18-1 可知，所得税的计算不是简单地将每年的总所得应用到税率表。正如大多数其他所得税制，美国的税制也有各种各样的豁免、扣除和抵免，使得税基比总所得小。税基中这些“漏洞”的依据是什么呢？税制公平的含义是什么呢？本节我们讨论理论上的最优所得税税基，并从理论上的理想状态及其影响方面检视导致所得税偏离理想状态的成因。

□ 黑格-西蒙斯综合收入定义

黑格-西蒙斯综合收入定义：根据个人的年度消费能力变化来定义其应纳税资源。

公共财政经济学家用于定义所得的基准是**黑格-西蒙斯综合收入定义**（Haig-Simons comprehensive income definition，简称黑格-西蒙斯定义），它将应税资源定义为个人的纳税能力。这种支付能力等于个人年消费潜力，即个人在一年中的总消费量加上他的财富存量的任何增加。

美国的税制在许多方面偏离黑格-西蒙斯标准。例如，雇主提供的医疗保险目前尚未计入雇员的应税所得，但它包含在黑格-西蒙斯定义下，因为它对个人的消费能力有贡献：你不必自己支付健康保险，这样你就有更多的收入支出用在其他事情上或者拿来储蓄。

黑格-西蒙斯定义作为税基的设计目标是否合理呢？回想一下，可从两个方面来衡量税制的公平性。当高收入纳税人的纳税份额较大时，纵向公平就实现了；当相同的纳税人不论其选择如何都同等纳税时，横向公平就实现了。

使用黑格-西蒙斯综合收入定义来确定税基会提高纵向公平，因为拥有更多资源的人会支付更多的税，即使他们通过非课税渠道（如雇主提供的医疗保险）获得这些资源。因此，如果你和我有相同的现金工资，但我有更有价值的医疗保险，那么我应该交更多的税。

黑格-西蒙斯的方法还通过确保有相同潜在资源的人无论其选择接受或者花费资源

① Elmendorf et al. (2008).

的形式如何，都需要同等纳税，来提高横向公平。在美国现行制度下，如果我选择以工资形式拿走我的补贴，而你选择以雇主提供的医疗保险的形式作为补贴的一部分，那么你就比我纳税少。而在黑格-西蒙斯的方法中，它把所有形式的补偿都当作收入，这将提高横向公平。

因此，遵循黑格-西蒙斯定义可大大提高税制的纵向和横向公平性。然而，在实践中实施黑格-西蒙斯定义颇具挑战性。在本节的其余部分，我们讨论在美国税制下采取黑格-西蒙斯定义的两个主要困难：(1) 如何定义个人的购买力/支付能力？(2) 如何处理与谋生而非个人消费相关的支出？

□ 由于支付能力考虑因素导致的偏离

采取黑格-西蒙斯定义的第一个难题是如何定义个人的纳税能力。假设两个人每年都有相同的收入，但是，一个人家中遭遇火灾，不得不用收入的20%去修复。在这一年，这个人的购买力和财富增加都将减少，纳税能力变低，这应该在其税基调整中有所体现。将与预期消费不相关的财产和伤亡损失支出从税法允许的应税收入中扣除的要求是合理的。

另一个可能基于支付能力调整的扣除是医疗费用。分项扣除法可以从应税所得中扣除超出 AGI 10%的任何医疗费用。这个扣除是考虑到大额医疗支出不是由纳税人选择的，而是不可控的，就像火灾一样。

然而，如我们在第 15 章所讨论的，在医疗支出方面这种假设可能不成立。当个人可以对其医疗支出水平有一定的控制后，该支出的一部分应该被视为消费，也就应当被纳入黑格-西蒙斯综合所得。通过提供医疗费用扣除，政府可补贴医疗消费的可选部分。理想的税制将提供仅用于不可任意支配的医疗费用的扣除。问题的关键是：10%的所得是否足够高？是否只覆盖了个人不可控的大项支出？

还有一个经常基于支付能力调整的税收扣除是州和地方税扣除。如果吉姆（Jim）和罗布（Rob）具有相同的收入，但吉姆住在一个高税收的州或城镇，而罗布住在一个低税收的州或城镇，那么吉姆支付联邦所得税的能力就比较低，因此，应该从其黑格-西蒙斯综合所得中减去州和地方税。然而，这种观点的问题是吉姆的高额缴税也使其享受了更高水平的州和地方物品。事实上，如果吉姆生活在一个完美的蒂伯特均衡里，那么他的地方税只是他乐意为当地公共物品支付的使用费。由于从个人处筹集的州和地方税中至少有一部分为个人提供了宝贵的利益，州和地方税的全部扣除对基于黑格-西蒙斯的调整难以自圆其说。

□ 归因于收入成本的偏离

黑格-西蒙斯偏离的另一个依据是有些支出不是用于消费，却反映了谋生的成本。因为黑格-西蒙斯综合收入定义仅指在此期间的资源净增量，经商的任何合法成本都应该从个人所得中扣除。

但是“合法”的经营成本难以界定。考虑商务餐。假设你有一个新的业务，你有两种类型的推广支出：在杂志上登广告和与潜在客户共进午餐。广告支出从你的营业收入中作为成本全额扣除，但午餐不是。为什么午餐不同呢？因为你已从午餐中得到了一些消费价值，而这个消费价值应该包含在你的黑格-西蒙斯综合收入中。从理论上讲，你应该只能从综合收入中扣除午餐的总成本和你自己的消费价值之差。

美国决策者似乎已经逐渐意识到这一点。直到 1962 年，企业才被允许扣除相关的业务招待费，其中包括膳食费用。肯尼迪总统于 1961 年呼吁取缔此营业税优势后，1962 年的税收法案要求申请人提供每项娱乐扣除申请的“商业目的”的相关证明。然而，在商务用餐的情形当中，国会并没有要求一定要在用餐之前、期间或之后进行商业讨论。唯一的要求是进餐的情形被认为是有利于企业讨论的类型。这样的宴请仍然享受 100%扣除。

在 1976 年的总统大选中，吉米·卡特大力反对“50 美元的三份马丁尼午餐”。尽管他赢得了选举，但他仍然无法将 100%的扣除减少到他希望的 50%。第一次削减发生在 1987 年里根总统执政期间，扣除率减至 80%（根据 1986 年税改法案）。1994 年，克林顿总统执政期间，只可以扣除 50%的商务餐费。

☞应用

什么是适当的商务扣除?

在电影《捉鬼敢死队》（*Ghostbusters*）中，可爱的失败者路易斯（Louis）是一名会计师。在一个晚会上，他对客人谈到熏鲑鱼的成本为每磅 24.95 美元，但税后只有 14.12 美元。怎么会这样呢？由于一个会计戏法，他解释道：“我把整个事情当作宣传费用。这就是为什么我邀请的是客户，而不是朋友。”

正如路易斯的解释所指出的，美国税法区分了商务支出和娱乐支出：前者是从个人的应税所得中完全或部分扣除，而后者不是。然而，路易斯的晚会也表明了这种区分是何等模糊。一些美国税法的经典案例可以很好地说明定义一个适当的或不适当的商务扣除的困难。

- 一位犹太教拉比声称对参加他儿子成年礼的 700 位宾客花费的 4 031 美元是一个商务支出。他认为是其地位迫使他邀请 725 位会众参加庆祝活动。税务法庭不同意，指出其“没有必要邀请会众的全体成员参加戴维（David）的酒吧成人礼和招待会，来作为他就业的一个条件”。
- 一位脱衣舞娘声称将其胸围增至 56FF 的乳房植入手术为业务支出。美国国税局起初拒绝了这个要求，但是美国税务法庭推翻了其决定。法院裁决，由于该舞者术后得到更多的小费，且植入物太大以至于其不能从日常生活中获得乐趣，所以这是一个合理的要求。最终，该舞者被允许扣除 2 088 美元的税收。
- 一名男子声称 3 万美元的营业费用为其 1981 年卖出货物的成本。这些货物是安非他命、可卡因，以及大麻等。美国国税局不允许扣除，因为该男子并未完整记载其生意，但税务法庭基于该名男子关于其商业运作的坦率证词而推翻了这个判决，允许相关支出用于扣税。随后他因私藏并意图贩卖可卡因被刑事法庭判处四年有期徒刑。第二年，国会禁止扣除与贩毒有关的费用。取消这一扣除导致合法大麻的生产相对于其他活动的税收要高很多。①

① Lopez (2015).

- 艺人迪拉·舒尔（Dinah Shore）声称其数件礼服为业务支出，促使美国国税局对此进行调查。她认为，只有在舞台表演时她才穿这些礼服。美国国税局裁决，即现在所谓的“迪拉·舒尔裁决”，一件衣服仅当它紧到穿着时无法坐下来时才可以被当作商业支出扣除。
- 传统上，美国公司在国际业务上处于劣势，因为其他国家（而不是美国）允许它们的公司将向外国官员行贿的成本作为业务费用！1996 年，美国说服 26 个 OECD 国家修改其税法，使这种行贿不再被认为是可扣除的费用。

18.5 偏离黑格-西蒙斯模型的外部性、公共品原理

偏离黑格-西蒙斯综合收入定义的一个典型理由是，减少某些活动的税收可能会给社会带来外部收益。本节，我们将讨论两个主要的黑格-西蒙斯定义偏离：慈善捐赠和住房支出。由于私人市场很可能存在供给不足的情况，因此这种偏离被证明是合理的。

□ 慈善捐赠

外部效益原理应用的一个很好的例子是，对慈善机构的捐赠可以从应税所得中扣除。基于第 7 章中讨论的搭便车问题（当成本是私人的，但收益是公共的，个人将不愿意提供公共物品），私人市场很可能会在提供许多公共品上缺乏慈善支持。

例如，假设政府关心的是私人部门没有提供足够的资金来为无家可归者建立庇护所，这是一个公共品的经典案例。解决这个问题的一种方法是将慈善资金捐赠给无家可归者以增加私人部门的资金，补贴慈善捐赠的措施之一是允许个人从应税所得中扣除向慈善事业捐款的数额。因此，政府使得慈善捐赠相对于其他类型的消费更便宜，并且必须由税收资金负担。美国的税制允许选择分项扣除的人从应税所得中扣除对慈善机构的捐款。

假设艾莉（Ellie）在做一个决定：是购买 4 美元一杯的咖啡还是为一个收留无家可归者的收容所捐赠 4 美元？如果买咖啡，她必须为这 4 美元支付税率为 τ 的所得税。那么为了购买 4 美元的咖啡，艾莉不得不首先赚取 $4/(1-\tau)$ 美元。例如，如果她的税率是 50%，那么她必须挣 8 美元才可以买一杯 4 美元的咖啡。然而，如果艾莉将这 4 美元捐出去，那么她不需要为这 4 美元支付任何税，所以她可以将其赚取的 4 美元完全捐给收容所。因此，慈善捐赠相对于其他消费品的相对价格就是 $4/[4/(1-\tau)]$，也就是 $(1-\tau)$。当税率是 50%时，慈善捐赠的相对价格只有 2 美元，因为艾莉必须挣 8 美元才能购买到 4 美元的咖啡，但她只需挣 4 美元就可以为慈善事业捐赠 4 美元。这种征税方式带来了一个好处（它使慈善事业更具吸引力），其代价是偏离了黑格-西蒙斯标准，因为给予慈善机构的应税收入部分不需要征税，因此税收的应用并没有将完全的纳税能力度量包含进去。

然而，政府还可以采取另外一种方法来支持公共品的提供，即政府提供。与其间接地靠税收优惠引导个人增加慈善捐赠，倒不如政府自己花钱改善收留无家可归者的收容

所。那么，为什么政府选择偏离黑格-西蒙斯标准，而不是增加政府开支？至少有两个可能的原因。

□ 支出的挤出与税收补贴的挤入

正如我们在第 7 章讨论的，政府供给可能会挤出私人对公共品的捐赠。如果政府补贴收留无家可归者的收容所，那么私人对此的慈善捐赠额很可能会下降。

但是，当政府对慈善捐赠进行税收补贴，就可能会“挤入”或增加私人捐款。这是因为政府的税收补贴降低了慈善捐赠的相对价格。慈善捐赠较低的相对价格通过替代效应（慈善捐赠的“价格”下降）和收入效应（因为艾莉纳税变少，她变得更富有且可以捐赠更多）增加了私人捐赠。

税收补贴的边际影响与超边际影响 当政府对慈善捐赠进行税收补贴时，它还为无税收优惠时早已支援无家可归者的人们给予税收优惠。这可以被看作横向公平，因为减税适用于参与慈善捐赠的每个人。但是这显著增加了黑格-西蒙斯税基中“漏洞”的成本，政府不仅补贴新捐赠者，而且补贴没有税收优惠时的前捐赠者。

例如，假设将有 100 万美元的无税收优惠的私人捐赠给无家可归者。政府则允许个人从其应税所得中按 50%的税率扣除慈善捐赠税，这使得对无家可归者的捐赠增加到 150 万美元。因此，政府鼓励通过税收优惠增加 50 万美元的新捐赠，以实现扩大私人捐赠的目的。然而，对无论如何已经给出 100 万美元捐赠的人，现在还有 50 万美元的减税优惠奖励他们已经在做的事情。

当经济学家讨论如慈善捐赠税收优惠的影响时，他们往往区分这些税收优惠的影响和超边际影响。**边际影响**（marginal impacts）是指政府希望通过现行税收优惠鼓励行为的改变。在慈善捐赠的情形下，政府要鼓励人们捐赠更多；在我们的例子中，边际影响是给予无家可归者的增加的 50 万美元，这是由税收补贴鼓励带来的。**超边际影响**（inframarginal impacts）是政府为不会因为新的税收政策而改变行为的人提供的税收减免待遇。就慈善捐赠来说，超边际影响是为无论如何都会去捐赠的人提供的税收优惠待遇。在我们的例子中，超边际影响是为纵使没有税收激励也打算为无家可归者捐赠的人提供了 50 万美元的新税收减免。

> **边际影响：** 政府希望通过税收优惠措施，实现鼓励某种行为变化的目的。
>
> **超边际影响：** 政府为行为没有因为新的税收政策而改变的人提供的税收优惠待遇。

税收优惠政策的效率取决于鼓励相关行为的税收优惠政策（例如增加慈善捐赠）当中，有多少是提供给会改变自身行为的人，又有多少是提供给不会受到影响的人。最具成本效益的税收优惠政策所具有的巨大边际影响来自改变了自身行为的纳税人。在这种情况下，相对较小的政府支出可以带来巨大的边际影响。不具成本效益的税收优惠政策则具有小规模的边际影响，且由于对很多已经参与了被补贴行为的人进行补贴，因此伴随着较大规模的税收成本。在这种情况下，会有相当庞大的政府支出，却没有带来较大的边际影响。

税收补贴的影响与直接支出的影响 因此，当决定使用直接支出或税收补贴这两种方法时，需要权衡。如果政府采取直接支出的方法，则提高了提供给无家可归的可用资源，但通过挤出效应，可能会降低私人的可用资源。如果政府提供减税，会导致新的捐赠，但政府也需补贴现有的捐赠。这种权衡可以被描述为如下问题：如果政府有1美元的收入，它希望把钱花在如流浪人员收容所的慈善事业上，那么这1美元最好的支出方式是什么？从数学的角度而言，如果

$$\text{每 1 美元税收优惠增加的慈善捐赠} > 1 - \text{每 1 美元政府支出减少的慈善捐赠}$$

那么政府应该减税，而不是直接支出。如果这个不等式成立，那么政府可以通过税收补贴私人捐赠，而不是直接对慈善商品和服务进行支出。

挤出效应和挤入效应的证据 已有大量研究尽力估算税收补贴对慈善捐赠的影响。总的研究结论是，慈善捐赠与其补贴的替代弹性约为−1：慈善捐赠的相对价格每下降1%，捐赠额就会增加1%。这意味着，捐赠的增加（税收补贴的边际影响）等于补贴现有捐赠导致的税收损失（税收补贴的超边际影响）。这与之前的例子相对应。替代弹性是−1，因为税收价格下降50%提高了50%的慈善捐赠，捐赠增加的50万美元与补贴现有捐赠者损失的50万美元相等。

不等式右边政府支出挤出效应的程度是不清楚的，依赖于如第7章讨论的很多因素。现有的证据表明存在一些挤出效应，并未完全挤出（10%～70%）。因此，政府支出1美元使全部支出提高了30～90美分。因此，上述不等式的右边（1−每1美元政府支出减少的慈善捐赠）为0.3～0.9。

因此，根据这一标准，为无家可归者提供资源时，补贴私人捐赠比直接支出更有效。每1美元私人捐赠补贴产生1美元的新支出，而每1美元直接支出只产生30～90美分的新支出（由于私人部门的挤出效应）。

□ 消费者主权论与不完美信息

除了作为增加慈善捐赠的一个更有效的手段之外，税收补贴也是基于消费者主权考虑引导政府支出的更好的办法。当政府直接提供支出时，它就会在如何支出资金上加入自己的偏好。第9章讨论的政府失灵的类型表明，立法者与民众的偏好可能不同。通过向个人提供税收补贴以允许其按照自己的意愿捐款，政府直接尊重了公民的偏好。

这种分散的慈善供给的缺点是，私人部门可能缺乏适当的机制以确保慈善支出的有效分配。大多数人在做慈善捐款之前很少做研究。最近的一项研究发现，三分之二的捐助者报告说他们每年都没有对他们的慈善捐款进行任何研究，只有5%做了两个小时或更长时间的研究。平均而言，美国人花费在电视购物和电脑购物上的时间分别为花费在慈善捐赠等更昂贵投资上的时间的4倍和8倍（慈善捐赠1小时，电视购物4小时，电脑购物8小时）。[①] 这种方法有可能导致捐赠无法为预期目标带来太多好处，而只会奖励筹集资金的组织。美国海军退伍军人协会（U. S. Navy Veterans Association）成立于2002年，该协会旨在为有需要的海军退伍军人提供帮助，在2010年已在41个州设立了分会，筹集到了1亿美元。事实并非如此。原来这一切都是由一个人提供的虚假信息，其通过电话直销员从捐赠者处骗取钱财并自己保留了下来。该计划于2010年曝光，罪魁祸首于两年后被捕。也许最令人不安的是，这个“慈善机构”所做的大部分都是完

① Stern (2013a).

全合法的：在随后的审判期间，该协会的一个营利性筹款活动报告称，所有捐款中有90%是作为筹款费用保留的，没有法律影响。[①]

当然，政府直接提供公共品也会有低效率。关于这一点没有明确的答案，关键的问题是私人部门或公共部门是否更有效地将每一笔慈善支出转化为有利的结果。

□ 住房

抵押贷款：一项协议，使用某种财产，通常是房屋，作为一项贷款的担保。

在外部性方面可能有理由偏离黑格-西蒙斯模型的第二个例子是对房屋所有权的税收补贴。假设你正在寻找一个住处，并且找到一个自己中意的每月市场租价为 1 000 美元的房子。房东提出要么以每月 1 000 美元的租金租给你，要么以 100 000 美元的售价卖给你。为了融资 100 000 美元，你将不得不以每月 1 000 美元的利息（在我们的例子中）申请家庭贷款，即**抵押贷款**（mortgage）。你的税率是 50%，而你每月的工资是 4 000 美元。

在这两种情况下对收入进行定义的真正的黑格-西蒙斯方法是，将你生活在这所房子里得到的净消费价值加到你的收入中，再减去你这样做的成本。无论你租房还是买房，你每月消费价值 1 000 美元的住房服务，我们称之为你的房子的估算租金价值。而且，在这两种情况下，你要为有权利住在这个房子里支付 1 000 美元。[②] 所以，你的黑格-西蒙斯税负不受你租或买的决定的影响。

美国目前税制中的应税所得不包括个人房屋租赁价值。所得税确实允许人们从应税所得中扣除贷款利息，但不允许他们从应税所得中扣除租金。根据美国的税收制度，如果你决定买下这个房子，你的应税所得由 4 000 美元减至 3 000 美元，你只需缴纳 1 500 美金的税。但是，如果你决定租房，那么 4 000 美元都要纳税，税负为 2 000 美元。由于这种抵押贷款利息可以被扣除，所以购买比租赁更有优势。这个补贴对政府来说是一项重要的预算成本：允许住房抵押贷款利息扣除而少收的联邦税收每年达到 800 亿美元（也就是说，如果取消住房抵押贷款利息扣除，联邦税收每年将增加 800 亿美元）。

为什么补贴自有住房？ 在美国，补贴自有住房最常见的理由是自有住房具有正外部效应，而租赁住房没有。正如格莱泽和夏皮罗（Glaeser and Shapiro，2002）所说："对于它的支持者来说，住房抵押贷款利息扣除是美国社会的基石。房屋拥有权给了人们在社会中的份额，并且会促使他们关心邻里以及所在的社区。通过补贴财产所有权，促使人们投资，并使其在我们的民主国家中拥有份额。所有权使人们支持长期投资而不是短期资金转移。"

格莱泽和夏皮罗回顾了大量支持这些正外部性存在的实验证据：相对于租赁，房屋拥有权与政治运动和社会关联呈正相关关系，并且房屋拥有者也会更好地照料其房产，从而为周边房屋带来更高的价值（对其邻居的正的财务外部性）。遗憾的是，他们综述的实验证据对于解决我们在第 3 章讨论过的几种问题还缺乏说服力。"实验证据框"中

---

① Stern (2013b).

② 如果你购买这个房子，你可能还是要每月按照贷款协议支付一定的钱。这并不影响黑格-西蒙斯税负，因为你只是将一种形式的资产（现金）转变为另一种形式的资产（住房）。

回顾的一项研究提供了解决这些问题的一种方法，并且该研究没有找到与房屋所有权相关的正外部性。

对房屋进行税收补贴产生的影响 有大量证据表明，对房屋所有权的这种税收补贴会增加住房支出，并且这种支出相对于税收补贴的弹性大约为1。① 与此同时，没有证据表明是这个补贴使更多的人去买房。事实上，尽管这个税收补贴差异很大，但自置居所比率自1950年以来基本保持不变，维持在65%左右；该比率确实在20世纪90年代末和21世纪初大幅上升，但又在经济衰退中下降。鉴于税收补贴没有增加自有住房但确实增加了住房支出，似乎是税收补贴诱使人们在住房上支出更多，而这些住房即使没有税收补贴，他们也会购买。

然而，大多数关于正外部性的争论集中于从住房所有权当中得到的收益，而不是从拥有更大、更贵的房子中得到收益。因此，纵使所有权可以产生外部性，现有的补贴对解决此问题的作用也不大。这一发现表明，对房屋所有权进行税收补贴的案例在正外部性方面很薄弱。

从住房抵押贷款利息扣除不具有外部效益的证据来看，没有明确的理由去偏离黑格-西蒙斯综合收入定义。然而，房屋抵押贷款扣除仍然是税法中最流行的条文之一，并且政客很少批评或试图限制这一条款。可能的原因是在第9章中所讨论的：这种补贴的受益者是有组织的并且知道它的好处，而失败者（每年必须纳税1 000多亿美元的一般纳税人）既没有组织也不知道成本。然而，如果决策者想资助房屋所有权，有很多更有效和公平的方法可以做到这一点，比如盖尔等（Gale et al.，2006）所讨论的首次购房者抵免，这将通过税收抵免直接补贴首套房购买，而不是允许扣除住房抵押贷款利息。

▶实验证据框◀

房屋所有权的社会收益

正如我们已经讨论过的，税收政策的一个关键问题是，房屋所有权是否具有积极的社会效益，从而证明其优惠税收待遇是合理的。声称找到了这些好处的数十项研究面临第3章讨论的经典偏差问题：拥有住房的人在很多方面与没有住房的人有所不同，因此，比较他们的行为并不是识别房屋所有权影响的有效方法。换言之，购房的人可能也是更倾向于建立社会关系和保管好财物的人，即使他们租房也是如此。为了解决这个问题，研究人员必须找到一些方法将房屋所有权与个人相对应，而不受其他特征的影响。

恩格尔哈特等（Engelhardt et al.，2015）在一个令人振奋的研究中确实做到了这一点，这个研究是1998—2003年在俄克拉何马州的塔尔萨随机进行的“美国梦展示”实验。至少有一个工人并且家庭收入低于贫困线的150%（2009年大约是16 000美元）的家庭才有资格参加这个展示。加入展示的人被随机分为实验组和对照组。实验组可以建立个人发展账户（Individual Development Account，IDA），对照

① Rosen (1985).

组则不可以。个人发展账户是一个储蓄账户，当提取合理用途的余额时，也提供配套资金支持，包括新购房的首付款。新购房首付款的配套比例为 2∶1；也就是说，对于人们在个人发展账户中所提取的每 1 美元，只要是为了购房，政府资助额就是 2 美元。其他储蓄目的（比如教育或创办一个新企业）的配套比例是 1∶1。结合存款及配套支持，新购房者可以节省高达 6 750 美元的支出，相对于塔尔萨在此期间 89 000 美元的平均房价，这省下了一大笔钱。

在之前的研究中，作者发现这种财务诱因导致房屋所有权大幅增加：对于被随机分到实验组的可以开设个人发展账户的人，购房的可能性要高出 7%～11%。在作者于 2007 年的研究中，他们指出，同样的实验可以用来推断房屋所有权的社会收益，因为实验组和对照组在其他方面是相同的，但在展示之后，他们的房屋拥有率大不相同。

如果房屋所有权确实具有社会效益，那么在本研究中，实验组（购房者）相对于对照组应该具有更高的社会效益。然而实际上，结果并非如此。作者调查了涉及各种社会资本措施的实验参与人员。他们发现，相对于无房者，房屋所有者拥有较高社会参与度，呼应了前面描述的研究结果。但是，当实验组（随机得到购房优惠并因此有较高的房屋所有率的人）与对照组（没有得到购房优惠的人）相比时，没有证据表明实验组的政治、公民和当地学校的参与度更高。恩格尔哈特等确实发现，实验组更倾向于对房屋维修进行支出，但仅在产生私人收益的房屋内部，而不是产生部分社会收益的房屋外部！因此，根据以上各种研究结论，没有证据证明房屋所有权对社会有外部收益。

□ 税收扣除与税收抵免

当税收制度偏离黑格-西蒙斯综合收入定义时产生的另一个重要问题是，是否将这些偏离应用到税收扣除或税收抵免的形式当中。**税收扣除**（tax deductions）是允许纳税人从应税所得中扣除一定金额（如慈善捐赠额或住房抵押贷款利息）。因此，税收扣除将有关行为的价格降到了 $(1-t)$，其中，t 是边际税率。税收抵免是指允许纳税人减少一定的应纳税额（如他们在照顾孩子方面的开支）。如果纳税人的支出比抵免的金额还要少，那么税收抵免使有关行为的价格减为 0。

税收扣除：纳税人可通过在一些项目上的支出如慈善捐款或房屋贷款利息以扣减其应纳税所得额。

效率方面的考虑 哪种方法最好？基于效率的答案是不清楚的。例如，考虑取消慈善捐赠的税收扣除，改为对 1 000 美元以下的慈善捐赠给予 100%的税收抵免。对于捐赠低于 1 000 美元的人来说，这一税收抵免提供了更强的激励，从而使他们将捐赠水平提高至 1 000 美元，因为它是免费的（每捐赠 1 美元，纳税额减少 1 美元）。捐赠一旦超过1 000 美元，就无法再从税收抵免中获得好处。然而，税收扣除仍能对超过 1 000 美元上限的捐赠提供一些激励（当抵免激励用尽后）。政府需要在对所有捐赠进行部分补贴（税收扣除）与对某些捐赠完全补贴但对某些捐赠完全不补贴（税收抵免）之间进行权衡。

扣除和抵免中的哪个政策更有效取决于两个因素。第一个是被补贴物品的需求性质。我们在本书中的讨论一般假定物品的需求弹性是常数，但在现实中需求弹性可能会因价格变动的幅度而不同。对于一些商品，个性化需求可能会对大幅降价富有弹性，但对小幅降价缺乏弹性。在这种情况下，抵免比扣除更能引起捐赠大幅增加，因为抵免引起的价格下降程度更大。

第二个是政策制定者必须决定实现这个行为的某个最低水平有多重要。例如，在慈善捐赠的问题上，没有显而易见的理由可以解释为什么将目标值定为 1 000 美元，所以最好是简单地对人们自己想要捐赠的数额进行补贴。但是，对于一些行为，政府可能想补贴给某些最低水平的供给而不是特别慷慨的供给。正如我们在第 15 章所讨论的，健康保险可能符合这种情况，政府想要补贴人们使其能够被基础水平覆盖，但并不想补贴昂贵的医疗保险。同样地，补贴住房时，我们可能需要补贴一些基本的住房消费水平，而不是没有明显外部效益的豪宅。

公平方面的考虑 基于纵向公平原则，抵免比扣除更加公平。扣除的价值随个人的税率增加而增加，因此，个人所得使得税收扣除累退（纳税者收入越高，其税收扣除占收入的比例就越高）。另外，税收抵免对所有收入都一样，所以它们是累进的（纳税者收入越高，其税收抵免占收入的比例就越低）。美国税制中的分项扣除的性质进一步加剧了这种差异。高收入群体中的分项扣除率非常高：年收入超过 20 万美元的家庭中有 96%选择分项扣除。然而年收入低于 2 万美元的家庭只有 6%选择分项扣除。[①] 由于扣除额通常只提供给选择分项扣除的人，所以它们将更多地被用于分项扣除的高收入群体，这一事实进一步降低了分项扣除的公平性。

☞**应用**

关于退税的争论[②]

可退还的：指人们的应纳税额很少或为 0 时仍然可使用的税收抵免额。

税收抵免比税收扣除更累进，但其累进程度取决于它们对应纳税额很低或为 0 的人来说是不是**可退还的**（refundable）。对这些人的抵免退税将产生一个净支付。也就是说，可退还的抵免提高了这些纳税人得到的退税。退税很重要，因为很多美国低收入家庭一般不需要纳税，这样它们也可以从税收抵免中受益。因此，如果抵免不能完全退还，那么它们在纵向上就是不公平的。

然而，很多保守派反对欠税少或不欠税的人可以得到退税的这个观点。“这不是一个抵免，这是别人的钱，”斯宾塞·巴克斯（Spencer Bachus）（代表亚拉巴马州）说，“如果我们想把我们的税制变成福利制度，那就让我们把我们正在做的事如实告诉美国人民。”退税的支持者对此回应道，尽管低收入家庭缴纳很少的所得税，但它们确实以其他税如工薪税和销售税的形式缴纳了其收入的一大部分比例，这个抵免可因此被认为是对这些支付的退税。此外，在任何一年收到退税的大部分人实际上都会在十年内缴纳正的税额。[③]

---

① Lowry (2014).

② 该项讨论的内容大部分来自 Firestone (2003) 的研究。

③ Batchelder et al. (2006) 是这一事实的出处，他们将税收可退还程度作为一项税收原则进行了辩护。

这个难题的一个很好的例子是对子女税收抵免的辩论，这是 1997 年引入的对中低收入家庭提供的税收抵免，但对大多数家庭来说它不可退还。2001 年，这个抵免额从 500 美元增加到 600 美元，而且部分可退还。如果这个抵免可全部退还，那么无论其纳税状况如何，家庭中每个子女都将得到 600 美元。相反，对于应纳税额低于它们有权获得的儿童税收抵免额的家庭，2001 年的法律允许它们就收入超过 10 500 美元（2003 年）的部分获得 10%的退款，每名儿童最多可达 600 美元。

例如，一对夫妇有两个孩子和 20 000 美元的年收入，除去标准扣除额及个人免税额后他们不需要缴纳任何联邦所得税。根据 2001 年的减税政策，该家庭可以得到 950 [=0.10×(20 000−10 500)]美元税收抵免，即每个孩子 475 美元。如果子女税收抵免是不返还的，由于这个家庭不用纳税，也就不能得到任何抵免。如果完全返还，那么这个家庭可以得到 1 200 美元，也就是每个孩子 600 美元。这 950 美元就是支持与反对税收返还之间的妥协结果。

在下一轮减税期间，这个问题变得更加困难，2003 年儿童税收抵免（CTC）增加了 400 美元，达到 1 000 美元，加快了 2001 年法案议程中增加税收抵免额的实施步伐。总统频频公开提及 400 美元支票将邮寄给符合抵免资格的家庭，但批评者在他签署这个法案的最后一刻加入了一些改变。这些变化通过保留 2001 年法案规定的 10%上限使得低收入家庭无法获得增加的 400 美元收益。例如，已婚夫妇将继续被限制在每名儿童 475 美元的抵免额度上，因此不会从新增加的儿童税收抵免中受益。由于这个原因，一些人建议将 10%的上限提高到 15%。15%的上限意味着这对夫妇的每个孩子可以得到 712.50[=0.15×(20 000−10 500)/2]美元，并因此从增加的抵免中受益。

然而，这一条款最终没被纳入法律。根据一项估计，对于本可以在加速退还的税收抵免中受益的 1 200 万儿童，有 800 万人现在得不到任何好处，因为 15%的规定已经被取消。许多人认为这种影响非同小可，因为加入 15%的条款将耗资 35 亿美元，大约占该法案总成本 3 500 亿美元的 1%。事实上，2004 年，国会通过立法将上限提高到 15%，以弥补这一明显的缺点。然而，2005 年 10 月，税收抵免再次备受关注，由税收政策中心公布的一项研究发现，超过四分之一的美国儿童（共计 1 950 万人）和一半的黑人小孩所属的家庭因为太穷而没有资格完全获得 1 000 美元的收益。

2009 年的一项法律在一定程度上解决了这一问题，该法律大大降低了收入门槛，超过该门槛的收入则有资格获得儿童税收抵免的 3 000 美元。收入超过此阈值的家庭将有资格获得至少部分抵免。法律规定，每名 17 岁以下儿童的税收抵免最高可达 1 000 美元。如果抵免额超过所欠税款，那么纳税人可获得高达 15%的收入的税收退还。这一改变使符合抵免资格的儿童数量增加了大约 300 万人，同时增加了其他 1 000 万人的抵免额度。额外的税收退还每年增加 120 亿美元的成本，却使大约 100 万儿童免于贫困。门槛在 2010 年和 2015 年分别再次降低，但该计划于 2017 年到期。[①]

① 有关此政策变更的说明，请参阅 Maag (2013) 和 Committee for a Responsible Federal Budget (2013)。

□ 底线：税式支出

> **税式支出**：由税法规定导致的政府收入的损失，比如允许特殊的免除、免税，或从总收入中的扣除，或者特殊的信贷安排、优惠税率或递延负债。

黑格-西蒙斯综合收入定义偏离的最终结果是一系列**税式支出**（tax expenditures），政府将其定义为“归因于联邦税法条款的税收损失，这些条款允许从总收入中免税或扣除，或者提供税收抵免、税率优惠或负债延期”。自 1976 年以来，联邦政府已将这些税式支出的金额列为预算的一个独立部分。例如，政府测算通过从应税薪酬中扣除医疗保险而损失了多少财政收入，或者通过允许人们从应税所得中扣除慈善捐赠而损失了多少财政收入。

主要的税式支出见表 18－2。2014 年，政府所有收入的税式支出（包括这里没有显示的许多小的支出）损失了 12 059 亿美元。最大的一项税式支出是从应税所得中扣除的雇主提供的医疗保险费用，2014 年花费联邦政府 2 128 亿美元。其他大笔支出包括净估算租金收入扣除（755 亿美元）、固定缴款雇主计划（797 亿美元），以及抵押贷款利息扣除（1 015 亿美元）。所得税支出总额略低于 2014 年预计的总税收的 40%，是 2014 年预计的联邦赤字的三倍多。① 因此，税基的争论不只是在学术界，美国的黑格-西蒙斯税基漏洞每年使大笔资金从财政部流失。②

表 18－2　2014 年主要的税式支出

2014 年 15 项最大的税式支出（只包括公司所得税和个人所得税，不包括工薪税或其他）		
	税式支出	金额（百万美元）
1	雇主支付的医疗保险和医疗保健费用免除	212 820
2	自有住房抵押贷款利息支出扣除	101 470
3	定额缴纳的雇主计划	79 720
4	估算的净租金收入扣除	75 520
5	资本利得（除了农业、木材、铁矿和煤）	46 690
6	州和地方政府对自住房屋以外的其他非商业性质的房屋征税的扣除	53 060
7	定额福利的雇主计划	51 560
8	州和地方政府对自住房屋以外的其他非商业性质的房屋征税的扣除	17 850
9	机器及设备的加速折旧（一般计税方法）	45 970
10	房屋销售的资本利得扣除	44 060
11	教育和医疗以外的慈善捐赠扣除	41 770
12	受控外国公司的收入递延（一般计税方法）	34 420

① Office of Management and Budget (2014).

② 请注意，这些税式支出的估计显示的是每次改变税法一个方面所引起的影响。因此，在税式支出上花费的总金额不一定与所有这些支出一次性被取消时筹集的金额相同。

续表

	税式支出	金额（百万美元）
13	州和地方发行的公共目的债券的利息扣除	32 910
14	退休工人的社会保障福利	27 100
15	死亡时资本利得的升级基础	23 260
	合计	**888 180**
	所得税支出总额，联邦政府的收入效应	**1 205 932**

资料来源：Office of Management and Budget（2014）.

说明：由于税法中各种各样的扣除和抵免，2014 年，政府损失了 1.2 万亿美元的收入。最大的税式支出如上所示。最重要的税收抵免是雇主提供的医疗保险和抵押贷款利息扣除。

18.6 合理的纳税单位

我们对黑格-西蒙斯原则的讨论中没有提到税基的另一个重要方面：政府应该如何选择合适的税收单位？也就是说，政府应如何在同一个家庭的不同成员间进行税收负担的分配？应当对家庭总收入征税还是对个人的收入进行征税？

□ "婚姻税"的问题

假设你被联邦政府聘用来设计一项具有三个目标的税收制度。

- 累进性：随着家庭收入的增长，边际税率上升。
- 跨家庭的横向公平：有相同收入的家庭将纳相同的税。
- 跨婚姻的横向公平：税收负担将是婚姻中性的，不依赖于两个人是否决定结婚。

这些似乎都是值得追求的目标。但是有一个问题：同时实现所有三个目标实际上是不可能的。

这很容易通过一个例子来说明。考虑如下的一个税制：收入达到 20 000 美元时税率是 10%，收入为 20 000～80 000 美元时税率是 20%，收入高于 80 000 美元时税率是 30%。现在考虑两对成功的夫妇。第一对是巴拉克（Barack）和米歇尔（Michelle），他们大量的收入来自米歇尔每年所挣的 140 000 美元，而巴拉克每年只挣 10 000 美元。另一对夫妇是比尔（Bill）和希拉里（Hillary），每人每年的收入是 75 000 美元。这两对夫妇每年的总收入都是 150 000 美元。

对这两对夫妇征税有两种方式可供选择。如果政府选择以个人为基础进行征收，它将计算每一个人的税收负担，然后加总计算家庭的税单。如表 18－3 所示，这种方式导致巴拉克和米歇尔的税单是 33 000 美元，而比尔和希拉里的税单只有 26 000 美元。因此，这种方式违背了第二个目标，相同收入的家庭支付的税不相等。

另外一种方式是以家庭为基础征收。在此税制下，政府首先要加总个人收入以得到家庭收入，然后基于家庭总收入计算家庭纳税额。如表 18－3 所示，基于这种征税方式，两个家庭的税单都是 35 000 美元，从而使第二个目标得以满足。但是，这样的税制违背了我们的第三个目标，因为两个家庭现在的纳税额（35 000美元）都高于两个人只是生活在一起时的个人纳税额（33 000美元或者26 000美元）。也就是说，这里存在一个**婚姻税**（marriage tax），两个人只是因为结婚就增加了总的税收负担。

婚姻税：从结婚之日开始，两个人共同承担的税收负担的增加。

表18-3　婚姻对税负的影响

单位：美元

	个人收入	个人税	已婚单独申报的家庭税	家庭总收入	联合申报的家庭税
米歇尔	140 000	32 000	33 000	150 000	35 000
巴拉克	10 000	1 000			
比尔	75 000	13 000	26 000	150 000	35 000
希拉里	75 000	13 000			

说明：对已婚夫妇中每个人的收入单独征税的累进税制导致巴拉克和米歇尔所纳的税（33 000美元）远高于比尔和希拉里（26 000美元），纵使他们有相同的家庭总收入（150 000美元）。另外，对已婚夫妇联合征税的累进税制对每对夫妇强加了“婚姻税”，因为他们已婚时的纳税额（35 000美元）比单身时更多。

这些问题的出现是因为第一个目标：累进性。如果我们对个人征税，边际税率增加意味着有较高收入的人的纳税额占其收入的比例也会提高。因此，家庭中成员的收入越接近，他们就可以享受越低的纳税额，这违背了第二个目标。增加边际税率同样意味着当个人将其收入交给家庭时，更大额的家庭收入面对着更高的边际税率。因此，家庭中的成员已婚时要比单身时纳税更多，这违背了第三个目标。

在我们的例子中，当基于个人征税时，米歇尔的纳税额占其收入的23%，巴拉克为10%，比尔和希拉里都是17%。将每个家庭中个人的纳税加总，巴拉克和米歇尔的纳税额占其总收入的比例（22%）高于比尔和希拉里支付的比例（17%），这违背了第二个目标。如果我们转为对家庭征税，巴拉克的10 000美元收入的原先的税率是10%，现在却变为更高的税率30%。在个人税制下，巴拉克和米歇尔最初的10 000美元收入的税率都是10%，然而在家庭税制下，米歇尔已经用自己的10 000美元收入将第一个10 000美元的税收档次占据了。因此，巴拉克的收入被加到米歇尔收入的最高处，所以它处于更高的边际税率中。类似的现象也发生在比尔和希拉里身上：原先他们两个都可以享受收入起始的10 000美元的低税率，现在只能由一个人享受。这会导致婚姻税，从而违反了第三个目标。同时满足第二个目标和第三个目标的唯一办法是比例税率，这将违背第一个目标（累进性）。

□ 婚姻税实践

请注意，第三个目标使用的术语是婚姻中性，而不是无婚姻税。事实上，我们可以通过为已婚夫妇提供一个相对于单身纳税者的非常大的扣除额来实现无婚姻税。假设我们通过如下方式加强税制：已婚夫妇每年的扣除额是20 000美元，单身纳税者无此扣税额。在此情况下，每对夫妇现在的应税所得变为130 000美元，并因此纳税29 000美元。在这种税制下，巴拉克和米歇尔将有一个婚姻补贴（其婚姻税单中的扣除额），而比尔和希拉里将有一个婚姻税。我们甚至可以提高扣除额至40 000美元，那么这两个家庭都将得到一个婚姻补贴。

问题的关键不在于政府无法取消婚姻税。它可以取消。关键在于，除了为某些婚姻提供补贴并对其他人征税，我们无法建立以家庭为基础的税收中立的扣除制度。鉴于这些夫妇的差别以及税收政策的其他目标，没有办法可以设计一个对两个家庭都满足零婚姻税或零补贴的税制。这是基于家庭征税所面临的问题的本质。

美国的婚姻税 针对美国的婚姻税有很多争论。2001 年，共和党众议院多数党领袖迪克·阿米（Dick Armey）提到美国国税局正在传递这样的信息："如果你恋爱并结婚了，我们会惩罚你。"[①] 事实上，美国的税制看起来其实很像前面 20 000 美元扣除的例子：一些家庭面临婚姻补贴，而一些家庭面临婚姻税。实际上，根据一份 2012 年关于纳税夫妇的报告，48%的夫妇得到婚姻惩罚，38%的夫妇得到婚姻补贴，15%的夫妇既无婚姻惩罚也无婚姻补贴。[②] 这些夫妇支付的平均惩罚是 1 657 美元，获得的平均补贴是 914 美元。[③]

所以，当有人说美国有婚姻税时，他们真正的意思是，有些家庭支付婚姻税。完全取缔婚姻税的唯一方法是提供一个大到使得没有人需要交纳婚姻税的扣除额。在这样的制度下，大多数家庭会收到大量的婚姻补贴。

然而，很少有人关注这个更基本的问题：我们应该关心婚姻税吗？应该关心的一个原因是先前所讲的横向公平。应该关心的另一个原因是社会也许真的希望鼓励结婚，而不是通过婚姻税打击结婚。如果政府用税收优惠鼓励结婚，那就要再次考虑这种激励的边际影响和超边际影响：税收对结婚的决定确实重要吗？还是这样的政策只是给无论如何都会结婚的人一项巨大的税收优惠？答案似乎更偏向后者。关于这一话题的大部分研究表明，税收对结婚决定的影响并不大。因此，鼓励婚姻并不足以支持耗费巨额收入成本来消除对某些家庭征收的婚姻税（以及增加对他人的婚姻补贴）的观点。[④]

最后，我们可能关心的不是结婚，而是对夫妻中较低收入者的收入的高边际税率。在我们的例子中，从个人税转到家庭税将巴拉克所得的边际税率从 10%提高到了 30%。如此高的税率可能减少较低收入者的劳动供给，比如，造成巴拉克根本不再去工作。解决该问题的一个建议是重新引入 20 世纪 80 年代早期的次要收入扣除（比提高联合申报者的扣除要便宜得多），这将允许家庭扣除一定额度的较低收入者的所得。例如，在这样的政策下，夫妇可以扣除较低收入者的第一个 10 000 美元的税收，这将消除在家庭税制下比在个人税制下对巴拉克的劳动征收的更高税率。这一扣除会大大减少婚姻税和对较低收入者劳动供给的扭曲。与此同时，它会减少纵向公平，因为有两个人上班的家庭往往比只有一个人上班的家庭赚取更多的钱。

世界各地的婚姻税 几乎只有美国的税制是基于家庭收入的。OECD 国家中有 19

---

① O'Rourke (2001).

② Lin and Tong (2012).

③ 如果你正在考虑结婚并对计算自己的税收罚款感兴趣，可以访问 http://taxpolicycenter.org/taxfacts/marriagepenaltycalculator.cfm。

④ Frimmel et al. (2010) 发现，奥地利提前告知取消婚姻补贴的确导致了补贴结束前几个月婚姻登记的骤增。但他们也发现这些夫妇离婚的可能性增加了 17%，这表明婚姻的一般社会收益可能不会延伸到财务激励导致的"边际"婚姻中。

个国家对丈夫和妻子分别征税，有 5 个国家（法国、德国、卢森堡、葡萄牙和瑞士）通过收入拆分的家庭税为几乎所有夫妇提供婚姻补贴。[①] 这意味着家庭收入先加总再在夫妻间进行平分（例如德国，以及 1948—1969 年的美国），或在有子女的家庭的所有成员间平分（其他 4 个国家）。正如我们在表 18 - 3 中看到的，在具有不断上升的边际税率的家庭税制下，收入更均等的家庭（比尔和希拉里）比收入更不均等的家庭（巴拉克和米歇尔）纳税更少。因此，允许家庭将其收入均分，伴随着其他的家庭税收优惠条款，将会使这些国家的大部分家庭得到婚姻红利。只有另外两个国家采用类似于美国的“纯粹”的家庭税收制度：爱尔兰和挪威。

18.7 结论

美国关于税收的争论凸显了税收在美国公共政策制定中的关键作用。本章中，我们通过讨论美国及其他各国使用的税收类型、如何衡量税收“公平”以及政策制定者在设计所得税税基时面临的问题，为我们的税收研究打好了基础。在本书的其余章节中，我们讨论推动税基和税率决定的经济学上的考虑。

重点

- 税收有许多不同的类型，可以分为四大类：个人所得税、公司所得税、财富税和消费税。联邦政府在很大程度上依赖于个人所得税，而州和地方政府的大部分收入来自财富税和消费税。其他国家的政府从消费税中获得的税收份额比美国更大。
- 个人所得税是提高美国税收的主要来源，它从年度总收入开始计算，减去各种各样的减免和扣除，然后根据税率表来确定纳税义务。
- 衡量所得税的“公平性”是困难的，并且涉及如何衡量税基和如何定义公平之类的考虑。
- 定义所得税税基的“黄金标准”是黑格-西蒙斯定义，它将纳税能力定义为消费加上净值变化。美国的税基在很大程度上偏离了这个“黄金标准”。
- 有些偏离是基于支付能力或赚取收入的成本而产生的，这两种情况在理论上都应该在黑格-西蒙斯原则下扣除，但在实践中会引发一些难题。
- 一些偏离是基于外部性论证，如果这些补贴具有巨大的边际影响（例如鼓励更多的慈善捐赠）而没有非常大的超边际影响（补贴已经捐赠给慈善机构的收入损失），则可以证明税收补贴的合理性。现有证据表明，基于这些理由，慈善捐赠的税收减免可能是合理的，但是对于住房所有权的税收减免则不然。
- 黑格-西蒙斯偏离可以通过应税所得中的税收抵免和扣除的形式来体现。这些方

① Congressional Budget Office (1997), Appendix A.

法的影响尚不明确，但是抵免显然更具有纵向公平性，只要对纳税很少或不需纳税的人有税收返还。

- 理想的税制不会扭曲关于结婚的决定，但是如果税制也想满足累进性和同收入家庭同等税收，这将是不可能的。美国现行税法提供的婚姻补贴大约与婚姻税相等。

习题

1. 费斯卡什对应税所得的第一个 20 000 华卢普斯（该国货币）征税 5%，对接下来的 30 000 华卢普斯征税 20%，对应税所得中高于 50 000 华卢普斯的部分征税 50%。费斯卡什对每个家庭成员提供 5 000 华卢普斯的免征额。

a. 贾米勒（Jamil）的家庭中有三名成员，家庭每年收入为 60 000 华卢普斯。计算该家庭的边际税率和平均税率。

b. 波巴（Boba）的家庭有五名成员，家庭每年收入为 100 000 华卢普斯。计算该家庭的边际税率和平均税率。

c. 假设费斯卡什将其税法改为 30%的固定税率，每名家庭成员免税 10 000 华卢普斯。这种税制的改变是更具累进性，还是更具累退性？或者两者都不是？

2. 替代最低税制度背后的原理是什么？

3. 假设美国个人所得税制变为一个比例税制，所有纳税人都支付其收入中的一定比例作为税收，没有免征或扣除。这种比例税制在哪些方面比现在的美国制度更具有累退性？它在哪些方面比现行制度更累进？

4. 为什么伤亡损失或大额医疗费用只在某些情况下是完全免税的？

5. 许多雇主赞助计划允许员工将部分收入存入可用于医疗支出的账户。该账户的收入不属于个人税基的一部分。将这一部分收入从税基中剔除从哪些角度来说是可取的？从哪些角度来说不可取？

6. 史列德（Slither）教授参加了南极经济协会的会议。她可以从其应纳税额中扣除酒店费用，但是只能扣除一半的餐费。为什么美国税法做出这样的区分？从黑格-西蒙斯的角度看，这种税收政策合理吗？

7. 埃德（Ed）和温迪（Wendy）是一对没有孩子的已婚夫妇。他俩每人每年赚取 75 000 美元，他们家调整后的总收入是 150 000 美元。约翰（John）和克里斯汀（Kristen）也有 150 000 美元的调整后总收入，并且他们也没有孩子。但是，这些收入全部是由克里斯汀赚取的，约翰并不工作。注意：要回答这个问题，你需要查阅不同纳税申报人的一些税率。这些可以在美国国税局网站 http://www.irs.gov/formspubs 上找到。

a. 使用本章中所描述的 2014 年已婚夫妇联合申报的税率来计算每对夫妇的应纳税额。假设他们都采用标准扣除。

b. 他们要支付"婚姻税"吗？他们能得到"婚姻补贴"吗？

8. 第 7 章认为私人提供公共品效率低，补贴可以帮助实现公共品的最优水平。为什么对公共品供给提供税收减免可能是实现这一目标的无效率的方法？

9. 你与你室友的高中平均成绩和SAT成绩相同。在很多方面，人们预期你们会取得同样的成功。但是，因为你选择了经济学专业，而你的室友选择了比较文学，你的收入将会更高，所以你将比你的室友缴纳更多的税。税法的这个属性满足纵向公平吗？满足横向公平吗？

10. 乌托邦政府计划提供一项交通税抵免，这样家庭可以从其税单中扣除上下班途中或上下学途中发生的交通费用。乌托邦考虑两种形式的税收抵免：一种是全额返还，另一种是税收抵免额以家庭应纳税额为限。哪种形式的税收抵免更累进？请解释。

11. 假设政府采用黑格-西蒙斯综合收入定义。这会使雇主提供养老金计划或健康保险的可能性增加还是降低？为什么？

进阶习题

12. 你的雇主允许你用“税前资金”购买停车证，也就是说，购买许可证的支出不必纳税。允许人们用税前资金购买某些商品或服务的做法是增加了还是降低了美国税制的公平性？请解释。

13. 俄勒冈州征收州所得税但不征收州销售税，而华盛顿州不征收州所得税却征收州销售税。俄勒冈州的居民可以从其联邦所得税中扣除州税（所得税税款），而华盛顿州的居民不能从中扣除州税（销售税税款）。这种差别的公平含义是什么？

14. 假设一个研究者比较了各国的慈善捐赠水平，结果发现，在其他条件相同的情况下，住房自有率越高的国家的慈善捐款水平也越高。借鉴美国个人所得税法对这一发现给出一个解释。你能想到一个理由来说明这种估计的关系可能不是来自税法的影响吗？

15. 你对估计税收减免对慈善捐款水平的影响感兴趣。观察税率随时间的变化和与之相关的慈善捐赠水平的变化如何能帮助你区分税收减免的边际影响和超边际影响。

16. 对大多数美国人来说，最大的减税是住房抵押贷款利息扣除，该扣除允许业主从其应税所得中减去其贷款购房的利息支出。这项税收优惠的目的是鼓励人们购房。从公平和效率的角度对房屋所有权的这种税收扣除和统一的税收抵免进行比较。

第 19 章 税收的公平含义：税收归宿

需要牢记的问题

- 哪些因素决定了谁来承担税收负担？
- 将被征税市场以外的其他市场纳入考虑当中会如何影响税收负担？
- 美国的税负分配是怎样的？

2002 年年初，由于新泽西州面临着 53 亿美元的财政缺口，州长詹姆斯·迈克格维（James McGreevey）要求改变该州的公司税制度。该过时的制度根据公司在新泽西州的利润额来征收公司税，从而鼓励了公司通过会计技巧将报告利润转移至其他州的子公司的行为。结果，该州工资支付最多的 50 家公司中有 30 家每年只需支付 200 美元的公司税。而迈克格维想做的就是对新泽西州的公司毛营业额征税 1%，以确保所有的公司都将纳税。然而，新泽西州工商协会（NJ Business and Industry Association）副主席阿瑟·莫里斯（Arthur Maurice）反对道："公司去哪里筹集资金来支付税收呢？它们会削减就业机会。这将会导致在这些公司就职的员工最终为这项适得其反的税收埋单。"

税收改革的一个版本最终得以通过，这导致联合百货公司（Federated Department Stores）公开宣布其基于税收增加而裁员。州长迈克格维气愤地回应，这种声明仅仅是本身富裕且能够承受新税收主要压力的公司的借口。其说道："我们要求的仅仅是让它们支付其合理的部分。当你的 CEO 一面赚取 150 万美元外加 1 400 万美元的股票期权，一面却威胁赚取 25 000 美元的人时，这就是错误的。"①

① Kocieniewski (2002a，2002b).

州长和利益相关的工业协会的基本分歧点在于该项新税收最终由谁支付。工业协会认为工人将会承受该重担，而州长则认为该重担将会由富有的公司及其执行者承担。

这项辩论的核心在于**税收归宿**（tax incidence）：谁为税收埋单？一个简单的回答是向政府寄出支票的人会是承担该税收的人。然而该回答忽视了这样的现象，市场会对税收做出反应，且这些反应必须在评估税收负担或者税收归宿时加以考虑。

税收归宿：评估哪一方（消费者或生产者）实际承担了该税收。

为了阐明该问题的重要性，我们回到第 1 章关于联邦税分配的事实。图 19-1 再次给出了这些事实。1960 年，联邦税中有 23%来自公司，61.5%来自个人所得税和工薪税。而现在，15%来自公司，76%来自个人。这是税收负担的公平转移吗？你的第一反应也许是："不，这是不公平的！由于公司相对于个人更加富有，因此这种不平衡是不公平的。"你义愤填膺的反应虽然高尚，却是错误的，因为公司本身不纳税。公司税是拥有公司、为其工作以及从公司购买产品的个人支付的。当我们学习税收归宿时，我们总是将某一部分人缴纳的税收与另一部分人缴纳的税收相比较。这种比较使得确定谁承担税收负担的问题不像我们将其视为富裕公司与贫困个人的对立问题那样明确。

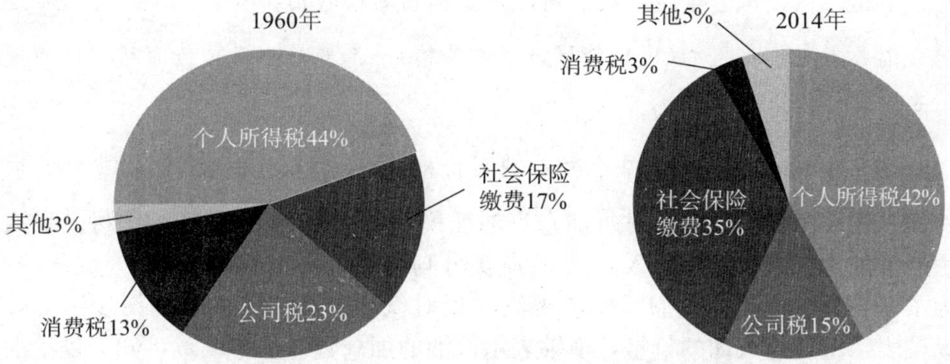

图 19-1　联邦政府收入来源（占总收入的比例）

资料来源：Bureau of Economic Analysis，NIPA Tables 3.2 and 3.3.

说明：相比于 1960 年，联邦政府现在更少依赖公司税和消费税，更多依赖工薪税。其最大的收入来源是个人所得税，就像现在这样。

本章考察税收的公平性问题。我们从能够引导我们对税收分配意义建模的税收归宿三法则开始，接着转到对税收归宿一般均衡，即税收对多部门世界中某个部门的影响进行研究。最后，我们给出关于美国税收归宿的跨期实证证据。

19.1　税收归宿三法则

确定税收归宿的目的是评价谁最终承担了税收。经济税收归宿可以用三个基本法则来描述。我们通过某种商品上的固定税收额，即特定的消费税的影响来讲解这些法则。另一种形式的商品税是从价税，即销售额的一个固定的百分比（例如州销售税）。本章提到的所有总结都同时适用于这两种税。从价税与消费税的归宿分析的主要区别在于，前者导致的是需求或供给曲线的等比例平移（如增加10%的数量）而不是固定数量的改变（如增加5个单位）。

□ 税收的法定负担并不体现实际的税收归宿人

> **法定归宿**：向政府寄出纳税支票的一方所承担的税负。
>
> **经济归宿**：以经济个体在税前和税后所能得到资源的改变量来衡量的税收负担。

税收归宿的第一个也是最重要的一个法则是，税法并没有准确识别实际的税收归宿人。税收的**法定归宿**（statutory incidence）指的是向政府纳税的人。例如，汽油生产者的税收法定归宿指的就是该生产者。然而，法定归宿忽视了市场会对税收做出反应的事实。这种市场反应决定了税收的**经济归宿**（economic incidence），即税收改变了经济个体所能得到的资源。任何税收的经济归宿指的是税前和税后个人所能得到的资源的差额。

当税收由完全竞争市场的生产者承担时，其会通过提高价格来抵消一部分税收负担，因此生产者的收入减少幅度不会与税额相等。当税收由完全竞争市场的消费者承担时，其不会愿意为征税商品支付全部的税收，因此价格会下跌，以抵消消费者一部分的法定税收负担。从技术上来说，我们可以定义消费者税收负担为：

消费者税收负担=(税后价格−税前价格)+消费者为每单位商品支付的税收

对于生产者来说，税收负担为：

生产者税收负担=(税前价格−税后价格)+生产者为每单位商品支付的税收

例如，假设明天联邦政府对每加仑汽油征税50美分，且由生产者支付。那么生产者每生产一加仑汽油得到的收入会减少50美分吗？

为了回答这个问题，我们需要考虑汽油税对汽油市场的影响，如图19-2a所示。图的纵轴表示每加仑汽油的价格，横轴表示汽油的加仑数。从第2章可知，供给曲线表示的是生产者在任意价格下愿意出售的商品数量。在竞争市场上，供给曲线由企业的边际成本决定：只要市场价格等于或高于生产该产品的边际成本，生产者便愿意出售。在图19-2中，市场起初在A点处达到均衡：市场价格为1.50美元（P_1），生产者将出售1 000亿加仑（Q_1）的汽油。生产者之所以愿意在1.50美元的价格下出售1 000亿加仑的汽油，是因为1.50美元是生产者产生这些数量汽油的边际成本。

图19-2b给出了对汽油生产者征收每加仑50美分汽油税的影响情况。对这些生产者而言，这相当于每加仑汽油增加50美分的边际成本。由于企业必须同时支付原先的边际成本和50美分的税收，因此它们现在要求以高于50美分的价格来生产每一产量。例如，如果企业在税后仍要提供1 000亿加仑初始均衡的汽油数量，那么会要求$P_2=$2.00美元的价格（比初始1.50美元的均衡价格高50美分，即B点）。由于税收的作用类似于增加边际成本，所以供给曲线从S_1向上移动50美分至S_2，并且汽油的供给量下降。

在初始均衡价格1.50美元处，现在存在超额的汽油需求。消费者想要在1.50美元的价格下消费原先的汽油量（1 000亿加仑），但由于新税的实施，生产者仅愿意提供800亿加仑（C点）的汽油。在1.50美元的价格下存在Q_1（A点）减Q_2（C点）

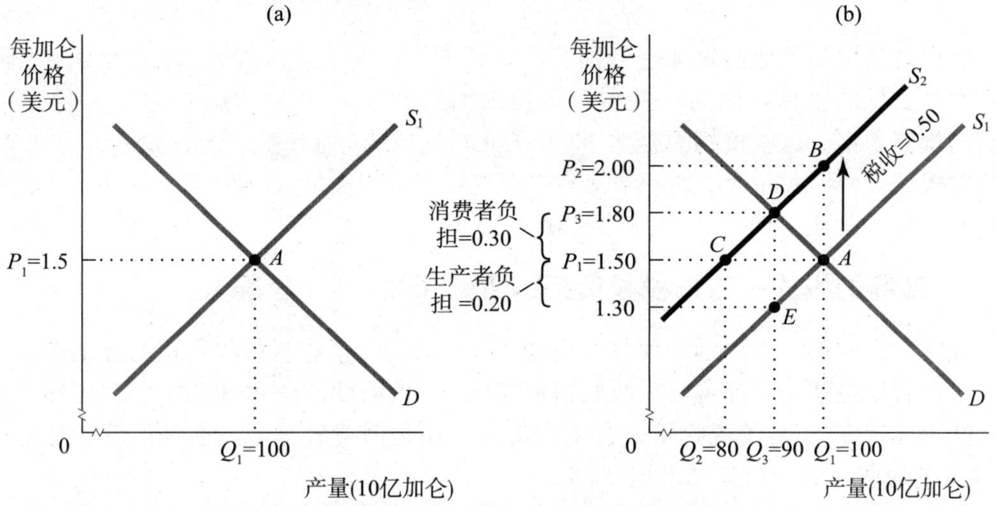

图 19-2　法定负担并非实际的负担

说明：图 19-2a 给出的是税前汽油市场的均衡（*A* 点）。图 19-2b 中对汽油生产者征收的 50 美分税收导致供给从 S_1 下降至 S_2，以及汽油价格从 P_1 上升 30 美分至 P_3（*D* 点）。税收的实际负担主要由消费者承担，其通过更高的价格支付了 30 美分的税收，而生产者仅支付了 20 美分的税收。

数量即 200 亿加仑汽油的短缺。因此，消费者必须为了竞争现在生产者提供的更少汽油产量而提高价格。价格将会持续上升，直到市场达到价格为 1.80 美元（P_3）和产量为 900 加仑（Q_3）的新均衡点（*D* 点）为止。此时的市场价格比初始的价格贵了 30 美分。

消费者和生产者的税收负担　税收对汽油市场的参与者有两种作用。首先，其改变了消费者支付和生产者收到的每加仑汽油的市场价格，该价格从 1.50 美元上升至 1.80 美元。其次，生产者现在必须为出售的每一加仑汽油向政府支付 50 美分税收的支票。

从生产者的角度来看，50 美分税收所带来的痛苦由现在的市场价格比初始均衡价格高 30 美分所抵消。因此，生产者仅需支付 20 美分的税收，即没有被价格增长所抵消的部分。

从消费者的角度来看，他们将会因为为每一加仑汽油多支付了 30 美分而感到一定程度的痛苦。即使是生产者而非消费者给政府寄出 50 美分的支票，消费者还是承担了更多的税收（消费者的 30 美分相对于生产者的 20 美分）。价格的上升使大部分税收负担由生产者转移给了消费者。

这些负担如图 19-2 中标注为"消费者负担"和"生产者负担"的部分所示。我们可以计算出相应的消费者负担和生产者负担。消费者负担为：

$$\begin{aligned}\text{消费者税收负担} &= (\text{税后价格}-\text{税前价格})+\text{消费者为每单位商品支付的税收}\\ &= P_3-P_1+0=1.80-1.50=0.30(\text{美元})\end{aligned}$$

生产者负担为：

$$\text{生产者税收负担}=(\text{税前价格}-\text{税后价格})+\text{生产者为每单位商品支付的税收}$$

$=P_1-P_3+0.50=1.50-1.80+0.50=0.20$（美元）

> **税收楔子**：一项交易中消费者支付的价格和生产者得到的价格（税后）之间的差额。

生产者负担不是他们每加仑汽油所需缴纳的50美分，而是更低的价格，因为一些税收负担由消费者以更高的价格承担。这些负担总额为0.50美元，这成为总**税收楔子**（tax wedge），即一项交易中消费者支付的价格（1.80美元）和生产者得到的价格（1.30美元，E点）之间的差额。

□ 市场纳税的一方与税收负担的分配无关

税收归宿的第二个法则是税收对市场的哪一方进行征收与税收负担的分配无关：不管对生产者还是消费者征税，税收归宿都相同。[①] 由前面的法则和图19-2可知，该法则意味着无论50美分的税收是征在生产者身上还是消费者身上，最终消费者总会承担30美分的税收，而生产者则承担20美分。

图19-3考虑的是对消费者消费的每加仑汽油征收50美分税收的影响情况。在该例子中，与图19-2相比，税收是从消费者而非生产者在加油站消费的汽油中征收。由第2章可知，需求曲线表示的是消费者为任意数量产品所愿意支付的价格。需求曲线上的每一点表示消费者在任意市场价格下的需求量。在每个数量上，消费者除了支付市场价格以外，还不得不支付50美分的税，因此他们现在愿意为每个数量支付的价格下降了50美分。因此，税收降低了消费者的支付意愿（与征税前相比），需求曲线从D_1向下移动50美分至D_2。在征税前，消费者愿意在A点为消费1 000亿加仑汽油支付每加仑$P_1=1.50$美元的价格。现在由于他们必须为每一加仑汽油支付50美分的税收，因此其仅愿意为消费1 000亿加仑（B点）汽油支付每加仑$P_2=1.00$美元的价格。

在原先的1.50美元市场价格下，现在存在超额的汽油供给：生产者愿意出售原先的汽油数量（1 000亿加仑，A点），而消费者仅愿意在该价格下购买800亿加仑的汽油，即C点。这一超额供给为需求曲线移动后原先均衡价格1.50美元下的汽油供给量差，即$Q_1-Q_2=200$亿加仑。因此，生产者会降低价格以便销售超额供给，直到价格降至D点的1.30美元（P_3）以及均衡供给量为900亿加仑（Q_3）汽油为止。此时的市场价格比征税前下降了20美分。

由前面的例子可以看出，税收对汽油市场参与者有两种作用。首先，其改变了每加仑汽油的消费者支付和生产者获得的市场价格。该价格从1.50美元下降至1.30美元，下降了20美分。其次，消费者现在必须为每一加仑汽油的消费向政府支付50美分税收的支票。均衡价格1.30美元加上50美分的税收等于消费者支付的成本（E点，价格加税收），即1.80美元。

从消费者的角度来看，50美分税收所带来的痛苦由现在的市场价格比初始均衡价格低20美分所抵消。从生产者的角度来看，他们将会因为每一加仑汽油的出售少收20美分感到一定的痛苦。即使是消费者而非生产者给政府寄出50美分的支票，两者还是同时承担了一定的税负，因为价格的下降使一部分的税收负担由消费者转移给生产者。

---

① 从技术上说，该法则仅是税收归宿的第一个法则的应用，但是当运用税收归宿法则时将其作为独立的一条法则考虑是有好处的。

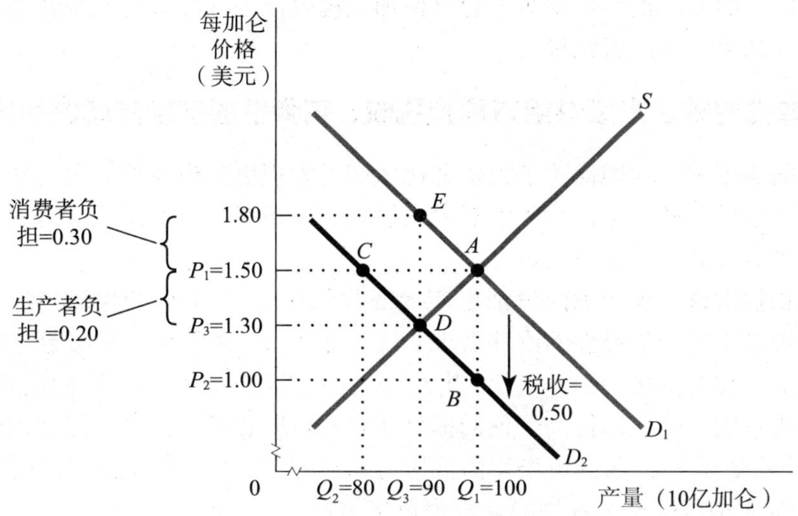

图 19-3　与被征税的是市场哪一方无关

说明：对汽油消费者征收 50 美分的税收（法定负担）导致需求从 D_1 下降至 D_2，以及汽油价格从 P_1 下降 20 美分至 P_3（市场从税前均衡 A 点移至税后均衡 D 点）。税收的实际负担主要由消费者承担，其向政府支付了 50 美分的税收，但仅能从价格的下降中抵消 20 美分；生产者承担了 20 美分的税收。

这些负担如图 19-3 中标注为"消费者负担"和"生产者负担"的部分所示。使用我们的公式可以计算出相应的消费者负担和生产者负担。

消费者：$P_3-P_1+0.50=1.30-1.50+0.50=0.30$(美元)

生产者：$P_1-P_3+0=1.50-1.30=0.20$(美元)

再一次地，消费者和生产者的负担总和，即消费者支付的金额（1.80 美元）与生产者税后获得的金额（1.30 美元）之间的差额为 50 美分的税收楔子。

注意，这里的税收负担与前面例子中的负担数值相等。消费者现在必须在加油站支付 50 美分，不过现在面临的价格更低（1.30 美元）。将两者相加，消费者支付的（1.80 美元，价格加税收）恰好与前面例子中的相同。生产者现在无须支付税收，但他们面临的汽油价格更低（1.30 美元而非 1.50 美元），所以他们最终获得的金额（1.30 美元）也与之前的一样。

> **总价格：**商品在市场上的价格。
> **税后价格：**总价格减去纳税额（如果是生产者交税）或加上纳税额（如果是消费者交税）。

总价格与税后价格的对比　虽然征税后的市场价格仅有一个，但是经济学家在税收归宿模型中探讨的价格有两个。第一个价格是**总价格**（gross price），即不用向政府纳税的一方支付或收取的价格。其与市场价格一样。第二个价格是**税后价格**（after-tax price），即需要向政府纳税的一方支付或收取的价格。其可能等于总价格减去纳税额（生产者纳税），也可能等于总价格加上纳税额（消费者纳税）。

当向生产者征收汽油税时，如图 19-2 所示，消费者支付的总价格为 1.80 美元，而生产者获得的税后价格为 1.30（=1.80−0.5）美元。当向消费者征收汽油税时，如图 19-3 所示，生产者获得的总价格为 1.30 美元，而消费者支付的税后价格为 1.80

(=1.30+0.5)美元。税后价格等于总价格加上税收楔子（如果向消费者纳税）或者减去税收楔子（如果向生产者纳税）。

□ 无弹性的需求方或供给方承担税收，有弹性的需求方或供给方避免税收

在前面的例子中，我们描述了消费者比生产者承担更多税收的情况。然而，这仅是众多可能情况中的一种。生产者和消费者的税收归宿最终由反映供给或需求数量与价格变动关系的供给和需求弹性所决定。

完全无弹性需求 再考虑向汽油生产者征收每加仑 50 美分的税的情形，但这次我们假定消费者具有完全无弹性的汽油需求曲线，如图 19-4 所示。在初始均衡点，1 000 亿加仑汽油的每加仑价格为 P_1（1.50 美元）。当生产者被征税时，他们还是将这 50 美分视为边际成本的上升，即提高了他们提供任意产量所要求的价格，因此供给下跌，供给曲线从 S_1 移动至 S_2。新的市场均衡价格为 2.00 美元（P_2），比原先的价格 P_1 高了 50 美分。当需求曲线完全无弹性时，税收负担为：

$$消费者税收负担=(税后价格-税前价格)+消费者为每单位商品支付的税收$$
$$=P_2-P_1=2.00-1.50=0.50(美元)$$
$$生产者税收负担=(税前价格-税后价格)+生产者为每单位商品支付的税收$$
$$=P_1-P_2+0.50=1.50-2.00+0.50=0$$

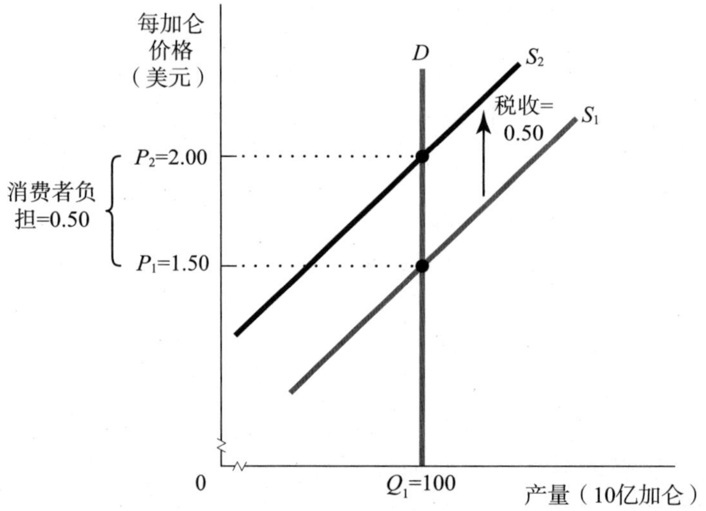

图 19-4 无弹性要素承担税收

说明：对无弹性需求产品的生产者征收的税完全反映在价格的上升上，因此，消费者承担了全部税收。

当需求曲线完全无弹性时，生产者不承担任何税收，而消费者承担了全部的税收。这种现象称为税收向消费者的**完全转嫁**（full shifting）。

> **完全转嫁**：交易中的一方承担全部的税收负担。

完全弹性需求 与之前的结论相反，消费者完全弹性的汽油需求曲线的情形如图 19-5 所示。最初，市场的均衡价格为 $P_1=1.50$ 美元，数量为 $Q_1=1\ 000$ 亿加仑汽油。在该例子中，当 50 美分的税收导致供给曲线从 S_1 移动至 S_2 时，均衡价格还是 P_1，即 1.50 美

元，但是数量下降为 Q_2，即 800 亿加仑汽油。当需求曲线完全弹性时，税收负担为：

消费者：$P_1-P_1=1.50-1.50=0$

生产者：$P_1-P_1+0.50=1.50-1.50+0.50=0.50$（美元）

在这种情况下，消费者完全不承担税收，而生产者承担了全部的税收。

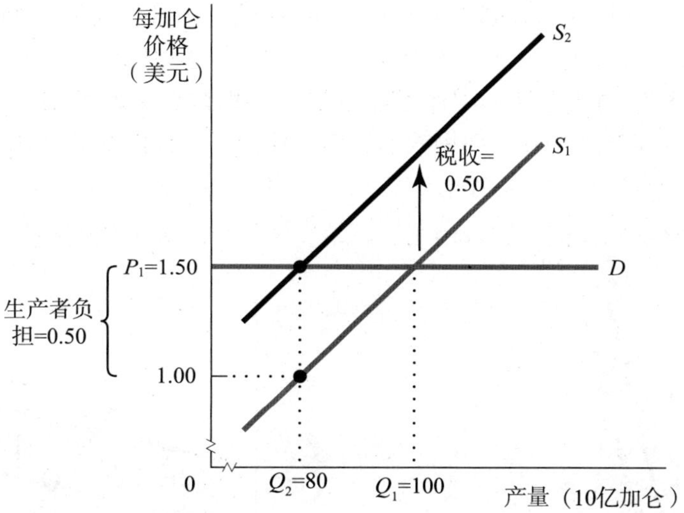

图 19－5　弹性要素规避税收

说明：对完全弹性需求产品的生产者征收的税不能通过提高的价格转嫁给消费者，因此生产者承担了全部税收。

一般情况　这些极端例子给出了关于税收归宿的一些一般观点：需求（或供给）无弹性的一方承担税收；需求（或供给）有弹性的一方不承担税收。产品的需求曲线更加有弹性（需求曲线的价格弹性绝对值更高）表明该产品存在大量的替代品。例如，快餐的需求曲线相当有弹性，因为高质量的餐馆以及家庭烹饪能够极其容易地替代快餐。因此，如果政府对快餐征税，快餐店将很难通过提高价格的方法来向快餐消费者转移税收。如果他们确实这么做了，消费者将会用上述任何一种方式来替代快餐。因此，由于快餐的需求曲线富有弹性，生产者（餐馆）承担了大部分的税收负担。

对于无弹性的产品而言，税收负担几乎全部由消费者来承担。例如，由于胰岛素对糖尿病患者的健康极其重要，因此其需求是高度无弹性的。如果政府对胰岛素的生产者征税，由于没有可行的替代品，消费者无法因为高价而转向其他市场，那么生产者可以很容易地通过提高价格来转嫁大部分的税收。

供给弹性　供给弹性也会影响税收负担的分配，当供给方能够为其资源找到更多的用途时，供给曲线的弹性则更大。在短期，钢铁制造商的供给基本是无弹性的，为钢铁生产投入的厂房和昂贵的设备基本没有其他的用途。生产钢铁的厂房不能轻易转变用以生产塑料管或木材家具。因此，钢铁的供给曲线基本是无弹性的（垂直的）。而与之相比，纽约城街边小贩的供给（如卖手表、钱包、围巾等的小贩）则相当有弹性。由于个体只需投入一点点就可以从事上述物品的销售，如果对其征税，他们更容易转向其他活动，例如去商场里继续售卖上述物品。因此，街边小贩的供给曲线就非常有弹性

（水平的）。

在任意给定的需求曲线上（假定需求曲线不是完全弹性的），对比钢铁的税收归宿（对钢铁生产者征税）和街边小贩的税收归宿（对小贩征税）。图 19－6a 给出了向钢铁生产者征税的影响情况。钢铁生产的初始均衡点为 A 点。由于受到固定成本的影响，钢铁企业仅能稍微减少其钢铁产量。因此，钢铁生产者即使需要为生产的每一单位钢铁向政府支付 50 美分的税收，还是想要生产相同的产量。因此，钢铁的供给曲线从 S_1 向上移至 S_2。价格仅稍微从 P_1 上升至 P_2，而产量仅从 Q_1 略微下降至 Q_2。新的均衡点为 B 点。由于价格仅稍微上涨，因此不能抵消太多钢铁企业所缴纳的税收归宿。钢铁企业因此承担了大部分的税收，而钢铁消费者仅承担了较少的部分（他们不必支付较高的价格）。

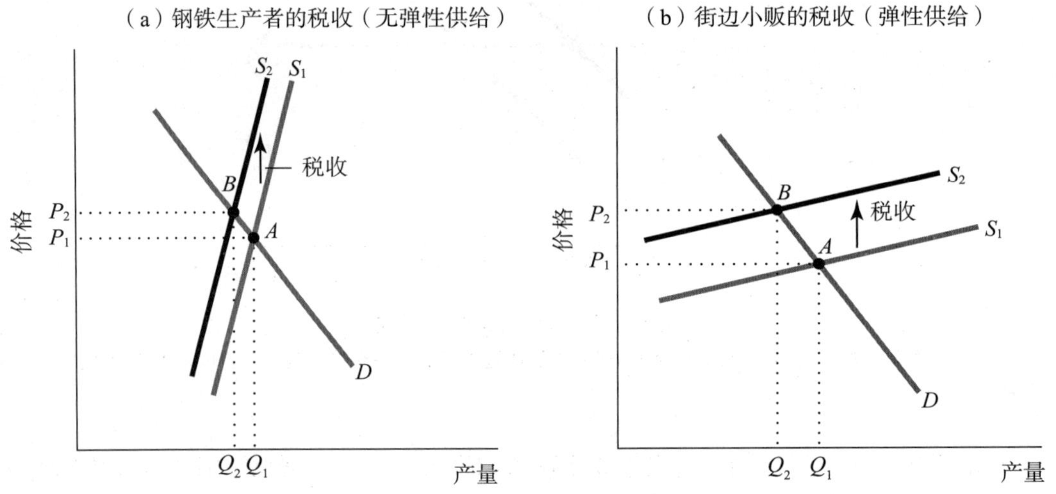

图 19－6　供给的弹性也很重要

说明：如图 19－6a 所示，对供给无弹性的产品的生产者征收的税仅导致价格的轻微上涨，因此生产者承担了税收的大部分负担。如图 19－6b 所示，对供给富有弹性产品的生产者征收等额税收导致价格大幅上涨，因此生产者几乎不承担税收负担（而消费者承担了大部分税收负担）。

图 19－6b 给出了向街边小贩征收同等税收的影响情况。这些小贩对其生产决策中生产成本的变动非常敏感，因此其供给曲线非常具有弹性。他们在初始价格 P_1 下愿意提供的产量为 Q_1。如果对其出售的每单位产品征收 50 美分的税，那么许多小贩便会退出当前的街边行业并转向其他更具利润的行业。供给曲线因此从 S_1 移至 S_2，价格从 P_1 上升至 P_2，数量则从 Q_1 下降至 Q_2（B 点）。街边小贩的大幅涨价将会抵消其所缴纳的大部分税收，因此他们几乎不受税收负担的影响。然而，购买街边小贩的产品的消费者将会面临更高的价格，因此他们承担了大部分的税收。

供给和需求弹性遵循共同的法则：有弹性的一方可以避免税收，而无弹性的一方则只能承担税收。

在本章的附录中，我们将利用数量化的税收归宿公式来对这部分进行正规化分析。

□ 提示：税收归宿与价格有关，而与产量无关

当汽油的需求是完全弹性时，如图 19－5 所示，我们得出消费者无须负担税收，但

是其所消费的汽油数量会急剧下降：这种消费的下降会恶化消费者的福利吗？如果会，我们是否应该在决定税收归宿时将其考虑在内？

对于这两个问题的答案都是否定的。因为不管是在新的均衡还是在旧的均衡当中，消费者是购买汽油还是将钱花费在其他地方是无差异的。需求曲线上的每一点表明消费者愿意为产品支付的数额。这种支付意愿反映了其预算的次优替代用途的价值。如果汽油需求曲线是完全弹性的，那么消费者在市场价格下消费汽油和消费其他产品其实是无差异的。因此，如果他们需要减少汽油消费以增加其他产品的购买，那么他们的福利是没有受损的。

更一般地，当我们分析税收归宿时，我们忽略数量的变化，而仅关注消费者和生产者支付价格的改变。这种假定使得税收归宿的分析更加简便。①

19.2 税收归宿的扩展

19.1 节介绍了接下来将贯穿全书的税收归宿分析的基本法则。

- 税收的法定负担不表明真正承担税收的人。
- 税收负担的分配与市场上被征税的一方是谁无关。
- 无弹性供给或需求方承担税收，弹性供给或需求方不承担税收。

在本部分，我们将这些法则运用到与前述例子不一样的情形中，包括生产要素税收、不完全竞争市场税收，以及在税收归宿分析中考虑（税收融资的）支出。如我们将在本书的余下章节中看到的，税收归宿的三大基本法则是我们需要用来理解更复杂例子和税收问题的根本。

□ 要素市场的税收归宿

到目前为止，我们的讨论仅局限于产品市场的征税，如汽油或快餐市场。然而，许多税的征收来自要素市场，如劳动力市场。要素市场的税收归宿分析与产品市场基本相同，唯一的区别在于要素市场的消费者是企业（他们需要劳动力这样的要素），而要素的生产者是个人（提供劳动要素的人）。

例如，考虑如图 19－7a 所示的劳动力市场。横轴表示劳动力供给时间即劳动时间，纵轴表示工资。向下倾斜的是劳动力需求曲线（D_1），向上倾斜的是劳动力供给曲线（S_1）。税前市场处于均衡状态，A 点的均衡工资 W_1 为每小时 7.25 美元。

假设政府对全体工人征收每小时 1 美元的工薪税。该税降低了每单位劳动力 1 美元的劳动收入。因此，个体对于所提供的任意单位的劳动力都要求增加 1 美元的工资收

① 从技术上说，这里讨论的税收归宿分析仅适用于税收的极小变动。对于极小的变动，不再消费此产品的消费者就是对产品价值评价与次优购买价值评价相同的人（消费者剩余为零）。类似地，不再销售此产品的生产者就是生产该产品的成本与销售收益相等的人（生产者剩余为零）。因此，在完全弹性需求的例子中，改变产量对消费者或生产者都是没有意义的，只有改变价格才是重要的。实际上，我们对大幅的税收变动所采用的公式也会忽略产量变动带来的任何效应。对大额税收改变所带来的公平效应进行完全福利分析应包括全部的消费者和生产者剩余，也就是同时考虑产量和价格效应。但是，税收归宿分析的关键直觉在这个较为简单的框架里得到了最好的解释。

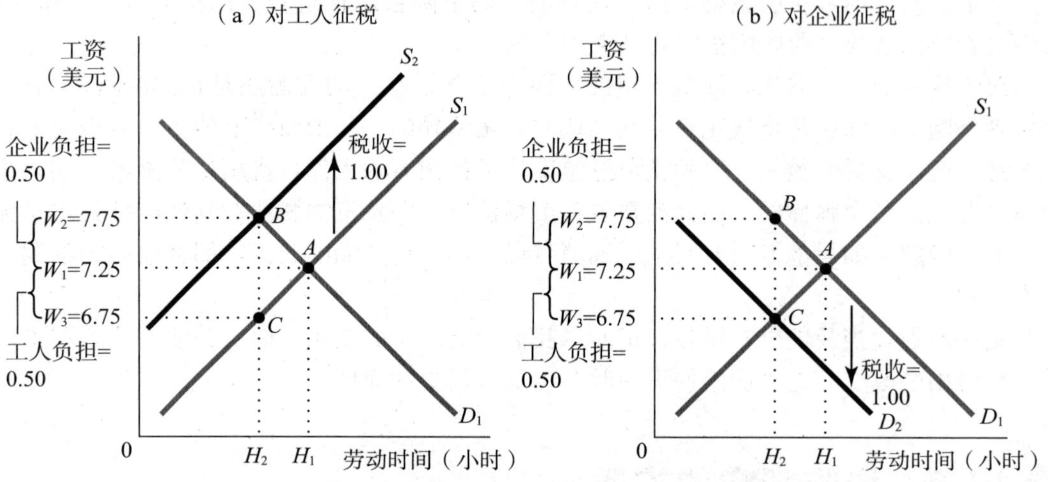

图 19－7　同样的方法也适用于要素市场中的税收归宿分析

说明：这些图给出了企业为消费者，而工人为时薪工资率等于 W 的生产者的劳动力市场情况。如图 19－7a 所示，对工人每小时的工作征收 1.00 美元的税导致供给曲线从 S_1 上升至 S_2，以及工资从初始均衡（A 点）处的 7.25 美元上涨至更高的 7.75 美元（B 点）。如图 19－7b 所示，对每小时的工作向企业征收 1.00 美元的税导致需求曲线从 D_1 下降至 D_2，以及工资从 7.25 美元下降至 C 点的 6.75 美元。因此，无论谁支付税收，工人和企业各自都承担了每小时 50 美分的负担。

入，从而导致图 19－7a 的供给曲线从 S_1 向上移至 S_2。由于需求还是保持在初始水平，这种变动导致更高的市场均衡工资（W_2），即 B 点的 7.75 美元。税收归宿由工人（供给者）和企业（需求者）根据自己的需求和供给弹性分担。如果弹性相同，分担也会相同：工资会上升至每小时 7.75 美元，同时工人实际得到的工资为支付了每小时 1 美元的税收后的 6.75 美元。工人和企业各自负担 1 美元税收中的 50 美分，如纵轴所示。企业支付的工资增加了 50 美分（7.75 美元），工人获得的工资也增加了 50 美分（7.75 美元），但由于它们必须支付 1 美元的税收，因此税后工资下降了 50 美分（6.75 美元）。市场的总工资上升为 7.75 美元，而工人的税后工资下降为 6.75 美元。

根据税收归宿的第二个法则，决定工人和雇主的税收负担的最重要的因素是总的税收楔子和需求与供给弹性，而不是谁向政府寄出支票。图 19－7b 给出的是当我们例子中的工薪税仅由企业而不是工人缴纳时对劳动力市场的影响。在该情形下，供给曲线将保持在 S_1 处不变，且由于对消费者（企业）的征税类似于增加劳动价格，劳动力的需求会下降，并导致需求曲线向下移至 D_2。市场工资将从 7.75 美元下降 1 美元至 6.75 美元，新的均衡点为 C 点，而税收负担不变。企业与前面的例子一样，承担 50 美分的税收。然而，它们现在支付的工资（6.75 美元）比初始均衡工资 7.25 美元低 50 美分，而不是高 50 美分。此外，企业现在必须向政府寄出 1 美元的支票，因此，它们实际支付的工资为 7.75 美元。

工人承担 50 美分的负担不变，然而，他们不是获得高 50 美分的工资并向政府寄出 1 美元的支票，而是获得低 50 美分的工资（6.75 美元）。市场的总工资下降为 6.75 美元，但是企业支付的税后工资依然为 7.75 美元。

工薪税的税收归宿分析表明，向工人和企业各自征收一半的社会保障工薪税与直接向工人或企业征收全部税额没有差异。税收归宿的第二个法则告诉我们，决定社会保障税收负担的重要因素在于税收的总量（总的税收楔子），而不是税收如何在需求者和生产者之间进行分配。①

工资调整的阻碍 如果劳动力市场上工资的自由调整受到阻碍，那么我们在图 19-7a 和图 19-7b 中得出的结论就不正确。阻碍之一就是**最低工资**（minimum wage），即法定的工人每小时劳动的最低工资额。当前美国的最低工资是每小时 7.25 美元。图 19-8a 和图 19-8b 给出了当初始均衡工资 7.25 美元存在最低工资限制 W_M 时对图 19-7 分析的影响。

> **最低工资：** 法律规定必须支付给工人每小时工资的最低限额。

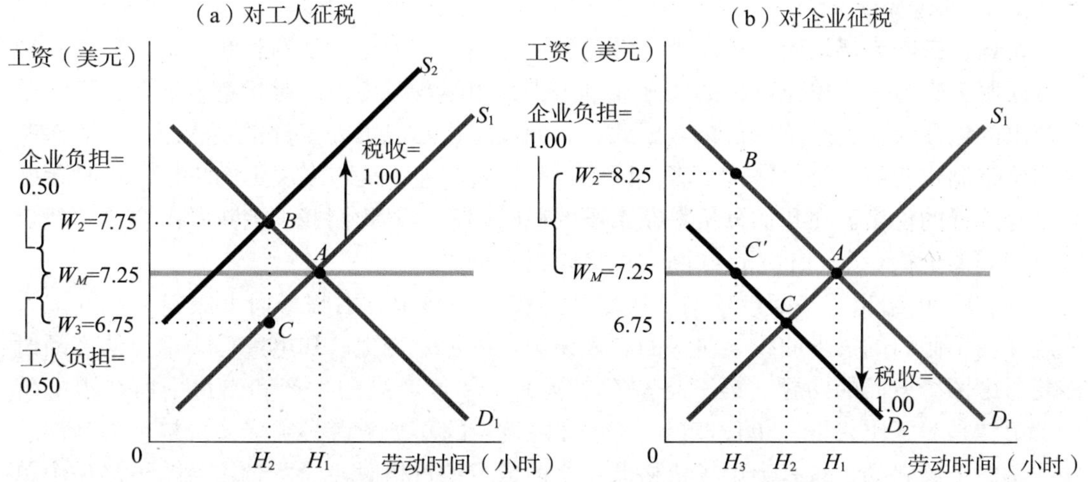

图 19-8 最低工资制度下要素市场中税收归宿分析将会不同

说明：除了要求工资不能低于每小时 7.25 美元，该分析与图 19-7 类似。如图 19-7a 所示，如果对工人征收工薪税，则该约束不产生影响。与图 19-7 一致，工资上涨至 7.75 美元，且工人和企业平等分摊税收负担。然而，如图 19-7b 所示，如果对企业征收工薪税，由于企业不能将工资调低至每小时 6.75 美元，因此企业承担了全部的税收。

图 19-8a 给出了对工人征收工薪税的情形。在该情形中，最低工资对税收分析没有影响。当征收时，工资上升到 B 点的 7.75 美元（企业支付高 50 美分的工资），工人向政府寄出 1 美元的税收支票，因此，它们的税后工资为 6.75 美元。

图 19-8b 给出了对企业征收工薪税的情形。在该情形中，供给曲线还是处于 S_1 不变，需求曲线向下移至 D_2。然而，由于法定最低工资为 6.75 美元，因此，企业不能将工资降至 C 点以下。工资必须为 7.25 美元，且企业承担了全部的税收负担。工人的工资还是 7.25 美元，且企业还需向政府寄出支票，因此承担了工薪税的全部税收归宿和 8.25 美元的税收工资。市场上的劳动数量下降为 H_3，即新需求曲线 D_2 与最低工资线（C' 点）的交点。

当达到竞争市场均衡的过程中存在障碍时（如最低工资的例子），市场上被征税的一方便极其重要。从最低工资到工作规范等一系列的潜在障碍阻碍了雇主显性降低工人工资的能力。产出市场往往不存在这种僵化现象。出于这个原因，被征税的是哪一方可

① 回忆第 13 章，为社会保障融资的联邦社会保险税是一种从价税（工资的固定百分比），而不是这里模拟的每小时 1 美元的税收。本节的结论不会因为我们模拟从价税而发生改变，但是税收导致的需求或供给转移将会是一种旋转（百分比转移），而不是一种线性向外转移。

能在投入市场比在产出市场上更重要。

□ 不完全竞争市场的税收归宿

> **垄断市场**：仅有一个供给者提供一种产品的市场。

到目前为止，我们的分析仅集中在大量需求者和供给者消费极其相似的产品的完全竞争市场中。实际上，极少市场是完全竞争的。不幸的是，不完全竞争市场的建模并不完善。在本部分，我们讨论一种可以清晰建模的市场，即仅有一个供给者提供一种产品的市场——**垄断市场**（monopoly market）。

背景：垄断市场均衡 垄断者也像竞争厂商那样最大化自己的利润：它们生产一种产品或服务直至下一单位产出的边际成本等于其边际收益为止。对于竞争厂商，下一单位产出的边际收益就是市场价格，因此，它们设定边际成本等于价格。然而，由于垄断者是价格制定者而不是价格接受者，因此，其边际收益不是市场决定的价格，而是垄断者自身选择的价格。在我们分析垄断市场的税收归宿时，我们假设垄断者向全体消费者收取相同的价格，我们不考虑垄断者价格歧视的例子。

图 19－9a 给出了垄断市场均衡决定的过程。垄断卖方面临着向上倾斜的边际成本曲线和向下倾斜的需求曲线。对垄断者来说，在决定是否生产和出售下一单位的产品时需要考虑两个方面的问题。第一是垄断者从下一单位产品的生产和出售中所获得的价格。第二是为了出售下一单位产品，（非价格歧视的）垄断者必须降低价格，因为需求曲线是向下倾斜的。只有当市场价格低于之前数量的价格时，消费者才会购买多一个单位。然而，由于垄断者向全体消费者收取相同的价格，它必须降低所有前面单位产品的价格。因此，作为一个价格制定者，垄断者面临着这样的权衡：在给定价格下额外的销售能够增加收益，而这会迫使垄断者降低所有已存在产品的价格，以便在更高的产出下达到均衡，进而降低了收益。

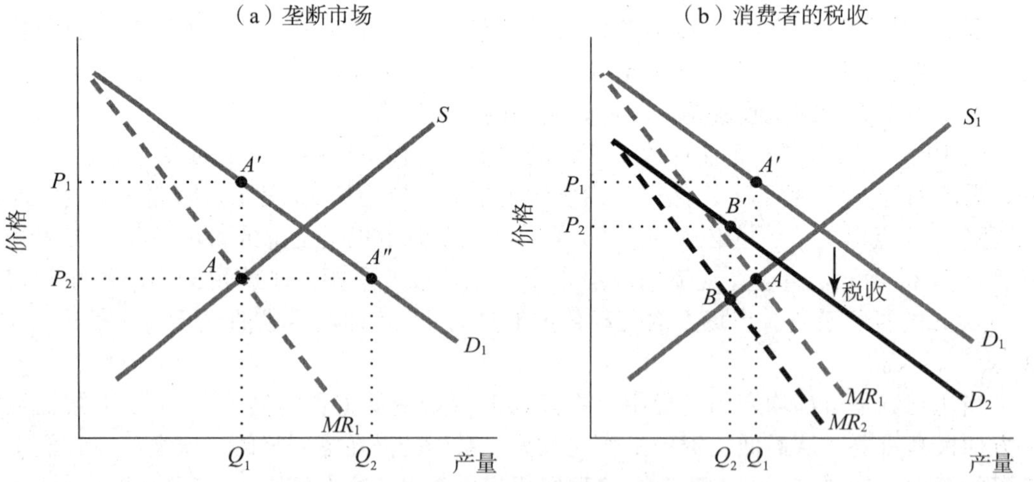

图 19－9 垄断市场中的税收归宿

说明：图 19－9a 给出了垄断市场均衡的情形。垄断者将其产量设定在边际收益曲线与供给曲线相交的地方（Q_1），然后利用需求曲线设定该产量下的价格（P_1）。如图 19－9b 所示，如果对该市场上的消费者征税，需求曲线从 D_1 向下移至 D_2，使得边际收益曲线从 MR_1 向下移至 MR_2。新的均衡产量为 Q_2，新的价格为 P_2。

这种价格决策的结果是垄断者的边际收益曲线 MR_1 永远低于需求曲线 D_1，如图 19－9a 所示。垄断者从额外销售中获得的边际收益之所以低于给定数量（需求曲线）下消费者的支付意愿，是因为它包含了降低价格对所有其他产出单位的负面影响。在我们的例子中，垄断者选择生产 Q_1 产量，该产量下（A 点）边际收益等于边际成本。根据需求曲线 D_1，消费者愿意为产量 Q_1 支付的价格为 P_1。因此，垄断者的产量为 Q_1，收取的价格为 P_1。注意，即使是垄断者制定价格，还是必须遵循需求曲线。例如，垄断者不能生产 Q_1 产量却制定 P_2 价格，这是因为在该价格下消费者的需求量是远大于 Q_1（垄断者的边际收益等于边际成本的地方）的 Q_2。附录中给出了垄断者利润最大化和税收归宿意义的数学证明。

垄断市场的税收　如图 19－9b 所示，考虑垄断市场下政府对消费者征税的情形。该税收降低了消费者对垄断者产品给定价格下的支付意愿，这导致需求曲线移至 D_2。这种支付意愿的减少也导致边际收益曲线移至 MR_2。新均衡为更低产出的 Q_2 和更低价格的 P_2（MR_2 与边际成本曲线的交点）。与竞争厂商一样，垄断者也承担了一部分的税收。即使是消费者向政府纳税，垄断者获得的市场价格（P_2）也下降了，因此垄断者也承担了税收负担。税收归宿的三个法则也同样适用于垄断市场。如本章的附录所示，在该例子中，向哪一方征税并没有关系：即使垄断者拥有市场势力，对市场的任何一方征收都会导致相同的税收负担分配结果。因此，垄断者不能使用其市场力量来规避税收归宿法则的影响。

寡头市场： 在该市场中，企业具有一定的制定价格的能力，但不如垄断者那么强。

寡头市场垄断的税收归宿　极少的市场是完全竞争或完全垄断的。大部分市场介于两者之间，均有某种程度的不完全竞争性。在**寡头市场**（oligopoly markets）中，市场上的企业具有一定的制定价格的能力，但是不像垄断者那么强。虽然完全竞争和垄断市场有着被广泛接受的模型，但在寡头市场的模型方面没有达成一致意见。因此，经济学家倾向于假定税收归宿法则在这些市场当中也成立，但要了解寡头垄断市场的税负，还有更多工作要做。

□ 平衡预算税收归宿

到目前为止，我们在分析完全竞争和垄断市场的税收负担时仅关注税收归宿本身。然而税收也能够带来收入，且这些收入最终可以被花费出去。因此，对税收归宿的全面了解不能仅考虑谁负担了税收，还应考虑谁从税收的支出中获益。

例如，考虑联邦政府向汽油销售征收联邦汽油消费税的例子。假设汽油的需求极其无弹性（或供给富有弹性），该税收会完全反映在消费者面临的汽油价格上。然而，与此同时，该 18.3 美分的汽油税收中的 84%将通过高速路信托基金用于高速路的修缮。①

平衡预算归宿： 同时考虑税收和收益的税收归宿分析。

在该情形下，说司机完全承担了税收就是不对的：他们确实缴纳了税收，但是也从更好的路况中获得了一定的好处。综合考虑税收和收益的税收归宿被称为**平衡预算归宿**（balanced budget incidence）。

① Institute for Energy Research (2015).

然而，通常很难追溯某一种税收的支出用途。因此，我们在进行税收归宿分析时通常忽略税收的支出方面。然而，需要记得实际上税收政策的完全负担同时依赖于税收缴纳以及相关的收入花费。

19.3 税收归宿的一般均衡

我们到目前为止所使用的是经济学家所说的**税收归宿的局部均衡**（partial equilibrium tax incidence）模型，该模型考虑的是税收对孤立市场的影响。然而，孤立市场在现实当中并不存在，一个特定的市场与其他市场之间是广泛联系的。为了研究对一个市场征税对相关市场的影响，经济学家使用**税收归宿的一般均衡**（general equilibrium tax incidence）模型来进行分析。

> **税收归宿的局部均衡**：考虑税收在一个孤立市场中的影响的分析。
> **税收归宿的一般均衡**：分析对一个市场课征税收如何影响相关市场。

□ 餐饮税收的影响：一个一般均衡例子

我住在马萨诸塞州的莱克星顿，这里周围有着大量相似的城镇。假设莱克星顿明天宣布将对该镇的全部餐厅用餐征收 1 美元的税收。由于存在许多替代品，例如家庭烹饪和周边城镇餐饮，莱克星顿的餐饮是相当具有弹性的。为了简便，我们假设莱克星顿的餐饮需求具有完全弹性。

该假设下餐饮税收的影响见图 19－10。莱克星顿的餐饮市场起初在 A 点达到均衡：每餐饭的价格为 20 美元（P_1）时，每天的销售量是 1 000（Q_1）。餐饮税相当于增加了餐馆的边际成本，并导致供给曲线从 S_1 移至 S_2，此时的销售量每天下降 950（Q_2）。注意到该税对餐馆的价格没有影响。由于需求是完全弹性的，任何提高消费者消费价格的行为都会完全失去市场。因此，餐馆完全承担了税收负担，而消费者不用缴税。

然而，故事在这里还没有结束，原因很简单，餐馆无法承担税收。获得诺贝尔奖的经济学家米尔顿·弗里德曼曾经在探讨能源税时说过："你如何给行业施加负担或对工厂征税？你会压榨到它尖叫吗？会送它去监狱吗？只有人才能承担税负或纳税，而行业、工厂或公用事业都做不到。"[①]

在标准的微观经济学模型中，企业不是自我运作的实体，而是一种整合资本与劳动以生产产品的技术。在我们的餐馆例子中，最好将资本看作财务资本，即购买实物资本如厂房、烤箱、桌子等时投入的金钱。在劳动力方面，我们指的是工人为餐馆提供的劳动时间。当我们说 1 美元的莱克星顿餐饮税由餐馆承担时，我们指的是由餐馆用来生产食物的要素（劳动力和资本）承担。为了准确识别谁承担了餐饮税，我们必须倒回一步并问一个问题：这些生产要素承担的餐饮税比重各是多少？

税收归宿的一般均衡 首先考虑图 19－11a 给出的莱克星顿餐馆雇用的劳动力的市

① Friedman (1977).

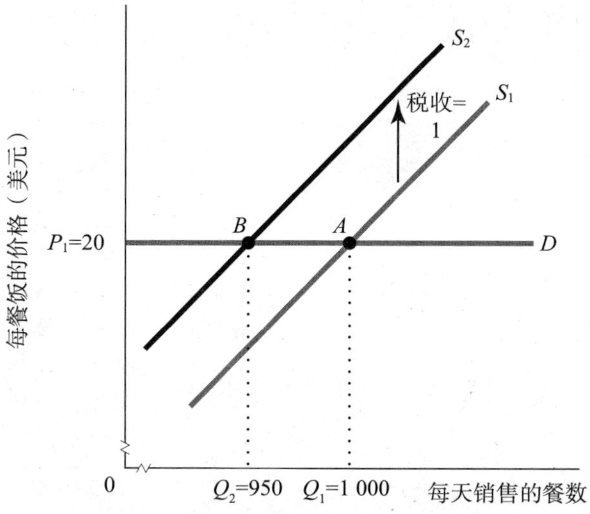

图 19-10　莱克星顿餐馆的税收归宿

说明：莱克星顿餐馆的需求是完全弹性的，当对其征税时价格无法上涨，所以对每餐饭征收 1 美元的税收，餐饮的供给会从 S_1 下降至 S_2，餐馆需求和供给的产量下降至 Q_2（950）。由于餐馆每餐饭的价格依然维持在 20 美元，因此，需要缴纳税收的餐馆承担了全部税收。

场状况。在该市场上，由于工人可以在莱克星顿的其他餐馆或邻近城镇的餐馆找到另一份工作，因此其供给很可能是具有弹性的。为了简化，再一次地，我们假设莱克星顿的劳动供给是完全弹性的。在初始市场均衡处（A 点），工资是每小时 8 美元（W_1），劳动数量是每年 1 000 小时（H_1）。当新税生效时，餐馆承担了全部的税收负担（由于餐馆食物的劳动供给是完全弹性的），它们会降低对工人的需求。当餐馆的食物被征税时，餐馆对每小时劳动力的支付意愿也会下降，从而导致工人现在更不值钱了。[①] 莱克星顿餐馆劳动力市场的需求曲线从 D_1 下降至 D_2，但由于劳动供给是完全弹性的，工资并不会下降，且工人无须承担税收。如果餐馆的所有者尝试给工人支付低于 W_1 的工资，那么工人可以简单地去其他地方工作。

现在考虑图 19-11b 莱克星顿餐馆的资本市场。在短期，由于资本所有者不能随时退出，对莱克星顿餐馆的投资使得他们无法收回已经花费于炉灶、桌子和房子的钱。原则上，资本所有者可以再出售产品，如椅子、桌子和房子，然而实际上，资本所有者仅能收回一部分购买价格。因此，虽然实际上资本的供给并非完全无弹性，我们仍可以假定图 19-11b 的资本供给是完全无弹性的。

该资本市场的初始均衡在 A 点：资本收益率为 10%（r_1），餐馆的投资是 5 000 万美元。由于税收完全由餐馆承担，因此，餐馆会像减少劳动需求那样减少资本需求。当餐馆的餐饮被征税时，资本也会更不值钱，因此，餐馆仅会使用回报率要求较低的资本。减少的需求体现为需求曲线从 D_1 降至 D_2。新的均衡点为 B 点，此时收益率降低为 8%（r_2）。由于资本供给在短期是无弹性的，资本所有者将以较低的餐馆投资回报率承担

① 劳动力需求由其税后边际价值决定。税后边际价值即工人的边际产出乘以生产的产品价值与对这些产品所征的税的差。

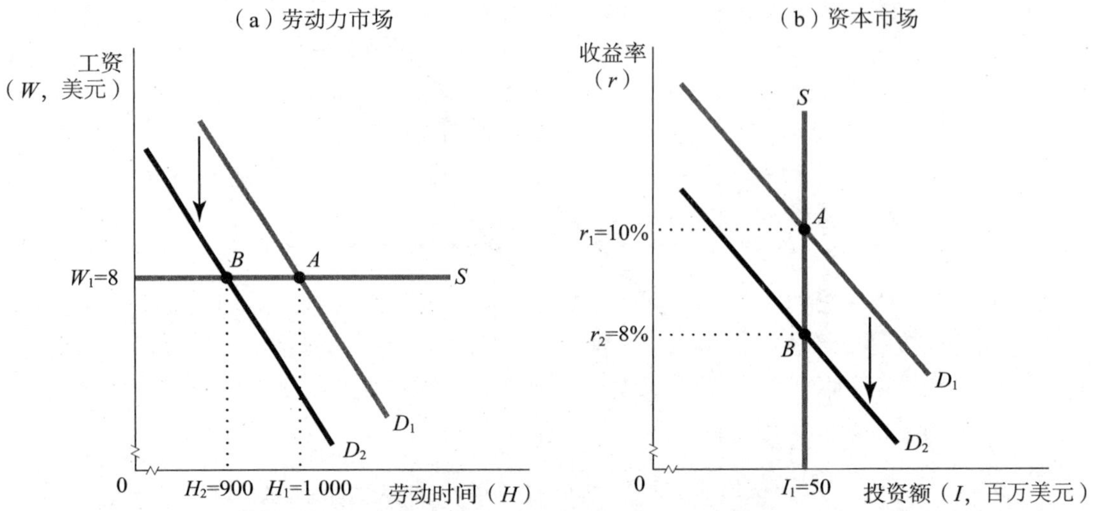

图 19-11 对莱克星顿餐馆的劳动和资本征税的税收归宿

说明：如果餐馆的税收负担由餐馆承担，餐馆一定会由其所使用的生产要素承担。在图 19-11a 中，莱克星顿餐馆的劳动供给是完全弹性的，因此，当劳动力需求下降至 D_2 时，工资并不会下降，工资保持不变且工人不承担该税收。在图 19-11b 中，莱克星顿餐馆的资本供给是完全无弹性的，因此，当资本的需求下降至 D_2 时，资本收益率下降至 r_2 的幅度刚好就是税收的金额。

餐饮税。因此，当莱克星顿对餐馆的食物征税时，它的归宿将最终落在莱克星顿餐馆的投资者身上。这种对其他市场的税收归宿溢出就是一个税收归宿一般均衡的例子。

□ 一般均衡归宿分析应考虑的问题

一般均衡归宿是一个“追寻税收负担”的游戏：分析不能止于被征税市场的影响，而是应扩展到其他相关市场直至找到最终承担税收负担的个体。考虑一般均衡分析的过程会产生三个有趣的问题。

税收负担的时间效应：短期与长期 在我们所做的假设下，我们得到正确的莱克星顿餐饮税税收负担的一般均衡分析。这些假设在分析短期（如一年）餐饮税时可能是有效的。然而，在长期（如超过 10 年）这些假设将会是无效的。随着时间的推移，投资于莱克星顿餐馆的资本不再是无弹性的，投资者可以关闭或出售餐馆，收回资金并投资于别处。事实上，长期资本供给很可能是完全弹性的，这是因为对莱克星顿的餐馆投资有很多替代品。因此长期来看，资本所有者不再承担任何税收。

▶ 快速提示

资本供给具有弹性是什么意思？考虑到资本投资是不能收回的，这就是为什么资本投资在短期是无弹性的。然而在长期，餐馆需要新的投入以保证经营：设备和家具需要更换，建筑需要修整等。长期资本供给的弹性来自投资者再投资于企业的能力。如果企业生产的商品存在税收，并且该税收被转嫁给了资本投资者导致其收益下降，那么它们便不太可能再投资于餐馆。

最具弹性的需求或供给市场的参与者能够规避税收，这一法则永远都是“追寻税收负担”游戏的指引。我们刚看到，在长期资本供给是富有弹性的。劳动供给在短期已经富有弹性，具有餐饮相关技能的工人可以离开莱克星顿，去其他没有被征税从而能够提供更高工资的城镇餐馆工作，因此，劳动供给在长期应该更具有弹性。这一发现给我们出了一个难题：如果劳动力和资本在长期都不承担税收，那么究竟是谁承担了税收呢？

在餐馆的生产过程中还有一种无弹性的要素：餐馆所在的土地。土地的供给是固定的，因此从定义上来看是无弹性的。当劳动和资本规避税收时，它们的负担直接落在了莱克星顿土地所有者的身上。由于工人不愿意接受莱克星顿更低工资的工作，而且资本使用者不愿意接受更低的收益率，唯一保证餐馆能够营业的方法就是它们降低支付的地租。因此，在短期和长期都是需求或供给无弹性的要素在长期将会承担税收。

税收范围对税收归宿的影响 税收归宿也会受到征税产品市场份额的影响。对比莱克星顿餐饮业征税与整个马萨诸塞州餐饮业征税的税收归宿：莱克星顿的食物需求可能富有弹性，而马萨诸塞州全部餐馆的食物需求则弹性较小，这是由于此时寻找替代品更加不容易。虽然个人还是可以在家吃饭，但是除非你住在邻州的附近，否则不在家吃饭的时候很难找到替代品。由于需求弹性较小，餐馆消费者将承担一部分税收负担。

在短期，不由消费者承担的税收负担将在劳动和资本间分配。然而，劳动归宿已经改变：因为工人不能像原先仅在莱克星顿餐馆征税时那样容易地找到其他餐馆的工作。在上个例子中，他们可以在莱克星顿的周边工作来规避莱克星顿的税收负担。由于相对于莱克星顿餐馆，整个州的餐饮业劳动供给的弹性较低，劳动者会承担一部分的餐饮税：餐馆可以根据此项税收支付较少的工资，这是因为工人具有更少的工作选择。与之前一样，在短期资本是无弹性的，因此也会承担一部分的税收负担。

因此，马萨诸塞州全部餐馆的短期税收负担将会由消费者、工人和资本三者来承担，而不是完全由资本承担。具体承担的税负比重依赖于这些市场各自确切的需求和供给弹性。再一次地，一般均衡税收分析的目的是使得税收在各个角色中完全分配。当需求或供给不是完全弹性或完全无弹性时，税收负担将会涉及很多方面。税收范围对税收归宿分析很重要是因为它决定了哪些弹性与分析有关：征税范围较广时，税收的规避比征税范围较窄时更难，因此生产者和消费者对税收的反应也会更小，更无弹性。

产品市场间的溢出效应 虽然到目前为止的讨论仅集中在餐饮市场的消费者和生产者上，但税收归宿可能也会延伸到其他产品市场中。当产品消费者承担产品上的税收时，这种负担就会通过改变消费者的预算约束来影响他们对其他产品的消费。这种对其他产品市场的溢出效应意味着一个市场的税收也会对其他市场的消费者和生产者带来负担或收益。

考虑马萨诸塞州餐饮业税收的例子。该税通过提高消费者的税后价格来减少餐厅用餐的需求。这种更高的税后价格会对其他产品市场产生三种效应：

1. 消费者收入下降，从而可能购买更少的其他商品（收入效应）。

2. 消费者可能增加餐厅用餐的替代品（例如电影），因为相比于被征税的餐饮，这些替代品现在更加便宜（替代效应）。

3. 消费者可能减少对餐厅用餐的互补商品或服务的消费（例如附加停车服务），这是因为他们现在更少在餐馆用餐（互补效应）。

因此，我们可以举例，对餐厅用餐征税会降低对保姆的需求，这是因为收入降低且人们将会减少出去吃饭的频率。另外，餐饮税会增加音乐会的需求，这是因为人们可以听音乐会而不是出去吃饭。

一个完整的一般均衡税收分析必须考虑所有其他市场的影响。“追寻税收负担”的游戏意味着不仅要在一个市场内追寻，而且要跨市场进行横向追寻，并在这些市场内进行纵向追寻。例如，餐馆的税收提高了对电影的需求（需求曲线外移），这会导致常看电影的人支付更高的价格（因此电影消费者承担了一部分的餐饮税），电影业的从业者得到更高的工资，从而为投资于电影部门的资本带来更高的回报。事实上，一个完整的一般均衡分析还需要包含供给溢出效应的研究。正如布拉德福德（Bradford，1978）的文章中强调的，导致资本或劳动力从任何一个司法管辖区向外流出的税收，都将增加向其他司法管辖区提供的资本或劳动力，从而降低其他地方的资本或劳动力回报。

19.4 美国的税收归宿

税收公平在税收政策辩论中的核心作用促使人们对美国的税收归宿进行了广泛的分析。关于美国税收归宿的最著名的研究是国会预算局（Congressional Budget Office，CBO）的定期研究，该研究近几年被城市研究所税收政策中心（Urban Institute's Tax Policy Center，TPC）更新。在本部分，我们将回顾它们的分析结论。

□ CBO/TPC 归宿假设

CBO/TPC 分析考虑的是联邦政府征收的全部税收的归宿。为了能够进行分析，CBO/TPC 必须使用我们采用的分析类型来指导它们对美国各类税收归宿的假设。它们的主要假设如下：

1. 所得税由须纳税的家庭完全承担。
2. 无论工薪税是由工人还是企业缴纳，均由工人完全承担。
3. 消费税完全转嫁至价格中，因此个人按其消费应税项目的比例承担。
4. 公司税由工人承担 20%，资本所有者承担 80%。后者承担的税负与个人的资本收入成比例。

这些假设一般都是符合理论和实证证据的。例如在第 21 章，美国主要赚钱者的劳动供给对税收反应较低（无弹性供给）意味着对劳动的征税将会由工人承担。“实验证据框”中也有大量证据表明对烟草和酒精等产品的消费征税被转嫁到对消费者的售价中。

最难以评价的假设是公司税的归宿。正如我们在第 24 章中详细讨论的，似乎至少有一部分公司税是由消费者和工人承担的，而不是完全由资本所有者承担。CBO/TPC 传统上认为公司税完全由资本所有者承担，但最近更改为上述新的假设。然而，现有证据表明工人承担了 20%以上的税收负担。这一发现表明，公司税并不像 CBO/TPC 分析的那样累进。这是因为部分税收由低收入的工人承担了（而 CBO/TPC 则认为公司税完全由高收入的资本所有者承担）。

▶实验证据框◀

税收归宿：现实世界的复杂性

虽然税收归宿的三个法则是明确的，但现实中，税收归宿可能要复杂得多。在本“实验证据框”中，我们对阐述了这些复杂性的两项研究进行了回顾。

在美国，对汽油、酒精饮料和香烟征收的消费税因州而异，同时各州对这些税的征收也随时间不断变化。这种税收的变动为消费税对征税产品价格的影响提供了准实验条件。分析师可以比较提高消费税的州（实验组）相对于没有改变消费税的州（对照组）的商品价格变化，以衡量消费税每增加1美分对商品价格的影响。

一个极佳的例子是对香烟征收的消费税。在美国，对香烟征收消费税因州而异，从最低的密苏里州每包17美分到最高的纽约州每包4.35美元。

哈丁等（Harding et al.，2012）研究了2006—2007年香烟消费税增加对香烟价格的影响。他们使用了创新性的数据来源——尼尔森（Neilson）家庭扫描数据来衡量价格。尼尔森公司从全国各地的大量样本中收集了许多消费品的价格信息，作者能够获得详细的价格信息，包括支付的香烟价格。作者比较了高税率与低税率的价格，因为国家可能会根据选民的吸烟偏好（这种偏好也会直接影响香烟价格）设定税收水平，从而给分析带来偏差。因此，南方的一些州香烟税率很低，吸烟率很高，这可能反映了低税率的因果效应，也可能反映了这些烟草生产州长期吸烟的传统，这导致政客保持较低的香烟税。

为了解决可能存在的偏差，哈丁等使用了由12个州的税收变化提供的准实验，研究了税收增加时价格如何变化。这种税收增加的原因不太可能是吸烟偏好的急剧上升或推动定价决策的其他因素。因此，相对于未提高税收的类似州，这些州的香烟价格的任何变化都应该归因于税收的增加。作者发现，这些税收增加的绝大部分（85%）以较高的价格转嫁给了消费者，表明香烟的需求相当缺乏弹性（与第6章讨论的估计一致）。

然而有趣的是，他们发现在提高税收的州内，这些价格上涨并不一致。具体而言，在州边界附近，价格上涨的幅度要小得多。因为这些地区的顾客可以很容易到附近的低税州购买香烟。事实上，作者认为，当税收上升时，跨境购买会增加。由于这种更具弹性的需求，州边界附近的区域只有49%的税收被转嫁到价格中。更一般地说，与州边界距离每增加1%，税收向价格的转嫁就上涨7.6%。因此，税收的平均归宿可能掩盖了潜在价格弹性的巨大差异，继而掩盖了税收增加转变为价格上涨程度的巨大差异。

当市场的不同方面存在不同的逃税行为时，可能会出现另一种税收归宿法则的复杂情况。科普刻朱克等（Kopczuk et al.，2013）提出了这种现象的一个例子。该论文研究了州柴油税的税收归宿。这些税收的一个重要特征是它们在不同州的供应链中的不同环节征收。在一些州，税收由销售柴油燃料的零售商缴纳。在其他州，税收由向这些零售商批发柴油的批发商缴纳。但正如我们之前所了解的，除非税收增加转嫁到消费者价格上存在障碍，否则哪个供应商缴纳税款无关紧要——税收归宿取决于供需弹性。

然而正如科普刻朱克等阐述的，一旦我们认识到零售商比批发商更能逃避税收（即欺骗政府），就不是法则所描述的那样了。这是因为零售商更能够将用于驾驶的柴油燃料（需要缴纳州税）误标为用于加热的柴油燃料（不需要缴纳州税）。当燃料被批发给销售两种燃料的零售商时，在批发商层面出现这种错误标签要困难得多。这也是因为零售商能更简单地低报销售多少燃料，因此减少了税收。批发商受到政府的严密监控，如果报告不足，则更有可能被抓获。如果零售商可以作弊并减少税收，那么转移给消费者的税收就会减少，而且价格上涨的幅度将小于对批发商征收同等的税收。

征税环节根据时间以及各州的税制而变化，因此科普刻朱克等能够采用双重差分估计策略来评估征税环节如何影响价格的传递。他们发现，当在批发环节征税时，更高比例的税收会转嫁为价格上升。由于零售商作弊的情况更多，因此当税收在零售环节征收时，价格并不会上涨那么多。因此，在柴油税的例子中，征税环节是在批发商还是零售商会影响到转嫁给消费者的税额。

□ CBO/TPC 归宿分析的结论

表 19－1 和表 19－2 给出了这些 CBO/TPC 分析的结论。2006 年的数据来自 CBO，而 2014 年的数据由 TPC 提供。表 19－1 给出了 1979 年、1985 年、1990 年、1995 年、2000 年、2006 年、2011 年和 2014 年各个收入群体的经计算的平均税率（纳税额占总税收的比重）。我们给出了全部、最低和最高五分位数家庭的结果。表 19－1 最上面的部分是对全部税收进行计算的平均税率，余下的部分是对各种不同税收计算的平均税率。

表 19－1　有效税率

	1979	1985	1990	1995	2000	2006	2011	2014
				总有效税率				
所有家庭	22.2%	20.9%	21.5%	22.6%	23.0%	20.7%	18.6%	19.2%
最低五分之一	8.0%	9.8%	8.9%	6.3%	6.4%	4.3%	1.1%	3.1%
最高五分之一	27.5%	24.0%	25.1%	27.8%	28.0%	25.8%	23.8%	25.1%
				有效所得税税率				
所有家庭	11.0%	10.2%	10.1%	10.2%	11.8%	9.1%	10.1%	9.2%
最低五分之一	0.0%	0.5%	−1.0%	−4.4%	−4.6%	−6.6%	−6.0%	−4.5%
最高五分之一	15.7%	14.0%	14.4%	15.5%	17.5%	14.1%	15.3%	15.1%
				有效工薪税税率				
所有家庭	6.9%	7.9%	8.4%	8.5%	7.9%	7.5%	5.3%	7.0%
最低五分之一	5.3%	6.6%	7.3%	7.6%	8.2%	8.5%	4.8%	6.6%
最高五分之一	5.4%	6.5%	6.9%	7.2%	6.3%	5.8%	4.1%	5.9%

续表

	1979	1985	1990	1995	2000	2006	2011	2014
有效公司税税率								
所有家庭	3.4%	1.8%	2.2%	2.8%	2.4%	3.4%	2.5%	2.9%
最低五分之一	1.1%	0.6%	0.6%	0.7%	0.5%	0.5%	0.4%	1.0%
最高五分之一	5.7%	2.8%	3.3%	4.4%	3.7%	5.4%	4.0%	4.0%
有效消费税税率								
所有家庭	1.0%	0.9%	0.9%	1.0%	0.9%	0.7%	0.7%	0.8%
最低五分之一	1.6%	2.2%	2.0%	2.4%	2.3%	1.9%	1.9%	2.1%
最高五分之一	0.7%	0.7%	0.6%	0.7%	0.5%	0.4%	0.4%	0.4%

资料来源：Tax Policy Center (2013).

表 19－2　收入和应纳税额的最高和最低五分位数份额

	1979	1985	1990	1995	2000	2006	2012	2014
最高的五分位数								
收入份额	45.5%	48.6%	49.5%	50.2%	54.8%	55.7%	56.2%	51.4%
纳税份额	56.4%	55.8%	57.9%	61.9%	66.6%	69.3%	70.0%	67.3%
最低的五分位数								
收入份额	4.8%	4.6%	4.6%	4.0%	3.9%	3.9%	3.6%	4.5%
纳税份额	2.1%	2.3%	1.9%	1.3%	1.1%	0.8%	0.3%	0.7%
最高的 1%								
收入份额	9.3%	11.5%	12.1%	12.5%	17.8%	18.8%	18.5%	17.1%
纳税份额	15.4%	14.8%	16.2%	20.1%	25.5%	28.3%	25.2%	29.8%

资料来源：Tax Policy Center (2013).

我们得到几个有趣的结论：

1. 对全部家庭的所有税收计算的总平均税率从 1979 年的 22.2%下降至 1985 年的 20.9%，并在 2000 年上升至 23%，之后又下降至 2006 年的 20.7%，并进一步下降到 2014 年的 19.2%。

2. 最低的五分位数家庭总平均税率从 1979 年的 8%上升至 1985 年的 9.8%，之后便一直下降，2006 年达到 4.3%，并在经济衰退时期急剧下降到 1.1%，之后逐渐上升到 2014 年的 3.1%。

3. 最高的五分位数家庭总平均税率从 1979 年的 27.5%下降至 1985 年的 24%，再上升至 2000 年的 28%，后又下降至 2011 年的 23.8%，2014 年再度上升到 25.1%。

4. 最低的五分位数家庭支付的工薪税远多于所得税，这一差距随着时间推移不断扩大。1979 年，最低的五分位数家庭支付的所得税税率为零而支付的工薪税税率为 5.3%。到了 2006 年，平均的所得税税率为−6.6%。从净额来看，所得税制度通过税收抵免（主要是劳动所得税收抵免）向低收入者支付的金额比收到的税款还多，但是工薪税税率已经上升为8.5%。由于经济衰退和暂时的工薪税免税期，工薪税税率在2011年再次下降，但在2014年上升到6.6%。实际上，超过82%的家庭在2011年支付的工薪税大于所得税。①

5. 与工薪税和所得税相比，平均公司税税率要小得多，且从1979年开始在收入分布的上下尾端均呈现下降趋势。在最新的分析中，最近修改的假设允许公司税的部分负担落在工人身上，这使得最低五分位的人所承担的税收份额增加了一倍。

6. 消费税的平均税率也很低，且在收入分布的尾端呈现上升趋势，而在顶端呈现下降趋势，这是由于高收入群体比低收入群体在征税产品（如香烟）上的消费下降幅度要大得多。②

表19-1的一般结论是，虽然美国有些税种（所得税）是累进的而有些（工薪税）不是，但是美国的税收体系总体上还是累进的。表19-2给出了美国最低和最高五分位数家庭纳税份额的变化情况，并与它们的收入份额进行对比。③ 纳税者中的最低五分位数家庭总是缴纳最少的税收份额，且这一份额随其国民收入份额的下降（从国民收入的5.8%下降为4.5%）而下降（从税收缴纳的2.1%下降为0.7%）。纳税者中最高五分位数家庭总是缴纳绝大部分的税收，且这一份额随其国民收入份额的上升（从国民收入的45.5%上升为51.4%）而上升（从税收缴纳的56.4%上升为67.3%）。如今，纳税者中最高五分位数家庭赚的钱超过所有美国家庭收入的一半，且在CBO的归宿假设下它们缴纳了超过三分之二的税收。

表19-2给出了我们特别感兴趣的社会最富裕成员税收负担的情况。收入分布中最高的1%现在控制了17.1%的税前收入，或者说将近五分之一的收入，这与1979年相比几乎翻番。不过该群体的税收负担也是随时间的推移而增加，与1979年相比也是几乎翻番。

□ 当前与终生税收归宿对比

当前税收归宿：与个人当期所拥有资源相关的税收归宿。

终生税收归宿：与个人终生拥有的资源相关的税收归宿。

在税收归宿分析中必须要区分的是**当前税收归宿**（current tax incidence）与**终生税收归宿**（lifetime tax incidence）。刚才给出的CBO分析是以年为基准来测量个人收入的。如果美国的收入阶层存在大规模的迁移，则该方法的结论是有偏的。最新的估计发现，有25%～40%的美国人在一年内改变了所处的收入等分位，而这一数据在十年内达到56%。④

与家庭分析类似，假设我们需要评估大学教材征税的税收归宿状况。大学生一般都是独立生活的，且可以被当作极低收入者。因此，其将被视为以每年或当前时期为基础且高度累退的税收。但是大部分阅读教科书的学生希望在参加了有价值的大学学习后，

① Center on Budget and Policy Priorities (2012).

② 由于缺少跨期消费税的一致数据，我们假设消费税税率从2006年至2011年均保持不变。

③ 这些收入份额与表17-1中的不同，主要是由于表17-1仅包括现金收入，而CBO的收入定义包括从企业部门推算的收入、员工健康和退休计划的份额，以及如食品救济券和公共医疗保险在内的各种实物福利的价值。

④ 一年的流动性数据来自McMurrer and Sawhill (1996)，十年的流动性数据来自Auten and Gee (2009)。

他们的收入在随后的时间内会提高。从平均上来看，大学生的终生收入确实比没有读大学的人高出一倍以上。因此，在终生收入的基础上，大学课本的税收便是累进的，因为该税的征税对象是终生收入较高的群体。

波特巴（Poterba，1989）在检验酒精、汽油和烟草的税收归宿时对这一观点的重要性进行了阐述。波特巴首先将 1984 年的人分成五组，并且发现收入最低的那组人将收入花在汽油和酒精上的份额是最高一组的五倍。而最低一组的人将收入花在烟草上的份额是最高一组的九倍。这似乎表明对这些产品的征税是高度累退的。

由于消费可能是更好的衡量终生资源的指标，因此接下来波特巴按消费将人们分成五组。例如，知道他们某天会变富的低收入大学生会在花费从父母处取得的借款时做出反应。类似地，当前收入较低但储蓄较多的富裕老人也会进行高消费。波特巴通过将税收与消费支出而不是当前收入相比，发现税收负担仍然是累退的，但是程度小很多。事实上，最低的四个组在汽油和酒精上的总花费份额基本无差异，比最高一组花费的两倍要低。对于烟草而言，最低一组在总支出中所占的份额仅是最高一组的三倍。

19.5 结论

数十年来对税收归宿的争论已经成为税收政策的核心。任何税收改革的“公平性”都是税收政策制定者首要考虑的问题。因此，深入了解谁真正承担了税收负担对公共财政经济学家来说是极其重要的，这样能够使得我们更好地参与提议的或者已经存在的税收公平性分配讨论。本章提出的技术可以使你对任何税收改变的分配影响进行更深入的了解和认识。

重点

- 税收归宿是对不同经济个体税收负担分配的研究。该研究不仅考虑了谁向政府纳税，而且考虑了税收对市场价格的影响。
- 税收归宿不依赖于谁向政府纳税或具体是向供应商还是需求者征税。在所有的情形中，有弹性的一方能够规避税收，而无弹性的一方则要承担税收。
- 虽然如最低工资限制等价格调整阻碍会使要素市场的税收归宿分析复杂化，但是其与产品市场税收归宿的分析模式相同。类似地，不完全竞争市场的税收归宿也与完全竞争市场的税收归宿分析模式相似。
- 一般均衡的税收归宿是从商品市场到其相关投入市场，以及从一个产出市场到另一个市场的“追寻税收负担”的游戏。
- 虽然税收的累进性取决于对税收归宿的关键假设，但是美国整体的税收体系还是相当累进的。
- 税收归宿可以以当前或终生收入为分析基础，而且这种分析结论可能在一些类型的税收中不同。

习题

1. 为什么大部分的分析师假设美国的工薪税是由工人而不是雇主承担的？

2. 对芜菁甘蓝的需求是 $Q=2\,000-300P$，对芜菁甘蓝的供给是 $Q=-100+100P$。谁承担了对销售芜菁甘蓝征收每单位 2 美元税的法定归宿？谁承担了该税收的经济归宿？

3. 如问题 2 所示，对芜菁甘蓝的需求是 $Q=2\,000-300P$，对芜菁甘蓝的供给是 $Q=-100+100P$。与问题 2 中向销售芜菁甘蓝征收每单位 2 美元的税相反，州长斯卢普（Sloop）决定直接向商户征收。这种方式对芜菁甘蓝的“标价”会有什么影响？消费者的税收负担会有多大的改变？

4. 对橄榄球赛票的需求是 $Q=360-10P$，供给为 $Q=20P$。计算对每张票征收 4 美元的税之后，消费者支付的总价格。计算卖票方收到的税后价格。

5. 政府考虑对某种类型产品的销售者征税。其首先考虑的是对牛奶征收 2% 的税。其次是对所有的乳制品征税。最后是对所有的食品征税。你认为哪种税会对征税产品的“标价”产生最大的影响？

6. 为了给一个新的医疗保险项目融资，米诺奈尔政府对每一小时劳动征收 2 美元的新工薪税，且由雇主支付。

a. 你认为这会对工资和劳动力规模产生什么影响？

b. 这如何解释劳动力需求无弹性的市场的变化？

7. 你已经确定是生产者而不是消费者将承担新税收的最大负担。劳动力供给的弹性如何影响该税收负担是更多地由工人承担还是由资产所有者承担？

8. 为什么有些税收在当前收入下是累退的，而从终生税收归宿的角度看是累进的？

9. 考虑一个存在最低工资的劳动力市场。在什么情况下，对工人还是雇主征收工薪税会对税收归宿有影响？

10. 考虑图 19-1 美国的有效税率随时间变动的情况。1979—2011 年，总的有效税收负担在最高和最低的 10% 人口中是如何变动的？该时期这种负担构成在不同类型的税收中是如何变动的？

进阶习题

11. 沙槌的需求弹性是 -2.0，供给弹性是 3.0。对于每单位 2 美元的税收，沙槌的价格会变化多少？谁承担了更大的税收负担，消费者还是生产者？

12. 本吉亚政府对机票开征新的税收。本吉亚有两种类型的旅客：商务旅客和休闲旅客。本吉亚商务旅客的需求弹性为 -1.2，而休闲旅客的需求弹性为 -3.0。航班可以对这些群体进行价格歧视，即它们可以对市场上不同类型的旅客收取不同的价格。哪种类型的旅客会承担较大份额的税收负担？请解释原因。

13. 玛氏弗产品（Massive Products）公司是一个垄断者，其生产成本为 $10Q+2Q^2$（相当于它的边际成本曲线为 $10+4Q$）。玛氏弗产品公司的产品需求是 $Q=200-2P$。

a. 垄断者会如何定价？其利润是多少？消费者剩余是多少？

b. 如果对该产品的消费者征收每单位 15 美元的税收，垄断者的价格和利润如何变化？

c. 税收的无谓负担是多少？

14. 为什么文中讨论到的哈丁等（Harding et al.，2012）在研究卷烟税对卷烟价格的影响时，使用的是州层面卷烟税率的变化，而不是跨州卷烟税率的差异？根据他们的研究结果，平均而言，你认为是比较小且拥有许多邻州的州（如马萨诸塞州）的消费者会承担新税更大的税收负担，还是比较大的州（如得克萨斯州）的消费者会承担更多？解释说明。

15. 马莱斯城打算在城市内对全部的酒店/汽车旅馆的收入征收 10%的税。虽然与城郊的酒店/汽车旅馆并非完全不同，但是马莱斯城旅馆的一个主要优势在于离该市的景点和会议中心较近。因此，人们会支付一些溢价来住在马莱斯城，而不是市郊。

此外，所有土地都被酒店/汽车旅馆和其他形式的商业同样使用。在马莱斯城，任何没有被用于酒店/汽车旅馆的土地都被当作其他形式的商务活动场所。市长马拉多地（Maladroit）让你针对该税收归宿提供建议。他非常关心在短期（一个月）和长期（五年）内税收由谁承担。

a. 短期的税收归宿是怎样的？根据直觉作答，如果需要，可以辅之以图表。

b. 长期的税收归宿是怎样的？与问题 a 一样，如果需要，可以辅之以图表。

c. 如果马莱斯城郊的酒店/汽车旅馆与市内的酒店/汽车旅馆是完全可替代的，那么你对问题 b 的分析会如何变化？税收会有何不同？

第 19 章
附录

税收归宿的数学表述

在本附录，我们对第 19 章中讨论的税收归宿重新以数学公式的形式表述。接着我们使用这些公式来检验垄断市场中税收归宿的不同方面。

□ 税收归宿的表达式

为了分析税收归宿，我们需要测量在一个市场中征税如何改变价格。首先考虑税收由消费者支付的例子，消费者面临的总价格变动为：

$$总价格变动=\Delta P+\tau$$

其中，ΔP 是市场价格的变化量（假定为负），τ 是缴纳的税收。生产者面临的价格变动为 ΔP，即价格的减少量。

我们可以用三个步骤来确定税收对价格的影响。

第一步：由需求和供给的弹性定义开始。

$$需求弹性=\eta_d=\Delta Q/(\Delta P+\tau)\times(P/Q)$$
$$供给弹性=\eta_s=\Delta Q/\Delta P\times(P/Q)$$

第二步：通过移项使两个表达式相等。

$$\Delta Q/Q=\eta_d\times(\Delta P+\tau)/P$$
$$=\eta_s\times\Delta P/P$$

第三步：使上述两个表达式相等，并将价格变动作为税收的函数进行求解（这是我们进行税收归宿分析所需知道的部分）。

$$\Delta P=[\eta_d/(\eta_s-\eta_d)]\times\tau$$

该等式使得我们对无弹性要素和有弹性要素的直觉正规化。例如，如果需求是无弹性的（$\eta_d=0$），那么 $\Delta P=0$。价格并没有改变，因此，消费者向政府寄出支票的同时也承担了全部的税收。相反，如果需求是完全弹性的（$\eta_d=\infty$），那么价格 $\Delta P=-\tau$。价格下降的幅度与税收一致，抵消了消费者的税收支出，因此消费者不用承担税收。

类似地，如果我们对生产者缴纳的税收进行分析，我们可得：

$$\Delta P=[\eta_s/(\eta_s-\eta_d)]\times\tau$$

□ 垄断市场下的税收归宿

我们可以把这些数学表达式用于分析垄断市场下的税收归宿影响。假设垄断厂商的成本函数为：

$$C=12+q^2$$

其边际成本，即增加一单位产出所带来的成本增加量，为 $2q$（将成本函数对产量求导）。

进一步假设垄断者面临的需求函数为：

$$p=24-q$$

给定成本和需求函数，我们可以求出垄断者的收入和边际收益：

$$\text{收入}=p\times q=(24-q)\times q=24q-q^2$$
$$\text{边际收益}=\text{收入对}\ q\ \text{求导}=24-2q$$

使边际收益等于边际成本以最大化利润：

$$24-2q=2q$$

我们解得 $q=6$。通过卖出 6 单位产品（最大化利润），边际收益等于边际成本。一旦垄断者决定了利润最大化的产品数量，每单位的价格就可由需求曲线 $p=24-6=18$ 决定。垄断者最初生产 6 单位产品，并以每单位 18 美元的价格卖出。

现在假设政府对垄断者每出售一单位的产品征收 4 美元的税。成本函数变为 $12+q^2+4q$，边际成本为 $2q+4$。再求利润最大化的产量，我们可得 $q=5$。与之前一样，一旦垄断者决定了产量，价格便由需求曲线 $p=24-q=19$ 决定。征税后，垄断者产生 5 单位产品的价格为 19 美元。垄断者承担了该税收的四分之三。价格仅上升 1 美元，但垄断者支付了 4 美元的税收。

如果政府对消费该垄断产品的消费者征税，那么结论会如何改变呢？征税后，需求函数变为 $p=24-q-4=20-q$。因此，收入为 $(20-q)\times q=20q-q^2$。对 q 求导，我们得到边际收益函数为 $20-2q$。再解利润最大化的产量，我们解得 $q=5$。在新的需求曲线上，这意味着消费者面临的价格为 15 美元，且消费者面临的税后成本为 19 美元（由于他们缴纳了 4 美元的税收）。因此，消费者再一次地仅承担 1 美元的税收（由于价格从 18 美元下降为 15 美元，对 4 美元的税收进行了抵消），而垄断者承担了 3 美元的税收（基于价格已经下降的事实）。该分析印证了我们之前关于市场的征税方与税收的承担方并没有关系的分析。

第 20 章 税收的无效性及对最优税收的影响

需要牢记的问题

- 是什么决定了税收的效率结果？
- 政府应该如何对商品征税？
- 政府应该如何设置不同收入群体面临的税收？

我们在第 19 章中讨论的税收归宿一般均衡模型的创立者之一阿诺德·哈柏格（Arnold Harberger）曾经写过他在印度尼西亚的经历，印度尼西亚对汽车的征税远重于对摩托车的征税。这种税收差异激励了将摩托车造得像汽车的行为。阿诺德·哈柏格在其报告中指出："通过艺术般的增设，他们将三轮的摩托车改造成实质上的公共汽车，或者最少是出租车。有时仅仅是增加一个长凳，坐在上面的乘客面朝后方。其他时候摩托车的尾部会被扩展，左右各加两张长凳，有时甚至会在后头侧边切割的地方（汽车的后保险杠所在处）加上一块额外的小脚踏板。我必须要说当我第一次看到八个乘客的摩托车时我真的是相当震惊。"①

该例子强调了一个简单的现象：市场不会乖乖地接受征税。如果市场参与者能够通过某种方式来最小化其税收负担，他们便会这么做。只要被征税产品的消费有替代品，一些消费者便会转移到替代品上以规避税收。同理，只要被征税产品的生产有替代选择，一些生产者便会转移到替代选择上。

我们将在本章学习为何对社会来说，最小化税收负担的努力会导致效率成本。在不存在市场失灵的情况下，社会效率在没有政府干预的竞争性均衡中达到最大化。当政府

① Harberger (1995), p. 307.

对市场参与者征税时，参与者为了避税便会改变其行为并使市场偏离竞争性均衡，因此减少了社会效率。简单地说，对社会而言，用危险的八人摩托车来替代汽车成为交通工具的成本是昂贵的。

在本章的其余部分，我们将使用一般的例子来探讨商品（如谷物和汽车等）和所得的最优税收的确定。我们将展示如何运用经济理论工具来描述不同商品或人群的理想税收制度，并且会讨论经济学家如何使用实证证据向政策制定者提出在真实世界中建立更有效的税收系统的政策建议。

20.1 税收和经济效率

当我们的讨论从税收公平性的影响（如何在不同的市场参与者中分配经济馅饼，即第19章的主题）转到税收的效率影响（税收如何影响经济馅饼的规模）时，我们将注意力从税收对市场价格的影响转移至税收对市场数量的影响上。税收归宿的讨论是关于谁通过税收支付和价格变动承担税收负担的问题。税收有效性讨论的则是关于当交易被税收阻碍的时候社会为此牺牲的效率问题。税收对社会效率的影响由税收对产量的影响决定。

□ 图示法

为了模拟税收效率的影响，通过图示法展开研究是有效的方式。图 20－1 给出了对汽油生产者每生产一加仑汽油征收 50 美分税收的情况。在征税前，汽油的需求曲线是 D_1，供给曲线是 S_1，市场的初始均衡在 A 点实现，此时产量为 Q_1（1 000 亿加仑），价格为 P_1（每加仑 1.50 美元）。

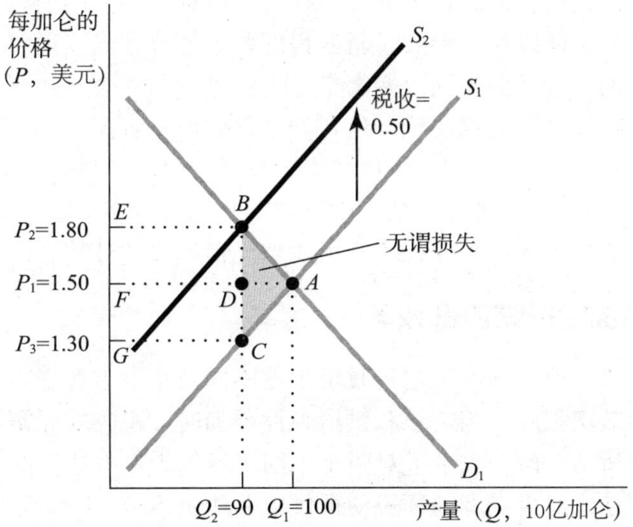

图 20－1 税收的无谓损失

说明：当征税时，供给曲线由 S_1 移至 S_2，市场的均衡产量由 Q_1 下降至 Q_2，从而产生了无谓损失三角 BAC。之所以产生无谓损失，主要是由于社会边际收益（需求曲线）超过社会边际成本（供给曲线）的那一部分交易（Q_1-Q_2）没有实现。

由第 2 章可知，不完全竞争市场需求曲线衡量的是汽油消费的社会边际收益，而供给曲线衡量的是汽油生产的社会边际成本。在竞争市场的均衡处（A 点），所有社会边际收益大于社会边际成本的汽油都会被生产出来并被消费掉。1 000 亿加仑（Q_1）汽油的社会边际收益和社会边际成本均等于 1.50 美元，因此这是一个竞争性市场均衡。在均衡点之前销售的所有产品的社会边际成本均小于 1.50 美元（由于它们在供给曲线很低的地方），且社会边际收益均高于 1.50 美元（由于它们在需求曲线很高的地方）。在均衡处，消费者剩余和生产者剩余之和最大。

50 美分的税收就像是增加生产者的成本，这导致他们在每一价格水平上降低供给数量，并使供给曲线由 S_1 移至 S_2。新的均衡点为 B 点；汽油产量由 Q_1（1 000 亿加仑）下降到 Q_2（900 亿加仑），价格则由 P_1（1.50 美元）上升至 P_2（1.80 美元）。销售下降到竞争性均衡产量 Q_1 以下，意味着由于税收，对汽油生产者和消费者均有利的交易（具有正的消费者和生产者剩余的交易）无法进行。在 900 亿加仑和 1 000 亿加仑之间（在 Q_1 和 Q_2 之间）的产量是消费的社会边际收益大于生产的社会边际成本的产量。消费者认为这部分产量的价值超过 1.50 美元，生产者则认为这部分的生产成本低于 1.50 美元（税前需求曲线高于税前供给曲线）。但是一旦实施税收，这些产量便不会被生产和消费。

该产量的减少产生了 BAC 区域的无谓损失。由于竞争性均衡的产量能够最大化社会效率，因此低于 Q_1 的产量导致了社会效率的下降。由于消费者认为在 Q_2 和 Q_1 之间的产量价值高于 1.50 美元的价格，因此消费者会购买它们。征税后，他们放弃了购买，且消费者剩余减少了不规则四边形 $EBAF$ 的面积。由于生产者本可以从被放弃的 Q_2 和 Q_1 之间的产量中获得利润，因此生产者剩余减少了不规则四边形 $FACG$ 的面积。虽然该减少的社会剩余大部分转化为政府税收的增加（长方形 $EBCG$ 的面积），但是由于许多能够产生剩余的交易没有进行，一部分社会剩余（三角形 BAC 的面积）消失了。因此，无谓损失衡量的是税收的无效率性，即征税之后社会损失的消费者和生产者剩余的数量——损失了的且不能以税收形式重新获得的剩余部分。当征税时，无谓损失是由产量的改变程度决定的，这是因为该改变衡量了无法进行的社会有效交易的数量。

由税收归宿的第二个法则可明确知道，如果是对消费者而不是生产者征税，该效率分析的结论应该是一样的。在该情形下，虽然市场价格是下降（至每加仑 1.30 美元）而不是上升（至每加仑 1.80 美元）的，但是产量的改变量相同。税收的效率效应是由产量的变化量决定的，因此这种变化不会影响到无谓损失的计算。

□ 弹性大小决定税收的低效率

正如供给和需求的价格弹性决定税收负担在不同市场参与者之间的分配一样，它们也决定了税收的无效率程度。当需求和供给弹性增加时，税收的无谓损失也会增加。这一结论如图 20－2 所示，该图表示了对两个不同市场的生产者征税的情形。在图 20－2a 中，需求相对无弹性。对生产者的征税使得供给曲线由 S_1 向上移至 S_2。这导致市场价格由 P_1 大幅上升至 P_2，而市场的产量从 Q_1 小幅下降至 Q_2。由于无谓损失由社会有效交易的减少量决定，因此该例子中的无谓损失（BAC 区域）并不大。例如，政府对胰岛素征税，这对胰岛素的需求量几乎无影响，因此无谓损失也很小。

在图 20－2b 中，需求更具弹性。因此，当对生产者的征税使得供给曲线由 S_1 移至

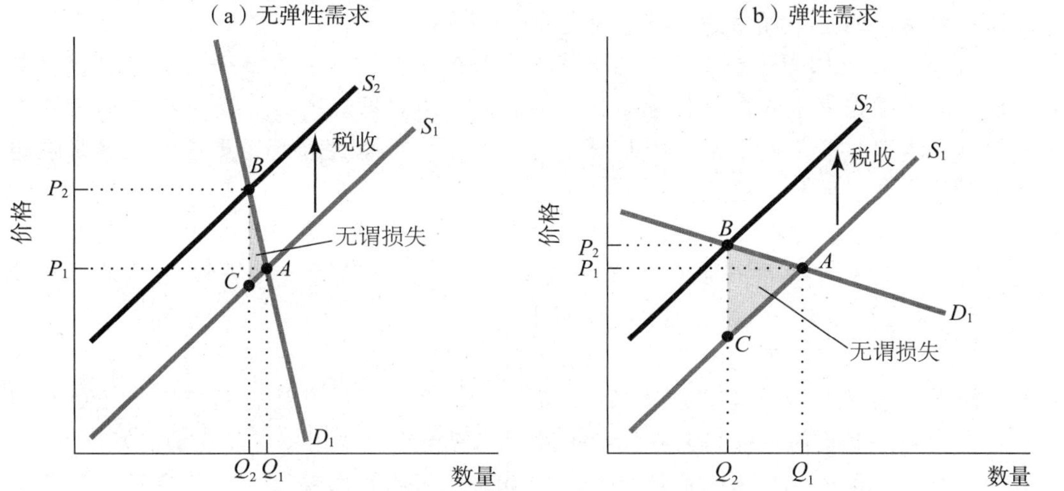

图 20-2 无谓损失随弹性增加而增加

说明：当需求曲线较无弹性（如图 20-2a 所示）而不是较有弹性（如图 20-2b 所示）时，在给定税收下无谓损失更小。

S_2 时，市场价格由 P_1 小幅上升为 P_2，而市场的产量从 Q_1 大幅下降为 Q_2。由于许多社会有效交易（税前需求高于税前供给的交易）并没有进行，因此无谓损失三角（BAC）的面积很大。例如，假设政府对某一家快餐馆征税，如麦格鲁伯（McGruber's）。该税会导致对麦格鲁伯的食物需求大幅减少，因为人们会将需求转移至其他替代品如格鲁伯王（Gruber King）上。然而，由于征税前人们选择在麦格鲁伯就餐，这表明麦格鲁伯的食物是他们的理想选择，因此这种变动是无效率的。由于征税使得很多人放弃他们的理想选择，因此无谓损失才会如此之大。

正如胰岛素和麦格鲁伯两个例子所表明的，任何税收的低效率都是由消费者和生产者为了规避税收而改变其行为选择的程度决定的。无谓损失是由个人和企业为了规避税收而做出无效率的消费和生产决策造成的。竞争性的社会产量最大化了社会剩余，任何均衡产量的改变都会导致无效率，这是因为收益大于成本的交易没有进行。因此，无效率与由征税导致的数量改变成比例。对于胰岛素，征税仅使得数量发生较小的改变，因此无效率程度非常小。对麦格鲁伯快餐馆的征税则导致了数量的大幅改变，因此无效率程度较大。产品的需求或供给弹性越大，征税导致的数量改变量也会越大，从而该税收导致的低效率性也越大。

▶实验证据框◀

窗户税①

我们在本书中回顾的大多数实证应用涉及对大数据集合相当复杂的分析。但有时对少量数据的相对直接分析也可以给出有力的观点。奥茨和施瓦布（Oates and Schwab,

① 详细内容及引用来自 Oates and Schwab (2015)。

2015）对英国的窗户税的分析很好地说明了这一点。

1696年，英国国王威廉三世需要资金来资助与法国的持续战争。为了筹集这笔收入，国王根据家中的窗户数量征收新的税。① 这个想法不是为了惩罚人们拥有大量的窗户本身，而是使用窗户的数量作为一个家庭价值的指标：更有价值的房屋会有更多的窗户，因此，税收更高。

这种方法的问题在于，个人可以通过遮挡或移除窗户来最小化他们的税额。这使得税收成为一种效率较低的房屋价值衡量标准，并且通过令房屋住起来更难受（因此对居民的价值降低）而造成了无谓损失。

遮挡和移除窗户不仅减少了阳光，而且减少了通风。医生进行的一系列研究发现，缺乏适当的通风会导致疾病如痢疾、坏疽和斑疹伤寒的传播。事实上，1781年，在卡莱尔发生的斑疹伤寒疫情被追溯到一间由六个贫困家庭居住的房屋，“为了减少窗户税，每个窗户……都被封上，所有通风源都被移除了。这所房子里的气味太具有冲击力，到了令人难以忍受的地步。没有证据表明风寒被带进了这个房子，但是风寒从这个房子传播到了城镇的其他地方，52名居民死亡”（Oates and Schwab，2015）。

这种非科学的观察假设了被封上窗户的数量和窗户税之间存在因果关系。但也有可能由于与窗户税无关的其他原因，房屋的窗户可能早已被封上。奥茨和施瓦布对这种可能的情况提出了一个优雅而直接的测试方法：他们查看了窗户的数量是否与税收表中的“缺口”相对应。1747—1757年，税收的结构如下：如果房子的窗户少于10个，则不征税；如果有10～14个窗户，则每个窗户的税收为6便士；如果有15～19个窗户，则每个窗户的税收为9便士；如果超过20个窗户，则每个窗户的税费为1先令（12便士）。因此，在建第10个、第15个或第20个窗户时，边际税率大幅上升。考虑一栋有9个窗户的建筑。如果所有者增加了第10个窗户，他就会从不缴纳税款变为支付60便士（10个窗户，每个支付6便士）。因此，第10个窗户的边际速率为60便士。增加第11个、第12个、第13个或第14个窗户会使每个窗户的税单增加6便士（每个窗户的边际速率仅为6便士）。然而，增加第15个窗户意味着从支付84(＝6×14)便士的税收增加到135(＝9×15)便士，边际税为51便士，即超过了第11个到第14个窗户6便士的边际税率的8倍。

同时，没有理由认为第10个窗户给家庭带来的效用与第9个或第11个窗户的效用明显不同，或者第15个窗户的效用与第14个或第16个窗户的效用非常不同。因此，对这种税是否影响行为的一个检验是询问是否有不成比例的家庭拥有9、14或19个窗户，即税收增加之前的窗户数量。除了为了最小化税收之外，没有理由这样做。

为了测试这一点，奥茨和施瓦布实际上翻阅了旧时的英国税务记录，以收集近500个家庭的窗户数量。这比本文其他经验中使用的数据量少得多。但是当测试很简

① 窗户税有一个前身，是在1662年对每个壁炉和炉灶征收的壁炉税。这种税被认为干扰性过强，因为检查员必须进入每个房子来计算炉膛和炉灶的数量。窗户税的优势在于可以在屋外计算窗户数量。

单且效果很大时，不一定需要大量数据。事实也是如此。如图 20－3 所示，该图显示了样本中家庭窗户数量的分布。在第 9 个、第 14 个和第 19 个窗户处有明显的峰值，这正是我们根据这种税的影响预测的。例如，大约有 4%的家庭拥有 8 个窗户或 10 个窗户，但有 19%的家庭拥有 9 个窗户！

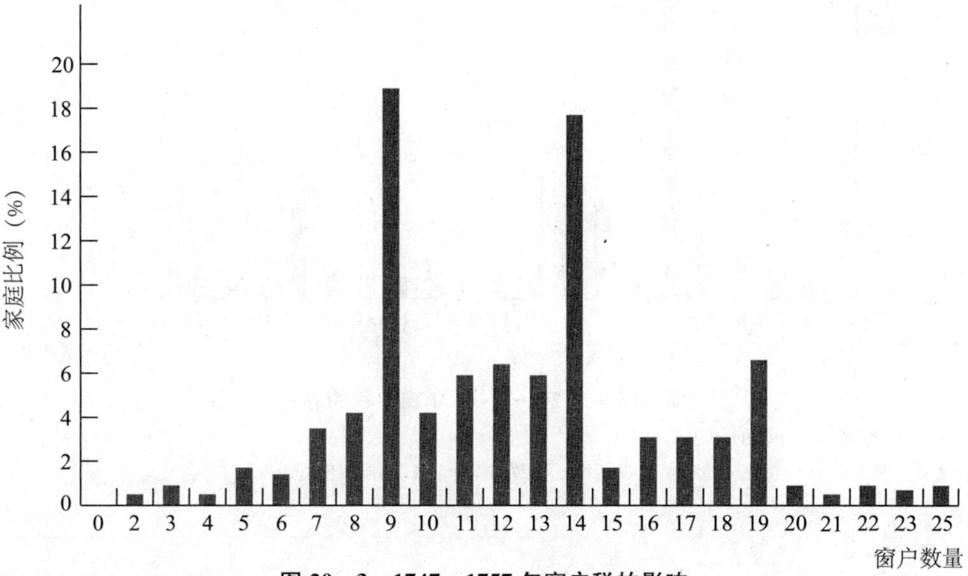

图 20－3　1747—1757 年窗户税的影响

资料来源：Oates and Schwab (2015).

说明：房屋最常见的是拥有 9、14 或 19 个窗户，分别占房屋总数的 19%，17.7%和 6.5%。每个窗户的税收在第 10 个、第 15 个和第 20 个窗户处增加。

如果我们想要挑毛病，我们可以争辩说，或许有一些英国习俗或其他原因导致房子里有 9、14 或 19 个窗户，这种习俗就会呈现出图 20－3 中我们所看到的。但奥茨和施瓦布通过利用这样一个事实来解决这一问题：在 1761 年，政府增加了一项规定，即拥有 8 个或 9 个窗户的房屋的每个窗户将支付 1 先令。这意味着，在 1761 年之后，突然有动力将窗户数量保持在 7 个或更少。这正是当时发生的事情，如图 20－4 所示。在 1761—1765 年的数据中，作者发现 27%的房屋有 7 个窗户，而只有 5%有 6 个窗户，3%有 8 个窗户。与图 20－3 所示的 3%家庭拥有 7 个窗户的数据相比，仅仅几年的时间就增加了 9 倍。显然，这是对税收的回应。

这种税收的低效率和避税的后果最终得到了英国政府的承认，税收在 1851 年被废除。但在当时最有名的作家——查尔斯·狄更斯（Charles Dickens）于 1850 年写下“谚语”之前并没有这样。狄更斯写道：“议会法案已经废除了‘空气免费’。自征收窗户税以来，空气和光都不免费。我们被迫支付大自然为每个人提供的奢侈品，每年每个窗户都要支付这么多，而负担不起费用的穷人则被限制了对两种最迫切的生活必需品的使用。”①

① Oates and Schwab，2015.

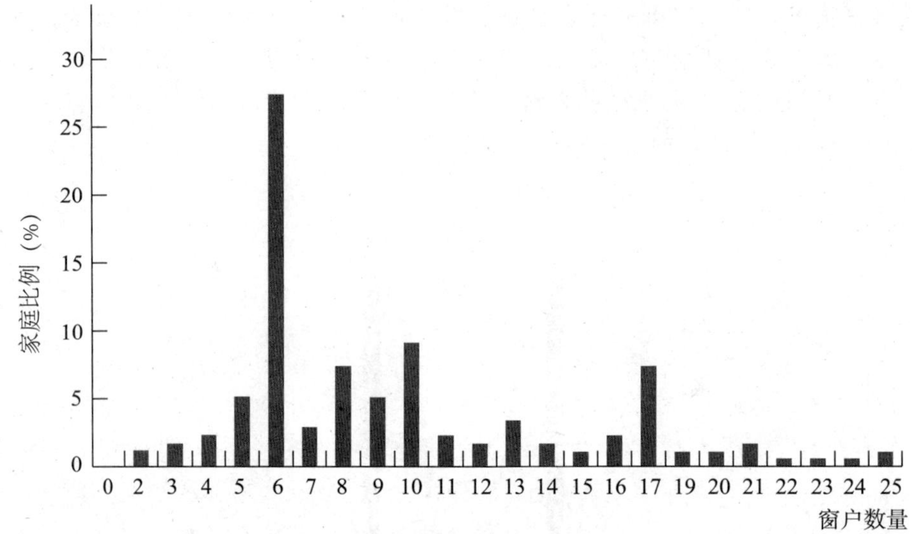

图 20-4　1761—1765 年窗户税的影响

资料来源：Oates and Schwab (2015).

说明：对 8 个或 9 个窗户的房屋征收新税，导致对 7 个窗户的强烈偏好。

☞**应用**

实际中的税收规避

富有传奇色彩的经济学家约翰·梅纳德·凯恩斯（John Maynard Keynes）曾经说过："税收规避是唯一的仍然有奖励的追求。"他的评论似乎被许多人所铭记，他们的弹性行为使他们能够避税。一些例子如下。

1. 几个世纪前，在教皇国*控制的托斯卡纳，当地法律对盐征收了极高的税。作为一种抗议形式，托斯卡纳的面包工人开始不在他们制作的面包中加盐。逐渐地，不加盐的面包开始流行起来，直至今天，托斯卡纳的面包还是无盐的。①

2. 在 20 世纪 80 年代早期，一个英国人去塞浦路斯旅行时询问导游，为什么许多房子看起来好像有钢筋从它们的最高楼层伸了出来。导游告诉他，塞浦路斯有一项仅对完工的建筑物征收建筑税的规定。房子的所有者这么做，就可以声称他们的房子还在装修屋顶。当然，该项工序永远也不会完工。②

3. 泰国政府对商业活动的招牌征税。税收仅对外部的招牌征收，且税率依据招牌是不是完全泰文的（低税率）、泰文和英文混用的（中等税率），以及完全英文的（高税率）而不同。因此，在曼谷走一圈，你就会发现很多商业招牌都是英文招牌在右上角处

---

① Balakrishnan (2010).

② 参见道格·波特（Doug Porter）的信，网址为 http://www.wirksworth.org.uk/MAIL-1.htm。

* 即现在的梵蒂冈。——译者注

夹带着一点泰文的标志。许多商业活动通过在窗帘上打印信息并挂在窗前来成功规避全部的税收，由于呈现的是“内部”的招牌，因此是免税的。①

□ 无谓损失的决定因素

本章的附录在数学上推导出了无谓损失的公式，它是供求弹性和税收规模的函数。无谓损失（*DWL*）的表达式如下所示：

$$DWL = -\frac{\eta_s \eta_d}{2(\eta_s - \eta_d)} \times \tau^2 \times \frac{Q}{P}$$

其中，η_d 是需求弹性，η_s 是供给弹性，τ 是税率。从表达式我们可以知道两点。第一，无谓损失随着需求和供给弹性的增加而增加：市场的参与者能够消费和生产替代品的机会越多（需求或供给的弹性越大），通过替代行为创造的无效率也会越高。

正如我们在附录中讨论的一样，该计算所使用的适当的弹性是仅能够反映替代效应而不是收入效应的弹性（称之为补偿弹性）。由于收入从个人那里转移到政府那里，任何政府收入的增加都有收入效应，因此决定某项特殊税收低效率的因素是该项税收由于替代效应而扭曲人们行为的程度。然而，实际上很难区分价格变动中的替代效应和收入效应，因此，当我们计算无谓损失时，我们依赖的是总（非补偿）弹性。我们使用产量对价格的整体反应，而不是理论上只反映替代效应的恰当反应。

边际无谓损失：每增加一单位税收带来的无谓损失的增加。

第二，随着税率平方（τ^2）的增加，无谓损失也会增加，因此，随着现有税率的增加，任何给定税额的扭曲都会更大。对汽油中的镍征税时，如果是 25 美分税收增加的最后一个镍，那么会比 5 美分税收增加的第一个镍带来的扭曲要大得多。**边际无谓损失**（marginal deadweight loss），即每增加一单位税收带来的无谓损失的增加，随着税率的上升而上升。②

图 20－5 给出了这种观点的图示。汽油市场初始的均衡点在 *A* 点，产量为 Q_1，价格为 P_1。接着政府对生产者征收每单位 10 美分的税收，供给曲线由 S_1 移至 S_2，现在生产者面临更高的每单位生产成本（因此在每一价格下产出更少）。产量下降至新均衡点（*B* 点）的 Q_2。该税收导致了 *BAC* 面积的无谓损失三角。

接着政府对生产者第二次征收每单位 10 美分的税收，这导致供给曲线进一步移至 S_3。产量下降至新均衡点（*D* 点）的 Q_3。第二次征税进一步导致了大小为梯形 *DBCE* 的面积的无谓损失，这比三角形 *BAC* 的面积更大。第二次征收每单位 10 美分税收的边际无谓损失（使得税收增加了 20 美分）远高于第一次征收每单位 10 美分税收的边际无谓损失。在征收了两次税收后，20 美分所导致的总无谓损失为三角形 *DAE* 的面积。

背后的直觉与第 2 章关于无谓损失的快速提示有关。竞争性均衡的微小偏离对社会剩余所造成的成本并不会有多大，这是因为在均衡附近进行的交易并不会产生多大的剩

① 关于招牌税的事实来自 http://www.thaivisa.com/sign-tax.html(2015)。

② 仅当弹性为常数时，无谓损失才会随着税率平方的上升而增加。一般的观点是：任何税收的边际无谓损失均随着税率的上升而增加。

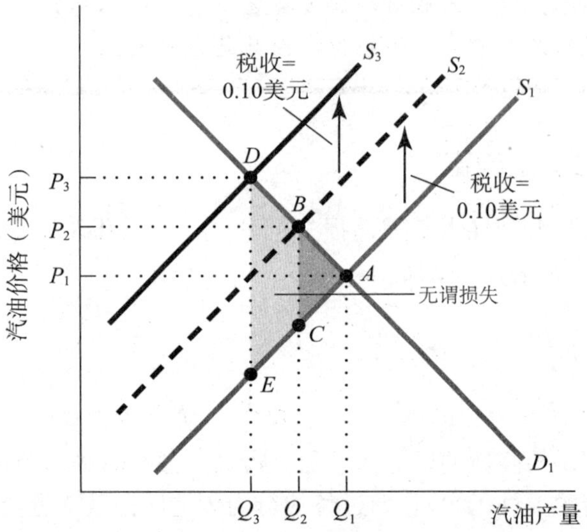

图 20－5　边际无谓损失随着税率的上升而增加

说明：初始对生产者征收 0.10 美元的税导致无谓损失三角 *BAC*。进一步征收 0.10 美元的税导致更大的无谓损失三角 *DAE*。四边形 *DBCE* 是加到初始无谓损失三角 *BAC* 上的边际无谓损失。

余。由于最后的交易是消费者认为其价值几乎等于价格（没有消费者剩余）的交易，且生产者认为其成本也几乎等同于价格（没有生产者剩余），因此使单位销售量减少一单位的税收事实上仅造成近似于零的无谓损失。第 1 000 亿加仑的汽油没有消费者和生产者剩余，因此，终止这一加仑汽油销售并不会对社会产生影响。

然而，随着市场离竞争性均衡越来越远，被税收阻碍的交易（在第一次 10 美分税收中处于 Q_2 和 Q_1 之间的产量，以及在第二次 10 美分税收中处于 Q_3 和 Q_2 之间的产量）成为剩余越来越多的交易，正如需求和供给之间不断增大的缺口所表示的。这些更高剩余交易的丧失表明随着市场离竞争性均衡越来越远，其无谓损失也越来越大。

□ 无谓损失和有效税收制度的设计

税率提升导致税收边际无谓损失增加的观点对制定有效税收政策具有许多重要的影响。在本部分，我们提供两个例子。

税收制度的有效性受市场原有扭曲程度的影响　税率提升导致税收边际无谓损失增加的事实表明，市场原有的扭曲程度，如外部性、不完全竞争或已存在税收等是决定新增税收有效性的重要因素。考虑图 20－6 所示的两产品市场的情形。在图 20－6a 所示的第一个市场中，没有外部性的存在，市场的初始均衡点为 *A* 点，产量为 Q_1。在图 20－6b 所示的第二个市场中，存在正的生产外部性（如第 5 章中的甜甜圈店和警察）。正的生产外部性导致社会边际生产成本（*SMC* 曲线）低于私人边际成本（S_1 曲线），这是因为企业的供给计划并没有将其对他人有利的利益考虑在内。企业选择在供给等于需求的 *E* 点生产，但是社会剩余在 *D* 点达到最大，此处的 *SMC* 等于需求。因此企业生产了较低的产量 Q_2，而社会效率最大化的产量为 Q_1。任何少于 Q_1 的产出都是无效率的，因为社会边际收益（由需求曲线衡量）大于社会边际成本（*SMC* 曲线）

的产量并没有被生产出来。因此，由于具有正的社会收益（在 Q_1 和 Q_2 之间）的交易没有发生，该商品生产不足，无谓损失的面积为 EDF。

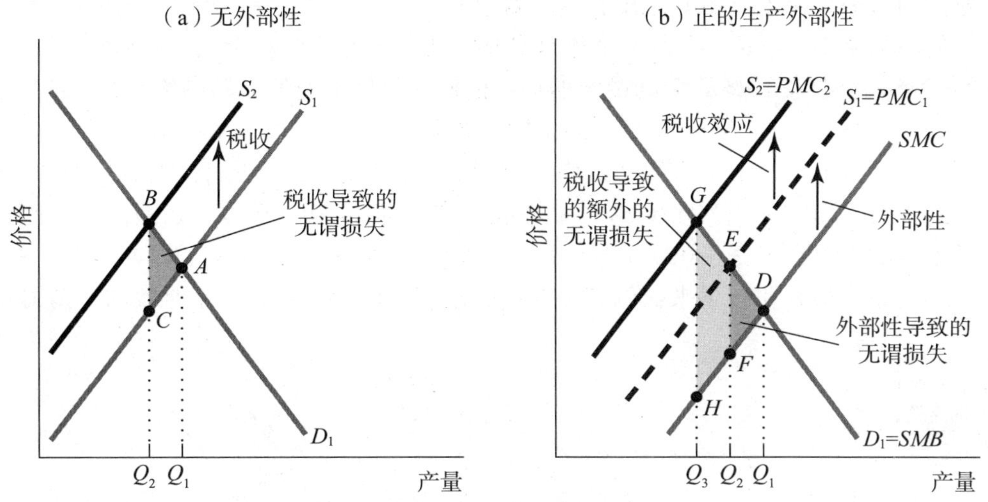

图 20－6　原有扭曲很重要

说明：在图 20－6a 中，无原有扭曲（如外部性）市场的征税导致的无谓损失三角为 BAC。在图 20－6b 中，存在正外部性的市场导致的无谓损失三角为 EDF，对该市场征税导致更大的无谓损失四边形 $GEFH$。在存在正外部性和税收的市场中，总的无谓损失三角为 GDH。

现在假设政府对两个市场的供给方都征收每单位 1 美元的税收。该税使得两个图中的供给曲线均由 S_1 上升至 S_2，并导致生产者减少产量至图 20－6a 中的 Q_2 和图 20－6b 中的 Q_3。对于图 20－6a 中的市场，由于没有外部性，税收仅导致面积为 BAC 的较小的无谓损失。对于图 20－6b 中的市场，由于存在正的生产外部性，市场已经存在税前的无谓损失，而该税导致了更大的无谓损失（梯形 $GEFH$ 的面积）。这一梯形的面积比图 20－6a 中三角形 BAC 的面积大得多，主要是因为第二个市场的税收使得市场产量变为 Q_3，这一产量相对于 Q_2 与社会效率最大化产量 Q_1 的距离更远。一旦市场已经生产不足，税收导致的产量下降就会尤其昂贵，因为没有发生的交易是边际社会收益大大超过边际社会成本的交易。

这一观点对垄断市场等不完全竞争市场的税收也具有重要意义。由于不完全竞争企业相对于完全竞争企业已经生产不足，因此，对它们征税的效率成本也远高于在最初处于竞争均衡的市场上征收相同规模的税收的成本。当然，如果市场存在负的外部性，那么我们的分析结论正好相反：由于税收纠正了外部性（如第 5 章所讲的），征税可能没有无谓损失，而不是有很小的无谓损失。

累进税制度可能效率低下　当前讨论的无谓损失观点不仅适用于对商品的征税，而且适用于对所得的征税。无谓损失法则的另一个意义在于从比例税制度（所有人的平均税率相等）转变为累进税制度（越富的人的平均税率越高）可能面临很大的效率成本。转变为累进税制度意味着使税基变小——对富人的税收仅针对富人更小的收入基础。假设现在穷人与富人对税率具有相同的收入弹性，税率增加相同百分比导致两组应纳税所得下降的比例相同。在这一假设下，对所有个体按照相同的税率征税比排除一部分个体而对另一群体按照较高税率征税来弥补收入损失更具效率。对人群中的某一个群体按照更高的税率征税导致的效率损失要大于不对一些人群征税所带来的效率收益。

我们通过一个例子来更好地解释这一观点。考虑一个社会中存在两个群体，其中一个群体的时薪是 10 美元，而另一个群体的时薪是 20 美元。对于两个群体来说，提高 10%的工资将会带来 10%的劳动供给增加：他们的税后工资的劳动供给弹性是 1。工资的劳动需求弹性是−1：每提高 10%的工资，企业将会降低 10%的劳动需求。

图 20－7 给出了每个工人的初始均衡情况。[①] 如图 20－7a 所示，没有任何税收时，低工资的工人工作 1 000 小时（H_1）并赚取 10 美元的时薪（W_1）。如图 20－7b 所示，虽然高工资的工人也工作 1 000 小时（H_1），却赚取 20 美元的时薪（W_1）。图下方的表格给出了初始均衡处和接下来的例子中描述的政府征税后的税收、小时数和无谓损失。

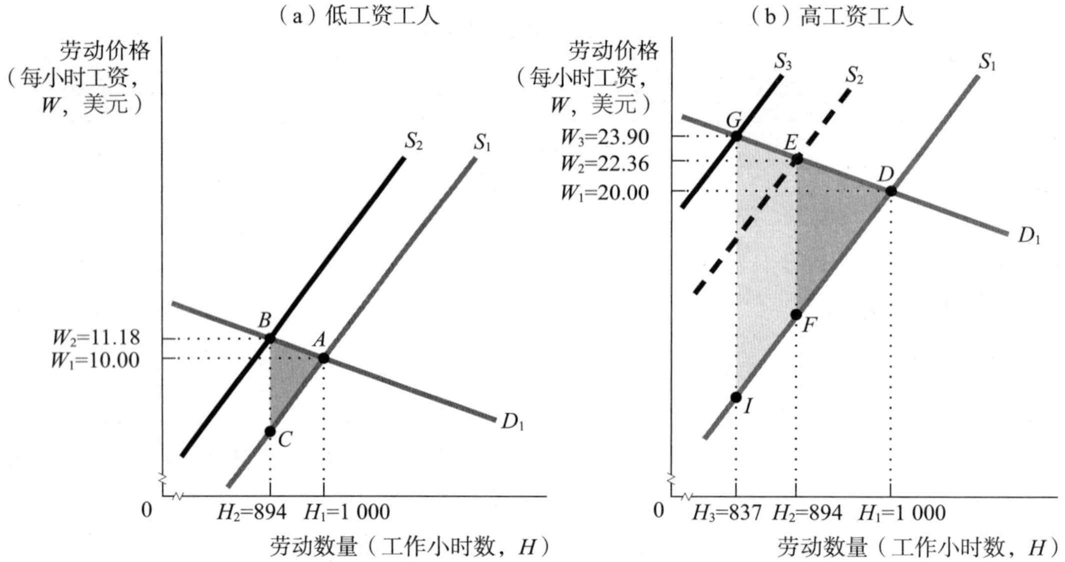

图 20－7 对广泛的税基征收低税率的税是理想的

说明：政府最初对低工资工人和高工资工人征收相等的税收，这导致的无谓损失分别为图 20－7a 和图 20－7b 中的 *BAC* 和 *EDF*。当政府改变税收体系而不对低工资工人征税时，这部分工人将不再有无谓损失，但是高工资工人的无谓损失将增加四边形 *GEFI*，从而表现为总无谓损失的增加。

	低于 10 000 美元的税率	高于 10 000 美元的税率	低工资工人（图 20－7a）		高工资工人（图 20－7b）		总无谓损失
			劳动供给小时数	税收导致的无谓损失	劳动供给小时数	税收导致的无谓损失	
不征税	0	0	1 000(H_1)	0	1 000(H_1)	0	0
比例税	20%	20%	894(H_2)	115.71 美元 (*BAC*)	894(H_2)	231.42 美元 (*EDF*)	347.13 美元 (*BAC*+*EDF*)
累进税	0%	60%	1 000(H_1)	0	837(H_3)	566.75 美元 (*GDI*)	566.75 美元 (*EDF*+*GEFI*)

① 注意本例的数学推导假设需求和供给曲线的弹性为常数，但是图 20－7 给出的是常数斜率曲线。

假设政府对工人的收入征收 20%的工薪税（比例税）。该税降低了两个群体工人的工作所得，使得他们提供劳动的意愿降低，从而导致两个图中劳动供给曲线从 S_1 移至 S_2。对于低工资的工人来说，劳动供给从 1 000 小时（H_1）下降到 894 小时（H_2），此时的税前工资更高，为 11.18 美元。因此，税收导致了无谓损失 BAC，为 115.71 美元。对于高工资的工人来说，劳动供给也从 1 000 小时下降到 894 小时，且税前工资更高，为 22.36 美元，导致无谓损失 EDF，为 231.42 美元。

▶ **快速提示**

为什么尽管减少相同的工作时间，高工资工人的无谓损失更大？在竞争性的劳动力市场上，工资率等于劳动的边际产出，因此高工资工人的劳动边际产出更高。当高工资工人（边际产出为每小时 20 美元）减少劳动时间时，其导致的社会效率损失要大于低工资工人（边际产出为每小时 10 美元）减少的劳动时间。

现在假设社会决定转变为累进税制度：对第一个 10 美元的收入不征税，但对下一个 10 美元的收入征收 60%的税。该累进税制度与对所有收入征收 20%的比例税所获得的税收相同。但是这两个不同的税收制度会产生非常不同的效率结果。

图 20－7 给出了这一观点的情形。在图 20－7a 中，累进税计划的改变提高了低工资工人的工作收益（因为他不再需要纳税），这使得他的劳动供给曲线移回 S_1。现在他在初始的最优点 A 点：在每小时 10 美元的工资下工作 1 000 小时。低工资收入者的无谓损失从 115.71 美元下降为零。在图 20－7b 中，累进税计划的改变进一步降低了高工资工人的工作收益，并使得他的供给曲线移至 S_3，因此其工作小时数从 894 降为 837（H_3）。这种改变通过增加梯形 $GEFI$ 的面积，使无谓损失三角的面积增加到 GDI。图 20－7b 的无谓损失现在为 566.75 美元。

税收计划的这种转变使低工资工人的无谓损失降低了 115.71 美元，而高工资工人的无谓损失增加了 335.33 美元。从净效应上看，无谓损失从 347.13 美元增加到 566.75 美元，增加了 63%（219.62 美元）。

无谓损失面积的大幅上升是因为该累进税制的税基更小。比例税的征税基础总共为 30 000 美元的所得（低工资工人的 10 000 美元所得和高工资工人的 20 000 美元所得）。累进税的征税基础是 10 000 美元的所得（高工资工人的第二个 10 000 美元所得）。为了在更小的税基上征得相同数额的税收，累进税制必须采取更高的税率，而更高的税率意味着更大的边际无谓损失。低工资纳税者的边际税率从 20%下降至零，而高工资纳税者的边际税率从 20%上升至 60%。由于无谓损失随着税率的平方而增加，因此低工资纳税者 20%的税率减少所带来的效率收益小于高工资纳税者 40%的税率增加所带来的效率损失。

这个例子说明了更重要的一点，即在一个来源上增加税收越多，无谓损失的增加就越快。依此逻辑，最有效的税收制度是将税收负担广泛分摊，实行低税率，从而使无谓损失最小化的制度。有效税收的指导准则是创造一种广泛且公平竞争的税收环境，而不是采用对某一群体或商品征税而对其他群体或商品免税的税收环境。

政府应该在不同时间上"平滑"税率 边际无谓损失随着税率的上升而增加的事实表明政府不应在其需要钱时增加或减少税收，而应该设定一个在长期能够满足其平均财政需求的税率，在短期通过使用赤字和盈余来平滑财政波动。例如，假设有一个通过20%税率来为其财政需求筹资的国家。现在假定该国打算发动一场持续一年的战争，因此该国预期在这一年它的财政需求会翻倍，而之后恢复正常。政府不应采取在当年将税率提高至40%为其财政需求筹资，而之后再回到20%的政策。相反，政府应该在之后的每一年都提高一点税率，如在之后的20年提高1%的税率，来为其战争筹资。

之所以建议这样的做法，是由于边际无谓损失随着税率的增加而增加。假设政府对未来的20年将税率从20%提高到21%，而有人建议改为在一年内将税率从20%提高到40%。这种在一年内增加20%税率的做法将降低效率：在一年内将税率从20%提高到40%所带来的边际无谓损失大于20年里税率从20%提高到21%所带来的无谓损失。如同个人通过完全平滑消费来实现效用最大化一样，随着时间的推移，政府征税效率的最大化是通过平滑税收，使税率相对恒定，而不是在某些时期高税率而某些时期低税率来实现的。

☞**应用**

对无线通信征税所导致的无谓损失

霍斯曼（Hausman，2000）估计了经济中的一个特殊动态部门的无谓损失：无线通信服务，如由手机、个人电脑和其他无线设备进行的通信。1999年，在一个典型州的州和联邦的无线通信税是14.5%，而在一些高税率的州如加利福尼亚、纽约和佛罗里达是25%。霍斯曼估计每一美元税收所导致的无谓损失为53美分：政府每征收一美元的税，社会福利将下降53美分。

如此高的数字是由于以下三个原因。第一，无线通信需求对价格相当敏感，霍斯曼估计的需求价格弹性为−0.51。第二，由于无线通信价格远高于其边际成本，该市场已经存在极大的扭曲。无线服务的边际成本仅为每分钟5美分，但是一般的无线通信商征收了好几倍的价格。因此，相对于竞争均衡，无线服务的产量已经不足，这种不足由于税收进一步加剧。第三，该税的税率相当高，而边际无谓损失随着税率的增加而增加。在加利福尼亚、纽约和佛罗里达，每征收一美元的税的无谓损失是70美分。

这仅是平均的无谓损失。霍斯曼还计算了增加无线通信税收的边际无谓损失。该无谓损失比平均的还高，这是因为当我们远离非扭曲均衡时无谓损失在增加。霍斯曼计算的每增加一美元的无线通信税收所带来的边际无谓损失为72～90美分。因此，在高税率的州，每增加一美元的税收，社会差不多会因为效率损失而失去一美元。

20.2 最优商品税

20.1节为我们提供了必要的工具，让我们从如何衡量无谓损失的实证问题转向在税收制度设计中如何考虑无谓损失存在的规范性问题。我们通过两种税收类别来回答这一规范性问题。本节考虑的是商品税，即一种对商品征收的税。下一节讨论所得税。

□ 拉姆齐税收：最优商品税理论

> **最优商品税**：为了达到政府既定的税收目标，需要在各种商品之间选择不同的税率以使无谓损失最小化。

最优商品税（optimal commodity taxation）理论开始于20世纪早期的经济学家弗兰克·拉姆齐（Frank Ramsey），他考虑的是在给定预算要求下，能够设定不同商品（如食物、衣服和烟草等）税率的政府所面临的问题。拉姆齐通过如下问题阐述了最优税收难题：我们如何在筹集特定水平的税收时使得造成的扭曲最小？换句话说，政府如何在满足其预算需求的情况下通过设定不同商品的税率来最小化税收制度所带来的无谓损失？

> **拉姆齐法则**：为了在增加一定量税收的同时使税收制度的无谓损失达到最小，税收应使不同商品的边际效率损失与边际收益之比相等。

本章附录给出了拉姆齐的数学解。这里，我们讨论的是其模型的启示：政府设定商品税时，应使边际无谓损失与边际收益的比率在各个商品中相等。

拉姆齐法则（Ramsey Rule）：设定税率以满足 $MDWL_i/MR_i=\lambda$。

> **政府额外收入价值**：相对于私人部门，政府手中额外持有一美元的价值。

MDWL 是对产品 i 增加税收所导致的边际无谓损失，*MR* 是税收增加所带来的边际收益，λ 为**政府额外收入价值**（value of additional government revenues）。该常数衡量的是相对于在私人部门的次优用途，政府手中额外持有一美元的价值。如果 λ 很大，这表明相对于把钱放在私人手中，政府增加收入的价值更大；如果 λ 很小，那么相对于私人拥有这笔钱的价值，额外的政府收入几乎没有价值。①

该法则表明，对商品 i 增加一美元税收所带来的无谓损失在所有商品中应该相等。如果对产品 A 征税所带来的 $MDWL/MR$ 大于对产品 B 征税所带来的 $MDWL/MR$，那么对产品 A 而不是产品 B 征税将导致每一美元收入更大的无效率性。回忆 *MDWL* 是税率的正向函数。如之前所讨论的，更高的税收导致更高的边际无谓损失，这是因为其使得市场更加偏离竞争均衡（无谓损失由税率的平方决定）。因此，为了最小化市场的无效率，政府应该减少对产品 A 的征税，从而减少它的 *MDWL*，并增加对产品 B 的征税，从而增加其 *MDWL*。这种调整应持续到两种产品的 $MDWL/MR$ 等于 λ 为止，从而对两种商品征收的每一美元税收的效率成本相同。

如果 λ 很大，那么政府额外资源的价值也会很高，所有商品税的 $MDWL/MR$ 也应该很大（税率应该较高）；如果 λ 很小，政府额外资源的价值则会很低，那么对所有的商品税 $MDWL/MR$ 也应该很小（税率应该较低）。换句话说，当政府存在巨大的预算需求时，它应该愿意承担潜在的无效率（高 *MDWL*）税收。这告诉政府应该保证税收的边际成本（$MDWL/MR$）等于其边际收益（λ）。

原则上，拉姆齐法则可以告知我们不同商品间的最优税收水平。实际上，政策分析

① 例如，在战争或其他需要政府干预的危机中，λ 可能很大。

师并没有可以测量的 λ 值，即政府额外收入价值，因此拉姆齐法则通常用于讨论税收改革以及从一种已有的商品税模式转向另一种获得相同税收额的模式的成本-收益分析。后文中的“应用”讨论的是对税收改革使用拉姆齐法则进行分析的例子。

□ 逆弹性法则

将拉姆齐法则与需求弹性挂钩来简化分析是一种合适的做法。正如我们在附录中指出的，如果我们假定商品市场的供给方是完全竞争的（供给弹性无穷大），那么拉姆齐法则意味着：

$$\tau_i * = -1/\eta_i \times \lambda$$

其中，$\tau_i *$ 是商品 i 的最优税率，η_i 是商品 i 的需求弹性。该等式表明，政府对每种商品设定的税率应该与1/需求弹性成比例。对需求富有弹性的商品（更高的 η_i 值）应征税较少，而对需求无弹性的商品应征税更多。

拉姆齐法则的公式化表明，当设定最优商品税时，需要对两个要素进行平衡。

- 弹性法则：当一种产品的需求弹性很大时，它的税率必须较低；当弹性较小时，税率应该较高。任何税收导致的无谓损失均随着需求弹性的增加而增加，因此通过对无弹性需求产品而不是有弹性需求产品征税可以提高效率。
- 宽税基法则：对大量产品以一个较适中的税率征税优于对极少数产品以较高的税率征税。由于税收导致的边际无谓损失随着税率的上升而增加，政府应该对广泛的商品征税，而不是对某一种商品以极高的税率征税。这是我们早前描述的“税收平滑”结论的推论：对许多商品以1%的税率征税优于仅对极少数商品以2%的税率征税，这是因为税率从1%增加到2%所导致的边际无谓损失比税率从0增加到1%的边际无谓损失更大。

为了平衡这两种建议，政府应该对无弹性产品以更高的税率征税，而且除非需求的价格弹性是完全无弹性的，否则不要把全部的税收来源都集中到这些产品上。如果政府仅关注弹性法则，则应该找到最无弹性的产品并对该产品征税来获得全部收入。然而，宽税基法则缓和了这种倾向。因此，政府不仅应该对无弹性产品征收高税率，而且应该对其他产品征税。

□ 拉姆齐模型的公平性意义

拉姆齐模型的逆弹性公式突出了拉姆齐方法中相当令人讨厌的公平含义。想象政府仅有两种可征税商品：谷物和鱼子酱。鱼子酱的需求弹性高过谷物的需求弹性，因此，逆弹性法则建议政府应该对谷物而不是鱼子酱征收较高的税。这意味着对仅由高收入阶层消费的产品征收的税远低于对由大众消费的产品征收的税。这种结论虽然有效率，但是违背了政府应在不同收入群体中追求税收公平性（纵向公平）的做法。

最优商品税框架可以通过既考虑每种商品的弹性又考虑其消费者的收入分配来解决公平问题。主要由高收入阶层消费的产品可以以高于逆弹性法则要求的税率征税，而主要由低收入消费者消费的商品的税率则可以低于逆弹性法则建议的税率。对最优商品税重新赋权重的程度取决于政府愿意以效率换取公平的程度。当政府为了公平而偏离拉姆齐法则时，税收制度的效率性降低，却更加公平。

也许由于对这些分配的关注，美国几乎不依赖于商品税。美国大部分税收来自个人所得税，这将在下一部分讨论。

☞应用

巴基斯坦的价格改革

虽然商品税在美国的应用并不广泛，但在发展中国家是一个主要的收入来源，因为在这些国家，收入很难衡量，而消费是税收的一个可靠的基础。另外，在发展中国家，公共政策的另一个重要工具是对主要消费品进行补贴，如对大米进行补贴。这些补贴通常以下列方式进行：政府按照市场价格从生产者手中购买这些产品，然后按低于市场的价格卖给消费者（政府用自身的收入为这种价差埋单）。这种补贴主要是由于对公平的关注（政府对低收入群体的生活成本进行补贴），但它们也存在效率成本。效率损失的逻辑也适用于补贴：任何使消费偏离其最优水平的政府干预都是无效率的。由于税收的存在，相对于最优效率点，此时商品的消费过低；由于补贴的存在，商品存在过度消费。由于商品的低价出售是人为的，因此消费者此时消费的社会边际收益实际上低于生产的社会边际成本。

安格斯·迪顿（Angus Deaton，1997）研究了几个发展中国家的商品需求。他使用大米、小麦和其他商品的价格变动来估计消费者的需求弹性。他还估计了对这些产品的已有补贴或征税对需求的扭曲程度。接着他将这些信息汇总，以估算每个国家商品税和补贴的最佳变化。

他对巴基斯坦的数据分析揭示了大量的事实。在1984—1985年间，巴基斯坦政府对小麦和大米进行了40%的补贴，这使得消费者可以以低于市场价格40%的价格购买这些商品。同时政府对油和脂肪征收了5%的税。小麦的需求对价格是无弹性的，其需求价格弹性为−0.64。而大米、油和脂肪的需求对价格是富有弹性的，其中，大米的需求价格弹性为−2.08，而油和脂肪的需求价格弹性为−2.33。对于后面的两种商品，价格每上涨1%，需求下降超过2%（或者补贴每增加1%，需求增加超过2%）。除此以外，还存在其他的税收和补贴，但是我们将谈论集中在这些商品上，主要是为了阐述迪顿的分析结论。

表20－1总结了这些条件，图20－8给出了这些商品的市场情况。图20－8a给出了小麦市场的情况。该市场的初始均衡点为A点，D和S_1相交的价格为P_1，产量为Q_1。对小麦的补贴增加了小麦的供给，供给曲线向外移至S_2，小麦的消费上升至Q_2。小麦在Q_1和Q_2之间的消费是无效率的，这是因为社会边际收益（需求曲线）低于社会边际成本（S_1），因此无谓损失的面积为BAC。图20－8b给出了大米市场的情况。这里的分析与图20－8a类似，但是由于大米的需求相对于小麦更具有弹性，因此，其补贴导致的无谓损失更大。与税收一样，更高的需求弹性使得补贴带来的无谓损失也更大，所以，此时的社会无效率消费（Q_1和Q_2之间）更多。图20－8c给出了油和脂肪的市场情况。在这里，市场的初始均衡点为A点，税收使得供给曲线由S_1移至S_2，消费从Q_1降至Q_2，并导致了BAC的无谓损失。

表 20-1　巴基斯坦不同商品的需求

商品	补贴	价格弹性	政策变化	社会收益	考虑分配问题
小麦	40%	−0.64	减少补贴	小	不减少补贴
大米	40%	−2.08	减少补贴	大	减少补贴
油/脂肪	−5%	−2.33	减少税收	大	进一步减少税收

资料来源：Deaton (1997).

说明：在巴基斯坦，不同的产品有不同的补贴和税收水平，以及不同的价格弹性。该表给出了政府对这三种产品进行补贴改革/税收改革所带来的福利收益情况。最优税收模拟表明，减少小麦补贴所带来的福利收益很少（因为其需求是无弹性的），而我们所关注的收入分配情况则进一步表明应该反对补贴的减少。另外，减少大米补贴获得了巨大的福利收益（因为其需求富有弹性），减少油和脂肪的税收也带来了巨大的福利收益。考虑收入分配仅会增强这些结论。

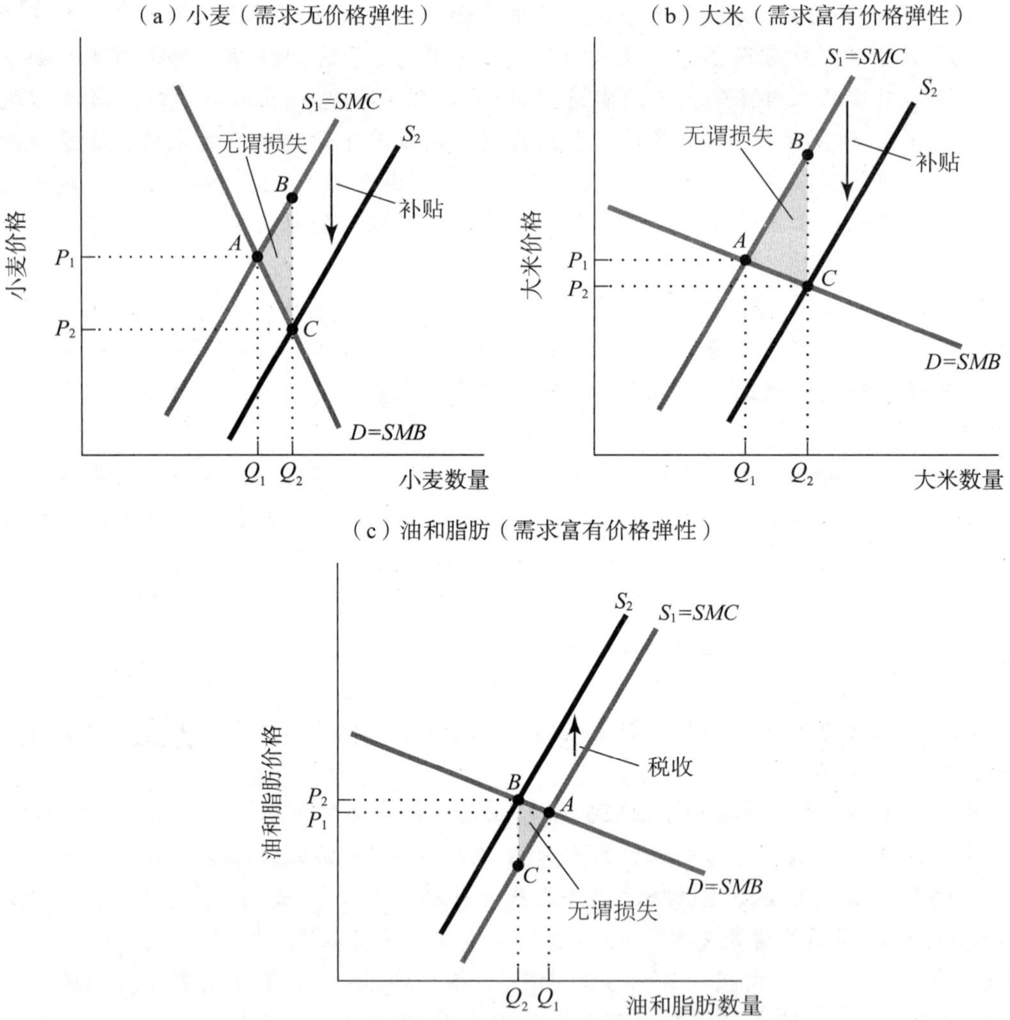

图 20-8　巴基斯坦的补贴和税收的效率影响

说明：在图 20-8a 中，对需求无弹性的小麦市场进行供给补贴导致产量从 Q_1 增加至 Q_2，并产生 *BAC* 的无谓损失。在图 20-8b 中，由于大米市场的需求富有弹性，因此，当对其供给进行补贴时，产量增加得更多（从 Q_1 到 Q_2），但是产生的无谓损失也更大（*BAC*）。在图 20-8c 中，由于油和脂肪市场的需求也是富有弹性的，即使很少的税收也会导致其产量从 Q_1 大幅下降为 Q_2，产生 *BAC* 的无谓损失。

使用与拉姆齐相似的分析框架，迪顿计算了对某种特定产品增加税收或降低补贴的社会成本。如表 20－1 第五列所示，他发现减少小麦补贴所带来的社会收益较小，而减少大米补贴的社会收益巨大。如图 20－8 所示，减少小麦补贴可以去除一个小的无谓损失三角，而取消大米补贴可以去除一个更大的无谓损失三角。由于大米的价格需求弹性大于小麦的价格需求弹性，所以大米补贴所导致的扭曲更大，因此，减少大米补贴相对于减少小麦补贴的社会收益也更大。

迪顿发现，对油和脂肪征税存在社会成本，而通过减少该商品税来去除图 20－8c 中的无谓损失 BAC 可以使社会变得更好。由于油和脂肪的需求都是富有弹性的，它们相对于其他弹性较小的产品应该征收的税率也应更小。因此，迪顿建议进行能够提高效率的税收改革：减少对油和脂肪的税收，同时通过减少对小麦和（特别是）大米的补贴来弥补该税收的损失。这样不用改变政府的净收入就可以提高效率。

迪顿也考虑了分配问题是否会抵消税收改革的结论。他发现，小麦主要由穷人消费。因此，如果再分配问题很重要，那么对小麦的补贴就不能减少。相反，大米的消费平均分布在不同的社会阶层中，即使社会更看重帮助贫困阶层，大米的补贴也应该终止。由于油和脂肪主要是穷人消费的，如果帮助贫困阶层很重要，那么对油和脂肪的税收应该减少更多。

因此，最优商品税这种相当抽象的概念在现实中是很有用的。借助这些概念和实证分析工具，经济学家能够为政策制定者提供关于完善商品税和补贴制度的重要建议。①

20.3 最优所得税

最优所得税：在满足政府收入需求的条件下，选择不同收入群体的税率水平，以达到社会福利的最大化。

在美国和其他大部分的发达国家，所得税是比商品税更重要的收入来源。在设计最优所得税时，政府的目标仍是在最小化税收扭曲的同时满足其收入需求，但是政府采用所得税还有另一个明显的目标：税收制度的纵向公平问题。政府的目标是以最大化一国社会福利函数的方式获取收入，该函数中的总社会福利是个人效用函数的加总。在本部分，我们提出**最优所得税**（optimal income taxation）理论并阐述该理论如何被用来构建最优所得税制度。正如最优商品税制度包含了不同商品的一系列税率（和补贴）一样，最优所得税制度也包含了不同收入阶层的一系列税率（和收入转移）。与设定不同商品的最优税率不同，最优所得税设定的是不同个体间的最优税率。

□ 一个简单的例子

我们以一个市场满足如下假设的例子开始本部分的探讨：

1. 社会中的每个个体的效用函数相同（$U_1=U_2=\cdots$）。

① 该方法的另一个应用是墨西哥的价格改革，详见 Nicita (2004)。

2. 这些效用函数的收入边际效用是递减的。

3. 社会中的收入总额是固定的，因此，收入不由能够被税率影响的个体选择所决定。

4. 社会福利函数为功利主义函数，即社会福利由个体效用函数等权重相加而得（$V=U_1+U_2+\cdots$）。

在这些假设下，最优所得税制度是使得每个人面临的税后收入水平相等的体系，其等于社会总的税后收入除以社会中的人口数。任何收入低于该水平的个体都能从政府处获得使其收入恢复至平均水平的转移支付。任何收入高于该水平的个体都会被征税，直至其税后收入等于平均水平。

在该制度下，边际税率是100%：额外增加1美元的收入要么会减少个人1美元的转移支付（如果其收入低于平均水平），要么会使个人的税收增加1美元（如果其收入高于平均水平）。低于平均收入水平的人的平均税率是负的，因为他们是获得转移支付的个体（支付负的税收）；在平均收入水平以上的人的平均税率是正的，且随着收入的增加而增加。

这听起来像是极端的例子，却离历史现实不远。在其顶峰时期（1945年），美国最高的边际税率是94%！但是该例子加入了非常不现实的假设。也许最不现实的假设为收入是固定的，这意味着个体即使面临的是100%的边际税率，也不会减少工作量。这与常识和实证证据相悖。

□ 行为效应的一般模型

如第2章和第17章讨论的，在不同个体间进行资源再分配时，政府面临的是一个公平-效率权衡。当社会重新分配资源时，它可能通过减少创收来缩小经济馅饼的总规模，但同时平均每块馅饼的分配。在前面的例子中，没有权衡的存在。由于社会的总收入是固定的，征税没有效率成本，所以最优制度仅关注公平以确保所有的个体收入相同。

在现实中，税收也会影响馅饼的规模：所得被征税的税率通常决定了被征税所得的规模。因此，在设定最优所得税制度时，政府需要考虑提高税率对税基的影响。

考虑对劳动所得征税的例子。通过该税收征得的收入等于税率乘以劳动所得的税基。假定当税后工资下降时，工人会减少向市场提供的劳动力数量（我们在第21章时再对这一假定进行更深入的讨论），因此，劳动所得税率的增加会对税收产生两大效应。第一，在给定劳动收入的情况下税收会增加。第二，在某一点处，工人会减少其劳动收入，从而税基会缩小。对于低税率，第一个效应起主导作用。如果我们从零税率开始，增加税率时就没有可以缩小的税基，因此只有第一个效应起作用。但是随着税率增加，第二个效应会变得逐渐重要起来：在100%的税率下，没有人会工作，税基会是零且征税不会带来任何收入。

这两大效应是著名的拉弗曲线的起源，拉弗曲线是20世纪80年代早期美国大规模减税的知识基础。图20-9给出了该曲线，其中，纵轴是税收，横轴是税率。当税率是0和100%时，征税不能带来任何收入。当税率从零开始上升时，收入增加，在税率τ^*处达到最大值，收入最终会下降并在100%税率处再一次回到零。因此，当我们处于拉弗曲线“错误的”一侧（右侧）时，我们可以通过减少税率来提高收入。在 20 世纪 80 年代早期，关于我们处于拉弗曲线错误一侧的信念促使国会通过了对高收入群体的减税政策。事实上，我们在本章后面和第 25 章中讨论的类型评估表明，此时我们仍处于拉弗曲线“正确的”一侧（左侧），对富人减税会减少税收。

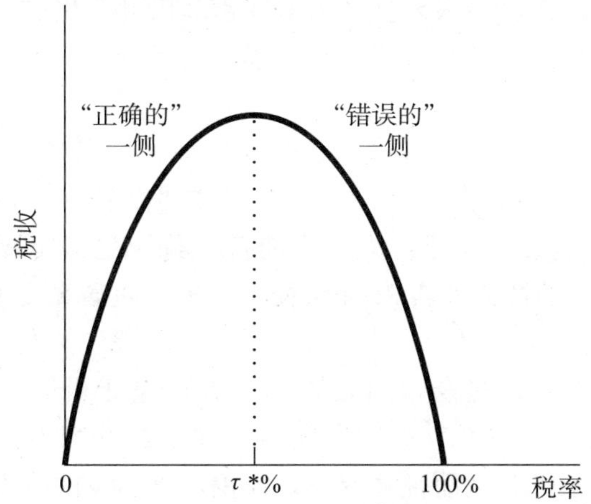

图 20－9　拉弗曲线

说明：当税率从 0 增加到 τ^* 时，税收会随之增加。当税率超过 τ^* 直至 100％时，税收会随着下降。

最优所得税分析的目标是确定最大化社会福利的各个收入群体的税率，同时认识到提高税率会对收入产生两方面的效应（如果税收足够高，则效应为负）。本章附录给出了这种分析的数学表达式并得出结论，最优所得税制度须满足如下条件：

使不同群体的所得税税率满足 $MU_i/MR_i=\lambda$

MU 是个体 i 的边际效用，MR 是从个体税收中获得的边际收入，λ 为政府额外税收的价值（参见最优商品税部分）。在最优所得税制度下，每获得一美元税收的边际效用在不同个体间是相等的。

由第 2 章的边际效用递减规律可知，个体的边际效用是个体消费的减函数。通过降低税后收入，更高的税率导致更低的个体消费和对个体 i 更高的消费边际效用。如果所得税制度导致个体 i 每一美元收入所带来的边际效用高于个体 j，那么该公式表明个体 i 的税率应该降低，而个体 j 的税率应该提高。这种调整会增加个体 i 的税后收入，增加他的消费并降低他的边际效用；同时会降低个体 j 的税后收入，减少他的消费并增加他的边际效用。这些调整应该持续至所有个体的 MU/MR 都等于 λ。

与最优商品税类似，这一结果代表的是两种考虑的折中。在商品税的情形下，最优税收在弹性法则（对无弹性商品征收更高的税）和宽税基法则（扩展税基使税率最小化）之间进行权衡。在所得税的情形下，最优税收制度体现的是一种不同的权衡。

- 纵向公平：当消费水平较高、边际效用较低的人的税收较重，而对消费水平较低、边际效用较高的人征税较少时，社会福利达到最大化。高消费的人在被征税时会“没那么心疼钱”。
- 行为反应：当任何一个群体的税收增加时，该群体会通过减少劳动所得做出反应。这意味着由于税基缩小，增加税收所带来的收入会变少。

因此，在考虑是否转变为累进税制时，政府需要平衡这样一个事实：这将使富人和穷人的边际效用相等（通过降低富人的消费），但对富人征更高的税，将使他们减少工作，从而降低税收带来的边际收入。后一点被前文所述进一步强化：税率提高导致了税收的边际无效率，且富人是社会最具生产力的要素，因此产出的减少也会是最大的。所以，对富人征税同时减少穷人的税收将导致总福利的降低。

□ 一个例子

想象一个无税的世界，政府打算引入 1%的低水平所得税。在这样的世界中，富人的 *MU/MR* 要比穷人低得多。由于富人的高消费，其 *MU* 要低得多，且由于富人的所得税税基更大，因此 1%的征税所带来的收入也更多，即 *MR* 更大。因此相对于穷人，富人的 *MU/MR* 要低得多。

然而，随着对富人征税的提高，他们的 *MU/MR* 会上升。他们的消费在下降，因此 *MU* 会更高，分子会上升。而分母则会因为劳动供给的行为反应而下降：更高的税收导致他们变得不努力工作，从而税基变小，征税获得更少的收入。在某一点，当对富人的征税足够高时，他们的 *MU/MR* 会低于穷人。相对于穷人，富人的税率应该更高，但是政府不应该把富人“榨干”，而是应该提高他们的 *MU*，但不能使对他们征税获得的 *MR* 变得太小（甚至是负的，如同在拉弗曲线“错误的”一侧）。

图 20－10 阐述了这一点。该图的横轴是税率，纵轴是 *MU/MR*。图中的曲线表明 *MU/MR* 随着税率的提高的变动情况。这些曲线向上倾斜：当税率增加时，*MU* 上升（边际效用递减的结果），且 *MR* 下降（当税率增加时劳动供给减少的结果）。事实上，分子上升的同时分母下降导致曲线不仅向上倾斜，而且以递增的速率向上倾斜（当税率上升时，曲线变得更加陡峭）。在极限处，税率达到 100%，由于征税无法再获得收入，因此，*MU/MR* 对任何人来说都是无穷大的。

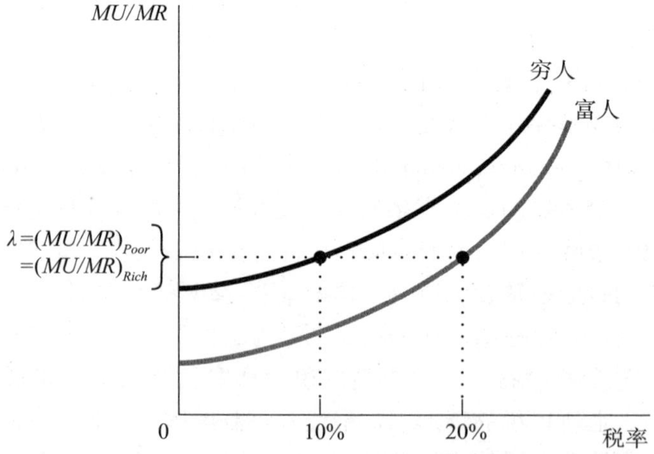

图 20－10　最优所得税

说明：对任何纳税人而言，边际效用与边际收入的比率随着税率的上升而增加，但是富人的比率始终低于穷人。最优所得税税率是使不同纳税人的比率相同的税。在这里，最优税率对于穷人是 10%，而对于富人是 20%。

考虑两个个体，高收入的富人和低收入的穷人。富人的曲线低于穷人，这是因为富人每增加一美元收入的 MU 更低。如果我们对富人和穷人均征收 10%的税，那么富人的 MU/MR 也会低于穷人的 MU/MR。

当我们提高对富人的征税时，其 MU 增加，且 MR 下降。当对富人的税率为 20%时，富人的 MU/MR 与穷人在 10%税率下的比率相等。由于对富人和穷人来说，$MU/MR=\lambda$，这便是所得税率的最优组合。

20.4 税收-收益联系与社会保险计划融资

税收-收益联系：所缴纳的税收与得到的收益之间的直接联系。

在前两章，我们关注税收的公平和效率含义，而忽视了对税收的处置。然而，通过这么做，我们忽视了**税收-收益联系**（tax-benefit linkages）的可能效应，即缴纳的税收与得到的收益之间的直接联系。这些联系对税收的公平和效率起着举足轻重的作用。这一观点由萨默斯（Summers，1989）在研究政府社会保险计划时强有力地提出。他表明，工薪税与其支持的社会保险福利之间的联系可能导致工薪税的税收归宿落在工人身上的部分比第 19 章的分析中假设的更完全。这一联系也可能导致社会保险计划融资的效率成本低于本章讨论的结果。由于用来支持社会保险计划融资的工薪税在美国和其他国家税负中占据着较大的份额，因此对上述论据的理解和评估就显得极为重要。

□ 模型

为了阐述为社会保险计划融资的工薪税所起的作用，我们考虑一个由工薪税融资的工伤赔偿计划（为受伤的工人提供赔偿）。考虑如图 20－11a 所示的初始时没有工伤赔偿计划的市场例子。该市场的初始均衡点为 A 点，劳动数量为 L_1，工资为 W_1。之后政府引入工伤赔偿计划，该计划通过雇主的工薪税进行融资。该税收使雇主承担了一种新的生产成本，导致雇主在全部工资水平下的劳动需求数量减少，需求曲线从 D_1 向内移至 D_2。均衡点移至 B 点，即 D_2 和原来的供给曲线 S_1 相交的点。均衡工资下降至 W_2 且均衡的劳动数量下降至 L_2。在这一下降的劳动数量中，有许多愿意工作且愿意接受在无税情况下能够使企业获利的工资的工人（L_1-L_2）。然而，一旦税收实施，企业雇用这些工人就不再是能够获得盈利的做法，这些有效的劳动力市场匹配则无法达成，导致 CAB 的无谓损失。

这种分析已经尽可能准确，但还远远不够，因为它忽略了征税的原因。工薪税是为工人的福利融资，为他们可能的受伤提供保险。在工伤赔偿存在之前，如果从事危险工作的工人受伤且失去工作，那么工人便失去了离开工作这段时间的工资以及为了从伤病中康复的医疗费用。因此，从事危险工作的工人会需要如我们在第 8 章讨论的这种类型的补偿差异：相对于其他可比的但没有危险的工作，他们会要求更高的工资，来弥补这些潜在的伤后成本。然而，如果有工伤赔偿机制，工人则不会对他们的雇主要求这么大的补偿差异，这是因为政府会对他们失去的收入和医疗支出进行补偿，因此工人愿意以更低的工资向市场提供劳动力。

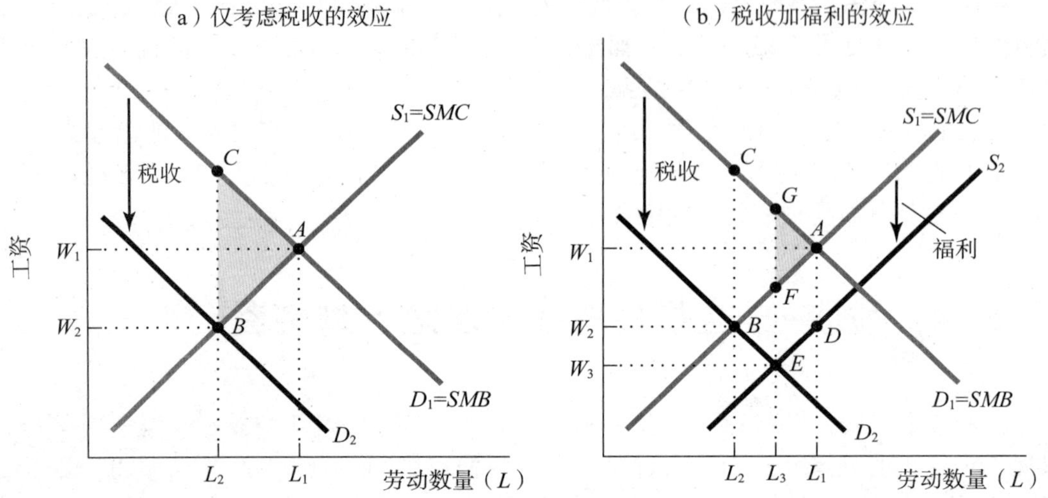

图 20－11　税收-收益联系

说明：在图 20－11a 中，仅对劳动征税会导致需求曲线从 D_1 移至 D_2，劳动数量从 L_1 减少至 L_2，从而导致无谓损失三角 CAB。在图 20－11b 中，这些税收与对工人提供的福利挂钩，由于福利扮演着类似增加工资的角色，使得提供劳动更加具有吸引力，供给将向外移至 S_2。劳动供给仅下降至 L_3，而无谓损失三角减小至 GAF。

图 20－11b 给出了当考虑福利时，税收导致的无谓损失的变动情况。在工资 W_1 处，工人愿意提供的初始劳动数量为 L_1（A 点），但在引入工伤赔偿计划后，他们愿意在更低的工资 W_2（D 点）下提供相同数量的劳动。由于这种改变是发生在每一个数量下的，因此供给曲线向外移至 S_2。新的均衡点为 E 点，即 D_2 和 S_2 的交点：工资下降至 W_3，劳动供给增加至 L_3。与图 20－11a 相比，这种劳动力供给的增加减少了税收的效率成本，因为此时由税收导致的有效雇主-工人匹配无法达成的现象减少了（只有在 L_3 和 L_1 之间的无法达成，而不是在 L_2 和 L_1 之间的更大集合）。无谓损失三角因此减少至 GAF 的面积。

为什么当新的均衡点为 E 点时，无谓损失三角为 GAF？这是正确识别无谓损失三角障碍的极好例证。我们记得无谓损失的定义是由于未出售的且社会边际收益超过社会边际成本的单位而导致的社会盈余的减少。劳动的社会边际收益由干预前的需求曲线（D_1）衡量，劳动的社会边际成本由干预前的供给曲线（S_1）衡量，因此无谓损失必须由这些曲线来刻画。在新的劳动数量 L_3 处，能够增加社会效率却无法成交的数量为 L_3 和初始均衡 L_1 之间的部分。因此，无谓损失包括 L_3 和 L_1 之间社会边际收益（D_1 曲线）与社会边际成本（S_1 曲线）的差异。

事实上，如果工人完全重视由雇主承担成本的工伤赔偿保险福利，那么该计划便不会有无谓损失。这种可能性由图 20－12 所示，该图给出了供给曲线外移至 S_2 即能够完全弥补需求曲线下移至 D_2 的情形。在初始均衡点（A 点）和新均衡点（B 点）处，劳动数量都是 L_1。均衡工资下降到 W_2，下降幅度为计划的全部成本，即 W_2 与 W_1 之间的差额正好是计划的全部成本。因此，工伤赔偿税收的成本以更低工资的形式被完全转嫁给了工人。当政府实施工伤赔偿计划，且工人对福利的评价等于雇主的成本时，政府其实是在雇主的劳动成本不变的情况下将工人的工资替代为该保险的福利，因此没有无谓损失。

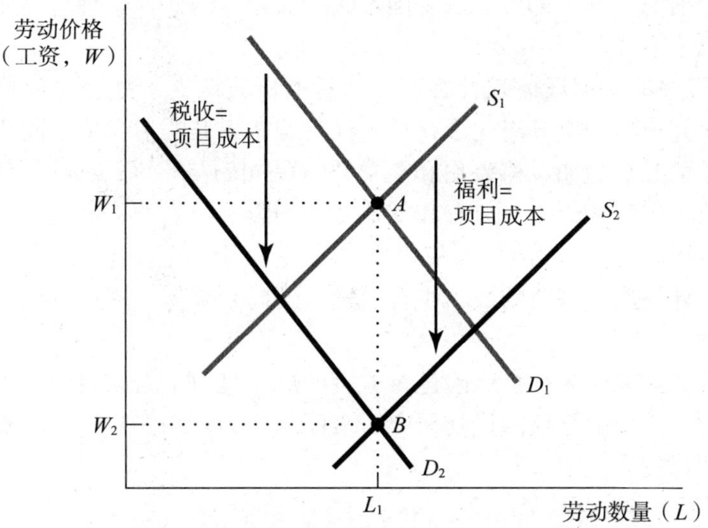

图 20－12　由于联系导致税收没有无谓损失

说明：当工人对用税收进行融资的福利评价极高以至愿意用低工资来接受全部成本时，即使征税也不会改变就业量。因为劳动供给的增加刚好弥补了劳动需求的下降，工资下降至 W_2，而劳动数量仍然维持在 L_1。

□ 税收-收益联系分析带来的问题

税收-收益联系分析带来了一系列有趣的问题。

如果提供福利不存在无效率，那么雇主为什么没有在政府介入之前这么做呢？　在图 20－12 中，提供工伤赔偿计划没有导致无效率。工人对该计划福利的评价等于雇主的成本，且愿意减少相当于该计划全部成本的工资额度。在这种情况下，为什么雇主在一开始时不直接提供该计划呢？为什么政府必须介入呢？

答案是，在没有政府强制要求的情况下，可能存在市场失灵导致雇主无法反映工人对该计划的估价。例如，市场上可能存在逆向选择问题。假设你拥有一个企业且你的雇员提出，如果你愿意为他们购买新的工伤赔偿保险，他们愿意降低与计划成本相当的工资要求。而该城镇里没有其他企业有这样的计划。你可能会担忧如果你第一个提供这样的计划，城里所有笨拙的工人（或喜欢假装受伤的工人）都会来为你工作，从而提高了你的工伤赔偿成本。这种标准的逆向选择问题可能会阻止雇主提供雇员认为完全有价值的福利。①

什么时候存在税收-收益联系？　当缴纳的税收与工人的利益直接联系时，税收-收益联系最强烈。当税收为不工作的人提供利益时，税收-收益联系就会被打断。考虑一种新的用来为全体居民的国家医疗保险融资的工薪税的情形。如同我们的工伤赔偿例子，该税收会降低劳动需求。然而，在该例子中，劳动供给没有相应上升，这是因为人们不需要通过工作来获得该项由税收融资的福利。缴纳的税收与获得的福利之间没有联

① 事实上，如果存在市场失灵，工伤赔偿计划有可能增加市场上的劳动供给。如果工人对工伤赔偿的估值高于雇主承担的成本（当工人是风险厌恶的类型时最有可能出现），劳动供给曲线向外移动的幅度将会大于需求曲线向内移动的幅度，工人为了获得该福利，宁愿接受工资减少量大于工伤赔偿成本的工资。这实际上会增加就业。

系。每个人无论纳税与否，都可以获得国家医疗保险。因此，这种情形适合用无谓损失的标准税收分析来解释。

税收-收益联系的实证证据是什么？ 大量的研究调查了社会保险费对工资和就业的影响。这些研究中的大部分对比了在社会保险费率上升的情况下不同州或不同收入群体的工资和就业情况。例如，格鲁伯和克鲁格（Gruber and Krueger，1991）估计了各州随时间变化的工伤赔偿成本对工资和就业变动的影响，安德森和梅耶（Anderson and Meyer，2000）研究了失业保险工薪税改变在各企业当中的影响。两项研究都认为，平均而言，为这些计划进行融资的成本主要通过（转向）降低工资进行支付，而对就业几乎没有什么影响。

因此，现有文献表明为社会保险进行融资的成本是由工人以更低的工资而不是更低的就业来承担的。正如萨默斯的最初研究所表明的，为社会保险计划融资的税收并没有导致严重的无谓损失。

▶实验证据框◀

特定群体的雇主要求

格鲁伯（Gruber，1994）估计了一个特定群体的强制福利对工资和劳动供给的影响，这种福利是针对工作场所内某个特定群体的强制福利。该论文研究了20世纪70年代中期州法律（以及后续联邦法律）的影响，该法律强制要求保险完全覆盖怀孕和分娩的成本。在此之前，医疗保险计划几乎不承担正常的怀孕和分娩成本，却慷慨地覆盖了其他医疗状况。这种区别被一些州政府认为是歧视，并导致州法律强制要求保险像覆盖其他医疗成本一样为怀孕成本埋单。

这些法律显著增加了这些州进入婚育期妇女的保险成本，继而提高了雇用这一特定群体（或者是可能为她们购买保险的丈夫）的成本。这些工人成为分析当中的实验组。有两个可能的对照组：在没有通过这些法律的州的类似工人或者通过了这些法律的州的其他工人群体。格鲁伯的研究通过使用在第14章附录中提到的双重差分法对比了通过法律的时间点上实验组和对照组的工资和劳动供给变化。结果表明，这项新要求的成本完全由受影响群体的工资所承担，而对她们的劳动供给几乎没有影响。

在通过了州法律之后，联邦政府通过了《1978年妊娠歧视法案》（Pregnancy Discrimination Act of 1978），该法案要求所有的州都要平等地为妊娠和其他医疗状况的成本埋单。该法律提供了一个“逆”准实验分析条件：现在，一开始就通过了法律的州变为对照组（因为没有任何改变），而还没有通过法律的州变为实验组（因为它们刚被强制要求）。格鲁伯同时研究了这一“逆”准实验并发现了相似的结论，确定了该项强制要求的成本完全由工资承担。①

这些发现为有关特定群体的强制规定，比如强制产假（新生儿出生时给予母亲或父亲的无薪或带薪假期）的讨论提供了重要的启示。这些法律经常被批评降低了企业

① 该观点的进一步佐证由Sheiner（1999）给出，他发现，当一个城市的医疗成本增加时，具有最高成本的工人（老人和已婚工人）的工资下降得也最多。参见Gruber（2001d）给出的关于该文献的一个综述。

对婚育期女性的需求和她们的就业前景。来自这些研究的证据表明，这些群体的总就业量并没有下降，只是她们的工资减少了。这一结果对效率有好处，该制度不会导致无谓损失。然而，这一结论从公平的角度来看可能是不好的，这是因为妇女以较低工资的形式承担了这项新福利的全部成本。

20.5 结论

设计税收政策的基本问题是在公平和效率间进行权衡。在第 19 章我们讨论了税收归宿的分配问题，或者说是税收如何影响公平（经济馅饼的分配）的问题。在本章我们讨论了税收如何影响效率（经济馅饼的规模）的问题，以及这些影响对商品和所得税制度的最优设计的影响。虽然这种分析可能很复杂，但是理解税收的效率只需要记住以下两个主要原则：第一，产品的供给或需求越富有弹性，税收导致的无谓损失就会越大。第二，税率越高，税收导致的增量无谓损失也会越大。这两种考虑的权衡是我们本书余下部分理解税收政策效率的关键。

重点

- 税收的效率成本由减少的消费所带来的无谓损失来衡量。
- 效率成本随着供给和需求弹性以及税率的平方的上升而增加。
- 在已经存在扭曲（如外部性、补贴和现有税收）的情况下，税收的效率成本更大，且与比例税相比，累进税的效率成本更大。
- 最优商品税涉及在对无弹性需求商品征收更高税率和对最广泛的商品征税以最小化总体税率之间进行权衡，这导致在一些假设下采用“逆弹性”法则，即对产品的征税与其需求弹性的倒数成比例。
- 最优所得税涉及在公平和对更高收入群体征收更高的税率所带来的扭曲成本之间进行权衡。模拟结果表明，最优所得税制度的边际税率不变或下降，但平均税率在迅速上升。
- 考虑税收-收益联系可以减少工薪税所导致的无谓损失，同时增加工薪税给工人带来的期望负担。由于这种联系在社会保险计划中极其重要，无论是理论还是证据均表明这些税收的负担完全由降低的工人工资所承担。

习题

1. 超黏胶水的市场需求为 $Q=240-6P$，而市场供给为 $Q=-40+2P$。

a. 计算对超黏胶水的生产者征收每单位 4 美元税收所导致的无谓损失。

b. 如果对超黏胶水的消费者征税，那么无谓损失如何变动？

2. 华罗威亚市政府打算对干衣机进行征税。在东华罗威亚，干衣机的需求弹性为−2.4，而在西华罗威亚，干衣机的需求弹性为−1.7。哪个地方的税收无效率性更大？请解释。

3. 在最近一次访问阿姆斯特丹时，你注意到面朝运河的住房既高又狭窄。你的房东告诉你这是建筑者为了避税所造成的结果。设计一种能够造成这种行为的税收制度。

4. 假设米齐康星市政府对奶酪的凝乳生产征税。什么时候税收的效率成本会更大——短期还是长期？为什么？

5. 州代表福尔德（Foard）建议对单户住宅的车库征收相当高的车库空间税，并认为车库，尤其是多车车库，是居民收入的一个很好的指标。这项税收有哪些潜在问题？如果新税收实施，你预测单户住宅会发生哪些变化？

6. 约翰城新建了一个体育场来吸引露山达尔城的篮球队。一个经济顾问认为，体育场应该通过2年期10%的销售税来融资，而另一个顾问认为应该通过20年期1%的销售税来融资。假设利率为零。哪种方法能够得到更有效率的结果？为什么？

7. 你是布腾尼市政府的顾问。政府打算对下列商品中的一种进行减税：苹果、香蕉或哈密瓜。政府需要你对选择哪种商品进行减税最合理提出意见。政府向你提供了如下信息。你的推荐是什么？请给出理由。

商品	单价（美元）	销售量（千个）	单位税收（美元）	边际税收（增加1美元税收带来的收益，千美元）	边际无谓损失（增加1美元税收带来的损失，千美元）
苹果	1	100	0.10	20	5
香蕉	2	100	0.25	30	20
哈密瓜	4	50	0.15	10	20

8. 奢侈品通常比众多消费者购买的商品更富有需求弹性。为什么政府更加喜欢对奢侈品而不是对“主要”商品征税？

9. 考虑一个通过工薪税融资的社会保险计划，比如失业保险，只有工作的人才能享受该福利。现在假设政策制定者决定改变计划，以便所有人都符合条件。例如，假设失业保险规则发生变化，现在无论工作经历如何，所有人都符合条件。根据文中讨论的格鲁伯和克鲁格（Gruber and Krueger，1991）以及安德森和梅耶（Anderson and Meyer，2000）的实证研究，你预测工人的税前工资会发生什么变化？该计划的无谓损失会如何？

进阶习题

10. 毛绒兔子玩具的市场需求是$Q=2\,600-20P$，政府打算对每只毛绒兔子玩具的购买征收4美元的税。计算该税带来的无谓损失：

a. 毛绒兔子玩具的供给为$Q=400$。

b. 毛绒兔子玩具的供给为 $Q=12P$。

c. 解释问题 a 和问题 b 中无谓损失计算存在差异的原因。

11. 费斯特沃里尔市有两种工人：每小时 10 美元工资的低技能工人和每小时 20 美元工资的高技能工人。费斯特沃里尔市政府当前对全体劳动收入征收 20%的比例税。其考虑将这种税制替换为一种新的累退税制。新税制使政府获得的收入与原有税制相同，但是仅对低技能工人征收高于 20%的税，而不对高技能工人征税。这种新的累退税制比旧的比例税制更加有效还是无效？

12. 舒米斯尔（Schmeezle）和舒幕斯尔（Schmoozle）是菲尔德斯巴市政府的两位顾问。舒米斯尔认为由于花岗岩台面的需求弹性是−3，而水槽的需求弹性是−1.5，因此税收应该完全由花岗岩台面提供。舒幕斯尔则认为应该对两种产品同时征税。菲尔德斯巴市政府应该听取哪位顾问的建议？为什么？

13. 拉弗曲线的理论合理性体现在哪个方面？基于你对本章实证证据的讨论，你认为美国政府为了增加收入应该增加还是减少税收？为什么？

14. 北哈马的潜水呼吸管需求是 $Q_S=500-8P_S$，供给为 $Q_S=200+4P_S$。皮划艇的需求为 $Q_k=650-6P_k$，供给为 $Q_k=50+1.5P_k$。两种产品当前都没有被征税，北哈马市政府需要通过对潜水呼吸管和皮划艇征税来获得 5 000 美元的收入（为一座新灯塔融资）。其对这两种商品各应征多少税？

15. 假设一个州规定，雇主要为男性和女性都提供产假。

a. 你如何通过实证检验来分析该政策对本国男女相对工资的影响？

b. 基于本章有关特定群体强制规定的实证证据，你预期该州男女相对工资会如何变化？

16. 考虑一个目前要求雇主在孩子出生后向母亲提供部分带薪产假的州。假设该州正在考虑实施一项新的规定，即要求雇主向母亲和父亲都提供部分带薪的产假。

a. 根据本书中描述的关于特定群体雇主规定的实证证据，如果执行新的规定，你预期该州男女相对工资会如何变化？

b. 一旦政策实施，你将如何通过实证检验来分析这一政策变化对该州男性和女性的相对工资的影响？

17. 格拉尼塔政府考虑对如下产品中的一种或多种征收小额税收：铁砧、书籍和羊毛衫。铁砧和书籍都在边际成本为常数的竞争性市场当中生产，而羊毛衫由边际成本为常数的垄断市场提供。这三种产品的需求弹性分别为−3、−1.5 和−1.2。如果政府想要最小化无谓损失，其应该对哪种产品或哪些产品征收小额税收？

第 20 章
附录

最优税收的数学表述

在本附录，我们对本章通过直觉或图形的方式给出的观点进行数学证明。

□ 无谓损失的数学推导

计算税收导致的无谓损失的最直接的方法就是使用三角形面积公式：面积＝1/2×底×高。无谓损失三角的底为由税收导致的产量变化（ΔQ），高为税收，因此，我们有：

$$DWL=1/2\times\Delta Q\times\tau$$

由于产量的下降（$\Delta Q<0$），DWL 为正。

回忆第 19 章附录：

$$\Delta Q/Q=\eta_s\times\Delta P/P$$
$$\Delta P=[\eta_d/(\eta_s-\eta_d)]\times\tau$$

对上述两式进行结合和移项，我们可得 ΔQ 的表达式，税收导致的产量变动为：

$$\Delta Q=\frac{\eta_s\eta_d}{\eta_s-\eta_d}\times\tau\times\frac{Q}{P}$$

将此式代入 DWL 表达式，我们有：

$$DWL=-\frac{\eta_s\eta_d}{2(\eta_s-\eta_d)}\times\tau^2\times\frac{Q}{P}$$

□ 税收的行为反应和无谓损失：一个技术性的观点

税收有两种效应：其导致收入的再分配并使得市场参与者用未征税产品替代征税产

品。税收导致的无谓损失仅来自第二种效应，即由经济人避税行为导致。

最好的理解税收分配和替代效应之间的差异性的方法是使用定额税来对比分析不同类型的税收。定额税指一个人缴纳固定金额的税收，与其收入、对产品和服务的消费以及财富无关。无论一个人的收入是多少，定额税只征收固定金额的税收，因此改变一个人的行为不会改变其纳税量。我们到目前为止讨论的税收都是扭曲的税收，经济人可以通过改变他们的行为来改变纳税金额。定额税是获得税收的最有效方法，因为个人不会因为税收而改变其行为。

将税收的效率效应与没有税收的世界进行比较是不公平的，因为政府的一些收入是通过税收来实现的。因此，给定税收，我们应该对已经存在或拟征的税收的效率与最有效的税收——定额税进行比较。定额税没有基于行为的替代效应，只有收入效应。因此，扭曲（非定额）税的效率成本仅来自税收的替代效应，而不是收入效应。

为了避免考虑由收入效应导致的需求或供给变化（即扭曲），我们无法用标准的需求和供给曲线进行效率分析。例如，标准的需求曲线表明，需求随着定额税的增加而下降：更高的价格（由于收入效应）使消费者变得更穷。因此，均衡产量的下降似乎会导致无谓损失，但实际上并不是这样，无谓损失仅当个体由于税收而进行产品替代时才发生。

为了能够在技术上正确看待税收的效率成本，我们应该使用补偿需求曲线，或者说效用是常数的需求曲线，来确保其仅反映价格变动的替代效应。类似地，当我们计算税收的无谓损失时，我们不应使用整体的需求弹性，而应使用补偿需求弹性，或者说在效用不变的情况下价格变动百分之一所对应的需求量变动幅度。此方法对供给曲线也适用，我们应该采用补偿供给曲线和补偿供给弹性来分析税收导致的供给变动。

我们所衡量的需求或供给弹性与补偿弹性之间的区别在理论上很明确但难以用于实际情况。因此，我们在税收章节讨论的大量研究仅关注测量的（或者说非补偿的）弹性，而不是适当的补偿弹性。

□ 推导最优商品税率

拉姆齐最优商品税率问题是在给定税收约束条件下最小化由商品税集导致的无谓损失。

$$\min(DWL_1+DWL_2+DWL_3+\cdots+DWL_n)$$
$$\text{s.t.收入目标：}R_1+R_2+R_3+\cdots+R_n=\underline{R}$$

其中，R_i 表示由税收 i 征得的收入，$\underline{R}$ 是政府的总收入目标，下标 1，2，…，n 是被政府征税的不同商品。政府选择税率集 τ_1，τ_2，…，τ_n 来最大化该问题。

为了求解该问题，我们建立拉格朗日函数，即求解约束最优化问题的数学公式。拉格朗日函数等于最大值（如效用）减去预算约束乘以乘子 λ。将该式对每种商品所对应的税率求导并使其为 0，我们可以得到能够求解该问题的等式集。该过程等价于我们在第 2 章附录和第 7 章附录中将预算约束代入效用函数的做法。然而，在拉姆齐问题中，我们不能简单使用上述简易解法，因此，我们必须使用正规的拉格朗日方法进行分析。

在拉姆齐问题中，拉格朗日函数为：

$$(DWL_1+DWL_2+DWL_3+\cdots)-\lambda\times(R_1+R_2+R_3+\cdots-\underline{R})$$

将该式对每种商品的税率求导并令其等于0，我们得到如下表达式（定义为一阶条件）：

$$MDWL_1=\lambda MR_1$$
$$MDWL_2=\lambda MR_2$$
$$\cdots\cdots$$

其中，

$$MDWL=\delta(DWL)/\delta\tau$$
$$MR=\delta R/\delta\tau$$

这表明了一般的拉姆齐法则，即令 $MDWL_i/MR_i=\lambda$ 对所有的 i 都成立。

从先前的推导我们可知，一般的无谓损失表达式为：

$$DWL=-\frac{1\times\eta_d\eta_s}{2(\eta_s-\eta_d)}\times\tau^2\times\frac{Q}{P}$$

我们可以通过假设 $P=1$ 和完全竞争供给方（$\eta_s=$无穷）进行简化。则 DWL 的表达式为：

$$DWL=-1/2\eta_d Q\tau^2$$

由此我们可以推导出：

$$-MDWL=\delta DWL/\delta\tau=-\eta_d Q\tau$$

我们还知道收入$=\tau\times Q$，则边际收入为 Q。由此，按照拉姆齐法则，我们有：

$$MDWL/MR=\lambda\rightarrow\tau=-1/\eta_d\times\lambda$$

□ 推导最优所得税税率

最优所得税分析的目标是在满足收入目标的情况下，在不同个体间选择税率以最大化社会福利。因此，对于功利主义的社会福利函数，该问题可以表述为：

$$\max V=U_1+U_2+\cdots$$
$$\text{s.t. } R_1+R_2+\cdots=\underline{R}$$

同上，我们可以建立拉格朗日函数并求解该问题，表达式的形式为：

$$MU_i/MR_i=\lambda$$

第 21 章

对劳动力供给征税

需要牢记的问题

- 税收如何在理论上影响劳动力供给？在实践中又如何影响？
- 劳动所得税抵免如何运作？它如何影响劳动力供给？
- 儿童保育费用的适当税收待遇是什么？

1987—1988 年，冰岛对税制进行了全面修订。在修订前，工人就其上一年度所得纳税（与美国很相似），平均税负为收入的 14.5%，边际税率高达 56.3%。新税制为现收现付制，工人对每一张通过劳动获取的薪水支票缴纳固定税率为 32.5%的所得税。在向新税制转型期间，工人于 1987 年对他们 1986 年的收入纳税，于 1988 年对他们 1988 年的收入纳税，所以他们在 1987 年的收入永远不被征税。对于这一年，劳动收入的平均税率和边际税率均为 0。

这项根本的税负变化对工人的工作时间选择有实际影响吗？比安奇等（Bianchi et al.，2001）通过探究冰岛工人对这一年“税收假期”的反应来研究这个问题，他们发现该免税期对劳动力供给和经济增长产生了巨大的影响。平均来看，税后工资 1%的上涨导致工作周数增加 0.4%。所以在 1987 年，该措施使总体就业率从 78%上涨至 85%，如图 21-1 所示。实际 GDP 的增长率也从 4.3%上涨至 8.5%。但这一效果很快逆转。到了 1988 年，这些数据下降至税制改革前的水平。

对税收政策变动的强烈反应显示出税收对诸如工作时间之类的重要决定有影响。这种反应凸显了政府税收政策设计中的公平与效率的矛盾。正如我们在第 20 章中所学的，社会对收入公平分配的更高需求可能导致更高的税率。但是更高的税率可能对经济产生不利的影响：更高的税率阻碍了人们提高收入，并减小了可供征税的经济馅饼的规模。税基是否减少取决于经济馅饼的规模如何对各种经济活动的征税做出反应。

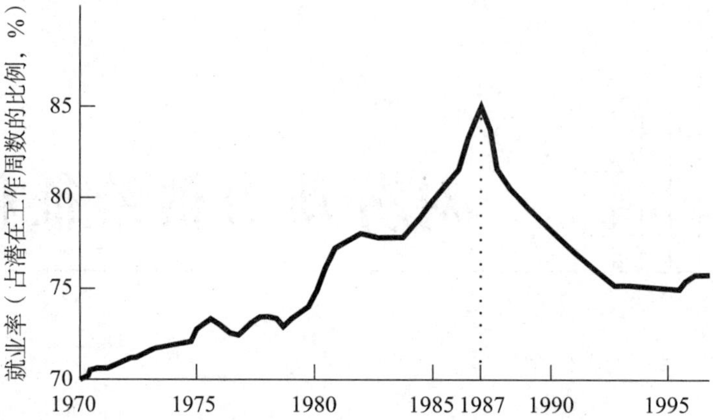

图 21-1　冰岛供给侧的实验

资料来源：Bianchi et al.（2001）.

说明：1987 年，冰岛居民的所得不纳税，导致就业率在这一年显著上涨。

为明晰税率如何影响经济，在接下来的三章中，我们关注个人的经济决策如何对税制变动做出反应。我们讨论三种类型的税收：对劳动征税、对储蓄征税、对财富和风险承担征税。在每一种税制下，我们首先讨论税收怎样影响个人诸如工作努力程度、储蓄数量、投资时愿意承担多大风险之类的选择；然后转向税收对这些行为影响的实验证据；最后，我们探讨在美国影响这些行为的关键税收政策。

本章首先讨论对市场中的工作所得（经济学家通常称之为劳动力供给）征税的问题。在这种情况下，我们借鉴了过去 30 年来发展起来的公共财政和劳动经济学的大量证据，这使我们能够得出一些相当普遍和无争议的结论。然后我们转向美国政府现今最重要的促进劳动力供给的税收政策之一——劳动所得税抵免（EITC），也就是为低收入家庭提供的工资补贴项目。研究劳动所得税抵免为我们提供了机会，让我们可以对税收和劳动力供给进行理论分析和应用，并基于可靠的实验证据，了解政府税收政策如何影响实际的劳动力供给。最后，我们考虑有关儿童保育支出的合适税收对策，这将是父母工作行为的基础决定因素。

21.1　税收与劳动力供给——理论

第 20 章对最优所得税的分析显示了理解劳动力供给如何对税制变化做出反应的重要性。如果当所得税增加时，个人极大地减少其工作时间，那么所得税将会对社会造成巨大的无谓损失。

□ 基础理论

评估所得税如何影响劳动力供给的理论框架与第 2 章和第 17 章用以评估现金福利对劳动力供给影响的框架相同。图 21-2 给出了艾娃（Ava）在闲暇和消费支出之间的可能选择。我们在解决最优闲暇问题的时候，将劳动时间视为每年的总时间减去闲暇时间。税前预算约束线斜率的绝对值，即工资率，是闲暇的价格，因为它是选择闲暇而不是工作的机会成本。在征税之前，艾娃享受了初始 900 小时的闲暇，消费水平 C_1＝13 750 美元（A 点）。现在假设对每一美元的工资收入征收 τ＝30％的税率，则艾娃的预算约束线斜率的绝对值为税后工资，即 8.75［＝12.5×(1－0.3)］，因为这是她（和所有拥有相同毛工资的工人）所认为的工作的金钱回报。以 τ＝0.3 的固定税率对收入征税导致预算约束线由 BC_1 向内旋转至 BC_2。当艾娃拥有相同的 900 小时的劳动时间，从而拥有相同的闲暇时，她现在能够消费的商品更少，C_2＝9 625，因为她的收入部分用来支付税款。

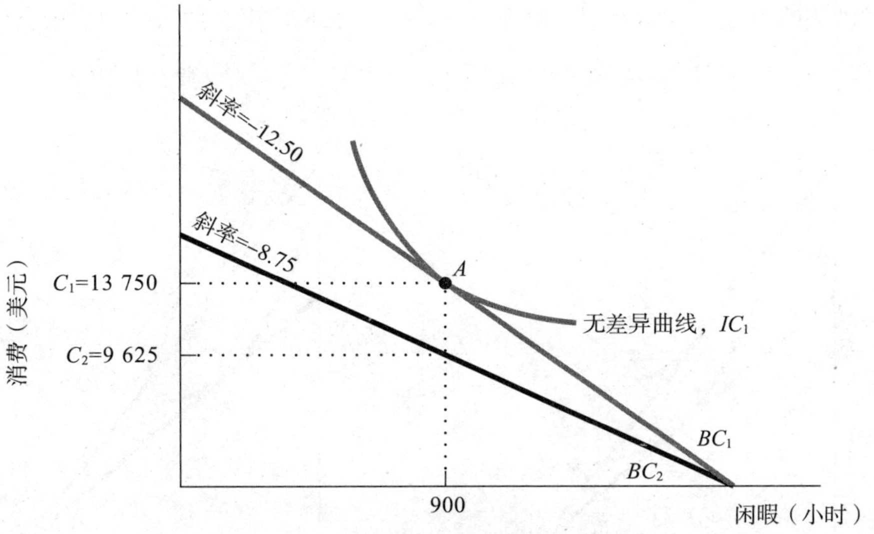

图 21－2　税收以及消费-闲暇的权衡

说明：征税前，艾娃每休息一小时，将损失 12.5 美元的消费额。以 τ＝0.3 征税后，艾娃的税后工资为 8.75［＝12.5×(1－0.3)］美元，由于艾娃的一部分工资用于纳税，在同等的工作/闲暇时间下，艾娃获得更少的消费额（C_2＝9 625）。

劳动力供给的替代效应和收入效应　我们不能准确获知税收对劳动力供给的影响，因为存在两种相反的效应。税后工资是闲暇的有效价格。税后工资与税前相比降低了，所以闲暇的价格降低了。闲暇价格的下降将导致替代效应，从而增加闲暇并减少工作。但是，工作回报的下降也意味着艾娃在任意劳动力供给水平下变得更穷。收入的下降将产生收入效应，导致购买更少的正常品，包括闲暇，而更少的闲暇意味着更多的工作时间。由于劳动力供给的替代效应和收入效应方向相反，我们不能准确判断以 τ 的税率征税后劳动力供给是上升还是下降。

▶ **快速提示**

为了理解劳动力供给的收入效应，可以考虑一个人的收入目标，即她设定的赚取一定收入的目标。假设艾娃工作的唯一目的是每周买一张激光唱片（CD）。如果她每小时赚 5 美元，一张 CD 耗费 20 美元，她将每周工作 4 小时。如果政府对劳动所得征收 20％的税，她的税后工资将降为 4 美元。为购买同一张 CD，艾娃现在需要每周工作 5

小时。即使她的税后工资下降了，但由于她有一个收入目标，所以她更加努力工作。在这种情形下，收入效应大于替代效应，劳动力供给的数量增加。

图 21-3 展示了对劳动收入征税的两种可能效应。在图 21-3a 中，税收的替代效应（降低了闲暇的价格，使艾娃想要更多的闲暇）大于能够降低税后收入的收入效应（减少闲暇需求）。在这种情形下，艾娃的闲暇时间从 900 小时增加到 1 200 小时，意味着更少的劳动力供给。在图 21-3b 中，能够降低税后收入的收入效应大于税收的替代效应，艾娃更加努力工作并赚取更多的收入，以使她能够负担更多的消费。在这种情形下，艾娃的闲暇时间从 900 小时降低至 600 小时，意味着更多的劳动力供给。

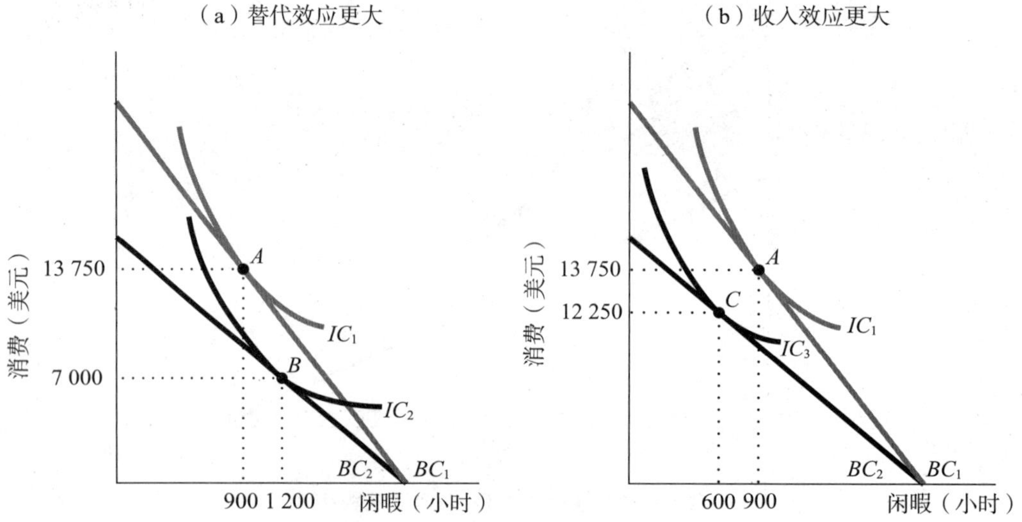

图 21-3　替代效应对收入效应

说明：在两张图中，对劳动收入的征税使预算约束线由 BC_1 逆时针旋转至 BC_2。在图 21-3a 中，税后工资变动的替代效应更大，工作没有之前吸引人，艾娃选择更多闲暇，闲暇时间变为 B 点的 1 200 小时。在图 21-3b 中，收入效应更大，艾娃感觉更穷，并减少她的闲暇时间（增加工作时间），以弥补部分收入损失，闲暇时间变为 C 点的 600 小时。

这两种可能性显示了劳动力市场不同形状的劳动力供给。如果替代效应更大，正如第一种情形，则劳动力供给的曲线为典型的向上倾斜的形状。如果收入效应更大，正如第二种情形，那么劳动力供给曲线将向下倾斜，更高的工资致使个人减少劳动力供给。劳动力供给曲线总是向下倾斜似乎是不可能的，因为劳动力供给的收入效应与工资变动前的工作时间成正比。如果工人根本不工作，则工资被征税对他们的劳动力供给有替代效应，但是没有收入效应。因为在征税前他们没有任何收入，他们不可能变得更穷。因此，当劳动供给处于低水平时，收入效应不太可能大于替代效应。对于较高水平的劳动力供给，对工资征税具有更大的收入损失，收入效应可能大于替代效应，从而征税会导致劳动力供给增加而不是减少。

□ 理论的局限：工作时间的约束以及加班费规则

劳动力供给税收效应的基础理论假定了一个理想化的劳动力市场，即个人可以根据政府税收变化而自由调整其工作时间。然而在大多数劳动力市场中，个人并不能自由调整工作时间以找寻无差异曲线和预算约束线的切点。例如，一些公司可能要求工人工作一定数量的时间。这一限制可能源于生产互补性，即生产过程的特征使得许多工人在同一时间从事工作变得重要。在生产线上的其他工人每周工作 40 小时的情况下，一个在生产车间流水线生产的工人不可能仅工作 32 小时，即便这是他的最优状态。

另一个对增加工人工作时间的限制是**加班费规则**（overtime pay rules），即规定如果工人一周工作超过 40 小时，那么时薪为正常工作时薪的 1.5 倍。[①] 这些法律规定使公司每周用工超过 40 小时的成本很高，意味着公司不愿意让工人这样做，即便这是工人的最优状态。总体上说，这种时间限制将迫使工人趋向正常的工作计划，从而降低工作时间对税后工资的反应程度。

加班费规则：在许多工种当中，如果工人每周工作超过 40 小时，那么他们必须依法得到 1.5 倍于他们正常工时的所得。

21.2 税收与劳动力供给——证据

有大量的计量经济学文献估计了税收对劳动力供给的影响。这些文献通常区分了主要挣钱者和次要挣钱者。**主要挣钱者**（primary earners）是指一个家庭中赚取主要劳动收入来源的家庭成员，而**次要挣钱者**（secondary earners）是家庭中的其他劳动力。由于主要挣钱者是最贴近劳动大军的家庭成员，次要挣钱者很有可能是负责其他家务活动的成员，比如照顾小孩。传统观念上，主要挣钱者是丈夫，而次要挣钱者是负担照顾小孩任务的妻子。

主要挣钱者：是一个家庭中赚取主要劳动收入来源的家庭成员。
次要挣钱者：家庭里除主要挣钱者以外的劳动者。

这些文献的结论是双面的。主要挣钱者的工作决策对工资变动（例如由税收引起的工资变动）反应不灵敏。税后收入每减少 10%，主要挣钱者工作时间减少 1%，劳动力供给对税后收入的弹性为 0.1。这些研究也发现次要挣钱者对工资（税收）反映更灵敏，劳动力供给对税后收入的弹性为 0.5～1。对于次要挣钱者，税后收入每增长 1%，劳动力供给增长 0.5%～1%。次要挣钱者的大部分反应来自决定是否工作（劳动力参与），小部分的反应来自决定工作多长时间。

这些发现在历史上是显著的。劳动力供给关于税后收入的弹性由劳动力供给替代品的可获得性决定。当工作有更好的替代品的时候，劳动力供给将更有弹性。由于美国的主要挣钱者期望全职工作，一般作为主要挣钱者的男性很少有工作的替代品。但是作为次要挣钱者的女性拥有一个自然的外部选择：照顾小孩。所以，她们在选择劳动力供给时拥有更大的弹性。即使考虑到之前探讨的时间约束，这些发现也是很合理的：男性一般在时间限制很重要的生产部门工作，所以他们很少能调整工作时间至合意的水平。女性一般在服务部门工作，工作时间更为灵活。

① 对于某些阶层的雇员，加班费规则有例外，例如行政类、管理类、专业类雇员。例如，教授是专业类雇员，因为他们的研究领域需要“高级知识”。更多有关法律的细节可以查询 http://www.dol.gov/dol/topic/wages/overtimepay.htm (2015)。

□ 现有研究的不足

这些文献的一个重要不足是主要挣钱者和次要挣钱者之间界限的模糊。尽管1970年只有31.9%的已婚女性参加工作，但到了2013年，这一数字为59%。现在，美国有超过一半的已婚夫妇双方都工作，而在27%的只有一方工作的家庭中，19%的挣钱者是丈夫，只有7%是妻子。在夫妻双方都有工作收入的家庭中，只有29%的家庭的妻子年收入比丈夫多。① 这使得在劳动力市场中很难决定谁应被称作主要挣钱者，谁被称为次要挣钱者。布劳和卡恩（Blau and Kahn，2007）发现已婚女性劳动力供给弹性在1980年到2000年间下降了一半，即从1980年的0.8下降到2000年的0.4。该发现表明，随着次要挣钱者在劳动大军中逐步形成，他们的工资弹性向主要挣钱者的水平靠拢，因此在工作选择中，他们对税收的变化也变得更不敏感。最近的研究也支持这一结论，并发现次要挣钱者对税收的反应变得更加类似于主要挣钱者的反应（Chetty et al.，2011）。

这些文献的另一个重要不足是仅仅聚焦于劳动力供给衡量方式的一部分：劳动力参与和工作时间。事实上，在其他衡量方式中，劳动力供给可能会对税收产生反应。例如，假设你可以通过在单位时间内付出更多的努力来赚取更高的收入，但是这种努力成本很高，所以仅当工资足够高时，你才会付出更多的努力。当税率很低时，你可能会付出努力，因为税后收入足够高，以回报你的努力。一旦税率增长，税后收入可能不足以补偿努力的成本，你就不会付出努力。类似地，假设你正在考虑两种工作：在其中一种工作中，你的生产率更高，但是压力更大；在另一种工作中，你的生产率更低，但是更轻松（假设你更偏好这种工作）。只有当税后收入高到可以补偿你的高工作压力时，你才愿意从事高压工作。在这个例子中，随着税率上升，你更不愿意从事高压、高回报的工作。另一个可能对税收做出反应的劳动力供给衡量是关于获取多少人力资本的决策。该领域的税收效应更为复杂，将在第23章中讨论。

对税收的社会效率后果至关重要的是税收如何影响社会的总产品。如果当税率变化时个人不改变工作时间，而是从事更没有生产效率的工作或者每小时努力程度降低，那么税收扭曲了个人的劳动力供给并且减少了社会总效率。在第25章，我们将回到税收对总收入（而不是工作时间）影响的讨论。然而，值得注意的是，切迪等（Chetty et al.，2011）研究了税收对总收入而不仅仅是工作时间的影响，并发现即使使用这一更广泛的衡量方法，弹性仍然很小。

▶实验证据框◀

估计劳动力供给的弹性

可以用三种方法估计劳动力供给对税后收入的弹性。

横截面线性回归证据：第一种类型的证据使用的是第3章中讨论的横截面线性

---

① 有关已婚女性就业百分比和已婚夫妇相对收入的信息来自 U. S. Bureau of Labor Statistics (2014)。

回归分析。这些研究将劳动力供给作为税后收入和其他控制变量的函数进行回归。这类模型的一般估计结果为，对于次要挣钱者来说，税后收入对劳动力供给有较大的影响，但是对主要挣钱者只有很小的（甚至是负的）影响。

然而，这些横截面分析在估计工资对劳动力供给的效应时有严重的偏误。回忆第 3 章曾讲过的，只要存在与劳动力供给选择有关并能区分实验组（高收入人群）和对照组（低收入人群）的因素，就会产生偏差。事实上，这些偏差是可能的。不管工资为多少，赚取高工资的人可能会成为无论工资为多少都会工作较长时间的人。由于控制变量无法在回归分析中有效控制"驱动"因素，估计工资对劳动力供给的影响存在偏误。

实验性证据：在第 3 章中估计税收对劳动力供给因果效应的第二种方法是随机实验。事实上，美国最重要的社会实验之一是负所得税制（NIT）的随机评估。1968—1976 年，林登·约翰逊总统创建的联邦机构——经济机会办公室（Office of Economic Opportunity）发起了 NIT 实验。在这项实验中，随机挑选的个人被安置在实验组和对照组。对于实验组来说，政府用固定收入保证并附加优惠税收额/优惠税率替代它们现有的税收方案。例如，一个四口之家可以获得 4 000 美元的保障（在当时，该水平处于贫困线的一半之下，即该规模的家庭的贫困线大约为 8 000 美元）以及 50%的税收减免。如果一个家庭没有收入，那么将获得 4 000 美元；一旦达到了 8 000 美元的收入，将不能获得任何优惠。8 000 美元以上收入的一半将被纳税。保证的数额以及减免的税率随机地分布在来自全国不同地方样本的实验组中，每一实验组的结果与其他实验组和对照组的结果都进行对比。由于实验组和对照组的分配是随机的，该研究为经济学家提供了理解收入和税后工资的变动如何影响劳动力供给的研究方法。①

NIT 实验的证据主要集中于男性。该研究结论与截面回归估计的结果惊人一致。男性劳动力供给对税后工资的总体反应程度较小，劳动力供给对税后工资的弹性约为 0.1。

准实验证据：估计劳动力供给弹性的第三种方法是使用第 3 章探讨的准实验研究法。该类研究中最著名的是娜达·艾萨（Nada Eissa）关于《1986 年税收改革法案》（TRA86）对劳动力供给影响的研究。艾萨指出，与中高收入的纳税人相比，这项重要的税收改革更大程度上降低了极高收入纳税人的税率。她的实验组是极高收入男性（高于 99%的收入水平）的妻子，本次税收改革极大地降低了这些男性的税率。她面临的问题是其他影响因素将随着时间变化并会自然引起高收入女性的收入增加（例如，20 世纪 80 年代后期女性劳动机会的增加）。为解决这一问题，她将实验组与对照组——税率变动不大的中高收入男性（处于收入分布水平 75%的分位上）的妻子相比较。

艾萨使用双重差分法分析这项准实验（在第 3 章中讨论过）。她对比了 TRA86 实施前后，税率降低较大的极高收入男性的妻子，以及税率变化不大的中高收入男性的妻子之间的劳动力供给的变化。她发现相比于富裕程度更低且税率没有降低的

① 要查询关于负所得税的更多信息，参见 http://www.econlib.org/library/Enc/NegativeIncomeTax.html (2015)。

男性的妻子，税率降低的男性的妻子的劳动力供给显著增加：税后工资每增长10%，导致妻子劳动力供给增长8%。使用相同的方法，艾萨发现相比于作为对照组的中高收入的男性，税收变化对极高收入男性的影响很小。克罗斯利和吉恩（Crossley and Jeon，2007）发现了类似的结果，加拿大的税收改革极大地降低了高收入男性的妻子的税收缴纳额。

来自税收计划跳跃点周围"集聚"的证据：用于估算税收对劳动力供给影响的最新方法是关注税收计划的一个特定特征，即税收计划的跳跃意味着额外收入会面临非常大的边际税率。例如，切迪等（Chetty et al.，2011）研究了丹麦的案例，该案例的最高收入税率大幅增加。例如，在2000年，收入低于267 600克朗的工人每克朗缴纳的税率为45%；但对于267 601克朗以上的收入，他们支付了63%的税率。鉴于这种跳跃式增长，人们可以预期，在这一点的收入上具有灵活性的工人将努力将他们的更多收入控制在分界线以下，从而避免以更高的税率纳税。

切迪等使用丹麦工人报告的工资收入的详细数据来评估他们如何应对这一增长率。1997年的调查结果如图21-4所示。每张图都显示了各个收入水平的纳税人的分布密度，也就是各收入水平的样本份额。图表上的每个点代表该收入水平的纳税人数量，垂直线显示税率上升的位置。该图集中在该线两侧的25 000克朗范围内。如果对税率上升没有反应，那么这种分布应该会平滑下降，因为越来越少的纳税人有越来越高的收入。但显而易见的是，在增加到最高税率之前存在"集聚"现象。

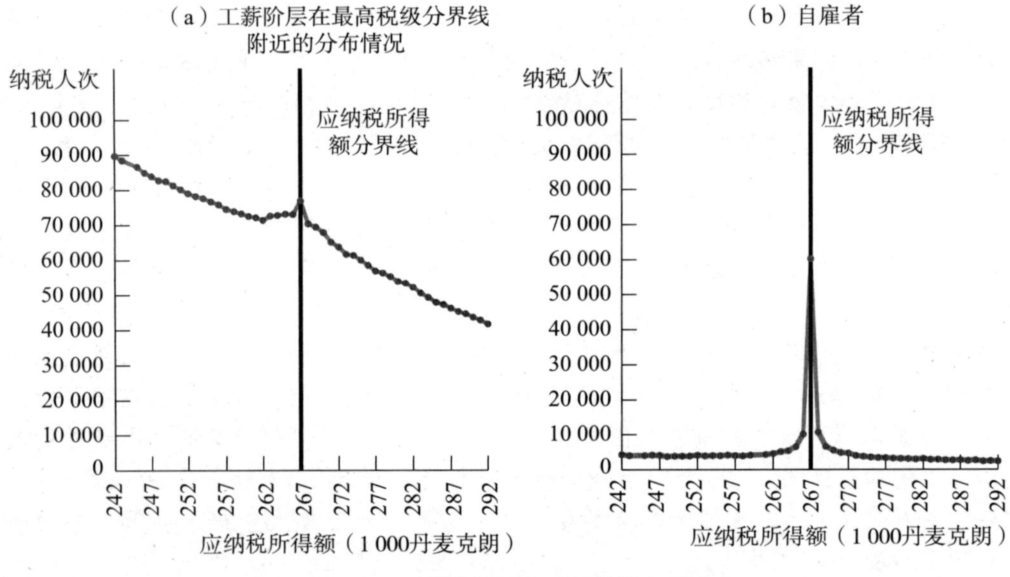

图21-4　税率增加处周围的收入分布

资料来源：Chetty et al.(2011).

说明：该图通过显示收入者如何在税收增加之前"聚集"他们的收入，以最大限度地减少应纳税额，说明了税收对劳动力供给的影响。在图21-4a中，我们看到随着收入的增长，有应税收入的工薪阶层纳税人数稳步下降。然而，收入在262 000丹麦克朗和267 000丹麦克朗（税率增加的收入）之间的趋势有很大变化，纳税人在分界线之前有相当大的"集聚"。图21-4b显示，与工薪阶层相比，申报高收入的自雇纳税人的数量相对较少，但他们对税率增加反应更为敏感。

在图 21-4a 中，对于赚取工资的人（即收入由雇主报告并且可能对自身的工时和收入的控制较少），在税率增加线之前有明显的"集聚"现象，并且在该条线上的申报人数有一个巨大的飞跃。切迪等接着解释了该证据对于（税后）工资的劳动力供给弹性意味着什么，其中，劳动力供给是通过收入金额来衡量的。尽管有这种令人印象深刻的图形证据，但隐含的弹性是比较小的（小于 0.025）。若税收增加，税后工资降低对劳动力供给影响不大。这与主要挣钱者对税收的反应较小是一致的，尽管弹性低于对其他已婚女性的估计。

相比之下，图 21-4b 显示，对于自雇者（即控制自己的工作时间、收入和收入报告的人），在税率上升的点，申报人数大幅增加。这一结果意味着报告的收入弹性在 0.25 的范围内，远远大于工薪阶层的 0.025。然而，目前尚不清楚这种对税率上升的更大反应是由于自雇者对劳动力供给的弹性更大，还是由于自雇者向税务机关报告的收入发生变化。我们将在第 25 章中更详细地讨论这种区别。

21.3 促进劳动力供给的税收政策：所得税抵免

劳动所得税抵免：一项对低收入者的工资实行补贴的联邦所得税政策。

在上文中，我们讨论了所得税税率如何影响主要挣钱者和次要挣钱者的劳动力供给。在这一节中，我们用这些知识研究**劳动所得税抵免**（earned income tax credit，EITC）——一项特别针对低收入者的所得税政策的效应。EITC 通过补贴低工资收入人群以达到两个目的：对低收入人群进行资源再分配，同时提高其劳动力供给。

在第 17 章中，我们讨论了收入再分配项目中的标准权衡：通过再分配可以增加纵向公平，但同时降低了低收入人群赚钱的动力从而损害了社会效率。EITC 坚持打破这个"铁三角"的承诺，通过工资补贴实现收入再分配，增加纵向公平并促进低收入人群工作。

□ EITC 的背景

如图 21-5 所示，EITC 于 1976 年启动，发展十分迅速。联邦政府目前每年花费近 580 亿美元用于 EITC，使之成为全国最大的单项现金反贫困项目。[①] EITC 在纵向公平方面取得了显著成功：超过 90%的福利转移给了年收入在 3 万美元以下的人群。在本节中，我们聚焦于该项目的另一个目的：促进低收入人群的劳动力供给。

为达到 EITC 的资格，抚养一个小孩的家庭的年收入必须大于 0，小于 43 941 美元；如果抚养两个小孩，则必须小于 49 186 美元；如果抚养超过两个小孩，则必须小于 52 427 美元。没有抚养小孩的家庭的收入必须大于 0 且小于 20 020 美元。对于没有小孩的家庭，EITC 很少（大约为只有一个小孩家庭可以获得最大数额的 15%）。重要的是，对于所有类型的家庭，EITC 是可返还的。即使家庭没有其他税收，仍然有资格

① Office of Management and Budget (2015).

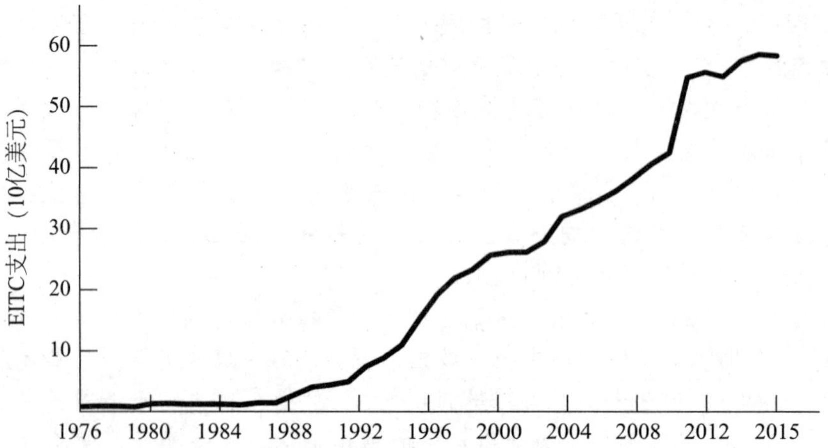

图 21－5　所得税抵免的增长

资料来源：Office of Management and Budget (2015)，Table 8.5.

说明：EITC项目从1976年的不到10亿美元增长至今天的接近580亿美元。数据以当前美元计算。

申请，政府会向家庭寄送税收退还的支票。①

图21－6展示了史黛西（Stacey）——一位拥有两个孩子的单亲收入者的EITC结构。对于史黛西收入的前13 870美元，政府对每一美元的工资收入支付40美分（40%），最大额度为5 548美元（13 870美元的40%）。图21－6的第一段斜率为0.4。对于接下来的4 240美元（13 870美元和18 110美元之间的金额），抵免额度恒定为5 548美元，所以在13 870美元和18 110美元之间，图形为一条直线。一旦史黛西的收入超过18 110美元，政府便开始减少抵免，速率为每1美元减少21美分（21%）。如果收入达到44 454美元或以上，就无法再享受EITC。

□ EITC对劳动力供给的影响：理论

和大多数所得税政策一样，EITC对劳动力供给既有收入效应也有替代效应。如图21－7所示（为了给清楚分析劳动力供给效应留下空间，数字没有按照比例标示），可以将EITC加入我们的消费-闲暇权衡图中。灰色的线是引入EITC曲线之前的原始预算约束线，假设工资率为20美元/小时；黑色的线代表加入EITC曲线后新的预算约束线（从44 454美元处开始，转为原始的预算约束线）。这幅图展示了EITC对四类人群的影响。

1. 对于完全不工作的人，例如处于A点的人，EITC很可能提高劳动力供给，因为他们获取抵免的唯一方法是加入劳动力大军中。EITC对于这类人群没有收入效应，因为他们一开始没有劳动收入。但是EITC确实具有替代效应：在44 454美元的水平下，通过提高劳动所得的回报，EITC鼓励不工作的人进入劳动大军，从A点移至A_1点。

2. 对于已经参加工作且收入在13 870美元以下的人，例如，年收入为处于B点的5 000美元的人处在图中EITC曲线上升的区间，每工作一小时会获得更多的EITC补

① 参见Maag and Carasso (2014)。关于当前EITC制度的详细资料，参见美国国税局的第596号出版物。

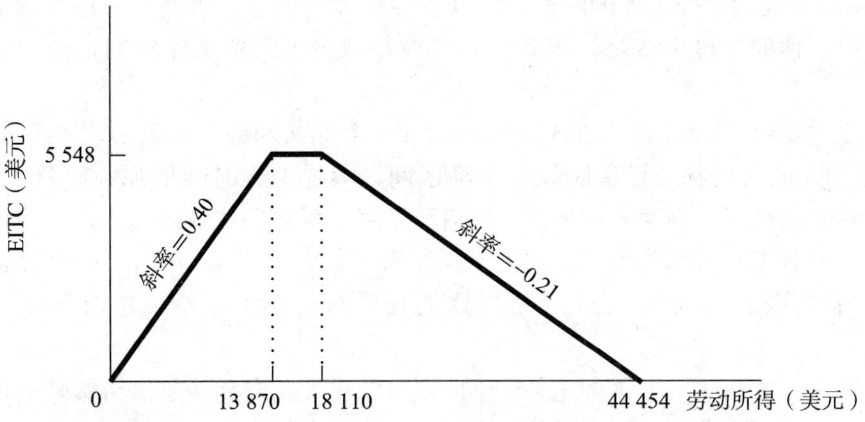

图 21－6　劳动所得税抵免

说明：对于劳动所得的前 13 870 美元，史黛西每一美元的收入获得了 40 美分的 EITC 支付。最大值为 5 548 美元。对于 13 870～18 110 美元之间的所得，EITC 固定支付 5 548 美元。对于 18 110～44 454 美元之间的收入，每增加一美元收入，EITC 支付降低 21 美分，直至 0。

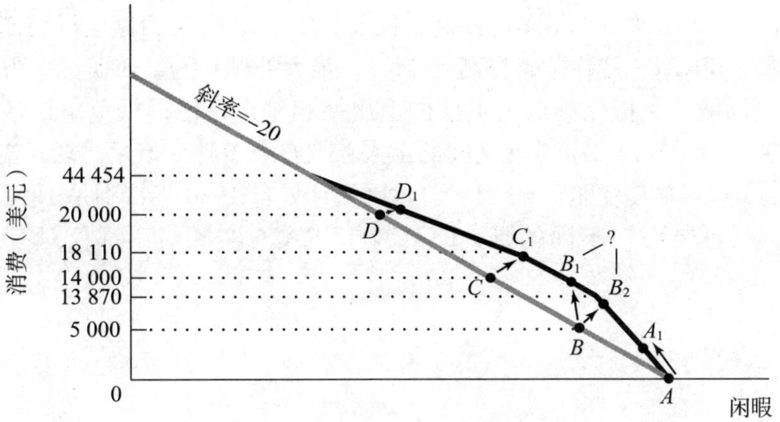

图 21－7　EITC 对劳动力供给的影响

说明：EITC 一定能够提高原本不工作者的劳动力供给（例如从 A 点移动到 A_1 点）；对收入低且获得工资补贴的人的效应是不确定的（例如可能从 B 点移到 B_1 点或 B_2 点）；对于接受最大固定金额补贴的人，将减少其劳动力供给（例如从 C 点移动至 C_1 点）；对于处于补贴额逐渐减少区间的人，将降低其劳动力供给（例如从 D 点移动至 D_1 点）。注意该图未按比例绘制。

贴。对于这类人群，劳动力供给的效应是不确定的。补贴具有的替代效应将促使工人更多地工作，因为每小时的工作有更高的收入；但是补贴所具有的收入效应也将促使工人更少地工作，因为补贴使工人变得更富裕。如果替代效应占优，工人将移动至 B_1，闲暇减少，劳动力供给增加；如果收入效应占优，工人将移动至 B_2，闲暇增加，劳动力供给减少。

3. 对于已经参加工作并且收入在 13 870～18 110 美元之间的人，例如，年收入为 C 点的 14 000 美元的人处在图中 EITC 曲线的平坦区间，不论其工作多长时间，都将获得同样的 EITC，这种福利相当于预算约束线向外平移，从而减少劳动力供给。由于

EITC 并不增加他们额外工作的时薪，所以不存在替代效应。然而由于过去的工作时间获得了补贴，他们变得更富裕，因此收入效应将减少他们的工作时间，使他们移动至 C_1 点。

4. 已经参加工作且年收入在 18 110～44 454 美元之间的人，例如，年收入为 D 点的 20 000 美元的人处在 EITC 曲线的下降区间，随着工作时间增加，EITC 补贴额减少，使得预算约束线的斜率较前面的区间有所下降。现在替代效应起作用，使得劳动力供给减少，随着工作时间的增加，政府补贴下降，并且收入效应继续减少劳动力供给。因为依然有部分补贴转移给工人，所以这类人群的劳动力供给一定会下降，移动至 D_1 点。

将这四类人放在一起，该理论关于 EITC 对低收入人群劳动总供给影响的预测是不确定的。这种不确定性催生了大量关于 EITC 对劳动力供给影响的研究。

□ EITC 对劳动力供给的影响：证据①

关于 EITC 影响的实证研究聚焦于 EITC 随着时间的结构变化如何影响劳动力供给。图 21－8 给出了一个例子，该图展示了 TRA86 实施后 EITC 的变化。在法律变动前，EITC 补贴力度比现在小得多，补贴率仅仅为 11%，最大的额度仅为 550 美元，退出率为 12.2%。TRA86 将补贴率提高到 14%，最大补贴额为 851 美元，并将退出率降低至 10%。更高的最大抵免额以及更低的退出率相结合，使得抵免申请条件进一步放宽：年收入在 11 000～15 432 美元之间的工人首次符合条件。但是注意，当时的这些项目都比现在的 EITC 额度更低（图 21－6），因为计划自 1986 年特别是 1993 年以来有了更大的扩张，并且与现在不同的是，EITC 在 TRA86 实施前后都仅对有子女的家庭开放。

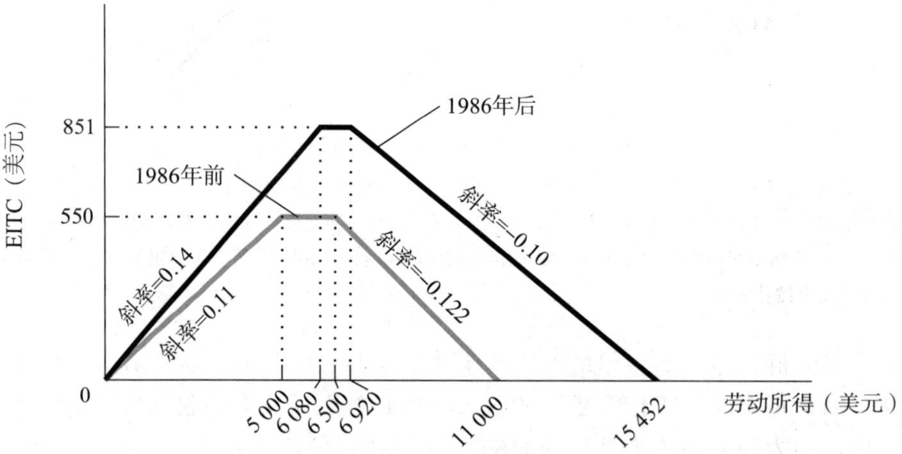

图 21－8　EITC 结构的变化

资料来源：Eissa and Leibman (1996).

说明：TRA86 改变了 EITC 的结构，提高了补贴率并增加了最大补贴率，减少了退出率，以致更广泛的收入群体有资格申请补贴。经济学家可以通过对比受该变化影响的人与没有受影响的人来检验 EITC 的效应。

---

① 有关 EITC 和劳动力供给的文献概述，请参阅 Nichols and Rothstein (2015)。

EITC 在 1986 年扩展后对劳动力供给的影响并不确定。对于不工作的人，工作回报确实有所增加，所以劳动力供给增加。对于已经参加工作的人，这既增加了上升区间的补贴率，又降低了下降区间的补贴率，使得增加劳动力供给的替代效应得到增强。同时，通过将 EITC 的最大额度从 550 美元提高至 851 美元，减少劳动力供给的收入效应也得到增强。另外，回忆第 17 章关于铁三角的讨论，之前不符合 EITC 条件（年收入在 11 000～15 432 美元之间）的一部分人现在有资格申请，对于这一部分人来说，存在收入效应和替代效应，两者都将导致劳动力供给减少。

估计 EITC 效应的文章已经达成了一些清晰的结论，将在下一节讨论。

对劳动力参与意愿的影响 多数关于该领域的研究考察了 EITC 对单身母亲劳动力参与（即她们工作的决定）的影响。这些研究得出的一致结论为，EITC 在促进单身母亲劳动力供给意愿方面扮演着重要角色。正如“实验证据框”中所描述的，艾萨和莱布曼（Eissa and Leibman，1996）估计由于 1986 年 EITC 的扩张，单身母亲的工作意愿提升了 1.4～3.7 个百分点。

越来越多的国际证据给出了这类劳动力市场补贴的影响。布兰戴尔和霍因斯（Blundell and Hoynes，2004）总结了英国类似于 EITC 的计划的证据，发现这些影响与 EITC 的影响方向相同，但更小。他们认为，这是因为英国计划的扩张伴随着针对不工作的人的福利计划的同期扩张，从而抵消了扩大工作激励所带来的净收益。布拉沃和劳（Bravo and Rau，2013）研究了智利青年工资补贴计划，发现第一年劳动力参与率大幅增加，随着时间的推移有所减缓。因此，普遍的研究结论似乎是类似于 EITC 的工资补贴制度增加了劳动力参与，尽管幅度可能会有所不同。

对工作时间的影响 顺着我们之前讨论的理论，1986 年 EITC 的扩张将增加劳动力参与的意愿，但是可能减少已经参加工作的人的工作时间，特别是补贴处于下降区间的人尤为如此。在这个区间内，额外收入的边际税率为 42.5%（15%的联邦边际税率，15.3%的工薪税税率，12.2%的 EITC 退出税税率）。这种高税率可能有损劳动力供给。艾萨和莱布曼也考察了 EITC 扩张对已经参加工作的人的工作时间的影响，并惊讶地发现没有影响。也就是说，EITC 的工资补贴在人们加入劳动力大军的意愿方面有重大影响；但是人们一旦进入劳动力大军，通过 EITC 对边际收入的征税则不会对他们的工作时间产生重大影响。之所以产生这样的结果，是因为参加工作的意愿对税收补贴是富有弹性的，但是工作时间的决策对于工资征税来说没有弹性。另外，也可能是因为补贴处于下降区间的个人并不十分明白如此复杂的抑制因素，所以他们并没有相应减少他们的工作时间，尽管存在这样做的财务动机。

对已婚夫妇的影响 尽管 EITC 对单身母亲的劳动力供给有正面影响，但可能对已婚夫妇的劳动力供给有负面影响。考虑一对已婚夫妇进行一系列的劳动力供给选择：丈夫首先决定他将工作多长时间，然后妻子决定她将工作多长时间。对于丈夫，EITC 的理论效应同单身母亲的一致（原本不工作的将开始工作，但是对已经工作的人的劳动力供给效应并不确定）。但是对于妻子，EITC 的效应将变得更加负面，因为 EITC 以家庭总收入为计算基础，对于多数有孩子的低收入家庭，基于丈夫的收入，他们已经处在最大抵免额的范围内，所以妻子在决定工作时长时只能面临 EITC 补贴向下倾斜的退出区间。事实上，在教育程度较低并且有孩子的夫妇中，9%位于上升区间，6%处于峰值

（最大收益），43%位于下降区间。[①] 如前所述，在下降区间存在强烈的抑制工作的因素，因为每一美元的额外收入会降低 21 美分的 EITC 补贴。所以，EITC 对次要挣钱者的工作有很强的抑制因素。

艾萨和霍因斯（Eissa and Hoynes，1998）研究了 EITC 对已婚夫妇的影响。他们发现 EITC 对丈夫的工作时间没有影响。这一结果与单身母亲的结论一致（EITC 增加了单身母亲的劳动力参与意愿，但是一旦工作，她们的工作时长就不会受到影响），因为几乎所有男性都加入了劳动力队伍。同时，研究者也发现了已婚女性劳动力供给的轻微减少，这种影响在一定程度上抵消了单身女性劳动力供给的增加。

▶实验证据框◀

EITC 对单身母亲劳动力供给的影响

如前所述，EITC 对单身母亲劳动力供给影响的研究一般利用 EITC 特征的准实验变动。这种分析的一个例子是艾萨和莱布曼（Eissa and Leibman，1996）研究 1986 年 EITC 大范围扩张的一篇文章。艾萨和莱布曼对比了有小孩的单身母亲（实验组，受政策变动的影响）的劳动力供给与没有小孩的单身女性（对照组，在 1986 年前后没有申请资格，尽管在 20 世纪 90 年代有申请资格）的劳动力供给。研究者发现了 EITC 扩大对单身母亲劳动力供给的巨大效应。他们估计在 EITC 实施后，这类女性参加工作的可能性增加了 1.4～3.7 个百分点。

尽管这是一系列有趣的发现，但可能还是有人会担心，相比于有小孩的单身母亲，没有小孩的单身女性并不能有效地构成对照组，这样会对 EITC 的估计造成偏差。如果除了 EITC 之外，还有其他因素对实验组和对照组的影响不同，那么这种偏差就会发生。比如，在此期间，有小孩的母亲被工作接收的概率增加，这可能导致单身母亲即使没有 EITC 扩张，也能以更高的比率进入劳动力市场。

艾萨和莱布曼的文章，以及梅耶和罗森鲍姆（Meyer and Rosenbaum，2000）的文章提出了一系列的额外检验，以证实这些劳动力供给的变动是真实的 EITC 效应。这些检验旨在寻找额外的实验组和对照组以确认 EITC 的因果效应，与第 14 章关于失业保险的研究很相似。例如，1993 年 EITC 的又一次扩张对只有一个小孩的家庭影响很小，而对有两个或以上小孩的家庭影响很大。所以，围绕 1993 年 EITC 的变动，可以使用双重差分法对比有两个或以上小孩的单身母亲（实验组）的劳动力供给与只有一个小孩的单身母亲（对照组）的劳动力供给。由于两类母亲都有小孩，这种对比不会产生由于职业母亲的标准改变而导致的偏差。这些检验证实了 EITC 在增加单身母亲劳动力供给方面的重要作用。

□ 证据的总结

总的来说，EITC 在美国的实践相当成功。在美国，它是强有力的再分配工具。与其他福利项目相比，它转移了更多的现金给低收入家庭。而且它避免了其他标准现金福

① Eissa and Hoynes (1998), Table 2.

利项目所共有的降低总体劳动力供给的问题。另外，该再分配项目增加了单身母亲的劳动力供给（增加了参加劳动的意愿而且不减少工作时间），对父亲没有影响，略微减少已婚母亲的劳动力供给。[①] 此外，最近的一系列研究表明，更高额度的 EITC 会给儿童带来降低低出生体重率、提高学业成绩、提高大学入学率等长期收益。[②]

☞应用

EITC 改革

尽管 EITC 取得了巨大的成功，然而在它的机制设计中依然存在明显缺陷，弗曼（Furman，2006）曾详细讨论过这一点。例如，没有小孩的工人仅有很少的 EITC 补贴，每年的最大金额仅仅为 496 美元。对于有小孩并处于联邦贫困线上的家庭，其联邦税率由 1986 年的 15%降到现在的 10%，然而对于没有小孩的家庭，联邦税率保持在大约 15%的水平。鉴于 EITC 对劳动力供给的强有力影响，在对有需要的人进行收入再分配的同时，也可以增加没有小孩的成人的 EITC 补贴，以鼓励这些人工作。

还有一个缺陷是，如果有两个以上孩子的家庭的规模继续扩大，它们将不能收到额外的补贴。对于只有一个小孩的家庭，EITC 补贴的最大值为 3 305 美元。对于有三个或更多小孩的家庭，EITC 补贴的最大值为 6 143 美元。或许由于 EITC 的这类特征，有一个或者两个小孩的家庭的贫困率约为 12%，有三个小孩的家庭的贫困率增长到超过 20%，有四个小孩的家庭的贫困率接近 35%。因此，通过提高大家庭的 EITC，可以减少有小孩的家庭的贫困率。即使是通过预算中性的移动，降低有两个小孩的家庭的补贴的最大值，同时提高有三个或者以上小孩的家庭的补贴的最大值，也很可能会降低这些人的总体贫困率。

还有一个对 EITC 目前形式的重要反对意见是，它惩罚了许多再婚的单身父母，因为额度是基于报税单位的收入，不管是包含一个人还是两个人。例如，如果一个拥有两个小孩并且年收入为 12 000 美元的单身母亲嫁给了一位年收入也为 12 000 美元的男士，他们总共的收入为 24 000 美元，可以获得的 EITC 补贴额为 5 128 美元，而如果他们不结婚，则分别可以获得的最大补贴额为 6 500 美元。[③] 结婚给这对夫妇带来了 1 372 美元的成本，这是第 18 章讨论过的婚姻惩罚。正因为这个原因，一篇社论无奈地评论道："联邦政府通过 EITC 对你说，'如果你结婚，你将花费很大，并且也将花费很多时间'。"[④]

但并不是所有的婚姻都被 EITC 所惩罚。以拥有两个小孩而且没有收入的单身母亲为例，如果他嫁给了一位年收入为 12 000 美元的男士，那么他们总共能获得 4 810 美元的最大补贴额，而单身母亲自己则不能获得任何补贴。所以，EITC 倾向于惩罚

① 这些发现并不意味着现金福利应该取消并由更大规模的 EITC 取代。一些家庭主要成员可能不能赚钱维生（可能因为他们工作技能不熟练），所以仍然需要纯粹的与收入有关但不要求工作的转移支付。Saez（2000）的模拟工作表明，如果 EITC 可用，最优的再分配计划应该继续以在第 20 章最优所得税部分讨论的收入保障为特征，配合诸如 EITC 之类的激励低收入人群工作的方案。

② 相关证据见 Hoynes et al.（2012）、Dahl and Lochner（2012），以及 Manoli and Turner（2014）。

③ EITC 抵免的计算参见图 21－7。

④ Sawhill and Horn（1999）.

拥有低收入且嫁给低收入男士的单身母亲，而补贴没有收入且嫁给低收入男士的单身母亲。

埃尔伍德（Ellwood，2000）研究了婚姻惩罚与奖励之间的博弈，发现相比于结婚前，有小孩的新婚夫妇有三倍的可能获得更低的补贴额度。埃尔伍德也发现平均的婚姻惩罚约为 1 600 美元，这使得 EITC 对低收入家庭的婚姻惩罚总体约为 50 亿美元。① 一种解决婚姻惩罚问题的方法是相对于有小孩的单亲父母，提高已婚夫妇的 EITC 补贴水平。埃尔伍德和索希尔（Ellwood and Sawhill，2000）建议允许低收入夫妇使用在双方之间平分收入的方法。在这种制度下，夫妻将他们的总收入一分为二，然后基于该数额计算他们的 EITC 补贴。如果夫妻双方年收入均为 12 000 美元，将根据妻子结婚前的收入基数计算 EITC 补贴，以消除她结婚后所受的惩罚。

最后，EITC 非常复杂。美国国税局对 EITC 的解释文件长达 56 页。可能由于这个原因，大约七分之一符合 EITC 申请条件的人并没有申请，大部分 EITC 的接受者耗费了一部分原本就很低的收入，来聘请专业人员报税。简化 EITC 能够增强它作为反贫困工具的作用。

2015 年年初，奥巴马总统提出了一揽子 EITC 变更，以解决该计划的这些缺点。他提议通过提高最高抵免额度和延长抵免退出阶段来扩大无子女夫妇的 EITC，为有两个以上子女的家庭增加最高 EITC 额度，并放宽 EITC 对已婚夫妇的资格要求，以减少婚姻惩罚。在写作本书时，这些措施尚未开始实施。②

21.4 儿童保育的税收待遇以及其对劳动力供给的影响

关于劳动力供给的实证研究得出的基本结论是，次要挣钱者的劳动力供给决策对税后工资非常敏感。显然工资并不是决定工作的唯一因素。另一个重要因素是已工作父母支付的**儿童保育**（child care）成本。目前只有 21.3%的学龄前儿童主要由父母照看；33.7%由其他亲戚照看；32.9%由护士、日常护理和保姆之家等非亲戚照料。在收入超过 54 000 美元的家庭中，只有 24%的学龄前儿童主要由父母照顾，57%的儿童被安置在儿童护理中心。父母的支出加上政府的补贴，美国的儿童保育总支出每年超过 800 亿美元。③

儿童保育：由父母之外的人士对儿童提供的照料。

理论上，已工作父母的儿童保育支出与工资税的运行机制类似。儿童保育支出越高，工作的净收入就越低。所以，儿童保育支出会产生使得工作时间减少的替代效应，以及使得工作时间增加的收入效应。对于次要挣钱者，实证研究发现替代效应占优，即使得次要挣钱者的工作时间减少（Anderson and Levine，2000）。

---

① Ellwood (2000), Table 9; Holtzblatt and Rebelein (2000).

② White House (2014).

③ 参见 U. S. Bureau of the Census (2013) 以及 Congressional Budget Office (2008)（更新至 2015 年美元）。

▶实验证据框◀

儿童保育成本对母亲劳动力供给的影响

次要挣钱者参与劳动力市场面临由儿童保育成本引起的潜在障碍，引发了大量有关劳动力供给对儿童保育成本反应程度的研究。由安德森和莱文（Anderson and Levine，2000）精辟总结的文献综述中，大部分研究通过将女性劳动力工作参与意愿视为儿童保育成本的函数，考察当儿童保育成本更加昂贵时母亲是否更不愿意工作。然而这种方法的问题在于，儿童保育成本的主要决定因素是儿童保育工人的工资，这反映了该领域对劳动力的总体需求。所以，在劳动需求高的地区，儿童保育工人的工资高，儿童保育费用昂贵。但是昂贵的儿童保育并不一定意味着较少的女性劳动力供给，因为对劳动的高需求会将女性带进劳动力大军。也就是说，我们也面临着一个典型的偏差问题：存在既影响被解释变量（母亲是否工作）又影响解释变量（儿童保育成本）的第三方因素（劳动需求水平）。

一些研究提出了解决这些问题的巧妙方法。博格和布拉克（Berger and Black，1992）观察了申请有限儿童保育补贴的女性。博格和布拉克假定这些补贴随机地在国内分配，所以获得补贴与没有获得补贴的女性在其他方面相同：她们之间的唯一差别就是运气。因此，这些女性劳动力供给的唯一差别就是幸运儿获得了儿童保育的补贴。博格和布拉克发现幸运儿的劳动力供给较高，但是这种影响程度相对较小，劳动力供给关于儿童保育成本的弹性仅为－0.35～－0.1。

格尔巴赫（Gelbach，2002）寻找到了另一个创新性的策略：他利用了幼儿园生日节点。考虑两个出生日期相隔一天的小孩：艾米丽（Emily）于2002年8月31日出生，卡罗琳（Caroline）于2002年9月1日出生。假设他们住在一个规定生日节点为8月31日的学区。也就是说，只要是5年前的9月1日之前出生的小孩都可以上幼儿园。在这种情况下，艾米丽可以在2007年的秋天上幼儿园，这时她正好5岁。但是一天以后出生的卡罗琳不能，她必须等待整整一年的时间才能上幼儿园，这时她将近6岁。格尔巴赫基于此对比了最小的孩子在学校节点前（实验组）和节点后（对照组）出生的母亲的劳动力供给情况。相比于还要等待一年的孩子的母亲，可以前往幼儿园的孩子的母亲从公立学校多获得了一年的免费儿童保育。如理论所预期的，最小的孩子在学校节点前出生的母亲比最小的孩子在节点后出生的母亲更愿意参加工作，但是劳动力供给关于儿童保育成本的弹性较小，在－0.35～－0.16之间。①

贝克、格鲁伯和米利甘（Baker，Gruber，and Milligan，2008）考虑了第三种方法。在20世纪90年代晚期，加拿大魁北克省通过了一项旨在为全省所有家庭每天提供5美元的儿童保育的法案，该补贴相当于当时儿童保育市场价格的85%。其他省份已婚妇女的儿童保育价格没有明显变化（由于国家的福利改革，加拿大的所有单身母亲在其他方面有很大的变化）。所以，相对于加拿大的其他省份，研究者对魁北克省政策变动前后的已婚女性劳动力供给进行了准实验的双重差分分析。与其

① 为了计算其弹性，格尔巴赫使用地区的儿童保育成本来计算公立学校提供的免费儿童保育的价值。

他研究类似，他们发现劳动力供给相对于儿童保育成本弹性较小，仅为一0.24。类似于 EITC 的研究，他们发现对于拥有较大儿童的已婚女性，保育成本对其劳动力供给没有影响。

□ 儿童保育的税收待遇

儿童保育的税收待遇也产生了与第 18 章中介绍的黑格-西蒙斯综合收入标准有关的一些有趣问题。在美国所得税制下，通过市场方式从事劳动会被征税，通过非市场方式从事的劳动，例如儿童家庭护理，则不被征税。这种方式是不公平的，因为选择自己照顾儿童的家庭所缴纳的税收低于赚钱并购买儿童保育服务的家庭。而且它也是没有效率的，因为它补贴了儿童家庭护理而不是市场中的儿童保育。

考虑我的家庭，我是家里的主要挣钱者。我们面临着由我妻子照料我们的三个孩子，或者送他们去托儿所而我们进入市场工作这两种选择。假设我的妻子每小时可以赚 25 美元并且我们的每个小孩的保育成本为每小时 5 美元，共计每小时 15 美元。进一步假设我的妻子的工资收入的税率为 50%，包含联邦所得税、工薪税和州所得税。最后，假设我的妻子对工作和照顾小孩同样喜欢，所以我们完全根据财务因素做出决定。这个例子由表 21－1 所示。

表 21－1　儿童保育选择　　单位：美元

	税前且托儿前的收入	儿童保育成本	儿童保育扣除额	被赋值的收入	工作税率＝50%的应纳税额	在家照看的应纳税额	工作的税后价值	在家的税后价值
基准	1 000	600	0	0	500	0	500	600
赋值	1 000	600	0	600	500	300	500	300
扣除	1 000	600	600	0	200	0	800	600

说明：在该表的第一行中，当人们工作时，他们赚取的税后工资仅为 500 美元，但是他们必须为儿童保育支付 600 美元的税前成本，所以他们选择不工作。在第二行中，在家保育儿童的价值被估算为收入，所以如果一个人工作，其税后收入更高（500 美元对 300 美元）。在第三行中，儿童的保育成本可以从应税收入中扣除，所以如果一个人工作，其税后收入也更高（税后收入为 800 美元而不是 600 美元）。

如果我妻子每周工作 40 小时，她每周将赚 1 000 美元，但是在这 40 小时中，我们必须将孩子安置在托儿所，耗费 600 美元。她的市场收入需缴纳 500 美元的税收，所以税后每周她将净赚 500 美元，低于我们支付的 600 美元儿童保育费。所以，尽管我妻子的税前收入为 1 000 美元，高于儿童保育成本，但是她的税后收入更低。也就是说，就税后收入而言，我妻子在家抚养孩子每周的成本为 600 美元（表 21－1 中最后一列），但是每周她从市场中带回家的税后收入仅为 500 美元（表 21－1 中倒数第二列）。对市场工作而不是对家庭工作（照看孩子的价值）征税，创造了一个对市场工作不利的税收楔子。只要两种相似的活动面临不同的税率，就会产生税收楔子。

▶ **快速提示**

> **广义税收楔子**：由税收引起的活动的税前和税后回报之间的所有差异。

在第19章和本节我们用不同的方法使用了税收楔子的概念。在第19章，我们在单一市场中探讨税收楔子，在这种情形下，税收楔子是单一市场中由税收引起的生产者和消费者价格之间的差异。在这里，我们在要素投入市场中探讨税收楔子，指的是在不同市场中投入要素（劳动力供给）的回报差异。这两个都是有效的定义，并且都是**广义税收楔子**（broadest definition of tax wedges）的子集，广义税收楔子指的是由税收引起的活动的税前和税后回报之间的所有差异。

□ 解决税收楔子问题的方法

这个例子提出了关于税收活动和免税活动之间税收楔子的一般观点：税收楔子通过鼓励人们从事非征税活动而扭曲了人们的行为，并产生了无谓损失。通过对市场劳动而不是家庭劳动征税，我们降低了400美元的总体生产力，因为我的妻子放弃了赚取1 000美元的机会，待在家进行价值600美元的儿童保育活动。这种生产活动的减少增加了无谓损失：社会效率馅饼现在少了400美元，因为我妻子从事了一种边际产出更低的活动。财政学家常说，这种税收楔子为经济活动创造了一种不公平的竞争环境：由于个人做出的选择，他们受到不同的待遇。①

家庭收入赋值 在这种情况下，有两种方法可以使政策制定者提高市场工作的竞争力，如表21-1的前两行所示。一种方法是对在家工作和在市场工作中一样征税。政府可以对**家庭收入赋值**（imputing home earnings），即根据照顾小孩的劳务数量对妻子的家庭收入进行赋值。政府可以认为她提供了600美元的家庭儿童护理劳务，因为这是将我们的小孩交给托儿所照看的成本。我家的家庭保育劳务将被征税，所以如果她不在市场中工作，我们将支付300美元的税收（600美元家庭收入的50%），家庭儿童护理劳务的税后价值为300美元。实施这种税制后，如果我的妻子工作，我们的收入将增加200美元（即500美元而不是300美元），所以她将参加工作。

> **家庭收入赋值**：对在家工作的收入以金钱进行赋值。

就像你可能会怀疑的，这是一个不现实的解决方法。政策制定者试图对一件没有明确市场价值的产品（例如家庭中的儿童保育）进行征税时，面临着一系列困难。

可扣除的儿童保育成本 另一种方法是使市场的儿童保育成本可扣除。假设现在在家工作不被征税，但是政府允许每个家庭从其应税收入中扣除儿童保育成本。在这样一个规则下，我的妻子的应税收入将从1 000美元降到400美元（因为我们扣除了600美元的儿童保育费用），我们的收入的纳税额将降到200美元。她工作的税后收入将为800美元，超过600美元的儿童保育成本。每周我们可以从她的市场工作中获得200美元的净收入，这与家庭工作的征税额相同。因此，有两种平衡竞争的方法：平等地对所有活动征税或者平等地补贴所有活动。

① Gelber and Mitchell (2011) 发现家庭和市场的工作是高度替代的，从而强调了税收楔子的重要性。

□ 两种方法对比

尽管这两种方法都能使竞争环境更加公平，但它们对税基的影响是不同的：允许扣除儿童的保育成本会减少税基。当政府对家庭工作征税并且我的妻子决定工作时，政府将获得 500 美元的税收。但是如果政府补贴儿童保育而且我的妻子决定工作，政府只能获得 200 美元的税收。所以，公平竞争环境的成本是税基规模减少了 300 美元。随着税基的减少，为获得一定水平的收入必须提高税率，而无谓损失会随着税率的上升而减少。

因此，这三种选择都有各自的不足。我们可以让这种不平衡的竞争环境继续下去，但会妨碍母亲从事市场工作从而降低了社会效率。我们也可以通过对家庭工作征税来使竞争环境更公平，这在经济上有重大价值但在执行上是一个大难题。我们还可以通过对市场工作提供补贴来提高工作的竞争力，但这会降低税制的总体效率。

出于行政上的考虑我们排除第二种方法（对家庭工作征税），那么在剩下的两种方法中，哪种对经济造成的扭曲更少从而更有效率？对儿童保育成本没有扣除规定的税制会使母亲离开市场工作而转向家庭工作，但是对儿童保育成本有扣除规定的税制将降低税收基数，从而减少了税制的总体效率。到底哪一种更糟糕？

正如在之前章节强调的，这些效率成本将依赖于应税活动对税收的弹性。降低总体税收基数的效率成本将由经济活动对税收的总体弹性决定：我们将在第 25 章探讨，多数研究表明这种弹性较小。使母亲远离市场化劳动的效率成本将由母亲的劳动力供给对工资的弹性决定：正如在本章中探讨的，多数估计认为这种弹性很大（尽管随着时间的推移会降低）。所以，对儿童保育进行补贴以减少税收楔子是这两种方法中更好的。

在美国，我们通过部分补贴市场化的儿童保育，以求在这两种方法中取得平衡。具体而言，如果抚养一个孩子的保育成本达到 3 000 美元或者抚养两个或以上孩子的保育成本达到 6 000 美元，家庭将获得税收抵免。抵免按照这些成本的一定百分比计算，这一百分比与家庭收入水平有关。收入在 15 000 美元以下的家庭可以申请相当于儿童保育成本 35%（不超过 1 050 美元或者 2 100 美元）的税收抵免；收入在 43 000 美元以上的家庭可以申请儿童保育成本 20%（不超过 600 美元或者 1 200 美元）的税收抵免。①

21.5 结论

第 20 章讨论的最优所得税强调了人们对税率的行为反应的重要作用。如果更高的税收导致人们改变行为以减少劳动力提供，那么这些变化就会抵消税收增加的收益并且对所得税产生自然限制。

在本章中，我们回顾了劳动力供给对税收的反应的证据。多数研究表明税率对主要挣钱者的劳动力供给少有影响，但对次要挣钱者的影响较大。我们还回顾了促进劳动力供给的重要税收政策之一——EITC，并且探讨了表明 EITC 会刺激低收入人群劳动力

① 有关如何计算儿童和受抚养人护理抵免的更多信息，请参阅美国国税局的第 503 号出版物。

供给的证据。最后，我们讨论了对儿童保育的合适的税收待遇，儿童保育是对次要挣钱者劳动力供给的主要阻碍因素之一。

重点

- 劳动收入更高的税率在理论上对行为的影响是不确定的：闲暇是一种正常品，替代效应导致更少的劳动力供给，而收入效应则相反。
- 大量的研究表明主要挣钱者的劳动力供给对税收是缺乏弹性的，但是次要挣钱者的劳动力供给对税收弹性较大。
- 联邦对劳动力供给的最大补贴是 EITC，其为低收入家庭提供了工资补贴。当收入提高到一定水平后，EITC 减少。
- EITC 对劳动力供给的理论效应是不确定的，但是现有的证据清晰地表明 EITC 提高了单身母亲的总体劳动力供给。
- 对次要挣钱者的劳动力供给的潜在障碍是儿童保育的成本。美国的所得税加剧了这种障碍，因为市场工作需要被征税而家庭工作（例如儿童保育）不需要。
- 市场与家庭工作之间的税收楔子可以通过对家庭工作征税（但在行政管理上不可行），或者使儿童保育的成本变得可扣除来解决，美国在某种程度上采取的是后者。

习题

1. 假设你工作的每一小时在税前可以挣得 10 美元。进一步假设你每天可以工作 16 小时，一年工作 365 天。在以下的所得税制下画出反映消费-闲暇权衡的年度预算约束线：

a. 对所有的收入征收 20%的比例税。

b. 初始的 10 000 美元不交税，高于 10 000 美元的所有收入的税率为 25%。

c. 初始的 5 000 美元缴纳 10%的所得税，5 000～15 000 美元的税率为 20%，之后超额的税率为 30%。

2. 哪一类工人的税收替代效应超过收入效应：主要挣钱者还是次要挣钱者？请解释。

3. 随着时间的推移，越来越多的母亲成为家庭的主要（或者唯一）挣钱者。为何这一事实使税收对女性劳动力供给影响的实证研究变得复杂？

4. 如果以下情况出现，则会对总体的劳动力供给产生何种影响？

a. 对于每一美元的收入，EITC 的补贴率从 30%增加到 50%。

b. EITC 退出阶段的速度下降。

5. 阿克洛维亚国的税制首先给每位公民提供了 5 000 美元的现金，然后从公民所赚取的收入中免除首个 10 000 美元的应税收入，再对超出 10 000 美元的所有收入课征

25%的税收。政府正考虑用 EITC 予以替代。新税制将放弃 5 000 美元的现金福利，并对初始的 10 000 美元收入补贴 50%。所有超过 10 000 美元的收入仍然将被征以 25%的税收，EITC 补贴永远不会退出。描述这种政策变动对不同收入工人劳动力供给的影响。

6. 儿童保育支出的可扣除规定是如何减少与市场工作被征税而家庭工作不被征税有关的税收楔子的？儿童的保育支出可扣除这一事实是会增加社会效率还是减少社会效率？

7. 假设你每小时的税前收入为 16 美元，并且一周最多可以工作 80 小时。考虑两种所得税税率：10%和 20%。

a. 在同一张图上，画出反映两种不同税率的每周消费-闲暇的预算约束线。

b. 画出一系列的代表税收的收入效应超过替代效应的无差异曲线。

c. 画出一系列的代表税收的替代效应超过收入效应的无差异曲线。

8. 假设政府引入 EITC，对于初始的 8 000 美元收入，政府对每一美元支付 50 美分。对接下来的 3 000 美元收入，抵免额度恒定在 4 000 美元。在这一点之后，补贴额度的减少速率为每一美元减少 20 美分。当补贴额度达到 0 时，就不存在 EITC 补贴了。

a. 画出反映一位每年工作可达 4 000 小时且时薪为 10 美元的工人的 EITC 的预算约束线。

b. 在你的图上标出相对于政策实施前，预算约束线上政策对劳动力供给起正向、反向或者不确定影响的区域。

9. 对于有孩子且只有一位父亲或者母亲在外工作的家庭，国会议员平基（Pinkie）提议减少免税额。为何这项提议从黑格-西蒙斯的角度来说能够促进公平？

进阶习题

10. 假设你估计得到了以下女性劳动力供给关系：

$$劳动力供给_i=-320+85(税后工资)_i+320(大学毕业)_i-120(已婚)_i$$

其中，劳动力供给用年度工作时间衡量，工资用小时工资衡量。

a. 解释税后工资的系数。当工资由原来的 6 美元增长至 10 美元时，该系数意味着对劳动力供给有何影响？

b. 从这一估计中得到的工资对劳动力供给的收入效应和替代效应是怎样的？

c. 这些系数的估计可能存在哪些偏差？请解释。

11. 为何 EITC 加剧了对低收入工人的婚姻惩罚？请提出一种 EITC 的计算方法来减少这种惩罚。

12. 国家经济研究局（National Bureau of Economic Research）的 TAXSIM 模型（http://users.nber/～taxsim/taxsim-calc9）使你能够计算个人不同年份的应纳税额。前往这个网址并填空，来“构造”两个人——一个年收入为 20 000 美元的低收入者和一个年收入为 100 000 美元的较高收入者。假设两个人都是 45 岁的拥有两个 17 岁以下孩子的单身父母，并且他们没有房子，没有儿童保育费用，也没有赚取任何股息或资本利得收入。使用这个模型计算 1992 年、2002 年和 2012 年这些人的联邦（有效）边际税率和联邦所得税。请解释你发现的特征。

13. 你从大学毕业后在一家咨询公司工作，时薪为 25 美元。你的工作时间很灵活：你可以在 0～2 000 小时之间选择每年的工作时长。

a. 假设存在以下形式的所得税。

年收入不超过 10 000 美元：不交税；

年收入为 10 000～30 000 美元：20%的税率；

年收入在 30 000 美元以上：30%的税率。

画出工作时间/消费空间的图，并表示出有该税制和没有该税制的情况下的机会集。在这种税制下，存在一些你不太可能选择的点吗？为什么？

b. 假设你每年选择工作 1 500 小时。你的边际税率是多少？你的平均税率是多少？这两个税率相同吗？为什么？

14. 弗里格里尼亚的税制有若干税级，边际税率为 0～50%。在现行税制下，已婚夫妇支付的边际税率是根据配偶双方赚取的最后一美元计算的。弗里格里尼亚正想改变此税制。在新税制下，家庭中较高的收入者将继续像以前一样（即根据与家庭总收入相关的边际税率）纳税。但是现在低收入者的边际税率仅仅基于他自身的收入。

a. 哪一类家庭受税制变化的影响最大？为什么？

b. 描述可以用来分析税收对已婚女性劳动力供给的影响的双重差分分析法。

15. 考虑 21.3 节末尾讨论的奥巴马总统于 2015 年年初提出的 EITC 变更方案。

a. 根据本章所述研究文献的证据，你预期哪些类型的家庭会改变它们的劳动力供给决策以应对这一系列变化？

b. 假设一揽子计划已通过并成为法律，你希望对问题 a 中关于谁将改变劳动力供给决策的假设进行实证检验。这样的检验有没有天然的对照组？

第 22 章

储蓄税

需要牢记的问题

- 税收如何影响储蓄决策？
- 对于不同的储蓄决策模型，税收的影响有何不同？
- 退休储蓄激励如何影响储蓄决策？

2003 年 1 月 31 日，布什政府提议成立终生储蓄账户和退休储蓄账户，允许家庭每年最多将 3 万美元存到特定账户上，其中赚取的利息收入将免征所得税。与现行的享受税收补贴的储蓄工具相比，这些新账户的特点是限制更少：个人可以在任何年龄以任何理由从终生储蓄账户中取款，并且可以在 58 岁后以任何理由从退休储蓄账户中取款。取款的时候，任何从这些账户赚取的利息或者账户资产的增值部分，将免于征税。政府的既定目标是通过减少对储蓄回报的征税来简化当前的储蓄激励组合，以及提高美国人的退休储蓄。负责税收政策的财政部助理帕梅拉·奥尔森（Pamela Olson）宣称："推行新账户的大胆做法将为更多勤劳工作的美国人提供储蓄的机会。"[①]

新计划的反对者，如《华盛顿邮报》（*Washington Post*）编辑部，则声称当钱被提取而没有支付税收时，这些新账户在一段时间之后会导致政府潜在的巨额税收流失。[②]此外，很多反对者，如民主党代表查尔斯·兰戈尔（Charles Rangel），认为"新的减税会被人们用于为他们已经储蓄的资产避税"[③]，因此，储蓄实际上并没有增加。

---

① U. S. Department of the Treasury (2003).

② *Washington Post* (2003).

③ Howe (2003).

在政治上，大多数民主党人和许多共和党人都同意兰戈尔的看法，认为这样一个计划的收入成本将超过任何可能增加的储蓄所带来的收益。公告宣布不到一个星期，布什政府即意识到新账户的政治支持率非常低，于是开始关注其他的减税措施。

奥巴马总统在 2009 年 9 月 5 日宣布关于帮助美国人为退休进行储蓄的计划时，采取了一个非常不同的方法。在他的每周演讲中，他说道："事实是，在经济衰退来临前，储蓄率基本为零……在美国的劳动力中，有一半人缺少工作上的退休计划。并且在没有工作上的退休计划的人中，只有不到 10%的人拥有自己的退休计划。"奥巴马的计划取得了不同程度的成功。该计划包括基于行为经济学研究的措施，这些研究已表明制度的推动对增加个人的退休储蓄投资是非常有效的。

第一个措施通过减少过去阻碍小企业建立储蓄计划的昂贵费用，鼓励小企业自动把雇员登记进退休储蓄账户，如 401(k) 或简易个人退休账户。此外，该措施也鼓励雇主每年或者每次雇员得到加薪时自动增加雇员的储蓄率。在撰写本书时，国会尚未批准任何针对联邦法定退休账户的立法，但一些州已经自行决定要求雇主自动将其员工纳入此类计划。第二个措施使工人能够以美国储蓄债券的形式而不是现金形式来获取他们的任何金额的退税。第三个措施使得工人能够更容易地将加班费或未休假期薪酬存入他们的储蓄账户。美国国税局裁定允许这项举措，但由雇主自行决定是否向其员工提供此服务。第四个措施倡议为雇主和雇员制作一份易于理解的储蓄指南，以详细说明具有税收优惠的退休储蓄的可用选项。① 作为回应，美国国税局为其退休计划网站创建了一个更简单、对用户更友好的版本。

虽然奥巴马政府在四个措施上都取得了一些成功，批评者却指责该计划并没有解决退休储蓄的主要问题，包括州和地方的退休计划的资金不足问题。ABC 新闻（*ABC News*）的一个记者把该计划称为"一系列小规则的改变"，不太可能带来任何显著的改善。

这些鼓励退休储蓄的竞争方法引发了许多问题，我们将在本章进行讨论。美国的现行所得税结构是否减少了人们在这个国家的储蓄？政府是否应该利用税法来鼓励美国人增加储蓄？政府是否应该依赖于退休储蓄计划结构的改变，来为人们提供储蓄的"行为"激励？

资本利得税： 对储蓄收益课征的税收。

本章作为本书研究税收与个人行为系列的三章中的第二章，侧重于储蓄决策。如第 4 章所讨论的，社会储蓄数量为企业提供更多的可用资金，是经济增长的关键决定因素。因此，美国和世界各地政策辩论的一个主要来源就是**资本利得税**（capital income taxation）的合适角色，资本利得税指的是对储蓄收益的征税。

回顾一下，我们在第 21 章开始时讨论了所得税如何影响劳动供给的传统理论。同

① 这些政策的讨论参见 http://www.nytimes.com/2009/09/06/us/politics/06address.html(2009)，http://abcnews.go.com/Business/president-obama-makes-easier-save-retirement-fails/story?id = 8515408 #.Tx4vWa4V9jS (2009)，以及 http://www.reuters.com/article/2010/01/25/us-obama-economy-factbox-idUSTRE60O4Y720100125 (2010)。

样，本章首先讨论所得税如何影响储蓄决策的传统理论。然而，与我们关于劳动供给的发现不同，关于这个模型提出的关键问题的证据相对较少，这一问题是：储蓄是如何对税后利率做出反应的？接着我们转向储蓄的两个模型：预防性模型（储蓄主要作为防范风险的自办保险）和自我控制模型（储蓄由短期的不耐心和长期的耐心之间的竞争决定）。这些模型对包含税收补贴的退休储蓄账户这一美国为增加储蓄而实施的重要举措具有重要的含义。我们会回顾这些账户的结构、它们对储蓄可能产生的影响，以及其在现实中的有效性的有限证据。

22.1 税收与储蓄——理论与证据

关于个人收入中多少用于储蓄多少用于消费的决策，与劳动力供给决策一样，是另一个受税收影响的重要个人行为。在本节，我们将讨论税收可能会对储蓄决策产生怎样的影响。

□ 传统理论

在储蓄的传统理论中，储蓄的作用是跨期消费平滑。人们在某些时期拥有较多的收入（例如他们的工作时期），而在其他时期则较少（例如退休）。若没有储蓄，人们会在低收入的时期被迫消费更少。然而，由于边际效用递减，这样的消费模式不太可能是效用最大化的：人们更偏好在不同时期平滑他们的消费。即消费一个固定的数量，而不是在某些时期大吃大喝，而在其他时期忍饥挨饿。储蓄通过减少高收入时期的支出，以及增加低收入时期的支出，起到了平滑消费的作用。

跨期选择模型：关于储蓄的选择实际上是对不同时期的消费进行分配。

储蓄：当前收入超过当前消费的部分。

在**跨期选择模型**（intertemporal choice model）下，关于储蓄多少的决策实际上是关于如何将消费在不同时期进行分配。与劳动供给的建模一样，我们不直接对储蓄建模，而是对跨期的消费建模。由于劳动是一个“劣等品”，我们分析与其互补的“正常品”——闲暇，然后用可用时间减去闲暇时间得到劳动力供给。同样地，储蓄是一个“劣等品”——它是我们为资助未来消费而在今天做的事，但我们并没有从储蓄中得到任何的直接效用。[①] 与之相对应的“正常品”是今天的消费。**储蓄**（savings）是一个人的收入与他的当前消费之间的差额。

一个简化模型 假设杰克生存两期。第一期是他的工作时期，在此期间，他获得收入 Y；第二期是他的退休时期，在此期间，他没有收入。他在工作时期的消费为 C^W（W 表示工作），等于他在第一期的收入减去他进行的任何储蓄（S）。这些储蓄被存进银行且利率为 r。在第二期，即退休时，杰克的消费为 C^R（R 表示退休），等于他在第一期的储蓄加上储蓄获得的利息收入，即 $S\times(1+r)$。给定这些信息，杰克选择两期的最优消费水平。

① 至少在标准模型中没有，有人提出了其他储蓄模型，表明个人实际上从拥有储蓄中获得效用。

在图 22-1 中，我们利用跨期选择模型，通过分析杰克在第一期消费（C^W）和第二期消费（C^R）之间的选择，得到储蓄。这个选择运用了贯穿全书的效用最大化理论，只是现在的选择是关于两个不同时期的消费，而不是两种不同的商品。无差异曲线 IC_1 代表第一期和第二期的一系列消费组合，在它们之间，杰克的效用是无差异的。杰克对当前与未来消费的偏好（取决于他的耐心）以及他对跨期平滑消费的愿望（他的边际效用递减得有多快）决定了其无差异曲线的形状和位置。

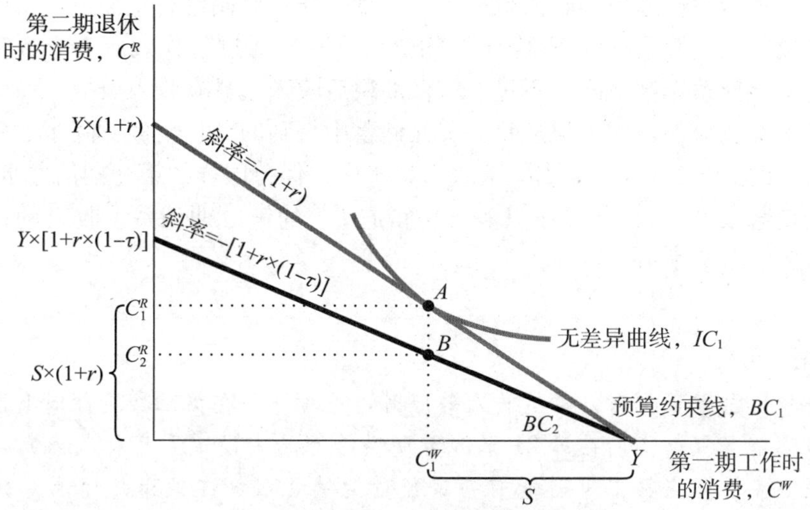

图 22-1　税收与跨期消费决策

说明：在征税之前，个人对第一期每一美元的消费（C^W）会损失价值相当于（$1+r$）的第二期消费（C^R）。基于该预算约束（BC_1），个人会选择在第一期储蓄 S，在第二期消费 $S×(1+r)$。当税收上升时，预算约束线向内转动到 BC_2。个人对第一期每一美元的消费仅会损失价值相当于［$1+r×(1-\tau)$］的第二期消费。这可能会提高或降低储蓄，取决于收入效应和替代效应哪个更大。

跨期预算约束：衡量人们放弃一个时期的消费以换取在另一个时期的消费的比率。

在对储蓄进行征税前，杰克的效用最大化受制于**跨期预算约束**（intertemporal budget constraint）（BC_1），该预算约束将其两期的消费与他的收入和储蓄决策联系了起来。如果杰克没有储蓄，那么他在第一期能消费 Y。如果他将全部收入用作储蓄，那么他在第二期能消费 $Y×(1+r)$。因此，第一期消费的相对价格为预算约束线斜率的绝对值 $1+r$。这是由于第一期消费的机会成本是为第二期消费而进行的储蓄所赚取的利息，加上放弃的第二期消费。正如在劳动供给模型中，闲暇的价格为工资率（闲暇的机会成本），在这个两期模型中，第一期消费的价格等于第一期消费的机会成本 $1+r$。

图 22-1 描绘了关于 C_1^W 和 C_1^R 的一个典型的消费选择（A 点）。在该消费水平下，第一期的储蓄为 $S=Y-C_1^W$，因而第二期的消费为 $S×(1+r)=(Y-C_1^W)×(1+r)$。我们接下来可以考虑如果政府对储蓄的利息征税将会发生什么。然而，在此之前，要记住重要的一点，即我们并没有直接对储蓄建模。我们在第 21 章对闲暇建模，通过剩余时间求解出劳动，此处，我们对工作时的消费 C^W 进行建模，并求解出剩余部分作为储蓄。

假设现在政府对利息收入征税。这项税收会使储蓄的税后收益从 r 降到 $r\times(1-\tau)$，因为政府拿走了 $r\times\tau$ 部分的税收。这会使预算约束线趋于平坦，从 BC_1 变为 BC_2，如图 22-1 所示，预算约束线斜率的绝对值从 $1+r$ 降到了 $1+[r\times(1-\tau)]$。预算约束线变平坦反映出的事实是，第一期消费 C^W 的价格下降了：第一期消费的机会成本下降是由于每一美元的储蓄带来的第二期消费减少了。给定第一期消费水平，杰克现在能支付得起的第二期消费减少了，因为储蓄的收益率降低了。

对储蓄征税的替代效应和收入效应 与往常一样，对储蓄利息征税带来的价格变化会产生两种效应。税后利率的下降（C^W 的价格下降）通过替代效应会导致第一期消费的上升。这又会导致储蓄下降。不过，较低的税后收入也具有收入效应。杰克现在在各种储蓄水平下都变穷了，因为他从每一美元储蓄中得到的利息金额下降了，一定水平的储蓄给他带来的 C^R 变少了。例如，在图 22-1 中，保持同样的第一期消费水平 C_1^W（因此是同样的储蓄水平），杰克现在只能支付得起 C_2^R 的第二期消费。收入的这种下降将会导致 C_1^W 降低和 S 上升。

▶ **快速提示**

当考虑税后利率变化对储蓄的收入效应时，思考一下在第二期退休时有既定目标消费水平的极端情况（如我们在第 21 章的劳动供给例子中设定了目标收入）会是很有帮助的。如果杰克希望在第二期时能有一定数量的消费（如在他退休时有一定的生活水平），那么当税后利率下降时，他必须增加储蓄并且减少第一期的 C^W 以实现该目标。

因为替代效应和收入效应的作用方向相反，利息税对储蓄的净效应是不确定的。图 22-2 的两幅图说明了这一点。在图 22-2a 中，税后利率下降的替代效应（第一期消费 C^W 的较低价格使得杰克偏好更多的第一期消费）大于税后收入下降的收入效应（较低的收入使得杰克对所有东西的消费都减少，包括第一期消费）。杰克起初在 A 点（C_1^W，C_1^R）消费。当对利息征税后（从 BC_1 到 BC_2 的移动中看出），杰克移动到 B 点消费，第一期消费上升到 C_2^W，储蓄下降（从 S_1 降到 S_2），第二期消费则变得更低了，为 C_2^R。

在图 22-2b 中，税后收入下降的收入效应大于税后利率下降的替代效应，于是杰克移动到 C 点进行消费。第一期消费从 C_1^W 下降到 C_3^W，意味着储蓄从 S_1 上升到 S_3。第二期消费在这种情况下仍然下降（到 C_3^R），但下降幅度没有图 22-2a 中那么大。这是因为收入效应尚未大到足以让杰克通过增加储蓄来完全抵消收入的下降。如果 C^R 保持不变，这将会是前面提到的既定目标收入的情况，也就是储蓄的上升刚好抵消储蓄收益下降的情况。①

① 这是一个简化的例子，其中，杰克只在第一期有收入。在一个更一般的模型中，杰克在第一期和第二期都有收入，并且他可以在第一期借钱进行消费，用第二期的收入偿还，这会进一步加强税收对储蓄的负效应，即萨默斯（Summers，1981）所强调的人类财富的效应。在这个模型中，杰克在两期的消费取决于他整个一生的收入流的贴现值。从今天的角度来看，杰克用税后利率来贴现他的第二期收入，利率越高，其在未来的收入价值越低。提高税收降低了贴现率，并提高了第二期劳动收入的净现值。一生劳动收入的现值若高，杰克将增加消费并减少储蓄来响应更高的税收。

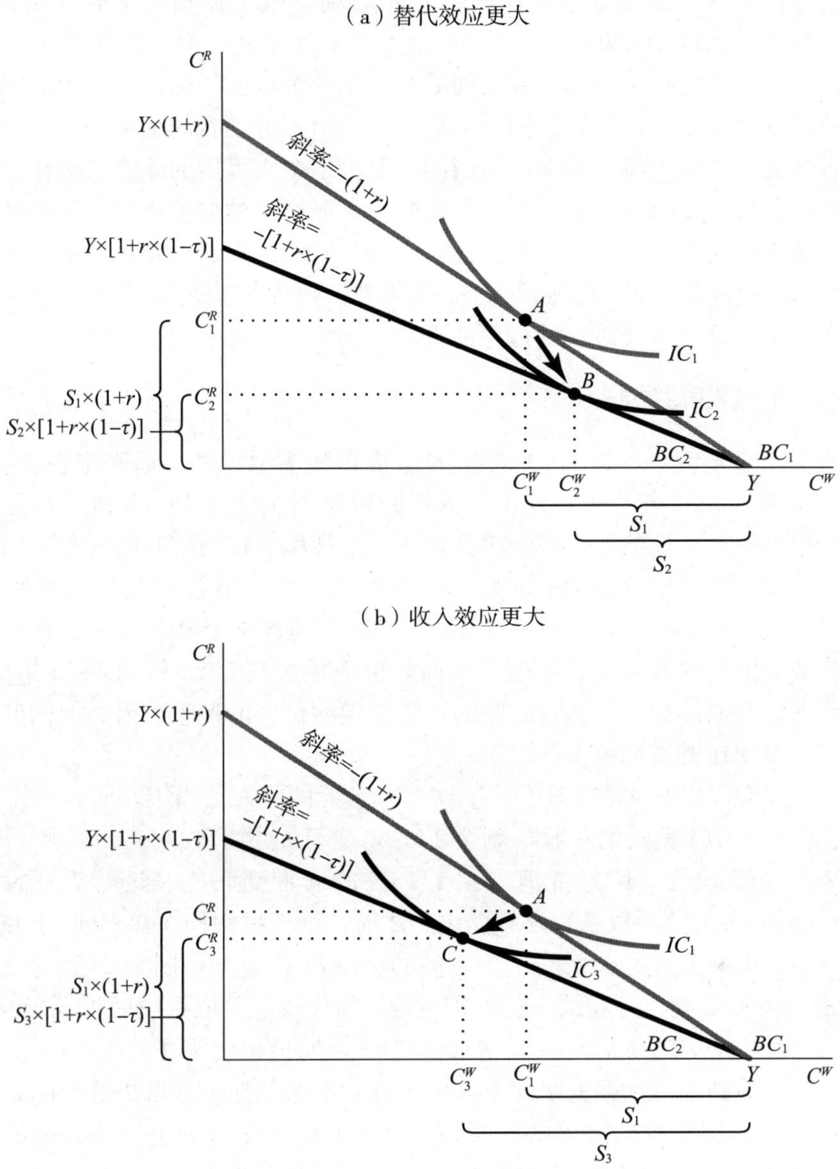

图 22-2　跨期替代效应与收入效应

说明：如果替代效应大于收入效应（图 22-2a），人们会从 A 点移到 B 点，即增加第一期消费（C_2^W），并减少储蓄（S_2）。结果，他们在第二期的消费（C_2^R）下降了很多。如果收入效应更大（图 22-2b），人们会从 A 点移到 C 点，即在第一期消费（C_3^W）更少，并增加储蓄（S_3）。他们在第二期的消费（C_3^R）仍然下降了，但没有那么多。

□ 证据：税后利率如何影响储蓄？

与劳动供给的例子不同，目前关于税收或利率对储蓄决策的影响尚未达成共识。事实上，经济学家甚至在利息所得税对储蓄的影响是正的、负的，还是没有影响这个问题上也意见不统一。霍尔（Hall，1988）使用了时间序列证据，认为税后利率对消费和储蓄没有影响。其他研究表明，消费决策会对税后利率做出强烈的反应（Attanasio and Weber，1995；Gruber，2006）。

客观地说，研究税后利率和储蓄之间的关系是一个难题。确定要使用的适当利率是这个问题的最难方面之一：尽管我们可以测算一个给定劳动者的工资，却很难测算任何给定储蓄者的适当利率。哪个利率是适当的，取决于个人可用的储蓄机会集合，其范围包括银行账户和具有税收补贴的养老金。此外，任何类型的储蓄所能赚取的利息通常对所有人都会按同样的方式随着时间而变化，使得难以找到实验组和对照组来研究储蓄是如何对利率做出反应的。然而，储蓄对税后利率的弹性仍然是政策分析的一个重要参数，而未来的工作显然需要对它进行评估。

□ 通货膨胀和储蓄税

20 世纪 70—80 年代，美国在非常高的通货膨胀率中挣扎，通胀率在 1980 年达到了 13.5%的高峰。1981 年以前，征税所依据的税率档次（图 18－3 所示）是以不随通货膨胀变化的不变美元计值的。该做法导致了一个被称为税级攀升的现象，因此人们看到他们的税率在上升，尽管他们的实际（不变美元）收入并没有增加。例如，从 1979 年到 1980 年，物价上涨了 11.3%。如果收入按同样的速度上升，消费者将会有同样的实际收入，从而他们的购买力将不变。然而，税率档次在 1979 年和 1980 年保持不变，这意味着收入上升刚好抵消了通货膨胀的人将要缴纳更多的税收，因为他们的收入中会有更大一部分出现在更高的税率档次上。

举例来说，假设史蒂夫在 1979 年有 16 500 美元的收入。当年，他将面临 21%的边际税率并会缴纳 2 370 美元的税收，剩余 14 130 美元的税后收入。1980 年，史蒂夫的收入上升至 18 365 美元，刚好抵消当年 11.3%的通货膨胀，因此史蒂夫的实际收入（他用其收入能购买的商品数量）没有变化。然而，由于税率档次在 1980 年并没有根据生活指数调整，史蒂夫这时会面临一个更高的边际税率 24%，因为 21%的档次适用的最高收入为 16 600 美元。他将要支付 2 815 美元的税收，并取得税后收入 15 550 美元。需要注意的是，史蒂夫的税后收入只增长了 10%，而价格上涨了 11.3%。由于名义的税率档次固定，他的工资增幅太小而无法跟上通货膨胀的速度。解决这个问题的方法非常简单：1981 年，国会按生活指数调整了一般所得税（尽管不包括替代性最低税）的税率档次，从而边际税率的依据是实际收入，而不是名义收入。

通货膨胀与资本税　按生活指数调整所得税档次不能完全消除通货膨胀对所得税的影响，因为关于资本所得税的规则仍保持不变。一个银行账户获得的利率由**名义利率**（nominal interest rate）决定，而储蓄购买力的实际上升由**实际利率**（real interest rate）决定。你关心的并不是你明年能拿到多少钱，而是该关心你在明年用这笔钱能消费多少商品。

> **名义利率：** 由一个既定的投资所赚取的利率。
>
> **实际利率：** 名义利率减去通货膨胀率，衡量由储蓄引起的个人购买力的实际增加情况。

表 22－1 说明了在通货膨胀环境中资本税所产生的影响。假设罗宾（Robin）打算以 10%的名义利率储蓄 100 美元，然后将全部的钱用来买彩虹糖，每包彩虹糖 1 美元。最初并没有对利息收入的征税，她获得了 10 美元的利息，所以她的税后财力为 110 美

元。当彩虹糖的单价为1美元时，在没有通货膨胀的条件下（表中第一行），该储蓄的结果使她可以买到110包彩虹糖。在第二行中，引入了50%的资本所得税，这意味着罗宾只能保留一半的利息收入，即5美元。因此，她在税后只能购买105包彩虹糖。

表22-1　在通胀环境下的资本税

情形	通胀	利息税率	储蓄（美元）	名义利率	利息收入（美元）	税后资源（美元）	彩虹糖价格（美元）	彩虹糖数量（包）
无通胀	0%	0%	100	10%	10	110	1.00	110
	0%	50%	100	10%	10	105	1.00	105
通胀	10%	0%	100	10%	10	110	1.10	100
	10%	50%	100	10%	10	105	1.10	95.5
不变的实际利率	10%	0%	100	21%	21	121	1.10	110
	10%	50%	100	21%	21	110.5	1.10	100.5

说明：在前两行中，没有通货膨胀。罗宾从她100美元的储蓄中赚取10美元的利息。在第一行中不存在征税，她可以买到110包彩虹糖；在第二行中有50%的资本所得税，她只能买到105包彩虹糖。接下来的两行引入了10%的通胀，但名义利率固定为10%，现在罗宾在没有税收时能买100包彩虹糖，而在税率为50%时只能买得起95.5包彩虹糖。最后两行把名义利率提高到21%，因此，尽管有10%的通胀，实际利率仍保持为10%。没有征税时，罗宾的处境和通胀前一样好。然而，若有资本所得税，她的处境则变差了。她现在只能买100.5包彩虹糖，而在第二行中存在税收但没有通胀时她能买到105包彩虹糖。

假设现在有10%的通货膨胀，那么一包彩虹糖花费1.10美元。在这种情况下，若没有征税（第三行），罗宾用她110美元的财力只能买到100包彩虹糖，和今天一样。她的购买力并没有上升，因为她的10%利息收入已被10%的通货膨胀抵消了。若对资本所得征税50%，那么她在税后只有105美元，只能买到95.5包彩虹糖。

然而，当有通货膨胀时，它会影响罗宾从她的储蓄中所能获得的利率。我们可以定义实际利率和名义利率的关系为：

$$实际利率(r)=[1+名义利率(i)]/[1+通货膨胀率(\pi)]-1$$

当人们进行储蓄决策时，他们关心的是实际利率，或者说他们能从他们的储蓄中得到多少的购买力提升（在这个例子中，即他们明年可以买到多少包彩虹糖）。因此，当通胀上升时，银行和企业将不得不支付更高的名义利率来吸引个人储蓄。

原则上，银行和企业会通过提高名义利率来抵消通货膨胀，以保持实际利率水平不变。如果通胀率为10%，银行将支付21%的名义利率来提供和通货膨胀前一样的10%的实际收益［由于彩虹糖的数量为110(=121/1.10)包］。如表中第三行所示，若利率为21%且没有征税，罗宾在1.10美元的单价下又能买到110包彩虹糖（和第一行一样）。所以，如果银行提高名义利率来完全抵消通货膨胀，那么当不存在税收时，通货膨胀不会削弱储蓄的购买力。

问题是，税收是对名义而非实际利息收入征收的。表22-1最后一行重新引入了对利息收入的税收。当罗宾赚取21美元的利息时，她要对这些利息收入缴纳10.50美元的税收，留给她110.50美元的税后财力。利用这110.50美元，她只能购买100.50包彩虹糖——这低于通胀前她在税后能买到的（第二行的105包）。

因为税收是按名义利率征收的，银行在通胀时期提高名义利率将不能完全抵消实际利率的下降。因此，尽管税级攀升在 1981 年结束，通货膨胀对税收法规的影响依然重要。具体而言，较高的通胀降低了储蓄的税后实际收益。

22.2 储蓄的几种模型

在标准的跨期选择模型中，进行储蓄仅仅是为了平滑不同时期的消费。最近的经济研究主要关注对这个模型的两个扩展，认为其他因素在决定储蓄时也可能是重要的，并且税后利率也许没有传统理论中提到的那么重要。

□ 预防性储蓄模型

> **预防性储蓄模型：** 个人为预防未来不确定性进行平滑消费（至少是平滑部分消费）的储蓄模型。

决定储蓄的其他因素有人们在其经济前景中面临的不确定性，以及他们对利用储蓄来防范负面金融冲击的愿望。正如储蓄可以平滑不同时期的消费，储蓄也可以平滑不同世界状态的消费，与我们在第 12 章对自办保险的讨论中所强调的一样。事实上，当人们被问及储蓄的原因时，除了为退休储蓄之外，得到最多的回答还有为“突发事件”储蓄，例如失业或健康问题。[1] 这一发现促使了储蓄的**预防性储蓄模型**（precautionary savings models）的发展。储蓄不仅受到平滑不同时期消费的愿望的驱使，而且包括应对风险的自办保险愿望。

> **流动性约束：** 限制个人借款能力的信贷供给障碍。

在这个模型中，人们面临着未来发生不良事件的风险：不良健康冲击（如心脏病发作）、失业、离婚等。这个模型假定人们在遭受不良冲击时不能借款，因为他们面临着**流动性约束**（liquidity constraint），即借款壁垒。例如，因为银行不愿意贷款给一个患重病或者刚失业的人，这种流动性约束就可能会发生。因此，人们必须建立起储蓄的缓冲储备，这样当不良冲击发生时就有资金可用，从而人们可以在幸运时期和不良冲击时期之间平滑消费。拥有缓冲储备的愿望是除跨期平滑之外，人们进行储蓄的又一个原因。

预防性储蓄模型的证据 为了支持该预防性储蓄模型，许多研究表明，越多的不确定性会导致越多的储蓄，而减少不确定性会减少储蓄。其他研究也表明，降低收入不确定性的社会保险项目的扩张也会降低储蓄，这个结果与储蓄出于防范风险的概念一致。

□ 自我控制模型

储蓄决策的另一种构想借鉴了第 6 章中讨论吸烟问题时所用到的自我控制模型。在这个模型中，人们面临着缺乏耐心的短期偏好（我今天需要一支烟）和耐心的长期偏好（我明天想要戒烟）之间的冲突。这样一个自我控制问题在储蓄问题上也可能是重要的。[2] 人们拥有一个确保有足够储蓄来平滑一生消费的长期偏好，但他们缺乏耐心的短

---

① Aizcorbe et al. (2003), Table 2.

② Laibson et al. (1998).

期偏好可能会导致他们花完所有收入，从而对未来时期的储蓄不足。在这个模型中，储蓄行为的一个关键决定因素是人们能否找到方法来使自己做出储蓄承诺，从而让收入不要落入他们缺乏耐心的“短期自我”手中。

自我控制模型的证据 有越来越多的证据与储蓄的自我控制模型一致。回顾我们在第6章中关于自我控制模型的讨论，有自我控制问题的人会需要承诺手段来帮助其遏制自我控制问题。这样的承诺手段在储蓄方面是很普遍的。一个典型的例子是“圣诞俱乐部”，即一个银行账户，人们在一年四季中以较低或零利息把钱存进去，以确保他们在圣诞节时有钱买礼物。另一个例子是在下一节中讲述的退休储蓄账户。

与自我控制解释一致的第二个证据是美国的资产积累模式，它有一个非常奇怪的特征：人们有大量的储蓄是通过难以提现的形式进行的（房屋或退休账户），像活期存款这种很容易提现的形式却储蓄很少。更令人费解的是，许多人以一些难以提现且利率并不高（5%或更少）的形式来存钱，比如退休账户，却同时以高利率（10%或更多）通过信用卡借钱。在标准的模型中，这些人如果略微减少按5%利率的存款且不以10%的利率借款，那么可以让自己生活得更好。而事实上他们没有这样做，这与自我控制模型非常一致：人们担心如果他们手中有钱，便会胡乱地花钱，但如果他们可以承诺让钱离自己远一点，钱就被储蓄下来了。因此，人们通过房屋或者退休账户的形式可以成功地储蓄，但一旦他们拿到了钱，就无法成功地储蓄了。

最后，关于自我控制模型的一个非常有说服力的证据是经济学家理查德·泰勒和什洛莫·贝纳茨（Richard Thaler and Shlomo Benartzi，2004）的一个实验，他们在一家中型的制造企业中为员工提供了一个独特的退休储蓄计划。通过他们的“明天储蓄更多”计划，员工承诺将未来加薪的一部分存到他们的退休账户中。员工可以选择在实际加薪出现之前很久就做出这种储蓄承诺，因此决定似乎不那么困难。一旦员工加入了，他们对储蓄计划的供款就会随着他们每次得到的加薪而上升。

这样一个计划对标准跨期消费模型中理性的、有远见的储蓄者应该是没有吸引力的。他们可以根据自己的喜好来决定储蓄多少收入，而没有必要提前承诺一个固定的储蓄计划。换言之，在标准模型中，没有什么理由通过这样的途径去限制一个人的行为。如果一个员工想要储蓄一部分的未来加薪，她可以在加薪的时候就这么做。然而，这个计划对有自我控制问题的人具有很大的吸引力，他们想让部分的未来加薪不要落入他们缺乏耐心的短期自我之手。有自我控制问题的人可能会担心，如果他们现在不承诺储蓄他们的加薪，之后当加薪实际发生时，他们会因一时的短期缺乏耐心就花掉了。

事实上，当这个计划被推出时，78%被提供这个计划的员工决定参与，其中80%的员工经历了四次加薪后仍留在计划中。最惊人的是，计划参与者的储蓄率在40个月中从3.5%跃升到了13.6%。一个在标准模型中毫无用处的承诺形式却对储蓄行为产生了如此大的影响，这个事实再一次印证了员工在储蓄问题上具有自我控制问题的观点。阿什拉夫等（Ashraf et al.，2006）对菲律宾的一个储蓄承诺手段记录了相似的结果，证明自我控制问题是一个世界性的现象！

▶实验证据框◀

社会保险与个人储蓄

关于预防性储蓄模型的一个核心预测是，当政府针对收入不确定性提供保险时，人们会减少他们为应对这个不确定性而建立的预防性储蓄的缓冲储备。这是对第12章所讨论的挤出效应的一个自然暗示：随着政府扩大社会保险，储蓄中一个主要的形式——自办保险就会下降。① 许多研究已表明，这个预测是正确的。

也许最突出的是周等（Chou et al.，2003）关于1995年在中国台湾推出健康保险的研究。在健康保险推出之前，中国台湾的健康保险是不完全的。健康保险的推出大大地降低了人们为自己的医疗费用进行储蓄的需要。原则上，人们可以通过测量中国台湾的储蓄在1995年左右是否下降，以评估个人是否为医疗费用储蓄，并且在医疗保险推出后不再需要这样做。而在实践中，这是很难的，因为在1995年左右，中国台湾的其他方面也在变化，它们也可能会影响储蓄率。这一时期强劲的经济增长可能会导致储蓄上升，这会掩盖健康保险导致的储蓄的任何真正减少。

周等意识到了这一困难，并提出了合理的解决方法。他们注意到，1995年以前，私人部门的工人通过他们的工作通常会有自己的健康保险，但不包括家人。

然而，台湾当局的工作人员有提供给他们自己以及家人的健康保险。因此，健康保险的推出对于1995年前后都是完全被保险的台湾当局的工作人员，可能影响相对较小，而对于现在家人也获得了保险的其他工人，会有更大的影响。在他们的双重差分框架中，周等对比了实验组（非台湾当局工作人员，其未被保险覆盖的家庭医疗费用大大减少）和对照组（台湾当局工作人员，其未被保险覆盖的家庭医疗费用变化不大）的储蓄变化。

这一分析的结果是惊人的。在台湾当局的工作人员中，储蓄平均上升了30 000台币（约1 165美元），与这个时期强劲的经济增长一致。在非台湾当局的工作人员中，储蓄下降了20 585台币（约800美元），尽管经济在增长。因此，健康保险在非台湾当局工作人员中的扩大与他们的储蓄减少相关，这与个人为应对医疗不确定性而储蓄（但现在不需要这么做了）的概念一致。

类似的证据也能在美国找到。例如，格鲁伯和耶洛维茨（Gruber and Yelowitz，1999）发现，在第16章中所讨论的医疗补助扩张大大地减少了未被保险覆盖的医疗费用的风险，并因此降低了对预防性储蓄的需求，显著减少了低收入群体的储蓄。

22.3 对退休储蓄的税收激励

正如第4章所提到的，一些经济学家和政策制定者认为美国人的储蓄太少了，因此影响了经济增长。此外，尽管存在社会保障计划，一些人仍然担心工人的短视会使得他

① 这个挤出效应由Hubbard et al.（1995）等正式建模。

们对退休的储蓄不足。为回应这些顾虑，美国政府出台了一系列的税收补贴来鼓励退休储蓄。在本节，我们将回顾这些补贴的结构及影响。

□ 退休储蓄可享有的税收补贴

在美国，退休储蓄可享受多种税收补贴机制。在本节中，我们简要回顾四种主要的退休储蓄税收激励。

养老金计划：是一项由雇主资助的计划，通常由雇主与雇员基于免税的原则为雇员的退休生活进行储蓄。

界定福利养老金计划：养老金计划的工人在公司任职期间应计退休金权利，当他们退休时，公司支付给他们的收益是工人在公司的任职期限和他们的收入的函数。

界定供款养老金计划：在养老金计划中，雇主将员工收入的一定比例（如5%）存入一个投资账户，当员工退休时，将会获得该笔储蓄以及所有累积的投资收入。

对雇主提供的养老金的税收补贴 雇主为雇员提供的最大的附加福利之一就是**养老金计划**（pension plan），即雇主通过储蓄为员工提供退休收入。传统上，雇主提供的养老金计划为**界定福利养老金计划**（defined benefit pension plans），在该计划下，工人在公司的任职期间累计养老金权利，而当他们退休时，公司向他们支付的福利是工人在公司的任职期限和他们的收入的函数。随着时间的推移，雇主提供的养老金计划转向了**界定供款养老金计划**（defined contribution pension plans），其中，雇主将员工收入的一定比例（如5%）存入一个投资账户，当工人退休时，他将收到该笔储蓄以及所有累积的投资收入。

类似于雇主提供的健康保险，雇主对养老金计划的供款不作为雇员的收入征税。同样地，该养老金储蓄积累的任何利息不按应计利息征税。相反，当退休提款时，雇员要对养老金储蓄按常规所得纳税。

401(k)账户：雇主提供的税收优惠退休储蓄工具，账户内容通常与员工的供款相匹配。

401(k)账户 发展最迅速的退休储蓄形式是**401(k)账户**［401(k) account］，一个由工作单位提供并由个人控制的储蓄计划。401(k)账户允许人们在税收优惠的原则上从薪水中提款为退休储蓄，而雇主通常对雇员的供款进行匹配支付。在公司中，一个典型的401(k)选项允许员工最多将收入的10%存到退休账户，并且所有的供款都不计入应税所得。另外，雇主通过在账户中投入与工人供款相等的金额，例如雇员的收入中用于供款的前5%来进行匹配。其中，401(k)账户的供款上限是18 000美元（2015年）。当退休提款时，401(k)账户余额将按一般所得征税。

个人退休账户：一个为中低收入纳税人提供税收优惠的退休储蓄工具，纳税人向账户存钱时可享受税前扣除，未来从账户中支取时再进行纳税。

个人退休账户 雇主提供的养老金或者401(k)计划作为退休储蓄工具产生的问题是，许多人并没有获得雇主提供的这种计划。在私人部门中，只有48%的工人参与了雇主提供的养老金计划。[①] 1974年，国会出台了**个人退休账户**（Individual Retirement Account，IRA），一项为没有雇主提供养老金的人准备的具有税收优惠特征的退休储蓄工具。对于中低收入家庭（收入低于60 000美元的单亲家庭，或者低于96 000美元的已婚夫

---

① 数据来源于美国劳工统计局2014年的《全国补偿金调查》（*National Compensation Survey*）。

妇)，个人退休账户的作用如下。①

- 它们并不是一种特殊类型的储蓄。几乎任何形式的资产（从股票到债券再到黄金）都可以放进个人退休账户。
- 个人每年最多有 5 500 美元的供款免于征税（从他们的应税所得中扣除）。
- 不同于常规储蓄账户的利息，个人退休账户积累的利息收入免税。
- 个人退休账户余额直到 59 岁半才能提取，而且提款必须在 70 岁前开始（否则会有 10%的税务罚款）。
- 个人退休账户余额在提取时按一般所得纳税。

然而，对于高收入家庭，个人退休账户受到了《1986 年税收改革法案》的限制。高收入家庭现在只能使用非抵扣的个人退休账户，每一年的供款是应税所得的一部分，但积累的利息收入免税。

2001 年，个人储蓄账户通过引入“储蓄者的税收抵免”进一步扩大了储蓄的税收补贴。该计划配比了低收入家庭对个人退休账户的供款。例如，收入低于 36 500 美元的已婚夫妇联合申报纳税的，储蓄者的税收抵免等于他们不超过 2 000 美元的个人退休账户供款的 50%，因此对个人退休账户供款 2 000 美元的税后成本仅为1 000 美元。对于收入在 39 501 美元和 61 000 美元之间的联合申报人，配比率则下降了，抵免率只有 10%。在一个较为复杂的公式下，储蓄者的税收抵免也能用于 401(k) 供款。

简易雇员养老金个人退休账户： 专门为自雇人士设计的退休储蓄账户，账户使用者每年最多可将 5.3 万美元的免税金额储蓄至该账户当中。

简易雇员养老金个人退休账户　最后一种税收补贴的退休储蓄的主要形式是**简易雇员养老金个人退休账户**（Simplified Employee Pension IRA，SEP IRA），即一种专门为自雇者设计的储蓄选择。拥有简易雇员养老金个人退休账户的个人，每年可以从其自雇收入中为退休进行最多 53 000 美元的免税储蓄，退休时可以提取及纳税。因此，简易雇员养老金个人退休账户和（没有配比的）401(k) 的机制是一样的，只是前者并非通过雇主来运行。

□ 为什么税收补贴会提高储蓄收益?

前文中提到的所有税收补贴都有一个类似的结构：人们规避了这些储蓄以及对储蓄利息的征税。此外，当人们从退休储蓄账户中取款时，需要就其退休储蓄按一般所得纳税。

如果退休储蓄在人们退休时无论如何都要被征税，那为什么这是税收补贴呢？这之所以是税收补贴，是因为你能延迟到提取这些退休储蓄（包括初始供款和获得的任何利息）时才纳税，而不是预先对储蓄纳税。回顾我们在第 4 章中关于净现值的讨论，今天收到的钱比未来收到的钱更有价值，因为如果你今天有钱，你就可以从中赚取利息。同样的道理，未来缴纳的税款比今天缴纳的代价更低，因为你可以从你今天避开缴纳的税款中赚取利息。

换言之，若储蓄没有税收优惠，你在赚到钱时就要纳税。反过来，政府可以拿到这

① 更多关于个人退休账户的信息参见美国国税局第 590 号出版物。

些税款，储蓄起来，并从中赚取利息。通过税收优惠的退休储蓄，你可以继续持有你本来应对初始供款和任何利息收入缴纳的所有税款，于是你可以从这笔本该用于缴纳税款的钱中赚取利息。预先纳税（然后让政府从中赚取利息）和取款时纳税（因而你能从中赚取利息）的区别可能是相当大的。

假设泰德是一个70岁的老人，他在工作时赚取了100美元，并想要在银行账户中储蓄一年，然后取出来。他的税率为25%，而他从银行账户中能获得的利率为10%。他正试图决定是否把他的银行账户标注为个人退休账户。其决策的含义如表22-2所示。如果他不把账户标注为个人退休账户，那么他必须对其收入纳税。在这种情况下，他在税后拿到75美元收入，存入银行并可赚取7.5美元的利息，但之后要对这些利息纳税1.88美元。当他一年后取钱时，他有80.62美元。然而，如果他把他的账户标注为个人退休账户，他就可以得到全部100美元收入的投资（由于个人退休账户供款是可免税的）。他从这笔投资中赚取10美元的利息。然后，当他一年后取钱时，政府从他的110美元中收取25%，即27.5美元。他最后得到了82.50美元，比从非个人退休账户取得的金额多1.88美元。

表22-2　个人退休账户储蓄的税收优势　　单位：美元

账户类型	收入	对收入的征税（税率=25%）	初始存款	利息收入（利率=10%）	对取款的纳税	取款总额
普通账户	100	25	75	7.50	0.25×7.50=1.88	75+7.50-1.88=80.62
IRA	100	0	100	10	0.25×110=27.50	100+10-27.50=82.50

说明：如果泰德把他的100美元收入存入普通账户，那么该收入在存款前会按25%的税率纳税，并且剩下的75美元赚取的利息也要按25%纳税。如果他把收入存入个人退休账户，他最后将得到更多的钱，因为该收入在存款前是免税的，所以他可以得到100美元收入（而不是75%）的利息。

此外，一个人持有资产越久，个人退休账户的延迟纳税优势就会越明显。例如，如果你以10%的利率和25%的税率持有一笔资产30年，一个个人退休账户将留给你多达非个人退休账户两倍的钱。[①] 另一个优势是，许多纳税人会发现自己在退休时将处于一个更低的税率档次，因为他们的收入比其工作时要低。因此，延迟到退休时纳税降低了纳税的金额。

同样的逻辑适用于各种形式的税收补贴的退休储蓄。因此，这个类型的税收激励可以显著地提高退休储蓄的税后收益率。

□ 税收补贴的退休储蓄的理论影响

理论上，对退休储蓄的税收补贴与图22-1中对利息收入征税的作用相反。图22-3说明了该影响，这再次显示了跨期消费之间的权衡。我们从此图中的税后预算约束线 BC_2 开始，其斜率为 $-[1+r\times(1-\tau)]$。其斜率就是税后利率，即第一期（工作时期）

① 事实上，即使是在1986年后提供给高收入纳税人的非抵税式个人退休账户，对长期投资者也是宝贵的机会，因为它们允许投资者延迟利息收入的税收直到投资被撤回。实际上，从长期来看，个人退休账户的大部分利益不是来自个人退休账户供款的最初抵扣，而是来自账户所获得利息的免税积累。

消费 C^W 的价格。

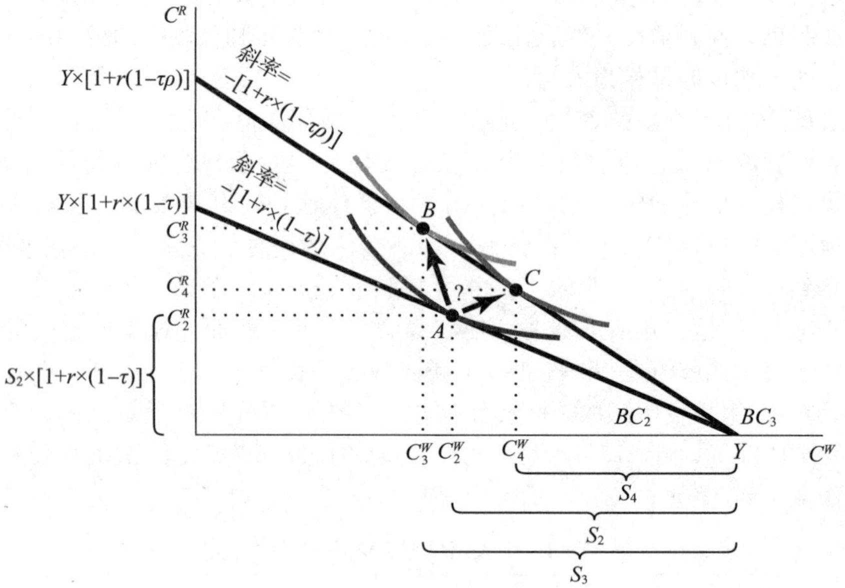

图 22-3　税收补贴与跨期消费的权衡

说明：人们起初面对斜率为 $-[1+r\times(1-\tau)]$ 的预算约束线 BC_2。当退休储蓄享受税收补贴时，预算约束线移动到 BC_3，其有一个更高的斜率 $-[1+r\times(1-\tau\times\rho)]$。这导致了一个倾向于更多储蓄的替代效应和一个倾向于减少储蓄的收入效应。如果替代效应更大，那么第一期消费将从 C_2^W 下降到 C_3^W，并且储蓄将从 S_2 上升到 S_3。如果收入效应更大，那么第一期消费将从 C_2^W 上升到 C_4^W，并且储蓄将从 S_2 下降到 S_4。

然而，当退休储蓄采取税收补贴的形式时，对储蓄的征税会轻得多，因为税款直到退休时才缴纳（降低了所缴纳税款的净现值）。税款缴纳的这种延迟使储蓄的税收负担从 τ 下降到 $\tau\times\rho$，其中，ρ 是考虑了延迟纳税后仍存在的税收负担部分。例如，假设 $\tau=0.3$ 且 $\rho=0.33$。这意味着，个人通过税收补贴的退休计划进行储蓄，在考虑补贴时，储蓄的有效税率为 0.1（$=0.3\times0.33$）。在这种情况下，税收补贴储蓄的可得性将预算约束线的斜率提高到了 $-[1+r\times(1-\tau\times\rho)]$，从而预算约束线从 BC_2 移到了 BC_3，提高了第一期消费的价格（伴随着更高的利率，消费的机会成本会更高）。这会导致一个倾向于更多储蓄的替代效应和一个倾向于减少储蓄的收入效应。由于当前消费的价格（税后利率）上升了，人们将储蓄更多（替代效应），但由于他们现在更容易实现退休储蓄目标，他们也会减少储蓄（收入效应）。

如前所述，税后利率的这种变化带来的影响是不明确的。图 22-3 显示了储蓄补贴的两种可能的结果。如果替代效应大于收入效应，那么该补贴将提高储蓄（从 S_2 到 S_3），与此同时，第一期消费从 C_2^W 下降到 C_3^W（从 A 点移到 B 点）。如果收入效应大于替代效应，那么该补贴将降低储蓄（从 S_2 到 S_4），与此同时，第一期消费从 C_2^W 上升到 C_4^W（从 A 点移到 C 点）。

税收补贴的退休储蓄的限制　我们前面回顾的大多数税收补贴的退休储蓄工具有一个特征，即每年的供款都是有限制的，例如个人退休账户有 5 500 美元的上限。这些限制会使理论分析变得复杂。假设安德莉亚（Andrea）正在一个个人退休账户可得和不可得的世界里面做储蓄决策。图 22-4 显示了个人退休账户对其预算约束线的影响。她原来的税后预算约束线为 BC_2，位于第一期和第二期消费之间的是线段 AB，其斜率为 $-[1+r\times(1-\tau)]$，其中，r 是储蓄获得的利率，τ 是对利息收入缴纳的税率。若没有个人退休账户，以放弃的第二期消费表示第一期消费的价格为 $1+r\times(1-\tau)$，因为这代表如果她今天少消费 1 美元，她能有多少的第二期消费。

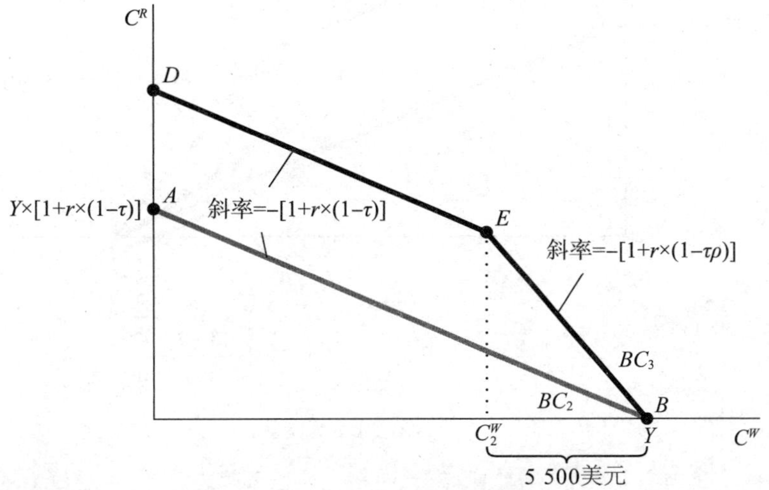

图 22-4　个人退休账户与跨期消费决策

说明：个人退休账户可得时会提高不超过 5 500 美元的储蓄的收益，即从 $-[1+r\times(1-\tau)]$ 到 $-[1+r\times(1-\tau\times\rho)]$，其中，$r$ 是从使用个人退休账户中得到的净税收优惠。一旦储蓄超过 5 500 美元（第一期消费少于 C_2^W），个人退休账户就只会增加第二期的收入，并且每一美元储蓄的收益回到了 $-[1+r\times(1-\tau)]$。

如果安德莉亚决定把钱存进个人退休账户，储蓄的税后收益率则会发生变化。对于储蓄的前 5 500 美元（其对应第一期消费 C_2^W），新预算约束线 BC_3 的斜率上升到 $-[1+r\times(1-\tau\times\rho)]$，其中，$\tau\times\rho$ 仍然是具有税收补贴的储蓄的有效税率。该变化体现为 E 点和 B 点之间新的、更陡峭的预算约束线。对于超过 5 500 美元的储蓄（其中，第一期的消费少于 C_2^W），由于个人退休账户有供款的上限，储蓄的收益率没有发生变化，因此，预算约束线的斜率回到了它的初始值。

个人退休账户对储蓄有什么影响？考虑两种类型的人，如图 22-5 所示。在图 22-5a 中，个人退休账户推出之前，蝈蝈先生储蓄较少（A 点），即消费了 C_1^W 而只储蓄 S_1（1 000 美元）。对蝈蝈先生来说，由于相互抵消的替代效应（随着税后利率上升，倾向于增加储蓄）和收入效应（随着税后收入上升，倾向于减少储蓄），个人退休账户对储蓄的影响是不确定的。如果替代效应占主导地位，蝈蝈先生将从 A 点移动到 B 点，把第一期消费减少到 C_2^W，并把储蓄提高到 S_2（1 500 美元）。如果收入效应占主导地位，蝈蝈先生将从 A 点移动到 C 点，把第一期消费增加到 C_3^W，并把储蓄降低到 S_3（500 美元）。

图 22-5b 显示了对蚂蚁女士的分析，她在个人退休账户推出之前是一个高储蓄者，消费 C_1^W 并储蓄 6 500 美元（A 点）。对于蚂蚁女士，个人退休账户的推出没有改变第一期消费的价格，仍然为 $1+r\times(1-\tau)$，因而对她来说，没有个人退休账户的预算约束

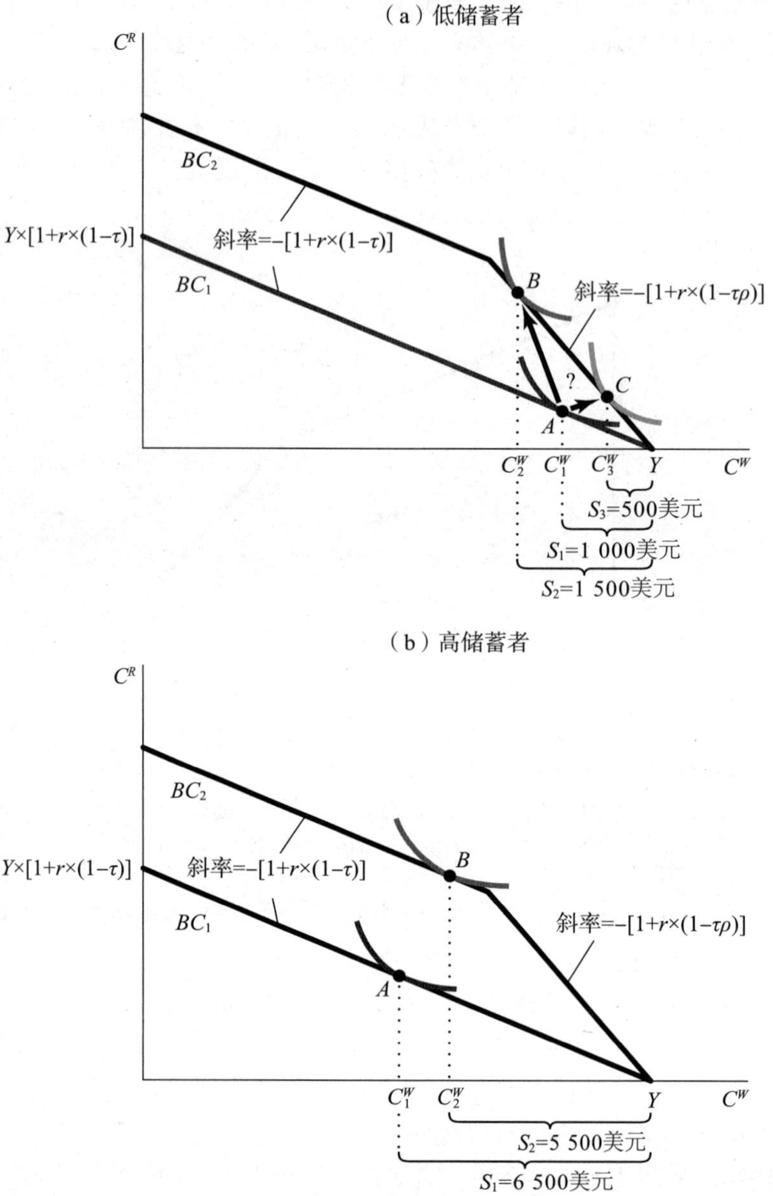

图 22－5　低储蓄者与高储蓄者

说明：在图 22－5a 中，蝈蝈先生在个人退休账户引进之前储蓄较少（A 点），即消费 C_1^W 并只储蓄 1 000 美元。对于蝈蝈先生，个人退休账户对储蓄的影响是不确定的。如果替代效应占主导地位，他将从 A 点移动到 B 点（伴随着储蓄上升）；如果收入效应占主导地位，他将从 A 点移动到 C 点（伴随着储蓄下降）。在图 22－5b 中，蚂蚁女士在个人退休账户引进之前是一个高储蓄者，即消费 C_1^W 并储蓄 6 500 美元（A 点）。对于蚂蚁女士，个人退休账户的引进没有改变第一期消费的价格，但它确实有收入效应，导致她的第一期消费上升到 C_2^W，储蓄下降到 S_2，即 5 500 美元。

线（BC_1）和有个人退休账户的预算约束线（BC_2）的斜率是一样的。然而，个人退休账户的推出确实有一个收入效应，她现在因拥有前 5 500 美元储蓄的税收补贴而变得更富有了。通过更高的收益，她不再需要储蓄那么多（6 500 美元）来实现同样的第二期消费水平。因此，她将使用其增加的收入在第一期时购买更多的消费：随着她从 A 点移动到 B 点，第一期消费从 C_1^W 上升到 C_2^W。她的储蓄从 S_1 下降到了 S_2（5 500 美元）。

对于像蚂蚁女士这样的高储蓄者，收入效应在他们将现有的资产转存到个人退休账户时就会出现。他们从已经储蓄的存款中拿出 5 500 美元，并把它重新标注为具有税收优惠的个人退休账户储蓄。因此，对于高储蓄者，个人退休账户是对现有储蓄的补贴：对于他们已经计划进行的储蓄，政府给了一个更高的收益率。如果这样的转存是可行的，那么个人退休账户就有可能通过这种收入效应实际上降低总体的私人储蓄。

这里的分析使用个人退休账户作为一个例子，但它也适用于其他形式的退休储蓄。其他形式的退休储蓄的上限会更高，从而像蝈蝈先生这样的人可能会比像蚂蚁女士这样的人更多。例如，在没有简易雇员养老金个人退休账户的情况下，相对较少的自雇人士会储蓄超过 53 000 美元账户限额的金额。

☞应用

罗斯个人退休账户

> **罗斯个人退休账户：**常规个人退休账户的变种，纳税人存入账户的钱是纳税之后的，但之后从账户中提款时可以免税。

1997 年，国会通过颁布法律建立了一个重要的、具有税收优惠的新退休储蓄工具，即**罗斯个人退休账户**（Roth IRA）。该账户与常规的个人退休账户有许多的相似点，但有两个主要的区别。第一，不像传统的个人退休账户，即供款是在税前进行的以及对取款征税，人们用税后的钱对罗斯个人退休账户供款，并且当最终取款时，取款是不征税的。第二，人们不会被要求从他们的罗斯个人退休账户中取款（而从传统的个人退休账户中的取款必须在 70 岁前开始），从而资产的收入可以无限期地免税积累。

政策制定者为什么推出这种新选择？如果政策制定者希望扩大个人退休账户，为什么他们不直接这么做（例如，通过提高供款上限或收入资格），而不是推出这种“倒置的”结构？一个明确的理由是预算政治。

在作为预算预测基础的短期内，扩大传统个人退休账户的代价是非常高的：在常规的个人退休账户计划下，政府今天就失去了对供款的税收并且直到遥远的未来才能对取款征收税收。然而，在同一短期内，罗斯个人退休账户看起来好很多：政府今天就能征收税款而在未来才会失去税收（由于我们不对账户的利息收入或取款征税）。因此，罗斯个人退休账户使得政治家既能实施减税，又推迟了为此付出代价的预算痛苦。

联合税务委员会（Joint Tax Committee，评估税收变化对收入影响的国会预算局的对应机构）估计，实行罗斯个人退休账户，同时扩大传统个人退休账户的适用范围，在 1997—2002 年间仅会花费政府 18 亿美元（罗斯个人退休账户实际上节省了钱，而传统个人退休账户的扩展要花钱）。这种低价格标签是国会得以把罗斯个人退休账户纳入 1997 年的立法中的一个原因。然而，在 2003—2007 年间，当这些免税款项开始流向罗斯个人退休账户的持有者时，这些款项估计花费了政府 184 亿美元，是之前的十倍以上，而且费用在未来甚至会进一步上升。① 这是关于预算的短期思维问题的一个很好的例子。

罗斯个人退休账户已被进一步利用，以通过税收调节法案，延长2008年到期的资本收益和股息减税（在第23章和第24章会更详细地讨论）。按其原来的形式，这次延期将以10年内510亿美元的税收损失为代价，其中，310亿美元的损失会在2011—2015年发生。根据参议院的现行制度，任何在调整期以后（在这个例子中，为2010年以后）增加财政赤字的法案都会被禁止（除非能收集60票来支持其通过，这在目前参议院党派分裂的情况下是不可能的）。为了满足这个检验，参议院似乎必须在制度的其他方面提高税收，而这是一个不受欢迎的选择。然而，讽刺的是，参议院提议通过扩展罗斯个人退休账户的形式来进一步减税以帮助满足这个检验。

过去，只有收入低于10万美元的人才可以从他们的传统个人退休账户中“转存”储蓄到罗斯个人退休账户中。也就是说，这些人可以注销他们的个人退休账户，对所得纳税，然后把这些所得转存进罗斯个人退休账户。为了支持最新的税收调整法案中所提出的税收减免，参议院建议取消2010年关于10万美元的收入限制，使得任何人都可以把他们的常规个人退休账户转换成罗斯个人退休账户。

正如伯尔曼（Burman，2006）总结的，较高收入的家庭会认为去除该限制是有吸引力的，而其中的原因是多方面的。例如，与传统的个人退休账户不同，罗斯个人退休账户没有取款要求，使高收入者现在可以把钱在税收优惠储蓄账户里多留几年，进而提高他们的总节税金额。此外，这些转换本质上相当于一个人纳税时间的转移：从传统个人退休账户转换来的资金会立刻被征税，但随后允许在罗斯个人退休账户计划下免税积累，即使在退休取款时也一样。因此，预期税率在退休时会上升的人（如从养老金计划中得到大量金额的人），或者只是担心政府的财政失衡将导致未来较高税率的家庭，可以通过现在而不是以后纳税来降低他们的终生税收。在这两种情况下，较高收入者通过未来减少纳税得到的收益意味着相应的未来联邦收入流失。

最后，并且最重要的是，允许这种转换本质上相当于消除了罗斯个人退休账户的收入限制。这是因为，尽管较高收入的个人被禁止对普通个人退休账户进行供款，但他们现在被允许对非扣除式的个人退休账户供款（即他们不能扣除他们的初始供款，但可以得益于利息收入的免税的个人退休账户）。根据新的法律，这种非扣除式的个人退休账户之后可以转变并转换成罗斯个人退休账户。因此，较高收入者可以分两个简单的步骤对罗斯个人退休账户供款：开设一个非扣除式的传统个人退休账户，然后把它转换成罗斯个人退休账户。②

由于这些原因，许多较高收入者预计会把他们的传统个人退休账户转换成罗斯个人退休账户。这个行动意味着，取消转换限制将导致一个短期的税收增加（随着家庭对转移到其罗斯个人退休账户的资金纳税）和一个长期的税收的净减少（因为避税的储蓄机会扩围到了较高收入的群体）。事实上，联合税务委员会得出的结论是，尽管解除罗斯个人退休账户的收入限制将会在提议生效的前10年筹集将近64亿美元的税收，但该提

① Joint Committee on Taxation (1997).

② Burman (2006).

议在2014—2042年间将会损失超过170亿美元（2015年的美元价格）的税收。[①]

这一结果对参议院来说是好的，因为参议员可以方便地将2010年定为个人退休账户转换的日期。因此，由转换筹集的资金将适用于需要融资的2011—2015年，而长期的较高成本没有包含在法案的收益成本中。因此，以减税融资减税的把戏，正是罗斯个人退休账户的风格![②] 2006年5月，该提案由乔治·W. 布什总统签署成为法律。[③]

仅在2010年，就实现了869 400次罗斯个人退休账户的转换，是2009年转换次数的9倍多。这次资金吸收的增加，部分归因于富人的预期，他们的税率处于低点，并且由于高赤字和不断上升的对财富不平等的反对，其税率注定要上升。超过10%的百万富翁转换了他们的个人退休账户，占投资于罗斯个人退休账户的所有资金的22%。[④]

□ 几种模型的启示

如前所述，有强有力的证据表明，储蓄决策取决于对预防性和自我控制的考虑。这两个模型都表明，退休的税收优惠对储蓄的正面效应可能比传统理论暗示的要强。

预防性储蓄 若满足以下两个条件，刚才提到的这种资产转存则很有可能发生：大部分的个人退休账户供款人在没有个人退休账户时无论如何都会储蓄5 000美元，并且个人退休账户储蓄和非个人退休账户储蓄被视为高度可替代的。考虑一个即使没有个人退休账户也打算为退休储蓄5 000美元的人。这样一个人不会因他在退休前不能取这笔钱的事实而感到受限制，从而个人退休账户储蓄和非个人退休账户储蓄可以相互替代，于是转存就可能发生（因此没有净的新储蓄）。

另外，考虑拥有超过5 000美元储蓄的人，他们用储蓄来预防失业。如果他们在59岁半前就失业了，则该资金不能被提取，在个人退休账户中的储蓄不会被他们视为高度可替代，所以他们不会把他们（预防性）储蓄中的5 000美元改存为个人退休账户。图22-3、图22-4和图22-5的分析仅适用于退休储蓄：拥有超过5 000美元预防性储蓄的人不会改存，但拥有超过5 000美元退休储蓄的人则会这么做。许多税收补贴的退休储蓄账户的供款者拥有高储蓄的事实并不意味着他们会把这些储蓄改存进税收补贴的账户中，假如这些储蓄是基于预防性原因而不是为了退休。因此，由退休优惠带来的新储蓄也许比传统模型提到的要多。

自我控制模型 储蓄的自我控制模型的特点是寻求承诺手段来帮助自我控制。诸如养老金计划和401(k)账户提供了很好的承诺手段，因为供款是直接从薪水中扣除的，并且人们直到退休时才能提取这笔钱。因此，这些账户中的钱不能被用来满足短期的缺乏耐心，使得人们得以承诺长期的耐心。退休储蓄因此可能有所增加。除了由税收优惠引起的对这些账户的需求外，也有因为人们能有效地进行储蓄承诺而产生的需求。

---

① Rubin and Collins (2014).

② Friedman and Greenstein (2006).

③ Lieber (2006).

④ Rubin and Collins (2014).

□ 私人储蓄与国家储蓄

到目前为止，关于储蓄激励效应的讨论专注于对私人储蓄的影响。而最终关系到投资决定（和潜在增长）的是国家储蓄，即私人储蓄与政府储蓄之和。回顾第 4 章所提到的，增加政府赤字会通过减少可用资金库而降低投资。尽管对退休的税收激励可能会增加私人储蓄，但对国民储蓄有一个起着抵消作用的负效应，因为其资金来自税收减免。减少的税收降低了国家储蓄，从而抵消了任何私人储蓄的增加。

假设我们发现，401(k) 的每 1 美元供款会提高 30 美分的私人储蓄：401(k) 储蓄的每 1 美元中，70 美分是即使没有 401(k) 也会被储蓄的退休储蓄 [但现在出于税收原因而通过 401(k) 进行储蓄]，而 30 美分是由 401(k) 引起的新储蓄。同样假设供款人的典型税率为 43%。基于这些假设，以改存到 401(k) 的现有储蓄所放弃的税收计算，每 1 美元个人退休账户供款的成本为 30(＝0.43×70) 美分。因此，不会存在 401(k) 对国家储蓄的影响：由 401(k) 引起的私人储蓄的增加会被储蓄的税收减免引起的国家储蓄的减少完全抵消，即使没有 401(k)，这些储蓄也会发生（在这种情况下会被征税）。

回到我们在第 18 章中介绍的税收激励的边际影响（激励导致的新行为）与超边际影响（被奖励的旧行为）的定义，并对私人储蓄与国家储蓄进行比较。在这个例子里，有一些边际影响：每 1 美元的供款提高了 30 美分的私人储蓄。但也有一个很大的超边际影响：即使不存在 401(k)，每 1 美元 401(k) 储蓄中有 70 美分也会发生。这一非常大的超边际影响显著减少了税收，抵消了任何来自 401(k) 激励的国家的储蓄增加。因此，除非退休储蓄计划的可用性会带来一个很大的储蓄的边际增长，否则这些计划会降低整体的国家储蓄。

对储蓄的税收激励的边际影响和超边际影响取决于两个因素。一是位于储蓄上限以下的退休储蓄者（例如拥有少于 5 000 美元退休储蓄的人）的收入效应和替代效应。二是高于储蓄上限的退休储蓄者的比重，对他们而言，只会存在超边际影响：由于没有替代效应，该群体不会产生新的储蓄。

▶实验证据框◀

估计储蓄税收激励对储蓄行为的影响

关于个人退休账户对储蓄影响的研究说明了评估储蓄激励对储蓄的影响所面临的困难。研究者通过询问个人退休账户的供款人是否会从其他资产中抽取资金进行供款，来明确地检验关于转存的假说。事实上，这似乎并不是真的：当个人退休账户的供款增加时，其他储蓄实际上上升了，而不是像转存假说所预测的下降了。

然而，这些研究是缺乏说服力的，因为它们没有克服在对比供款人（实验组）与非供款人（对照组）时的偏差问题。向个人退休账户供款的人可能是“储蓄者”，相对于没有向个人退休账户供款的“非储蓄者”，他们在任何形式上都会储蓄更多。因此，即使没有个人退休账户，这些人也会以某些其他形式储蓄 5 000 美元以上。与此相反，非供款人也许是非储蓄者，如果没有个人退休账户，他们可能就一点也不储蓄。在这种情况下，非供款人并不是一个好的对照组：在比较他们与储蓄者时会有偏差，因为即使没有个人退休账户，该实验组也会储蓄更多。旨在克服这种偏见的更复杂的检验得出了不同的结论，但尚未有人设计出一个非常有说服力的关于个人退休账户对储蓄的影响的检验方法。

有关 401(k) 的文献则采取了一个不同的方法，研究者对比了有 401(k) 的公司的工人的储蓄金额（实验组）和不提供 401(k) 的公司的工人的储蓄金额（对照组）。这种方法的问题在于，实验组和对照组可能不具有可比性，因为在提供401(k) 的公司中的工人相比于在不提供 401(k) 的公司中的工人，可能会对储蓄有不同的偏好。如果在提供 401(k) 的公司中工作的人通常会比其他公司的人储蓄更多，那么比较这两个群体会存在一个明显的偏差：401(k) 可得性与更高储蓄水平相关的事实并不能证明 401(k) 对储蓄的因果影响。

在观察到提供和不提供 401(k) 的公司的员工之间存在着明显差异之后，这种担忧得到了进一步加强。例如，1991 年，有资格获得 401(k) 的人拥有 39 000 美元的平均收入，而没有资格获得 401(k) 的人的平均收入为 27 000 美元；69%有资格的人是已婚的，而只有 58%没有资格的人是已婚的。① 如果这些群体在决定储蓄的因素，如收入和婚姻状况方面差异如此之大，那么很难想象他们在对储蓄的基本偏好上是相同的。而如果他们在对储蓄的偏好上不同，那么他们就不是具有可比性的实验组和对照组。

切迪等（Chetty et al.，2014）通过研究丹麦的退休储蓄计划克服了这些困难。他们新颖的研究包含了丹麦退休制度中许多有趣的变化。对于处在最高税级的纳税人，储蓄的税收补贴有大幅的减少，但对于低于该税级的纳税人没有这种减少。这在刚好高于最高税级的人（他们的储蓄激励大幅减少）和刚好低于最高税级（有相似收入，储蓄激励却没有减少）的人之间形成了一个自然的双重差分比较条件。比较结果如图 22 - 6 所示。上方的线显示了接近但高于最高税级的人对退休储蓄的供款情况；下方的线是接近但低于该分界线的人。对于高收入纳税人，1998 年以前的供款要高得多，因为他们拥有更高的税收补贴。重要的是，在变化之前，两个群体的供款变化趋势非常相似。

但是，当 1999 年开始实施这一改革时，高收入纳税人的缴费大幅下降，而收入水平稍低的人则没有太大变化。这有力地表明，最高收入群体的供款下降是由于储蓄激励措施的减少。

然而，出于政策目的的关键问题并不是养老金缴款会如何，而是（私人和国家的）总储蓄的情况。事实上，切迪等发现这一变化对私人储蓄没有影响。图 22 - 6 所示的最高收入群体的供款减少被其他类型储蓄的供款增加完全抵消。也就是说，这种税收激励措施对总储蓄没有影响，它只是导致个人将储蓄从一个来源转移到另

① Poterba et al.(1998).

一个来源。鉴于存在与退休激励相关的税收成本，这一发现意味着在引入税收激励措施时国民储蓄会下降。

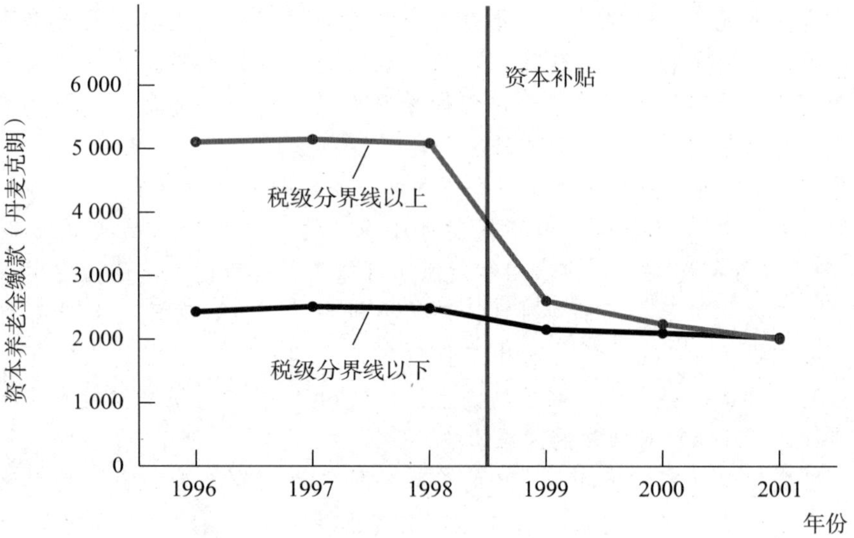

图 22－6　高于和低于税级分界线的年度个人供款

资料来源：Chetty et al.（2014）.

说明：该图显示了高于税级分界线和低于税级分界线的两个收入群体每年的平均个人资本养老金缴款情况。补贴减少后，最高收入群体的缴款从 1998 年的 5 089 丹麦克朗急剧下降到 1999 年的 2 604 丹麦克朗。在低收入群体中，养老金缴款从 2 488 丹麦克朗降至 2 156 丹麦克朗，几乎没有下降。

切迪等的分析中最引人注目的一点是，他们能够将这些税收补贴无效的结果与另一个不同改革的非常有效的结果进行比较，这一改革便是对养老金计划的强制储蓄政策。这项政策变更要求所有丹麦人将其收入的 1%用于退休储蓄账户，从而导致储蓄增加约 1%。也就是说，在这种情况下只有极少的改存现象。这与先前的调查结果如何一致？作者给出的原因是，大多数储蓄者都是被动的：他们不会对储蓄做出积极的决定，只是按照规定行事。只有很少一部分人（他们估计这类人占 15%）是积极的储户，他们根据财务激励措施重新分配储蓄。被动储蓄者既没有对政府的强制措施进行抵消，也没有对税收激励做出反应。活跃的储户对养老金储蓄的财政激励措施有很强的反应，但其他形式的储蓄将其完全抵消，储蓄并没有净增长。

换句话说，作者认为，退休储蓄者要么不对价格激励做出反应，只是储蓄他们被要求储蓄的数额，要么通过将储蓄从被征税来源转移到免税来源来积极应对价格激励。无论哪种方式，对储蓄的税收激励都不会增加储蓄。但是，其他一些能够改变被动储蓄者“默认储蓄”的政策可以增加储蓄。

□ 税收激励与储蓄的证据

目前关于雇主提供的养老金、个人退休账户以及 401(k) 账户对储蓄行为的影响的研究有很多。

正如“实验证据框”中提到的，要识别这些激励对储蓄的影响的因果估计是相当困难的。但最近一项重要研究的证据表明，增加储蓄的税收激励措施对私人储蓄总额没有太大影响（同时会降低国民储蓄）。同时，该研究与其他一些研究表明，对退休激励效应产生最大影响的不是节税而是方案设计中的其他因素。例如，马德里安和谢伊（Madrian and Shea，2001）跟踪了一家公司的401(k)参与情况，制度从工人想要参加401(k)须主动报名，变为工人被默认参与401(k)，并且如果他们不想参与须选择退出。根据标准的经济理论，这两个制度应具有相同的效果，因为人们在两种情况下都可以选择是否参与。然而，在实践中，把默认情况从个人不会自动注册（于是不得不主动注册）改为个人自动注册（于是不得不主动退出注册）会产生巨大的影响，使得公司401(k)计划中新员工的参与率从50%提高到几乎90%。这些影响对弱势群体尤其大：对于每年收入低于20 000美元的人，401(k)计划的参与度因这一简单的变化就从13%上升到了80%！

这类研究结果促使奥巴马总统进一步拓展了其在计划中所采用的方法（见本章开头部分）。奥巴马政府随后提议，应强制要求不具备退休计划的公司设置并自动将雇员登记入个人退休账户类型的账户。雇员3%的工资将被直接存入退休账户，除非他们选择退出。总统还建议扩大储蓄者的抵免额，以帮助低收入家庭向这些新的退休账户供款。然而，总统的提议没有得到国会通过，因此各州正在制定自己的强制性退休账户法律。

22.4 结论

在美国，纳税人做出的最重要的决策之一就是储蓄多少钱，而且很可能会将税收因素考虑进决策中。不幸的是，没有任何理论或现有的实验证据能够为税收对储蓄的影响程度（乃至方向）提供一个确定的结论。尽管缺乏证据，对储蓄进行税收激励的重要性仍持续增加。1975年，对储蓄激励的税收支出还不到200亿美元。2014年，该数字增长到了1 410亿美元。[①] 显然，政策制定者相信，税收激励可以对个人的储蓄决策产生重要的影响。未来的研究则需要评估这个信念的有效性。

重点

- 税收降低了储蓄的收益率，这会引起一个偏离储蓄的替代效应和一个倾向于储蓄的收入效应，总体效应是不确定的。
- 关于税收对储蓄决策的影响的证据非常少，但有强有力的证据表明，决定进行储蓄至少部分地取决于对收入不确定性采取预防措施的愿望以及自我控制的愿望。

---

① 参见 Office of Management and Budget (1976)，Table F-1 以及 Office of Management and Budget (2014)，Table 14-1。这些数字只包括养老金缴款和收入，但不包括其他形式的储蓄。

- 对退休储蓄［如个人退休账户和401(k) 账户］的税收补贴通过延迟纳税明显增加了退休储蓄的收益。
- 退休的税收补贴对储蓄的影响是不明确的。决定其影响的一个关键因素是受补贴的退休储蓄和其他储蓄之间的替代性。
- 尽管有许多针对退休储蓄进行税收补贴的机制，关于它们对储蓄决策的影响却尚未达成共识。来自加拿大的最佳证据表明，如果储蓄补贴是非常慷慨的，那么这些影响可能很大。

习题

1. 假设一个人生存两期，第一期时赚取了30 000美元的收入，在此期间，她进行消费或为第二期储蓄。储蓄的钱每年赚取10%的利息。

a. 画出此人的跨期预算约束线。

b. 如果政府征收30%的利息税，画出这个人的跨期预算约束线。

2. 假设政府提高利息收入的税率，之后储蓄增加了。哪种效应占主导地位，收入效应还是替代效应？请解释。

3. 马洛威亚有两个税率档次。收入的前20 000美元按10%的边际税率征税，超过20 000美元的收入按30%的边际税率征税。所有收入——包括劳动所得和名义利息、股息以及资本利得收入——都被看成一样的。30%税率的临界值现在根据通货膨胀进行调整，并且实际利率是5%。

a. 通货膨胀会如何影响马洛威亚的储蓄收益？请比较预期通货膨胀为10%时的可能储蓄率和预期通货膨胀为零时的可能储蓄率。

b. 如果30%税率的临界值没有根据通胀进行调整，你的答案会如何变化？

4. 毛品塔尼亚政府推出了一项新的保险计划，即对意外的灾难性医疗费用进行100%的赔偿。在这之前，只有低收入家庭享有这种好处。

a. 请描述一个关于该政策变化对毛品塔尼亚高收入家庭储蓄影响的实证检验。

b. 你认为毛品塔尼亚的总体储蓄率会发生什么情况？

5. 西兹大学（Shiz University）推出了一个新的计划，允许雇员自动从他们的工资中提取纳税后的钱并存到一个养老金计划中。当没有经济激励措施时，为什么人们会参与这个计划呢？

6. 政府推出了一项税收激励计划，其中，储蓄的前5 000美元可以延迟纳税。画出由此产生的预算约束线，说明当前和未来消费之间的权衡。

7. 盖尔和肖尔茨（Gale and Scholz，1994）曾预测，提高个人退休账户的供款限额对总体的储蓄率的影响很小。为什么会是这种情况呢？

8. 讨论个人退休账户在过去的20年是否提高了美国的储蓄，请注意这样一个事实，即人们在很多方面会有不同，并且对储蓄的定义有很多种。通过比较有个人退休账户的人和没有个人退休账户的人的非个人退休账户资产，我们能得到什么结论？你能提出估计个人退休账户对储蓄的影响的替代方法吗？

9. 两个具有相当水平人均收入的国家均提议，要把可以延迟纳税的储蓄金额提高 2 000 美元。在温提，目前可以延迟纳税的最大储蓄金额为 2 000 美元；而在沙勒，目前的限额是 5 000 美元。哪个国家的储蓄可能会增加更多？哪个国家的超边际影响可能更大？哪个税收激励可能使其政府付出更多成本？请解释。

10. 杰克（Jack）是一名 48 岁的顾问，年收入为 48 万美元。赫克特（Hector）是一名 19 岁的大学生，他刚刚结束一份薪酬为 5 000 美元的暑期工作。两个人都计划将部分收入存到个人退休账户中。谁更可能会使用罗斯个人退休账户而不是传统的个人退休账户？请解释。

进阶习题

11. 代际核算方法（回顾第 4 章）表明，未来所得税税率会高于目前的税率。这一信息会如何影响储蓄率？它会如何影响罗斯个人退休账户相对于传统递延纳税的个人退休账户的吸引力？

12. 在一些文化中，当一个不符合政府提供的社会保险资格的社区成员面临一些不利情况时，该社区的其他成员会借钱给这个成员，直到他的境况改善。在这些文化中，你认为其缓冲储备储蓄会比美国发生的更多还是更少？请解释。

13. 考虑一个人们生存两期的模型，并且效用函数形式为 $U=\ln(C_1)+\ln(C_2)$。他们在第一期赚得 100 美元的收入，并储蓄 S 作为第二期消费的资金。利率记作 r，为 10%。

a. 构建个人一生效用最大化问题。解出最优的 C_1、C_2 和 S（提示：将 C_2 用收入、C_1 和 r 来表示）。画图表示出机会集。

b. 政府对劳动收入征收 20% 的税。解出新的 C_1、C_2 和 S 的最优水平。解释新的储蓄水平与问题 a 中的有何不同，请注意收入效应和替代效应。

c. 现在不对劳动收入征税，政府反而对利息收入征收 20% 的税收。解出新的 C_1、C_2 和 S 的最优水平。（提示：新的税后利率是多少？）解释新的储蓄水平与问题 a 中的有何不同，请注意收入效应和替代效应。

14. 国会女议员弗利普（Flip）和弗洛普（Flop）提出了提高美国储蓄率的不同建议。国会女议员弗利普提议允许家庭在特殊储蓄账户中的存款高达 20 000 美元。这些账户中的储蓄所赚取的利息不会被征税，家庭可以随时从这些账户中提取资金。国会女议员弗洛普的提议包括两个方面。首先，该提议要求所有雇主为其雇员设立 401(k) 账户。其次，她建议要求员工默认将每份薪水的 3% 存入此账户，除非他们填写一张表格以选择退出此存款。根据本章所述的研究，哪个提议可能对国民储蓄产生更大的影响？解释说明。

第 23 章

风险承担的税收及财富税

需要牢记的问题

- 税收如何影响风险承担行为？
- 资本利得税如何运作？其如何影响风险承担？
- 遗产税如何运作？其如何影响风险承担？

2006 年 6 月，沃伦·巴菲特（Warren Buffett）——世界上第二富有的人宣布了一个惊人的消息，即他将把他在伯克希尔·哈撒韦公司（Berkshire Hathaway，Inc.）所持有股份的 85%赠予五个慈善基金会。其中，六分之五的股份将全数捐献给比尔和梅琳达·盖茨基金会（Bill and Melinda Gates Foundation，简称盖茨基金会）——一个以微软公司董事长比尔·盖茨和他的妻子梅琳达为首的慈善组织。盖茨基金会致力于解决社会问题，如儿童死亡、疾病控制和教育。巴菲特这份价值数十亿美元的礼物，将帮助盖茨基金会在世界范围内产生重大的影响。相比之下，联合国及其相关机构每年的支出仅为 540 亿美元。[①]

巴菲特将自己的绝大多数财富捐献给慈善机构而不是留给自己的孩子的决定，在许多人看来，是他长期以来反对大量遗产代代相传的理念达到顶峰的体现。为了坚持这种立场，巴菲特以及其他一些富有的美国人，如老威廉·盖茨（William Gates，Sr.）和乔治·索罗斯（George Soros），一直以来都是直言批评废除遗产税行动的人，而遗产税是一种对去世的人的大型遗产课征的税收。

巴菲特认为，让孩子继承父母的所有财富，会导致他们被宠坏并且被削弱所有的积

① United Nations (2013).

极性，而执行这一税收有助于保持美国的精英制度。巴菲特声称，让储蓄免税地从一代传递到下一代的做法无异于“通过挑选2000年奥运会金牌得主的长子来作为2020年奥运会的团队成员”①。他还说道，他“讨厌看到遗产税被废除……它是一个非常公平的税种。它与这个国家的机会平等的理念一致，而不是给予某些人不可思议的领先优势”②。

还有许多人则因遗产税的累进性而捍卫它：他们指出，由于高免税起点，该税收只影响已故的最富有公民中的很小一部分。后来成为参议院少数党（民主党）领袖的汤姆·达施勒（Tom Daschle）在2003年反对废除遗产税，其理由是“帮助亿万富翁不应是我们的职责”③。在1997年担任财政部副部长（之后成为部长）的拉里·萨默斯（Larry Summers）则宣称，当涉及减免遗产税的时候，除了自私再没有其他的解释。从实质上讲，关于遗产税的争论与遗产税本身一样糟糕。④

然而，遗产税的反对者在这个问题上也有着合理且强烈的意见。他们指出，很多被征收遗产税的收入是在遗产持有人还活着的时候就已经被征收了，因此，这相当于对他们的收入进行双重征税。这种双重征税可能导致富人减少挣钱和储蓄。遗产税的反对者还把它看作一种“死亡税”，即由政府强加于死亡行为本身的惩罚，也是一种附加于最终伤害的侮辱。美国的税收改革（Americans for Tax Reform）会长格罗弗·诺奎斯特（Grover Norquist）说道：“富人已经缴纳了之前设计的每一种可恶的税收。凭什么他们仅仅因为去世就要被征税?”⑤ 这些反对者的论点在近几年似乎获胜了：2001年的税法（在第4章的“应用”中曾讨论过）已大大增加了须纳税遗产的阈值；2015年，最低资产临界值增加到了543万美元。⑥

在第22章，我们讨论了通过直接改变储蓄收益率来影响个人储蓄决策的政府政策。在本章，我们专注于税收的另外两个可能影响纳税人储蓄决策的方面。第一个方面是对风险承担的税收。个人不仅决定储蓄多少，而且决定将采取何种储蓄形式。例如，你该使用很安全但平均收益较低的政府债券形式进行储蓄，还是使用公司股票这种风险更高但平均收益率更高的形式？正如税收可能会影响个人储蓄的金额，它们也可能影响储蓄所采取的形式。一项可能会影响风险承担的特定税收政策是对资本利得的征税，资本利得是在资本资产出售中实现的收入。

第二个方面是人们不仅需要就其每一期的储蓄收益纳税，还要就其过去储蓄所积累的财富数量被征税。在美国，这种税收产生于两种形式。财富税的第一种形式包含了转让税，即针对一方对另一方的赠予所征收的一系列税收，包括我们所讨论的有争议性的遗产税。财富税的第二种形式是房产税（你能从第10章中回顾），这是美国地方的最大收入来源。因为对大多数美国人来说，储蓄的主要来源是他们的房屋，房产税也会显著影响储蓄水平。

① Jenkins (2001).
② Nasaw (2006).
③ Thompson (2003).
④ Chandler (1997).
⑤ Thompson (2003).
⑥ Internal Revenue Service (2015).

23.1 税收与风险承担

正如第12章所讨论的，我们在生活的许多方面都面临着风险与不确定性。有些是纯粹带来不良后果的风险（车祸、重大疾病或受伤），而我们试图用保险来防范这些风险。其他风险则会更为平衡，有可能带来积极的后果，也有可能带来消极的后果。更加平衡风险的一个例子是由金融投资所产生的风险：一家企业将会成功还是失败？一个股票投资组合将会上涨还是下跌？关于是否进行风险投资的决策可能会受到税收的影响。在本节，我们将讨论税收对风险承担的影响。

□ 金融投资的基本模型

关于税收与风险承担的基本模型由多马（Domar）和马斯格雷夫（Musgrave）于1944年在金融投资风险的文章中提出。在他们的模型中，个人可以选择投资于不产生实际收益的安全资产，也可以选择投资于可带来一定回报率的风险资产。政府对风险资产的任何正收益征税，但允许从应税所得中全额扣除任何的负收益。在这种情形下，多马和马斯格雷夫指出，对来自风险资产的收益征税会增加风险承担，因为任何对收益的征税都可以通过承担更多风险而完全取消。

预期收益：成功投资的收益乘以成功的概率，加上投资失利的收益乘以失败的概率。

这一点最好通过一个例子来说明，见表23-1。假设萨姆（Sam）在一家小企业投资了100美元，有50%的机会升值到120美元（因而他获得20美元）以及50%的机会贬值到80美元（因而他损失20美元）。这项投资的**预期收益**（expected return）为0：投资成功的收益乘以成功的概率加上投资失败的收益乘以失败的概率得到的结果为0=[(20×0.5)+(−20×0.5)]。起初不存在税收，所以这些税前收益也就是他的税后收益，如表23-1中第一行所示。

表23-1 税收与萨姆的风险承担

政策	投资（美元）	成功的报酬（美元）	失败的报酬（美元）	成功时的税率	失败时的税收抵免	税后获利（美元）	税后亏损（美元）
（1）无税收	100	20	−20	0	0	20	−20
（2）有税收	100	20	−20	50%	50%	10	−10
（3）有亏损扣除	200	40	−40	50%	50%	20	−20
（4）无亏损扣除	200	40	−40	50%	0	20	−40
（5）累进税	200	40	−40	75%	50%	15	−20

说明：在第一行中，萨姆进行了100美元的投资。如果投资成功，则产出20美元；而如果投资失败，则产出−20美元。在第二行中，政府对他的投资征收50%的税。如果投资成功，萨姆现在只赚取10美元；而如果投资失败，则亏损10美元。萨姆可以通过把他的投资增加一倍到200美元来抵消政府的行动，如第三行，留下的收益和第一行一样，因而税收增加了风险承担。然而，如果没有亏损扣除，如第四行，或者有累进的税收，如第五行，萨姆将不能抵消政府的行动，因此，他的风险承担在征税时不一定会增加。

政府随后宣布，它将对投资收入征税50%，并可以从应税所得中扣除所有亏损。

因为任何来自这项投资的正收益均会被征税，所以萨姆只能保留其报酬的一半，并用另一半缴纳税款。由于任何来自投资的亏损都可从应税所得中扣除，萨姆只需承担一半的亏损。亏损从应税所得中减除，使得减少的税收补偿了一半的亏损额。由于政府获得每一美元应税所得的 50%，允许从应税所得中扣除亏损意味着政府也承担每一美元亏损的 50%。在这个政策下，如第二行所示，如果投资顺利，萨姆只净赚 10 美元，因为他必须额外缴纳 10 美元的税收；而如果投资情况不佳，他只会损失 10 美元，因为他能从应税所得中扣除这 20 美元的亏损，使得他的税收减少 10 美元。这个新的结果得到了同样的期望收益，即 0，但它使萨姆承担的风险比他想要的少——根据他的最初投资决策，他想要一个赢得 20 美元或损失 20 美元的风险，而不是一个赢得 10 美元或损失 10 美元的风险（该风险只需投资 50 美元就能在一开始时实现，但他并没有选择这么做）。

然而，萨姆可以通过在风险投资中投入更多资金来完全消除这种税收政策对他的投资组合的影响。假如他把风险投资增加一倍到 200 美元，如表 23-1 中第三行所示。征税后，如果一切顺利，再次有 50%的机会赚 20 美元（因为萨姆在税前赚 40 美元，然后用一半去纳税），而如果情况不佳，有 50%的机会损失 20 美元（因为萨姆在税前损失 40 美元，并从他的税收中扣除一半的亏损）。通过增加对风险资产的投资，萨姆完全抵消了政府的税收计划，并且回到了第一行中不用纳税和不能扣除亏损时的税后获利与亏损。这个结果是我们在第 7 章中学过的一个例子：如果一个经济行为人能消除政府的干预并回到他的最初均衡，他就会这么做。

在这项投资中，政府实质上是一个“隐匿合伙者”。由于政府承担了成功或失败的部分风险，人们将想要增加他的风险投资。在这种情况下，对风险投资的征税实际上增加了风险承担。

□ 现实世界的复杂性

根据前文中介绍的简化的多马-马斯格雷夫模型，投资所得税实际上会增加风险承担。而在现实中，这可能不是真的，因为这个模型并没有考虑两个重要的复杂因素。

> **税务损失抵消**：纳税人可以将投资净损失从他们的应纳税所得额中扣除的程度。

不完全税收抵消　在模型中，人们计算税收时，可以从他们的应税所得中扣除全部的损失。当萨姆投资失败时，他可以从他的应税所得中扣除全部的亏损，正如当他投资成功时，他的全部收益要加到他的应税所得中。而在现实中，大多数税收制度只允许人们在计算税收时从应税所得中扣除部分亏损。可以扣除的亏损额被称为**税务损失抵消**（tax loss offset）。

在美国，人们在任意纳税年度只被允许从他们的其他应税所得中扣除 3 000 美元的投资亏损。① 这些规则可以防止人们通过进行必然失败的投资来形成税收亏损，从而抵消他们的部分应税所得（在第 25 章中会更详细地讨论这一问题）。不过，这些规则还有额外的含义，即一个纳税人不能简单地通过增加风险投资来抵消政府的征税，因为来自这些投资的亏损不再可以从税收中完全扣除。

① 更具体地说，个人允许用投资亏损扣除同一年的投资收益；剩下的任何净亏损都可以从其他应税所得中扣除，不超过 3 000 美元。

继续表 23-1 的例子，假设在这个 50%的税收制度下，政府不允许人们扣除任何的投资亏损。在这种情况下，萨姆不能像他在第三行中所做的那样，仅仅通过增加投资来抵消政府的税收政策，如表 23-1 中的第四行，如果萨姆增加对这家小企业的投资到 200 美元，那么，有 50%的机会他会赚 40 美元，即税后的 20 美元，并有 50%的机会他会亏损 40 美元，由于这些亏损不能从应税所得中扣除，因而在税后仍然是 40 美元的亏损。因此，若亏损不可扣除，萨姆就不能简单地通过增加投资来抵消这个税收政策，因为这会让他处于亏损的情形中，即有 50%的机会赚取税后的 20 美元和有 50%的机会损失税后的 40 美元，其税后期望收益为－10[＝(20×0.5)＋(－40×0.5)] 美元。

由于萨姆不能简单地通过承担更多风险来抵消政府的政策，他没必要为应对税收而增加他的风险承担。我们无法确切地预测有关亏损扣除的限制会对风险承担产生怎样的影响，但不完全税收抵消明显限制了简单的多马-马斯格雷夫模型的适用性。

再分配性的税收　理想的风险承担模型还假定了投资所得税税率不变。在现实中，税收制度一般具有累进性，即边际税率随着收入的上升而提高。在这样一个制度下，如果投资者赢得一个大的投资，他们可能会进入一个更高的税率档次（更高的边际税率）；如果他们输掉一个大的投资，他们可能会进入一个较低的税率档次。因此，赢得投资可能比输掉投资要按更高的税率纳税。与有限亏损扣除一样，这会使得投资者减少他们的风险承担。

假设税率并非固定在 50%，政府对 20 美元及以下的收入征税 50%，而对超过 20 美元的收入征税 75%。假设有完全的亏损扣除，即任何的亏损都能按 50%的比率从应税所得中扣除。在这种情况下，萨姆仍然无法抵消税收对他的“获利”的影响，见表 23-1 最后一行。如果他把投资增加到 200 美元并且投资结果是好的，那么他在税后只能把 15 美元带回家，即前 20 美元收入的 50%和下一个 20 美元的 25%。然而，如果投资结果是不好的，他在税后会损失 20 美元，正如表中所示。再一次地，萨姆不会简单地通过增加投资来抵消税收政策，因为这会将他置于一个亏损的境地，在该情形下，他有 50%的机会在税后赚 15 美元以及 50%的机会在税后亏损 20 美元。期望收益是－2.5[＝(15×0.5)＋(－20×0.5)] 美元。

□ 税收与风险承担的证据

由于以上因素以及其他的一些复杂因素，目前还没有关于现实世界中税收会如何影响风险承担的明确预测。归根结底，税收对风险承担的影响是一个实证问题。然而不幸的是，关于资本所得税影响风险承担的证据少之又少，使之成为税收经济学中又一个重要的秘密。[①]

□ 劳动投资应用

金融投资并不是人们进行的唯一风险投资——他们也可以通过教育或者其他职业培训进行人力资本投资（在第 11 章中更详细地讨论）。人力资本投资是有风险的，因为个

① 有证据表明，当税率上升时，人们会重新把他们的资产组合往税收优惠的资产方向配置，该证据主要在 Alan et al.（2010）的一个研究中，他们发现了税收对分配的相对较小的影响。

人是在做出前期牺牲，以换取对未来更高收益的预期。然而，这种人力资本投资在多大程度上会带来更高的收益是不确定的。

考虑一个上大学一年的决定。上学会有两个成本：大学一年的费用（学费、书籍等）和人们上学一年而非工作所放弃的收入。上学的好处是由受教育程度提高带来的更高收入的前景。平均而言，每增加一年教育大约会带来7%的收入提高。然而，这只是一个平均的估计，对任意给定的个人而言，更多教育的收益可能会更多，也可能会更少。

所得税会如何影响人力资本积累的决策呢？这个分析与金融投资的相似。人力资本投资的净收益为提升的工资减去教育的直接成本以及所放弃收入的间接机会成本。假设最初的所得税税率为单一固定税率，并且获得人力资本的财务成本（如学费）能从应税所得中全额扣除。此外，由于所得税只对获得的收入征收，而受教育意味着没有赚取工资，即教育的机会成本同样是可以全额扣除的，因此降低了税收。在这种情况下，与金融投资一样，提高征税只会增加人力资本投资，使得人们可以保持净（税后）预期投资收益的理想值。

然而，税收的现实特征再次使情况复杂化了。事实上，小学和中学教育的成本是不可从税收中扣除的，而且，高等教育的成本只能通过第11章所讨论的对高等教育的税收补贴，来享受部分的税收扣除。此外，大多数国家都实行累进税制，意味着成功增加人力资本的所得会比选择工作而不是接受教育的工资收入按更高的税率纳税。如果你不上大学，而是在快餐业工作，你失去了赚取更高工资的收入，但至少可以支付较低的税收；如果你牺牲了快餐业的收入而去上大学，这些教育回报却要支付较高的税收。这就减少了人力资本投资的吸引力。因此，与金融投资一样，所得税对人力资本投资的净影响是不明确的。

23.2 资本利得税

> **资本利得：**一项资产的购买价与其销售价之间的差额。

前两章的讨论专注于对劳动所得即由劳动或利息所得产生的收入征税。然而，许多资产为投资者带来的收益并不是采用年利息所得的形式，而是采用**资本利得**（capital gain）的形式，即资产的购买价格与出售价格之间的差额。这正是艺术和住房投资的收益形式，也是许多企业或股票投资收益的主要来源。关于如何对这些收益征税一直是过去几十年间最有争议的税收政策问题之一。

□ 资本利得的当前税务处理

> **应计税：**对资产在每一时期所赚取的回报征收的当期税款。
> **变现税：**仅当资产出售时对资产收益征收的税款。

赚取利息的资产（如银行存款或政府债券）征收**应计税**（taxation on accrual），即每一期对当期获得的利息纳税。相反，资本利得则征收**变现税**（taxation on realization），即仅当出售资产时才需纳税，而且缴纳税款的计税依据是资产的卖价和买价之间的差额。按收益的变现而不是权责发生征税，通常会导致资产持有者纳税义务的减轻。这种机制的直觉与我们在讨论税收补贴的退休储蓄账户时相同。通过依据资产的出售而非应计的价值纳税，你可以从原本是你的纳税义务的资金中赚取利息。

例如，假设你以 100 美元买入一幅油画，并且它每年增值 10%，因而七年后你以 195 美元卖出该油画。在那个时候，你需对卖出与买入价格之间的 95 美元差价纳税。如果资本利得的税率为 20%，那么，你将要对资本利得缴纳 19 美元的税款并把 76 美元的净收益收入囊中。如果你在一个每年获利 10%的银行账户中投资 100 美元，在 20%的利息所得税税率下，到第七年年末，你只能得到 71 美元的利息收入。当按应计收益征税时，你挣的钱更少，因为政府提前征收了它的收入，从而代替你从这些收入中赚取利息。这其实是一种对形成资产的资本利得形式的储蓄的税收优惠。

对许多资本商品而言，想要消除资本利得的税收优惠是很困难的，原因有两个。首先，对于许多资产，可能无法测量它们的应计收入。对于股票，政府可能可以通过利用股票的年度价值变动来对每年的应计收入征税。这对股票或许可行，但是，我们该如何评估一栋房子或者一幅油画每一年的应计价值呢？原则上，我们可以在每年年底时得到每项资本资产的专家估值，但收付实现制的优点在于它依赖于市场的估值，而不是既不完善又受到人为操纵的专家意见。

其次，即使政府能够适当地测量应计收入，人们仍可能没有能力去提供所需税款的资金。假设一只波动非常大的股票的价值刚刚翻了一番。由此带来的个人财富增加可能是如此之大，以至于个人在没有实际卖出大部分股票的情况下，没有办法缴纳该年度的税单。强迫个人仅仅为了支付税款而剥离生产性资产可能导致低效率。

除了通过按收付实现制征税提供的资本利得优惠，在美国的税法中还有另外两个对资本利得的优惠。

死亡时的“递增”基准　对于个人购买的并在死亡前出售的资产，资本利得税收负担的计税依据是卖价减去买价。该买入价格称为资本利得税的**基准**（basis）。对于传给继承人的资产，这个基数就会“递增”到死亡时的价值。在购买者死亡后卖出的资产的资本利得税的计税依据是卖出价格减去购买者死亡时该资产的价格，而非买入价格。因此，对一个价格大幅上涨的资产，若其在购买者死亡后的第二天卖出，则一家人将不用负担任何资本利得税。

基准：为了确定资本利得的资产购买价格。

假设贝蒂（Betty）在她 20 岁时以 100 美元买入一幅油画，而到她 75 岁去世时，它的价值为 10 000 美元。如果她在自己去世的前一天卖出这幅油画，那么她将要对这幅画的 9 900 美元资本收益缴纳资本利得税。如果她把这幅油画留给她的孩子，而他们在她去世后的第二天卖出，则他们不用缴纳资本利得税，因为这幅油画当时的价值是 10 000 美元，而它的新基数也是 10 000 美元。

住房的资本利得除外　美国的税法在传统上还排除了房屋资本收益。多年来，这种排除使得人们在出售住房时不需要缴纳资本利得税，只要他们把这些收益投入新房的购买中。对于 55 岁以上的人，还可以对其资本利得进行一次性的税收豁免，额度不超过 12.5 万美元。1997 年，这种排除改成了从主要居所出售的资本利得中统一免除 50 万美元。

多年以来的资本利得税税率 即使有这一长串的资本利得税优惠，这种收入形式传统上也比其他形式的收入承担更低的税率。

1. 从 1978 年到 1986 年，对于持有超过 6 个月的资产，个人仅对其资本收益的 40%纳税。

2.《1986 年税收改革法案》结束了这种差异，并在税务上把资本利得视同其他形式的收入，最高税率为 28%。

3.《1993 年税收改革法案》(Tax Reform Act of 1993) 将其他形式收入的最高税率提高到了 39%，但保持资本利得税税率为 28%。

4.《1997 年纳税人减税法》(Taxpayer Relief Act of 1997) 将长期资本利得的最高税率降为 20%（虽然某些项目，例如艺术和硬币的收藏仍按 28%征税)。

5.《2003 年就业与增长法案》(The 2003 Jobs and Growth Act) 规定 2003 年 5 月 5 日以后实现的利得的最高税率进一步降低到 15%（收藏仍按 28%征税)。

制定适当的资本利得税税率一直是政策辩论中一个有争议的问题。在 2008 年的总统竞选期间，候选人巴拉克·奥巴马提出，2010 年布什的减税结束以后，要提高资本利得税税率，而反对派候选人约翰·麦凯恩 (John McCain) 则提出，要保持实行较低税率，甚至要在两年内减半，以鼓励“提高资产价值，帮助企业和支持工人的养老金计划”。奥巴马无情地攻击了麦凯恩的提议，说道：“即使是最聪明的投资者，我也不知道有谁现在就会经历大量的资本利得。”其他人也有不同的看法。经济顾问塞萨尔·孔达 (Cesar Conda) [也是迪克·切尼 (Dick Cheney) 的前主要国内政策顾问] 透露：“麦凯恩的计划其实为我们疲弱的股票市场提供了良药，因为它会立刻提升股权的价值。”[①] 对不同类型的资本收入采用不同的税率，这并不是美国所特有的。其他 OECD 国家大多数也对资本利得实行税收优惠。

□ 对资本利得实行税收优惠的理由有什么？

资本利得税税率要比其他收入形式低得多，尽管这看上去不公平，但针对这些较低的税率，有三个主要论点：保护资产所有者免受通货膨胀的影响即抵御通货膨胀；提高资本交易的效率；鼓励创业活动。我们将依次评价这些论点。

抵御通货膨胀 由于通货膨胀，目前的税收政策其实夸大了资本利得的价值。考虑油画价值在七年内上涨了 95%的例子，但现在设想价格水平在这七年间也上涨了 95%。在这种情况下，这幅画扣除物价因素后就不再值钱，因而其所有者在扣除物价因素后并没变得更加富有。然而，她的税单的计税依据是名义的而非实际的收益。所以，即使她并没获得实际的资本收益，而且没有变得更富裕，她也不得不缴纳 19 美元的资本利得税，这使得她的状况更糟了。这就要求降低资本利得税税率，以抵消资本收益实现的通胀劣势。

虽然这是一个正确的观点，但资本利得的通胀问题并没有比其他种类储蓄的这个问题更糟糕。正如我们在第 22 章指出的，通货膨胀也会导致利息收入的过多征税问题。因此，抵御通货膨胀并不能作为资本利得的税收政策比其他收入类型政策更优惠的理

① Lambro (2008).

由。此外，对于资本利得和其他形式的资产，应对通货膨胀的适当反应不是降低资本利得税税率，而是按生活指数调整税收制度（如政府在非资本收入中所做的）。①

锁定效应：为了最小化所需缴纳的资产所得税的贴现值，纳税个人推迟出售资本资产，以锁定其资产。

提高资本交易的效率 第二个支持较低资本利得税税率的主要论点是，人们会为了降低税收负担的现值而延迟出售他们的资本资产。相比于按权责发生制征税的其他投资（例如银行存款），持有按收付实现制征税的资本资产的价值在于，税款可以延迟到销售时缴纳。时间延迟越久，缴纳税款的贴现值就越低（由于未来支付的钱的价值比今天支付的要低）。事实上，一个人可以通过持有一项资产直到他死亡时并把它传给他的孩子，从而使他的家庭的资本利得税降低为0。这种计划会导致一个**锁定效应**（lock-in effect），使得人们延迟出售他们的资本资产，从而最小化资本利得税的贴现值。

锁定效应是有代价的，因为资本市场的许多成功依赖于资本的流动性，这使得投资者可以把他们的资产调配为最有效使用的资产。假设你想到一个很好的新产品，但你必须出售你的艺术收藏品来支持这个新产品的开发，那么艺术品的出售就会产生资本利得税。如果你不卖掉这件艺术收藏品来资助这个新产品，这件艺术收藏品就会传给你的孩子，从而避免了所有的资本利得税。因此，为了最小化资本利得税，你也许不会出售你的画，结果你可能永远不会开办一家新公司。如果社会效率会因为你开办这家公司而非继续持有这些画而提高，那么这对社会可能是一种效率损失。这是关于降低资本利得税税率以减少锁定效应的一个理由。

鼓励创业活动 当你大学毕业后创办自己的公司时，你所期望的主要回报并不是你每年能赚取的收入，而是这家公司价值的提升。对于企业家，即创办自己的企业的人，他们大部分的财富并非来自企业生命周期早期积累的财富，而是来自企业的基本资产随着时间的增值。因此，当企业家获得的收益并不按应计收入征税时，他们面对的相关税率不是所得税税率，而是资本利得税税率，因为他们的主要收益来自资产变得值钱时的资产出售。因此，较高的资本利得税税率可能会推迟创业的念头。资本利得税从根本上是一种针对风险承担的税收，但风险承担是经济增长的引擎。所以，鼓励创业是采取较低的资本利得税税率的一个原因。

然而，关于这一点，有三个反对的论点。首先，正如前面所提到的，对风险承担的征税是鼓励还是抑制风险承担行为并不明确。到目前为止，还没有很好的证据表明资本利得税是否会提高风险承担。其次，只有很小一部分的资本利得会分给企业家。例如，据估计，仅有10%的创业投资会受到资本利得税的影响，因为大部分的创业基金并非来自个人，而是来自养老基金等其他实体。②

① 其他国家已设法按生活指数调整资本利得税税率，例如，印度在计算要征税的资本利得时使用了成本通胀指数（资料来源：Department of Revenue of India，Income Tax Department，http://www.incometaxindia.gov.in）。更多信息参见 http://www.simpletaxindia.net/2012/09/cost-inflation-index-financial-year.html（2012）。2010 年以前，英国通过提供“指数化津贴”根据通货膨胀指数对其资本利得税进行了调整。今天，只有公司税与通货膨胀挂钩［资料来源：HM Revenue & Customs，CG10243—Capital Gains Tax：indexation allowance，http://www.hmrc.gov.uk/manuals/cgmanual/CG10243.htm（2015）］。

② 参见 Hungerford（2012）。当然，很多创业企业并不是由风险资本家提供资金。

最后，今天的资本利得税减少在可能增加现在以及未来的创业活动的同时，也会给过去进行资本投资的人带来巨大的利益。较低的资本利得税不仅是对承担创业风险的投资者的一种激励，而且是对过去所承担风险的一种奖励。因此，降低资本利得税所导致的大部分收入损失并不是在鼓励风险承担，而是在回报过去的风险。

这为第 18 章、第 22 章中关于税收激励的边际影响和超边际影响添加了一个细微的差别。在我们以前考虑的情况中，对于个人退休账户和慈善捐赠，其边际影响为激励下产生的新行为（新的储蓄或慈善捐赠），而超边际影响为本来就会发生但现在得到了税收优惠的行为（先前计划的储蓄或慈善捐赠）。这两种影响都存在于资本利得税中：政府在鼓励今天的新投资时，同样也在补贴着原本就会发生的投资。然而，伴随资本利得的，还有另外一个超边际影响：政府不仅在补贴今天无论如何都会进行的投资，而且在补贴过去所进行的投资的收益。这是一种额外的税收成本，必须与鼓励创业风险承担的边际收益进行权衡。

前瞻性的资本利得削减：只适用于未来投资的资本利得税收削减。

换言之，降低资本利得税税率并不是鼓励创业的一种有效手段。它可能会提高创业的未来收益，但要以很大的税收成本为代价，即它也是在回报过去的投资。为了看清这一点，对比一下资本利得减税与**前瞻性的资本利得削减**（prospective capital gains tax reduction），即资本利得税的下降仅适用于未来所进行的投资的出售，而不包括任何过去进行的投资的出售。全部的资本利得减税与前瞻性的资本利得削减会对未来的创业活动产生相同的影响，因为任何从今天开始进行的投资都会从较低的资本利得税税率中获得好处。然而，前瞻性的资本利得削减成本会低很多，因为它没有提供对过去进行的投资的税收减免。

关于税收与资本利得关系的证据　总结一下，关于降低其他形式资本收入的资本利得税，有两个主要的论点：解锁过去的利得和鼓励创业。相对于仅仅降低以后投资的税率，削减包括过去投资利得的所有资本利得的税率，是一种代价非常高的鼓励投资的方式。那么，针对包括以前的资本利得的全部资本利得的减税，其主要论点在于，较低的资本利得税税率会引起更多的资本利得实现（资产出售）。这有两个好处：解锁了资产以实现它们最有效的使用，并增加了来自这些利得的税收。

如果存在一个很大的解锁效应，也就是说，如果较低的资本利得税税率鼓励人们现在就出售资产，而不是等待出售或者完全不出售资产，那么，资本利得税税率的下降可能实际上会增加税收，因为我们是将较低的税率应用到更大的资本利得基数上。也就是说，关于资本利得税，政府可能位于拉弗曲线的错误的那一边。然而，如果资本利得的减税并不影响资产出售，或者如果它们对出售时机的影响只是今年相对于下一年，那么，资本利得税的减少只会降低税收，并且为本来就打算实现资本利得的持有者提供了转移支付。

图 23-1 显示了随着时间推移的资本利得变现，表明税收在决定资本利得的变现中发挥了强大的作用。其中，1986 年的变现值出现了一个相当大的峰值——1985 年的变现值为 1 720 亿美元，1986 年为 3 280 亿美元，而 1987 年为 1 480 亿美元。这一峰值是由资本利得税的大幅增加所推动的，这次增税计划于 1987 年生效，但在 1986 年就宣布了。如前所述，1987 年，资本利得变现从原来的征税远低于其他形式的收入，变成和其他形式收入一样的征税方式。人们预测到了本次税收的相对增加，于是在税收增加前

出售了他们的资产。

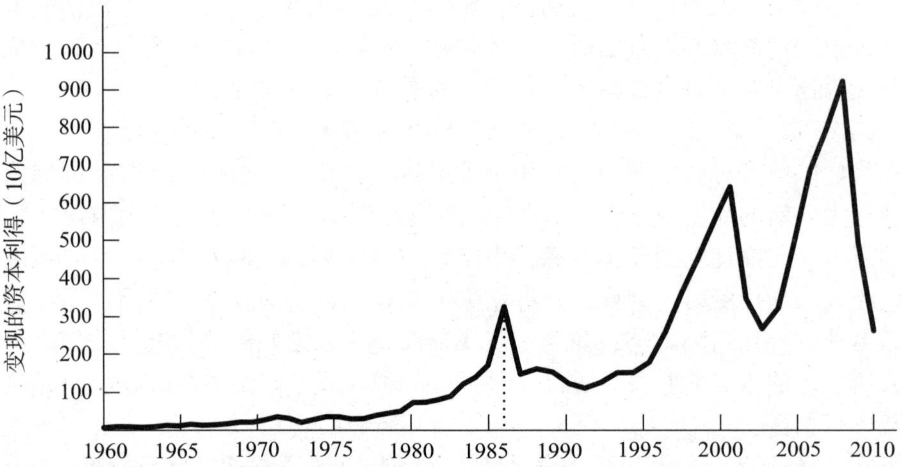

图 23-1　资本利得税税率与资本利得变现随时间变化的情况

资料来源：U. S. Department of the Treasury (2012).

说明：资本利得税税率变化对资本利得变现有明显的影响。变现在 1986 年达到了高峰，因为人们预测到了将于 1987 年发生的资本利得税税率的增加。变现在过去十年的股票市场繁荣中再次达到了高峰。

然而，资本利得变现在 1987 年回到了它们原来的水平，这一事实表明，对资本利得税上升的反应只是暂时的。事实上，伯尔曼和兰多夫（Burman and Randolph，1994）估计，几乎所有的资本利得变现对税收的反应都是短暂的，或者是短期的，当税率下降时，资本利得变现率仅有少量的长期增长。当资本利得税被削减时，人们只是加快出售了他们本就打算出售的资产。由于这些资产的出售，税收在短期内可能会上升，但因为剩下的资本利得基数变小，并且该基数适用的税率变低，因此从长期来看，税收会下降。伯尔曼和兰多夫估计，资本利得对税率的长期弹性只有－0.18。按照这个弹性，降低 1%的资本利得税税率会减少约 0.82%的税收（因为会有很小规模的变现来抵消增加值）。因此，我们显然位于资本利得税拉弗曲线的正确一边。此外，降低资本利得税税率似乎并没有解决很多长期资产错配问题。更确切地说，资本利得税税率的变化似乎只是大大影响了资产出售的短期时间调整。

这一观点得到了 2012 年年底行为的支持。正如第 18 章所讨论的，2013 年年初，美国最高所得税纳税人的税率有所提高。在 2012 年快要结束的时候，大量的活动围绕收入的实现而展开，而不是在 2013 年税率更高的时候展开。2012 年年底，《纽约时报》称："对于富人，最重要的目标是将未来的收入尽可能多地在今天进行记录。"正如纽约一家处理此类交易的律师事务所的合伙人肯尼斯·贝佐佐（Kenneth Bezozo）在 2012 年年底所说的："在我 30 年的实践中，我从来没有见过如此强烈的愿望和行动来转移业务和现金。"①

此外，通过降低资本利得税税率所增加的税收当中，有一些是以其他形式的税收减少为代价的。例如，许多高薪的员工在一定程度上可以选择是按现金工资的形式还是按

① Popper and Schwartz (2012).

会产生资本利得——应税股票收益的股票形式获得薪酬。当资本利得税相对于工资税下降时，人们会选择后一种途径，即获取较少（高税率）的工资和较多（低税率）的股票。这种转移会导致股票出售时资本利得税的增加，但是这种税收的增加是以较小的工资基数带来的较低税收为代价的。

□ 反对对资本利得实行税收优惠的理由是什么？

在大多数国家，反对现有对资本利得收入的偏袒的原因有两个。首先，资本利得税具有很强的累进性。在美国，资本利得收入主要由最富有的纳税人获得。2012 年，资本收益约占前 0.1%的纳税申报人（收入超过 1 000 万美元的人）收入的一半左右，而对于收入低于 50 万美元的人，资本收益占比平均不到收入的 10%。2010 年，前 400 名纳税人占了所有资本利得的 16%。① 因此，这些税收的减少主要有益于收入最高的纳税人。

其次，降低资本利得税税率违反了税收制度的黑格-西蒙斯法则。除非是出于某些公平或者效率原因（例如有正的外部性证明税收优惠是合理的），否则税收的目标应该是为经济选择提供一个公平的竞争环境，而不是让一个选择优先于另一个。令资本利得税税率低于其他收入会引入一个税收楔子，这就为人们获取较低税率而进行低效的选择提供了激励。如前面所提到的，例如，当资本利得税相对于工资税降低时，人们会选择获取更少的工资和更多的股票。正如我们在下一章讨论的，这种薪酬的转变可能效率不高，因为它鼓励过度承担风险，甚至可能有高管的欺骗行为。然而，这种转移受到了资本利得税和其他所得形式税收之间的税收楔子的鼓励。

同样地，对资本利得课征低于利息收入的税收，可能会导致人们倾向于投资在资本利得中产生更高风险的资产（例如股票），而不是产生利息收入的资产（例如债券）。当投资的选择是基于它们对个人的潜在价值而不是基于一个税收楔子时，投资的效率才会最大化。因此，当人们由于资本利得的税收优惠而选择一个“风险过高的”投资组合时，投资的整体效率会下降。

☞应用

“附带收益”的资本利得税

支持和反对给予资本利得税优惠的争论在最近的总统选举中达到了顶点。2012 年 1 月，共和党总统候选人米特·罗姆尼（Mitt Romney）发表了他的 2010 年和 2011 年所得税声明。这位前私募股权高管在前两年赚取了 4 200 万美元，但仅支付了 620 万美元的税收，平均税率为 14%，这实际上低于中间 20%的美国家庭所支付的 15.9%的平均税率。② 许多人问：为什么这些如此富有的人会比中等纳税人的税率更低？

如果罗姆尼先生的收入是以雇用薪酬的形式支付的，那么他的收入会使他处于 35%税率的最高水平。他真正支付的税率之所以要低得多，是因为他的大部分收入被归类为资本利得。③

---

① Frank (2015); O'Brien (2014).

② Tax Policy Center (2013).

③ 所得税税级参见 http://www.fivecentnickel.com/2011/09/28/2012-federal-income-tax-brackets-irs-tax-rates (2012)。

2011年，罗姆尼先生从他在贝恩资本（Bain Capital）的工作中赚取了2 170万美元。[①]这笔收入以其所管理的资产业绩的附带收益的形式存在。许多私募股权公司都会按2和20的结构来支付经理的薪酬，即他们可以得到他们管理的总资产的2%和创造的利润的20%。由于这些利润取决于股票市场的风险以及市场投资的回报，这些薪酬适用于15%的资本利得税税率，尽管它们是为了换取基金经理提供的服务而支付的。这项由附带收益的税收减免所产生的税收流失估计在未来十年将达到177亿美元。[②]

许多人争论说附带收益不应该享受特殊的税务处理，而应该视同于其他收入，并且税法在建立一致性的时候是最有效的。均等化税务处理得到了两党各派的拥护。在布什·沃克任下的经济顾问委员会前主席N. 格里高利·曼昆（N. Gregorgy Mankiw）写道："从经济学的观点来看，附带收益应该和其他服务补偿一样征税。"同样地，在奥巴马总统任下的行政管理和预算局（Office of Management and Budget）前局长彼得·奥斯扎格（Peter Orszag）说道："附带收益的税务处理是重要的，……只要有类似的活动以不同的方式被征税，都会产生扭曲……对金融各方的不平等处理正在制造这些扭曲。"[③] 其他人则继续为附带收益的税收优惠辩护，认为这对促进风险负担是有必要的。OVP风险投资合伙人格里·兰格勒（Gerry Langeler）写道："投资者的资本是被长时间冻结的，一般需要5～10年才会有回报，因此存在真正的重大的资本损失风险。事实上，许多创业基金在亏钱，包括合伙人的资本。较低的资本利得税税率解释了投资者承担的高风险。"[④]

23.3 转让税

转让税：对从一个人到另一个人的资产转让征收的税项。

赠予税：对一方以礼物馈赠的形式转移给另一方的资产所征收的税项。

遗产税：对死者遗赠给他人的资产所征收的税项。

在美国，有关资本的另一个重要税收是对从一个人到另一个人的资产转让征收的**转让税**（transfer tax）（最常见的是从父母到孩子）。转让税有两种主要的形式。当你在一年内赠送给任何人超过14 000*美元的财产时，需要缴纳**赠予税**（gift tax）。任何超过14 000美元的金额都必须记录在你当年的税收中，并且这些金额会在你的一生中进行加总。此外，当你去世的时候，留给你的继承人的财产需缴纳**遗产税**（estate tax）。赠予税与遗产税按同样的税率表征收，因而你的总遗产包括你留下的任何财产加上你一生中赠送的财产总额（超过每年14 000美元免征额的部分）。

---

① Alesci and Kelly (2012).

② Matthews (2012).

③ Aron-Dine (2007).

④ *New York Times* (2010).

* 原书为12 000，疑有误。——译者注

请注意，这种结构意味着肯定要缴纳遗产税的富人应该每年向他们的继承人赠予14 000美元。通过每年赠予14 000美元，而不是守着所有遗产直到去世，虽然给继承人的钱是相同的，但会减少税收，减少的金额即去世前已赠予的。然而波特巴（Poterba，2001）和麦加里（McGarry，2013）的报告表明，这种赠予机制很少被使用，即使在最富有的被继承人中也是如此。这些非常富裕的家庭的赠予比赠予税的限制要少得多。这可能是因为富有的人想要保留他们的资产，以确保他们的孩子能够正确地对待他们，防止孩子失去遗产！

遗产税目前免除赠予和遗产的前543万美元的税收，并对高于此金额的价值征收18%～40%的税率。在过去的十年内，这一免征额被修改了四次，并从2004年的150万美元提高到了2010年的500万美元。更重要的是，丧葬费、过户给配偶的财产以及慈善捐款都是可以完全从遗产税中扣除的。粗略地讲，遗产税主要适用于父母将大量财产传给孩子的情况。①

如表23-2的国家样本所示，美国并不是唯一征收转让税的国家。2012年，30个OECD国家中的27个都有某种形式的转让税。而美国从转让税中筹集了其税收的较大一部分。在OECD中，转让税平均仅占税收的0.4%，却占了美国税收的0.6%。但是，13个OECD国家每年还对本国公民持有的资产价值征收财富税。这种税收在美国并不存在。OECD国家平均从财富税和转让税中筹集了0.9%的税收，高于美国的0.6%。

表23-2　转让税与财富税（占政府收入的比例,%）

	转让税	财富税	转让税与财富税
澳大利亚	0.0	0.0	0.0
加拿大	0.0	0.1	0.1
芬兰	0.7	0.0	0.7
法国	1.1	0.5	1.6
德国	0.5	0.1	0.6
日本	1.1	0.0	1.1
挪威	0.2	1.4	1.6
西班牙	0.7	0.4	1.1
瑞士	0.5	4.2	4.7
英国	0.6	0.0	0.6
美国	0.6	0.0	0.6
OECD均值	0.4	0.5	0.9

资料来源：Organisation for Economic Co-operation and Development (2013).

说明：转让税与财富税的使用在世界各地的差别很大。平均而言，美国比典型的发达国家拥有更高的转让税，但其对财富的税收更低。

① 如果你最终想把大量的资产传给你的孙子，先把它们传给你的子女（再由他们传给他们的子女）将导致遗产税的两次征收。因此，人们习惯于把钱直接给他们的孙子，从而只需要缴纳一次遗产税。税法现在包含了适用于这种情况的隔代转让税计划，有效地填补了这个漏洞。

□ 为什么对财富征税？ 支持遗产税的理由

在讨论遗产税的时候，首先要问：为什么政府应该对财富的存量（每年，或者在死亡的时候）征税，而不是只对每年的收入（或消费，如我们在第 25 章中提到的）流量征税？关于对财富征税，至少有三个理由。第一个理由是，这是一种极其累进的筹集税收的方式。需要纳税的遗产比重一直以来都非常有限，在 2016 年，估计只有最富裕的 0.2%（即约 5 400 份遗产）需要缴纳遗产税。尽管如此，2014 年，遗产税筹集了政府总收入的 0.6%，超过了政府在食品药品监督管理局、疾病控制和预防中心（Centers for Disease Control and Prevention）以及环境保护署预算的总和。[①] 2013 年，在缴纳税款的遗产中，平均有效税率为 16.6%。[②] 盖尔和斯莱姆罗德（Gale and Slemrod，2001a）也指出，遗产的继承人往往具有与其父母类似的收入和资产特征，所以遗产税的累进性质并不取决于这个负担是对已故者还是对接受者计算的。

第二个理由是，为了避免社会中的财富和权力过度集中在少数富裕世家的手中，财富税是有必要的。许多人认为，财富税的存在在帮助维护一个社会的精英制度方面是至关重要的，它确保人们的回报来自他们的才能，而不仅仅是他们出生的地位。美国人寿保险公司协会（American Council of Life Insurers）总裁弗兰克·吉亭（Frank Keating）强烈批判了废除该税收的行动："不管是从制度上还是从内心深处我都反对大量地继承财富。我不认为我们需要安然（Anron）的子爵或微软（Microsoft）的公爵。"[③] 皮凯蒂和赛斯（Piketty and Saez，2006）讨论了 20 世纪的大量国家样本中，流向收入最高层（如收入顶端的 0.1%）的收入份额的演变。他们发现，在对资本所得和财富都采取累进税制的国家中，由最高收入人群控制的收入份额大大地减少了。这支持了财富和资本税收可防止财富的长期集中的观点。[④]

第三个理由是，遗产税的支持者声称，让富裕家庭的子女继承他们父母的所有遗产会消磨掉他们努力工作和实现自我成功的所有动机。正如安德鲁·卡耐基（Andrew Carnegie）于 1891 年所说，一个给他的儿子留下大量财富的父母，通常会削弱他儿子的才华和活力，并诱使他过一种更无用、更缺乏价值的生活。事实上，霍兹·依金等（Holtz-Eakin et al.，1993）发现，一个人的继承越多，她越有可能远离劳动力。

□ 反对遗产税的理由

在遗产税有众多支持者的同时，也有许多人认为它应该被废止。随着遗产税在美国开征，反对它的理由主要有四个。

"死亡税"是残忍的 在人们去世后对他们征税，这在道德上是不恰当的。盖尔和斯莱姆罗德（Gale and Slemrod，2001b）写道："利用税收去加剧家人对逝者的悲痛，

---

① Marr et al. (2015).

② Center on Budget and Policy Priorities (2015); Marr et al. (2015).

③ *Wall Street Journal* (2006b).

④ 然而近年来，在一些国家（尤其是美国），再次出现了归属于高收入家庭的收入份额的急剧上升，因此，积累到顶端的 0.1%家庭的收入份额现在回到了 20 世纪初的水平。在其他国家（如法国和日本），尚未有可比的财富"再集中"。

这似乎有点不近人情。”然而，他们指出，在美国，死亡既不是触发转让税的必要条件，也不是充分条件。活着的人之间的转让可以触发赠予税，而98%的逝者不用缴纳遗产税。此外，死亡是一个征税的自然时间，因为这是我们能够最直接地比较不同人的终身资源的时候。如盖尔和斯莱姆罗德写道：“虽然对死亡的沉思并不令人愉快，但这并不会使对死亡征税变得不合适……许多关于在死亡时征税的牢骚……仅仅是为隐藏对累进税的反对而设计的烟幕弹。”

遗产税相当于双重纳税 第二个理由是，遗产税意味着双重征税：无论是在劳动力市场还是在应税利息支付中，当你取得收入的时候，你已对其纳税，当你去世后，你的子女要再次对其纳税。可以用两个理由批判这个结果。一是横向公平：为什么缴纳遗产税的人应该对他们的收入额外纳税？二是效率：你将要对你的遗产缴纳如此重的税收，这个事实可能会降低你为子女储蓄的激励，因而扭曲了你的储蓄决策。如果在你去世时，你将要失去多达48%的储蓄积累，那么你可能会决定出去旅游，而不是把钱存起来留给你的子女。

但是，这种说法存在三个问题。首先，双重征税是美国以及全世界的税收制度的普遍特征。当你用税后收入在住宅区附近的一家商店购买糖果并对此缴纳销售税时，你就被双重征税了。那为什么是某一种特定形式的双重征税被废除或减少，而其他则没有呢？

其次，双重征税并不一定会减少储蓄，因为有收入效应和替代效应。一方面，通过双重征税，工作和储蓄的回报减少了，所以你可能挣得更少（替代效应）。另一方面，如果你看重你打算留给子女的遗产，更高的税收会导致你更多地工作或储蓄，以维持遗产的税后价值（收入效应）。

最后，双重征税论点在与资本利得递增基数的交互作用下变得更为复杂。对于缴纳遗产税的人，劳动收入确实是被征税两次，赚取时征一次，死亡时又征一次。同样，利息和其他应税的资本收入也被征税两次：一次是支付收益时，另一次是死亡时。然而，对于资本利得收入，只征税一次，即在死亡时。如果人们把资本资产留给他们的子女，则应计的资本利得不用纳税，因为资产的基数在它转让时增加（递增）了。因此，若没有遗产税，代代相传的来自资本利得的收入可能会逃避所有的税收。

科普刻朱克（Kopczuk，2010）回顾了遗产税对行为影响的证据。他的结论是，遗产的规模对遗产税的反应并不强烈，遗产税税率每上涨10%，遗产规模就下降1%～2%。这一反应中可能包含了人们试图将资产从应税遗产形式中转移出去的努力，也可能包含了遗产规模的实际减少。因此，虽然较高的遗产税可能会影响储蓄和劳动力供给，但这种影响可能很小。

行政上的困难 关于遗产税的另一个问题类似于前面对资本利得按权责发生制征税时提出的：为了负担得起税收，你可能会被迫出售资产。这可能是一个相当有难度的问题，以家庭农场为例，子女在父母去世后可能想继续耕作，但他们能够支付得起税收的唯一方法就是卖掉农场。尽管这在理论上是一个引人注目的问题，但目前尚不清楚它是不是实践中的一个主要问题。2013年，在525万美元的豁免额度下，只有20个农场和小企业支付了遗产税，而且美国农场事务联合会（American Farm Bureau Federation）

无法提供哪怕一个为了缴纳遗产税而被迫出售农场的例子。[1] 这也许是因为现行法律允许一些家庭在长达 14 年的时间里去缴纳遗产税。

税收遵从与公平 反对遗产税的最后一个理由依据的是税收遵从与公平。对于富有经验的纳税人，有许多种方法可以用来避免缴纳遗产税。一种流行的方式是由父母为自己的子女设立信托。信托是一种法律安排，个人通过信托给予第三方（受托人）一定资产的控制权，条件是这些资产用于使特定的人受益，像个人的子女。

假设袋鼠妈妈从投资中获取了 500 万美元，并想把这笔财富传给她的儿子袋鼠宝宝。如果她在生前把这笔财富传给袋鼠宝宝，那么她要承担赠予税；如果她等到去世的时候这样做，那么她要承担遗产税。然而，法律允许袋鼠妈妈把这 500 万美元放到一个由跳跳虎即受托人控制的信托中。只要袋鼠妈妈指定跳跳虎必须只把这些钱花在袋鼠宝宝身上，则该信托里的资金永远不用纳税，但袋鼠宝宝仍然获得了其全部利益（假设跳跳虎实际上是值得信任的）。父母还可以建立保险信托，即他们的人寿保险单被放到信托里，让他们的子女免税得到保险所得。

另一种流行的（并且合法的）避免转移税的做法是在一个新家族企业中授予继承人股份。如果比尔·盖茨三世在 1986 年微软上市时就已为人父母，他就可以给他的每一个子女 1%的微软股份，而不会产生大量的赠予税（因为这些股份在该公司成立时不是很值钱）。如果当时这么做了，那么他的子女现在就会相当富有，并且会避免与此类财富相关的大量转让税（尽管他们在有生之年出售股票，将不得不缴纳资本利得税）。因此，信托和股票转移是深谙法律制度的人可以用来合法地避免缴纳转让税的两种方法。

此外，遗产税和赠予税是对一种类型的转让即现金及财产征收的，而不是对其他类型的转让征税，如服务。如果你花费 2 万美元来支付一个家庭旅行，根据赠予税和遗产税，这不会被视为对子女的赠予，但如果你把同样的 2 万美元给你的子女，那么它会被认为是赠予，并降低你的遗产税免征额。

由于这些方法，有些人把遗产税称为“自愿税”，即只有太老实而不会避税的人才最终为此纳税。这是一个不公平的结果，它违反了横向公平。有些人声称，如果一个税收不能被公平地应用，那么它根本就不该被应用。再次地，这种横向不公平所带来的成本必须与该税收增加的收入利益进行权衡：这种不公平现象是否足以证明每年取消近 200 亿美元收入的合理性？

一个相关的问题是，取消遗产税可能会减少美国的慈善捐赠。这是因为，来自个人遗产的慈善捐赠可从遗产税中扣除。在美国，几乎 10%的慈善捐赠来自遗产捐赠的形式。如果遗产税被取消了，那么这种慈善捐赠可能会下降，因为慈善捐赠的价格上升了，使得慈善捐赠可以从中扣除的遗产税不复存在。然而，这种对慈善捐赠的预测并不明确。取消遗产税也会使人们变得更富有，而这将有一个导致慈善捐赠增加的收入效应。[2]

---

① Koba (2015).

② Bakija, Gale, and Slemrod (2003) 估计，减少遗产税的净效应会降低慈善捐赠。

23.4 房产税

房产税：对房地产，包括土地价值及任何附着在该土地上的建筑物所征收的税项。

正如在第10章所提到的，在美国，地方政府融资的主要来源是**房产税**（property tax），即对私人拥有房产的市场价值课征的一种税收，其可能包括土地、建筑物和机器以及其他不动产，如车、船、商业库存等。应税的房产类型在各地区间千差万别。土地和建筑物在所有州都是课税对象，但所有州都免除政府房产，大部分州免除宗教房产、慈善房产、墓地和医院的税收。在许多州，个人房产和机动车辆也免于征税。① 由于大多数房产税来自对土地和房屋的征税，我们在下面的讨论中将专注于房产税的这个方面。

房产税按地方制定的税率对住宅及商业财产的估定价值征收，这是由辖区（通常是镇或市）所规定的价值。在大多数情况下，各地尝试把估定价值和房产的市场价值匹配起来，但这是有困难的，尤其当一份物业近期并未出售时。因此，有效房产税税率（房产税缴纳的税金与房产市场价值的比率）会明显偏离法定税率。有效税率的计算是通过名义税率乘以估定比率，即房产价值中应税的比例。例如，2%的名义税率和50%的估定比率会产生1%的有效税率。

不同地方所使用的估定比率差异很大：2015年，哥伦比亚特区、南卡罗来纳州的估定比率只有4%，而在罗得岛州的普罗维登斯则是100%。从全国来看，2013年的房产平均估定比率为57%。② 而美国各辖区的有效税率差别同样很大：2014年，有效税率的范围包括从马萨诸塞州波士顿的最低值0.12%到康涅狄格州布里奇波特的最高值4.1%。③

虽然房产税占财政收入的比例相当有限，它却是地方一级最大的收入来源，占总收入的四分之三以上。④ 2014年，州和地方政府共筹集了4 980亿美元的房产税，其中，大约98%来自地方政府部门，包括县、市和学校地区。⑤

房产税产生了许多有趣的经济问题。其中，一些问题已在第10章介绍过，如房产税在房屋价格中的资本化（以加利福尼亚州的第13号提案为例），以及房产税在学校融资中的作用。本章考虑房产税政策的其他重要问题，如房产税的归宿以及对房产征税的不同类型。

□ 谁承担房产税？

房产税在州和地方层面一直备受争议。一些州对地方征收房产税的能力加以限制。

---

① O' Sullivan et al. (1995).

② 这个百分比是通过对所有州的最高住宅估定比率求平均得到的，可在 https://www.lincolninst.edu/sub-centers/significant-features-property-tax/Report_Value_Standard _and_Assessment_Ratios.aspx 上获得。

③ Lincoln Institute of Land Policy and Minnesota Center for Fiscal Excellence (2014).

④ Ganz (2014).

⑤ U.S. Bureau of the Census (2015).

这个争论反映了以下观点，即房产税对平均收入的房主来说是代价高昂的负担。然而，正如我们在第19章学到的，税收归宿不是由谁支付税单决定的。那么，谁实际上承担了房产税呢？

正如邹卓（Zodrow，2001）所总结的，房产税的归宿问题是公共财政学经济学家长期争论的一个来源。关于房产税的归宿，有三个思想学派。其中，传统观点是对房产税的局部均衡分析。这一观点强调了税收征收的两个要素：无弹性供给的土地和有弹性供给的建筑物（如房屋）。对土地征收的那一部分税收由土地所有者负担，如同其他要素无弹性供给的情形。但对建筑物征收的那一部分税收会较为复杂，建筑物的税收归宿取决于建筑物供给与想使用这些建筑物的人的相对弹性。长期来看，如果建筑物的供给是完全弹性的，但社区里个人的需求并非完全有弹性，则这个税收一定程度上由社区的居民、出租人和所有者承担。

房产税的资本税观点（有时被称为新观点）认识到了税收归宿的一般均衡性质。当城镇开征房产税时，长期来看，它们会把资本从该城镇赶到其他辖区内。随着其他辖区的资本供给增加，给定资本需求水平，全国各地（甚至全世界）的资本收益率会下降。因此，平均的房产税负担会由资本所有者——一个相当富裕的群体所承担。然而，在这个观点下，不同地方相对于全国均值的偏离会由当地的土地和房屋所有者承担仍然是一个不争的事实。所以，正如邹卓（Zodrow，2001）所强调的，资本税观点基本上涵盖了传统观点，但从局部转移到了一般均衡的角度。

最后，受益税观点反映了我们在第10章讨论的蒂伯特模型。房产税通常用来资助被大多数房主认为有价值的地方政府开支。因此，房产税在一定程度上是一种使用费，这支持了蒂伯特模型：房产税是由每个镇为了支付最优的地方公共品水平而设定的价格。例如，如果一个镇处于完全的蒂伯特均衡，即镇内所有居民把公共品估价为其税收成本，那么就没有与房产税相关的负担。它只是居民为地方公共品自愿支付的价格。

因此，房产税的归宿在很大程度上取决于哪个才是分析这个税收的适当模型。在传统模型下，房产税由当地居民按住房支出比例完全承担，因而是比例的或有所累退的。在资本税观点下，房产税通常很大一部分由资本所有者承担，所以它更具有累进性。在受益税观点下，不存在归宿问题，因为房产税仅仅是为获得的服务支付的价格。现有的证据并不能区分这些模型，但经济理论认为，资本税观点具有相当大的优点，因而这项税收可能比通常所认为的更具有累进性（Zodrow，2001）。

□ 房产税的类型

房产税不需要平等地适用于所有类型的房产。具体而言，在征收房产税时有两个重要的区别。

住宅与商业用房 房产税设计的第一个区别来自对住宅与商业用房的征税。一些人认为，为了鼓励经济发展，对商业房产的征税应低于居民住宅。然而，不能确定的是，这种对企业的税收减免是否会给当地的社区提供足够的好处来证明这种税收损失是合理的。

☞应用

对企业的房产税减免

近年来，一些地方政府已尝试给予地方企业房产税减免（以及其他税收减免），以说服它们不要转移到其他地方经营。例如，2003年年底，辛辛那提为做客户服务的肯沃基公司（Convergys Corporation）提供了5 220万美元的税收优惠，以防止该公司把它的1 700个岗位转移到俄亥俄河对岸税率更低的肯塔基北部。在密苏里州，圣路易斯县为包装概念公司（Packaging Concepts Inc.）提供了250万美元的税收优惠，使得这家计划搬离圣路易斯县中心的公司迁移至该县的南部。2004年2月，纽约市授予了美国银行（Bank of America）4 200万美元的税收减免，以说服该公司在曼哈顿中心打造其51层的办公大楼。

政府为了说服公司留在一个特定的地点而给它们提供此类税收减免，这么做值得吗？《美国银行评论》（*Critics of Bank of America*）指出，减税公布后不久，一家公司就与舰队波士顿金融公司（FleetBoston Financial Corporation）合并，提高了裁员的可能性。这笔交易的一个反对者大怒："我们每年都在这上面损失了税收。"2004年，纽约市的一项研究发现，该市十大银行从彭博（Bloomberg）和朱莉亚尼（Giuliani）市长的税收减免中获得了1.2亿美元，实际上却削减了3 000个工作岗位。

2001年，城市经济学家艾德·格莱泽（Ed Glaeser）得出结论：虽然这种基于地方的激励机制似乎是城市经济格局的永久组成部分，但经济学家还不知道为什么会出现这些激励机制以及它们是否真的可取。① 然而，格林斯通和莫雷特（Greenstone and Moretti，2003）最近的一项研究认为，成功吸引了大型工业工厂的城市的经济会好转。他们发现，与在争夺这些相同的工厂中失败的类似城市相比，成功城市的工资增长要快1.5%。格林斯通和莫雷特还发现，成功城市的房产价值的上涨速度比亚军城市快1.1%。作者的结论是，成功吸引工业工厂会提高当地居民的福利，并可能验证了利用税收减免可以赢得与其他城市的竞争。

不管利用税收减免去吸引企业对任何特定的地方是不是一个好主意，几乎可以肯定的是，它们对国家整体是不好的。如果公司找到最有效率的地点，而不是获得最佳税收减免的地点，那么对整个国家来说是最好的结果。此外，这种房产税减免会导致"逐底竞争"，即一个地方政府减少其房产税的行动（为了吸引企业）会导致其他地方政府也这么做。这个过程会导致一个弄巧成拙的减税循环，这样做对企业的选址没有很大的影响，却大大降低了房产税的收入。

土地与改造　在设计房产税过程中能得出的第二个区别来自对土地的征税和对土地的改造，如对房子、办公楼或购物中心征税。这个区别被19世纪的思想家亨利·乔治（Henry George）所强调，他相信劳动和资本所赚取的收益反映了这些要素的生产性活动，但土地所有者积累的收益则没有。土地所有者得到报酬，仅仅是因为他拥有土地，而不是因为他对生产投入了任何精力。乔治因此做了一个激进的建议：消除对劳动和资

① Glaeser (2001).

本的征税，并对土地价值征收单一税。乔治并没有提出对土地的改造征税，因为这个方法会破坏他的基本前提，即被征税的应该是所有权而不是精力投入。

乔治的推理得到了马萨诸塞州霍利奥克市议员马克·鲁伯德（Mark Lubold）的阐释，霍利奥克是一个因未充分利用建筑和空地而遭受税基萎缩的老工业城市。鲁伯德指出，目前的房产税制度通过高税收惩罚持有或者改造房产的人，用掉财产的人却得到了减税的奖励。鲁伯德一直在推动霍利奥克采用乔治的思想，即降低建筑物的税率，但提高土地的税率。他相信，这种制度将会鼓励空置建筑物的所有者将建筑修复起来，收取租金，并开展业务以支付更高的税收，或者把建筑物或土地出售给愿意这么做的人。鲁伯德指出，世界上有 700 个城市已采用了某种形式的土地价值税，包括澳大利亚的悉尼和南非的开普敦。宾夕法尼亚州的哈里斯堡在采用土地价值税之后，空置建筑物的数量从 4 000 降到了 500。[①]

而在另一个例子中，匹兹堡在 1913 年遭受了高地价的影响，打击了企业的创建。为了解决这个问题，匹兹堡建立了一个制度，即降低对建筑物的税收而对土地征收六倍的税率。有些人认为这个两级税制引发了匹兹堡在 20 世纪 40 年代和 50 年代的建设热潮。然而，在 2001 年，土地价值制度被换成了建筑物和土地税率均等化的制度。究其原因，很可能是因为评估者通过持续低估土地本身的价值来抵消较高的土地税。当外部评估者被引进并宣布土地价值为前一年的两倍时，纳税人进行了反抗，政治家就废除了这个制度。

对于试图区分土地的价值和土地上资产的价值的税收制度，其根本问题是市场价值不能用于征税：市场价值只能是土地加上资产的总和，而不能分开计算。评估等行政机制却必须对土地进行分别估价，且这些机制也可能出现错误和操纵等情况。这使得土地税作为一个增加收入的主要形式是不可靠的。[②]

23.5 结论

关于税法对储蓄多少以及以什么形式进行储蓄的决策影响，一直是税制改革争论的核心。本章中，我们回顾了税法对美国的风险承担与财富积累的影响的一些主要方面。我们首先强调了税收并不一定会减少风险承担，且在一定假设下，会增加风险承担。

这个理论观点对资本利得税的争论具有重要的含义。关于给予资本利得税收优惠的最强论据是：(1) 较低的资本利得税将解锁生产性资产，(2) 较低的资本利得税会鼓励创业。前者的现有证据表明，这种解锁从长远来看不是很大。而理论讨论表明，对创业的预测也不甚清楚。此外，虽然较低的资本利得税会促进风险承担和创业，但这么做会对以前的投资提供大量的补贴，成本非常高。

我们还讨论了遗产税，这是一项非常累进的税收，也是一项引发了横向公平和执法难题的税收。最后，我们讨论了房产税的不确定归宿以及对企业与居民住宅、土地与该

① Restuccia (2003).

② Fitzpatrick (2001).

土地改造征税的重要问题。

重点

- 税收对风险承担的影响具有不确定性。具有全额亏损扣除的比例税可能会增加风险承担，但有限的亏损扣除和累进税结构等因素能够减少风险承担。
- 除了工资和从储蓄中赚取的利息，人们还赚取资本利得形式的收入，即资产以超过其买入价格的水平出售时赚取的收益。通过按权责发生制的变现和死亡时的基数递增，资本利得获得了相当大的补贴，并且传统上也面临着较低的边际税率。
- 降低资本利得税税率可以抵消通胀对资产价值的影响、减少资产的锁定，以及鼓励创业，但要以对过去的投资给予大量的减税为代价。现有的证据表明，资本利得税下降所带来的锁定效应的长期减少十分有限。
- 遗产税对美国的少数最富有的遗产征收，因而是高度累进的。
- 有几个反对遗产税的理由，但每个都有缺点。例如，遗产税会对劳动和利息收入双重征税，但对其有利的事实是，它是对把资产传给其继承者的人的资本利得征收的唯一税收。
- 房产税是地方政府收入的主要来源。房产税的经济归宿是不明确的，但税收的经济归宿很可能比法定的归宿更为累进，因为至少有一部分税收落在了土地所有者和资本所有者的身上。
- 降低企业的房产税是地方政府吸引企业的普遍做法，但它对国家整体来说是低效的。

习题

1. 税务制度对来自风险投资的收益实行 50%的税率，并且允许按 50%的比例扣除任何来自风险投资的亏损。下列哪种税收政策会增加更多的风险承担：(a) 允许对任何亏损进行扣除，(b) 只允许对抵消其他收益的亏损进行扣除（无亏损扣除)?

2. 假设明年 1 月将通过大幅提高资本利得税税率的新法律。你预计这部法律对今年剩余时间内和明年的资本利得实现与资本利得税收入会有怎样的影响?

3. 贝瑞（Berry）总统建议修改资本利得税法案，按权责发生制而不是收付实现制对收益进行税收评估。对此政策变动可能的反对意见是什么?

4. 在 1997 年之前，许多大学教授从波士顿或旧金山等昂贵的地方搬到低成本的城市，如威斯康星州的麦迪逊或佛罗里达州的盖恩斯维尔，而且会购买非常大的房子。这种趋势在 1997 年之后大大缩减了。美国税法的什么特征是鼓励这种行为的?

5. 关于资本利得税减少是否会导致资本利得变现的永久增加的经验性证据是什么?这一证据对于把降低资本利得税作为长期创收工具的前景意味着什么?

6. 当你把钱用于你的孩子的消费时，这种转让是不征税的，但是如果你给予你的孩子很大金额的直接赠予，则要被征税。为什么这体现了转让税固有的横向不公平？你能想到一些可以减少这种不公平的政策修改吗？

7. 赞成削减资本利得税的参议员克劳福德（Crawford）说道，减少资本利得税税率将刺激创业活动。反对这些减税政策的参议员朗（Long）则认为，它们将鼓励人们从事更高风险的行为和低效的投资。请评价这两位参议员的论点。

8. 2014 年比尔去世时，他给他的孩子留下了 300 000 美元的现金（来自劳动收入）、一栋他在 1980 年以 100 000 美元（用劳动收入）买下的价值 250 万美元的住宅，以及他在 1990 年以 300 000 美元（用劳动收入）买下的价值 320 万美元的股票。请评价遗产税对比尔的收入进行了双重征税的论点。

9. 为什么在美国实施的房产税会阻碍所有者改造其房产？土地税如何改变这些激励措施？

10. 卢泼斯坦政府出台了一个政策，所有大学教育和培训的投资都可免税。描述一个关于该政策对人力资本积累水平的影响的实证检验。你预期这样的政策会产生什么效果？

进阶习题

11. 艾斯托卢瓦尼亚正在考虑将累进税制更换为可以提高平等收入的统一税制。这种变化会如何激励风险承担行为？它会如何抑制风险承担行为？

12. 研究人员发现，当资本利得税税率下降时，遗产的平均规模也会相应地下降。美国资本利得的税收待遇是如何解释这种关系的？

13. 潘普洛维亚将遗产税税率从 30%上调到 50%。然而，它给户主已超过 80 岁的家庭提供了特权，允许这些家庭维持原来 30%的遗产税评估。你会如何评估潘普洛维亚的遗产税税率对遗产的影响？

14. 在一些州，减少其税基的地方政府可以得到来自州政府对地方公共品提供的额外援助。为什么在这种情况下城市更有可能提供税收优惠？为什么在这种情况下的税收优惠尤其不利于总体福利？

15. 一些市级官员认为，有针对性的减税措施有利于他们的城市。其他官员则认为应该有一项州法律禁止使用有针对性的州级税收减免。解释为什么两个观点都是合理的。同一个市级官员同时持有以上两个观点或至少同时相信这两个观点是否合理？

第 24 章

公司所得税

需要牢记的问题

- 美国的公司税* 如何运作?
- 公司税如何影响投资激励?
- 公司税如何影响公司的债务水平和股息支付等财务决策?

2009 年 5 月 4 日，巴拉克・奥巴马提出通过结束在海外业务上有巨额投资的美国公司的税收优惠来改革公司所得税制度。他声称这些公司“推卸”责任，并且是“税收制度破裂的一个重要因素，该税法鼓励公司在班加罗尔提供工作，而不是布法罗和纽约”①。具体而言，奥巴马提出改革递延法则，因此公司在为海外利润支付适当税款之前，不能获得美国纳税申报规定的扣除额。这项在 2011 年实行的提案将在 2011 年到 2019 年之间增加 600 亿美元的税收。2011—2019 年，奥巴马提案的第二部分将通过对税率更低的海外“避税天堂”实施更严格的限制来增加 870 亿美元的税收。②

支持者认同政府应该通过干预来“修复”税制。财政政策专家及比尔・克林顿时代的前财政税务局主席埃里克・托德（Eric Toder）认为，奥巴马的方案能“堵住侵蚀公司税基的漏洞”并“对美国的就业没什么影响”。国际劳工联盟（Service Employees International Union）的秘书长安娜・伯格（Anna Burger）认为，该方案最终将为获得过于慷慨的税收待遇的公司提供公平的竞争环境。③

---

① *The Economist* (2009).

② U. S. Department of the Treasury (2009).

③ Donmoyer (2009a).

* 除非特别说明，本书中的公司税一般指公司所得税。——译者注

然而，也有人说，奥巴马的方案将适得其反，减少国内的就业，而不是在美国创造更多的就业。商业圆桌会议（Business Roundtable）主席约翰·卡斯泰拉尼（John Castellani）认为，现有公司制度对美国公司有利，因为它们的国际竞争对手在海外做生意时能获得更大的税收优惠。① 普华永道（PricewaterhouseCoopers）的德鲁·里昂（Drew Lyon）认为奥巴马提案的影响剧烈，他哀叹道："这真的会打击大多数的《财富》100 强公司，因为它们主要依赖国外市场的增长来增加它们的总收入。"②

科技领域尤其反对奥巴马的提案。微软首席执行官史提芬·巴尔默（Steven Ballmer）威胁说，如果国会通过奥巴马的提案而对海外利润征收更高的税，公司就把员工放到国外去。③ 美国最大的高科技倡导集团——科技美国（TechAmerica）的主席菲尔·邦德（Phil Bond）说："现行针对有海外业务的公司的税务条款是美国竞争力的关键……针对海外收入的税收条款对促进我国的公司参与国外竞争并取胜至关重要。"④ 也许由于这种强烈的反对，奥巴马总统的计划在撰写本书时尚未成为现实。

对公司所得税的辩论之所以这么激烈，部分是基于这样一个现实，就是近年来公司税在政府收入中的地位发生了巨大的变化。在美国的公司只需要对净利润缴税，即收入减去生产要素支出的差额。按规定，大部分公司的边际税率为 35%。在实践中，公司税制的许多特征（有时称为漏洞）使有效税率远低于此，并且这些漏洞使用的增加至少部分导致公司税收大幅下降。比如，1960 年，几乎四分之一的联邦税收是公司税，如图 24－1 中左边的饼状图所示。这部分已经在过去的几十年里发生了重大变化，正如右边的饼状图显示，现在公司税只占联邦税收的 15.1%。

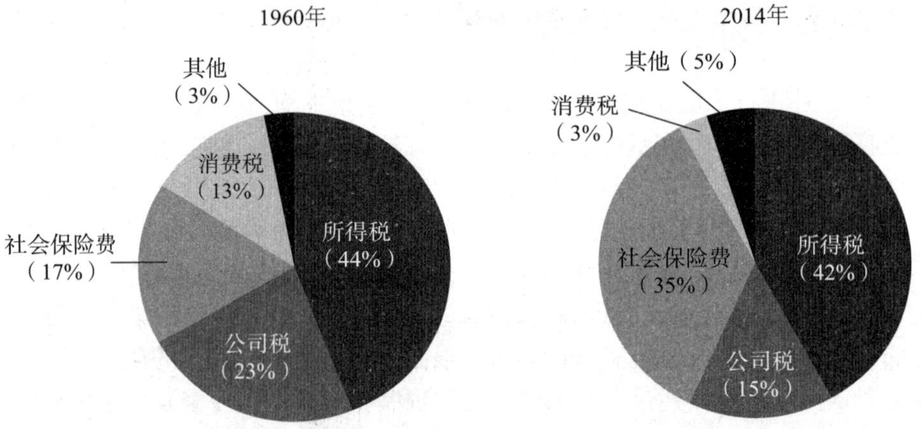

图 24－1　缩减中的公司税规模

资料来源：Bureau of Economic Analysis (2015)，NIPA Tables 3.1－3.3.

说明：正如第 1 章所讲的，公司税占联邦税收的比例随着时间的推移大幅下降，从 1960 年的 22.8%下降到 2014 年的 15.1%。

---

① McKinnon (2009).

② Bohan and Dixon (2009).

③ Donmoyer (2009b).

④ Hatch (2009).

对于公司税的反对者来说，公司税会严重阻碍公司的生产，并且公司税负的减少对经济有利，因为这会促使公司增加生产性资产的投资。支持公司税的人认为，公司税是对美国税收体制整体累进性的重要保护，如果公司税制度被长期侵蚀，那么这就是在用其他纳税人的钱养肥资本家。

在这一章，我们对这些争论进行了评价。我们从讨论公司的属性和对征收公司税的争论开始。我们介绍了美国公司税的结构并思考定义公司开支的困难，也讨论了如何应用第 19 章的原则来评估公司税的最终归宿。

我们随后集中在公司税对行为的两个重要影响上。一是公司税对公司投资决策的影响。二是公司所得税和个人所得税对公司如何为商业项目融资的综合影响。最后，我们讨论对在很多国家有收入的公司征税所面临的一系列困难。

24.1 什么是公司？我们为什么对它们征税？

在分析公司税时，需要特别注意的是，并非所有的商品和服务都是由在美国的公司部门生产的。还存在一个庞大的非公司部门，包括个体户、合伙企业以及其他不寻求公司保护的组织形式。在美国，非公司部门的销售额占据了四分之一。

在公司部门里，大部分生产通过股份公司实现，即公司有很多购买了公司所有权股份的**股东**（shareholders）。公司制的主要好处是得到了有限责任的保护，即公司的所有者不会对公司的义务承担个人责任。如果一个公司倒闭了，法律不会要求股东用他们的个人财产（比如他们的房子、珠宝等）来偿还倒闭公司的债务。股东最大的损失就是他们投资于该公司的金额。

股东：购买了公司股份所有权的人。

有两种公司类型：S 型公司和 C 型公司（字母类型表示纳税申报时适用的税收表格）。这些分类的主要区别是应用于公司的税制。S 型公司的收入被当作个人所得并征收个人所得税；C 型公司的收入要征收公司所得税，如果给股东分红，则还要征收个人所得税。我们讨论的焦点将是 C 型公司，这些公司占公司部门生产的很大一部分比例。

□ 所有权 VS. 控制权

大部分公司将公司所有权和控制权（或者称为管理权）分离。一些公司在证券交易所公开交易，因此任何投资者都可以买卖公司的所有权股份。其他公司私下持有，因此只有特定个人才能持有公司股份。

不管是哪种情形，股东通常不用每天为如何经营公司做决策。决策由被股东雇来经营公司的经理人做出。这种所有权和经营权的分离对大公司来说是相当必要的，成千上万的股东不可能聚在一起做出公司日常经营的所有决定。然而，这种所有权和经营权的分离有不利方面，会产生经济学家所说的**代理问题**（agency problem）：公司所有者和公司经营者之间利益的偏差。

代理问题：公司所有者和公司经营者之间利益的偏差。

比如，考虑公司经理想为自己的商务旅行购买一架飞机这样一种决定。假如公司经理知道对他而言，坐商业班机参加所有商务旅行的费用比公司拥有飞机的费用便宜。因此，从股东的利益考虑，公司经理使用商业班机对公司的盈利是最有利的。但是，公司经理为了舒适和便利更偏好购买飞机，这些理由与公司盈利没有任何关系。另外，如果公司经理控制了财务，毫无疑问他会给公司所有者做出预算，告诉他们购买飞机比商业班机费用更便宜（通过使用最贵的商业班机的价格来做对比，而不是他可能支付的最低的价格）。因此，公司经理会说服公司所有者让他购买飞机，虽然这种做法并不是出于最大化所有者利益的目的。

这还只是公司制代理问题的一个很小的例子。在本章的后面，我们会从公司税收政策方面讨论公司所有权与管理权分离的影响。

☞应用

高管报酬和代理问题

近几年出现了这样一些新闻，许多公司高管的薪酬看起来大大超出了高管的实际价值。高管如何获得如此高的报酬？可能有两个原因。一是他们值得这份薪酬。毕竟，他们经营的是世界上最重要的公司。虽然如此，但这种高报酬在很多情况下与优秀表现没有相关性。

- 2010 年，阿目金（Amgen）公司的 CEO 凯文·谢乐（Kevin Sharer）赚了 2 110 万美元，使得他成为标准普尔指数公司里收入最高的经理人。在高薪水之外，谢乐还拥有公司专机这样的额外津贴。然而，当年股东价值下跌了 3%，并且近 5 年总共下跌了 7%。正如阿目金公司一位最大的私人投资者史蒂夫·西尔弗曼（Steve Silverman）所说："他对公司基本上毫无用处，还不断加薪。"
- 2008 年，阿伯克比龙与菲奇（Abercrombie & Fitch）公司的 CEO 迈克尔·杰夫（Michael Jeffries）获得了总共 7 180 万美元的报酬。该报酬包含了为鼓励他留下来的 600 万美元奖金和公务飞机使用等额外津贴。根据公司图书馆（Corporate Library）的资料，杰夫的薪酬处在同行的前四分之一内。然而，在 2007 年，阿伯克比龙与菲奇公司的股票下跌了 71%以上——从每股 79.97 美元下跌到 23.07 美元。
- 2011 年，惠普（Hewlett-Packard）公司的 CEO 莱欧·阿波特克（Leo Apotheker）在"几乎所有账户都是灾难"的 11 个月任期后被解雇。尽管他在任职期间是灾难性的，但阿波特克获得了超过 1 300 万美元的解雇福利。[①]

董事会：定期开会以审议公司管理人员的决定并将管理人员的业绩向更广泛的股东做出汇报的一群人。

高报酬的第二个可能原因是公司所有者很难掌握公司经理的实际报酬，经理也会利用这种局限性来补偿自己。公司所有者通过**董事会**（board of directors）来控制高管以避免经营不当，董事会是定期开会以审议公司管理人员的决定并将管理人员的业绩向更广泛的股东做出汇报的（据说是独立的）一群人。然而董事会机制远非完美。比如，当理查德·格拉索（Richard Grasso）作为纽约证券交易所（New York Stock Exchange）主席退休时，他要求 1.87 亿美元的遣散费，后来有份报告显示，实际上很少有公司董事能理解格拉索的复杂合同，因此惊讶地发现自己欠了他这么多钱。其他的高管可能可以很方便地将自己的朋友和盟友安排

① Stewart (2011); Johnson (2011).

到董事会当中，从而降低董事会有效监控自己的能力。

有时，高管薪酬会从反常变成违法。2006 年 3 月，《华尔街日报》（*Wall Street Journal*）公布了一份报告，调查了几家大公司向高管提供股票期权的行为。股票期权的设计是为了激励经理人有更好的表现，股票期权为经理人提供以固定价格比如现有价格（执行价）购买公司股票的权利。因此，如果公司股票价格上涨，那么可能在某种程度上归功于良好的经营，经理就能按之前承诺的低价购买股票，然后以更高的价格出售来赚钱；如果股票价格下跌，经理就不会执行他的期权。因此，公司把股票期权当成激励经理提高公司表现的一种方式，当经理失败并且公司经营变差时，这种方式不会给公司带来成本。①

然而，股票期权也有缺点，因为“执行价”能够被操纵以使期权的价值最大化。在一些案例里，《华尔街日报》的分析揭示了一种可疑的一贯模式：股票期权许可的日期经常在股票价格上涨之前确认并且经常在下跌的谷底，这表明期权被追溯，即许可的日期被改成股票价格较低的日期。这种追溯违背了公司的利益——公司希望激励高管去提高股价，而不是因为价格在过去的某些时刻更低而提升高管的酬金。但是这在某种程度上代表了高管的利益，执行价越低，他们的期权价值则越高。

有一个特别明目张胆的例子。在 1995—2002 年间授予附属计算机服务（Affiliated Computer Services）公司首席执行官杰弗里·里奇（Jeffrey Rich）的全部六种股票期权授权都是在股票价格上涨之前完成的，从而他获得的收益比按照每年平均股价确定日期计算的收益高出了 15%。尽管伟奇（Rich）公司和 ACS 公司坚持认为这是“瞎猫碰着死耗子”，但根据《华尔街日报》的计算，这种偶然事件发生的概率只有十亿分之一。②

在《华尔街日报》的推动下，美国证券交易委员会开始调查一些美国公司回溯股票期权的操作，并迫使受影响公司的十名高管或董事在 2006 年 5 月辞职。③ 截至 2006 年 9 月，联邦调查局揭露了近 100 家美国公司可能存在不当的股票期权操作。在一个特别离奇的案例里，美国第五大有线电视运营商有线电视系统（Cablevision Systems）公司有可能给它的副主席马克·勒斯特加滕（Marc Lustgarten）追溯授予了 1997—2002 年的期权。不够离谱吗？勒斯特加滕先生早在 1999 年就死于胰腺癌。许多人怀疑死后判决的期权是为了让勒斯特加滕先生的继承人变得富有，这些继承人有权在他去世时行使所有股票期权。经过大范围的调查和法律斗争后，达成了解决方案，问题就此消失。尽管授予期权历来被证明是让经理人更多地分享公司成功的一种方式，但有线电视系统公司的案例揭示了这种做法已经偏离了它最初的目的。哥伦比亚大学（Columbia University）的法学教授约翰·考菲（John Coffee）讽刺道：“试图激励一具尸体表明它们违背了股东批准的股票期权计划的精神。”④

高管薪酬问题在 2008—2009 年最为突出，这时华尔街成千上万的经纪人和银行家

① 例如，假设一家公司当前的股票价格是每股 100 美元。A 公司给予它的 CEO 100 万股的股票期权，这样 CEO 就有权以每股 100 美元的价格购买最多 100 万股而不用考虑实际的股票价格。如果股票价格下跌，他就不执行这些期权，那么它们毫无价值。但是如果股票价格上涨，比如上涨到 150 美元，那么他就能以每股 100 美元的价格购买 100 万股，并以每股 150 美元的价格抛售，这样就获得了 5 000 万美元的利润。

② Forelle and Bandler (2006).

③ *Wall Street Journal* (2006a).

④ Grant et al. (2006).

被给予巨额奖金，即使他们的雇主受到了金融危机的冲击。例如，2008 年，摩根大通（JP Morgan Chase）的前 200 名奖金获得者获得了 11.2 亿美元，高盛（Goldman Sachs）的前 200 名获得了 9.95 亿美元，美林（Merrill Lynch）的前 149 名获得了 8.58 亿美元，摩根士丹利（Morgan Stanley）的前 101 名获得了 5.77 亿美元。这 650 人总共获得了 35.5 亿美元，平均每人获得了 546 万美元。报告显示，花旗集团（Citigroup）和美林遭受了高达 270 亿美元的亏损。然而，花旗集团支付了 53.3 亿美元的奖金，美林支付了 36 亿美元。①

当银行接受上千亿美元用纳税人的钱设立的救助金时，这些巨额的薪酬包就显得特别令人厌恶。纽约总检察长安德鲁·库莫（Andrew Cuomo）写道："当银行经营良好的时候，他们的员工工资高。当银行经营不善的时候，他们的员工工资高。当银行经营很差的时候，他们的员工工资还是很高。"② 国会和公众对这些薪酬已经出离愤怒了，他们投票限制接受救助金的公司的薪酬，但是在美国的绝大多数金融公司和其他公司中，薪酬仍旧没有封顶。尽管反响如此强烈，高管薪酬仍持续攀升：2009—2013 年，CEO 平均年薪从 1 039.4 万美元增加到了 1 517.5 万美元。③

□ 公司融资

公司通过投资并获得投资收益来发展壮大。然而，为了对新机器等资本进行投资，公司必须为投资进行融资或筹资。如图 24 - 2 显示，有三种可能的公司融资渠道。公司可以向贷款机构如银行借款，这种融资方式称为**债务融资**（debt finance）。这种借贷通常通过销售公司**债券**（bonds）来完成，即公司定期向债券持有人（借贷者）支付利息（直到最后偿还本金）。

> **债务融资**：指通过向银行等贷款人进行借款或者发行债券来筹集资金。
>
> **债券**：公司所做出的定期支付利息，并最终向债券持有人（借贷者）偿还本金的承诺。

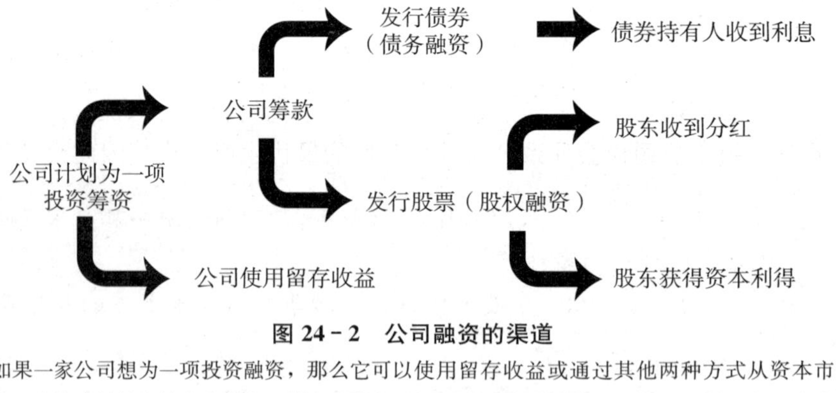

图 24 - 2　公司融资的渠道

说明：如果一家公司想为一项投资融资，那么它可以使用留存收益或通过其他两种方式从资本市场融资。一种是发行债券，定期支付债券持有人利息（债务融资）。另一种是发行所有权（股权）股份，向股东支付股利或随公司价值增长的资本利得（股权融资）。

① Story and Dash (2009).

② http://www.bloomberg.com/apps/news?pid520601087&sid5aIgUh3Tv5ycg.

③ Davis and Mishel (2014).

为投资项目融资的第二种渠道是销售公司所有权的股份来进行投资，这种融资方式称为**股权融资**（equity finance）。购买一家公司股份的投资者可以通过两种不同的方式获利。一种是通过获得**股利**（dividend），即来源于公司每股收益的定期支付。另一种是当股票价格高于购买股票的价格时通过持有的股票获得**资本利得**（capital gain）。

> **股权融资：**通过出售公司的所有者股权而筹措的资金。
>
> **股利：**投资者每拥有一单位该公司股份，所能获取的周期性支付。
>
> **资本利得：**一项资产的购买价与其销售价之间的差额。
>
> **留存收益：**没有用来支付债务或者分配给股东而是保留在公司内部的净利润。

最后，公司通过它们的**留存收益**（retained earnings）来为投资项目融资，留存收益是公司没有支付给债权人和股东而保留的净利润。事实上，近年来越来越多的证据表明，新投资的很大一部分（可能是绝大部分）都来自留存收益。[①]

□ 我们为什么要征公司税？

我们为什么要征公司所得税？别忘了我们在第 19 章强调的，公司不是实体，而是要素的组合。因此，当我们向公司征税时，我们最终是在向构成公司的生产要素征税。那么向要素（劳动力和资本）征税不是比按复杂且不确定的公司税收制度来向公司征税更直接吗？至少有两个理由证明我们需要一种独立的公司税。

纯利润税　在公司拥有市场支配力的情况下，它们就能获得纯利润，即超过生产要素（劳动力和资本）支出的收益。根据戴蒙德和米尔里斯（Diamond and Mirrlees, 1971）的分析，纯利润税是比向生产要素征税更好的一种征税方式。因为纯利润税不会扭曲生产者的决策，而向劳动力和资本征税会有第 21 章至第 23 章所讨论的扭曲效应（比如减少劳动力供给、储蓄或风险承担）。

一家公司选择价格和产量来最大化利润。如果政府宣布明天要拿走一部分利润，那么公司对价格和产量的最优选择也不会变。最大化税前利润的决策也会最大化税后利润，即（1－税率）×利润。因此，征税当时不会改变行为。除了无扭曲之外，纯利润税是非常累进的，因为从生产中获得利润的人很可能是富人。

虽然纯利润税看起来是一个好主意，但并不是公司税的运行方式，原因有两个：一是公司税不是净利润税：公司会通过改变投入来最小化它们的公司税负担，在本章的后面我们会看到。由于公司税会导致公司改变它们的最优生产规模，因此会导致低效率。

二是纯利润税应该向**经济利润**（economic profits），即公司收入和经济成本的差额征税。这可能涉及第 8 章讨论的成本计算方法，用机会成本（资源在次优活动中的使用）适当评估资源。但是公司是以**会计利润**（accounting profits）缴税的，即收入和账面成本的差额。由于报告成本使用价格而不是机会成本，并且公司可以通过操纵会计方法来改变成本的报告金额，因此报告成本与经济成本不同。

> **经济利润：**一家公司的收入与其生产的经济成本之间的差额。
>
> **会计利润：**一家公司的收入与其账面成本之差。

留存收益　另一个关于公司税的理论与我们关于资本利得的讨论相似：如果不对公

① 见 Rauh (2006) 令人信服的证据，以及对这个领域以前文献的综述。

司的收入征税，那么拥有公司股份的个人就可以通过让公司永远不分配利润来避税。这些收益在公司内部不断累积且免税，与其他形式的储蓄（或其他一般经济活动）相比，这会导致对公司收益提供大规模的税收补贴。如果公司在很多年后支付这些收益，那么税收负担的净贴现值可能很低。

24.2 公司税的结构

在本部分，我们梳理公司税的基本结构。这是一个非常复杂的税种，因此我们描述的是这一结构的简化版本。

任一公司的税收为：

$$\text{税收}=(\text{收入}-\text{支出})\times\tau-\text{税收抵免}$$

我们依次定义该表达式中的元素。

□ 收入

收入是公司通过向市场销售商品和服务所赚取的金额。

□ 支出

一家公司的支出主要包括三个部分。一是公司开展业务的现金流成本。这些成本包含过去一年的商品和服务的任何费用。这方面的例子包括雇员薪水、购买生产中间品如钢铁和能源的费用、广告费用、厂房租金等。二是付给借钱给公司的人的利息。现金流成本和利息都可以从当期发生的公司收入里扣除。在计算公司税收时，每年在这些项目上的费用可以从当年的收入里扣除。

三是资本投资的**折旧**（depreciation），即资本投资随着时间的推移而失去价值的速度比率。若一家公司以固定工资雇用一名工人一年，并在当年为工人的服务支付工资，则公司在缴税时可以将这部分工资完全扣除。然而，当公司购买机器或一栋新建筑时，它是在投资一项可以提供很多年服务的商品。因此，税法不允许在购买当期扣除机器的全部成本。相反，税法允许公司从税收里扣除**折旧免税额**（depreciation allowances），设计这种免税额是为了与资本投资失去其价值的比例相匹配。公司可以在很多年里每年提取这种折旧免税额，并在很多年里分摊资本成本。计算合适的折旧免税额对公司的税收政策很重要。出于税收目的，要如何处理这种长期购买呢？

> **折旧**：资本投资随着时间的推移而失去价值的速度比率。
> **折旧免税额**：公司可以从资本投资贬值中用于抵扣税项的金额。
> **经济折旧**：在每个时期资本价值的真正退化。

经济折旧　原则上，税法允许公司扣除**经济折旧**（economic depreciation），即每期机器价值的损耗作为它们的费用。考虑一家今年购买了价值100 000美元机器的公司。这台机器将随着时间的推移而逐渐磨损，机器每年会减少10 000美元的价值。十年后，这台机器将毫无价值，因此公司不得不替换它。

使用该机器一年的公司成本是购买价格（100 000美元）减去一年后的价值

(90 000美元)。使用该机器一年本质上花费了公司10 000美元，因为这是资产减少了的价值。由于这一金额是公司当年使用机器的成本，因此它是可以从收入里扣除的适当开支。正如将当年的工资作为使用劳动力一年的成本，使用一台机器一年的成本即当年机器的价值减少。

实践中的折旧 经济折旧在实践中存在的问题是经济折旧的实际比例很难观察并且随着资产的不同变化很大。办公楼的经济贬值可能相当低，因为建筑物的磨损是渐进的。然而，由于生产过程的磨损，工业机器的经济贬值可能会大得多。

由于这些不确定性，税法对不同类型的资产采用了一系列**折旧时间表**(depreciation schedules)。折旧的一种方法是在我们的例子中采用资产的典型寿命——十年，并将折旧金额平均分配到资产寿命的每一年。这种方法就叫直线折旧法。在我们的例子里，这种方法能够合理地度量经济折旧。

> **折旧时间表**：一项资产贬值的可能的时间表。
>
> **费用化投资处理**：从投资发生当年所纳税额中扣除所有的投资支出。

在其他情形中，折旧可能更快。针对这些情形，政府可能提供加速折旧时间表。政府可能允许公司在更短的时间内折旧机器的成本，比如，在我们的例子里是五年而不是十年。另外，政府允许在给定的期限内前期折旧更大，在资产生命周期的早期折旧抵扣更多。在极端的情形里，政府会允许公司对固定资产进行**费用化投资处理**(expense investments)，在投资发生的当年扣除资产的所有成本。

模拟税法对投资决策影响的关键点在于折旧扣除的价值随着它们被允许的速度而上升。这是因为你越早获得优惠，减税优惠的净现值(PDV)就越高。

假设我们例子里的公司能以10%的利率借款，因此公司用10%作为贴现率来计算净现值。考虑第一种经济折旧(在这种情形下与直线折旧相同)。这一系列折旧扣除的净现值是：

$$10\ 000+\frac{10\ 000}{1.1}+\frac{10\ 000}{(1.1)^2}+\cdots+\frac{10\ 000}{(1.1)^9}=67\ 590(\text{美元})$$

现在，假设公司可以用加速直线折旧法，它可以在五年里每年折旧20 000美元。这一系列折旧扣除的净现值为：

$$20\ 000+\frac{20\ 000}{1.1}+\frac{20\ 000}{(1.1)^2}+\frac{20\ 000}{(1.1)^3}+\frac{20\ 000}{(1.1)^4}=83\ 397(\text{美元})$$

通过提高公司折旧机器的速度，政府允许公司从它的应税收入里多扣除15 000美元的现值。在费用化投资处理的极端情形里，折旧抵扣的净现值达到100 000美元，因为机器价值在第一期就被全部扣除了。

☞**应用**

什么是经济折旧？个人计算机的案例

个人计算机是定义经济折旧困难的一个很好的例子。多姆斯等(Doms et al.，2003)收集了计算机市场价值的数据并构建了个人计算机寿命的函数。他们发现个人计算机的折旧期很短，只有五年时间。而且在此期间的折旧呈现指数形式而不是线性形式。他们估计每一期个人计算机的价值比期初减少 50%。因此，一年后，一般的个人计算机只值购买价的一半；两年后，只值 25%；三年后，只值 12.5%；第五年则毫无价值。这一发现表明个人计算机的折旧时间表不仅很短，而且在这一很短的期限内是加速折旧的。

研究人员还得出了另一个更重要的结论：个人计算机价值的大部分贬值不是由于机器的实际磨损，而是由于微处理器的改进而导致的产品重估。在大多数情况下，计算机在一年后的实际运行效果实际上不会降低 50%，但它的价值只有一半，因为新型号的价格相近，功能却要好得多。

此外，因非重估价值引起的剩余折旧也不是来源于物理磨损，而是由于软件的升级，升级的软件比旧机器功能更强大。在计算机短短几年的使用寿命之后，这部分折旧就变得很快。因此，经济折旧是与机器的物理折旧大相径庭的微妙概念。税收政策制定者面临着一项艰巨的任务，即在美国公司使用的各种实物资产中设定适当的折旧计划。

□ 公司税税率

如图 24-3 所示，公司根据一个粗略的累进税率表对净收入（收入减支出）纳税。每年的净收入低于 50 000 美元的小微公司按 15%的税率纳税。税率随公司的净收入增加而上升，当公司的净收入处在 100 000～335 000 美元之间以及 1 500 万～1 833.3 万美元* 之间时达到 39%的顶点，当公司的净收入超过 1 833.3 万美元时降低到 35%的税率。①

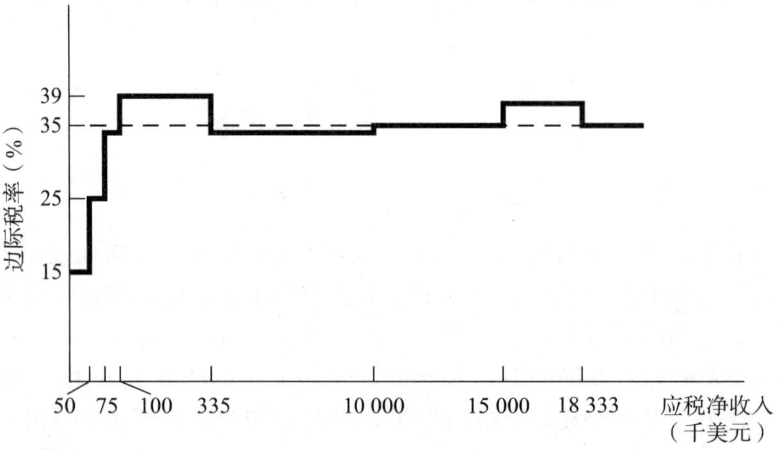

图 24-3　公司税税率表

资料来源：IRS Publication 542 (2012).

说明：公司税税率随公司的应税收入递增，但是大部分大型公司的税率为 35%。

---

① 一个处在 100 000～335 000 美元之间以及 1 500 万～1 833.3 万美元之间的高达 39%的税率“泡沫”嵌在中间，导致高于这个规模的公司的平均税率和边际税率都是 35%。

* 原书为 150 万～183 万美元，疑有误。——译者注

□ 税收抵免

> **投资税收抵免**：允许公司抵免一部分应纳税款，抵免额度为该公司符合条件的投资支出的一定比例。

计算公司税负的最后一个部分是抵消公司税负的税收抵免。其中最著名的是**投资税收抵免**（investment tax credit，ITC）。投资税收抵免允许公司从应交税金里减免合格的投资支出的一定比例。投资税收抵免在美国的公司税法里有周期性特征，并从 1986 年开始失效（公司能根据资产寿命获得 6%～10%的投资税收抵免），但是其他的税收抵免在税法里仍很突出。正如科西恩尼维斯基（Kocieniewski，2011）报道的，电视游戏生产商电子艺术（Electronic Arts）公司能充分利用现有的税收抵免（及其他税收漏洞）对它的 12 亿美元利润几乎不缴税。

24.3 公司税的税负归宿

第 19 章研究税负归宿的一般均衡工具可以用来评估公司税的税负归宿。首先考虑公司税对商品市场的影响。如果商品的需求毫无弹性，对生产者的税收就会转嫁给消费者。反过来，对商品的需求弹性取决于消费者减少购买或转而购买非公司部门或外国生产商生产的商品的容易程度。由于公司部门生产了经济中的绝大部分商品和服务，需求很难做到完全有弹性。因此，至少有一些公司税会反映为消费者的价格上涨。从长远来看，消费者更容易调整购买策略，需求变得更有弹性并且消费者将承担更少的税负。

如果公司承担部分税收，我们必须评估税收如何在劳动力和资本中分配。由于美国很大比例的工人都是由公司部门雇用的，因此该部门的劳动力供给似乎不是很有弹性。因此，当公司纳税时，至少有一部分成本以工资降低的形式转嫁给工人。

对公司部门的资本供给短期内是无弹性的，因此资本承担了很多公司税的税负归宿。然而，从长远来看，资本更具流动性，因为投资者可以转向非公司部门或其他国家经济中的投资机会。事实上，由于工人很难因为低工资而去海外工作，资本比劳动力更灵活。

由于溢出效应，公司所得税在非公司部门也具有重要的一般均衡效应。由于长期资本从公司部门转移到非公司部门，它增加了非公司资本的供给，降低了非公司部门的收益率，直到公司部门的税后收益等于非公司部门的税后收益。因此，在非公司部门的资本以低收益率的形式承担了公司资本的税负。

于是公司税的税负由消费者、工人、公司投资者和非公司投资者按一定比例分担。近期一系列文章显示公司税对工资影响很大。例如，德赛等（Desai et al.，2010）发现 45%～75%的公司税税负转嫁到了工资上，而塞拉托和齐达尔（Serrato and Zidar，2014）则发现 35%转嫁给了工资，25%（通过一般均衡效应）转嫁到土地所有者身上，另外 40%由公司所有者承担。[①] 因此，由于公司税税负的确切分配仍存在一些不确定

---

① 另见 Arulampalam et al.（2010）和 Moore et al.（2010）。Fuest et al.（2013）发现德国的公司税被大量转嫁给工资，他们认为这是由德国的公司和工会之间的激烈集体谈判导致的。

性，国会预算局假设所有的公司税税负都由投资者承担（见第 19 章）很可能是错的。

24.4　公司税对投资的影响

现在我们讨论公司税的效率结果。具体而言，需要重点考察公司税可能导致公司的投资额减少。

□ 公司税和投资决策的理论分析

为了理解公司税对投资决策的影响，我们从无公司税世界的投资决策模型构建开始。投资决策由公司确定，每个期间的边际收益和投资成本相等。公司估计其每一期将从投资里获得的收益（回报），再与每一期的投资成本进行比较，只有当收益大于成本时才投资。

假设每一期投资机器的每一美元产生 MP_K 的额外产出（机器的边际产出），这就是投资的收益。在每个时期，机器的价值均按每一美元的线性金额（例如，每一美元机器投资按 10 美分）进行折旧。然而，这种折旧不是一期内公司的机器总成本，公司不得不为购买机器融资。正如我们之前讨论的，公司为投资融资有几种方式。假设该公司通过出售公司的股权来为其投资提供资金。作为收益，它每一期不得不为所借的每一美元支付股利 ρ。在这种情形下，每一期机器的总成本就是折旧＋股利＝$\delta+\rho$。如果每期折旧率是 10%，并且公司支付每期投资价值的 10%（股息收益率）作为股息，则每期投资机器一美元的成本是 0.20（$=\delta+\rho=0.10+0.10$）美元。

我们可以用图来分析公司税对公司投资决策的影响。图 24－4 显示了投资的边际成本曲线和边际收益曲线如何决定投资的数量（K）。边际收益曲线度量了每期每一美元投资的实际收益 MP_K。由于边际产出递减假说，边际收益随投资增加而减少；由于每一额外美元资本的边际产出更小，从而每一额外美元投资的收益更小。边际成本曲线度量每期每一额外美元投资的必要收益，或者说每期的投资需要获得多少收益才能抵消（折旧和融资的）成本。如曲线 MC_1 所示，边际成本在 0.20（$=\delta+\rho$）美元上不变。

公司不断投资直到边际美元投资的成本等于收益，这发生在 A 点，此时投资水平为 K_1。公司不断投资直到下一美元投资获得足够的收益（0.2 美元）来抵消每一期的成本。如果一家公司的投资少于这个数量（K_1 的左边），则每一额外美元投资的边际收益高于它的边际成本（0.2 美元），因此公司会追加投资。如果公司投资额超过这个数量（K_1 的右边），则超额投资的边际收益少于边际成本 0.2 美元，从而投资不会进行。

公司税对公司投资的影响　如果我们在这里引入税收会发生什么呢？首先想象一下公司税只是对现金收入减去劳动力成本后的金额征收一个简单的税率为 τ 的税收（任何投资支出都不能进行扣除）。每一期花在机器上的每一美元的现金收益是 MP_K，一旦征税，花在机器上的每一美元的收益降低到 $MP_K\times(1-\tau)$（因为新的税收必须在每一美元收益上支付）。如图 24－5 所示，实际收益的减少导致边际收益曲线移动到 MB_2：对公司盈利征税降低了投资的边际收益。每一美元投资的成本还是 $\delta+\rho$，因此边际成本

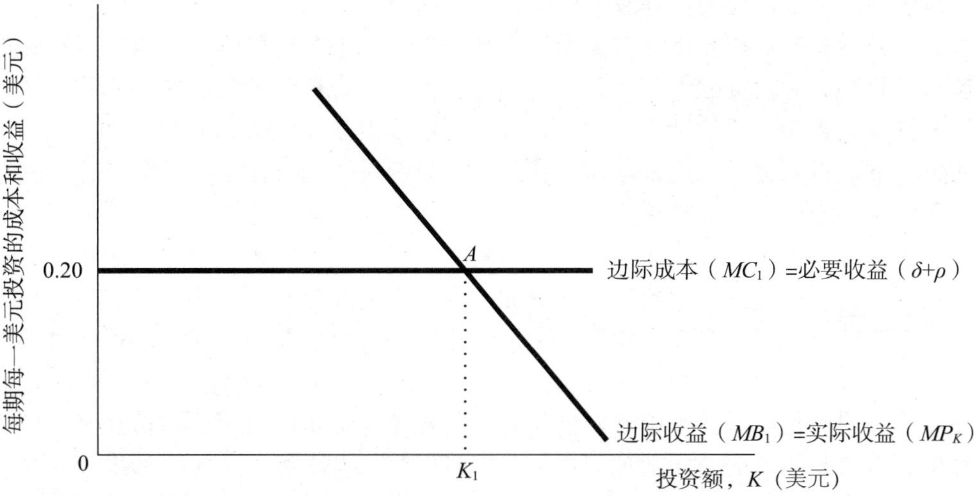

图 24-4　无公司税时的投资决策

说明：当无公司税时，公司通过使额外一美元投资的边际收益等于边际成本来选择投资水平。边际收益（MB_1）等于一美元投资的实际收益，即资本的边际产出（MP_K）。边际成本等于每一美元投资的必要收益，即折旧率（δ）和融资成本（ρ）之和。这个等式最初在 A 点成立，此时投资水平为 K_1。

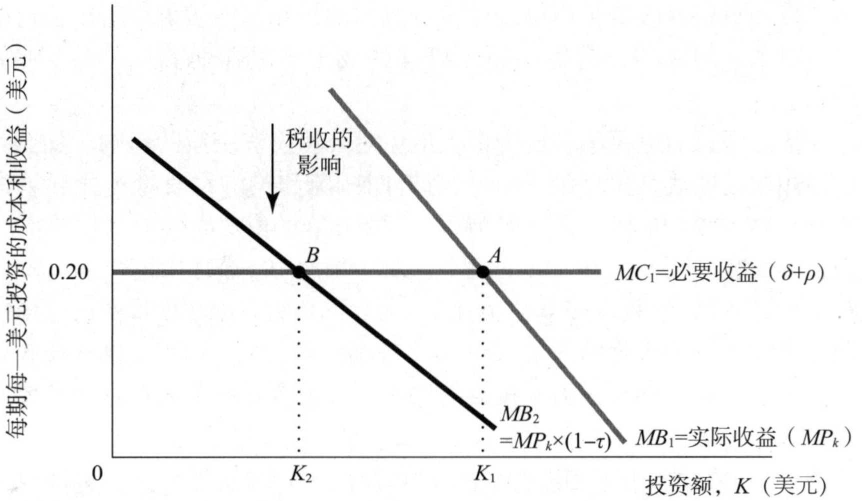

图 24-5　对公司收入征税时的投资决策

说明：对公司利润征税将使投资收益降低到 $MP_K\times(1-\tau)$，因此边际收益曲线移到 MB_2。公司降低投资，移到 B 点和一个更低的投资水平 K_2。

曲线停留在最初水平。新的最优投资选择在 B 点，此时投资降低到 K_2。

当政府以公司税的形式拿走公司的一部分收入时，公司投资减少。这是因为公司投资的税后实际收益率必须满足必要收益率。因此，税前收益率必须比无税收时更高，而公司只有减少投资才能达到这一要求。例如，对于 50%的税率，公司每一美元投资必须获得 0.4 美元的收益才能支付 0.2 美元的折旧和融资成本。因此，公司必须减少投资：它应该在边际收益为 0.4 美元时停止投资，而不是继续投资到边际收益为 0.2 美元的点。在这种情况下，公司税导致投资变少。

折旧免税额和投资税收抵免对公司投资的影响 以上关于税收对公司投资影响的描述不包括税收减免对投资的影响，比如折旧免税额和投资税收抵免。这些税收抵免可以当成投资价格的折扣，通过抵消一部分融资和折旧成本来降低边际成本。

回想一下，折旧免税额通常在购买年份和未来年份之间分摊，并且为了评估这些收益流，我们需要考虑它们的贴现值。任意给定的折旧免税额 z 等于与新机器购买相关的折旧免税额流的贴现值，表示为机器购买价格的一定比例。如果公司想费用化这台机器(在购买当年就全额扣除机器价值)，z 就是 1.0，因为扣除额为购买价格的 100%。当折旧减免分摊到未来几年时，z 会降低，因为随着减免间隔更长，折旧减免的现值会降低。

在计算公司应税收入的基础时，要从公司收益中扣除折旧。因此，每一美元的折旧免税额可以节省 τ 美元的公司纳税额，因为它可以将税基降低 1 美元。如果一家公司的折旧免税额的净现值为 z，则该免税额对公司的价值为（$\tau\times z$）美元。如果一家公司能费用化它的投资，例如 $z=1$，并且公司税税率为 35%，那么每一美元的机器购买价格带来的折旧免税使公司减少的纳税金额价值 0.35 美元。

此外，在过去（不是 1986 年以后），税收制度允许公司利用投资税收抵免。在公司投资的当年，投资税收抵免给公司每一美元投资提供了 α 美分的减免。

折旧免税额和投资税收抵免可以看成投资成本的折扣。本质上，由于公司能将这些折扣冲销投资成本，因此，每期每一美元机器的成本由之前的 $\delta+\rho$ 降低到$(\delta+\rho)\times(1-\tau\times z-\alpha)$。

图 24－6 描绘了折旧免税额和投资税收抵免对公司投资决策的影响。如图 24－5 所示，公司的边际收益曲线是税后的 MB_2。由折旧减免和投资税收抵免所导致的必要收益率的下降导致 MC 曲线从 MC_1 下降到 MC_2，MC_2 现在的值是$(\delta+\rho)\times(1-\tau\times z-\alpha)$。为了观察数值上的变化，我们回到前面的例子：对于每期 10%的折旧率（δ）和 10%的股息率（ρr），税前边际成本曲线在 0.2 美元处。假设这项投资的折旧表是这样的：折旧免税额的限制等于机器购买价的一半（$z=0.5$）；公司税率为 35%；投资税收抵免率为 10%。在这种情形中，每期每一美元机器的成本（投资者每一美元投资的必要收益）降到 0.145［$=0.20\times(1-0.35\times0.5-0.1)$］美元。

新的均衡在 C 点，此时投资水平为 K_3。在该点上，每期每一美元机器投资的税后边际收益等于税后边际成本。也就是说，边际美元投资的实际收益（MB_2 曲线）和必要收益（MC_2 曲线）相等。投资水平比扣除折旧和投资税收抵免前（K_2）要高，但比征税前（K_1）要低（虽然如我们在之后会讨论的，在某些情况下可能比征税前更高）。税后收益的边际收益减少额超过了包含折旧免税额和投资税收抵免的边际成本减少额，因此，由于公司税的引入，投资总体上仍然下降。

> **有效公司税率：**由于征税而使税前资本收益率必须增长的百分比。

有效公司税率 我们理解了税收如何影响公司的投资决策，就可以用数学方法归纳税收制度对投资决策的净影响。税收的影响可以用**有效公司税率**（effective corporate tax rate）来反映，即由于征税而使税前资本收益率必须增长的百分比。如图 24－4、图 24－5、图 24－6 所示，当征税时，公司投资的收益率必须达到能支付税收。它的增长额是税率、折旧处理

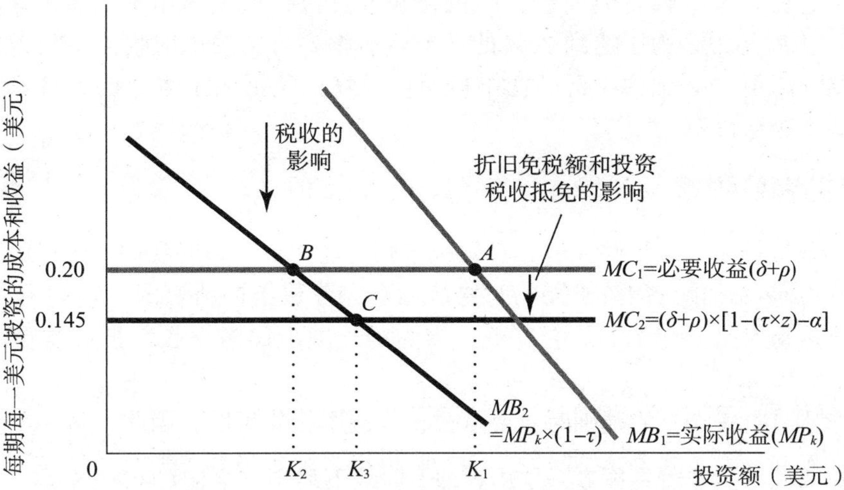

图 24-6　考虑了折旧和投资税收抵免的投资决策

说明：折旧免税额和投资税收抵免的存在使投资的成本从（$\delta+\rho$）降低到（$\delta+\rho$）×（$1-\tau\times z-\alpha$），使 MC 曲线移动到 MC_2。公司移动到 C 点，此时投资额为 K_3，比扣除折旧和投资税收抵免前要高，但比无税收时要低。

和投资税收抵免的函数。因此，这些因素一起决定税收对投资决策的整体影响。

首先考虑像图 24-5 这样简单的公司税制度，此时公司所得税税率为 35%，且无折旧抵扣和投资税收抵免。征税之前公司的实际收益率必须至少等于 20%的必要收益率。征收 35%的公司税后，公司的实际收益率必须至少为 30.7%[=0.2/(1−0.35)]才能达到 20%的必要收益率要求。公司获得的收益率必须高 35%，以支付其税收并满足支付折旧和融资义务所需的收益。因此，有效的公司税税率是法定的公司税税率，即 35%。

通常，有效税率（ETR）用以下公式来度量：

$$ETR=\frac{MP_k(\text{税后})-MP_k(\text{税前})}{MP_k(\text{税后})}$$

由于公司税，每一美元投资 MP_k 的边际产量必须更高，以支付税收并满足所需的收益率。如果没有折旧抵扣和投资税收抵免，那么在有税收的情况下，MP_k 必须高 35%。

现在考虑像图 24-6 这样的更现实的税收制度，公司税税率为 35%，并且有折旧抵扣和投资税收抵免。在这种情形下，公司必须有一个更高的收益率来支付对收入的征税，但是由于机器的成本被折旧抵扣和投资税收抵免补贴了，公司可以有更低的收益率。考虑到折旧抵扣和投资税收抵免，有效税率为：

$$ETR=\frac{\tau-\tau z-\alpha}{1-\tau z-\alpha}$$

例如，如果 z 和 α 都为零（无折旧抵扣和投资税收抵免的情形），有效税率即法定税率 τ。在我们的例子里，$z=0.5$，投资税收抵免为 0.1，有效税率为：

$$ETR=\frac{0.35-0.35\times0.5-0.1}{1-0.35\times0.5-0.1}=\frac{0.075}{0.725}=10.3\%$$

尽管法定税率为35%，但由于折旧抵扣和投资税收抵免的作用，现在有效税率只有10.3%。也就是说，为了达到20%的必要收益率，公司的税前收益率只需比没有税收时的收益率高10.3%。由于折旧抵扣和投资税收抵免抵消了税收的部分影响，因此有效税率低于法定税率。

□ 负的有效税率

当z和投资抵免的α足够大时，有效税率则可能为负。如果我们例子里的公司可以费用化它的机器，并且在购买机器的时候能完全扣除机器的所有成本，则$z=1$，此时有效税率为：

$$ETR=\frac{0.35-0.35\times 1-0.1}{1-0.35\times 1-0.1}=\frac{-0.1}{0.55}=-18.2\%$$

负的有效税率意味着在图24-6中，MC曲线下移足够多使C点在A点右方，并且公司在征税时的投资（K_3）比没有征税时的投资（K_1）更多。[①]

□ 公司税对投资影响的政策含义

前面的数学公式显示了公司税结构对公司投资决策的多种影响。对于任何给定的公司税税率，税收制度会对投资提供不同的激励。当无折旧抵扣且无投资税收抵免时，一个只对公司收入征税的税制会因为降低了每一美元投资的边际收益（税后收益）而明显降低投资水平。如果允许折旧，特别是加速折旧，则投资税收抵免可以通过降低投资的必要收益率来消除甚至扭转税收对投资的负面影响。当公司购买机器时，它就能获得购买机器内含的税收好处。折旧越快，投资税收抵免越大，税收好处也越多。因此，公司税的有效边际税率在近几年变化很大，从1980年的51%降为2003年的27%。

□ 税收和投资的证据

有大量文献研究公司税对公司投资决策的影响。近期研究的结论认为，投资决策对税收激励相当敏感，投资相对于有效税率的弹性为−0.5：由于税收使投资成本降低10%，投资增加5%。这一相当大的弹性表明，公司税收政策可以成为投资决策的有力工具，并且公司税与纯利润税相差甚远。

24.5 公司税对融资的影响

公司税对公司的投资决策有显著的影响。公司税可能影响的另一个重要方面是公司如何为投资融资。如前所述，公司为投资进行融资有三种主要的选择：它们可以使用留存收益，也可以通过借款增加债务，还可以发行股票（所有权股份）。此外，如果公司选择权益融资，在将盈利返还给投资者上它有两种选择：它可以分配股利，也可以将资

① 当公司通过债务而不是权益为投资融资时，更有可能出现负的有效税率。回想一下，公司债务的利息支出是可以享受税收扣除的。由于债务融资的成本只有$r\times(1-\tau)$，而不是r，这种减免能进一步降低为投资融资的成本。

金再投资并抬高股票价格来获得资本利得。现在，我们撇开通过留存收益来为投资融资这种比较无趣的情形，而专注于税收对用新资本为投资融资的影响。

□ 税收对融资的影响

假设公司需要 10 美元进行投资，这一投资能为公司每年带来 1 美元的收入。公司想通过债务或权益来为投资融资，并且两种情形下都给投资者带来 1 美元的收益。图 24－7 说明了税收对公司如何为投资融资做决策的影响（现在，又一次忽略通过留存收益融资的选择）。在第一个节点，公司决定是通过发债还是发行权益来为 10 美元的投资融资。如果公司通过债务融资（上面的分支），它将支付 1 美元的利息给债券持有者。在这种情形下，由于征公司税时利息可以从公司收入中扣除，这样公司就不需要为 1 美元的公司收入缴税：计算税收时，1 美元的公司收入被 1 美元的利息抵消了。因此，借钱给公司的债券持有者获得全部 1 美元，不过他需要对利息缴纳个人所得税，税率为 τ_{int}，因此，债券持有者获得 $1\times(1-\tau_{int})$ 美元。

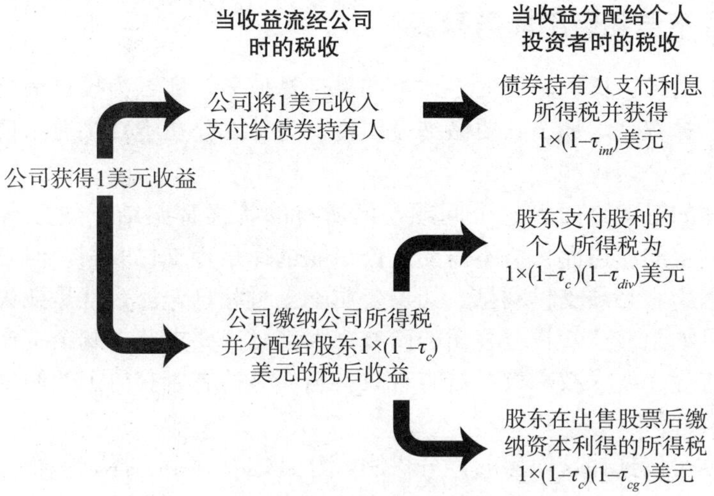

图 24－7　公司的融资决策

说明：当公司为投资融资时，它可以发行权益（股票）或承担债务（发行债券）。如果公司承担债务，那么当它获得 1 美元收益时，它要支付 1 美元给债券持有人，但它也将 1 美元从应税收入中抵扣了，因此债券持有人获得了全部的 1 美元，只是他们要对 1 美元缴纳利息税。如果公司发行股票，当它获得 1 美元收益时，它将 1 美元以股利或资本利得的形式支付给股东。两种情形下，公司都需要对 1 美元缴纳公司税，当个人收到 1 美元时，其要缴纳个人所得税或资本利得税。

另外，公司可以通过发行股票来为投资融资。在这种情形下，当公司从投资中获得 1 美元收益而缴纳公司税时，没有利息支付可以抵扣，需要对 1 美元缴纳公司税。因此，只有 $1\times(1-\tau_c)$ 美元留给股东，τ_c 是公司税税率。

如果公司使用股权融资，则有一项额外的决策：如何把钱分给股东？使用债务时，毫无选择的余地，只能将 1 美元作为利息支付出去。对于股权融资，公司可以选择是支付股利还是保留收益并进行再投资。如果它用 1 美元支付股利，则股东要为 1 美元缴纳个人所得税。因此，股东最后收到 $1\times(1-\tau_c)\times(1-\tau_{div})$美元，$\tau_{div}$ 是股息的个人所得税税率。这种特征经常被称为股利的双重征税，因为股利被公司税制度和个人税制度征税。

如果公司用 1 美元进行再投资，那么当股东出售股票时可能获得资本利得。我们假设每 1 美元的再投资使得股票价格上涨 1 美元，这样，股东就获得 $1\times(1-\tau_c)\times(1-\tau_{cg})$美元，$\tau_{cg}$是资本利得的有效税率。大多数投资者面临的有效资本利得税税率低于法定资本利得税税率，这是由于我们在第 23 章讨论过的资本利得收益的特点，包括对资本利得的征税是以收付实现制而非权责发生制为基础的，且对死亡时的资本利得征税是在基数递增的基础上进行的。资本利得的有效税率传统上远低于股利税税率。2004 年，法定的资本利得税税率和股利税税率相同，都是 15%，但有效资本利得税税率仍然低于股利税税率。

从图 24-7 可以清楚地看到，公司税结构在公司如何为投资融资的决策上起着重要的作用。债务融资可以节省公司所得税但无法使个人获得低资本利得税税率的好处。股权融资并支付股利似乎是最没有税收效率的途径。因此，这个图提出了公司融资的两个问题。

□ 为什么不全部使用债务融资?

一家公司有两种为投资融资的方式。如果选择债务，那么为投资融资支付的利息免公司税。如果选择权益，那么它要缴纳公司税。为什么公司不直接通过债务为所有的投资融资并因此避免公司税呢?

有很多具体的答案来回答这个问题，但所有的答案都归结于债务与权益的关键区别：债务要求固定的支付而权益不需要。公司能选择是否支付股利，但是它不能选择是否支付利息，因为它必须支付利息。如果公司不支付利息，那么就是拖欠债务并且可能被迫申请破产。如果破产，投资公司的所有个人都可以要求获得剩余资产。债务持有者对剩余的资产有优先要求权。权益持有者只有当债务持有者获得了他们的求偿后才有资格获得剩余的资源。

想象一下你可以选择这门课的评分机制，并且你有两个选择。一个选择就是你每周解决一个问题集，一旦你解决不了其中一个问题集，这门课你就不及格。另一个选择是你每周解决一个问题集，所有问题集的平均分数决定你的最终成绩。由于后一个选择更灵活，我们大部分人将选择后一种评分机制。

同样地，权益富有灵活性的特点使它的价值足够抵消税收的不利之处。股权融资提供了一个对抗破产风险的“缓冲地带”。有了股权融资，一旦公司经营困难，公司只要不支付股利就可以了，而不是被破产清算。特别是更关心降低被解雇风险而不是最大化公司所有者利益的经理人，他们更偏好权益而不是债务。

这种对权益的偏好（尽管权益在税收上没有优势）被公司当中一种特殊的代理问题进一步加强，这种代理问题是债务持有者和权益持有者之间的利益冲突。债务持有者只要求固定收益（利息支付）而不管公司经营如何，只要不破产就行。相反，权益持有者获得的收益与公司的经营表现息息相关：再投资于公司的收益份额随着公司价值的增长而增加。在图 24-7 中，我们假设公司每 1 美元的投资只获得 1 美元的收益。在现实中，每 1 美元再投资获得的收益是不确定的。当公司投资不利时，权益持有者就会亏损；当公司投资良好时，权益持有者就会获利。

然而，对于权益持有者来说，当公司经营不善时，他们有一个更低的亏损限额：如果公司破产，他们最多只会失去初始的投资。另外，当公司经营良好时，收益上不封顶。因此，当权益持有者只拥有一家公司很少的股份时，他们将愿意承担更多的风险，因为他们会获得更高的收益而风险相对较小；当他们只拥有公司资产的一小部分股权时，他们没有那么多钱可以损失。由于权益持有者决定雇用谁，以及选择哪些项目，因此这种过度承担风险的可能性成为一个问题。

如表 24-1 所示，考虑一个当前有 100 万美元权益和 500 万美元债务，即总价值为 600 万美元的公司。公司每期债务的利息是 500 000 美元。公司现在每年能获得 600 000 美元的利润，因此公司每年向债务持有者支付利息，并将剩余的 100 000 美元利润当成股利支付给权益持有者。

表 24-1　债务与权益的冲突　　单位：百万美元

	融资份额	投资的可能收益	投资的可能损失	投资的期望收益	公司应该承担风险吗？
权益持有者	1	3	2	0.5	是
债务持有者	5	0	10	−5	否
权益持有者	5	3	10	−3.5	否
债务持有者	1	0	2	−1	否

说明：在表格上方，权益持有者只控制公司融资里的 100 万美元，债务持有者控制了 500 万美元。基于权益持有者的视角，投资的潜在收益是 300 万美元，潜在的损失只有 200 万美元，所以期望收益为正，投资会进行；但是从债务持有者的角度来看这可能是一个错误，因为他们没有获得收益并且要承担 500 万美元的期望损失。当权益持有者控制 500 万美元的公司资产时，如表格下方所示，权益持有者将不愿进行这项具有风险的投资。

假设除了这种稳定的收益流以外，公司还可以选择投资一个以 50%的机会获得 300 万美元，以 50%的机会损失 600 万美元的项目。如果投资失败，公司就会破产，因为它不得不出售 600 万美元的资产（500 万美元的债务和 100 万美元的权益）来偿还 600 万美元的损失。从公司的整体角度来看，不值得冒这个险。这个项目的期望收益，即盈利的概率乘以盈利的金额与损失的概率乘以损失的金额之和是－150[＝0.5×300＋0.5×(－600)]万美元。所以公司最好不要投资，因为平均来看该项目会亏钱。

现在从权益持有者的角度来看这个项目。如果该项投资成功，则他们获得所有的 300 万美元，因为他们获得公司经营的所有收益。如果投资失败，他们只失去他们投资的 100 万美元加上未来每期 100 000 美元的股利。当利率为 10%时，股利支付流的净现值是 100 万美元，因此如果公司破产，权益持有者总共损失 200 万美元。[①] 从权益持有者的角度来看，他们有 50%的机会损失 200 万美元和有 50%的机会获得 300 万美元，权益持有者的期望收益是 50[＝0.5×(－200)＋0.5 ×300]万美元，因此他们会投票投资该项目。

那么债务持有者又如何呢？如果这个赌注赢了，他们得不到任何好处，因为公司的

① 回忆一下第 4 章所讲的，未来的永久支付流的净现值是支付额除以利率，即 1000 000(＝100 000/0.1)美元。

收益已经足够支付利息。但是如果赌注失败并且公司破产，他们损失的不仅有每年的50万美元利息，而且包括最初500万美元的投资。因此从他们的角度来看，这是一个有50%的机会获得0收益（即使赢了，他们还是只能获得500 000美元的利息）和有50%的机会损失500万美元以及500万美元未来利息净现值的赌注。对于债券持有者，这个投资的期望价值是-500万美元。

在这个案例里，权益持有者和债务持有者之间有明显的利益冲突。拥有公司并控制决策制定的权益持有者会支持这个项目的实施，而债务持有者不会。这是一个问题，因为权益份额很小。如果权益份额是500万美元而债务份额是100万美元，权益持有者就不会支持这个项目。这在表24-1的下半部分可以说明（假设现在公司支付500 000美元的股利给权益持有者并支付100 000美元的利息给债务持有者）。在这种情况下，权益持有者不愿意冒险投资新项目，因为他们可能损失很多：投资的期望收益是-350万美元。债务持有者也不愿意做更冒险的投资，因为他们的期望价值是负的。在这个案例里，债务持有者和权益持有者的利益统一了（他们都会有损失），这个项目就不会实施。

这里关键的一点就是，公司融资里债务份额越大，潜在的利益冲突就越大。这种潜在性之所以增长，是因为债务越多，项目破产时债务持有者承受的损失越大，而权益持有者承担的赌注风险则越小。

现在，设想你在银行工作并且想为一个小公司提供贷款。你会借钱给一个权益占50%、债务占50%的公司，还是一个权益占10%、债务占90%的公司？从我们刚才分析过的例子的逻辑来看，你会更偏好于借钱给有50%权益的公司：因为所有者的资本承受的风险越高，他们会做出越理性的决策。如果你借钱给只有10%的权益的公司，你会担心它过度承担风险从而给作为债务持有者的你带来负的期望收益。

由于代理问题的存在，当银行在公司融资里的债务份额增长时，银行（和其他贷款人）将对公司在贷款上要求更高的利率。这些更高的利率会抵消债务的税收好处，因此公司现在面临一个权衡：更多的债务意味着更多的税收好处，但是由于银行不愿意贷款给负债较高的公司，从而会让公司承担更高的融资成本。

▶实验证据框◀

公司税如何影响公司的财务结构？

前面的讨论表明，公司税对公司财务结构的影响，特别是对债务占比的影响尚不清楚。当然，只是简单地比较面临较高公司税负担的公司是否具有较高的债务水平，无法解决这个问题。公司税本身就是各种公司决策的一个函数，也包括财务结构！拥有更多债务的公司将减少纳税额，因此将债务水平对公司税纳税额进行回归会产生有偏估计。

海德和扬昆斯特（Heider and Ljungqvist，2012）通过使用美国的州公司税的多重变化来解决这个问题。1990—2011年，他们发现有38个州改变了公司税税率。他们将这些税率变化对这些州公司的影响与对附近州同一行业中其他公司的影响进行了比较。通过这种方式，他们使用可比较的公司来确定税收变化如何影响公司的财务结构。

然而，这些州公司税变化本身可能是对决定公司杠杆的因素的回应。例如，一个州的负面经济冲击可能导致公司提高公司税税率以抵消公司利润下降。与此同时，在经济衰退时期，公司可能需要增加借贷，提高债务比率。作者提出了一种解决这一问题的聪明方法：他们研究了靠近州边界的公司，其中一些公司的税收发生了改变，而另一些没有。这些公司面临着类似的经济条件，但减税只影响一些公司，而不影响其他公司。使用这种实证方法，作者发现州公司税税率变化对公司融资方式的影响非常大。税收增加导致更多债务的使用：样本中州公司税平均增加13%导致公司债务比例增加4.5%。与此同时，他们发现这种影响是不对称的：削减公司税并不会导致公司杠杆率下降。这种令人惊讶的不对称性表明，公司并非简单出于税收原因进行公司结构的最优化。

□ 股利悖论

公司融资的第二大神秘之处是公司为什么支付股利？假设一家公司获得了1美元收益，当选择权益方式融资时，它可以以股利的形式把1美元支付出去，但会触发股利税，也可以用1美元进行再投资，从而提高股票价值，并且当股东出售股份时，使股东利用资本利得的税收好处。有效资本利得税税率通常比股利税税率低的事实表明，当公司能找到更有效的再投资项目时，公司应该再投资而不是支付股利。但是公开交易的公司当中有五分之一支付股利，尽管这一数字在过去的20年间不断下降。因此，我们面临另一个谜题——明明资本利得征税更少，为什么公司还要支付股利？

正如戈登和迪茨（Gordon and Dietz，2006）所回顾的，实证证据支持关于公司为何支付股利的两个不同观点。第一个是代理理论：尽管存在股利的税收无效率性，投资者还是想把钱从面临代理问题的经理手中拿走。一项研究发现，如果2002年25家最大的长期股息支付者从未支付过这些股息，那么他们的现金持有量（目前为1 600亿美元）将为1.8万亿美元！作者认为，如此大量的现金储备可能会因为投机主义管理者而导致灾难，例如投资效率低下甚至彻底腐败。因此，在这种情况下，权益持有者更愿意接受股利的低效率来削弱经理对公司资产的控制。①

第二个是信号理论：投资者只有关于公司经营状况的不完全信息，因此，经理通过支付股利向投资者传达公司经营良好的信号。经理愿意通过支付税收低效率的股利来“烧钱”就是为了证明公司有钱可“烧”！通过支付股利，经理可以向缺乏信息的投资者证明他们的投资表现很出色。②

□ 应如何对股利征税？

对税收政策的一个重要的争论是对股利收入的适当税收对待。正如本章所讲，股利

① DeAngelo et al.（2004）.

② Chetty and Saez（2006）强烈认为，代理理论是解释2003年股息减税的结果的正确理论，尤其是管理者与所有者分离的公司反响更大。

税税率比资本利得税税率更高。根据图 24－7 的逻辑，较高的股利税税率对公司融资决策有三个影响。首先，它会减少对股东的股息分配。正如"应用"里所说的，有一个明显的例子是 2003 年对股利征税的减少导致股利支付的增长。

其次，较高的股利税会促使公司选择债务融资而不是股权融资。现有的证据表明更高的股利税税率导致公司更依赖债务。①

最后，也许是最重要的，更高的股利税会减少投资。对于以股利的形式获得收益的投资者，投资的有效税率随着股利税税率的提高而上升。这种上升将导致这些投资者要求更高的税前投资收益率，从而使图 24－4、图 24－5 和图 24－6 的边际成本曲线上移，并降低投资（因为边际产品递减原理，公司必须减少投资，才能在下一美元投资中获得更高的实际收益率）。这一结果导致很多人认为正是对股利的双重征税降低了美国的公司投资率。因此，原则上削减股利税会是提高美国公司投资水平的有力工具。

然而，这个预测是从一个不能预言公司为什么在最开始会支付股息的模型中得出来的！实际上，代理和信号模型都预示了对股利更高的税率会导致更多的投资。在两个模型里，股利都是一种浪费，征税越高，浪费越少。不管股利是解决了代理问题还是作为一个信号，股利的成本越高（通过更高的征税），就越少用在这个目的上。当公司支付更少的股利时，它们就会有更多的留存收益。研究公司融资的文献表明，留存收益的稳定是为投资融资的一个重要的，也许是最重要的决定因素。② 因此，对低效率的股利征税会导致更多的投资。迄今为止最好的证据表明，股利税对投资的影响总体上很小。

☞应用

2003 年的股利税削减

2003 年 5 月 28 日，在由布什总统签署的《促进就业和增长的税收缩减法案》（Jobs and Growth Tax Relief Reconciliation Act）中，有一项措施是降低股利税税率。之前的股利税税率是 38.6%，比 20%的资本利得税税率高。然而，2003 年的法律将股利税和资本利得税的税率降到 15%，使得股利对投资者更具有吸引力。

削减股利税的支持者认为，它既能刺激经济，又能结束他们认为的不公平实践，这种不公平指的是在公司层面征税后，当收入以股利形式分配时再次征税。布什本人想要完全取消股利税，他说："消除对股利的双重征税（和他的另一项税收削减计划一起）是保证经济增长最好的方式。"③ 在这种观点中，减税将刺激公司提供更多股息，并通过将更多资金直接放入投资者手中使投资更具吸引力。

然而，反对削减股利税的人认为股利主要是发给了高收入阶层，税收削减会恶化国家的财政平衡并使得税负缺乏累进性。亿万富豪沃伦·巴菲特（Warren Buffett）表示，

---

① Auerbach (2002).

② 公司的留存收益是为投资融资的核心渠道的假说最先被 Fazzari et al. (1988) 验证。Lamont (1997) 提供了支持这一观点的更多有力证据，他表示，由于油价下跌，石油公司的投资因手头现金减少而下降。Rauh (2006) 表明，当政府要求公司为养老金缴费更多时，公司投资下降。

③ Powell (2003).

在参议院完全取消股利税的提案下，他能利用他在伯克希尔·哈撒韦（Berkshire Hathaway）公司的股份获得3.1亿美元的额外收入并且不用缴纳联邦税，他的税率会降低到3%。① 尽管取消股利税最终没有通过，但降低税率得以通过，并且可以预计这次降低会在未来十几年里增加大约800亿美元的成本。

一些文章研究了2003年税收削减的影响。正如标准模型和早前讨论的两个不同的解释所预测的，股利支付有明显的增加。切迪和赛斯（Chetty and Saez，2006）发现，股利支付在政策改变之前的四年里很平稳，政策改变之后上升了四分之一。此外，他们发现，这种增长主要集中于股东从较低的股利税中受益最多的公司，而不是主要股东为非纳税机构（如养老基金）的公司。

雅甘（Yagan，2015）提出了一些关于2003年削减对投资的影响的新证据。他指出，股利减税只适用于一种类型的公司，即迄今为止一直是讨论重点的C型公司，而不是另一种类型的S型公司，美国的S型公司规模较小但实际上更多。因此，如果股利减税增加了投资，那么2003年之后的时期应该标志着C型公司相对于S型公司的投资增加。事实上，这两类公司的投资模式是相同的，意味着降低股利税并没有明显增加投资。

□ 公司税整合

公司税整合：取消公司税而对公司收入在个人（股东）层面征税。

虽然法律降低了股利税税率，但留下了一个更大的问题：为什么税收制度要根据公司回报股东的方式来区别对待公司收入？公司税收政策的另一种方式是**公司税整合**（corporate tax integration），即取消公司税而对公司收入在个人（股东）层面征税。公司税整合的一个典型做法是将公司每年的收益当作股东收益，无论这些收益是否作为股息支付。拥有公司5%股份的个人将获得相当于公司纳税时5%的收入，而公司本身则不纳税。

这种方法可以消除公司采取不同方式向股东分配收入时产生的任何税收偏袒，因为收益将在股东层面征税，无论这些资金是如何回报给股东的。此外，以这种方式对公司征税就好像对非公司制实体征税，比如对合伙企业征税。它将消除公司税可能导致决定在公司和非公司状态之间转移的任何偏差。一些研究表明，当公司（相对于非公司组织）的税收负担上升时，公司会选择退出公司部门。② 这种高弹性表明，由于税收激励措施，公司处于错误的注册状态可能会造成大量的无谓损失。因此，公司税整合会降低公司税导致的无谓损失。

然而，这样的改革会降低联邦政府的收入，因为所有的公司收入都只会被征税一次，而不是两次，与股权投资相同。公司税整合所节约的税收主要流向持有公司股份最多的高收入投资者。因此，与公司所得税的许多改革一样，公司税整合的效率收益必须抵消税收制度纵向公平的减少。

① Buffett (2003).

② Goolsbee (2002).

24.6 跨国公司收入的处理

> **跨国公司**：在多个国家运营的公司。
>
> **子公司**：一家公司位于其他国家的生产部门。

跨国公司在日益一体化的全球产品市场中运作。因此，有很多原因导致美国公司想在其他国家生产，比如更低的劳动力成本，在这些国家销售产品时有更低的运输成本，或者能更好地让产品适应当地的要求。在多个国家运营的公司称作**跨国公司**（multinational firms），公司在其他国家的生产部门被称作该公司的**子公司**（subsidiaries）。

生产成本和销售优势不是公司在国外生产的唯一原因。美国和其他国家的税收结构也促使跨国生产成为逃避美国税收的一种方式。美国最大的几家公司通过跨国多样化经营减轻了国内税收负担。比如，通用电气（General Electric）在 2010 年的全球利润额是 142 亿美元，其中 51 亿美元来自美国。但是报税时，通用电气非但不纳税，还要求 32 亿美元的退税！[①] 在这一部分，我们讨论美国的公司税结构如何对待跨国收入。[②]

□ 如何对跨国收入征税?

> **属地税制**：在国外取得收入的公司只需向收入来源地的东道国政府纳税的税收制度。
>
> **全球征税制度**：在该税制下，无论公司从何处取得收入，均由其母国征税。
>
> **外国税收抵免**：总部在美国的跨国公司在将资金汇回母公司时，已向外国政府缴纳的税收可以向美国政府申请抵免。

有两种基本方法可对从国外获得收入的公司征税。[③] 第一种是**属地税制**（territorial tax system），在国外取得所得的公司只需向东道国政府纳税。第二种是**全球征税制度**（global tax system），无论公司从何处取得收入，均由其母国征税。大约一半的 OECD 成员国（包括美国）采用全球税收制度。

因此，不管美国公司的工厂在哪里，美国公司都承担美国公司税责任。然而，公司可以用外国政府的税收抵免来抵消它们在美国的税收。原则上，由于有**外国税收抵免**（foreign tax credit），不管公司的子公司在哪里，公司都能支付相同的税率（美国公司税税率）。然而，实际上来看并不是这样，这导致在其他国家的收入具有税收优势。这种税收优势有两个原因：国外收入递延缴税的净现值收益以及将收益从高税收国家转移到低税收国家的能力。

> **收入汇回**：将收入从外国汇回公司的母国。

国外收入汇回　国外收入的第一个税收优势是，公司只有在收入从国外子公司返还或**收入汇回**（repatriated）美国的母公司时，才需要对它们的跨国收入纳税。因此，当美国公司将国外收入留存到它们的国外子公司时，美国公司将不需缴纳美国的税收。相对于美国而言，对

① Kocieniewski (2011).

② 这一讨论借鉴了 Gordon and Hines (2002) 的综述。该文中讨论的另一个有趣问题是外商投资对一国税率的敏感性。现有证据表明，公司决定在哪个国家进行投资时对税率非常敏感。

③ 虽然这个讨论是关于公司税的，但这里介绍的许多概念也适用于对国外个人收入的税收待遇。

于在拥有低公司税税率的国家的子公司，这种税收结构给公司推迟收入汇回提供了很强的激励。例如，如果外国的公司税税率是10%，而美国是35%，该公司就可以通过不将外国子公司的收入汇回美国，使税收减少25%。这种递延是一种税收优惠，因为剩余的美国税部分（25%）在未来最终汇回时缴税，所以国外收入缴税的净现值比即收即缴时要低。如果收入永远不汇回，公司的国外收入就能避免缴纳美国税。① 这与资本利得在实现时缴税而不是发生时缴税的好处相似：由于税收在未来支付，所以有效税率更低。

☞应用

国外利润的免税期

对国外利润的适当征税是《2004年美国就业促进法案》（American Jobs Creation Act of 2004）的争论焦点。顾名思义，这项法案的目的是复苏经济并创造就业。最重要的一个提议就是将汇回利润的税率从35%降到5.25%，并实施一年。其希望跨国公司利用这个一年的窗口期汇回数百亿美元的国外利润。通过限定汇回利润的用途，法律制定者希望将汇回的收入尽可能用于创造就业的活动，比如研究和开发活动。一项由该法案的公司支持者部分资助的研究得出的结论是，该法案在通过后的两年内可能增加多达666 000个新工作岗位。② 作为该项法案的一个重要支持者，来自内华达的参议员约翰·恩赛（John Ensign）说："由于高税收罚款，美国公司现在没有太多动力从海外汇回资金。这项立法正是我们的经济所需的额外推动力。"③

法案的批评者提出了很多顾虑。其中一个就是控制公司使用收入汇回的难度。贝尔斯登（Bear Stearns）公司的会计师克里斯托芬·森耶克（Christopher Senyek）解释道："由于现金是可替代的，根本无法追踪。"④ 其他人则对该法案刺激经济的表面意图持怀疑态度。他们认为，汇回的利润只是解放了本来就会被用于投资和创造就业机会的资金。布什总统的经济顾问委员会（Council of Economic Advisors）的前主席菲利普·L. 斯瓦格（Philip L. Swagel）说："由于给经济增加了货币，该法案还是有一些刺激效果的。但你也可以乘坐直升机到比弗利山庄并将钱推出门外，这也会刺激经济。"这些批评者认为，该法案最后只会奖励将利润留在海外避税天堂最成功的公司中。⑤ 与此相关的是对该法案在有关延期和美国国际税收制度的更激烈争论中所起作用的严重关注：很多人担心，允许这种一次性的免税期实际上会进一步鼓励跨国公司在未来将利润留在海外，因为跨国公司预期国会以后可能允许这样的免税期出现。康涅狄格大学（University of Connecticut）的会计学助理教授乔治·普莱斯科（George Plesko）说："如果你有了这种先例，那么为什么公司不会预期这种事情再发生呢？"⑥

① Desai et al.（2001）比较了直到汇回时才缴纳美国税的美国公司国外子公司和获得收入就缴纳所得税而不管是否汇回的美国公司国外分支机构的行为。他们发现，与在同一个国家的国外分支机构相比，在低税率国家的国外子公司更不愿意遣返利润，这与基于税收动机的汇回一致。

② Groppe（2003）.

③ Andrews（2005）.

④ Aeppel（2005a）.

⑤ Weisman（2005）.

⑥ Aeppel（2005b）.

截至2008年夏天，美国公司已经汇回了大约3 120亿美元。然而很明显，就业和创造就业的预期激增并没有实现。2009年，无党派的国会研究服务处（Congressional Research Service）的一份报告调查了12家参与公司，发现至少有8家公司在2006年之前削减了岗位。在一个特别反常的例子中，辉瑞（Pfizer）公司汇回了370亿美元，是其他任何一家公司返还金额的两倍以上，却在2005年削减了10 000个工作岗位。根据该报告，“汇回条款刺激效应的实证分析……表明条款的刺激性影响有限。得出的结论是，大部分汇回的收入都用于现金流目的，而且几乎没有证据表明其刺激了新的投资。”令人沮丧的是，无党派的税务联合委员会（Joint Committee on Taxation）估计，虽然2005年的免税期刚开始产生了大量的现金，但其中部分资金即使在更高的税率下也会汇回美国。截至2014年，政府损失了33亿美元。截至2009年，汇回免税期的想法再次在国会引起辩论，未来十年的免税期的估计成本为300亿美元。①

转让价格：公司的一家子公司向另一家子公司就两者之间的商品转让所支付的金额。

转移定价 跨国经营的公司可以减少税收的第二个原因是，当使用来自许多国家的投入生产商品时，很难将该商品的利润恰当地归于任何特定国家。具体而言，公司会有动机在拥有低公司税税率的国家报告利润，并在拥有高公司税税率的国家报告用来抵扣收入而发生的费用。一家公司能通过操纵**转让价格**（transfer prices）来实现这个目标，转让价格是一家子公司向另一家子公司就两者之间的商品转让所支付的金额。

假设法国的公司税税率是50%，而美国是35%。一家美国计算机公司有一家生产微芯片的法国子公司，每个微芯片的成本为100美元。这家美国公司将这些微芯片转移到美国，在美国再花费500美元购买其他电脑部件，然后以1 000美元的价格出售整套产品。因此，总利润是400美元。公司要如何在美国母公司和法国子公司之间分配400美元的利润呢？

这家美国公司可以说，整个400美元的利润是由微芯片产生的，并且可以将500美元转移给法国子公司来购买每个微芯片（100美元的成本加上400美元的利润）。在报表上，法国子公司会记录400美元的利润（从美国转让过来的500美元减去每个微芯片100美元的成本）并支付200（=0.50×400）美元的税给法国政府。这家美国公司没有盈利，因为它以1 000美元的价格销售这台电脑，向其法国子公司支付500美元的微芯片成本，向其美国工厂支付500美元用于生产电脑的成本。

另一个极端是，这家美国公司可以说，400美元的利润中没有一笔是由微芯片产生的，并且只支付100美元给法国子公司来换取微芯片。在这种情况下，法国子公司没有盈利，而这家美国公司每台电脑的利润为400（=1 000－500－100）美元。因此，该公司只需向美国政府支付140（=0.35×400）美元的税金。

因此，这家美国公司只需向法国子公司转让100美元即可将每台电脑的税收减少60美元。这种做法产生的转移定价问题是，公司将有动力将利润看作是在低税国家获得的。

① Mundaca (2011).

美国和其他 OECD 国家都意识到了这个问题，这些国家的税务机关要求在公司与外国子公司之间的交易中，转让价格的记录应视同“公平交易”，即两个独立无关的公司协商的价格。实际上，在很多情况下这种规定很难实施和解释。有大量证据表明公司在子公司之间通过操纵价格和利润来减轻税收负担。例如，柯林斯等（Collins et al.，1998）发现当美国跨国公司面对比美国更低的外国税率时，它们会报告更多的国外利润。

关于这一机制项目最有力的例子或许是葛兰素史克（Glaxo-SmithKline），一家总部位于英国而在很多国家有子公司销售治疗胃溃疡的药物善卫得的制药公司。① 葛兰素史克在美国有一家子公司，在这个案例里美国的税率更高。因此，它会通过将成本转移到美国并将利润转移到英国来减少税收。根据美国国税局的报告，葛兰素史克确实是这样做的，它对英国母公司的药物研究和开发进行超额许可费支付。这些巨额的许可费会提高在英国的税收并降低在美国的税收，因为美国子公司能以业务成本的方式将这些许可费进行扣除。因此，2004 年 1 月，美国国税局要求该公司支付 52 亿美元——27 亿美元为追溯的 1989—1996 年欠缴的税费，25 亿美元为利息。有关葛兰素史克税的争论被搬上法庭，并于 2007 年开始审判。然而，在 2006 年 9 月，葛兰素史克宣布其将用涵盖了 1989—2005 年的 31 亿美元的和解费用解决与美国政府的纠纷。②

☞应用

全球系统中实现公司税避税的苹果、汉堡王和卡特彼勒

在过去的几年中，公司对国外收入的避税倾向受到了越来越多的关注。在本“应用”中，我们讨论三个最值得注意的例子。

2013 年 5 月 21 日，参议院举行了关于离岸利润转移以及涉及苹果公司试图逃税的美国税法相关内容的听证会。2011 年，在苹果公司总共 342 亿美元的税前利润中，有 70%是在海外实现的，但委员会估计该公司仅对其利润支付了 2.2%的税率。③ 调查人员认为，苹果公司在 2009—2012 年避免向美国国税局报告的利润至少为 740 亿美元。④如果将 740 亿美元汇回美国，就要征税。毫不奇怪，苹果公司计划将其利润留在海外。事实上，为了避免将这笔钱带回美国（然后不得不纳税），苹果公司甚至借钱进行债务融资，即使它在海外拥有数百亿美元的现金。⑤

苹果公司是如何实现避税的？它依赖于爱尔兰的低公司税，并构建了新型的组织结构。苹果公司使用我们讨论过的各种交易定价方法将其大部分利润转移到爱尔兰。多年来，苹果公司在爱尔兰一直享有个位数的特殊公司税税率。以下是它的工作原理：2011 年，苹果公司赚了 340 亿美元，并报告其日本子公司的利润仅为 1.50 亿美元，约为

---

① Stewart (2004).

② 参见 Hilzenrath (2006)。虽然大多数关于国际税收的讨论都侧重于属地征税和全球征税的比较，但 Auerbach (2010) 提出了第三种选择：基于目的地征税。即美国公司仅对其在美国的销售纳税，但也只能扣除它们在美国的支出。这种方法的缺点是无法对跨国公司在其他国家的收入征税，但好处是使公司不再能够将国内利润转移到国外的避税天堂。

③ Duhigg and Kocieniewski (2012).

④ Shwartz and Duhigg (2013).

⑤ Gongloff (2013).

0.44%，尽管日本是苹果公司的外国大市场之一。利润已从日本转移并送往爱尔兰，当年苹果公司在爱尔兰报告的收入为220亿美元。[①]

近年来，苹果公司已经能够进一步加强与爱尔兰的联系。苹果国际运营（Apple Operations International，AOI）公司是一家控股公司，拥有苹果公司大部分的离岸实体。然而，AOI并没有实体公司，只有两名员工：一名是来自加利福尼亚州的库比蒂诺，另一名是AOI的一家爱尔兰子公司的爱尔兰员工。[②] 由于AOI的管理和控制权不在爱尔兰，爱尔兰并没有确认其为税务居民。又由于AOI未在美国注册成立，美国也没有承认其税务居民的身份。利用这些漏洞，AOI在过去五年中没有支付任何公司所得税[③]，尽管这部分利润占苹果公司当时总净利润的30%。[④]

最近，人们的注意力集中在公司倒置的问题上。美国的公司倒置是指一家美国公司与外国公司合并，形成一家技术上来讲位于国外的新合并公司。这家美国公司成为合并后公司的子公司，但实际上，该外国公司通常由美国公司控制。[⑤] 从本质上讲，最初的美国公司失去了其美国公司的地位，因此不再符合美国税法规定，而是根据其现在作为合法居民的外国的法律缴税。这样，最初的美国公司避免了向美国政府支付大笔税款。合并后公司位置的迁移对美国公司来说除了出于减税目的以外几乎没有其他目的。[⑥]

当美国最大的快餐连锁店之一汉堡王与一家加拿大公司进行公司倒置时，这种方法受到了关注。汉堡王以110亿美元的价格收购了加拿大连锁餐厅蒂姆·霍顿斯（Tim Hortons），尽管加拿大公司的年度总收入更多（25亿美元vs. 汉堡王的11亿美元）。[⑦] 据估计，汉堡王将在未来四年内避免4亿～12亿美元的美国税收。

最后，最简单的避税措施可能是卡特彼勒公司所采用的。1999年，卡特彼勒公司决定通过将发票商的名字简单地替换为瑞士子公司的名称，大幅降低从美国销往世界各地的零件的利润需要缴纳的美国税收。正如诺里思（Norris，2014）所写的："即使这些零件可能永远不会出现在瑞士的方圆千里之内，这些利润还是会被记录在瑞士子公司的账面上。且卡特彼勒公司与瑞士达成了协议，这些利润的税收远低于瑞士的标准。"税率为4%～6%，节省的税款为每年3亿美元。

这种案例远不止这些。经济顾问委员会主席杰森·弗曼（Jason Furman）在最近的一次讲话中指出，美国控制的公司在一些避税天堂报告的利润远远超过了这些公司所在地的总经济产出。例如，在英属维尔京群岛，美国控制的公司利润为该岛生产总值的1 009%，而在开曼群岛，这一数字为1 430%。在卢森堡，美国的利润为GDP的103%，而在爱尔兰则为38%。正如弗曼所说："我可以肯定地说，2010年，美国控制

① Ting (2014).

② U. S. Senate, Committee on Homeland Security and Governmental Affairs (2014).

③ Sheppard (2013).

④ Hickey (2013).

⑤ 有关公司倒置的更多信息，参见 http://www.americansfortaxfairness.org/files/ATF-Corporate-Tax-Inversions-Fact-Sheet.pdf。

⑥ Yglesias (2014).

⑦ 参见 Americans for Tax Fairness (2014)。蒂姆·霍顿斯的收入信息参见 http://www.timhortons.com/us/en/pdf/THI_Q4-2013_Conference_Call_Slides_(FINAL-FINAL).pdf。汉堡王的收入信息来自 Restaurant Brands International (2014)。

的外国公司利润为百慕大生产总值的1 578%这一事实，很可能并不仅仅反映了出于商业原因而做出的商业决策。”①

24.7 结论

尽管公司税作为美国税收来源的重要性不断降低，但它仍是美国公司行为的决定性因素。公司税对投资所产生的复杂的激励和抑制作用是公司投资决策的决定性因素。公司和个人资本税收虽然不是公司决定如何为其投资进行融资的全部因素，但仍是十分重要的因素。

美国面临关于如何改革公司税制度的一系列问题。尽管一再呼吁终止滥用公司避税措施，但几乎没有行动来阻止导致此类活动的公司税漏洞。② 正如第9章中政治经济学所讨论的，这种兴趣的缺乏不足为奇：公司税减免具有高度集中且强大的支持者，而反对它们的只有公众纳税人。

重点

- 公司是以日常经营的所有权和控制权分离为典型特征的实体。
- 公司税既可以作为纯利润税，也可以作为确保公司盈利不逃税的唯一手段。
- 公司税是对收入与费用的差额征税。定义与投资相关的折旧费用是一个特别困难的问题。
- 公司税的归宿不明确，税收在消费者、工人和公司资本所有者之间的分配比例不明确。
- 公司税制度对投资激励有复杂的影响。有效税率不仅取决于法定利率，而且取决于如何处理折旧、投资税收抵免和为投资进行融资的特点。
- 现有证据表明，公司投资与投资收入的有效税率相关。
- 尽管公司能通过从公司应税收入里扣除支付的利息来得到强有力的债务税收补贴，但也许由于代理问题，公司不会完全使用债务融资。尽管公司支付股利有一个很强的税收负激励，但它们还是会支付股利，也许是把它当成将钱从投机经理的手中拿走的方式。
- 美国对汇回收入的跨国公司征税，使得一些公司推迟汇回利润，并通过转移定价低报收益。

---

① Cohen (2014).

② 对于有兴趣了解这些漏洞和如何消除这些漏洞以及降低公司税税率的人，CRFB (2012) 提供了一个很好的概述。降低公司税的另一种流行方法是限制或取消债务扣除，正如 Pozen and Goodman (2012) 所讨论的，将利息扣除限制在65%以内能够筹集的收入足够支付将公司税税率降低为25%的税收成本。

习题

1. 吉尔·贝茨（Gill Bates）是一家公司的CEO，他的薪酬取决于当前的盈利能力。他正考虑两个可能的投资项目：(a) 未来5年每年获得5亿美元的收益，之后没有收益。(b) 未来20年每年获得3亿美元的收益。他选择了第一种投资。这个案例说明了什么样的代理问题？

2. 你是一家公司的经理，刚刚花80 000美元购买了一台能使用5年的机器。如果你能以5%的利率借钱，在以下情形中折旧抵免的净现值是多少？

a. 可以将投资费用化。

b. 可以采用直线折旧法折旧。

c. 以加速直线折旧法折旧4年。

d. 使用增强加速折旧法折旧，其中一半资产价值立即折旧，另一半在剩余3年中直线折旧。

3. 假设新机器的成本是504美元，新机器的边际收益是$MB=246-6K$，K是购买的机器数量，折旧率是15%，股利收益率是10%。

a. 你要购买多少资本？为什么？

b. 如果现金收益减去劳动力成本的差额的税率是25%，那么要采购多少资本？

4. 假设股利收益率是6%，折旧率是12%，税率是35%，以下情形中机器投资的每一美元边际成本是多少？

a. 公司可将机器费用化。

b. 有8%的投资税收抵免。

5. 为什么美国的资本利得税税率比股利税税率低很多？鉴于这种差异的存在，为什么还有很多公司支付股利？

6. 为什么权益所有者比债务所有者更希望公司实施风险投资？

7. 你进行了一项研究，发现以较大的债务与权益比率为其投资提供资金的公司倾向于向贷方支付更高的利率。为什么会发生这种现象？

8. 卡比塔里政府修改了税法后允许对资产进行更多的加速折旧。你预期公司是改变生产方式以使用更少的资本和更多的劳动力，还是更少的劳动力和更多的资本，或者都不是？请解释。

9. 考虑股利信号的心理效应。哪种看起来是关于公司的健康水平（或它的缺点）的更强的信号：当长期的股利支付停止时，或者当之前没有支付过股利的公司开始支付股利时？请解释。

10. 假设所有的工业化国家达成了协议，要求跨国公司的收入在母公司所在国缴税。你认为跨国公司的数量会发生什么变化？请解释你的理由。

11. 假设公司所得税税率是30%，股息收入和利息收入的个人所得税税率都是35%，资本利得税税率是20%。比较以下三种融资策略下每一美元公司收益的税后收益：(a) 公司通过债务融资；(b) 公司通过发行股票融资但不支付股利；(c) 公司通过股权融资，并且将所有收入当成股利支付。

12. 不同的州有不同的公司税税率。你如何利用这一点来研究公司投资对公司税税率的弹性？这种方法的问题是什么？

进阶习题

13. 梅高可乐（Megacola）面对的需求是 $Q=2\ 200-20P$。它的成本是每单位 5 美元，并且为常数。

a. 说明如果政府对它的利润征收 20%的税，梅高可乐也不会改变它的行为。

b. 像梅高可乐这样的公司的存在是会增强还是削弱公司税？请解释。

14. 假设公司税税率是 25%，投资税收抵免是 10%，折旧率是 5%，股利收益率是 10%。根据官方折旧表计算出的折旧抵免的净现值是机器购买价的 40%。

a. 计算公司每一期在机器上花费的每一美元的边际成本。

b. 如果每期的边际收益是 $MB=40-0.6K$，K 是花费在机器上的金额，最优的机器购买数量是多少？

c. 如果投资税收抵免增加到 20%，您的答案会如何变化？

15. 图纳里奥的立法机构刚刚通过了一项新法律，明年将提供大量的投资税收抵免。你预期未来两年内的投资模式是怎样的？对估计投资相对于投资税收抵免的弹性有什么意义？

16. 降低公司税税率通常是提升投资的一种政策工具。现有的税收漏洞是如何削弱公司税税率与公司投资之间的关系的？

第 25 章

基本税收改革与消费税制度

需要牢记的问题

- 在美国如何对公司征税？
- 公司税如何影响公司的投资决策和融资决策？
- 对跨国公司征税涉及哪些问题？

为了在 2012 年成为共和党总统候选人，教父比萨（Godfather's Pizza）的前首席执行官赫尔曼·凯恩（Herman Cain）通过提出他所创造的“9-9-9 计划”把联邦税制改革推到了政治话语的最前沿。该计划将取消工薪税、房产税和所有其他联邦税，代之以 9%的公司所得税、9%的个人所得税，以及新的全国的 9%的销售税。凯恩的计划也将取消所有当前的税收减免，包括抵押贷款利息扣除，只允许“慈善”税收扣除。凯恩的高级经济顾问里奇·洛瑞（Rich Lowrie）说：“这是将税收负担从生产转移到消费，以平衡税负的一种尝试。”他还提议“对所有事物征一次税，不进行任何重复征税”。2011 年 9 月，该计划使凯恩成为佛罗里达州共和党民意调查的首选，成千上万的共和党选民支持“9-9-9”的口号。基于洛瑞先生的说法，对该计划的支持即减少生产税收负担，将使美国产品在全球市场上更具竞争力，从而增加出口并创造 600 万个美国新增就业岗位。“我们将出口没有税收的商品，并通过销售税对进口商品征税，这将平衡竞争环境。”

虽然受到公众的欢迎，但凯恩的计划同时遭到了左翼和右翼的反对。保守派担心授予联邦政府征收销售税的权利（当时销售税只在州和地方层面征收）将使未来的总统及政府制定更为严厉的税收政策。自由派反对该提议导致的税收负担的不公平再分配。与富裕人群相比，低收入人群的消费占收入的比例要高得多，并且目前的累进税收结构将被适用于所有人的单一税所取代。因此，对于年薪为 2 万美元的人，有效税率将从

12.8%上升到17%，而对于年薪为30万美元的人，有效税率将从28%下降到16.3%。哥伦比亚大学的迈克尔·格雷茨（Michael Graetz）评论说："这是对顶层人群的巨大减税和对中低收入人群的巨大增税。"①

尽管赫尔曼·凯恩于2011年12月3日暂停竞选活动，但对他的税收政策的支持说明了人们对美国所得税基本结构的不满。对现有所得税的批评并不少：很多人抱怨税收体制对穷人或者富人不公平；对单身人士或已婚夫妇不公平；在现有税收体制下很容易逃税，或者政府花太多时间骚扰诚实纳税人；税收不足以促进储蓄或为存款提供了太多的漏洞等。因此，所得税的基本改革已成为近几十年来公开辩论的核心。

在某些情况下，这场辩论产生了法案。最著名的案例是《1986年税收改革法案》。1986年，美国个人税法中有15个纳税等级，从11%到50%。此外，正如在前面的章节中提到的，税制中包含加速折旧、投资税收抵免、资本利得的特殊税收待遇、个人退休账户缴费的税收扣除，以及通过税收避难所避免税收的各种其他途径，这些途径除了作为减税手段以外没有其他经济价值。《1986年税收改革法案》对这一制度从根本上进行了修改。税级减少到三个，分别为15%、28%和33%。② 资本利得的实现被视为常规收入，个人退休账户扣除受到限制（如第22章所描述的），并且避税的机会大大减少。简而言之，税收制度改革的大方向是税收分析师所提倡的：在一个更为广泛的收入基础上实行较低的税率。

然而，这一改革的许多特征在随后的20年被推翻。1993年、1997年、2001年、2003年和2012年对税法进行的大幅修改和其他一些小幅改动又重新引入了更多的税率等级（美国现在有七个税级），为避税和逃税提供了更多的机会。因此，现在是该再次反思个人所得税的基本结构，特别是考虑回归低税率、宽税基的税收制度的时候了。

在本章，我们分四个步骤讨论基本税收改革的问题。第一，我们讨论实现低税率、宽税基税收制度的三个主要理由：改进税收遵从、简化税制和提高税收效率。第二，我们讨论税收制度改革中艰难的政治和经济壁垒。第三，我们转向公共财政经济学家长期以来关注的税制的具体根本性改革：从以收入为基础的征税转向以消费为基础的征税。我们讨论这一转变的优缺点并考察实践中实施消费税的不同方案。第四，我们回到促使我们介绍相关内容的例子——单一税，并讨论其前景和缺陷。③

25.1 为什么要进行基本税收改革？

进行基本税收改革有三个主要理由：改进税收遵从、简化税制和提高税收效率。在本节中，我们将回顾这些目标。

① 参见Somashekar (2011)、Scherer (2011)，以及Bacon (2011)。

② 实际上只有两个边际税率，即15%和28%。实践中有第三个税率，是因为应纳税所得额在71 900～149 250美元之间时须支付5%的附加税。对于应税收入超过149 250美元的，边际税率降至28%。第三个税收档次有效地导致一些中产收入阶层支付比高收入人群更高的边际税率。

③ 学习关于税收改革争论的一个很好的来源是Slemrod and Bakija (2008)。

□ 改进税收遵从

税收遵从：个人或公司遵守税法的意愿。

逃税：不缴纳税款的非法行为。

税收遵从（tax compliance）是个人或公司遵守税法的意愿。为了提高税收遵从，政府必须减少**逃税**（tax evasion），即抑制在税收制度下的不缴纳税款的非法行为。逃税与避税之间的区别很重要，避税是个人将收入从应税形式转为非应税形式的合法活动。当你购买更多的医疗保险而不是挣工资，或者把钱花在商务午餐而不是家庭午餐上时，你可能就是在从事避税行为，即采取行动降低税收负担，但完全在法律的允许范围内。如果你不支付应缴纳的税额，或未报告收入，或要求法律允许以外的税收减免，那么你就是在逃税。

☞应用

逃税

避税和逃税的区别很微妙，并且有一大群税务律师和法官每天都在努力进行这一区分。然而，确实存在明显的逃税现象。①

1. 2008 年 11 月，曼哈顿金融家斯坦利·S. 托尔曼（Stanley S. Tollman）通过伦敦与曼哈顿联邦法庭之间的视频会议对一项逃税罪名表示认罪。曾在全球范围内控股天天连锁酒店（Days Inn）和众多豪华酒店的托尔曼于 2002 年 4 月被起诉，原因是其隐藏了 1 亿美元出售天天连锁酒店的利润。在英格兰逃亡数年后，托尔曼答应偿还 6 000 万美元作为利息、欺诈罚金以及补缴税款，同时支付 4 470 万美元作为民事没收。

2. 富人不是唯一的逃税者。多年来，想要申请被赡养人税收豁免的纳税人只需在税收表格上填写他们家属的名字，导致他们可能编造名字来为不存在的被赡养人申请税收豁免。实际上，当《1986 年税收改革法案》要求申请人同时列出年龄在 5 岁以上的家属的社保编号之后，600 万个家属突然从税收记录上消失了！1986—1987 年，超过 11 000 个家庭失去了七个或更多的家属。两年后，税法要求儿童看护者在申请儿童保育税收抵免之前提供社保编号，于是 260 万个儿童看护者消失了！

3. 逃税在以现金为薪酬支付手段的工人中尤为常见，这对美国国税局来说更难追查。一位纽约地区的油漆工说道，如果客户以现金支付，他愿意降低数百美元的价格，因为这样他可以不用报税从而节省更多。这位油漆工还说："每年 100 个客户中，最多只有 1～2 个要求我纳税。十几年的 1 000 个客户中，也许有 5～6 个。"美国国税局前局长玛格丽特·理查森（Margaret Richardson）试图找到华盛顿愿意登记在册而不是以现金支付的窗户清洁工，但最终放弃了，并在之后感叹道："我的窗户脏了四年。"

4. 希腊的房产税是基于自我报告的房屋价值征收的，这导致房价被普遍低报。希腊房屋价值的一个典型指标是私人游泳池，但是最近一年在基菲夏富裕的郊区，只有 300 名居民报告有私人泳池，而真正的数字被认为是 20 000。希腊总理乔治·帕潘德里欧

① 这些例子来源于 Johnston (2003a)、Crenshaw (1991)，以及 Russakoff (1998)。

(George Papandreou) 现在使用非常手段，如直升机监视和谷歌地球 (Google Earth) 的审查，去探查郊区谁家有私人泳池。[1] 但是业主也采取了相应的措施来应对这些手段，当这些政策宣布后，人们纷纷购买防水油布去遮盖泳池，从而躲过空中税务稽查员的视线。

逃税理论 经济学家认为逃税的人做出逃税的决定与他们在做其他决定时同样理性：权衡成本和收益。逃避税收的好处是避免纳税，成本是被抓住的风险和如果被抓住需要付出的代价。

这一权衡通过图 25－1 得到了很好的阐述。纵轴代表非报告收入的边际收益和边际成本，横轴代表非报告收入的数量。逃税的边际收益就是逃税者的边际税率，因为低报 1 美元可以节省 τ 美分的税款。边际收益曲线是一条位于 τ 的水平线。图 25－1 中的边际税率是 50%，所以边际逃税收益 τ 是在 0.50 美元处的水平线 MB_1。逃税的边际成本等于逃税边际处罚乘以被抓到的可能性。罚金和被抓住的可能性随着逃税数量的上升而上升，所以逃税的边际成本随着逃税数量的上升而增加。逃税最优数量 E_1 在 A 点，在该点上，逃税的边际收益等于边际成本。

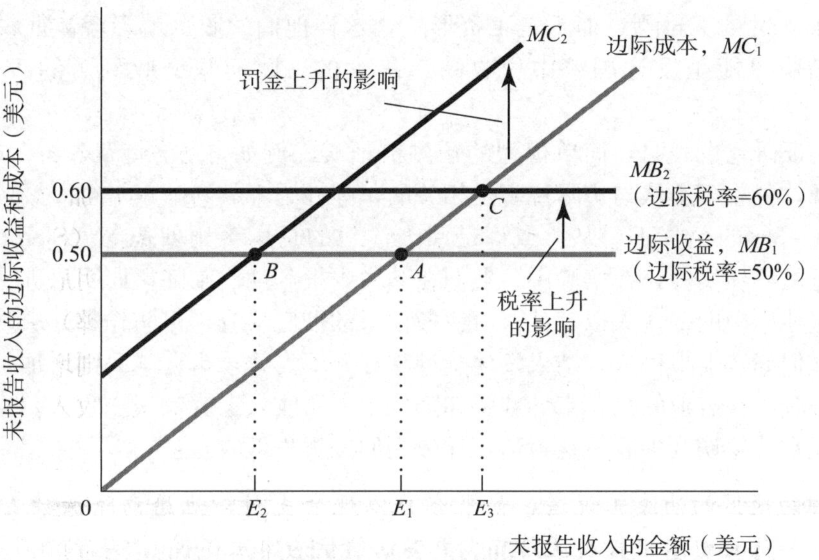

图 25－1 最优逃税

说明：逃税的边际收益是每逃税一美元所节省的纳税金额，即边际税率（例子中最初为 50%）。逃税的边际成本是逃税增加后随之上升的被抓概率以及更高的罚金，当收益和成本在 E_1 处相等时，逃税金额达到最优。如果罚金和被抓的概率上升，边际成本曲线从 MC_1 上升到 MC_2，逃税量下降到 E_2。如果税率上升，边际成本曲线从 MB_1 上升到 MB_2，逃税量上升到 E_3。

这是一个过于简化的作弊模型，例如，有些人不管激励如何都不会在税收上作弊。尽管如此，这个模型的预测与常识是相符的。如果作弊的边际处罚或者被抓住的概率上

---

① DiManno (2011).

升，边际成本曲线将从 MC_1 上移到 MC_2。最优逃税量将由 B 点决定。个人会减少逃税，逃税金额降到 E_2。另外，如果边际税率上升到 60%（保持罚金不变，因此边际成本保持在 MC_1），边际收益曲线将从 MB_1 上移到 MB_2。在新的边际税率下，最优逃税金额（C 点）增加到 E_3，因为人们发现作弊变得更有价值。①

逃税实证 逃税在美国和世界各地都是普遍存在的。在美国，最近估计应交税额和实际交税额之间的差额多达 4 500 亿美元，相当于 2014 年税收的 10.5%（GDP 的 2.5%）。② 其他发达国家表现出类似的税收缺口。例如，在 2008 年，瑞典估计其自身差距约为税收的 10%和 GDP 的 5%。发展中国家的情况更糟糕。巴基斯坦的税收差距不低于 69%；当摩尔多瓦开始向自由市场经济转型时，逃税率从 1994 年收入的 5%跃升至 1998 年的 35%；最近在阿富汗的一项研究发现，该国正在损失约 60%的税收。③

也许最引人注目的是希腊的情况，正如卡尼特史尼格和斯塔莫里（Karnitschnig and Stamouli，2015）所评论的："在奥斯曼帝国长达几个世纪的占领期间，避税是爱国主义的标志。今天，这种不信任主要集中在政府身上，许多希腊人认为政府腐败、低效并且不可靠。正如雅典大学（University of Athens）法律和经济学副教授阿里斯蒂德斯·哈齐斯（Aristides Hatzis）所说的，'希腊人认为税收是盗窃行为'。"如前文中的游泳池例子所示，希腊人竭尽全力避免被征税。例如，销售员用能够在超市兑现的优惠券形式来支付员工薪酬，而不是工资形式，这样他们的收入就不会被征税。由于这类努力，希腊可能是发达国家中税收缺口最大的，政府只征收到了约 10%的应纳税额。

一些实证研究也表明，简单模型的预测被证实。例如，克洛特费尔特（Clotfelter，1983）发现，税收不遵从与边际税率是相关的，弹性为 0.5～3，每增加 1%的边际税率导致 0.5%～3%的税收不遵从。或许最引人注目的是斯莱姆罗德等（Slemrod et al.，2001）进行的一项实验，在实验中，他们在纳税申报到期之前随机向明尼苏达州的人发送信件，对他们中的一些人以审计（对税务记录的彻底检查，以防作弊）威胁，对其他人则呼吁他们如实上报税务。结果发现这种呼吁并不奏效，审计威胁则增加了中低收入家庭的上报收入。有趣的是，审计威胁却降低了上层收入家庭的报告收入。作者认为富裕家庭可能在首轮谈判中看过这封信，导致它们先报告低收入！

☞**应用**

1997 年美国国税局听证会及其对税收征管的影响④

1997 年 9 月，参议院财政委员会举行了为期一周的听证会来调查美国国税局（在全国征税的机构）滥用纳税人的情况。委员会主席威廉·罗斯（William Roth）预期会看到"一个陷入困境，既失去了美国人民的信任，又过于频繁地凌驾于法律之上的机

① 当然，如果政府把罚金设置为税收节省而不是逃税收入的函数，那么作弊的动机不会因为税率的上涨而必然上涨。

② Internal Revenue Services (2012).

③ 瑞典的例子来自 Skatteverket (2014)；摩尔多瓦的例子来自 Anderson and Carasciuc (1999)；巴基斯坦的例子来自 Ahmed and Rider (2008)；阿富汗的例子来自 World Bank (2005)。

④ Johnston (2003b).

构”。事实上，在这一周里，委员会听到了各种各样的证词。一名纽约的牧师谈到国税局正在追缴他为自己最近去世的母亲设立的帮助穷人的信托基金所欠缴的税款。调查人员发现一例因补缴税款而与国税局人员做了长期斗争之后自杀的案例。国税局被指控基于政治或个人考虑选择审计目标。

由于这些听证会，国税局改革的政治压力迅速增长。国税局新任局长查尔斯·O.罗索蒂（Charles O. Rossotti）的任命是为了使该机构对纳税人更友好。1998 年，克林顿总统签署了《纳税人权利法案》（Taxpayer Bill of Rights），该法案保护了纳税人，并成立了一个国会监督机构——税务管理局的财政监察部门，这是一个独立的国税局监督机构。

自最初的听证会以来的几年里，有两个事实变得清晰。第一，使国税局看起来滥用权力和失控的证词实际上歪曲了该机构运作的事实，并且或许是精心设计的不实描述。详细陈述了在国税局特工手中所受屈辱的听证会明星证人，很可能涉及严重的逃税案而最终支付了 2 300 万美元的追缴税款。在 2000 年审计总署（General Accounting Office）关于滥用情况的报告中，没有发现确凿的证据可以证明证词中关于机关滥用权力的说法。同年，于 1998 年新成立的监管机构调查了 830 起对国税局特工骚扰的投诉，并发现其中的许多投诉是毫无价值的，甚至是虚假的，是逃税者为了破坏可能的审计做出的行为，没有一个达到了骚扰的法律标准。

第二，由于金融资源的缺乏以及受到《纳税人权利法案》中新义务的限制，国税局的执法能力已经严重受损。1997—2000 年，实地审查员的数量下降了三分之二，案例收集数量下降了 50%，追击逃税案件（除了毒品和恐怖主义等非法活动）的数量下降了三分之二。1977 年，8%的企业需接受年度审计，而现在这一数字只有约 1%。1995—2001 年，个体户（一个税收遵从度很低的群体）审计率从 4%降至 2%。也许最令人沮丧的是国税局对 300 亿美元欠收税款的识别，如果国会能提供资金，只需要 20 亿美元成本就可以把这些欠款催收回来（国税局知道谁欠了税款，但负担不起催收的成本）。2013 年，国税局被迫放弃 40%的对逾期纳税人的调查。①

尽管参议院听证会引发了对国税局的民怨，后续措施也限制了国税局的权力，但舆论钟摆可能正朝着相反的方向回转。尤其是企业逃税的实例，让美国人再次呼吁公平的税收体系，而不仅仅是保护。作为回应，国税局专员发誓要将执法作为第一要务。不幸的是，国会并不这么认为。作为最近的预算协议的一部分，国会进一步削减了国税局的预算。3%的国税局预算减少估计分别是由税收缴纳不足导致的收入损失和从较低的国税局预算中节省出的收益的 6 倍。②

我们为什么要关注逃税？ 个人逃税现象是很明显的，但我们为什么要在意这件事呢？为什么不提高税收来弥补逃税的损失呢？原则上，一个有着更高税率以及存在逃税的制度可以获得与一个没有逃税以及税率更低的制度相同的税收。

我们关注并希望减少逃税有三个原因。第一是效率。我们已经反复强调，效率随着

① Rossotti (2002); Treasury Inspector General For Tax Administration (2014).

② *New York Times* (2015).

税基的扩大以及税率的降低而增加（除非该项活动有一些积极的外部性因素）。逃税显然没有正外部性，因此，如果我们通过提高税率来弥补因作弊而带来的收入损失，效率会下降。此外，由于税率上涨，税收作弊行为也将增加，提高税率来抵消收入损失将弄巧成拙。

第二是纵向公平。相对于低收入群体，富人有着更大的逃税空间，因为富人的收入很多时候是没有直接向美国国税局报告的，而大多数低收入群体所得税直接从他们的工资里扣缴。因此，作弊占收入的比例在富人中可能会更高，一个存在作弊的制度将有失纵向公平。即使对富人征收更高的税率也很难抵消这种不公平，因为这只会增加他们的作弊行为。

第三，逃税是我们在本书中讨论过的最明显的违反横向公平的行为之一。在相同的税法下，如果一个人诚实，另一个人却作弊，那么他们的税收待遇将是截然不同的，这明显违反了横向公平原则。

□ 简化税制

在2014年年底，美国国税局向纳税人发送了一份包裹，其中包含填写1040表格（个人纳税表）的说明。在数据包中，美国国税局估计，假设大多数收入来自工资形式，并且没有复杂的投资活动，也没有扣除项目，完成纳税申报表大约需要16个小时。填写1040表格还伴随着经济负担，估计每个纳税人平均花费260美元。这种负担包括税务准备软件，以及会计师和邮票等自付费用。商业纳税人可能会花费24小时的时间来填写纳税申报表，平均花费410美元。[①] 这对纳税人来说是一项需要花费时间和精力的重大义务。一项研究估计，2000年，纳税人花了32亿小时及188亿美元来填写纳税申报表，相当于每个申报人员平均花费26.4小时和209美元。[②] 正如斯莱姆罗德和巴基贾（Slemrod and Bakija，2000）指出的，这相当于“150万无形且免费的国税局员工”！

美国税法的复杂性只会增加，如图25-2所示。此图显示了基本个人纳税表格1040附带的指令页数。该指令从1940年的2页增加到2013年的207页！

鉴于这些事实，人们一致认为税收改革应通过消除或限制与纳税相关的复杂的管理问题来简化税收。总统候选人史蒂夫·福布斯（Steve Forbes）想让纳税人只需把明信片邮寄给国税局。韦斯利·克拉克（Wesley Clark）将军希望成为2004年民主党总统候选人，他大肆宣扬的计划将“简化税收过程，消除数十页的表格以及将数百页的税法归结到一个简易表格中。在新的制度下，你只需填写三行内容就可以知道是否需要纳税。第一行是你的收入。第二行是你的婚姻状况。第三行是你的子女数量……根据我的计划，超过一半的美国纳税人根本不需要填写纳税申报表”[③]。

从理论上讲，简化税制显然是一个令人向往的目标。在许多情况下，简化税制也符合其他公平与效率的目标。但在有些情况下，实现其他有价值的目标与简化税制或许不可兼得。在这些情况下，政府必须权衡简化税制的收益以及阻碍其他政策目标的成本。

---

① Internal Revenue Service (2014).

② Guyton et al. (2003).

③ 来自韦斯利·克拉克的竞选网站，网址为 http://www.clark04.com/。

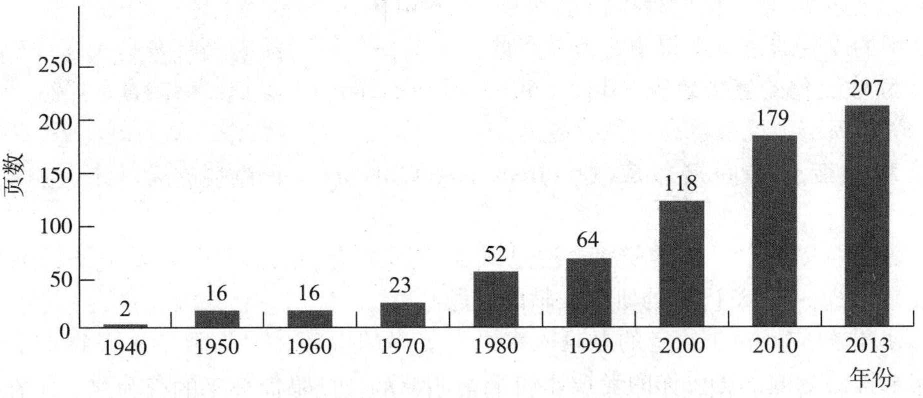

图 25-2　1940—2013 年个人纳税申报文件的页数

资料来源：Ingraham (2015).

说明：早在 1940 年，1040 表格附带的指令页数只有 2 页。2013 年，这一数字高达 207！

例如，考虑将雇主提供的医疗保险纳入个人税收基础，这种做法可能会被黑格-西蒙斯定义所建议，因为这些都形成了个人的纳税能力。税基中包含雇主提供的医疗保险会增加税收的横向和纵向公平，正如第 18 章所讨论的。扩大税基以及实行更低的税率是最有可能提高税收效率的（除非有很强的外部性或市场失灵支持以这种方式补贴医疗保险）。

然而税基包含雇主健康保险将大幅提高税法的复杂性。雇主必须向政府和个人报告每年为员工提供的医疗保险，这将需要额外的记录和报告。个人也需要另列一项报告来说明其个人所得税情况。正如第 15 章所讨论的，如果这种免税没有被取消而是被限制，这种复杂性则会成倍地增加，雇主和个人将不得不弄清楚如何仅对雇主支出超过上限水平的部分纳税。因此，实现税制简化或许要以牺牲其他税收改革目标为代价。

□ 提高税收效率

在第 20 章最优所得税模型中，提高税率的成本是潜在的劳动力供给减少。更一般地说，对税收效率成本至关重要的是对税收的整体行为反应。许多根本性改革的动机，比如史蒂夫·福布斯提倡的单一税，是为了降低边际税率，因为边际税率可能会扭曲人们关于工作努力程度、储蓄水平以及风险承担的决策。此外，税率的变化不仅影响劳动力供给、储蓄和风险承担，还会影响到许多其他决策，如儿童保育支出以及慈善捐赠支出。

当我们为税收改革苦思冥想时，我们可以通过一个简单的问题来总结一系列税收的行为反应：税率的变化是如何改变税收的？税法的整体效率是一个税收关于税率的弹性的函数。① 当这一弹性上升时，税收增加所带来的无谓损失也将上升，突出了公平-效率

① 如 Saez (2004) 所讨论的，严格说来，只有当税收的替代是来自其他免税活动时这种说法才是正确的。例如，更高的税收会因为更多的闲暇而不是更多的劳动，或者通过医疗保险而不是通过工资获得更多的补偿来降低收入。但如果替代是从一个征税体系下的活动到另一个征税体系下的活动，分析将更为复杂。例如，一些研究表明，个人税率相对于企业税率的增加将导致人们将他们的商业活动从个人税收体系（称为 S-corporations）向企业税收体系（称为 C-corporations）转变。

权衡，这是第 20 章最优所得税讨论的基础。

税收变化的直接效应：在固定税基上，提高税率带来的税收增加。

税收变化的间接效应：指税率增加导致的税基规模下降。

税率的改变通过五个渠道来改变税收。

1. **税收变化的直接效应**（direct effect of tax changes）。税基固定，税率越高，税收越高。

2. **税收变化的间接效应**（indirect effect of tax changes）。

a. 总收入效应：更高的税率会通过减少劳动供给、储蓄和风险承担从而减少总收入（这是第 21～23 章讨论的研究文献的主题）。

b. 报告效应：对于给定的总收入水平，更高的税率将会导致个人将收入重新分类到不需纳税的范围。假设你的老板让你在 5 000 美元的加薪和一个额外 3 000 美元的医疗保险福利（可避税）之间做出选择。如果你的税率是 25%，你会选择加薪并支付 1 250 美元的税款。但是，如果你的税率是 50%，你将会选择新的医疗保险福利，这样你就不需纳税。因此，如果提高税率，我们会损失原本在税率为 25%时可获得的 1 250 美元的税收。

c. 收入排斥效应：对于给定的报告收入，更高的税率将导致个人在定义应纳税所得额时更多地利用总收入扣除和减免的好处。人们可能会增加捐赠，选择更大的抵押贷款，或将更多的钱存放在可以享受税收优惠的退休储蓄账户下，从而在税率上升时达到避税的目的。

d. 遵从效应：最后，更高的税率会导致逃税的增加，从而减少税收。

因此，在确定税基对税率上升的最终反应时，直接效应被间接效应所抵消。

图 25 - 3 给出了一个关于这些效应的例子。假设鲍勃的年薪为 45 000 美元，为邻居修剪草坪获得 5 000 美元的现金，税基总数为 50 000 美元。最初单一税率为 10%，所以鲍勃每年支付 5 000 美元的税。现在假设政府试图将税率提高一倍到 20%，直接效应就是将税收提高到 10 000 美元。但鲍勃通过四种间接途径侵蚀税基从而抵消这个直接效应：（1）减少工作时间，工资收入下降 5 000 美元至 40 000 美元。（2）与他的雇主协商将 2 500 美元的薪水转换成医疗保险。（3）增加 2 500 美元的慈善捐赠。（4）不报告在草坪修剪中获得的 5 000 美元现金收入。这些间接反应将税基从 50 000 美元降低到 35 000 美元。政府现在只能获得 35 000 美元的 20%，即 7 000 美元。由于这些间接效应使得税基缩小，因此即使税率提高一倍，税收也只提高了 40%。

较高税率影响税收的证据　尽管人们从很久之前就开始研究税率对税收各个组成部分的影响，但直到 20 世纪 80 年代末期，经济学家才开始去评估税率对税收的总体影响。从这以后，大量研究通过建模来估测个人税率变化对税收的影响。[①]

这些研究提供了一些明确的关于税收如何对税率做出反应的信息。第一，间接效应确实在很大程度上抵消了提高税率带来的直接效应。虽然各个估计结果不同，但主要估计结果是，每提高 10%的税率会伴随着大约 4%的税基的下降，这意味着所得税会导致严重的无谓损失。

第二，大部分的反应来自间接效应中的报告效应、收入排斥效应和遵从效应，而不

① 参见 Saez et al.（2012）对这类研究的绝佳的文献综述。

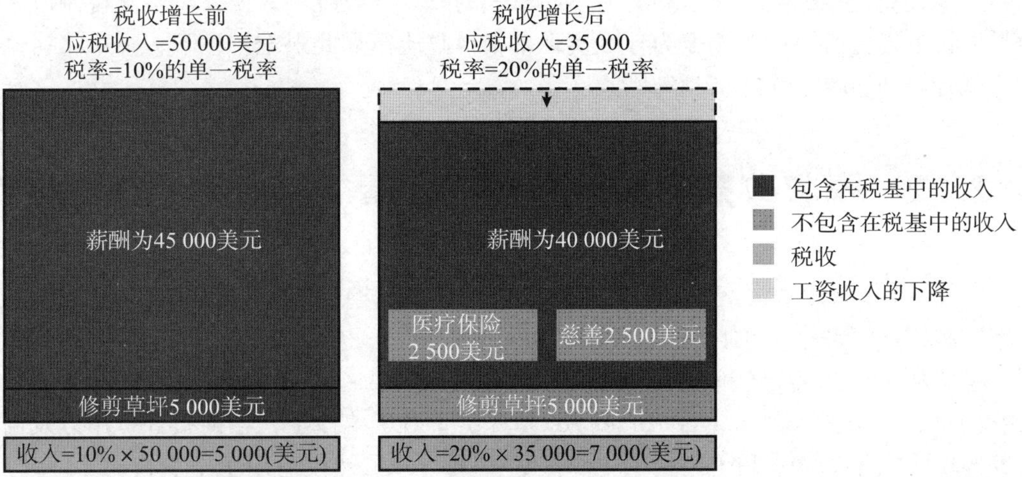

图 25-3　税率上升导致的税基变化

说明：鲍勃最初赚取 50 000 美元，税率为 10%，支付 5 000 美元的税款。当税率上升到 20%时，鲍勃将减少他的工资收入到 40 000 美元，将 2 500 美元捐给慈善，将 2 500 美元替换为医疗保险，并停止报告修剪草坪的 5 000 美元收入，所以，他的应税收入降至 35 000 美元。尽管税率增加了一倍，但政府只增加了 40%的税收（2 000 美元）。

是总收入效应。税率的变化对总收入的影响似乎相对温和，来自工作和储蓄的收入总额并没有对税收产生强烈的反应。相反，大多数对税收影响的估计都是来自税收免除、收入转移和逃税。这些发现表明，不仅仅是高税率，黑格-西蒙斯准则（高税收遵从）的缺乏也是导致税收缺乏效率的原因。如果税收是基于黑格-西蒙斯总收入，那么税基对税率变化的反应会小得多。[①] 也就是说，税基较窄会导致税收产生更多的无谓损失，原因有两点：它会导致更高的税率（无谓损失随着税率的平方的增加而增加）和更具弹性的税率反应（无谓损失随着税收反应的弹性的增加而上升）。

第三，大部分（如果不是全部）的反应来自富人。这并不令人感到意外，因为中低收入阶层的纳税人能够利用的报告效应、收入排斥效应和遵从效应相对来说很少。从报告效应的角度来说，中低收入家庭对它们报酬形式的控制权是很弱的，因此它们不能将报酬转化成税收优惠的形式。在收入排斥效应上，考虑到日常生活的费用所需，中低收入家庭用于慈善捐赠或更高的抵押贷款的支出是有限的。从遵从效应来讲，中低收入纳税人的税收大多是从雇主支付的工资中扣除的，所以逃税的空间相对较小。

□ 总结：基本税收改革的效益

基本的税制改革，例如单一税，甚至是《1986 年税收改革法案》实施的制度，有助于解决所有三个税收改革目标（提高税收遵从、简化税制，以及提高税收效率）。通过扩大税基和降低税率，基本税收改革提高了税收遵从和税收效率。[②] 通过终止大量的

① Kopczuk（2005）回顾了关于税基对税率做出反应的文献，并论证了导致税收相对于税率具有弹性的是收入定义的敏感性，而不是收入的实际数量。

② 只有当新征税项目的弹性并不高于已经包含在税基中的项目时，税收的效率才能得到提高。前面提到的 Kopczuk（2005）的研究表明，情况正是如此。

复杂的税收豁免和税收扣除，同时对不同形式的收入征收统一的税率，基本税制改革也使得税收申报更为简单。那么为什么实现基本税收改革如此艰难？在下一节中将讨论税收改革者遇到的政治和经济制约因素。

25.2 税收改革的政治和经济因素

《1986年税收改革法案》将美国推向了经济学家长期以来一直倡导的“宽税基、低税率”制度，但是这一“胜利”是短暂的。1993年，国会和克林顿政府将最高收入阶层的税率从31%提高到39.6%，税收等级也由原来的三个扩展到了五个。1997年的《纳税人减税法案》(Taxpayer Relief Act）提出了对抚养孩子、各种教育费用以及商业研究的税收抵免。资本利得税税率也降低到20%——虽然仅适用于至少持有18个月的资产（短期资产将被视作劳动所得征税），但房屋销售收入的免税额度提高到50万美元，较之前更为慷慨。2001年和2003年的税法改革使得税法更加复杂：将税收等级增加至六个；为众多税收减免和储蓄激励设定不同的退出机制；在通常的儿童税收豁免上实行可退还的税收抵免；设置七种不同的资本利得税税率；每年适用于越来越多纳税人的可替代最低税；每年都有变化的税收表格，在某些情况下，前一年刚到期的下一年再重新实行。

为什么维持简单的、宽税基的税制如此困难？为什么有如此大的压力迫使我们实行偏离黑格-西蒙斯准则的特殊条款？对这些问题有两个解释：一个是政治原因，另一个是经济原因。

□ 促使税法复杂化的政治压力

正如我们在第9章中所讨论的，当政策变化的受益者集中在一起，组织良好，且获益空间很大，而政策变化的受害者较为分散，且损失较小时，政策变化的政治压力是最大的。任何对广泛的黑格-西蒙斯税基的偏离都不会对广泛纳税人的效率或公平产生重大影响。然而，即使是微小的偏离也可以为集中的纳税人带来巨大的利益。布什对于收入超过25万美元的纳税人的减税政策，在未来十年会给不到美国3%的纳税人节省总计8 100亿美元。①

税法复杂化的一个特别强大的压力是，政客认为天真的选民会反对新的政府支出计划，却会支持在税式支出资助下的相同的目标，尽管两者的预算含义相同。例如，克林顿总统在1992年上任时承诺将联邦支出投向教育和职业培训等，却以在该领域的“定向减税”（比如大学教育支出减税等）而不是新的支出而告终。正如他的一位顾问所说：“我们很快就发现，即使在一个民主党控制的国会，要获得支出和投资议程的批准也是几乎不可能的。而一旦我们提出任何形式的减税，大家就开始垂涎欲滴。”② 显然，将支出计划重新标榜为减税时，尽管要以牺牲税收效率为代价，却具有巨大的政治吸引力。

① General Explanations of the Administration's Fiscal Year 2013 Revenue Proposals, Table 1.
② Chandler (1996).

□ 阻碍税基扩大的经济压力

避税天堂：以税收最小化为唯一存在理由的活动。

在有明显的政治压力支持税法中众多特殊条款的同时，经济方面的考虑也可能进一步阻碍这些规定的取消和税基的扩大。正如几个税收章节中强调过的，税收发生变化时经济不会没有任何反应。任何税收变化都会影响各种商品和要素市场中确定的价格和数量，而这些价格和数量变化反过来又会影响税收改革中所必须考虑的公平效应。**避税天堂**（tax shelters）就很好地说明了这一点，其活动存在的唯一理由就是税收最小化。

背景：避税 到20世纪80年代中期，税法创造了多种方式，精明的投资者可以通过屏蔽他们的收入来获得合法盈利。大多数避税计划都集中在一个由于某些原因而得到税收优惠的资产上。例如，房地产的投资者可能会迅速扣除折旧费用，将利润作为资本收益，从而免除60%的税收。电影制作、科学研究和其他符合投资税收抵免的行业的设备租赁可以减少相当于10%的设备成本。石油和天然气勘探通常会带来更优惠的税收待遇，因为60%～80%的初始投资可以进行税收扣除。

这些措施被国会用来鼓励房地产和石油行业的投资，但这种因避税而带来的扭曲激励导致了这些领域的过度投资。房产税优惠使得一美元的投资可产生两美元的扣除，而设备租赁税收优惠使得一美元的投资可产生五美元的扣除。到20世纪80年代中期，一年有超过100亿美元的资金投资在这些可避税的领域，其中一半以上都投资在房地产上。尽管建筑过剩和空置率接近30%，房地产避税依然为投资者带来了利润。一位业内人士估计，在石油和天然气公司中，超过75%的风险投资都来自这些避税。①

特别令人担忧的是，这些避税措施记录了“账面损失”，而投资者实际上可获得盈利。举一个简单的例子，假设1983年杰克的收入为250 000美元，他的税率在50%的税收档次（税级从109 400美元开始计算）。假如杰克决定将收入中的100 000美元用于石油钻井的风险投资，没有产生任何收入，并在第二年以90 000美元卖出，这看似一个非常糟糕的投资，一年损失了10 000美元，但在避税的世界不是这样，如表25-1所示。

表25-1 税收规避

行动	结果
将100 000美元用于石油风险投资	
以90 000美元出售风险投资	投资价值损失10 000美元
扣除该年收入中的60 000美元	节省税收30 000美元
扣除第二年收入中的10 000美元损失	节省税收5 000美元
净效应	获利25 000美元

说明：尽管避税投资价值损失了10 000美元，却节省了35 000美元的税收，所以净获利25 000美元。

---

① Russakoff (1985a); Russakoff (1985b).

石油投资的税收减免使得杰克在1983年的初始投资的60%（60 000美元）都是不用纳税的，所以在税率为50%的情况下，杰克节税30 000美元，在接下来的一年里，因为投资亏损的10 000美元在50%的税率下又可以另外节税5 000美元。所以一年后，杰克100 000美元的投资就变成了90 000美元加上35 000美元的节税收入，即125 000美元。一个看似亏损的项目的投资收益率却为25%——美国人真"聪明"！

避税变得如此普遍，许多具有创造力的人开始追求真正离奇的计划。例如，一个牡蛎农民，吆喝买家购买幼牡蛎时声称可减少前期投入成本，他们可以在牡蛎成熟的两年后把收入当作资本利得再交税。美国国税局后来规定，牡蛎增长带来的收入不算作资本利得！[①]

税收资本化： 指由于对资产收益流所征的税发生变化而导致的资产价格变化。

过渡性不公平 避税显然与前面所说的税法基本改革的三个好处背道而驰：避税者使得逃税更加容易；使得税法更加复杂；以及让税法更加无效率。考虑到第10章所讨论的**税收资本化**（tax capitalization）类型，采取避税措施会引发一个棘手的经济问题。回想一下，税收资本化是由于从该资产的回报流中征收的税变化而导致的资产价格变化。将避税福利资本化为资产价值的事实意味着结束这种避税会严重惩罚其所有者并造成巨大的横向不公平。

假设城市中有两个公寓要出售：一个是在低收入社区，另一个是在更富裕的社区。前者只值100 000美元，因为房东收不到足够的租金。后者值200 000美元。假设特别税收条款允许低收入社区公寓的投资者享有前面所说的大幅税收扣除和减免（如加速折旧、投资税收抵免）。由于这些税收优惠，低收入社区公寓价格上涨到200 000美元：原来的100 000美元加上价值100 000美元的税收优惠。菲利克斯（Felix）是一个重视这些税收优惠的纳税人，因此他以200 000万美元的价格购买了低收入社区的公寓。同时他的朋友罗德（Rod）也以200 000美元购买了富裕社区的公寓，而他是不能享受任何税收优惠的。

一年后，政府宣布终止低收入社区公寓的避税政策。因为不再有任何税收优惠，菲利克斯的公寓价格立刻跌回100 000美元，这极大地减少了他的资产净值。而且，这种净值的减少并未削减菲利克斯的税收负担，因为税法只允许他每年从收入中扣除3 000美元的资本损失。

税收改革过渡时期的不公平： 指相似的个人由于在过去做出了不同的决策，因而在税制改革中得到区分待遇的情况。

菲利克斯损失惨重的案例表明市场对税收变化的反应会导致**税收改革过渡时期的不公平**（transitional inequities from tax reform，简称过渡性不公平）：相似的个人在过往做出不同决定而被税收改革（尤其是影响资产价值的税收改革）差别对待所导致的税收待遇变化。菲利克斯和罗德都投资了200 000美元，由于税收改革，菲利克斯损失了100 000美元，而罗德没有任何损失，这是一个巨大的横向不公平。

① Swardson (1986).

这些过渡性不公平对税收和其他形式的政府监管来说是一个问题。假设政府宣布公共海滩由于水污染不再适合游泳。这个消息会使得海滩的房价立刻下降，而其早先高昂的价格正是因为靠近海边方便游泳。

过渡性不公平现象是任何税收改革的自然特性，它的定义就决定它将创建赢家和输家（除非有大的整体减税使每个人都更好）。这一现实使费尔德斯坦（Feldstein，1976）提出，税收改革应逐步减小因资产价格的频繁变化而导致的横向不公平。

对过渡性不公平的担忧也导致了通过政治过程的各种形式的补偿，例如祖父原则，根据旧的税收规则做出决定的人被允许继续受益于这些规则，未来的决定则要以改变后的规则为准（在前面的例子中，根据祖父原则，菲利克斯可以继续保留先前的税收减免价值 100 000 美元，但公寓的新投资者将无法再利用这些减税优惠）。这种补偿既不公平（受益者通常是享有特殊税收优惠政策的），也无效率（这种税法保留了一些受益的群体）。但补偿是税收改革车轮上必要的润滑油，必须权衡补偿成本和税收改革给社会带来的长远利益。

☞**应用**

祖父原则在弗吉尼亚州的应用

在 2003 年年底，弗吉尼亚州开启了改革税收制度的政治进程，希望使其摇摇欲坠的金融机构恢复正常。该制度的一个特点是，弗吉尼亚州每个 65 岁或以上的人每年扣除 12 000 美元的州所得税，不论其财富或收入如何。自动扣除虽然被广泛嘲笑为老年人的赠品，但该项目显然得到了一小部分老年公民的支持，他们是直接受益者。因此，当民主党州长马克·华纳（Mark Warner）提出取消税收扣除时，他的计划明确包括一项条款，即允许目前年龄在 65 岁以上的老年公民继续享有该项扣除——一个真正的祖父（或祖母）条款。甚至他的共和党对手也认为他们的计划也要包含此条款。弗吉尼亚州的政客也同意这个条款，尽管废除该项扣除每年可以给该州财政带来将近 3 亿美元的收入。一个退休组织的领导人不安地说道："这是一条成文的规定，如果废除它，处境将非常艰难。"① 2004 年 4 月，税收改革最终通过，祖父条款完好无损。

□ 难题

正如我们所看到的，政治和经济压力是构建一个具有黑格-西蒙斯标准的广泛税基制度的重要障碍。政治力量不断推动税法为特定人群提供好处，代价是潜在的低效和税基漏洞导致的不公。除此以外，一旦这些税收优惠政策实施了就很难取消，否则就为根据这些税收减免的存在而做出决策的人制造了横向不公平。

然而，我们在并不久远的《1986 年税收改革法案》中已经看到了基本税收改革。如果这些障碍可以克服，并且基本税收改革也是可能的，那么应该朝着哪个方向进行呢？在接下来的章节中，我们考虑经济学家最常讨论的基本改革方案。

---

① Melton (2003).

☞应用

《1986年税收改革法案》和避税

《1986年税收改革法案》对避税的处理是关于一个基本税收改革中妥协的有趣案例研究。《1986年税收改革法案》在制止严重避税行为上效仿了1981年的税改法案。例如，通过简单的手段，如停止石油和天然气投资的特殊待遇来直接消除避税。这一改革增加了公平与效率，使税法更简单。

然而，国会在政治上难以直接攻击这些避税，因为这样会激怒一些受益于这些避税的最重要的组织成员。相反，国会通过将所得分为三类来间接解决避税问题，这三类所得分别是：普通（劳动）所得、投资所得，以及被动所得。被动所得是指个人没有起积极作用而获得的收入，如避税或房地产收入。国会进一步规定，某一类别的所得不能弥补另一个类别所得的损失。这样，个人不能使用避税从其他来源完全减免其应税收入。此外，替代最低税在计算收入时并没有使用普通收入税收下的避税规则，确保富人至少为其收入支付了一些以最低税率计算的税收。

这些变化在很大程度上有效遏制了最恶劣的避税行为，但也是有代价的：会使税法更加复杂。现在不得不对所得进行以前不必要的分类，税负不得不计算两次。一次是普通收入下的税收计算，另一次是替代最低税方法下的计算。

《1986年税收改革法案》中的这些改变是好还是坏呢？可以通过比较复杂性增加所带来的成本与更公平、更有效、避税机会更少的税收制度的收益来找到答案。一个明确的经验是，如果政治家采取更直接的途径改善税法（例如简单地取消避税），而不是间接途径（例如《1986年税收改革法案》所追求的），则可以同时实现这两个目标。

25.3 消费税

消费征税：不是根据人们的收入而是根据消费的物品（如通过销售税）对人们征税。

通常被经济学家所青睐的美国现行税制根本改革措施，就是从对所得征税转变为对**消费征税**（taxing consumption），也就是基于个人消费了什么而不是赚取了什么进行征税。消费征税的概念至少可以追溯到17世纪，哲学家托马斯·霍布斯（Thomas Hobbes）在他著名的论文《利维坦》（Leviathan）中写道："以人们从经济中所提取的（粗略估计为消费）作为征税基础，比以他们所生产的（粗略衡量为收入）作为征税基础更为公平。"在美国，消费征税在某种程度上通过州和地方的销售税及消费税，以及一些联邦消费税进行，但消费征税在世界其他国家发挥着比在美国更大的作用：美国国家和地方政府收到消费税收入的比例低于其他任何一个OECD国家，如图25-4所示。

□ 为什么消费是一个更好的税基？

接下来的小节描述了许多形式的消费税。然而，为了最初的讨论目的，假设我们指

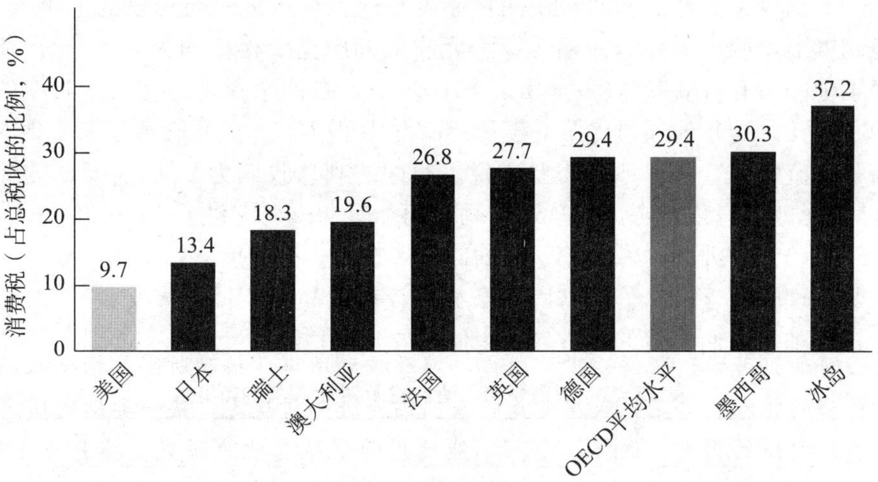

图 25-4　OECD 国家的消费税

资料来源：Organization for Economic Cooperation and Development，Consumption Tax Trends (2010c)，Table 3.2.

说明：在这一系列可比的工业化国家中，美国消费税占国家总税收的比例是最小的。

的是现在美国大多数州征收的零售税，但水平更高。例如，对所有购买征收 35%的联邦税。转向消费税基有三个可能的好处。

改善资产分配　单一销售税率可以减少当前税收制度的无效率。正如本章第一部分强调的，税基对税收的弹性大部分来自税收制度中的漏洞，比如以福利形式支付的非应税收入。原则上，如果国家销售税包含了雇主提供的医疗保险开支，那么这样的逃税机会将会消失。

当前税收制度效率低下的一个特殊原因是投资选择缺乏公平竞争的环境。现行税收制度对某些特定形式的储蓄进行惩罚，而对另一些则给予优惠。例如，通过租金免税以及资本利得免税从而对房产形式的储蓄给予优惠，而公司股权形式的储蓄则会因股利的发放而被惩罚。这些税负的差异会扭曲人们的储蓄决策，作用机制与税收楔子导致人们做出低效的决定。由于这些税收奖励和惩罚，基于效率最大化水平，人们会在房地产投资方面储蓄过多，而在支付股息的公司投资方面储蓄不足。

消费税只有在商品被消费时才征收，这将终结这些武断的决定。如果个人推迟消费，那么不管以何种形式储蓄，都不会影响到税负，因为储蓄是不会征税的。

更公平地对待储蓄者，减少对储蓄决策的扭曲　对现行税收制度的一个主要抱怨是，相对于花钱的人，它主要惩罚储蓄的人，这也是早期霍布斯（Hobbes）所引用的隐含动机。正如第 4 章所说的，这将减少储蓄，从而导致美国经济的产能下降。这种支持消费的偏差在消费税制度下会被消除。

考虑两个人——荷马（Homer）和奈德（Ned），他们除了储蓄偏好以外其他都是相同的。两个人都存活两期。第一期收入为 100 美元，第二期收入为 0。荷马是缺乏耐心的，他在第一期就花掉了所有的收入，而第二期则没有消费。奈德更有耐心，他想在两个时期内都有消费。最初，他们都需要交所得税，劳动所得和利息收入的税率为 50%，储蓄的利率为 10%。

表 25－2 比较了所得税和消费税两种制度下这两个人的税负。表的上半部分显示，在所得税制度下，两个人在第一期 100 美元收入的应交所得税均为 50 美元。荷马在第一期花掉了他的所有税后收入 50 美元，相比之下，奈德选择将他在两个时期的消费设定为 25.61 美元，这是他通过将第一期税后收益中的 24.39 美元储蓄起来实现的。在第二期，荷马没有收入，所以他不需要交税。奈德的利息收入为 2.44 美元，因此他需要缴纳 1.22 美元的利息税。考虑折现，荷马在两个时期内只支付了 50 美元的税，而奈德支付了 51.11 美元。因此，像奈德这样的储蓄者在所得税制度下就受到了惩罚。这种对储蓄的税收处理既缺乏横向公平（因为奈德仅仅因为决策不同就多交税），又是无效率的，因为这将削弱人们储蓄的动机（因为储蓄导致高税收）。

表 25－2　所得税 vs. 消费税及对储蓄者的待遇　　单位：美元

	荷马	奈德
所得税		
第一期收入	100	100
第一期税收	50	50
第一期消费	50	25.61
第一期储蓄	0	24.39
第二期利息收益	0	2.44
第二期税收	0	1.22
第二期消费	0	25.61
税收现值	50	51.11
消费税		
第一期收入	100	100
第一期消费	50	26.19
第一期税收	50	26.19
第一期储蓄	0	47.62
第二期利息收益	0	4.76
第二期消费	0	26.19
第二期税收	0	26.19
税收现值	50	50

说明：表的上部分展示了在所得税制度下，荷马在第一期消费了他所有的收入，而奈德储蓄了一部分。在该制度下，奈德比荷马有着更高的税负现值，因为奈德的劳动收入和利息收入都需要纳税。当政府转变为消费税体制时，两人的税负现值相等。

表 25－2 的下半部分展示了在消费税制度下的结果，此时税率为 100%，1 美元的消费需要交 1 美元的税。这一制度对于荷马没有任何影响，他仍然消费 50 美元，交 50 美元的税。然而更高的储蓄回报率会导致该例子中的奈德储蓄更多（记得第 23 章中提到，降低储蓄征税税率是否会导致更多的储蓄是一个开放性问题），他在第一期仅消费

26.19美元和支付26.19美元的消费税，并将储蓄剩下的47.62美元和获得4.76美元的利息。因此，他的第二期消费将为26.19美元，并将支付26.19美元的消费税。现在他所缴纳的税收的现值与荷马一样是50美元。向消费税的转变消除了所得税制度下支持消费的偏差，以及对选择储蓄而不是消费的群体的横向不公平待遇。消除这种支持消费的偏差可以导致更高的储蓄水平（如果先前的制度确实降低了储蓄，这是大多数经济学家所假定的情形）和一个产能更高的经济体。

切米利（Chamley，1986）以及贾德（Judd，1985）强调，多于两期时，这种反对资本利得税的论点甚至会更强。考虑一个消费者赚了100美元，打算消费50美元，并将剩下的以10%的利率储蓄起来。如果没有资本利得税，10年后他将得到130（$=50\times1.1^{10}$）美元。如果有50%的资本利得税，那么10年后他只能得到81（$=50\times1.05^{10}$）美元。将时间延长至50年，在没有税收的情况下，这个消费者可获得有资本税收下10倍的可支配收入。因此，切米利和贾德指出，资本利得税相当于不断增加的消费税，对消费和储蓄决策造成了巨大的扭曲。

简易性　消费税的另一个好处是简易性。理论上，对个人的购买征税比对定义复杂的收入征税要简单得多。然而在实践中的消费税收体制下，也要考虑如服务和耐用消费品等各种不同定义的消费品（例如，是对你购买房屋的价格征税，还是随着时间推移逐步对你所消费的住房服务进行征税?）的处理。

□ 为什么以消费作为税基可能会更糟糕呢?

消费税所带来的效率、横向公平、简易性的好处会被它所引起的五个负面影响所抵消。

纵向公平　消费税最主要的问题是削减纵向公平。在一个简单的模型中（如前面所提到的分析荷马和奈德的情境），个人在某一时间点花费了所有的收入，没有给子女留下任何遗产，那么所得税和消费税对穷人和富人产生的税负是相同的，他们在有生之年都支付相同比例的税收。

但是，显然这并不能正确解释现实生活中的消费行为。关于消费的一个主要事实是消费占收入的比例会随着收入的上升而下降。富人在他们的一生中的储蓄比穷人要多得多。迪南、斯基纳和泽尔德斯（Dynan，Skinner，and Zeldes，2004）发现，收入最低的五分之一的人仅储蓄了他们终生收入的3%，而收入最高的五分之一的人储蓄了他们终生收入的25%，收入分布顶端的1%的人可储蓄将近他们一半的终生收入。因此，消费税是累退的：因为穷人花费了更大比例的收入，他们承担的税负更多（相对于他们的收入）。

如果富人生前储蓄得更多，那么他们死时将留下更多的遗产。因此，通过把遗产当作消费来征税，消费税的累退性就可以简单地解决了。如果对遗产也像对消费一样征税，那么所有人的终生收入来源都被纳入了征税范围。

然而，关于遗产税的争论表明，在死亡时征收大量的税在政治上并不受欢迎。将遗产作为消费来征税相当于遗产税的巨大延伸，显然会引起反对，特别是对遗产征税可能会消除对消费征税所带来的大部分长期储蓄激励（因为为子女进行储蓄会更加昂贵）。因此，没有一个发达国家将遗产当作消费来征收消费税，在实践中，消费税相对于收入更加具有累退性。

还可以用一些其他手段来解决消费税的累退问题。一个是实施累进的支出税，正如下面所讨论的，这一方法在过往都没有得到过成功的应用。消费税的累退性也可以根据消费品潜在的消费者收入情况采用不同的税率来解决。例如，面包、牛奶之类的必需品可以征收较低的税，而富人消费的奢侈品可以征收更高的税。这种方法的问题是它给出了与第 20 章中拉姆齐模型所建议的完全相反的方案：我们现在要对最缺乏弹性的必需品进行税收减免，而对最有弹性的消费品（奢侈品）征收更多的税。另一个是，这种方法为政治家最大化投票提供了一个扭曲经济选择的新机会：例如，来自纺织大州的政治家会努力游说将衣服纳入税收优惠类别当中。这种方法也会使得商品的归类变得艰难：如果面包作为必需品税率更低，那么我们如何对待从昂贵的熟食店中出炉的作为奢侈品的百吉饼呢？

储蓄者和非储蓄者的区别　前面的观点表明最优的情况是永远不要对储蓄征税。但该观点忽视了现实中储蓄者和非储蓄者的区别。例如，在第 17 章中所讨论的，政府希望把收入从高能力群体向低能力群体进行再分配，但所采用的能力衡量指标是不完美的。比如收入这样的衡量指标，只对收入而不是潜在能力征税，政府引起的道德风险效应导致个人工作努力程度下降。然而，正如赛斯（Saez，2002）观察到的，能力最强的人也可能是储蓄最多的人。因此储蓄可以作为从高能力向低能力再分配的目标工具。赛斯证明了在这种情况下，政府应该在一定程度上征收资本利得税，从而有效地利用这一目标工具实现从高能力向低能力群体的收入再分配。[①] 戴蒙德和斯平耐维恩（Diamond and Spinnewijn，2011）表明，在个人有着不同储蓄偏好的模型中可以得出相似的结果。通过将这些异质性包含到模型中，柯尼萨等（Conesa et al.，2007）表明，最优资本税税率甚至比劳动所得税税率要高。因此，在个人之间引入这些差异，至少可以部分地消除动态模型中强有力的反对资本税的假设。

过渡问题　消费税的另一个主要问题是过渡问题。如果我们今天从所得税转变为消费税，你们这个年龄段（大学阶段）的人肯定漠不关心。你的大部分收入和消费都还在后头，所以不管是哪种制度，你交的税都一样。未来几代人将受益，因为更多的储蓄将导致一个更大的资本存量、更高的劳动边际产出和更高的生活水平。然而现在的中年人（尤其老年人）是主要的受损者，他们已经交了所得税，储存了一些税后收入以便将来消费。如果又以高税率对他们的消费征税，他们就被征了两次税。一次是赚取收入时征收的，另一次是花费储蓄时征收的。这比储蓄在所得税制度下的税收待遇要糟糕多了，因为消费税是对所有的储蓄（因为它是用来为消费融资的）而不仅仅是利息收入征税。

在有两个时期的例子中，假如个人在第一期工作，赚取 200 美元，100 美元用于消费，剩下的 100 美元以 10%的利率储蓄起来。在第二期，当他们退休时，他们可以消

① 作为对切米利（Chamley，1986）以及贾德（Judd，1985）早期工作的一个重要反驳，Golosov et al.（2003）提供了该论点的一个动态版本。再一次地，我们想对高技能的人征税，但如果政府对所得征税，那么这些人将减少赚钱数量。如果高技能的人储蓄得更多，对他们的储蓄征税就会让他们更努力地工作（这样他们到退休的时候才会有足够的钱）。因此，资本利得税不仅可以瞄准高能力群体，还可以通过减少储蓄来激励他们更努力地工作。

费 110 美元。如果所得税税率为 50%，那么他们要在第一期对 200 美元的劳动所得纳税（缴纳 100 美元的劳动所得税），以及在第二期对 10 美元的利息收入纳税（缴纳 5 美元的利息收入税）。然而，如果在第二期他们要退休的时候引入消费税，他们仍然要对第一期的 200 美元劳动所得纳税（即在第一期纳税 100 美元），同时还要对第二期全部的 110 美元消费缴纳消费税（即在第二期缴纳 55 美元消费税）。所以向消费税的过渡使他们的税负从 105 美元上升到 155 美元。

政治家很可能不愿意去实施对老年人如此不利的政策改变。因此，向消费税的转变可能包括对这些被双重征税的个人进行一些补偿。然而这些补偿的成本是很高的。据估计，如果必须提高额外税收以向当前世代进行过渡性转移支付，那么前几代消费税的全部效率收益都会被用尽。而且，因为税收模式转型而受损的是这些高收入的资产持有者，因此这种补偿实际上是对社会上最富有群体的补偿！

遵从 假设我们用如今大多数州征收的销售税来替代现行的所得税。根据盖尔（Gale，1999）的估计，这一改革需要 35%的销售税税率。该销售税税率如此之高所导致的主要问题是税收遵从。在高税率下，纳税人有着强烈的动机与零售商共谋逃税（例如为了让零售商不要将销售额记录在案而支付其一笔额外的费用），或者通过不需纳税的渠道（“黑市”）购买商品。追踪消费支出比追踪收入要难得多，因为在所得税制中，从薪水中扣缴就可以解决大多数人的税收遵从问题。

在消费税制度下对昂贵物品征收销售税可能带来一个特别的难题。最近，一些州难以对在另一个州购买的艺术品的价值征税的事实已经说明了这一点。当这些购买被运回家时，州外购买应该缴纳州“使用”税。但是，如果一件艺术品先被借给位于没有使用税的州的博物馆，那么它就被视为在第三个州“被使用”并且可以免税回家。人们通过使用这种方法就避免了数百万美元的州使用税。①

重复征税 国内销售税的最后一个问题是商业投入品的重复征税。理论上，销售税只是对零售环节而不是对商业投入品的销售征税。然而实际中，很多企业都是在零售层面购买它们的投入品。例如，个人创业时可能会在一个办公用品商店购买一台复印机，并且不得不支付消费税。正如斯莱姆罗德和巴基贾（Slemrod and Bakija，2008）所指出的，企业经常在购买投入品时支付销售税，而在销售它们的产品时再一次支付销售税，于是产生了重复征税。一种商品需要经过的生产和分配中间环节越多，如果这些环节涉及零售购买（例如，某人经营一个家庭企业，经营范围是通过购买零售商品凑成给医院的病人的礼物篮），那么这种商品被征的税就越重。这种重复征税导致了多环节生产模式的扭曲以及低效生产选择的无谓损失。即使利用零售采购会使生产变得更加有效率，由于税收的劣势，企业也还是不会选择这样做。

目前，在征收零售税时，美国的一些州试图避免这个问题，当一个企业从其他企业采购商品时给予这些商品一个注册号作为标记，该注册号可以免除这些商品的零售税。然而这种方法在实践中效果不佳，因此有很高比例的零售销售税收入仍然来自本应免税的商业采购。②

---

① Bowley and Cohen (2014).

② Slemrod and Bakija (2008), p. 10.

□ 消费税的设计

不同形式的消费税可以解决零售税所带来的问题。

增值税： 生产阶段中对商品在每个环节的价值增加额所征收的消费税。

增值税 大规模零售销售税所带来的税收遵从和重复征税问题让很多采用消费税的国家引入**增值税**（value-added tax，VAT，也叫作"层叠"消费税）作为替代。增值税的原理是对商品生产每一个阶段的附加值进行征税，而不是仅仅在它售出时对它的最终零售价值征税。

表 25－3 说明了一个零售价格为 100 美元的餐桌在面临 20%的增值税税率时的计算过程。如果 20%只是一个纯粹的销售税税率，则购买者需要支付 20 美元的税收，这会为零售商和购买者共谋逃税提供一个强大的动机。增值税作用于商品每个生产环节的附加值，即产出价值与支付给其他公司的投入品价格之间的差额，并且仅对附加值征税。

表 25－3 实践中的增值税 单位：美元

代理人	采购价	销售价	附加值	纳税额（税率＝20%）
伐木工	0	25	25	5
生产商	25	75	50	10
零售商	75	100	25	5
				纳税总额：20

说明：当伐木工通过生产木材为桌子增加了 25 美元的价值时，他需要支付 5 美元增值税（增值税税率＝20%）。接下来，制造商使桌子价值增加了 50 美元，并支付 10 美元增值税。最后，零售商在他增值的 25 美元基础上支付 5 美元增值税。

在这个例子中，第一个环节的生产者是伐木工，其砍伐树木、做成木材，并以 25 美元的价格卖给制造商，伐木工的附加值是 25 美元，因此他需要支付 5 美元的增值税。然后制造商将木材做成桌子并以 75 美元的价格卖给零售商，制造商的附加值是 50 美元，因此他需要支付的增值税是 10 美元。最后，零售商以 100 美元的价格把餐桌卖给我，零售阶段的附加值是 25 美元，因此零售商需支付 5 美元的增值税。①

理论上，增值税同时解决了税收遵从和重复征税问题。增值税总额为 20 美元，与实行 20%的零售税税率是一样的。但它们之间有着一个很重要的区别，增值税是自我监督的，生产链上的各个参与者都有着强烈的动机确保其他参与者的税务报告是正确的。任何降低附加值的企图，如生产者声称以高于实际价格的价格买入生产材料并以低于实际价格的价格卖出产品，都会增加生产链上其他参与者的税负，所以参与者自己就会确保税务报告是准确的。②

假设生产商谎称他以 30 美元买入木材并以 60 美元卖出餐桌，因此他的附加值仅为

① 该例涉及日本采用的"扣减法"增值税，以及欧洲国家采用的"抵免法"增值税，即公司在销售额的基础上支付增值税，但可以抵免在之前的生产阶段中已经支付的部分。在这一讨论中这两种方法的经济效应是相同的，详见 McClure (1987)。

② 参见 Pomeranz (2010) 关于这些问题的一个很好的讨论，她发现在智利的增值税制度下，随机宣布对公司进行税务审计实际上增加了该公司下游供应商的遵从性。

30 美元（他的税负是 6 美元，而不是他在诚实的情况下需要支付的 10 美元）。那么伐木工和零售商都会抗议，因为这意味着他们每个人都需支付更高的增值税。伐木工现在的附加值变成了 30 美元（因为对制造商的销售价格表面上为 30 美元），零售商的附加值现在为 40 美元（因为他看上去只支付了 60 美元的买入价，而以 100 美元卖出）。这一自我监督机制确保制造商是诚实的。唯一不受监督的参与者是零售商，但在不受监督的消费者购买阶段只有 5 美元的增值税（增值税总额的四分之一）需要支付（而在消费税例子中需支付 20 美元）。

增值税还明确地解决了重复征税问题，只对企业增加的价值征税，允许它们在纳税时扣除它们为投入品支付的价格。因此在增值税制下，公司并没有像在零售销售税制下那样因为通过零售渠道购买投入产品而受到税收惩罚。

虽然增值税在理论上听起来相当简单，但在实践中，大多数发达国家征收的增值税已经成为一种复杂的税收制度，吸引了所得税批评者的注意力。增值税通常设有多个税率和各种复杂的豁免，因此增值税制度的管理成本并不比所得税制度低。例如，在英国，标准的增值税税率为 17.5%，但家用燃料和电力的增值税税率减少到 5%。对某些“必需品”不征收增值税，其中包括食品、儿童服装、书籍、教育和医疗服务（整骨除外）。另外，如果你的销售额预期达不到 80 000 美元，你甚至不需要注册成为增值税纳税人。在美国，增值税同样存在所得税所涉及的税收遵从问题，甚至可能更为严重。①

支出税：以年度消费总额而不是特定的消费额为税基的消费税。

支出税 零售销售税和增值税的共同特征是，税收是在购买的层面上征收的，对购买者不加以区分。贫穷的和富裕的纳税人需要缴纳相等的增值税，因此不管是销售税还是增值税，都难以满足社会对累进税率的需求。这种对累进税的担忧引起了人们对**支出税**（expenditure tax）的关注，支出税是一种在年度消费而不是收入的基础上征收的税。从本质上讲，支出税和所得税的运作方式相同，但它的税基是支出而不是收入。

这种税既可以实现当前所得税系统的累进性，又具有使用消费作为税基的优点。另外，它也会带来巨大的税收遵从和信息复杂性问题。跟踪每个家庭的年度支出是很困难的，如果家庭试图跟踪，文件线索会变得很糟糕。这也是斯里兰卡和印度实行支出税失败的原因。两个国家的税收管理部门都缺乏使税收遵从得以实现的资源，因此纳税人可以自行操控他们个人的支出和储蓄数据。支出税的实验很快就无疾而终，即使是拥有高效税收管理系统的瑞典，最终也不得不承认，尽管支出税在理论上是更公平的，却是不可能实施的。②

□ 回到消费税：现金流税

现金流课税：对现金收入与储蓄额之间的差额征税。

先前的讨论提出了两个难点：在生产环节征收消费税会引发累进性的担忧，而在个人水平上对支出进行征税被证明在管理上行不通。一种方法就是把消费当作收入减去储蓄，允许人们在计算税负时从收入中减去储蓄，所得出的结果与对支出征税是相同的。**现金流课税**（cash-flow tax）即对现金收入与储蓄额之间的差额征税。

① Slemrod and Bakija (2008), pp. 215 - 218.

② 印度和斯里兰卡的证据来自 Muten (2001), p. 11，瑞典的证据来自 Sorenson (2001)。

这种方法的好处在于它对当前税收制度的变化要求最小，唯一难题是证实人们在一年中所报告的储蓄金额的真实性。这一数字可以通过官方记录识别税收目的的储蓄得以证实，例如银行账户、股票购买等。

事实上，我们当前的税收制度具有现金流课税的许多特点。所有雇主提供的退休储蓄以及通过个人退休账户和401(k) 账户进行的大部分个人退休储蓄都是免税的。住房储蓄可免除的资本利得税高达500 000美元。此外，自雇人士可以设立Keogh账户。通过这些账户，他们可以将多达20%的自我雇用收入作为退休储蓄以享受免税。退休储蓄和住房投资在很多美国人的储蓄中占了主要部分，因此对他们来说这近似于现金流课税。

然而，转向真正的现金流课税所需的一个重大变化是，允许高收入纳税人从应纳税所得额中扣除以其他形式（例如商业形式）进行的储蓄。对这种变化的迫切需求激发了人们对第22章引言中讨论的大量新的储蓄激励措施的渴望。然而，正如该章所述，这些储蓄激励措施将产生巨大的税收成本，并将大部分好处分配给高收入人士。因此，人们对转向纯现金流课税有着很强烈的反对意见。

25.4 单一税

最后，我们来考虑本章开篇例子中所描述的税制——单一税，这是经济学家罗伯特·霍尔（Robert Hall）和阿尔文·拉布什卡（Alvin Rabushka）在1981年首次推广的。他们的计划有以下几个特点：

1. 公司在销售额的基础上缴纳实行单一税税率的增值税，但还可以从税基中扣除员工报酬支付。没有公司所得税。

2. 在相同的单一税税率下，个人仅缴纳劳动所得税，而不缴纳资本利得税。

3. 所有的税式支出都会被取消（医疗保险支出会被当作薪酬支付，慈善捐赠和家庭贷款利息将不再享受扣除等），取而代之的是家庭层面上的单一豁免额。

对于这一计划，首先需要注意的是它和增值税密切相关：第一个组成部分是免除薪酬支付的增值税，但第二个组成部分涉及相同税率下对薪酬支付部分征税。为什么不用一个增值税搞定呢？这样做的真正意义是，通过在个人收入层面征收所得税，可以将累进性引入税收结构中，正如支出税试图做到的，但这样做就可以不实际进行支出税的征收。在他们的计划中，霍尔和拉布什卡提出了19%的单一税税率以及一个25 000美元水平的豁免，这就使得社会中的低收入者（收入低于25 000美元）免税，从而获得比增值税和销售税更多的纵向公平。

□ 单一税的优点

单一税有几大优点。最重要的是，在广泛的收入定义上保持一个统一税率可以提高效率。这种改变扩大了税源（例如雇主医疗保险支出），并消除了当税率上升时个人得以降低其税基的途径（如提高家庭贷款利息支付），使得在边际税率维持较低水平的同时减少税收的无效率。效率的提高还基于第 20 章和本章所强调的原因：应税收入的弹性对于最高收入群体来说是最大的。当税率上升时，高收入纳税人的应税收入的减少是最多的。因此，边际税率上升的税收制度不仅通过在范围较窄的富人基础上设定高利率来增加无谓损失，而且通过对应税收入弹性最大的人群征税来增加无谓损失。

在单一税税率下，效率会有更进一步的提高。储蓄的免税会导致更多的资本积累，尽管我们还是不知道储蓄对税后利率的弹性有多大。单一税也将取消公司所得税及相关的低效率，从而促进公司投资增加，提高公司融资效率。

最后，从简易性来说，单一税也具有巨大的优点，正如之前所阐明的。税收遵从也会被进一步优化，因为更简易的税收制度会增加逃税的难度。对于大多数纳税人，他们全部的税款都可以通过收入扣缴得以征收。

□ 单一税的问题

单一税的问题与消费税相似。第一，虽然对于中低收入者来说，单一税可以是相当累进的，但对于高收入者来说，累进性比现行制度要小得多。表 25－4 给出了一对有两个孩子的夫妇在当前税收制度以及在霍尔-拉布什卡单一税制提议下的平均税率。如果这个家庭的收入为 25 000 美元，单一税制下则不需纳税；而在当前税制下，平均税率为 0.6%。然而对于收入为 50 000 美元或者 100 000 美元的家庭，税负会比单一税制下高。真正的税收节省在收入高于 100 000 美元时才会发生。在刚才讨论的单一税建议下，收入为 300 000 美元的家庭的平均税率为 17.4%，而收入为 1 000 000 美元的家庭的平均税率并没有高很多（18.5%）。相比之下，在当前税收制度下，收入为 300 000 美元的家庭的平均税率为 22.5%，而收入为 1 000 000 美元的家庭的平均税率要高得多（31.1%）。①

纵向公平很大程度上的减少对大多数选民来说都是有问题的。1996 年，美国财政部关于代表迪克·阿梅（Dick Armey）和参议员理查德·谢尔比（Richard Shelby）提出的单一税的研究得出的结论是，收入低于 20 万美元的人的联邦税收总额平均将增加 11.8%，而收入高于 20 万美元的人的税收则下降 28.3%。②

第二，单一税会带来较难的过渡性问题。取消当前的税收优惠会导致大量的横向不公平问题，而解决这些问题的代价是高昂的。如抵押贷款利息的税收扣除是一笔较大的住房补贴，将其取消会导致房产持有价值的急剧下降。人们看到他们最值钱的资产大幅缩水自然会觉得很沮丧。类似地，一些估计表明，取消雇主提供的医疗保险的税收优惠也会破坏医疗保险市场，多达 2 000 万人可能会失去他们的医疗保险，这一群体的数量是现有未投保人数的五分之二。③ 这些过渡性不公平是根本性改革不可避免的结果，但不应该成为反对改革的唯一理由，而是必须在政治上切实可行的改革努力中加以解决。

① Tax Estimator，Efile.com (2012).

② Slemrod and Bakija (2000)，p. 10.

③ Gruber and Lettau (2004).

表 25-4 单一税对分配的影响

	家庭收入（有两个孩子的家庭）				
	25 000 美元	50 000 美元	100 000 美元	300 000 美元	1 000 000 美元
当前税收制度下的平均税率	0.6%	5.4%	10.7%	22.5%	31.1%
霍尔-拉布什卡单一税制下的平均税率	0	9.5%	14.3%	17.4%	18.5%

说明：该表显示了在当前税收制度以及霍尔-拉布什卡单一税制下家庭的平均税率。对于家庭收入为 25 000 美元的家庭，单一税下的税率比当前的税率要低。对于大多数收入在 100 000 美元以下的家庭，单一税下的税负是增加的。而对于收入超过 100 000 美元的家庭，税负则会下降。

☞应用

坎普税改方案

税收改革者面临的挑战在关于密歇根州前国会议员戴夫·坎普（Dave Camp）提出的基本税制改革的辩论中得到了说明。坎普当时是众议院筹款委员会主席，是税收政策方面备受推崇的专家，他对 2014 年 2 月 26 日透露的税制改革愿景给予了额外的信任。

坎普计划将对个人和企业税收制度进行广泛的改革。总体目标是通过借鉴前面章节的结论，降低个人和企业的税率，同时减少适用于两者的税收漏洞，并在此过程中大大简化个人税收。改革将保持税收负担的整体分配，尽管它会在纳税人中造成一些受益者和受损者。该计划的制定涉及 30 多个国会听证会、11 个独立的两党税收改革工作组，以及在 taxreform. gov 上发表的 14 000 条公众意见。

在个人方面，坎普计划将税级减少为三个，同时大幅降低税率。目前，10%和 15%的税收档次统一适用 10%的税率；处于 25%、28%、33%和 35%税级的人将支付 25%的税率；处于 39.6%税级的纳税人的最高税率被改为 35%。为了给这些边际税率降低提供资金，坎普将极大地限制左翼和右翼所支持的现有税式支出：将取消对州和地方税收的扣除；房屋抵押贷款扣除额将被限制在低于 500 000* 美元的抵押贷款范围内；慈善扣除只适用于高于“最低”金额的人；EITC 抵免的最高额度将减少，退出阶段将在收入分配的更早期开始；其他的税收减免也被取消，如替代能源的税收优惠，医疗支出超过收入 10%部分的税收减免，甚至专业运动队的免税地位都将被取消。标准扣除额将会增加，同时可扣除项目的扣除额将降低，从而 95%的纳税人会使用标准扣除额。因此，税收将大大简化。

在企业方面，坎普计划将在五年内把公司税税率从 35%降低到 25%。为了给这种下降提供资金，公司税税基将以各种方式扩大。加速折旧将被终止，延长可扣除资产的寿命，从而降低折旧免税额。广告支出不再可以完全扣除；相反，广告支出将被视为折旧资产，只能在一段时期内扣除。所有国外持有的现金在汇回时都可以适用 8.75%的税率，而美国将改为属地征收，仅对美国境内的收入征税。该计划还废除了针对特定行业的各种税收优惠，同时还对最大的几个银行征收新的小额消费税。

* 原书为“50 000”，疑有误。——译者注

这一重要提案经过了各种独立机构，如国会联合税务委员会（Congressional Joint Tax Committee）的认真审议。这些变化预计在十年预算期内是税收中性的，该计划也是分配中性的，不同收入群体纳税所占比例不会发生变化。国会联合税务委员会还估计，简化税制下的高税收遵从水平将会带来税收的增加。

大多数专家也对此计划表示赞赏。《美国新闻与世界报道》（*U. S. News and World Report*）的一篇社论说，该计划为两党讨论提供了一个平台，且所提出的公司所得税改革将是促进增长的。① 共和党领袖及国会议员保罗·瑞安（Paul Ryan）说："我们正在进行一场非常重要的必须进行的对话。"② 众议院议长约翰·博纳（John Boehner）还称该计划为谈话的开始，但当被问及该计划的细节时，他却无法详细说明。③

另外，受这些变化负面影响的特殊利益群体则表示强烈反对。抵押贷款银行家协会（Mortgage Bankers Association）首席执行官戴维·史蒂文斯（David Stevens）表示："我们担心对贷款机构所征的税会影响信贷的可用性和成本。"而金融服务论坛（Financial Services Forum）的首席执行官劳勃·尼克尔斯（Rob Nichols）表示："新的针对大型银行的征税将通过增加美国家庭和企业的资本成本，损害经济增长和就业机会的创造，并削弱美国的全球金融竞争力。"④ 以特殊利益群体为基础的反对意见并不局限于某一方。民主党国会议员查尔斯·兰格尔（Charles Rangel）说："我不会支持一项取消州和地方税收减免的计划，这将对纽约市民造成毁灭性影响。"⑤

最后，坎普提案的结果就是：仅仅作为一个提案。任何一方似乎都没有兴趣进行如此广泛的税制改革尝试。

25.5 结论

对美国所得税的抱怨比比皆是。税制的复杂、对经济的扭曲，以及美国所得税制度中固有的再分配，使许多人对以所得税作为国家收入增长的主要来源表示不满。然而，正如本章所强调的，所得税基本改革并非易事。进行根本性改革，比如用消费税和单一税取代所得税，会带来关于税法中效率与公平之间适当权衡的难题。

重点

- 当前税收制度的主要问题是税收遵从问题，逃税导致税收大量减少，税收效率降低，还会带来横向和纵向的不公平。更高的税率似乎使得逃税更加猖獗。

① Sepp (2014).
② Faler (2014).
③ Sahadi (2014); Faricy and Ellis (2014).
④ Garrison (2014).
⑤ Walker (2014).

- 简化税制是值得追求的目标，但它可能与其他目标发生冲突，比如税收效率。
- 更高的税率似乎会减少税基，抵消更高税率带来的收入增加。大部分税基的减少不是由总收入的减少，而是由报告收入的降低、避税和逃税的增加而导致的，且这些影响主要集中在收入分配的顶层。
- 税收改革可能会导致严重违反横向公平，并产生大量的利益受损者。
- 被很多经济学家青睐的对当前所得税制的一个彻底改革方案，是转而采用消费税制度，这将对储蓄产生更小的扭曲，但同时也会减少纵向公平，因为穷人的消费占收入的比重更大。
- 消费税可以通过销售税、增值税或者现金流税得以实现。
- 另一个被经济学家推崇的税收基本改革是采取带有豁免和单一边际税率的单一税，这种税收制度可以改进效率，简化税制，提高税收遵从，但也会显著地恶化纵向公平，同时会带来很高的过渡性成本。

习题

1. 赫敏居住在一个有两个税级的国家：第一笔 30 000 美元的收入的税率为 20%，任何超过 30 000 美元的额外收入的税率为 40%。哈利住在一个只有单一税级的国家：所有收入的税率均为 40%。赫敏和哈利目前的收入都是 35 000 美元，两者都有机会通过“隐藏”10 000 美元的收入来逃税，这样他们报告的应纳税收入只有 25 000 美元。谁可以利用这个逃税机会受益？

2. 叙述用增值税取代销售税的好处。

3. 比较表 25 - 4 中列举的两种税收制度，描述一个在现有税收制度下比单一税下境况更好的纳税人，描述一个在单一税制下境况更好的纳税人。

4. 在美国，基本税收改革会如何提高税收效率？

5. 假定一项 30 000 美元的投资在好的情况下，收益回报是 25 000 美元，边际税率是 30%。政府考虑要实行降低投资价格的投资税收抵免。投资价格需要下降百分之多少你才会进行此项投资？

6. 在类似服务员和调酒师的工作领域，小费收入占报酬的很大一部分，逃税是特别普遍的。用经济理论来解释为什么会有这种情况。

7. 描述霍尔-拉布什卡单一税制中效率与公平的权衡。提高免税水平和单一税税率会如何影响这一权衡？

8. 托尔图尼亚政府将所有税级的所得税税率都提高了 20%，税率上升对总税收的影响通过几个途径实现？对于以下各个途径，你预期高税率会提高还是降低税收？

   a. 税率上升的直接影响。

   b. 税率上升对个人收入的影响。

   c. 税率上升对逃税或避税的影响。

9. 为什么从所得税向消费税的公平过渡会消除一部分（如果不是全部）与引入消

费税相关的效率好处？

进阶习题

10. 假设世界上的人除了储蓄行为以外其他都相同。人们生存两期，在第一期赚取500美元，第二期则没有收入。劳动收入和利息收入的所得税税率为40%，储蓄的利率为8%。有两种类型的人：及时行乐消费者在第一期消费了所有的收入，平滑者将消费平均分配在两个时期。

a. 及时行乐消费者在两期中每期应支付的税是多少？平滑者呢？

b. 假设所得税被80%的消费税所取代，在该制度下，一美元的消费需支付的税为0.8美元，那么每种类型的消费者在每一期需缴纳的消费税是多少？

c. 比较这两种消费者在两种税收制度下纳税的现值，哪种税收制度更公平？

11. 逃税和避税的区别是什么？你如何凭经验区分这两种现象？

12. 假设税率是30%，逃税被抓的概率为10%加上每逃税1 000美元的额外概率2.5%。因此，$P=0.1+0.025X$，X 代表逃税的金额（单位为千美元）。逃税被抓的人会被强制要求补缴所欠税款，并支付额外10 000美元的罚金。一个风险中立的人逃税的金额会是多少？换作一个风险厌恶的纳税人，逃税金额又会是多少？

13. 税收简化的支持者认为单一税是公平的。这种说法从哪些角度来看是正确的？从哪些角度看，单一税会降低税收公平？

14. 伊斯塔利亚目前对供子女上大学的家庭给予税收抵免。面对糟糕的财务困境，政府决定取消这项抵免，但同时又让现在享有这项抵免的家庭继续享有。既然这种"祖父式"的做法会导致当前和未来大学生家庭之间存在不公平现象，并且相对于完全取消税收抵免，政府这样做会造成巨大的代价，那么为什么伊斯塔利亚会选择"祖父式"的做法呢？

15. 考虑两种消费税制度：(a) 所有的商品税率相同；(b) 对必需品不征税，奢侈品税率较高。比较这两种制度的公平和效率。

16. 我最近在一个高消费税国家度假时，面临着这样一个交易：现金付款可打九折。鉴于信用卡交易给商家带来的费用低于2%，为什么商家还要给予我这个优惠？如果这个国家用增值税取代消费税，该商家是否还愿意提供这项优惠？请解释。

经济科学译丛

序号	书名	作者	Author	单价	出版年份	ISBN
1	财政学(第五版)	乔纳森·格鲁伯	Jonathan Gruber	118.00	2021	978-7-300-28892-5
2	共谋理论和竞争政策	小约瑟夫·E. 哈林顿	Joseph E. Harrington, Jr.	9.00	2021	978-7-300-28804-8
3	国际经济学:理论与政策(第十一版)	保罗·R. 克鲁格曼等	Paul R. Krugman	00	2021	978-7-300-28805-5
4	微观经济学(第四版)	戴维·A. 贝赞可	David A. Besanko	00	2020	978-7-300-28647-1
5	经济建模:目的与局限	劳伦斯·A. 博兰德	Lawrence A. Boland		2020	978-7-300-28532-0
6	计量经济分析(第八版)(上下册)	威廉·H. 格林	William H. Greene		2020	978-7-300-27645-8
7	微观经济学(第四版)	保罗·克鲁格曼等	Paul Krugman		20	978-7-300-28321-0
8	发展宏观经济学(第四版)	皮埃尔·理查德·阿根诺等	Pierre-Richard Agenor			978-7-300-27425-6
9	平狄克《微观经济学》(第九版)学习指导	乔纳森·汉密尔顿	Jonathan Hamilton			978-7-300-28281-7
10	经济地理学:区域和国家一体化	皮埃尔-菲利普·库姆斯等	Pierre-Philippe Combes			28276-3
11	公共部门经济学(第四版)	约瑟夫·E. 斯蒂格利茨等	Joseph E. Stiglitz			-7-300-28218-3
12	递归宏观经济理论(第三版)	拉尔斯·扬奎斯特等	Lars Ljungqvist			300-28058-5
13	策略博弈(第四版)	阿维纳什·迪克西特等	Avinash Dixit			
14	劳动关系(第10版)	小威廉·H. 霍利等	William H. Holley, Jr.			
15	微观经济学(第九版)	罗伯特·S. 平狄克等	Robert S. Pindyck			
16	宏观经济学(第十版)	N. 格里高利·曼昆	N. Gregory Mankiw			
17	宏观经济学(第九版)	安德鲁·B.亚伯等	Andrew B. Abel			
18	商务经济学(第二版)	克里斯·马尔赫恩等	Chris Mulhearn			
19	管理经济学:基于战略的视角(第二版)	蒂莫西·费希尔等	Timothy Fisher			
20	投入产出分析:基础与扩展(第二版)	罗纳德·E. 米勒等	Ronald E. Miller			
21	宏观经济学:政策与实践(第二版)	弗雷德里克·S. 米什金	Frederic S. Mishkin			
22	国际商务:亚洲视角	查尔斯·W.L. 希尔等	Charles W. L. Hill			
23	统计学:在经济和管理中的应用(第10版)	杰拉德·凯勒	Gerald Keller			978-7-300-26771-5
24	经济学精要(第五版)	R. 格伦·哈伯德等	R. Glenn Hubbard		2019	978-7-300-26561-2
25	环境经济学(第七版)	埃班·古德斯坦等	Eban Goodstein			978-7-300-23867-8
26	管理者微观经济学	戴维·M.克雷普斯	David M. Kreps			978-7-300-22914-0
27	税收与企业经营战略:筹划方法(第五版)	迈伦·S. 斯科尔斯等	Myron S. Scholes			978-7-300-25999-4
28	美国经济史(第12版)	加里·M. 沃尔顿等	Gary M. Walton			978-7-300-26473-8
29	组织经济学:经济学分析方法在组织管理上的应用(第五版)	塞特斯·杜玛等	Sytse Douma			978-7-300-25545-3
30	经济理论的回顾(第五版)	马克·布劳格	Mark Blaug			
31	实地实验:设计、分析与解释					978-7-300-26319-9
32	金融学(第二版)					978-7-300-26134-8
33	空间数据分析:模型、方法与技术	曼弗雷德·M. 费希尔等				978-7-300-25304-6
34	《宏观经济学》(第十二版)学习指导书	鲁迪格·多恩布什等	Rudiger Dornbusch			978-7-300-26063-1
35	宏观经济学(第四版)	保罗·克鲁格曼等	Paul Krugman			978-7-300-26068-6
36	计量经济学导论:现代观点(第六版)	杰弗里·M. 伍德里奇	Jeffrey M. Wooldridge		2018	978-7-300-25914-7
37	经济思想史:伦敦经济学院讲演录	莱昂内尔·罗宾斯	Lionel Robbins		2018	978-7-300-25258-2
38	空间计量经济学入门——在R中的应用	朱塞佩·阿尔比亚	Giuseppe Arbia		2018	978-7-300-25458-6
39	克鲁格曼经济学原理(第四版)	保罗·克鲁格曼等	Paul Krugman		2018	978-7-300-25639-9
40	发展经济学(第七版)	德怀特·H.波金斯等	Dwight H. Perkins		2018	978-7-300-25506-4
41	线性与非线性规划(第四版)	戴维·G.卢恩伯格等	David G. Luenberger		2018	978-7-300-25391-6
42	产业组织理论	让·梯若尔	Jean Tirole		2018	978-7-300-25170-7
43	经济学精要(第六版)	巴德、帕金	Bade, Parkin		2018	978-7-300-24749-6
44	空间计量经济学——空间数据的分位数回归	丹尼尔·P. 麦克米伦	Daniel P. McMillen		2018	978-7-300-23949-1
45	高级宏观经济学基础(第二版)	本·J. 海德拉	Ben J. Heijdra		2018	978-7-300-25147-9
46	税收经济学(第二版)	伯纳德·萨拉尼耶	Bernard Salanié		2018	978-7-300-23866-1
47	国际贸易(第三版)	罗伯特·C. 芬斯特拉	Robert C. Feenstra		2017	978-7-300-25327-5
48	国际宏观经济学(第三版)	罗伯特·C. 芬斯特拉	Robert C. Feenstra		2017	978-7-300-25326-8

经济科学译丛						
序号	书名	作者	Author	单价	出版年份	ISBN
49	公司治理(第五版)	罗伯特·A. G. 蒙克斯	Robert A. G. Monks	69.80	2017	978-7-300-24972-8
50	国际经济学(第15版)	罗伯特·J. 凯伯	Robert J. Carbaugh	78.00	2017	978-7-300-24844-8
51	经济理论和方法史(第五版)	小罗伯特·B. 埃克伦德等	Robert B. Ekelund. Jr.	88.00	2017	978-7-300-22497-8
52	经济地理学	威廉·P. 安德森	William P. Anderson	59.80	2017	978-7-300-24544-7
53	博弈与信息:博弈论概论(第四版)	艾里克·拉斯穆森	Eric Rasmusen	79.80	2017	978-7-300-24546-1
54	MBA宏观经济学	莫里斯·A. 戴维斯	Morris A. Davis	38.00	2017	978-7-300-24268-2
55	经济学基础(第十六版)	弗兰克·V. 马斯切纳	Frank V. Mastrianna	42.00	2017	978-7-300-22607-1
56	高级微观经济学:选择与竞争性市场	戴维·M. 克雷普斯	David M. Kreps	79.80	2017	978-7-300-23674-2
57	博弈论与机制设计	Y. 内拉哈里	Y. Narahari	69.80	2017	978-7-300-24209-5
58	宏观经济学(第十二版)	鲁迪格·多恩布什等	Rudiger Dornbusch	69.00	2017	978-7-300-23772-5
59	国际金融与开放宏观经济学:理论、历史与政策	亨德里克·范登伯格	Hendrik Van den Berg	68.00	2016	978-7-300-23380-2
60	经济学(微观部分)	达龙·阿西莫格鲁等	Daron Acemoglu	59.00	2016	978-7-300-21786-4
61	经济学(宏观部分)	达龙·阿西莫格鲁等	Daron Acemoglu	45.00	2016	978-7-300-21886-1
62	中级微观经济学——直觉思维与数理方法(上下册)	托马斯·J. 内契巴	Thomas J. Nechyba	128.00	2016	978-7-300-22363-6
63	环境与自然资源经济学(第十版)	汤姆·蒂坦伯格等	Tom Tietenberg	72.00	2016	978-7-300-22900-3
64	货币金融学(第十一版)	弗雷德里克·S. 米什金	Frederic S. Mishkin	85.00	2016	978-7-300-23001-6
65	动态优化——经济学和管理学中的变分法和最优控制(第二版)	莫顿·I. 凯曼等	Morton I. Kamien	48.00	2016	978-7-300-23167-9
66	投资学精要(第九版)	兹维·博迪等	Zvi Bodie	108.00	2016	978-7-300-22236-3
67	环境经济学(第二版)	查尔斯·D. 科尔斯塔德	Charles D. Kolstad	68.00	2016	978-7-300-22255-4
68	MWG《微观经济理论》习题解答	原千晶等	Chiaki Hara	75.00	2016	978-7-300-22306-3
69	横截面与面板数据的计量经济分析(第二版)	杰弗里·M. 伍德里奇	Jeffrey M. Wooldridge	128.00	2016	978-7-300-21938-7
70	宏观经济学(第十二版)	罗伯特·J. 戈登	Robert J. Gordon	75.00	2016	978-7-300-21978-3
71	动态最优化基础	蒋中一	Alpha C. Chiang	42.00	2015	978-7-300-22068-0
72	管理经济学:理论、应用与案例(第八版)	布鲁斯·艾伦等	Bruce Allen	79.80	2015	978-7-300-21991-2
73	微观经济分析(第三版)	哈尔·R. 范里安	Hal R. Varian	68.00	2015	978-7-300-21536-5
74	财政学(第十版)	哈维·S. 罗森等	Harvey S. Rosen	68.00	2015	978-7-300-21754-3
75	经济数学(第三版)	迈克尔·霍伊等	Michael Hoy	88.00	2015	978-7-300-21674-4
76	发展经济学(第九版)	A. P. 瑟尔沃	A. P. Thirlwall	69.80	2015	978-7-300-21193-0
77	宏观经济学(第五版)	斯蒂芬·D. 威廉森	Stephen D. Williamson	69.00	2015	978-7-300-21169-5
78	现代时间序列分析导论(第二版)	约根·沃特斯等	Jürgen Wolters	39.80	2015	978-7-300-20625-7
79	空间计量经济学——从横截面数据到空间面板	J. 保罗·埃尔霍斯特	J. Paul Elhorst	32.00	2015	978-7-300-21024-7
80	战略经济学(第五版)	戴维·贝赞可等	David Besanko	78.00	2015	978-7-300-20679-0
81	博弈论导论	史蒂文·泰迪里斯	Steven Tadelis	58.00	2015	978-7-300-19993-1
82	社会问题经济学(第二十版)	安塞尔·M. 夏普等	Ansel M.Sharp	49.00	2015	978-7-300-20279-2
83	时间序列分析	詹姆斯·D. 汉密尔顿	James D. Hamilton	118.00	2015	978-7-300-20213-6
84	微观经济理论	安德鲁·马斯-克莱尔等	Andreu Mas-Collel	148.00	2014	978-7-300-19986-3
85	产业组织:理论与实践(第四版)	唐·E. 瓦尔德曼等	Don E. Waldman	75.00	2014	978-7-300-19722-7
86	公司金融理论	让·梯若尔	Jean Tirole	128.00	2014	978-7-300-20178-8
87	公共部门经济学	理查德·W. 特里西	Richard W. Tresch	49.00	2014	978-7-300-18442-5
88	计量经济学导论(第三版)	詹姆斯·H. 斯托克等	James H. Stock	69.00	2014	978-7-300-18467-8
89	中级微观经济学(第六版)	杰弗里·M. 佩罗夫	Jeffrey M. Perloff	89.00	2014	978-7-300-18441-8
90	计量经济学原理与实践	达摩达尔·N. 古扎拉蒂	Damodar N.Gujarati	49.80	2013	978-7-300-18169-1
91	经济学简史——处理沉闷科学的巧妙方法(第二版)	E. 雷·坎特伯里	E. Ray Canterbery	58.00	2013	978-7-300-17571-3
92	环境经济学	彼得·伯克等	Peter Berck	55.00	2013	978-7-300-16538-7
93	高级微观经济理论	杰弗里·杰里	Geoffrey A. Jehle	69.00	2012	978-7-300-16613-1

经济科学译丛

序号	书名	作者	Author	单价	出版年份	ISBN
94	高级宏观经济学导论:增长与经济周期(第二版)	彼得·伯奇·索伦森等	Peter Birch Sørensen	95.00	2012	978-7-300-15871-6
95	卫生经济学(第六版)	舍曼·富兰德等	Sherman Folland	79.00	2011	978-7-300-14645-4
96	现代劳动经济学:理论与公共政策(第十版)	罗纳德·G. 伊兰伯格等	Ronald G. Ehrenberg	69.00	2011	978-7-300-14482-5
97	计量经济学基础(第五版)(上下册)	达摩达尔·N. 古扎拉蒂	Damodar N.Gujarati	99.00	2011	978-7-300-13693-6
98	《计量经济学基础》(第五版)学生习题解答手册	达摩达尔·N. 古扎拉蒂等	Damodar N. Gujarati	23.00	2012	978-7-300-15080-8

金融学译丛

序号	书名	作者	Author	单价	出版年份	ISBN
1	金融工程学原理(第三版)	罗伯特·L. 科索斯基等	Robert L. Kosowski	109.00	2020	978-7-300-28541-2
2	金融市场与金融机构(第12版)	杰夫·马杜拉	Jeff Madura	99.00	2020	978-7-300-27836-0
3	个人理财(第11版)	E. 托马斯·加曼等	E. Thomas Garman	108.00	2020	978-7-300-25653-5
4	银行学(第二版)	芭芭拉·卡苏等	Barbara Casu	99.00	2020	978-7-300-28034-9
5	金融衍生工具与风险管理(第十版)	唐·M. 钱斯	Don M. Chance	98.00	2020	978-7-300-27651-9
6	投资学导论(第十二版)	赫伯特·B. 梅奥	Herbert B. Mayo	89.00	2020	978-7-300-27653-3
7	金融几何学	阿尔文·库鲁克	Alvin Kuruc	58.00	2020	978-7-300-14104-6
8	银行风险管理(第四版)	若埃尔·贝西	Joël Bessis	56.00	2019	978-7-300-26496-7
9	金融学原理(第八版)	阿瑟·J. 基翁等	Arthur J. Keown	79.00	2018	978-7-300-25638-2
10	财务管理基础(第七版)	劳伦斯·J. 吉特曼等	Lawrence J. Gitman	89.00	2018	978-7-300-25339-8
11	利率互换及其他衍生品	霍华德·科伯	Howard Corb	69.00	2018	978-7-300-25294-0
12	固定收益证券手册(第八版)	弗兰克·J. 法博齐	Frank J. Fabozzi	228.00	2017	978-7-300-24227-9
13	金融市场与金融机构(第8版)	弗雷德里克·S. 米什金等	Frederic S. Mishkin	86.00	2017	978-7-300-24731-1
14	兼并、收购和公司重组(第六版)	帕特里克·A. 高根	Patrick A. Gaughan	89.00	2017	978-7-300-24231-6
15	债券市场:分析与策略(第九版)	弗兰克·J. 法博齐	Frank J. Fabozzi	98.00	2016	978-7-300-23495-3
16	财务报表分析(第四版)	马丁·弗里德森	Martin Fridson	46.00	2016	978-7-300-23037-5
17	国际金融学	约瑟夫·P. 丹尼尔斯等	Joseph P. Daniels	65.00	2016	978-7-300-23037-1
18	国际金融	阿德里安·巴克利	Adrian Buckley	88.00	2016	978-7-300-22668-2
19	个人理财(第六版)	阿瑟·J. 基翁	Arthur J. Keown	85.00	2016	978-7-300-22711-5
20	投资学基础(第三版)	戈登·J. 亚历山大等	Gordon J. Alexander	79.00	2015	978-7-300-20274-7
21	金融风险管理(第二版)	彼德·F. 克里斯托弗森	Peter F. Christoffersen	46.00	2015	978-7-300-21210-4
22	风险管理与保险管理(第十二版)	乔治·E. 瑞达等	George E. Rejda	95.00	2015	978-7-300-21486-3
23	个人理财(第五版)	杰夫·马杜拉	Jeff Madura	69.00	2015	978-7-300-20583-0
24	企业价值评估	罗伯特·A.G. 蒙克斯等	Robert A. G. Monks	58.00	2015	978-7-300-20582-3
25	基于Excel的金融学原理(第二版)	西蒙·本尼卡	Simon Benninga	79.00	2014	978-7-300-18899-7
26	金融工程学原理(第二版)	萨利赫·N. 内夫特奇	Salih N. Neftci	88.00	2014	978-7-300-19348-9
27	国际金融市场导论(第六版)	斯蒂芬·瓦尔德斯等	Stephen Valdez	59.80	2014	978-7-300-18896-6
28	金融数学:金融工程引论(第二版)	马雷克·凯宾斯基等	Marek Capinski	42.00	2014	978-7-300-17650-5
29	财务管理(第二版)	雷蒙德·布鲁克斯	Raymond Brooks	69.00	2014	978-7-300-19085-3
30	期货与期权市场导论(第七版)	约翰·C. 赫尔	John C. Hull	69.00	2014	978-7-300-18994-2
31	国际金融:理论与实务	皮特·塞尔居	Piet Sercu	88.00	2014	978-7-300-18413-5
32	货币、银行和金融体系	R. 格伦·哈伯德等	R.Glenn Hubbard	75.00	2013	978-7-300-17856-1
33	并购创造价值(第二版)	萨德·苏达斯纳	Sudi Sudarsanam	89.00	2013	978-7-300-17473-0
34	个人理财——理财技能培养方法(第三版)	杰克·R. 卡普尔等	Jack R. Kapoor	66.00	2013	978-7-300-16687-2
35	国际财务管理	吉尔特·贝克特	Geert Bekaert	95.00	2012	978-7-300-16031-3
36	应用公司财务(第三版)	阿斯沃思·达摩达兰	Aswath Damodaran	88.00	2012	978-7-300-16034-4
37	资本市场:机构与工具(第四版)	弗兰克·J. 法博齐	Frank J.Fabozzi	85.00	2011	978-7-300-13828-2

Public Finance and Public Policy, Fifth Edition
First published in the United States by Worth Publishers

本书由 Worth Publishers 于美国首次出版

图书在版编目（CIP）数据

财政学：第五版 /（美）乔纳森·格鲁伯著；曹越，林江译. -- 北京：中国人民大学出版社，2021.3
（经济科学译丛）
ISBN 978-7-300-28892-5

Ⅰ. ①财… Ⅱ. ①乔… ②曹… ③林… Ⅲ. ①财政学 Ⅳ. ①F810

中国版本图书馆 CIP 数据核字（2021）第 024503 号

“十三五”国家重点出版物出版规划项目
经济科学译丛
财政学（第五版）
乔纳森·格鲁伯 著
曹越 林江 译
Caizhengxue

出版发行	中国人民大学出版社		
社　　址	北京中关村大街 31 号	邮政编码	100080
电　　话	010－62511242（总编室）		010－62511770（质管部）
	010－82501766（邮购部）		010－62514148（门市部）
	010－62515195（发行公司）		010－62515275（盗版举报）
网　　址	http://www.crup.com.cn		
经　　销	新华书店		
印　　刷	涿州市星河印刷有限公司		
规　　格	185mm×260mm　16 开本	版　　次	2021 年 3 月第 1 版
印　　张	45　插页 2	印　　次	2021 年 3 月第 1 次印刷
字　　数	1 058 000	定　　价	118.00 元